Lexikon für das IT-Recht 2016/2017

Spezialausgabe für Behörden

Herausgegeben von

Dr. Eugen Ehmann, Regierungsvizepräsident

unter Mitarbeit von:
Thomas Bruggmann, Rechtsanwalt
Jens Ferner, Rechtsanwalt
Heike Klebs, Oberregierungsrätin
Dr. Renate Kropp, Rechtsanwältin
Oliver Schonschek, Diplom-Physiker
Fabian Steffen, Rechtsanwalt

4. Auflage

Rechtsstand: April 2016

Bibliografische Informationen Der Deutschen Nationalbibliothek

Die Deutsche Nationalbibliothek verzeichnet diese Publikation in der Deutschen Nationalbibliografie; detaillierte bibliografische Daten sind im Internet über http://dnb.d-nb.de abrufbar.

Bei der Herstellung des Werkes haben wir uns zukunftsbewusst für umweltverträgliche und wiederverwertbare Materialien entschieden.
Der Inhalt ist auf elementar chlorfreiem Papier gedruckt.

ISBN 978-3-7825-0594-9

E-Mail: kundenbetreuung@hjr-verlag.de

Telefon: +49 89/2183-7928
Telefax: +49 89/2183-7620

2016 ::jehle, eine Marke der Verlagsgruppe Hüthig Jehle Rehm GmbH
Im Weiher 10, 69171 Heidelberg

www.rehmnetz.de

Dieses Werk, einschließlich aller seiner Teile, ist urheberrechtlich geschützt. Jede Verwertung außerhalb der engen Grenzen des Urheberrechtsgesetzes ist ohne Zustimmung des Verlages unzulässig und strafbar. Dies gilt insbesondere für Vervielfältigungen, Übersetzungen, Mikroverfilmungen und die Einspeicherung und Verarbeitung in elektronischen Systemen.

Satz: Pagina GmbH, Tübingen
Druck: Kessler Druck + Medien GmbH & Co. KG, Michael-Schäffer-Straße 1, 86399 Bobingen

Vorwort

EDV-Verantwortliche und Datenschutzbeauftragte in Behörden, aber auch Verwaltungsleiter von Kommunen schätzen das Lexikon des IT-Rechts als ein bewährtes und stets aktuelles Arbeitsmittel. Die 4. Auflage 2016/2017 bringt wieder völlig **neue Stichworte** wie „**Bitcoins**" und „**Dashcam**". Außerdem hat das Autorenteam alle schon vorhandenen Texte aktualisiert und ergänzt. Kaum ein Stichwort blieb dabei unverändert.

Das Lexikon richtet sich in allererster Linie an **juristische Laien.** Ihnen gibt es rasche Orientierung, wenn im Alltag ein Rechtsproblem auftaucht. Oberstes Ziel ist stets die **kompakte Information,** so wie sie im Alltag beim raschen Zugriff hilfreich ist.

Dieses **Konzept** hat sich in der Praxis durchgesetzt. Professor Dr. Kai von Lewinski (Universität Passau) hat es in einer Besprechung des Lexikons so charakterisiert: „Es **macht sprechfähig** und gibt erste Orientierung. Es ist die Art von Information, die man benötigt, wenn man (als Nicht-Jurist) mit Juristen verhandeln oder sich besprechen muss, sie jedenfalls verstehen will."

Alle **Internetadressen,** die in den Stichwörtern genannt sind, haben wir kurz vor Druckbeginn nochmals auf ihre Gültigkeit überprüft. Sie bieten gezielten Zugang zu weiteren Informationen. Nicht verhindern können wir leider, dass sich einzelne Internetadressen kurzfristig ändern. Die Kurzlinks, die wir in dieser Auflage erstmals konsequent und durchgehend einsetzen, erleichtern Ihnen den Zugang zu Internet-Fundstellen erheblich.

Gerichtsentscheidungen, die in den Texten erwähnt sind, finden Sie am schnellsten, indem Sie das Aktenzeichen in eine gängige Suchmaschine wie etwa Google eingeben. Dies ist der Grund dafür, weshalb bei den meisten Gerichtsentscheidungen lediglich das Aktenzeichen (manchmal ergänzend auch noch das das Datum der Entscheidung) genannt ist.

Für die Arbeit mit dem Lexikon wünschen wir Ihnen gutes Gelingen! **Anregungen und Wünsche** sind dem Autorenteam immer willkommen. Bitte nutzen Sie bei Bedarf die Kontaktdaten im Autorenverzeichnis. Wenn Sie sich nicht sicher sind, welche Autorin oder welchen Autor Sie ansprechen sollen, wenden Sie sich bitte gerne an mich als Herausgeber!

Ansbach/Vorra, im Juli 2016   Dr. Eugen Ehmann

Bearbeiterverzeichnis

Thomas Bruggmann

Abmahnung, Alkohol rechtssicher verkaufen, Einstweilige Verfügung, E-Zigaretten rechtssicher verkaufen

Dr. Eugen Ehmann

Adresshandel, Apps, Archivierung von E-Mails (Rechtliche Rahmenbedingungen), Beschäftigtendatenschutz, Big Data, Biometrische Verfahren, Bitcoins (rechtlich), Compliance, Computerkriminalität, Data Breach Notification, Dash-Cam, Datenschutz, Datenschutzaudit, Datenschutzaufsicht/Datenschutzkontrolle, Datenschutzbeauftragter, betrieblicher, Datenschutzerklärung, Datensicherung, Datenträgervernichtung, Digitaler Nachlass, E-Justice, eIDAS-Verordnung, Electronic Commerce (E-Commerce), Ersetzendes Scannen, EVB-IT Erstellungsvertrag, EVB-IT Service, EVB-IT Systemlieferungsvertrag, EVB-IT Systemvertrag, Facebook, Fernwartung, Grenzüberschreitender Datenverkehr, Informationsfreiheitsgesetze, Outsourcing und Auftragsdatenverarbeitung, Recht am eigenen Bild, RFID – Radio Frequency Identification, Service-Level-Agreement (SLA), Signatur, elektronische, Sozial Media, Videoüberwachung

Jens Ferner

Bilderklau im Internet, Erschöpfungsgrundsatz, IT-Betriebsvereinbarung: rechtliche Ausgestaltung, Nutzungsrecht an Software & Gebrauchtsoftware, Nutzungsrechte im Arbeitsverhältnis, Open Source- oder Freie Software, Schranken des Urheberrechts, Schutz von Datenbanken, urheberrechtlicher, Schutz von Software, urheberrechtlicher, Störerhaftung, Streaming, Urheberrecht, Wettbewerbsrecht, Whistleblowing, Zweckübertragungsregel

Heike Klebs

Access-Providing-Vertrag, Application Service Providing-Vertrag (ASP), Auskunftsanspruch (UrhG), Bewertungsportale im Internet, BYOD (Bring Your Own Device) (rechtlich), Cloud Computing (rechtlich), Cookies (rechtlich), Datenschutz-Grundverordnung, De-Mail (rechtlich), Domains und Kennzeichenrechte, E-Government-Gesetz, Filesharing, Impressum, Internetfilter (rechtlich), IT am Arbeitsplatz, IT-Sicherheitsgesetz, Musterwiderrufsbelehrung, NIS-Richtlinie, Online-Ausweis, Providerhaftung, Soziale Netzwerke (rechtlich), Vertragsfallen im Internet, Webanalyse (rechtlich), Webhosting-Vertrag, Widerrufsrecht des Verbrauchers

Dr. Renate Kropp

Beendigung des Markenschutzes, Benutzung einer Marke, Design, Disclaimer, E-Mail-Pflichtangaben, Gegendarstellung im Internet, Internationale Marke, Marken und sonstige Kennzeichenrechte, Nicht eingetragene Europäische Geschmacksmuster, Persönlichkeitsrecht im Internet, Unionsmarke, Übertragung von Marken und Nutzungsrechten, Verlängerung einer Marke

Oliver Schonschek

Apps, Archivierung von E-Mails (Technik), Big Data, Bitcoins (technisch), BYOD (Bring Your Own Device) (technisch), Cloud Computing (technisch), Cookies (technisch), De-Mail (technisch), Digitale Identität, Internetfilter (technisch), IT-Forensik, Ortung, Schadsoftware (Malware), Social Advertising, Soziale Netzwerke (technisch), Spam, Systemprotokolle, Webanalyse (technisch)

Fabian Steffen

CE-Kennzeichen – Was ist zu tun?, Drohnen, Negative Bewertungen bei eBay & Co., Privatkopie, Streaming, Verkauf von Waffen über das Internet, Verwertungsgesellschaften, Verwertungsrechte, allgemeine, Verwertungsrechte an Computerprogrammen, Webportalvertrag, speziell: Online-Shop-Hosting, Website-Erstellungsvertrag, Whistleblowing

Kontaktdaten der Autoren

RA Thomas Bruggmann
juravendis Rechtsanwälte
Franz-Joseph-Str. 48
80801 München
Tel.: 089/2429075-0
Fax: 089/2429075-20
info@juravendis.de
www.juravendis.de

Dr. Eugen Ehmann
Hauptstr. 24
91247 Vorra
Tel.: 09152/8885
eugen.ehmann@t-online.de

RA Jens Ferner
Anwaltskanzlei Ferner
Carl-Zeiss-Straße 5
52477 Alsdorf
Tel.: 02404/92100
Fax: 02404/92102
jf@ferner-alsdorf.de
www.ferner-alsdorf.de

Heike Klebs
Verlagsgruppe Hüthig Jehle Rehm GmbH
Hultschiner Str. 8
81677 München
Tel.: 089/2183-7222
info@hjr-verlag.de
www.hjr-verlag.de

RAin Dr. Renate Kropp
Cöster & Partner
Rechtsanwälte mbB
Theodorstr. 9
90489 Nürnberg
Tel.: 0911/5300670
Fax: 0911/53006753
info@coester-partner.de
www.coester-partner.de

Oliver Schonschek
Diplom-Physiker
Analyst und Fachjournalist
Eduard-Aronsohn-Str. 1
56130 Bad Ems
Tel.: 02603-936116
oliver.schonschek@online.de
www.schonschek.de

RA Fabian Steffen
Anwaltskanzlei Steffen
Königinstr. 11a
80539 München
Tel.: +49 (0)89 489 54-346
Fax: +49 (0)89 489 54-361
kanzlei@fabian-steffen.de
www.fabian-steffen.de

Inhaltsverzeichnis

	Seite
Abmahnung	1
Access-Providing-Vertrag	5
Adresshandel	7
Alkohol rechtssicher verkaufen	10
Application Service Providing (ASP)-Vertrag	13
Apps	16
Archivierung von E-Mails – Rechtliche Rahmenbedingungen	20
Archivierung von E-Mails (Technik)	26
Auskunftsanspruch (UrhG)	28
Beendigung des Markenschutzes	30
Benutzung einer Marke	32
Beschäftigtendatenschutz	34
Bewertungsportale im Internet	40
Big Data	45
Bilderklau im Internet	46
Biometrische Verfahren	49
Bitcoins	54
BYOD (Bring Your Own Device)	55
CE-Kennzeichen – Was ist zu tun?	57
Cloud Computing	60
Compliance	63
Computerkriminalität	64
Cookies	69
Dash-Cam	73
Data Breach Notification	73
Datenschutz	74
Datenschutzaudit	83
Datenschutzaufsicht/Datenschutzkontrolle	86
Datenschutzbeauftragter, betrieblicher	91
Datenschutzerklärung	98
Datenschutz-Grundverordnung	101
Datensicherung	103
Datenträgervernichtung	106
De-Mail	109
Design (deutsches eingetragenes Design)	111
Digitale Identität	114
Digitaler Nachlass	116
Disclaimer	119
Domains und Kennzeichenrechte	121
Drohnen	124
E-Government-Gesetz	128
Einstweilige Verfügung	132
eIDAS-Verordnung	134
E-Justice	134
Electronic Commerce (E-Commerce)	137
E-Mail-Pflichtangaben	142
Ersetzendes Scannen	146
EVB-IT	148
EVB-IT Erstellungsvertrag	153
EVB-IT Servicevertrag	155
EVB-IT Systemlieferungsvertrag	157
EVB-IT Systemvertrag	158
E-Zigaretten rechtssicher verkaufen	165
Facebook	167
Fernwartung	168
Filesharing	169
Gegendarstellung im Internet	178
Grenzüberschreitender Datenverkehr	180
Impressum	183
Informationsfreiheitsgesetze	196
Internationale Marke	200
Internetfilter	201
IT am Arbeitsplatz	203
IT-Betriebsvereinbarung – rechtliche Ausgestaltung	206
IT-Forensik	210
IT-Sicherheitsgesetz	212
Marken und sonstige Kennzeichenrechte	214
Musterwiderrufsbelehrung	218
Negative Bewertungen bei eBay & Co.	220
Nicht eingetragenes Gemeinschaftsgeschmacksmuster	225
NIS-Richtlinie	226
Nutzungsrechte an Software & Gebrauchtsoftware	227
Nutzungsrechte im Arbeitsverhältnis	234
Online-Ausweis	237
Open-Source- oder Freie Software	239
Ortung	246
Outsourcing und Auftragsdatenverarbeitung	248
Persönlichkeitsrecht im Internet	253
Privatkopie	257
Providerhaftung	260
Recht am eigenen Bild	262

Inhaltsverzeichnis

RFID – Radio Frequency Identification	267
Schadsoftware (Malware)	271
Schranken des Urheberrechts	274
Schutz von Datenbanken, urheberrechtlicher	277
Schutz von Software, urheberrechtlicher	279
Service-Level-Agreement (SLA)	280
Signatur, elektronische	283
Social Advertising	287
Social Media	288
Soziale Netzwerke	291
Spam	295
Störerhaftung	297
Streaming	300
Systemprotokolle	303
Übertragung von Marken und Nutzungsrechten	304
Unionsmarke	306
Urheberrecht	315
Verkauf von Waffen über das Internet	319
Verlängerung einer Marke	321
Vertragsfallen im Internet	323
Verwertungsgesellschaften	324
Verwertungsrechte, allgemeine	326
Verwertungsrechte an Computerprogrammen	328
Videoüberwachung	330
Webanalyse	337
Webhosting-Vertrag	340
Webportalvertrag, speziell: Online-Shop-Hosting	341
Website-Erstellungsvertrag	344
Wettbewerbsrecht	346
Whistleblowing	351
Widerrufsrecht des Verbrauchers	352
Zweckübertragungsregel	356

Abmahnung

I. Begriff und Funktion
1. Außergerichtliche Durchsetzung von Unterlassungsansprüchen
2. Keine Verpflichtung zur Abmahnung
3. Entbehrlichkeit der Abmahnung

II. Anforderungen
1. Inhalt
2. Form

III. Reaktionsmöglichkeiten des Abgemahnten bei (teilweise) berechtigter Abmahnung
1. Abgabe einer strafbewehrten Unterlassungserklärung
2. Fristverlängerung

IV. Unberechtigte Abmahnung
1. Unbegründete Abmahnung
2. Unbefugte Abmahnung
3. Rechtsmissbräuchliche Abmahnung

V. Reaktionsmöglichkeiten des Abgemahnten bei unberechtigter Abmahnung
1. Keine Reaktion
2. Negative Feststellungsklage
3. Gegenabmahnung
4. Hinterlegung einer Schutzschrift
5. Schadenersatz

VI. Kosten der Abmahnung
1. Kostenerstattungsanspruch
2. Tabellarische Kostenübersicht

VII. Muster
1. Abmahnung
2. Unterlassungserklärung

I. Begriff und Funktion

1. Außergerichtliche Durchsetzung von Unterlassungsansprüchen

Eine Abmahnung ist eine außergerichtliche Aufforderung, ein bestimmtes Verhalten in Zukunft zu unterlassen. Sie dient also dazu, einen Unterlassungsanspruch durchzusetzen, ohne sich darüber vor Gericht streiten zu müssen. In der Praxis kommt der Abmahnung überragende Bedeutung zu, um unlauteren Wettbewerb sowie Marken- und Urheberrechtsverletzungen (nicht nur) im Internet schnell und kostengünstig zu unterbinden. Die Abmahnung liegt damit nicht nur im Interesse des Unterlassungsgläubigers, sondern auch im Interesse des Schuldners (dem ein Weg zur Vermeidung eines teuren Prozesses gewiesen wird) und der Justiz (die von unnötigen Verfahren und damit Arbeit entlastet wird).

2. Keine Verpflichtung zur Abmahnung

Wer einen Unterlassungsanspruch zu haben glaubt, muss nicht zwingend eine Abmahnung aussprechen. Verzichtet er auf eine Abmahnung und erhebt stattdessen gleich Klage, riskiert er nicht seinen Unterlassungsanspruch, sondern sein Geld. Er trägt nämlich die Kosten des Verfahrens, wenn der Gegner nach Klageerhebung die Unterlassungspflicht sofort anerkennt (vgl. § 93 ZPO).

3. Entbehrlichkeit der Abmahnung

Nicht immer ist eine vorherige Abmahnung erforderlich, um den Gläubiger vor dem Risiko einer nachteiligen Kostenentscheidung zu schützen. Die Gerichte halten vor allem in folgenden Fallgruppen eine Abmahnung für entbehrlich:

- Der Rechtsverstoß lässt sich ohne sofortige Erwirkung einer einstweiligen Verfügung nicht mehr verhindern (**besondere Eilbedürftigkeit**). Dies wird jedoch nur selten der Fall sein, da zumindest eine vorherige mündliche Abmahnung unter kurzer Fristsetzung in aller Regel möglich ist.

- Die mit der vorherigen Abmahnung verbundene Warnung des Schuldners würde den Rechtsschutz vereitaln, etwa weil von vornherein die ernste Besorgnis besteht, der Schuldner werde Beweismaterial bei Seite schaffen (**Vereitelung des Rechtsschutzes**).

- Aus dem vorausgegangenen Verhalten des Schuldners wird deutlich, dass dieser sich in keinem Fall unterwerfen wird (**Nutzlosigkeit der Abmahnung**).

- Der Schuldner verstößt immer wieder gegen die Rechte des Gläubigers und zeigt dadurch, dass er nicht gewillt ist, sich an die gesetzlichen Vorschriften zu halten (**Unzumutbarkeit der Abmahnung wegen besonders hartnäckiger Rechtsverstöße**).

- Der Schuldner wurde wegen desselben Rechtsverstoßes bereits von einem Dritten abgemahnt und hat diesem gegenüber deutlich gemacht, dass er sich nicht unterwerfen möchte, was dem Gläubiger auch bekannt ist (**erfolglose Abmahnung durch Dritte**).

II. Anforderungen

1. Inhalt

Die Abmahnung muss so formuliert sein, dass der Abgemahnte die Möglichkeit hat, die Berechtigung der Abmahnung zu überprüfen.

Notwendige Bestandteile der Abmahnung sind daher grundsätzlich:

- Bezeichnung der Verletzungshandlung,
- Darstellung der Aktivlegitimation des Gläubigers,
- Aufforderung zur Abgabe einer strafbewehrten Unterlassungserklärung,
- Fristsetzung und Androhung gerichtlicher Schritte.

Zweckmäßig, aber nicht notwendig sind:

- rechtliche Begründungen,
- Vorformulierung der geforderten strafbewehrten Unterlassungserklärung.

Die Angabe von Beweismitteln ist grundsätzlich nicht erforderlich.

Für urheberrechtliche Abmahnungen hat der Gesetzgeber die inhaltlichen Anforderungen neuerdings verschärft. Demnach hat eine auf urheberrechtliche Ansprüche gestützte Abmahnung in klarer und verständlicher Weise

1. Name oder Firma des Verletzten anzugeben, wenn der Verletzte nicht selbst, sondern ein Vertreter abmahnt,
2. die Rechtsverletzung genau zu bezeichnen,
3. geltend gemachte Zahlungsansprüche als Schadensersatz- und Aufwendungsersatzansprüche aufzuschlüsseln und
4. wenn darin eine Aufforderung zur Abgabe einer Unterlassungsverpflichtung enthalten ist, anzugeben, inwieweit die vorgeschlagene Unterlassungsverpflichtung über die abgemahnte Rechtsverletzung hinausgeht.

Eine Abmahnung, die diesen Anforderungen nicht entspricht, ist gemäß § 97a Abs. 2 Satz 2 UrhG unwirksam.

2. Form

Für eine Abmahnung besteht kein Formzwang. Sie kann daher per Brief, per Telefax oder E-Mail, aber auch mündlich oder telefonisch erfolgen. Aus Beweisgründen empfiehlt es sich jedoch, schriftlich oder zumindest unter Zeugen abzumahnen.

Die Vorlage einer Originalvollmacht ist im Bereich des gewerblichen Rechtsschutzes jedenfalls dann nicht erforderlich, wenn – wie üblich – der Abmahnung eine vorformulierte Unterlassungserklärung beigefügt wird (BGH, Urt. v. 19.5.2010, Az. I ZR 140/08).

Die Beweislast für den Zugang der Abmahnung trifft den Schuldner (BGH, Beschluss vom 21.12.2006, Az. I ZB 17/06). Der Gläubiger muss im Prozess lediglich die richtige Adressierung und ordnungsgemäße Aufgabe zur Post beweisen.

III. Reaktionsmöglichkeiten des Abgemahnten bei (teilweise) berechtigter Abmahnung

1. Abgabe einer strafbewehrten Unterlassungserklärung

Gibt der Abgemahnte die geforderte Unterlassungserklärung fristgerecht ab, entfällt die Wiederholungsgefahr und eine etwaige Unterlassungsklage wäre unbegründet.

Oftmals ist einer Abmahnung bereits eine vorformulierte Unterlassungserklärung beigefügt. Diese unverändert zu unterschreiben, ist aus Schuldnersicht jedoch nur selten ratsam. Meistens wird sich die Abgabe einer modifizierten Unterlassungserklärung anbieten, damit der Abgemahnte sich nicht zu mehr verpflichtet, als er es von Gesetzes wegen müsste.

ACHTUNG!
Gibt der Abgemahnte eine unzureichende Unterlassungserklärung ab, kann der Abmahnende den Unterlassungsanspruch in der Regel ohne weitere Vorwarnung gerichtlich geltend machen. Eine modifizierte Unterlassungserklärung muss daher sorgfältig geprüft werden, um nicht „zu kurz" zu greifen.

Auch bei einer berechtigten Abmahnung sind Vergleichsverhandlungen mit dem Abmahnenden nicht immer aussichtslos. Dieser kann angesichts des nie ganz auszuschließenden Prozessrisikos durchaus zu Zugeständnissen bereit sein.

2. Fristverlängerung

Geht das Abmahnschreiben dem Schuldner zu spät zu, um die gesetzte Frist zur Abgabe der Unterwerfungserklärung einhalten zu können, so sollte er den Gläubiger unverzüglich um Fristverlängerung bitten. Denn auch den Gläubiger treffen gewisse Rücksichtnahmepflichten. Zwar braucht er sich nicht hinhalten zu lassen. Eine nachvollziehbare Bitte kann er dem Schuldner aber nicht ohne das Risiko einer negativen Kostenfolge abschlagen, wenn die Rechtsdurchsetzung dadurch nicht beeinträchtigt wird.

IV. Unberechtigte Abmahnung

Eine Abmahnung kann aus mehreren Gründen unberechtigt sein:

- Das beanstandete Verhalten ist nicht rechtswidrig (unbegründete Abmahnung).
- Dem Abmahnenden steht kein Unterlassungsanspruch zu (unbefugte Abmahnung).
- Die Geltendmachung des Unterlassungsanspruchs ist im konkreten Fall rechtsmissbräuchlich (rechtsmissbräuchliche Abmahnung).
- Die Abmahnung entspricht nicht den speziellen inhaltlichen Anforderungen gemäß § 97a Abs. 2 Satz 1 UrhG (unwirksame Abmahnung).

1. Unbegründete Abmahnung

Eine Abmahnung ist nur dann begründet, wenn das beanstandete Verhalten auch tatsächlich rechtswidrig ist. Die Abmahnung wegen eines vermeintlichen, tatsächlich nicht vorliegenden Rechtsverstoßes kann ihrerseits Ansprüche gegen den Abmahnenden auslösen.

2. Unbefugte Abmahnung

Nicht jedermann darf Rechtsverstöße abmahnen. Abmahnungsbefugt ist nur, wer auch einen Unterlassungsanspruch gegen den Verletzer geltend machen könnte (sog. **Aktivlegitimation**). Der Aktivlegitimation kommt gerade im Wettbewerbsrecht besondere Bedeutung zu. Gemäß § 8 Abs. 3 UWG sind anspruchsberechtigt nämlich nur:

- Mitbewerber, wobei „Mitbewerber" jeder Unternehmer ist, der mit einem oder mehreren Unternehmern als Anbieter oder Nachfrager von Waren oder Dienstleistungen in einem konkreten Wettbewerbsverhältnis steht (§ 2 Abs. 1 Nr. 3 UWG),
- rechtsfähige Verbände zur Förderung gewerblicher oder selbstständiger beruflicher Interessen, soweit ihnen eine erhebliche Zahl von Unternehmern angehört, die Waren oder Dienstleistungen gleicher oder verwandter Art auf demselben Markt vertreiben, soweit sie insbesondere nach ihrer personellen, sachlichen und finanziellen Ausstattung imstande sind, ihre satzungsmäßigen Aufgaben der Verfolgung gewerblicher oder selbstständiger beruflicher Interessen tatsächlich wahrzunehmen und soweit die Zuwiderhandlung die Interessen ihrer Mitglieder berührt,
- qualifizierte Einrichtungen, die nachweisen, dass sie in die Liste qualifizierter Einrichtungen nach § 4 des Unterlassungsklagengesetzes oder in dem Verzeichnis der Kommission der Europäischen Gemeinschaften nach Artikel 4 der Richtlinie 98/27/EG des Europäischen Parlaments und des Rates vom 19. Mai 1998 über Unterlassungsklagen zum Schutz der Verbraucherinteressen (ABl. EG Nr. L 166 S. 51) eingetragen sind,

- die Industrie- und Handelskammern oder die Handwerkskammern.

Sonstige Marktteilnehmer und Verbraucher sind dagegen nicht aktivlegitimiert für die Abmahnung wettbewerbsrechtlicher Verstöße.

3. Rechtsmissbräuchliche Abmahnung

Trotz objektiv bestehenden Unterlassungsanspruchs kann eine Abmahnung rechtsmissbräuchlich sein. Ob dies der Fall ist, ist aufgrund einer Gesamtwürdigung aller Umstände des Einzelfalles zu beurteilen. Ein Rechtsmissbrauch liegt dann vor, wenn mit der Geltendmachung überwiegend sachfremde, für sich genommen nicht schutzwürdige Interessen und Ziele verfolgt und diese als die eigentliche Triebfeder und das beherrschende Motiv der Verfahrenseinleitung erscheinen.

In der Rechtsprechung haben sich insbesondere folgende Fallgruppen herausgebildet:

- Gebührenerzielungsinteresse

  Gemäß § 8 Abs. 4 UWG ist die Geltendmachung eines Anspruchs insbesondere dann missbräuchlich, wenn sie vorwiegend dazu dient, gegen den Zuwiderhandelnden einen Anspruch auf Ersatz von Aufwendungen oder Kosten der Rechtsverfolgung entstehen zu lassen. Davon ist auszugehen, wenn der Anspruchsberechtigte kein nennenswertes wirtschaftliches oder wettbewerbspolitisches Interesse an der Rechtsverfolgung haben kann. Maßgebend ist dabei die Sichtweise eines wirtschaftlich denkenden Unternehmers. Es kommt also auf die äußeren Umstände, nicht auf die subjektive Zielsetzung des Anspruchsberechtigten an. Entgegen einem weitverbreiteten Irrglauben belegt eine große Anzahl inhaltsgleich ausgesprochener Abmahnungen („Massenabmahnung") noch nicht ohne weiteres eine Rechtsmissbräuchlichkeit.

- Kostenbelastungsinteresse

  Ein Missbrauch kann auch vorliegen, wenn es dem Anspruchsberechtigten in erster Linie darum geht, den Verletzer mit Kosten und Risiken zu belasten und dessen personelle und finanziellen Kräfte zu binden. Dies kann etwa der Fall sein, wenn die Verfolgung von Wettbewerbsverstößen auf mehrere Verfahren oder mehrere, wirtschaftlich zusammen gehörende Kläger aufgeteilt wird.

V. Reaktionsmöglichkeiten des Abgemahnten bei unberechtigter Abmahnung

1. Keine Reaktion

Ist die Abmahnung unberechtigt, muss der Abgemahnte den Abmahner darüber nicht aufklären, sondern kann diesen in eine (aussichtslose) gerichtliche Auseinandersetzung laufen lassen. Dies gilt ausnahmsweise nur dann nicht, wenn der Abgemahnte den Anschein eines Verstoßes gesetzt hat. Nicht immer kann sich der Abgemahnte allerdings darauf verlassen, dass auch das Gericht, welches der Abmahner auf sein Schweigen hin mit einem Antrag auf Erlass einer einstweiligen Verfügung anrufen wird, die (vermeintliche) Aussichtslosigkeit des Unterlassungsbegehrens erkennt. Dann droht der Erlass einer einstweiligen Verfügung, die erst mühsam wieder per Widerspruch aus der Welt geschafft werden muss und bis dahin den Geschäftsbetrieb des Abgemahnten zu behindern oder gar lahmzulegen droht. Nicht auf eine unberechtigte Abmahnung zu reagieren, dürfte daher selten ratsam sein.

2. Negative Feststellungsklage

Wer zu Unrecht abgemahnt wurde, muss dies nicht tatenlos hinnehmen – insbesondere dann nicht, wenn der Abmahner inzwischen erkannt hat, dass seine Abmahnung unberechtigt war und von einer weiteren Verfolgung seines angeblichen Unterlassungsanspruchs Abstand nimmt. Der Abgemahnte kann dann seinerseits auf Feststellung klagen, dass sich der Abmahner zu Unrecht des Bestehens eines Unterlassungsanspruchs berühmt (sog. negative Feststellungsklage).

3. Gegenabmahnung

Der Abgemahnte muss vor Erhebung einer negativen Feststellungsklage grundsätzlich keine Gegenabmahnung aussprechen, mit der er den Abmahner dazu auffordert, auf den zu Unrecht geltend gemachten Unterlassungsanspruch zu verzichten. Eine Ausnahme gilt aber dann, wenn davon auszugehen ist, dass der Abmahner auf die Gegenabmahnung hin seinen Anspruch fallen lassen wird, z. B. weil er irrtümlich von einem falschen Sachverhalt ausgegangen war.

4. Hinterlegung einer Schutzschrift

Um eine einstweilige Verfügung zu vermeiden, kann der Abgemahnte bei dem Gericht, das der Abmahner voraussichtlich angehen wird, eine sogenannte Schutzschrift hinterlegen. Darin schildert der Abgemahnte vorsorglich seine Sicht der Sach- und Rechtslage in der Hoffnung, das Gericht werde sich davon überzeugen lassen und eine einstweilige Verfügung zumindest nicht ohne vorherige mündliche Verhandlung erlassen. Nicht selten ist diese Hoffnung allerdings vergeblich und die einstweilige Verfügung wird trotz Vorliegens einer Schutzschrift erlassen.

Bei Rechtsverletzungen, die (auch) im Internet begangen wurden, kommt ein weiteres Problem hinzu. Bei derartigen Streitigkeiten gilt nämlich in der Regel der sog. fliegende Gerichtsstand. Das bedeutet, der Abmahnende kann seinen Anspruch an jedem Ort verfolgen, an dem sich die Rechtsverletzung ausgewirkt hat, also bei Internetdelikten grundsätzlich vor jedem der mehr als 100 deutschen Landgerichte. Um sicherzugehen, müsste daher auch bei jedem dieser Gerichte eine Schutzschrift hinterlegt werden. Dieses Problem wird allerdings dadurch etwas abgemildert, dass üblicherweise nur diejenigen Gerichte angerufen werden, die über besondere Erfahrung in Wettbewerbs- und Markenstreitigkeiten verfügen. Welche Gerichte dies sind, ist spezialisierten Anwälten bekannt, so dass sich die Auswahl der Orte für die Hinterlegung einer Schutzschrift meistens auf eine überschaubare Zahl beschränken dürfte.

Um die Problematik der Einreichung von Schutzschriften bei Geltung des fliegenden Gerichtsstands zu entschärfen, wurde durch §§ 945a, 945b ZPO zum 1.1.2016 eine zentrales länderübergreifendes elektronisches Schutzschriftenregister geschaffen, das unter https://schutzschriftenregister.hessen.de erreichbar ist. Dort kann online eine Schutzschrift hinterlegt werden, die von allen deutschen Gerichten dahingehend zu beachten ist, dass die Gerichte nach Eingang eines Antrags auf Erlass einer einstweiligen Verfügung im elektronischen Schutzschriftenregis-

Abmahnung

ter nach einer eventuellen Schutzschrift recherchieren müssen. Zunächst hat dieses elektronische Schutzschriftenregister in der Praxis allerdings noch nicht zu der beabsichtigten Erleichterung geführt, da die Bundesrechtsanwaltskammer nicht in der Lage war, die Rechtsanwälte rechtzeitig mit dem sog. „besonderen elektronischen Anwaltspostfach" zu versorgen, das Voraussetzung für eine einfache und komfortable technische Nutzung des elektronischen Schutzschriftenregisters ist. Dies soll bis Ende September 2016 nachgeholt werden.

5. Schadenersatz

Ist eine urheberrechtliche Abmahnung unberechtigt/unwirksam, kann der Abgemahnte vom Abmahnenden grundsätzlich Ersatz der für die Rechtsverteidigung erforderlichen Aufwendungen verlangen (§ 97a Abs. 4 UrhG). Gleiches gilt im Falle rechtsmissbräuchlicher wettbewerbsrechtlicher Abmahnungen (§ 8 Abs. 4 Satz 2 UWG). Auch darüber hinaus kommen bei unberechtigten Abmahnungen Schadenersatzansprüche des Abgemahnten in Betracht, die aber ein schuldhaftes Verhalten des Abmahnenden voraussetzen, an dem es häufig fehlen wird. Es besteht also keineswegs ein Automatismus, wonach jede unberechtigte Abmahnung auch Schadenersatzansprüche auslöst. Anderenfalls würde das grundsätzlich sinnvolle Instrument der Abmahnung weitgehend entwertet.

VI. Kosten der Abmahnung

1. Kostenerstattungsanspruch

Ist die Abmahnung berechtigt, kann der Abmahnende vom Abgemahnten die Kosten erstattet verlangen, die ihm durch die Abmahnung entstanden sind (**Kostenerstattungsanspruch**). Zu den **erstattungsfähigen Kosten** gehören in der Regel die durch die Einschaltung eines Rechtsanwalts entstandenen Gebühren. Diese richten sich wiederum nach dem Rechtsanwaltsvergütungsgesetz (RVG). Bei einer Abmahnung in urheber-, marken- und wettbewerbsrechtlichen Sachen bestimmen sie sich nach der Höhe des Streitwertes, verbunden mit einem Wertfaktor nach dem Umfang der Tätigkeit. Bei einer Abmahnung steht dem Rechtsanwalt nach §§ 2 Abs. 2, 13 RVG i. V. m. Nr. 2300 VV eine Geschäftsgebühr mit einem Rahmen von 0,5 bis 2,5 zu. Die Mittelgebühr von 1,5 wird allerdings für Tätigkeiten, die nicht umfangreich oder schwierig sind, auf 1,3 begrenzt. Welche Streitwerte üblich sind, variiert von Gericht zu Gericht. Obwohl es eigentlich immer auf die Umstände des Einzelfalls ankommt, wenden manche Gerichte bestimmte ungeschriebene „Regelstreitwerte" an. Der übliche Streitwert bei durchschnittlichen Wettbewerbsverstößen dürfte sich zwischen € 15.000 und € 30.000 bewegen. Streitwerte von € 50.000, € 100.000 oder mehr sind jedoch keine Seltenheit. Zu beachten ist dabei, dass für die Bemessung des Streitwerts die Interessen des Angreifers/Verletzten maßgeblich sind und nicht die Interessen und wirtschaftlichen Verhältnisse des Verletzers. Auch kleine Unternehmen müssen daher je nach Größe des Angreifers/Verletzten mit hohen Streitwerten und damit hohen Abmahnkosten rechnen. Bei durchschnittlichen Markenrechtsverletzungen beträgt der Streitwert regelmäßig € 50.000.

 Hinweis:
Im Urheberrecht beschränkt sich der Ersatz der erforderlichen Aufwendungen für die Inanspruchnahme anwaltlicher Dienstleistungen für die erstmalige Abmahnung natürlicher Personen, die urheberrechtlich geschützte Werke nicht für ihre gewerbliche oder selbstständige berufliche Tätigkeit verwenden, in der Regel auf die gesetzlichen Gebühren nach einem Gegenstandswert für den Unterlassungs- und Beseitigungsanspruch von 1.000 Euro. Ausgehend von einer 1,3-Geschäftsgebühr, entspricht dies einem Betrag von € 147,56 inklusive Umsatzsteuer und Auslagenpauschale. Von diesem Wert kann allerdings aus Billigkeitsgründen abgewichen werden.

2. Tabellarische Kostenübersicht

Kosten für eine anwaltliche Abmahnung nach §§ 2 Abs. 2, 13 RVG i. V. m. Nr. 2300 VV unter Berücksichtigung einer 1,3-Geschäftsgebühr und der Post- und Telekommunikationspauschale in Höhe von 20 €:

Streitwert in €	Kosten in € (netto = ohne Umsatzsteuer)
5.000	413,90
10.000	745,40
15.000	865,00
20.000	984,60
25.000	1.044,40
50.000	1.531,90
100.000	1.973,90

VII. Muster

1. Muster: Abmahnung

Sehr geehrter Herr X,

wir zeigen Ihnen an, dass uns ausweislich der anliegend beigefügten Vollmachtsurkunde die X-GmbH, (Adresse), gesetzlich vertreten durch den Geschäftsführer ..., mit der Wahrnehmung ihrer Interessen beauftragt hat.

Unter dem Mitgliedsnamen X vertreiben Sie als gewerblicher Anbieter über die Internetplattform eBay Waren aus dem Sortiment Computerzubehör. Unsere Mandantin vertreibt unter dem Mitgliedsnamen X ebenfalls gewerblich Computerzubehör über die Internetplattform eBay. Sie befinden sich daher im unmittelbaren Wettbewerb mit unserer Mandantin.

Eine Überprüfung Ihres Angebots unter der Artikelnummer ... bei eBay hat ergeben, dass Sie sich in mehrerlei Hinsicht wettbewerbswidrig verhalten.

(Aufzählung der einzelnen Wettbewerbsverstöße mit rechtlicher Würdigung)

Wir fordern Sie daher im Auftrag unserer Mandantin auf, Ihr wettbewerbswidriges Verhalten zu unterlassen und

bis spätestens zum (i. d. R. eine Woche)

eine entsprechende strafbewehrte Unterlassungserklärung zu unseren Händen abzugeben. Hierzu kann das beigefügte Muster verwendet werden. Eine Übersendung der Unterlassungserklärung vorab per Telefax genügt, sofern das Original unverzüglich nachgereicht wird.

Nach § 12 Abs. 1 S. 2 UWG sind Sie verpflichtet, unserer Mandantin die ihr wegen der Abmahnung entstandenen Rechtsan-

waltskosten zu erstatten. Die Kosten für unsere Inanspruchnahme berechnen sich wie folgt: ...

Wir fordern Sie auf, den ausgewiesenen Betrag

bis spätestens zum (z. B. zwei Wochen)

auf unser oben angegebenes Konto zu überweisen.

Eine Fristverlängerung können wir in Anbetracht der wettbewerbsrechtlichen Eilbedürftigkeit nicht gewähren.

Sollten die genannten Fristen fruchtlos verstreichen, müssten wir unserer Mandantin empfehlen, ohne weitere Vorankündigung gerichtliche Hilfe in Anspruch zu nehmen.

Mit freundlichen Grüßen

Rechtsanwalt

2. Muster: Unterlassungserklärung

(Aus Sicht des Abmahnenden formuliert. Aus Sicht des Abgemahnten werden sich oft Modifizierungen empfehlen, insbesondere dahingehend, dass die Unterwerfung ohne Anerkenntnis einer Rechtspflicht, gleichwohl rechtsverbindlich erfolgt)

Unterlassungs- und Verpflichtungserklärung

Die X-GmbH, (Adresse), gesetzlich vertreten durch den Geschäftsführer ...

– nachfolgend „Unterlassungsschuldnerin" genannt –

verpflichtet sich gegenüber der

Y-GmbH, (Adresse), gesetzlich vertreten durch den Geschäftsführer ...

– nachfolgend „Unterlassungsgläubigerin" genannt –

1. es künftig zu unterlassen, im geschäftlichen Verkehr ...,
2. für jeden Fall schuldhafter Zuwiderhandlung gegen vorgenannte Ziffer 1. eine Vertragsstrafe in Höhe von ... an die Unterlassungsgläubigerin zu zahlen,
3. die Kosten der Einschaltung von Rechtsanwalt ... aus Anlass dieser Erklärung aus einem Gegenstandswert von ... zu erstatten.

....

Ort, Datum

....

(Unterschrift)

Access-Providing-Vertrag

I. **Begriff**

II. **Vertragstypologische Einordnung**

III. **Inhalt eines Access-Providing-Vertrags**

IV. **Fernmeldegeheimnis und Datenschutz**

V. **Haftung des Access-Providers**

VI. **Fazit**

I. Begriff

Beim Access-Providing geht es um den **Zugang zum Internet**: Der Access-Provider ermöglicht dem Kunden, über das Internet zu kommunizieren. Die Leistung des Access-Providers besteht in der Bereitstellung sogenannter Internet-Konnektivität, d. h. dem Transfer von IP-Paketen ins und aus dem Internet. Dieser Transfer kann über unterschiedliche Wege erfolgen, z. B.

- Wählleitung
- Standleitung
- Breitbandzugang
- Funktechnik.

Die Weiterleitung ins Internet erfolgt meist durch direkte Zugänge zu sogenannten Internet-Knoten, die als Austauschpunkte für den Datenverkehr des Internets fungieren, oder über Netze von anderen Internet Service Providern. Provider gibt es in unterschiedlichen Größenordnungen, vom kleinen lokalen Provider bis hin zu Betreibern überregionaler Netzwerke und Betreibern globaler Internet-Backbones.

II. Vertragstypologische Einordnung

Die Rechtsnatur von Access-Providing-Verträgen ist umstritten. Zum Teil wird vertreten, es handele sich um einen Miet-, Geschäftsbesorgungs- oder um einen Werkvertrag. In Rechtsprechung und Literatur wird der Access-Providing-Vertrag aber in der Regel als **Dienstvertrag** qualifiziert. Der Bundesgerichtshof fasst die wesentlichen Argumente wie folgt zusammen (BGH Beschluss vom 23.3.2005 III ZR 338/04):

„Der Senat neigt der in der Literatur wohl überwiegend vertretenen Auffassung zu, die den Access-Provider-Vertrag schwerpunktmäßig als Dienstvertrag einordnet (...).

Gegen die Qualifizierung als Mietvertrag spricht, dass dem Kunden mit der Nutzung des Rechners des Providers nicht gedient ist. Der Schwerpunkt der Leistung liegt vielmehr bei dem Transport von Daten in das und aus dem Internet. Dass der Kunde hierfür den Rechner des Anbieters benötigt, ist ihm gleichgültig, so dass nicht die Nutzung einer Sache im Vordergrund steht. (...)

Die werkvertraglichen Regelungen der §§ 631 ff. BGB werden dem Bild der geschuldeten Leistungen gleichfalls nicht gerecht. Die Leistungskapazitäten des Providers sind begrenzt, und die Übertragungsgeschwindigkeit schwankt je nach Netzauslastung gleichfalls. Der Anbieter kann daher nicht einen bestimmten Erfolg, das jederzeitige Zustandekommen einer Verbindung in das Internet mit einer bestimmten Datenübertragungsgeschwindigkeit, versprechen, und der Kunde kann einen solchen Erfolg nicht erwarten (...).

Der Provider schuldet daher nur die Bereithaltung des Anschlusses und das sachgerechte Bemühen um die Herstellung der Verbindung in das Internet."

Letzten Endes kommt es aber auf die vertragliche Ausgestaltung im Einzelfall an.

Access-Providing-Vertrag

III. Inhalt eines Access-Providing-Vertrags

Vertraglich niedergelegt werden sollten die folgenden Punkte:

- **Vertragsgegenstand**

  Fungiert der Provider nicht nur als reiner Zugangsvermittler, sondern bietet er außerdem Zusatzleistungen wie E-Mail-Accounts, Chats, Nachrichten oder einen Störungsdienst an, ist dies vertraglich zu berücksichtigen. Dies kann dann u. a. Auswirkungen auf die vertragstypologische Einordnung und die jeweilige Haftungskategorie haben.

- **Pflichten des Access-Providers**

  Die Leistungspflichten des Access-Providers sollten möglichst genau beschrieben werden. Die Leistungen des Access-Providers bestehen im Allgemeinen in der Vermittlung von Daten aus und zu Teilnetzen des Internets über das von ihm betriebene Datennetz.

  > **TIPP!**
  > Im Bereich der Zugangsvermittlung für Unternehmen ist es besonders wichtig, dass die Leistungen detailliert beschrieben werden (z. B. Kapazität der Leitungen, Paketgeschwindigkeit, Bandbreite, Übergabepunkte, Verfügbarkeitszeiten, Wartungszeiten etc.). Die technischen Einzelheiten können z. B. als technische Spezifikationen vertraglich geregelt werden.

  Dabei beschränkt sich diese Vermittlung auf die Datenkommunikation zwischen dem Anschluss des Kunden und dem Übergabepunkt des Access-Providers an das Internet.

  > **ACHTUNG!**
  > Nicht verantwortlich ist der Access-Provider für den Datenverkehr außerhalb seines eigenen Netzes, da er darauf keinen Einfluss hat. Das bedeutet, dass er eine erfolgreiche Weiterleitung von Informationen von oder zu dem vom Kunden avisierten Zielrechner insoweit nicht schuldet.

- **Gewährleistung, Haftung**

  Um im Mängelfall Diskussionen über die Einordnung des Vertrages (siehe II.) als Vorfrage zur Frage der Anwendbarkeit gesetzlicher Gewährleistungsregeln zu vermeiden, sollte vertraglich festgehalten werden, nach welchen gesetzlichen Bestimmungen der Provider haftet.

  Beispiel:
  > „Der Provider haftet für Mängel seiner Leistungen nach Maßgabe der Bestimmungen des Dienstvertragsrechts (§§ 611 ff. BGB)."

- **Service-Level-Agreement**

  Jedenfalls im unternehmerischen Geschäftsverkehr sollte ein Service-Level-Agreement (SLA) als Vertragsbestandteil nicht fehlen. Im SLA werden die geschuldeten technischen Leistungen anhand von messbaren Kriterien detailliert beschrieben. Ein SLA bietet aber vor allem die Möglichkeit, Konsequenzen für die Nichteinhaltung dieser Kriterien festzulegen (z. B. Verpflichtung zum Reporting, Leistungen zur Störungsbeseitigung, Sanktionen etc.). Zu den Gestaltungsmöglichkeiten siehe das Stichwort → *Service-Level-Agreement*.

  > **TIPP!**
  > Für Unternehmen ist der permanente Zugang zum Internet meist sehr wichtig, insbesondere wenn der Zugang zum Internet einen sensiblen Geschäftsbereich betrifft. In solchen Fällen sollte ein SLA unbedingt vertraglich vereinbart werden.

- **Zusätzliche Informationen nach § 43a TKG**

  Ist der Kunde Verbraucher, hat der Access-Provider zusätzliche Informationspflichten nach § 43a TKG. So muss er u. a. die Art und die wichtigsten technischen Leistungsdaten seines Dienstes sowie Einzelheiten zu seinen Preisen im Vertrag angeben.

  > **WICHTIG!**
  > Die Information muss in **klarer, umfassender** und **leicht zugänglicher Form** zur Verfügung gestellt werden. Hierauf hat der Gesetzgeber bei der Novellierung des Telekommunikationsgesetzes (TKG) im Jahr 2012 Wert gelegt!

  Hinzugekommen sind ferner Informationspflichten im Hinblick auf die Vertragslaufzeit: Nunmehr muss auch der gegebenenfalls erforderliche Mindestumfang bzw. die Mindestdauer der Nutzung angegeben werden, um Angebote im Rahmen von Werbemaßnahmen nutzen zu können. Gleichzeitig müssen dem Verbraucher bereits im Vertrag die Voraussetzungen für einen Anbieterwechsel einschließlich etwaig fälliger Entgelte offengelegt werden.

- **Pflichten des Kunden**

- **Vergütung (ggf. Zahlungsmodalitäten)**

- **Laufzeit, Kündigung**

  Die anfängliche Mindestlaufzeit des Vertrages darf 24 Monate nicht überschreiten, wenn der Kunde ein Verbraucher ist. Unabhängig von der Verbrauchereigenschaft muss der Kunde die Möglichkeit haben, einen Vertrag mit der Höchstlaufzeit von 12 Monaten zu wählen. Dies ergibt sich aus dem ebenfalls 2012 neu ins Telekommunikationsgesetz eingefügten § 43b TKG.

IV. Fernmeldegeheimnis und Datenschutz

Der Access-Provider ist Diensteanbieter im Sinne des Telekommunikationsgesetzes (TKG). Als solcher muss er das **Fernmeldegeheimnis** wahren, ohne dass dies vertraglich extra niedergelegt werden müsste. Hierbei handelt es sich um ein gesetzliches Erfordernis, das sich aus **§ 88 TKG** ergibt. Dem Fernmeldegeheimnis unterliegen der Inhalt der Telekommunikation und ihre näheren Umstände.

Beispiel:
> Die Information, welche Websites mit welchen Inhalten der Kunde im Rahmen der Internetverbindung abgerufen hat, unterliegt dem Fernmeldegeheimnis.

Gleiches gilt für die datenschutzrechtlichen Bestimmungen, die der Access-Provider bereits von Gesetzes wegen zum Schutz der personenbezogenen Daten seiner Kunden und Nutzer beachten muss. Hier treffen ihn insbesondere Informationspflichten zu Art, Umfang, Ort und Zweck der Erhebung und Verwendung personenbezogener Daten, die er gemäß § 93 TKG gegenüber seinen Kunden bei Abschluss des Access-Providing-Vertrags erfüllen muss.

> **ACHTUNG!**
> Die Informationen zum Umgang mit personenbezogenen Daten sind nicht Vertragsbestandteil. Sie müssen jedoch bei Abschluss des Vertrages gegeben werden!

V. Haftung des Access-Providers

Der Access-Provider ist nicht nur Diensteanbieter im Sinne des Telekommunikationsgesetzes (TKG), sondern regelmäßig auch im Sinne des Telemediengesetzes (TMG). Als solcher kann er sich auf gewisse **Haftungsprivilegierungen** berufen. Im Übrigen haftet der Access-Provider nach den allgemeinen gesetzlichen Bestimmungen.

Beispiel:
> In § 44a TKG findet sich eine Haftungsbeschränkung der Höhe nach, die bei Pflichtverletzungen des Access-Providers – sofern er seine Dienste für die Öffentlichkeit anbietet – greift, die nicht auf Vorsatz beruhen, aber zu einem Anspruch des Endnutzers auf Ersatz des Vermögensschadens führen.

Wichtig für das Geschäftsmodell des Access-Providers ist vor allem die **Freistellung** von der Verantwortlichkeit für fremde Informationen in **§ 8 TMG**. Danach ist der Diensteanbieter für fremde Informationen, die er nur durchleitet, grundsätzlich nicht verantwortlich.

Die Haftungsprivilegierung des § 8 TMG greift im Falle von Schadensersatzansprüchen und bei einer etwaigen strafrechtlichen Verantwortlichkeit. Sie gilt auch im Verhältnis zu Dritten, die mit dem Access-Provider in keiner vertraglichen Beziehung stehen.

Beispiel:
> Der Access-Provider vermittelt den Zugang zu einer Online-Datenbank eines anderen Anbieters, deren Inhalte
> a) falsch,
> b) unter Verstoß gegen urheberrechtliche Vorschriften dort eingestellt
>
> sind. Der Access-Provider haftet gemäß § 8 TMG nicht
> a) gegenüber seinem Kunden für die Richtigkeit der Inhalte,
> b) gegenüber dem Urheber der Inhalte wegen Verstoßes gegen urheberrechtliche Vorschriften,
>
> denn er vermittelt lediglich den Zugang zu diesen fremden Inhalten.

Weiterführend zu den telemedienrechtlichen Haftungsprivilegierungen siehe das Stichwort → *Providerhaftung*.

WICHTIG!
Die Freistellung von der Verantwortlichkeit gilt **nicht** für nach den allgemeinen Gesetzen bestehende Verpflichtungen zur **Entfernung** oder **Sperrung der Nutzung** von Informationen! Diese Ausnahme ergibt sich aus § 7 Abs. 2 Satz 2 TMG und ist durch den Bundesgerichtshof auch auf **Unterlassungsansprüche** erstreckt worden (BGH, Urteil vom 11.3.2004, Az. I ZR 304/01).

Dies hat zur Folge, dass immer wieder versucht wird, Access-Provider für Rechtsverletzungen im Internet über eine **Störerhaftung** in Anspruch zu nehmen.

Beispiel:
> So hat die GEMA (Gesellschaft für musikalische Aufführungs- und mechanische Vervielfältigungsrechte) das größte deutsche Telekommunikationsunternehmen verklagt, um zu erreichen dass dieses den Zugriff auf bestimmte Internetseiten mit urheberrechtsverletzenden Inhalten für ihre Kunden sperrt.

Der **BGH** hat in zwei grundlegenden **Urteilen vom 26.11.2015** (Az. I ZR 3/14 – „3dl.am" und Az. I ZR 174/14 – „Goldesel") entschieden, dass ein Access-Provider erst in Anspruch genommen werden darf, wenn vorher erfolglos versucht worden ist, gegen den Betreiber der Website oder den Host-Provider vorzugehen. Scheitert die Rechtsverfolgung daran, dass deren Identität verschleiert wird, darf sich der Rechteinhaber nicht vorschnell zufrieden geben, sondern muss eigene Ermittlungen anstellen, ggf. unter Zuhilfenahme von Dienstleistern wie Detektiven, oder auch staatliche Ermittlungsbehörden einschalten. Da dies in den konkreten Fällen unterblieben war, hat der BGH die Zumutbarkeit einer Sperrung für den Access-Provider jeweils verneint und eine Störerhaftung abgelehnt.

TIPP!
Der BGH hat zwar im Ergebnis, aber nicht von vornherein eine Störerhaftung des Access-Providers abgelehnt. Access Provider sollten daher ihre Systeme so einrichten, dass sie gegebenenfalls Filter und Sperren vorsehen können.

VI. Fazit

Der Access-Providing-Vertrag wird in aller Regel als Dienstvertrag zu qualifizieren sein. Um diesbezügliche Unklarheiten zu vermeiden, sollte im Vertragstext auf die §§ 611 ff. BGB Bezug genommen werden.

Bei der vertraglichen Ausgestaltung sind die allgemeinen Vorschriften, wie z. B. das Recht der Allgemeinen Geschäftsbedingungen, zu beachten. Daneben finden die besonderen Regelungen des Telekommunikationsgesetzes (TKG) und des Telemediengesetzes (TMG) Anwendung. Neben den Haftungsprivilegierungen spielen dabei v. a. Vorschriften zum Kundenschutz und Datenschutz eine Rolle, was in der Praxis oft übersehen wird.

Für Kunden ist es wichtig, die Aussagen des Access-Providers zur Verfügbarkeit vor Vertragsschluss zu prüfen sowie die Sanktionen, die den Access-Provider im Falle der Nichteinhaltung treffen, und dies gegebenenfalls über ein Service-Level-Agreement ergänzend zu regeln. Dies ist umso bedeutsamer, je wichtiger für den Kunden die permanente Internet-Konnektivität ist.

Adresshandel

I. Inhalt des Begriffs

II. Praktische Suche nach Adressbeständen

III. Wirtschaftliche Bedeutung und praktische Abwicklung des Adresshandels

IV. Beschaffen von Adressen unter Nutzung des „Listenprivilegs"
1. Zweckänderung als Kern des Problems
2. Rechtslage bei einer Einwilligung des Betroffenen
3. Rechtslage ohne Einwilligung des Betroffenen

V. Rechtspolitischer Ausblick
1. Anhalten der Diskussion
2. Datenschutz-Grundverordnung (ab 2018)
3. Auswirkungen des Bundesmeldegesetzes

Adresshandel

I. Inhalt des Begriffs

Der Begriff ist an verschiedenen Stellen des BDSG (siehe §§ 28 Abs. 3, 29 Abs. 1 BDSG) und inzwischen auch im Bundesmeldegesetz (siehe § 44 Abs. 3 BMG) zwar erwähnt, aber nicht gesetzlich definiert. Man versteht darunter meist, dass Name, Vorname und Postanschrift (in der Regel Postleitzahl, Ort, Straße und Hausnummer) natürlicher Personen bei einem Adresshändler beschafft werden, um dann diese Personen zu Werbezwecken anzuschreiben („personalisierte Werbung" mit Privatadressen). Es gibt aber natürlich auch Adressbestände mit Namen und Adressen von Unternehmen („Firmenadressen"). Unter Datenschutzaspekten war der Adresshandel mit Privatadressen vor der letzten Novellierung des BDSG stark in die öffentliche Diskussion geraten. Sogar ein völliges Verbot des Adresshandels wurde politisch erwogen. Dazu kam es zwar nicht, doch wurden durch die Änderungen des BDSG im Jahr 2009 neue, relativ umfangreiche und komplizierte Vorschriften geschaffen. Sie werden inzwischen ergänzt durch die Vorschriften des Bundesmeldegesetzes, die einfache Melderegisterauskünfte für Zwecke des Adresshandels an die Einwilligung des Betroffenen knüpfen (§ 44 Abs. 3 BMG).

II. Praktische Suche nach Adressbeständen

Jedes Unternehmen weiß, dass eine Werbekampagne nur gelingt, wenn sie die gewünschte Zielgruppe möglichst exakt erreicht. Sonst kommt es zu „Streuverlusten", die im Extremfall die gesamte Kampagne ins Leere laufen lassen. Als „Königsweg" der zielgruppenfokussierten Werbung hat sich die personalisierte Ansprache erwiesen, bei der Angehörige der Zielgruppe persönlich mit einem namentlich adressierten Werbebrief angesprochen werden.

Beispiel:
> Säuglingskleidung und Kinderwägen sind dann von ganz besonderem Interesse, wenn eine Frau schwanger ist – sei es, dass sie dann selbst kauft oder Freunden und Angehörigen zeigt, was sie sich wünscht. Es ergibt daher wirtschaftlich Sinn, schwangere Frauen gezielt per Brief anzusprechen.

Das Problem besteht darin, Adressbestände der gewünschten Art zu finden und dann in rechtlich einwandfreier Weise zu nutzen. Welche Adressbestände prinzipiell verfügbar sind, zeigt europaweit der „International Address Guide" der Swiss Post (kostenloser Download möglich unter http://www.rehmnetz.de/it-recht/addressguide). Mit seiner Hilfe kann man entsprechende Dienstleister dazu befragen, ob es Adressbestände bestimmter Zielgruppen überhaupt gibt.

Beispiel:
> Gefragt sind Personen mit folgenden Merkmalen:
> - Suchkriterium „Privatadressen"
> - Beruf „Lehrer"
> - Land „Deutschland"
>
> Eine direkte Onlinesuche, ob es einen Adressbestand gibt, der diese Kriterien erfüllt, ist inzwischen nicht mehr möglich. Dazu ist vielmehr eine Anfrage an die entsprechenden Anbieter erforderlich, weil diese ihr Know-how nicht voreilig preisgeben wollen.

III. Wirtschaftliche Bedeutung und praktische Abwicklung des Adresshandels

Der Adresshandel ist nach Branchenangaben ein Milliardengeschäft. Genannt wird die überraschend hohe Summe von 12 Milliarden Euro jährlich, die mit Mailings (also persönlich adressierten Werbebriefen) umgesetzt werden (siehe http://www.rehmnetz.de/it-recht/dialogmarketingzahlen und die dort frei beziehbare Studie „Dialog-Marketing-Monitor" – der DDV ist ein Interessenverband der Werbewirtschaft).

Adressen werden im Normalfall nicht „verkauft", also nicht zur dauernden Nutzung überlassen. Das ergäbe meist schon deshalb keinen Sinn, weil viele Bestände rasch veralten und ständig „aufgefüllt" werden müssen. Das Beispiel schwangerer Frauen macht das besonders deutlich: Nach nicht einmal einem Jahr ist der gesamte Bestand inhaltlich überholt, soweit nicht zufällig erneut eine Schwangerschaft eingetreten ist.

Branchenüblich ist das **Vermieten** von Adressbeständen, also die Überlassung zur einmaligen Nutzung des Bestandes für eine Werbeaktion. Dabei gibt es im Wesentlichen zwei Wege zur praktischen Abwicklung:

- Versand durch den Werbenden selbst

  Er erhält in diesem Fall die Adressen und darf sie einmalig nutzen, um Werbung zu versenden. Die Einhaltung dieser Beschränkung wird dadurch gesichert, dass – äußerlich nicht erkennbar – Kontrolladressen im Bestand enthalten sind, hinter denen sich zum Beispiel ein Rechtsanwalt des Adresshändlers verbirgt. Wird eine Mehrfachnutzung erkennbar, ist eine vorher festgelegte Vertragsstrafe in erheblicher Höhe fällig.

- Adressmittlung durch einen neutralen Dritten („Listbroker")

  Ein Dienstleister erhält vom Adresshändler die vereinbarten Adressen, vom Werbenden das Werbematerial. Er sorgt für die Adressierung, Kuvertierung und den Versand. Danach löscht er den Adressbestand wieder.

Bezahlt werden muss bei beiden Konstellationen pro Nutzung einer Adresse. Dabei sind Beträge von wenigen Cent je Adresse bis zu über 10 Euro je Adresse fällig, je nach Wert der angestrebten Geschäftsverbindung. In einem Fall ist durch eine Gerichtsentscheidung belegt, dass pro Adresse 13 Euro für die einmalige Nutzung bezahlt wurden (siehe OLG Düsseldorf DuD 2005, 171).

Entgegen dem Eindruck, der in der Öffentlichkeit oft entsteht, sind also nicht möglichst große „Adressberge" interessant, sondern eher kleine, aber hochgradig selektierte Adressbestände, die einen entsprechenden Wert haben. Das führt allerdings auch dazu, dass solche Bestände teils sehr umfassende Aussagen über die darin erfassten Personen ermöglichen.

IV. Beschaffen von Adressen unter Nutzung des „Listenprivilegs"

1. Zweckänderung als Kern des Problems

Vom Prinzip her können Adressen auf drei Wegen beschafft werden. Der eine besteht darin, dass der Betroffene selbst Angaben liefert. Der zweite Weg sieht so aus, dass man sich Adressen von anderen Unternehmen beschafft. Beim dritten Weg werden schon vorhandene Daten eigener Kunden für Werbemaßnahmen verwendet.

Adresshandel

Beispiel (Weg 1):
Ein Unternehmen führt ein Preisausschreiben durch, das sich an die gewünschte Zielgruppe wendet. So könnte ein Babymarkt in einer Frauenzeitschrift inserieren und als ersten Preis eines Preisausschreibens einen hochwertigen Kinderwagen ausloben. Nahezu alle Teilnehmer an diesem Preisausschreiben dürften an Produkten für Babys interessiert sein. Die so gewonnenen Adressen lassen sich – soweit rechtlich zulässig – direkt für entsprechende Werbebriefe verwenden.

Beispiel (Weg 2):
Ein Sportwagenhändler möchte seinen Kundendatenbestand wirtschaftlich nutzen, ohne sich selbst Konkurrenz zu machen. Er geht – zutreffend – davon aus, dass Sportwagenfahrer oft auch an hochwertiger Kleidung interessiert sind und überlässt den Datenbestand einem Adresshändler mit der ausdrücklichen Vereinbarung, dass der Bestand nicht für die Autowerbung genutzt werden darf.

Beispiel (Weg 3):
Das Unternehmen verfügt über die Daten von Kunden, die früher schon einmal bei ihm gekauft haben. Es verwendet diese Daten dazu, um die „Altkunden" auf neue Produkte oder auch auf neue Geschäftsfelder in einem Werbebrief hinzuweisen.

Beim ersten Beispiel (Weg 1) spricht das Unternehmen Personen an, die bisher noch nicht in einer Geschäftsverbindung zu ihm standen. Wenn es die zunächst für die Abwicklung des Preisausschreibens gewonnenen Daten für Werbemaßnahmen verwendet, liegt eine Nutzung für einen anderen Zweck vor (Werbung statt Abwicklung des Preisausschreibens). Dasselbe gilt beim dritten Beispiel (Weg 3): Die Daten, die ursprünglich der Abwicklung einer konkreten Bestellung dienten, werden nun für Werbezwecke verwendet. Beim zweiten Beispiel (Weg 2) liegt eine Übermittlung von Sportwagenhändler an den Adresshändler für einen anderen Zweck vor (Werbung, vor allem für Kleidung statt Abwicklung von Fahrzeugkäufen).

Eine solche Zweckänderung bedarf der rechtlichen Legitimation – entweder durch eine formwirksame Einwilligung des Betroffenen oder durch eine gesetzliche Regelung.

2. Rechtslage bei einer Einwilligung des Betroffenen

Damit sie rechtlich wirksam ist, muss eine Einwilligung einer ganzen Reihe von rechtlichen Anforderungen genügen.

Stets muss das „Koppelungsverbot" beachtet sein. Es ist in § 28 Abs. 3b BSDG enthalten und besagt: Die Einwilligung in die Verwendung von Daten für Werbezwecke darf nicht dadurch zustande gekommen sein, dass diese Einwilligung zur Bedingung für den Abschluss eines Vertrages gemacht wurde.

Beispiel:
Ein Mobiltelefonunternehmen macht den Abschluss eines Handy-Vertrages davon abhängig, dass der Kunde darin einwilligt, künftig „Informationen über neue Angebote" zu erhalten.

Zwar ist nach dem Gesetz eine solche Einwilligung nur dann unwirksam, wenn „dem Betroffenen ein anderer Zugang zu gleichwertigen vertraglichen Leistungen ohne die Einwilligung nicht oder nicht in zumutbarer Weise möglich ist" (§ 28 Abs. 3b Satz 1 BDSG). Ein Streit darüber, ob diese eher allgemein formulierten einschränkenden Voraussetzungen vorliegen oder nicht, sollte aber von vornherein vermieden werden.

Im Übrigen ist danach zu unterscheiden, ob die Einwilligung des Betroffenen schriftlich vorliegt oder nicht:

- Liegt eine schriftliche Einwilligung vor, muss sie den Anforderungen von § 4a BDSG genügen. Sofern sie zusammen mit anderen Erklärungen erteilt wird, muss sie daher besonders hervorgehoben sein (etwa durch Fettdruck), siehe § 4a Abs. 1 Satz 4 BDSG).

- Liegt **keine** schriftliche, sondern etwa eine mündliche Einwilligung vor (z. B. am Telefon), muss das Unternehmen als verantwortliche Stelle

- entweder dem Betroffenen den Inhalt der Einwilligung schriftlich bestätigen oder

- sofern es sich um eine **elektronisch erklärte** Einwilligung handelt, diese Einwilligung protokollieren und sicherstellen, dass der Betroffene den Inhalt der Erklärung jederzeit abrufen und die Einwilligung jederzeit mit Wirkung für die Zukunft widerrufen kann (§ 28 Abs. 3 Satz 1 i. V. m. Abs. 3a BDSG).

Der Satz „Mit Einwilligung geht alles" gilt also im Bereich der Werbung nur mit Einschränkungen!

Dies zeigt sich auch am folgenden Fall:

Beispiel:
Der Berliner Landesbeauftragte für Datenschutz und Informationssicherheit untersagte einem Unternehmen die bisher allgemein übliche Praxis, vorhandene Kunden anrufen zu lassen, um sie nach ihrer Zufriedenheit zu fragen und sie dabei dann gleich um eine Einwilligung dazu zu bitten, dass ihnen künftig weitere Produkte und Dienstleistungen desselben Unternehmens angeboten werden.

Er begründete dies wie folgt: Ein Fall der zulässigen Nutzung von personenbezogenen Daten als Mittel für die Erfüllung eigener Geschäftszwecke sei nicht gegeben, denn die Nutzung der Telefonnummer der Kunden sei nicht für die Durchführung des bestehenden Vertragsverhältnisses erforderlich. Eine solche Erforderlichkeit möge zwar für reine Abfragen der Kundenzufriedenheit gelten, erstrecke sich jedoch nicht auf die Opt-In Abfragen, die die Einwilligung in Werbung beträfen und damit über Nachfragen zur vertraglichen Leistungserbringung deutlich hinausgingen. Ebenso wenig sei die Nutzung der Daten zur Wahrung berechtigter Interessen der Klägerin erforderlich und deshalb zulässig. Damit wurde im Ergebnis ein Anruf, mit dem eine Einwilligung in Werbung eingeholt werden sollte, selbst als Werbung eingestuft.

Das Verwaltungsgericht Berlin folgte dieser Argumentation und hielt die Anordnung des Landesbeauftragten für rechtens (VG Berlin, Urteil vom 7.5.2014 – 1 K 253/12).

3. Rechtslage ohne Einwilligung des Betroffenen

Liegt eine Einwilligung des Betroffenen nicht vor, ist das werbetreibende Unternehmen auf „gesetzliche Erlaubnistatbestände" angewiesen.

Dabei war nach der im Jahr 2009 neu geschaffenen „Übergangsregelung" des § 47 BDSG danach zu unterscheiden, ob es sich bei den Adressdatenbeständen, die für Werbezwecke verwendet werden, um „Altbestände" handelte oder nicht.

„Altbestände" waren dabei Daten, die **vor** dem Stichtag 1. September 2009 erhoben oder gespeichert worden waren. Für sie legte § 47 BDSG fest, dass „bis zum 31. August 2012" § 28 BDSG in der Fassung galt, die bis zum Stichtag 1. September 2009 allgemein geltendes Recht war.

Soweit Daten **nach** dem Stichtag 1. September 2009 erhoben oder gespeichert wurden, war dagegen § 28 BDSG bereits in der ab diesem Tag geltenden, wesentlich geänderten Fassung anzuwenden.

Inzwischen hat sich die geschilderte Problematik durch den Ablauf des Stichtags 31. August 2012 erledigt. Seit dem 1. September 2012 gilt für alle noch vorhandenen Adressbestände die aktuelle Fassung des § 28 BDSG. „Altbestände" und „Neubestände" sind also nunmehr gleich zu behandeln. Dabei muss vorliegend eine Skizzierung der Regelungen genügen. Da sie neu und zahlreiche Details noch umstritten sind, ist es vor konkreten Werbeaktionen unentbehrlich, sich durch einen Fachanwalt rechtlich beraten zu lassen. Im Grundsatz gilt Folgendes (siehe § 28 Abs. 3 BDSG):

Die erforderliche Verarbeitung oder Nutzung personenbezogener Daten, soweit es sich um listenmäßig oder sonst zusammengefasste Daten über Angehörige einer Personengruppe handelt, die sich auf die Zugehörigkeit des Betroffenen zu dieser Personengruppe, seine Berufs-, Branchen- oder Geschäftsbezeichnung, seinen Namen, Titel, akademischen Grad, seine Anschrift und sein Geburtsjahr beschränken (**Listenprivileg**), ist in folgenden Fällen zulässig, wenn **schutzwürdige Interessen eines Betroffenen** nicht entgegenstehen:

Konstellation 1:

Eigenwerbung, wenn es sich außer den Angaben zur Gruppenzugehörigkeit um Daten handelt, die

- die verantwortliche Stelle beim Betroffenen nach § 28 Abs. 1 Satz 1 Nr. 1 BDSG, z. B. im Rahmen eines Vertragsverhältnisses, oder
- aus allgemein zugänglichen Adress-, Rufnummern-, Branchen- oder vergleichbaren Verzeichnissen

erhoben hat.

Weitere Daten können **hinzugespeichert** werden.

Konstellation 2:

Die sich auf die berufliche Tätigkeit der Betroffenen beziehende Werbung an deren berufliche Anschrift.

Konstellation 3:

Werbung für steuerbegünstigte Spenden

Die Übermittlung an ein anderes Unternehmen ist zulässig, wenn

- die Stelle, die die Daten erhoben hat, aus der Werbung eindeutig hervorgeht,
- die übermittelnde Stelle und der Datenempfänger für die Dauer von zwei Jahren nach der Übermittlung die Herkunft der Daten und den Empfänger gemäß § 34 Abs. 1a Satz 1 BDSG speichern und
- schutzwürdige Interessen eines Betroffenen nicht entgegenstehen.

V. Rechtspolitischer Ausblick

1. Anhalten der Diskussion

Angesichts der enormen wirtschaftlichen Bedeutung des Adresshandels einerseits und der wirtschaftlichen Blüte speziell des Versandhandels andererseits ist damit zu rechnen, dass die Diskussion um die gesetzliche Regelung des Adresshandels weiter anhält. Auf der einen Seite stehen einzelne, nahezu fundamentalistische Positionen mancher Datenschützer, die am liebsten jede Verwendung von Adressdaten für Werbezwecke völlig untersagen würden, sofern nicht in jedem Einzelfall eine Einwilligung des Betroffenen vorliegt. Auf der anderen Seite stehen einzelne Unternehmen, denen jedes Gespür dafür zu fehlen scheint, dass auch „bloße Adressdaten" eines gewissen Schutzes bedürfen. Ob die neuen, äußerst verwickelten Regelungen des BDSG zum Adresshandel einen praxistauglichen Mittelweg darstellen, muss sich erst noch erweisen.

2. Datenschutz-Grundverordnung (ab 2018)

Art. 21 Absatz 2 EU-Datenschutz-Grundverordnung sieht vor, dass ein Betroffener unentgeltlich Widerspruch einlegen kann, wenn personenbezogene Daten verarbeitet werden, um Direktwerbung zu betreiben. In Art. 21 Abs. 4 ist ferner vorgesehen, dass der Betroffene in einer verständlichen und von anderen Informationen klar abgegrenzten Form auf dieses Recht hingewiesen werden muss. Die Regelung geht offensichtlich davon aus, dass ein Betroffener immer davon Kenntnis haben muss, bevor seine Daten für Zwecke der Direktwerbung verarbeitet werden, da er sonst sein Widerspruchsrecht nicht ausüben kann. Es bleibt abzuwarten, wie die Wirtschaft auf dieses Regelungsmodell reagiert.

3. Auswirkungen des Bundesmeldegesetzes

Neue Erschwerungen für den Adresshandel haben die bereits kurz erwähnten Regelungen über „einfache Melderegisterauskünfte" gebracht, die im Bundesmeldegesetz enthalten sind. Dieses Gesetz (verabschiedet als Art. 1 des Gesetzes zur Fortentwicklung des Meldewesens vom 3. Mai 2013, BGBl. I S. 1084), ist nach einer Verschiebung des ursprünglich vorgesehenen Termins 1. Mai 2015 zum 1. November 2015 in Kraft getreten und hat die bisher geltenden Meldegesetze der Bundesländer ersetzt. Es sieht vor, dass Melderegisterauskünfte nur noch dann für Zwecke der Werbung verwendet werden dürfen, wenn der Betroffene sich damit ausdrücklich einverstanden erklärt hat (siehe § 44 Abs. 3 Satz 1 Nr. 2 BMG). Dabei obliegt es dem Adresshändler selbst, die Einwilligung des Betroffenen einzuholen. Das Einwohnermeldeamt übernimmt dies für ihn nicht. Da der Adresshändler die aktuelle Anschrift des Betroffenen jedoch gerade nicht kennt (sonst würde er nicht deswegen beim Einwohnermeldeamt anfragen), bedeutet dies im Ergebnis, dass Daten aus Einwohnermelderegistern künftig im Adresshandel kaum noch eine Rolle spielen werden. Etwas anderes gilt nur, wenn bereits in der Vergangenheit eine Einwilligung des Betroffenen eingeholt wurde, die nach wie vor genutzt werden kann.

Alkohol rechtssicher verkaufen

I. Einleitung

II. Zur ersten Hürde: Die Preisangabenverordnung (PAngV)

III. Zur zweiten Hürde: Vorgaben des Lebensmittelrechts
   1. Angabe des Alkoholgehalts
   2. Angabe des Mindesthaltbarkeitsdatums
   3. Verbot gesundheitsbezogener und nährwertbezogener Angaben

Alkohol rechtssicher verkaufen

IV. Zur dritten Hürde: Vorgaben des Jugendschutzgesetzes (JuSchG)
1. Bei Branntwein, branntweinhaltigen Getränken oder Lebensmittel, die Branntwein in nicht nur geringfügiger Menge enthalten
2. Bei anderen alkoholischen Getränken wie Wein, Bier, Sekt
3. Wie lassen sich die Anforderungen des JuSchG nun praktisch umsetzen?
   - 3.1 Telefonischer Kontakt zwischen Versandhändler und Kunden
   - 3.2 Regelung mittels Allgemeiner Geschäftsbedingungen
   - 3.3 Einfache Altersverifikationssysteme, wie etwa die Eingabe der persönlichen Daten inkl. der Personalausweisnummer des potentiellen Kunden
   - 3.4 Faxübermittlung der Personalausweiskopie
   - 3.5 Vorgabe bestimmter Zahlungsmittel
   - 3.6 „Face-to-Face"-Kontrolle
   - 3.7 Zustellung

I. Einleitung

Wie verkauft man rechtssicher alkoholische Getränke im Internet? Welche rechtlichen Besonderheiten sind hierbei zu beachten? Dabei geht es insbesondere um die Auseinandersetzung mit drei rechtlichen Hürden, nämlich

- der Preisangabenverordnung,
- dem Lebensmittelrecht sowie
- dem Jugendschutzgesetz.

II. Zur ersten Hürde: Die Preisangabenverordnung (PAngV)

Im Zusammenhang mit dem Verkauf alkoholischer Getränke im Internet ist zu beachten, dass

- die Preise anzugeben sind, die einschließlich der Umsatzsteuer und sonstiger Preisbestandteile zu zahlen sind („Endpreise"),
- anzugeben ist, dass die geforderten Preise die Umsatzsteuer und sonstige Preisbestandteile bereits enthalten,
- anzugeben ist, ob und in welcher Höhe zusätzliche Liefer- und Versandkosten anfallen,
- in unmittelbarer Nähe des Endpreises auch der Preis pro Mengeneinheit (sog. Grundpreis) anzugeben ist, wobei die zulässigen Mengeneinheiten in § 2 Abs. 3 PAngV genannt sind.

Beispiel:
1 Kilogramm, 1 Liter, 1 Kubikmeter

Beim Verkauf einer Weinflasche wäre demnach beispielsweise als Grundpreis der Bruttopreis für 1 Liter anzugeben.

III. Zur zweiten Hürde: Vorgaben des Lebensmittelrechts

Für alkoholische Getränke bestehen darüber hinaus bestimmte lebensmittelrechtliche Kennzeichnungspflichten und Werbeverbote. Onlinehändler haben vor allem Folgendes zu beachten:

1. Angabe des Alkoholgehalts

Der vorhandene Alkoholgehalt ist in Volumenprozenten bis auf höchstens eine Dezimalstelle anzugeben. Dieser Angabe ist das Symbol „% vol" anzufügen. Der Angabe kann das Wort „Alkohol" oder die Abkürzung „alc." vorangestellt werden. Für die Angabe des Alkoholgehalts sind die folgenden Abweichungen zulässig:

- 0,5 % vol bei Bier mit höchstens 5,5 % Alkoholgehalt und bei gegorenen Getränken aus Weintrauben, die nicht Erzeugnisse im Sinne des Weingesetzes sind,
- 1 % vol bei Bier mit über 5,5 % Alkoholgehalt und bei weinähnlichen und schaumweinähnlichen Getränken bzw. schäumenden gegorenen Getränken aus Weintrauben, die nicht Erzeugnisse im Sinne des Weingesetzes sind,
- 1,5 % vol bei Getränken mit eingelegten Früchten oder Pflanzenteilen,
- 0,3 % vol bei anderen Getränken.

 ACHTUNG!
Im Zuge der Umsetzung des „Gesetzes zur Verbesserung des Schutzes junger Menschen vor Gefahren des Alkohol- und Tabakkonsums" dürfen alkoholhaltige Süßgetränke (sog. Alkopops) gewerbsmäßig nur noch mit dem Hinweis „Abgabe an Personen unter 18 Jahren verboten, § 9 Jugendschutzgesetz" in den Verkehr gebracht werden. Dieser Hinweis ist auf der Fertigpackung in der gleichen Schriftart und in der gleichen Größe und Farbe wie die Marken- oder Phantasienamen oder, soweit nicht vorhanden, wie die Verkehrsbezeichnung zu halten und bei Flaschen auf dem Frontetikett anzubringen.

Unter **„Alkopops"** versteht man Getränke (auch in gefrorener Form), die

- aus einer Mischung von Getränken mit einem Alkoholgehalt von 1,2 % vol oder weniger oder gegorenen Getränken mit einem Alkoholgehalt von mehr als 1,2 % vol mit Erzeugnissen nach § 130 Abs. 1 des Gesetzes über das Branntweinmonopol bestehen,
- einen Alkoholgehalt von mehr als 1,2 % vol, aber weniger als 10 % vol aufweisen,
- trinkfertig gemischt in verkaufsfertigen, verschlossenen Behältnissen abgefüllt sind und
- als Erzeugnisse nach § 130 Abs. 1 des Gesetzes über das Branntweinmonopol der Branntweinsteuer unterliegen (vgl. zu allem § 1 AlkopopStG).

2. Angabe des Mindesthaltbarkeitsdatums

Das Mindesthaltbarkeitsdatum eines Lebensmittels ist das Datum, bis zu dem dieses Lebensmittel unter angemessenen Aufbewahrungsbedingungen seine spezifischen Eigenschaften behält. Das Mindesthaltbarkeitsdatum ist unverschlüsselt mit den Worten „mindestens haltbar bis …" unter Angabe von Tag, Monat und Jahr in dieser Reihenfolge anzugeben.

Dabei kann die Angabe von Tag, Monat und Jahr auch an anderer Stelle erfolgen, wenn gesondert auf diese Stelle hingewiesen wird.

Die Angabe des Mindesthaltbarkeitsdatums ist jedoch nicht erforderlich bei:

Alkohol rechtssicher verkaufen

- Getränken mit einem Alkoholgehalt von zehn oder mehr Volumenprozent und

- bei alkoholhaltigen Getränken in Behältnissen von mehr als fünf Litern, die zur Abgabe an Verbraucher im Sinne des § 1 Abs. 1 Satz 2 bestimmt sind.

3. Verbot gesundheitsbezogener und nährwertbezogener Angaben

Getränke mit einem Alkoholgehalt von mehr als 1,2 Volumenprozent dürfen nach der sog. Health-Claims-Verordnung keine gesundheitsbezogenen Angaben tragen.

ACHTUNG!
Unter dieses Verbot fallen bereits Angaben wie „wohltuend" (BGH, Beschluss vom 13.1.2011, Az. I ZR 22/09) oder „bekömmlich" (EuGH, Urteil vom 6.9.2012, Rs. C-544/10).

Nährwertbezogene Angaben sind nur dann zulässig, wenn sie sich auf einen geringen Alkoholgehalt oder eine Reduzierung des Alkoholgehalts oder eine Reduzierung des Brennwerts beziehen.

ACHTUNG!
Auch eine Angabe wie „ENERGY + VODKA" ist kritisch, da es sich um eine nährwertbezogene Angabe handeln könnte (OLG Hamm, Urteil vom 10.7.2012, Az. I-4 U 38/12). Anders aber im konkreten Fall der BGH (Urteil vom 9.10.2014, Az. I ZR 167/12).

IV. Zur dritten Hürde: Vorgaben des Jugendschutzgesetzes (JuSchG)

1. Bei Branntwein, branntweinhaltigen Getränken oder Lebensmittel, die Branntwein in nicht nur geringfügiger Menge enthalten

Nach § 9 des Jugendschutzgesetzes ist es untersagt, Branntwein, branntweinhaltige Getränke oder Lebensmittel, die Branntwein in nicht nur geringfügiger Menge enthalten, an Kinder und Jugendliche abzugeben.

- **Branntwein:** Der Begriff Branntwein bezeichnet alle durch Brennen hergestellte Trinkbranntweine. Es spielt hierbei keine Rolle, mit welchen Zusätzen bzw. Mischungen der Trinkbranntwein zubereitet worden ist. Auch kommt es auf den alkoholischen Gehalt nicht an.

- **Branntweinhaltige Getränke:** Darunter fallen nach überwiegender Meinung auch die sogenannten Alkopops sowie fertige Mischgetränke, wie etwa Cola-Rum bzw. Wodka-Lemon. Erfasst werden dabei also auch Likör, Weinbrand, Rum, Whisky und mit Branntweinzusatz versehene ausländische Süßweine (wie etwa Portwein) sowie unverarbeiteter Branntwein (reiner Spiritus jeden Prozentgehaltes).

- **Lebensmittel, die Branntweine nicht nur in geringfügiger Menge enthalten:** Laut dem Hauptverband des Deutschen Einzelhandels gehören hierzu z. B. Eisbecher, Getränke wie Grog oder auch entsprechende branntweinhaltige Süß- oder Zuckerwaren, denen in einer nicht mehr geringen Menge Spirituosen zugegeben werden. Der Begriff „in nicht nur geringfügiger Menge" bezieht sich dabei im Einzelfall stets auf das Lebensmittel insgesamt, nicht aber auf eine Zutat. Somit wäre im Einzelfall etwa eine kleine Rumfrucht zur Dekoration auf einem größeren Pudding nicht erfasst.

Für die oben genannten Getränke bzw. Lebensmittel besteht gemäß § 9 Abs. 1 Nr. 1 JuSchG ein absolutes Abgabeverbot an Kinder und Jugendliche. Gemäß § 1 Abs. 1 Nr. 2 des JuSchG sind dabei Jugendliche Personen, die 14, aber noch nicht 18 Jahre alt sind.

2. Bei anderen alkoholischen Getränken wie Wein, Bier, Sekt

Nach § 9 des Jugendschutzgesetzes ist es darüber hinaus auch untersagt, andere alkoholische Getränke an Kinder und Jugendliche unter 16 Jahren abzugeben. Hierbei handelt es sich meist um Getränke wie etwa Wein, Bier und Sekt (aber auch um Bier- oder Weinmischgetränke).

3. Wie lassen sich die Anforderungen des JuSchG nun praktisch umsetzen?

Kein Zweifel: § 2 des Jugendschutzgesetzes erschwert den Versandhändlern ganz erheblich den Verkauf von alkoholhaltigen Getränken. So liegt es eben im Verantwortungsbereich des jeweiligen Versandhändlers zu überprüfen, ob die nach dem JuSchG zu beachtenden Altersgrenzen (s. o.) im Einzelfall eingehalten werden oder nicht. Der Versandhändler hat zwingend mittels geeigneter Maßnahmen sicherzustellen, dass beispielsweise Branntweine tatsächlich nur an Erwachsene (also Personen über 18 Jahre) verkauft werden.

Folgende Methoden wären hier denkbar:

3.1 Telefonischer Kontakt zwischen Versandhändler und Kunden

Problematik: Ein rein telefonischer Kontakt stellt ganz offensichtlich keine geeignete Maßnahme dar, um den ausschließlichen Versand an Erwachsene sicherzustellen.

3.2 Regelung mittels Allgemeiner Geschäftsbedingungen

Problematik: Es reicht keineswegs aus, mittels Allgemeiner Geschäftsbedingungen beim Verkauf von alkoholischen Getränken bestimmte Altersgrenzen vorgeben und sich allein hierauf verlassen zu wollen. Damit ist entgegen § 2 JuSchG keineswegs sichergestellt, dass etwa Jugendliche (über 16 Jahre) bestimmte alkoholische Getränke eben nicht ordern können.

3.3 Einfache Altersverifikationssysteme, wie etwa die Eingabe der persönlichen Daten inkl. der Personalausweisnummer des potentiellen Kunden

Problematik: Auch dies reicht nicht aus, um Kinder und Jugendliche effektiv von im Internet angebotenen Alkoholika auszuschließen. So hat bereits die Rechtsprechung (vgl. etwa Urteil des Landgericht Saarbrücken vom 26.7.2005 – 7 II O 49/05) erkannt, dass Kinder und Jugendliche eine nicht zu unterschätzende Vielzahl von Möglichkeiten haben, um sich eine „gültige" Personalausweisnummer zu beschaffen. Hierbei ist zudem zu bedenken, dass Jugendliche in aller Regel die Möglichkeit haben, sich die PA-Nummern von ihren Eltern oder älteren Geschwistern zu beschaffen. In den meisten Haushalten dürften sich diese Dokumente nicht in einem stetigen Verschluss vor den Minderjährigen befinden.

Zudem entspricht es der Lebenserfahrung, dass Freunde und Bekannte der Minderjährigen, die bereits volljährig sind, ihre Personalausweisnummer an sie weitergeben könnten.

Des Weiteren ist es auch möglich, sich ohne große Mühe eine PA-Nummer im Internet über entsprechende Programme zu generieren. Entsprechende Links können über Suchmaschinen innerhalb weniger Minuten ausfindig gemacht werden. Hierbei ist nun unerheblich, ob das AVS einen Abgleich zwischen der in der PA-Nummer enthaltenen Behördenkennzahl und der Postleitzahl des Wohnsitzes vornimmt, denn wenn ein Minderjähriger sich die „echten" Ausweisdaten eines Volljährigen zu Nutze macht, stellt dieser Abgleich keinen erhöhten Schutz dar. Ebenso verhält es sich mit den z. B. im Internet generierten PA-Nummern, da man dort die Postleitzahl des Wohnortes mit der Behördenkennzahl abgleichen kann (vgl. zu der Thematik auch den Beschluss des VG München vom 31.1.2007, Az. M 17 S 07.144).

3.4 Faxübermittlung der Personalausweiskopie

Problematik: Die Faxübermittlung der Personalausweiskopie ist kein taugliches Mittel (vgl. hierzu die Ausführungen zur Methode 3, s. o.).

3.5 Vorgabe bestimmter Zahlungsmittel

Manche Online-Händler versuchen dem § 9 JuSchG dadurch Genüge zu tun, dass sie bestimmte Zahlungsmethoden vorgeben, wie etwa das Bezahlen per Kreditkarte, Bankeinzug oder einer Abrechnung über die Telefonrechnung. Jedoch, auch dies wird wohl kaum ausreichend sein. So ist es etwa Jugendlichen über 16 Jahren durchaus möglich, ein eigenes Bankkonto zu führen. Da über ein solches die Bezahlung des Monatsbeitrags erfolgen könnte, ist eine effektive Barriere zwischen dem Angebot des Internetdienstanbieters sowie dem Minderjährigen kaum anzunehmen.

3.6 „Face-to-Face"-Kontrolle

Auch die Face-to-Face-Kontrolle mittels des Post-Ident-Verfahrens, bei dem sich der Kunde in den Filialen der Deutschen Post zu identifizieren hat, ist im Zusammenhang mit dem Versand von Alkoholika keineswegs unproblematisch. So gelangte etwa erst kürzlich das OLG München (Urt. v. 29.7.2004 – 29 U 2745/04) zu der Erkenntnis, dass durch eine bloße Face-to-Face-Altersprüfung bei der Post keineswegs gewährleistet werden könne, dass die versandte Bestellware auch tatsächlich in die Hände desjenigen gelange, der sich der Altersprüfung unterzogen hat.

3.7 Zustellung

Aus diesem Grund müsse eben auch im Wege der Zustellung sichergestellt werden, dass die Versandware nur an die Berechtigen gelange. Hierzu bieten sich etwa zwei (keineswegs abschließende) Möglichkeiten an:

- Der „Postident Comfort-Dienst" der Deutschen Post, bei der der jeweilige Zusteller für die notwendige Identifikation sorgt – freilich für eine Zusatzvergütung von derzeit 7,16 €.
- Den „Adult Signature Required"-Dienst von UPS, der überhaupt nur an Erwachsene zustellt und dabei eine Zusatzgebühr von 2,60 € erhebt.

Application Service Providing (ASP)-Vertrag

I. Begriff

II. Vertragstypologische Einordnung
1. ASP-Vertrag als gemischt-typologischer Vertrag
2. ASP-Vertrag als Mietvertrag
   2.1 Pflichten des Providers im Mietvertrag
   2.2 Rechte des Kunden im Mietvertrag

III. Inhalt eines ASP-Vertrages

IV. Welche Vorteile/Nachteile bieten ASP-Lösungen?
1. Vorteile und Nachteile für den Kunden
   1.1 Vorteile
   1.2 Nachteile
2. Vorteile und Nachteile für den Provider
   2.1 Vorteile
   2.2 Nachteile

V. Fazit

I. Begriff

Der Application Service Providing-Vertrag oder kurz ASP-Vertrag ist ein Softwareüberlassungsvertrag, der den Kunden berechtigt, Software „online" und „on demand" zeitweilig zu nutzen. Das Besondere am ASP ist, dass der Provider die Software auf seinem Server bereitstellt und dem Kunden lediglich gestattet, diese Software für eine begrenzte Zeit über das Internet oder andere elektronische Netze zu nutzen. Diese Merkmale hat der Bundesgerichtshof in seinem Grundsatzurteil vom 15.11.2006 (Az.: XII ZR 120/04) als charakteristisch für den ASP-Vertrag herausgestellt und präzisiert:

„Die Software verbleibt während der gesamten Nutzungsdauer auf dem Rechner des Anbieters. Dem Kunden werden die jeweils benötigten Funktionen der Anwendungen lediglich über Datenleitungen auf seinem Bildschirm zur Verfügung gestellt."

 Hinweis:
Da die Bereitstellung der Software über das Internet erfolgt, findet das **Telemediengesetz (TMG)** Anwendung. Telemedien sind gemäß § 4 TMG zulassungs- und anmeldefrei. Die Provider, die ASP geschäftsmäßig anbieten, haben gemäß § 5 TMG die dort geforderten Informationen leicht erkennbar, unmittelbar erreichbar und ständig verfügbar zu halten (siehe das Stichwort → *Impressum*). Ihre Haftung richtet sich nach §§ 7 ff. TMG (siehe das Stichwort → *Providerhaftung*).

II. Vertragstypologische Einordnung

Der Jurist steht bei neuen Geschäftsmodellen immer wieder vor dem Problem, den Vertrag, der die neuen Geschäftsprozesse regelt, den gesetzlich geregelten und bekannten Vertragstypen zuzuordnen. Diese Zuordnung ist wesentlich, um die vertraglichen Rechte und Pflichten der Parteien durch gesetzliche Regelungen zu ergänzen bzw. zu ersetzen, wenn der von den Parteien geschlossene Vertrag Lücken und Unstimmigkeiten aufweist. Relevanz hat die vertragstypologische Einordnung auch für die Wirksamkeit von Bestimmungen, die im Rahmen von Allgemeinen Geschäftsbedingungen in den Vertrag eingeführt werden.

Application Service Providing (ASP)-Vertrag

Welcher Vertragstyp ist nun der passende für den ASP-Vertrag? Für eine Antwort sind die einzelnen Leistungen des Providers im Rahmen von ASP zu untersuchen und den gängigen Vertragstypen zuzuordnen.

Zu den Leistungen des Providers in einem ASP-Vertrag gehören:

- Gewährung der Nutzung der Software für eine begrenzte Zeit
- Einräumung der notwendigen Rechte
- Datensicherung
- Anpassung der Software
- Korrektur und Änderung der Software
- Installation aller neuen Programmkorrekturen.

Daneben können noch weitere Leistungen wie die Bereitstellung eines Hotlineservices und die Einweisung des Kunden in die Nutzung der Software vereinbart werden.

1. ASP-Vertrag als gemischt-typologischer Vertrag

Die Leistungen können, abhängig von der besonderen Ausformung, **Dienst-, Miet-** oder **Werkleistungen** sein. Es wäre also denkbar, den ASP-Vertrag als gemischt-typologischen Vertrag zu bezeichnen und für die einzelne Leistung die jeweils vertragstypologisch passenden Regelungen in den ASP-Vertrag aufzunehmen. Dies fällt dann leicht, wenn sich die entsprechenden Vertragsbestandteile gut voneinander abgrenzen lassen.

Beispiel:
Ist neben der Bereitstellung der Software noch eine mehrtägige Schulung des Kunden und seiner Mitarbeiter vertraglich vereinbart, können diese Vertragsbestandteile unproblematisch voneinander getrennt und vertragstypologisch gesondert eingeordnet werden. Die Schulung wäre dann nach Dienstvertragsrecht (§§ 611 ff. BGB), die Bereitstellung der Software nach Mietvertragsrecht (§§ 535 ff. BGB) zu beurteilen.

Um Widersprüche und Schwierigkeiten, insbesondere im Gewährleistungsfall, bei den weniger trennscharf abgrenzbaren Leistungen zu vermeiden, wird in der Praxis ein solcher gemischt-typologischer Vertrag letztlich dem Vertragstyp unterstellt, der die Hauptleistung des Vertrages regelt. Bei einem ASP Vertrag liegt der Schwerpunkt der Leistungen in der Regel darin, dass der Provider dem Kunden die Nutzung der Software für eine begrenzte Zeit gewährt. Dies ist eine **mietvertragliche** Leistung.

2. ASP-Vertrag als Mietvertrag

Um den ASP-Vertrag schwerpunktmäßig als Mietvertrag zu qualifizieren, musste aber erst einmal die Streitfrage geklärt werden, ob Software eine Sache im Sinne von § 90 BGB darstellt oder nicht.

Hinweis:
Das Mietvertragsrecht setzt seinem Wortlaut nach die Gebrauchsüberlassung einer **Sache** voraus (§ 535 Abs. 1 S. 1 BGB).

Diesen seit langem von IT-Juristen mit viel Eifer geführten Disput hat der 12. Zivilsenat beim Bundesgerichtshof (BGH) pragmatisch beendet, indem er die Sacheigenschaft der Software von dem Datenträger, auf dem sich die Software befindet, befreite. Der BGH entschied mit Urteil vom 15.11.2006 (Az.: XII ZR 120/04), dass eine Software nur nutzbar sei, wenn sie irgendwo auf einem Datenträger verkörpert sei. Dieser müsse sich nicht im Besitz des Kunden befinden. Eine Software sei daher auch eine Sache, wenn sie nicht beim Kunden, sondern beim Anbieter verkörpert vorliege. Nach der Entscheidung des BGH ist der ASP-Vertrag daher ein **Mietvertrag**.

2.1 Pflichten des Providers im Mietvertrag

Ist der ASP-Vertrag nun infolge der höchstrichterlichen Rechtsprechung als Mietvertrag einzuordnen, hat der Provider als Vermieter gemäß § 535 Abs. 1 S. 1 BGB alles zu tun, um dem Kunden als Mieter den Gebrauch der Mietsache, also der ASP-Software, während der gesamten Mietzeit zu ermöglichen. Der Provider muss die ASP-Software in der Weise bereitstellen, dass der Kunde in der Lage ist, die Sache – wie vertraglich vereinbart – zu nutzen.

Eine weitere Hauptleistungspflicht des Vermieters stellt die Instandhaltungspflicht dar, vgl. § 535 Abs. 1 S. 2 BGB. Danach hat der Vermieter dafür Sorge zu tragen, dass sich die Sache während der gesamten Vertragsdauer in einem Zustand befindet, der den vertragsmäßigen Gebrauch ermöglicht.

ACHTUNG!
Da die Instandhaltungspflicht eine Hauptpflicht des Vermieters ist, erscheint es problematisch, zusätzlich zur Vergütung des ASP-Vertrages eine Pflegegebühr zu berechnen. Etwas anderes gilt, wenn die Pflege auch die Bereitstellung von Updates oder Upgrades mit funktionalen Erweiterungen beinhaltet. Diese Leistung gehört nicht zu den Pflichten eines Vermieters und kann insofern gesondert in Rechnung gestellt werden.

2.2 Rechte des Kunden im Mietvertrag

Da der Kunde die Software nur mietet, bekommt er auch lediglich die entsprechenden Nutzungsrechte. Das urheberrechtliche Erschöpfungsprinzip (siehe das Stichwort → *Erschöpfungsgrundsatz*) gilt im Falle der Vermietung nicht. Das Recht auf Weitergabe der Software kann daher auch in den Allgemeinen Geschäftsbedingungen (AGB) wirksam ausgeschlossen werden. Der Kunde erhält damit lediglich einfache, nicht übertragbare und auf die Laufzeit des ASP-Vertrages beschränkte Rechte, die ASP-Software ausschließlich auf dem Server des Anbieters zu nutzen.

Ist die Mietsache mangelhaft, dann kann der Mieter (Kunde) gemäß

- § 536 BGB die Vergütung mindern,
- § 536a Absatz 1 BGB Schadensersatz verlangen,
- § 536a Absatz 2 BGB den Mangel selbst beseitigen (etwas schwierig, wenn die Sache nicht im Besitz des Mieters ist) und Ersatz der erforderlichen Aufwendungen verlangen
- und gemäß § 543 BGB den Mietvertrag kündigen.

Hinweis:
Nach Dienstvertragsrecht hätte der Kunde bei Leistungsstörungen keine verschuldensunabhängigen Mängelansprüche, sondern nur einen Schadensersatzanspruch bei Verschulden des Providers!

III. Inhalt eines ASP-Vertrages

Der Provider haftet verschuldensunabhängig dafür, dass der vertragsgemäße Gebrauch der ASP-Software während der ge-

Application Service Providing (ASP)-Vertrag

samten Vertragslaufzeit möglich ist. Es ist für ihn somit unverzichtbar, vertraglich Klarheit über den Umfang der Inanspruchnahme zu schaffen. Aber auch aus Sicht des Kunden ist es ratsam, den Umfang des Gebrauchs der ASP-Software im Vertrag detailliert festzulegen.

Ein mietrechtlich gestalteter ASP-Vertrag sollte daher mindestens Regelungen enthalten über

- die Beschreibung des Leistungsumfangs der ASP-Software
- die technische Verfügbarkeit. Hierzu gehören u. a.
  > die Zeiten, in der die Software zur Verfügung steht
  > die zulässige maximale ununterbrochene Ausfallzeit
  > die Zeiten für Wartungsarbeiten etc.
  > und wenn erforderlich Sanktionen für den Fall der Nichteinhaltung der Verfügbarkeit.

 TIPP!
Hier bietet sich die Vereinbarung eines Service-Level-Agreements (SLA) an (siehe das Stichwort → *Service-Level-Agreement*).

- Laufzeit
- Vergütung
- die Haftung bei Sachmängeln
- die Haftung bei Rechten Dritter an der Software
- Datensicherheit und Datenschutz.

IV. Welche Vorteile/Nachteile bieten ASP-Lösungen?

Das ASP-Modell bietet viele Vorteile, hat aber auch Nachteile, die bei einer Entscheidung für oder gegen ASP-Lösungen abgewogen werden sollten.

1. Vorteile und Nachteile für den Kunden

1.1 Vorteile

- Keine Anschaffungskosten
- Vergütung nur für den tatsächlichen Gebrauch. Das heißt, dass ein Kunde Software nutzen kann, die er sich bei Kauf möglicherweise nicht leisten könnte.
- Ständige Aktualität der Software
- Keine Implementierungskosten
- Keine Kosten für interne IT-Leistungen
- Weltweite Verfügbarkeit
- Einführung neuer Software ohne große Bindung an den Hersteller möglich
- Kompetenz des ASP-Anbieters gegenüber interner Lösung
- Risikoverlagerung zum ASP-Provider durch einklagbares Service-Level-Agreement (SLA) (siehe Stichwort → *Service-Level-Agreement*)
- Deutlich bessere Verfügbarkeit der Anwendungen, da die Redundanz der typischerweise bei ASP-Anbietern eingesetzten hochwertigen Serversysteme deutlich über der von lokalen IT-Systemen liegt. In diesem Kontext werden meist auch wesentlich professionellere Sicherheitslösungen (Datensicherung, Antiviren etc.) vorgehalten. Auch die für ASP-Lösungen notwendige Disponibilität eines Internetzugangs ist bei etablierten Internet Service Providern im Vergleich zur Ausfallwahrscheinlichkeit von lokalen Servergeräten mittlerweile deutlich höher einzustufen.

1.2 Nachteile

- Abhängigkeit vom Provider
- Bei ständiger Nutzung teurer als bei einmaligem Kauf
- Keine alleinige Hoheit mehr über die eigenen Daten
- Keine Möglichkeit mehr, bei Problemen sich selbst zu helfen
- Verzicht auf eigene IT-Kompetenz
- Längere Antwortzeiten
- Abhängigkeit von den Unberechenbarkeiten des Internets oder anderer Telekommunikationsnetze
- Einschränkung in der Programmauswahl – nicht jede Software ist für den Einsatz im ASP-Umfeld geeignet. Insbesondere Mulitmedia- und Telekommunikationslösungen, digitale Diktatsysteme und Software, die direkt auf spezielle Peripheriegeräte zugreift (z. B. Scanner, CD-/DVD-Brenner, Kartenleser), können problematisch zu implementieren sein.
- Telekommunikationskosten für den Datentransfer zum ASP-Anbieter
- Geringere Sicherheit bei vertraulichen Daten als bei einer lokalen Speicherung.

2. Vorteile und Nachteile für den Provider

2.1 Vorteile

- Erschließung von neuen, direkten Vertriebskanälen zum Endnutzer ohne Zwischenschaltung von Händlern für Hersteller
- Senkung der Betriebskosten
- Steigerung der Absatzmöglichkeiten für die Software
- Möglichkeit zum Verkauf von zusätzlichen IT-Dienstleistungen wie Customizing, Schulung.

2.2 Nachteile

- Keine Beschränkung der Mängelhaftung auf ein Jahr ab Überlassung, sondern Haftung für Mängel während der gesamten Überlassungszeit
- Erhöhte Sorgfaltspflichten gegenüber der einmaligen Leistung bei Verkauf von Software
- Bei Problemen mit der Internetverbindung kann die Anwendung nicht zur Verfügung gestellt werden. Der Provider haftet auch für diesen Nutzungsausfall.

V. Fazit

Der ASP-Vertrag bietet die Möglichkeit, Software zu mieten, die beim Provider installiert ist und nur für die Zeit zu vergüten, in der sich die Software tatsächlich im Einsatz befindet.

Apps

Der Vorteil des ASP ist in erster Linie Kosteneinsparung, die insbesondere dann stark ins Gewicht fällt, wenn eine teure Software selten genutzt wird. Der Nachteil ist die riskante Abhängigkeit, in die sich ein Kunde begibt, wenn er über seine IT-Lösung und seine Daten nicht allein und nur online-basiert verfügen kann.

Apps

I. **Bedeutung von Apps**
II. **Stand der rechtlichen Erfassung von Apps**
III. **Relevante Rechtsverhältnisse**
   1. Grundstruktur
   2. Hinweise zu einzelnen Vertragsverhältnissen
IV. **Wichtige rechtliche Pflichten des App-Anbieters**
   1. Impressumspflicht
   2. Beachtung des Fernmeldegeheimnisses
   3. Beachtung datenschutzrechtlicher Vorgaben
   4. Datenschutzerklärung gemäß § 13 Abs. 1 TMG
V. **Datensicherheit bei Apps**
   1. Apps als mobile Sicherheitslösung
   2. Apps als heimliche Datensammler
   3. Prüfung von Apps
VI. **Checkliste**

I. Bedeutung von Apps

Unter Apps versteht man Applikationen oder Anwendungen, die die Funktionen einer Plattform erweitern. Die größte Bedeutung haben Apps bei Betriebssystemen für mobile Endgeräte wie Android OS, Apple iOS, BlackBerry OS und Windows Phone OS. OS steht dabei für Operating System.

Das Microsoft-Betriebssystem für PCs und Tablet Computer Windows 8.1 sowie das neue Windows 10 sehen ebenfalls die Installation von Apps zur Funktionserweiterung vor, ebenso das soziale Netzwerk → Facebook, das ein eigenes App-Center vorhält.

Beispiel:
Apps für Smartphones und Tablets, auch mobile Apps genannt, können die Funktionen eines mobilen Endgerätes deutlich erweitern. So gibt es zum Beispiel Apps für

- Reiseplanung und Navigation
- das elektronische Ticketing
- Wettervorhersagen
- Übersetzungen
- Umrechnungen von Fremdwährungen
- die Verwaltung von Reisekosten
- die Aufgabenverwaltung
- den mobilen Zugriff auf Datenbanken
- das mobile Projektmanagement
- die mobile Zeiterfassung
- die mobile Bearbeitung von Office-Dokumenten
- Abfragen von Aktienkursen und Nachrichten
- mobile Videokonferenzen
- den mobilen Zugang zu sozialen Netzwerken.

Apps sind generell plattformabhängig, können also zum Beispiel nur für ein bestimmtes Betriebssystem genutzt werden. Neben den bereits ab Werk auf den (mobilen) Endgeräten installierten Apps gibt es für den Nutzer die Möglichkeit, weitere Apps kostenlos oder kostenpflichtig zu installieren.

Beispiel:
Rund jeder zweite Smartphone-Nutzer (48 Prozent) lädt zusätzliche Apps auf sein Gerät, so das Ergebnis einer BITKOM-Umfrage. Die meisten Smartphone-Nutzer setzen dabei auf kostenfreie Angebote: Knapp jeder Dritte von ihnen (29 Prozent) installiert nur Apps, für die er nichts bezahlen muss. Insgesamt 17 Prozent der Smartphone-Nutzer bezahlen hingegen auch für entsprechende Programme.

Verfügbar sind zusätzliche Apps über sogenannte App-Stores oder App-Marktplätze im Internet.

Beispiel:
Die wichtigsten App-Marktplätze sind:

- Google Play für Android-Apps (http://www.rehmnetz.de/it-recht/googleplay),
- Apple App Store für iPhone- und iPad-Apps (http://www.rehmnetz.de/it-recht/appleappstore),
- BlackBerry App World (http://www.rehmnetz.de/it-recht/blackberryapps) und
- Amazon App-Shop (http://www.rehmnetz.de/it-recht/amazonapps)
- Windows Store (http://www.rehmnetz.de/it-recht/microsoftstore) und
- Windows Phone App Store (http://www.rehmnetz.de/it-recht/windowsphoneapps).

Laut Bitkom beläuft sich die Gesamtzahl der Apps derzeit in den fünf größten App Stores auf rund 3,7 Millionen. Dabei entfallen 1,5 Millionen auf den Google Play Store und 1,4 Millionen auf den Apple App Store. Im Amazon App Store sind zudem 360.000 Anwendungen verfügbar, im Windows Phone Store 340.000 und bei Blackberry World 130.000.

II. Stand der rechtlichen Erfassung von Apps

Apps sind bisher relativ selten Gegenstand gerichtlicher Entscheidungen und auch die juristische Literatur hierzu hält sich – verglichen mit der Literatur zu anderen Themen der EDV – noch in recht überschaubaren Grenzen. Dies wird oft als überraschend empfunden oder auch als Beleg dafür, dass das Recht angeblich der technischen Entwicklung hinterherhinkt.

Dabei sollte man jedoch bedenken, dass der „App-Store", die Verkaufsplattform von Apple für Apps, erst Mitte 2008 seinen Betrieb aufgenommen hat und dass dabei zunächst kaum mehr als 500 Apps angeboten wurden. Während der Anfangsjahre bestand somit rein zahlenmäßig kaum Gelegenheit, dass sich Rechtsstreitigkeiten hätten entwickeln können.

Entscheidender dürfte allerdings sein, dass viele Rechtsfragen, die sich bei Apps ergeben, nur wenige App-spezifische Besonderheiten aufweisen. Das gilt vor allem für Fragen des Urheberrechts. Sofern Apps urheberrechtlich geschützte Inhalte nutzen, gilt im Prinzip nichts anderes als sonst auch. Im Folgenden sind daher fast ausschließlich Rechtsfragen dargestellt, bei denen wirkliche App-spezifische Besonderheiten vorliegen. Zum markenrechtlichen Schutz von Apps siehe ergänzend das → Stichwort Marken und sonstige Kennzeichenrechte. Unabhängig davon erscheint gleichwohl bemerkenswert, wie selten Apps zu Rechtsstreitigkeiten führen.

III. Relevante Rechtsverhältnisse

1. Grundstruktur

Da Apps immer auf eine spezifische Plattform (etwa auf ein Betriebssystem oder ein soziales Netzwerk) bezogen sind, müssen sie deren Eigenheiten und technische Spezifikationen weit mehr berücksichtigen als das bei sonstiger Software der Fall ist. Zudem erfolgt der Vertrieb von Apps in der Regel über die entsprechenden Verkaufsplattformen (inzwischen durchweg auch dann als „App-Store" bezeichnet, wenn es sich dabei nicht um die Verkaufsplattform von Apple handelt) und nicht in direktem Kontakt mit dem Endkunden. Beides zusammen führt dazu, dass Entwickler und Anbieter einer App weit weniger eigenständig handeln können, als dies sonst bei Software denkbar ist.

Das Landgericht Köln hat diese rechtlich relevanten Besonderheiten von Apps aus Anlass einer markenrechtlichen Streitigkeit wie folgt ausführlicher beschrieben (Urteil vom 10.12.2013 – 33 O 83/13, Rn. 28–30); der Rechtsstreit selber wurde inzwischen abschließend entschieden durch BGH Urteil vom 28.1.2016 – I ZR 202/14):

- Eine App kann im Hinblick auf den Werkbegriff des § 5 Absatz 3 Markengesetz als internet- und plattformbasierte Softwareanwendung für mobile Endgeräte umschrieben werden. Durch die App wird es dem Nutzer ermöglicht, die Leistungen eines Anbieters über das mobile Internet direkt auf einem Endgerät zu nutzen. Der Vorteil liegt für den Nutzer darin, dass die jeweilige App auf die Betriebssoftware des jeweiligen Geräts abgestimmt ist, um auf diese Weise eine schnellere und reibungslosere Anwendung zu gewährleisten. Damit weist eine App zum einen Parallelen zur Software auf, da auch diese auf bestimmten Plattformen basiert und meist für ein bestimmtes Betriebssystem konfiguriert ist. Wie die Software beeinflusst auch die App die Datenverarbeitung eines Geräts.

- Zum anderen ist eine App auch mit einer Homepage vergleichbar, da über eine App, wie auch über eine Homepage, Leistungen online angeboten und abgerufen werden können. Eine App stellt mithin in diesem Sinne ein Online-Dienstleistungsangebot dar, welches über ein mobiles Endgerät abgerufen werden kann. So kann ein Nutzer beispielsweise einen bestimmten Online-Shop sowohl über eine Homepage aufrufen als auch – soweit verfügbar – eine App auf einem mobilen Endgerät nutzen. Darüber hinaus bestehen Apps – wie auch die meisten Internetseiten – grundsätzlich aus einzelnen Werken wie Bildern und Texten, die in der App zu einem Gesamtbild verknüpft werden. Weiter können Apps von jedermann erworben werden und sind auf der Benutzeroberfläche des mobilen Endgeräts durch ein Symbol, das sog. Icon, sichtbar. Die Apps werden über eine zentrale Vertriebsplattform angeboten und können von Kunden dort kostenlos oder kostenpflichtig heruntergeladen werden.

Diese Situation erklärt, warum in rechtlicher Hinsicht meist vier Akteure zu berücksichtigen sind:

- Der Auftraggeber (und in der Regel zugleich Anbieter der App) lässt sie von einem Entwickler entwickeln und bietet sie über eine Plattform (App-Store) dem Endnutzer an. Zwischen Auftraggeber und Entwickler besteht ein Software-Entwicklungsvertrag.

- Der Entwickler nutzt Schnittstellen, Entwicklungstools und Vorgaben der Plattform, auf der die App aufbaut. Das Ergebnis seiner Arbeit stellt er dem Auftraggeber zur Verfügung.

- Der Anbieter (meist identisch mit dem Auftraggeber) bietet die App über eine Vertriebsplattform („App-Store") dem Endnutzer an. Um dies tun zu können, muss er einen Vertrag mit dem Plattformbetreiber schließen, in dem dieser die Nutzung der Plattform für diesen Zweck gestattet.

- Der (End-)nutzer schließt einen Vertrag mit dem Auftraggeber/Anbieter über die Nutzung der App. Außerdem hat er auch eine vertragliche Beziehung zum Betreiber der Vertriebsplattform („App-Store"). Beides gilt auch dann, wenn er nichts für die App zahlen muss. Dies ändert nichts daran, dass eine rechtliche Beziehung besteht.

Modifikationen dieser Grundstruktur sind natürlich möglich. Sie spielen aber für das Verständnis der Strukturen keine Rolle. Wichtig ist, dass es jeweils um vertragliche Beziehungen zwischen den Beteiligten geht – auch dann, wenn nichts schriftlich vereinbart wurde.

2. Hinweise zu einzelnen Vertragsverhältnissen

Bei der Vertragsbeziehung zwischen Auftraggeber und Entwickler handelt es sich um einen Softwareentwicklungsvertrag, der rechtlich als Werkvertrag (§ 631 BGB) anzusehen ist, denn der Entwickler schuldet eine funktionsfähige App als Ergebnis seiner Arbeit, also ein „Werk". Was die App können muss, wird – wie bei der Entwicklung sonstiger Software auch – jedenfalls in komplexeren Fällen – in einem Pflichtenheft festgelegt.

Die Vertragsbeziehung zwischen Endnutzer und Anbieter der App orientiert sich in der Regel am „Leitbild des Kaufvertrags", (so LG Frankfurt/M., Urteil v. 6.6.2013 – 2-24 O 246/12.). Das gilt dann, wenn der Endnutzer für die App etwas zahlt. Ist das nicht der Fall, liegt dagegen ein Schenkungsvertrag vor (siehe § 516 Abs. 1 BGB: „Eine Zuwendung, durch die jemand aus seinem Vermögen einen anderen bereichert ist Schenkung, wenn beide Teile darüber einig sind, dass die Zuwendung unentgeltlich erfolgt."). Eine App ist als Vermögenswert anzusehen, der zugewandt wird. Die Einordnung als Schenkung hat praktisch wichtige Folgen, wenn eine App Schäden auslöst. In diesem Fall gilt dann § 521 BGB: „Der Schenker hat nur Vorsatz und grobe Fahrlässigkeit zu vertreten.". Mit anderen Worten: Oft wird der Geschädigte dann keine Schadensersatzansprüche haben.

Schwerer einzuordnen ist die Vertragsbeziehung zwischen Endnutzer und Betreiber des „App-Store". In der Regel will der Betreiber nur die Plattform zur Verfügung stellen, damit Endnut-

Apps

zer und Anbieter miteinander einen Vertrag schließen können. Der Betreiber will aber nicht Vertragspartei in dieser vertraglichen Beziehung werden. Insofern ist die Vertragsbeziehung zwischen ihm und dem Endnutzer als Dienstleistungsvertrag (§ 611 BGB) zu qualifizieren. Es sei jedoch darauf hingewiesen, dass gerade bei diesem Punkt vieles umstritten ist und die Rechtsprechung sich damit noch nicht befasst hat. Insbesondere ist umstritten, wie die Allgemeinen Geschäftsbedingungen des App-Store von Apple in dieser Hinsicht auszulegen sind und ob sie überhaupt wirksam sind.

Zum Inhalt der Allgemeinen Geschäftsbedingungen von Apps hat das Landgericht Frankfurt entschieden, dass eine formularmäßig vereinbarte Einwilligung zur automatischen Installation von Updates unwirksam ist. Sie verstößt gegen § 308 Nr. 4 BGB. Sie gibt nämlich dem Anbieter das Recht, die vereinbarte Leistung einseitig zu ändern. Das ist unzulässig, sofern nicht im Einzelfall eine Prüfung vorgesehen ist, ob dies für den Endnutzer zumutbar ist (LG Frankfurt/M., Urt. v. 6.6.2013 – 2-24 O 246/12). Ebenso ist es unzulässig, die Haftung bei einfacher Fahrlässigkeit generell auf den Schaden zu beschränken, der typischerweise vorhersehbar ist. Dies verstößt gegen § 309 Nr. 7 Buchstabe a BGB, wonach eine solche Beschränkung bei Körperschäden ausgeschlossen ist (LG Frankfurt/M., Urt. v. 6.6.2013 – 2-24 O 246/12). Angesichts von Apps, die gesundheitlichen Zwecken dienen, ist die Konstellation eines möglichen Körperschadens durchaus realitätsnah. Auch denke man an den Fall einer „Empfängnisverhütungs-App", die fehlerhafte Ergebnisse liefert.

IV. Wichtige rechtliche Pflichten des App-Anbieters

1. Impressumspflicht

Ein App-Anbieter muss an seiner App ein Impressum (§ 5 Abs. 1 TMG) anbringen, sofern die App als eigenständiger elektronischer Informations- und Kommunikationsdienst (§ 1 Abs. 1 TMG) anzusehen ist. Das wird von manchen Autoren für den Regelfall bejaht, sobald eine App zum Einsatz kommt (siehe Sachs/Meder, ZD 2013, 303 Fn. 3). Da das Telemediengesetz (TMG) nicht für Telekommunikationsdienste und auch nicht für den Rundfunk gilt (siehe § 1 Abs. 1 Satz 1 TMG), besteht jedoch keine Impressumspflicht, falls eine App diesen beiden Begriffen unterfällt. Deshalb besteht keine Impressumspflicht, sofern

- eine App nur Daten transportiert, ohne sie aufzubereiten (denn dann liegt Telekommunikation vor) oder
- sie nur lineare Streams anbietet (denn das ist als Rundfunk anzusehen).

(Siehe dazu Baumgartner/Ewald, Apps und Recht, 2. Aufl. 2013, Rn. 149.) Es handelt sich bei diesen Unterscheidungen nicht um theoretische Überlegungen ohne Praxisbezug. Verstöße gegen die Impressumspflichten können vielmehr zu einem Bußgeld führen (§ 16 Abs. 2 Nr. 1 TMG) und auch Abmahnungen von Konkurrenten nach sich ziehen.

2. Beachtung des Fernmeldegeheimnisses

Falls eine App den Transport von Daten an ein soziales Netzwerk bewirkt, unterliegt ihr Einsatz den Vorgaben über das Fernmeldegeheimnis (§ 88 TKG), da dann Telekommunikation (im Sinn der Definition von § 3 Nr. 22 TKG) stattfindet. Verstöße gegen das Fernmeldegeheimnis sind strafbar (§ 206 StGB). Daten, die lediglich in der App „ruhen", unterliegen dagegen nicht dem Schutz des Fernmeldegeheimnisses, da dann keine Telekommunikation vorliegt.

3. Beachtung datenschutzrechtlicher Vorgaben

Der Einsatz von Apps unterliegt im Regelfall auch dann dem deutschen Datenschutzrecht, wenn der Anbieter im Ausland ansässig ist und keine Niederlassung in Deutschland hat. Das ergibt sich aus § 1 Abs. 5 Satz 2 BDSG. Demnach findet deutsches Datenschutzrecht immer Anwendung, wenn für die Verarbeitung personenbezogener Daten auf Mittel im Inland zurückgegriffen wird. Eine App auf einem Gerät, das sich im Inland befindet, ist ein solches Mittel (Sachs/Meder, ZD 2013, 303, 304 sowie Gruppe nach Art. 29, Stellungnahme 02/2013 zu Apps auf intelligenten Endgeräten, S. 8/9, abrufbar unter http://www.rehmnetz.de/it-recht/workingpaper202).

Werden Apps selbst genutzt, speichern Sie nahezu immer personenbezogene Daten. Dazu gehören insbesondere Standortdaten (§ 98 TKG). Dazu bedarf es – wie auch sonst beim Umgang mit personenbezogenen Daten – einer gesetzlichen Erlaubnis oder der Einwilligung des Nutzers (§ 4 Abs. 3 BDSG, § 13 Abs. 2, 3 TMG). Das BDSG und das TMG sind nebeneinander anwendbar. Dabei sind ihre Anwendungsbereiche wie folgt abzugrenzen:

- Das TMG gilt für die Erhebung und Verwendung von Bestandsdaten (§ 14 TMG) und Nutzungsdaten (§ 15 TMG).
- Das BDSG gilt für den Umgang mit Inhaltsdaten. Dieser Begriff ist gesetzlich nicht geregelt und bezeichnet die Daten, die bei der Nutzung eines Dienstes zwischen den Beteiligten ausgetauscht werden (zu Details siehe Buchner, DuD 2012, 767 ff.).

Generell ist – unabhängig von der Art der Daten – das Prinzip der Erforderlichkeit zu beachten, da es in allen genannten Regelungen enthalten ist. So darf eine App etwa nur dann Standortdaten feststellen, wenn das für ihre Funktion notwendig ist. Gegen das Prinzip der Erforderlichkeit wird bei der Gestaltung von Apps oft verstoßen. Vielfach sind Berechtigungen (zum Beispiel der Zugriff auf alle Kontakte) „kategorisch" vorgegeben. Der Endnutzer kann die Berechtigung also nur entweder gewähren oder verweigern; im letztgenannten Fall erhält er keinen Zugriff auf die App. Tiefergehende Differenzierungen sind ihm nicht möglich. Den Aufsichtsbehörden ist es bisher nicht gelungen, hieran etwas zu ändern. Sie beschränken sich auf – berechtigte – Kritik an der Situation (siehe etwa Beschluss des Düsseldorfer Kreises „Datenschutzgerechte Nutzung von Smartphones ermöglichen!" vom 4./5.5.2011, abrufbar unter http://www.rehmnetz.de/it-recht/duesseldorferkreis2). Bisweilen beruht die Vorgabe von kategorischen Berechtigungen allerdings auch lediglich auf der Unfähigkeit oder der fehlenden Datenschutzsensibilität des Entwicklers. Bei der Entwicklung von Apps kommen nämlich meist „Baukästen" (Software Development Kits – SDK) zur Anwendung, welche den Entwicklern von den Plattformbetreibern (etwa von Apple) kostenlos zur Verfügung gestellt werden. Die dort meist durchaus vorhandene Möglichkeit, vorgesehene generelle Berechtigungen entwicklerseitig einzuschränken, wird oft schon aus Bequemlichkeit nicht genutzt.

Apps

4. Datenschutzerklärung gemäß § 13 Abs. 1 TMG

Jeder Anbieter, auf denen das Telemediengesetz Anwendung findet, ist dazu verpflichtet, den Nutzer zu Beginn des Nutzungsvorgangs über Art, Umfang und Zweck der Erhebung und Verwendung personenbezogener Daten sowie über die Verarbeitung seiner Daten in Staaten außerhalb des Anwendungsbereichs der Europäischen Datenschutzrichtlinie 95/46/EG in allgemein verständlicher Form zu unterrichten (§ 13 Abs. 1 Satz 1 TMG). Dies gilt auch für Anbieter von Apps.

Diese formale Pflicht steht in enger Beziehung zu den unter 3. geschilderten inhaltlichen Vorgaben für die Verarbeitung von personenbezogenen Daten. Insbesondere stellt nur eine ordnungsgemäße Datenschutzerklärung sicher, dass der Endnutzer eine etwa von ihm geforderte Einwilligung auf der Basis ausreichender Informationen abgibt (zu den Voraussetzungen an die Wirksamkeit einer Einwilligung siehe § 4a BDSG einerseits, § 13 Abs. 2, 3 TMG andererseits). Auch gegen diese Pflicht wird bisher noch häufig verstoßen.

V. Datensicherheit bei Apps

1. Apps als mobile Sicherheitslösung

Apps können auch die Sicherheitsfunktionen von Betriebssystemen und anderen Plattformen ergänzen. So gibt es spezielle Sicherheits-Apps verschiedener Anbieter für die unterschiedlichen mobilen Betriebssysteme.

Beispiel:

Sicherheits-Apps bieten Sicherheitsfunktionen, wie sie zum Beispiel aus dem PC-Bereich bekannt sind:

- Verschlüsselung von Daten,
- Fernlöschen von Daten, falls das mobile Endgerät verloren geht oder gestohlen wird,
- Malware-Schutz,
- mobile Firewall,
- Aufbau eines mobilen Virtual Private Networks (VPN) und
- Informationen über Sicherheitsbedrohungen aus dem Internet.

 WICHTIG!

Alle mobilen Betriebssysteme verfügen über integrierte Sicherheitsfunktionen. Dennoch ist es bei mobilen Endgeräten genauso wie bei PCs erforderlich, weitere Sicherheitslösungen in Form von Apps zu installieren und diese regelmäßig zu aktualisieren.

2. Apps als heimliche Datensammler

Apps können nicht nur zu einer Erhöhung der Datensicherheit auf mobilen Endgeräten beitragen, sondern auch ein Risiko für personenbezogene Daten darstellen. Da Apps bei der Installation zum Teil weitreichende Berechtigungen erlangen, kann es auch zum Missbrauch der Zugriffsrechte auf Daten kommen.

Beispiel:

Apps verlangen bei ihrer Installation mitunter Berechtigungen, die sie für ihre eigentliche Funktion nicht benötigen. Ein Beispiel ist die Berechtigung, auf Positionsdaten und die Ortungsfunktion (z. B. GPS) des mobilen Endgerätes zugreifen zu dürfen, obwohl die App-Funktion oftmals gar keinen Standortbezug aufweist.

 WICHTIG!

Insbesondere, aber nicht nur bei kostenlosen Apps besteht die Gefahr, dass diese heimlich Daten des Nutzers sammeln und an Dritte zum Beispiel zu Werbezwecken weiterleiten. Es wurden bereits ausgesprochene Spionage-Apps entdeckt, die eine scheinbar nützliche Funktion versprachen, aber einen mobilen Angriff auf personenbezogene Daten verübten.

Ebenso wurden Apps durch Sicherheitsprogramme enttarnt, die mobile Schadprogramme darstellten, nicht aber praktische Zusatzfunktionen. Gerade für Android OS gibt es eine Vielzahl von Apps, die vergleichbar mit Trojaner-Programmen aus dem PC-Bereich sind. Aber auch bei allen anderen mobilen Betriebssystemen muss damit gerechnet werden, dass die Apps Daten ausspionieren oder anderen Schaden anrichten wollen.

3. Prüfung von Apps

Ein kompletter Verzicht auf die Installation von Apps aus Sicherheits- oder Datenschutzgründen verringert die Vorteile durch den Einsatz mobiler Endgeräte erheblich. Deshalb sollten Maßnahmen ergriffen werden, um Apps vor Installation und Einsatz zu überprüfen.

Beispiel:

Die Überprüfung von Apps ist auf verschiedenen Wegen möglich:

1. Die meisten App-Marktplätze geben Informationen zu dem App-Entwickler an und zeigen eine Nutzerbewertung für die App und den App-Entwickler. Kritische Bewertungen oder gar Sicherheitswarnungen vor einer App sind wichtige Anhaltspunkte. Die Bewertungen und Kommentare sollten allerdings nicht überbewertet werden, denn es sind bereits Fälle bekannt geworden, in denen die Kommentare und Bewertungen von Apps bewusst gefälscht wurden.

2. Zu jeder App gehört eine Datenschutzerklärung, die geprüft werden sollte.

3. Mobile Sicherheitslösungen haben häufig eine Funktion zur Prüfung, welche Berechtigungen eine App verlangt und ob diese als kritisch zu bewerten sind. Solche als App-Scanner bezeichneten Sicherheitsfunktionen können auch Schadfunktionen in Apps enttarnen.

 WICHTIG!

Auch Apps aus offiziellen, bekannten App-Marktplätzen können mit Schad- und Spionagefunktionen ausgestattet sein. Die App-Prüfungen der Marktplatz-Betreiber können keine vollständige App-Sicherheit gewährleisten.

VI. Checkliste

 WICHTIG!

- ❏ Apps sind Anwendungen, die insbesondere mobile Betriebssysteme um Zusatzfunktionen erweitern.
- ❏ Viele Apps sind kostenlos und finanzieren sich über Werbung. „Bezahlt" wird jedoch auch mit personenbezogenen Daten.
- ❏ Die Verwendung der Nutzerdaten durch Apps muss kritisch geprüft werden (Datenschutzerklärung).
- ❏ Apps könnten heimlich Nutzerdaten sammeln und weitere Schadfunktionen besitzen.

Archivierung von E-Mails – Rechtliche Rahmenbedingungen

- ❑ Deshalb sollten Apps vor der Installation überprüft werden auf unnötige oder kritische Zugriffsberechtigungen für personenbezogene Daten des Nutzers und auf mögliche Schadsoftware-Eigenschaften.
- ❑ Dazu gibt es spezielle Sicherheits-Apps, die allerdings aus vertrauenswürdigen Quellen stammen sollten.
- ❑ Wer Apps verbreitet, muss zahlreiche Rechtspflichten beachten, von der Impressumspflicht bis zum Fernmeldegeheimnis. Dabei kommt es auf die konkrete Ausgestaltung einer App an, welche Regelungen zu beachten sind.

Archivierung von E-Mails – Rechtliche Rahmenbedingungen

I. **Einleitung: E-Mail-Archivierung als Teil eines professionellen Risikomanagements**
  1. Zeitaufwand
  2. Sicherheitsrisiko
  3. Ordnungs- bzw. Speicherprobleme
  4. Ausfall der E-Mail-Kommunikation
  5. Immer komplexer werdende rechtliche Anforderungen

II. **Rechtliche Risiken**
  1. Verletzung der Buchführungspflichten
  2. Straftat
  3. Ordnungswidrigkeit
  4. Schadensersatz
  5. E-Mail als Beweis
  6. Persönliche Haftung
  7. Basel II

III. **Rechtsrahmen zur elektronischen Archivierung von E-Mails**
  1. Ausgangspost: Welche ausgehende elektronische Post muss archiviert werden?
     1.1 § 238 Abs. 2 Handelsgesetzbuch (HGB)
        1.1.1 E-Mails, die als Handelsbriefe einzustufen sind, müssen archiviert werden
        1.1.2 Adressat der Archivierungspflicht
        1.1.3 Aufbewahrungsfristen
     1.2 § 147 Abgabenordnung (AO)
        1.2.1 Sonstige E-Mails mit steuerrechtlichem Bezug sind aufzubewahren
        1.2.2 Art der Speicherung
        1.2.3 Dauer der Archivierungspflicht
  2. Eingangspost: Welche eingehende elektronische Post (also etwa E-Mails) ist zu archivieren?

IV. **Die häufigsten Fragen zum Thema „Rechtssichere E-Mail-Archivierung"**
  1. Sind die Anlagen der Handels- oder Geschäftsmails aufbewahrungspflichtig?
  2. Sind Geschäftsmails zu archivieren, die sich auf ein nicht zustande gekommenes Geschäft beziehen?
  3. Schreibt das Gesetz bezüglich der E-Mail-Archivierung eine bestimmte Art und Weise vor?
  4. Ist es zulässig, die E-Mails in verschlüsselter Form zu speichern?
  5. Was bedeutet eigentlich die revisionssichere Archivierung von E-Mails?
  6. Können E-Mails archiviert werden, wenn eine Privatnutzung des Mailsystems geduldet oder erlaubt wird?
  7. Sind Rückstellungen für die Archivierung zu bilden?

V. **Handlungsanleitung zur Privatnutzung des Mailsystems**
  1. Möglichkeit = Totalverbot des Einsatzes von E-Mails zu privaten Zwecken im Unternehmen
  2. Möglichkeit = Vorbehaltlose Erlaubnis des Einsatzes von E-Mails zu privaten Zwecken
  3. Möglichkeit = Zwischenlösung

VI. **Fazit**

I. Einleitung: E-Mail-Archivierung als Teil eines professionellen Risikomanagements

Die nachfolgenden Ausführungen beschäftigen sich intensiv mit den rechtlichen Rahmenbedingungen der Archivierungspflicht von E-Mails (als Teil eines effektiven IT-Risikomanagements) und zeigen insbesondere auf, welche Konflikte im Zusammenhang mit dem Datenschutz bestehen und wie diese wiederum gemeistert werden können.

Heutzutage sind in der Geschäftswelt nahezu alle denkbaren Prozesse von einer Kommunikation per E-Mail abhängig. So machen Schätzungen zufolge E-Mails bei Unternehmen 60–70 % der Kommunikation aus. Der Siegeszug der Kommunikationsform E-Mail erstaunt nicht, ist sie doch leicht beherrschbar, flexibel, schnell und weltweit einsetzbar und (im Vergleich zu Fax oder Telefon) ein preiswertes, ja fast kostenloses Kommunikationsmittel.

Die enge Verzahnung von unternehmerischem Handeln und dem Einsatz von Informationstechnik hat aber auch ihre Kehrseite.

1. Zeitaufwand

So verursacht das Phänomen „Spam" im System der weltweiten E-Mail-Kommunikation einen erheblichen Schaden, da der Zeitaufwand enorm ist, den jeder Bearbeiter aufbringen muss, um Spam-Mails von geschäftsrelevanten Mails zu unterscheiden.

2. Sicherheitsrisiko

Die E-Mail hat sich außerdem in den letzten Jahren als großes Viren-Einschleusetor erwiesen. Spätestens seit dem E-Mail-Virus „Worm" ist dies einer breiteren Öffentlichkeit bekannt und bewusst.

3. Ordnungs- bzw. Speicherprobleme

Durch die gewaltige Zunahme des E-Mail-Aufkommens kommt es für die IT-Verantwortlichen einer Firma zu ganz praktischen Problemen:

- Wie behält man den Überblick?
- Wie begegnet man überquellenden Mailordnern?

Archivierung von E-Mails – Rechtliche Rahmenbedingungen

- Welche E-Mails dürfen gelöscht werden und welche nicht?
- Auf welche Art und Weise sollte man E-Mails speichern?
- Wie lange hat man E-Mails zu speichern?

4. Ausfall der E-Mail-Kommunikation

Ausfälle oder Störungen der unternehmenseigenen IT-Infrastruktur haben direkte Auswirkungen auf den jeweiligen unternehmerischen Erfolg. Ließ sich beispielsweise in den 80er-Jahren ein Komplettausfall der IT-Umgebung noch verkraften, so kann derselbe Ausfall heutzutage schnell existenzbedrohende Züge annehmen. Die Erfahrungen mit der Schadsoftware „Locky" im Februar 2016 waren hier eine deutliche Warnung. Sie legte unter anderem komplette Mailsysteme von Kliniken lahm.

5. Immer komplexer werdende rechtliche Anforderungen

Gerade angesichts der Relevanz der E-Mail in der Geschäftskorrespondenz ist es kein Wunder, dass gesetzliche wie auch behördliche Regelungsrahmen hinsichtlich des Umgangs mit E-Mails (und damit einhergehend die organisatorischen und technischen Herausforderungen) immer weitere Ausmaße annehmen:

- Das „Gesetz über elektronische Handelsregister und Genossenschaftsregister sowie das Unternehmensregister" (EHUG) bringt für die im Handelsregister eingetragenen Unternehmen die Forderung mit sich, dass diese nun auch bei ihrer via E-Mail oder via Fax geführten Korrespondenz bestimmte formale Rahmenbedingungen einhalten müssen, die bisher nur für gedruckte Geschäftsbriefe galten.
- Nicht zuletzt hat es der Gesetzgeber sich zum Ziel gesetzt, mittels einer ganzen Reihe von gesetzlichen Bestimmungen einen rechtlich verbindlichen Verhaltenskodex (s. dazu unten unter Abschnitt III) zu schaffen, um den Unternehmer zu einem gewissenhaften Risikomanagement, also dem planvollen Umgang mit unternehmerischen Risiken zu „erziehen".

Das Thema „E-Mail-Archivierung" stellt im Zusammenhang mit dem IT-Risikomanagement einen Teilaspekt dar, der aber gerade in den letzten Jahren Wellen geschlagen hat. So verlangt das Gesetz bereits seit ein paar Jahren von Kaufleuten, dass E-Mails, die in Bezug zu Rechtsgeschäften stehen oder anderweitig steuerrechtlich relevant sind, nach handelsrechtlichen sowie steuerrechtlichen Anforderungen mehrere Jahre ordnungsgemäß zu archivieren sind.

II. Rechtliche Risiken

E-Mails werden in ihrer rechtlichen Bedeutung teilweise unterschätzt. Dies zu Unrecht, da die in einer E-Mail enthaltene Erklärung bzw. Information rechtsrelevant ist und ihr im Geschäftsverkehr dieselbe rechtliche Bedeutung zukommt wie ihrem Pendant in Papierform. Vor diesem Hintergrund ist es nicht nachvollziehbar, dass bislang nur relativ wenige Unternehmen das Kommunikationsmedium E-Mail wirklich „beherrschen" – gerade in rechtlicher Hinsicht. Oftmals sind es die Firmenmitarbeiter, die – ohne besondere Vorgaben auf sich selbst gestellt – für den Inhalt und die Verwertung der ausgetauschten Nachrichten zuständig sind, während die Unternehmen sich damit begnügen, eine stabile und kosteneffiziente Telekommunikationsinfrastruktur bereitzustellen. Fragen der unternehmensgesteuerten Archivierung des eigenen E-Mail-Verkehrs kommen dabei oftmals zu kurz.

Eine solche Nachlässigkeit kann schnell zu erheblichen Nachteilen führen, wie etwa ein Fallbeispiel aus den USA zeigt. So wurde einem deutschen Unternehmen, nämlich der Deutschen Bank, Ende 2002 durch die US-Börsenaufsicht SEC eine Strafzahlung in Höhe von 1,65 Millionen US-Dollar auferlegt. Hintergrund: Anlageberater des Unternehmens hatten (entgegen den unternehmenseigenen Vorgaben) E-Mails nur so unzureichend gespeichert, dass dadurch Ermittlungsverfahren zu bestimmten umstrittenen Anlageempfehlungen erschwert bzw. vereitelt worden sind. Auch in Deutschland sind Sanktionen bei einer mangelhaften E-Mail-Archivierung möglich.

1. Verletzung der Buchführungspflichten

So kann etwa eine mangelhafte E-Mail-Archivierung als Verletzung der handelsrechtlichen Buchführungspflichten gewertet werden und wegen der Maßgeblichkeit zugleich einer Verletzung der steuerrechtlichen Buchführungspflicht gleichkommen. Da wiederum Mängel der Buchführung die steuerrechtliche Beweiskraft der Bücher beeinträchtigt, wäre die Finanzverwaltung in diesem Fall berechtigt, den steuerlichen Gewinn nach § 162 Abs. 2 AO zu schätzen. Zudem könnte die Finanzverwaltung die Buchführungspflicht durch ein Zwangsgeld erwirken (§ 328 Abs. 1 AO).

2. Straftat

Abgesehen von steuerrechtlichen Sanktionen kann die Verletzung der E-Mail-Archivierungspflicht strafbar sein, etwa wenn durch eine unzureichende oder gar manipulative Archivierung von E-Mails das Unternehmen vorsätzlich die Übersicht über dessen Vermögensstand mit dem Ziel erschwert, Vermögensbestandteile, die im Falle der Eröffnung eines möglichen Insolvenzverfahrens zur Insolvenzmasse gehören, beiseite zu schaffen oder gar zu verheimlichen (vgl. §§ 283 ff. StGB).

Darüber hinaus regelt § 283b StGB, dass eine Verletzung der Buchführungspflicht mit Freiheitsstrafe bis zu zwei Jahren oder mit Geldstrafe bestraft werden kann.

3. Ordnungswidrigkeit

Des Weiteren kann eine vorsätzliche oder leichtfertige Verletzung der Buchführungspflicht eine Ordnungswidrigkeit sein. Hier käme etwa eine Steuergefährdung gemäß § 379 AO in Betracht (soweit es sich nicht um eine leichtfertige Steuerverkürzung gemäß § 378 AO handelt).

4. Schadensersatz

Daneben sind zivilrechtliche Sanktionen denkbar. Die Verletzung der Buchführungspflicht macht den Vorstand oder Geschäftsführer der jeweiligen Gesellschaft schadensersatzpflichtig nach § 93 Abs. 2 AktG bzw. § 43 Abs. 2 GmbHG.

Zudem kann die mangelhafte Archivierung von E-Mails Schadensersatzansprüche eines Vertragspartners nach sich ziehen, etwa für den Fall, dass vertrauliche fremde Informationen abhanden gekommen sind. Als Haftungsgrundlage kommen hierbei schuldrechtliche Schadensersatzansprüche gemäß §§ 280 ff. BGB in Betracht. Gerade in diesem Zusammenhang ist § 241 Abs. 2 BGB zu beachten, wonach die Pflicht besteht,

Archivierung von E-Mails – Rechtliche Rahmenbedingungen

auf die Rechte, Rechtsgüter und Interessen des Vertragspartners Rücksicht zu nehmen. Hierzu gehören insbesondere die Beachtung von Schutz-, Aufklärungs- und Beratungspflichten.

5. E-Mail als Beweis

E-Mails kommen bei gerichtlichen Streitigkeiten ebenfalls Bedeutung zu – und zwar im Rahmen der freien richterlichen Beweiswürdigung. So ließ etwa der Bundesgerichtshof bereits im Jahr 2001 Internet-Ausdrucke als Beweismittel im Strafverfahren wegen der Mitgliedschaft in einer terroristischen Vereinigung zu, vgl. BGH, Beschluss vom 9.11.2001, Az. 1 BJs 79/00.

Selbstverständlich sind E-Mails nicht mit dem Beweiswert einer (zurzeit noch kaum eingesetzten) qualifizierten elektronischen Signatur gleichzusetzen (siehe dazu das Stichwort Signatur, elektronische). Da sich bei Unternehmen die E-Mail überwiegend als Standard-Kommunikationsmittel durchgesetzt hat, sind E-Mails jedoch häufig die einzige Möglichkeit, um etwa Absprachen zwischen den Streitparteien, vereinbarte Milestones von Projekten sowie Verantwortlichkeitsverteilungen, Change Requests, Dokumentationen von Geschäftsvorfällen, Protokolle zu Meetings, Terminverschiebungen etc. nachweisen zu können. Unternehmen sollten daher elektronisch gespeicherte Mitteilungen revisionssicher und in einer Art und Weise speichern und indexieren, die den permanenten und schnellen Zugriff erlaubt („Allzeit-Verfügbarkeit") und die Integrität der Daten gewährleistet.

6. Persönliche Haftung

Im Aktiengesetz ist festgelegt, dass eine persönliche Haftung des Vorstands in Betracht kommt, wenn er Entwicklungen, die zukünftig ein Risiko für das Unternehmen darstellen könnten (dazu gehört eben auch die unterlassene Speicherung steuerrechtlich relevanter E-Mails), nicht durch ein Risikomanagement überwacht und durch geeignete Maßnahmen vorbeugt (§ 91 Abs. 2 und § 93 Abs. 2 AktG).

Nahezu dieselben Anforderungen gelten für den Geschäftsführer einer GmbH, der „die Sorgfalt eines ordentlichen Geschäftsmannes" aufzubringen hat (§ 43 Abs. 1 GmbHG). Diese, zugegebenermaßen eher allgemein gehaltene Formulierung, beinhaltet in der rechtlichen Praxis ganz ähnliche Forderungen für das Risikomanagement wie für Vorstände nach dem Aktiengesetz. Kommt die Geschäftsführung oder der Vorstand – als Verantwortliche – der oben beschriebenen Pflicht zur Archivierung von E-Mails (als allgemeine Risikovorsorgepflicht) nicht nach und entsteht dadurch dem Unternehmen ein finanzieller Schaden, kann dies zu einer persönlichen Haftung der Mitglieder des Vorstands und der Geschäftsführung, unter Umständen auch der Aufsichtsratmitglieder (§ 116 AktG) führen.

7. Basel II

Seit 2007 sind Banken und Finanzinstitute gesetzlich verpflichtet, die Vorgaben des Basel-II-Abkommens umzusetzen und insbesondere eine individuelle Bonitätseinschätzung des jeweiligen kreditsuchenden Unternehmens durchführen. Mittels dieser Bonitätseinschätzung kann ermittelt werden, wie hoch die Wahrscheinlichkeit ist, dass der Kredit an die Bank wieder zurückgezahlt wird („Ausfallrisiko"). Sollte dabei das Risiko eines Ausfalls als hoch eingestuft werden, wird sich die Bank dies bezahlen lassen, indem sie die Bonität des kreditsuchenden Unternehmens herabsetzt und nur ungünstige Kreditkonditionen einräumt. Im schlechtesten Fall kommt es zu einer Verweigerung einer Kreditgewährung. Es ist selbstverständlich, dass in diesem Zusammenhang ein Augenmerk auf das operationale Risiko „Risikomanagement" (und damit der E-Mail-Archivierungspflicht) liegen muss. Bereits in der Einleitung wurde auf die fundamentale Bedeutung der IT-Infrastruktur für ein jedes Unternehmen eingegangen, da sie in den meisten Fällen unternehmerisches Handeln überhaupt erst ermöglicht. Fallen die IT- und damit auch Mailsysteme aus, sind die Unternehmen nicht mehr handlungsfähig. Aus diesem Grund werden die Banken sehr genau prüfen, ob der Kreditnehmer zumindest die Grundanforderungen des IT-Risikomanagements durch die Einhaltung bestimmter Sicherheitsvorkehrungen umgesetzt hat, die ihn vor einem IT-Ausfall schützen.

III. Rechtsrahmen zur elektronischen Archivierung von E-Mails

Ein Gesetz, welches sämtliche gesetzlichen Regelungen mit Bezug zur Archivierung von E-Mails zusammenfassen würde, gibt es nicht. Vielmehr müssen Unternehmen sich die entsprechenden Regelungen mühsam aus verschiedenen gesetzlichen Bestimmungen zusammensuchen. Dies wird wohl unter anderem ein Grund dafür sein, dass sich viele Unternehmer nicht darüber im Klaren sind, dass der Gesetzgeber sie zur Errichtung einer effizienten und vor allem sicheren Archivierung von E-Mails verpflichtet hat. Nur wer einen Überblick über die relevanten Gesetze und Verordnungen hat und ein geeignetes Sicherheitskonzept verfolgt, kann sich vor rechtlichen Konsequenzen schützen.

Folgende rechtliche Vorgaben sind unter anderem im Zusammenhang bei der E-Mail-Archivierungspflicht zu beachten:

- das Handelsgesetzbuch (HGB),
- das Bundesdatenschutzgesetz (BDSG),
- das Telekommunikationsgesetz (TKG),
- das Aktiengesetz (AktG),
- das Gesetz betreffend die Gesellschaften mit beschränkter Haftung (GmbHG),
- das Gesetz zur Kontrolle und Transparenz im Unternehmensbereich (KontraG),
- die Abgabenordnung (AO),
- die GoBD (Grundsätze zur ordnungsgemäßen Führung und Aufbewahrung von Büchern, Aufzeichnungen und Unterlagen in elektronischer Form sowie zum Datenzugriff),
- Basel II,
- der Sarbanes-Oxley Act (USA).

Insbesondere aus dem HGB und der AO lassen sich in Deutschland zu Fragen der E-Mail-Archivierung unmittelbare Handlungsverpflichtungen ableiten, wobei im Folgenden unterschieden werden soll zwischen der Aufbewahrung der ausgehenden elektronischen Mitteilungen (die „Ausgangspost") sowie der eingehenden elektronischen Mitteilungen (die „Eingangspost").

Archivierung von E-Mails – Rechtliche Rahmenbedingungen

1. Ausgangspost: Welche ausgehende elektronische Post muss archiviert werden?

1.1 § 238 Abs. 2 Handelsgesetzbuch (HGB)

1.1.1 E-Mails, die als Handelsbriefe einzustufen sind, müssen archiviert werden

In § 238 Abs. 2 (HGB) schreibt der Gesetzgeber für einen Kaufmann die Verpflichtung vor, eine Kopie der abgesendeten „Handelsbriefe" zurückzuhalten bzw. sicher aufzubewahren (sei es in Papierform, als Grafik- oder auch Textdatei). Da man unter einem Handelsbrief jedes Schreiben versteht, welches „der Vorbereitung, den Abschluss, der Durchführung oder auch der Rückgängigmachung eines Geschäfts" dient, ist damit auch die gesamte in E-Mails enthaltene Geschäftskorrespondenz eines Unternehmens umfasst.

Dazu gehören etwa

- Aufträge (auch Änderungen und Ergänzungen),
- Auftragsbestätigungen,
- Versandanzeigen,
- Frachtbriefe,
- Lieferpapiere,
- Reklamationsschreiben,
- Rechnungen,
- Zahlungsbelege sowie
- schriftlich gefasste Verträge.

Nicht dazu gehören z. B.

- unverbindliche Werbeschreiben,
- simple Kontakt-E-Mails des Vertriebes etc.

1.1.2 Adressat der Archivierungspflicht

Die E-Mail Archivierungspflicht gilt dabei für jeden Kaufmann (vgl. §§ 1, 2, 3 HGB), Handelsgesellschaften, eingetragene Genossenschaften sowie die juristischen Personen i. S. d. § 33 HGB. Dagegen gilt die E-Mail-Archivierungspflicht nicht für Nichtkaufleute, wie z. B. Kleingewerbetreibende und Freiberufler.

1.1.3 Aufbewahrungsfristen

Gemäß § 257 Abs. 4 HGB sind die als Handels- oder Geschäftsbriefe einzustufenden E-Mails sechs Jahre aufzubewahren. Es ist allerdings zu bedenken, dass für einen Teil der ausgehenden Mails nach den steuerlichen Vorschriften eine längere Aufbewahrungsfrist gilt.

1.2 § 147 Abgabenordnung (AO)

1.2.1 Sonstige E-Mails mit steuerrechtlichem Bezug sind aufzubewahren

Neben den Handels- oder auch Geschäftsbriefen sind auch all diejenigen abgesandten E-Mails aufzubewahren, die in steuerrechtlicher Hinsicht von Bedeutung sind (vgl. § 147 AO). Das können insbesondere E-Mails sein, die folgende Inhalte enthalten:

- Bücher und Aufzeichnungen,
- Inventare,
- Jahresabschlüsse,
- Lageberichte,
- die Eröffnungsbilanz sowie die zu ihrem Verständnis erforderlichen Arbeitsanweisungen und Organisationsunterlagen,
- die empfangenen, aber auch abgesandten Handels- oder Geschäftsbriefe,
- Buchungsbelege,
- sonstige Inhalte, die für die Besteuerung von Bedeutung sind.

1.2.2 Art der Speicherung

Mit Ausnahme der Jahresabschlüsse sowie der Eröffnungsbilanz ist es in rechtlicher Hinsicht laut § 147 AO unproblematisch, die E-Mails auch als Wiedergabe auf einem Bildträger (z. B. Fotokopien, Mikrofilme) oder auf anderen Datenträgern (z. B. Magnetbänder, Magnetplatten, Disketten) aufzubewahren, wenn dies den Grundsätzen ordnungsmäßiger Buchführung entspricht. Es muss außerdem sichergestellt sein, dass die Wiedergabe oder die Daten

- mit den empfangenen Handels- oder Geschäftsbriefen und den Buchungsbelegen bildlich und mit den anderen Unterlagen inhaltlich übereinstimmen, wenn sie lesbar gemacht werden,
- während der Dauer der Aufbewahrungsfrist jederzeit verfügbar sind, unverzüglich lesbar gemacht und maschinell ausgewertet werden können.

Wer aufzubewahrende steuerrechtlich relevante E-Mails auf einem Bildträger oder auf anderen Datenträgern vorlegt, ist gem. § 147 Abs. 5 AO verpflichtet, auf seine Kosten diejenigen Hilfsmittel zur Verfügung zu stellen, die erforderlich sind, um die Unterlagen lesbar zu machen; auf Verlangen der Finanzbehörde hat er auf seine Kosten die Unterlagen unverzüglich ganz oder teilweise auszudrucken oder ohne Hilfsmittel lesbare Reproduktionen beizubringen.

Hinweis:

Sämtliche E-Mails, die steuerlich relevante Sachverhalte enthalten, sind in elektronischer sowie rechtssicherer Form aufzubewahren bzw. zu archivieren. Nach den vom Bundesfinanzministerium veröffentlichten Grundsätzen zur ordnungsgemäßen Führung und Aufbewahrung von Büchern, Aufzeichnungen und Unterlagen in elektronischer Form sowie zum Datenzugriff (GoBD) reicht es keineswegs mehr aus,

- die relevanten E-Mails einfach nur auszudrucken und abzuheften oder
- die relevanten E-Mails in maschinell nicht auswertbaren Formaten (z. B. pdf-Datei) zu archivieren.

1.2.3 Dauer der Archivierungspflicht

Gemäß § 147 Abgabenordnung sind die als Handels- oder Geschäftsbriefe einzustufenden E-Mails sechs Jahre aufzubewahren. Sollten die E-Mails dagegen Buchungsbelege, Rechnungen, Bilanzen, Jahresabschlüsse oder auch Lageberichte enthalten, betragen die Aufbewahrungsfristen 10 Jahre, sofern nicht in anderen Steuergesetzen kürzere Aufbewahrungsfristen zugelassen sind. Nach Ablauf der Frist brauchen die Unterlagen nur noch aufbewahrt zu werden, wenn und soweit sie für eine begonnene Außenprüfung, für eine vorläufige Steuer-

Archivierung von E-Mails – Rechtliche Rahmenbedingungen

festsetzung nach § 165 AO, für anhängige steuerstraf- oder bußgeldrechtliche Ermittlungen, für ein schwebendes oder aufgrund einer Außenprüfung zu erwartendes Rechtsbehelfsverfahren oder zur Begründung von Anträgen des Steuerpflichtigen von Bedeutung sind.

2. Eingangspost: Welche eingehende elektronische Post (also etwa E-Mails) ist zu archivieren?

Hier spielt § 257 HGB und auch wiederum § 147 AO eine Rolle, wonach jeder Kaufmann verpflichtet ist, empfangene Handelsbriefe in Form von E-Mails geordnet aufzubewahren (vgl. § 257 Abs. 1 Nr. 2 HGB). Das Gesetz schreibt hierbei gem. § 257 Abs. 4 HGB eine 6-jährige Aufbewahrungspflicht vor, wobei die Aufbewahrungsfrist gem. § 257 Abs. 5 HGB mit dem Schluss des Kalenderjahres beginnt, in welchem die Handelsbriefe empfangen oder abgesandt worden sind. Nach Ablauf der 6 Jahre können die Handelsbriefe in der Regel vernichtet werden.

§ 147 AO sieht darüber hinaus vor, dass sonstige E-Mails mit steuerrechtlichen Bezügen zu speichern sind. Hierzu kann vollumfänglich auf die obigen Ausführungen verwiesen werden.

IV. Die häufigsten Fragen zum Thema „Rechtssichere E-Mail-Archivierung"

1. Sind die Anlagen der Handels- oder Geschäftsmails aufbewahrungspflichtig?

Unklar ist oft, ob die Anlagen zu den Handels- oder auch Geschäftsmails zu den aufbewahrungspflichtigen Unterlagen i. S. d. § 238 Abs. 2 HGB gehören. Dies ist immer dann der Fall, wenn die jeweiligen Mails ohne die zugehörigen Anlagen nicht verständlich sind.

2. Sind Geschäftsmails zu archivieren, die sich auf ein nicht zustande gekommenes Geschäft beziehen?

Für den Fall, dass das Handelsgeschäft nicht zu einem Abschluss gekommen ist, ist die diesbezüglich geführte Korrespondenz nicht aufbewahrungspflichtig.

3. Schreibt das Gesetz bezüglich der E-Mail-Archivierung eine bestimmte Art und Weise vor?

Nein, das Gesetz hält sich hier bewusst zurück bzw. privilegiert keine bestimmte Speichertechnologie. Es kommt nur darauf an, dass eine fälschungssichere sowie dauerhafte Speicherung der Daten in elektronischer Form gewährleistet wird. In diesem Zusammenhang sind die Grundsätze zur ordnungsgemäßen Führung und Aufbewahrung von Büchern, Aufzeichnungen und Unterlagen in elektronischer Form sowie zum Datenzugriff (GoBD) bedeutsam. Die GoBD lösen seit dem 1.1.2015 die GDPdU sowie die GoBS ab.

Die neu geltenden GoBD sehen unter anderem vor, dass das zum Einsatz kommende DV-Verfahren die Gewähr dafür bieten muss, dass alle Informationen, die einmal Eingang in den Verarbeitungsprozess gefunden haben, nicht mehr überschrieben, gelöscht oder geändert werden können. Darüber hinaus wird für jedes DV-System eine übersichtlich gegliederte Verfahrensdokumentation gefordert. Diese Dokumentation muss Inhalt, Aufbau, Ablauf und Ergebnisse des DV-Verfahrens aufzeigen und einem Dritten binnen kürzester Zeit für eine Überprüfung verständlich sein können.

4. Ist es zulässig, die E-Mails in verschlüsselter Form zu speichern?

Ja, dies ist prinzipiell zulässig, soweit die E-Mails bei der anschließenden Lesbarmachung wieder ohne Probleme entschlüsselt werden können. Dagegen ist es unzulässig, verschlüsselte E-Mails an die Finanzbehörden zu übergeben – selbst wenn das jeweilige Entschlüsselungsprogramm gleich mitgeliefert werden sollte.

5. Was bedeutet eigentlich die revisionssichere Archivierung von E-Mails?

Hierzu hat etwa der Verband Organisations- und Informationssysteme (www.voi.de) die folgenden zehn Grundsätze zur Revisionssicherheit von elektronischen Mitteilungen (und Archiven) definiert:

- Jede E-Mail wird unveränderbar archiviert.
- Es darf keine E-Mail auf dem Weg ins Archiv oder im Archiv selbst verloren gehen.
- Jede E-Mail muss mit geeigneten Retrievaltechniken (zum Beispiel durch das Indexieren mit Metadaten) wieder auffindbar sein.
- Es muss genau die E-Mail wiedergefunden werden, die gesucht worden ist.
- Keine E-Mail darf während ihrer vorgesehenen Lebenszeit zerstört werden können.
- Jede E-Mail muss in genau der gleichen Form, wie sie erfasst wurde, wieder angezeigt und gedruckt werden können.
- Alle E-Mails müssen zeitnah wiedergefunden werden können.
- Alle Aktionen im Archiv, die Veränderungen in der Organisation und Struktur bewirken, sind derart zu protokollieren, dass die Wiederherstellung des ursprünglichen Zustandes möglich ist.
- Elektronische Archive sind so auszulegen, dass eine Migration auf neue Plattformen, Medien, Softwareversionen und Komponenten ohne Informationsverlust möglich ist.
- Das System muss dem Anwender die Möglichkeit bieten, die gesetzlichen Bestimmungen (BDSG, HGB, AO etc.) sowie die betrieblichen Bestimmungen des Anwenders hinsichtlich Datensicherheit und Datenschutz über die Lebensdauer des Archivs sicherzustellen.

6. Können E-Mails archiviert werden, wenn eine Privatnutzung des Mailsystems geduldet oder erlaubt wird?

Diejenigen Unternehmen, die die private Internetnutzung erlauben oder bewusst dulden, können nicht ohne weiteres auf private E-Mails der Mitarbeiter zugreifen. Dasselbe gilt für die Archivierung privater E-Mails. So sind die betreffenden E-Mails während des Übertragungsvorganges durch das Fernmeldegeheimnis und anschließend durch das Recht auf informationelle Selbstbestimmung geschützt (Art. 10 Abs. 1 Grundgesetz; Art. 2 Abs. 1 in Verbindung mit Art. 1 Abs. 1 Grundgesetz). Für den Fall, dass

Archivierung von E-Mails – Rechtliche Rahmenbedingungen

das Recht auf informationelle Selbstbestimmung verletzt wird, drohen ernst zu nehmende Sanktionen für das Unternehmen, im schlimmsten Fall kommen Geld- oder Freiheitsstrafen in Betracht.

7. Sind Rückstellungen für die Archivierung zu bilden?

Bereits am 19.8.2002 entschied der Bundesfinanzhof (BStBl 2003 II S. 131), dass für die zukünftigen Kosten der Aufbewahrung von Geschäftsunterlagen, zu der das Unternehmen gemäß § 257 HGB und § 147 AO verpflichtet ist, im Jahresabschluss eine Rückstellung zu bilden ist.

V. Handlungsanleitung zur Privatnutzung des Mailsystems

Wie bereits an obiger Stelle ausgeführt, bringt die Gestattung der privaten Nutzung der betriebseigenen IT-Infrastruktur durch die Mitarbeiter nicht zu unterschätzende rechtliche Komplikationen mit sich, gerade mit Blick auf die Archivierung von E-Mails. Aus diesem Grund sollten Unternehmen gut überlegen, ob und – wenn ja – in welcher Art und Weise die private E-Mail-Kommunikation am Arbeitsplatz gestattet werden soll.

Im Folgenden sollen praxisnahe Lösungen aufgezeigt und im Hinblick auf die E-Mail-Archivierungsanforderungen rechtlich betrachtet werden.

1. Möglichkeit = Totalverbot des Einsatzes von E-Mails zu privaten Zwecken im Unternehmen

Zumindest aus rechtlicher Sicht scheint diese Lösung der ideale Weg zu sein. Das Unternehmen wird nicht zum Provider, Datenschutz spielt keine Rolle. So können Rechtsunsicherheiten für den Arbeitgeber und den Arbeitnehmer vermieden und SPAM-Filter, Vertretungszugriffe, Archivierung und angemessene Kontrollen einer missbräuchlichen Nutzung ermöglicht werden. Das Unternehmen hat auch das Recht, beliebig und unbegrenzt auf die E-Mails der jeweiligen Mitarbeiter zuzugreifen bzw. diese zu archivieren.

Zu beachten ist, dass das E-Mail-Verbot in jedem Fall schriftlich fixiert wird, etwa durch

- entsprechende Richtlinien betreffend die Nutzung der firmeneigenen IT-Infrastruktur,
- Betriebsvereinbarungen,
- Einverständniserklärungen der Belegschaft oder
- durch Regelungen in den individuellen Arbeitsverträgen.

Das Verbot muss im Betriebsalltag durchgesetzt werden. Untersagt ein Arbeitgeber die private Nutzung von E-Mails, ohne dies regelmäßig zu kontrollieren, kann sich das Verbot in eine Duldung „umwandeln". Der Arbeitnehmer hat nach einer zeitweisen Duldung einen Anspruch auf die Leistung, hier die Privatnutzung. Aus diesem Grund sind regelmäßig Kontrollen vorzunehmen und für den Fall von Verstößen Sanktionen vorzusehen, die in besonderen Fällen bis zu einer (verhaltensbedingten) Kündigung reichen können.

Wegen des allgemeinen Betriebsklimas sei in diesem Zusammenhang empfohlen, bei den Mitarbeitern um ein Verständnis für ein Totalverbot der E-Mail-Kommunikation zu privaten Zwecken zu werben – etwa mithilfe von Schulungen, welche die datenschutzrechtliche Problematik und die weiteren rechtlichen Schwierigkeiten bei der privaten Nutzung von E-Mails näher erläutern.

2. Möglichkeit = Vorbehaltlose Erlaubnis des Einsatzes von E-Mails zu privaten Zwecken

Diese Alternative ist aus rechtlicher Sicht nicht ideal. Dem Arbeitgeber ist es verwehrt, den privaten E-Mail-Verkehr seiner Mitarbeiter zu lesen oder zu archivieren. Konsequenz: Der Arbeitgeber muss aufwendige technische Lösungen nutzen, die in der Lage sind, private Mails von dienstlichen zu trennen. Alternativ holt sich der Arbeitgeber von den Mitarbeitern die ausdrückliche Erlaubnis, auf die privat genutzten E-Mail-Accounts zuzugreifen und E-Mails zu archivieren.

3. Möglichkeit = Zwischenlösung

Eine Zwischenlösung ist denkbar, etwa dergestalt, dass den Mitarbeitern im Einzelnen vorgeschrieben wird, auf welche Art und Weise mittels E-Mails privat über die firmeneigene IT-Infrastruktur kommuniziert werden kann. Folgende Lösungen bieten sich hierzu an:

- Zeitliche Ausnahmeregelung („Nutzung in Pausen und außerhalb der Arbeitszeit" oder „nur zwischen xx Uhr und yy Uhr") definieren, in der über das Internet auf einen Freemail-Account (wie web.de) zugegriffen werden darf.

- Den Mitarbeitern kann neben einer geschäftlichen E-Mail-Adresse auch eine private (und als solche gekennzeichnete) E-Mail-Adresse zur Verfügung gestellt werden – verbunden mit der Auflage, dass nur letztere zu privaten Zwecken genutzt werden darf. Damit würde eine zentrale, sowie effiziente Archivierung ermöglicht werden. Auf diese Weise wäre eine Vermischung privater mit dienstlichen E-Mails ausgeschlossen.

Allerdings löst die Zwischenlösung aus Sicht eines Unternehmens nicht alle rechtlichen Schwierigkeiten und erfordert in der Praxis einen nicht zu unterschätzenden Regelungsaufwand.

VI. Fazit

Der Gesetzgeber hat sich zum Ziel gesetzt, mittels einer ganzen Reihe von gesetzlichen Bestimmungen einen rechtlich verbindlichen Verhaltenskodex (s. dazu oben unter Abschnitt III) zu schaffen, um Unternehmer zu einem gewissenhaften Risikomanagement, also dem planvollen Umgang mit unternehmerischen Risiken zu „bewegen".

Das Thema „E-Mail-Archivierung" stellt im Zusammenhang mit dem IT-Risikomanagement einen Teilaspekt dar. Jedes Unternehmen sollte elektronisch gespeicherte Mitteilungen revisionssicher und in einer Art und Weise speichern und indexieren, die den permanenten und schnellen Zugriff erlaubt („Allzeit-Verfügbarkeit") und die Integrität der Daten gewährleistet.

Angesichts der Probleme, die eine private Nutzung der betriebseigenen IT-Infrastruktur mit sich bringen kann, ist es erstaunlich, dass nur wenige Unternehmen (manchen Umfragen zufolge nur ca. 30 %) die private Nutzung von E-Mail und Internet durch ihre Angestellten regeln. So wird in den meisten Unternehmen die private Nutzung der unternehmenseigenen

Archivierung von E-Mails (Technik)

Kommunikationseinrichtungen für private Zwecke gestattet bzw. zumindest stillschweigend geduldet. Viele Unternehmen scheinen sich über die daraus resultierenden rechtlichen Konsequenzen nicht im Klaren zu sein – insbesondere auch in Hinsicht auf die E-Mail-Archivierungspflicht.

Aus diesem Grund sollte in jedem Unternehmen klar definiert sein, in welchem Umfang die Nutzung der betriebsinternen Kommunikationseinrichtungen zu privaten Zwecken zulässig ist oder auch nicht.

Archivierung von E-Mails (Technik)

I. E-Mail-Backups bieten keine E-Mail-Archivierung
II. Technische Anforderungen an ein E-Mail-Archiv
 1. Automatisierung
 2. Suchfunktionalitäten
 3. Anpassbarkeit
 4. Sicherheit
 5. Unterstützung mehrerer Plattformen
III. Technische Probleme der E-Mail-Archivierung
 1. Vorhalten der E-Mail-Infrastruktur
 2. Migration auf neue E-Mail-Systeme
 3. Generelle Probleme bei Archivsystemen
IV. Checkliste

Die technische Umsetzung der Archivierung von E-Mails stellt für viele Unternehmen eine besondere Herausforderung dar. Technisch zu gewährleisten sind insbesondere die Langzeit-Archivierung, die Revisionssicherheit der E-Mail-Archivierung, die Integrität, Verfügbarkeit und Vertraulichkeit der archivierten E-Mails, der sichere, schnelle und jederzeit verfügbare Zugriff auf das E-Mail-Archiv und die datenschutzgerechte Behandlung privater E-Mails, die über das Firmennetzwerk verschickt wurden.

Aus den rechtlichen Anforderungen ergeben sich keine konkreten Vorgaben für eine bestimmte Speicher- und Archivtechnologie. Vielmehr sind technische Lösungen zu suchen und einzusetzen, die ein fälschungssicheres, langfristiges und elektronisches E-Mail-Archiv ermöglichen, das die archivierten E-Mails innerhalb der gesamten Aufbewahrungsfrist maschinell auswertbar vorhält. Die alleinige Archivierung von ausgedruckten E-Mails kommt also nicht in Frage.

I. E-Mail-Backups bieten keine E-Mail-Archivierung

Die E-Mail-Archivierung wird häufig mit den regelmäßigen Backups der E-Mail-Postfächer verwechselt. E-Mail-Backups dienen der Notfallvorsorge und sollen zum Beispiel im Fall eines Datenverlustes die verlorenen E-Mails wiederherstellen. Ein E-Mail-Backup bildet lediglich den Stand der gesicherten E-Mail-Postfächer zu einem bestimmten Zeitpunkt ab. Damit werden die Anforderungen an eine E-Mail-Archivierung nicht erfüllt. Ein E-Mail-Archiv soll sämtliche zu archivierenden E-Mails über einen definierten Zeitraum vorhalten und eine einfache und schnelle Suche nach bestimmten E-Mails ermöglichen.

WICHTIG!
Ein E-Mail-Archivsystem speichert und indexiert nach definierten Regeln alle relevanten ausgehenden und eingehenden E-Mails und erlaubt bei entsprechender Berechtigung nur einen lesenden Zugriff auf die archivierten E-Mails, um deren Integrität sicherzustellen.

E-Mail-Archivsysteme werden als reine Softwarelösungen, als Kombination aus Software und dedizierter Hardware (Appliances) und als Outsourcing-Lösung angeboten.

II. Technische Anforderungen an ein E-Mail-Archiv

1. Automatisierung

Die notwendige Vollständigkeit eines E-Mail-Archivs macht eine möglichst weitgehende Automatisierung des E-Mail-Archivierungsprozesses erforderlich. Nicht der E-Mail-Nutzer sollte die zu archivierenden E-Mails einzeln auswählen und in das Archiv überführen müssen, sondern die Archivlösung selbst sollte den Nachrichtenstrom nach definierten Kriterien durchsuchen und die passenden E-Mails automatisch in das Archiv übernehmen.

Beispiel:
Mögliche Kriterien, nach der ein E-Mail-Archivsystem automatisch arbeiten könnte, sind zum Beispiel:

- Archivierung aller eingehenden und ausgehenden E-Mails (Sonderfall Private E-Mail-Nutzung beachten)
- Archivierung aller ein- und ausgehenden E-Mails einer bestimmten Abteilung (Sonderfall Private E-Mail-Nutzung beachten)
- Archivierung aller E-Mails, die bestimmte Schlagwörter enthalten, und Nichtarchivierung aller E-Mails, die in der Betreffzeile das Kennzeichen „Privat" tragen.

2. Suchfunktionalitäten

E-Mail-Archive dienen der Vorhaltung von E-Mails, um auf diese zu bestimmten Anlässen zurückgreifen zu können, zum Beispiel im Fall einer Betriebsprüfung. Dazu benötigen E-Mail-Archivsysteme eine leistungsstarke Suchfunktion. Um nach bestimmten Kategorien und Schlagwörtern suchen zu können, reichen Absender- und Empfängerangaben, die Betreffzeile der E-Mail und das Versanddatum alleine nicht aus. Vielmehr sollten die archivierten E-Mails nach definierten Kriterien indexiert werden, so dass über die so gebildeten Metadaten gesucht werden kann.

3. Anpassbarkeit

Der Umfang der E-Mail-Archivierung sollte sich genau festlegen lassen, zum Beispiel durch individuelle Einschränkung der Archivierung auf bestimmte Empfänger oder Absender, bestimmte Schlagwörter, die in den zu archivierenden E-Mails enthalten sein sollen, und auf definierte Zeiträume. Dabei sollten die gesetzlichen Vorgaben zur Aufbewahrung elektronischer Dokumente berücksichtigt werden. Dies betrifft insbesondere die Umsetzung der Löschverpflichtung für personenbezogene Daten nach dem Ende der Aufbewahrungspflicht.

4. Sicherheit

Die archivierten E-Mails müssen gegen unerlaubte Zugriffe (Vertraulichkeit), gegen Manipulation (Integrität) und Zerstörung (Verfügbarkeit) geschützt werden. Dazu benötigen E-Mail-Ar-

Archivierung von E-Mails (Technik)

chivsysteme ein Berechtigungssystem, das Vier-Augen-Prinzip bei Zugriff auf vertrauliche E-Mails, eine starke Verschlüsselung, eine Ausfallsicherheit und eine Integritätskontrolle, zum Beispiel durch digitales Signieren der archivierten E-Mails und Verwendung von digitalen Zeitstempeln.

5. Unterstützung mehrerer Plattformen

Die Vielfalt der eingesetzten Endgeräte für die E-Mail-Kommunikation (darunter Smartphones und Tablets) und die verschiedenen E-Mail-Programme machen eine breite Plattformunterstützung durch das E-Mail-Archivsystem erforderlich.

Beispiel:
> Auf den verschiedenen Endgeräten wie Arbeitsplatz-PC, Notebook, Tablet-PC und Smartphone werden oftmals verschiedene E-Mail-Programme verwendet. Damit tatsächlich alle relevanten aus- und eingehenden E-Mails in das E-Mail-Archiv einfließen, müssen entsprechende Schnittstellen bestehen und Netzwerkverbindungen zu diesen Geräten und E-Mail-Programmen aufgebaut werden können.
>
> Zudem muss das E-Mail-Archivsystem mit dem eingesetzten Mailserver zusammenarbeiten und das auf der Installationshardware genutzte Betriebssystem unterstützen.

III. Technische Probleme der E-Mail-Archivierung

1. Vorhalten der E-Mail-Infrastruktur

Die technische Umsetzung der E-Mail-Archivierung beschränkt sich nicht auf die Auswahl und Implementierung einer passenden E-Mail-Archivierungslösung. Neben den E-Mails müssen weitere Komponenten langfristig vorgehalten werden:

- Softwareanwendungen (E-Mail-Programme), mit denen sich das E-Mail-Format öffnen lässt,
- die Betriebssysteme, unter denen die E-Mail-Anwendungen laufen,
- die Hardwarekomponenten, auf denen das Betriebssystem und die E-Mail-Anwendung genutzt werden können, sowie die Lesegeräte, die zu den Datenträgern passen, auf denen das E-Mail-Archiv gespeichert ist.

2. Migration auf neue E-Mail-Systeme

Damit die E-Mails für die gesamte Aufbewahrungszeit jederzeit lesbar und durchsuchbar bleiben, kann es notwendig werden, auf ein neues E-Mail-System (E-Mail-Server, E-Mail-Clients) zu wechseln, da die Entwicklung und Wartung des bisherigen E-Mail-Systems ggf. eingestellt wird. Bei dieser Migration muss sichergestellt werden, dass die Integrität, Vollständigkeit, Vertraulichkeit und Verfügbarkeit der archivierten E-Mails weiterhin gewährleistet bleibt. Dazu gehört auch, dass das E-Mail-Archivsystem auch das neue E-Mail-System mit einer passenden Schnittstelle unterstützt.

3. Generelle Probleme bei Archivsystemen

Die Langzeit-Archivierung bringt generell Herausforderungen mit sich, da der sichere Zustand des Archivs über einen langen Zeitraum gewährleistet werden muss. Die folgenden Herausforderungen gelten deshalb auch für die E-Mail-Archivierung.

Beispiel:
> Bei Langzeit-Archiven sollten sichergestellt sein:
>
> - der Einsatz von entsprechend haltbaren Speichermedien unter Berücksichtigung von Alterung und Verschleiß (Lebensdauer des Datenträgers, maximale Anzahl an Schreib- und Lesezyklen)
>
> - Einsatz eines Standard-Dateiformats (Die Norm ISO 19005-1 sieht als Standard für die Langzeitarchivierung das Format PDF/Archive (PDF/A) vor. PDF/A-Dokumente behalten ihr Erscheinungsbild unabhängig von den Anwendungen, mit denen sie erstellt wurden, unterstützen die Volltextsuche, haben einen geringen Speicherbedarf ohne Qualitätsverlust, integrieren Metadaten wie Erstellungsdatum, Schlagwörter und letzte Änderung und unterstützen digitale Signaturen.)
>
> - dauerhafte Maßnahmen gegen die mögliche Zerstörung der Datenträger durch Feuer oder Wassereinbruch, gegen unbeabsichtigtes Löschen oder Überschreiben des Archivs, gegen Datenveränderung oder -zerstörung durch ins Archiv eingeschleppte Schadsoftware und gegen unberechtigte Kopien von den Archivbeständen
>
> - eine regelmäßige, stichprobenartige Kontrolle der Lesbarkeit.

IV. Checkliste

WICHTIG!

- ☐ E-Mail-Backups und E-Mail-Archive verfolgen unterschiedliche Ziele und ersetzen sich nicht gegenseitig.

- ☐ Ein E-Mail-Archiv dient nicht der Notfallvorsorge, sondern soll sämtliche aus rechtlichen und internen Gründen vorzuhaltende E-Mails über einen definierten Zeitraum speichern und eine einfache und schnelle Suche nach bestimmten E-Mails ermöglichen.

- ☐ E-Mail-Archivsysteme sollten weitgehend automatisch arbeiten, umfassende Suchfunktionen anbieten, anpassbar sein (zum Beispiel Aufbewahrungsdauer), die Vertraulichkeit, Integrität und Verfügbarkeit der archivierten E-Mails schützen und alle notwendigen E-Mail-Systeme durch passende Schnittstellen unterstützen.

- ☐ E-Mail-Archive müssen auch die relevanten E-Mails berücksichtigen, die über mobile Endgeräte (wie Smartphones, Tablets und Notebooks) ausgetauscht werden.

- ☐ E-Mail-Archivierung bedeutet nicht nur das Vorhalten der E-Mails, sondern auch der E-Mail-Systeme, um die E-Mails während der gesamten Aufbewahrungsdauer öffnen und auswerten zu können.

- ☐ Für E-Mail-Archive werden entsprechend haltbare Speichermedien, herstellerübergreifende Standard-Dateiformate und Maßnahmen zum Schutz des Archivs gegen Manipulation, Zerstörung und unbefugte Nutzung benötigt.

- ☐ Um böse Überraschungen zu vermeiden, sollten E-Mail-Archive regelmäßig, stichprobenartig und unter Beachtung des Datenschutzes kontrolliert werden, um die Lesbarkeit der archivierten E-Mails zu testen.

Auskunftsanspruch (UrhG)

I. Hintergrund

II. Änderung der Rechtslage zum 1.9.2008

III. Voraussetzungen des Auskunftsanspruchs
   1. Kein gewerbliches Ausmaß der Urheberrechtsverletzung notwendig
   2. Offensichtlichkeit der Rechtsverletzung

IV. Reichweite des Auskunftsanspruchs

V. Kostentragung

I. Hintergrund

Bei Urheberrechtsverletzungen, die über das Internet begangen werden, etwa im Rahmen des Filesharing (siehe hierzu das Stichwort → Filesharing), kann der betroffene Rechteinhaber häufig nur die IP-Adresse des Täters sichern. Da IP-Adressen zum größten Teil dynamisch und damit immer wieder neu vergeben werden (also nicht dauerhaft einem Internetanschluss zugeordnet sind), ist es nur mit Hilfe des jeweiligen Access-Providers möglich, herauszufinden, wer zu diesem Zeitpunkt hinter der gesicherten IP-Adresse gesteckt hat. Zur Erteilung einer entsprechenden Auskunft benötigt der Access-Provider die gesicherte IP-Adresse mit einem Zeitstempel. Erst dadurch werden die Urheber in die Lage versetzt, ihre Unterlassungs- und Schadenersatzansprüche gegen die Täter geltend zu machen.

II. Änderung der Rechtslage zum 1.9.2008

Bis zum September 2008 gab es jedoch keinen zivilrechtlichen Anspruch auf Herausgabe der Daten des Täters einer Urheberrechtsverletzung. Deshalb musste in jedem einzelnen Fall die Staatsanwaltschaft eingeschaltet werden, die ihrerseits die Provider zur Auskunft auffordern konnte. Im Wege der Akteneinsicht konnte der Urheber dann die Identität des Täters in Erfahrung bringen.

Durch den seit 1.9.2008 geltenden § 101 UrhG besteht nun ein direkter Auskunftsanspruch des Urhebers gegenüber dem jeweiligen Provider im Falle einer Urheberrechtsverletzung (§ 101 Abs. 2 Satz 1 Nr. 3 UrhG). Voraussetzung ist jedoch eine richterliche Anordnung (§ 101 Abs. 9 UrhG), für deren Erlass die Regelungen zur Freiwilligen Gerichtsbarkeit Anwendung finden. Die Zuständigkeit liegt dabei ausschließlich bei dem Landgericht, bei dem der Provider seinen Sitz oder eine Niederlassung hat.

ACHTUNG!
Mit Hilfe des Auskunftsanspruchs können nur die Daten des Inhabers des Internetanschlusses, von dem aus die Urheberrechtsverletzung aus begangen worden ist, in Erfahrung gebracht werden. Damit steht noch nicht fest, wer den Anschluss zum fraglichen Zeitpunkt tatsächlich genutzt hat, auch wenn eine tatsächliche Vermutung (vgl. **BGH Urteil vom 12.5.2010 Az. I ZR 121/08 – „Sommer unseres Lebens"** und **Urteil vom 11.6.2015 Az. I ZR 75/14 – „Tauschbörse"**) für eine Täterschaft des Anschlussinhabers spricht!

III. Voraussetzungen des Auskunftsanspruchs

Der Auskunftsanspruch gegenüber dem Access-Provider ergibt sich aus § 101 Abs. 2 Satz 1 Nr. 3 UrhG. Danach besteht in Fällen offensichtlicher Rechtsverletzung ein Auskunftsanspruch nicht nur gegen den Verletzer selbst, sondern auch gegen eine Person, die in gewerblichem Ausmaß für rechtsverletzende Tätigkeiten genutzte Dienstleistungen erbrachte. Letzteres ist beim Access-Provider der Fall, da die Vermittlung des Zugangs zum Internet regelmäßig in gewerblichem Ausmaß erfolgt und eine Dienstleistung darstellt, die zur Begehung von Urheberrechtsverletzungen genutzt wird.

1. Kein gewerbliches Ausmaß der Urheberrechtsverletzung notwendig

Bis vor nicht allzu langer Zeit bestand die einhellige Auffassung in Rechtsprechung und Literatur, dass für einen Auskunftsanspruch nach § 101 Abs. 2 Satz 1 Nr. 3 UrhG auch ein gewerbliches Ausmaß der Urheberrechtsverletzung vorliegen muss. Ein echter Paukenschlag war deshalb die Entscheidung des **BGH vom 19.4.2012 („Alles kann besser werden"** – Az. I ZB 80/11), in der tenoriert wird:

„a) Der in Fällen offensichtlicher Rechtsverletzung bestehende Anspruch aus § 101 Abs. 2 Satz 1 Nr. 3 UrhG auf Auskunft gegen eine Person, die in gewerblichem Ausmaß für rechtsverletzende Tätigkeiten genutzte Dienstleistungen erbrachte, setzt nicht voraus, dass die rechtsverletzenden Tätigkeiten das Urheberrecht oder ein anderes nach dem Urheberrechtsgesetz geschütztes Recht in gewerblichem Ausmaß verletzt haben.

b) Die Begründetheit des Antrags nach § 101 Abs. 9 Satz 1 UrhG auf Gestattung der Verwendung von Verkehrsdaten zur Erteilung der Auskunft über den Namen und die Anschrift der Nutzer, denen zu bestimmten Zeitpunkten bestimmte (dynamische) IP-Adressen zugewiesen waren, setzt jedenfalls in den Fällen, in denen ein Auskunftsanspruch nach § 101 Abs. 2 Satz 1 Nr. 3 UrhG wegen einer offensichtlichen Rechtsverletzung gegen eine Person besteht, die in gewerblichem Ausmaß für rechtsverletzende Tätigkeiten genutzte Dienstleistungen erbracht hat, grundsätzlich kein besonderes und insbesondere kein gewerbliches Ausmaß der Rechtsverletzung voraus. Ein solcher Antrag ist vielmehr unter Abwägung der betroffenen Rechte des Rechtsinhabers, des Auskunftspflichtigen und der Nutzer sowie unter Berücksichtigung des Grundsatzes der Verhältnismäßigkeit in aller Regel ohne Weiteres begründet."

Die Feststellung, dass **kein gewerbliches Ausmaß der Rechtsverletzung für den Auskunftsanspruch nötig** ist, zieht einen Schlussstrich unter die uneinheitliche Rechtsprechung zur Auslegung des Begriffs des „gewerblichen Ausmaßes" bei Urheberrechtsverletzungen im Internet. Die Gerichte hatten hierbei das Ausmaß, die Art, die Aktualität, den Bekanntheitsgrad und den Marktwert der angebotenen Dateien als Kriterien herangezogen und zum Teil sehr unterschiedlich gewichtet (vgl. statt vieler LG München Beschluss vom 12.7.2011 Az. 7 O 1310/11). Anknüpfungspunkt für die Annahme des gewerblichen Ausmaßes als Voraussetzung des Auskunftsanspruchs war die Begründung des Regierungsentwurfs des Gesetzes, mit dem der Auskunftsanspruch eingeführt worden ist. Hierzu sagt der BGH:

„Aus der Begründung des Regierungsentwurfs eines Gesetzes zur Verbesserung der Durchsetzung von Rechten des geistigen Eigentums geht zwar hervor, dass die Verfasser des Regie-

rungsentwurfs der Ansicht waren, der Auskunftsanspruch gegen Dritte setze eine Rechtsverletzung in gewerblichem Ausmaß voraus. Darauf kommt es für die Auslegung des § 101 Abs. 2 UrhG jedoch nicht entscheidend an (…); denn diese Ansicht hat im Gesetz keinen hinreichenden Niederschlag gefunden. (…)

Die Ansicht der Verfasser des Regierungsentwurfs zum Verständnis des § 101 Abs. 2 UrhG ist daher für die Auslegung dieser Vorschrift nicht maßgeblich. Für die Auslegung einer Gesetzesvorschrift ist der darin zum Ausdruck kommende objektivierte Wille des Gesetzgebers maßgeblich. Nicht entscheidend ist demgegenüber die subjektive Vorstellung der am Gesetzgebungsverfahren beteiligten Organe oder einzelner ihrer Mitglieder über die Bedeutung der Bestimmung (…). Die vorrangig am objektiven Sinn und Zweck des Gesetzes zu orientierende Auslegung kann nicht durch Motive gebunden werden, die im Gesetzgebungsverfahren dargelegt wurden, im Gesetzeswortlaut aber keinen Ausdruck gefunden haben (…)."

Nach Auffassung des BGH bietet der Wortlaut des § 101 Abs. 2 Satz 1 Nr. 3 UrhG keinen hinreichenden Anhaltspunkt dafür, dass der Anspruch auf Auskunft gegen die Person, die in gewerblichem Ausmaß für rechtsverletzende Tätigkeiten genutzte Dienstleistungen erbringt (also der Access-Provider), nur unter der einschränkenden Voraussetzung besteht, dass die rechtsverletzenden Tätigkeiten gleichfalls ein gewerbliches Ausmaß haben. Bestätigt wird dieses Ergebnis durch eine am Gesetzeszweck orientierte Auslegung des BGH:

„Es widerspräche dem mit der Einführung des Auskunftsanspruchs gegen Dritte verfolgten Zweck des Gesetzes, wenn dieser Anspruch nur bei einer Rechtsverletzung in gewerblichem Ausmaß begründet wäre (…).

Die Vorschrift erfasst vor allem Rechtsverletzungen, die im Internet unter Nutzung der Möglichkeit vorgenommen werden, dort weitgehend anonym zu kommunizieren, insbesondere das unbefugte öffentliche Zugänglichmachen von Musikwerken und Filmwerken über Tauschbörsen. Bestünde kein Auskunftsanspruch gegen den Internet-Provider, könnte der Rechtsinhaber diese Rechtsverletzungen nicht verfolgen, weil er den Verletzer nicht ermitteln könnte (vgl. Stellungnahme des Bundesrats, BT-Drucks. 16/5048, S. 53 und 59). Wäre ein Auskunftsanspruch gegen Dritte nur bei einer Rechtsverletzung in gewerblichem Ausmaß gegeben, könnten die Hauptansprüche auf Unterlassung und Schadensersatz auch nur bei einer Rechtsverletzung in gewerblichem Ausmaß durchgesetzt werden. Der Rechtsinhaber, dem Ansprüche auf Unterlassung und Schadensersatz aber nicht nur gegen den im gewerblichen Ausmaß handelnden Verletzer, sondern gegen jeden Verletzer zustehen, wäre dann insoweit faktisch schutzlos gestellt. Dies widerspräche dem Ziel des Gesetzes, Rechtsverletzungen im Internet wirksam zu bekämpfen. Insbesondere für Tauschbörsen, bei denen in großem Umfang Urheberrechtsverletzungen stattfinden, besteht ein besonderes Interesse an einer Auskunft, ohne die der Verletzer nicht ermittelt werden kann (BT-Drucks. 16/5048, S. 39 f.). Denn solche massenhaften Rechtsverletzungen beeinträchtigen die urheberrechtlich geschützten Rechte und wirtschaftlichen Interessen des Rechtsinhabers auch dann ganz erheblich, wenn die einzelne Rechtsverletzung für sich genommen kein beträchtliches Ausmaß erreicht."

Abschließend hält der BHG fest, dass auch ein **Antrag nach § 101 Abs. 9 UrhG** grundsätzlich kein besonderes und insbesondere kein gewerbliches Ausmaß der Rechtsverletzung voraussetzt, sondern vielmehr unter Abwägung der betroffenen Rechte des Rechtsinhabers, des Auskunftspflichtigen und der Nutzer sowie unter Berücksichtigung des Grundsatzes der Verhältnismäßigkeit **in aller Regel ohne weiteres begründet** ist.

Seine bahnbrechende Rechtsprechung hat der BGH mittlerweile in zwei weiteren Entscheidungen (Beschluss vom 25.10.2012 Az. I ZB 13/12 und Beschluss vom 16.5.2013 Az. I ZB 25/12) bestätigt.

2. Offensichtlichkeit der Rechtsverletzung

Eine richterliche Anordnung nach § 101 Abs. 9 UrhG setzt damit nur voraus, dass eine **offensichtliche Rechtsverletzung** im Sinne des § 101 Abs. 2 UrhG vorliegt.

Definition:

> Offensichtlich ist eine Rechtsverletzung dann, wenn eine ungerechtfertigte Belastung des Dritten ausgeschlossen erscheint, wobei Zweifel in tatsächlicher, aber auch in rechtlicher Hinsicht die Offensichtlichkeit der Rechtsverletzung ausschließen würden (vgl. Gesetzentwurf der Bundesregierung BT-Drs. 16/5048 S. 39).

Typisches Beispiel für Zweifel in tatsächlicher Hinsicht, die die Offensichtlichkeit der Rechtsverletzung ausschließen, sind die Fälle, in denen nicht festgestellt werden kann, dass die zur Ermittlung der IP-Adressen eingesetzte Software hinreichend zuverlässig ist (vgl. OLG Köln Beschluss vom 7.9.2011 Az. 6 W 82/11). Es ist Sache des Rechteinhabers, die Ordnungsgemäßheit der Ermittlungen noch vor deren Beginn sicherzustellen und zu dokumentieren sowie die eingesetzte Software durch einen unabhängigen Sachverständigen überprüfen und regelmäßig kontrollieren zu lassen (so OLG Köln, Beschluss vom 20.1.2012 Az. I-6 W 242/11, 6 W 242/11).

Beispiel:

> Ein Indiz für eine fehlerhafte Ermittlung sieht das OLG Köln (Beschluss vom 10.2.2011 Az. 6 W 5/11, I-6 W 5/11) beispielsweise darin, dass in einem Auskunftsantrag eine IP-Adresse mehrfach aufgeführt wird, da es bei dynamischer Adressvergabe höchst unwahrscheinlich ist, dass das urheberrechtlich geschützte Werk zu einem späteren Zeitpunkt wieder unter genau derselben IP-Adresse angeboten wird.

Die bloße Möglichkeit oder rein statistische Wahrscheinlichkeit von Fehlern bei der Ermittlung von IP-Adressen reicht dagegen nicht aus, um Zweifel in tatsächlicher Hinsicht zu begründen, die die Offensichtlichkeit der Rechtsverletzung ausschließen (vgl. OLG Köln Beschluss vom 15.8.2013 Az. I-6 W 43/13, 6 W 43/13). Zur Bildung der richterlichen Überzeugung ist keine absolute Sicherheit über die tatsächlichen Vorgänge erforderlich, wenn ein für das praktische Leben brauchbarer Grad von Gewissheit vorliegt, der vernünftige Zweifel ausschließt (so OLG Köln, Beschluss vom 7.10.2013 Az. I-6 W 84/13, 6 W 84/13). Dies hat der **BGH** (Urteil vom **11.6.2015,** Az. I ZR 19/14 – „Tauschbörse I") ausdrücklich bestätigt und klargestellt, dass ein zweifelsfreier Nachweis der vollständigen Fehlerfreiheit des Auskunftsverfahrens durch den Rechteinhaber nicht erforderlich ist.

Beispiel:

> Prominente Beispiele für Zweifel sowohl in tatsächlicher als auch in rechtlicher Hinsicht stellen die Entscheidungen des LG Köln zu zahlreichen Beschwerden gegen die Genehmigung der Auskunftserteilung nach § 101 Abs. 9 UrhG im Rahmen der „Redtube-Abmahnwelle" dar. Laut Pressemitteilung des LG

Köln vom 27.1.2014 zum Beschluss vom 24.1.2014 (Az. 209 O 188/13) hat die Kammer die Abweichung von ihrer ursprünglichen Entscheidung damit begründet, dass im Antrag der „The Archive AG" von Downloads die Rede war, während es sich tatsächlich – wie sich später herausstellte – um den Abruf von Videos auf einer Streaming-Plattform handelte. Vor diesem Hintergrund war der Kammer zum einen unklar geblieben, wie das eingesetzte Ermittlungsprogramm in der Lage gewesen sein konnte, die IP-Adresse desjenigen zu erfassen, der einen Stream von dem Server des Anbieters www.redtube.com abruft. Zum anderen bestanden rechtliche Zweifel, ob bloßes „Streaming" eine Urheberrechtsverletzung beinhaltet.

Inzwischen hat sich der EuGH (Urteil vom 5.6.2014 Rechtssache C – 360/13) mit der Rechtsfrage auseinandergesetzt, weiterführend siehe das Stichwort → Streaming.

IV. Reichweite des Auskunftsanspruchs

§ 101 UrhG regelt einen Auskunftsanspruch, der jedoch keinen Anspruch auf die vorsorgliche Sicherung von IP-Adressen durch die Provider beinhaltet. Dies stellt das OLG Hamm in seinem Beschluss vom 2.11.2010 (Az. 4 W 119/10) klar:

„Es besteht nach der gesetzlichen Regelung kein Anspruch auf Speicherung von Verkehrsdaten quasi ‚auf Zuruf'. Das Gesetz regelt einen Auskunftsanspruch, nicht jedoch einen Anspruch auf eine den Anspruch erst ermöglichende Sicherung (…)."

Mehrere Inhaber von Urheberrechten hatten auf der Grundlage von § 101 UrhG versucht, Access-Provider zu einer vorsorglichen Speicherung von IP-Adressen zu zwingen. Damit sollte erreicht werden, dass im Falle etwaiger Urheberrechtsverletzungen der Auskunftsanspruch und damit die Rechtsverfolgung nicht deshalb ins Leere läuft, weil die IP-Adressen beim Provider bereits gelöscht sind. Eine solche IP-Daten-Speicherung zu prophylaktischen Zwecken ist nach der Rechtsprechung (vgl. auch OLG Düsseldorf, Urteil vom 15.3.2011, Az. I-20 U 136/10) von § 101 UrhG jedoch nicht gedeckt.

 Hinweis:
Bis vor kurzem konnten Urheberrechteinhaber auch nicht mehr von der staatlicherseits angeordneten „Vorratsdatenspeicherung" durch die Provider profitieren. Mit Urteil vom 2.3.2010 hatte das Bundesverfassungsgericht (Az. 1 BvR 256/08) festgestellt, dass die anlasslose 6-monatige Speicherung von Verkehrsdaten, worunter auch die IP-Adresse fällt, in der damaligen gesetzlichen Ausgestaltung verfassungswidrig war. Auch die dem nationalen Recht zugrunde liegende Richtlinie 2006/24/EG des Europäischen Parlaments und des Rates vom 15. März 2006 über die Vorratsspeicherung von Daten, die bei der Bereitstellung öffentlich zugänglicher elektronischer Kommunikationsdienste oder öffentlicher Kommunikationsnetze erzeugt oder verarbeitet werden, wurde vom Europäischen Gerichtshof mit Urteil vom 8.4.2014 (Rechtssache C-293/12 und C-594/12) für unvereinbar mit den europäischen Grundrechten erklärt.

Inzwischen hat der Gesetzgeber reagiert und ein neues Gesetz zur Einführung einer Speicherpflicht und einer Höchstspeicherfrist für Verkehrsdaten erlassen, das zum 18. Dezember 2015 in Kraft getreten ist. Die relevanten Änderungen des Telekommunikationsgesetzes finden sich in den §§ 113a – 113g TKG. Vorgesehen ist nunmehr eine **10-wöchige Speicherung von IP-Adressen durch die Access-Provider** (§ 113b Absatz 1 Nr. 1 und Absatz 3 Nr. 1 TKG). Die Speicherverpflichtung und die damit verbundenen Verpflichtungen nach den §§ 113b bis 113e und 113g sind spätestens ab dem 1. Juli 2017 zu erfüllen (§ 150 Absatz 13 TKG). Allerdings wurde von Gegnern der Vorratsdatenspeicherung bereits angekündigt, auch die Neuregelung auf ihre Verfassungsmäßigkeit hin gerichtlich überprüfen zu lassen.

V. Kostentragung

Kann mit Hilfe des Auskunftsanspruchs erfolgreich gegen den Täter der Urheberrechtsverletzung vorgegangen werden, können die Kosten für die Auskunftserteilung durch den Access-Provider als Prozesskosten gemäß § 91 Abs. 1 Satz 1 ZPO geltend gemacht werden. Allerdings sind sie nur insoweit zu erstatten, als sie zur zweckentsprechenden Rechtsverfolgung notwendig waren. Beinhaltet die Auskunft durch den Access-Provider mehrere IP-Adressen verschiedener Inhaber, können nur die anteiligen Kosten verlangt werden (**BGH**, Beschluss vom **15.5.2014**, Az. I ZB 71/13 – **„Deus Ex"**).

Beendigung des Markenschutzes

I. Allgemein

II. Nichtverlängerung

III. Löschungsverfahren
1. Löschung wegen Verzichts auf die Marke gem. § 48 MarkenG
2. Löschung wegen Verfalls der Marke gem. § 49 MarkenG
    2.1 Verfall wegen Nichtbenutzung (§ 49 Abs. 1 MarkenG)
    2.2 Verfall wegen Umwandlung zur Gattungsbezeichnung (§ 49 Abs. 2 Nr. 1 MarkenG)
    2.3 Verfall wegen Täuschungseignung (§ 49 Abs. 2 Nr. 2 MarkenG)
    2.4 Verfall wegen Verlust der Markenrechtsfähigkeit nach § 7 MarkenG (§ 49 Abs. 2 Nr. 3 MarkenG)
3. Löschung wegen Nichtigkeit der Marke gem. §§ 50, 51 MarkenG
    3.1 Vorliegen absoluter Schutzhindernisse (§ 50 MarkenG)
    3.2 Vorliegen relativer Schutzhindernisse (§ 51 MarkenG)
        3.2.1 Voraussetzungen
        3.2.2 Löschungshindernisse
        3.2.3 Zuständiges Gericht

I. Allgemein

Die Marke ist das einzige Recht der gewerblichen Schutzrechte, dessen Schutz beliebig oft um jeweils 10 Jahre verlängert werden kann. Es gibt jedoch die Möglichkeit, den Markenschutz zu beenden. Dies ist durch Löschung der Marke aus dem Markenregister zu erreichen. Die Löschung der Marke kann durch den Inhaber sowohl durch Nichtverlängerung des Markenschutzes als auch durch ausdrücklichen Verzicht erreicht werden. Dritte haben die Möglichkeit, durch die Einleitung eines amtlichen Löschungsverfahrens sowie durch Klage auf Löschung vor einem ordentlichen Gericht den Schutz der Marke zu beenden.

II. Nichtverlängerung

Die Nichtverlängerung der Marke durch Unterlassen der fristgerechten Einzahlung der Verlängerungsgebühr führt zur automatischen Löschung der Marke aus dem Markenregister, mit Wirkung ab Ende der Schutzdauer. Der tatsächliche Löschungszeitpunkt ist dabei unerheblich. Die Löschung erfolgt von Amts wegen ohne Beschluss. Eine Rückgängigmachung ist in der Regel nicht mehr möglich, es sei denn der Markeninhaber kann nachweisen, dass er an der fristgerechten Einzahlung der Verlängerungsgebühr gehindert war und eine Wiedereinsetzung in den vorherigen Stand gewährt wird. Ein Antrag auf Wiedereinsetzung kann nur innerhalb von eineinhalb Jahren nach Ablauf der Schutzfrist gestellt werden.

III. Löschungsverfahren

Ein Löschungsverfahren kann auf unterschiedliche Gründe gestützt werden. Im Einzelnen sind dies der Verzicht, der Verfall und die Nichtigkeit der Marke.

1. Löschung wegen Verzichts auf die Marke gem. § 48 MarkenG

Der Markeninhaber kann jederzeit den Verzicht auf seine Marke erklären. Die Verzichtserklärung hat gegenüber dem Deutschen Patent- und Markenamt zu erfolgen. Eine Gebühr für den Antrag wird nicht erhoben.

 TIPP!
In der Formularsammlung des Deutschen Patent- und Markenamtes (http://www.rehmnetz.de/it-recht/dpmaformulare-marke) findet sich ein Antrag auf Löschung der Marke wegen Verzichts (Formular W 7437/11.09).

Der Verzicht kann sowohl für die **ganze Marke** als auch nur hinsichtlich **eines Teils** der Waren und Dienstleistungen, für die sie eingetragen ist, erklärt werden.

Die Rechtswirkungen des Verzichts treten **unmittelbar** mit der Verzichtserklärung ein, nicht erst mit Vollzug der Löschung. Daher ist ein **Widerruf des Verzichts** ausgeschlossen, eine Anfechtung wegen Irrtums ist allerdings zulässig.

Besteht ein dingliches Recht an der Marke und ist dieses im Markenregister eingetragen, so ist die Zustimmung des Inhabers dieses Rechts zur Verzichtserklärung erforderlich. Dingliche Rechte an einer Marke sind z. B. das Pfandrecht oder das Nießbrauchrecht. Ein Lizenzrecht stellt kein dingliches Recht dar, so dass es hier auch keiner Zustimmung des Lizenznehmers bedarf.

2. Löschung wegen Verfalls der Marke gem. § 49 MarkenG

Die Löschung wegen Verfalls kann jedermann beim DPMA oder im Wege der Löschungsklage vor den Zivilgerichten beantragen. Im amtlichen Verfahren besteht für den Markeninhaber die Möglichkeit, innerhalb von 2 Monaten nach Zustellung des Löschungsantrages durch das DPMA Widerspruch gegen den Löschungsantrag einzureichen mit der Konsequenz, dass der Antragsteller auf den Klageweg zu den ordentlichen Gerichten verwiesen wird.

 TIPP!
Das DPMA stellt auch für den Antrag auf Löschung wegen Verfalls im Internet ein Formblatt zur Verfügung, welches zur Vereinfachung des Verfahrens verwendet werden soll (http://www.rehmnetz.de/it-recht/dpmaformulare-marke; Formular W 7440/1.14).

2.1 Verfall wegen Nichtbenutzung (§ 49 Abs. 1 MarkenG)

Im Markenrecht gilt der Grundsatz des Benutzungszwangs. Wird dieser Pflicht zur Markenbenutzung, die mit der Eintragung – oder bei einem Widerspruch mit Abschluss des Widerspruchsverfahrens – beginnt, innerhalb eines zusammenhängenden Zeitraums von 5 Jahren nicht nachgekommen, ist die Marke löschungsreif. Die Löschungsreife kann allerdings durch ernsthafte Aufnahme oder Wiederaufnahme der Benutzung geheilt werden, wenn dies drei Monate vor Stellung des Löschungsantrags erfolgt.

2.2 Verfall wegen Umwandlung zur Gattungsbezeichnung (§ 49 Abs. 2 Nr. 1 MarkenG)

Ist die Marke nach der Eintragung zu einer Gattungsbezeichnung, d. h. zu einem Fachbegriff für die Waren und Dienstleistungen geworden, so kann sie nach § 49 Abs. 2 Nr. 1 MarkenG gelöscht werden. Ob eine solche Umwandlung eingetreten ist, beurteilt sich nach der Auffassung der beteiligten Verkehrskreise. Zu diesen zählen neben den Verbrauchern und Endabnehmern auch die Händler und Hersteller. Es werden allerdings hohe Anforderungen an das Vorliegen einer Umwandlung zur Gattungsbezeichnung gestellt, da gerade bekannte Marken häufig als Synonym für eine Gattung verwendet werden (z. B. Tempo® für Taschentücher). Zusätzlich muss dem Markeninhaber aber auch der Gebrauch der Marke als Gattungsbezeichnung zuzurechnen sein, weil er untätig zugesehen hat, dass andere im geschäftlichen Verkehr die Marke als Gattungsbezeichnung benutzen.

2.3 Verfall wegen Täuschungseignung (§ 49 Abs. 2 Nr. 2 MarkenG)

Die Täuschungseignung muss durch die Benutzung der Marke selbst entstehen. Ergibt sich die Täuschung erst aus begleitenden Umständen, wie z. B. Werbeaussagen, die zu einer Täuschung des Verkehrs führen, so ist kein Verfall nach § 49 Abs. 2 Nr. 2 MarkenG gegeben. Erforderlich ist vielmehr die inhaltliche Unrichtigkeit der Marke in Bezug auf die Produkte oder das werbende Unternehmen selbst.

2.4 Verfall wegen Verlust der Markenrechtsfähigkeit nach § 7 MarkenG (§ 49 Abs. 2 Nr. 3 MarkenG)

Ein seltener Fall des Verfalls ist die Löschung der Marke, weil der Markeninhaber die Voraussetzungen nach § 7 MarkenG nicht mehr erfüllt. Dieser Löschungsgrund spielt allenfalls bei Gesellschaften eine Rolle, die z. B. nach einer Insolvenz im Register gelöscht wurden und bei denen die Marke nicht zuvor auf einen Dritten übertragen wurde.

3. Löschung wegen Nichtigkeit der Marke gem. §§ 50, 51 MarkenG

3.1 Vorliegen absoluter Schutzhindernisse (§ 50 MarkenG)

Das Fehlen absoluter Schutzhindernisse (§ 8 MarkenG) ist Rechtsvoraussetzung für die Eintragung einer Marke. Für die Beurteilung, ob Unterscheidungskraft gegeben war, ist nach einer Entscheidung des BGH vom 18.4.2013 (Az.: I ZB 71/12) der Zeitpunkt der Anmeldung der Marke maßgeblich und nicht der Zeitpunkt der Eintragung. Die bisherige Rechtsprechung, dass auf den Zeitpunkt der Eintragung der Marke abzustellen sei, gab der BGH auf.

Ist die Marke trotz Bestehens eines absoluten Schutzhindernisses eingetragen worden, so ist die Marke löschungsreif. Jedermann kann bei dem Deutschen Patent- und Markenamt einen Löschungsantrag stellen. Eine Widerspruchsmöglichkeit des Markeninhabers ist gegeben und wird im Löschungsverfahren vor der Markenabteilung berücksichtigt. Über den Antrag auf Löschung wegen absoluter Schutzhindernisse entscheiden ausschließlich das DPMA, das Bundespatentgericht und in letzter Instanz der BGH. Eine Löschungsklage vor den ordentlichen Gerichten ist nicht möglich.

Die Möglichkeit der Löschung der Marke ist allerdings auch Beschränkungen unterworfen. So kann grundsätzlich eine Marke nur dann gelöscht werden, wenn zum Zeitpunkt der Entscheidung über den Antrag auf Löschung das Schutzhindernis noch besteht. Im Falle mangelnder Unterscheidungskraft, beschreibenden Charakters oder einer Gattungsbezeichnung kann die Löschung nur innerhalb von 10 Jahren nach der Eintragung beantragt werden. Im Falle der anderen absoluten Schutzhindernisse kann die Löschung sogar nur innerhalb von zwei Jahren nach Eintragung der Marke beantragt werden. Andererseits kann sich der Markeninhaber jedoch nicht darauf berufen, eine Löschung innerhalb der 10-Jahres-Frist sei ausgeschlossen, weil er die Marke bereits über einen längeren Zeitraum unbeanstandet genutzt hat und er somit auf einen Fortbestand vertrauen dürfe (BGH, Beschluss v. 10.7.2014, Az. I ZB 18/13 „Gute Laune Drops").

3.2 Vorliegen relativer Schutzhindernisse (§ 51 MarkenG)

Die Löschung einer Marke wegen relativer Schutzhindernisse muss im Rahmen einer Löschungsklage vor den ordentlichen Gerichten beantragt werden. Wird der Klage stattgegeben, so wird der Markeninhaber verurteilt, in die Löschung der Marke einzuwilligen. Ein entsprechendes rechtskräftiges Urteil ersetzt die Zustimmung des Markeninhabers und das DPMA muss dann die Marke löschen.

3.2.1 Voraussetzungen

Im Falle einer Markenkollision, wenn also ältere Rechte einer Markeneintragung entgegenstehen, kann der Inhaber der älteren Rechte im Wege der Zivilrechtsklage die Löschung der Marke bewirken. Als ältere Rechte kommen nicht nur eingetragene Marken, sondern auch Benutzungsmarken, geschäftliche Bezeichnungen sowie Namenrechte, Urheberrechte, das Recht am eigenen Bild und sonstige gewerbliche Schutzrechte (z. B. Design- und Geschmacksmusterrechte) in Betracht, sofern diese den Inhaber des Rechts berechtigen, die Benutzung der eingetragenen Marke **im gesamten Gebiet** der Bundesrepublik Deutschland zu untersagen. Aus einem Recht, das lediglich örtliche Bedeutung hat, wie z. B. die Geschäftsbezeichnung einer nur örtlich tätigen Bäckerei, kann keine Löschung einer Marke beansprucht werden.

3.2.2 Löschungshindernisse

Als Hindernisse, die der Löschung wegen relativer Schutzhindernisse entgegenstehen, sind in § 51 Abs. 2 bis 4 MarkenG genannt:

- Verwirkung:

  Diese tritt ein, wenn der Inhaber der älteren Marke über einen Zeitraum von mindestens fünf Jahren die ununterbrochene Benutzung der jüngeren Marke geduldet hat, d. h. untätig bleibt.

- Zustimmung:

  der Inhaber der älteren Marke hat der Eintragung der jüngeren Marke zugestimmt, z. B. in einer Abgrenzungsvereinbarung;

- nachträgliche Bekanntheit:

  Die überragende Bekanntheit der älteren Marke kann als Löschungsgrund nur dann vorgebracht werden, wenn diese vor dem Anmeldetag der Marke bereits bestanden hat.

3.2.3 Zuständiges Gericht

Bei Verletzung eines Markenrechts ist im Falle einer Löschungsklage neben den allgemeinen Gerichtsständen der §§ 12 ff. ZPO auch das Gericht der unerlaubten Handlung gem. § 32 ZPO örtlich zuständig, sofern die Marke bereits benutzt wird. Dieser sogenannte „fliegende Gerichtsstand" eröffnet überall dort eine Klagemöglichkeit, wo der Schadenserfolg eingetreten ist. In Zeiten des Internets, welches bundesweit abrufbar ist, kann somit oftmals überall geklagt werden. Allerdings tendieren die Gerichte dazu, den Gerichtsstand der unerlaubten Handlung einschränkend auszulegen. Die bloße Abrufbarkeit im Internet reicht nicht aus, vielmehr muss ein konkreter Bezug zu dem Gerichtsort gegeben sein.

Hat der Markeninhaber keinen allgemeinen Gerichtsstand im Inland, so ist die Klage an dem Gericht zu erheben, an dem der Inlandsvertreter der Marke seinen Gerichtsstand hat. Gibt es keinen Inlandsvertreter, so ist das Landgericht München I, in dessen Zuständigkeitsbereich das DPMA seinen Sitz hat, zuständig.

Gem. § 140 Abs. 1 MarkenG sind ohne Rücksicht auf den Streitwert immer die Landgerichte sachlich zuständig, und dort speziell gem. § 95 Abs. 1 Nr. 4c GVG die Kammern für Handelssachen. Zudem gibt es aufgrund § 140 Abs. 2 MarkenG in allen Bundesländern jeweils Konzentrationsermächtigungen, nach denen ein oder mehrere bestimmte Landgerichte für Markenstreitigkeiten zuständig sind. Von dieser Ermächtigung wurde in allen Bundesländern Gebrauch gemacht.

Benutzung einer Marke

I. Benutzung

II. Der Benutzungszwang
  1. Ernsthafte Benutzung
     1.1 Herkunftsfunktion
     1.2 Kennzeichnungspflicht
  2. Form der Benutzung
  3. Das ®-Zeichen
  4. Benutzung durch Dritte

III. Dauer der Benutzung – Benutzungsschonfrist
IV. Bedeutung des Benutzungszwangs für Verletzungsstreitigkeiten
   1. Nichtbenutzungseinrede im Verletzungsprozess gem. § 25 MarkenG
   2. Keine Prüfung von Amts wegen
V. Fazit

I. Benutzung

Durch die Registrierung einer Marke wird der Schutz der Bezeichnung für die angemeldeten Waren und Dienstleistungen begründet. Um dieses Schutzrecht zu erhalten, muss die Marke für die jeweiligen Waren und Dienstleistungen aber auch rechtserhaltend benutzt werden.

II. Der Benutzungszwang

Für Marken gilt der sogenannte Benutzungszwang, §§ 25, 26 MarkenG. Der Benutzungszwang bedeutet, dass Markeninhaber ihre Marke innerhalb eines Zeitraums von fünf Jahren nach Eintragung ins Register bzw. nach Abschluss eines Widerspruchsverfahrens ernsthaft im Inland zur Kennzeichnung der Waren und Dienstleistungen, für welche die Marke eingetragen ist, im Wirtschaftsleben benutzen müssen. Anderenfalls können Dritte die Löschung der Marke wegen Verfalls beantragen. Auch in einem Verletzungsverfahren können Rechte aus einer Marke nach Ablauf der Benutzungsschonfrist nur geltend gemacht werden, wenn die Marke rechtserhaltend benutzt wurde.

1. Ernsthafte Benutzung

1.1 Herkunftsfunktion

Maßgeblich für die Beurteilung der Benutzung der Marke ist die Herkunftsfunktion. Die Herkunftsfunktion besagt, dass die Marke geeignet sein muss, Produkte eines bestimmten Unternehmens so zu individualisieren, dass sie von denen anderer Unternehmen unterschieden werden können.

Die ernsthafte Benutzung einer Marke setzt somit voraus, dass der Verkehr in der Benutzung der Marke einen Hinweis auf die betriebliche Herkunft der Waren aus einem bestimmten Unternehmen sieht. Eine ausschließliche firmenmäßige Benutzung als Unternehmenskennzeichnung ohne direkten Bezug zu den geschützten Waren reicht nicht aus. Problematisch wird die Unterscheidung zwischen einer Nutzung als Marke und einer Nutzung als Unternehmenskennzeichen allerdings bei Marken, die für Dienstleistungen geschützt sind und bei denen die Firma des Markeninhabers und die Marke identisch sind sowie bei Handelsunternehmen, die ihr Unternehmenskennzeichen als Marke für Waren geschützt haben, unter dem Zeichen aber nur mit Marken Dritter gekennzeichnete Ware verkaufen.

Weitere Voraussetzung ist, dass die Marke im Wettbewerb und nicht nur innerhalb des eigenen Unternehmens zur Kennzeichnung eingesetzt wird. Unzureichend ist es, wenn die Ware im Ausland gekennzeichnet wird und nur zur Durchfuhr nach Deutschland eingeführt wird (BGH, Urteil v. 27.11.2014, Az.: I ZR 91/13 „STAYER"). Eine Benutzung ist auch nur dann ernsthaft, wenn sie eine übliche und wirtschaftlich sinnvolle Verwendung der Marke darstellt. Bloße Scheinhandlungen erfüllen nicht die Voraussetzung der ernsthaften Benutzung.

1.2 Kennzeichnungspflicht

Die Frage, in welcher Beziehung die Marke zu den damit gekennzeichneten Waren und Dienstleistungen stehen muss, kann nicht generell beantwortet werden. Es kommt vielmehr darauf an, ob der angesprochene Verkehr in dem konkreten Gebrauch der Marke einen Herkunftshinweis sieht. Hierbei sind die jeweiligen Branchengewohnheiten und die Art der Marke zu berücksichtigen. Ist es in einer Branche üblich, die Marke auf der Ware oder ihrer Verpackung anzubringen, so wird die Kennzeichnungspflicht in der Regel nur dann erfüllt sein, wenn die Marke entsprechend angebracht wurde. In einer anderen Branche, in welcher es nicht üblich ist, die Marke auf der Ware anzubringen, weil der Kunde eine markenfreie Ausführung wünscht, kann die Nutzung der Marke in Geschäftsunterlagen und Katalogen ausreichend sein.

2. Form der Benutzung

Für eine rechtserhaltende Benutzung ist es ferner erforderlich, dass die Marke in der Form genutzt wird, in der sie im Register eingetragen wurde. Abänderungen, die den kennzeichnenden Charakter der Marke verändern, sind schädlich. Sie können nicht als rechtserhaltende Benutzung anerkannt werden. Unschädlich ist eine Abänderung, wenn der Verkehr in der benutzten Form noch dieselbe Marke wie die eingetragene Marke sieht. Wird z. B. eine Wortmarke grafisch oder farblich gestaltet oder werden ihr bildliche Elemente hinzugefügt, ist zu berücksichtigen, dass Marken in der Praxis meist nicht isoliert verwendet werden, sondern häufig mit weiteren Angaben, Zeichen, Aufmachungen und Farben verbunden werden. Haben die Abänderungen oder Hinzufügungen lediglich dekorativen, verzierenden Charakter, dann stellt auch die abgeänderte Form noch eine rechtserhaltende Benutzung dar (vgl. BGH, Urteil vom 8.1.2014, Az.: I ZR 38/13 „Probiotik"). Änderungen bei einer Bildmarke führen aber meist auch zu einer Änderung des kennzeichnenden Charakters. Hier ist also Vorsicht geboten. Problematisch ist es auch, wenn eine Bildmarke mit einem bekannten Unternehmenskennzeichen verbunden wird. Hier kann der Eindruck entstehen, dass es sich bei der Bildmarke nur um ein dekoratives Element handelt und nicht um ein Herkunftskennzeichen (so OLG Köln, Urteil v. 26.5.2015, Az.: I-6 U 154/14 „AGFAPHOTO").

Nach § 26 Abs. 3 Satz 2 MarkenG ist es jedoch unschädlich, wenn die abgewandelte Form der Marke selbst als Marke eingetragen ist, solange der kennzeichnende Charakter der ursprünglichen Marke nicht verändert wird. Auf Grund einer Entscheidung des Europäischen Gerichtshofs (EuGH, Urteil v. 13.9.2007, Rs. C-234/06 P „BAINBRIDGE") kamen zunächst Zweifel auf, ob diese Regelung des deutschen MarkenG im Einklang mit der europäischen Markenrechtsrichtlinie steht. Der EuGH sah in der Entscheidung „BAINBRIDGE" in der Nutzung einer abgewandelten Form einer Marke, die selbst als Marke eingetragen ist, keine rechtserhaltende Benutzung für die ursprüngliche Marke. Auf eine Vorlage des BGH (Beschluss vom 17.8.2011, Az. I ZR 84/09 „PROTI") hat der EuGH dann aber mit Urteil vom 25.10.2012 ausgeführt, dass auch die Benutzung einer abgewandelten Form einer Ursprungsmarke, die in dieser abgewandelten Form selbst als Marke eingetragen ist, als rechtserhaltende Benutzung der Ursprungsmarke gilt.

3. Das ®-Zeichen

Das ®-Zeichen steht für „registriert". Es darf daher erst ab Eintragung der Marke im Markenregister verwendet werden. Dabei steht es dem Markeninhaber frei, dieses zu benutzen; eine entsprechende Pflicht besteht nicht. Wird die Marke später rechtskräftig gelöscht, dann darf das Zeichen nicht mehr verwendet werden. Wer im geschäftlichen Verkehr fälschlicherweise seine Marke mit ® kennzeichnet, ohne dass eine entsprechende Eintragung vorliegt, kann wegen Irreführung auf Unterlassung und Schadensersatz nach § 5 Abs. 1 Nr. 3 UWG in Anspruch genommen werden. Auch wer eine abgewandelte Form einer Marke, die nicht selbst im Register eingetragen ist, mit dem ® kennzeichnet, oder das ®-Zeichen einem nicht selbstständig geschützten Markenbestandteil zuordnet, handelt irreführend.

Neben dem ® sieht man als Hinweis auf ein Markenrecht auch immer wieder die Angabe „TM". Diese stammt aus dem angloamerikanischen Raum und dient als Hinweis auf eine nicht registrierte Marke. Im deutschen Rechtsraum hat „TM" jedoch keine Wirkung. Da dieses Zeichen und seine Bedeutung dem deutschen Verkehr in der Regel nicht bekannt ist, könnte die Angabe „TM" auch als Hinweis auf eine eingetragene Marke verstanden werden und – sofern es keine Markeneintragung gibt – irreführend sein. Das KG Berlin hat jedoch jüngst die Ansicht vertreten, dass keine Irreführung vorliegt, wenn „TM" für eine angemeldete, aber noch nicht eingetragene Marke als Hinweis genutzt wird (Beschluss v. 31.5.2013, Az.: 5 W 114/13).

4. Benutzung durch Dritte

Eine rechtserhaltende Benutzung setzt grundsätzlich die Nutzung der Marke durch den Markeninhaber voraus. Nach § 26 Abs. 2 MarkenG ist aber auch die Benutzung durch Dritte ausreichend, wenn sie mit vorheriger Zustimmung des Markeninhabers erfolgte. Dies ist dann gegeben, wenn der Dritte vom Markeninhaber eine Lizenz erhalten hat, wobei auch eine formlose Vereinbarung ausreichen kann. Eine bloße Duldung der Nutzung durch den Dritten reicht hingegen nicht aus.

III. Dauer der Benutzung – Benutzungsschonfrist

Der Benutzungszwang beginnt grundsätzlich mit der Eintragung der Marke, wobei in den ersten fünf Jahren die sogenannte Benutzungsschonfrist gilt. Wird nach der Eintragung der Marke ein → *Widerspruchsverfahren* durchgeführt, so beginnt der 5-Jahres-Zeitraum erst mit Abschluss des Widerspruchsverfahrens. Innerhalb der Benutzungsschonfrist soll dem Markeninhaber ermöglicht werden, seine Marke langsam wirtschaftlich aufzubauen, auch wenn er dabei noch nicht die Erfordernisse erfüllt, die an eine ernsthafte Benutzung gestellt werden. Nach Ablauf der ersten fünf Jahre muss jedoch die ernsthafte Benutzung erfolgen.

Unterbricht ein Markeninhaber die Benutzung der Marke, so darf die Unterbrechung nicht länger als fünf Jahre dauern.

Ist eine Marke über einen Zeitraum von mehr als fünf Jahren nicht benutzt worden, so ist sie **löschungsreif**. Jedermann kann beim Markenamt dann die Löschung der Marke aus dem Markenregister beantragen.

IV. Bedeutung des Benutzungszwangs für Verletzungsstreitigkeiten

1. Nichtbenutzungseinrede im Verletzungsprozess gem. § 25 MarkenG

Erhebt ein Markeninhaber gegen Dritte aus seiner Marke Ansprüche auf Unterlassung, Schadensersatz, Vernichtung und Auskunft wegen Verletzung seiner Marke, so kann er diese Ansprüche gem. § 25 MarkenG nicht geltend machen, wenn er seine Marke in den letzten fünf Jahren für die Produkte und Dienstleistungen, auf die er sich zur Begründung seines Anspruchs beruft, nicht benutzt hat. Dies ist ebenfalls eine Konsequenz des Benutzungszwangs.

2. Keine Prüfung von Amts wegen

Ob die Marke tatsächlich benutzt wird, ist nicht von Amts wegen zu prüfen. Vielmehr muss sich der Angegriffene selbst auf die Nichtbenutzung berufen. Daher sollte jeder Angegriffene in einer Markenverletzungsstreitigkeit die **Nichtbenutzungseinrede** erheben, wenn die Benutzungsschonfrist für die Marke bereits abgelaufen ist. Der Markeninhaber und Angreifer muss dann nachweisen, dass die Marke innerhalb des 5-Jahres-Zeitraums markenmäßig benutzt worden ist. Die Beweisführung kann sehr schwierig und aufwendig sein und mitunter auch nicht gelingen. Daher ist die Nichtbenutzungseinrede auf jeden Fall einen Versuch wert.

V. Fazit

Wichtig bei Marken ist somit, dass die Marke ernsthaft in der eingetragenen Form und für die eingetragenen Waren und Dienstleistungen nach Ablauf der Benutzungsschonfrist benutzt wird, sonst droht die unwiderrufliche Löschung der Marke aus dem Register!

Beschäftigtendatenschutz

I. **Rechtliche Grundlagen**
1. Fehlen eines Beschäftigtendatenschutzgesetzes
2. § 32 BDSG
3. Vorschriften des Betriebsverfassungsrechts
4. Kunsturheberrechtsgesetz (KUG)

II. **Umgang mit Daten von Bewerbern**
1. Überblick
2. Fragerecht des Arbeitgebers
3. Erhebung von Daten im Internet, beispielsweise in sozialen Netzwerken wie Facebook
4. Körperliche Untersuchungen
5. Löschung von Daten abgelehnter Bewerber

III. **Überwachung von Arbeitnehmern**
1. Internetnutzung und E-Mail
2. Videoüberwachung
3. Ortung mit GPS und Handy

IV. **Veröffentlichung von Beschäftigtendaten in- und außerhalb des Unternehmens**
1. Veröffentlichung auf der Webseite des Unternehmens
2. Veröffentlichung im Intranet
3. Betriebsinterne Geburtstagslisten

V. **Datenschutz-Grundverordnung (ab 2018)**

Beschäftigtendatenschutz

I. Rechtliche Grundlagen

1. Fehlen eines Beschäftigtendatenschutzgesetzes

Die Erwartung, alle Regelungen für den Schutz der Daten von Beschäftigten in einem einzigen Gesetz zusammengefasst zu finden, wird bisher enttäuscht. Es spricht auch nichts dafür, dass sich diese Situation in absehbarer Zeit ändert. Die Bemühungen, ein eigenständiges Beschäftigtendatenschutzgesetz (frühere Bezeichnung: Arbeitnehmerdatenschutzgesetz) zu schaffen, reichen bis in die Anfänge des Datenschutzes in den 1970er-Jahren zurück, blieben jedoch bisher stets erfolglos. Dieses Schicksal hat auch der jüngste Vorstoß erlitten, der noch versucht wurde. Es handelte sich dabei um eine Gesetzesvorlage der Bundesregierung aus dem Jahr 2010 (BR-Drs. 535/10 v. 3.9.2010 sowie BT-Drs. 17/4230 v. 15.12.2010), die vor der letzten Bundestagswahl im September 2013 nicht mehr verabschiedet wurde, weil man sich bereits innerhalb der Bundesregierung nicht mehr inhaltlich über den Entwurf einigen konnte.

Dieser „Entwurf eines Gesetzes zur Regelung des Beschäftigtendatenschutzes" sah vor, im Anschluss an § 32 BDSG (Datenerhebung, -verarbeitung und -nutzung für Zwecke des Beschäftigungsverhältnisses) nicht weniger als 12 Paragraphen (§ 32a–§ 32l) einzufügen, die zahlreiche Regelungen für den Beschäftigtendatenschutz enthalten hätten. Damit wäre die jetzt geltende allgemeine Vorschrift des § 32 BDSG und zahlreiche Details ergänzt worden. Die Absicht, zusätzliche Regelungen zu treffen, bestand bereits, seitdem § 32 BDSG im Jahr 2009 geschaffen wurde, denn schon damals hatte die Bundesregierung eine Arbeitsgruppe aller beteiligter Ministerien eingerichtet, die ein „Arbeitnehmerdatenschutzgesetz" vorbereiten sollte (siehe BT-Drs. 16/13657 v. 1.7.2009, S. 20).

Die Reaktionen auf den genannten Gesetzentwurf waren sehr negativ. Kritisiert wurden insbesondere die fehlende Verständlichkeit und die unzureichende Handhabbarkeit der geplanten Regelungen sowie die zahlreichen Verweisungen zwischen den einzelnen Vorschriften (siehe dazu vor allem die Stellungnahme des Bundesrats vom 5.11.2010, BR-Drs. 535/10 (B) v. 5.11.2010). Nachbesserungsversuche, die im Frühjahr 2013 angestellt wurden, führten nicht mehr zu einer abschließenden Beratung des Entwurfs im Bundestag. Seither hat es keinen neuen Entwurf mehr gegeben.

2. § 32 BDSG

Kernvorschrift des Beschäftigtendatenschutzes ist die sehr allgemein formulierte Vorschrift des § 32 BDSG. Sie wurde während der letzten Novellierung des Bundesdatenschutzgesetzes im Jahr 2009 erst in einem weit fortgeschrittenen Stadium des Gesetzgebungsverfahrens eingefügt. Dahinter stand die politische Zielsetzung des Gesetzgebers, auf die zahlreichen Datenschutzskandale dieses Jahres (Telekom AG, Aldi und Lidl) nach außen sichtbar zu reagieren.

Die Schaffung neuer inhaltlicher Regelungen war dabei nicht gewollt. Absicht war vielmehr, die von der Rechtsprechung vor allem des Bundesarbeitsgerichts bereits seit längerem anerkannten Regeln und Prinzipien gesetzlich festzuschreiben (so ausdrücklich BT-Drs. 16/13657 v. 1.7.2009, S. 20: „§ 32 enthält eine allgemeine Regelung zum Schutz personenbezogener Daten von Beschäftigten, die die von der Rechtsprechung erarbeiteten Grundsätze des Datenschutzes im Beschäftigungsverhältnis nicht ändern, sondern lediglich zusammenfassen … soll."). Übersehen (oder möglicherweise auch bewusst ignoriert) wurde dabei, dass sich eine umfangreiche und differenzierte Rechtsprechung, die sich aus vielen hundert gerichtlichen Entscheidungen ergibt, nicht in wenigen Sätzen zusammenfassen lässt, ohne dabei neue Unklarheiten zu schaffen.

§ 32 BDSG gilt für die Daten aller „Beschäftigten". Dieser Begriff ist in § 3 Abs. 11 BDSG definiert und geht sehr weit. Er erfasst nicht nur Arbeitnehmer und Auszubildende – damit würde jeder sofort rechnen –, sondern auch beispielsweise Bewerber, frühere Beschäftigte und sogar Beamte und Richter des Bundes (nicht jedoch Beamte und Richter der Länder). Die Vorschrift zielt also darauf, alle Personen zu erfassen, die in irgendeiner Form eine wirtschaftlich verwertbare Arbeitsleistung erbringen.

3. Vorschriften des Betriebsverfassungsrechts

Soweit ein Betriebsrat existiert, sind zusätzlich zu § 32 BDSG (siehe § 32 Abs. 3 BDSG: „Die Beteiligungsrechte der Interessenvertretungen der Beschäftigten bleiben unberührt.") eine ganze Reihe von Vorschriften des Betriebsverfassungsgesetzes anwendbar, die Bezüge zum Datenschutz aufweisen. Dazu zählen insbesondere:

- § 75 Abs. 2 Satz 1 BetrVG (Schutz und Förderung der freien Entfaltung der Persönlichkeit der Beschäftigten durch den Betriebsrat)
- § 80 Abs. 1 Nr. 1 BetrVG (Aufgabe des Betriebsrats, die Einhaltung von Rechtsvorschriften zu überwachen, die zu Gunsten der Arbeitnehmer gelten – dazu gehören auch die Regelungen des BDSG)
- § 87 Abs. 1 Nr. 6 BetrVG (Mitbestimmung des Betriebsrats bei der Überwachung des Arbeitnehmerverhaltens)
- § 94 Abs. 1 BetrVG (Notwendigkeit der Zustimmung des Betriebsrats zur Verwendung von Fragebögen).

Jede dieser Vorschriften kann erhebliche praktische Bedeutung erlangen. Die umfangreichste Rechtsprechung existiert zu § 87 Abs. 1 Nr. 6 BetrVG, weil das Bundesarbeitsgericht ein Mitbestimmungsrecht nach dieser Vorschrift nicht erst bejaht, wenn eine bestimmte Maßnahme tatsächlich dazu dient, Beschäftigte zu überwachen. Vielmehr genügt es bereits, wenn eine solche Überwachung durch die Maßnahme möglich wäre.

4. Kunsturheberrechtsgesetz (KUG)

Wenn es um Abbildungen von Beschäftigten geht, ist das Recht der Beschäftigten am eigenen Bild zu beachten. Die entsprechenden Regelungen, die im Kunsturheberrechtsgesetz (KUG) enthalten sind, gehen als Spezialvorschriften § 32 BDSG vor. Siehe dazu das Stichwort → *Recht am eigenen Bild*.

II. Umgang mit Daten von Bewerbern

1. Überblick

Vom Grundsatz her hat ein Arbeitgeber ein berechtigtes Interesse daran, sich einen umfassenden Überblick über Person und Fähigkeiten eines Bewerbers zu verschaffen. Dies vermeidet die Einstellung ungeeigneter Personen und liegt jedenfalls teilweise auch im Interesse des Bewerbers selbst, der sonst damit rechnen muss, wahrscheinlich bereits während der Probezeit wieder gekündigt zu werden. Mit dem berechtigten Inte-

Beschäftigtendatenschutz

resse des Arbeitgebers kollidiert allerdings das ebenso berechtigte Interesse des Bewerbers, nicht in übertriebener Weise ausgeforscht zu werden und keine Angaben machen zu müssen, die höchstpersönliche Umstände betreffen. Beide Positionen müssen zu einem Ausgleich gebracht werden.

2. Fragerecht des Arbeitgebers

Bei Fragen an einen Bewerber handelt es sich in der Sprache von § 32 BDSG um die Erhebung von Daten für Zwecke des Beschäftigungsverhältnisses, die der Entscheidung über die Begründung eines Beschäftigungsverhältnisses dienen. Dazu, unter welchen Voraussetzungen solche Fragen zulässig sind, trägt § 32 BDSG inhaltlich nichts Konkretes bei. Es muss deshalb auf die jahrzehntelange Rechtsprechung zu diesem Thema zurückgegriffen werden, bei der es im Lauf der Zeit immer wieder Wandlungen gegeben hat.

Die Rechtsprechung akzeptiert traditionell nur Fragen, an deren Beantwortung der Arbeitgeber ein „berechtigtes, billigenswertes und schutzwürdiges Interesse" hat. An die Stelle dieser Formel ist durch § 32 BDSG der noch knappere Begriff der „Erforderlichkeit" getreten, der letztlich nicht zu anderen Ergebnissen führt. Sofern ein Arbeitgeber eine Frage stellt, die nicht erforderlich ist, hat der Bewerber ein Recht zur Lüge. Er darf also in einem solchen Fall die Unwahrheit sagen, ohne dass dies irgendwelche Folgen für ihn hätte, wenn die später bekannt wird.

Einen starken Einfluss darauf, ob eine bestimmte Frage an einen Bewerber zulässig ist, haben inzwischen die Vorgaben des Allgemeinen Gleichbehandlungsgesetzes (AGG), das in Bezug auf „die Bedingungen, einschließlich Auswahlkriterien und Einstellungsbedingungen, für den Zugang zu unselbstständiger und selbstständiger Erwerbstätigkeit, unabhängig von Tätigkeitsfeld und beruflicher Position" Benachteiligungen aus bestimmten Gründen verbietet (§ 2 Abs. 1 AGG Nr. 1 i. V. m. § 1 AGG). Sie führen dazu, dass manche Haltungen der Rechtsprechung nicht mehr fortzuführen sind.

In der Praxis sind vor allem folgende Fragestellungen bedeutsam:

- Frage nach Qualifikationen (Ausbildung und bisherige berufliche Tätigkeiten): Sie sind zulässig, solange irgendein Bezug zu der Tätigkeit besteht, die der Bewerber künftig ausüben soll.

- Frage nach Vorstrafen: Eine solche Frage ist nur erlaubt, wenn die Vorstrafe in irgendeiner Weise für das konkrete Arbeitsverhältnis bedeutsam ist. Lehrbuchbeispiel: Vermögensdelikte bei einem Buchhalter oder Kassierer. Allerdings findet selbst dann das Recht zu einer solchen Frage seine Grenze, wenn die Vorstrafe bereits aus dem Bundeszentralregister getilgt worden ist. In diesem Fall darf sich der Bewerber auch dann als nicht vorbestraft bezeichnen, wenn die Vorstrafe an sich für die Tätigkeit einschlägig wäre.

- Frage nach der Familienplanung: Sie ist stets unzulässig, da sie in unzumutbarer Weise in die Privatsphäre eindringt.

- Frage nach einer Schwangerschaft: Sie ist ebenfalls stets unzulässig. Das jahrelange Hin und Her der Rechtsprechung zu dieser Frage, bei der immer wieder Ausnahmen für bestimmte Konstellationen zugelassen wurden, ist inzwischen beendet.

- Frage nach einer Schwerbehinderung: Sie wird in der bisherigen Rechtsprechung des Bundesarbeitsgerichts als zulässig angesehen. Es besteht jedoch Einigkeit darüber, dass sich diese Rechtsprechung angesichts des Verbots der Diskriminierung wegen einer Behinderung (§ 1 AGG) nicht mehr aufrechterhalten lässt.

- Frage nach dem Alter: Zwar gibt es dazu bisher keine Rechtsprechung des Bundesarbeitsgerichts, doch wird diese Frage allgemein als unzulässig angesehen, vor allem wegen der Vorgabe des § 1 AGG (Verbot der Diskriminierung wegen des Alters). Dass der Arbeitgeber bei einem Vorstellungsgespräch das Alte jedenfalls ungefähr erkennen kann, lässt sich selbstverständlich nicht verhindern.

3. Erhebung von Daten im Internet, beispielsweise in sozialen Netzwerken wie Facebook

Internet-Recherchen eines Arbeitgebers über Bewerber können rechtlich durchaus problematisch sein. Dies liegt daran, dass das BDSG den „Grundsatz der Direkterhebung" (§ 4 Abs. 2 Satz 1 BDSG) festlegt. Daten über einen Betroffenen sind deshalb im Regelfall bei ihm selbst zu erheben und nicht bei anderen Personen oder aus anderen Quellen. Die Datenschutzliteratur zieht daraus teilweise den Schluss, dass solche Internet-Recherchen unzulässig seien. Richtigerweise ist zu differenzieren:

- Ein Bewerber, der seine Daten in einer „Karriereplattform" wie XING selbst einstellt und trotz der entsprechende Möglichkeiten, auf die er dort relativ deutlich hingewiesen wird, nicht gegen externen Zugriff schützt, wird typischerweise wollen, dass diese Daten, die er inhaltlich selbst bestimmt hat, potentiellen Arbeitgebern zur Verfügung stehen. Deshalb ist hier entweder davon auszugehen, dass der Grundsatz der Direkterhebung gar nicht durchbrochen ist, weil die Daten dem Bewerber auch auf der Plattform noch unmittelbar zuzurechnen sind oder es ist jedenfalls anzunehmen, dass er in diese Art der Erhebung eingewilligt hat.

- Wer dagegen eine soziale Plattform wie Facebook benutzt, bei der die Datenschutzeinstellungen für den normalen Nutzer kaum zu überschauen sind und die anders als etwa XING auch keinen gezielten Bezug zur beruflichen Tätigkeit hat, muss mit einer Erhebung dieser Daten nicht rechnen. Sie verstößt gegen den Grundsatz der Direkterhebung.

- Die Erhebung von Daten, die nicht der Betroffenen selbst, sondern Dritte in das Internet eingestellt haben (etwa eine Erhebung durch „googeln"), verstößt stets gegen den Grundsatz der Direkterhebung.

Das Argument, solche Beschränkungen würden in der Praxis doch nur auf dem Papier stehen, trifft nur sehr begrenzt zu. In der Regel werden Screenshots gefertigt oder Notizen zu den Bewerbungsunterlagen genommen. Sollte es dann später beispielsweise ein Gerichtsverfahren wegen Verstoßes gegen das AGG kommen, kann die Verletzung des Grundsatzes der Direkterhebung durchaus zum Thema werden.

4. Körperliche Untersuchungen

Dieses Thema ist wegen der Kosten, die damit verbunden sind, eher in größeren Unternehmen von Bedeutung. Aber auch dort spielen beispielsweise die theoretisch viel diskutierten genetischen Untersuchungen, für die es im „Gesetz über genetische

Untersuchungen bei Menschen" sogar besondere Rechtsvorschriften gibt, in der Praxis so gut wie keine Rolle.

Praxisrelevant sind dagegen Untersuchungen von Blut oder Urin auf Drogen- und Alkoholmissbrauch. Die Datenschutzliteratur flüchtet sich bei diesem Thema oft in Gemeinplätze wie den, dass solche Tests „auf Verdacht" nicht zulässig seien. Richtigerweise sollte man solche Untersuchungen bei entsprechender Einwilligung des Bewerbers für zulässig halten. Ansonsten besteht die Gefahr, dass in der Praxis ersatzweise auf subjektive Einschätzungen (etwa „hat eine Nase wie ein Alkoholiker") zurückgegriffen wird. Eine wirksame Einwilligung des Bewerbers setzt dabei voraus, dass er weiß, auf welche Stoffe oder Werte untersucht wird und dass die Bewertung des Ergebnisses in einer für ihn transparenten Weise erfolgt.

5. Löschung von Daten abgelehnter Bewerber

Letztendlich müssen Unterlagen abgelehnter Bewerber entweder an sie zurückgegeben oder vernichtet werden. Dies ergibt sich daraus, dass die Nutzung dieser Unterlagen von ihrem Zweck her auf die Durchführung des Bewerbungsverfahrens beschränkt ist. Nur für den Fall, dass der Bewerber damit ausdrücklich einverstanden ist, dürfen Unterlagen länger aufbewahrt werden für den Fall, „dass man in Zukunft doch noch jemanden braucht." Es kann nicht einfach unterstellt werden, dass dies im Sinne des Bewerbers ist.

Eine sofortige Rückgabe oder Vernichtung der Bewerbungsunterlagen ist angesichts der Regelungen des AGG, die auch zu Streitigkeiten über die Zahlung von Entschädigungen wegen Diskriminierung (siehe § 15 AGG) führen können, weder erforderlich noch zu empfehlen. Da für entsprechende Klagen eine Frist von drei Monaten besteht (siehe § 61b Abs. 1 Arbeitsgerichtsgesetz), ist gegen eine Aufbewahrung für diese Zeit nichts einzuwenden. Die Unterlagen dürfen jedoch nicht für andere Zwecke genutzt werden, in der Sprache des BDSG sind sie damit zu sperren (siehe zur Definition dieses Begriffes § 3 Abs. 4 Satz 2 Nr. 4 BDSG).

III. Überwachung von Arbeitnehmern

1. Internetnutzung und E-Mail

Für die Frage, welche Kontrollbefugnisse der Arbeitgeber hat, ist es von grundlegender Bedeutung, ob er die private Nutzung von E-Mail und Internet erlaubt hat oder nicht. Dabei kann eine solche Erlaubnis sowohl ausdrücklich als auch den Umständen nach erteilt werden. Letzteres ist relativ häufig und meistens daraus abzuleiten, dass der Arbeitgeber von der privaten Nutzung weiß, aber nichts dagegen unternimmt.

Sofern lediglich eine dienstliche Nutzung von E-Mail und Internet erlaubt ist, muss der Arbeitnehmer die private Nutzung unterlassen. Der Arbeitgeber darf dann prüfen, ob diese Vorgabe eingehalten wird und darf dazu die entsprechenden Verbindungsdaten kontrollieren. Außerdem kann er sich den Text empfangen und versandte E-Mails ansehen. Dagegen wird manchmal vorgebracht, es könne ja vorkommen, dass Außenstehende ohne oder sogar gegen den Willen des Arbeitnehmers Mails mit privatem Inhalt an die dienstliche E-Mail-Adresse schicken. Deshalb müsse der Arbeitgeber Kontrollen unterlassen. Das Bayerische Landesamt für Datenschutzaufsicht vertritt dazu folgende zutreffende Auffassung: „Wenn jemand eine private E-Mail an einen dienstlichen E-Mail-Account versendet, muss er sich darüber im Klaren sein, dass möglicherweise auch andere Personen als der Adressat die Mail lesen und dass solche Mails auch archiviert werden könnten. Der gleiche Standard an Privatheit wie bei der Versendung an eine private E-Mail-Adresse kann in einem solchen Fall nicht erwartet werden." (5. Tätigkeitsbericht 2011/2012, S. 65/66)

Anders sieht es aus, wenn der Arbeitgeber eine private Nutzung erlaubt hat. In diesem Fall muss er das Fernmeldegeheimnis (§ 88 Telekommunikationsgesetz – TKG) seiner Arbeitnehmer wahren. Es ist ihm untersagt, das private Verhalten seiner Arbeitnehmer auszuforschen. Streng genommen würde dies an sich nur bedeuten, dass er bei der privaten Internet-Nutzung und bei privaten Mails weder die Verbindungsdaten noch den Inhalt der Kommunikation zur Kenntnis nehmen darf. Da jedoch beides überprüft werden müsste, um festzustellen, ob im konkreten Fall eine dienstliche oder eine private Kommunikation vorliegt, hat dies im Ergebnis zur Folge, dass der Arbeitgeber die gesamte Korrespondenz und das gesamte Surfverhalten nicht kontrollieren darf. Es ist daher verständlich, wenn viele Arbeitgeber die private Nutzung vollständig untersagen. Anders wären sie beispielsweise daran gehindert, ihren steuerrechtlichen Archivierungspflichten bezüglich versandter und empfangener E-Mails nachzukommen. Diese Pflichten machen es nämlich erforderlich, für eine lückenlose Archivierung zu sorgen.

Sofern ein Betriebsrat vorhanden ist, hat dieser mitzubestimmen, wenn Kontrollmaßnahmen für E-Mail- oder Internetnutzung eingeführt werden (Fall des § 87 Abs. 1 Nr. 6 BetrVG).

In keinem Fall darf der Arbeitgeber kontrollieren, wie der Betriebsrat, die Schwerbehindertenvertretung und der Betriebsarzt E-Mail und Internet nutzen, die ihnen zur Verfügung gestellt sind. Ansonsten würde die inhaltliche Arbeit dieser Einrichtungen, die von der Vertraulichkeit lebt, unzulässig beeinträchtigt.

2. Videoüberwachung

Bei der Videoüberwachung ist grundlegend zu unterscheiden, ob sie in öffentlich zugänglichen Räumen erfolgt oder nicht. Ferner macht es einen entscheidenden Unterschied, ob die Überwachung offen oder verdeckt erfolgt. Siehe dazu das Stichwort → *Videoüberwachung*.

Am wenigsten Probleme bereitet die offene Überwachung in nicht öffentlich zugänglichen Räumen (zum Beispiel Werkshallen oder Büroräumen). Sie hat ihre Rechtsgrundlage in § 32 Abs. 1 Satz 1 BDSG, so dass insbesondere der Grundsatz der Erforderlichkeit gilt. Sie darf deshalb nicht „einfach so" ohne besonderen Grund erfolgen. Das würde das Persönlichkeitsrecht der betroffenen Arbeitnehmer zu sehr beeinträchtigen. Ein ausreichender Grund läge zum Beispiel darin, dass in der Vergangenheit Materialien oder Waren verschwunden sind, ohne dass die Hintergründe aufgeklärt werden konnten. Ferner wäre eine solche Überwachung zulässig, wenn sie dem Schutz der Arbeitnehmer dient. Das bekannteste Beispiel hierfür ist die Videoüberwachung an Bankschaltern zur Abschreckung von Bankräubern. Sie ist durch Richtlinien der entsprechenden Berufsgenossenschaft oder ausdrücklich vorgeschrieben. „Offen" ist eine solche Überwachung dann, wenn zumindest die Kameras deutlich sichtbar sind oder – falls dies nicht der Fall ist – die Mitarbeiter durch Schilder, Aushänge, Rundschreiben oder ähnliche Maßnahmen darüber informiert sind.

Beschäftigtendatenschutz

Die verdeckte Videoüberwachung in nicht öffentlich zugänglichen Räumen ist nur unter engen Voraussetzungen zulässig. Meist geht es dabei um die Aufklärung von Straftaten, so dass die besonderen Voraussetzungen von § 32 Abs. 1 Satz 2 BDSG zu beachten sind. Die Rechtsprechung verlangt in solchen Fällen, dass eine solche Videoüberwachung nur das „letzte Mittel" sein darf und dass vorher die anderen, milderen Mittel zur Aufklärung der Vorgänge ausgeschöpft worden sind. Dazu gehört beispielsweise eine strikte Wareneingangs- und Ausgangskontrolle und die Befragung von Mitarbeitern. Ferner muss es um Werte von einer gewissen Bedeutung gehen. Wegen Inventurdifferenzen von wenigen Euro pro Monat wäre eine verdeckte Überwachung beispielsweise nicht zulässig. Bevor eine verdeckte Videoüberwachung zur Aufklärung von Straftaten erfolgt, ist eine Absprache mit der Polizei und entsprechende rechtliche Beratung dringend zu empfehlen. Ansonsten besteht das Risiko, dass – sofern irgendwelche rechtlichen Fehler unterlaufen sind – das Gericht beispielsweise in einem Kündigungsschutzprozess die Verwendung der Aufnahmen als Beweismittel ablehnt.

Die Videoüberwachung in öffentlich zugänglichen Räumen, also in Räumen, in denen sich außer Arbeitnehmern auch noch Kunden aufhalten, muss den Anforderungen von § 6b BDSG genügen. Da § 6b nur eine offene Überwachung erlaubt (siehe § 6b Abs. 2 BDSG) muss, sind verdeckte Maßnahmen in solchen Räumen somit nicht möglich.

Für die Installation von Kamera-Attrappen gelten dieselben Regeln wie für „echte" Kameras. Der Überwachungsdruck für die Betroffenen ist in beiden Fällen nämlich dasselbe.

Sofern ein Betriebsrat vorhanden ist, unterliegt jede Form der Videoüberwachung der Mitbestimmung gemäß § 87 Abs. 1 Nr. 6 BetrVG. Der Einsatz von Kamera-Attrappen unterliegt dagegen nicht der Mitbestimmung, weil dann eben gerade keine Überwachung stattfindet. Der Wortlaut des § 87 Abs. 1 Nr. 6 BetrVG lässt den Überwachungsdruck, der vorhanden ist, nicht als Anknüpfungspunkt für ein Mitbestimmungsrecht ausreichen (so Landesarbeitsgericht Rostock, Urteil v. 12.11.2014 – 3 TaBV 5/14).

Bereits mehrfach haben Gerichte bei unzulässiger Videoüberwachung von Arbeitnehmern den Betroffenen Schadensersatz gewährt. Dabei schwanken die Beträge, die die Gerichte den Betroffenen zuerkannt haben, ungewöhnlich stark.

Beispiel:
> Wegen der unzulässigen Videoüberwachung eines Arbeitnehmers in der Produktionshalle einer Weberei gewährte das Landesarbeitsgericht Mainz einem betroffenen Arbeitnehmer 650 €, einem Kollegen dagegen in einem anderen Verfahren, das denselben Sachverhalt betraf, 850 €. Den Grund für die Überwachung der Halle mit insgesamt vier Kameras konnte oder wollte der Arbeitgeber dabei nicht nennen.
>
> Siehe die Urteile des Landesarbeitsgerichts Mainz vom 23. Mai 2013 – 2 Sa 540/12 (650 €) und vom 23. Mai 2013 – 2 Sa 12/13 (850 €).

Beispiel:
> Das Hessische Landesarbeitsgericht sprach einer kaufmännischen Angestellten dagegen ein Schmerzensgeld in Höhe von 7000 € zu, weil sie an ihrem Büroarbeitsplatz ohne nachvollziehbaren Grund mit einer Videokamera überwacht wurde. Dabei mag eine Rolle gespielt haben, dass sie zur Unterzeichnung eines Aufhebungsvertrags aufgefordert wurde, als sie die Kamera mit einem Kleidungsstück verhängte. Dies könnte das Gericht zu Lasten des Arbeitgebers berücksichtigt haben.
>
> Siehe Urteil des Hessischen Landesarbeitsgerichts vom 25. Oktober 2010 – Az. 7 Sa 1586/09.

3. Ortung mit GPS und Handy

Von Ausnahmefällen wie etwa bei Geldtransporten und dem Transport wertvoller Fracht durch Speditionen abgesehen, wird eine ständige exakte Ortung von Arbeitnehmern nicht erforderlich sein und ist damit gemäß § 32 Abs. 1 BDSG auch nicht zulässig. Die Praxis löst dieses Problem oft dadurch, dass – sei es im einzelnen Arbeitsvertrag, sei es durch Betriebsvereinbarung – zwar die ständige Ortung erlaubt wird, jedoch zugleich vereinbart wird, dass die so gewonnenen Daten nicht für Verhaltens- und Leistungskontrollen verwendet werden dürfen. Nur wenig bewährt haben sich Versuche, eine Ortung beispielsweise nur auf wenige Kilometer genau möglich zu machen und so den Eingriff in das Persönlichkeitsrecht des betroffenen Arbeitnehmers zu verringern. Ein solches Vorgehen wird meist von allen Beteiligten (Arbeitgeber wie Arbeitnehmer) als nicht hilfreich empfunden.

Dringend zu warnen ist vor einer heimlichen Ortung, die dem Betroffenen Arbeitnehmer verschleiert wird. Dies kann im Ernstfall sogar zu strafrechtlichen Konsequenzen führen, wie der Fall eines Detektivs zeigt.

Beispiel:
> Zu 18 Monaten Freiheitsstrafe auf Bewährung verurteilte das Landgericht Mannheim einen Detektiv, der – teils auch mit Bezug zu Arbeitsverhältnissen – in 29 Fällen Fahrzeuge von Personen, die er absolvieren sollte, heimlich mit GPS-Sendern versehen hatte. Wegen rechtlicher Fehler des Landgerichts in einigen Details hat der Bundesgerichtshof den Fall zwar nochmals an das Landgericht zurückverwiesen, die Verurteilung im Kern jedoch bestätigt. Ob sich dabei für den Betroffenen eine etwas geringere Freiheitsstrafe ergibt, ist noch nicht bekannt.
>
> Siehe Urteil des Landgerichts Mannheim vom 18. Oktober 2012 – 4 KLs 408 Js 27973/08 und Urteil des Bundesgerichtshofs vom 4. Juni 2013 – 1 StR 32/13.

Soweit Fahrzeuge mit Fahrtenschreibern ausgestattet sein müssen, darf der Arbeitgeber diese Aufzeichnungen für Kontrollzwecke verwenden. Die Aufbewahrung der entsprechenden Aufzeichnungen ist für zwei Jahre gesetzlich vorgeschrieben (siehe § 21a Abs. 7 Satz 2 Arbeitszeitgesetz). Diese gesetzliche Regelung geht § 32 BDSG vor.

IV. Veröffentlichung von Beschäftigtendaten in- und außerhalb des Unternehmens

1. Veröffentlichung auf der Webseite des Unternehmens

Manche Arbeitnehmer möchten nicht, dass sie in irgendeiner Art und Weise auf der Webseite ihres Unternehmens auftauchen. Dem steht der Wunsch der meisten Unternehmen gegenüber, nach außen „persönlich" zu erscheinen. Insoweit gelten folgende Grundregeln:

- Mitarbeiter, die im Rahmen ihrer Tätigkeit Außenkontakte haben, sei es mit Kunden, sei es mit Lieferanten, müssen es dulden, dass ihr Nachname und die dienstliche Kommunikationsdaten auf der Webseite des Unternehmens ge-

Beschäftigtendatenschutz

nannt sind. Beispiel: „Vertrieb Süddeutschland: Frau Meier, Tel.: 0000, E-Mail: maier@unternehmen.de". Keine Pflicht besteht dagegen, die Nennung des Vornamens zu dulden. Er ist für Kontakte nach außen nicht erforderlich.

- Die (meist wenigen) Mitarbeiter ohne Außenkontakt (etwa Putzkräfte) müssen es nicht dulden, dass sie auf der Webseite erscheinen.
- Die Veröffentlichung eines Bildes muss ein Arbeitnehmer generell nicht dulden. Es ist seine freie Entscheidung, ob er dies erlaubt. Das folgt aus der besonderen Regelung des § 22 Kunsturheberrechtsgesetz (→ *Recht am eigenen Bild*).

2. Veröffentlichung im Intranet

Die geschilderten Regeln gelten auch für Veröffentlichungen im Intranet. Besonders bei Großunternehmen ist die Zahl der Nutzer des Intranet so hoch, dass schon aus diesem Grund eine andere Behandlung nicht möglich ist. Doch auch bei einem überschaubaren Intranet führt die Abwägung der Interessen des Unternehmens und des Arbeitnehmers zu keinem anderen Ergebnis.

3. Betriebsinterne Geburtstagslisten

Die Frage, ob es ein Arbeitnehmer dulden muss, dass er in einer betriebsinternen Geburtstagsliste auftaucht, ist klar zu verneinen. Das ergibt sich aus § 32 Abs. 1 Satz 1 BDSG: Generell „erforderlich" zur Durchführung des Arbeitsverhältnisses sind solche Listen sicher nicht. Andererseits: Mancher Arbeitnehmer ist doch verärgert, wenn Vorgesetzte und Kollegen vor allem „runde" Geburtstage einfach ignorieren.

Problemlos dürfte es daher sein, dass Geschäftsleitung und unmittelbare Vorgesetzte für ihren persönlichen Gebrauch eine Liste der Geburtstage „ihrer" Mitarbeiter erhalten, ohne die Mitarbeiter vorher zu fragen. Denn besonders persönliche Glückwünsche zu „runden" Geburtstagen werden von der großen Mehrheit der Mitarbeiter so selbstverständlich erwartet, dass man ein solches Vorgehen als „erforderlich zur Durchführung des Arbeitsverhältnisses" ansehen muss, wenn man als Vorgesetzter nicht negativ auffallen will.

Im Übrigen, also insbesondere für den Gebrauch durch Kollegen des Betroffenen, kann man solche Listen nur auf eine Einwilligung stützen. Das ist vom Grundsatz her anerkannt. Bezweifelt wird jedoch oft, ob solche Einwilligungen in der Praxis überhaupt in rechtswirksamer Weise zu erhalten ist, denn § 4a BDSG fordert, dass sich der Betroffene in der Realität tatsächlich frei entscheiden kann, ansonsten ist eine von ihm erklärte Einwilligung nicht wirksam. Zu dieser Frage gibt es drei Äußerungen von Datenschutzaufsichtsbehörden:

- Bayern:

    „Ob die Zulässigkeit ... auf eine Einwilligung der einzelnen Arbeitnehmer gestützt werden kann, ist umso fraglicher, je größer ein Unternehmen ist. Insbesondere sprechen das Abhängigkeitsverhältnis eines Arbeitnehmers und auch ein gewisser Gruppendruck in der Belegschaft gegen eine freie und damit rechtswirksame Einwilligung eines Arbeitnehmers."

    (2. Tätigkeitsbericht des Landesamts für Datenschutzaufsicht, S. 59/60)

- Sachsen:

    „Auch wenn die Einwilligung in die Erstellung interner Geburtstagslisten in kleineren Unternehmen vielleicht noch hinreichend freiwillig sein mag, war dies für den konkreten Fall, d. h. für ein Unternehmen mit einer Belegschaft von mehr als 50 Personen, auszuschließen. Im vorliegenden Fall war es offenkundig, dass diejenigen, die sich (anonym) an die Aufsichtsbehörde gewandt hatten, sich nicht getraut haben, die Unterschrift auf der Einwilligungsliste zu verweigern."

    (4. Tätigkeitsbericht für den nicht-öffentlichen Bereich, S. 53/54)

- Thüringen

    „Das Führen einer Geburtstagsliste ist nur zulässig für die Arbeitnehmer, die in die Nennung ihres Geburtsdatums eingewilligt haben. Das Geburtsjahr darf nicht genannt werden. ... Die Anforderungen an eine Einwilligung sind in § 4a BDSG aufgelistet. Sie könnte bestenfalls bereits bei der Einstellung eines Betroffenen aufgelistet werden, wobei konkret auf den vorgesehenen Zweck (Gratulation zum Geburtstag) hingewiesen wird."

    (1. Tätigkeitsbericht zum Datenschutz/Nicht-öffentlicher Bereich, S. 81/82)

Eine pragmatische Lösung könnte darin bestehen, dass man im Unternehmen eine Liste um laufen lässt, in die sich jeder – sofern es will – mit seinem Geburtstag eintragen kann. Über die Liste sollte klar stehen, dass die Eintragung völlig freiwillig ist. Jeglicher Versuch, jemand durch „gutes Zureden" zur Eintragung zu bewegen, muss allerdings unterbleiben, wenn die Freiwilligkeit und damit die Wirksamkeit der Einwilligung nicht gefährdet werden soll.

V. Datenschutz-Grundverordnung (ab 2018)

Die Datenschutz-Grundverordnung enthält in Art. 88 eine Regelung für die „Datenverarbeitung im Beschäftigungskontext". Vom Grundsatz her gelten die allgemeinen Vorgaben der Grundverordnung auch für Beschäftigungsverhältnisse. Allerdings eröffnet Art. 88 Abs. 1 den Mitgliedstaaten die Möglichkeit, „durch Gesetz oder durch Kollektivvereinbarungen spezifischere Vorschriften zur Gewährleistung des Schutzes der Rechte und Freiheiten hinsichtlich der Verarbeitung personenbezogener Beschäftigtendaten im Beschäftigungskontext" vorzusehen. Ob und in welchem Umfang der deutsche Gesetzgeber davon Gebrauch machen wird, bleibt abzuwarten. Angesichts der bisherigen vergeblichen Anläufe für ein Beschäftigtendatenschutzgesetz erscheint Skepsis angezeigt, ob entsprechende Regelungen gelingen. Vorhandene Rechtsprechung der Arbeitsgerichte – auch des Bundesarbeitsgerichts – wird an den Vorgaben der Grundverordnung zu messen sein, solange nicht spezifischere nationale Vorschriften geschaffen sind. Das kann dazu führen, dass auch langjährige Traditionen der Arbeitsrechtsprechung in Frage gestellt werden.

Bewertungsportale im Internet

I. **Bewertungsportale als Teil des Web 2.0**

II. **Die „spickmich.de"-Entscheidung des Bundesgerichtshofs**
   1. Einschlägigkeit des Datenschutzrechts
   2. Allgemeines Persönlichkeitsrecht versus Meinungsfreiheit
      - 2.1 Reichweite des allgemeinen Persönlichkeitsrechts – „Sphärentheorie"
      - 2.2 Reichweite der Meinungsfreiheit – Kommunikationsgrundrecht
      - 2.3 Kriterien in der Interessenabwägung
   3. Übertragbarkeit der Entscheidung auf andere Bewertungsportale im Internet

III. **Neuere Rechtsprechung zu Bewertungsportalen im Internet**
   1. Gesundheitsberufe im Fokus
   2. Berufstätigkeit im freien Wettbewerb verringert Schutzwürdigkeit der Betroffenen
   3. Allgemeines Persönlichkeitsrecht überwiegt Meinungsfreiheit grundsätzlich nicht
   4. Löschungsanspruch bei unwahrer Tatsachenbehauptung
   5. Kein Recht zur Preisgabe der Identität der Verfasser durch Portalbetreiber
   6. Prüfpflichten der Portalbetreiber

IV. **Fazit**

I. Bewertungsportale als Teil des Web 2.0

Im sogenannten Web 2.0, das für die interaktiven Elemente des Internets steht, sind Bewertungsportale nicht mehr wegzudenken. Über Bewertungsportale im Internet kann sich jeder Nutzer zu Produkten, Dienstleistungen, Organisationen, aber auch ganz gezielt zu einzelnen Personen äußern und diese bewerten. Aufgrund der Reichweite der Bewertungen und der Tatsache, dass diese nach derzeitigem Stand nie mehr endgültig aus dem Internet entfernt werden können, ist nachzuvollziehen, dass sich die bewerteten Personen nicht immer mit dieser Situation abfinden wollen. Dies gilt insbesondere im Hinblick auf kritische und negative Bewertungen. Das wohl bekannteste Beispiel aus der deutschen Rechtsprechung ist die Lehrerin, die auf dem Schülerportal www.spickmich.de bewertet worden war und sich gegen die Veröffentlichung ihrer Daten zur Wehr gesetzt hat.

II. Die „spickmich.de"-Entscheidung des Bundesgerichtshofs

Die Lehrerin hat ihr Anliegen bis in die höchste Instanz verfolgt. Mit Urteil vom 23.6.2009 hat der Bundesgerichtshof über die

„Zulässigkeit der Erhebung, Speicherung und Übermittlung von personengebundenen Daten im Rahmen eines Bewertungsforums im Internet (www.spickmich.de)"

– so der Leitsatz – entschieden.

1. Einschlägigkeit des Datenschutzrechts

Die Formulierung des Leitsatzes macht deutlich, dass hier das Datenschutzrecht einschlägig ist. Das Datenschutzrecht stellt sich als einfachgesetzliche Ausprägung des allgemeinen Persönlichkeitsrechts aus Art. 2 Abs. 1, Art. 1 Abs. 1 GG dar, das insofern auch zwischen Privaten gilt. Dies ergibt sich auch aus dem in § 1 Abs. 1 BDSG definierten Zweck des Bundesdatenschutzgesetzes, der lautet:

„Zweck dieses Gesetzes ist es, den Einzelnen davor zu schützen, dass er durch den Umgang mit seinen personenbezogenen Daten in seinem Persönlichkeitsrecht beeinträchtigt wird."

In seiner Grundsatzentscheidung vom 23.6.2009 (Az. VI ZR 196/08) bekennt sich der BGH zu einer weiten Auslegung des Begriffs der „personenbezogenen Daten":

„Der Begriff der personenbezogenen Daten umfasst alle Informationen, die über eine Bezugsperson etwas aussagen oder mit ihr in Verbindung zu bringen sind. Das sind nicht nur klassische Daten wie etwa der Name oder der Geburtsort, sondern auch Meinungsäußerungen, Beurteilungen und Werturteile, die sich auf einen bestimmten oder bestimmbaren Betroffenen beziehen, die Wiedergabe von mündlichen und schriftlichen Aussagen eines Betroffenen und die Darstellung des privaten oder des dienstlichen Verhaltens eines Betroffenen (…)."

Weiterführend zum Datenschutzrecht siehe das Stichwort → *Datenschutz*.

2. Allgemeines Persönlichkeitsrecht versus Meinungsfreiheit

Bei Bewertungsportalen im Internet steht dem allgemeinen Persönlichkeitsrecht der bewerteten Person die Kommunikationsfreiheit der Nutzer des Internets, die ihre Meinung über bestimmte Personen kundtun oder aber auch nur Bewertungen lesen wollen, gegenüber. Diese beiden Grundrechtspositionen hatte auch der Bundesgerichtshof in seiner Entscheidung zu www.spickmich.de ins Verhältnis zu setzen.

2.1 Reichweite des allgemeinen Persönlichkeitsrechts – „Sphärentheorie"

Die Reichweite des allgemeinen Persönlichkeitsrechts bestimmt sich nach der vom Bundesverfassungsgericht entwickelten „Sphärentheorie". Ausschlaggebend für die Schutzwürdigkeit der bewerteten Person ist danach die Frage, welche Sphäre des allgemeinen Persönlichkeitsrechts durch die Bewertung tangiert wird. Besonders hohen Schutz genießen die sensitiven Daten, die der **Intimsphäre** zuzuordnen sind, zur **Privatsphäre** und **Sozialsphäre** führt der BGH in seinem Urteil vom 23.6.2009 (Az. VI ZR 196/08) aus:

„Geschützt ist aber auch das Recht auf Selbstbestimmung bei der Offenbarung von persönlichen Lebenssachverhalten, die lediglich zur Sozial- und Privatsphäre gehören (vgl. BVerfGE 65, 1, 41 ff.; 78, 77, 84). Allerdings hat der Einzelne keine absolute, uneingeschränkte Herrschaft über ‚seine' Daten; denn er entfaltet seine Persönlichkeit innerhalb der sozialen Gemeinschaft. In dieser stellt die Information, auch soweit sie personenbezogen ist, einen Teil der sozialen Realität dar, der nicht ausschließlich dem Betroffenen allein zugeordnet werden kann. Vielmehr ist über die Spannungslage zwischen Individuum und Gemeinschaft im Sinne der Gemeinschaftsbezogenheit und -gebundenheit der Person zu entscheiden. Deshalb muss der Einzelne

grundsätzlich Einschränkungen seines Rechts auf informationelle Selbstbestimmung hinnehmen, wenn und soweit solche Beschränkungen von hinreichenden Gründen des Gemeinwohls oder überwiegenden Rechtsinteressen Dritter getragen werden und bei einer Gesamtabwägung zwischen der Schwere des Eingriffs und dem Gewicht der ihn rechtfertigenden Gründe die Grenze des Zumutbaren noch gewahrt ist (vgl. BVerfGE 65, 1, 43 ff.; 78, 77, 85 ff.)."

Nach Auffassung des BGH sind Werturteile, die die berufliche Tätigkeit – hier die Bewertungen der Tätigkeit als Lehrerin – betreffen, der Sozialsphäre zuzuordnen. Die Sozialsphäre ist der Bereich, in dem sich die persönliche Entfaltung von vornherein im Kontakt mit der Umwelt vollzieht, und der daher am wenigsten geschützt ist. Dementsprechend stellt der BGH (Urteil vom 23.6.2009 Az. VI ZR 196/08) hohe Hürden für ein staatliches Eingreifen auf:

„Äußerungen im Rahmen der Sozialsphäre dürfen nur im Falle schwerwiegender Auswirkungen auf das Persönlichkeitsrecht mit negativen Sanktionen verknüpft werden, so etwa dann, wenn eine Stigmatisierung, soziale Ausgrenzung oder Prangerwirkung zu besorgen sind."

2.2 Reichweite der Meinungsfreiheit – Kommunikationsgrundrecht

Das Grundrecht auf Meinungsfreiheit aus Art. 5 Abs. 1 GG umfasst auch Bewertungen im Internet. Insbesondere müssen sich die Grundrechtsträger nicht auf andere Kommunikationsformen verweisen lassen, so der BGH in seiner Entscheidung vom 23.6.2009 (Az. VI ZR 196/08):

„Die Meinungsfreiheit umfasst das Recht des Äußernden, die Modalitäten einer Äußerung und damit das Verbreitungsmedium frei zu bestimmen. Grundsätzlich können Form und Umstände einer Meinungskundgabe so gewählt werden, dass damit die größte Verbreitung oder die stärkste Wirkung erzielt wird (BVerfG, NJW 2003, 1109, 1110)."

Es schadet nach der Rechtsprechung des BGH auch nicht, wenn die Bewertungen anonym abgegeben werden:

„Die anonyme Nutzung ist dem Internet immanent (vgl. Senatsurteil vom 27. März 2007 – VI ZR 101/06 – VersR 2007, 1004, 1005).

Dementsprechende Regelungen zum Schutz der Nutzerdaten gegenüber dem Diensteanbieter finden sich in den §§ 12 ff. TMG, den Nachfolgeregelungen zu § 4 Abs. 4 Nr. 10 TDG. Eine Beschränkung der Meinungsäußerungsfreiheit auf Äußerungen, die einem bestimmten Individuum zugeordnet werden können, ist mit Art. 5 Abs. 1 Satz 1 GG nicht vereinbar. Die Verpflichtung, sich namentlich zu einer bestimmten Meinung zu bekennen, würde nicht nur im schulischen Bereich, um den es im Streitfall geht, die Gefahr begründen, dass der Einzelne aus Furcht vor Repressalien oder sonstigen negativen Auswirkungen sich dahingehend entscheidet, seine Meinung nicht zu äußern. Dieser Gefahr der Selbstzensur soll durch das Grundrecht auf freie Meinungsäußerung entgegengewirkt werden (...)."

Die Reichweite der Meinungsfreiheit endet allerdings, wenn es sich bei den Bewertungen um unsachliche Schmähkritik, Formalbeleidigungen oder einen Angriff auf die Menschenwürde handelt. Im Fall des Internetportals www.spickmich.de hat der BGH hierfür jedoch keine Anhaltspunkte gesehen.

Insgesamt wird das Grundrecht aus Art. 5 Abs. 1 GG umfassend, d. h. nicht nur als Meinungsfreiheit, sondern als Kommunikationsfreiheit interpretiert. Damit ist nicht nur das Recht der Bewertenden auf Meinungsäußerung berücksichtigt, sondern auch das Interesse derjenigen, die die Bewertungen nur lesen wollen.

2.3 Kriterien in der Interessenabwägung

Im Rahmen der nach den einschlägigen Vorschriften im Bundesdatenschutzgesetz (BDSG) vorzunehmenden Interessenabwägung hat der BGH kein überwiegendes schutzwürdiges Interesse der bewerteten Lehrerin festgestellt, das zum einem Anspruch auf Löschung der Daten unter www.spickmich.de geführt hätte. Folgende Gesichtspunkte haben bei der Abwägung eine Rolle gespielt:

- generelles Informationsinteresse der Schüler
- nur Sozialsphäre der Lehrerin tangiert
- geringe Aussagekraft und Eingriffsqualität der Daten
- Daten sind nicht über Suchmaschinen auffindbar
- Registrierung für eine Einsichtnahme in die Bewertungen erforderlich
- Bewertung werden zeitlich begrenzt vorgehalten (automatische Löschung nach 12 Monaten, wenn keine Neubewertung erfolgt ist)
- Grundsatz des freien Meinungsaustauschs gilt nicht nur für Themen, die für die Öffentlichkeit von besonderem Belang sind
- Erwartungshorizont bei Bewertungsportalen: subjektive Äußerungen, keine Evaluation nach wissenschaftlichen Maßstäben
- Vorbeugung gegen diffamierende Herabsetzungen durch Schaltfläche „Hier stimmt was nicht"
- keine generelle Prangerwirkung bei Veröffentlichungen im Internet.

3. Übertragbarkeit der Entscheidung auf andere Bewertungsportale im Internet

Angesichts dieser – zum Teil sehr spezifischen – Kriterien stellt sich die Frage, inwieweit die Entscheidung des Bundesgerichtshofs vom 23.6.2009 zu www.spickmich.de auf andere Bewertungsportale im Internet übertragen werden kann. Auch wenn es sich hierbei – wie immer wieder betont worden ist – um eine Einzelfallentscheidung handelt, geben die oben genannten Kriterien doch einen Anhaltspunkt für eine Einordnung bzw. einen ersten Bewertungsmaßstab für vergleichbare Portale. Dies gilt umso mehr, als das Bundesverfassungsgericht die gegen das Urteil eingelegte Verfassungsbeschwerde der Lehrerin nicht zur Entscheidung angenommen und insofern die Rechtsprechung des Bundesgerichtshofs bestätigt hat.

III. Neuere Rechtsprechung zu Bewertungsportalen im Internet

1. Gesundheitsberufe im Fokus

Dementsprechend bezieht sich die neuere Rechtsprechung zu Bewertungsportalen im Internet regelmäßig auf die „spick-

Bewertungsportale im Internet

mich.de"-Entscheidung des Bundesgerichtshofs, auch wenn es nicht um Lehrer, sondern vermehrt um Angehörige der Gesundheitsberufe geht. So lehnt das Oberlandesgericht Frankfurt mit Urteil vom 8.3.2012 einen Anspruch eines Arztes auf Löschung der über ihn gespeicherten Daten in einem Ärztebewertungsportal ab und führt aus:

„Zwar trifft zu, dass der Bundesgerichtshof bei der Überprüfung des Verhältnisses zwischen Rechtsgüterschutz und -beschränkung im Rahmen der von ihm vorgenommenen Abwägung auch darauf abgestellt hat, dass die dortige Beklagte durch die Registrierung der Nutzer den Zugriff auf Informationen über eine Lehrkraft einer bestimmten Schule beschränkt, die Registrierung die Kenntnis der Schule voraussetzt, Mehrfachregistrierungen mit derselben e-mail-Adresse nicht möglich sind und die Daten weder über eine Suchmaschine noch über die Internetadresse www.....de nur mit Eingabe des Lehrernamens angerufen werden können (...). Dies ist hier insofern anders, als das Portal der Beklagten einschließlich der Bewertungen ohne jegliche Beschränkungen zugänglich ist und die Bewertungen zudem auch z. B. über Google aufrufbar sind.

Allerdings arbeitet die Klägerin – im Gegensatz zu Lehrern – nicht in einem geschlossenen, abgrenzbaren Raum, sondern als niedergelassene Ärztin. Das Landgericht weist deshalb zu Recht darauf hin, dass sich die Klägerin insbesondere vor dem Hintergrund des Rechts auf freie Arztwahl dem auch zwischen Ärzten bestehenden Wettbewerb stellen muss und insoweit den Marktmechanismen ausgesetzt ist, zu denen heute – wie in vielen anderen Lebensbereichen – auch Bewertungsmöglichkeiten in öffentlich zugänglichen Quellen (zu denen auch das Internet zählt) gehören. Da die Meinungsfreiheit auch das Recht des Äußernden umfasst, die Modalitäten einer Äußerung und damit das Verbreitungsmedium frei zu bestimmen, muss es die Klägerin grundsätzlich hinnehmen, wenn die Möglichkeit besteht, sie in einem öffentlich zugänglichen Portal zu bewerten, und diese Möglichkeit genutzt wird."

2. Berufstätigkeit im freien Wettbewerb verringert Schutzwürdigkeit der Betroffenen

Gleiches gilt für den Fall einer niedergelassenen Hebamme, über den das Landgericht Düsseldorf (Urteil vom 9.4.2013 Az. 5 O 141/12) zu entscheiden hatte. Auch diese bietet ihre Dienstleistungen – anders als eine Lehrerin – auf dem freien Markt an. Den für im Wettbewerb stehende Berufsgruppen relevanten Einwand, dass Bewertungen auch missbräuchlich, womöglich in Schädigungsabsicht, vorgenommen werden können, lässt das Gericht nicht gelten:

„Auch mit der Erwägung, Bewertungen womöglich in Schädigungsabsicht seien durch Nichtpatienten ebenso möglich wie durch wirkliche Patienten, kann die Klägerin in dieser Allgemeinheit nicht durchdringen. Zwar begründet der Bewertungsmechanismus die Gefahr der Abgabe von Bewertungen auch durch Nichtpatienten. Allerdings ist eine solche Manipulation wegen der notwendigen Eingabe einer E-Mail-Adresse bei der Abgabe der Bewertung nur in einer geringen Anzahl von Fällen vorstellbar. Darüber hinaus ist zu beachten, dass die Beklagte vielfältige Maßnahmen zur Sicherung der Qualität der Bewertungen ergriffen hat, um sicherzustellen, dass nur Patienten einen Arzt oder sonstige Angehörige eines Heilberufes in angemessener Form bewerten können. Das ergibt sich aus den von der Klägerin selbst und von der Beklagten zu den Akten gereichten Screenshots. Wer eine Bewertung abgeben will, wird zunächst an prominenter Stelle auf die Nutzungsrichtlinien der Beklagten hingewiesen, ferner auch auf die Bestimmungen zur Qualitätssicherung mit dem Hinweis, unangemessene oder falsche Bewertungen würden nicht akzeptiert. Des Weiteren hat ein Nutzer unter erneutem Hinweis auf die Nutzungsrichtlinien zu versichern, seine Bewertung entspreche seiner persönlichen Erfahrung. Die Nutzungsrichtlinien sind verlinkt und bestimmen u. a., ausschließlich Patienten dürften über eigene Erfahrungen berichten, beleidigende Äußerungen seien zu unterlassen. Im Folgenden muss ein an einer Bewertung Interessierter dann seine E-Mail-Adresse angeben. In einem weiteren Schritt muss er durch Setzen eines Hakens den Allgemeinen Geschäftsbedingungen und den Datenschutzbestimmungen der Beklagten ausdrücklich zustimmen. Erst anschließend ist die Versendung der Bewertung an die Beklagte möglich. Schließlich wird seitens der Beklagten eine Bestätigungs-E-Mail an die angegebene E-Mail-Adresse übersandt, die einen Aktivierungslink enthält. (...) Zudem kann die bloße Möglichkeit des Missbrauchs eines Systems nicht grundsätzlich die Zulässigkeit dieses Systems in Frage stellen. Nutzern dürfte im Übrigen bewusst sein, dass derartige Missbrauchsmöglichkeiten bestehen, was die Bedeutung erfolgter Bewertungen demgemäß auch relativiert."

Bestätigt wird diese Rechtsprechung durch eine Entscheidung des Landgerichts Kiel (Urteil vom 6.12.2013, Az. 5 O 372/13) zur Bewertung eines Frauenarztes auf einem Ärztebewertungsportal im Internet, in der ebenfalls auf das Vorhandensein eines Qualitätsmanagementsystems abgestellt wird:

„Zwar ist es auch nach dem von der Beklagten dargestellten System des Qualitätsmanagements aufgrund der dennoch gewährleisteten Anonymität ersichtlich nicht ausgeschlossen, dass das Bewertungssystem missbräuchlich verwendet werden kann, um einem Arzt zu schaden. Dies muss aber letztlich hingenommen werden, um einen effektiven Schutz der Meinungsfreiheit zu garantieren. Es kann nicht vorausgesetzt werden, dass sich die Bewertenden vor Abgabe einer Bewertung durch Vorlage von Nachweisen wie etwa Arbeitsunfähigkeitsbescheinigungen, Rezepten oder Terminzetteln legitimieren und damit identifizieren, wie es der Kläger verlangt. Die anonyme Nutzung ist dem Internet immanent. Eine Beschränkung der Meinungsfreiheit auf Äußerungen, die einem bestimmten Individuum zugeordnet werden können, ist mit Art. 5 Abs. 1 S. 1 GG nicht vereinbar. Die Verpflichtung, sich namentlich zu einer bestimmten Meinung zu bekennen, würde die Gefahr begründen, dass der Einzelne aus Furcht vor Repressalien oder sonstigen negativen Auswirkungen eine Selbstzensur vornimmt und davon absieht, seine Meinung zu äußern (BGH NJW 2009, 2888 ff.; OLG Frankfurt NJW 2012, 2896 f.; OLG Hamm CR 2012, 128 ff.). Ein Schutz des bewerteten Arztes findet letztlich dadurch statt, dass unwahre Tatsachenbehauptungen oder Schmähkritik nicht hingenommen werden müssen. In Anbetracht des – unstreitig vorhandenen – Qualitätsmanagements der Beklagten, reicht, auch wenn die Effektivität des Qualitätsmanagements streitig ist, der latente Verdacht der Manipulation von Bewertungen aber nicht aus, um eine Löschung der beanstandeten Bewertungskriterien zu erreichen (vgl. OLG Frankfurt a.a.O.)."

3. Allgemeines Persönlichkeitsrecht überwiegt Meinungsfreiheit grundsätzlich nicht

Mit Urteil vom 23.9.2014 (Az. VI ZR 358/13 – „www.jameda.de (I)") hat der BGH seine Rechtsprechung zu Berufsbewertungsportalen im Sinne der spickmich.de-Entscheidung fortgeführt. Der BGH lehnt einen Anspruch eines niedergelassenen Gynäkologen auf Löschung seiner Daten (Praxisanschrift, Name, akademischer Grad, Fachrichtung, Bewertungen durch Nutzer) in einem Portal zur Arztsuche und Arztbewertung im Internet ab. In der Pressemitteilung vom selben Tag wird die Begründung folgendermaßen zusammengefasst:

„Das Recht des Klägers auf informationelle Selbstbestimmung überwiegt das Recht der Beklagten auf Kommunikationsfreiheit nicht. Die Beklagte ist deshalb nach § 29 Abs. 1 Bundesdatenschutzgesetz (BDSG) zur Erhebung, Speicherung und Nutzung sowie nach § 29 Abs. 2 BDSG zur Übermittlung der Daten an die Portalnutzer berechtigt. Zwar wird ein Arzt durch seine Aufnahme in ein Bewertungsportal nicht unerheblich belastet. Abgegebene Bewertungen können – neben den Auswirkungen für den sozialen und beruflichen Geltungsanspruch des Arztes – die Arztwahl behandlungsbedürftiger Personen beeinflussen, sodass er im Falle negativer Bewertungen wirtschaftliche Nachteile zu gewärtigen hat. Auch besteht eine gewisse Gefahr des Missbrauchs des Portals.

Auf der anderen Seite war im Rahmen der Abwägung aber zu berücksichtigen, dass das Interesse der Öffentlichkeit an Informationen über ärztliche Leistungen vor dem Hintergrund der freien Arztwahl ganz erheblich ist und das von der Beklagten betriebene Portal dazu beitragen kann, einem Patienten die aus seiner Sicht erforderlichen Informationen zur Verfügung zu stellen. Zudem berühren die für den Betrieb des Portals erhobenen, gespeicherten und übermittelten Daten den Arzt nur in seiner sogenannten ‚Sozialsphäre‘, also in einem Bereich, in dem sich die persönliche Entfaltung von vornherein im Kontakt mit anderen Personen vollzieht. Hier muss sich der Einzelne auf die Beobachtung seines Verhaltens durch eine breitere Öffentlichkeit sowie auf Kritik einstellen. Missbrauchsgefahren ist der betroffene Arzt nicht schutzlos ausgeliefert, da er von der Beklagten die Löschung unwahrer Tatsachenbehauptungen sowie beleidigender oder sonst unzulässiger Bewertungen verlangen kann. Dass Bewertungen anonym abgegeben werden können, führt zu keinem anderen Ergebnis. Denn die Möglichkeit zur anonymen Nutzung ist dem Internet immanent (vgl. § 13 Abs. 6 Satz 1 des Telemediengesetzes [TMG])."

4. Löschungsanspruch bei unwahrer Tatsachenbehauptung

Ein Anspruch auf Unterlassung der Verbreitung eines Beitrags gegen den Betreiber eines Ärztebewertungsportals im Internet wurde bislang nur vom Landgericht Nürnberg-Fürth (Beschluss vom 8.5.2012, Az. 11 O 2608/12) bejaht. Gegenstand des Unterlassungsanspruchs war in diesem Fall jedoch eine von der Meinungsäußerung abgrenzbare Tatsachenbehauptung in Bezug auf eine zahnärztliche Behandlung. Diese wurde seitens des bewerteten Arztes substantiiert bestritten. Nach Auffassung des Gerichts hätte deshalb von dem Beitragsverfasser ein geeigneter Nachweis für die Durchführung der behaupteten Behandlung verlangt werden müssen. Da dies unterblieben ist, waren die Darstellungen zu löschen.

Der Auffassung eines plastischen Chirurgs, die schlechte Benotung seiner Person in einem Ärztebewertungsportal im Internet sei als falsche Tatsachenbehauptung zu werten, da ihr sachfremde Erwägungen zugrunde lägen, hat dagegen das Landgericht München I (Urteil vom 28.5.2013, Az. 25 O 9554/13) eine Absage erteilt. Wie sich aus dem der Benotung beigefügten Kommentar ergab, war für die negative Gesamtbeurteilung die ungleiche Preisgestaltung für Privatpatienten und andere Patienten ausschlaggebend. Gerade durch die Offenlegung der im Tatsachenkern unstreitigen Gründe für die Bewertung sieht das Gericht den Vorwurf des Arztes entkräftet und die Bewertung insgesamt von der Meinungsfreiheit gedeckt.

Auch die notenmäßige Bewertung einer tatsächlichen Gegebenheit, z. B. die Barrierefreiheit einer Arztpraxis, kann nicht als falsche Tatsachenbehauptung angegriffen werden. Dies stellt das Landgericht München I in einer weiteren Entscheidung (Urteil vom 15.1.2014, Az. 25 O 16238/13) klar:

„Für die Einstufung als Tatsachenbehauptung kommt es wesentlich darauf an, ob die Aussage einer Überprüfung auf ihre Richtigkeit mit den Mitteln des Beweises zugänglich ist, was bei Meinungsäußerungen ausscheidet, weil diese durch das Element der Stellungnahme und des Dafürhaltens gekennzeichnet werden und sich deshalb nicht als wahr oder unwahr erweisen lassen (BGH, VI ZR 140/98). Zu beachten ist auch, dass sich der Schutzbereich des Artikels 5 Abs. 1 GG auch auf die Äußerung von Tatsachen erstreckt, soweit sie Dritten zur Meinungsbildung dienen können, sowie auf Äußerungen, in denen sich Tatsachen und Meinungen vermengen und die insgesamt durch die Elemente der Stellungnahme, des Dafürhaltens oder Meinens geprägt werden (BGH, 5.12.2006, VI ZR 45/05). Unter Berücksichtigung dieser Grundsätze handelt es sich bei den Notenbewertungen um Meinungsäußerungen, nicht um Tatsachenbehauptungen. Zwar knüpfen insbesondere die Kriterien Barrierefreiheit, telefonische Erreichbarkeit, Parkmöglichkeiten und öffentliche Erreichbarkeit sowie auch Behandlung und Aufklärung an einen Tatsachenkern an. Die Bewertung dieses Tatsachenkerns in Form von Noten stellt aber ein Werturteil dar, das von der Meinungsfreiheit geschützt ist. Die Benotung der tatsächlichen Gegebenheiten bzw. des aus Sicht des Patienten stattgehabten Geschehens ist eine Bewertung und damit eine subjektive Stellungnahme des Patienten und geprägt von Elementen der Stellungnahme des Dafürhaltens und des Meinens. Insoweit liegt insgesamt eine durch Artikel 5 GG geschützte Meinungsäußerung vor. Die Bewertung des Patienten mit einer bestimmten Note ist auch nicht einer Überprüfung auf ihre Richtigkeit mit den Mitteln des Beweises zugänglich. Beweis erhoben werden könnte lediglich über die der Bewertung zugrunde liegenden Tatsachengrundlagen, nicht aber über die von dem Patienten vorgenommene Bewertung als solche. Auch dies spricht dafür, dass es sich vorliegend um Meinungsäußerungen handelt, die in den Schutzbereich der Meinungsfreiheit nach Artikel 5 Abs. 1 GG fallen, soweit nicht die Grenze zur Schmähkritik überschritten ist."

 ACHTUNG!

In diesem Zusammenhang ist festzuhalten, dass eine Bewertung nicht nur dann den vollen Schutz der Meinungsfreiheit aus Art. 5 Abs. 1 GG genießt, wenn sie mit Tatsachen unterfüttert wird. Dies arbeitet das Landgericht Köln in seiner Entscheidung vom 8.5.2013 (Az. 28 O 452/12) zu einer Unternehmensbewertung im Internet heraus:

„Andererseits darf jedoch nicht außer Acht gelassen werden, dass die Möglichkeit, eine Meinung frei zu äußern, erheblich eingeschränkt wäre, wenn ein Werturteil nur unter gleichzeitiger Angabe der Tatsachen, die es tragen, in die Öffentlichkeit gelangen dürfte. In der Diskussion ist es schon aus zeitlichen oder räumlichen Gründen oft gar nicht möglich, ein solches Urteil mit Ausführungen zu verbinden, die Anspruch darauf erheben können, den nichtinformierten Hörer oder Leser über die

Grundlagen, an denen die Wertung anknüpft, gehörig ins Bild zu setzen. Ein Begründungszwang würde die Vertretung eines Standpunkts in der Öffentlichkeit von der Darstellbarkeit der ‚Bezugspunkte' abhängig machen. Wer seine Meinung nur unvollkommen ausdrücken kann, wäre von der Diskussion weitgehend ausgeschlossen; wer geschickt zu formulieren versteht, könnte das Verlangen nach ‚Bezugspunkten' erfüllen, ohne seiner kritischen Äußerung mehr Informationsgehalt geben zu müssen. Insgesamt würde die Diskussion auf den Austausch von beweismäßig nachprüfbaren Informationen verlagert. Das subjektive Moment, das die Vielfalt der Standpunkte erst provoziert, wäre in der Diskussion dagegen in den Hintergrund gedrängt. Der geistige Meinungskampf ist aber nicht nur um der Ermittlung der Wahrheit willen gewährleistet, sondern soll gerade dazu dienen, dass jeder sich in der Öffentlichkeit darstellen kann. Um dieser Gewährleistung willen muss daher die Äußerung eines abwertenden Urteils über einen anderen in der Öffentlichkeit jedenfalls dem Grundsatz nach auch dann zugelassen werden, wenn die Kritik auf eine Unterrichtung über die Grundlagen ihrer Wertung verzichtet; dies auch auf die Gefahr hin, dass der über die ‚Bezugspunkte' im Unklaren gelassene Leser oder Hörer zu einem Urteil über den Angegriffenen veranlasst wird, das er, wenn ihm mehr Informationen an die Hand gegeben worden wären, so nicht gefällt hätte."

5. Kein Recht zur Preisgabe der Identität der Verfasser durch Portalbetreiber

Auch wenn es gerade im Hinblick auf das Bestreiten einer Tatsachenbehauptung fast zwingend erscheint, die Identität des Beitragsverfassers zu kennen, ist der Portalbetreiber nicht befugt, diese gegenüber der bewerteten Person preiszugeben. Hierfür fehlt es an der erforderlichen datenschutzrechtlichen Rechtsgrundlage, wie der BGH mit Urteil vom 1.7.2014 (Az. VI ZR 345/13) im Leitsatz feststellt:

„a) Dem durch persönlichkeitsrechtsverletzende Inhalte einer Internetseite (hier: zur Bewertung von Ärzten) Betroffenen kann ein Unterlassungsanspruch gegen den Diensteanbieter zustehen (vgl. Senatsurteil vom 25. Oktober 2011 – VI ZR 93/10, BGHZ 191, 219). Darüber hinaus darf der Diensteanbieter nach § 14 Abs. 2, § 15 Abs. 5 Satz 4 Telemediengesetz (TMG) auf Anordnung der zuständigen Stellen im Einzelfall Auskunft über Bestands-, Nutzungs- und Abrechnungsdaten erteilen, soweit dies u. a. für Zwecke der Strafverfolgung erforderlich ist.

b) Der Betreiber eines Internetportals ist in Ermangelung einer gesetzlichen Ermächtigungsgrundlage im Sinne des § 12 Abs. 2 TMG dagegen grundsätzlich nicht befugt, ohne Einwilligung des Nutzers dessen personenbezogene Daten zur Erfüllung eines Auskunftsanspruchs wegen einer Persönlichkeitsrechtsverletzung an den Betroffenen zu übermitteln."

6. Prüfpflichten der Portalbetreiber

Die Portalbetreiber treffen jedoch Prüfpflichten, wenn sie über eine persönlichkeitsrechtsverletzende Äußerung unterrichtet werden. Andernfalls haften sie als Störer.

> **Hinweis:**
> Eine vor der Veröffentlichung entweder manuell oder automatisiert durchgeführte Überprüfung des Textes auf in diesem enthaltene Schimpfwörter bewirkt noch nicht, dass für andere Nutzer der Eindruck entsteht, dass sich der Portalbetreiber den Inhalt der Veröffentlichung zu eigen gemacht hat und damit unmittelbar haftet. Dies hat das OLG Düsseldorf mit Urteil vom 18.12.2015 (Az. I 16 U 2/15) im Fall des Ärztebewertungsportals „www.sanego.de" entschieden:

„Nimmt ein negativ bewerteter Arzt den Betreiber eines Internetportals zur Bewertung von Ärzten und Angehörigen sonstiger Heilberufe (www.sanego.de) auf Unterlassung der Veröffentlichung und Verbreitung von persönlichkeitsrechtsverletzenden Äußerungen eines Dritten in Anspruch, die dieser seiner (negativen) Bewertung über ein von dem Portalbetreiber vorgehaltenes Freitextfeld hinzugefügt hat, setzt eine unmittelbare Störerhaftung des Portalbetreibers voraus, dass dieser sich den Textbeitrag des Dritten zu eigen gemacht hat, was bei einer unveränderten, wörtlichen Übernahme und Veröffentlichung des Textbeitrags zu verneinen ist."

In diesem Sinne hat der BGH mit Urteil vom 1.3.2016 (Az. VI ZR 34/15 –„www.jameda.de (II)") zugunsten eines auf einem Ärztebewertungsportal im Internet negativ bewerteten Zahnarztes entschieden. In der Pressemitteilung vom selben Tag heißt es:

„Die beanstandete Bewertung ist keine eigene „Behauptung" der Beklagten, weil diese sie sich inhaltlich nicht zu eigen gemacht hat. Die Beklagte haftet für die vom Nutzer ihres Portals abgegebene Bewertung deshalb nur dann, wenn sie zumutbare Prüfungspflichten verletzt hat. Deren Umfang richtet sich nach den Umständen des Einzelfalles. Maßgebliche Bedeutung kommt dabei dem Gewicht der beanstandeten Rechtsverletzung, den Erkenntnismöglichkeiten des Providers sowie der Funktion des vom Provider betriebenen Dienstes zu. Hierbei darf einem Diensteanbieter keine Prüfungspflicht auferlegt werden, die sein Geschäftsmodell wirtschaftlich gefährdet oder seine Tätigkeit unverhältnismäßig erschwert.

Auf der Grundlage der Feststellungen des Berufungsgerichts hat die Beklagte ihr obliegende Prüfpflichten verletzt. Der Betrieb eines Bewertungsportals trägt im Vergleich zu anderen Portalen von vornherein ein gesteigertes Risiko von Persönlichkeitsrechtsverletzungen in sich. Diese Gefahr wird durch die Möglichkeit, Bewertungen anonym oder pseudonym abzugeben, verstärkt. Zudem erschweren es derart verdeckt abgegebene Bewertungen dem betroffenen Arzt, gegen den Bewertenden direkt vorzugehen. Vor diesem Hintergrund hätte die beklagte Portalbetreiberin die Beanstandung des betroffenen Arztes dem Bewertenden übersenden und ihn dazu anhalten müssen, ihr den angeblichen Behandlungskontakt möglichst genau zu beschreiben. Darüber hinaus hätte sie den Bewertenden auffordern müssen, ihr den Behandlungskontakt belegende Unterlagen, wie etwa Bonushefte, Rezepte oder sonstige Indizien, möglichst umfassend vorzulegen. Diejenigen Informationen und Unterlagen, zu deren Weiterleitung sie ohne Verstoß gegen § 12 Abs. 1 TMG in der Lage gewesen wäre, hätte sie an den Kläger weiterleiten müssen."

IV. Fazit

Der Bundesgerichtshof hat mit seiner „spickmich.de"-Entscheidung den Beurteilungsmaßstab für Bewertungsportale im Internet geprägt. Da hierbei die Meinungsfreiheit im Sinne einer umfassenden Kommunikationsfreiheit interpretiert und eine generelle Prangerwirkung des Internets verneint worden ist, dürften Bewertungsportale im Internet, wenn sie gewisse „Spielregeln" einhalten, regelmäßig zulässig sein. Wie die neuere Rechtsprechung, in deren Fokus Ärztebewertungsportale stehen, zeigt, gilt dies insbesondere im Hinblick auf Berufsgruppen, die sich dem freien Wettbewerb stellen müssen und insoweit den Marktmechanismen unterliegen. Angehörige dieser Berufsgruppen müssen es grundsätzlich hinnehmen, auch auf für jedermann zugänglichen und über Suchmaschinen auffindbaren Seiten im Internet bewertet zu werden. Wehren können sich Betroffene aber gegen unwahre Tatsachenbehauptungen und hierbei den Portalbetreiber im Wege der Störerhaftung (weiterführend siehe hierzu das Stichwort → *Störerhaftung*) in Anspruch nehmen. Den Portalbetreiber treffen insofern Prüfpflichten. Ein Anspruch auf Preisgabe der Identität des Beitragsverfassers besteht jedoch nicht.

Big Data

I. **Bedeutung von Big Data**

II. **Auswirkungen von Big Data**
  1. Bedarf an Speicherplatz und schneller Analyse
  2. Zusätzliche Maßnahmen für Datenschutz und IT-Sicherheit

III. **Datenschutz-Diskussion zu Big Data**
  1. Grundsätzliches Spannungsverhältnis
  2. Denkbare Lösungsansätze

IV. **Checkliste**

I. Bedeutung von Big Data

Big Data steht für die Entwicklung, dass die Datenmengen in Unternehmen immer größer werden. Ursachen für das schnelle Anwachsen der Datenmengen sind die zunehmende Digitalisierung und die steigende Zahl an Endgeräten und Anwendungen, die als Datenquellen dienen und am Datenaustausch beteiligt sind.

Beispiel:
> Insbesondere die Verwendung von Online-Diensten wie → *soziale Netzwerken* und → *Cloud*-Applikationen sowie die Nutzung von mobilen Endgeräten wie Smartphones und Tablets haben in den letzten Jahren deutlich zugenommen und tragen zu einem schnellen Wachstum der Datenmengen bei.
>
> Neun von zehn Unternehmen (89 Prozent) in Deutschland analysieren für betriebliche Entscheidungsprozesse interne Daten mithilfe moderner Informationstechnik, so der Hightech-Verband Bitkom auf Basis einer repräsentativen Umfrage in der deutschen Wirtschaft. Laut Umfrage sehen 48 Prozent der befragten Unternehmen das größte Potenzial von Big Data in der Unterstützung betrieblicher Entscheidungsprozesse. 41 Prozent der Befragten sehen ein hohes Potenzial von Big Data in einer besseren Kundenkenntnis, 37 Prozent in Frühwarn- und Prognosesystemen und 36 Prozent in besseren Wettbewerbsanalysen. 32 Prozent in einer Optimierung der Ressourcenplanung und 27 Prozent in der Beschleunigung von Management-Entscheidungen.

Die großen Datenmengen, die mit Big Data umschrieben werden, sind hauptsächlich sogenannte unstrukturierte Daten, die nicht innerhalb von Datenbanken gespeichert werden. Dies hat Auswirkungen auf die Verarbeitung und den Schutz von Big Data, denn Datenbankanalysen und Datenbanksicherheit alleine reichen nicht für die Bewältigung von Big Data.

Big Data spielt durch die zunehmende Digitalisierung branchenübergreifend eine wichtige Rolle und zählt nach einer BITKOM-Umfrage in der Informationstechnologie- und Telekommunikationsbranche (ITK) zu den wichtigsten IT-Trends 2016 (Platz 4). Besonders relevant ist Big Data in den Bereichen Energie, Gesundheit, Verkehr, Bildung und öffentliche Verwaltung.

Beispiel:
> Beispiele für Anwendungen von Big Data sind:
> - die anonyme Auswertung von Erfahrungsberichten von Patienten und Ärzten aus Internetforen und sozialen Netzwerken, um Informationen über Nebenwirkungen von Medikamenten und die Wirksamkeit neuer Behandlungsmethoden zu gewinnen,
> - die Analyse von Wetter- und Verkehrsdaten für ein intelligentes Verkehrsmanagement und
> - die anonyme Messung und Analyse des Stromverbrauchs mit Smart Metern, um den Bedarf genauer vorhersagen und den Verbrauch reduzieren zu können.

II. Auswirkungen von Big Data

1. Bedarf an Speicherplatz und schneller Analyse

Die große Menge an anfallenden Daten kann nur wirtschaftlich sinnvoll genutzt werden, wenn sich das wachsende Datenvolumen mit vertretbarem Aufwand speichern und ausreichend schnell analysieren lässt.

Beispiel:
> Eine Vorstellung von dem Datenvolumen und der Analysegeschwindigkeit vermitteln die folgenden Beispiele des Verbandes BITKOM:
>
> Die Prüfer des Europäischen Patentamts können eine Seite aus dem Archiv in weniger als 0,3 Sekunden anfordern. Die dazu eingesetzten Datenbanken enthalten 450 Millionen Einträge mit einem Datenvolumen von 13 Terabyte.
>
> Über das soziale Netzwerk XING verwalten aktuell weltweit über 12 Millionen Mitglieder ihre Kontakte. XING berechnet und analysiert permanent rund 10 Milliarden Datensätze anhand verschiedener Faktoren in Echtzeit.

Unternehmen haben durch Big Data einen steigenden Bedarf an Speicherkapazitäten und Applikationen zur Echtzeitanalyse von großen Datenmengen.

2. Zusätzliche Maßnahmen für Datenschutz und IT-Sicherheit

Big Data erfordert auch eine Verstärkung der Maßnahmen im Bereich Datensicherheit. Für den Schutz vertraulicher Daten ist es erforderlich, zuerst die Daten im Unternehmen zu lokalisieren und zu kategorisieren, da der Speicherort und die Datenkategorien den Schutzbedarf maßgeblich beeinflussen.

Die Entwicklung hin zu immer größeren Datenvolumina, die geschützt werden müssen, macht neue oder zusätzliche Sicherheitsmaßnahmen erforderlich. Diese Sicherheitsmaßnahmen sollen dabei helfen, die umfangreichen Datenmengen ausreichend schnell zu lokalisieren, zu kategorisieren und dem Schutzbedarf entsprechend zu verschlüsseln.

Sicherheitsanalysen zur Ermittlung möglicher Bedrohungen und Angriffen müssen immer größere Datenmengen auswerten. Gleichzeitig machen die zunehmend raffinierten und gezielten Angriffe Sicherheitsanalysen und -reaktionen in nahezu Echtzeit erforderlich.

Unternehmen stehen vor der Herausforderung, ihr Datenschutz- und Datensicherheitskonzept auf Big Data zeitnah anzupassen.

III. Datenschutz-Diskussion zu Big Data

1. Grundsätzliches Spannungsverhältnis

Zwischen dem Wunsch, große Datenbestände nach Kriterien auszuwerten, die bei der Erhebung der Daten noch gar nicht bekannt waren und den Vorgaben des Datenschutzrechts besteht ein erhebliches Spannungsverhältnis. Das deutsche (und auch das EU-)Datenschutzrecht geht davon aus, dass Daten für einen bestimmten Zweck erhoben werden, der später nur ausnahmsweise unter Beachtung der entsprechenden gesetzlichen Vorgaben geändert werden darf und dass es für den Betroffenen transparent sein muss, zu welchem Zweck die Erhebung erfolgt.

Damit sind alle Auswertungen ausgeschlossen, die nicht vom Zweck der Erhebung abgedeckt werden und bei denen eine gesetzliche Rechtfertigung für eine Zweckänderung nicht vorliegt. Anders ausgedrückt: Die unspezifische Suche nach bisher noch nicht einmal im Ansatz bekannten Zusammenhängen, die erst durch die Auswertung von Big Data festgestellt werden sollen, ist im Normalfall nicht zulässig.

Unabhängig von der rein rechtlichen Seite berührt die Diskussion auch grundsätzliche gesellschaftliche Fragen. Dabei stehen sich Positionen gegenüber, die trotz der einschränkenden Vorgaben des Datenschutzrechts datenschutzkonforme Big-Data-Verfahren für möglich halten (siehe dazu BITKOM, Big Data im Praxiseinsatz, abrufbar unter http://www.rehmnetz.de/it-recht/bitkombigdata – siehe dort besonders S. 41–46 „Big Data und Datenschutz") und Positionen, die im Ergebnis nahezu jeden Ansatz in diese Richtung ablehnen (siehe dazu ULD, Big Data und Datenschutz, abrufbar unter http://www.rehmnetz.de/it-recht/uldbigdata.

Die öffentliche Stimmung ist gegenüber entsprechenden Vorhaben eher negativ geprägt. Dies zeigt sich plakativ daran, dass das Hasso-Plattner-Institut an der Universität Potsdam ein entsprechendes Forschungsvorhaben, bei dem es im Auftrag der SCHUFA-Bonität relevante Zusammenhänge aus Daten soziale Netzwerke ermitteln sollte, aufgrund der negativen öffentlichen Publicity aufgegeben hat. Siehe dazu http://www.rehmnetz.de/it-recht/schufabigdata.

2. Denkbare Lösungsansätze

Anonymisierte Auswertung

Sofern es lediglich darum geht, abstrakte Zusammenhänge zu erkennen, kommt es in Betracht, die Daten vor ihrer Auswertung zu anonymisieren oder jedenfalls zu pseudonymisieren. Solche Auswertungen können durchaus zu wirtschaftlich interessanten Erkenntnissen führen. Das wäre etwa der Fall, wenn sich herausfinden lässt, welche Merkmale von Personen aussagefähige Prognosen über ihre Bonität zulassen. Ob solche Erkenntnisse dann in einem weiteren Schritt auf konkrete Personen angewandt werden dürfen, um ihre Bonität zu beurteilen, ist damit noch nicht entschieden. Insoweit sind die entsprechenden gesetzlichen Vorgaben zu beachten (siehe vor allem § 28b BDSG).

Ausschließliche Verwendung öffentlich zugänglicher Daten

Zahlreiche Daten, die im Internet verfügbar sind, sind in rechtlicher Hinsicht als allgemein zugänglich anzusehen. Das gilt etwa für Daten, die jemand selbst im Internet frei zugänglich eingestellt hat. Ihre Auswertung ist unter relativ geringen Voraussetzungen gesetzlich zulässig (siehe § 28 Abs. 1 Satz 1 Nr. 3 BDSG). Allerdings ist darauf hinzuweisen, dass es sich auch bei solchen Daten nicht um „freie Daten" handelt, die nach Belieben verwendet werden dürften. Die erwähnte gesetzliche Bestimmung enthält ausdrücklich die Einschränkung, dass schutzwürdige Interessen des Betroffenen durchaus berechtigte Interessen dessen, der die Daten verwenden will, offensichtlich überwiegen können. In diesem Fall ist eine Verwendung der Daten ausgeschlossen.

Einwilligung der Betroffenen

Zumindest theoretisch ist es möglich, bei denen Personen, deren Daten von einer Auswertung betroffen sind, eine Einwilligung einzuholen. Angesichts der enorm hohen Hürden führen die Wirksamkeit einer Einwilligung (siehe § 4a BDSG) muss dürfte das in der Praxis jedoch nur schwierig durchführbar sein.

IV. Checkliste

WICHTIG!

- Big Data, die Entwicklung hin zu immer größeren Datenmengen, ist eine Folge der stetig wachsenden Zahl von Endgeräten und Datendiensten sowie der zunehmenden Digitalisierung und des globalen Datenaustausches.

- Big Data steht auch für umfangreiche Datensammlungen und wachsende Möglichkeiten, umfassende Nutzerprofile zu erstellen, und macht neue Ansätze im Datenschutz erforderlich.

- Big Data erfordert neue Lösungen im Bereich Speicherung, Analyse und Schutz von Daten.

  Sowohl für die wirtschaftliche Nutzung von Big Data als auch für die Datensicherheit sind Analysen in nahezu Echtzeit erforderlich.

- Die großen Datenmengen erschweren die Ermittlung des Schutzbedarfs und die fristgerechte Löschung nach Vorgaben des Datenschutzes.

- Datenschutz- und Datensicherheitskonzepte müssen entsprechend angepasst werden.

Bilderklau im Internet

I. Hintergrund

II. Fahndung nach Urheberrechtsverstößen

III. Urheberrechtlicher Schutz
   1. Anspruch auf Unterlassung
   2. Anspruch auf Schadensersatz

IV. Fazit

I. Hintergrund

Bilder haben im Internet eine herausragende Bedeutung: Der Kaufentschluss entsteht bei vielen Kunden erst mit der visuellen Wahrnehmung des begehrten Artikels in Bildform. Dabei ist beispielsweise längst erwiesen, dass sich Artikel bei eBay besser verkaufen, wenn sie mit einem ansprechenden Bild beworben werden. Verallgemeinert kann man feststellen: Je professioneller die visuelle Darstellung des beworbenen Artikels als Bild, umso höher sind auch die Verkaufschancen des jeweiligen Händlers.

Um diesem Verkaufsgrundsatz Rechnung zu tragen, investieren einige Online-Händler ein kleines Vermögen in die bildliche Darstellung der von ihnen angebotenen Artikel. Die einen beschaffen sich eine teure Fotoausrüstung und fotografieren ihre Artikel selbst, wobei in der Regel noch eine aufwendige Nachbearbeitung am Computer erfolgt. Die anderen beauftragen gleich einen professionellen Fotografen mit der Erstellung der Bilder. Umso ärgerlicher ist es für den Händler, wenn er später bei einem anderen Anbieter, sei es im Rahmen eines gewerblichen oder privaten Verkaufsgeschäfts, genau diese Bilder, in die er so viel Zeit und Geld investiert hat, wieder entdeckt.

Doch darf das Problem nicht nur auf den kommerziellen Verkehr begrenzt werden – auch in Blogs erfreuen sich grafisch untermalte Artikel einer erhöhten Aufmerksamkeit und zu verlockend ist es, etwa mit der Google-Bildersuche schnell nach einem passenden Bild zu suchen und das zu übernehmen.

II. Fahndung nach Urheberrechtsverstößen

Während die Suche nach Urheberrechtsverstößen früher noch recht aufwändig war und teilweise auch kostenintensiv, stellt sich dies heute anders dar: So kann man beispielsweise bei der Bildersuche der Suchmaschine Google ein Bild selber hochladen und Webseiten anzeigen lassen, die dieses – oder ein ähnliches – Bild verwenden. In Kombination mit der grundsätzlich auf Webseiten geltenden Impressumspflicht bzw. den in gewerblichen Anzeigen geltenden Pflichtangaben, lässt sich dann auch sehr schnell ein Verantwortlicher ermitteln.

III. Urheberrechtlicher Schutz

Die selbst oder von Dritten in Auftrag angefertigten Bilder unterliegen dem Schutz des Urheberrechts. Hat also etwa der Händler die Artikelbilder selbst angefertigt, so ist er selbst Urheber im Sinne des § 7 UrhG. Hat er die Bilder von einem beauftragten Dritten, beispielsweise einem Fotografen, anfertigen lassen, so geht mit dessen Beauftragung in der Regel auch die vertragliche Übertragung sämtlicher Nutzungsrechte dieses Bildmaterials auf den Händler über. In diesem Fall ist der Händler zwar nicht selbst Urheber, er kann jedoch als Inhaber der Nutzungsrechte fast alle Rechte geltend machen, die auch ein Urheber geltend machen könnte.

Das Herunterladen urheberrechtlich geschützter Lichtbilder stellt eine Vervielfältigung nach § 16 Abs. 1 UrhG dar. Die Veröffentlichung des Bildmaterials im Internet stellt ein öffentliches Zugänglichmachen nach § 19a UrhG dar. Werden urheberrechtlich geschützte Lichtbilder ohne Erlaubnis der Rechteinhaber vervielfältigt bzw. öffentlich zugänglich gemacht, so stellt dies gemäß § 15 Abs. 1 Nr. 1 bzw. §§ 15 Abs. 2, 52 Abs. 3 UrhG einen Rechtsverstoß dar.

Rechtsfolge dieses Verstoßes sind:

1. Unterlassungs-,
2. Beseitigungs-,
3. Auskunfts-, Rechnungslegungs- und
4. Schadensersatzansprüche gemäß § 97 UrhG.

In der Praxis stehen dabei naturgemäß der Unterlassungs- und der Schadensersatzanspruch im Vordergrund. Geltend gemacht werden diese üblicherweise mit einer Abmahnung. Eher selten ist in der Praxis der Fall, dass nicht die Abmahnung gewählt wird, sondern die Berechtigungsanfrage – hier wird der Verwender eines Bildes aufgefordert, die Rechte an dem genutzten Bild klarzustellen. Sinn macht dies bei noch unklaren Sachverhalten, wenn also etwa die Möglichkeit im Raum steht, dass der Verwender eventuell ein entsprechendes Nutzungsrecht erworben hat. Der Vorteil einer solchen Berechtigungsanfrage liegt u. a. darin, dass – anders als bei einer unberechtigten Abmahnung – kein Schadensersatzanspruch begründet wird. Gleichwohl ist auch nach einer Berechtigungsanfrage eine Abmahnung noch denkbar.

1. Anspruch auf Unterlassung

Mit dem Unterlassungsanspruch kann der Rechteinhaber gegen den Verletzer das Verbot durchsetzen, das urheberrechtlich geschützte Bildmaterial ohne seine Zustimmung zu nutzen. In prozessualer Hinsicht erfolgt dies meistens durch eine urheberrechtliche Abmahnung, verbunden mit der Aufforderung an den Gegner, innerhalb einer bestimmten Frist eine entsprechende strafbewehrte Unterlassungs- und Verpflichtungserklärung abzugeben. Unterwirft sich der Gegner trotz einer entsprechenden Aufforderung nicht, so kann der Rechteinhaber seinen Unterlassungsanspruch im Wege des vorläufigen Rechtsschutzes (einstweilige Verfügung) oder im Rahmen einer Hauptsacheklage gerichtlich durchsetzen, wobei in der Praxis die Erwirkung einer einstweiligen Verfügung der Regelfall ist. Diese steht allerdings nur zur Verfügung, wenn in der Regel maximal 4 Wochen bis zum Antrag auf Erlass der einstweiligen Verfügung vergangen sind, seitdem der Rechteinhaber von dem Rechtsverstoß Kenntnis erlangt hat. Daher darf weder mit einer Abmahnung noch mit dem Abwarten der Abgabe einer Unterlassungserklärung zu lange gewartet werden, wenn eine einstweilige Verfügung angepeilt ist.

Hinsichtlich der Formulierung der Unterlassungserklärung wird auf die Ausführungen zum Stichwort → *Abmahnung* verwiesen.

Die Kosten für solche Verfahren beurteilen sich nach dem Gegenstandswert bzw. im Fall der gerichtlichen Auseinandersetzung nach dem **Streitwert** der Angelegenheit. Wertbestimmend ist beim Unterlassungsanspruch die gemäß § 3 ZPO zu schätzende Beeinträchtigung, die für den Verletzten von dem beanstandeten Verhalten verständigerweise zu besorgen ist und die mit der begehrten Unterlassung beseitigt werden soll (vgl. Zöller, ZPO, § 3 Rn. 16 „Unterlassung").

Dieser Wert wird hinsichtlich des Unterlassungsanspruchs bei urheberrechtlichen Verstößen von den Gerichten im Schnitt für Laien überraschend hoch angesetzt. So ist es ständige Rechtsprechung am Gerichtstand Köln, dass pro Urheberrechtsverletzung von einem Gegenstandswert bezüglich des Unterlassungsanspruchs in Höhe von 6.000 Euro auszugehen ist.

Bilderklau im Internet

Dieser wird auch nicht bei einer Mehrzahl von Unterlassungsansprüchen „reduziert", sondern schlicht mit der Zahl der Rechtsverletzungen multipliziert. Bei zehn Urheberrechtsverletzungen im Rahmen des „Bilderklaus" ergibt dies also einen Gegenstandswert von 60.000 Euro (OLG Köln, 6 W 265/14 & 6 W 123/14; LG Köln, 14 O 188/14).

Da diese Rechtsprechung bundesweit grundsätzlich Anklang findet, wird man davon ausgehen müssen, dass bezüglich des Unterlassungsanspruchs grundsätzlich jedenfalls ein Streitwert von 6.000 € vertretbar ist und zumindest ein solcher von 4.000 Euro problemlos angemessen sein wird. Hieraus ergeben sich für eine durchschnittliche anwaltliche Abmahnung bereits Kosten in Höhe von 571,44 € inkl. USt.

Allerdings ändert sich die Rechtsprechung in Teilen, jedenfalls was reine Produktfotografien angeht – hier ist zu bemerken, dass die Gerichte zunehmend bereit sind, die Streitwerte durchaus herabzusetzen. Hierbei handelt es sich normalerweise lediglich um **Lichtbilder** bei denen der Schutz sich (Leistungsschutzrecht) auf den Schöpfungsakt begrenzt. Hier hat das OLG Köln (6 W 256/11) einen Streitwert von 3.000 Euro als angemessen erachtet. Die Unterscheidung zwischen Lichtbild und Lichtbildwerk beim Streitwert erscheint auch durchaus schlüssig und wird zunehmend von der Rechtsprechung aufgegriffen. So hat das Landgericht Köln (Az. 28 Z 9/13) bestätigt, dass ein Streitwert von 3.000 Euro grundsätzlich angemessen ist, wenn es sich bei der Nutzung um eine kleingewerbliche handelt – andernfalls sind 6.000 Euro angemessen.

Hinweis:
Gegenüber Verbrauchern ist § 97a Abs. 3 UrhG zu beachten, mit dem sich eine andere Betrachtung eröffnet: Bei einer Rechtsverletzung einer „natürlichen Person", die nicht gewerblich gehandelt hat und bisher von dem Rechteinhaber noch nicht abgemahnt wurde, ist ein Gegenstandswert von 1.000 Euro anzusetzen. Das bedeutet ca. 130 Euro Kosten für die anwaltliche Abmahnung.

2. Anspruch auf Schadensersatz

Grundsätzlich kommt bei schuldhaft begangenen Urheberrechtsverletzungen auch immer ein Schadensersatzanspruch des Verletzten in Betracht. Schuldhaft ist dabei nicht nur vorsätzliches, sondern auch fahrlässiges Verhalten – wobei sehr hohe Anforderungen gestellt werden, etwa dass man bei fremden Werken die vollständige Rechtekette im Zweifelsfall nachzuweisen hat.

Für die Höhe des Schadensersatzes sind in der Rechtsprechung drei Berechnungsarten anerkannt:

- Ersatz der erlittenen Vermögenseinbuße einschließlich des entgangenen Gewinns,
- Zahlung einer angemessenen Lizenzgebühr im Zuge der Lizenzanalogie,
- Herausgabe des Verletzergewinns.

Da in den typischen Fällen von „Bilderklau" auf Verkaufsplattformen wie eBay der Nachweis eines konkret entstandenen Schadens bzw. die konkrete Bestimmung des Verletzergewinns naturgemäß für den Verletzten sehr schwierig ist, behilft man sich in derartigen Fällen üblicherweise mit der Geltendmachung einer angemessenen Lizenz im Zuge der so genannten **„Lizenzanalogie"**. Diese Berechnungsart beruht auf dem Gedanken, dass der schuldhaft handelnde Verletzer nicht besser gestellt sein soll als derjenige, der das Schutzrecht als vertraglicher Lizenznehmer rechtmäßig nutzt. Der größte Vorteil dieser Berechnungsart gegenüber den anderen beiden Berechnungsarten liegt darin, dass es keine Kausalitätsprobleme gibt. Die Lizenz ist als pauschalierter Mindestschaden anzusehen.

Nach der Rechtsprechung des BGH ist es dann bei der Festsetzung einer angemessenen Lizenzgebühr grundsätzlich naheliegend, branchenübliche Vergütungssätze und Tarife als Maßstab heranzuziehen, wenn sich in dem entsprechenden Zeitraum eine solche Übung herausgebildet hat (BGH, Urteil vom 6.10.2005, Az. I ZR 266/02). Bei unbefugter Verwertung urheberrechtlich geschützten Bildmaterials kann nach inzwischen bundesweit gefestigter Rechtsprechung für die Berechnung des Schadens auf die Honorar-Empfehlungen der Mittelstandsgemeinschaft Foto-Marketing (MFM) zurückgegriffen werden. Die MFM gibt jährlich unter dem Titel „Bildhonorare – Übersicht der marktüblichen Vergütungen für Bildnutzungsrechte" eine Zusammenstellung der Honorar- und Konditionsstrukturen heraus, die der Transparenz des Marktes und den an ihm beteiligten Bildlieferanten und Bildnutzern zur allgemeinen Information, Planung und Kalkulation dient.

Allerdings ist Vorsicht geboten: Mit dem BGH können die MFM-Empfehlungen zu Recht nicht ohne weiteres als übliche Vergütung angesetzt werden. Vorrangig ist stets, was in Branchenkreisen als üblich und angemessen anzusehen ist. Dies kann im Einzelfall nach oben oder unten von den Beträgen der MFM-Empfehlungen abweichen. Insbesondere wenn das Bild nicht im Rahmen der Bedingungen angefertigt bzw. genutzt wurde, die durch die MFM-Tabellen wiedergegeben werden sollen, ist auch nicht nach diesen zu vergüten. Dies ist der Fall, wenn etwa Bilder eines Hobby-Fotografen betroffen sind oder sich gar kein Markt für die entsprechende Fotografie herausgebildet hat.

Hierzu einige ausgewählte Entscheidungen als beispielhafter Überblick:

- Kein Schadensersatz bei Unterlassung der Namensnennung bei einer Fotografie die unter einer Creative-Commons-Lizenz verbreitet wird, da hier kein Marktwert erkennbar ist (OLG Köln, 6 U 60/14).

- Lediglich 10 Euro Schadensersatz, wenn eine Fotografie frei verwendet werden darf, sofern ein Link auf die Webseite erfolgt (BGH, I ZR 76/13).

- Generell keine Anwendbarkeit der MFM-Tabellen bei Fotografien von Laien (AG Köln, 125 C 466/14; LG Köln 14 S 38/13).

- Generell keine Anwendbarkeit für Fotografien von Waren auf eBay (AG Husum, 26 C 161/13).

Für Einblendungen professioneller Fotografien im Internet werden danach folgende Honorare als marktüblich angesehen, wobei es aber je nach Einzelfall Abzüge geben kann (etwa bei kleinen Bildern) oder auch Aufschläge (bei Mehrfachverwendung):

Deutsch bzw. Landessprache

Einblendung in	Unterseite	Homepage (Startseite)	Bannerwerbung
Nutzungsdauer bis 1 Woche	60	90	180
1 Monat	100	150	300
3 Monate	150	225	450
6 Monate	180	270	540
1 Jahr	310	465	930
3 Jahre	465	695	1395

In Euro

(Quelle: MFM BILDHONORARE – Übersicht der marktüblichen Vergütungen für Bildnutzungsrechte 2016)

Dabei sehen die MFM-Tabellen für den Bereich „Social Media" inzwischen eigene Vergütungen vor. Hierbei ist bereits für die Dauer von nur einer Woche schon ein Betrag von 106 Euro angesetzt! Auf der anderen Seite ist zu beachten, dass die MFM-Tabellen ein sehr abgestuftes System bieten, so sind etwa auch Abschläge vorhanden, beispielsweise in Höhe von 30% bei kleinformatigen Abbildungen mit einer längsten Seite bis zu 200 Pixel. Es lohnt sich daher, immer sehr genau zu prüfen, welche Tabelle überhaupt Anwendung finden soll und ob hier noch weitere Zu- oder Abschläge vorzunehmen sind.

Ist dem Rechteinhaber nicht bekannt, wie lange und in welchem Umfang der Verletzer das Lichtbild/die Lichtbilder im Internet genutzt hat, so kann er sich diese Informationen im Rahmen eines **Auskunftsverlangens** vom Verletzer beschaffen.

Weiterhin muss festgestellt werden, dass unter Umständen ein sogenannter **Verletzeraufschlag** dazukommen kann. Dieser ist nicht pauschal, sondern je nach Schwere des Verstoßes im Einzelfall vorzunehmen und liegt üblicherweise zwischen 50 % und 100 % der bereits im Zuge der Lizenzanalogie zu berechnenden Lizenzkosten. Vorzunehmen ist er nach Teilen der Rechtsprechung regelmäßig etwa dann, wenn ein Bild ohne Benennung des Urhebers verwendet wird. Auch sind Aufschläge bei Mehrfachverwendungen üblich. Allerdings wird zunehmend bei Produktfotografien eine Ausnahme gemacht, weil es bei derartigen Bildern gerade unüblich ist, dass hier am Bild eine Urheberkennzeichnung vorgenommen wird. Diese Einschätzung wird durch den Blick in typische Kataloge gestützt und ist zu Recht bei den Gerichten im Vordringen.

IV. Fazit

Leider bis heute scheint sich die Erkenntnis, dass es sich bei fremden Bildern um urheberrechtlich geschütztes Material handelt, noch nicht durchgesetzt zu haben. Frei nach dem Motto „Wer seine Bilder über das Internet öffentlich zugänglich macht, muss auch mit deren kostenlosen Nutzung durch Dritte einverstanden sein." werden nach wie vor zahlreich Artikelbilder und teilweise auch ganze Artikelbeschreibungen über die Google-Bildersuche, eBay und Co. „geklaut". Dies brauchen sich die Betroffenen jedoch nicht gefallen zu lassen. Mit Hilfe des Urheberrechts stehen ihnen – wie oben dargestellt – Möglichkeiten offen, sich wirkungsvoll gegen solche Verletzungen zur Wehr zu setzen. Allerdings muss mit der aktuellen Rechtsprechung mit einem geringen oder gar gestrichenen Schadensersatz gerechnet werden, wenn es sich um Fotografien ohne (ernsthaften) Marktwert handelt.

Biometrische Verfahren

I. Machbarkeit und Akzeptanz
1. Geeignete biometrische Merkmale
2. Akzeptanz

II. Typische Einsatzfelder
1. Unterscheidung von Authentifikation (Verifikation) und Identifikation bei der Zugangskontrolle
2. „Bezahlen mit Fingerabdruck" oder per Kreditkarte mit Bild
3. Weitere Beispiele

III. Rechtliche Rahmenbedingungen
1. Vorgaben des Passgesetzes und des Personalausweisgesetzes
2. Vorgaben des BDSG zu Zweckbindung und Erforderlichkeit
3. Einwilligungslösungen
   3.1 Bezahlen per Knopfdruck
   3.2 Suche nach Bildern von Personen im Internet
4. Mitbestimmung bei biometrischen Zugangskontrollen

IV. Checkliste für den Einsatz biometrischer Verfahren

I. Machbarkeit und Akzeptanz

1. Geeignete biometrische Merkmale

Biometrie bedeutet, dass Merkmale eines Menschen benutzt werden, um ihn – im Idealfall eindeutig – zu identifizieren oder jedenfalls zu authentifizieren. Biometrische Verfahren knüpfen entweder an physiologische Merkmale oder an Verhaltensmerkmale einer Person an. Dabei sind zur Identifikation bzw. Authentifizierung aber nur Merkmale geeignet, die folgende Eigenschaften erfüllen (vgl. dazu das Arbeitspapier über Biometrie der Art. 29 – Datenschutzgruppe, abrufbar unter http://www.rehmnetz.de/it-recht/workingpaper80; ergänzend siehe die Stellungnahme 3/2012 der Datenschutzgruppe zu neueren „Entwicklungen im Bereich biometrischer Technologien", abrufbar unter http://www.rehmnetz.de/it-recht/stellungnahmebiometrie):

- Universalität: Es muss um ein biometrisches Merkmal gehen, das bei **jedem** Menschen vorhanden ist.
- Einzigartigkeit: Das Merkmal muss einen Menschen **eindeutig** kennzeichnen.
- Dauerhaftigkeit: Das Merkmal muss – jedenfalls im wesentlichen Kern – im Lauf der Zeit **unverändert** bleiben.

Diese drei Merkmale müssen kumulativ gegeben sein, was die Zahl der biometrischen Merkmale, die theoretisch in Frage kommen, deutlich reduziert.

Biometrische Verfahren

Beispiele:

Die Hautfarbe ist zwar ein universelles Merkmal, sie ist aber nicht eindeutig, weil viele Menschen dieselbe Hautfarbe haben und sie ist auch nicht dauerhaft, weil sie sich – etwa durch Bräunung – ändert.

Der Zustand schwanger/nicht schwanger ist für den männlichen Teil der Bevölkerung ohne jede Unterscheidungskraft und bei Frauen nicht dauerhaft.

Ähnliche Einschränkungen gelten für das Gewicht (Ab- und Zunahme!) und sogar für die Körpergröße (teils deutliche Abnahme im Alter, in der Kindheit beständige Zunahme).

Folgende physiologische (körperliche) Merkmale sind in der Praxis für biometrische Zwecke verwendbar: Fingerabdruck, Handabdruck, Gesichtsform, Iriserkennung. Diese Parameter sind mit einsatzfähigen Scan-Systemen in angemessener Zeit (Sekundenbereich) erfassbar. Die Analyse der DNA würde zwar die oben genannten Anforderungen erfüllen, erfordert aber – zumindest bisher – deutlich zu viel Zeit (mindestens im Stundenbereich) und bleibt daher Sonderbereichen (etwa der Gerichtsmedizin) vorbehalten.

Verhaltensmerkmale von Personen (etwa die Analyse des Tastenanschlags) haben ihre praktische Einsatzfähigkeit außerhalb von Laborbedingungen bisher nicht beweisen können.

Biometrische Merkmale werden durchweg nicht 1:1 gespeichert (also etwa nicht in der Form, dass ein Bild des Gesichts als Bild gespeichert wird). Vielmehr erfolgt eine „Verformelung". So hält man bei einem Gesichtsbild bestimmte charakteristische Punkte (etwa den Ohransatz links und rechts) als Koordinaten in einem vorgegebenen Raster fest oder bestimmt Proportionen (etwa das Verhältnis zwischen Augenabstand und Ohrenabstand) und bringt diese „Rohdaten" (Koordinaten und Proportionen) dann auf der Basis einer mathematischen Formel in einen Zusammenhang. Das Ergebnis besteht dann aus einer oder mehreren Zahlen (meist als „Hashwert" bezeichnet), die als „Template" gespeichert werden. Dies verringert nicht nur den Speicherbedarf, sondern erlaubt auch einen sehr raschen Abgleich.

2. Akzeptanz

Die Akzeptanz biometrischer Verfahren ist bezüglich Finger- bzw. Handabdruck inzwischen relativ hoch. 62 % der Bevölkerung würden den Einsatz eines Fingerabdrucksystems akzeptieren. Das rührt vor allem daher, dass der Fingerabdruck inzwischen bei Reisepässen „amtlich" Verwendung findet und von daher gewohnt ist. Eine Gesichtserkennung würden dagegen nur 43 % hinnehmen. Ähnlich kritisch gesehen wird die Iriserkennung (Gefühl des Eingriffs in die körperliche Integrität, Ängste vor „Verblitzen" der Augen usw.), mit der nur 48 % der Bevölkerung einverstanden wären. Diese Zahlen stammen aus einer repräsentativen Studie der Firma Unisys vom Oktober 2008 (im Netz nicht mehr verfügbar). Zum Vergleich sei angeführt, dass der Einsatz einer PIN nur eine Akzeptanz von 59 % hat, der Einsatz eines persönlichen Passworts hat die Zustimmung von 61 % der Befragten. Die Nutzung des Fingerabdrucks hat also eine ähnlich hohe Akzeptanz.

II. Typische Einsatzfelder

1. Unterscheidung von Authentifikation (Verifikation) und Identifikation bei der Zugangskontrolle

Der wesentliche – und datenschutzrechtlich durchaus relevante – Unterschied zwischen beiden Einsatzzwecken biometrischer Systeme besteht darin, ob eine Referenzdatenbank zum Abgleich von Daten benötigt wird. Bei der Identifikation ist das der Fall, bei der Authentifikation (Verifikation) dagegen nicht. Deutlich wird das am Beispiel von Zutrittskontrollen (vgl. dazu das Arbeitspapier über Biometrie der Art. 29 – Datenschutzgruppe – abrufbar unter http://www.rehmnetz.de/it-recht/workingpaper80).

Beispiel Authentifikation (Verifikation):

Jedem, der einen Werksausweis vorweisen kann, der sein Bild trägt, wird der Zutritt gestattet.

Beispiel Identifikation:

Es erfolgt ein Abgleich des vorgelegten Ausweises mit einer Datenbank, in der die Daten (etwa auch die Bild-Templates) aller Personen enthalten sind, denen der Zutritt erlaubt ist.

Im ersten Beispiel spricht man von einem „1:1-Vergleich", weil Körpermerkmale des Betroffenen (Gesicht) mit einem Dokument verglichen werden, das er selbst mitführt. Eine zentrale Speicherung seiner Daten erfolgt entweder gar nicht (so der praktische Regelfall) oder jedenfalls wird der zentrale Datenspeicher (etwa ein Dublettenregister aller ausgestellten Werksausweise, jeweils mit Bild) nicht für die Überprüfung der Echtheit des Dokuments verwendet (außer vielleicht in einzelnen Zweifelsfällen).

Im zweiten Beispiel liegt ein „1:n-Vergleich" vor, weil **immer** ein Abgleich mit den vorhandenen Daten erfolgt, um positiv nachzuweisen, wen man vor sich hat.

Die Missbrauchsgefahren sind bei beiden Vorgehensweisen unterschiedlich, die Beeinträchtigungen des Persönlichkeitsrechts ebenfalls. Beim „1:1-Vergleich" besteht die Gefahr, dass ein gefälschter Ausweis unerkannt bleibt. Beim „1:n-Vergleich" wäre das nur denkbar, wenn auch die Referenzdatenbank manipuliert wird. Das Persönlichkeitsrecht wird dafür beim „1:n-Vergleich" stärker berührt, weil er den Aufbau einer besonderen Datenbank voraussetzt, die auch zweckentfremdet werden könnte (sei es vom „Herrn" der Datenbank selbst, sei es von böswilligen Dritten).

Die beiden Gestaltungsmöglichkeiten sind deshalb nicht beliebig austauschbar.

 TIPP!

Der „1:1-Vergleich" zieht weniger datenschutzrechtliche Probleme nach sich als der „1:n-Vergleich".

2. „Bezahlen mit Fingerabdruck" oder per Kreditkarte mit Bild

Eine ähnliche Problematik stellt sich bei Bezahlungsvorgängen. Auch hier sind zwei grundverschiedene Vorgehensweisen denkbar (siehe dazu Hinweis Nr. 41 des Innenministeriums Baden-Württemberg zum Datenschutz für private Unternehmen und Organisationen vom 28.6.2004, Teil B abrufbar unter http://www.rehmnetz.de/it-recht/hinweisebw).

Beispiel Kreditkarte mit Bild:

Wenn per Lastschrift gezahlt werden soll, dann könnten auf einer vom Kunden mitgeführten Karte (Kreditkarte oder EC-Karte) alle Daten gespeichert sein, die eine Authentifizierung des Kunden ermöglichen. Dies wird in der Praxis durchaus angewandt. So gibt es Kreditkarten, die mit einem Bild des Inhabers versehen sind. Wird das Bild sorgfältig mit dem Inhaber verglichen, ist ein Missbrauch der Karte weitgehend ausgeschlossen.

Beispiel „Bezahlen mit Fingerabdruck":

Bei diesem Verfahren lässt sich der Kunde beim Unternehmen registrieren und hinterlegt dabei (in Form eines „Template") seinen Fingerabdruck. Gleichzeitig ermächtigt der Kunde das Unternehmen dazu, Forderungen per Lastschrift von seinem Girokonto abzubuchen. Eine solche Abbuchung erfolgt erst dann, wenn er durch Auflegen seines Fingers auf einen Scanner die Richtigkeit seiner Forderung bestätigt hat und ein Vergleich mit dem hinterlegten Fingerabdruck ergeben hat, dass es sich um den registrierten Kunden handelt.

Zur Lösung dieses Falles siehe unten unter III.3!

3. Weitere Beispiele

Eine Broschüre mit 20 Referenzbeispielen von Biometrie-Projekten wurde vom BITKOM (Bundesverband Informationswirtschaft, Telekommunikation und Neue Medien e. V.) zusammengestellt und ist abrufbar unter http://www.rehmnetz.de/it-recht/biometriebeispiele. Dass die Broschüre bereits aus dem Jahr 2008 stammt, lässt sich auch als Indiz dafür deuten, wie wenig seither inhaltlich vorangegangen ist.

III. Rechtliche Rahmenbedingungen

1. Vorgaben des Passgesetzes und des Personalausweisgesetzes

Das Passgesetz enthält für Behörden wie für Privatpersonen (einschließlich Privatunternehmen) verbindliche Vorgaben dafür, wie Reisepässe zur Authentifikation und Identifikation verwendet werden dürfen. Sie wurden inhaltlich auch in das erst nach dem Passgesetz erlassene Personalausweisgesetz aufgenommen.

Für **Behörden** gilt insbesondere Folgendes (siehe § 16a PassG sowie § 17 Abs. 1 PAuswG):

- Die im Chip des Passes gespeicherten biometrischen Daten dürfen nur von folgenden Behörden ausgelesen werden: Polizeivollzugsbehörden, Zollverwaltung, Pass-, Personalausweis- und Meldebehörden.

- Das Auslesen darf nur dem Zweck dienen, die Echtheit des Dokuments oder die Identität seines Inhabers zu überprüfen.

- Unverzüglich nach Beendigung der Überprüfung sind die Daten zu löschen.

Für **Privatpersonen** einschließlich **Privatunternehmen** ist Folgendes bedeutsam (siehe § 18 PassG sowie ähnlich § 20 PAuswG):

- Ein Pass darf auch im „nicht-öffentlichen Bereich" (also außerhalb des Behördenbereichs) als Ausweis- und Legitimationspapier benutzt werden.

- Das Auslesen von biometrischen Verfahren aus dem Chip ist in diesem Zusammenhang jedoch nicht zulässig. Der Pass darf auch nicht dazu verwendet werden, personenbezogene Daten zu speichern.

- Ausnahmen hiervon gelten für „**Beförderungsunternehmen**" (gedacht ist dabei insbesondere an Luftverkehrsgesellschaften).

Im Ergebnis bedeutet dies, dass ein amtlicher Pass (Reisepass) zwar zu einem „1:1-Abgleich" verwendet werden darf, aber nicht dazu, eine Datenbank für einen „1:n-Abgleich" aufzubauen. Das geht letztlich darauf zurück, dass ein Pass eigentlich (nur) als „Grenzübertrittspapier" gedacht ist (siehe § 1 PassG) und jede andere Verwendung deshalb einer besonderen Rechtfertigung bedarf.

ACHTUNG!

Benutzen Sie als Unternehmen Passnummern und Personalausweisnummern nicht als Ordnungsmerkmal in einer Datenbank!

Beispiele:

Eine Logistikdienstleisterin ist insbesondere im Bereich der Automobillogistik und Autotransporte tätig. Auf ihrem Betriebsgelände lagern ständig mehrere tausend Fahrzeuge. Täglich werden zahlreiche Fahrzeuge – insbesondere von Fahrern von Speditionen – abgeholt. Um den Speditionsvorgang zu überwachen, wurden die Personalausweise der Abholer eingescannt und auf einem Rechner gespeichert. Die zuständige Datenschutzaufsichtsbehörde Niedersachsen untersagte diese Handhabung, weil sie gegen § 20 PAuswG verstößt. Das Verwaltungsgericht Hannover bestätigte diese Auffassung (Urteil des VG Hannover vom 28.11.2013, 10 A 5342/11).

2. Vorgaben des BDSG zu Zweckbindung und Erforderlichkeit

§ 28 BDSG lässt das Speichern von personenbezogenen Daten nur zu, wenn dies

- für die Begründung, Durchführung oder Beendigung eines Vertragsverhältnisses oder eines anderen rechtsgeschäftlichen oder rechtsgeschäftsähnlichen Schuldverhältnisses mit dem Betroffenen erforderlich ist (§ 28 Abs. 1 Satz 1 Nr. 1 BDSG) oder

- zur Wahrung berechtigter Interessen **erforderlich** ist (§ 28 Abs. 1 Satz 1 Nr. 2 BDSG).

Seit der Änderung des BDSG im Jahr 2009 ist § 28 BDSG im Ergebnis bei biometrischen Verfahren nur noch dann einschlägig, wenn sie Kunden eines Unternehmens betreffen.

Betreffen sie dagegen Arbeitnehmer, ist von § 32 BDSG (Datenerhebung, -verarbeitung und -nutzung für Zwecke des Beschäftigungsverhältnisses) auszugehen. Im Ergebnis ändert sich dadurch nichts, denn auch diese Vorschrift verlangt, dass die Erhebung, Verarbeitung oder Nutzung der Daten „erforderlich" ist (siehe § 32 Abs. 1 Satz 1 BDSG).

Die Vorgabe der „Erforderlichkeit" ist vor dem Hintergrund von Art. 6 Abs. 1 Buchst. c der EG-Datenschutzrichtlinie zu sehen. Danach müssen personenbezogene Daten den Zwecken entsprechen, für die sie erhoben und/oder weiterverarbeitet werden, dafür erheblich sein und nicht darüber hinausgehen. Nur was im Rahmen dieses Zwecks liegt, kann „erforderlich" sein. Diese Vorgaben wirken zunächst abstrakt, haben aber ganz erhebliche praktische Auswirkungen, wie sich besonders am Beispiel von Arbeitszeit- und Zugangskontrollen zeigen lässt.

Beispiel:

Ein Krankenhaus wollte mit einem biometrischen System im Weg des „1:n-Vergleichs" kontrollieren, ob die Mitarbeiter die

Biometrische Verfahren

Arbeitszeit einhalten und die dafür nötige Datenbank mit biometrischen Daten aufbauen.

Die französische Datenschutzkommission lehnte dieses Vorhaben ab.

Begründung: Der angestrebte Zweck lasse sich auch dadurch erreichen, dass jeder Mitarbeiter sein Kommen und sein Gehen mit einer personalisierten Chipkarte registriert („1:1-Vergleich"). Eine Datenbanklösung, verbunden mit der Speicherung biometrischer Daten in einem zentralen Datenbestand, sei dafür nicht erforderlich.

Beispiel:

Entsprechend wurde folgender Fall in Luxemburg behandelt:

Ein Thermalbad wollte seinen Dauergästen eine Authentifizierung per Fingerabdruck anbieten. Dazu wurde ein System entwickelt, das die Fingerabdrücke aller Abonnenten zentral in einem Rechner verschlüsselt speichert und die Vergleichs-Referenzen mit Hilfe der ID-Nummer eines chipbehafteten Armbands dem Betroffenen zuordnet. Diese Lösung wurde von der Luxemburgischen Datenschutzkommission mit dem Hinweis auf einen Verstoß gegen die Angemessenheit (Grundsatz der Verhältnismäßigkeit) untersagt.

Erst nachdem der Betreiber sein System so umgestellt hatte, dass die Referenzdaten nicht mehr zentral, sondern individuell auf dem Armbandchip gespeichert wurden, erfolgte Anfang 2006 eine Freigabe durch die Datenschutzkommission.

Beispiel:

Ein Tochterunternehmen der französischen Bahn wollte Fingerabdrücke aller Mitarbeiter in einer Datenbank speichern und mittels eines Fingerabdruck-Scanners sicherstellen, dass nur Berechtigte das Bahngelände betreten. Das bisher übliche Zugangskontrollsystem mit Chipkarten sollte entfallen.

Auch dieses Vorhaben lehnte die französische Datenschutzkommission mangels Erforderlichkeit ab. Die Verwendung der schon bisher üblichen Chipkarte reiche für den angestrebten Zweck der Zugangskontrolle aus.

Alle drei Beispiele sind voll auf die Rechtslage in Deutschland übertragbar. Denn die Rechtsordnungen in beiden Ländern müssen die Vorgaben der EG-Datenschutzrichtlinie einhalten. Und Hintergrund der Entscheidungen sind die Vorgaben von Art. 6 Abs. 1 Buchst. c EG-Datenschutzrichtlinie. Sie führen für Deutschland dazu, dass Art. 28 BDSG entsprechend interpretiert werden muss. Dass die Überlegungen zutreffen, zeigt folgendes Gegenbeispiel.

Beispiel:

An einem Flughafen ist ein Sicherheitsbereich eingerichtet. Um auszuschließen, dass es zu sicherheitskritischen Vorfällen kommt, muss stets bekannt sein, wer sich gerade in diesem Bereich aufhält, und es muss stets feststehen, dass es sich nur um zugangsberechtigte Personen handelt.

Um solchen besonderen – sachlich gerechtfertigten – Anforderungen entsprechen zu können, ist der Einsatz von biometrischen Methoden im Rahmen eines 1:n-Abgleichs erforderlich und zulässig. In der Praxis kann dies etwa mit Hilfe des Fingerabdrucks geschehen.

Allerdings muss man sich bewusst sein, dass auch Lösungen unter Verwendung biometrischer Merkmale kein „Wundermittel" für alle Situationen darstellen. So wäre es denkbar, dass ein Zutrittsberechtigter mittels Gewalt gezwungen wird, seinen Finger in den Scanner zu legen und so auch Unberechtigten den Zugang zu ermöglichen. Dies kann durch Gestaltungen verhindert werden, bei denen (etwa durch geeignete Drehkreuze) eine „Vereinzelung" beim Zutritt erfolgt.

3. Einwilligungslösungen

3.1 Bezahlen per Knopfdruck

Sofern der Einsatz biometrischer Systeme auf der Basis der bisher geschilderten Überlegungen rechtlich nicht möglich ist, kann unter Umständen eine „Einwilligungslösung" in Betracht kommen. Diesen Weg ist das Innenministerium Baden-Württemberg im oben unter II.2 geschilderten Fall des „Bezahlens per Fingerabdruck" gegangen.

§ 28 BDSG kommt bei diesem Fall als Rechtsgrundlage nicht in Betracht, da in Form einer „Kreditkarte mit Bild" ein alternatives Verfahren zur Verfügung steht, so dass die angestrebte Lösung (Datenbank mit Fingerabdruckdaten) nicht erforderlich ist. Deshalb hat das Innenministerium vorgeschlagen, die **Einwilligung jedes einzelnen Kunden** zur angestrebten Lösung einzuholen.

Dies ist in der Praxis nicht einfach zu realisieren, da dabei die hohen rechtlichen Hürden für die Wirksamkeit einer Einwilligung erfüllt werden müssen (§ 4a BDSG):

- Die Einwilligung muss schriftlich erfolgen und dokumentiert (aufbewahrt) werden.

- Es müssen ausreichende Datensicherungsmaßnahmen getroffen werden, da der Kunde seine Einwilligung sonst gewissermaßen „auf der falschen Basis" erteilt hat.

- Der Kunde muss über Art und Umfang der Verarbeitung seiner Fingerabdruckdaten ausreichend informiert werden. Dazu zählen laut Innenministerium Baden-Württemberg mindestens folgende Informationen:

  > Der Kunde muss jederzeit die Löschung seiner personenbezogenen biometrischen Daten verlangen können.

  > Er muss darüber informiert werden, wann eine automatische Löschung seiner Daten erfolgt, wenn die Bezahlmöglichkeit längere Zeit nicht mehr genutzt wird.

Bei diesen beiden Forderungen ist zu beachten, dass sie mit gesetzlichen Aufbewahrungspflichten für Daten über Geschäftsvorfälle kollidieren können. Diese gesetzlichen Pflichten müssen in jedem Fall beachtet werden.

Zu den **Datensicherungsmaßnahmen**, die laut Innenministerium Baden-Württemberg geboten sind, gehört insbesondere:

- Daten aus mehreren Unternehmen dürfen nicht in einer gemeinsamen Datenbank zusammengeführt werden.

- Der Algorithmus für die Bildung des Hashwerts muss so variiert werden, dass der Fingerabdruck desselben Fingers bei unterschiedlichen Anwendern zu unterschiedlichen Templates führt.

- Die Templates müssen verschlüsselt gespeichert werden.

Die Summe dieser Anforderungen zeigt einmal mehr, dass der Aufwand für „Einwilligungslösungen" meist so hoch ist, dass er kaum lohnt. Ein einzelnes (womöglich kleines) Unternehmen kann ihn wirtschaftlich nicht leisten. Absprachen auf Verbandsebene sind denkbar, aber wegen der im Detail vielfach unterschiedlichen Interessenslagen der Mitgliedsunternehmen oft sehr aufwendig. Wohl aus solchen Gründen ist bisher nicht

Biometrische Verfahren

bekannt geworden, dass Lösungen der beschriebenen Art in der Praxis realisiert worden wären. Die Benutzung von EC-Karten mit PIN oder von Kreditkarten verursacht deutlich weniger Aufwand – führt aber auch zu zahlreichen Betrugsmöglichkeiten zu Lasten des Kunden, wie entsprechende Vorfälle zeigen.

3.2 Suche nach Bildern von Personen im Internet

Biometrische Techniken erlauben es, im Internet Bilder zu suchen, die eine bestimmte Person zeigen. Mit den rechtlichen Anforderungen, die dabei zu beachten sind, hat sich die 87. Konferenz der Datenschutzbeauftragten des Bundes und der Länder am 27./28.5.2014 befasst. Sie hält eine Einwilligung des Betroffenen für unabdingbar. Biometrische Templates der Gesichter von Personen dürfen nach Auffassung der Konferenz nur unter folgenden Voraussetzungen erstellt werden:

- Die Erhebung, Verarbeitung und/oder Nutzung biometrischer Daten zur Gesichtserkennung zum Zweck der Erstellung eines dauerhaften biometrischen Templates kann nur bei Vorliegen einer wirksamen Einwilligung des Betroffenen i. S. d. § 4a BDSG rechtmäßig erfolgen.

- Die Einwilligung in die Erstellung biometrischer Templates zur Gesichtserkennung muss aktiv und ausdrücklich durch den Betroffenen erteilt werden. Die Betroffenen müssen vor der Erteilung der Einwilligung über die Funktionsweise der Erstellung und Nutzung der sie möglicherweise betreffenden Templates und die damit verfolgten Zwecke und Risiken in klarer und verständlicher Weise umfassend informiert werden. Eine Zweckänderung ist unzulässig. Sie bedarf einer Einwilligung, die dem Standard an die Einwilligungen bei der Verarbeitung besonderer personenbezogener Daten, § 4a Abs. 3 BDSG, entspricht.

- Die Einwilligung kann nicht durch den Verweis auf entsprechende Klauseln in allgemeinen Nutzungsbedingungen oder Datenschutzerklärungen ersetzt werden.

- Für eine logische Sekunde kann es nach § 28 Abs. 1 Satz 1 Nr. 2 bzw. Nr. 3 BDSG auch ohne Einwilligung zulässig sein, ein Template zu erstellen, mit dem ein Abgleich mit bereits vorhandenen, zulässigerweise gespeicherten Templates im Rahmen des von der Einwilligung abgedeckten Zwecks möglich ist. Betroffene sind über den Umstand, dass Bilder zum Abgleich mit bestehenden Templates verwendet werden, zu informieren.

- Derartige biometrische Templates zum automatischen Abgleich, bei denen eine Einwilligung fehlt, sind unverzüglich nach dem Abgleich zu löschen.

- Die Speicherung von biometrischen Templates von Dritten, die – anders als die Nutzer von sozialen Medien – regelmäßig nicht einwilligen können, ist ausgeschlossen.

Der letzte Punkt zeigt, dass diese Anforderungen auch für soziale Netzwerke Geltung beanspruchen. Die Anforderung, dass der „Verweis auf entsprechende Klauseln in allgemeinen Nutzungsbedingungen" nicht ausreichen soll, hat dabei weniger praktische Konsequenzen als zunächst zu vermuten wäre. Um dem zu entsprechen, genügt es, wenn der Nutzer beim ersten Erstellen eines Templates darauf hingewiesen wird, wozu es gedacht ist. Er muss nicht bei jeder Verwendung erneut darauf hingewiesen werden.

Ein besonderes Problem stellt der **Schutz gestohlener Referenzdaten** gegen Missbrauch dar. Ein solcher Schutz gelingt nur beim Einsatz entsprechender Verschlüsselungsverfahren für diese Daten. Siehe dazu das „White Paper zum Datenschutz in der Biometrie" von Teletrust (Stand 11.3.2008), abrufbar unter http://www.rehmnetz.de/it-recht/biometriedatenschutz.

4. Mitbestimmung bei biometrischen Zugangskontrollen

Sofern ein Betriebsrat vorhanden ist und biometrische Daten von Mitarbeitern Verwendung finden (etwa bei Zugangskontrollen), sind nach deutschem Recht die Mitbestimmungsrechte des Betriebsrats zu beachten (siehe BAG, Beschluss vom 27.1.2004 – 1 ABR 7/03, abrufbar unter www.bundesarbeitsgericht.de).

Relevant sind in solchen Fällen zwei Mitbestimmungstatbestände:

- Ordnung des Betriebs und Verhalten der Arbeitnehmer im Betrieb (§ 87 Abs. 1 Nr. 1 BetrVG)

- Einsatz von Kontrolleinrichtungen (§ 87 Abs. 1 Nr. 6 BetrVG)

Diese Rechte werden jedenfalls durch folgende Anweisungen tangiert:

- Anweisung, biometrische Merkmale (im konkreten Fall Fingerabdrücke) zu hinterlegen,

- Anweisung, sich der Zugangskontrolle zu unterwerfen.

Dabei ist – wie sonst auch – bei § 87 Abs. 1 Nr. 6 BetrVG zu beachten, dass eine technische Einrichtung schon dann zur Überwachung „bestimmt" ist, wenn sie objektiv geeignet ist, Verhaltens- oder Leistungsinformationen über Arbeitnehmer zu erheben und aufzuzeichnen (so ständige Rechtsprechung des BAG). Es kommt nicht darauf an, ob die Informationen auch tatsächlich für diesen Zweck verwendet werden.

Eine entsprechende Rechtsprechung besteht in Österreich (siehe die Entscheidung des Österreichischen Obersten Gerichtshofs vom 20.12.2006 – 9ObA 109/06d, abrufbar unter http://www.rehmnetz.de/it-recht/gerichtoesterreich.

Eine „Orientierungshilfe für eine Betriebsvereinbarung beim Einsatz biometrischer Systeme" (Stand: 21.9.2005) ist abrufbar unter http://www.rehmnetz.de/it-recht/bvbiometrie.

IV. Checkliste für den Einsatz biometrischer Verfahren

- ☐ Praktisch einsatzfähig und (jedenfalls im Wesentlichen) akzeptiert ist die Nutzung folgender biometrischer Merkmale: Fingerabdruck, Handabdruck, Gesichtsform.

- ☐ Es ist strikt zu unterscheiden, ob eine bloße Authentifikation (Verifikation) ausreicht oder ob eine echte Identifikation erforderlich ist.

- ☐ § 32 BDSG bietet vor allem im Arbeitnehmerbereich (z. B. für Zugangskontrollen) oft eine ausreichende gesetzliche Grundlage für den Einsatz biometrischer

Bitcoins

> Verfahren. Dabei werden Mitbestimmungsrechte des Betriebsrats berührt. Eine Betriebsvereinbarung kann sinnvoll sein.
>
> ❑ Der Einsatz biometrischer Anwendungen auf Einwilligungsbasis ist wegen der hohen Hürden für die Wirksamkeit einer Einwilligung oft nicht mit vertretbarem Aufwand realisierbar. Damit scheidet der Einsatz biometrischer Verfahren im Kundenbereich weitgehend aus.
>
> ❑ Pass- und Personalausweisgesetz enthalten auch Vorgaben für die Verwendung des Reisepasses im Verhältnis Unternehmen – Kunde. Sie sind zu beachten.

Bitcoins

I. **Bedeutung von Bitcoins**

II. **Sicherheitshinweise zu Bitcoins**
   1. Bitcoins bieten keine sichere Anonymität
   2. Bitcoins werden gestohlen und missbraucht

III. **Rechtsfragen bei Bitcoins**
   1. Genehmigungspflichtiges Finanzinstrument
   2. Vertragliches, nicht gesetzliches Zahlungsmittel
   3. Einordnung im Mehrwertsteuerrecht
   4. Strafrechtlich relevante Missbräuche

I. Bedeutung von Bitcoins

Bitcoins sind die bekanntesten Vertreter der digitalen Währungen, auch Kryptowährungen, Internetwährungen oder Online-Währungen genannt. Die Bezeichnung „Bitcoin" steht für „digitale Münze". Bitcoins können als virtuelle Tauschobjekte im Internet verstanden werden, die als Zahlungsmittel genutzt werden. Akzeptiert werden Bitcoins von verschiedenen Online-Shops, ebenso gibt es bereits einzelne physische Geschäfte, in denen man mit Bitcoins bezahlen kann.

Bitcoins werden nicht von einem Bankkonto abgehoben oder dort eingezahlt, sondern werden nur zwischen Bitcoin-Nutzern transferiert. Digital vorgehalten werden Bitcoins in Bitcoin Wallets, speziellen Speicherbereichen oder Applikationen für die digitalen Zahlungsmittel. Bitcoins werden im Internet gehandelt und haben einen veränderlichen Gegenwert in den klassischen Finanzwährungen.

Bitcoins werden vor der Übertragung und damit vor dem Bezahlen durch den Nutzer digital signiert, ohne dass der Nutzer seine echte Identität preisgeben muss. Die Transaktionen zwischen den Nutzern werden in öffentlichen Datenbanken aufgezeichnet, das lückenlose Aufzeichnen der Zahlungskette wird Blockchain genannt. Aus den Aufzeichnungen in den Datenbanken kann ermittelt werden, wie viele Bitcoins sich bei einem Nutzer gegenwärtig befinden.

Der Bundesverband Digitale Wirtschaft (BVDW) e. V. riet im Jahr 2011 noch den Verbrauchern von der Nutzung der Zahlungsmittel „Bitcoins" ab. Bitcoins würden das Potenzial besitzen, der gesamten Gesellschaft durch Steuerhinterziehung, Geldwäsche oder illegalen Geschäften nachhaltig zu schaden. Für die Sicherheit der Verbraucher und im Interesse aller Marktteilnehmer empfahl der BVDW auf die bewährten Zahlungsmittel und -methoden bei Online-Transaktionen zu vertrauen.

Bitcoins stoßen bei Nutzern inzwischen trotzdem auf Interesse: 36 Prozent der Deutschen können sich vorstellen, das digitale Geld zu erwerben oder zu nutzen, so eine repräsentative Umfrage im Auftrag des Digitalverbands Bitkom im Juli 2015. 95 Prozent der Finanzexperten hingegen sagten in einer Bitkom-Umfrage im Dezember 2015, dass Kryptowährungen wie Bitcoins auch noch in zehn Jahren ein Nischendasein fristen werden. Nur zwei Prozent gingen davon, dass sie eine akzeptierte Ergänzung zu bestehenden Zahlungssystemen sein werden. Drei Prozent glaubten, dass Bitcoins bis 2025 komplett verschwunden sein werden.

II. Sicherheitshinweise zu Bitcoins

1. Bitcoins bieten keine sichere Anonymität

Auch wenn sich viele Nutzer von Bitcoins anonyme Online-Zahlungen versprechen, führt die Aufzeichnung der Transaktionen unter Umständen zu einer Aufdeckung der Identität. Um Nutzerprofile zu verhindern, müssen die Bitcoin-Absender- und Empfänger-Pseudonyme regelmäßig geändert werden. Zusätzlich zu dem Pseudonym des Bitcoin-Nutzers können Nutzerdaten wie IP-Adressen aufgezeichnet werden, so dass die Bitcoin-Zahlung nicht als pseudonym oder anonym bezeichnet werden kann.

2. Bitcoins werden gestohlen und missbraucht

Bekannt gewordene Angriffe auf das Bitcoin-System wie Handelsplätze, Datenbanken und Wallets unterstreichen, dass Internetwährungen für Kriminelle ebenso interessant sind wie herkömmliche Währungen. Ist der Bitcoin-Diebstahl mit einem Identitätsdiebstahl verbunden, lassen sich Finanztransaktionen unter falscher Identität abwickeln. Dazu stehlen die Angreifer den digitalen Schlüssel des Opfers aus der jeweiligen Bitcoin-Wallet. Ein Verlust des digitalen Bitcoin-Schlüssels führt für den betroffenen Nutzer auch zu einem Verlust der Bitcoins. Ohne den Schlüssel lassen sich Bitcoins nicht mehr transferieren, um digitale Zahlungen abzuwickeln. Die Bitcoins werden wertlos und sind verloren.

III. Rechtsfragen bei Bitcoins

1. Genehmigungspflichtiges Finanzinstrument

Vorab ist insgesamt festzuhalten, dass die theoretischen Rechtsfragen rund um Bitcoins durchweg nicht abschließend geklärt sind, dass dies aber andererseits nur sehr begrenzte praktische Folgen hat. Bitcoins können im Rahmen der Vertragsfreiheit prinzipiell rechtlich problemlos gehandelt werden. Die Tatsache, dass die Bundesanstalt für Finanzdienstleistungsaufsicht (Bafin) die Auffassung vertritt, dass es sich bei Bitcoins um genehmigungspflichtige Finanzinstrumente handelt, ändert daran nichts. Zur Einordnung von Bitcoins durch die Bafin siehe http://www.rehmnetz.de/it-recht/bafinzubitcoins. Die rechtliche Wirksamkeit von Verträgen über Bitcoins wird dadurch nicht berührt.

2. Vertragliches, nicht gesetzliches Zahlungsmittel

Ob Bitcoins zur Bezahlung einer Schuld angenommen werden, ist Gegenstand der freien vertraglichen Vereinbarung zwischen den Beteiligten (so auch EuGH, Urteil vom 22.10.2015 – C-264/14). Niemand kann daher gezwungen werden, Bitcoins als Zahlungsmittel anzunehmen. Um „Geld" im Sinn des Zivilrechts handelt es sich dabei nicht, da darunter nur Zahlungsmittel zu verstehen sind, die durch einen Staat oder eine staatliche Instanz ausgegeben wurden. Es gibt keine „Zentralbank für Bitcoins".

3. Einordnung im Mehrwertsteuerrecht

Die Einordnung im Sinne des Mehrwertsteuerrechts hat der Europäische Gerichtshof kürzlich geklärt. Demnach ist der Umtausch konventioneller Währungen in Einheiten der virtuellen Währung Bitcoin als gegen Entgelt erbrachte Dienstleistung einzustufen, sofern eine Differenz zwischen An- und Verkaufspreis besteht. Die dabei erzielten Umsätze sind von der Mehrwertsteuer befreit (EuGH, Urteil vom 22.10.2015 – C-264/14).

4. Strafrechtlich relevante Missbräuche

Nicht zutreffend ist der Eindruck, dass Bitcoins nur für kriminelle Transaktionen interessant wären. Es kann viele gute Gründe geben, Zahlungen mit anderen als gesetzlich anerkannten Zahlungsmitteln durchzuführen. Allerdings muss man sich bewusst sein, dass eine effektive staatliche Kontrolle nicht existiert und dass es zu erheblichen kriminellen Transaktionen unter Verwendung von Bitcoins gekommen ist. Musterbeispiel hierfür ist die Handelsplattform „Silk Road", die 2010 als Online-Shop für illegale Drogen gegründet wurde. Das FBI zerschlug diese Plattform im Jahr 2013. Nach Angaben des FBI sollen auf der Plattform insgesamt etwa 1,2 Millionen Transkationen stattgefunden haben (zu Details siehe den Aufsatz von Jänke, „Bitcoins" – Was sie sind, wie sie funktionieren und weshalb sie für Kriminelle interessant sind, Kriminalistik 2016, Seiten 63–67).

BYOD (Bring Your Own Device)

I. Bedeutung von BYOD

II. Risiken bei BYOD
1. BYOD ist beliebt und gefährlich zugleich
2. Risiken von BYOD dürfen nicht übersehen werden

III. Rechtliche Herausforderungen bei BYOD
1. BYOD ist freiwillig!
2. Beteiligung und Mitbestimmung des Betriebsrates
3. Nutzungsrechte
4. Datenschutzrecht

IV. Regelungsbedarf bei BYOD
1. Benutzerrichtlinie muss für Daten- und Anwendungstrennung sorgen
2. Spezielle Sicherheitslösung kann dabei unterstützen
3. Empfehlungen des Bundesamtes für Sicherheit in der Informationstechnik

V. Checkliste

I. Bedeutung von BYOD

Privat genutzte Notebooks, Tablets und Smartphones entsprechen inzwischen in ihrer Leistungsfähigkeit den für betriebliche Zwecke angeschafften Geräten. Die Grenzen zwischen den Geräten für Verbraucher und Geschäftsanwender verschwimmen. Gleichzeitig nutzen Anwender ihre Privatgeräte für betriebliche Aufgaben und umgekehrt Geräte des Arbeitgebers zu privaten Zwecken.

Während die Privatnutzung von Tablets, Smartphones und Notebooks, die der Arbeitgeber gestellt hat, häufig ohne ausdrückliche Erlaubnis erfolgt, wird die betriebliche Nutzung von Privatgeräten oftmals vom Arbeitgeber sogar gefördert. Man spricht in diesem Zusammenhang von „Bring Your Own Device" oder BYOD.

Mit BYOD verbinden viele Unternehmen eine Kostenersparnis bei der Anschaffung von Endgeräten und eine Produktivitätssteigerung bei den Beschäftigten, die zum einen mit dem von ihnen bevorzugten Gerät arbeiten können und zum anderen darüber auch außerhalb der reinen Arbeitszeit für Kunden und Arbeitgeber erreichbar sind.

Vergessen werden darf aber nicht, dass die Vermischung von betrieblicher und privater Datenverarbeitung Gefahren für den Datenschutz und die Datensicherheit birgt. Das gilt insbesondere dann, wenn es keine klare Regelung für die betriebliche Nutzung von Privatgeräten gibt.

Auch im öffentlichen Bereich gewinnt das Thema an Bedeutung: Der IT-Planungsrat hat mit Beschluss vom 17. Juni 2015 eine offene Arbeitsgruppe „Bring Your Own Device" unter Beteiligung des Bundesamts für Sicherheit in der Informationstechnik (BSI) eingerichtet. Ziel der Arbeitsgruppe ist es, einen Erfahrungsaustausch zu initiieren und für interessierte Verwaltungen Wege aufzuzeigen, unter welchen Rahmenbedingungen der Einsatz privater mobiler Endgeräte in der Verwaltung sinnvoll sein kann.

II. Risiken bei BYOD

1. BYOD ist beliebt und gefährlich zugleich

Bring Your Own Device (BYOD), die Nutzung privater mobile Geräte, wird für viele Unternehmen unverzichtbar, so eine gemeinsame Studie von IBM und dem Ponemon Institut. Laut der Studie sind die meisten Mitarbeiter der befragten Unternehmer „heavy user" von mobilen Apps, dennoch sagen über die Hälfte (55 Prozent), dass ihre Organisation keine Vorschriften oder Richtlinien für deren Nutzung am Arbeitsplatz etabliert hat. Die überwiegende Mehrheit (67 Prozent) erlaubt zudem das Herunterladen auch nicht überprüfter Apps auf mobile Arbeitsgeräte, 55 Prozent das Herunterladen von Geschäftsanwendungen auf private Geräte (BYOD).

> **WICHTIG!**
> Die unkontrollierte Nutzung von privaten IT-Geräten im Unternehmensumfeld gefährdet vertrauliche Daten und wichtige Infrastrukturen. Zum einen ist der Sicherheitsstatus der Privatgeräte unbekannt und kann nicht ohne weiteres durch betriebliche Sicherheitsmaßnahmen beeinflusst werden. Zum anderen können → Schadprogramme auf den Privatgeräten Zugang zum Unternehmensnetzwerk bekommen. Weiterhin besteht die Gefahr, dass Unternehmensdaten beim Ausscheiden eines Beschäftigten auf dem Privatgerät verbleiben, oder aber dass Be-

BYOD (Bring Your Own Device)

schäftigte ihre Privatgeräte nutzen, um Daten unerlaubt zu kopieren und zu verbreiten.

2. Risiken von BYOD dürfen nicht übersehen werden

Die größten Risiken von BYOD sind laut ENISA (EU-Agentur für Internetsicherheit, European Network and Information Security Agency) insbesondere:

- der Verlust, Diebstahl oder die Veröffentlichung vertraulicher Informationen durch unzureichende IT-Sicherheitsvorkehrungen auf Privatgeräten oder gar durch den Diebstahl von privaten Geräten und Computern
- potenzielle Konflikte bezüglich Eigentum von Daten, unbefugter Datenzugriff sowie die legale Steuerung der Geräte, ihrer Programme und deren Inhalt
- Förderung von Internetkriminalität durch unberechtigten Zugang zu Unternehmensdaten

III. Rechtliche Herausforderungen bei BYOD

Mit BYOD sind verschiedene rechtliche Herausforderungen verbunden.

1. BYOD ist freiwillig!

Zuallererst muss festgehalten werden, dass BYOD für den Arbeitnehmer ein freiwilliges Engagement ist. Das Gerät ist sein Privateigentum, das nicht der Verfügungsbefugnis des Arbeitgebers unterliegt. Dementsprechend kann die Einführung von BYOD nicht über das allgemeine Direktionsrecht des Arbeitgebers im Unternehmen durchgesetzt werden.

2. Beteiligung und Mitbestimmung des Betriebsrates

Erklären sich Arbeitnehmer auf freiwilliger Basis zur betrieblichen Nutzung ihrer privaten Geräte bereit, wird die Einführung von BYOD im Unternehmen in aller Regel die Beteiligung des Betriebsrates erfordern. Dieser ist sogar nach § 87 Abs. 1 Nr. 6 BetrVG mitbestimmungsberechtigt, wenn es um die Einführung und Anwendung von technischen Einrichtungen geht, die dazu bestimmt sind, das Verhalten oder die Leistung der Arbeitnehmer zu überwachen. Zum Schutz der Arbeitnehmer wird diese Formulierung sehr weit ausgelegt. Nach der arbeitsgerichtlichen Rechtsprechung soll es ausreichen, dass die technischen Einrichtungen für eine Verhaltens- oder Leistungskontrolle der Arbeitnehmer geeignet sind. Da sich nachvollziehen lässt, wann der Arbeitnehmer über sein privates Gerät auf betriebliche Daten zugreift, ist eine solche Überwachungsmöglichkeit bei BYOD gegeben.

3. Nutzungsrechte

Bei der Einführung von BYOD ist außerdem darauf zu achten, dass sowohl die private als auch die geschäftliche Nutzung von den jeweiligen Nutzungsrechten umfasst ist. Dies gilt nicht nur für das Endgerät und das Betriebssystem, sondern insbesondere auch für installierte Software wie z. B. Apps.

WICHTIG!
Software wird für private und geschäftliche Nutzung teilweise unterschiedlich lizenziert!

Darüber hinaus können auch mit dem Gerät konsumierte Medieninhalte unterschiedlichen Nutzungsrechten unterliegen.

4. Datenschutzrecht

Die größte Herausforderung bei BYOD stellt wahrscheinlich das Datenschutzrecht dar: Auf der einen Seite kann das Unternehmen aus datenschutzrechtlichen Gründen dazu verpflichtet sein, personenbezogene Daten Dritter (z. B. von Kunden), die sich auf dem privaten Endgerät des Mitarbeiters befinden, zu löschen. Auf der anderen Seite setzt das Datenschutzrecht dem Zugriff auf das Gerät durch das Unternehmen auch Grenzen. Diese ergeben sich aus dem allgemeinen Persönlichkeitsrecht des Mitarbeiters als privater Gerätenutzer und seiner privaten Kontakte. Bei BYOD ist es deshalb das A und O, die privaten Daten von den dienstlichen Daten auf dem Endgerät des Mitarbeiters zu trennen.

IV. Regelungsbedarf bei BYOD

1. Benutzerrichtlinie muss für Daten- und Anwendungstrennung sorgen

Um die Vorteile von BYOD nutzen zu können, ohne die Privatsphäre des Anwenders (Kontrolle aller Daten auf den Privatgeräten) oder aber die betriebliche Datensicherheit (Verzicht auf Kontrolle) zu gefährden, sollten Unternehmen eine Benutzerrichtlinie (Policy) entwickeln und deren Umsetzung mit den betroffenen Beschäftigten vereinbaren. Die wesentlichen Fragen, die diese Policy klären sollte, sind:

WICHTIG!
Welche Ziele verfolgt das Unternehmen mit BYOD?

Welche verschiedenen Typen von Privatgeräten sind für die betriebliche Nutzung erlaubt?

Welche Art von Sicherheitsvorgaben gibt es und wie wirken sich diese aus?

Wie sind die personenbezogenen und alle privaten Daten dabei geschützt?

Wer trägt die Kosten für die betriebliche Nutzung der Privatgeräte?

Welchen Support erhalten die Anwender für ihre betrieblich genutzten Privatgeräte?

Wie werden mögliche Verstöße gegen die Policy geahndet?

2. Spezielle Sicherheitslösung kann dabei unterstützen

Auf Basis der verabschiedeten Policy für BYOD können spezielle Sicherheitswerkzeuge bei der Umsetzung und stichprobenartigen Kontrolle der Einhaltung helfen. Die ausgewählte Sicherheitslösung muss dabei die intern festgelegte Benutzerrichtlinie abbilden können.

WICHTIG!
Unterstützen können Lösungen aus dem Bereich Device Management, also Inventurlösungen, die alle betrieblich zugelassenen Geräte – ob privat oder geschäftlich – erfassen, und verbotene Geräte bei versuchtem Datenzugriff im Unternehmensnetzwerk blockieren.

Zudem sind Lösungen hilfreich, die aus einem Gerät zwei virtuelle Geräte machen können. Im Prinzip werden dabei Daten und Anwendungen entweder der Kategorie „dienstlich" oder

der Kategorie „privat" zugeordnet, wobei eine Vermischung verboten ist. Dienstliche Anwendungen können dann nicht auf private Daten zugreifen und umgekehrt.

Beispiel:

Mit der Benutzerrichtlinie und unterstützender Sicherheitssoftware muss bei Einführung von BYOD zum Beispiel verhindert werden:

- die Übernahme von Firmendaten in private Anwendungen,
- die Weiterleitung von Firmendaten mit privaten Mail-Programmen,
- die Speicherung von Firmendaten in privaten Verzeichnissen und
- die Übertragung von Firmendaten auf private Speichermedien,
- aber auch der betriebliche Zugriff auf private Daten des Nutzers.

3. Empfehlungen des Bundesamtes für Sicherheit in der Informationstechnik

In seinem aktuellen Überblickspapier „Consumerisation und BYOD" (Stand 31.7.2013, abrufbar unter http://www.rehmnetz.de/it-recht/bsi-byod) weist das Bundesamt für Sicherheit in der Informationstechnik (BSI) auf die große Verantwortung hin, die dem einzelnen Mitarbeiter nicht nur für die Sicherheit des jeweiligen Endgerätes, sondern auch für die Gesamtsicherheit der Institution bei BYOD übertragen wird. Das BSI empfiehlt daher klare Regelungen, in denen die Mitarbeiter insbesondere zusichern müssen, dass

- „aktuelle Virenschutz-Programme (soweit verfügbar) eingesetzt werden,
- alle Sicherheitspatches zeitnah eingespielt werden,
- jedes Endgerät ausschließlich durch den jeweiligen Mitarbeiter genutzt wird,
- der Zugriff auf die Endgeräte angemessen geschützt ist, z. B. durch starke Passwörter, und
- alle lokal gespeicherten Daten verschlüsselt werden.

Weitere Punkte aus dieser Vereinbarung sollten sein:

- *Die Mitarbeiter müssen sofort melden, wenn Endgeräte, die auch für berufliche Belange genutzt wurden, verloren gegangen sind. Eine solche Meldung sollte auch gemacht werden, wenn ein Endgerät nur für eine gewisse Zeitspanne nicht auffindbar ist. Die Institution sollte prüfen, ob Mitarbeiter durch einen institutionseigenen bereitgestellten Dienst zur Löschung, Sperrung und Lokalisation der Endgeräte motiviert werden können, Verluste besonders schnell zu melden.*
- *Es sollte geklärt sein, welche Anwendungen auf dem Endgerät ausgeführt werden dürfen und welche explizit ausgeschlossen werden. Hierzu könnte es beispielsweise eine Liste im Intranet geben. Viele MDM-Lösungen bieten Funktionen an, um spezielle Anwendungen zu erlauben bzw. auszuschließen. Ferner sollte es einen Prozess geben, Anwendungen in diese Listen aufzunehmen bzw. wieder entfernen zu lassen.*

- *Es ist für die Anwender explizit zu verbieten, die Endgeräte zu rooten, einen Jailbreak oder sonstige tiefer gehende Eingriffe in das Endgerät durchzuführen.*
- *Es ist zu regeln, welche Daten die Mitarbeiter mit anderen Endgeräten oder Diensten im Internet synchronisieren dürfen. Eine strikte Trennung von privaten und dienstlichen Daten muss dabei sichergestellt sein.*
- *Die Institution sollte die Erlaubnis einholen, automatisierte Scans der Endgeräte im Rahmen von Netzzugangskontrollen durchzuführen, um überprüfen zu können, dass die Endgeräte die Sicherheitsvorgaben einhalten.*
- *Es muss geregelt werden, wie mit dienstlichen Daten auf den Endgeräten verfahren wird, wenn diese nicht mehr dienstlich genutzt werden oder ein Mitarbeiter die Institution dauerhaft verlässt.*

Außerdem muss die Institution in einer solchen Vereinbarung festlegen, dass sie die Mitarbeiter regelmäßig über aktuelle Gefährdungen durch mobile Endgeräte und notwendige Sicherheitsmaßnahmen informiert."

V. Checkliste

 WICHTIG!
Entwicklung und Freigabe einer Policy für die betriebliche Nutzung von Privatgeräten

- ☐ Unterweisung der betroffenen Beschäftigten über die Inhalte der Policy
- ☐ Inventarisierung der betrieblich genutzten Geräte
- ☐ Klassifizierung der Anwendungen und Daten in „betrieblich" und „privat"
- ☐ Prüfung der Einhaltung der BYOD-Policy
- ☐ Einsatz einer Sicherheitssoftware zur Trennung der betrieblichen und privaten Datenverarbeitung auf Endgeräten, die parallel dienstlich und privat genutzt werden

Ziel: Erreichen einer betrieblichen Datensicherheit ohne Einschränkung der Privatsphäre des Nutzers, Erhöhung der Produktivität und Senkung der Kosten durch BYOD.

CE-Kennzeichen – Was ist zu tun?

I. Was bedeutet die CE-Kennzeichnung?

II. Welche Produkte müssen die CE-Kennzeichnung tragen?

III. Wer überprüft die Einhaltung der Sicherheitsanforderungen?

IV. Ist die CE-Kennzeichnung ein Gütesiegel?

CE-Kennzeichen – Was ist zu tun?

V. Welche Konsequenzen haben Verstöße gegen die CE-Kennzeichnungspflicht?

VI. Sind auch wettbewerbsrechtliche Maßnahmen denkbar?

VII. Fazit

VIII. Anhang

Alle kennen es, viele wissen aber nicht genau, was es bedeutet – die CE-Kennzeichnung. Dabei sollten gerade Händler darauf achten, dass diejenigen Produkte, an denen diese Kennzeichnung grundsätzlich angebracht sein muss, tatsächlich auch damit gekennzeichnet sind. Ansonsten drohen rechtliche Sanktionen.

I. Was bedeutet die CE-Kennzeichnung?

Die CE-Kennzeichnung (CE steht für „Communautés Européenes"; französisch für „Europäische Gemeinschaften") ist ein Kennzeichen der Europäischen Union, das die Sicherheit der damit versehenen Produkte kennzeichnet. Eine Vielzahl an Produkten muss mit der CE-Kennzeichnung versehen sein, damit diese Produkte überhaupt in der EU in Verkehr gebracht werden dürfen.

Mit der Anbringung der CE-Kennzeichnung zeigt der jeweilige Hersteller, dass sein Produkt mit allen jeweils dafür einschlägigen europäischen Richtlinien zur Produktsicherheit übereinstimmt.

Die rechtliche Grundlage für die Kennzeichnung ist die Richtlinie 93/68/EWG vom 22. Juli 1993. Die CE-Kennzeichnung ist ein zentraler Bestandteil des sog. „Neuen Konzepts" der Europäischen Union, das seit Ende der 80er-Jahre des letzten Jahrhunderts insbesondere den Abbau von Handelshemmnissen innerhalb des Europäischen Binnenmarktes, aber auch die technische Harmonisierung bestimmter Produktgruppen zum Ziel hat.

Die EU-Kommission hat zur Handreichung für Hersteller, Importeure und Händler einen Leitfaden für die Umsetzung der EU-Produktvorschriften, den sog. „Blue Guide" herausgegeben, in welchem auch die Anwendung der CE-Kennzeichnung beschrieben ist.

II. Welche Produkte müssen die CE-Kennzeichnung tragen?

Nicht jedes Produkt, das in der EU vertrieben wird, muss mit dem CE-Zeichen gekennzeichnet sein, sondern nur diejenigen, für die das gesetzlich vorgegeben ist. Vielmehr ist es sogar so, dass nur diejenigen Produkte, für die das CE-Kennzeichen gesetzlich vorgeschrieben ist, auch tatsächlich damit gekennzeichnet sein dürfen.

So sieht es § 7 des neu gefassten Produktsicherheitsgesetzes (ProdSG) vor, welches zum 1.12.2011 das Geräte- und Produktsicherheitsgesetz (GPSG) abgelöst hat und welches insgesamt 13 EU-Richtlinien zu verschiedenen Produktkategorien in deutsches Recht umsetzt. Andernfalls drohen sogar rechtliche Sanktionen. Denn ein Verstoß gegen § 7 ProdSG stellt bei Vorliegen von Vorsatz oder Fahrlässigkeit gemäß § 39 Abs. 1 Nr. 6 und Nr. 7 ProdSG eine Ordnungswidrigkeit dar und kann nach § 39 Abs. 2 ProdSG mit Bußgeldern bis zu 10.000 Euro belegt werden.

Produkte, die etwa allein von der EU-Richtlinie „Allgemeine Produktsicherheit" (2001/95/EG) erfasst werden, dürfen nicht mit dem CE-Zeichen gekennzeichnet werden.

Welche Produkte von der CE-Kennzeichnungspflicht erfasst sind, ergibt sich aus den jeweils einschlägigen EU-Richtlinien, die die Sicherheitsanforderungen für bestimmte Produkte definieren.

Im Anhang dieses Artikels befindet sich eine Liste der insofern relevanten EU-Richtlinien.

III. Wer überprüft die Einhaltung der Sicherheitsanforderungen?

Jeder Hersteller muss selbst überprüfen, ob seine Produkte die jeweils einschlägigen Sicherheitsvorschriften der EU-Richtlinien einhalten. Wenn dies der Fall ist, muss er die Produkte selbst (nicht etwa nur die Verpackung) mit der CE-Kennzeichnung gut sichtbar, leserlich, unverwechselbar und dauerhaft versehen. Nur dann dürfen die Produkte überhaupt in der EU in Verkehr gebracht und vertrieben werden.

Dies bedeutet im Übrigen auch, dass die Kennzeichnung eines Produktes mit der CE-Kennzeichnung gerade nicht bedeutet, dass ein unabhängiges Prüfinstitut die gekennzeichneten Produkte geprüft hat, wie man vielleicht annehmen könnte.

Nach den einschlägigen EU-Richtlinien muss jeder Hersteller für die Produkte, für die eine Kennzeichnungspflicht besteht und die er in der EU vertreiben möchte, eine sog. Konformitätsprüfung durchführen, an deren Ende eine sog. Konformitätserklärung steht. Mit dieser Erklärung dokumentiert der Hersteller, dass seine Produkte mit den europäischen Sicherheitsanforderungen übereinstimmen. In manchen Fällen sehen einige EU-Richtlinien dabei die Beteiligung einer sog. „benannten Stelle" bei diesem Verfahren vor. Eine solche Beteiligung kann man bei gekennzeichneten Produkten daran erkennen, dass neben dem CE-Kennzeichen eine Nummer zu finden ist, die eine solche „benannte Stelle" identifizierbar macht. Diese Stellen heißen „benannte Stellen", weil die EU-Richtlinien vorsehen, dass die einzelnen Mitgliedstaaten diese Stellen selbstständig benennen können.

Hat der Hersteller keine Niederlassung und keinen sog. Bevollmächtigten in der Europäischen Gemeinschaft, so muss der Importeur (Einführer) oder letztlich sogar der Händler, der ein Produkt auf dem Markt bereitstellt, dafür Sorge tragen, dass die notwendigen Informationen über das Produkt und dessen Sicherheit an die jeweiligen Marktüberwachungsbehörden gelangen. Ihn treffen dann auch die entsprechenden Pflichten des Herstellers.

Ebenso treffen die Herstellerpflichten einen Händler, der Änderungen an einem Produkt vornimmt oder es unter seinem Namen vermarktet.

IV. Ist die CE-Kennzeichnung ein Gütesiegel?

Die CE-Kennzeichnung ist kein Qualitätssiegel oder Gütezeichen. Mit der CE-Kennzeichnung versehene Produkte haben keinen Qualitätsvorsprung, sondern es wird dadurch lediglich gezeigt, dass das jeweils gekennzeichnete Produkt mit allen aufgrund von europäischen Richtlinien aufgestellten Sicherheitsanforderungen übereinstimmt.

CE-Kennzeichen – Was ist zu tun?

Der Verbraucher kann somit nicht zwischen gekennzeichneten und nicht gekennzeichneten Produkten unterscheiden. Denn bestehen für eine bestimmte Produktgruppe entsprechende europäische Sicherheitsrichtlinien, so müssen alle betroffenen Hersteller ihre Produkte mit dem CE-Zeichen kennzeichnen, wenn sie sie in der EU vertreiben wollen.

Adressat der CE-Kennzeichnung sind weniger – wie man meinen könnte – die Verbraucher, als vielmehr die Überwachungsbehörden zur Gewährleistung des freien Warenverkehrs. Denn ist ein Produkt mit der CE-Kennzeichnung versehen, so können die jeweiligen Marktüberwachungsbehörden von der Einhaltung der entsprechenden durch die EU-Richtlinien harmonisierten Sicherheitsstandards ausgehen.

Aus diesem Grund darf die CE-Kennzeichnung auch nicht so verwendet werden, dass sie den Anschein eines Gütesiegels erweckt, siehe hierzu im Folgenden unter VI.

V. Welche Konsequenzen haben Verstöße gegen die CE-Kennzeichnungspflicht?

Im deutschen Recht ist die CE-Kennzeichnung vor allem in § 7 ProdSG geregelt.

Nach § 7 Abs. 2 Nr. 1 ProdSG ist es demnach verboten, ein Produkt auf dem Markt bereitzustellen, wenn dieses, seine Verpackung oder ihm beigefügte Unterlagen mit der CE-Kennzeichnung versehen sind, ohne dass die Rechtsverordnungen nach § 8 Abs. 1 ProdSG oder andere Rechtsvorschriften dies vorsehen.

Weiterhin muss man nach § 7 ProdSG als Verpflichteter dafür sorgen, dass die CE-Kennzeichnung sichtbar, lesbar und dauerhaft auf dem Produkt oder seinem Typenschild angebracht ist.

Nur wenn die Art des Produkts es nicht zulässt oder nicht rechtfertigt, kann die CE-Kennzeichnung auf der Verpackung und den beiliegenden Unterlagen angebracht werden.

Zudem muss die CE-Kennzeichnung selbst den gesetzlich in der EU-Verordnung Nr. 765/2008 genau geregelten Anforderungen an die grafische Darstellung genügen.

Bei Verstößen hiergegen drohen gemäß § 39 Abs. 1 Nr. 5 ProdSG i. V. m. § 39 Abs. 2 ProdSG Bußgelder in einer Höhe bis zu 10.000 Euro.

VI. Sind auch wettbewerbsrechtliche Maßnahmen denkbar?

In Frage kommen auch wettbewerbsrechtliche Maßnahmen von Mitbewerbern beispielsweise gegen solche Händler, die Produkte vertreiben bei denen die **CE-Kennzeichnung an sich das Problem** ist, die also entweder die CE-Kennzeichnung tragen, obwohl sie das nicht dürften, oder die CE-Kennzeichnung nicht tragen, obwohl sie das müssten.

Als rechtliche Grundlage für wettbewerbsrechtliche Maßnahmen – etwa eine Abmahnung – kommt zum einen § 3a UWG (§ 4 Nr. 11 UWG a. F.) in Betracht. Demnach ist ein Verhalten dann unlauter und damit in der Regel wettbewerbswidrig, wenn damit einer gesetzlichen Vorschrift zuwidergehandelt wird, die auch dazu bestimmt ist, im Interesse der Marktteilnehmer das Marktverhalten zu regeln und der Verstoß geeignet ist, die Interessen von Verbrauchern, sonstigen Marktteilnehmern oder Mitbewerbern spürbar zu beeinträchtigen. Die jeweiligen EU-Richtlinien, die die Sicherheitsanforderungen für die entsprechenden Produkte aufstellen bzw. die sie ins deutsche Recht umsetzenden Gesetze sind als solche Marktverhaltensregelungen im Sinne des § 3a UWG anzusehen.

So stellt die fehlende CE-Kennzeichnung bzw. eine Kennzeichnung nicht auf den Geräten selbst, sondern nur auf der Verpackung oder auf den Begleitunterlagen, obwohl eine Kennzeichnung auf den Geräten möglich und verpflichtend gewesen wäre einen Verstoß gegen eine Marktverhaltensregelung dar (vgl. OLG Köln, Urteil vom 16.8.2013, Az.: 6 U 18/13).

Zum anderen liegt in einer unzulässigen Kennzeichnung regelmäßig auch eine Irreführung, die nach §§ 3, 5 Abs. 1 UWG wettbewerbswidrig ist. Die Irreführung liegt darin, dass dem Verkehr durch die CE-Kennzeichnung suggeriert wird, das Produkt entspreche den gesetzlich vorgegebenen Anforderungen, die aber tatsächlich nicht erfüllt werden.

Darüber hinaus muss die **Werbung mit der CE-Kennzeichnung** speziell betrachtet werden: Manchmal wird mit der CE-Kennzeichnung als besonderes Sicherheits- oder Qualitätszeichen herausgehoben geworben. Dies kann irreführend und damit wettbewerbswidrig sein, da es als Werbung mit einer Selbstverständlichkeit einzuordnen ist (vgl. LG Münster, Urteil vom 2.9.2010, Az.: 25 O 85/10).

Eine Irreführung liegt auch dann vor, wenn mit der Aussage „CE-geprüft", gerne auch in Kombination mit Hinweisen auf eine TÜV-Prüfung, geworben wird, da eine CE-Kennzeichnung gerade keine Überprüfung durch eine unabhängige Stelle voraussetzt (vgl. hierzu in aktueller Bestätigung dieser Rechtsprechung OLG Düsseldorf, Urteil vom 25.2.2016, Az.: I-15 U 58/15; sowie OLG Frankfurt, Urteil vom 21.6.2012, Az.: 6 U 24/11, LG Stendal, Urteil vom 13.11.2008, Az.: 31 O 50/08 und LG Darmstadt, Urteil vom 19.2.2010, Az.: 15 O 327/09).

VII. Fazit

Als Händler sollten sie also dafür Sorge tragen, dass – falls Sie Produkte vertreiben, die nach den entsprechenden EU-Richtlinien mit der CE-Kennzeichnung versehen werden müssen – auch tatsächlich alle Produkte entsprechend vom Hersteller gekennzeichnet worden sind. Es sollte auch sichergestellt sein, dass Sie keine mit der CE-Kennzeichnung versehenen Produkte vertreiben, wenn die Kennzeichnung für diese Produkte gerade nicht vorgesehen ist.

Im Falle von Verstößen drohen bei Vorliegen von Vorsatz oder (auch schon leichter) Fahrlässigkeit vor allem **Bußgelder** in einer Höhe von bis zu 10.000 Euro. Auch wettbewerbsrechtliche Maßnahmen, etwa **Abmahnungen,** von Konkurrenten sind grundsätzlich denkbar – dabei ist auch daran zu denken, nicht mit der CE-Kennzeichnung in unerlaubter Form zu werben!

VIII. Anhang

Der folgende Anhang enthält eine Liste all jener EU-Regelungen, die hinsichtlich der CE-Kennzeichnung von Relevanz sind. (Beachten Sie dazu auch die Informationswebseite der EU Kommission zur CE-Kennzeichnung unter http://www.rehmnetz.de/it-recht/eu-commission-ce-marking)

1. Messgeräte (Richtlinie 2014/32/EG, ersetzt Richtlinie 2004/22/EG zum 20.4.2016)
2. Gasverbrauchseinrichtungen (Richtlinie 2009/142/EG)
3. Bauprodukte (Verordnung [EU] Nr. 305/2011)
4. Energieverbrauchsrelevante Produkte (Richtlinie 2009/125/EG)
5. Niederspannungsgeräte (Richtlinie 2006/95/EG bis 19.4.2016; Richtlinie 2014/34/EG ab 19.4.2016)
6. Nichtselbstständige Waagen (Richtlinie 2009/23/EG)
7. Pyrotechnische Gegenstände/Feuerwerkskörper (Richtlinie 2013/29/EG, ersetzt Richtlinie 2007/23/EG zum 1.7.2015)
8. Spielzeug (Richtlinie 2009/48/EG)
9. Bau- und Gartengeräte (Richtlinie 2000/14/EG)
10. Seilbahnen für den Personenverkehr (Richtlinie 2000/9/EG)
11. Funkanlagen und Telekommunikationsendeinrichtungen (Richtlinie 2014/54/EG; Richtlinie 1999/5/EG bis 13.6.2016)
12. In-vitro-Diagnostika (Richtlinie 98/79/EG)
13. Maschinen (Richtlinie 2006/42/EG)
14. Druckgeräte (Richtlinie 2014/68/EG, ersetzt Richtlinie 97/23/EG zum 1.6.2015)
15. Aufzüge (Richtlinie 2014/33/EG; Richtlinie 95/16/EG bis 20.4.2016)
16. Geräte und Schutzsysteme in explosionsgefährdeten Bereichen (ATEX) (Richtlinie 2014/34/EG, ersetzt Richtlinie 94/9/EG zum 20.4.2016)
17. Sportboote (Richtlinie 2013/53/EG, ersetzt Richtlinie 94/25/EG zum 18.1.2017)
18. Medizinprodukte (Richtlinie 93/42/EWG)
19. Explosivstoffe für zivile Zwecke (Richtlinie 2014/28/EG, ersetzt Richtlinie 93/15/EWG zu 20.4.2016)
20. Warmwasserheizkessel (Richtlinie 92/42/EWG)
21. Gasverbrauchseinrichtungen (Richtlinie Richtlinie 2009/142/EG)
22. Aktive implantierbare medizinische Geräte (Richtlinie 90/385/EWG)
23. Nichtselbsttätige Waagen (Richtlinie 2009/23/EG)
24. Persönliche Schutzausrüstungen (Richtlinie 89/686/EWG)
25. Elektromagnetische Verträglichkeit (Richtlinie 2014/30/EG; Richtlinie 2004/108/EG bis 20.4.2016)
26. Einfache Druckbehälter (Richtlinie 2014/29/EG, ersetzt Richtlinie 2009/105/EG zum 20.4.2016)
27. Elektro- und Elektronikgeräte (Beschränkung der Verwendung bestimmter gefährlicher Stoffe: RoHS II – Richtlinie 2011/65/EG)

Cloud Computing

I. IT aus der Internetleitung
1. Cloud Computing kennt viele Ausprägungen
2. Cloud Computing hat wirtschaftliche Vorteile
3. Kein klassisches Outsourcing
4. Berücksichtigung der Cloud-Risiken

II. In der Regel Auftragsdatenverarbeitung
1. Einschränkung auf den EU/EWR-Raum
2. Cloud Computing außerhalb des EU/EWR-Raumes
3. Forderungen der Datenschutzaufsichtsbehörden

III. Zugriffsbeschränkung, Transparenz und Kontrolle
1. Verschlüsselung nach dem Stand der Technik
2. Berechtigungsmanagement
3. Monitoring und unabhängige Zertifizierung
4. Weitere Anforderungen an die technische Umsetzung

IV. Checkliste Cloud Computing

I. IT aus der Internetleitung

Unter Cloud Computing versteht man die Möglichkeit, auf externe IT-Ressourcen wie Rechenleistung oder Speicherkapazität über das Internet zugreifen zu können. Anders als bei Software-as-a-Service (SaaS) oder Software-on-Demand (SoD) werden nicht nur Softwareanwendungen als Dienstleistung angeboten. Cloud Computing betrifft die komplette IT.

Die IT- und Telekommunikationsunternehmen sind Vorreiter bei der Nutzung von Cloud Computing in Deutschland. 7 von 10 ITK-Unternehmen (71 Prozent) setzen derzeit Cloud-Lösungen ein. Damit liegt die ITK im Branchenvergleich deutlich über der durchschnittlichen Nutzungsrate in der deutschen Wirtschaft in Höhe von 44 Prozent. Die Cloud-Nutzung im Automobilbau liegt bei 66 Prozent und im Logistiksektor bei 65 Prozent. Auf dem vierten und fünften Platz folgen im Branchenvergleich Banken (65 Prozent) und Versicherungen (64 Prozent), so das Ergebnis einer Studie von Bitkom Research und KPMG.

1. Cloud Computing kennt viele Ausprägungen

Cloud Computing ist ein Überbegriff für das Angebot von IT-Ressourcen und -Diensten über das Internet. Dazu gehören Angebote wie

1. Infrastructure as a Service (IaaS) als Angebot von Rechenleistung, Datenspeicher oder Netzen via Internet
2. Platform as a Service (PaaS) als Angebot einer kompletten IT-Infrastruktur, die der Kunde über Schnittstellen (meistens über einen Webbrowser) nutzen kann
3. Software as a Service (SaaS) als Angebot von Softwareanwendungen (wie Finanzbuchhaltung oder Warenwirtschaftssystem) über das Internet.

Cloud Computing kann Dienste und Ressourcen umfassen, die nur ein einzelner Kunde exklusiv nutzt (Private Cloud), die offen sind für jeden Kunden (Public Cloud) oder die in einer Mischform teils gemeinsam und teils exklusiv durch Kunden genutzt werden, auch in Verbindung mit lokalen IT-Ressourcen (Hybrid Cloud).

Cloud Computing

Beispiel:
Viele Angebote im Bereich Cloud Computing werden bereits genutzt, ohne dass sich die Anwender darüber im Klaren sind. So kann bereits die Nutzung von Web-Mail und Web-Hosting eine Form von Cloud Computing sein, da dabei IT-Ressourcen (Mail-Dienste, Speicherplatz für den Webauftritt) aus dem Internet bezogen werden. Auch bei einer → *Datensicherung* im Internet (Online-Backup) kann man in der Regel von Cloud Computing sprechen (Cloud Backup).

Zusätzlich kommen neue Dienste bei Cloud Computing ins Spiel, darunter Cloud Printing. Darunter versteht man ein Drucken über das Internet. Die Drucker als Ausgabegeräte werden über das Internet angesprochen. Die Ausdrucke können also an einem ganz anderen Ort entstehen. Im Prinzip wird das Netzwerk-Drucken auf das ganze Internet ausgeweitet. Die über das Internet für den Anwender verfügbaren Drucker werden z. B. innerhalb von Office-Anwendungen oder Webbrowsern angezeigt und können sofort genutzt werden. Notwendige Druckertreiber werden automatisch über das Internet installiert.

2. Cloud Computing hat wirtschaftliche Vorteile

Die Idee, IT-Ressourcen wie Rechenleistung, Speicherkapazität und Software nicht mehr selbst vorzuhalten, sondern flexibel und bedarfsabhängig von Dienstleistern über das Internet zu beziehen, hat wirtschaftliche Vorteile:

1. Installation, Betrieb und Wartung müssen nicht mehr selbst vorgenommen werden. Bei dem um sich greifenden Fachkräftemangel in der IT ist dies reizvoll.
2. Die IT-Kosten sind keine Fixbeträge mehr, sondern man zahlt nur noch das, was man wirklich genutzt hat. Das entlastet die oft angespannte Finanzlage der Unternehmen.

3. Kein klassisches Outsourcing

Cloud Computing, die IT aus der Internet-Wolke, klingt nach klassischem Outsourcing, ist aber keines. Wer einen Server bei einem Dienstleister mietet und von diesem betreiben lässt, kann seinen speziellen Server im Prinzip besuchen und in Augenschein nehmen. Welcher Server, welche IT-Ressourcen an welchem Ort für das jeweilige Cloud Computing genutzt werden, ist dem Anwender nicht ohne weiteres bekannt. Für den Datenschutz und die Datensicherheit bedeutet dies: Die Daten und ihre Verarbeitung werden von einer konkreten IT-Infrastruktur entkoppelt.

4. Berücksichtigung der Cloud-Risiken

Den Vorteilen wie Kostenersparnis, Möglichkeit zur Reduzierung der eigenen IT-Ressourcen, niedrige Kapitalbindung und flexible Nutzung stehen gewichtige Nachteile und Risiken entgegen, darunter der Verlust der direkten Kontrolle über die eigenen Daten, die Gefahr von Hackerangriffen auf die Verbindung zwischen eigenem Rechner und der Cloud, die Abhängigkeit von externen, oft marktbeherrschenden Dienstleistern und die Schwierigkeit, die Einhaltung der rechtlichen Vorgaben durch den Dienstleister zu überwachen.

WICHTIG!
Als typische Cloud-Risiken werden laut ENISA (European Network and Information Security Agency) gesehen:

1. Möglicher Kontrollverlust über die eigenen Daten
2. Lokalisierung der Daten und entsprechende Zugriffskontrolle erschwert oder kaum möglich
3. Mögliche Abhängigkeit von dem Cloud-Anbieter
4. Mangelnde Trennung zwischen den einzelnen Kundenbereichen
5. Schwierigkeiten, die gesetzlichen Compliance-Vorgaben nachweisbar umzusetzen
6. Kaum oder keine Möglichkeit, selbst ein Audit bei dem Cloud-Anbieter zu machen (wie etwa bei Auftragsdatenverarbeitung nach § 11 BDSG gefordert)
7. Schwierigkeiten, eine sichere Datenlöschung zu gewährleisten
8. Möglicher Datenmissbrauch durch Cloud-Anbieter oder seine Subunternehmer.

II. In der Regel Auftragsdatenverarbeitung

Beim Cloud Computing liegt in aller Regel die Konstellation einer Auftragsdatenverarbeitung nach **§ 11 BDSG** vor. Dies gilt selbstverständlich nur dann, wenn in der Cloud auch personenbezogene Daten verarbeitet werden.

Der Cloud-Computing-Anwender ist der Auftraggeber, der sich der IT-Dienstleistungen des Cloud-Computing-Anbieters bedient. Dieser ist insoweit Auftragnehmer und hat den Weisungen des Auftraggebers Folge zu leisten. Verantwortliche Stelle im datenschutzrechtlichen Sinne ist und bleibt der Auftraggeber. Als solche hat er die Zulässigkeit der Datenverarbeitung zu prüfen, die Erfüllung von Betroffenenrechten zu gewährleisten und mögliche Haftungsrisiken zu tragen.

WICHTIG!
Bei der Auftragsdatenverarbeitung ist der Auftraggeber für die Einhaltung der Vorschriften über den Datenschutz verantwortlich. Der Auftraggeber kann den Auftragnehmer zwar für bestimmte Dienste in Anspruch nehmen, eine Übertragung der Verantwortung findet damit aber nicht statt!

1. Einschränkung auf den EU/EWR-Raum

Cloud Computing im Sinne einer Auftragsdatenverarbeitung nach § 11 BDSG ist rechtlich gesehen nur innerhalb des EU/EWR-Raumes möglich. Außerhalb des EU/EWR-Raumes steht man vor dem Dilemma, dass § 11 BDSG jedenfalls nicht direkt anwendbar ist, mit der Folge dass es sich bei der Verlagerung personenbezogener Daten in die Cloud datenschutzrechtlich um eine Übermittlung handelt.

Hinweis:
Bei einer echten Auftragsdatenverarbeitung findet keine – datenschutzrechtlich zu rechtfertigende – Übermittlung zwischen Auftraggeber und Auftragnehmer statt. Denn der Auftragnehmer wird nicht als eigenständige verantwortliche Stelle, sondern nur als „verlängerter Arm" des Auftraggebers gesehen.

2. Cloud Computing außerhalb des EU/EWR-Raumes

Dies bedeutet aber nicht, dass die Anforderung des § 11 BDSG beim Cloud Computing in Drittstaaten außer Acht gelassen werden dürften. Im Gegenteil: Will man eine Übermittlung ins Ausland außerhalb des EU/EWR-Raumes zum Zweck einer faktischen Auftragsdatenverarbeitung rechtfertigen, sind die Vorgaben des § 11 BDSG zusätzlich zu berücksichtigen. Mit dieser rechtlichen Konstruktion erscheint Cloud Computing auch außerhalb des EU/EWR-Raumes denkbar.

Cloud Computing

Die Prüfung der Zulässigkeit einer Übermittlung personenbezogener Daten in sogenannte Drittstaaten außerhalb des EU/EWR-Raumes erfolgt zweistufig:

Checkliste:

> 1. Stufe: Liegen die Voraussetzungen für eine zulässige Datenübermittlung nach deutschem Recht vor?
>
> Hier sind die Anforderungen des § 11 BDSG im Rahmen der bei jeder gesetzlichen Rechtsgrundlage durchzuführenden Interessenabwägung mit zu berücksichtigen.
>
> 2. Stufe: Hat der Drittstaat außerhalb des EU/EWR-Raumes ein angemessenes Datenschutzniveau bzw. liegen von der zuständigen Datenschutzaufsichtsbehörde anerkannte Garantien des Auftragnehmers hinsichtlich des Schutzes des Persönlichkeitsrechts vor?
>
> Um den Anforderungen der 2. Stufe gerecht zu werden, kommen verschiedene Lösungsmöglichkeiten in Betracht:
>
> - Verwendung der sogenannten EU-Standard-Vertragsklauseln
> - Garantien durch Vertragsklauseln oder verbindliche Unternehmensregeln, sogenannte „Binding Corporate Rules" (BCR)

Hinweis:
Eine weitere Option im Rahmen der 2. Stufe war früher die Safe-Harbor-Zertifizierung bei US-Anbietern. Mit ihrer Entschließung vom 18./19. März 2015 haben die Datenschutzbeauftragten des Bundes und der Länder klargestellt, dass angesichts der Enthüllungen des ehemaligen Geheimdienstmitarbeiters der USA Edward Snowden über die Praktiken von US-Sicherheitsbehörden Safe Harbor keinen ausreichenden Schutz für den Datentransfer in die USA mehr bietet (siehe http://www.rehmnetz.de/it-recht/dsk-safeharbor).

Für Cloud Computing außerhalb des EU/EWR-Raumes können Kostengesichtspunkte sprechen. Dies stellt zwar ein berechtigtes Interesse des Auftraggebers dar. Es muss jedoch angenommen werden, dass die personenbezogenen Daten der Betroffenen bei Cloud Computing außerhalb des Gültigkeitsbereiches des Bundesdatenschutzgesetzes bzw. der EU-Datenschutzrichtlinie einem erhöhten Risiko ausgesetzt sind.

3. Forderungen der Datenschutzaufsichtsbehörden

Wie sich der Bezeichnung „Cloud Computing" bereits entnehmen lässt, werden die IT-Ressourcen in einer Cloud (Wolke) angeboten, also nicht auf für den Anwender klar ersichtlichen Infrastrukturen, sondern irgendwo im Internet. Der genaue Ort der Erbringung von Cloud Computing ist deshalb für den Anwender in den meisten Fällen unbekannt. Diese fehlende Transparenz erschwert eine Datenschutzkontrolle beim Cloud-Anbieter, wie im Fall von Auftragsdatenverarbeitung gesetzlich vorgeschrieben. Zudem ist nicht ohne weiteres ersichtlich, ob das Cloud Computing innerhalb oder außerhalb des EU/EWR-Raumes stattfindet.

Nach Aussage der Datenschutzbeauftragten des Bundes und der Länder sowie der obersten Datenschutzaufsichtsbehörden für den nicht-öffentlichen Bereich (Düsseldorfer Kreis) darf Cloud Computing in keinem Fall dazu führen, dass Daten verarbeitende Stellen nicht mehr in der Lage sind, die Verantwortung für die eigene Datenverarbeitung zu tragen. Daher verlangen sie in ihrer Entschließung vom 28./29.9.2011 bzw. dem gleichlautenden Beschluss vom 22./23.11.2011

- offene, transparente und detaillierte Informationen der Cloud-Anbieter über die technischen, organisatorischen und rechtlichen Rahmenbedingungen der von ihnen angebotenen Dienstleistungen einschließlich der Sicherheitskonzeption, damit die Cloud-Anwender einerseits entscheiden können, ob Cloud-Computing überhaupt in Frage kommt und andererseits Aussagen haben, um zwischen den Cloud-Anbietern wählen zu können,

- transparente, detaillierte und eindeutige vertragliche Regelungen der Cloud-gestützten Datenverarbeitung, insbesondere zum Ort der Datenverarbeitung und zur Benachrichtigung über eventuelle Ortswechsel, zur Portabilität und zur Interoperabilität,

- die Umsetzung der abgestimmten Sicherheits- und Datenschutzmaßnahmen auf Seiten von Cloud-Anbieter und Cloud-Anwender und

- aktuelle und aussagekräftige Nachweise (bspw. Zertifikate anerkannter und unabhängiger Prüfungsorganisationen) über die Infrastruktur, die bei der Auftragserfüllung in Anspruch genommen wird, die insbesondere die Informationssicherheit, die Portabilität und die Interoperabilität betreffen.

III. Zugriffsbeschränkung, Transparenz und Kontrolle

Selbst wenn Cloud Computing innerhalb des EU/EWR-Raumes erbracht wird, stellt die Gewährleistung des Datenschutzes und der Datensicherheit eine Herausforderung für den Auftraggeber dar. Das Schutzniveau für die vertraulichen, personenbezogenen Daten muss mindestens dem Niveau bei Abwicklung der Datenverarbeitung im eigenen Rechenzentrum entsprechen. Gleichzeitig ist die Kontrolle der ergriffenen Datensicherheitsmaßnahmen bei Cloud Computing wesentlich schwieriger umzusetzen.

1. Verschlüsselung nach dem Stand der Technik

Zentral für die Datensicherheit bei Cloud Computing ist deshalb die Verschlüsselung der Daten, auf Seiten des Auftraggebers, während der Übertragung in die Cloud und während der Speicherung und Verarbeitung in der Cloud. Dabei ist das gewählte Verschlüsselungsverfahren entscheidend und hat dem Stand der Technik zu entsprechen. Welche Verschlüsselung dem Stand der Technik entspricht, wird insbesondere vom Bundesamt für Sicherheit in der Informationstechnik (BSI, http://www.rehmnetz.de/it-recht/BSI) publiziert.

2. Berechtigungsmanagement

Sowohl für die Mitarbeiter des Auftraggebers als auch für die Mitarbeiter des Cloud-Dienstleisters sind die Zugriffsberechtigungen nach dem Prinzip der minimalen Berechtigung zu vergeben. Die Benutzerprivilegien in der Datenverarbeitung haben sich also nach dem tatsächlich für die Aufgabe notwendigen Berechtigungsumfang zu richten. Weder intern noch bei dem Cloud-Dienstleister dürfen Berechtigungen vergeben werden, die für den Zweck der Datenverarbeitung nicht erforderlich sind.

3. Monitoring und unabhängige Zertifizierung

Da Vor-Ort-Kontrollen bei Cloud Computing kaum praktisch durchführbar sind (mangelnde Transparenz bezüglich des Verarbeitungsortes, weite Distanzen zwischen Auftraggeber und

Cloud-Betreiber), ist ein aussagekräftiges Berichtswesen entscheidend, aus dem die ergriffenen Sicherheitsmaßnahmen und mögliche Störfälle oder Sicherheitsprobleme zuverlässig und vollständig zu ersehen sind.

Im Idealfall steht dem Auftraggeber eine Monitoring-Lösung zur Verfügung, mit der sich die Datenverarbeitung in der Cloud auch aus der Ferne überwachen lässt. Dabei erhält der beauftragte Administrator auf Seiten des Auftraggebers in der Regel einen Online-Zugang zu einem webbasierten Administrationswerkzeug zur Überwachung der Prozesse in der Cloud.

Empfehlenswert ist es zudem, auf unabhängige Zertifizierungen des Cloud-Dienstleisters zu achten. Dabei sollten die Kriterien für die externe Zertifizierung den Anforderungen aus § 11 BDSG (Auftragsdatenverarbeitung) entsprechen.

4. Weitere Anforderungen an die technische Umsetzung

Verschiedene Institutionen und Verbände haben inzwischen Kriterien für Cloud Computing entwickelt, die auf den jeweiligen Websites zu finden sind:

- Nationale Datenschutzkonferenz: Entschließung der 82. Konferenz am 28./29. September 2011 „Datenschutzkonforme Gestaltung und Nutzung von Cloud-Computing" (http://www.rehmnetz.de/it-recht/GestaltungNutzungCloud_BL) unter Bezugnahme auf die „Orientierungshilfe Cloud Computing" (http://www.rehmnetz.de/it-recht/OrientierungCloud)
- Düsseldorfer Kreis: Gleichlautender Beschluss vom 22./23. November 2011 (http://www.rehmnetz.de/it-recht/GestaltungNutzungCloud)
- ENISA (http://www.rehmnetz.de/it-recht/ENISA): Kriteriensammlungen „Cloud Computing Risk Assessment", „Cloud Computing Information Assurance Framework" und „Cloud Computing Benefits, Risks and Recommandations For Information Security", „Critical Cloud Computing-A CIIP perspective on cloud computing services", „Incident Reporting for Cloud Computing", „Governmental Clouds Security" und „Secure Use of Cloud Computing in the Finance Sector"
- Cloud Security Alliance (http://www.rehmnetz.de/it-recht/CSA): Anforderungskatalog „Consensus Assessments Initiative Questionnaire" und „Cloud Controls Matrix"
- Initiative EuroCloud (http://www.rehmnetz.de/it-recht/EuroCloud): Kriterienkatalog für Transparenz und Sicherheit eines Cloud-Dienstes (Gütesiegel)
- Bundesamt für Sicherheit in der Informationstechnik (http://www.rehmnetz.de/it-recht/BSI):
  - Cloud Computing Grundlagen
  - Anforderungskatalog Cloud Computing
  - Eckpunktepapier Cloud Computing (Mindestsicherheitsanforderungen für Cloud-Anbieter)
  - IT-Grundschutz-Bausteine (Cloud-Nutzung, Cloud Management, Speicherlösungen/Cloud Storage, Web-Services, Webanwendungen und Virtualisierung)
  - Sichere Nutzung von Cloud-Diensten
  - Sicherheitsprofil SaaS
  - Cloud-Zertifizierungen.

IV. Checkliste Cloud Computing

WICHTIG!
Anforderungskriterien für sicheres Cloud-Computing:

- ❑ Der Anbieter verfügt über ein nach internationalen Sicherheitsnormen zertifiziertes Rechenzentrum (wie ISO 27001).
- ❑ Der Anbieter erfüllt die Servicelevel (Verfügbarkeit) und Sicherheitslevel (Vertraulichkeit, Integrität), die dem Schutzbedarf der Daten entsprechen.
- ❑ Die Datenschutzvorgaben gemäß Auftragsdatenverarbeitung (§ 11 BDSG) werden erfüllt.
- ❑ Es herrscht Transparenz, wo die Daten tatsächlich gespeichert werden.
- ❑ Es gibt eine klare Trennung der verschiedenen Mandanten-/Kundenbereiche.
- ❑ Es gibt eine Verschlüsselung der Daten nach dem Stand der Technik, die auch Administratoren des Anbieters nicht umgehen können.
- ❑ Es gilt das Prinzip der minimalen Rechte für Mitarbeiter des Cloud-Anbieters.
- ❑ Es gibt ein Notfallmanagement für die geforderte Verfügbarkeit.
- ❑ Der Anbieter verfügt über eine Lösung zur Erkennung interner und externer Angreifer.
- ❑ Es gibt ein Monitoring und Reporting zum Nachweis der geforderten Security- und Service-Level.
- ❑ Es gibt Vorgaben, wie mögliche Sicherheitsverstöße an den Auftraggeber gemeldet werden.
- ❑ Es gibt eine Vereinbarung, wie die Migration auf einen anderen Anbieter stattfindet, sofern der beauftragte Cloud-Dienstleister den Betrieb einstellt oder der Auftraggeber einen Anbieterwechsel wünscht.

Compliance

I. Definition des Begriffs

II. Pflicht zur Bestellung eines Compliance-Beauftragten

III. Spannungsverhältnis zwischen Compliance und Datenschutz

I. Definition des Begriffs

Der Begriff wird inzwischen im Unternehmensalltag häufig benutzt, ist aber gleichwohl gesetzlich nicht definiert. Unmittelbar in Gesetzen findet er nur vereinzelt Verwendung. Der insoweit als Beleg regelmäßig angeführte § 33 Wertpapierhandelsgesetz (WpHG) trägt nicht etwa die Überschrift „Compliance", sondern firmiert unter „Organisationspflichten". In seinem Absatz 1 Nr. 1 heißt es, ein Wertpapierhandelsunternehmen müsse „angemessene Grundsätze aufstellen, Mittel vorhalten und Verfahren einrichten, die darauf ausgerichtet sind, sicherzustellen, dass das Wertpapierdienstleistungsunternehmen selbst und seine Mitarbeiter den Verpflichtungen dieses Gesetzes nachkommen, wobei insbesondere eine dauerhafte und wirksame Compliance-Funktion einzurichten ist, die ihre Aufgaben unabhängig wahrnehmen kann."

Daraus lässt sich erschließen, dass Compliance zumindest in diesem Fall etwas damit zu tun hat, das Einhalten der Vorgaben des konkreten Gesetzes sicherzustellen. Abstrahiert man diese Überlegung, so wäre Compliance allgemein darauf ausgerichtet, das Einhalten gesetzlicher Vorgaben zu gewährleisten. Vielfach geht das Verständnis des Begriffes jedoch weiter und man fasst darunter auch die Einhaltung interner, nicht notwendig gesetzlich begründeter Vorgaben in einem Unternehmen (siehe dazu Ziffer 4.1.3 des Deutschen Corporate Governance Kodexes (abrufbar unter http://www.rehmnetz.de/it-recht/governancekodex) oder sogar die Beachtung gesellschaftlicher Erwartungen, die an ein Unternehmen gerichtet werden. Dies führt dann zu einer deutlichen Unschärfe des Begriffs.

II. Pflicht zur Bestellung eines Compliance-Beauftragten

Außerhalb des Anwendungsbereichs des Wertpapierhandelsgesetzes besteht keine gesetzliche Pflicht, in einem Unternehmen eine „Compliance-Struktur" zu schaffen. Dasselbe gilt für die Pflicht, einen Compliance-Beauftragten zu bestellen, den lediglich das Wertpapierhandelsrecht als gesetzlich vorgegebene Institution kennt (siehe dort § 34d Abs. 3 WpHG). Allerdings ist zu beachten, dass das Kreditwesengesetz Geschäftsleitern von Kreditinstituten die Pflicht auferlegt, für das Vorhandensein bestimmter „Strategien, Prozesse, Verfahren, Funktionen und Konzepte" zu sorgen (§ 25c Abs. 4a KWG). Auch schreibt das Versicherungsaufsichtsgesetz Versicherungsunternehmen seit 2016 vor, dass ein „wirksames internes Kontrollsystem" vorhanden sein muss (§ 29 VAG). Ohne dass der Begriff dabei verwendet würde, handelt es sich der Sache nach jeweils um die Pflicht, Compliance-Strukturen vorzuhalten.

Selbstverständlich ist es möglich, den betrieblichen Datenschutzbeauftragten von seiner Aufgabenstellung her, auf die Einhaltung des BDSG und anderer Vorschriften über den Datenschutz hinzuwirken (§ 4f Abs. 1 Satz 1 BDSG), im weiteren Sinn als eine Art Compliance-Beauftragten für den Bereich des Datenschutzes zu verstehen. Praktische Folgerungen ergeben sich daraus jedoch nicht.

III. Spannungsverhältnis zwischen Compliance und Datenschutz

Datenschutz und Compliance berühren sich in zweierlei Hinsicht. Zum einen kann man es als Teil der Compliance-Maßnahmen eines Unternehmens ansehen, wenn die Einhaltung der datenschutzrechtlichen Vorgaben intern überwacht wird (Datenschutz als Teilbereich der Compliance eines Unternehmens). Zum anderen kann es erforderlich sein, personenbezogene Daten insbesondere von Mitarbeitern zu erheben oder auszuwerten, um die Einhaltung von Regelungen und Vorgaben in einem Unternehmen zu kontrollieren, die selbst mit dem Datenschutz nichts zu tun haben (etwa Antikorruptionsregeln).

Beim zweiten Aspekt ist zu beachten, dass eine allgemeine Berufung auf „Compliance" keine datenschutzrechtlichen Befugnisse gibt. Weder rechtfertigt ein solcher Hinweis die Durchbrechung der Vorgaben von § 32 Abs. 1 Satz 2 BDSG (Erhebung, Verarbeitung und Nutzung von Beschäftigtendaten zur Aufdeckung von Straftaten) noch gar die Durchbrechung von beruflichen Schweigepflichten, wie etwa der ärztlichen Schweigepflicht (§ 203 Abs. 1 StGB) oder die Durchbrechung des Fernmeldegeheimnisses (§ 88 TKG).

Diese Problematik erlangte bei der Deutschen Bahn erhebliche Bedeutung. Um vermeintlichen Compliance-Anforderungen nachzukommen, wurden in zahlreichen Fällen rechtlich unzulässige Screenings von Mitarbeiterdaten durchgeführt. Die Folge waren Bußgelder in Höhe von insgesamt deutlich über 1 Million €, die seitens des Berliner Beauftragten für Datenschutz und Informationsfreiheit (BBDI) in einem Bußgeldbescheid vom 16.10.2009 verhängt wurden (siehe dazu die Presseerklärung des BBDI vom 23.10.2009, abrufbar unter http://www.rehmnetz.de/it-recht/bussgeldbahn).

Computerkriminalität

I. **Begriffliche Fragen**
 1. Computerkriminalität – Datenschutzkriminalität – Geheimnisverletzung
 2. Unterscheidungen der amtlichen Kriminalitätsstatistik

II. **Straftaten mit dem Tatmittel Internet**
 1. Typische Fallgruppen
 2. Mögliche Vorbeugungsmaßnahmen
  2.1 Betrugsdelikte (§ 263, § 263a StGB)
  2.2 Straftaten gegen Urheberrechtsbestimmungen (§§ 106–111a UrhG)
  2.3 Verbreitung kinderpornografischer Schriften (§ 184b StGB) und jugendpornografischer Schriften (§ 184c StGB)

III. **Computerkriminalität ohne spezifischen Bezug zum Internet**
 1. Typische Fallgruppen
 2. Haftungsrisiken beim Onlinebanking

IV. **Aktuelle Trends und Probleme**
 1. Geldwäsche durch „Finanzagenten"
 2. Weitergabe von Kundendaten als Verletzung von Geschäftsgeheimnissen
 3. Einsatz von Dual-Use-Tools in der EDV-Abteilung
 4. Einsatz von Malware (z. B. für Penetrationstest)

V. **Checkliste: Handlungsempfehlungen zur Vermeidung von Computerkriminalität**

I. Begriffliche Fragen

1. Computerkriminalität – Datenschutzkriminalität – Geheimnisverletzung

Ganz allgemein versteht man unter **Computerkriminalität** Straftaten, die einen inneren Bezug zur elektronischen Datenverarbeitung haben – also Kriminalität, die die Besonderheiten der EDV ausnutzt.

Computerkriminalität

Von der Computerkriminalität ist die **Datenschutzkriminalität** zu unterscheiden. Bei ihr geht es darum, dass personenbezogene Daten in krimineller Weise missbraucht werden – sei es unter Ausnutzung der Besonderheiten der EDV, dann liegt zugleich Computerkriminalität vor, sei es ohne jede Nutzung der EDV (etwa bei strafbarem Adresshandel mit Adresslisten auf Papier), dann handelt es sich um „reine" Datenschutzkriminalität.

Besondere, teils schon recht alte Regelungen bestehen für den **Schutz von Privat-, Dienst- und Geschäftsgeheimnissen.** Beispiele sind der Schutz der ärztlichen Schweigepflicht (§ 203 StGB) oder der Schutz von Betriebs- und Geschäftsgeheimnissen (§ 17 UWG). Sofern diese Geheimnisse personenbezogen sind, stellt ihre Verletzung auch Datenschutzkriminalität dar. Wird dabei EDV eingesetzt, kann es sich zugleich um einen Fall der Computerkriminalität handeln.

Die angedeuteten **Abgrenzungsschwierigkeiten** zeigen, dass die begrifflichen Fragen nicht überbetont werden dürfen; zu rasch wird ihre Erörterung zum Selbstzweck. Entscheidender ist letztlich, ob und welche Strafbestimmungen im konkreten Einzelfall von ihrem Tatbestand her erfüllt sind. Abstrakte Begriffsüberlegungen helfen dabei nicht weiter.

2. Unterscheidungen der amtlichen Kriminalitätsstatistik

Die neueste, bei Redaktionsschluss vollständig verfügbare Kriminalitätsstatistik des Bundeskriminalamtes bezieht sich auf das Jahr 2013 (http://www.rehmnetz.de/it-recht/kriminalstatistik2013) und unterscheidet pragmatisch zwischen zwei Hauptfeldern:

- Straftaten mit dem Tatmittel Internet
- Computerkriminalität (im Übrigen).

Dies hängt damit zusammen, dass das Internet zwar auf der EDV basiert, aber von seiner Bedeutung und auch von den Handlungsabläufen her eine Sonderstellung einnimmt. Die Unterscheidung wurde im Jahr 2004 eingeführt und reagiert auf die praktischen Bedürfnisse der Strafverfolgung und der Ermittlungstätigkeit: Das Internet als Tatmittel dominiert das Geschehen so sehr, dass die mit seiner Hilfe begangenen Delikte nicht auf einzelne Deliktsgruppen statistisch „verteilt" werden dürfen, wenn Transparenz hergestellt werden soll. Das zeigt sich schon bei den erfassten Fällen (Zahlen für das Jahr 2013, Jahrbuch S. 24 bzw. S. 265; Details zur Internetkriminalität siehe PKS-Grundtabelle 05 „Tatmittel Internet" mit umfassender Aufgliederung):

- Straftaten mit dem Tatmittel Internet: 257.486 Fälle
- Computerkriminalität im Übrigen: 88.722 Fälle.

II. Straftaten mit dem Tatmittel Internet

1. Typische Fallgruppen

Die Kriminalstatistik zeigt mehrere Hauptgruppen von Delikten der Internetkriminalität (Zahlen für 2013, Jahrbuch S. 24):

- Betrug (mit diversen Varianten): 70,2 % aller Internetdelikte
- Straftaten gegen das Urheberrecht: 1,5 % aller Internetdelikte
- Verbreitung pornografischer Schriften: 2,6 % aller Internetdelikte.

Wenn das Internet als Tatinstrument benutzt wird, geht es also meist um Betrug (§ 263 StGB). Es wird also ein „klassisches" Delikt begangen, aber unter Einsatz eines relativ neuen technischen Instruments.

Welche Bedeutung das Internet inzwischen insgesamt für die Kriminalität in den drei genannten Bereichen erlangt hat, wird deutlich, wenn man danach fragt, bei wie viel Prozent der jeweiligen Deliktsgruppe insgesamt das Internet Tatinstrument war (Zahlen für 2013, Jahrbuch S. 24, Tabelle 2.3.2):

- Betrug: 19,3 % aller Fälle
- Straftaten gegen das Urheberrecht: 47,4 % aller Fälle
- Verbreitung pornografischer Schriften: 47,4 % aller Fälle.

In ganzen Deliktsgruppen wird also bereits ein wesentlicher Teil der Taten mittels des Internets verübt.

2. Mögliche Vorbeugungsmaßnahmen

2.1 Betrugsdelikte (§ 263, § 263a StGB)

Hier muss nach einzelnen Betrugsarten differenziert werden:

- Warenbetrug und Warenkreditbetrug

  Der Betrug gelingt in diesen Fällen vor allem dann, wenn der Täter das Geld kassiert, aber die Ware nicht liefert oder aber die Ware in die Hände bekommt, ohne sie zu bezahlen. Beides lässt sich meist verhindern, wenn treuhänderische Bezahlungssysteme zum Einsatz kommen (etwa „Giropay", Paypal oder Ähnliches; Beratung durch jede Bank), bei denen Geld bzw. Ware erst „freigegeben" werden, wenn Ware bzw. Geld geleistet wird.

- Computerbetrug

  Dies betrifft Fälle, in denen das Ergebnis eines Datenverarbeitungsvorgangs unzulässig beeinflusst wird, sei es durch unrichtige Gestaltung des Programms, die Verwendung unrichtiger oder unvollständiger Daten, die unbefugte Verwendung von Daten oder die unbefugte Einwirkung auf den Programmablauf (§ 263a Abs. 1 StGB).

  Da dies auf ganz unterschiedliche Weise geschehen kann, ist eine Schwachstellenanalyse notwendig, die etwa herausfindet, wo bei einem Bestellsystem Schwachstellen ausgenutzt werden können. Standardanalysen (etwa durch Beratungsfirmen für → *IT-Forensik* oder Computer-Forensik) sind dabei oft relativ preisgünstig.

  Zu beachten ist, dass „Innentäter" (also eigene Mitarbeiter auf allen betrieblichen Ebenen) eine erhebliche Rolle spielen. Deshalb ist auf mögliche derartige Gefahren ein besonderes Augenmerk zu richten. Dabei gilt:

  > Auf **allen** Hierarchieebenen gibt es Mitarbeiter, die Schäden anrichten (auch auf Geschäftsleitungsebene).

  > Schädliches Verhalten kommt selten aus völlig heiterem Himmel, meist schleift es sich im Lauf der Zeit ein.

  Beispiel:
  > Werden USB-Sticks überall genutzt, ist ihr Einsatz aber nicht geregelt, ist Missbrauch fast schon vorprogrammiert (Datenentwendung usw.).

  > Umbruchphasen in Unternehmen bilden besonders schadensauffällige Situationen.

Beispiel:
> Wenn unklar ist, ob ein Teilbereich des Unternehmens verkauft wird, ist die Versuchung zu schädlichem Verhalten besonders groß.

2.2 Straftaten gegen Urheberrechtsbestimmungen (§§ 106–111a UrhG)

Hier ist zum einen daran zu denken, dass Urheberrechte des Unternehmens verletzt werden, aber auch daran, dass eigene Mitarbeiter das Urheberrecht anderer verletzen:

- Verletzung von Urheberrechten des Unternehmens

  Um dagegen vorzugehen, ist es notwendig, im Internet systematisch zu suchen, wo etwa Bilder unbefugt wiedergegeben werden. Es ist möglich, Bilder und Texte so zu markieren, dass sie rasch zu finden sind. Weiteres dazu siehe → *Bilderklau im Internet*.

- Verletzung des Urheberrechts durch eigene Mitarbeiter

  Diese Gefahr besteht vor allem dann, wenn Mitarbeiter Abbildungen für Präsentationen usw. aus dem Internet herunterladen. Schon durch die Präsentation vor Zuschauern wird das Urheberrecht verletzt, aber auch – erneut – dadurch, dass die Präsentation z. B. auf der Firmenseite ins Netz gestellt wird.

  Entsprechende Aktivitäten sollten durch **Dienstanweisungen** etc. geregelt bzw. – soweit Urheberrechtsverletzungen drohen – untersagt werden.

  Ferner sollte festgelegt werden, durch wen und wie geprüft wird, dass Abbildungen auf der eigenen Webseite keine Urheberrechte verletzen.

2.3 Verbreitung kinderpornografischer Schriften (§ 184b StGB) und jugendpornografischer Schriften (§ 184c StGB)

Oft ist nicht bewusst, dass schon das „Beziehen" kinderpornografischer Schriften (betrifft Personen unter 14 Jahren) und jugendpornografischer Schriften (§ 184c StGB, mit Wirkung vom 5.8.2008 eingeführt, betrifft Personen von 14 bis 18 Jahren) strafbar ist. Dazu zählt auch das Herunterladen. Es bestehen vor allem zwei Risiken:

Beispiel:
> Bei der Suche im Netz werden unbeabsichtigt Seiten angeklickt, die auch entsprechende Abbildungen enthalten. Kommt es dann später zu Ermittlungen, gerät der Betreffende automatisch mit in den Fokus der Polizei. Das ist manchmal nicht zu vermeiden und lästig, führt aber – wenn wirklich nicht „mehr war" – zu keinen weiteren Konsequenzen, wenn ganz vereinzelt solche Treffer festzustellen sind.

Beispiel:
> Ein Unternehmen kümmert sich nicht darum, was Mitarbeiter herunterladen und gerät dann bei Ermittlungen in den Verdacht der Beihilfe.

Nützliche Verhaltenshinweise für den Fall, dass man ungewollt auf strafbare Pornographie stößt oder sie sogar ungewollt zugesandt bekommt, hat das Bayerische Landeskriminalamt veröffentlicht (siehe http://www.rehmnetz.de/it-recht/hinweise polizei). Auf dieser Seite ist auch die Möglichkeit vorgesehen, Hinweise auf kinderpornografische Inhalte per Mail an die „Netzwerkfahndung" zu senden.

 TIPP!
Auch dann, wenn die private Nutzung des Internets erlaubt wird, sollte das Herunterladen strafbarer Inhalte ausdrücklich untersagt werden. Das stellt klar, dass solche Aktivitäten in keinem Fall gebilligt werden.

III. Computerkriminalität ohne spezifischen Bezug zum Internet

1. Typische Fallgruppen

Gemäß der amtlichen Kriminalstatistik (Jahrbuch 2013, S. 265, Tabelle 01) dominiert der Computerbetrug (§ 263a StGB) mittels rechtswidrig erlangter „Debitkarten" (insbesondere **EC-Karten**) – immerhin 23.683 Fälle im Jahr 2013. In diesem Zusammenhang kommt es auch häufig zum „Ausspähen von Daten" gemäß § 202a StGB, wenn an Geldautomaten die PIN ausgekundschaftet wird – 15.909 Fälle im Jahr 2013.

Eine weitere wichtige Fallgruppe ist die Verletzung von Urheberrechten durch **Softwarepiraterie** (im Jahr 2013 184 Fälle gewerblicher und 2.600 Fälle privater Softwarepiraterie).

Dass auch die meist von Innentätern begangene Computersabotage/Datenveränderung (§§ 303a, 303b StGB) nicht unterschätzt werden darf, zeigen 12.766 Fälle im Jahr 2013 gegenüber 2.524 Fällen im Jahr 2010 – Tendenz weiter steigend!

2. Haftungsrisiken beim Onlinebanking

Viele Bankkunden meinen, als Opfer von Betrügereien beim Online-Banking könne ihnen nicht viel passieren. Im Ernstfall werde die Bank den Schaden zumindest kulanzhalber ersetzen. Dies trifft jedoch nicht zu. Wer so denkt, übersieht, dass er als Kunde auch selbst Pflichten hat – schon weil er selbst entscheidet, welchen PC und welche Programme er für das Online-Banking einsetzt. Der Bankenverband gibt eine Broschüre mit dem Titel „Online-Banking – bequem und sicher" heraus, die in der Regel einmal jährlich neu aufgelegt wird (http://www.rehmnetz.de/it-recht/hinweisebanking, aktueller Stand: August 2013).

Die Auflage vom Mai 2009 war hinsichtlich der Sicherheitsregeln besonders ausführlich und führte die folgenden zehn Punkte auf:

1. Setzen Sie Sicherheitssoftware ein – unter anderem einen aktuellen Virenscanner.

2. Schützen Sie sensible Daten bei der Übertragung über offene Netze (Nutzung von „https://-Seiten" der Bank).

3. Vergewissern Sie sich, mit wem Sie es zu tun haben (Prüfen der Bank-Adresszeile; Zertifikatsprüfung).

4. Gehen Sie sorgfältig mit sensiblen Daten und Zugangsmedien um (Passwörter, PIN und TANs nicht auf der Festplatte speichern).

5. Wählen Sie ein sicheres Passwort.

6. Setzen Sie nur Programme aus vertrauenswürdiger Quelle ein.

7. Nutzen Sie aktuelle Programmversionen (vor allem bei Internetbrowser und Betriebssystemen des PC).

8. Führen Sie einen Sicherheitscheck an Ihrem PC durch.

Computerkriminalität

9. Aktivieren Sie die Sicherheitseinstellungen des Browsers (keine Zulassung von Active X-Controls usw.).

10. Stellen Sie Ihr Girokonto nicht für betrügerische Transaktionen zur Verfügung (Banktransaktionen stets nur für eigene Rechnung).

Auch wenn diese Regeln von einem Interessensverband stammen – sie geben die Pflichten eines Bankkunden korrekt wieder und sind ernst zu nehmen. Insbesondere hat der Bundesgerichtshof Folgendes entschieden (BGH, Urteil vom 5.10.2004 – XI ZR 210/03, abrufbar unter www.bundesgerichtshof.de):

- Wenn eine PIN missbraucht wird, spricht der „Beweis des ersten Anscheins" dafür, dass der Bankkunde seine Pflicht zur Geheimhaltung der PIN verletzt hat.

- Wer eine PIN als Telefonnummer im Handy speichert, handelt mindestens fahrlässig, wenn nicht grob fahrlässig.

Generell verlangt die Rechtsprechung von einem Bankkunden, der Online-Banking benutzt, inzwischen eine größere Sorgfalt als noch vor einigen Jahren. Sie geht davon aus, dass zumindest Grundkenntnisse über ein sicherheitskonformes Verhalten heutzutage weit verbreitet sind. Verstöße gegen Grundanforderungen der Sorgfalt gehen deshalb zulasten des Bankkunden. Das zeigt sich etwa in folgendem Fall, den der Bundesgerichtshof im Jahr 2012 entschieden hat (Urteil vom 24.4.2012 – XI ZR 96/11, abrufbar unter www.bundesgerichtshof.de):

„Ein Bankkunde, der im Online-Banking Opfer eines Pharming-Angriffs wird, handelt fahrlässig, wenn er beim Log-in-Vorgang trotz ausdrücklichen Warnhinweises gleichzeitig zehn TAN eingibt."

Zur Begründung des Vorwurfs der Fahrlässigkeit meint das Gericht:

„Der Fahrlässigkeitsvorwurf beruht ... darauf, dass der Kläger diesen Angriff trotz massiver Anhaltspunkte und Warnungen im Einzelfall nicht erkannt und diesbezügliche Verdachtsmomente ignoriert hat."
„Pharming" bedeutet in diesem Zusammenhang, dass der an sich korrekte Aufruf der Bankseite durch den Kunden auf eine andere, kriminelle Seite umgeleitet wird. Diesen Vorgang an sich kann ein Bankkunde nicht erkennen. Sehr wohl kann er aber bemerken, dass bei einer Aufforderung, zehn TAN einzugeben, offensichtlich etwas nicht stimmt.

 TIPP!
Wenn ein Unternehmen Onlinebanking einsetzt, ist in Absprache mit der Bank ein Sicherheitskonzept notwendig, das in entsprechenden Anweisungen fixiert wird.

IV. Aktuelle Trends und Probleme

1. Geldwäsche durch „Finanzagenten"

Die vorstehend unter Ziffer 10 der Verhaltenstipps geschilderte Aufforderung des Bankenverbandes, sein Konto nicht für betrügerische Transaktionen zur Verfügung zu stellen, zielt auf das Phänomen der „Finanzagenten". Diese Variante der Internetkriminalität läuft wie folgt ab:

- Bisher unbescholtene Bürger erhalten (meist per Mail) von einem Unbekannten das Angebot, bei Finanztransaktionen in Länder wie Russland gegen Provision behilflich zu sein.

- Wenn sie darauf eingehen, erhalten sie irgendwann die Nachricht, dass auf ihrem Girokonto eine Überweisung von einer Person eingehen wird, die ihnen nicht bekannt ist.

- Dieses Geld heben sie dann weisungsgemäß ab und schicken es über einen „Bargelddienst" wie etwa Western Union an eine ihnen ebenfalls mitgeteilte Adresse z. B. in Russland.

- Für diese Aktivitäten als „Finanzagent" erhalten sie eine Provision von etwa 3–5 %.

Die Überweisung auf das Girokonto kommt dabei dadurch zustande, dass der „Unbekannte" die PIN des Opfers ausspäht und dann von dessen Konto Geld auf das Konto des „Finanzagenten" überweist. Das Ausspähen der PIN erfolgt dabei durch „Phishing" (Kunstwort aus „Password" und „Fishing"). Dabei bekommt das Opfer meist beim Benutzen des Onlinebanking vorgespiegelt, dass es sich auf der Internetseite seiner Bank befindet, obwohl es sich in Wirklichkeit um eine nachgemachte Seite handelt, auf der PIN und TANs „abgefischt" werden.

Ein Faltblatt des Bankenverbands zeigt die typischen Abläufe in übersichtlicher Form (siehe http://www.rehmnetz.de/it-recht/finanzagentflyer, Stand Juli 2014).

Der „Finanzagent" macht sich bei diesen Ablauf wegen Beihilfe zum Computerbetrug (§ 263a StGB) und in der Regel auch noch wegen Geldwäsche (§ 261 Abs. 1 StGB) strafbar. Beispielsfall: Landgericht Darmstadt, CR 2007, 56: Dem Angeklagten wurden 15 Dollar Stundenlohn und 3 % Provision dafür versprochen, dass er Geld auf seinem Konto entgegennimmt, abhebt und bei der Western Union Bank zugunsten des „Täters im Hintergrund" ins Ausland überweist – Verurteilung zu 18 Monaten Freiheitsstrafe auf Bewährung). Weiterer Beispielsfall: Landgericht Bonn, Urteil vom 7.7.2009 – 7 KLs 01/09, abrufbar unter http://www.rehmnetz.de/it-recht/hafturteil: 4 Jahre Freiheitsstrafe wegen Computerbetrugs in 37 Fällen.

Erstaunlicherweise lassen sich vor allem sonst unbescholtene Bürger mittleren oder höheren Alters auf solche Aktivitäten ein. Für sie besteht nicht nur die Gefahr einer Freiheitsstrafe. Hinzu kommt, dass Banken in solchen Fällen das Girokonto sofort kündigen und die erschlichenen Beträge rückbuchen. Der „Finanzagent" steht dann mit einem gekündigten Girokonto da, das ein entsprechendes Negativsaldo aufweist, zu dessen sofortigem Ausgleich er verpflichtet ist.

2. Weitergabe von Kundendaten als Verletzung von Geschäftsgeheimnissen

Die Weitergabe von Kundendaten an die Konkurrenz kann laut Bundesgerichtshof eine Verletzung von Geschäftsgeheimnissen sein (BGH, Urteil vom 27.4.2006 – IZR 126/03, abrufbar unter www.bundesgerichtshof.de). Sie ist strafbar gemäß § 17 UWG. Dabei gilt laut Bundesgerichtshof:

- Kundenlisten sind Geschäftsgeheimnisse, wenn es nicht möglich wäre, sie ausschließlich aus allgemein zugänglichen Quellen (Telefonbuch, Internet) zu erstellen.

- Einem (noch aktiven oder ausgeschiedenen) Mitarbeiter ist es verboten, solche Daten aus schriftlichen Unterlagen oder elektronischen Verzeichnissen seines Arbeitgebers zu nutzen.

Computerkriminalität

- Einem ausgeschiedenen Mitarbeiter kann jedoch nicht die Nutzung von Daten verboten werden, die er noch im Gedächtnis hat.

ACHTUNG!
Ein Strafverfahren ist nur möglich, wenn das geschädigte Unternehmen rechtzeitig einen Strafantrag stellt. „Rechtzeitig" bedeutet dabei: binnen drei Monaten ab dem Zeitpunkt, zu dem das Unternehmen vom Täter und von der Tat Kenntnis erhalten hat (§ 77b StGB).

3. Einsatz von Dual-Use-Tools in der EDV-Abteilung

Eine Regelung im Strafgesetzbuch, die zum 11.8.2007 eingeführt wurde, führte in den EDV-Abteilungen zunächst zu Befürchtungen wegen einer möglichen Strafbarkeit ganz alltäglicher Aktivitäten. Die Bestimmungen lauten in den relevanten Auszügen:

„*§ 202b Abfangen von Daten*

Wer unbefugt sich oder einem anderen unter Anwendung von technischen Mitteln nicht für ihn bestimmte Daten (§ 202a Abs. 2) aus einer nichtöffentlichen Datenübermittlung oder aus der elektromagnetischen Abstrahlung einer Datenverarbeitungsanlage verschafft, wird mit Freiheitsstrafe bis zu zwei Jahren oder mit Geldstrafe bestraft, wenn die Tat nicht in anderen Vorschriften mit schwererer Strafe bedroht ist."

„*§ 202c Vorbereiten des Ausspähens und Abfangens von Daten*

(1) Wer eine Straftat nach § 202a oder § 202b vorbereitet, indem er

1. Passwörter oder sonstige Sicherungscodes, die den Zugang zu Daten (§ 202a Abs. 2) ermöglichen, oder

2. Computerprogramme, deren Zweck die Begehung einer solchen Tat ist,

herstellt, sich oder einem anderen verschafft, verkauft, einem anderen überlässt, verbreitet oder sonst zugänglich macht, wird mit Freiheitsstrafe bis zu einem Jahr oder mit Geldstrafe bestraft. ..."

Der „kritische Punkt" liegt im § 202c Abs. 1 Nr. 2 StGB. Denn vielfach lässt es sich gar nicht vermeiden, in der EDV-Abteilung Programme einzusetzen, mit denen sich Sicherheitsschwachstellen herausfinden lassen. Genau diese Programme können aber auch für kriminelle Zwecke missbraucht werden. Dazu gehören (siehe Schuster, Der Hackerparagraf in Ihrer betrieblichen Praxis, DatenschutzPraxis 10/2007, S. 1, 4):

- Passwortknackprogramme

  Mit ihrer Hilfe wird überprüft, ob Nutzerpassworte im Unternehmen hinreichend sicher sind. Wenn nicht, wird der Benutzer aufgefordert, sein Passwort zu ändern.

- Netzwerksniffer

  Sie überwachen den gesamten Datenverkehr und sind notwendig, um Fehler in Netzwerken zu finden und verdächtige Inhalte zu entdecken.

- Portscanner

  Sie finden Kommunikationskanäle (Ports), die offen sind, obwohl sie nicht benötigt werden. Sie werden dann geschlossen, um etwaigen Missbrauch zu verhindern.

Das Problem all dieser Programme liegt darin, dass sie auch für kriminelle Zwecke missbraucht werden können, sie haben also „zwei Gesichter": Sicherheitsinstrument und Tatinstrument. Daher die Bezeichnung „Dual Use". Denn:

- Ein Passwortknackprogramm kann auch eingesetzt werden, um Passwörter auszuspähen und dann zu missbrauchen.

- Netzwerksniffer können missbraucht werden, um Daten für kriminelle Zwecke auszulesen.

- Portscanner können offene Ports finden, die dann als „Einfallstore" benutzt werden.

Vor allem **Systemadministratoren** hatten nun die Befürchtung, sich durch den Einsatz solcher Instrumente strafbar zu machen – denn den Wortlaut des § 202c Abs. 1 Nr. 1 StGB erfüllen sie spätestens dann, wenn sie solche Instrumente benutzen.

Dass dieses Ergebnis unsinnig wäre, lag von Anfang an auf der Hand, hindert aber reißerisch argumentierende Autoren nicht daran, es zu verbreiten. Das Bundesverfassungsgericht stellte dazu in einem Beschluss vom 18.5.2009 – 2 BvR 2233/07 – Folgendes klar:

- Dual-Use-Programme werden überwiegend überhaupt nicht von der Vorschrift erfasst. Die Regelung erfasst ein Programm nicht schon deshalb, weil es lediglich dazu **geeignet** ist, mit ihm Straftaten zu begehen. Erfasst sind vielmehr nur solche Programme, deren „Zweck" in rechtswidrigen Angriffen besteht.

- Der allgemeine Sprachgebrauch versteht unter „Zweck" etwas, was jemand mit einer Handlung beabsichtigt, zu bewirken, zu erreichen sucht. Einen derartigen rechtswidrigen Zweck verfolgen Systemadministratoren durchweg nicht. Sie wollen lediglich für die Sicherheit der Systeme sorgen.

- Was der „Zweck" sein soll, bestimmt sich nach den Absichten dessen, der ein Programm entwickelt oder benutzt und nicht danach, wozu es (auch) benutzt werden könnte.

Eine andere Argumentation, die zum selben Ergebnis führt, geht vom Stichwort „rechtfertigende Pflichtenkollision" aus. Es gibt nämlich eine gesetzliche Pflicht, die zumindest indirekt zum Einsatz solcher Programme zwingt: § 9 BDSG fordert technische und organisatorische Maßnahmen zum Schutz personenbezogener Daten und ist ohne Nutzung solcher Programme letztlich nicht in die Praxis umzusetzen. Wenn das aber so ist, kann der Einsatz der Programme nicht zugleich strafbar sein. Dies bedeutet: Ein Strafbarkeitsrisiko besteht **nicht,** wenn dokumentiert ist, dass der Einsatz solcher Programme erforderlich war und nur zu Zwecken des § 9 BDSG erfolgte.

Beispiel:
Wenn ein Administrator darlegen kann, wann er Portscanner eingesetzt hat und welche Ports dann geschlossen wurden, wird ihm kein Staatsanwalt strafrechtliche Vorwürfe machen.

TIPP!
Der Einsatz solcher Programme sollte stets dokumentiert werden („Wann, von wem, zu welchem Zweck") und dem Vieraugenprinzip unterliegen (schriftliche Genehmigung des Einsatzes durch einen Vorgesetzten oder einen besonders Beauftragten).

4. Einsatz von Malware (z. B. für Penetrationstest)

Diffiziler sieht es nach dem schon erwähnten Beschluss des Bundesverfassungsgerichts aus, wenn reine „Schadsoftware"

(Malware) eingesetzt wird, die ausschließlich dazu geeignet ist, Schäden anzurichten und die womöglich auch noch bewusst aus dubiosen Quellen im Internet heruntergeladen wurde. Solche Malware wird benötigt, um etwa realistische Penetrationstest durchführen zu können.

Derartige Programme werden vom Tatbestand des „Hackerparagrafen" § 202c StGB erfasst. Sie wurden nämlich bewusst für rechtswidrige Aktivitäten entwickelt und weisen entsprechende Merkmale auf.

Das ist kein Problem, wenn jemand solche Programme im Einverständnis mit dem jeweiligen Netzbetreiber einsetzt. Das geschieht dann nämlich nicht unbefugt, sodass der bei § 202c StGB erforderliche Vorsatz fehlt.

Penetrationsversuche im Einverständnis mit dem jeweiligen Netzbetreiber sind also problemlos. Doch Vorsicht! Ein solches Einverständnis sollte aus Beweisgründen unbedingt schriftlich dokumentiert werden.

Strafbar wäre es dagegen, Malware zur beliebigen Verwendung durch andere in ein großes, quasi öffentliches Forum oder sogar frei ins Internet zu stellen.

V. Checkliste: Handlungsempfehlungen zur Vermeidung von Computerkriminalität

- Gegen Betrugsversuche bei Warentransaktionen über das Internet helfen treuhänderische Bezahlungssysteme.
- Urheberrechtsverletzungen durch eigene Mitarbeiter können durch organisatorische Vorkehrungen wie das Prüfen von Inhalten vor der Einstellung auf die Unternehmenshomepage weitgehend verhindert werden.
- Beim Verrat von Geschäftsgeheimnissen (etwa Kundenlisten) durch jetzige oder frühere eigene Mitarbeiter ist bei Strafanzeigen die sehr kurze Strafantragsfrist von drei Monaten zu beachten.
- Der Einsatz von Dual-Use-Tools (etwa Passwortknackprogrammen, Portscannern und Netzwerksniffern) ist klar zu regeln und (mitsamt der Ergebnisse) zu dokumentieren, um strafrechtliche Risiken zu vermeiden.

Cookies

I. Cookies als lokaler Datenspeicher
1. Cookies bei Websites
2. Cookies bei Online-Werbung
3. Cookies bei Benutzeranmeldung

II. Rechtliche Rahmenbedingungen beim Einsatz von Cookies
1. Vorgaben des Telemediengesetzes (TMG)
2. Einwilligungserfordernis nach der E-Privacy-Richtlinie
   2.1 Bislang noch keine Umsetzung in nationales Recht
   2.2 Opt-in oder Opt-out?

III. Cookie-Missbrauch und Cookie-Diebstahl
1. Heimliche Nutzerprofile
2. Identitätsdiebstahl

IV. Cookie-Varianten
1. Text-Cookies
2. Flash-Cookies
3. Super-Cookies
4. Evercookies

V. Checkliste Cookies

I. Cookies als lokaler Datenspeicher

Cookies werden von Internet- und Multimediaanwendungen genutzt, um Informationen lokal auf dem Computer oder Smartphone des Nutzers zu speichern. Die Informationen in den Cookie-Dateien können zum Beispiel die vom Nutzer bevorzugte Lautstärke bei einer Multimediaanwendung betreffen oder aber die bereits im Online-Warenkorb eines Internetshops gespeicherten Artikel.

Cookies tragen in der Regel eine eindeutige Kennzeichnung (Cookie-ID), um die gespeicherten Informationen einem bestimmten Computer oder Smartphone zuordnen zu können. Über die Identifizierung des Gerätes könnte jedoch auch eine Identifizierung des Nutzers möglich werden, wenn die Cookie-ID mit weiteren nutzerspezifischen, personenbezogenen Daten verknüpft werden kann.

Cookies werden unterschieden in Session-Cookies und persistente Cookies. Session-Cookies werden nur für eine Sitzung (Session) auf dem Computer oder Smartphone des Nutzers gespeichert. Persistente Cookies hingegen überdauern die Sitzung und können eine Speicherdauer von mehreren Jahren haben, falls sie nicht durch den Nutzer oder entsprechend der Einstellungen im Webbrowser (über den sogenannten Cookie-Manager) gelöscht werden. Auch mobile Webbrowser oder Browser-Apps für Smartphones und Tablets verfügen in der Regel über Cookie-Manager, auch auf mobilen Endgeräten werden Cookies abgelegt.

Cookies können verschiedene Funktionen wahrnehmen, zum Beispiel zur Speicherung von Nutzereinstellungen bei Websites, bei der Online-Werbung und bei der Umsetzung des Anmeldeprozesses bei geschützten Websites.

1. Cookies bei Websites

Cookies sind Dateien, die zum Beispiel von einer Website auf einem Computer lokal gespeichert werden:

Beispiel:

Ein Internetnutzer trägt in seinen Webbrowser eine bestimmte Internetadresse ein, die er aufrufen möchte.

Der zur Internetadresse gehörende Webserver liefert die entsprechende Webseite an den Webbrowser.

Zusammen mit der Webseite kann ein Cookie übertragen werden, der lokal auf dem Computer gespeichert wird, auf dem der Webbrowser läuft.

Bei dem nächsten Besuch der Webseite kann der Webserver an dem Cookie erkennen, dass der Nutzer die betreffende Webseite bereits einmal besucht hat, sofern der Cookie nicht vom Nutzer gelöscht wurde.

Cookies

Je nach Information, die in dem Cookie gespeichert wurde, kann der Webserver die Inhalte der Webseite entsprechend anpassen (Personalisierung einer Website). Die Anpassung kann die vom Nutzer bevorzugte Lautstärke eines Films auf der Webseite betreffen. Sie kann an frühere Nutzeraktionen (z. B. bereits durchgeführte Suchen auf der Webseite) erinnern. Sie kann aber auch dafür sorgen, dass ein bereits begonnener Einkauf bei einem Online-Shop fortgesetzt werden kann. Cookies ermöglichen also zum Beispiel die typische Warenkorb-Funktion in einem Online-Shop.

2. Cookies bei Online-Werbung

Cookies werden auch in der Online-Werbung (→ *Affiliate-System*) genutzt, um Internetkampagnen auswerten zu können:

Beispiel:

Ein Internetnutzer öffnet mit seinem Webbrowser eine Webseite, auf der eine Online-Anzeige zu sehen ist.

Die Online-Anzeige wurde auf der Webseite von einem Werbenetzwerk geschaltet.

Während die eigentliche Webseite von dem Webserver des Webseitenbetreibers an den Webbrowser geliefert wird, kommt die Online-Anzeige von einem Webserver des Werbenetzwerkes.

Mit der Online-Anzeige (zum Beispiel eine Bilddatei als Werbebanner) kann ein Cookie an den Computer des Webseitenbesuchers übertragen werden. Dieser Cookie kann zum Beispiel genutzt werden, um wiederholte Aufrufe derselben Online-Anzeige vom gleichen Computer aus zu erkennen.

An diesem Cookie könnte der Betreiber des Werbenetzwerks den Computer des Internetnutzers aber auch wiedererkennen, wenn dieser die Online-Anzeige oder eine andere Werbung des Werbenetzwerkes auf einer anderen Webseite angezeigt bekommt.

Dadurch könnte aufgezeichnet werden, welche verschiedenen Webseiten, die mit dem Werbenetzwerk zusammenarbeiten, durch den Internetnutzer besucht werden, sofern der Cookie weiterhin gespeichert ist (Generierung eines Benutzerprofils).

3. Cookies bei Benutzeranmeldung

Im Prinzip müssten sich Internetnutzer nach der Benutzeranmeldung (Login) bei einer zugriffsgeschützten Website bei jedem Wechsel von einer Unterseite zur nächsten erneut anmelden, da der Anmeldestatus nicht ohne weiteres von einer Unterseite an die nächste übergeben werden kann. Mit Hilfe von Cookies kann jedoch der Anmeldestatus gespeichert werden. Die jeweils nächste Unterseite kann an dem entsprechenden Cookie erkennen, ob der Nutzer bereits angemeldet ist oder nicht.

II. Rechtliche Rahmenbedingungen beim Einsatz von Cookies

Beim Einsatz von Cookies gibt es rechtliche Rahmenbedingungen zu beachten. Diese ergeben sich in Deutschland aus dem Telemediengesetz (TMG). Berücksichtigt werden müssen ferner die europäischen Vorgaben, die sich aus der Richtlinie 2002/58/EG über die Verarbeitung personenbezogener Daten und den Schutz der Privatsphäre in der elektronischen Kommunikation (sogenannte „E-Privacy-Richtlinie"), geändert durch die Richtlinie 2009/136/EG, ergeben.

1. Vorgaben des Telemediengesetzes (TMG)

Im Telemediengesetz (TMG) lässt sich das Wort „Cookie" vergeblich suchen. Der deutsche Gesetzgeber spricht stattdessen von einem automatisierten Verfahren, das eine spätere Identifizierung des Nutzers ermöglicht und eine Erhebung oder Verwendung personenbezogener Daten vorbereitet. Vollständig lautet der insoweit zitierte § 13 Absatz 1 TMG:

„Der Diensteanbieter hat den Nutzer zu Beginn des Nutzungsvorgangs über Art, Umfang und Zwecke der Erhebung und Verwendung personenbezogener Daten sowie über die Verarbeitung seiner Daten in Staaten außerhalb des Anwendungsbereichs der Richtlinie 95/46/EG des Europäischen Parlaments und des Rates vom 24. Oktober 1995 zum Schutz natürlicher Personen bei der Verarbeitung personenbezogener Daten und zum freien Datenverkehr (ABl. EG Nr. L 281 S. 31) in allgemein verständlicher Form zu unterrichten, sofern eine solche Unterrichtung nicht bereits erfolgt ist. ***Bei einem automatisierten Verfahren, das eine spätere Identifizierung des Nutzers ermöglicht und eine Erhebung oder Verwendung personenbezogener Daten vorbereitet, ist der Nutzer zu Beginn dieses Verfahrens zu unterrichten.*** *Der Inhalt der Unterrichtung muss für den Nutzer jederzeit abrufbar sein."*

Nach dem Gesetzeswortlaut trifft denjenigen, der Cookies einsetzen will, derzeit nur eine **Unterrichtungspflicht**. Der Unterrichtungspflicht kann durch einen Hinweis auf den Einsatz von Cookies in der Datenschutzerklärung nachgekommen werden (siehe auch das Stichwort → *Datenschutzerklärung*). Dies ist nach Meinung der deutschen Datenschutzaufsichtsbehörden ausreichend, wenn die Datenschutzerklärung von jeder Seite aus unmittelbar erreichbar ist. Damit ist auch dem zeitlichen Kriterium „zu Beginn dieses Verfahrens" Genüge getan.

Beispiel:

„Datenschutzerklärung:

(…)

Einsatz von Cookies

Wenn Sie diese Website besuchen, werden auf dem von Ihnen verwendeten Endgerät Cookies abgelegt. Hierbei handelt es sich um … (Spezifikation der eingesetzten Cookies, ggf. vorher eine allgemeine Definition).

Die Cookies werden eingesetzt um … (Erläuterung der konkreten Funktion der Cookies).

Sie haben jederzeit die Möglichkeit, die gesetzten Cookies zu löschen (Erläuterung der Löschmöglichkeiten und ggf. der Konsequenzen; Angaben zur Lebensdauer der eingesetzten Cookies).

(…)"

 TIPP!

Mit einer möglichst verständlichen Erläuterung in der Datenschutzerklärung kommt der Website-Betreiber nicht nur seiner gesetzlichen Informationspflicht beim Einsatz von Cookies nach, sondern hat es in der Hand, durch Transparenz Vertrauen zu schaffen!

2. Einwilligungserfordernis nach der E-Privacy-Richtlinie

Wirklich entspannt zurücklehnen kann sich aber auch der Website-Betreiber, der seine Datenschutzerklärung überarbeitet hat, spätestens seit dem 25. Mai 2011 nicht mehr: Denn zu diesem Zeitpunkt ist die Umsetzungsfrist für die Richtlinie 2009/136/

EG abgelaufen. Diese sieht eine Änderung der Datenschutzrichtlinie für elektronische Kommunikation (2002/58/EG), der sogenannten „E-Privacy-Richtlinie", in Artikel 5 Absatz 3 vor. Danach soll das Setzen von Cookies nur noch mit vorheriger **Einwilligung** des Nutzers erlaubt sein, wenn die Cookies nicht dem alleinigen Zweck der Übertragung von Nachrichten über ein elektronisches Kommunikationsnetz oder der von einem Nutzer ausdrücklichen gewünschten Diensteerbringung dienen. Letzteres ist z. B. bei der Warenkorb-Funktion gegeben.

Beispiel:
Als einer der ersten „Big Player" hat Google hierauf mit einer „Richtlinie zur Einwilligung der Nutzer in der EU" reagiert. Die Richtlinie gilt seit September 2015 für bestimmte Google-Dienste in Bezug auf Endnutzer in der Europäischen Union und ist abrufbar unter: http://www.rehmnetz.de/it-recht/google-richtlinie_einwilligung_eu

2.1 Bislang noch keine Umsetzung in nationales Recht

Bis dato ist in Deutschland noch keine Umsetzung des neuen Artikel 5 Absatz 3 der E-Privacy-Richtlinie in nationales Recht erfolgt. Eine unmittelbare Anwendung der Richtlinie erscheint wegen der damit verbundenen Wirkung zu Lasten privater Website-Betreiber bedenklich. Dementsprechend zurückhaltend verhalten sich auch noch die Datenschutzaufsichtsbehörden, doch die Rechtsunsicherheit ist groß. Hier ist eine Klarstellung durch den deutschen Gesetzgeber gefordert. Genau das fordern inzwischen auch ganz offen die Datenschutzbeauftragten des Bundes und der Länder in ihrer Entschließung vom 5. Februar 2015:

„Die Datenschutzrichtlinie für elektronische Kommunikation (E-Privacy Richtlinie, Artikel 5 Absatz 3, RL 2002/58/EG) gestattet die Speicherung von Informationen oder den Zugriff auf Informationen, die bereits im Endgerät eines Nutzers gespeichert sind, jedoch nur, wenn der Nutzer dazu seine Einwilligung gegeben hat. (…) Der europäische Gesetzgeber misst dem Einsatz dieser Technologien zu Recht ein hohes Gefährdungspotenzial für die Persönlichkeitsrechte der Nutzer bei. Das Telemediengesetz (TMG) setzt diese europarechtlichen Vorgaben allerdings nur unvollständig in deutsches Recht um. Darauf haben die Datenschutzbeauftragten von Bund und Ländern die Bundesregierung bereits wiederholt hingewiesen. Dies hat bisher jedoch nicht zu einer Änderung des TMG geführt. Die Bundesregierung hält vielmehr die derzeit geltenden Vorgaben des Telemediengesetzes für ausreichend. Diese Auffassung ist unzutreffend. (…) Die Datenschutzbeauftragten des Bundes und der Länder halten diesen Zustand für nicht hinnehmbar. Sie fordern die Bundesregierung auf, die E-Privacy-Richtlinie nun ohne weitere Verzögerungen vollständig in das nationale Recht zu überführen."

2.2 Opt-in oder Opt-out?

Neben Deutschland hat noch eine ganze Reihe weiterer EU-Mitgliedstaaten die neuen Vorgaben der E-Privacy-Richtlinie nicht in nationales Recht umgesetzt. Diejenigen, die bereits gesetzgeberisch tätig geworden sind, haben überwiegend eine Opt-in-Lösung vorgesehen, zum Teil wird aber auch das Opt-out-Modell zugelassen. Nach deutschem Verständnis kann nur eine echte Opt-in-Lösung dem Einwilligungserfordernis der Richtlinie Genüge tun. Die Frage, mit welcher konkreten Ausgestaltung das erforderliche Opt-in eingeholt werden kann, beispielsweise durch Banner oder Pop-up beim (erstmaligen) Besuch der Website, ist noch nicht beantwortet, hier wird die weitere Diskussion zu beobachten sein.

Hinweis:
In diesem Zusammenhang ist auf eine aktuelle Entscheidung des OLG Frankfurt am Main (Urteil vom 17.12.2015 Az. 6 U 30/15) hinzuweisen, nach der die erforderliche Einwilligung in die Cookie-Nutzung auch durch eine vorformulierte Erklärung, der der Nutzer durch Entfernen eines voreingestellten Häkchens widersprechen kann („opt-out"), erteilt werden kann. Bei einem solchen „opt-out" handelt es sich aber nicht um eine – nach deutschem Verständnis nicht ausreichende – Widerspruchslösung, sondern um die von der Rechtsprechung gebilligte Gestaltung einer Einwilligungserklärung, die noch aktiv angeklickt und damit ausdrücklich erklärt werden muss.

TIPP!
Auch wenn deutsche Website-Betreiber aufgrund der Untätigkeit des Gesetzgebers momentan vielleicht rechtlich noch wenig angreifbar sind, sollten sie sich mit den neuen Vorgaben der E-Privacy-Richtlinie auseinandersetzen. Dies gilt umso mehr, je weniger sie rein auf den deutschen Markt fokussiert sind und mit ihrem Angebot insbesondere europäische Nutzer ansprechen wollen. Bei den konkreten Gestaltungsmöglichkeiten lohnt der Blick über den deutschen Tellerrand ins europäische Ausland, insbesondere in die Mitgliedstaaten, die die Richtlinie (als Opt-in-Lösung) bereits umgesetzt haben.

III. Cookie-Missbrauch und Cookie-Diebstahl

1. Heimliche Nutzerprofile

Webseitenbetreiber könnten Cookies nutzen, um Besucher ihrer Webseite wiedererkennen zu können. Dazu würde die Cookie-ID in der Protokollierung des Webservers (siehe → *Systemprotokolle*) festgehalten. In Verbindung mit einer IP-Adresse (Adresse eines Internetteilnehmers im Internet Protocol) könnte dabei ein Personenbezug hergestellt werden. Im Ergebnis könnte der Webseitenbetreiber ein Nutzerprofil erzeugen.

Solche Nutzerprofile, die in der Praxis meist ohne Wissen des Nutzers generiert werden, können mit Hilfe von Cookies auch über mehrere Websites hinweg erzeugt werden, wenn bei mehreren Websites das gleiche Cookie gespeichert und ausgelesen wird. Das ist insbesondere bei Werbenetzwerken der Fall, die eine Online-Werbung auf verschiedenen Websites präsentieren und bei Aufruf der Websites jeweils Cookies speichern und auslesen.

Da diese Cookies nicht von den Webservern der Webseitenbetreiber stammen, sondern von dem Webserver des Werbenetzwerkes, spricht man auch von Third-Party-Cookies (Cookies von Dritten).

2. Identitätsdiebstahl

Werden Cookies genutzt, um den Status einer Benutzeranmeldung zu speichern, ist das Risiko eines Cookie-Diebstahls besonders hoch. Unter einem Cookie-Diebstahl versteht man das unerlaubte Auslesen der Cookie-Daten, um den Cookie für kriminelle Zwecke zu rekonstruieren.

Möglich wird das unerlaubte Auslesen der Cookie-Daten insbesondere dann, wenn bei Webseiten keine Verschlüsselung (SSL, Secure Sockets Layer) vorliegt oder die Verschlüsselung nach der Benutzeranmeldung endet. In diesem Fall werden die Cookie-Daten unverschlüsselt übertragen und könnten von Dritten abgefangen werden.

Cookies

Gelingt das unerlaubte Auslesen eines Cookies, können Unbefugte den Anmeldestatus eines bestimmten Nutzers nachahmen und dessen Zugang und Benutzerkonto übernehmen. Der Cookie-Diebstahl ist deshalb wie ein digitaler Identitätsdiebstahl (siehe → *Digitale Identität*) zu sehen.

IV. Cookie-Varianten

Während sich die Funktionen der Cookies prinzipiell gleichen, können sie technisch unterschiedlich umgesetzt werden. Verbreitet sind bislang Text-Cookies, Flash-Cookies und Super-Cookies. Evercookies sind eine besondere Kombination verschiedener Cookie-Techniken.

1. Text-Cookies

Text-Cookies sind die klassischen Browser-Cookies, die zum Beispiel für die Personalisierung einer Website oder für die Umsetzung einer Warenkorb-Funktion bei Online-Shops genutzt werden. Diese Cookies bestehen aus speziellen Textdateien und können durch die Cookie-Manager der Webbrowser blockiert oder gelöscht werden.

2. Flash-Cookies

Flash-Cookies speichern Informationen in Verbindung mit Flash-Playern, die eine Multimedia-Erweiterung der Webbrowser darstellen.

Beispiel:
Typische Aufgaben von Flash-Cookies sind

- Speichern der Einstellungen in Flash-Applikationen (wie die gewünschte Lautstärke eines Flash-Films),
- Speichern eines aktuellen Stands, zum Beispiel bei Flash-Schulungen (Online-Schulungen), und
- Vorhalten der temporären Daten bei (animierten) Flash-Webseiten, damit der Nutzer über die Browsernavigation zur vorherigen Flash-Webseite zurückkehren kann.

WICHTIG!
Flash-Cookies haben im Standard ein Speichervolumen von 100 KByte, Text-Cookies haben nur wenige KByte Speicherkapazität. Flash-Cookies haben also die Möglichkeit, mehr Informationen zu speichern als Text-Cookies.

Flash-Cookies fehlt die Begrenzung der Speicherdauer, wie sie bei Text-Cookies vorgesehen ist.

Der herkömmliche Cookie-Manager eines Webbrowsers hat keinen Einfluss auf die Speicherung von Flash-Cookies.

Bereits durch den Nutzer gelöschte Text-Cookies können mithilfe von Flash-Cookies wiederhergestellt werden (Cookie Respawning, Cookie-Neustart).

Die weit verbreitete Verwendung von Flash-Cookies findet man kaum in einer Datenschutzerklärung.

3. Super-Cookies

Webanwendungen können einen lokalen Speicherbereich auf dem Rechner des Internetnutzers verwenden, der über die Möglichkeiten von Text-Cookies hinausgeht. Browser wie der Mozilla Firefox verwenden einen sogenannten DOM Storage (auch Super-Cookie genannt), bei dem Microsoft Internet Explorer spricht man von dem „userData behavior"-Konzept. Im Gegensatz zu den Flash-Cookies wird der DOM Storage durch den Cookie-Manager erfasst. Wenn für eine bestimmte Website oder generell keine Text-Cookies akzeptiert werden, so wirkt sich dies gleichzeitig auf die Nutzung des DOM Storage aus. Im Gegensatz zu den Text-Cookies wird DOM Storage in den Cookie-Übersichten der Browser jedoch nicht angezeigt. Es besteht keine einfache Möglichkeit, sich ein Bild über die abgelegten Anwenderdaten in Super-Cookies zu verschaffen. Zudem sind Super-Cookies in Datenschutzrichtlinien kaum erwähnt.

4. Evercookies

Nach dem neuen Internetstandard HTML5 unterstützen Browser eine umfangreiche lokale Datenspeicherung. Dadurch soll es möglich werden, Web-Anwendungen (zum Beispiel Web-Mail) ohne aktiven Internetzugang nutzen zu können. Die Daten werden dann zuerst lokal zwischengespeichert. Die zusätzlichen lokalen Speichermöglichkeiten lassen sich auch zweckentfremden mit Evercookies. Evercookies verwenden eine Kombination aus verschiedenen lokalen Speicherformen, darunter die Speicherung als Text-Cookie, als Flash-Cookie, als mit den Flash-Cookies verwandtes Silverlight-Cookie, als Super-Cookie im Internet Explorer, als Bilddatei und als Teil des Browserverlaufs.

WICHTIG!
Einfaches Löschen oder Blockieren reicht bei Evercookies nicht mehr aus. Es müssen alle lokalen Speicherbereiche der Evercookies blockiert oder gelöscht werden. Wird ein Speicherort der Evercookies nicht gelöscht, kann sich ein Evercookie aus diesen verbleibenden Informationen wieder selbst rekonstruieren.

V. Checkliste Cookies

WICHTIG!
- ☐ Cookies haben wichtige Aufgaben bei Websites und Webanwendungen, können jedoch auch missbraucht werden (heimliches Nutzerprofil, Cookie-Diebstahl zur Übernahme von Benutzerkonten).
- ☐ Text-Cookies können über den Cookie-Manager der Webbrowser verwaltet, blockiert und gelöscht werden.
- ☐ Session-Cookies haben eine auf die Dauer der Sitzung begrenzte Speicherdauer, persistente Cookies können viele Jahre als lokale Datenspeicher wirken.
- ☐ Flash-Cookies können über die Datenschutzeinstellungen des Flash-Players verwaltet, blockiert und gelöscht werden.
- ☐ Super-Cookies gehorchen dem Cookie-Manager des Browsers, werden aber nicht in der Cookie-Übersicht gelistet.
- ☐ Evercookies zeigen das Risikopotenzial neuer Cookie-Formen und erfordern eine umfangreiche Abwehrmaßnahme.
- ☐ Bei der Abwehr von Cookies helfen Browsererweiterungen wie BetterPrivacy für Mozilla Firefox.
- ☐ Die Verwendung von Cookies wird häufig in den Datenschutzerklärungen von Websites unerwähnt gelassen, insbesondere bei neuen Cookie-Formen wie Flash-Cookies und Super-Cookies.

Dash-Cam

Kameras, die auf dem Armaturenbrett oder an der Windschutzscheibe eines Fahrzeugs installiert sind („Dash-Cams"), sind inzwischen für wenig Geld zu erhalten und werden immer beliebter. Der Zweck solcher Kameras besteht darin, ständig den Verkehr vor oder auch hinter dem Fahrzeug aufzuzeichnen, um für den Fall eines Unfalls ein Beweismittel zur Verfügung zu haben. Dabei geraten regelmäßig auch die Fahrer anderer Fahrzeuge ins Blickfeld.

Der Düsseldorfer Kreis hält den Einsatz solcher Kameras für unzulässig. Er hat sich mit der Frage anlässlich von Kameras an Taxis befasst und erklärt, es gebe schlicht keine Rechtsgrundlage dafür, Personen ohne jeden Anlass zu filmen (siehe Beschluss des Düsseldorfer Kreises vom 26./27.2.2013, abrufbar unter http://www.rehmnetz.de/it-recht/duesseldorferkreis). Ebenso hat das Bayerische Landesamt für Datenschutzaufsicht in einem konkreten Fall entschieden; diese Entscheidung wurde vom Verwaltungsgericht Ansbach inhaltlich akzeptiert, aber aus formalen Gründen gleichwohl aufgehoben (Urteil vom 12. August 2014 – AN 4 K 13.01634, abrufbar unter http://www.rehmnetz.de/it-recht/ldabayern).

Dem steht ein Urteil des Amtsgerichts München gegenüber, in dem es nicht beanstandet wurde, dass ein Radfahrers eine solche Kamera am Lenker seines Fahrrads installiert hatte. Die damit angefertigten Bilder wurden nach einem Unfall in einem Schadensersatzprozess als Beweismittel akzeptiert. Allerdings zeigten die Bilder, dass die Darstellung des Radfahrers im Prozess nicht stimmen konnte (siehe Urteil des Amtsgerichts München vom 6.6.2013 – 343 C 4445/13, abrufbar unter http://www.rehmnetz.de/it-recht/amtsgerichtmuenchen). Inzwischen wird man dieses Urteil allerdings durch eine weitere Entscheidung dieses Gerichts als überholt ansehen können, in der die Verwendung von Dash-Cam-Aufnahmen als Beweismittel generell abgelehnt wird (Beschluss vom 14.8.2014 – 345 C 5551/14, mit einer Presseerklärung, die den Sachverhalt näher darstellt, abrufbar unter http://www.rehmnetz.de/it-recht/dashcamzivilprozess).

Weniger Bedenken hat die Rechtsprechung dagegen, Aufnahmen von Dash-Cams zu akzeptieren, wenn sie als Beweismittel für Verkehrsstraftaten dienen. So hat das Amtsgericht Nienburg Aufnahmen als Beweismittel zugelassen. Dabei hatte das Opfer die Kamera allerdings gezielt eingeschaltet, als ihm klar wurde, dass die Situation „brenzlig" wird (Amtsgericht Nienburg, Urteil vom 20.1.2015 – 4 Ds 155714). Das Argument des Gerichts: In solchen Situationen habe das Interesse an einer effektiven Strafverfolgung den Vorrang. Die weitere Entwicklung bleibt freilich abzuwarten, da bisher nur Einzelfälle entschieden wurden.

Data Breach Notification

I. Definition
II. Adressat der Informationspflicht
III. Ausgestaltung der Informationspflicht

I. Definition

„Data Breach" bedeutet übersetzt „Datenpanne" oder „Datenmissbrauch". Tritt eine Datenpanne auf, so müssen Betroffene informiert werden, wenn die Sicherheit personenbezogener Daten betroffen oder deren Missbrauch zu befürchten ist. Unter „Data Breach Notification" versteht man die Verständigung der Betroffenen und der Aufsichtsbehörde über die Datenpanne. Der deutsche Gesetzgeber hat dazu in § 42a Bundesdatenschutzgesetz (BDSG) Informationspflichten festgelegt.

II. Adressat der Informationspflicht

Die Regelung in § 42a BDSG ist am 3.7.2009 in das BDSG aufgenommen worden. Diese Vorschrift soll es Betroffenen und den Datenschutzaufsichtsbehörden erleichtern, Folgeschäden bei Datenpannen zu vermeiden, wenn sensible Daten unberechtigt in Hände Dritter gelangen. Die gesetzliche Informationspflicht gilt für nicht-öffentliche Stellen im Sinne des § 2 Abs. 4 BDSG. Die Regelung findet daneben Anwendung auf öffentlich-rechtliche Wettbewerbsunternehmen des Bundes und der Länder nach § 27 Abs. 1 Satz 1 Nr. 2 BDSG. Außerhalb des Anwendungsbereiches des BDSG sind die Informationspflichten für Telekommunikationsanbieter nach § 109a TKG, § 83a Sozialgesetzbuch Zehntes Buch (SGB X) und für Telemedienanbieter nach § 15a TMG zu beachten.

III. Ausgestaltung der Informationspflicht

Nicht jede Art von Datenverlust löst die gesetzlichen Informationspflichten aus. § 42a BDSG ist anwendbar, wenn besonders sensible Daten betroffen sind, beispielsweise spezielle Angaben über die Gesundheit, Gewerkschaftszugehörigkeit, Religion oder ethnische Herkunft. Personenbezogene Daten, die einem Berufsgeheimnis unterliegen, sowie personenbezogene Daten, die sich auf strafbare Handlungen oder Ordnungswidrigkeiten beziehen, führen bei Datenpannen zur Anwendung der Vorschriften zur Data Breach Notification. Als weitere Datenkategorie, die Informationspflichten bei unrechtmäßiger Kenntniserlangung auslösen, nennt das Gesetz personenbezogene Daten zu Bank- oder Kreditkartenkonten. Der verstärkte Missbrauch und die Gefahren, wenn Bankdaten oder Kreditkarteninformationen unberechtigt Dritten zugänglich gemacht werden, führten zur Einbeziehung dieser personenbezogenen Daten in die gesetzliche Regelung.

Beispiel:

> Wegen des Verlustes von Patientendaten im 6-stelligen Bereich musste das Klinikum Mittelbaden nach § 42a BDSG informieren. Dazu mussten halbseitige Anzeigen in der Tageszeitung „Die Welt" und „Frankfurter Rundschau" geschaltet werden. Nach Internetveröffentlichungen waren die Datensicherungsbänder der Klinik bei einer Zigarettenpause eines Mitarbeiters abhandengekommen.
>
> Auf der Internetseite der Klinik hieß es (auszugsweise):
>
> *„Im Kreiskrankenhaus Rastatt, Baden-Württemberg, wurden am Mittwoch, den 19.9.2012, zur Archivierung vorgesehene Datensicherungsbänder durch eine bislang unbekannte Person entwendet. Die Datensicherungsbänder konnten trotz intensiver Bemühungen bis heute nicht zurückerlangt werden. Der Vorfall ist dem Kreiskrankenhaus Rastatt am 27.9.2012 bekannt geworden."*

Unerheblich ist, auf welche Weise Dritte von den personenbezogenen Daten Kenntnis erlangt haben. Weitere Voraussetzung ist, dass schwerwiegende Beeinträchtigungen für die Rechte oder schutzwürdigen Interessen der Betroffenen drohen. Ein Unternehmen muss eine Gefahrenprognose vornehmen, ob konkrete Beeinträchtigungen zu befürchten sind. In der Praxis empfiehlt es sich, die Gefahrenprognose in Abstimmung mit dem betrieblichen Datenschutzbeauftragten zu dokumentieren.

Die Informationspflicht besteht, wenn tatsächliche Anhaltspunkte für einen Datenverlust festgestellt werden können. Die verantwortliche Stelle muss nicht in irgendeiner Form an der Weitergabe oder der Bereitstellung der Daten mitgewirkt haben. Die Fälle des Datendiebstahls, beispielsweise das Entwenden eines Notebooks aus einem Auto, können bereits Handlungsverpflichtungen einer nicht-öffentlichen Stelle auslösen.

Eine verantwortliche Stelle muss keine absolute Gewissheit darüber erlangen, ob eine unrechtmäßige Kenntnisnahme der Daten erfolgt ist. Es genügt eine hohe Wahrscheinlichkeit der Kenntnisnahme, um eine Benachrichtigungspflicht auszulösen.

Der Gesetzgeber erwartet, dass die Betroffenen unverzüglich benachrichtigt werden. So soll sichergestellt werden, dass ein weiterer Missbrauch von Daten und Schaden vermieden werden kann. Zuvor sollen von Unternehmen angemessene Maßnahmen zur Sicherung der Daten ergriffen werden. Es kann zunächst von einer Information an die Betroffenen abgesehen werden, wenn dadurch die Strafverfolgung gefährdet wird.

Der Gesetzgeber formuliert auch Anforderungen an den Inhalt der Benachrichtigung. Der Betroffene muss über die Art der unrechtmäßigen Kenntniserlangung informiert werden. Unternehmen sollen darüber hinaus Empfehlungen für Maßnahmen zur Minderung möglicher nachteiliger Folgen dem Betroffenen übermitteln. Es kann beispielsweise die Installation von Software-Updates empfohlen werden, um Sicherheitslücken zu schließen. Hinweise auf Überprüfung und Kontrolle von Kontoauszügen auf die unberechtigten Abbuchungen und für das Austauschen von Passwörtern sind weitere mögliche Empfehlungen.

Die Form der Benachrichtigung der Betroffenen ist in § 42a BDSG nicht weiter festgelegt. Eine Versendung der Information per E-Mail ist möglich.

Beispiel:

Vorsicht ist bei der Nutzung der bcc-Funktion beim E-Mail-Versand geboten:

Eine medizinische Fachkraft verschickte ihre neue Mail-Adresse in einem offenen Verteiler an alle ihre Kontaktpersonen. Unter den Kontaktpersonen waren auch – erkennbar – MS-Patienten, die von der Fachkraft freiberuflich medizinisch betreut wurden. (Tätigkeitsbericht 2011/2012 des Bayerischen Landesamts für Datenschutzaufsicht, S. 87). Das Kürzel „MS" stand für „Multiple Sklerose", betraf also Patienten mit einer gefährlichen Erkrankung.

Bei Datenverlusten, die nicht nur wenige Personen betreffen, sondern eine Vielzahl von Personen, kann eine individuelle Benachrichtigung einen erheblichen organisatorischen und auch finanziellen Aufwand bedeuten. Hier sieht das Gesetz für Unternehmen eine „Erleichterung" vor. Gemäß § 42a Satz 5 BDSG kann anstelle der Einzelbenachrichtigung eine Information der Öffentlichkeit erfolgen. Dazu müssen in mindestens zwei bundesweit erscheinenden Tageszeitungen halbseitige Anzeigen geschaltet werden. Alternativ besteht die Möglichkeit, eine in ihrer Wirksamkeit gleich geeignete Maßnahme zu ergreifen. In der Praxis sind aber halbseitige Anzeigen eines Unternehmens über Datenpannen und damit verbundene Risiken keine wirkliche Alternative. Der damit verbundene Imageverlust führt häufig dazu, dass Einzelbenachrichtigungen vorgezogen werden.

Neben dem Betroffenen ist auch die Datenschutzaufsichtsbehörde zu informieren. Die Aufsichtsbehörde erhält die gleichen Informationen wie die Betroffenen. Zusätzlich ist die Darlegung möglicher nachteiliger Folgen der unrechtmäßigen Kenntniserlangung mitzuteilen. Des Weiteren ist darzulegen, welche Maßnahmen vom Unternehmen ergriffen worden sind.

Werden die Pflichten nach § 42a BDSG nicht eingehalten, so kann ein Bußgeld bis zu 300.000 Euro festgelegt werden. Ein Bußgeld droht auch, wenn die Mitteilung nicht richtig, nicht vollständig oder nicht rechtzeitig erfolgt.

Checkliste

Voraussetzung:

- Schwerwiegende Beeinträchtigung für Rechte und Interessen der Betroffenen drohen
- Unternehmen muss Gefahrenprognose vornehmen, ob konkrete Beeinträchtigungen zu befürchten sind
- für die verantwortliche Stelle genügt die hohe Wahrscheinlichkeit der unberechtigten Kenntnisnahme durch Dritte

Maßnahmen: Unverzügliche Benachrichtigung der Betroffenen und der Datenschutzbehörde

Ziel: Vermeidung von Folgeschäden und Schließen von Sicherheitslücken

Beispiel:

Anlass für Meldungen nach § 42a BDSG (aus: 40. Tätigkeitsbericht 2011 des Hessischen Datenschutzbeauftragten):

- Verschwinden von 2 Metallkoffern mit Bankunterlagen,
- Diebstahl eines Computers aus einer Arztpraxis,
- Diebstahl eines Laptops mit Gesundheitsdaten,
- Fehlversendung Bankunterlagen oder mit Kontodaten,
- Einbruchdiebstahl (Entwendung von Mitgliederlisten mit Bankverbindungen)
- Entwendete Patientenadressliste
- Verlust von Mitarbeiterdaten auf dem Postweg (Bankdaten).

Datenschutz

I. **Grundlagen**
　1. Ziele des Datenschutzes
　　1.1 Schutz des allgemeinen Persönlichkeitsrechts
　　1.2 Bedeutung des Begriffs „Datenschutz"
　　1.3 Schutz des Rechts auf informationelle Selbstbestimmung
　　1.4 Entwicklungen hin zur Datenverkehrsordnung
　　1.5 Grundrecht auf Gewährleistung der Vertraulichkeit und Integrität informationstechnischer Systeme
　2. Personenbezogene Daten als Schutzgegenstand
　　2.1 Gesetzliche Definition

Datenschutz

    2.2   Daten juristischer Personen
    2.3   Abgrenzung sachbezogene/personenbezogene Daten
  3. Besonderheiten bei Daten Verstorbener
  4. Sonderschutz für Abbildungen von Personen

II. Überblick zu den normativen Regelungen
  1. Internationaler Rahmen
    1.1   UN – Vereinte Nationen
    1.2   OECD
  2. Regelungen auf europäischer Ebene
    2.1   Europäische Gemeinschaft
    2.2   Europarat
  3. Nationales deutsches Recht
    3.1   Verfassungsrechtliche Ebene
    3.2   Regelungen des Bundes
    3.3   Regelungen der Länder
    3.4   Kirchliche Regelungen

III. Unterscheidung öffentlicher/nicht-öffentlicher Bereiche
  1. Verfassungsrechtlicher Hintergrund
    1.1   Nicht-öffentlicher Bereich
    1.2   Öffentlicher Bereich
  2. Abgrenzung der beiden Bereiche
    2.1   Normativer Ausgangspunkt
    2.2   Public-Private-Partnerships
    2.3   Öffentlich-rechtliche Wettbewerbsunternehmen
  3. Äußerer Aufbau des BDSG

IV. Sachliche Grundprinzipien des BDSG
  1. Grundsatz des Verbots mit Erlaubnisvorbehalt
  2. Anforderungen an die Wirksamkeit einer Einwilligung
  3. Trennung zwischen der Verarbeitung für eigene und für fremde Zwecke

V. Folgen von Verletzungen des Datenschutzes
  1. Straftaten und Ordnungswidrigkeiten
  2. Datenschutzverstöße als unlauterer Wettbewerb

VI. Umfassende Änderung des Bundesdatenschutzgesetzes im Jahr 2009 und weitere Entwicklung

I. Grundlagen

1. Ziele des Datenschutzes

1.1 Schutz des allgemeinen Persönlichkeitsrechts

Die scheinbar simple Frage, worum es denn „beim Datenschutz" gehe, ist nicht in einem Satz zu beantworten. Das hängt damit zusammen, dass in diesem Begriff verschiedene Entwicklungslinien zusammenlaufen.

§ 1 Abs. 1 BDSG nennt als Zweck dieses Gesetzes, den Einzelnen vor Beeinträchtigungen seines „Persönlichkeitsrechts" zu schützen – nicht etwa, die Daten des Einzelnen zu schützen. Damit greift das BDSG einen Begriff auf, der älter ist als der Terminus „Datenschutz".

Die Forderung nach Anerkennung eines **„allgemeinen Persönlichkeitsrechts"** entstand in den 1950er-Jahren aus folgender Überlegung heraus: Das traditionelle deutsche Recht schützte zwar einzelne Aspekte der Persönlichkeit (etwa das Namensrecht, § 12 BGB oder das Recht am eigenen Bild, § 22 KUG), nicht jedoch die Persönlichkeit des Menschen als solche. Gerade nach den Erfahrungen des 3. Reichs und angesichts des Umstandes, dass das damals noch neue Grundgesetz die Würde des Menschen ebenso schützt (Art. 1 Abs. 1 GG) wie die allgemeine Handlungsfreiheit (Art. 2 Abs. 1 GG), wurde das als Lücke empfunden. Spätestens mit der „Herrenreiter-Entscheidung" des Bundesgerichtshofs aus dem Jahr 1954 (Text der Entscheidung siehe http://www.rehmnetz.de/it-recht/herrenreiterfall) gab die Rechtsprechung dieser Forderung nach. Sie gewährte unmittelbar auf der Basis des aus dem Grundgesetz abgeleiteten allgemeinen Persönlichkeitsrechts einen Schadensersatzanspruch, weil am konkreten Fall eine Abbildung des Betroffenen ohne seine Zustimmung bei der Werbung für ein Potenzmittel verwendet worden war.

Auch heute gibt es noch Konstellationen, in denen die Rechtsprechung unmittelbar auf das allgemeine Persönlichkeitsrecht zurückgreift.

Beispiel:
> Öffentliche Berichterstattung (mit Bild) über die Täterschaft bei einem länger zurückliegenden Mordfall in einer Online-Zeitung.

Im konkreten Fall wurde diese Berichterstattung nicht als unzulässige Beeinträchtigung des Persönlichkeitsrechts angesehen, da es einen aktuellen Anlass für die Berichterstattung gab (Wiederaufnahmeantrag des verurteilten Täters). Ansonsten aber hätte sein Persönlichkeitsrecht überwogen (Recht, in Ruhe gelassen zu werden, um eine Resozialisierung erreichen zu können). So das Landgericht Frankfurt/Main, CR 2007, 194. Gut bekannt sind in Juristenkreisen die zahlreichen Verfahren, in denen sich die nach Verbüßung ihrer Strafe wieder in Freiheit befindlichen Mörder des Volksschauspielers Walter Sedlmaier dagegen wehrten, in den Medien namentlich genannt zu werden. Meist hatten sie damit Erfolg, da sonst ihre Resozialisierung gefährdet würde. Allerdings konnten sie nicht erreichen, dass ihre Namen auch in Pressearchiven getilgt werden müssen, die im Internet zugänglich sind. So entschied es der Bundesgerichtshof in einem Urteil vom 15.12.2009 – VI ZR 227/08, abrufbar unter www.bundesgerichtshof.de. Keinen Erfolg hatten die beiden Mörder auch in folgender Hinsicht: Sie müssen es dulden, dass ihr Name in „Kurzmeldungen" genannt wird, die ein Pressearchiv in das Internet einstellt und über die auf Archivberichte zugegriffen werden kann, die nicht allgemein zugänglich sind, sondern nur für Nutzer, die zuvor eine Zugriffsberechtigung erworben haben (Bundesgerichtshof, Urteil vom 22.2.2011 – VI ZR 114/09, abrufbar unter www.bundesgerichtshof.de).

Auch eine juristische Person kann im Übrigen Anspruch auf Schutz ihres Persönlichkeitsrechts haben, soweit dieses Recht seinem Wesen nach auf eine juristische Person passt.

Beispiel:
> Ein Wirtschaftswissenschaftler führte 24 Mal ein Seminar „Jahresabschlussanalyse aus der Sicht der Banken" durch. In die Seminarunterlagen nahm er den Jahresabschluss 1987 der Betroffenen auf. Die Betroffene ist eine mittelständische GmbH, die sich vollständig im Familienbesitz befindet. In dem Jahresabschluss wird die finanzielle Lage der Betroffenen als „kritisch" bezeichnet.

Der Wirtschaftswissenschaftler muss den Abschluss künftig anonymisieren, obwohl er mit vollem Namen des Unternehmers im Bundesanzeiger veröffentlicht war. Er hat das Persönlichkeitsrecht der Betroffenen verletzt, weil die volle Namensnennung nicht erforderlich war und den „sozialen Geltungsanspruch als Wirtschaftsunternehmen" negativ berührt. Die Veröffentlichung im Bundesanzeiger ist ohne Belang, da der

Datenschutz

Kläger als „negativer Verstärker" gewirkt hat (Urteil des Bundesgerichtshofs vom 8.2.1994 – VI ZR 286/93, CR 1994, 396).

1.2 Bedeutung des Begriffs „Datenschutz"

Der Begriff „Datenschutz" als solcher entwickelte sich später (in den 1960er-Jahren) aus der Diskussion um die Möglichkeiten der EDV. Konsequenterweise zielten die ersten Datenschutzgesetze ganz auf den Schutz vor Gefahren, die man in der EDV zu erkennen glaubte – Datenschutzgesetze als Antwort auf die spezifischen Gefahren der EDV. Genau besehen ging es aber auch dabei um den Schutz des Persönlichkeitsrechts, denn gefährdet wurde durch die Möglichkeiten der EDV gerade dieses Recht.

Erst nach Jahren löste sich der Anwendungsbereich der Datenschutzgesetze von der rein historisch erklärbaren Beschränkung auf automatisiert verarbeitete Daten in Form von Dateien und erfasste alle personenbezogenen Daten, egal in welcher Forum der Verarbeitung (also etwa auch in Form von Akten).

1.3 Schutz des Rechts auf informationelle Selbstbestimmung

Eine besondere Bedeutung hat – beginnend mit dem „**Volkszählungsurteil**" (Text der Entscheidung siehe http://www.rehmnetz.de/it-recht/volkszaehlungsurteil) – der Begriff des „Rechts auf informationelle Selbstbestimmung" erlangt. Er wurde und wird oft als Wortungetüm geschmäht, doch nimmt das Bundesverfassungsgericht den Begriff an sich, vor allem aber auch die daraus abgeleiteten Grundsätze, in ständiger Rechtsprechung immer wieder in Bezug, so etwa in der Entscheidung zur automatisierten Abfrage von Kontenstammdaten durch verschiedene Behörden (BVerfG, Beschluss v. 13.6.2007 – 1 BvR 1550/03, abrufbar unter www.bundesverfassungsgericht.de). Diese Abfrage wurde dabei im Wesentlichen als verfassungskonform gebilligt.

Der Begriff sieht im Ausgangspunkt nicht die passive Seite des Persönlichkeitsrechts, die bis dahin meist betont wurde (Abwehr von Beeinträchtigungen, wenn sie von anderen verursacht werden), sondern betont die **aktive Rolle** des Rechtsinhabers: Er soll bestimmen können, was mit seinen Daten geschieht.

Konsequenterweise löst er sich völlig von der Frage, ob Daten per EDV oder in sonstiger Form verarbeitet werden und **definiert** das „informationelle Selbstbestimmungsrecht" wie folgt: Jeder Einzelne hat die Befugnis, grundsätzlich selbst über die Preisgabe und Verwendung seiner persönlichen Daten zu bestimmen.

Damit er diese Befugnis überhaupt ausführen kann, muss der Zweck, dem ein bestimmter Umgang mit Daten dient, für ihn erkennbar sein. Kehrseite ist aus der Sicht der verantwortlichen Stelle, dass sie diese Zweckbindung strikt einhalten muss – eine Beschränkung, die bei der Veränderung von Rahmenbedingungen durchaus als unangenehm empfunden werden kann. Flankierend – und wiederum aus dem Gebot der Transparenz erklärbar – fordert das Gericht, dass Rechtsgrundlagen, die das Recht auf informationelle Selbstbestimmung einschränken, dem Gebot der „Normenklarheit" genügen müssen.

Einschränkungen des Rechts sind an sich möglich. Dies gilt dann, wenn ein „überwiegendes Allgemeininteresse" die Einschränkung rechtfertigt und sie sich bei einer Gesamtabwägung als nicht unverhältnismäßig darstellt.

Auf dieser Basis werden auch relativ weitreichende Einschränkungen des Rechts zugunsten staatlicher Befugnisse gebilligt.

Beispiele:

- Daten über Bankkonten für Finanzämter

  Es ist nicht zu beanstanden, dass Finanzämter bei Kreditinstituten bestimmte Kontenstammdaten erheben dürfen, um darauf aufbauend Kontrollen vorzunehmen (Rechtsgrundlage: §§ 93, 93a AO). Begründung: Die Gleichmäßigkeit der Erhebung von Steuern und Sozialabgaben sowie die Verhinderung des unberechtigten Bezugs von Sozialleistungen sind wichtige Gemeinwohlbelange. Dass der Abruf heimlich erfolgt, ist ohne Belang. Denn jedenfalls im Zuge der Ermittlungen wird dem Steuerpflichtigen mitgeteilt, dass ein Abruf bevorsteht oder erfolgt ist. Das gibt ihm die Möglichkeit, Rechtsschutz zu erlangen und dies genügt, um seine Rechte zu wahren (BVerfG, Beschl. v. 22.3.2005 – 1 BvR 2357/04, abrufbar unter www.bundesverfassungsgericht.de). Diese Entscheidung, die im Rahmen des einstweiligen Rechtsschutzes ergangen war, wurde im späteren Hauptsacheverfahren weitgehend bestätigt. Beanstandet wurde jedoch, dass der Kreis der „Nicht-Steuerbehörden", die Daten abfragen können, zu ungenau bestimmt war (Regelung des § 93 Abs. 8 AO). Folge dieser Beanstandung wird voraussichtlich lediglich sein, dass diese Behörden künftig in einer Rechtsverordnung aufgelistet werden (BVerfG, Beschluss v. 13.6.2007 – 1 BvR 1550/03, abrufbar unter www.bundesverfassungsgericht.de).

- Einsatz von GPS-Systemen zur Strafverfolgung

  Es ist nicht zu beanstanden, wenn bei Ermittlungen nach schweren Straftaten heimlich GPS-Systeme in Fahrzeugen von Verdächtigen installiert werden (Rechtsgrundlage: § 100c Abs. 1 Nr. 1 StPO) (BVerfG, Urteil v. 13.3.2005 – 2 BvR 581/01, abrufbar unter www.bundesverfassungsgericht.de).

- Einsatz von „IMSI-Catchern" bei strafrechtlichen Ermittlungen

  Es ist nicht zu beanstanden, wenn „IMSI-Catcher" eingesetzt werden, um den Standort von Mobiltelefonen zu bestimmen (Rechtsgrundlage: § 100i Abs. 1 Nr. 2 StPO). „IMSI" (International Mobile Subscriber Identity) ist die Kartennummer der SIM-Karte eines Mobiltelefons (BVerfG, Beschluss v. 22.6.2006 – 2 BvR 1345/03, abrufbar unter www.bundesverfassungsgericht.de).

- Blutprobe für DNA-Analysen in einem Mordfall („Porsche-Fall")

  Eine Blutprobe zur Durchführung einer DNA-Analyse kann gegen den Willen des Betroffenen angeordnet werden, wenn es – wie hier – um eine sehr schwere Straftat geht und ein gewisser, wenn auch nicht allzu hoher Tatverdacht gegeben ist (Rechtsgrundlage: § 81a Abs. 1 Satz 1 StPO). Das gilt auch dann, wenn unter Hinweis auf eine sonst drohende Anordnung schon 750 Blutentnahmen (mehr oder weniger) freiwillig durchgeführt wurden (BVerfG, Beschluss v. 2.8.1996 – 2 BvR 1511/96, CR 1997, 553).

Allerdings darf man daraus nicht ableiten, dass das Bundesverfassungsgericht gewissermaßen stets „zugunsten des Staates" entscheiden würde. Dass dieser Eindruck zu sehr vereinfacht, hat sich gerade in jüngerer Zeit gezeigt.

Beispiele:

- Automatisierte Erfassung von Autokennzeichen

  Die Polizei erfasst mit Hilfe von Videokameras automatisch die Kennzeichen von Kraftfahrzeugen, vor allem auf Autobahnen. Die Kennzeichen werden – ebenfalls automatisch – mit Fahndungsdateien abgeglichen. Ist das Kenn-

Datenschutz

zeichen nicht im Bestand enthalten („Nicht-Treffer-Fall"), werden Bild und Kennzeichen sofort gelöscht. Im „Treffer-Fall" schließen sich weitere polizeiliche Maßnahmen an.

Das Recht auf informationelle Selbstbestimmung wird nach Auffassung des Gerichts nur im „Trefferfall" berührt. Denn dann können sich weitere Maßnahmen anschließen. Bei einem „Nichttreffer-Fall" werden die Daten dagegen spurlos, anonym und ohne noch einen Personenbezug herstellen zu können, gelöscht. Dann sind Belange des Betroffenen nicht berührt.

Beanstandet hat das Gericht die Regelungen wegen ihrer Unbestimmtheit: Für die „Treffer-Fälle" war nämlich nicht klar geregelt, welche Maßnahmen genau sie nach sich ziehen können. Festgelegt war lediglich, dass ein Abgleich mit dem „Fahndungsbestand" erfolgen soll. Schon dieser Begriff ist aber nicht eindeutig und weder irgendwo gesetzlich definiert noch eindeutig erschließbar (BVerfG, Urteil v. 11.3.2008 – 1 BvR 2074/05 und 1 BvR 1254/07, abrufbar unter www.bundesverfassungsgericht.de).

- Teilweise Untersagung der Vorratsdatenspeicherung bei TK-Unternehmen

In § 113b TKG legte der Gesetzgeber fest, dass die Anbieter öffentliche zugänglicher Telekommunikationsdienste die „Verkehrsdaten" (insbesondere Rufnummern der beteiligten Anschlüsse und Uhrzeit sowie Zeitdauer der Verbindung) für sechs Monate speichern müssen, damit staatliche Sicherheitsbehörden darauf zugreifen können.

Die Anwendung dieser Vorschriften hatte das Gericht zunächst ausgesetzt – mit Ausnahme von Ermittlungen bei bestimmten sehr schweren Straftaten. Begründung: Es liege ein schwerer Eingriff in das Fernmeldegeheimnis (Art. 10 Abs. 1 GG) vor. Deshalb müsse die Anwendung der Vorschriften einstweilen ausgesetzt werden, bis über ihre Rechtmäßigkeit entschieden worden sei. Inzwischen hat das Gericht die Regelung für verfassungswidrig erklärt (BVerfG, Urteil vom 2.3.2010 – 1 BvR 256/08, abrufbar unter www.bundesverfassungsgericht.de).

1.4 Entwicklungen hin zur Datenverkehrsordnung

Auch vor dem Hintergrund solcher Beispiele lässt sich sagen, dass das Ziel des Datenschutzes nach wie vor darin besteht, das Persönlichkeitsrecht des Einzelnen zu schützen, indem er ihm die dafür nötigen Handlungsoptionen sichert. Durch die intensive Gesetzgebung und Rechtsprechung auf diesem Gebiet hat sich allerdings weitgehend eine Art „Datenverkehrsordnung" entwickelt, die dem Einzelnen gerade im Verhältnis zu staatlichen Stellen kaum noch individuelle Handlungsoptionen lässt.

1.5 Grundrecht auf Gewährleistung der Vertraulichkeit und Integrität informationstechnischer Systeme

Aus Anlass des Streits um die Rechtmäßigkeit von Online-Durchsuchungen (im konkreten Fall geregelt im Verfassungsschutzgesetz Nordrhein-Westfalen) hat das Bundesverfassungsgericht im Jahr 2008 ein neues Grundrecht sozusagen „erfunden". Dieser Begriff ist deshalb gerechtfertigt, weil dieses Grundrecht so im Grundgesetz gar nicht erwähnt ist. Das neue Grundrecht soll Lücken schließen, die neben dem Grundrecht auf informationelle Selbstbestimmung und dem Fernmeldegeheimnis bleiben.

Eine solche Schutzlücke sieht das Gericht vor allem dann, wenn jemand Daten auf dem privaten PC speichert, also kein Übermittlungsvorgang im Sinne der Telekommunikation stattfindet. Dabei gehe es nicht nur im die vom Benutzer gespeicherten Daten, sondern auch um die Daten, die das System selbstständig erzeuge (etwa Datum und Uhrzeit einer Speicherung usw.). So zustande gekommene Datenbestände hätten eine neue, bisher nicht gekannte Qualität, woraus ein Schutzbedürfnis entstehe, das durch das neue Grundrecht abgedeckt werden müsse. Die Vernetzung, etwa mittels des Internet, steigere das Schutzbedürfnis noch.

Die Regelungen zum heimlichen Zugriff auf solche Systeme („Online-Durchsuchung"), die im angegriffenen Gesetz enthalten waren, erklärte das Gericht wegen Verstoßes gegen das neue Grundrecht für nichtig. Sie seien unverhältnismäßig und zu unklar (BVerfG, Urteil vom 27.2.2008 – 1 BvR 370/07 und 1 BvR 595/07).

Was über diesen Einzelfall hinaus aus dem neuen Grundrecht abzuleiten ist und ob es insbesondere Bedeutung für das Verhältnis zwischen Privatunternehmen und deren Kunden erlangen wird, ist derzeit noch nicht abzuschätzen. Die ersten Reaktionen auf die Schaffung dieses Grundrechts waren in der Fachliteratur eher negativ.

2. Personenbezogene Daten als Schutzgegenstand

2.1 Gesetzliche Definition

Die in § 1 Abs. 1 BDSG beim Zweck des Gesetzes angesprochenen „personenbezogenen Daten" sind in § 3 Abs. 1 BDSG definiert als „Einzelangaben über persönliche oder sachliche Verhältnisse einer bestimmten oder bestimmbaren natürlichen Person". Diese Definition führt, wenn man sie zu oberflächlich betrachtet, rasch in die Irre, weil sie dann den falschen Eindruck erweckt, als würden eher wenige Daten von dem Begriff erfasst. Dies trifft jedoch in mehrfacher Hinsicht nicht zu.

2.2 Daten juristischer Personen

Der scheinbar klare Wortlaut der zitierten Bestimmung legt den Schluss nahe, dass Daten juristischer Personen in keinem Fall vom BDSG erfasst werden. Richtigerweise ist die Bestimmung jedoch so zu interpretieren, dass auch Daten juristischer Personen erfasst werden, wenn sie zugleich Daten natürlicher Personen darstellen.

Beispiel:

Daten über die wirtschaftliche Lage einer Einmann-GmbH, deren einziger Gesellschafter zugleich der Geschäftsführer ist, sind nicht nur Daten der GmbH, sondern zugleich personenbezogene Daten des Gesellschafters/Geschäftsführers. Folge: Auskunfteien dürfen diese Daten zur Person des Geschäftsführers speichern.

(BGH, Urt. v. 17.12.1985 – VI ZR 244/84, NJW 1986, 2505; bestätigt in einem völlig gleich gelagerten Fall durch BGH, Beschluss v. 24.6.2003 – VI ZR 3/03, abrufbar unter www.bundesgerichtshof.de)

2.3 Abgrenzung sachbezogene/personenbezogene Daten

Da ausdrücklich auch „sachliche Verhältnisse" einer Person erfasst werden, gibt es letztlich keine „Sachdaten" mehr, die schon an sich nie einer Person zuzuordnen wären.

Beispiel:

Dass ein Haus eine bestimmte Lage hat, ist für sich genommen eine rein sachbezogene Information. In Verbindung mit der An-

Datenschutz

gabe, wer Eigentümer des Hauses ist, wird es zu einem personenbezogenen Datum. Im Streit um Google Street View wurde daher vielfach die Auffassung vertreten, die von Google angefertigten Aufnahmen seien immer personenbezogen, da es ein Leichtes sei, den Eigentümer eines Hauses zu ermitteln. Unstreitig war der Personenbezug im Hinblick auf die Bewohner des Hauses, wenn sie zum Beispiel aus Klingelschildern usw. zu ersehen sind.

TIPP!
Wenn der Personenbezug von Daten im Einzelfall scheinbar zu verneinen ist, beruht das oft darauf, dass der Begriff zu eng interpretiert wird. Eine umfassende Analyse der Gruppe nach Art. 29 der EG-Datenschutzrichtlinie hat ergeben, dass der Begriff sehr weit geht (siehe „Stellungnahme 4/2007 zum Begriff „personenbezogene Daten", vom 20. Juni 2007, abrufbar unter http://www.rehmnetz.de/it-recht/workingpaper136). In solchen Fällen sollte daher eine kritische zweite Prüfung erfolgen.

3. Besonderheiten bei Daten Verstorbener

Vom Ansatz her unterfallen Daten über Verstorbene nicht den Regelungen des BDSG. Begründung: Das Gesetz soll die freie Entfaltung der Persönlichkeit schützen. Bei einem Toten gibt es jedoch keine Persönlichkeit mehr, die sich noch entfalten könnte. Dieser Ansatz hat erhebliche praktische Bedeutung.

Beispiel:
Bestattungsunternehmen dürfen „Basisdaten" Verstorbener (Name, letzte Anschrift, Geburts- und Sterbedatum) an Adresshändler verkaufen. Die Adresshändler streichen diese Personen dann aus ihren Beständen, damit nicht beispielsweise ein Verstorbener noch Werbung für eine Lebensversicherung erhält.

Beispiel:
Ansprüche wegen Verletzung des Persönlichkeitsrechts (auch Ansprüche auf Geldentschädigung wegen Verletzung des Persönlichkeitsrechts) sind höchstpersönlicher Natur und werden nicht vererbt. Stirbt der in seinem Persönlichkeitsrecht Verletzte, können die Erben solche Ansprüche nicht mehr geltend machen.

So der Bundesgerichtshof in einem Urteil vom 29.4.2014 – VI ZR 246/12.

Beispiel:
Ein Verein für Ahnenforschung veröffentlicht im Internet eine „Grabstein-Datenbank". Die Tochter eines verstorbenen Ehepaares wehrt sich dagegen, dass in dieser Datenbank ein Bild des Grabsteins ihre Eltern zu finden ist. Damit hatte es keinen Erfolg. Hinsichtlich einer möglichen Verletzung des Persönlichkeitsrechts weist das Gericht darauf hin, dass ein solches Persönlichkeitsrecht nach dem Tod nicht mehr existiert:

- Das allgemeine Persönlichkeitsrecht setze voraus, dass noch eine handelnde Person existiere.
- Das sei ab dem Tod einer Person jedoch naturgemäß nicht mehr der Fall.
- Ein Verstorbener habe auch kein Recht auf informationelle Selbstbestimmung mehr.
- Es sei ein Teil des allgemeinen Persönlichkeitsrechts und ende ebenfalls mit dem Tod.

So das Amtsgericht Mettmann in einem Urteil vom 16.6.2015- 25 C-384/15.

Allerdings sind im Einzelfall folgende Besonderheiten zu beachten:

- Daten über verstorbene Personen können sich zugleich auch auf lebende Personen beziehen.
- Angaben über vererbliche Krankheiten eines Verstorbenen sind auch personenbezogene Angaben über seine Nachkommen und noch lebende Vorfahren.
- Auch aus diesem Grund (und um ein Vertrauensverhältnis auch noch nach dem Tod zu schützen) gilt die ärztliche Schweigepflicht ausdrücklich über den Tod des Patienten hinaus (§ 203 Abs. 4 StGB).
- Sonderregelungen für die Zeit nach dem Tod gibt es auch bei Abbildungen von Personen. Wer einen Verstorbenen abbilden will, bedarf dafür bis zehn Jahre nach dem Tod die Einwilligung der Angehörigen (Einzelheiten siehe § 22 Satz 2 KUG). Meist bereitet das keine Probleme (etwa bei einem Bild neben einem ehrenhaften Nachruf). Schwierig wird es dagegen, wenn kritische Äußerungen über den abgebildeten Verstorbenen erfolgen.

4. Sonderschutz für Abbildungen von Personen

Unter dem eher irreführenden Namen „Gesetz betreffend das Urheberrecht an Werken der bildenden Künste und der Photographie" (kurz: „Kunsturheberrechtsgesetz") vom 9.1.1907 (!) finden sich Regelungen, die das Recht am eigenen Bild, also das Persönlichkeitsrecht abgebildeter Personen schützen.

Abbildungen, auf denen eine Person individuell zu erkennen ist, enthalten personenbezogene Daten, so dass insoweit an sich das BDSG anzuwenden wäre. Das KUG hat insoweit aber als Spezialgesetz den Vorrang (siehe § 1 Abs. 3 Satz 1 BDSG).

Die **Grundregel** lautet, dass Abbildungen von Personen nur mit deren Einwilligung verbreitet oder veröffentlicht werden dürfen (§ 22 Satz 1 KUG). Verstöße dagegen können zu einer Freiheitsstrafe bis zu einem Jahr oder zu einer Geldstrafe führen (§ 33 KUG).

Die Regelung gilt auch und insbesondere, wenn Abbildungen im Internet verbreitet werden.

Beispiel:
Ein Mann machte – mit Zustimmung der Frau – einige Nacktfotos seiner Partnerin. Als die Beziehung in die Brüche ging, stellte er die Bilder mit anzüglichen Bemerkungen ins Netz.

Da dieses Verhalten strafbar war, griffen Polizei und Staatsanwaltschaft zu Hausdurchsuchung und Beschlagnahme des verwendeten PC. Die Verletzung des Rechts am eigenen Bild zog außerdem die Verurteilung von 25.000 € Schmerzensgeld nach sich (LG Kiel, Urteil v. 27.4.2006 – 4 O 251/05, NJW 2007, 1002).

Siehe dazu auch → *Recht am eigenen Bild*.

II. Überblick zu den normativen Regelungen

1. Internationaler Rahmen

1.1 UN – Vereinte Nationen

Auf internationaler Ebene haben die Vereinten Nationen im Jahr 1990 „Richtlinien für die Verarbeitung personenbezogener Daten in automatisierten Dateien" verabschiedet. Sie zeigen, dass das Thema Datenschutz eine gewisse weltweite Aufmerksamkeit hat, sind mangels rechtlicher Verbindlichkeit für einzelne Personen oder Unternehmen allerdings ohne Bedeutung für

Datenschutz

den Alltag (Nähere Einzelheiten bei Simitis in Simitis (Hrsg.) BDSG-Kommentar, 8. Aufl. 2014, Einleitung RN 192–198).

1.2 OECD

Die Organisation für Wirtschaftliche Zusammenarbeit (OECD) besteht schwerpunktmäßig aus westlichen Industrieländern. Sie hat bereits 1980 „Leitlinien für den Schutz des Persönlichkeitsbereiches und den grenzüberschreitenden Verkehr personenbezogener Daten" erlassen. Sie haben reinen Empfehlungscharakter und sind rechtlich nicht einmal für die OECD-Mitglieder verbindlich.

Die Adresse der OECD lautet: http://www.oecd.org/ (Stichwort „Privacy Policy" unter der Rubrik „Browse" suchen).

2. Regelungen auf europäischer Ebene

2.1 Europäische Gemeinschaft

Die EG ist die Regelung des Datenschutzes von zwei Seiten her angegangen:

- Die **EG-Datenschutzrichtlinie** (Richtlinie 95/46/EG) gibt einen allgemeinen Rahmen für den Datenschutz in allen Bereichen, die in die Zuständigkeit der Europäischen Gemeinschaft fallen. Sie wird in etwa zwei Jahren durch die neue Datenschutz-Grundverordnung abgelöst (siehe dazu → *Datenschutz-Grundverordnung*), ist bis dahin aber noch die maßgebliche Rechtsquelle.

- Für den besonderen Bereich der **elektronischen Kommunikation** wurde ergänzend eine eigene Datenschutzrichtlinie erlassen (Richtlinie 2002/58/EG).

Immer wieder geplant, aber bisher nie realisiert wurde eine eigene Richtlinie zum **Arbeitnehmerdatenschutz**.

Wie alle EG-Richtlinien sind auch die beiden Datenschutz-Richtlinien zunächst einmal an die Mitgliedstaaten gerichtet, die sie in nationales Gesetz umsetzen müssen. Insofern ist die Aussage richtig, dass sie für einzelne Bürger und Unternehmen keine Bedeutung haben.

Gerade bei den beiden EG-Datenschutzrichtlinien ist das allerdings zu relativieren:

- Zum einen regelt die Richtlinie wichtige Verfahrensabläufe wie die Feststellung eines gleichwertigen Datenschutzniveaus in Drittstaaten (Art. 25 Abs. 6 der Datenschutzrichtlinie), die unmittelbare praktische Bedeutung haben.

- Zum anderen hat die Richtlinie Gremien installiert (etwa die **Gruppe nach Art. 29 der EG-Datenschutzrichtlinie**), die zwar keine unmittelbaren Anweisungen erteilen können, deren beratende Stellungnahmen aber stark beachtet werden.

Das Einstiegsportal Datenschutz der Europäischen Kommission hat folgende Adresse:

http://www.rehmnetz.de/it-recht/euportal (in vielen Teilen derzeit nur auf Englisch verfügbar).

Seit längerem bestehen Überlegungen, die vorhandenen Regelungen der EU umfassend zu überarbeiten. Dabei schien zunächst vor allem an eine Neufassung der EG-Datenschutzrichtlinie gedacht. Am 25.1.2012 hat die Europäische Kommission ein umfassendes **Datenschutzpaket** vorgelegt, das aus drei Teilen besteht. Ausgehend von einer bereits rechtsförmlich verabschiedeten Mitteilung mit grundsätzlichen Überlegungen zum Thema „Der Schutz der Privatsphäre in einer vernetzten Welt – Ein europäischer Datenschutzrahmen für das 21. Jahrhundert" (Mitteilung KOM (2012) 9 endgültig) wird es zwei Rechtsakte geben, die in der Summe das gesamte Gebiet des Datenschutzes in Privatwirtschaft und Staat abdecken sollen:

- Eine „**Datenschutz-Grundverordnung**", die für Privatunternehmen wie für Behörden gelten wird (zu erschließen aus Art. 2 „Sachlicher Anwendungsbereich" des Verordnungsentwurfs). Siehe dazu das Stichwort → *Datenschutz-Grundverordnung*.

- Eine **Richtlinie** für die „Verarbeitung personenbezogener Daten durch die zuständigen Behörden zum Zwecke der Verhütung, Aufdeckung, Untersuchung oder Verfolgung von Straftaten oder der Strafvollstreckung sowie zum freien Datenverkehr".

Alle drei genannten Dokumente, also die Mitteilung der Kommission sowie die Entwürfe der Datenschutz-Grundverordnung und der Richtlinie für den Sicherheitsbereich stehen im Internet zur Verfügung unter http://www.rehmnetz.de/it-recht/paketgrundverordnung. Die Verabschiedung der Rechtsakte ist Ende des ersten Halbjahres 2016 zu erwarten.

Siehe dazu das eigene Stichwort → *Datenschutz-Grundverordnung*.

2.2 Europarat

Zu Beginn der Entwicklung des Datenschutzes hat der Europarat ganz entscheidende Impulse gegeben. Bereits im Jahr 1981 hat er das „Übereinkommen Nr. 108 zum Schutz des Menschen bei der automatisierten Verarbeitung personenbezogener Daten" vorgelegt. Nach der Ratifikation durch fünf Staaten (darunter Deutschland) trat es am 1.10.1985 in Kraft.

Die Regelungen enthalten **wichtige Grundstrukturen,** die später auch Eingang in die EG-Datenschutzrichtlinien gefunden haben. Für den einzelnen Bürger ergeben sich aus ihnen jedoch keine unmittelbaren Verpflichtungen, so dass sie im Alltag keine unmittelbare Bedeutung haben.

In jüngster Zeit ist jedoch Folgendes bemerkenswert:

- Der Europarat hat beachtlichen Einfluss in den **Staaten Osteuropas,** die nicht Mitglied der Europäischen Union sind.

- Mit dem europaweiten „Datenschutztag", der seit 2007 jedes Jahr am 28. Januar stattfindet, hatte der Europarat eine gute „Marketingidee", die schon im ersten Jahr großen Anklang fand.

- Vor allem seit dem Jahr 2000 hat er einige Studien zu Spezialproblemen veröffentlicht, die in Expertenkreisen stark beachtet werden.

Das Einstiegsportal Datenschutz des Europarats hat folgende Adresse: http://www.rehmnetz.de/it-recht/europaratportal.

3. Nationales deutsches Recht

3.1 Verfassungsrechtliche Ebene

Das Grundgesetz enthält von seinem Wortlaut her kein ausdrückliches **„Grundrecht auf Datenschutz".** Es besteht aber Einigkeit darüber, dass der Sache nach ein solches Grundrecht existiert; auch das Bundesverfassungsgericht hat die Formulie-

Datenschutz

rung „Datenschutz als Grundrecht" schon mehrfach verwendet (erstmals wohl beim Urteil zur Besteuerung von Zinseinkünften, Urteil v. 27.6.1991 – 2 BvR 1493/89, NJW 1991, 2129).

Verschiedene **Landesverfassungen** haben ein Grundrecht auf Datenschutz ausdrücklich ausformuliert (Berlin, Brandenburg, Bremen, Mecklenburg-Vorpommern, Nordrhein-Westfalen, Rheinland-Pfalz, Sachsen, Sachsen-Anhalt, Thüringen, Saarland). Da aber aus allen Landesverfassungen ohnehin ein solches Grundrecht abzuleiten wäre, hat die ausdrückliche Festschreibung keine besondere praktische Bedeutung.

3.2 Regelungen des Bundes

Ausgehend von der Kompetenzverteilung zwischen Bund und Ländern, die das Grundgesetz vorgibt, ist vor allem die Regelung des Datenschutzes in der Wirtschaft (Gegenstand der konkurrierenden Gesetzgebung gem. Art. 74 Abs. 1 Nr. 11 GG) durch den Bund erfolgt. Wesentliche Regelungen sind insofern:

- BDSG (vor allem der 3. Abschnitt, der die Wirtschaft betrifft)
- BetrVG (soweit ein Betriebsrat existiert, nur für im BetrVG geregelte Fragen des Arbeitslebens)
- TMG (für Anbieter von elektronischen Informations- und Kommunikationsdiensten, Regelungen im Abschnitt 4 §§ 11–15).

Daneben stehen zahlreiche „bereichsspezifische" Spezialregelungen, die in der Regel die Tätigkeit von Behörden betreffen.

Wichtige Beispiele:

- Regelungen der Strafprozessordnung, etwa zum Anlegen von Dateien mit Informationen aus Strafverfahren (§§ 483–495 StPO), aber auch die umfassenden Regelungen zur Überwachung des Fernmeldeverkehrs, heimlichen Observation usw. (§§ 94–111p StPO)
- Regelungen des Passgesetzes zu biometrischen Daten in Reisepässen (vor allem § 16a PassG, s. aber auch § 16 zum Datenschutz bei Passnummern)
- Stasiunterlagengesetz

3.3 Regelungen der Länder

Entsprechend der Kompetenzverteilung im Grundgesetz finden sich Datenschutzregelungen der Länder vor allem in den Polizei- und Verfassungsschutzgesetzen. Bedeutsam sind auch die Regelungen des Einwohnermelderechts, in denen die Tätigkeit der Einwohnermeldeämter geregelt ist. Sie wurden mit Wirkung vom 1. November 2015 im Bundesmeldegesetz bundeseinheitlich zusammengefasst. Daneben gibt es noch ergänzende Ausführungsgesetze der Bundesländer zum Bundesmeldegesetz.

Beispiel:

Ein Inkassobüro möchte die aktuelle Anschrift eines Schuldners erfahren und auch wissen, mit wem er verheiratet ist.

Die Anschrift ist als „einfache Melderegisterauskunft" ohne besondere Voraussetzungen zu erhalten, der Name des Ehepartners als „erweiterte Melderegisterauskunft" beim Vorliegen eines berechtigten Interesses (hier: Forderungseinzug). So § 44 BMG (Einfache Melderegisterauskunft) und § 45 BMG (erweiterte Melderegisterauskunft).

3.4 Kirchliche Regelungen

Nach der verfassungsrechtlichen Ausgangslage dürfen Religionsgemeinschaften ihre Angelegenheiten selbstständig ordnen und verwalten (Art. 140 GG unter Bezug auf den in diesem Kontext fortgeltenden Art. 137 Abs. 3 Satz 1 der Weimarer Reichsverfassung). Auf dieser Basis haben die katholische wie die evangelische Kirche eigene Datenschutzgesetze erlassen. („Kirchliche Datenschutzordnung" der katholischen Kirche, „Kirchengesetz über den Datenschutz der evangelischen Kirche"). Offizielle Seite zum Datenschutz in der evangelischen Kirche: http://www.rehmnetz.de/it-recht/evangelisch. Das Gegenstück der katholischen Kirche: http://www.rehmnetz.de/it-recht/katholisch.

Diese Regelungen haben keineswegs nur Bedeutung für Pfarrer usw. Das zeigt sich etwa in folgenden Beispielen:

Beispiel:

- Der Umgang mit allen Daten in den Kirchensteuerämtern unterliegt diesen Regelungen.
- Alle Daten von Patienten in kirchlichen Krankenhäusern (auch von konfessionslosen Patienten) sind durch diese Regelungen geschützt.
- Dasselbe gilt für alle Daten von Kindern in kirchlichen **Kindergärten**.

III. Unterscheidung öffentlicher/nicht-öffentlicher Bereiche

1. Verfassungsrechtlicher Hintergrund

1.1 Nicht-öffentlicher Bereich

Der öffentliche Bereich (z. B. Bund, Länder, Kommunen) wird von ganz anderen verfassungsrechtlichen Grundprinzipien geprägt als der nicht-öffentliche Bereich (z. B. Privatpersonen und private Unternehmen):

Im nicht-öffentlichen Bereich herrscht vom Ausgangspunkt her Handlungsfreiheit, in wirtschaftlicher und in sonstiger Hinsicht. Dies muss der Gesetzgeber auch bei der Ausgestaltung der Datenschutzregelung berücksichtigen. Einschränkungen der auch grundrechtlich (Art. 2 Abs. 1 GG) geschützten Handlungsfreiheit bedürfen der Rechtfertigung – beispielsweise dadurch, dass sonst wiederum die Handlungsfreiheit anderer zu stark beeinträchtigt wurde (Problem der Kollision von Grundrechten mehrerer Personen – Notwendigkeit zur „praktischen Konkordanz", um die Rechte aller Beteiligten angemessen zu wahren).

Beispiel:

Je weiter die gesetzliche Befugnis etwa der **Schufa** reicht, Bonitätsdaten von Schuldnern zu speichern und weiterzugeben, desto stärker werden die Belange der Schuldner berührt – zugunsten einer größeren Handlungsfreiheit der Auskunftei.

Entsprechende Konflikte sind oft zu entscheiden:

- Eine Kreditkündigung als solche rechtfertigt keine Mitteilung des Gläubigers an die Schufa. Gerechtfertigt ist eine Mitteilung nur, wenn aus der Kündigung sichere Schlüsse auf die Zahlungsunfähigkeit bzw. -unwilligkeit zu sehen sind (AG Wedding, NJW-RR 2000, 715).
- Der Umstand, dass eine gerichtlich bestätigte Forderung erst mittels Zwangsvollstreckung eingetrieben werden

musste, rechtfertigt eine Meldung an die Schufa, da dies kein „normales Schuldenverhalten" mehr darstellt (KG Berlin, ZVI 2004, 293). Anders sieht es aus, wenn der Schuldner die Forderung erst bestreitet, aber dann nach seiner Verurteilung umgehend zahlt.

Inzwischen ist zu beachten, dass im Jahr 2009 mit § 28a BDSG eine eigenständige Regelung für die „Einmeldung" von Daten an die Schufa geschaffen wurde. Dabei ist die Übermittlung an die Schufa immer schon dann zulässig, wenn die in der Vorschrift genannten Kriterien (etwa das Abwarten einer Frist von vier Wochen zwischen Mahnung und Datenübermittlung) eingehalten wurde. Einen Abwägung mit etwaigen schutzwürdigen Interessen des Betroffenen findet dabei nicht statt (so OLG Frankfurt/M., Urteil vom 16.3.2011 – 19 U 291/10).

1.2 Öffentlicher Bereich

Im öffentlichen Bereich gilt im Ausgangspunkt: Jedes staatliche Handeln, das in Rechte von Bürgern eingreift, bedarf einer Rechtsgrundlage. Daraus erklärt sich die große Fülle „bereichsspezifischer Regelungen", in denen die Speicherung und Weitergabe bestimmter Daten geregelt wird.

Beispiel:

Die Schulgesetze der Länder enthalten durchweg genaue Regelungen dazu, welche Daten von Schülern gespeichert werden dürfen und wer diese Daten erhalten darf.

Diese Auswirkungen des „Eingriffsvorbehalts" beim Eingriff in Grundrechte werden noch durch den „Wesentlichkeitsgrundsatz" verstärkt. Er besagt, dass der Gesetzgeber die Ausgestaltung von Bereichen, die für die Verwirklichung der Grundrechte wesentlich sind (so etwa BVerfGE 47, 46, 79 – Sexualkundeunterricht), nicht der Verwaltung überlassen darf, sondern gesetzlich regeln muss. Die Unschärfe dieses Kriteriums hat dazu beigetragen, die Fülle gesetzlicher Regelungen im Datenschutz weiter zu vermehren.

2. Abgrenzung der beiden Bereiche

2.1 Normativer Ausgangspunkt

Normativer Ausgangspunkt ist § 1 Abs. 2 BDSG. Dabei ist die Nr. 2 (öffentliche Stellen der Länder) ohne praktische Bedeutung, da alle Länder Landesdatenschutzgesetze erlassen haben. Somit bleiben als zwei Bereiche

- die öffentlichen Stellen des Bundes (§ 1 Abs. 2 Nr. 1 BDSG, § 2 Abs. 1 BDSG) und
- die nicht-öffentlichen Stellen (§ 1 Abs. 2 Nr. 3 BDSG, § 2 Abs. 4 BDSG).

2.2 Public-Private-Partnerships

Einordnungsprobleme bereiten Erscheinungen wie gemeinsame juristische Personen von öffentlicher Hand und Privatwirtschaft etwa im Rahmen von „Public-Private-Partnerships". § 2 Abs. 3 BDSG trifft für solche Fälle eine Regelung, nach der als Faustregel gelten kann: Selbst eine geringe Beteiligung der öffentlichen Hand führt dazu, dass die „Vereinigung" (in der Regel GmbH oder AG) als öffentliche Stelle gilt. Ob sie dann als öffentliche Stelle des Bundes oder – sofern auch Länder Anteile besitzen – als öffentliche Stelle des Landes anzusehen ist, bereitet regelmäßig erhebliche Abgrenzungsprobleme; meist werden dabei mit den beteiligten Aufsichtsbehörden Einzelfallentscheidungen ausgehandelt.

2.3 Öffentlich-rechtliche Wettbewerbsunternehmen

Eine Besonderheit stellen öffentlich-rechtliche Wettbewerbsunternehmen dar (für den Bundesbereich: § 12 Abs. 1 BDSG, im Übrigen die Regelungen der Landesdatenschutzgesetze). Das sind Gebilde in öffentlich-rechtlicher Rechtsform, die als Unternehmen am Wettbewerb teilnehmen (§ 27 Abs. 1 Satz 1 Nr. 2 BDSG).

Beispiele:
- Das **Staatliche Hofbräuhaus** in München wird wie eine private Gaststätte am Markt aktiv.
- **Krankenhäuser der öffentlichen Hand** bieten durchweg Leistungen an, die auch bei Privatkliniken zu erhalten sind (anders Sonderbereiche, wie etwa Krankenhäuser des Justizvollzugs – sie sind Behörden).

Für solche Wettbewerbsunternehmen gelten dieselben Vorschriften (3. Abschnitt des BDSG) wie für nicht-öffentliche Stellen (Privatunternehmen). Das soll Wettbewerbsverzerrungen durch unterschiedliche Regelungen vermeiden.

3. Äußerer Aufbau des BDSG

Der äußere Aufbau des BDSG sagt viel zu dem Grundverständnis, mit dem der Gesetzgeber an das Gebiet des Datenschutzes herangegangen ist:

- 1. Abschnitt: Allgemeine und gemeinsame Bestimmungen

    Er zieht Regelungen (etwa Begriffsbestimmungen) „vor die Klammer", die für alle anderen Bereiche des Gesetzes gelten, also insbesondere gleichermaßen für öffentliche wie für nicht-öffentliche Stellen. Dahinter steckt das Bestreben, beide Bereiche möglichst parallel zu regeln.

- 2. Abschnitt: Datenverarbeitung der öffentlichen Stellen

    Er gilt für die öffentlichen Stellen des Bundes; für die öffentlichen Stellen der Länder sind dagegen die Landesdatenschutzgesetze maßgeblich. Sofern eine öffentliche Stelle als Wettbewerbsunternehmen anzusehen ist, kommt jedoch der 3. Abschnitt zur Anwendung. Diese komplizierte Struktur geht auf die föderale Struktur der Bundesrepublik Deutschland zurück und versucht zudem, Wettbewerbsunternehmen weder Vor- noch Nachteile zu verschaffen.

- 3. Abschnitt: Datenverarbeitung nicht-öffentlicher Stellen und öffentlich-rechtlicher Wettbewerbsunternehmen

    Dieser Abschnitt ist für die gesamte Privatwirtschaft zentral – vom Schutz von Kundendaten bis zum Arbeitnehmerdatenschutz. Praktisch besonders bedeutsam ist die umfangreiche Vorschrift des § 28 BDSG („Umgang mit Daten für eigene Zwecke"), ferner die – viel zu knapp geratene – Regelung zum Arbeitnehmerdatenschutz in § 32 BDSG, die 2009 eingeführt wurde.

- 4. Abschnitt: Sondervorschriften

    Hier finden sich insbesondere Regelungen für Forschungseinrichtungen (§ 40 BDSG) und Medien (§§ 41, 42 BDSG).

- 5. Abschnitt: Schlussvorschriften

    Unter dieser irreführenden Überschrift sind die Straf- und Bußgeldvorschriften eingeordnet.

- 6. Abschnitt: Übergangsvorschriften

    Sie sind praktisch wenig bedeutsam und betreffen nur den öffentlichen Bereich.

Datenschutz

IV. Sachliche Grundprinzipien des BDSG

1. Grundsatz des Verbots mit Erlaubnisvorbehalt

Dieser Grundsatz ist in § 4 Abs. 1 BDSG niedergelegt und besagt, dass die Erhebung, Verarbeitung oder Nutzung (zu diesen Begriffen siehe § 3 Abs. 3–5 BDSG) personenbezogener Daten (dazu § 3 Abs. 1 BDSG und oben I.2) **nur zulässig ist, wenn** sie

- entweder durch ein Gesetz oder eine andere Rechtsvorschrift (etwa Tarifvertrag, Betriebsvereinbarung) angeordnet oder zumindest erlaubt ist

oder

- eine Einwilligung des Betroffenen vorliegt.

Die Regelung formuliert also ein (theoretisches) Verbot, um dann (sehr umfangreiche) Ausnahmen hiervon zuzulassen. Nur so kann sichergestellt werden, dass es

- im nicht-öffentlichen Bereich zu einem Ausgleich der Interessen der Beteiligten kommt,
- im öffentlichen Bereich der Grundsatz des Vorbehalts des Gesetzes zum Tragen kommt.

Die für die Wirtschaft mit Abstand wichtigste gesetzliche Rechtsgrundlage findet sich in diesem Zusammenhang im § 28 BDSG („Umgang mit Daten für eigenen Zwecke").

Beispiele:
- Daten eigener Kunden dürfen genutzt werden, um ihnen Werbung für eigene Angebote des Unternehmens zukommen zu lassen (§ 28 Abs. 3 Satz 2 Nr. 1 BDSG), doch müssen die Betroffenen darauf hingewiesen werden, dass sie dieser Form der Nutzung widersprechen können (§ 28 Abs. 4 Satz 2 BDSG).
- Daten über persönliche Verhältnisse eines Arbeitnehmers (etwa die Religionszugehörigkeit und der Familienstand) dürfen erhoben, gespeichert und genutzt werden, wenn dies erforderlich ist, um den Arbeitsvertrag in die Praxis umzusetzen (§ 32 Abs. 1 Satz 1 BDSG) – etwa, weil Kirchensteuer abzuführen ist oder weil laut Vertrag Familienzuschläge für Verheiratete zu zahlen sind.

2. Anforderungen an die Wirksamkeit einer Einwilligung

§ 4a Abs. 1 BDSG formuliert hierfür strikte, in der Praxis oft nur schwer zu erfüllende Anforderungen:

- Die Einwilligung kann in der Regel nur schriftlich erteilt werden (§ 4a Abs. 1 Satz 3 BDSG). Die Ausnahme „andere Form wegen besonderer Umstände" wird von den Aufsichtsbehörden für den Datenschutz äußerst restriktiv interpretiert.
- Die Einwilligung muss äußerlich besonders hervorgehoben werden („Kasten" oder Ähnliches).
- Der Betroffene ist detailliert auf den Zweck der Erhebung, Verarbeitung oder Nutzung hinzuweisen (§ 4a Abs. 1 Satz 2 BDSG).

Eine ausführliche Darstellung der zahlreichen Probleme, die mit diesen Aufforderungen verbunden sind, bietet der 2. Tätigkeitsbericht (2006) der Regierung von Mittelfranken (Bayerische Datenschutzaufsichtsbehörde), S. 20–26 (abrufbar unter http://www.rehmnetz.de/it-recht/ldabericht2006). Ein Beispiel für eine komplexe Einwilligung bietet die „Schufa-Klausel" (Text in der Regel bei Banken erhältlich).

3. Trennung zwischen der Verarbeitung für eigene und für fremde Zwecke

Diese Trennung hat nur für den nicht-öffentlichen Bereich Bedeutung:

- § 28 BDSG regelt die Erhebung, Verarbeitung und Nutzung für eigene Geschäftszwecke.

  Beispiel:
  Ein Unternehmen verarbeitet die Daten seiner Kunden, um Bestellungen auszuliefern und um bei den Kunden Werbung zu betreiben.

- Für Daten von Beschäftigten ist seit 1.9.2009 die neu eingeführte Regelung des § 32 BDSG maßgeblich.

  Beispiel:
  Das Unternehmen verarbeitet Daten seiner Arbeitnehmer, um die vorhandenen Arbeitsverträge ordnungsgemäß zu erfüllen.

- § 29 BDSG regelt die Erhebung und Speicherung für „fremde Zwecke", nämlich um anderen Stellen Daten zur Verfügung zu stellen. Als typische Felder nennt das Gesetz in § 29 Abs. 1 Satz 1 BDSG Auskunfteien, Adresshandel sowie Werbung.

Soweit § 29 BDSG anzuwenden ist, unterliegen die betreffenden Stellen einer besonderen Meldepflicht bei der zuständigen Datenschutzaufsichtsbehörde (zu entnehmen aus dem Zusammenspiel von § 4d Abs. 1 BDSG i. V. m. § 4d Abs. 4 BDSG, der insoweit die in § 4d Abs. 2 und 3 enthaltenen Ausnahmen von der Meldepflicht für nicht anwendbar erklärt).

V. Folgen von Verletzungen des Datenschutzes

1. Straftaten und Ordnungswidrigkeiten

§ 43 BDSG enthält eine auf den ersten Blick beeindruckende Liste von Bußgeldtatbeständen, die mit Wirkung vom 1.9.2009 nochmals wesentlich verlängert wurde. Dabei sanktioniert Abs. 1 die Verletzung von Pflichten eher formaler Art (siehe etwa Nr. 2: fehlende Bestellung eines Datenschutzbeauftragten), während sich Absatz 2 Verstößen widmet, die unmittelbar einen Bezug zum Umgang mit personenbezogenen Daten haben (etwa Nr. 4: unbefugte Übermittlung von personenbezogenen Daten).

Sofern eine in § 43 Abs. 2 BDSG bezeichnete Handlung vorsätzlich begangen wurde sowie gegen Entgelt oder in der Absicht, einen anderen zu schädigen, wird die Tat als Straftat qualifiziert (§ 44 Abs. 1 BDSG), wobei für die Verfolgung ein Strafantrag nötig ist (§ 44 Abs. 2 BDSG).

Ordnungswidrigkeitenverfahren sind in der Praxis nicht häufig (maximal etwa ein Dutzend Verfahren im Jahr pro Bundesland), Strafverfahren kommen so gut wie gar nicht vor. Die theoretisch mögliche Bußgeldhöhe von bis zu 300.000 € (§ 43 Abs. 3 BDSG) steht nur auf dem Papier, Bußgelder von mehr als 1.000 € sind seltene Ausnahmen und betreffen schwerwiegende Fälle (siehe dazu die Analyse von Ehmann in Simitis, BDSG-Kommentar, 8. Aufl. § 43 RN 79–90). Die scheinbar spektakulären Bußgelder von über 1 Million Euro im Rahmen der „Lidl-

Affäre", bei der Arbeitnehmer unzulässig per Video und von Privatdetektiven überwacht wurden, die ebenso persönliche wie den Arbeitgeber nichts angehende Daten aufzeichneten, beruhen darauf, dass Bußgelder gegen insgesamt 36 rechtlich selbstständige GmbHs in der Berichterstattung aufaddiert wurden.

Am häufigsten geahndet wird der Verstoß gegen die Pflicht, der Aufsichtsbehörde auf Anforderung Auskünfte zu erteilen (§ 43 Abs. 1 Nr. 10 BDSG). Dieser Verstoß ist leicht beweisbar – und wäre ebenso leicht zu vermeiden, indem Anfragen auch beantwortet werden.

Der Entwurf einer Datenschutz-Grundverordnung der EU sieht drastisch erhöhte Sanktionen vor, die sich zum Teil an Prozentsätzen des Jahresumsatzes ausrichten sollen. Sollten diese Regelungen in Kraft treten (womit nicht vor 2018 zu rechnen ist), ergäbe sich eine völlig neue Situation.

2. Datenschutzverstöße als unlauterer Wettbewerb

Ein Verstoß gegen Datenschutzvorschriften kann zugleich als Handlung des unlauteren Wettbewerbs anzusehen sein. Voraussetzung ist aber, dass eine spezifisch wettbewerbsrechtliche Relevanz vorliegt. Sie wird von den Gerichten oft verneint.

Beispiel:
Ein Unternehmen hatte es versäumt, Betroffene darauf hinzuweisen, dass sie der Nutzung ihrer Daten für Werbezwecke widersprechen können (§ 28 Abs. 4 Satz 1 BDSG). Ein Konkurrenzunternehmen wollte darin einen Wettbewerbsverstoß sehen. – Das OLG Düsseldorf teilte diese Auffassung nicht. Es handele sich um eine Regelung, die das allgemeine Persönlichkeitsrecht schützen wolle. Verbraucherschützende Wirkung komme ihr nicht zu. Wettbewerbsrechtliche Relevanz habe sie daher nicht (OLG Düsseldorf, Urteil v. 20.2.2004 – 17 U 149/03, DuD 2004, 631).

Beispiel:
Auf einer Internetseite hatte ein Autoimporteur Kindern von 3–12 Jahren die Mitgliedschaft in einem Klub angeboten. Sie war kostenfrei und bot Vergünstigungen beim Eintritt in Freizeitparks usw. Voraussetzung für eine Aufnahme in den Klub war aber das Ausfüllen eines Formulars mit zahlreichen persönlichen Daten (u. a. „Welches Auto gefällt dir am besten?"). – In dieser Datenerhebung sah das OLG Frankfurt/Main einen Verstoß gegen das Wettbewerbsrecht der geschäftlichen Unerfahrenheit von Kindern (OLG Frankfurt/Main, Urteil v. 30.6.2005 – 6 U 168/04, CR 2005, 83).

Beispiel:
Auf einer Internetseite ist der „Gefällt-mir-Button" von Facebook installiert. Besucht ein Facebook-Mitglied diese Seite, werden bestimmte Daten (etwa Datum und Uhrzeit des Besuchs sowie besuchte Webseite) an Facebook übermittelt, ohne dass der Besucher der Seite dies bemerkt. Es besteht die gesetzliche Pflicht (§ 13 Abs. 1 TMG), ihn über die Datenübermittlung zu unterrichten. Unterbleibt dies, so liegt nach Auffassung des Kammergerichts kein Wettbewerbsverstoß vor.

Begründung: Zwar sei die Unterlassung ein Rechtsverstoß. Dieser beeinträchtige den Besucher der Seite jedoch nur in seinem allgemeinen Persönlichkeitsrecht. Seine Stellung als Marktteilnehmer werde dagegen nicht berührt. Und nur auf diesen Aspekt komme es im Wettbewerbsrecht an (siehe Kammergericht, Beschluss vom 29.4.2011 – 5 W 88/11, abrufbar unter http://www.rehmnetz.de/it-recht/gefaellltmirbutton).

TIPP!
Verstöße gegen datenschutzrechtliche Vorschriften stellen nur manchmal zugleich einen Wettbewerbsverstoß dar.

VI. Umfassende Änderung des Bundesdatenschutzgesetzes im Jahr 2009 und weitere Entwicklung

Kurz vor der Bundestagswahl 2009 kam es in zwei Stufen zu umfassenden Änderungen des Bundesdatenschutzgesetzes. Sie betreffen fast ausnahmslos zentrale Punkte des Gesetzes:

- Mit der „**BDSG-Novelle I**" vom 29.7.2009 (BGBl. I S. 2254) wurden neue Regelungen für die Datenübermittlung an Auskunfteien (§ 28a BDSG) und für den Einsatz von „Scoring-Systemen" (§ 28b BDSG) eingeführt.

- Die „**BDSG-Novelle II**" vom 14.8.2009 (BGBl. I S. 2814) brachte eine ganze Reihe neuer Regelungen:
    > Echter Kündigungsschutz für betriebliche Datenschutzbeauftragte (§ 4f Abs. 3 Sätze 5 und 6 BDSG)
    > Detaillierte Vorgaben für die Auftragsdatenverarbeitung (§ 11 BDSG)
    > Grundsatzregelung für den Arbeitnehmerdatenschutz (§ 32 BDSG)
    > Erweiterte Eingriffsbefugnisse für die Aufsichtsbehörden (§ 38 Abs. 5 BDSG)
    > Verpflichtung zur Information über Datenschutzverstöße (§ 42a BDSG)
    > Zusätzliche Bußgeldtatbestände und einen deutlich erhöhten Bußgeldrahmen (§ 43 BDSG).

Die **BDSG-Novelle III** vom 29.7.2009 (BGBl. I S. 2355) diente der Umsetzung der EU-Verbraucherkredit-Richtlinie (Einfügung von § 29 Abs. 6 und 7 BDSG) und hat nur am Rand einen Bezug zum Datenschutz.

Inzwischen wird die Diskussion um etwaige erneute Änderungen des BDSG überlagert durch die Diskussion um die **Datenschutz-Grundverordnung** (siehe dazu das Stichwort → *Datenschutz-Grundverordnung*). Gescheitert ist der Entwurf eines Beschäftigtendatenschutzgesetzes (siehe dazu BR-Drs. 535/10 vom 5.11.2011), indem er durch das Ende der Legislaturperiode des 17. Deutschen Bundestags im September 2013 hinfällig wurde (siehe dazu das Stichwort → *Beschäftigtendatenschutz*).

Datenschutzaudit

I.   **Gesetzgeberische Entwicklung und aktuelle Situation**
    1. Geltende Regelung in § 9a BDSG
    2. Gescheiterte Entwürfe eines Datenschutzauditgesetzes
        2.1 Entwurf vom 7.9.2007
        2.2 Entwurf vom 10.12.2008

II. **Bedarf nach einem Datenschutzaudit**
    1. Datenschutz als Akzeptanzelement
    2. Verfahrensaudit und Produktaudit

III. **Landesrechtliche Regelungen**
    1. Bremen
    2. Schleswig-Holstein

IV. **Datenschutz-Grundverordnung**

V.   **Checkliste Datenschutzaudit**

Datenschutzaudit

I. Gesetzgeberische Entwicklung und aktuelle Situation

1. Geltende Regelung in § 9a BDSG

§ 9a Satz 1 BDSG regelt etwas an sich völlig Selbstverständliches: Anbieter von DV-Programmen und -systemen sowie datenverarbeitende Stellen können sowohl ihr Datenschutzkonzept als auch ihre technischen Einrichtungen durch unabhängige Gutachter prüfen und bewerten lassen und die Ergebnisse dann veröffentlichen. Allein dafür bräuchte es keine gesetzliche Regelung, denn diese Möglichkeit steht ohnehin jedermann offen.

Worum es bei der Regelung eigentlich geht, wird in § 9a Satz 1 BDSG an der Formulierung deutlich, dass es sich bei den unabhängigen Gutachtern um „zugelassene" Gutachter handeln muss. Noch deutlicher wird dann Satz 2, aus dem sich ergibt, dass

- die Auswahl und Zulassung der Gutachter, ferner
- die näheren Anforderungen an Prüfung und Bewertung

durch ein besonderes Gesetz geregelt werden sollen.

Vor diesem Hintergrund ist es fragwürdig, wenn das Datenschutzaudit gerade in amtlichen Dokumenten (etwa BT-Drs. 14/1191, S. 14) als „Instrument der Selbstregulierung" bezeichnet wird. Formal trifft das zu, denn ein solches Audit **kann**, muss aber nicht durchgeführt werden. Real geht es aber gerade nicht darum, das Geschehen der Selbststeuerung von Wirtschaft und Gesellschaft zu überlassen. Eine solche Selbststeuerung soll vielmehr nur im Rahmen einer noch zu schaffenden gesetzlichen Vorgabe möglich sein. Wenn man eine solche Situation als „Selbstregulierung" bezeichnet, lässt sich dieser Begriff beispielsweise auch auf das GmbH-Recht anwenden: Niemand wird gezwungen, eine GmbH zu gründen. Wenn er es aber tut, wird er rasch feststellen, dass er nur die Spielräume hat, die ihm das GmbH-Gesetz (noch) belässt. Hier von Selbstregulierung zu sprechen, ist ein eher überraschendes, um nicht zu sagen fast schon absurdes Begriffsverständnis.

So betrachtet ist das Datenschutzaudit eher ein staatliches Regulierungsinstrument. Die noch zu schaffende gesetzliche Regelung soll dazu führen, den Datenschutz zu einem Wettbewerbsargument zu machen (so etwa BT-Drs. 14/1191, S. 14), weil der Gesetzgeber offenbar gerade nicht darauf vertraut, dass sich dieser Ansatz von alleine aus dem Markt heraus entwickelt.

Die reale Entwicklung am Markt ist daran inzwischen vorbeigegangen. Jedes Unternehmen, das ein Audit durchführen lassen will, findet hierfür genügend Angebote, sei es des TÜV oder anderer privater Anbieter, die freiberuflich tätig sind. Sie führen ein gesetzlich nicht geregeltes „Audit" auf der Basis der Vorschriften des BDSG und weiterer Regelungen wie etwa der ISO 9000 und selbst geschaffener Vorgaben durch. Teils vergeben sie auch selbstgeschaffene Gütesiegel. Dazu gehört auch das European Privacy Seal EuroPriSe (siehe http://www.rehmnetz.de/it-recht/privacyseal). Es hat keinen offiziellen, auf einer gesetzlichen Regelung basierenden Charakter, obwohl der Aufbau dieses Projekts durch die EU gefördert wurde.

2. Gescheiterte Entwürfe eines Datenschutzauditgesetzes

2.1 Entwurf vom 7.9.2007

Die Regelung des § 9a BDSG wurde bei der letzten BDSG-Novelle im Jahr 2001 eingeführt. Bis heute (1.4.2012) wurde das in ihrem Satz 2 postulierte „besondere Gesetz" nicht erlassen. Rechtlich ist das unschädlich, da Satz 2 in keiner Weise festlegt, bis wann ein solches Gesetz erlassen sein muss – und eine solche Festlegung des Gesetzgebers gegenüber sich selbst auch keinen Sinn ergäbe. Auch europarechtlich ist diese Untätigkeit unbedenklich, da § 9a BDSG keinerlei europarechtlichen Hintergrund hat. Allerdings trägt es auch nicht zum Respekt vor dem Gesetz bei, wenn derartige Ankündigungen jahrelang nicht eingelöst werden.

Im Herbst 2007 wurde aus der Bundesverwaltung heraus zumindest ein erster Entwurf eines Bundesdatenschutzauditgesetzes (BDSAuditG) vorgelegt und den interessierten Verbänden die Möglichkeit zur Stellungnahme gegeben (Entwurf verfügbar unter http://www.rehmnetz.de/it-recht/auditentwurf 2007). Dass der Entwurf in dieser Form nie Gesetz werden würde, zeigte sich an einer Fülle weitgehend negativer Stellungnahmen rasch sehr deutlich. Er enthielt eine Reihe umstrittener Ansätze wie sich etwa an folgenden Punkten zeigt:

- Beim Audit war lediglich eine reine Rechtsprüfung vorgesehen. Auf die Sicherheit informationstechnischer Systeme und Komponenten sollte es sich ausdrücklich nicht erstrecken (§ 1 Abs. 3 des Entwurfes).

- Zwar sollte das Audit von privaten Sachverständigen durchgeführt werden. Das von ihnen erteilte Zertifikat sollte aber auch die zuständige Aufsichtsbehörde widerrufen können (§ 5 des Entwurfes).

- Ein Sachverständiger, der in ganz Deutschland tätig werden will, hätte eine Zulassung von jeder der 16 Landes-Datenschutzaufsichtsbehörden benötigt (§ 2 Abs. 2 des Entwurfes).

2.2 Entwurf vom 10.12.2008

Am 10.12.2008 beschloss die Bundesregierung einen völlig neuen Entwurf eines Datenschutzauditgesetzes. Er bildete einen Teil eines größeren Gesetzentwurfs, der außerdem noch vorsah, eine Reihe von Bestimmungen des BDSG zu ändern, die nichts mit dem Datenschutzaudit zu tun haben (siehe Artikel 1 des „Entwurfs eines Gesetzes zur Regelung des Datenschutzaudits und zur Änderung datenschutzrechtlicher Vorschriften", BT-Drs. 16/12011 vom 18.2.2009, abrufbar unter http://www.rehmnetz.de/it-recht/auditentwurf2008. An ihm sind vor allem folgende Eckpunkte hervorzuheben:

- Es war die Zulassung von „Kontrollstellen" vorgesehen, wobei die Zulassung für das gesamte Bundesgebiet gelten sollte. Damit war eine der großen Schwachstellen des früheren Entwurfs beseitigt.

- Diese Kontrollstellen sollten Datenschutz**konzepte** prüfen.

- Sie sollten durch die zuständigen Datenschutzbehörden beaufsichtigt werden.

- Wer über ein geprüftes Datenschutzkonzept verfügt, sollte ein „Datenschutzauditsiegel" führen dürfen.

Datenschutzaudit

- Der Bundesbeauftragte für den Datenschutz sollte ein öffentliches Verzeichnis der Datenschutzkonzepte führen, die ihm angezeigt werden.

Der Entwurf strebte an, dass nach Maßstäben geprüft wird, die über die gesetzlichen Anforderungen des BDSG hinausgehen. Das wird in der Gesetzesbegründung deutlich, wenn es dort heißt: „Bei einem Datenschutzaudit nach dem Gesetzentwurf werden Datenschutzkonzepte oder informationstechnische Einrichtungen anhand von Richtlinien zur Verbesserung des Datenschutzes und der Datensicherheit überprüft, die über die Vorschriften hinausgehen, die die Vorgaben der EG-Datenschutzrichtlinie enthält." Wer „nur" die gesetzlichen Anforderungen erfüllt, hätte demnach keine Chance auf ein Datenschutzsiegel gehabt. Die Maßstäbe, nach denen geprüft werden sollte, waren im Entwurf nicht beschrieben. Hierzu hätte es noch eine gesonderte Rechtsverordnung geben sollen.

Auch dieser Entwurf wurde niemals Gesetz. Er scheiterte bei den Gesetzesberatungen im Innenausschuss des Bundestages. Der Innenausschuss empfahl dem Bundestag, den Entwurf nicht weiter zu verfolgen und stattdessen „vor einer gesetzlichen Regelung zunächst ein dreijähriges Modellprojekt für eine Branche" vorzusehen (siehe „Beschlussempfehlung und Bericht des Innenausschusses", BT-Drs. 16/13657 vom 1.7.2009, abrufbar unter http://www.rehmnetz.de/it-recht/berichtzu2008).

Wie es der Innenausschuss vorgeschlagen hatte, hat der Bundestag das Datenschutzauditgesetz nicht beschlossen. Beschlüsse dazu, wie ein Pilotprojekt aussehen könnte, wurden nicht gefasst.

Damit dürfte es auf absehbare Zeit nicht mehr zu einer bundesgesetzlichen Detailregelung des Datenschutzaudits kommen. Die vorhandene Regelung des § 9a BDSG bleibt als Torso bestehen und wird nicht durch ein „besonderes Gesetz" ausgefüllt. Das liegt daran, dass es nicht geglückt ist, ein wenig bürokratisches und bezahlbares Verfahren vorzuschlagen, das den Bedürfnissen der Unternehmen gerecht wird. Unternehmen, die dennoch Wert auf ein „amtliches Audit" legen, können lediglich ausnahmsweise auf landesrechtliche Verfahren zurückgreifen (siehe dazu III.).

II. Bedarf nach einem Datenschutzaudit

1. Datenschutz als Akzeptanzelement

Der Gedanke eines Audits beruht auf der Überlegung, dass vor allem die Kunden der Wirtschaft weit mehr Wert auf Datenschutz legen als vielen Unternehmen bewusst ist. Das ist durch EU-weite Umfragen demoskopisch abgesichert (siehe dazu zuletzt die Eurobarometer-Umfrage Nr. 359 aus dem Jahr 2010, abrufbar unter http://www.rehmnetz.de/it-recht/eurobarometer359).

Allerdings wurde bei derartigen Umfragen nie die Frage gestellt, ob die Kunden deshalb gerade Wert auf ein Instrument wie das Datenschutzaudit legen. Somit kann allenfalls vermutet werden, dass eine Art „Datenschutz-Gütesiegel" für sie relevant wäre – angesichts der Fülle heute in der Wirtschaft üblicher Gütesiegel keine zwingende Schlussfolgerung, jedoch auch keine, die ausgeschlossen wäre.

2. Verfahrensaudit und Produktaudit

§ 9a Satz 1 BDSG lässt Raum für zwei Varianten des Audits:

- Beim **Verfahrensaudit** (teils auch als „Systemaudit" bezeichnet) werden „Verfahren automatisierter Datenverarbeitung" (§ 4d Abs. 1 Satz 1 BDSG) in der Ausgestaltung geprüft, die sich konkret gefunden haben. Es handelt sich also um einen tendenziell individuell ausgestalteten Prüfvorgang, der entsprechenden Aufwand verursacht. Beispiel wäre etwa die Prüfung der Personaldatenverarbeitung in einem Unternehmen.

- Beim **Produktaudit** wird „abstrakt" eine technische Einrichtung geprüft, die zur Verarbeitung personenbezogener Daten angeboten wird, nicht dagegen sein Einsatz in einer konkreten Umgebung. Dies schränkt die Aussagefähigkeit eines solchen Audits vom Ansatz her ein. So mag etwa ein bestimmtes Programm alle Möglichkeiten eröffnen, um Zugriffsrechte differenziert auszugestalten. Damit ist jedoch noch nicht sichergestellt, dass diese Möglichkeiten im konkreten Fall auch genutzt werden.

Ein **Produktaudit** hat aus Anwendersicht den Vorteil, dass ein Produkt schon „mit Gütesiegel" erworben werden kann, ohne dass darüber hinaus Aufwendungen entstehen. Das kommt dem Bedürfnis nach „schnellen Komplettlösungen" entgegen. Dafür ist seine Aussagekraft eingeschränkt.

Ein **Verfahrensaudit** hat den Vorteil hoher Aussagekraft, kostet aber Zeit und auch nennenswert Geld. Deshalb ist zu befürchten, dass sich – sobald ein Auditgesetz erlassen ist – eher das Produktaudit durchsetzt und dabei die Beschränkungen seiner Aussagefähigkeit übergangen werden.

Der letztlich gescheiterte Gesetzentwurf vom 10.12.2008 unterschied die Auditierung von

- Datenschutzkonzepten und
- informationstechnischen Einrichtungen.

Laut Gesetzesbegründung bedeutete dabei

- ein „Datenschutzkonzept" eine geordnete Darstellung, auf welche Weise die Anforderungen des Datenschutzes und der Datensicherheit erfüllt werden. Bezugspunkt für ein Datenschutzkonzept ist entweder eine verantwortliche Stelle oder ein abgrenzbarer Teilbereich hiervon (z. B. die IT-Abteilung, die Personalabteilung, das Archiv). Bezugspunkt kann auch ein Verfahren automatisierter Verarbeitung oder ein abgrenzbarer Teilbereich hiervon sein.

- eine „informationstechnische Einrichtung" eine Hardware oder Software, mit der eine verantwortliche Stelle die personenbezogenen Daten automatisiert verarbeitet.

Freiwillige Auditierungen, die natürlich nach wie vor möglich bleiben, können sich an diesen Begriffen orientieren, doch besteht dazu keine Verpflichtung.

III. Landesrechtliche Regelungen

1. Bremen

Das Bremische Datenschutzgesetz vom 4.3.2003 enthält in § 7b BremDSG eine Regelung zum Datenschutzaudit, die in ihrer Grundstruktur § 9a BDSG entspricht. Ergänzend wurde die Bremische Datenschutzauditverordnung vom 5.2.2004 erlassen, die dieselbe Funktion wie das auf Bundesebene noch fehlende Gesetz zum Datenschutzaudit hat (abrufbar unter http://www.rehmnetz.de/it-recht/auditgesetzbremen, die Durchführungsbestimmung dazu unter http://www.rehmnetz.de/it-recht/auditverordnungbremen).

Als Besonderheit ist zu vermerken, dass die Adressaten des Gesetzes (ausschließlich bremische öffentliche Stellen) vorrangig Verfahren und technische Einrichtungen einsetzen sollen, „deren Vereinbarkeit mit den Vorschriften über den Datenschutz und die Datensicherheit in einem förmlichen Verfahren festgestellt wurde" (§ 7b Abs. 2 BremDSG). Das soll – vor allem durch die Aufnahme entsprechender Vorgaben bei Ausschreibungen – Druck dahingehend ausüben, Verfahren des Datenschutzaudits zu fördern.

Unternehmen der Privatwirtschaft können kein Audit nach den geschilderten Regelungen durchführen lassen.

2. Schleswig-Holstein

§ 4 Abs. 2 des Landesdatenschutzgesetzes Schleswig-Holstein sieht seit 2001 die Möglichkeit eines Datenschutzaudits in Form eines Produktaudits vor. Daneben besteht die Möglichkeit eines Datenschutz-Behördenaudits nach § 43 Abs. 4 Landesdatenschutzgesetzes Schleswig-Holstein. Es führt zur Verleihung eines „Datenschutzauditzeichens". Dieses Audit wird gegen Entgelt vom Unabhängigen Landeszentrum für Datenschutz durchgeführt, das insoweit **nicht** als Aufsichtsbehörde tätig ist.

Auch in Schleswig-Holstein richtet sich die Möglichkeit des Audits an sich nicht an Privatunternehmen. Allerdings ist es möglich, dass schleswig-holsteinische Behörden Produkte von Privatunternehmen einsetzen und diese Produkte zertifizieren lassen. Auch können Unternehmen Produkte prüfen lassen, die zur Nutzung durch öffentliche Stellen geeignet sind, – was immer denkbar scheint. Eine umfangreiche Dokumentation bietet http://www.rehmnetz.de/it-recht/auditdoku.

IV. Datenschutz-Grundverordnung

Die Datenschutz-Grundverordnung enthält in Art. 15 Abs. 3 Buchstabe b und im Erwägungsgrund Art. 13 Abs. 6 den Begriff „Audit". Sie meint damit geeignete Verfahren zur Überprüfung der Maßnahmen, mit denen der für die Verarbeitung Verantwortliche sicherstellt, dass die Vorgaben der Verordnung eingehalten werden. Diese Formulierungen sind sehr abstrakt. Eine eigene „Audit-Regelung" mit dieser Bezeichnung gibt es nicht, wohl aber einen Artikel 35 „Datenschutz-Folgeabschätzung". Sie enthält der Sache nach eine Audit-Regelung.

V. Checkliste Datenschutzaudit

❏ Für die Privatwirtschaft ist § 9a BDSG die relevante Regelung. Das dort angekündigte Ausführungsgesetz wurde seit 2001 nicht erlassen. Damit läuft § 9a BDSG in der Praxis ins Leere.

❏ Ein Ausführungsgesetz ist nicht mehr zu erwarten.

❏ Bremen und Schleswig-Holstein verfügen über Audit-Regelungen für öffentliche Stellen. Teils können auch Privatunternehmen sie nutzen.

❏ Ein Datenschutzaudit ist auf Werbung nach außen angelegt. Keine Stelle ist gezwungen, es durchzuführen.

❏ Die Datenschutz-Grundverordnung wird dazu führen, dass sich Unternehmen mit dem Thema „Datenschutzaudit" erneut befassen müssen.

Datenschutzaufsicht/ Datenschutzkontrolle

I. Vorhandene Institutionen
  1. Externe/interne Kontrolle
  2. Bundesbeauftragter und Landesbeauftragte für den Datenschutz
  3. Datenschutzaufsichtsbehörden für den nicht-öffentlichen Bereich
  4. Düsseldorfer Kreis
  5. Aufsicht auf EU-Ebene

II. Streit um die Unabhängigkeit der Datenschutzaufsicht in der Privatwirtschaft

III. Aufgaben der Aufsichtsbehörden für nicht-öffentliche Stellen
  1. Kontrollaufgabe
  2. Beratungsaufgabe
  3. Führen eines öffentlichen Registers
  4. Veröffentlichen von Tätigkeitsberichten

IV. Befugnisse der Aufsichtsbehörden für nicht-öffentliche Stellen
  1. Maßnahmen zur Sachverhaltsermittlung
     1.1 Überblick
     1.2 Recht auf Erteilung von Auskünften
     1.3 Betretungsrecht
     1.4 Einsichtsrecht
  2. Benachrichtigung weiterer Stellen bei Verstößen
  3. Anordnungs- und Untersagungsrechte
  4. Aufforderung zur Abberufung des betrieblichen Datenschutzbeauftragten

V. Funktion der Datenschutzkontrolle über öffentliche Stellen

VI. Checkliste: Datenschutzaufsicht/Datenschutzkontrolle

I. Vorhandene Institutionen

1. Externe/interne Kontrolle

Mit den beiden Begriffen „Datenschutzaufsicht" (meist bezogen auf die nicht-öffentlichen Stellen/Privatwirtschaft) und „Datenschutzkontrolle" (meist bezogen auf die öffentlichen Stellen/Behörden) ist in jedem Fall eine **externe** Kontrollinstanz gemeint, also nicht die **interne** Eigenkontrolle durch die verantwortliche Stelle selbst, bei der der betriebliche Datenschutzbeauftragte eine zentrale Rolle spielt. Die beiden Säulen interne und externe Kontrolle ergänzen sich und haben unterschiedliche Ansätze.

Datenschutzaufsicht/Datenschutzkontrolle

2. Bundesbeauftragter und Landesbeauftragte für den Datenschutz

Diese oft verkürzt als „Datenschutzbeauftragte" bezeichneten Institutionen sind in jedem Fall zuständig für den Datenschutz bei öffentlichen Stellen (Behörden und sonstige öffentliche Stellen). Der Kompetenzverteilung des Grundgesetzes folgend gilt dabei:

- Die Bundesbeauftragte für den Datenschutz (korrekt: Die oder der Bundesbeauftragte für den Datenschutz und die Informationsfreiheit, so u. a. die Überschrift vor § 22 BDSG) kontrolliert die Einhaltung des Datenschutzes bei den öffentlichen Stellen des Bundes (§ 24 BDSG).

- Der jeweilige Landesbeauftragte für den Datenschutz (in Schleswig-Holstein: Unabhängiges Landeszentrum für Datenschutz) kontrolliert die Einhaltung des Datenschutzes bei den öffentlichen Stellen des jeweiligen Landes (Regelung im jeweiligen Landesdatenschutzgesetz).

Je nach der verwaltungsorganisatorischen Ausgestaltung in den einzelnen Bundesländern kann ein Landesbeauftragter außerdem für die Datenschutzaufsicht bei den nicht-öffentlichen Stellen (Privatwirtschaft) zuständig sein, was inzwischen die Regel darstellt (siehe dazu sogleich). Der Bundesbeauftragte für den Datenschutz hat dagegen gegenüber nicht-öffentlichen Stellen **keine** Kontrollzuständigkeit. Er hat lediglich die Aufgabe, in seinem alle zwei Jahre veröffentlichten Tätigkeitsbericht **auch** über die wesentlichen Entwicklungen auf dem Gebiet des Datenschutzes im nicht-öffentlichen Bereich zu unterrichten (§ 26 Abs. 1 Satz 2 BDSG). Etwas anderes gilt nur für ganz wenige Sonderbereiche, nämlich für Unternehmen, die Telekommunikationsdienstleistungen anbieten sowie für Unternehmen, die geschäftsmäßig Postdienste erbringen: Hier ist der Bundesbeauftragte auch Datenschutz-Kontrollbehörde (siehe § 115 TKG bzw. § 42 Abs. 3 PostG).

Die Adressen aller Aufsichtsbehörden und Links zu ihren Webseiten sind zu finden unter http://www.rehmnetz.de/it-recht/behoerdenkompass, Dokument „Behördenkompass".

Kirchliche Stellen verfügen über eigenständige Datenschutzinstitutionen, siehe für den Bereich der evangelischen Kirche http://www.rehmnetz.de/it-recht/beauftragteevangelisch, für den Bereich der katholischen Kirche http://www.rehmnetz.de/it-recht/katholisch.

3. Datenschutzaufsichtsbehörden für den nicht-öffentlichen Bereich

Ihre wesentliche Aufgabe ist die Datenschutzaufsicht für die Privatwirtschaft, da bei Privatpersonen außerhalb der Wirtschaft kaum Aufsichtsaufgaben anfallen. Die Datenschutzaufsicht in diesem Bereich ist Ländersache (§ 38 Abs. 6 BDSG). Wie vor diesem Hintergrund zu erwarten, hatte sich über die Jahre hinweg bis zum Anfang des Jahres 2010 eine ausgesprochene Organisationsvielfalt entwickelt. Sie ließ sich im Kern auf **zwei Organisationsmodelle** zurückführen:

- Modell 1: Die Aufsichtsbehörde war – auf unterschiedlichen Hierarchieebenen – in die allgemeine Staatsverwaltung eingegliedert.

  Diesem Modell folgten die sieben Länder Baden-Württemberg (Innenministerium), Bayern (Regierung von Mittelfranken), Brandenburg (Innenministerium), Hessen (Regierungspräsidium Darmstadt), Saarland (Ministerium für Inneres, Sport), Sachsen-Anhalt (Landesverwaltungsamt), Thüringen (Landesverwaltungsamt).

- Modell 2: Sowohl öffentliche als auch nicht-öffentliche Stellen wurden durch den Landesbeauftragten für den Datenschutz kontrolliert.

  Diesem Modell folgten neun Länder: Berlin, Bremen, Hamburg, Mecklenburg-Vorpommern, Niedersachsen, Sachsen, Nordrhein-Westfalen, Rheinland-Pfalz, Schleswig-Holstein (dort unter der Bezeichnung „Unabhängiges Landeszentrum für Datenschutz").

Als Folge der Entscheidung des Europäischen Gerichtshofs zur Stärkung der Unabhängigkeit der Datenschutzaufsichtsbehörden (siehe unten II). wurde in allen Bundesländern mit Ausnahme Bayerns die Datenschutzaufsicht im öffentlichen und im nicht-öffentlichen Bereich in einer Institution zusammengelegt (in der Regel beim Landesbeauftragten für den Datenschutz, soweit dies nicht schon bisher – siehe oben „Modell 2") der Fall war. Lediglich Bayern blieb bei einer Trennung der Aufsicht über die beiden Bereiche: der öffentliche Bereich untersteht der Kontrolle durch den Landesbeauftragten für Datenschutz, die Aufsicht über die nicht-öffentlichen stellen obliegt dem Bayerischen Landesamt für Datenschutzaufsicht (siehe http://www.lda.bayern.de/).

4. Düsseldorfer Kreis

Der „Düsseldorfer Kreis" ist eine verwaltungsinterne Arbeitsgemeinschaft der Aufsichtsbehörden, die für den Datenschutz in der Privatwirtschaft zuständig sind. Im BDSG ist er nicht geregelt, auch gibt es keine förmliche „Geschäftsordnung" oder dergleichen. Er besteht seit 1977 und ist nach dem Ort benannt, an dem die Runde erstmals zusammentrat. Inzwischen wechselt dieser Ort jährlich. Im Regelfall tritt der Kreis zweimal pro Jahr zusammen. Da inzwischen die Aufsichtsbehörden für den öffentlichen Bereich und die Aufsichtsbehörden für den nicht-öffentlichen Bereich in fast allen Bundesländern (mit Ausnahme Bayerns) zusammengelegt wurden, stellte sich die Frage, in welcher Form eine Fortführung dieses Gremiums sinnvoll ist. Die Konferenz der Datenschutzbeauftragten des Bundes und der Länder beschloss dazu im Frühjahr 2012 Folgendes:

- Die Konferenz und der Düsseldorfer Kreis werden nicht vollständig miteinander verschmolzen.

- Eine Reihe von Arbeitsgruppen beider Gremien wird zusammengelegt. Folgende Arbeitsgruppen bleiben jedoch als eigenständige Arbeitsgruppen des Düsseldorfer Kreises bestehen: Auskunfteien; Kreditwirtschaft; Sanktionen; Versicherungswirtschaft.

- Der Düsseldorfer Kreis wird weiterhin Beschlüsse zu Fragen des Datenschutzes in der Privatwirtschaft fassen. Veröffentlicht werden sie jedoch nur, soweit sie einstimmig gefasst wurden. Außerdem müssen sie vor einer Veröffentlichung der Konferenz der Datenschutzbeauftragten des Bundes und der Länder vorgelegt werden (siehe DatenschutzPraxis 5/2012, S. 11).

Die Beschlüsse des Kreises binden die an ihm beteiligten Aufsichtsbehörden allenfalls dann, wenn sie ihnen ausdrücklich zugestimmt haben. Gegenüber Außenstehenden (etwa Unternehmen) hat der Kreis keinerlei Anordnungsbefugnisse. Seit 2006 hat der Kreis begonnen, seine Beschlüsse zu veröffentlichen

Datenschutzaufsicht/Datenschutzkontrolle

(siehe http://www.rehmnetz.de/it-recht/duesseldorferkreis). Beschlüsse, denen alle Aufsichtsbehörden einstimmig zugestimmt haben (was bei Beschlüssen vor 2012 auch bei veröffentlichten Beschlüssen nicht immer der Fall war), sind entsprechend gekennzeichnet.

5. Aufsicht auf EU-Ebene

Die Datenschutzaufsicht ist auch dann eine nationale Angelegenheit, wenn sie sich auf länderübergreifend tätige Konzerne und ähnliche Einrichtungen bezieht.

Der „Europäische Datenschutzbeauftragte" (EDSB) überwacht lediglich die Beachtung des Datenschutzes durch die Organe und Einrichtungen der Europäischen Gemeinschaft, ist also eine EU-interne Einrichtung (siehe Beschluss Nr. 1247/2002/EG). Zuständigkeiten für die Privatwirtschaft usw. hat er nicht. Die Webseite des EDSB ist erreichbar unter http://www.rehmnetz.de/it-recht/eudsb.

Die Datenschutz-Grundverordnung (siehe dazu → *Datenschutz-Grundverordnung*) enthält in einem eigenen Kapitel VII („Zusammenarbeit und Kohärenz") ausführliche Regelungen über die Zusammenarbeit der Aufsichtsbehörden auf europäischer Ebene.

II. Streit um die Unabhängigkeit der Datenschutzaufsicht in der Privatwirtschaft

Art. 28 Abs. 1 Satz 2 der EG-Datenschutzrichtlinie sieht vor, dass die Aufsichtsbehörden ihre Aufgaben „in völliger Unabhängigkeit" wahrnehmen. Die EU-Kommission bestritt seit geraumer Zeit, dass dies bei den deutschen Aufsichtsbehörden für die Privatwirtschaft der Fall war. Da eine Einigung nicht zu erzielen war, hatte die Kommission mit Datum vom 22.11.2007 die Bundesrepublik Deutschland beim Europäischen Gerichtshof verklagt (Rechtssache C 518/07, abrufbar unter http://www.rehmnetz.de/it-recht/unabhaengigkeit). Ziel war die Feststellung, dass Deutschland seine Verpflichtungen aus Art. 28 Abs. 1 Satz 2 EG-Datenschutzrichtlinie nicht erfüllt hat.

Das **Hauptargument** der Kommission lautete, dass **alle** Aufsichtsbehörden in Deutschland in irgendeiner Form einer Fach-, Rechts- oder Dienstaufsicht unterliegen. Dabei meint

- Rechtsaufsicht die Kontrolle der Rechtmäßigkeit des Verwaltungshandelns durch eine vorgesetzte Behörde,
- Fachaufsicht darüber hinausgehend die Kontrolle durch eine vorgesetzte Behörde, ob getroffene Entscheidungen zweckmäßig sind (auch unter dem Aspekt einer „politischen Linie").
- Die Dienstaufsicht ist etwas anderes. Hier geht es um Aufsicht über behördenorganisatorische Fragen (Dienstreisegenehmigungen, Urlaubsanträge) und Personalangelegenheiten (dienstliche Leistungsbeurteilungen usw.).

Die Klage hatte Erfolg (siehe Urteil vom 9.3.2010 – C-518/07, abrufbar unter http://curia.europa.eu). Daher mussten alle Aufsichtsbehörden für die Privatwirtschaft in Deutschland von jeglicher Aufsicht freigestellt werden. Sie müssen gewissermaßen eine „eigene Gewalt" im Staat bilden.

In der Folge kam es – mit Ausnahme Bayerns – bis Mitte 2011 in allen Bundesländern, in denen das nicht schon ohnehin der Fall war, zu einer Zusammenlegung der Datenschutzaufsicht über den öffentlichen bzw. den nicht-öffentlichen Bereich bei einer Stelle (siehe oben I.3).

Inzwischen hat der Europäische Gerichtshof diese Rechtsprechung fortgeführt und festgestellt, dass die Österreichische Datenschutzkommission (DSK) als Datenschutzaufsichtsbehörde für die Privatwirtschaft deshalb nicht über die nötige Unabhängigkeit verfügte, weil

- das geschäftsführende Mitglied der DSK ein der Dienstaufsicht unterliegender Bundesbediensteter war,
- die Geschäftsstelle der DSK in das Bundeskanzleramt eingegliedert war und
- der Bundeskanzler über ein unbedingtes Recht verfügte, sich über alle Gegenstände der Geschäftsführung der DSK zu unterrichten.

(EuGH, Urteil vom 16.10.2012 – C-614/10). Dadurch machte das Gericht deutlich, dass es alle Organisationsstrukturen beanstanden wird, die geeignet sind, die Unabhängigkeit auch nur möglicherweise und indirekt zu beeinträchtigen. Als Folge dieser Entscheidung wurde die Datenschutzkommission aufgelöst und ab 1. Januar 2014 durch eine neue „Datenschutzbehörde" ersetzt.

III. Aufgaben der Aufsichtsbehörden für nicht-öffentliche Stellen

1. Kontrollaufgabe

Die Aufsichtsbehörden kontrollieren die Einhaltung des Datenschutzes bei nicht-öffentlichen Stellen, also insbesondere der Privatwirtschaft (§ 28 Abs. 1 Satz 1 BDSG). Dies kann geschehen

- aus einem besonderen Anlass (etwa weil eine Beschwerde vorliegt oder Presseberichte Anhaltspunkte für Missstände geben) oder
- ohne Anlass (etwa, um Erkenntnisse über den Datenschutz in einer bestimmten Branche zu gewinnen).

Die statistische Wahrscheinlichkeit für ein Unternehmen, einer Kontrolle unterzogen zu werden, ist relativ gering. Die Aufsichtsbehörden konzentrieren sich auf Fälle, in denen Anhaltspunkte für Missstände vorliegen, und auf Unternehmen mit großen Datenbeständen, die öffentliche Aufmerksamkeit finden (etwa Auskunfteien oder Adresshändler). Inzwischen führen einzelne Aufsichtsbehörden auch automatisierte Onlineprüfungen durch, vor allem zur Überprüfung von Webseiten. Siehe als Beispiel die entsprechenden Aktivitäten des Bayerischen Landesamts für Datenschutzaufsicht zur Onlineprüfung von Mailservern: http://www.rehmnetz.de/it-recht/onlinepruefung

Sollte es zu einer Kontrolle kommen, so fallen hierfür in der Regel Gebühren an. Ihre Ausgestaltung ist von Bundesland zu Bundesland sehr unterschiedlich (siehe als Beispiel Niedersachsen: Berechnung nach dem zeitlichen Aufwand, nach Ermessen der Behörde sogar dann, wenn es nicht zu einer Beanstandung kommt, so akzeptiert im Urteil des VG Lüneburg vom 5.7.2007 – 1 A 132/05).

2. Beratungsaufgabe

Die Aufsichtsbehörden beraten die verantwortlichen Stellen, vor allem aber die dort vorhandenen internen Datenschutzbeauf-

Datenschutzaufsicht/Datenschutzkontrolle

tragten (§ 38 Abs. 1 Satz 2 BDSG). Diese Beratungstätigkeit setzt entsprechende Anfragen voraus. Eine generelle Pflicht zu solchen Anfragen besteht auch dann nicht, wenn ungeklärte strittige Fragen zu entscheiden sind (siehe § 4g Abs. 1 Satz 2 BDSG: „kann"). Ausnahmsweise legt das BDSG jedoch fest, dass die Aufsichtsbehörde zu befragen ist. Das gilt bei Zweifelsfällen in Zusammenhang mit Verarbeitungen, die der Vorabkontrolle unterliegen (siehe § 4d Abs. 6 Satz 3 BDSG).

3. Führen eines öffentlichen Registers

Die Aufsichtsbehörden führen öffentliche Register der (wenigen) meldepflichtigen automatisierten Verarbeitungen von Daten (§ 38 Abs. 2 Satz 1 BDSG). Die Meldepflicht erfasst (siehe § 4d Abs. 4 BDSG) folgende Bereiche:

- geschäftsmäßige Speicherung von Daten zum Zweck der Übermittlung (Fälle des § 29 BDSG, also vor allem Auskunfteien, Adresshandel, Unternehmen der Markt- und Meinungsforschung),
- geschäftsmäßige Speicherung von Daten zum Zweck der anonymisierten Übermittlung (Fälle des § 30 BDSG, im Wesentlichen Unternehmen der Markt- und Meinungsforschung).

Im Übrigen besteht bei Unternehmen der Privatwirtschaft im Ergebnis keine Meldepflicht, da sie durch die – obligatorisch vorgeschriebene, siehe § 4f Abs. 1 Satz 1 BDSG – Bestellung eines Datenschutzbeauftragten entfällt (§ 4d Abs. 2 BDSG).

4. Veröffentlichen von Tätigkeitsberichten

Die Aufsichtsbehörden sind verpflichtet, alle zwei Jahre einen Tätigkeitsbericht zu veröffentlichen (§ 38 Abs. 1 Satz 7 BDSG). Eine namentliche Nennung kontrollierter Unternehmen erfolgt dabei nicht. Zu den vorliegenden Tätigkeitsberichten gelangt man über http://www.thm.de/zaftda.

IV. Befugnisse der Aufsichtsbehörden für nicht-öffentliche Stellen

1. Maßnahmen zur Sachverhaltsermittlung

1.1 Überblick

Um die Einhaltung von Datenschutzvorschriften kontrollieren zu können, muss es der Aufsichtsbehörde möglich sein, die Situation des Datenschutzes bei einer verantwortlichen Stelle einzuschätzen. Dazu dienen verschiedene Befugnisse, die ihr das Gesetz einräumt und die nötigenfalls auch zwangsweise durchgesetzt werden können. Umgekehrt ist es möglich, derartige Anordnungen vom jeweils zuständigen Verwaltungsgericht gerichtlich auf ihre Rechtmäßigkeit überprüfen zu lassen.

1.2 Recht auf Erteilung von Auskünften

Die Aufsichtsbehörde hat ein Recht auf alle Auskünfte, die zur Erfüllung ihrer Aufgaben erforderlich sind (§ 38 Abs. 3 Satz 1 BDSG).

Beispiel:
> Falls eine Beschwerde eines Betroffenen vorliegt, kann sie Auskunft über alles fordern, was zur Beurteilung der Beschwerde erforderlich ist. Dazu gehört etwa eine umfassende Schilderung des Sachverhalts, die Vorlage vorhandenen Schriftverkehrs und zum Verständnis notwendige ergänzende Auskünfte, etwa über den Aufbau von Datenbanken, Programmstrukturen.

Beispiel:
> Die Aufsichtsbehörde fragt an, ob das Unternehmen gemäß § 4f BDSG verpflichtet ist, einen Datenschutzbeauftragten zu bestellen und – wenn dies der Fall ist – ob ein solcher Beauftragter auch tatsächlich bestellt wurde. Das Unternehmen muss schildern, wie viele Beschäftigte es hat, ob es personenbezogene Daten verarbeitet und ob das automatisiert geschieht (siehe im einzelnen § 4f Abs. 1 BDSG). Sofern es einen Beauftragten bestellen muss, ist eine Kopie des Bestellungsschreibens vorzulegen.

Ein Verstoß gegen die Auskunftspflicht erfüllt einen Bußgeldtatbestand (§ 43 Abs. 1 Nr. 10 BDSG). Deshalb ist darauf zu achten, dass Auskünfte zeitnah und vollständig erteilt werden. Andererseits ist niemand verpflichtet, Auskünfte über Gesetzesverstöße zu erteilen, wenn er sich damit selbst der Gefahr eines Ordnungswidrigkeitenverfahrens oder gar eines Strafverfahrens aussetzt. Deshalb können unter diesem Aspekt Auskunftsverweigerungsrechte bestehen (§ 38 Abs. 3 Satz 2 BDSG).

 ACHTUNG!
> Sollte die Aufsichtsbehörde Auskünfte über Sachverhalte verlangen, die voraussichtlich als ordnungswidrig oder gar als strafbar anzusehen sind, ist vor einer Auskunft juristischer (in der Regel anwaltlicher) Rat einzuholen.

1.3 Betretungsrecht

Mitarbeiter der Aufsichtsbehörde sind befugt, Grundstücke und Geschäftsräume der verantwortlichen Stelle zu betreten und dort „Prüfungen und Besichtigungen" vorzunehmen (§ 38 Abs. 4 Satz 1 BDSG).

Dieses Recht ist auf die Betriebs- und Geschäftszeiten beschränkt. Eine richterliche Anordnung oder Erlaubnis ist dafür nicht erforderlich. Dass der Auskunftspflichtige diese Maßnahmen zu dulden hat, ist ausdrücklich im Gesetz festgelegt (§ 38 Abs. 4 Satz 4 BDSG).

Derartige „Prüfungen vor Ort" kommen schon wegen des Aufwandes, den sie bei der Aufsichtsbehörde auslösen, nur selten vor. Noch seltener sind unangekündigte Überprüfungen, obwohl sie rechtlich an sich möglich sind. Sie kommen vor allem dann in Betracht, wenn auf eine Aufforderung zur Erteilung von Auskünften hartnäckig nicht reagiert wird.

1.4 Einsichtsrecht

Die Aufsichtsbehörde hat das Recht, vor Ort – für den Datenschutz einschlägige – „geschäftliche Unterlagen" einzusehen (§ 38 Abs. 4 Satz 2 BDSG). Darunter versteht das Gesetz ausdrücklich auch

- die „Verfahrensübersicht" (§ 4g Abs. 2 Satz 1, § 4e Satz 1 BDSG),
- vorhandene Datenverarbeitungsprogramme (für personenbezogene Daten),
- gespeicherte personenbezogene Daten.

Ein Recht, diese Einsichtnahme zu verweigern, sieht das Gesetz nicht vor.

Eine Einsichtnahme vor Ort durch die Aufsichtsbehörde ist in der Praxis genauso selten wie Überprüfungen vor Ort insgesamt.

Datenschutzaufsicht/Datenschutzkontrolle

2. Benachrichtigung weiterer Stellen bei Verstößen

Falls die Aufsichtsbehörde Verstöße gegen den Datenschutz eindeutig festgestellt hat, ist sie befugt (also nicht verpflichtet), folgende Stellen zu benachrichtigen:

- den oder die Betroffenen,
- die für die Veröffentlichung oder Ahndung des Verstoßes zuständigen Stellen,
- bei schwerwiegenden Verstößen die Gewerbeaufsichtsbehörden.

So regelt es § 38 Abs. 1 Satz 6 BDSG. Für die Praxis sind daraus folgende Handlungsempfehlungen abzuleiten:

- Wenn ein Verstoß nicht wegzudiskutieren ist, sollte die verantwortliche Stelle unter Umständen anbieten, die Betroffenen selbst zu benachrichtigen. So behält sie das Geschehen in der Hand und bekommt einen unmittelbaren eigenen Überblick über die Reaktionen der Betroffenen.
- Die Verfolgung und Ahndung von Verstößen ist – was Ordnungswidrigkeiten angeht – in der Regel Sache der Aufsichtsbehörden selbst (abhängig von den landesrechtlichen Zuständigkeitsvorschriften im Ordnungswidrigkeitenrecht, die in der Regel dieses Ergebnis haben).
- Gefährlicher wird es, wenn eine Straftat vorliegt oder vorliegen kann (besonders bei Verstößen im medizinischen Bereich, siehe § 203 StGB, beachte aber auch § 44 BDSG). In solchen Fällen kann die Aufsichtsbehörde die Staatsanwaltschaft einschalten, da sie für die Verfolgung von Straftaten zuständig ist (§ 152 Abs. 1 StPO). Dabei kann sie sogar – was normalerweise nur der Betroffene selbst kann – Strafantrag stellen (§ 44 Abs. 2 Satz 2 BDSG).

ACHTUNG!
Derartige Fälle kommen in der Praxis nur selten vor. Wenn sich eine Entwicklung in diese Richtung abzeichnet, ist dringend juristischer (in der Regel anwaltlicher) Rat einzuholen.

- Die Einschaltung von Gewerbeaufsichtsbehörden käme nur in Betracht, wenn sich die Möglichkeit einer Gewerbeuntersagung nach § 35 GewO abzeichnet. Solche Fälle sind bisher nicht bekannt geworden. Diese Gefahr kann also vernachlässigt werden.

3. Anordnungs- und Untersagungsrechte

Anordnungs- und Untersagungsbefugnisse (§ 38 Abs. 5 BDSG) hatte die Aufsichtsbehörde bis zur Novellierung des BDSG im Jahr 2009 nur, um die Erfüllung von Verpflichtungen zur Datensicherung (§ 9 BDSG) durchzusetzen. Dadurch verblieben fühlbare Lücken bei den behördlichen Befugnissen.

Beispiel:
Ein Betroffener verlangt Auskunft darüber, welche Daten über ihn gespeichert sind (§ 34 BDSG). Die verantwortliche Stelle verweigert ihm dies ohne jeden Grund hartnäckig.

Die Aufsichtsbehörde konnte nichts für ihn tun! Die Befugnisse nach dem damaligen § 38 Abs. 5 BDSG waren nicht einschlägig, da es nicht um eine Frage der Datensicherung nach § 9 BDSG geht. Es war noch nicht einmal möglich, ein Ordnungswidrigkeitenverfahren einzuleiten, da ein solcher Verstoß keine Ordnungswidrigkeit darstellte (in § 43 BDSG damals nicht erwähnt). Die Aufsichtsbehörde konnte dem Betroffenen daher nur empfehlen, selbst (und damit natürlich auch auf eigene Kosten) gerichtlich gegen die verantwortliche Stelle vorzugehen.

Diese Situation stellt sich durch die Änderungen des BDSG im Jahr 2009 nunmehr grundlegend anders dar. Die neuen Regelungen geben der Aufsichtsbehörde deutlich erweiterte Befugnisse. Dabei gilt:

- Die Aufsichtsbehörde kann nunmehr bei allen Arten von Verstößen gegen Datenschutzvorschriften (also nicht nur bei Verstößen gegen die Bestimmungen über die Datensicherung im § 9 BDSG) „Maßnahmen zur Beseitigung festgestellter Verstöße" anordnen § 38 Abs. 5 Satz 1 BDSG).
- Bei „schwerwiegenden Verstößen oder Mängeln, insbesondere solchen, die mit einer besonderen Gefährdung des Persönlichkeitsrechts verbunden sind", kann sie sogar in die Abläufe im Unternehmen eingreifen, indem sie
    > die Erhebung, Verarbeitung oder Nutzung von personenbezogenen Daten untersagt oder
    > den Einsatz einzelner Verfahren untersagt
    (siehe § 38 Abs. 5 Satz 2 BDSG).

Bisher gibt es rein zahlenmäßig erst wenige Beispiele für die Anwendung der neuen Vorschrift. Allerdings betreffen die Beispiele oft Fälle, die für die Geschäftsabläufe des betroffenen Unternehmens von erheblicher Bedeutung sind.

Beispiel:
Ein Unternehmen der Automobillogistik lagert ständig mehrere tausend Fahrzeuge. Täglich werden zahlreiche Fahrzeuge durch Fahrer von Speditionen abgeholt, um die Identität der Abholer festzuhalten, scannt das Logistikunternehmen deren Personalausweise. Die niedersächsische Datenschutzaufsicht untersagt diese Praxis, da sie gegen die Vorgaben des Personalausweisgesetzes verstoße und es genüge, die notwendigen Daten des Abholers jeweils aus dessen Personalausweis abzuschreiben.

Das Verwaltungsgericht Hannover hat die Untersagungsverfügung der Aufsichtsbehörde bestätigt (VG Hannover, Urteil vom 28. November 2013 – 10 A 5342/11). Infolgedessen musste das betroffene Unternehmen die Abläufe bei der Fahrzeugabholung erheblich umstellen.

Breitere öffentliche Aufmerksamkeit hat es gefunden, dass das Bayerische Landesamt für Datenschutzaufsicht es einer Rechtsanwaltskanzlei untersagt hat, einen sogenannten „Porno-Pranger" ins Internet zu stellen:

Beispiel:
Eine Rechtsanwaltskanzlei hatte angekündigt, eine Liste mit Personen zu veröffentlichen, gegen die sie im Auftrag der Pornoindustrie mit Abmahnverfahren wegen der angeblichen Verletzung von Urheberrechten durch das Abrufen von Pornofilmen im Internet vorging. Dies sollte auf diese Personen Druck ausüben und sie veranlassen, die geforderten Unterlassungserklärungen rasch abzugeben.

Das Bayerische Landesamt für Datenschutzaufsicht verbot der Kanzlei mit einer für sofort vollziehbar erklärten Anordnung, die Namen oder sonstige personenbezogene Daten von Privatpersonen, gegen die sie wegen angeblicher Urheberrechtsverletzungen vorging, im Rahmen einer Gegnerliste auf ihrer Homepage oder sonst im Internet zu veröffentlichen. Daraufhin unterließ die Kanzlei die Veröffentlichung solcher Listen.

ACHTUNG!
Die Eingriffsbefugnisse der Aufsichtsbehörden wurden durch die BDSG-Novelle im Jahr 2009 deutlich erweitert! Bei schwerwiegenden Datenschutzverletzungen ist inzwischen durchaus damit zu rechnen, dass die zuständige Aufsichtsbehörde bestimmte Vorgehensweisen untersagt.

4. Aufforderung zur Abberufung des betrieblichen Datenschutzbeauftragten

Sofern die Aufsichtsbehörde die fehlende Fachkunde des betrieblichen Datenschutzbeauftragten und/oder die fehlende Zuverlässigkeit des betrieblichen Datenschutzbeauftragten feststellt, kann sie seine Abberufung verlangen (§ 38 Abs. 5 Satz 3, siehe auch § 4f Abs. 3 Satz 4 BDSG). Solche Fälle sind selten, kommen aber doch vor.

Beispiel:
Die zuständige Aufsichtsbehörde hatte Hinweise erhalten, dass in einem Serviceunternehmen im Flughafenumfeld schlicht kein Datenschutz existiert. Ein Datenschutzbeauftragter war zwar ernannt. Seine Vorbildung: Jurist und Informatiker.

Bei einer unangemeldeten Überprüfung ergab sich jedoch:
- Der Datenschutzbeauftragte hatte seit Jahren so gut wie keine Tätigkeit entfaltet.
- Fragen zu den rechtlichen Anforderungen an seine Tätigkeit konnte er nicht beantworten. Irgendeine Einsicht zeigte er nicht.

In diesem Fall hätte die Möglichkeit bestanden, die Abberufung des Datenschutzbeauftragten zu verlangen. Die Aufsichtsbehörde wählte allerdings den – rechtlich sehr umstrittenen – Weg eines Bußgeldverfahrens gegen die verantwortliche Stelle wegen fehlender Bestellung eines Datenschutzbeauftragten (§ 43 Abs. 1 Nr. 2 BDSG). Begründung: die vorhandene Bestellung sei nichtig, da der Datenschutzbeauftragte zwar bestellt, aber faktisch nicht vorhanden sei (Fall dokumentiert für das Jahr 2004 in Hessen, siehe 18. Tätigkeitsbericht Regierungspräsidium Darmstadt, abrufbar unter http://www.rehmnetz.de/it-recht/bericht_18_hessen, S. 10).

Selbst abberufen kann die Aufsichtsbehörde einen Datenschutzbeauftragten nicht. Das Gesetz sieht das konsequenterweise nicht vor, da Ernennung und Abberufung (und ebenso die Auswahl des Beauftragten) Sache der verantwortlichen Stelle selbst sind.

V. Funktion der Datenschutzkontrolle über öffentliche Stellen

Die Datenschutzkontrolle über öffentliche Stellen (Behörden und andere öffentliche Stellen) obliegt bei Stellen des Bundes dem Bundesbeauftragten für den Datenschutz, bei Stellen eines Landes, dem jeweiligen Landesbeauftragten für den Datenschutz (siehe schon oben I.2).

„Hauptsanktionsinstrument" ist dabei die datenschutzrechtliche Beanstandung (siehe dazu für den Bund § 25 Abs. 1 Satz 1 BDSG). Eine solche Beanstandung hat den Charakter eines verwaltungsinternen Hinweises. Sie ist weder Weisung noch Verwaltungsakt (so BVerwG, Beschluss vom 5.2.1992 – 7 B 15/92, CR 1993, 242; ebenso OVG Sachsen, Urteil vom 21.6.2011 – 3 A 224/10). Die Beanstandung beruht auf der Annahme, dass die vorgesetzte Behörde, an die sich richtet, für ordnungsgemäße Zustände sorgen wird. In der Praxis ist dies im Wesentlichen auch der Fall.

VI. Checkliste: Datenschutzaufsicht/ Datenschutzkontrolle

- ☐ Maßgeblich für die Privatwirtschaft sind die „Aufsichtsbehörden für den nicht-öffentlichen Bereich".
- ☐ Der „Düsseldorfer Kreis" ist eine Arbeitsgemeinschaft dieser Aufsichtsbehörde ohne Weisungsbefugnisse nach außen.
- ☐ Es ist vor allem darauf zu achten, dass Anfragen von Aufsichtsbehörden zeitnah und inhaltlich fundiert beantwortet werden.
- ☐ Die Tätigkeitsberichte der für ein Unternehmen zuständigen Aufsichtsbehörde sollten regelmäßig ausgewertet werden.
- ☐ Die Datenschutz-Grundverordnung (gültig ab 25. Mai 2018) enthält umfangreiche Regelungen zur Zusammenarbeit der Aufsichtsbehörden auf europäischer Ebene.

Datenschutzbeauftragter, betrieblicher

I. Grundlegende Vorgaben der EG-Datenschutzrichtlinie und des BDSG
1. Terminologische Fragen
2. DSB und Meldepflicht

II. Pflicht zur Bestellung eines DSB
1. Art und Größe des verpflichteten Unternehmens
2. DSB in Konzernstrukturen

III. Durchführung der Bestellung
1. Formale Fragen
2. Interner und externer DSB
3. Nicht vereinbare Funktionen
4. Benennung eines Stellvertreters
5. Sicherstellung der erforderlichen Fachkunde
6. Zulässigkeit einer Befristung und einer Probezeit
7. Beteiligung des Betriebsrats/Personalrats

IV. Stellung, Aufgaben und Rechte des DSB
1. Stellung
   1.1 Direkte Zuordnung zur Geschäftsleitung
   1.2 Weisungsfreiheit
   1.3 Kein Weisungsrecht
   1.4 Anspruch auf Unterstützung
2. Aufgaben
   2.1 Generelle Aufgaben
   2.2 Beispiele konkreter Aufgaben
3. Recht
   3.1 Anspruch auf ein Verfahrensverzeichnis
   3.2 Anspruch auf Fortbildung

Datenschutzbeauftragter, betrieblicher

V. **Widerruf der Bestellung des DSB**
   1. Gesetzliche Widerrufsgründe
   2. Trennung von Grundverhältnis und Bestellung zum DSB
   3. Grundsätze der Rechtsprechung

VI. **Kündigungsschutz für den DSB**

VII. **Absicherung des DSB in der Datenschutz-Grundverordnung**

VIII. **Checkliste: Betrieblicher Datenschutzbeauftragter**

I. Grundlegende Vorgaben der EG-Datenschutzrichtlinie und des BDSG

1. Terminologische Fragen

Der „Beauftragte für den Datenschutz", den vom Grundsatz her alle Stellen berufen müssen, die personenbezogene Daten automatisiert verarbeiten (siehe § 4f BDSG), wird im Sprachgebrauch der Praxis meist als „betrieblicher Datenschutzbeauftragter" bezeichnet. Dieser im Gesetz nicht verwendete Begriff ist sachlich schief, da der Beauftragte in der Wirtschaft nicht auf der Ebene des Betriebs, sondern des Unternehmens zu bestellen ist und ein Unternehmen durchaus über mehrere Betriebe verfügen kann, er hat sich aber eingebürgert. Richtiger wäre die Bezeichnung „interner Datenschutzbeauftragter", um ihn vom Bundesbeauftragten und den Landesbeauftragten für Datenschutz als externen Datenschutzbeauftragten abzugrenzen. Im Folgenden wird er kurz als DSB bezeichnet.

2. DSB und Meldepflicht

Der DSB bildet als internes Datenschutzkontrollinstrument die „zweite Säule" der Datenschutzkontrolle neben der Datenschutzaufsicht für die Privatwirtschaft (siehe § 38 BDSG) als „erster Säule". Dabei kommt ihm von der Idee und auch von der Sache her das größere Gewicht zu, denn die Eigenverantwortung der verantwortlichen verarbeitenden Stelle hat den Vorrang vor der nur als flankierend zu verstehenden externen staatlichen Datenschutzkontrolle.

Die Institution des DSB ist rechtssystematisch betrachtet vor dem Hintergrund der Meldepflicht von Verfahren der automatisierten Verarbeitung personenbezogener Daten bei den Aufsichtsbehörden zu sehen. Schlagwortartig lässt sich sagen: Der DSB tritt an die Stelle der sonst gegebenen Meldepflicht. Das wirkt auf den ersten Blick eher merkwürdig. Der Zusammenhang von beidem gestaltet sich dabei wie folgt:

- Aufgrund europarechtlicher Vorgaben (Art. 18 EG-Datenschutzrichtlinie) verpflichtet das BDSG im theoretischen Ausgangspunkt dazu, **alle** Verarbeitungen personenbezogener Daten bei der zuständigen Aufsichtsbehörde zu melden (§ 4d Abs. 1 BDSG).

- Diese Regelung hätte für sich allein die aus der Sicht des deutschen Gesetzgebers unerwünschte Folge, dass bei den Aufsichtsbehörden große Register entstehen würden.

- Die Lösung dieses Dilemmas (Meldepflicht aufgrund einer EU-Vorgabe einerseits, Wunsch nach der Vermeidung großer zentraler Register andererseits) liegt darin, dass die EG-Datenschutzrichtlinie eine Möglichkeit zu einer Ausnahme von der Meldepflicht gibt, sofern das nationale Recht die Bestellung eines DSB vorschreibt (Art. 18 Abs. 2 Spiegelstrich 2 der Richtlinie).

- Von dieser Möglichkeit, die auf Drängen Deutschlands in die Richtlinie aufgenommen wurde, hat das BDSG Gebrauch gemacht: § 4d Abs. 2 BDSG lässt die Meldepflicht entfallen, wenn ein DSB bestellt ist. § 4f Abs. 1 BDSG **verpflichtet** dazu, ihn zu bestellen.

Aus dieser Regelung darf nicht der Schluss gezogen werden, dass die verantwortliche Stelle (§ 3 Abs. 7 BDSG) die Wahl hätte, ob sie einen DSB bestellt oder nicht. Sofern nach dem Gesetz ein DSB notwendig ist, kann sie nicht etwa von der Bestellung absehen und stattdessen eine Meldung an die Aufsichtsbehörde abgeben. Vielmehr muss sie ihrer Pflicht zur Bestellung nachkommen und riskiert ansonsten ein Bußgeldverfahren (siehe § 43 Abs. 1 Nr. 2 BDSG).

In dem Entwurf einer Datenschutz-Grundverordnung, den die Europäische Kommission am 25.1.2012 vorgelegt hat, wird die Bestellung betrieblicher Datenschutzbeauftragter in Art. 35–37 des Entwurfs verbindlich vorgesehen. Allerdings gilt dies nur für Behörden (ohne Begrenzung auf eine bestimmte Beschäftigtenzahl) und für Unternehmen, die entweder mindestens 250 Personen beschäftigen oder deren „Kerntätigkeit" darin besteht, Profile von Personen zu erstellen. Letzteres dürfte vor allem Auskunfteien und Marktforschungsinstitute betreffen. Die Zahl „250" erklärt sich daraus, dass Unternehmen unter dieser Größe nach den Maßstäben der EU als „kleine oder mittlere Unternehmen" gelten, die möglichst wenig belastet werden sollen.

Die vorgeschlagene Neuregelung könnte dazu führen, dass kleinere Unternehmen kaum noch Datenschutzbeauftragte bestellen. Andererseits würde die Verordnung so umfassende Pflichten für Unternehmen vorsehen, dass möglicherweise aus diesem Grund mehr Anlass denn je bestünde, über einen Datenschutzbeauftragten zu verfügen. Wohl aus diesem Grund ist heftiger Protest gegen die vorgesehene „250er-Regelung" zumindest bisher ausgeblieben.

II. Pflicht zur Bestellung eines DSB

1. Art und Größe des verpflichteten Unternehmens

Die gesetzliche Vorschrift (§ 4f BDSG), in der die Pflicht zur Bestellung eines DSB geregelt ist, enthält ein relativ komplexes Gefüge von Grundsätzen und Ausnahmen. Es lässt sich, was die wirkliche praktische Relevanz bei nicht-öffentlichen Stellen (etwa Unternehmen) angeht, auf zwei Grundregeln reduzieren:

- Ein Unternehmen, in dem mindestens 20 Personen mit personenbezogener Daten umgehen, ist stets zur Bestellung eines Datenschutzbeauftragten verpflichtet (Rückschluss aus § 4f Abs. 1 Satz 3).

- Sollte die Zahl von 20 nicht erreicht werden, wird dennoch ein DSB benötigt, wenn personenbezogene Daten **automatisiert** verarbeitet werden **und**

   > es sich dabei um medizinische Daten handelt (dann besteht nämlich eine Pflicht zur Vorabkontrolle, § 4f Abs. 1 Satz 6 BDSG → § 4d Abs. 5 Satz 2 Nr. 1 BDSG → § 3 Abs. 9 BDSG) **oder**

Datenschutzbeauftragter, betrieblicher

> das Unternehmen die Daten geschäftsmäßig zum Zweck der Übermittlung verarbeitet (Fälle des § 29 BDSG, etwa Auskunfteien und Adresshändler) **oder**

> das Unternehmen die Daten zum Zweck der anonymisierten Übermittlung verarbeitet (Fälle des § 30 BDSG) **oder**

> das Unternehmen die Daten für Zwecke der Markt- oder Meinungsforschung verarbeitet (Fälle des § 30a BDSG).

Selbst wenn nach diesen Regeln keine Pflicht zur Bestellung eines DSB besteht, ist die **freiwillige Bestellung eines DSB** zu überlegen. Der Grund: Soweit keine Pflicht zur Bestellung eines DSB existiert, muss die Leitung der Stelle (also die Geschäftsführung) die Erfüllung der Aufgaben, die sonst der DSB wahrnimmt, auf andere Weise sicherstellen (§ 4g Abs. 2a BDSG). In der Regel wird sie sich dann selbst darum kümmern müssen – oder eben doch einen DSB bestellen, schon um sich keiner Pflichtverletzungen schuldig zu machen.

 ACHTUNG!
Wer als Unternehmen ernsthaft wirtschaftlich tätig ist und dabei mit personenbezogenen Daten umgeht, benötigt im Ergebnis einen DSB. „Zahlenspiele" mit der Beschäftigtenzahl lenken nur davon ab, dass die Verantwortung für den Datenschutz in jedem Fall besteht.

2. DSB in Konzernstrukturen

Konzernstrukturen sind in der Wirtschaft inzwischen die Regel. Dabei ist zu beachten, dass die Pflicht zur Bestellung eines DSB jede einzelne Stelle (also auch jedes einzelne Unternehmen) trifft, die personenbezogene Daten verarbeitet (§ 4f Abs. 1 Satz 1 BDSG). Ein „Konzern-DSB", der nur vom Konzern als solchem bestellt würde und dann in allen Konzernunternehmen als Datenschutzbeauftragter tätig ist, sieht das BDSG nicht vor.

Beispiel:
Ein Konzern besteht aus vier GmbHs, von denen jede eine bestimmte Unternehmensfunktion für alle vier GmbHs erledigt: Die A-GmbH das Personalwesen, die B-GmbH das Rechnungswesen, die C-GmbH die Logistik und die D-GmbH das Marketing. Jede GmbH verfügt über mehr als 20 Mitarbeiter, die mit personenbezogenen Daten umgehen.

Jede der vier GmbHs muss einen eigenen DSB bestellen, denn jede ist dazu verpflichtet. Allerdings kann es sich dabei jeweils um dieselbe Person handeln. Siehe dazu den Abschnitt „interner und externer DSB" (unter III.2)!

In Konzernstrukturen scheint es besonders leicht dazu zu kommen, dass die notwendige Bestellung betrieblicher Datenschutzbeauftragter unterbleibt. So stellte sich im Rahmen des „Lidl-Skandals" im Jahr 2008 heraus, dass keine einzige der 35 rechtlich selbstständigen Vertriebsgesellschaften den erforderlichen Datenschutzbeauftragten bestellt hatte. Dies führte dazu, dass gegen jede Gesellschaft ein Bußgeld von 10.000 Euro verhängt wurde. Zwar war die Höhe dieser Bußgelder bisher so nicht üblich, doch zeigt sich daran, dass es sich bei einer fehlenden Bestellung eines Datenschutzbeauftragten nicht um einen Bagatellverstoß handelt.

III. Durchführung der Bestellung

1. Formale Fragen

Die Bestellung muss stets schriftlich erfolgen (§ 4f Abs. 1 Satz 1 BDSG). Um allen Zweifelsfragen aus dem Weg zu gehen, sollte das nicht per E-Mail, Fax usw. geschehen, sondern durch Ausfertigung eines Schriftstücks auf Papier.

Eine Gegenzeichnung durch den DSB wird empfohlen, da streitig ist, ob die Bestellung als Vertragsabschluss anzusehen ist. Ein kostenloses Bestellungsformular hat z. B. die Datenschutzaufsicht Schleswig-Holstein veröffentlicht (http://www.rehmnetz.de/it-recht/bestellungsmuster).

Wenn in einer Konzernstruktur dieselbe Person für mehrere Konzernunternehmen zum DSB bestellt werden soll, muss für jedes Unternehmen eine eigene Bestellungsurkunde ausgefertigt werden. Im Beispielsfall oben wären also insgesamt vier Bestellungsurkunden auszufertigen, eine durch jede GmbH.

Muster für die Bestellung eines betrieblichen Datenschutzbeauftragten sind im Internet vielfach verfügbar, so in einer Broschüre „Die Datenschutzbeauftragten in Behörde und Betrieb" des Bundesbeauftragten für den Datenschutz, abrufbar unter http://www.rehmnetz.de/it-recht/dsbbroschuere und in einem Flyer „Der betriebliche Datenschutzbeauftragte" des Bayerischen Landesamts für Datenschutzaufsicht, abrufbar unter http://www.rehmnetz.de/it-recht/dsbflyer.

Die Schriftform der Bestellung sollte unbedingt ernst genommen werden. Das Landesarbeitsgericht Chemnitz hat einem Arbeitnehmer, der die Aufgaben eines Datenschutzbeauftragten faktisch wahrgenommen hatte, jedoch nicht schriftlich bestellt worden war, den gesetzlichen Kündigungsschutz für Datenschutzbeauftragte nicht gewährt (Landesarbeitsgericht Chemnitz, Urteil vom 14. Februar 2014 – 3 Sa 485/13, siehe dazu http://www.rehmnetz.de/it-recht/fachartikelschriftform). Eine Entscheidung des Bundesarbeitsgerichts zu dieser Frage steht noch aus.

2. Interner und externer DSB

Dass sowohl ein interner als auch ein externer DSB möglich ist, ergibt sich klar aus dem Gesetz (§ 4f Abs. 2 Satz 3 BDSG). Dabei bedeutet:

- Interner DSB: Der DSB ist Arbeitnehmer der Stelle, die ihn zum DSB bestellt.

- Externer DSB: Der DSB ist nicht Arbeitnehmer der Stelle, die ihn zum DSB bestellt, sondern entweder der Arbeitnehmer einer anderen Stelle oder Freiberufler.

Dies führt zu wichtigen Gestaltungsmöglichkeiten in ganz unterschiedlichen Zusammenhängen:

Beispiel:
Ein Unternehmen hat zwar nur fünf Mitarbeiter, geht aber mit zahlreichen brisanten personenbezogenen Daten um (etwa, weil es Personenschutz für gefährdete Persönlichkeiten organisiert oder weil es individuelle Anlageberatung für vermögende Privatpersonen betreibt).

Eine Pflicht zur Bestellung eines DSB besteht nicht (§ 4f Abs. 1 Satz 4 BDSG). Eine Person, die als freiwillig bestellter DSB geeignet ist, ist im Unternehmen meist nicht vorhanden. Hier bietet sich die (freiwillige) Bestellung eines externen DSB an. Das kann ein Rechtsanwalt sein (vorteilhaft wegen der auch straf-

Datenschutzbeauftragter, betrieblicher

rechtlich – § 203 StGB – abgesicherten Schweigepflicht, die unter diesem Aspekt „mehr wert" ist als die allgemeine Schweigepflicht eines DSB gemäß § 4f Abs. 4 BDSG). Es kommen jedoch auch andere Freiberufler in Betracht oder jemand, der woanders in einem Arbeitsverhältnis steht (vorausgesetzt, er verletzt dadurch keine Pflichten aus diesem Arbeitsverhältnis).

Beispiel:
> Ein und dieselbe Person wird – weil die Voraussetzungen des § 4f Abs. 1 Satz 1 BDSG erfüllt sind und daher ein DSB erforderlich ist – für ein Dutzend Konzernunternehmen zum DSB bestellt. Sie ist Arbeitnehmer eines dieser Unternehmen.

Hinsichtlich dieses Unternehmens ist die Person interner DSB, hinsichtlich der übrigen Unternehmen externer DSB.

3. Nicht vereinbare Funktionen

Zum DSB darf nur bestellt werden, wer die erforderliche Zuverlässigkeit besitzt (§ 4f Abs. 2 Satz 1 BDSG). Aus diesem Begriff wird unter anderem abgeleitet, dass niemand zum DSB ernannt werden darf, der bei Ausübung dieser Funktion in Interessenskollision mit anderen Aufgaben gerät, die er wahrzunehmen hat. Es handelt sich also in erster Linie um ein Problem des – in der Praxis vorherrschenden – „Teilzeit-DSB", der **auch** DSB ist, aber daneben (oder meist sogar überwiegend) andere Aufgaben wahrnimmt.

Wertet man die einschlägige Literatur vollständig aus, so bleibt – abgesehen von der Revision – keine Funktion in einem Unternehmen mehr übrig, die mit der Funktion des DSB zu vereinbaren wäre. Dieses Ergebnis ist realitätsfern und entspricht auch nicht dem Sinn des Gesetzes, das den DSB im Ausgangspunkt als Institution der **internen** Eigenkontrolle konzipiert hat. Im Übrigen ergibt die Auswertung der Tätigkeitsberichte der Aufsichtsbehörden, dass Letztere eine erfreulich flexible Betrachtung an den Tag legen: Wenn ein DSB wirklich aktiv ist und ein ordentliches Datenschutzniveau erzielt, wird recht großzügig damit umgegangen, falls er auch noch andere, an sich „inkompatible" Funktionen ausübt, zumindest wird das nicht beanstandet. Dennoch sollte man zumindest den EDV-Leiter nicht zum DSB ernennen, da eine Interessenkollision hier besonders nahe liegt.

4. Benennung eines Stellvertreters

Zur Frage eines Stellvertreters des DSB schweigt das BDSG. Die Benennung eines Stellvertreters ist daher **formal gesehen** nicht nötig und zwar weder in Form eines ständigen Stellvertreters noch in Form eines Verhinderungsvertreters für den Fall des Urlaubs oder der Krankheit. Darüber besteht in der Literatur Einigkeit (siehe etwa Gola/Schomerus, BDSG-Kommentar, 11. Aufl. 2012, § 4f RN 22).

Dennoch sollte die Benennung eines Stellvertreters erwogen werden (so auch Simitis in Simitis (Hrsg.), BDSG-Kommentar, 8. Aufl. 2014, § 4f RN 145). Das gilt jedenfalls dann, wenn die Verarbeitung personenbezogener Daten für das Unternehmen auch finanziell bedeutsam ist. Ein aus gesellschaftsrechtlicher Sicht kaum zu entschuldigendes Versäumnis wäre es, auf eine Regelung der Stellvertretung zu verzichten, wenn die Verarbeitung personenbezogener Daten Kernaufgabe des Unternehmens ist (etwa bei Auskunfteien oder Inkassounternehmen). Die Berufung auf das Fehlen einer Regelung im BDSG hilft in solchen Fällen bei Versäumnissen nichts.

5. Sicherstellung der erforderlichen Fachkunde

Zum DSB darf nur bestellt werden, wer die erforderliche Fachkunde besitzt (§ 4f Abs. 2 Satz 1 BDSG) – also genau genommen nicht jemand, der sie erst noch erwerben will/muss. Es mag vertretbar sein, eine bei Bestellung noch fehlende Fachkunde alsbald zu erwerben, wenn damit der Teil der Kenntnisse gemeint ist, der über das Basiswissen hinausgeht. Das Basiswissen muss aber bereits bei Bestellung vorhanden sein. Dazu gehört vor allem eine Grundschulung im Datenschutz**recht**. Sie kann auf verschiedenen Wegen stattfinden (mehrtägiger Kurs, Fernkurs, individuelle Einweisung durch einen Sachkundigen). Insoweit schreibt das Gesetz nichts vor. Wichtig ist, dass ein ausreichendes Ergebnis erzielt wird.

Zum „Maß der erforderlichen Fachkunde" stellt § 4f Abs. 2 Satz 2 BDSG klar, dass es von zwei Kriterien abhängt:

- Umfang der Verarbeitung personenbezogener Daten,
- Schutzbedarf der verarbeiteten Daten.

Mit „Umfang" ist dabei sowohl der Umfang der verarbeiteten Daten insgesamt wie auch der Umfang der Daten, die sich auf eine konkrete einzelne Person beziehen, gemeint. In beiden Fällen ist das Schadenspotential besonders hoch, einmal bei einer Gesamtbetrachtung, zum anderen beim konkreten einzelnen Betroffenen.

Der Schutzbedarf ist besonders hoch bei den „besonderen Arten personenbezogener Daten" (siehe § 3 Abs. 9 BDSG; Musterbeispiel: medizinische Daten).

Nicht im Gesetz als Kriterium genannt ist die Bedeutung der Daten für das Unternehmen. Das ist konsequent, da dieser Aspekt für den Schutz des Persönlichkeitsrechts (siehe § 1 Abs. 1 BDSG) ohne Belang ist. Es liegt aber im Eigeninteresse jedes Unternehmens, diesen Aspekt nicht zu übersehen.

Der Düsseldorfer Kreis hat in einem Beschluss Ende 2010 festgehalten, welchen Mindestanforderungen die Fachkunde eines Datenschutzbeauftragten genügen muss (Beschluss vom 24./25.11.2010, abrufbar z. B. unter http://www.rehmnetz.de/it-recht/beschlussfachkunde). Die Fachkunde muss in jedem Fall auf die Situation der Stelle zugeschnitten sein, die den DSB bestellt. Gefragt ist (außer beim Basiswissen) nicht abstraktes Wissen, sondern konkret verwertbares Wissen.

Beispiel:
> Wenn ein Unternehmen keine Auslandskontakte hat, sind Kenntnisse bezüglich der Datenübermittlung ins Ausland ohne Belang, anderenfalls natürlich durchaus.

Beispiel:
> Werden nur wenige PCs ohne Verbindung nach außen eingesetzt, bedarf es keiner Schulung über Datenschutz im Internet. Wird das Internet dagegen genutzt, sind entsprechende Kenntnisse unabdingbar.

6. Zulässigkeit einer Befristung und einer Probezeit

Eine Befristung der Bestellung zum DSB ist vor allem deshalb problematisch, weil so der besondere Schutz des DSB gegen Abberufung (siehe § 4f Abs. 3 Satz 4 BDSG) umgangen werden könnte. Das Gesetz enthält keine ausdrückliche Aussage zu der Frage, in der Rechtsliteratur finden sich die unterschiedlichsten Ansichten. Deshalb bleibt für die Praxis nur der Rat, keine zu kurzen Befristungen vorzusehen, sondern mindestens zwei Jahre oder mehr zugrunde zu legen.

Eine vergleichbare Problematik stellt sich bei der Vereinbarung einer Probezeit für einen neu eingestellten/neu bestellten Datenschutzbeauftragten.

Beispiel:
Ein Unternehmen stellt einen Arbeitnehmer neu als Datenschutzbeauftragten ein. Der Arbeitsvertrag sieht eine Probezeit von sechs Monaten vor. Noch während der Probezeit kündigt das Unternehmen dem Arbeitnehmer fristgemäß. Der akzeptiert das nicht.

Das Arbeitsgericht Dortmund gab dem Datenschutzbeauftragten recht. Weder sei das Arbeitsverhältnis durch die Kündigung wirksam beendet worden noch sei der Widerruf seiner Bestellung zum Datenschutzbeauftragten wirksam. Vielmehr bestehe das Arbeitsverhältnis nach wie vor und der Kläger sei auch nach wie vor Datenschutzbeauftragter des Unternehmens.

Das Urteil des Arbeitsgerichts Dortmund vom 20. Februar 2013, 10 Ca 4800/12 ist abrufbar unter http://openjur.de/u/678169.html.

Zu beachten ist, dass das Landesarbeitsgericht Chemnitz die Vereinbarung einer Probezeit von sechs Monaten für gerechtfertigt gehalten hat (Landesarbeitsgericht Chemnitz, Urteil vom 14. Februar 2014 – 3 Sa 485/13). Der Fall liegt dem Bundesarbeitsgericht vor, eine Entscheidung steht noch aus.

7. Beteiligung des Betriebsrats/Personalrats

Die Bestellung zum DSB als solche erfüllt keinen speziellen Tatbestand des Betriebsverfassungs- oder Personalvertretungsrechts; darüber besteht Einigkeit.

Die Bestellung kann jedoch je nach Lage des Einzelfalls betriebsverfassungsrechtlich den Tatbestand der Einstellung oder der Versetzung erfüllen. Dann liegt unter diesem Aspekt ein mitbestimmungspflichtiger Tatbestand vor. Unabhängig davon ist zu empfehlen, den Betriebsrat/Personalrat im Rahmen der vertrauensvollen Zusammenarbeit offiziell über die Ernennung eines DSB zu unterrichten; eine Pflicht dazu besteht jedoch nicht, wenn weder eine Einstellung noch eine Versetzung vorliegt.

IV. Stellung, Aufgaben und Rechte des DSB

1. Stellung

1.1 Direkte Zuordnung zur Geschäftsleitung

Der DSB muss der Geschäftsleitung unmittelbar unterstellt werden (§ 4f Abs. 3 Satz 1 BDSG). Falls die Geschäftsleitung aus mehreren Personen besteht, ist es möglich und sinnvoll, den DSB nur einer dieser Personen förmlich zuzuordnen. Damit muss ein direktes Vortragsrecht verbunden sein.

Diese organisatorische Sonderstellung bezieht sich ausschließlich auf die Funktion als DSB. Sollte ein DSB daneben noch andere Funktionen wahrnehmen (in der Praxis regelmäßig so anzutreffen), werden diese anderen Funktionen nicht davon erfasst.

Beispiel:
Ein Mitarbeiter der Innenrevision ist DSB. – In der Funktion als DSB muss er der Unternehmensleitung unmittelbar zugeordnet sein (oft mit dem Begriff „Berichtspflicht" charakterisiert), ansonsten gelten die üblichen Hierarchien der Revisionsabteilung.

1.2 Weisungsfreiheit

In Ausübung seiner Fachkunde auf „dem Gebiet des Datenschutzes" ist der DSB weisungsfrei. So legt es § 4f Abs. 3 Satz 2 BDSG fest. Mit dieser fachlichen Unabhängigkeit sind jedoch folgende Maßnahmen der Geschäftsleitung zu vereinbaren:

- Die Geschäftsleitung kann eine Stellungnahme zu bestimmten Vorgängen einfordern, die sie beurteilt haben möchte.

  Ein bestimmtes Ergebnis darf sie dabei aber nicht vorgeben.

- Sie kann dazu auffordern, eine bestimmte Angelegenheit vorrangig zu bearbeiten.

  Sollte der DSB eine andere Sache jedoch für **fachlich** dringlicher erklären, hat sie dies hinzunehmen. Sie kann auch nicht vorschreiben, wie lange eine Beurteilung dauern darf.

- Die Geschäftsleitung kann sich über das Ergebnis einer Beurteilung hinwegsetzen.

  Sie trägt jedoch auch die Verantwortung für dieses Vorgehen.

1.3 Kein Weisungsrecht

Das BDSG gibt dem DSB keinerlei Weisungsrecht. Dies fördert – so paradox es zunächst klingen mag – seine Unabhängigkeit, denn er soll seine Beurteilungen **ausschließlich** anhand fachlicher Kriterien vornehmen, ohne Rücksicht auf Finanzierbarkeit, Vereinbarkeit mit geschäftspolitischen Zielen usw. Solche Aspekte würden aber unweigerlich mit einfließen, wenn er Weisungen ins Auge fassen könnte. Zudem würden solche Weisungen des DSB die Rechte und Pflichten der Geschäftsleitung schmälern.

1.4 Anspruch auf Unterstützung

Der DSB muss so ausgestaltet werden, dass er seine Tätigkeit effektiv ausüben kann (§ 4f Abs. 5 Satz 1 BDSG). Dazu gehört außer einem ausreichenden Raum auch die nötige Basisliteratur (etwa ein Kommentar zum BDSG), ferner heutzutage ein Internetzugang für notwendige Recherchen, schließlich ausreichende Fortbildungsmöglichkeiten (Umfang dabei zu bemessen nach der im konkreten Fall erforderlichen Fachkunde).

2. Aufgaben

2.1 Generelle Aufgaben

Der DSB hat auf die Einhaltung der Datenschutzvorschriften „hinzuwirken" (§ 4g Abs. 1 Satz 1 BDSG). Er ist dagegen nicht dafür verantwortlich, dass die Vorschriften im Ergebnis auch tatsächlich eingehalten werden; dazu müsste er über Weisungsrechte verfügen, die das Gesetz aber gerade nicht vorsieht.

Zum „Hinwirken" gehört, dass der DSB auch eigeninitiativ tätig wird. Er soll „Probleme suchen", um vorbeugend nötige Maßnahmen anzuregen.

2.2 Beispiele konkreter Aufgaben

Das Gesetz nennt als Beispiele (das wird am Wort „insbesondere" deutlich) in § 4g Abs. 1 Satz 4 BDSG zwei Aufgaben:

- die Überwachung der ordnungsgemäßen Anwendung von DV-Programmen und
- die Schulung der Personen, die personenbezogene Daten verarbeiten.

Weitere Details nennt das Gesetz nicht. Das Fixieren einer **Stellenbeschreibung,** die diese generellen Aufgaben näher ausführt oder zusätzliche Aufgaben festschreibt, ist möglich, aber nicht obligatorisch. Um Streit darüber zu vermeiden, ob der DSB seine Pflichten erfüllt hat, ist eine solche Beschreibung sinnvoll.

Beispiele:
- Pflicht zur Erstellung von Datenschutzrichtlinien
- Pflicht zum Erstatten eines schriftlichen Datenschutzberichts in bestimmten Abständen
- Pflicht zum Anbieten eines Datenschutzschulungsprogramms (nur) in einem bestimmten Umfang.

3. Recht

3.1 Anspruch auf ein Verfahrensverzeichnis

Jede verantwortliche Stelle, insbesondere also jedes Unternehmen, muss über ein „Verfahrensverzeichnis" verfügen (siehe § 4g Abs. 2 Satz 2 BDSG i. V. m. § 4e Satz 1 BDSG). Es soll transparent machen, in welcher Form und in welchem Umfang personenbezogene Daten verarbeitet werden.

Entgegen einer oft anzutreffenden Auffassung gehört es nicht zu den gesetzlichen Aufgaben des Datenschutzbeauftragten, dieses Verzeichnis zu erstellen. Vielmehr hat er einen Anspruch darauf, dass es ihm zur Verfügung gestellt wird (§ 4g Abs. 2 Satz 1 BDSG). Es ist denkbar, ihm diese Aufgabe zuzuweisen. Das ist jedoch nur statthaft, wenn er hierzu über ausreichende zeitliche Kapazitäten verfügt, ohne dass seine eigentlichen Aufgaben darunter leiden. Die hierfür nötigen Absprachen sollten zur Vermeidung von Differenzen schriftlich fixiert werden.

3.2 Anspruch auf Fortbildung

Zum 1.9.2009 wurde neu eingeführt, dass der DSB einen Anspruch auf „Teilnahme an Fort- und Weiterbildungsveranstaltungen" hat und zwar auf Kosten des Unternehmens (§ 4f Abs. 3 Satz 7 BDSG).

Dies dient dazu, dass er die zur Erfüllung seiner Aufgaben erforderliche Fachkunde aufrecht erhalten kann. Zweck der Veranstaltungen darf also nicht sein, diese Fachkunde erstmals zu erwerben. Das liegt an Folgendem: Zum DSG bestellt werden darf jemand erst dann, wenn er die erforderliche Fachkunde besitzt. Sie kann zwar auch bei Veranstaltungen erworben werden. Dass ein Anspruch auf Teilnahme an entsprechenden „Ausbildungsveranstaltungen" besteht, muss jedoch nicht besonders gesetzlich festgelegt werden. Unterbleibt eine solche Ausbildung, darf vielmehr die Bestellung zum DSB nicht erfolgen.

V. Widerruf der Bestellung des DSB

1. Gesetzliche Widerrufsgründe

Die gesetzliche Regelung zum Widerruf der Bestellung in § 4f Abs. 3 Satz 4 BDSG scheint auf den ersten Blick recht klar: Ein Widerruf der Bestellung ist (nur) in entsprechender Anwendung von § 626 BGB möglich. § 626 BGB wiederum ist zu entnehmen, dass der Widerruf einen „wichtigen Grund" voraussetzt. Daneben steht als Alternative der Widerruf auf Verlangen der Aufsichtsbehörde.

Diese zweite Möglichkeit bezieht sich auf die Regelung des § 38 Abs. 5 Satz 3 BDSG. Danach ist ein solches Abberufungsverlangen (das in der Praxis so gut wie nie vorkommt) dann möglich, wenn der DSB die Fachkunde und/oder die Zuverlässigkeit nicht besitzt, die zur Erfüllung seiner Aufgaben erforderlich ist. Das kann, muss aber nicht, zugleich einen wichtigen Grund für einen Widerruf der Bestellung darstellen, wie sich am Beispiel der Fachkunde zeigt:

- Geht der Mangel an Fachkunde auf Gründe zurück, die man dem DSB persönlich vorwerfen kann (z. B. schlichte Faulheit), dann liegt darin oft auch ein wichtiger Grund für einen Widerruf der Bestellung – jedenfalls dann, wenn sich daran trotz Abmahnung nichts ändert.
- Hat der Mangel an Fachkunde dagegen Ursachen in der Sphäre der Geschäftsleitung (zeitlich zu geringe Freistellung von anderen Aufgaben, Verweigerung von Fortbildungsmöglichkeiten), dann liegt darin keinesfalls auch ein wichtiger Grund für einen Widerruf der Bestellung.

In beiden Fällen könnte die Aufsichtsbehörde aber zu dem Schluss kommen, dass die erforderliche Fachkunde fehlt, und deshalb eine Abberufung verlangen. Gehen die Mängel auf unkooperatives Verhalten der Geschäftsleitung zurück, wird die Aufsichtsbehörde jedoch fordern, dass sich daran etwas ändert.

2. Trennung von Grundverhältnis und Bestellung zum DSB

Schon dieses Beispiel zeigt, dass die gesetzliche Regelung im konkreten Einzelfall erhebliche Probleme bereitet. Hinzu kommt, dass sie nur den Widerruf der Bestellung zum DSB regelt. Sie trifft dagegen keine Regelung über die Beseitigung des „Grundverhältnisses". Darunter ist zu verstehen

- beim internen DSB in der Regel das Arbeitsverhältnis, in dessen Rahmen die Aufgabe als DSB übernommen wird und auf dessen Basis dann die davon zu trennende Bestellung zum DSB erfolgt,
- beim externen DSB das entsprechende Dienstleistungsverhältnis (Dienstvertrag). So ist weder abschließend geklärt, ob ein Widerruf der Bestellung zugleich auch automatisch das Grundverhältnis beseitigt, noch ob umgekehrt eine Beseitigung des Grundverhältnisses durch Kündigung zugleich die Bestellung entfallen lässt. Diese Fragen haben praktische Relevanz, wenn etwa ein Insolvenzverwalter das Arbeitsverhältnis des DSB kündigt.

Ob und wie dieses „Grundverhältnis" beseitigt werden kann, richtet sich nach den Regelungen des Kündigungsschutzes für DSB. Siehe dazu VI.

3. Grundsätze der Rechtsprechung

Grundlegend – obgleich sie bei weitem nicht alle Fragen beantwortet – ist eine Entscheidung des Bundesarbeitsgerichts vom 13. März 2007 (Az: 9 AZR 612/05, abrufbar unter www.bundesarbeitsgericht.de). Danach gilt für einen internen DSB, der auf der Basis eines Arbeitsvertrags tätig ist, Folgendes:

Datenschutzbeauftragter, betrieblicher

- Ein Widerruf der Bestellung als DSB ist nur möglich, wenn zugleich das Arbeitsverhältnis entsprechend geändert wird (durch Änderungs- oder Aufhebungsvertrag oder durch wirksame Kündigung bzw. Änderungskündigung).

- § 4f Abs. 1 Satz 1 BDSG regelt nur die einseitige Bestellung zum DSB. Davon zu trennen ist die vertragliche Grundlage, die den DSB dazu verpflichtet, diese Aufgabe wahrzunehmen.

- Es ist nicht so, dass neben dem Arbeitsvertrag ein Geschäftsbesorgungsvertrag besteht, der dann die Grundlage für die Tätigkeit als DSB bildet. Diese Konstruktion wäre zwar rechtlich nicht ausgeschlossen, kommt aber nur in Betracht, wenn sie ausdrücklich gesondert vereinbart wurde.

- Ansonsten wäre es möglich, den arbeitsrechtlichen Kündigungsschutz zu umgehen.

- Bei einem „Teilzeit-DSB", der im Rahmen seines Arbeitsvertrages noch andere Funktionen als die des DSB ausübt, kann der „DSB-Teil" des Arbeitsvertrages durch eine Teilkündigung beseitigt werden. Es fällt dann die „Sonderaufgabe DSB" weg.

- Das vermeidet es, dass der Arbeitgeber gleich das gesamte Arbeitsverhältnis kündigen müsste, um die Funktion als DSB in Wegfall zu bringen.

Diese Grundsätze passen für den in der Praxis typischen Fall, dass ein bereits vorhandener Arbeitnehmer die Funktion „als DSB irgendwann dazubekommen" hat (**„Teilzeit-DSB"**). Falls er – was selten vorkommt – von vornherein als **„Vollzeit-DSB"** eingestellt worden ist, käme nur eine vollständige Kündigung des Arbeitsverhältnisses in Betracht. Auf den „Gleichklang" von Kündigung der DSB-Funktion und Kündigung des Arbeitsverhältnisses wäre aber auch in diesem Fall zu achten: Das eine ohne das andere geht nicht.

VI. Kündigungsschutz für den DSB

Wie eben gezeigt, geht die Rechtsprechung davon aus, dass ein „isolierter" Widerruf der Bestellung zum DSB nicht möglich ist. Vielmehr bedarf es – vorher oder zugleich – einer Kündigung des „Grundverhältnisses".

Unter welchen Voraussetzungen eine solche Kündigung möglich ist, war stets sehr umstritten. Durch die zum 1.9.2009 eingeführte Regelung des § 4f Abs. 3 Satz 5 BDSG besteht nunmehr ein effektiver Kündigungsschutz, der ein Jahr lang sogar noch nach der Abberufung als DSB nachwirkt (siehe § 4f Abs. 3 Satz 6 BDSG). Die Reichweite dieses Kündigungsschutzes lässt sich wie folgt charakterisieren:

- Er bezieht sich ausdrücklich nur auf „Arbeitsverhältnisse". Er gilt also nur für „interne DSB". „Externe DSB" profitieren von ihm nicht.

- Er greift nur ein, wenn eine formwirksame Bestellung zum DSB vorliegt.

- Er erstreckt sich **nicht** auf etwaige Mitarbeiter des DSB.

- Ein „wichtiger Grund", der zur Kündigung ohne Einhaltung einer Kündigungsfrist berechtigt, macht eine Kündigung ausnahmsweise doch möglich.

- Der „nachlaufende" Kündigungsschutz wirkt unabhängig davon, **warum** die Bestellung des DSB widerrufen wurde.

Beispiel:
> Der DSB ist der Unternehmensleitung seit längerem lästig. Um ihm loszuwerden, bietet man ihm eine deutlich höher dotierte Tätigkeit an. Er stimmt dem Widerruf seiner Bestellung zum DSB zu. Drei Monate später stellt er fest, dass man ihn auf eine Stelle „weggelobt" hat, die betriebsbedingt entfällt. – Für ein Jahr ab Widerruf seiner Bestellung gilt der nachlaufende Kündigungsschutz, obwohl er seiner Abberufung zugestimmt hatte!

Die Rechtsprechung hatte sich schon mehrfach mit Fällen zu befassen, in denen es um die Kündigung eines Datenschutzbeauftragten ging. In einem Urteil vom 23.3.2011 – 10 AZR 562/09, abrufbar unter www.bundesarbeitsgericht.de hat das Bundesarbeitsgericht dabei unter anderem folgende Grundsätze zu § 4f Abs. 3 Satz 4 BDSG festgehalten:

- Eine Abberufung ist nur möglich, wenn die der verantwortlichen Stelle die weitere Tätigkeit des Datenschutzbeauftragten unzumutbar ist.

- Beispiele dafür wären etwa ein Geheimnisverrat oder die dauerhafte Verletzung von Kontrollpflichten.

- Die wirksame Beendigung des zugrunde liegenden Arbeitsverhältnisses kann ein wichtiger Grund für den Widerruf der Bestellung sein.

- Ebenso kann die Stilllegung des Betriebs einen wichtigen Grund für eine Abberufung darstellen.

- Bei der erstmaligen Bestellung hat die verantwortliche Stelle die Freiheit, ob sie einen externen oder einen internen Datenschutzbeauftragten bestellt. Das rechtfertigt es aber nicht, einen bereits bestellten Datenschutzbeauftragten aufgrund einer erneuten, geänderten Organisationsentscheidung wieder abzuberufen. Das würde den besonderen Abberufungsschutz völlig entwerten.

- Die Mitgliedschaft im Betriebsrat und die Tätigkeit als Datenschutzbeauftragter sind nicht grundsätzlich unvereinbar, sondern können in der Regel parallel ausgeübt werden.

VII. Absicherung des DSB in der Datenschutz-Grundverordnung

Behörden und öffentliche Einrichtungen sind direkt aufgrund der Datenschutz-Grundverordnung verpflichtet, einen DSB zu bestellen (Art. 37 Abs. 1 Buchst. a GVO). Es kommt dabei weder auf die Zahl der Beschäftigten an noch darauf, welche Aufgaben die Behörde oder öffentliche Einrichtung zu erfüllen hat. Damit führt die Datenschutz-Grundverordnung den behördlichen Datenschutzbeauftragten europaweit verbindlich ein.

Eine entsprechende Pflicht besteht für bestimmte Arten von Unternehmen. Nötig ist dabei entweder, dass die „Kerntätigkeit" des Unternehmens in Verarbeitungsvorgängen besteht, die eine regelmäßige und systematische Beobachtung von betroffenen Personen erforderlich machen (Art. 37 Abs. 1 Buchst. b GVO) oder darin, dass in erheblichem Ausmaß sensitive Daten verarbeitet werden (Art. 37 Abs. 1 Buchst. c GVO).

Noch wesentlicher erscheint, dass eine Öffnungsklausel für den nationalen Gesetzgeber vorgesehen ist. Doch er kann festlegen, dass auch Unternehmen, die dazu nach den Vorgaben der Grundverordnung nicht verpflichtet wären, gleichwohl einen DSB bestellen müssten (Art. 37 Abs. 4 GVO). Bestimmte Vorgaben hinsichtlich der Beschäftigtenzahlen oder der Arzt der unternehmerischen Aktivitäten macht die Grundverordnung dabei nicht. Damit besteht für den deutschen Gesetzgeber die Freiheit, die bisher geltenden Regelungen des BDSG weitestgehend fortzuführen. Im Ergebnis bedeutet dies eine indirekte europarechtliche Absicherung des DSB in Deutschland.

VIII. Checkliste: Betrieblicher Datenschutzbeauftragter

- Als Faustregel gilt: Ein Unternehmen braucht dann einen eigenen Datenschutzbeauftragten (DSB), wenn im Unternehmen mindestens 20 Personen mit personenbezogenen Daten umgehen.

- Bei Unternehmen im Konzernverbund muss jedes Unternehmen, das diese Voraussetzung erfüllt, einen DSB bestellen. Dabei kann es sich jeweils um dieselbe Person handeln.

- Wenn keine Pflicht zu Bestellung eines DSB besteht, sollte eine freiwillige Bestellung erwogen werden. Ansonsten verbleibt die gesamte datenschutzrechtliche Verantwortung bei der Geschäftsleitung.

- Es sind interne DSB (Arbeitnehmer) und externe DSB (etwa ein Freiberufler) zulässig.

- Ein förmlicher Stellvertreter für den DSB ist nicht vorgeschrieben, aber oft sinnvoll.

- Die erforderliche Fachkunde ist nach den konkreten Verhältnissen im Unternehmen auszugestalten.

- Der DSB ist in Ausübung seiner Fachkunde keinen Weisungen unterworfen, hat aber selbst auch keine Weisungsbefugnisse.

- Der DSB hat Anspruch u. a. auf ein Verfahrensverzeichnis. Nur wenn dies gesondert vereinbart wurde, muss er es selbst erstellen.

- Der DSB hat Anspruch darauf, an Fortbildungsveranstaltungen teilzunehmen, um seine Fachkunde zu erhalten.

- Die Bestellung zum DSB kann nur aus wichtigem Grund widerrufen werden und wenn ein Arbeitsverhältnis besteht, nur zusammen mit diesem.

- Die Datenschutz-Grundverordnung erlaubt es den nationalen Gesetzgebern, betriebliche Datenschutzbeauftragte verbindlich vorzuschreiben. Damit ist die Stellung der betrieblichen DSB in Deutschland dauerhaft gesichert.

Datenschutzerklärung

I. Wertlosigkeit allgemeiner „Privacy Policies"

II. Rechtliche Anknüpfungspunkte für Datenschutzerklärungen
   1. Ergebnisdarstellung bei einem Datenschutzaudit
   2. Benachrichtigung des Betroffenen gemäß § 33 BDSG
   3. Erfüllung von Informationspflichten nach § 13 Telemediengesetz (TMG)

III. Konkrete Ausgestaltung einer Datenschutzerklärung
   1. Beispiel: Bayerisches Staatsministerium der Justiz (StMJ)
   2. Erläuterungen zum Text des StMJ

IV. Folgen einer inkorrekten Datenschutzerklärung

V. Checkliste Datenschutzerklärung

I. Wertlosigkeit allgemeiner „Privacy Policies"

Es ist im Internet inzwischen weithin üblich geworden, seinen Webauftritt mit einer „Datenschutzerklärung" zu versehen, in der – oft wortreich – erklärt wird, wie wichtig dem Unternehmen der Datenschutz sei, was man mit den Daten alles nicht tun wolle usw. Auszug aus einer typischen Erklärung:

Beispiel:

„Wir messen dem Schutz ihrer Privatsphäre höchste Bedeutung zu. Dies gilt insbesondere für die Verarbeitung ihrer personenbezogenen Daten. In bestimmten Fällen benötigen wir Ihren Namen und Ihre Adresse, um die von Ihnen gewünschten Leistungen erbringen zu können. Bei der Nutzung unserer Webseite speichern wir nur die Daten, die Sie uns automatisch zur Verfügung stellen."

Solche allgemeinen Erklärungen sind wertlos. Der Trend, sie mehr und mehr zu benutzen, ist aus verschiedenen Gründen kritisch zu sehen:

- Sie sind in **dieser** Form nirgends gesetzlich vorgesehen oder gar vorgeschrieben.

- Sie schaffen keine Transparenz, sondern vernebeln eher den Blick darauf, was konkret geschieht. (So fragt sich im obigen Beispiel, welche Daten denn genau „automatisch zur Verfügung gestellt werden".)

- Sie sind im schlimmsten Fall irreführend und falsch. (So wird oft behauptet, es würden beim Besuch einer Webseite keine Daten gespeichert, obwohl Cookies eingesetzt werden, um genau das zu tun.)

Der Blick ist also darauf zu richten, welche gesetzlichen Informationspflichten erfüllt werden müssen. Blumige Texte allgemeiner Art helfen dabei nicht weiter. Fragt man nach den Gründen für die zunehmende Verbreitung wertloser Erklärungen der geschilderten Art, so stößt man im Wesentlichen auf zwei Phänomene:

- Derartige Erklärungen setzen sich seit einigen Jahren in den USA mehr und mehr durch (vielleicht deshalb, weil dort in vielen Bereichen von Datenschutz auf europäischem Niveau gerade keine Rede sein kann, wollen Unternehmen dem Kunden doch insoweit zumindest ein gutes Gefühl geben) und Entwicklungen in den USA werden im Internet gerne nachgeahmt.

- Der Nachahmungstrieb bei der Gestaltung von Internetauftritten ist generell enorm. Dies hat sich etwa bei dem – in dieser Form rechtlich völlig unsinnigen – Disclaimer wegen einer etwaigen Haftung für Links gezeigt, in dem auf ein Urteil des Landgerichts Hamburg aus dem Jahr 1998 Bezug genommen wird (siehe dazu die kritische Darstellung unter http://www.rehmnetz.de/it-recht/disclaimerkritik). Siehe zu Disclaimern das Stichwort → Disclaimer. Ein ähnliches Phänomen erlebt man hier.

II. Rechtliche Anknüpfungspunkte für Datenschutzerklärungen

1. Ergebnisdarstellung bei einem Datenschutzaudit

Sofern – was auf freiwilliger Basis jetzt schon möglich ist und an sich (siehe § 9a BDSG) gesetzlich geregelt werden sollte – ein Datenschutzaudit durchgeführt wird, kann das Ergebnis eines solchen Audits in Form einer Datenschutzerklärung der Öffentlichkeit zugänglich gemacht werden.

Ein solches Vorgehen ist nur ernst zu nehmen, wenn die Begutachtung im Rahmen des Audits auch die Überprüfung der Datenschutzerklärung daraufhin erfasst, ob sie mit den Ergebnissen des Audits übereinstimmt. Ansonsten ist die Objektivität unsicher und die Erklärung ist nicht geeignet, Transparenz herzustellen.

Da Audits bisher so gut wie nicht durchgeführt werden, haben Datenschutzerklärungen nur selten den Zweck, das Ergebnis eines Audits darzustellen.

2. Benachrichtigung des Betroffenen gemäß § 33 BDSG

Sofern – etwa beim Besuch einer Webseite – Daten des Betroffenen ohne dessen Kenntnis gespeichert werden, ist er gemäß § 33 Abs. 1 Satz 1 BDSG über Folgendes zu benachrichtigen:

- Tatsache der Speicherung,
- Art der gespeicherten Daten,
- Zweckbestimmung der Erhebung, Verarbeitung oder Nutzung,
- Identität der verantwortlichen Stelle.

Dabei ist zu beachten, dass diese Benachrichtigung seitens der verantwortlichen Stelle aktiv und unaufgefordert zu veranlassen ist. Es genügt also **nicht,** dass der Betroffene diese Informationen abrufen **kann.** Das ist vor allem bei der Gestaltung von Online-Shop-AGB zu beachten.

Auch der Zweck einer Benachrichtigung nach § 33 BDSG wird mit einer Datenschutzerklärung nur selten verfolgt.

3. Erfüllung von Informationspflichten nach § 13 Telemediengesetz (TMG)

Dieser Zweck steht bei Datenschutzerklärungen im Vordergrund. § 13 Abs. 1 TMG legt fest, dass ein Diensteanbieter den Nutzer zu **Beginn** des Nutzungsvorgangs über Folgendes zu unterrichten hat:

- Art,
- Umfang und
- Zweck der Erhebung und Verwendung personenbezogener Daten sowie
- eine etwaige Verarbeitung von Daten in Drittstaaten außerhalb der Europäischen Union.

Bei entsprechender Ausgestaltung ist eine Datenschutzerklärung dazu geeignet, in dieser Hinsicht Transparenz zu schaffen. Das gilt auch für die Verwendung von Elementen wie dem „Gefällt-mir-Button" von Facebook.

Die Regelung des § 13 TMG gilt für alle elektronischen Informations- und Kommunikationsdienste (§ 1 Abs. 1 Satz 1 TMG), also insbesondere auch für das Bereitstellen von Webseiten, die nur der Information dienen sollen.

Inhaltlicher Maßstab dafür, ob bei einer Nutzung solcher Dienste Daten überhaupt gespeichert werden dürfen, ist § 15 TMG (Nutzungsdaten). Es genügt also (selbstverständlich) nicht, dem Nutzer zu sagen, welche Daten man tatsächlich speichert, vielmehr muss die Speicherung dieser Daten auch rechtmäßig erfolgen. Die entsprechende Prüfung hat einer Datenschutzerklärung vorauszugehen.

III. Konkrete Ausgestaltung einer Datenschutzerklärung

1. Beispiel: Bayerisches Staatsministerium der Justiz (StMJ)

Die Datenschutzerklärung des StMJ eignet sich aus mehreren Gründen gut dazu, typische Elemente einer Datenschutzerklärung zu erläutern:

- Die Seite enthält zum einen Informationsangebote, die betrachtet oder teils auch heruntergeladen werden können.
- Sie bietet die Möglichkeit, Nachrichten an das Ministerium zu senden.
- Es ist möglich, Newsletter zu abonnieren und Druckpublikationen zu bestellen.
- Die Seite liegt auf einem externen Webserver (Landesamt für Statistik und Datenverarbeitung).

All diese Elemente sind auch auf Unternehmensseiten weithin üblich. Dass es sich um eine Behördenseite handelt, spielt also keine Rolle.

Die Erklärung (abrufbar unter http://www.rehmnetz.de/it-recht/impressumjustiz) hat folgenden Wortlaut (Stand: 1.3.2015, die Nummerierung der Absätze wurde hier eingefügt):

„Datenschutz (Protokollierung)

(1) Der Web-Server des Bayerischen Staatsministeriums der Justiz wird durch das Bayerische Landesamt für Statistik und Datenverarbeitung (webmaster@bayern.de [email]), St.-Martin-Str. 47, 81541 München, Postanschrift 81532 München, betrieben.

(2) Bei jeder Anforderung einer Internetdatei werden folgende Zugriffsdaten im Bayerischen Landesamt für Statistik und Datenverarbeitung gespeichert:

Datenschutzerklärung

1. die Seite, von der aus die Datei angefordert wurde,

2. der Name der aufgerufenen Datei,

3. das Datum und die Uhrzeit der Anforderung,

4. die übertragene Datenmenge,

5. der Zugriffsstatus (Datei übertragen, Datei nicht gefunden etc.),

6. die Beschreibung des verwendeten Webbrowsertyps bzw. des verwendeten Betriebssystems,

7. die IP-Adresse des anfordernden Rechners.

(3) Die gespeicherten Daten werden ausschließlich zu technischen oder statistischen Zwecken benötigt; ein Abgleich mit anderen Datenbeständen oder eine Weitergabe an Dritte, auch in Auszügen, findet nicht statt.

(4) Im Informationsangebot des StMJ können Cookies oder JAVA-Applets verwendet werden.

(5) Die Verwendung dieser Funktionalitäten kann durch Einstellungen des Browserprogramms vom jeweiligen Nutzer ausgeschaltet werden.

(6) Nach Auswertung der jährlichen Zugriffe werden die protokollierten Daten gelöscht. Die Auswertung erfolgt monatlich und jährlich, die Löschung erfolgt jeweils im Januar des Folgejahres. Auswertung und Löschung erfolgen durch Mitarbeiter des Bayerischen Landesamts für Statistik und Datenverarbeitung im Auftrag des StMJ.

(7) Im Angebot des StMJ besteht die Möglichkeit zur Eingabe persönlicher oder geschäftlicher Daten (E-Mail-Adressen, Namen, Anschriften) bei Schreiben an das StMJ, für Bestellzwecke, für Feedbacks sowie ggf. zur Abonnierung von Newslettern und zur Teilnahme an Diskussionsforen. Die Nutzung der angebotenen Serviceleistungen und Dienste seitens des Nutzers erfolgt ausdrücklich auf freiwilliger Basis. Soweit ein Newsletterversand eingerichtet ist, werden die E-Mail-Adressen hierfür auf dem Newsletterserver im Bayerischen Landesamt für Statistik und Datenverarbeitung gespeichert und für keine anderen Zwecke als den Versand der Newsletter verwendet. Die Abonnenten der Newsletter können jederzeit selbst das Abonnement kündigen; die E-Mail-Adressen werden dadurch automatisch gelöscht. In jedem Fall (Bestellung, Newsletter, Feedback, Diskussionsforum) werden die angegebenen persönlichen Daten (insb. Name, E-Mail-Adresse) nur für die Übersendung der gewünschten Veröffentlichungen oder Informationen bzw. für die bei dem einzelnen Formular ggf. explizit genannten anderen Zwecke verarbeitet und nicht an Dritte weitergegeben.

(8) Zeitlich begrenzte Nutzerdaten (Cookies) werden auf dem Rechner des Nutzers gespeichert, wenn der Nutzer dies zur Erhöhung seines Komforts wünscht (dies betrifft die Speicherung des vom Nutzer evtl. ausgewählten CSS für die Kombination Hintergrund-/Schriftfarbe). Diese Speicherung kann vom Nutzer jederzeit durch entsprechende Einstellung des Internetbrowsers rückgängig gemacht bzw. verhindert werden."

2. Erläuterungen zum Text des StMJ

(Die nachfolgend verwendeten Gliederungsziffern beziehen sich auf die in Klammer vorangestellten Zahlen im Beispieltext.)

1. Zur Unterrichtung über die „Art" der Erhebung und Verwendung personenbezogener Daten (§ 13 Abs. 1 Satz 1 TMG) gehört auch die Information darüber, dass – so wie hier – ein Auftragsdatenverarbeiter (§ 11 BDSG) eingeschaltet ist.

2. Der „Umfang" der Datenverarbeitung (§ 13 Abs. 1 Satz 1 TMG) sollte – so wie hier – möglichst durch eine konkrete Auflistung verdeutlicht werden.

3. § 13 Abs. 1 TMG verlangt lediglich die Angabe des tatsächlich verfolgten Zwecks. Dafür hätte der 1. Halbsatz genügt. Angaben zu nicht verfolgten Zwecken (hier „Abgleich mit anderen Datenbeständen" und „Weitergabe an Dritte") sind an sich nicht notwendig. Sie können aber im Interesse der Transparenz sinnvoll sein, um **nahe liegende** Befürchtungen auszuschließen. Hier wurde ein solches vernünftiges Mittelmaß gewählt.

4. Angaben zu etwa verwendeten Cookies sind zwingend. Das folgt aus § 13 Abs. 1 Satz 2 TMG: Cookies sind automatisierte Verfahren, die eine spätere Identifizierung des Nutzers ermöglichen. Die Regelung ist in erster Linie auf Cookies zugeschnitten (Spindler/Schuster, Recht der elektronischen Medien, München 2008, § 13 TMG RN 4).

   Die Formulierung „können ... verwendet werden" ist problematisch, da sie Anklänge an eine gesetzliche Erlaubnis dieses Vorgehens hat. Besser wäre: „werden ... teilweise verwendet".

5. Der Hinweis darauf, dass der Nutzer solche Funktionalitäten (Cookies und Applets) abschalten kann, ist nicht vorgeschrieben, aber sinnvoll. Er nimmt den Benutzer ernst und zeigt ihm Handlungsmöglichkeiten.

6. Die Angaben zu Auswertung und Löschung sind eine Erläuterung zur Verwendung personenbezogener Daten (§ 13 Abs. 1 Satz 1 TMG).

7. Die ersten beiden Absätze schildern die tatsächlichen Abläufe und damit Art und Umfang von Erhebung und Verwendung personenbezogener Daten. Der letzte Absatz präzisiert den Zweck.

8. Man könnte überlegen, die oben bei Ziffer 4 gemachten Angaben mit den Angaben hier zusammenzufassen, da sie dasselbe Thema betreffen.

Was im konkreten Beispiel **fehlt**, weil es bei einer Behördenseite entbehrlich ist, sind Angaben zur Erstellung von Nutzungsprofilen für Werbezwecke (§ 14 Abs. 3 Satz 1 TMG). Wenn das beabsichtigt wäre (was bei einem Justizministerium sehr erstaunlich wäre), müsste man den Nutzer noch darauf hinweisen, dass er einem solchen Vorgehen widersprechen kann (§ 15 Abs. 3 Satz 2 TMG).

IV. Folgen einer inkorrekten Datenschutzerklärung

Denkbar wäre zunächst die Verhängung eines Bußgeldes (§ 16 Abs. 2 Nr. 3 TMG) bis theoretisch 50.000 € (§ 16 Abs. 3 TMG).

Im Einzelfall käme auch ein wettbewerbsrechtliches Vorgehen eines Konkurrenten in Betracht, doch sind die Gerichte eher zurückhaltend darin, in solchen Verstößen ein wettbewerbsrelevantes Handeln zu sehen.

V. Checkliste Datenschutzerklärung

- ❏ Allgemeine Erklärungen sind ohne rechtlichen Wert. Ausgangspunkt einer recht verstandenen Datenschutzerklärung ist die Informationspflicht gemäß § 13 TMG.
- ❏ Die individuelle Benachrichtigung des Betroffenen gemäß § 33 BDSG wird durch eine solche Erklärung nicht ersetzt.
- ❏ Zur besseren Transparenz können im Einzelfall auch gesetzlich nicht geforderte Erklärungen sinnvoll sein, etwa Hinweise darauf, dass eine Weitergabe von Daten an Dritte nicht beabsichtigt ist.
- ❏ Eine rechtlich fehlerhafte Datenschutzerklärung kann ein Bußgeldverfahren und im Einzelfall auch ein wettbewerbsrechtliches Verfahren nach sich ziehen.

Datenschutz-Grundverordnung

I. Neuordnung des Datenschutzes in Europa
   1. Bisherige Rechtslage
   2. Verordnungsvorschlag auf Initiative der Europäischen Kommission

II. Das Rechtsinstrument der Verordnung

III. Wesentliche Inhalte des Verordnungsvorschlags

IV. Weitere Entwicklung und Ausblick

I. Neuordnung des Datenschutzes in Europa

Der Datenschutz ist durch den grenzüberschreitenden Bezug vieler Datenschutzfragen auch ins europäische Bewusstsein gelangt. Dabei steht insbesondere das aus dem heutigen Alltag nicht mehr wegzudenkende Internet mit seinen vielfältigen Möglichkeiten, personenbezogene Daten zu hinterlassen, für die internationale Dimension des Datenschutzes. So wird einleitend in der Begründung des Vorschlags einer Verordnung zum Schutz natürlicher Personen bei der Verarbeitung personenbezogener Daten und zum freien Datenverkehr (Datenschutz-Grundverordnung) formuliert:

„Der rasche technologische Fortschritt und die Globalisierung stellen den Datenschutz vor neue Herausforderungen. Das Ausmaß von Datenaustausch und Datenerhebung hat eindrucksvoll zugenommen. Die Technik macht es möglich, dass Privatwirtschaft und Staat im Rahmen ihrer Tätigkeiten in einem noch nie dagewesenen Umfang auf personenbezogene Daten zurückgreifen. Zunehmend werden auch private Informationen öffentlich weltweit zugänglich gemacht. Die Technik hat das wirtschaftliche und gesellschaftliche Leben verändert und dürfte den Datenverkehr innerhalb der Union sowie die Datenübermittlung an Drittländer und internationale Organisationen noch weiter erleichtern, wobei gleichzeitig ein hohes Datenschutzniveau zu gewährleisten ist."

1. Bisherige Rechtslage

Bislang ist das Datenschutzrecht in Deutschland durch das Bundesdatenschutzgesetz (BDSG) sowie in Landesdatenschutzgesetzen geregelt. Daneben gibt es noch datenschutzrechtliche Vorschriften in einigen Spezialgesetzen, wie z. B. im Telemediengesetz (TMG).

Hinweis:
Das Telemediengesetz (TMG) ist einschlägig, wenn es um Daten geht, die durch die Nutzung des Internets anfallen.

Weiterführend zum geltenden Datenschutzrecht siehe das Stichwort → *Datenschutz*.

Das deutsche Datenschutzrecht setzt die Vorgaben der aus dem Jahr 1995 stammenden Richtlinie 95/46/EG (Datenschutz-Richtlinie) um. Die gesetzgebenden Organe der Europäischen Union bekennen sich zu den dortigen Regelungen, sehen jedoch ausweislich ihres Verordnungsvorschlags Reformbedarf:

„Die Ziele und Grundsätze der Richtlinie 95/46/EG besitzen nach wie vor Gültigkeit, doch hat die Richtlinie nicht verhindern können, dass der Datenschutz in der Union unterschiedlich gehandhabt wird, Rechtsunsicherheit besteht und in der Öffentlichkeit die Meinung weit verbreitet ist, dass speziell im Internet der Datenschutz nicht immer gewährleistet ist. Unterschiede beim Schutzniveau für die Rechte und Freiheiten von Personen im Zusammenhang mit der Verarbeitung personenbezogener Daten in den Mitgliedstaaten, vor allem beim Recht auf Schutz dieser Daten, kann den unionsweiten freien Verkehr solcher Daten behindern. Diese Unterschiede im Schutzniveau können ein Hemmnis für die unionsweite Ausübung von Wirtschaftstätigkeiten darstellen, den Wettbewerb verzerren und die Behörden an der Erfüllung der ihnen nach dem Unionsrecht obliegenden Pflichten hindern. Sie erklären sich aus den Unterschieden bei der Umsetzung und Anwendung der Richtlinie 95/46/EG."

2. Verordnungsvorschlag auf Initiative der Europäischen Kommission

Am 25.1.2012 hat die Europäische Kommission einen „Vorschlag für eine Verordnung des Europäischen Parlaments und des Rates zum Schutz natürlicher Personen bei der Verarbeitung personenbezogener Daten und zum freien Datenverkehr (Datenschutz-Grundverordnung)" vorgelegt. Der Vorschlag ist niedergelegt in dem Dokument KOM(2012) 11 endgültig; dieses ist abrufbar unter http://www.rehmnetz.de/it-recht/eukommission-dsgv.

Im Rahmen des europäischen Gesetzgebungsverfahrens sind mehr als 3000 Änderungsanträge eingebracht worden, mit denen sich der zuständige Ausschuss des Europäischen Parlaments auseinandersetzen musste. Das ist der LIBE („Committee on Civil Liberties, Justice and Home Affairs")-Ausschuss, der hieraus 104 Kompromissvorschläge als Basis für die weiteren Verhandlungen erarbeitet hat. Diese Vorschläge hat das Europäische Parlament am 12.3.2014 gebilligt. Am 15.6.2015 hat schließlich der Rat der Europäischen Union seinen Standpunkt zu den Vorschlägen festgelegt, so dass am 24.6.2015 die sogenannten Trilog-Verhandlungen zwischen Kommission, Parlament und Rat der Europäischen Union über die Verabschiedung einer Datenschutz-Grundverordnung beginnen konnten. Am 15.12.2015 kam es zu einer Einigung der Trilog-Parteien.

Datenschutz-Grundverordnung

Mit dem Vorschlag wird das Ziel verfolgt, die Regeln für den Umgang mit personenbezogenen Daten EU-weit zu vereinheitlichen. Damit soll auf der einen Seite das Grundrecht auf Datenschutz innerhalb der Europäischen Union gewährleistet werden.

Hinweis:
Der Schutz personenbezogener Daten ist in Artikel 8 der EU-Grundrechte-Charta als Grundrecht ausgestaltet.

Auf der anderen Seite soll der freie Datenverkehr innerhalb des Europäischen Binnenmarktes garantiert werden.

II. Das Rechtsinstrument der Verordnung

Um tatsächlich ein einheitliches Datenschutzniveau innerhalb Europas zu erhalten, ist das Rechtsinstrument der Verordnung gewählt worden. Anders als bei einer europäischen Richtlinie bedarf es hier keiner Umsetzung durch die Mitgliedstaaten in nationales Recht, sondern die Regelungen gelten unmittelbar. In der Begründung des Verordnungsvorschlags wird hierzu ausgeführt:

„Damit in der Union ein gleichmäßiges Datenschutzniveau für den Einzelnen gewährleistet ist und Unterschiede, die den freien Datenverkehr im Binnenmarkt behindern könnten, beseitigt werden, ist eine Verordnung erforderlich, die überall in der Union für die Wirtschaftsteilnehmer einschließlich Kleinstunternehmen sowie kleiner und mittlerer Unternehmen Rechtssicherheit und Transparenz schafft, den Einzelnen mit demselben Niveau an durchsetzbaren Rechten ausstattet, dieselben Pflichten und Zuständigkeiten für die für die Verarbeitung Verantwortlichen und Auftragsverarbeiter vorsieht und eine gleichmäßige Kontrolle der Verarbeitung personenbezogener Daten und gleichwertige Sanktionen in allen Mitgliedstaaten sowie eine wirksame Zusammenarbeit zwischen den Aufsichtsbehörden der einzelnen Mitgliedstaaten gewährleistet."

Das Rechtsinstrument der Verordnung hat den Vorteil, dass es in den Rechtsordnungen der Mitgliedstaaten keine Abweichungen „nach oben" oder „nach unten" geben kann.

ACHTUNG!
Auch bei einer Richtlinie ist eigentlich eine Abweichung „nach unten" ausgeschlossen. So garantiert die geltende Datenschutzrichtlinie ein einheitliches Mindestniveau im Datenschutzrecht in Europa. Allerdings muss festgestellt werden, dass die verbleibenden Umsetzungs- und Interpretationsspielräume Unterschiede innerhalb der EU generieren, die bei der Wahl des europäischen Standorts eines internationalen Unternehmens durchaus eine Rolle spielen können.

Beispiel:
So hat das US-amerikanische Unternehmen Facebook zur Verarbeitung der Daten seiner europäischen Nutzer eine irische Niederlassung gegründet, mit der Folge, dass auch für deutsche Nutzer nicht deutsches, sondern irisches Datenschutzrecht Anwendung findet. Es hat sich gezeigt, dass irische Datenschützer bestimmte Funktionen des sozialen Netzwerks wesentlich unkritischer sehen als dies in Deutschland der Fall ist (weiterführend siehe die Stichworte → *Soziale Netzwerke* und → *Facebook*).

Zukünftig sollen sich Unternehmen in Europa nicht mehr als Sitz den Mitgliedstaat mit dem niedrigsten Datenschutzniveau aussuchen können (sogenanntes „Forum Shopping"). Ziel des Verordnungsvorschlags sind hohe und dem Internetzeitalter angemessene Datenschutzstandards, die einheitlich in der ganzen EU gelten.

III. Wesentliche Inhalte des Verordnungsvorschlags

Der Verordnungsvorschlag gliedert sich in 11 Kapitel. In **Kapitel I** finden sich die **allgemeinen Bestimmungen** – hierunter fallen Ziele, Anwendungsbereich und Begriffsbestimmungen.

WICHTIG!
Herauszustellen beim räumlichen Anwendungsbereich ist der Übergang zum **Marktortprinzip**, d. h. die Regelungen der Verordnung gelten auch für außereuropäische Datenverarbeiter, wenn die Datenverarbeitung dazu dient, in der EU ansässigen Personen Waren oder Dienstleistungen in der EU anzubieten oder ihr Verhalten zu beobachten (Art. 3 Abs. 2).

In **Kapitel II** werden die **Grundsätze** in Bezug auf die Verarbeitung personenbezogener Daten festgelegt. Hier finden sich bereits aus dem geltenden Datenschutzrecht bekannte Prinzipien wie Transparenz, Datenminimierung, Zweckbindung der Datenverarbeitung, Erforderlichkeit und Richtigkeit wieder. Die Rechtmäßigkeit der Datenverarbeitung wird durch eine abschließende Aufzählung von Erlaubnistatbeständen definiert. An zentraler Stelle steht hierbei die Einwilligung des Betroffenen.

Hinweis:
Anders als in der aktuell gültigen Regelung im BDSG muss die Einwilligung nicht mehr grundsätzlich schriftlich eingeholt werden. Allerdings trägt der für die Datenverarbeitung Verantwortliche die Beweislast dafür, dass der Betroffene seine Einwilligung für eindeutig festgelegte Zwecke erteilt hat.

Neu ist, dass es neben Sonderregelungen für besondere Kategorien personenbezogener Daten auch spezielle Regelungen für die Verarbeitung personenbezogener Daten eines Kindes gibt. Der Minderjährigenschutz hat noch an weiteren Stellen Einzug in den Verordnungsvorschlag gefunden, z. B. in **Kapitel III**, in dem die **Betroffenenrechte** festgelegt werden. Voraussetzung für die Ausübung eines der dort normierten Rechte ist jedoch, dass der Betroffene von der Datenverarbeitung und den ihm zustehenden Rechten überhaupt Kenntnis hat. Insofern sind dort an erster Stelle die Transparenz und Modalitäten der Rechteausübung geregelt. Anschließend werden Informations- und Auskunftsrechte, Rechte auf Berichtigung und Löschung sowie Widerspruchsrechte festgeschrieben und – neu – das Profiling geregelt.

WICHTIG!
Ein Grundpfeiler des Verordnungsvorschlags ist das ausdrücklich in Artikel 17 normierte „Recht auf Vergessenwerden", das über den bisher bekannten Anspruch auf Löschung hinausgeht: Der für die Veröffentlichung der Daten Verantwortliche soll auch gehalten sein, diejenigen, die die Daten weiter verarbeiten, über den Antrag des Betroffenen auf Löschung aller Links zu diesen personenbezogenen Daten oder auf Löschung von Kopien und Replikationen dieser Daten zu informieren.

WICHTIG!
Neu ist außerdem das **Recht auf Datenübertragbarkeit** in Artikel 18, das sicherstellen soll, dass der Betroffene auch insoweit über seine personenbezogenen Daten selbst bestimmen kann, als er diese „mitnehmen" können soll. Interessant ist diese Regelung vor allem für Soziale Netzwerke im Internet, deren (weitere) Nutzung für den Betroffenen häufig schon allein deshalb alternativlos ist, weil der jeweilige Anbieter seine Daten hat.

In **Kapitel IV** finden sich Regelungen zu den für die **Datenverarbeitung Verantwortlichen** und zu **Auftragsdatenverarbeitern**. In diesem Kontext wird der Datenschutz durch Technik

Datensicherung

und datenschutzrechtliche Voreinstellungen festgeschrieben. Auch der Aspekt der Datensicherheit ist hier verortet.

 WICHTIG!
Das Stichwort hierzu ist „privacy by design/privacy by default". D. h. die Angebote müssen möglichst datensparsam konzipiert werden mit datenschutzfreundlichen Voreinstellungen.

Neu ist das Erfordernis einer Datenschutzfolgenabschätzung durch die verantwortliche Stelle sowie die enge Einbindung der Datenschutzaufsichtsbehörde. Ebenfalls neu sind die Vorschriften zu Verhaltensregeln und Zertifizierung.

Der **Übermittlung personenbezogener Daten in Länder außerhalb der EU, sogenannte Drittländer, sowie an internationale Organisationen** ist ein eigenes **Kapitel (V)** gewidmet.

In **Kapitel VI** werden schließlich die – **unabhängige** – **Stellung der Aufsichtsbehörden** sowie ihre Aufgaben und Befugnisse geregelt. In engem Zusammenhang hierzu stehen die Regelungen in **Kapitel VII** zur **Zusammenarbeit** zwischen den Aufsichtsbehörden in den Mitgliedstaaten. Insbesondere ist für Fälle mit grenzüberschreitendem Bezug ein sogenanntes Kohärenzverfahren vorgesehen, an dem auch die Europäische Kommission beteiligt ist. Um eine EU-weit einheitliche Anwendung der Verordnung sicherzustellen, ist außerdem die Einrichtung eines Europäischen Datenschutzausschusses mit beratender Funktion vorgesehen.

In **Kapitel VIII** finden sich schließlich Regelungen zu **Rechtsbehelfen, Haftung** und **Sanktionen**.

Vorschriften für **besondere Datenverarbeitungssituationen** sind in **Kapitel IX** geregelt. Gemeint sind hiermit Situationen, in denen das Datenschutzrecht in besonderer Weise mit anderen Grundrechten, wie z. B. der Meinungsfreiheit oder der Religionsfreiheit, in Ausgleich gebracht werden muss.

In **Kapitel X** werden der Europäischen Kommission umfassende Befugnisse zum Erlass von **delegierten Rechtsakten** und **Durchführungsrechtsakten** übertragen, gefolgt von den **Schlussbestimmungen** in **Kapitel XI**.

IV. Weitere Entwicklung und Ausblick

Nach mehr als vierjährigen Verhandlungen ist die Verordnung zum Schutz natürlicher Personen bei der Verarbeitung personenbezogener Daten und zum freien Datenverkehr (Datenschutz-Grundverordnung) nun verabschiedet worden. Mit Veröffentlichung des Textes im Amtsblatt der EU am 4.5.2016 werden die Regelungen nach einer Übergangszeit von zwei Jahren wirksam. Ab dem 25.5.2018 ist die Datenschutz-Grundverordnung für Unternehmen und Behörden anwendbar.

Datensicherung

I. **Verhältnis Datenschutz/Datensicherung**
  1. Begriffserklärung des BDSG
  2. IT-Sicherheit als generelle Forderung

II. **Vorgaben des BDSG für die Datensicherung**
  1. Beschränkung auf Zielvorgaben
  2. Notwendigkeit eines Datensicherungskonzepts

III. **Aktuelle Felder der Datensicherung**
  1. Informationsquellen
    1.1 Bundesamt für Sicherheit in der Informationstechnik (BSI)
    1.2 Arbeitskreis Technik der Konferenz der Datenschutzbeauftragten des Bundes und der Länder (AK Technik)
    1.3 Tätigkeitsberichte der Aufsichtsbehörden
  2. Dauerhaft aktuelle Themen in Auswahl
    2.1 Mobile Datenträger
    2.2 Verborgene Daten bei Textdokumenten
    2.3 Social Engineering
    2.4 Datensicherheit bei Smartphones

IV. **Berichte im Internet zum Thema IT-Sicherheit**

V. **Checkliste Datensicherung**

I. Verhältnis Datenschutz/Datensicherung

1. Begriffserklärung des BDSG

„Datensicherung" ist als Begriff im BDSG so gut wie nicht erwähnt. Lediglich in § 31 BDSG wird er kurz genannt, ohne dass dabei aber § 9 BDSG in Bezug genommen würde. Er steht als Kurzformel für die „Technischen und organisatorischen Maßnahmen", zu denen § 9 BDSG verpflichtet. Diese Maßnahmen gehen weit über das hinaus, was in der IT traditionell meist unter Datensicherung verstanden wurde, nämlich das Duplizieren von Datenbeständen, um sie so gegen Verlust zu schützen (oft auch als „Backup" bezeichnet).

§ 9 BDSG versteht die Datensicherung als Instrument, um mit technischen und organisatorischen Maßnahmen zum Ziel des Datenschutzes (Schutz des Einzelnen vor Beeinträchtigungen seines Persönlichkeitsrechts beim Umgang mit seinen personenbezogenen Daten, siehe § 1 Abs. 1 BDSG) beizutragen. Aus dieser Sicht stellt die Datensicherung einen Teil des Datenschutzes dar.

2. IT-Sicherheit als generelle Forderung

Die Notwendigkeit der Datensicherung stellt sich auch dann, wenn es nicht um personenbezogene Daten geht. So kann es für ein Unternehmen eine bedrohliche Situation darstellen, wenn – aus welchen Gründen auch immer – auf produktionswichtige Datenbestände nicht mehr zugegriffen werden kann. Ob diese Daten personenbezogen sind oder nicht, spielt dabei letztlich keine Rolle.

Da die Bedrohungen der IT-Sicherheit in den letzten Jahren ständig gewachsen sind, werden inzwischen erhebliche Beträge ausgegeben, um dieses Bedrohungen abzuwehren. Teils wurden dafür sogar eigene Stellen im Unternehmen geschaffen (IT-Sicherheitsbeauftragte usw.). Dies kommt indirekt auch dem Datenschutz zugute. Gleichwohl muss man sich stets bewusst sein, dass damit die Forderungen des Datenschutzes nicht insgesamt abgedeckt sind. So wichtig solche Sicherheitsbeauftragte sind, den Datenschutzbeauftragten können sie weder vom Gesetz her noch in der Praxis ersetzen.

Beispiel:
Auch wenn ein Zugriff Unbefugter auf einem Datenbestand durch entsprechende Maßnahmen ausgeschlossen wird, ist damit noch nicht gesagt, dass diese Daten überhaupt gespeichert werden dürfen.

Datensicherung

II. Vorgaben des BDSG für die Datensicherung

1. Beschränkung auf Zielvorgaben

§ 9 Satz 1 BDSG beschränkt sich auf die ganz allgemeine Vorgabe, dass die technischen und organisatorischen Maßnahmen zu treffen sind, die erforderlich sind, um die „Ausführung der Vorschriften" des BDSG zu gewährleisten. Die Anlage zu § 9 Satz 1 BDSG wird nur wenig konkreter. Sie benennt acht Ziele, die durch geeignete Maßnahmen erreicht werden müssen. Dabei ist sie sich bewusst (deutlich erkennbar an dem Wort „insbesondere" vor der Auflistung der Ziele), dass dieser Zielkatalog nicht abschließend ist.

Diese abstrakte Vorgehensweise lässt sich leicht mit dem beliebten Argument kritisieren, aus diesen Vorgaben könne niemand ablesen, was er konkret zu tun habe. Vieles spricht aber dafür, dass sich der Gesetzgeber klugerweise mit konkreten Vorgaben zurückgehalten hat, denn:

- Die Verhältnisse sind von Branche zu Branche und von Unternehmen zu Unternehmen zu unterschiedlich, um sie in einheitlichen Vorgaben zu erfassen.
- Die Anforderungen wandeln sich im Detail viel zu schnell, um sie auf Gesetzesebene festschreiben zu können.
- Zu enge gesetzliche Vorgaben würden die Verantwortung von der „verantwortlichen Stelle" (diese Formulierung des § 3 Abs. 7 BDSG ist signifikant), wo die Verantwortung hingehört, auf den Gesetzgeber verlagern.

Die Regelungstechnik des § 9 BDSG sollte also nicht kritisiert, sondern als ein Ansatz verstanden werden, der gerade der Wirtschaft die nötige Freiheit zur Ausgestaltung im Einzelnen belässt.

2. Notwendigkeit eines Datensicherungskonzepts

Um im Ergebnis eine angemessene Datensicherheit zu erzielen, ist ein Gesamtkonzept unabdingbar. Häufig liegt bereits ein Konzept zur IT-Sicherheit vor, das aber nicht spezifisch unter dem Blickwinkel des Datenschutzes erstellt wurde. In einem solchen Fall sollte das vorhandene Konzept daraufhin ausgewertet werden, welche der im Anhang zu § 9 Satz 1 BDSG genannten Ziele bereits berücksichtigt sind. Das zeigt dann meist relativ schnell, wo „nachgebessert" werden muss, um auch den Datenschutz als solchen zu berücksichtigen.

Beispiel:
> Die eher gegen externe Unbefugte gerichteten Maßnahmen der Zugriffskontrolle (Nr. 3 der Anlage zu § 9 Satz 1 BDSG) sind häufig recht gut mittels Firewalls und Ähnlichem umgesetzt. Deutlich schlechter sieht es oft mit Maßnahmen zur Eingabekontrolle aus (Nr. 5 der Anlage zu § 9 Satz 1 BDSG): Hier wird häufig stolz auf umfassende Protokollierungsmaßnahmen verwiesen. Sie ersetzen freilich nicht ein Zugriffsberechtigungskonzept. Ein unerlaubter Zugriff bleibt auch dann unerlaubt, wenn er sorgfältig protokolliert wird.

Liegt noch keinerlei Konzept vor, muss eines entwickelt werden. Dabei kann es sinnvoll sein, einem externen Dienstleister mit der Ausarbeitung zu beauftragen. Ansonsten ist vor allem Folgendes zu beachten:

- Bevor teure technische Lösungen in Angriff genommen werden, sollten scheinbar triviale, aber notwendige Maßnahmen abgearbeitet werden. Dazu gehören etwa:
  - > Regelungen zur Passwortvergabe und -nutzung,
  - > Basismaßnahmen der Zugangskontrolle (etwa Abschließen von Serverräumen, Prüfen der Aufstellorte von Druckern),
  - > Regelungen der Datenträgervernichtung (Altpapier, CDs …).
- Technik ersetzt nicht notwendige organisatorische Maßnahmen. Zu Letzteren gehören etwa:
  - > Zugriffsberechtigungskonzept (wer darf was lesen, wer darf wo schreiben …),
  - > Regelungen für die Auswertung protokollierter Daten.
- Technik ist unabdingbar, wenn es um die Absicherung **nach außen** geht.

  Beispiele:
  - Firewalls
  - Verschlüsselung der Kommunikation.

Die sorgfältige Dokumentation und regelmäßige Fortschreibung des Konzepts ist unabdingbar. Sonst kann sich im Schadensfall gerade auch die Geschäftsleitung haftungsrelevanten Vorwürfen ausgesetzt sehen.

III. Aktuelle Felder der Datensicherung

1. Informationsquellen

1.1 Bundesamt für Sicherheit in der Informationstechnik (BSI)

Die umfassendste amtliche Informationsquelle zur Datensicherheit in Deutschland ist das Bundesamt für Sicherheit in der Informationstechnik (BSI) – www.bsi.de. Eine erste Orientierung über das äußerst umfassende Angebot sollte über den Button „Sitemap" erfolgen. Unter Haftungsaspekten ist es positiv zu sehen, dass hier ein amtliches Angebot vorliegt, was bei etwaigen Fehlern zu Amtshaftungsansprüchen führen kann, die das Unternehmen gegen das BSI geltend machen könnte. Dieses amtliche Angebot gewährleistet daher eine besondere Qualität.

1.2 Arbeitskreis Technik der Konferenz der Datenschutzbeauftragten des Bundes und der Länder (AK Technik)

Der AK Technik ist in erster Linie nicht nach außen gerichtet, sondern arbeitet intern den Datenschutzbeauftragten von Bund und Ländern zu. Er deckt von daher auch nicht alles ab, was Außenstehende vielleicht interessieren könnte. Im Darstellungsstil richten sich seine Papiere oft (nicht immer) an den Fachmann. Internetseite: http://www.datenschutz-berlin.de/content/Technik/Ratgeber – am Ende der Seite finden Sie aktuelle Informationen über den Arbeitskreis Technik.

1.3 Tätigkeitsberichte der Aufsichtsbehörden

Ihr Nachteil besteht darin, dass die entsprechenden Beiträge erst zusammengesucht werden müssen. Dennoch sollten sie ergänzend auf einschlägige Themen durchgesehen werden. An

Datensicherung

die Berichte der Aufsichtsbehörden gelangt man über http://www.thm.de/zaftda.

2. Dauerhaft aktuelle Themen in Auswahl

2.1 Mobile Datenträger

Der Begriff ist im weitesten Sinn zu verstehen, vom USB-Stick bis hin zum Laptop des Mitarbeiters. Besonders USB-Sticks haben in kürzester Zeit einen Siegeszug angetreten. Oft existiert weder ein Verzeichnis der in Benutzung befindlichen Sticks (Inventarisierung!) noch ist geregelt, ob Mitarbeiter private Sticks nutzen dürfen. Auch die Frage der Verschlüsselung von Datenbeständen auf Sticks wird oft nicht diskutiert.

Orientierungshilfe zu diesem Thema: http://www.rehmnetz.de/it-recht/orientierungshilfeusb (Stand 16.11.2004, jedoch inhaltlich unverändert aktuell); beachten Sie auch beim BSI den Baustein 5.14 des IT-Grundschutzkatalogs, siehe http://www.rehmnetz.de/it-recht/grundschutzkatalog, Stichwort „USB-Stick".

2.2 Verborgene Daten bei Textdokumenten

Weil es schnell und bequem ist, werden etwa Word-Dokumente gern als Anhang per Mail verschickt. Übersehen oder schlicht vergessen wird dabei, dass der Empfänger bei einem solchen Dokument Überarbeitungsvorgänge und Ähnliches problemlos wieder sichtbar machen kann. Das Problem potenziert sich intern beim Einsatz von Dokumentenmanagementsystemen.

Orientierungshilfe für den Datenschutz bei DMS-Systemen siehe http://www.rehmnetz.de/it-recht/orientierungdoku (Stand 2006, inhaltlich unverändert aktuell).

2.3 Social Engineering

Der Begriff meint das, was traditionell unter „Aushorchen" bekannt ist. Das kann geschehen

- durch die Beeinflussung menschlichen Verhaltens, etwa durch geschicktes Auftreten am Telefon,
- durch technische Maßnahmen wie etwa Phishing.

Auf diese Weise gelingt es, an Durchwahlnummern, Passwörter, PINs usw. zu gelangen. Das Schadenspotential ist enorm und wird unterschätzt. Siehe dazu die Präsentation von Wiele, abrufbar unter http://www.rehmnetz.de/it-recht/cybercrime wiele.

2.4 Datensicherheit bei Smartphones

Die stürmische Verbreitung von Smartphones führte in der Anfangsphase dazu, dass die Sicherheitsaspekte nicht genügend bedacht wurden. Inzwischen gibt es jedoch eine ganze Reihe nützlicher Leitfäden, an denen man sich ohne großen Aufwand orientieren kann. Besonders hervorzuheben sind:

- „Überblickspapier Smartphones" des Bundesamts für Sicherheit in der Informationstechnik (BSI) von 2011 (13 Seiten), abrufbar unter http://www.rehmnetz.de/it-recht/ueber blicksmartphones
- Informationsseite „Mobile Sicherheit-Ortung-Datenschutz" des BITKOM, siehe http://www.rehmnetz.de/it-recht/mobi leortung

- BITKOM-Leitfaden „Apps und Mobile Services – Tipps für Unternehmen", herausgegeben Ende 2014 (40 Seiten), abrufbar unter http://www.rehmnetz.de/it-recht/leitfadenapps.

IV. Berichte im Internet zum Thema IT-Sicherheit

Eine breite Palette von Berichten bietet die Möglichkeit, sich über die jeweils aktuelle Lage der IT-Sicherheit zu informieren. Nahezu alle Berichte liegen nur auf Englisch vor. Im Folgenden ist eine Reihe wichtiger, regelmäßig erscheinender Berichte aufgelistet. Mit Ausnahme des BSI-Berichts handelt es sich um Berichte von Unternehmen, die (auch) auf dem Gebiet der IT-Sicherheit tätig sind. Die Berichte sind im Internet leicht zu finden, indem der Titel in einer Suchmaschine eingegeben wird.

- BSI-Lagebericht IT-Sicherheit

  Dieser Lagebericht erscheint jährlich und bildet die wichtigste amtliche Quelle zu dem Thema in Deutschland.

- IBM Trend and Risk Report

  Er erscheint halbjährlich, nur die Zusammenfassung ist gratis im Netz verfügbar. Individuelle Aufbereitungen für einzelne Branchen usw. sind dagegen kostenpflichtig.

- McAfee Threat Report

  Er erscheint quartalsweise und gewichtet eher aus amerikanischer als aus europäischer Sicht.

- Microsoft Security Intelligence Report

  Er erscheint alle sechs Monate.

- Symantec Internet Security Threat Report

  Einmal jährlich erscheint ein umfassender Bericht. Daneben sind besondere Bedrohungsszenarios für die einzelnen Weltteile verfügbar. Von Interesse besonders für Datenschutzbeauftragte, die in stark international ausgerichteten Unternehmen tätig sind.

- Verizon Data Breach Investigations Report

  Auch dieser Report erscheint einmal pro Jahr.

V. Checkliste Datensicherung

- ☐ Das BDSG versteht die Datensicherung als ein Instrument, um Datenschutz zu erreichen und versteht darunter die hierzu notwendigen technischen und auch organisatorischen Maßnahmen.
- ☐ Jedes Unternehmen benötigt ein Datensicherungskonzept.
- ☐ Einfache, kostengünstige Maßnahmen sichern rasch ein gewisses Grundniveau der Datensicherung.
- ☐ Nachlässigkeit bei Datensicherungsmaßnahmen zieht Haftungsrisiken gerade auch der Geschäftsleitung nach sich.

Datenträgervernichtung

I. Praktische und rechtliche Bedeutung
1. Praktische Bedeutung
2. Rechtliche Bedeutung

II. Begriff des „Datenträgers"
1. Überblick
2. Klassische und moderne Datenträger

III. Regelungen für die Vernichtung von Datenträgern
1. Rechtlicher Ausgangspunkt
2. Umsetzung der Vorgaben bei der Papier- und Aktenvernichtung
3. Umsetzung der Vorgaben bei der Vernichtung elektronischer Datenträger
4. Neue Normen seit 2013/2014

IV. Datenträgervernichtung durch externe Dienstleister
1. Rechtliche Einordnung
2. Auswahl eines zuverlässigen Dienstleisters

V. Checkliste Datenträgervernichtung

I. Praktische und rechtliche Bedeutung

1. Praktische Bedeutung

Es gehört zu den „Dauerbrennern" der Tätigkeitsberichte von Datenschutzaufsichtsbehörden, aber auch der Tagespresse, über Pannen bei der Datenträgervernichtung zu berichten.

Beispiel:
Die zuständige Datenschutzaufsichtsbehörde kontrolliert die Zweigstelle einer Bank. Es wird eine Anweisung vorgelegt, wonach Abfallpapier mit personenbezogenen Daten tagsüber in (offenen) Papierkörben zu sammeln ist. Diese Papierkörbe soll das Reinigungspersonal abends in verschließbare Container entleeren, die eine Aktenvernichtungsfirma abholt, wenn sie voll sind.

Die Kontrolle ergibt, dass die Papierkörbe auch in Bereichen stehen, die für Bankkunden zugänglich sind. Gleich beim ersten Griff in einen Papierkorb hielt der Mitarbeiter der Aufsichtsbehörde einen Auszug aus einer notariellen Beurkundung in Händen mit diversen Namen und Anschriften (Tätigkeitsbericht 2007 des ULD, S. 95, abrufbar unter http://www.rehmnetz.de/it-recht/uldbericht2007)

Der Fall weist einige typische Aspekte auf:

- Personenbezogene Daten in Altpapier sind häufiger als vermutet („gleich beim ersten Griff").
- Die praktische Umsetzung einer Anweisung muss zwingend kontrolliert werden.
- Mit organisatorischen Anweisungen ist es oft nicht getan. Es muss geprüft werden, ob eine Umsetzung überhaupt realistisch möglich ist („Papierkorb im Kundenbereich").
- Der Wille zu sparen (hier: kein Aufstellen von Aktenvernichtern „vor Ort"), kann erheblichen Aufwand nach sich ziehen (Schriftwechsel mit der Aufsichtsbehörde, evtl. Bußgeld).

Der geschilderte Fall spielte bereits im Jahr 2005. Vergleichbare Fälle gehören jedoch nach wie vor zum Alltag. Die Eingabe der Stichworte „altpapier skandal" in eine beliebige Internetsuchmaschine fördert stets mehrere Dutzend aktuelle Fälle zutage.

2. Rechtliche Bedeutung

Das Vernichten von Datenträgern ist rechtlich als Löschen der Daten anzusehen, die sich auf den vernichteten Datenträgern befunden haben (zum Begriff des Löschens siehe § 3 Abs. 4 Nr. 5 BDSG). Datenträgervernichtung ist also Datenverarbeitung in Form des Löschens von Daten. Damit ist auf diesen Vorgang das BDSG insgesamt anwendbar. Das hat vor allem folgende Konsequenzen:

- Bei der Durchführung der Vernichtung sind die Regelungen über technische und organisatorische Maßnahmen (§ 9 BDSG) zu beachten.
- Werden Datenträger extern durch Dienstleister vernichtet, liegt ein Fall der Auftragsdatenverarbeitung vor (§ 11 BDSG). Damit ist eine **schriftliche** vertragliche Regelung zwingend.
- Werden Daten auf Datenträgern Außenstehenden zugänglich, weil die Datenträger ungesichert gelagert sind, liegt eine unbefugte Datenübermittlung vor. Das kann zu einem Bußgeld führen (unbefugte Verarbeitung von Daten, § 43 Abs. 2 Nr. 1 BDSG).

Schon diese Konsequenzen zeigen, dass die Vernichtung von Datenträgern kein banaler Vorgang ist, sondern besondere Beachtung durch die verantwortliche Stelle und deren Datenschutzbeauftragten erfordert. Pannen in diesem Bereich schädigen – sobald sie öffentlich bekannt werden – nachhaltig den Ruf der verantwortlichen Stelle.

II. Begriff des „Datenträgers"

1. Überblick

Unter „Datenträger" ist jedes Medium zu verstehen, auf dem (personenbezogene) Daten gespeichert/festgehalten sind. Der Begriff ist im BDSG zwar erwähnt (siehe § 3 Abs. 4 Satz 2 Nr. 1 BDSG), aber nicht definiert.

Eine spezielle Form von Datenträgern sind die „mobilen personenbezogenen Speicher- und Verarbeitungsmedien" (siehe § 3 Abs. 10 BDSG), für die in § 6c BDSG inzwischen besondere Regelungen geschaffen wurden (allerdings nicht für ihre Vernichtung). Sie sind dadurch gekennzeichnet, dass sie Daten nicht nur „festhalten", sondern die Daten auf ihnen auch verarbeitet werden können (siehe § 3 Abs. 10 Nr. 2 BDSG). Unter diese Kategorie fallen also alle Datenträger, die so ausgestattet sind, dass auf ihnen mehr Verarbeitungsvorgänge möglich sind als das bloße Lesen der Daten (so richtig Gola/Schomerus, BDSG-Kommentar, 11. Aufl. 2012, § 6c RN 2). Gemeint sind also alle Datenträger mit eigenen Prozessoren, die Daten etwa automatisch erheben können. Solche Anwendungen sind in der Praxis noch eher selten, breiten sich aber aus (vor allem in Form von Chipkarten, die z. B. das Betreten bestimmter Räume speichern).

Für die Frage der Datenträgervernichtung hat die Unterscheidung keine grundsätzliche Bedeutung. Die damit verbundenen Probleme betreffen **alle** Arten von Datenträgern.

Datenträgervernichtung

2. Klassische und moderne Datenträger

Der „klassische" Datenträger schlechthin ist Papier. Es hat in Zeiten der elektronischen Kommunikation größere Bedeutung denn je, da sehr viel ausgedruckt wird.

Typische elektronische Datenträger sind Disketten und CDs. Inzwischen stark in die Betrachtung einbezogen werden müssen jedoch auch USB-Sticks sowie interne (in einen PC eingebaute) und externe Festplatten.

Nur noch selten vorkommend, aber doch noch vereinzelt anzutreffen sind Karbonbänder und Durchschlagpapiere (Letztere etwa im Zusammenhang mit Formularen, die noch handschriftlich ausgefüllt werden). Mikrofiche und Mikrofilme werden nur noch in Spezialanwendungen eingesetzt, doch finden sich noch Altbestände beträchtlichen Umfangs.

Elektronische Datenträger tauchen inzwischen auch dort auf, wo man sie kaum vermutet. So speichern Festplatten in Kopiergeräten oft über lange Zeit jede Kopie, die gefertigt worden ist.

Die Beispiele zeigen, dass eine gründliche Recherche angezeigt ist, um keinen Datenträger zu übersehen.

III. Regelungen für die Vernichtung von Datenträgern

1. Rechtlicher Ausgangspunkt

Datenträger sind dann vernichtet, wenn die auf ihnen enthaltenen Daten gelöscht sind. Unter Löschen versteht das BDSG das „Unkenntlichmachen gespeicherter personenbezogener Daten" (so die Definition in § 3 Abs. 4 Nr. 5 BDSG). Vorhandener Text muss also unlesbar geworden sein bzw. die Zeichen, die Informationsgehalt in sich tragen, dürfen nicht rekonstruierbar sein.

Das in gängigen Programmen wie Outlook so bezeichnete „Löschen" hat damit nichts zu tun. Es bedeutet in der ersten Stufe lediglich, dass Daten in einen „Papierkorb" verschoben werden, dort aber vollständig erhalten bleiben. Selbst beim (angeblich) „endgültigen Löschen" sind die Daten noch physisch auf der Festplatte vorhanden.

2. Umsetzung der Vorgaben bei der Papier- und Aktenvernichtung

Maßgebend sind hier die Festlegungen der DIN 32 757 (zu beziehen beim Beuth-Verlag, www.beuth.de). Freilich gibt auch diese DIN nur generelle Vorgaben, unter denen nach einer Risikobeurteilung anhand der Sensibilität der Daten eine Auswahl getroffen werden muss. Dies zeigt nachfolgende Tabelle aus DIN 32757 (abgedruckt als Anlage 1 zum Merkblatt des Innenministeriums Baden-Württemberg zum Datenschutz bei der Daten-, Datenträger- und Aktenvernichtung, das inzwischen im Internet nicht mehr verfügbar ist, Merkblatt mit Stand 15.9.2006, DIN-Vorschrift nach Stand 1.5.2014 unverändert):

Sicherheitsstufen nach DIN 32 757

DIN-Stufe	Größe nach der Vernichtung	Definition der Sicherheitsstufe	Geeignetes Schriftgut
1	Streifenbreite bis 12 mm	Eine Reproduktion ist ohne Hilfsmittel und ohne Fachkenntnis, jedoch nicht ohne besonderen Zeitaufwand möglich.	Geeignet für allgemeines Schriftgut, das nach Ablauf der Aufbewahrungsfrist unlesbar gemacht werden soll.
2	Streifenbreite bis 6 mm Streifenlänge nicht begrenzt	Eine Reproduktion ist mit Hilfsmitteln und nur mit besonderem Zeitaufwand möglich.	Geeignet für interne Unterlagen, die unlesbar gemacht werden sollen, wie z. B. EDV-Listen oder Fehlkopien.
3	Partikelbreite bis 4 mm Partikellänge bis 80 mm oder Streifenbreite bis 2 mm Fläche bis 594 mm²*) oder Partikelfläche bis 320 mm²	Eine Reproduktion ist nur unter erheblichem Aufwand (Person, Hilfsmittel, Zeit) möglich.	Geeignet für vertrauliches Schriftgut wie z. B. personenbezogene Daten und Dokumente.
4	Partikelbreite bis 2 mm Partikellänge bis 15 mm oder Partikelfläche bis 30 mm²	Eine Reproduktion ist nur mit gewerbeunüblichen Einrichtungen bzw. Sonderkonstruktionen möglich.	Geeignet für geheim zu haltendes Schriftgut, das für ein Unternehmen existenziell wichtig ist.
5	Partikelbreite bis 0,8 mm Partikellänge bis 13 mm oder Partikelfläche bis 10 mm²	Eine Reproduktion ist nach dem Stand der Technik unmöglich.	Geeignet für geheim zu haltendes Schriftgut, wenn außergewöhnlich hohe Sicherheitsanforderungen zu stellen sind, wie z. B. bei Regierungsstellen oder in der Grundlagenforschung.

*) bei 2 mm Schnittlänge entspricht dies der max. Länge eines DIN-A4-Blattes.

Datenträgervernichtung

Die Darlegungen in der Spalte „Geeignetes Schriftgut" stellen eine praktische Anwendung des in § 9 Satz 2 BDSG enthaltenen Grundsatzes dar, dass nur solche Maßnahmen erforderlich sind, bei denen der Aufwand in einem angemessenen Verhältnis zum angestrebten Schutzzweck steht. Beim Einholen von Kostenvoranschlägen wird man nämlich rasch feststellen, dass der Kostenaufwand von Schutzstufe zu Schutzstufe erheblich ansteigt.

Um nicht erforderliche Ausgaben zu vermeiden, sollte man die Hinweise des BSI zur Auswahl geeigneter Aktenvernichter zu Rate ziehen. Sie sind abrufbar unter http://www.rehmnetz.de/it-recht/aktenvernichter und diskutieren anhand von Beispielen, dass die Partikelgröße nicht der einzige Auswahlmaßstab sein sollte.

Irritation löst manchmal aus, dass seit einiger Zeit Aktenvernichter mit „Sicherheitsstufe Level 6" angeboten werden. Das ist nach Auskunft des BSI keine neue der Sicherheitsstufen bei DIN 32757-1, die oben dargestellt sind, sondern eine Anforderung der US-amerikanischen National Security Agency (NSA). Dieser Level 6 erfüllt die Anforderungen von Sicherheitsstufe 5 der DIN 32757-1. Er verlangt nämlich eine noch stärkere Zerkleinerung als diese Stufe.

Technisch ist inzwischen nahezu alles möglich. So gibt es Anbieter, die komplette, gefüllte Leitz-Ordner auf Stufe 5 schreddern. Dies kann mittels mobiler Vernichtungsanlagen auch vor Ort beim Kunden geschehen.

3. Umsetzung der Vorgaben bei der Vernichtung elektronischer Datenträger

Hierfür existiert die besondere DIN 33858 für magnetische Datenträger. Im Wesentlichen sind drei Ansätze zum Löschen möglich:

- Überschreiben vorhandener Daten

  Diese Methode eignet sich von vornherein nur für wiederbeschreibbare Datenträger, dagegen zum Beispiel nicht für WORM-Platten (Write Once-Read Many, also ein nur einmal beschreibbarer Datenträger). Ein einmaliges Überschreiben mit einer zufälligen Zeichenfolge genügt niemals. Mehrfaches Überschreiben eines gesamten (!) Datenträgers kann viele Stunden dauern.

- Magnetisches Löschen

  Die Methode ist brauchbar für Festplatten aller Art (auch für defekte), dagegen z. B. nicht für optische Speichermedien.

- Physische Vernichtung des Datenträgers

  Diese „Brutalmethode" ist effektiv, kostengünstig und verursacht kaum Zeitaufwand: Festplatten, CDs, Sticks usw. werden geschreddert oder auch geschmolzen. Allerdings müssen Gesichtspunkte des Umweltschutzes berücksichtigt werden.

Eine besondere Gefahrenquelle der Praxis ist der Verkauf oder die kostenlose Abgabe gebrauchter PCs einschließlich der Festplatte: Ohne Festplatte ist der PC weitgehend entwertet, mit Festplatte enthält er noch unzulässige personenbezogene Daten.

Zum Löschen magnetischer Datenträger gibt es zahlreiche amtliche Empfehlungen, von denen zwei für den Einstieg besonders geeignet erscheinen:

- Auf der Seite des BSI findet sich folgendes Grundlagenpapier: http://www.rehmnetz.de/it-recht/itgrundschutz

- Die Orientierungshilfe des Arbeitskreises Technik der Datenschutzbeauftragten des Bundes und der Länder von 2004 mit dem Titel „Sicheres Löschen magnetischer Datenträger" ist ebenfalls noch verwendbar (abrufbar unter http://www.rehmnetz.de/it-recht/orientierungloeschen).

4. Neue Normen seit 2013/2014

Die geschilderte DIN 32757 konzentriert sich sehr stark auf Papiermedien und berücksichtigt kaum die verschiedenen Arten digitaler Datenträger bis hin zu Festplatten. Künftig sollen beide Themenkreise in einer gemeinsamen Norm behandelt werden. Diese neue DIN 66399 „Büro- und Datentechnik – Vernichtung von Datenträgern" gliedert sich in drei Teile:

- DIN 66399-1: Grundlagen und Begriffe

- DIN 66399-2: Anforderungen an Maschinen zur Vernichtung von Datenträgern

- DIN-SPEC 66399-3: Prozess der Datenträgervernichtung.

Sie ist zu beziehen beim Beuth-Verlag (www.beuth.de). Die neue Norm bedeutet nicht, dass die alten Normen keine Bedeutung mehr hätten. Soweit in Verträgen, beispielsweise in Verträgen über die Vernichtung von Datenträgern, noch auf die bisherigen DIN-Normen Bezug genommen wird, kann es bis auf weiteres dabei bleiben. Erst wenn ohnehin eine Überarbeitung der Verträge ansteht, sollte die neue Norm einbezogen werden.

IV. Datenträgervernichtung durch externe Dienstleister

1. Rechtliche Einordnung

Bei der Datenträgervernichtung durch externe Dienstleister handelt es sich um eine Datenverarbeitung im Auftrag (§ 11 BDSG). Daraus folgt, dass ein entsprechender Vertrag schriftlich abzuschließen ist. Ein erfahrener Dienstleister weiß dies und schlägt von sich aus entsprechende Vertragsmuster vor. Auch das oben schon erwähnte Merkblatt des Innenministeriums Baden-Württemberg enthält als Anlage 2 ein entsprechendes Muster. Die Änderungen von § 11 BDSG zum 1.9.2009 führten dazu, dass den Auftraggeber zusätzliche Pflichten treffen. Vor allem muss er sich auf geeignete Weise vergewissern, dass der Auftragnehmer die nötige Sorgfalt walten lässt. Wenn möglich sollte der Auftraggeber eine Besichtigung vor Ort vornehmen.

2. Auswahl eines zuverlässigen Dienstleisters

Datenträgervernichtung wirkt nur auf den ersten Blick banal. Es handelt sich jedoch um Spezialistenarbeit. Dies zeigt sich vor allem auf dem „Weg zur Vernichtung". Stets ist ein Gesamtkonzept nötig, das dort ansetzt, wo die zu entsorgenden Datenträger anfallen (also am Schreibtisch, im Rechenzentrum usw.) und sowohl die Lagerung wie auch den Transport und die eigentliche Vernichtung der Datenträger regelt. Teils sind auch Umweltschutzvorschriften zu beachten. Es kommen deshalb nur Auftragnehmer mit einschlägigen Referenzen in Betracht. Eine Zertifizierung etwa nach ISO kann ein entscheidungserhebliches Qualitätsmerkmal sein.

Keine Entscheidungshilfe mehr bietet die Registrierung bei einer Datenschutzaufsichtsbehörde. Bis zum BDSG 2001 bestand eine solche Registrierungspflicht für alle Auftragsdatenverarbeiter und damit auch für externe Datenträgervernichtungs-Dienstleister. Mit dem BDSG 2001 wurde diese Registrierungspflicht abgeschafft. Falls ein Anbieter heute noch damit wirbt, ist Misstrauen angezeigt: Dies kann ein Zeichen dafür sein, dass er Rechtsänderungen nur ungenügend verfolgt.

V. Checkliste Datenträgervernichtung

- „Datenträger" ist jedes Medium, auf dem Daten festgehalten werden können, von Papier bis zur Festplatte.
- Für die Vernichtung von Papier ist DIN 32757 zu beachten, für die Vernichtung von magnetischen Datenträgern DIN 33858. Die neue dreiteilige Norm DIN 66399 wird die bisherigen Normen über kurz oder lang ersetzen.
- Die Datenträgervernichtung ist als Löschen personenbezogener Daten im Sinn des Datenschutzrechts anzusehen und muss die entsprechenden Vorgaben beachten.
- Die Datenträgervernichtung durch einen externen Dienstleister stellt eine Auftragsdatenverarbeitung gemäß § 11 BDSG dar. Der Auftraggeber muss sich sorgfältig vergewissern, dass der Auftragnehmer die übernommenen Pflichten auch wirklich erfüllt.

De-Mail

I. Bedeutung von De-Mail

II. De-Mail-Diensteanbieter
1. Anforderungen an Sicherheit und Datenschutz sind hoch
2. Zahl der Diensteanbieter ist noch gering

III. Nutzung von De-Mail
1. Kommunikation mit Behörden
2. Einreichung von elektronischen Dokumenten bei Gerichten
3. Bedeutung von De-Mail im Privatrechtsverkehr

IV. Ausblick

V. Checkliste

I. Bedeutung von De-Mail

Unter De-Mail versteht man Dienste auf einer elektronischen Kommunikationsplattform, die einen sicheren, vertraulichen und nachweisbaren Geschäftsverkehr für jedermann im Internet sicherstellen sollen. Ein De-Mail-Dienst muss eine sichere Anmeldung, die Nutzung eines Postfach- und Versanddienstes für sichere elektronische Post sowie die Nutzung eines Verzeichnisdienstes und kann zusätzlich auch Identitätsbestätigungs- und Dokumentenablagedienste ermöglichen.

De-Mail soll eine rechtlich verbindliche Zustellung von Dokumenten oder Nachrichten vergleichbar mit Briefpost auf elektronischem Weg ermöglichen. Grundlage ist das De-Mail-Gesetz, das am 3. Mai 2011 in Kraft getreten ist. An die Anbieter eines De-Mail-Dienstes werden besondere Anforderungen gestellt, die die Vorgaben für einen herkömmlichen E-Mail-Anbieter übersteigen. So müssen De-Mail-Anbieter einen Akkreditierungsprozess bei dem Bundesamt für Sicherheit in der Informationstechnik (BSI) durchlaufen.

Zudem ist gemäß § 18 Absatz 3 Nummer 4 De-Mail-Gesetz für die Akkreditierung eines Diensteanbieters der Nachweis erforderlich, dass er bei Gestaltung und Betrieb von De-Mail-Diensten die datenschutzrechtlichen Anforderungen erfüllt. Der Nachweis wird durch ein Zertifikat des Bundesbeauftragten für den Datenschutz und die Informationsfreiheit (BfDI) erbracht.

II. De-Mail-Diensteanbieter

1. Anforderungen an Sicherheit und Datenschutz sind hoch

Nach § 18 De-Mail-Gesetz kann als Diensteanbieter für De-Mail nur akkreditiert werden, wer die für den Betrieb von De-Mail-Diensten erforderliche Zuverlässigkeit und Fachkunde besitzt, eine geeignete Deckungsvorsorge trifft, um seinen gesetzlichen Verpflichtungen zum Ersatz von Schäden nachzukommen, die technischen und organisatorischen Anforderungen an die Pflichten nach De-Mail-Gesetz und Stand der Technik in der Weise erfüllt, dass er die Dienste zuverlässig und sicher erbringt, er mit den anderen akkreditierten Diensteanbietern zusammenwirkt und für die Erbringung der Dienste ausschließlich technische Geräte verwendet, die sich im Gebiet der Mitgliedstaaten der Europäischen Union oder eines anderen Vertragsstaates des Abkommens über den Europäischen Wirtschaftsraum befinden und bei der Gestaltung und dem Betrieb der De-Mail-Dienste die datenschutzrechtlichen Anforderungen erfüllt.

WICHTIG!
Die Einhaltung des Standes der Technik wird nach De-Mail-Gesetz vermutet, wenn die Technische Richtlinie 01201 De-Mail des Bundesamtes für Sicherheit in der Informationstechnik vom 23. März 2011 (eBAnz AT40 2011 B1) in der jeweils im elektronischen Bundesanzeiger veröffentlichten Fassung eingehalten wird.

WICHTIG!
De-Mail ist vorgesehen als elektronischer Dienst für die verschlüsselte, nicht manipulierbare und verbindlich nachweisbare Übermittlung von Nachrichten und Dokumenten. Die Nachrichten sind zwischen Anwender und Anbieter sowie zwischen den Anbietern jeweils verschlüsselt. Für eine kurze Zeit werden die Nachrichten automatisiert im Server entschlüsselt, um eine Prüfung auf vorhandene → Schadsoftware durchführen zu können. Optional kann eine Ende-zu-Ende-Verschlüsselung in Verbindung mit De-Mail eingesetzt werden, ebenso eine qualifizierte elektronische Signatur. De-Mail-Nutzer können seit April 2015 von den Internetseiten ihrer Anbieter ein kleines Zusatzprogramm herunterladen und darüber die Ende-zu-Ende-Verschlüsselung installieren. Das Programm ist ein sogenanntes Plugin für die Internet-Browser Firefox oder Chrome. Die

De-Mail

Verschlüsselung basiert auf dem weltweit anerkannten PGP (Pretty Good Privacy)-Verfahren.

WICHTIG!
Ein Diensteanbieter muss für die Akkreditierung den Nachweis erbringen, dass er bei Umsetzung und Betrieb von De-Mail-Diensten die datenschutzrechtlichen Anforderungen einhält. Die datenschutzrechtlichen Kriterien, die ein Anbieter erfüllen muss, sind in einem Kriterienkatalog des BfDI definiert (zu finden unter http://www.rehmnetz.de/it-recht/kriterienkatalog).

2. Zahl der Diensteanbieter ist noch gering

Gegenwärtig gibt es erst eine kleine Anzahl von Anbietern für die Erbringung der De-Mail-Dienste.

Beispiel:
Im März 2016 gehörten die Telekom Deutschland GmbH, die Mentana-Claimsoft GmbH, die T-Systems International GmbH sowie die 1&1 De-Mail GmbH (GMX, Web.de) zu den akkreditierten Anbietern, die De-Mail-Dienste erbringen wollen. Die jeweils aktuelle Liste der akkreditierten De-Mail Diensteanbieter ist zu finden auf der Website des Bundesamtes für Sicherheit in der Informationstechnik (BSI) (unter http://www.rehmnetz.de/it-recht/anbieter).

III. Nutzung von De-Mail

De-Mail-Nutzer können Privatpersonen, Unternehmen, Behörden und Gerichte sein. Die De-Mail bietet gegenüber der herkömmlichen E-Mail unter anderem die folgenden Vorteile:

- Nachweis der Identität des Empfängers
- Nachweis der sicheren Anmeldung des Senders
- Nachweis des Versands einer elektronischen Nachricht (Versandbestätigung)
- Nachweis der Zustellung einer elektronischen Nachricht (Eingangsbestätigung)
- Nachweis der förmlichen Zustellung einer elektronischen Nachricht (Abholbestätigung)
- verschlüsselter Versand zwischen den beteiligten Diensteanbietern (Transportverschlüsselung)

Beispiel:
Die Nutzung eines De-Mail-Einschreibens ist automatisch mit einer Versandbestätigung und einer Eingangsbestätigung verknüpft.

1. Kommunikation mit Behörden

Die Bedeutung der De-Mail wird insbesondere im Hinblick auf die Kommunikation mit Behörden wachsen. Zum einen ist die **De-Mail nach § 5 Abs. 5 De-Mail-Gesetz,** d. h. eine De-Mail, bei der die sichere Anmeldung des Senders durch den akkreditierten De-Mail-Diensteanbieter bestätigt wird, im Verwaltungsverfahrensrecht des Bundes als **Schriftformsurrogat** mit Wirkung zum **1. Juli 2014** anerkannt worden. Der Bürger kann also jetzt auch Anträge, die der Schriftform bedürfen, per De-Mail einreichen.

Hinweis:
Bis dahin konnte die Schriftform nur durch die elektronische Form ersetzt werden. „Elektronische Form" bedeutet jedoch nicht etwa, dass hier die einfache E-Mail genügt, sondern setzt nach der Legaldefinition in § 3a Abs. 2 Satz 2 VwVfG eine qualifizierte elektronische Signatur nach dem Signaturgesetz voraus.

§ 3a VwVfG wurde im Rahmen des Gesetzes zur Förderung der elektronischen Verwaltung (E-Government-Gesetz – EGovG) sowie zur Änderung weiterer Vorschriften entsprechend geändert (weiterführend siehe das Stichwort → *E-Government-Gesetz*). Das Landesverwaltungsverfahrensrecht ist inzwischen in allen Bundesländern im Wege der Simultangesetzgebung angepasst worden, sodass die schriftformersetzende Wirkung jetzt flächendeckend gilt.

Hinweis:
Voraussetzung ist natürlich, dass die Behörde einen De-Mail-Account hat. Zur Eröffnung des elektronischen Zugangs per De-Mail werden die Behörden des Bundes ein Jahr nach Aufnahme des Betriebs des zentral für die Bundesverwaltung angebotenen IT-Verfahrens, über das De-Mail-Dienste für Bundesbehörden angeboten werden, verpflichtet (§ 2 Abs. 2 EGovG). Konkret bedeutet die Umsetzungsverpflichtung laut einer Übersicht des BMI (abrufbar unter http://www.rehmnetz.de/it-recht/bmi-egovg) den Anschluss an das Behörden-Gateway sobald dieses existiert sowie die innerbehördliche (Um-)Organisation, die dafür Sorge trägt, dass die elektronischen Eingänge per De-Mail gleichberechtigt mit schriftlichen Eingängen bearbeitet werden.

Zum anderen kann die Behörde die De-Mail inzwischen auch für die förmliche Zustellung nutzen. In § 5a des Verwaltungszustellungsgesetzes des Bundes (VwZG) ist die elektronische Zustellung gegen Abholbestätigung über De-Mail-Dienste vorgesehen. Die Abholbestätigung wird in § 5 Abs. 9 De-Mail-Gesetz geregelt. Entsprechende Regelungen finden sich im Verwaltungszustellungsrecht der Länder.

Hinweis:
Hier ist umgekehrt die Voraussetzung, dass der Empfänger einen De-Mail-Account besitzt und hierfür auch den Zugang eröffnet hat. Nach § 7 Abs. 3 Satz 3 De-MailG ist davon auszugehen, dass der Inhaber eines De-Mail-Accounts den Zugang für den Empfang von De-Mails von behördlicher Seite eröffnen will, wenn ein geeigneter Zusatz über eine entsprechende Erklärung seinerseits im Verzeichnisdienst auf sein Verlangen veröffentlicht wird.

2. Einreichung von elektronischen Dokumenten bei Gerichten

Aber auch im Rahmen der Kommunikation mit Gerichten wird die De-Mail zukünftig vermehrt zum Einsatz kommen. Auslöser sind hier gesetzliche Änderungen durch das Gesetz zur Förderung des elektronischen Rechtsverkehrs mit den Gerichten (siehe auch das Stichwort → *E-Justice*), das am 16.10.2013 im Bundesgesetzblatt verkündet worden ist, in weiten Teilen jedoch erst zum 1. Januar 2018 in Kraft tritt. Dies gilt auch für die die De-Mail betreffenden Änderungen in den Gerichtsordnungen. Dort wird die De-Mail in ihrer absenderbestätigten Form nach § 5 Abs. 5 De-Mail-Gesetz als sicherer Übermittlungsweg für die Einreichung von elektronischen Dokumenten bei Gericht anerkannt.

3. Bedeutung von De-Mail im Privatrechtsverkehr

Im Privatrechtsverkehr liegt die Bedeutung von De-Mail vor allem in der Nachweisbarkeit von elektronisch abgegebenen Willenserklärungen und der verschlüsselten Datenübertragung. Der De-Mail kommt hier keine schriftformersetzende Wirkung zu.

WICHTIG!

Grundsätzlich können Willenserklärungen formfrei abgegeben werden, d. h. auch durch einfache E-Mail. Nur im Ausnahmefall ist eine besondere Form, z. B. die Schriftlichkeit oder eine notarielle Beurkundung gesetzlich vorgeschrieben.

Definition:

Die Schriftform ist in § 126 Abs. 1 BGB legaldefiniert und setzt die eigenhändige Namensunterschrift voraus. Sie kann nur durch die elektronische Form ersetzt werden, die verlangt, dass das elektronische Dokument mit einer qualifizierten elektronischen Signatur nach dem Signaturgesetz zu versehen ist (§ 126a Abs. 1 BGB).

Beispiel:

Einsatzmöglichkeiten für De-Mail sind zum Beispiel Angebote, Kostenvoranschläge, Auftragsbestätigungen, Abnahmeerklärungen, aber auch die Übermittlung von personenbezogenen Daten wie z. B. in Gehaltsmitteilungen, Lohnsteuerkarten etc.

IV. Ausblick

Derzeit mag der Anwendungsbereich der De-Mail noch überschaubar sein. Denn die Kommunikation per De-Mail setzt voraus, dass sowohl der Absender als auch der jeweilige Empfänger ein De-Mail-Konto hat, was bisher eher die Ausnahme als die Regel darstellt. Dies könnte sich aber insbesondere im Hinblick auf den öffentlichen Bereich schon bald ändern. Denn zum einen werden Behörden und Gerichte mittelfristig verpflichtet, den elektronischen Zugang per De-Mail zu eröffnen. Zum anderen steigt auch der Anreiz für private Nutzer, sich einen De-Mail-Account zuzulegen, da die De-Mail in der absenderbestätigten Form nach § 5 Abs. 5 De-Mail-Gesetz die Schriftform ersetzen kann. Auch im Privatrechtsverkehr bietet die De-Mail gewisse Vorteile, insbesondere im Hinblick auf die Vertraulichkeit der Kommunikation, die die weitere Verbreitung befördern dürften. Es ist also anzunehmen, dass die Bedeutung von De-Mail weiter steigen wird.

V. Checkliste

WICHTIG!

- De-Mail soll das verbindliche und vertrauliche Versenden von Dokumenten und Nachrichten über das Internet ermöglichen.
- Optional ist De-Mail mit einer eigenen Ende-zu-Ende-Verschlüsselung des Nutzers und mit einer qualifizierten elektronischen Signatur (Schriftformerfordernis) kombinierbar.
- De-Mail-Nachrichten sollen vor Manipulationen geschützt sein.
- Absender und Empfänger sollen eindeutig identifiziert werden.
  - → *Schadsoftware* in De-Mail-Nachrichten soll automatisch erkannt werden.
  - → *Spam* soll vermieden werden.
- Optional können persönliche Dokumente in Verbindung mit dem De-Mail-Dienst im Internet abgelegt werden (De-Safe).

Design (deutsches eingetragenes Design)

I. Das Design

II. Schutzvoraussetzungen
 1. Schutzgegenstand
 2. Neuheit
 3. Eigenart

III. Das Anmelde- und Eintragungsverfahren (deutsches eingetragenes Design)
 1. Die Anmeldung
 2. Sammelanmeldung
 3. Gebühren
 4. Das Eintragungsverfahren

IV. Beginn und Ende des Schutzes
 1. Beginn des Schutzes
 2. Beendigung durch Zeitablauf oder Verzicht
 3. Löschung wegen Nichtigkeit

V. Rechte aus dem Design

VI. Verletzungsverfahren

VII. Exkurs: Gemeinschaftsgeschmacksmuster und IR-Geschmacksmuster
 1. Gemeinschaftsgeschmacksmuster
 2. Das IR-Geschmacksmuster

I. Das Design

Zum 1.1.2014 wurde in Deutschland aus dem bisherigen Geschmacksmuster das eingetragene Design. Das Geschmacksmustergesetz wurde in Designgesetz umbenannt. Mit diesen neuen Bezeichnungen sollte einem zeitgemäßen Sprachgebrauch Rechnung getragen werden. Inhaltlich hat das neue DesignG jedoch nur für das Löschungs- und Nichtigkeitsverfahren zu einer Änderung geführt. Schutzvoraussetzungen, Schutzumfang und das Anmeldeverfahren blieben gegenüber dem Geschmacksmustergesetz unverändert.

Das eingetragene Design zählt wie die Marke, das Patent und das Urheberrecht zu den gewerblichen Schutzrechten. Es schützt die äußere Erscheinungsform eines Erzeugnisses, während das Patent eine technische Entwicklung schützt. Anders als das Urheberrecht erfordert das Design keine besondere Schöpfungshöhe. Auch durchschnittliche Gestaltungen können dem Designschutz zugänglich sein, sofern sie neu und eigenartig sind.

Wie alle Immaterialgüterrechte gewährt es seinem Inhaber ein Ausschließlichkeitsrecht. Der Inhaber eines eingetragenen Designs kann damit jedermann die Nutzung seines geschützten Designs untersagen. Das Designrecht unterliegt dem sog. Territorialitätsprinzip. Ein deutsches Design gewährt dem Rechtsinhaber somit nur in Deutschland Schutz.

II. Schutzvoraussetzungen

1. Schutzgegenstand

Ein Design ist nach § 1 Nr. 1 Designgesetz (DesignG)

„eine zweidimensionale oder dreidimensionale Erscheinungsform eines ganzen Erzeugnisses oder eines Teils davon, die

Design (deutsches eingetragenes Design)

sich insbesondere aus den Merkmalen der Linien, Konturen, Farben, der Gestalt, Oberflächenstruktur oder der Werkstoffe des Erzeugnisses selbst oder der Werkstoffe des Erzeugnisses selbst oder seiner Verzierung ergibt."

Als „Erzeugnis" wird jeder industrielle oder handwerkliche Gegenstand, einschließlich der Verpackung, Ausstattung, grafischer Symbole und typografischer Schriftzeichen geschützt. Auch Bauteile von sog. „komplexen Erzeugnissen", dies sind Erzeugnisse aus mehreren Bauteilen, die sich ersetzen lassen (z. B. Kotflügel eines PKW), können durch ein Design geschützt werden. Nicht schutzfähig sind Naturprodukte, Tiere und Pflanzen oder Veränderungen am menschlichen Körper, wie z. B. Tätowierungen oder Frisuren. Auch ein Verfahren oder Rezept kann nicht als Design geschützt werden.

2. Neuheit

Nach § 2 Abs. 2 DesignG ist ein Erzeugnis neu, wenn vor seinem Anmeldetag kein identisches Design offenbart wurde. Unterschiede in unwesentlichen Einzelheiten sind nicht ausreichend, um die Neuheit zu begründen. Für die Beurteilung der Neuheit wird das zu schützende Design mit den bereits bekannten Designs verglichen, wobei jedes vorbekannte Design einzeln mit dem zu schützenden Design zu vergleichen ist.

Eine neuheitsschädliche Offenbarung ist gegeben, wenn das Design der Öffentlichkeit so zugänglich gemacht wurde, dass die in der Europäischen Gemeinschaft tätigen Fachkreise des betreffenden Sektors in ihrem normalen Geschäftsverlauf vor dem Anmeldetag davon Kenntnis nehmen konnten.

Beispiel:
Eine Offenbarung liegt z. B. in dem Verkauf des Erzeugnisses, der Ausstellung des Erzeugnisses auf einer Messe, der Abbildung in Zeitschriften oder Katalogen, der Veröffentlichung von Marken, Patenten oder Designs in den amtlichen Registern.

Wird das Design einem Dritten unter der Bedingung der Vertraulichkeit präsentiert, so ist dies keine neuheitsschädliche Veröffentlichung.

Nach § 6 DesignG ist eine Veröffentlichung des Designs durch den Entwerfer, seinen Rechtsnachfolger oder einen Dritten, der die entsprechenden Informationen vom Entwerfer oder dessen Rechtsnachfolger erhalten hat, auch dann nicht schädlich, wenn das Design innerhalb eines Zeitraums von 12 Monaten nach dieser Veröffentlichung angemeldet wird. Man spricht hier von der sogenannten Neuheitsschonfrist. Dies ermöglicht es dem Entwerfer oder seinem Rechtsnachfolger, ein Design zunächst dem Verkehr zu präsentieren und dessen Marktfähigkeit vor einer Designanmeldung zu testen. Wird in der Neuheitsschonfrist zwischen der ersten Veröffentlichung des Designs durch den Entwerfer und der Anmeldung des Designs von einem Dritten ein Erzeugnis präsentiert, das mit dem anzumeldenden Design weitgehend identisch ist, so kann dieses Erzeugnis jedoch die Neuheit beseitigen.

3. Eigenart

Ein Design hat nach § 2 Abs. 3 DesignG Eigenart, wenn sich der Gesamteindruck, den es bei dem informierten Benutzer hervorruft, von dem Gesamteindruck eines anderen, bereits vor dem Anmeldetag offenbarten Designs unterscheidet. Es wird hierbei also ein Vergleich des Designs mit bereits bekannten Designs vorgenommen und der jeweilige Gesamteindruck im Rahmen eines Einzelvergleichs beurteilt. Um die Übereinstimmung des Gesamteindrucks der sich gegenüberstehenden Designs beurteilen zu können, empfiehlt sich eine Analyse der einzelnen prägenden Merkmale der zu vergleichenden Designs und deren Vergleich.

Weiterhin ist der Grad der Gestaltungsfreiheit des Entwerfers zu berücksichtigen. Existieren in einem Bereich nur wenige bekannte Designs, muss der Gestaltungsabstand in der Regel größer sein als in Bereichen, in denen eine hohe Designdichte gegeben ist. Auch etwaige Beschränkungen der Gestaltungsmöglichkeiten durch den Verwendungszweck des Erzeugnisses sind bei der Beurteilung der Eigenart zu berücksichtigen.

III. Das Anmelde- und Eintragungsverfahren (deutsches eingetragenes Design)

1. Die Anmeldung

Die Anmeldung eines deutschen Designs erfolgt bei dem Deutschen Patent- und Markenamt (DPMA). In der Designanmeldung müssen nach § 11 Abs. 2 DesignG als Mindestangaben enthalten sein

- der Antrag auf Eintragung,
- Angaben über die Identität des Anmelders,
- die Wiedergabe des einzutragenden Designs (maximal 10 Darstellungen pro Design) und
- die Angabe der Erzeugnisse, für die das Design eingetragen werden soll.

Zusätzlich kann eine Beschreibung des Designs eingereicht werden, die jedoch nur der Erläuterung dient und keinen Einfluss auf den Schutzumfang des Designs hat. Weiter kann der Name des Entwerfers und die Warenklasse nach der Locarno-Klassifikation angegeben werden.

WICHTIG!
Bei der Wiedergabe des Designs sollte darauf geachtet werden, dass alle Merkmale, auf die sich der Schutz erstrecken soll, auf den Abbildungen gut erkennbar sind. Elemente, die auf der Abbildung nicht erkennbar sind, nehmen am Schutz nicht teil.

Ist in der Abbildung eine Kombination von Erzeugnissen wiedergegeben (z. B. Karaffe mit Sockel) so ist im Zweifel davon auszugehen, dass die Kombination und nicht die einzelnen Erzeugnisse (im vorgenannten Beispiel also nur die Karaffe) geschützt sind. Soll also sowohl das einzelne Erzeugnis als auch die Kombination geschützt werden, so sind separate Designanmeldungen einzureichen.

TIPP!
Das DPMA stellt für die Anmeldung auf seinen Internetseiten (http://www.rehmnetz.de/it-recht/dpmaformulare-design) ein Formular mit Erläuterungen zur Verfügung (Formular R 5703), dessen Verwendung ratsam ist, da dort alle für die Anmeldung erforderlichen Angaben abgefragt werden. Auch eine Online-Anmeldung ist über DPMAdirektWeb (http://www.rehmnetz.de/it-recht/dpmadirekt-design) möglich.

2. Sammelanmeldung

Sollen mehrere Designs gleichzeitig angemeldet werden, besteht die Möglichkeit einer Sammelanmeldung. Mit einer Sammelanmeldung dürfen maximal 100 Designs angemeldet werden, die nun nicht mehr alle derselben Warenklasse angehören müssen. Durch die Sammelanmeldung werden die Kosten der Anmeldung reduziert.

3. Gebühren

Die Amtsgebühr für eine Einzelanmeldung beträgt bei der Papieranmeldung 70 Euro und deckt die erste Schutzperiode von 5 Jahren ab. Bei einer Sammelanmeldung fallen pro Design 7 Euro an, mindestens jedoch 70 Euro. Bei einer Online-Anmeldung reduzieren sich die Gebühren auf 60 Euro für eine Einzelanmeldung und auf 6 Euro pro Muster bei einer Sammelanmeldung, mindestens jedoch 60 Euro.

Beispiel:
> Bei einer Papier-Sammelanmeldung mit 6 Designs beträgt die Gebühr 70 Euro (Online: 60 Euro). Enthält die Papier-Sammelanmeldung 11 Designs, so beträgt die Gebühr 77 Euro (Online: 66 Euro).

4. Das Eintragungsverfahren

Das DPMA prüft nach § 16 DesignG nur, ob die Formalien der Anmeldung eingehalten wurden.

WICHTIG!
Das DPMA führt keine Prüfung auf Neuheit und Eigenart durch. Das Design ist damit ein ungeprüftes Schutzrecht.

Hat die Anmeldung formelle Mängel, setzt das Amt dem Anmelder eine Frist zur Behebung dieser Mängel. Sofern bei der Anmeldung die vollständigen Angaben zur Identifikation des Anmelders fehlen oder die Wiedergabe des Designs mangelhaft ist, wird der Anmeldetag auf den Tag verschoben, an dem diese Mängel beseitigt wurden. Bei anderen Mängeln behält die Anmeldung den ursprünglichen Anmeldetag. Werden die Mängel nicht behoben, so weist das Amt die Anmeldung zurück.

Erfüllt die Anmeldung die formellen Anforderungen, so wird sie in das Register eingetragen und bekannt gemacht, sofern keine Aufschiebung der Bekanntmachung beantragt wurde.

Nach den Angaben des DPMA auf seiner Homepage dauert es von der Anmeldung bis zur Eintragung eines Designs 3–4 Monate. Die Bekanntmachung erfolgt dann etwa einen Monat später.

IV. Beginn und Ende des Schutzes

1. Beginn des Schutzes

Der Schutz des eingetragenen Designs entsteht erst mit der Eintragung des Designs im Register (§ 27 Abs. 1 DesignG) und nicht bereits mit der Anmeldung.

2. Beendigung durch Zeitablauf oder Verzicht

Der Schutz des Designs endet 5 Jahre nach dem Anmeldetag. Wird das Design nicht rechtzeitig vor Ende der Schutzdauer durch Einzahlung der Aufrechterhaltungsgebühr verlängert, erlischt der Schutz mit Ablauf der Schutzdauer.

Das Design kann insgesamt viermal um jeweils 5 Jahre verlängert werden. Damit beträgt die maximale Schutzdauer 25 Jahre. Die Aufrechterhaltungsgebühren steigen mit jeder neuen Schutzperiode. Für das 6.–10. Jahr beträgt die Aufrechterhaltungsgebühr pro Design 90 Euro, für das 11.–15. Jahr 120 Euro, für das 16.–20. Jahr 150 Euro und für das 21.–25. Jahr 180 Euro. Die Gebühr ist jeweils an dem letzten Tag des Monats fällig, in den das Ende der Schutzdauer fällt.

Beispiel:
> Das Design wurde am 2.9.2015 angemeldet. Die Schutzdauer endet am 2.9.2020. Die Aufrechterhaltungsgebühr für das 6.–10. Jahr ist am 30.9.2020 fällig.

Während der laufenden Schutzperiode kann der Inhaber des Designs jederzeit durch eine Erklärung gegenüber dem DPMA auf das Design verzichten.

3. Löschung wegen Nichtigkeit

Ein Design ist nach § 33 Abs. 1 DesignG nichtig, wenn

- das Erzeugnis kein Design nach § 1 Abs. 1 DesignG ist,
- das Design nicht neu ist im Sinn von § 2 Abs. 2 DesignG,
- dem Design die erforderliche Eigenart fehlt (§ 2 Abs. 3 DesignG) oder
- das Design vom Designschutz ausgeschlossen ist (§ 3 DesignG).

Wegen dieser vorstehenden Nichtigkeitsgründe kann **jedermann** ein Antrag auf Feststellung der Nichtigkeit beim DPMA stellen. Die Nichtigkeit des Designs wird durch Beschluss des DPMA festgestellt. Die Löschung des nichtigen Designs erfolgt nach rechtskräftigem Abschluss des Verfahrens und wirkt auf den Anmeldetag zurück.

Ein Design wird nach § 33 Abs. 2 DesignG auch gelöscht, wenn

- es eine unerlaubte Benutzung eines durch das Urheberrecht geschützten Werkes darstellt,
- es in den Schutzumfang eines eingetragenen Designs mit älterem Zeitrang fällt, auch wenn dieses eingetragene Design erst nach dem Anmeldetag des für nichtig zu erklärenden eingetragenen Designs offenbart wurde, oder
- in ihm ein Zeichen mit Unterscheidungskraft älteren Zeitrangs verwendet wird und der Inhaber des Zeichens berechtigt ist, die Verwendung zu untersagen.

Die Löschung eines Designs wegen älterer Rechte kann nur vom dem Inhaber des älteren Rechts geltend gemacht werden (§ 34 Satz 2 DesignG). Auch hier ist beim DPMA ein entsprechender Antrag auf Erklärung der Nichtigkeit zu stellen.

V. Rechte aus dem Design

Ein eingetragenes Design gibt seinem Inhaber das Recht, Dritten die Benutzung des Designs ohne seine Zustimmung zu untersagen. Zu der Benutzung zählen die Herstellung, das Anbieten und das Inverkehrbringen, der Im- und Export sowie die Ausstellung und der Gebrauch eines Erzeugnisses, in welches das Design aufgenommen wurde (§ 38 Abs. 1 DesignG).

Der Rechtsinhaber hat folgende Ansprüche:

- Unterlassungsanspruch (§ 42 Abs. 1 DesignG),
- Anspruch auf Auskunft über den Umfang der Verletzungshandlung, die Herkunft der Ware und die Vertriebswege (§ 46 DesignG),
- Schadensersatz (§ 42 Abs. 2 DesignG),
- Vernichtung und Rückruf der verletzenden Gegenstände (§ 43 DesignG).

In § 40 DesignG sind Ausnahmen geregelt, bei denen der Rechtsinhaber keine Ansprüche geltend machen kann. Die wohl wichtigste Ausnahme stellen Handlungen von Personen im privaten Bereich, die zu nicht gewerblichen Zwecken erfolgt sind, dar. Dieses Kriterium kann eine Rolle spielen, wenn z. B. auf eBay eine Privatperson ein designverletzendes Erzeugnis verkaufen will. Handelt es sich um einen reinen Privatverkauf, so stellt dies keine Rechtsverletzung dar.

VI. Verletzungsverfahren

Ansprüche wegen der Verletzung eines eingetragenen Designs können in einem regulären Klageverfahren gerichtlich verfolgt werden. Hinsichtlich des Unterlassungsanspruchs sowie des Auskunftsanspruchs über Herkunft und Vertriebswege besteht auch die Möglichkeit, einstweiligen Rechtsschutz in Anspruch zu nehmen. In beiden Fällen ist in erster Instanz das Landgericht unabhängig vom Streitwert zuständig.

Da bei der Eintragung eines Designs Neuheit und Eigenart nicht geprüft werden, besteht für den mutmaßlichen Verletzer die Möglichkeit, dem Design den Schutz durch einen Antrag auf Feststellung oder Erklärung der Nichtigkeit beim DPMA (siehe oben IV.3.) oder durch Erhebung einer Widerklage zu entziehen. Vom Anspruchsgegner können alle Nichtigkeitsgründe vorgebracht werden. Die Beweislast für die Nichtigkeit des Designs liegt dabei beim Anspruchsgegner. Dies ergibt sich aus § 39 DesignG, in dem die Vermutung der Rechtsbeständigkeit eines eingetragenen Designs geregelt ist. Wird die Nichtigkeit erfolgreich geltend gemacht, so kann der Rechtsinhaber gegenüber dem jeweiligen Prozessgegner keine Ansprüche geltend machen; das Design wird aus dem Register gelöscht. Es verliert damit seinen Schutz gegenüber jedermann.

VII. Exkurs: Gemeinschaftsgeschmacksmuster und IR-Geschmacksmuster

Ein Geschmacksmusterschutz im Ausland kann durch jeweils nationale Auslandsanmeldungen, ein Gemeinschaftsgeschmacksmuster oder ein IR-Geschmacksmuster erreicht werden.

1. Gemeinschaftsgeschmacksmuster

Durch ein Gemeinschaftsgeschmacksmuster kann mit einem einzigen Antrag auf Eintragung ein Geschmacksmusterschutz in allen 28 Mitgliedstaaten der Europäischen Union erreicht werden. Die Voraussetzungen für die Eintragung und das Verfahren sind in der Gemeinschaftsgeschmacksmusterverordnung (GGV) geregelt. Zuständige Eintragungsbehörde ist das Amt der Europäischen Union für Geistiges Eigentum (EUIPO) in Alicante, Spanien.

Anders als im deutschen Geschmacksmusterrecht gibt es nach der GGV auch einen Schutz für nicht eingetragene Geschmacksmuster. Mehr dazu unter dem Stichwort → *Nicht eingetragene Europäische Geschmacksmuster*.

2. Das IR-Geschmacksmuster

Eine andere Möglichkeit einen Schutz im Ausland zu erreichen, stellt das IR-Geschmacksmuster nach dem Haager Musterabkommen dar. Voraussetzung ist, dass der Anmelder seinen Sitz in einem der Vertragsstaaten des Haager Musterabkommens hat und auch das Land, für welches Schutz beansprucht wird, dem Haager Musterabkommen angehört. Leider sind viele Mitgliedstaaten der EU kein Mitglied, so dass für einen europaweiten Schutz das Gemeinschaftsgeschmacksmuster vorzuziehen ist. Die Schutzvoraussetzungen sind anders als beim Gemeinschaftsgeschmacksmuster auch nicht einheitlich geregelt, sondern richten sich nach dem jeweiligen nationalen Recht des benannten Mitgliedstaates.

Die Anmeldung eines IR-Geschmacksmusters erfolgt bei der World Intellectual Property Organization (WIPO) in Genf, Schweiz.

 TIPP!
Die WIPO hält im Internet unter http://www.rehmnetz.de/it-recht/wipo-design Informationen und Formulare zum IR-Geschmacksmuster bereit.

Digitale Identität

I. Zugang zu Berechtigungen

II. Kontrolle über digitale Identitäten
   1. Identitäten verteilt im Netz
   2. Selbst- und Fremdkontrolle
   3. Identitätsdiebstahl
   4. Anonymisierung

III. Technische Umsetzung einer Identität
   1. Single-Sign-On (SSO)
   2. Identity Provider

IV. Checkliste Digitale Identität

I. Zugang zu Berechtigungen

Unter einer digitalen Identität versteht man die Verknüpfung eines eindeutigen Kennzeichens mit personenbezogenen Daten, die verschiedene IT-Nutzer unterscheidbar machen.

Beispiel:

Im einfachsten Fall kann dies ein Benutzerkonto sein, über das ein Nutzer z. B. einen Einkauf bei einem Online-Shop tätigen kann. Die Identifizierung des Nutzers erfolgt meist über Benutzername und Passwort. Mit dem Benutzernamen oder der Benutzernummer sind die personenbezogenen Daten verbunden, die der Inhaber des Benutzerkontos bei der Registrierung angegeben hat, zum Beispiel der vollständige Name, die Adresse und die Bankverbindung. Diese Daten gehören zu der digitalen Identität des Nutzers.

Auch ein digitales Zertifikat für eine Person kann als Abbild einer digitalen Identität verstanden werden. Bei der Registrierung für das digitale Zertifikat werden personenbezogene Daten mit einer Zertifikats-ID verknüpft.

Der neue Personalausweis (nPA) stellt durch die optionale Online-Funktion ebenfalls eine Form von digitaler Identität im Netz dar.

Einer digitalen Identität sind neben den personenbezogenen Daten auch bestimmte Berechtigungen oder Rollen zugeordnet. Der Inhaber einer bestimmten digitalen Identität kann zum Beispiel die Rolle Administrator in einem IT-System haben. In einem anderen IT-System sind mit der digitalen Identität jedoch

Digitale Identität

nur einfache Benutzerrechte verbunden. Je nach IT-System und Einsatzbereich kann eine digitale Identität unterschiedliche Rollen und Berechtigungen innehaben, z. B. Mitarbeiter, Lieferant und Kunde sein, wie in der physischen Welt auch.

WICHTIG!
Entscheidend für den Schutzbedarf digitaler Identitäten ist, dass die unbefugte Übernahme einer digitalen Identität (Identitätsdiebstahl) dazu führen kann, dass der unbefugte Nutzer die Rollen und Berechtigungen ausüben kann, die mit der Identität verbunden sind. Um die Echtheit einer digitalen Identität sicherstellen zu können, werden in IT-Systemen Identitätsnachweise gefordert.

Die häufigste Variante für einen Identitätsnachweis ist, dass der Nutzer die richtige Kombination aus Benutzernamen und Passwort kennt. Ein immer gleicher Identitätsnachweis entspricht dann der Verwendung eines immer gleichen Passwortes für alle IT-Systeme und Dienste.

Auch wenn dies in vielen Passwortrichtlinien verboten ist, können digitale Identitäten auch mit nur einem einzigen Passwort versehen sein. Dabei gehört es zu den grundlegenden Anforderungen an eine digitale Identität, dass der Identitätsnachweis fälschungssicher, Passwörter beispielsweise entsprechend komplex gewählt sind.

II. Kontrolle über digitale Identitäten

1. Identitäten verteilt im Netz

Eine einzelne Person verfügt in der Regel über mehrere digitale Identitäten im Netz, zum Beispiel die unterschiedlichen Benutzerkonten in den verschiedenen Online-Diensten (E-Mail-Konten, Profile in sozialen Netzwerken, Benutzerkonten bei Online-Shops und Online-Banken). Mit dieser Verteilung der digitalen Identitäten einer Person im Netz sind bestimmte Risiken verbunden.

WICHTIG!
Es besteht generell die Gefahr, dass verschiedene digitale Identitäten einer Person durch Dritte verknüpft werden, zum Beispiel über ein eindeutiges Kennzeichen, das bei mehreren Identitäten hinterlegt ist. Ziel einer solchen Verknüpfung ist in der Regel die Bildung eines umfassenden Benutzerprofils (z. B. für personalisierte Werbung).

Häufig sind es die Inhaber der digitalen Identitäten, die selbst die Verknüpfung vornehmen, indem sie z. B. ihr berufliches Online-Profil bei einem sozialen Netzwerk mit ihrer privaten Webseite verknüpfen, die mit weiteren persönlichen Angaben versehen ist.

Ein weiteres Risiko besteht darin, dass die Sicherheit der verteilten digitalen Identitäten nicht durchgehend gewährleistet ist. Die Daten der digitalen Identität könnten unzureichend abgesichert sein oder für andere Zwecke missbraucht werden.

2. Selbst- und Fremdkontrolle

Nicht jede digitale Identität im Netz wird durch den Identitätsinhaber selbst angelegt. So werden in Unternehmen Benutzerkonten für Mitarbeiter durch Administratoren angelegt und verwaltet. Kundenkonten im Internet werden ebenfalls durch Dritte erzeugt, wenn keine Selbstregistrierung vorgesehen ist.

Digitale Identitäten stehen aber auch dann nicht immer unter Selbstkontrolle, wenn sie durch den Inhaber selbst angelegt wurden. Möchte der Inhaber die digitale Identität ändern oder löschen, kann dies zum Problem werden. Insbesondere die fehlende oder erschwerte Löschmöglichkeit von digitalen Identitäten bei verschiedenen Online-Diensten (z. B. Online-Profile bei sozialen Netzwerken) ist kritisch zu sehen.

3. Identitätsdiebstahl

Wenn es gelingt, den Identitätsnachweis zu fälschen oder zu stehlen, kann die Identität eines anderen übernommen werden (Identitätsdiebstahl).

Beispiel:
Wird ein Benutzerkonto durch ein Passwort geschützt und wird das Passwort gestohlen oder geknackt (erraten), kann der Passwortdieb das Benutzerkonto und damit die digitale Identität des Kontoinhabers missbrauchen. Um das zu verhindern, werden digitale Identitäten bei entsprechendem Schutzbedarf (z. B. Online-Banking) mit mehr als einem Identitätsnachweis (Authentifizierungsmerkmal) abgesichert. Neben dem Passwort ist dann zum Beispiel eine Chipkarte oder ein Einmal-Passwort erforderlich. Im Fall von Online-Banking ist dies neben dem Passwort meist eine mobile Transaktionsnummer (mTAN), die auf das Handy des Bankkunden geschickt wird und als Einmal-Passwort zusätzlich zum Benutzerpasswort genutzt wird.

4. Anonymisierung

Digitale Identitäten ohne direkten Personenbezug dienen der Anonymisierung oder Pseudonymisierung. Je nach Art des Online-Dienstes kann es sinnvoll sein, sich nur unter einem Pseudonym anzumelden.

Das Bundesdatenschutzgesetz fordert unter § 3a BDSG (Datenvermeidung und Datensparsamkeit), von den Möglichkeiten der Anonymisierung und Pseudonymisierung Gebrauch zu machen, soweit dies möglich ist und der Aufwand in einem angemessenen Verhältnis zu dem angestrebten Schutzzweck steht.

Ebenso gehört es nach dem Telemediengesetz (TMG) zu den Pflichten des Diensteanbieters (§ 13 Abs. 6 TMG), die Nutzung von Telemedien und ihre Bezahlung anonym oder unter einem Pseudonym zu ermöglichen, soweit dies technisch möglich und zumutbar ist.

In der Praxis findet man jedoch oftmals Online-Dienste (z. B. soziale Netzwerke) mit Klarnamenzwang, die also die Verwendung eines Pseudonyms ausschließen.

III. Technische Umsetzung einer Identität

Die einfachste Form der Umsetzung einer digitalen Identität ist ein Benutzerkonto. Anstatt für jeden Online-Dienst ein eigenes Benutzerkonto anzulegen, können auch zentrale digitale Identitäten genutzt werden, sofern der jeweilige Online-Dienst die zentrale digitale Identität akzeptiert.

Zentrale digitale Identitäten werden sowohl innerhalb eines Unternehmensnetzwerkes eingesetzt als auch netzwerkübergreifend im Internet. Der Inhaber einer zentralen digitalen Identität hat

- weniger Registrierungen vorzunehmen oder im Idealfall nur noch eine Registrierung,
- ein zentrales Passwort und einen Benutzername,
- ein einheitliches Benutzerprofil und
- ein einheitliches Abmelden (Logout).

LEXIKON IT-RECHT 2016 115

Digitaler Nachlass

1. Single-Sign-On (SSO)

Möchte man im eigenen Netzwerk eine zentrale digitale Identität (also eine zentrale Anmeldung für alle IT-Systeme) umsetzen, greift man technisch gesehen meist auf das Single-Sign-On-Verfahren (SSO) zurück. Möglich wird dies durch ein Identitätsmanagementsystem, das alle Benutzeranmeldungen zentral prüft und die jeweilige Rollen und Berechtigungen zentral für die verschiedenen angeschlossenen IT-Systeme vergibt und regelt. Jeder Nutzer hat dann nur noch eine zentrale digitale Identität, sein Benutzerkonto bei dem Identitätsmanagementsystem.

Bei SSO ersetzt eine einmalige Anmeldung die Benutzerauthentifizierung bei allen teilnehmenden IT-Systemen. Benutzer müssen sich dann nur noch ein Passwort merken, andererseits führt jedoch der erfolgreiche Passwortdiebstahl dazu, dass der Angreifer Zugang zu mehreren Diensten erlangt.

2. Identity Provider

Zentrale digitale Identitäten können auch von Dritten im Internet angeboten werden. Anbieter zentraler Identitätssysteme (sogenannte Identity Provider) nennen als Vorteile:

- automatische Anmeldung bei mehreren Diensten möglich, nachdem man sich bei nur einem Dienst angemeldet hat
- Senkung der Help-Desk-Anrufe bei Internetdiensten, da Passwörter nicht mehr so leicht vergessen werden
- Löschung der zentralen Identität löscht alle verbundenen Benutzerkonten.

Beispiel:

Möglichkeiten für zentrale digitale Identitäten bieten zum Beispiel die OpenID-Foundation (www.openid.net) und die Information Card Foundation (ICF, www.informationcard.net). Auch soziale Netzwerke bieten sich zunehmend als Identitätsanbieter an (Social Sign-In), wobei die Anmeldedaten, die für das soziale Netzwerk gelten, auch für weitere, angeschlossene Online-Dienste genutzt werden können.

WICHTIG!
Zentrale digitale Identitäten im Internet sind nicht unproblematisch. Werden alle Identitäten für das Internet zentral vorgehalten, bleibt die Frage zu klären, bei welcher vertrauenswürdigen Stelle dies sein soll. Ein Identity Provider muss sich an den Vorgaben zur Auftragsdatenverarbeitung (§ 11 BDSG) messen lassen.

Zudem kann nicht unbedingt ausgeschlossen werden, dass über die Protokollierung der zentralen Zugänge für verschiedene Internetdienste eine Verkettung der Identitäten vorgenommen wird, also ein Benutzerprofil über die Dienstenutzung mit der einheitlichen digitalen Identität verknüpft wird.

IV. Checkliste Digitale Identität

WICHTIG!
Zu dem Schutz digitaler Identitäten gehören:

- ein benutzerkontrolliertes Identitätsmanagement oder ein vertrauenswürdiger Identity Provider
- die Verwendung der Pseudonymisierung, wo möglich
- eine dezentrale Datenhaltung trotz zentraler, einheitlich geltender Identitäten im Internet (keine zentrale Datensammlung)
- eine Vermeidung der Verkettung der digitalen Identitäten
- die Unterstützung des Identitätsschutzes durch entsprechende Sicherheitslösungen (z. B. Zwei-Faktor-Authentifizierung bestehend aus Passwort und Chipkarte, Passwortrichtlinie mit der Forderung komplexer Passwörter).

Digitaler Nachlass

I. **Begriff**

II. **Rechtlicher Regelungsrahmen**
1. Datenschutzrecht
2. Erbrecht
3. Geistiges Eigentum (Immaterialgüterrecht)
4. Allgemeines und postmortales Persönlichkeitsrecht
5. Vertragsrechtliche Fragestellungen
    5.1 Verträge mit Providern
    5.2 Kündigungsklausel
    5.3 Legitimationsklausel
    5.4 Weitere Klauseln

III. **Vorgehen wichtiger Anbieter**
1. Facebook
2. Xing
3. Twitter
4. „Google"
5. GMX und Web.de
6. PayPal

IV. **Handlungsmöglichkeiten**

I. Begriff

Der digitale Nachlass umfasst die Gesamtheit des digitalen Vermögens des Erblassers und leitet sich inhaltlich aus dem „analogen" erbrechtlichen Nachlassbegriff ab, welcher grundsätzlich alle vermögenswerten Rechtspositionen des Erblassers umfasst (z. B. Eigentum an einem Gegenstand, schuldrechtliche Ansprüche aus Vertrag) und weit zu verstehen ist. Aufgrund der Speichermöglichkeit von digitalen Inhalten (Daten) sind insbesondere das Eigentum an Datenträgern oder Verbindungs- oder Zugangsansprüche gegenüber Providern im Bereich Domain, E-Mail oder Social Media zu nennen. Die gespeicherten Daten können urheberrechtlich geschützte Rechte darstellen (z. B. Fotos, Grafiken oder Literatur auf einem Datenträger, Videos auf Youtube), so dass insoweit das Urheber- oder Designrecht zum digitalen Nachlass zu zählen ist. Sämtliche gespeicherten Daten des Erblassers sollen dem digitalen Nachlass zugeordnet werden können, wobei einzelne juristische Details noch diskutiert werden.

Digitaler Nachlass

II. Rechtlicher Regelungsrahmen

Nachfolgend soll der wesentliche juristische Regelungsrahmen zum digitalen Nachlass dargestellt werden.

1. Datenschutzrecht

Das Datenschutzrecht schützt natürliche (lebende) Personen (vgl. § 3 Abs. 1 BDSG), so dass der Erblasser mit seinem Ableben seinen Status als „Betroffener" verloren hat und das Datenschutzrecht keine Anwendung (mehr) findet. Zudem umfasst der Anwendungsbereich des Bundesdatenschutzgesetzes nach § 1 Abs. 2 Nr. 3 BDSG keine Datenverarbeitungen, die ausschließlich aus persönlichen oder familiären Zwecken erfolgen. Zur datenschutzrechtlichen Relevanz muss daher eine nicht ausschließliche persönliche oder familiäre Drittbetroffenheit hinzutreten.

2. Erbrecht

Das in Art. 14 Abs. 1 GG ausdrücklich gewährleistete Erbrecht spielt eine wesentliche Rolle im Zusammenhang mit dem digitalen Nachlass. Gemäß § 1922 BGB tritt der Erbe in grundsätzlich vollem Umfang in die Rechte und Pflichten des Erblassers ein (Universalsukzession). Der Erbe wird Eigentümer sämtlicher Datenträger und übernimmt sämtliche vertraglichen Parteistellungen des Erblassers.

3. Geistiges Eigentum (Immaterialgüterrecht)

Immaterialgüterrechtliche Rechtspositionen (Urheber-, Marken-, Patent,- oder Designrechte) weisen zunächst keine „digitalen" erbrechtlichen Besonderheiten auf und gehen auf den Erben über. Hervorzuheben sind jedoch urheberrechtlich geschützte Rechtspositionen, die auch ohne Eintragung in einem amtlichen Register entstehen und sich digitalisiert in jedwedem Datenspeicher befinden können. Der Erbe kann nach §§ 25 Abs. 1, 28, 30 UrhG Anspruch auf Herausgabe des Speichermediums oder Zugriff auf online verfügbare Speicherkapazitäten haben, wenn dort z. B. ein Gedicht oder Foto abgespeichert ist. Ferner ist er gemäß §§ 28 Abs. 1, 30, 64 UrhG zur Löschung der urheberrechtlich geschützten Daten berechtigt.

Das Urheberrecht weist jedoch auch eine urheber(persönlichkeits)rechtliche Komponente auf, die zu praktischen Problemen bei der digitalen Nachlassverwaltung führen kann (siehe unten Ziff. 4).

4. Allgemeines und postmortales Persönlichkeitsrecht

Die vorgenannten rechtlichen Aspekte des digitalen Nachlasses sorgen überwiegend nicht für juristische und praktische Besonderheiten im Vergleich zum „analogen" Nachlass. Das Recht an einem Datenträger und mit ihm die Herrschaft über die darauf gespeicherten Daten des Erblassers geht genauso auf den Erben über, wie das Eigentum an einem Möbelstück, der Vertrag mit dem Domainregistrar genauso wie der Mobilfunkvertrag. Nach der wohl herrschenden juristischen Meinung ändert sich dies jedoch, wenn persönlichkeitsrechtliche Fragestellungen hinzutreten.

Das Bundesverfassungsgericht leitet aus der allgemeinen Handlungsfreiheit nach Art. 2 Abs. 1 GG in Verbindung mit der Menschenwürde aus Art. 1 Abs. 1 GG das Recht auf informationelle Selbstbestimmung als Ausfluss des allgemeinen Persönlichkeitsrechts ab, wonach jeder Einzelne u. a. selbst über Art und Umfang der über ihn erhobenen und genutzten Daten entscheiden soll. Dieses richterrechtlich aus dem Grundgesetz abgeleitete Recht tritt jedoch aufgrund seines subsidiären Charakters hinter Gesetzesrecht zurück (vgl. oben z. B. das Bundesdatenschutzgesetz oder allgemein das Namensrecht nach § 12 BGB) und betrifft als „allgemeines" Persönlichkeitsrecht nur lebende Personen.

Es ist jedoch weitestgehend anerkannt, dass es mit der Menschenwürde unvereinbar erscheint, dass der jedem Menschen innewohnende und unveräußerliche Achtungsanspruch eines Menschen mit dem Tode erlischt und es somit ein „postmortales" Persönlichkeitsrecht gibt. Dieses schützt vor Herabwürdigungen und Verfälschung des sittlichen, personalen und sozialen Geltungswerts des Verstorbenen.

Im Bereich des digitalen Nachlasses sollen so die Daten der Verstorbenen vor Missbrauch geschützt und das Ansehen des Verstorbenen bewahrt werden. Die Wahrung des Andenkens ist jedoch nicht notwendigerweise mit der Annahme einer Erbschaft verknüpft, was juristische und praktische Fragen aufwirft, die noch nicht abschließend geklärt sind.

Ist der Erbe zugleich der nächste Angehörige, dem die Wahrnehmung des Andenkens eines Verstorbenen regelmäßig zusteht, wenn dieser zu Lebzeiten dies nicht anders verfügt hat, dann ist dies noch unproblematisch. Sind Erbe und nächster Angehöriger jedoch personenverschieden, dann entsteht ein Konflikt, der noch höchst unterschiedlich in der juristischen Diskussion gelöst wird. So wird vertreten, dass ein uneingeschränkter Zugriff des Erben z. B. auf private Mails oder den privaten Facebook-Account entweder abzulehnen bzw. anzunehmen sei.

Von dieser rein juristischen Fragestellung abgesehen, entstehen praktisch schwierig zu lösende Probleme, wenn man den uneingeschränkten Zugriff des Erben verneint, Erbe und Angehöriger personenverschieden sind und der Erblasser zu Lebzeiten nicht eine bestimmte Person zur Wahrung seines Andenkens ermächtigt hat. Welche Person darf das Andenken eines Verstorbenen wahren, wenn sich zum Beispiel ein Verwandter mit einem Lebenspartner darüber streitet? Darf der Erbe, obwohl er Vertragspartner mit einem Mail-Provider wurde, sich die einzelnen Mails nicht oder nur teilweise anschauen? Ist ein Facebook-Profil nicht grundsätzlich privat und persönlich, so dass der Erbe überhaupt keinen Zugriff erhalten dürfe?

Solange diese Fragen nicht geklärt sind, kann nur gelten, was allgemein im Erbrecht gilt, dass solche Fragen zu Lebzeiten geklärt werden sollten.

Praxistipps für Behörden:

Die private Nutzung der dienstlichen Mailadresse der Mitarbeiter sollte arbeitsrechtlich ausgeschlossen werden. Ansonsten besteht das Risiko, dass nach dem Tod eines Mitarbeiters kein uneingeschränkter Zugriff möglich ist und Dritte Ansprüche erheben können. Dies sichert die Erfüllung der gesetzlichen Archivierungspflichten bei dienstlichen E-Mails ab.

5. Vertragsrechtliche Fragestellungen

Neben den gesetzlichen Reglungen können vertragliche Abreden getroffen werden, die Einfluss auf die digitale Nachlassverwaltung haben können und die meist über Allgemeine Ge-

Digitaler Nachlass

schäfts- oder Nutzungsbedingungen erfolgen. Von Bedeutung sind insbesondere Kündigungs- und Legitimationsklauseln, wobei von der Anwendbarkeit deutschen Rechts ausgegangen werden soll.

5.1 Verträge mit Providern

Die rechtliche Einordnung von Verträgen mit den Providern von E-Mail-Services oder ähnlichen Diensten erfolgt nicht einheitlich. Je nach Ausgestaltung – Cloud-Dienstleistungen, soziale Netzwerke etc. – werden verschiedene Vertragselemente zu Mischverträgen kombiniert und zumeist miet-, dienst- und werkvertragliche Elemente vereint.

5.2 Kündigungsklausel

Kündigungsklauseln modifizieren das gesetzliche Kündigungsrecht, welches in ein ordentliches und ein außerordentliches Kündigungsrecht unterschieden wird. Todesfälle unterliegen zumeist Regelungen des außerordentlichen Kündigungsrechtes („aus wichtigem Grund"), wenn sie nicht gesetzlich geregelt sind (z. B. § 580 BGB „Außerordentliche Kündigung bei Tod des Mieters").

Im Zusammenhang mit sozialen Netzwerken kann aufgrund der Höchstpersönlichkeit eines entsprechenden Profils ein außerordentliches beidseitiges Kündigungsrecht angenommen werden (vgl. § 314 BGB).

Vertragsklauseln, die das Kündigungsrecht einseitig zuungunsten des Nutzers modifizieren oder ausschließen, unterliegen der AGB-Kontrolle (§§ 307 ff. BGB) und dürften unwirksam sein.

5.3 Legitimationsklausel

Legitimationsklauseln dienen der Erbringung eines Nachweises über die Erbenstellung und werden von den Diensteanbietern teilweise verlangt. Der Erbe hat nachzuweisen, dass er der legitime Erbe ist. Dies erfolgt durch Erbschein gemäß § 2365 BGB und trägt dem Sicherungsinteresse des Vertragspartners Rechnung.

Grundsätzlich erscheinen über den Erbschein hinausgehende Legitimationsnachweise – insbesondere durch gerichtliche Entscheidungen – sowie Ermessensentscheidungen hinsichtlich der Anerkennung nicht gerechtfertigt. Klauseln, die dahingehende Regelungen treffen, dürften unwirksam sein.

Demgegenüber werden Regelungen, die geringere Anforderungen an den Nachweis der Legitimation stellen, zumeist als wirksam anerkannt. In diesem Kontext sollen beispielsweise beglaubigte Testamente mit Eröffnungsniederschrift ausreichen.

5.4 Weitere Klauseln

Weitere relevante Klauseln betreffen vor allem die Vorgehensweise bei Vertragsbeendigung, z. B. den Zugriffs- oder Löschungsanspruch des Erben gegenüber dem Provider von E-Mail-Services und ähnlichen Diensten. Auch ein vertraglicher Herausgabeanspruch der Daten des Erblassers ist denkbar.

Klauseln, die diese Rechte ausschließen, auf ein Kopier-Recht einschränken oder sie auf den Provider übertragen, sind gemäß § 307 Abs. 2 Nr. 2 BGB sicherlich unwirksam.

Lediglich Modifikationen der Verfahrensweise im Falle der Geltendmachung selbiger Ansprüche sind – solange sie nicht einseitig benachteiligend sind – unbedenklich.

III. Vorgehen wichtiger Anbieter

Die einzelnen, meist US-amerikanischen Anbieter, regeln, wenn überhaupt, den Tod eines Nutzers teilweise widersprüchlich zur dargestellten Gesetzeslage. Die wichtigsten Regelungen der Anbieter sollen nachfolgend wiedergegeben werden:

1. Facebook

Facebook trifft im Rahmen der Allgemeinen Geschäftsbedingungen Reglungen zum digitalen Nachlass. Es wird eine Auskunftspflicht hinsichtlich der Zugangsdaten gegenüber den Erben ausgeschlossen. Nach einer Benachrichtigung über das Versterben eines Nutzers wird dann das Nutzerkonto in einen Gedenkstatus umgewandelt. Erben erhalten sodann keinen Zugriff mehr auf die dort gespeicherten Daten. Auch die nächsten Verwandten können lediglich Gedenknachrichten auf der Gedenkseite hinterlassen. Eine Umwandlung erfolgt durch Einreichen einer Todesanzeige oder Nachrichtenmeldung. Eine Löschung des Accounts ist erst nach Vorlage der Geburts- und Sterbeurkunde des Verstorbenen und nach Vorlage eines Erbscheins durch die nächsten Verwandten möglich. Facebook beschränkt das Löschungsrecht daher auf nächste Verwandte.

Beträchtliche öffentliche Aufmerksamkeit löste ein Fall aus, bei dem die Eltern eines (möglicherweise durch Selbstmord) verstorbenen fünfzehnjährigen Kindes von Facebook verlangten, Zugriff auf die Inhalte des Accounts des Kindes zu erhalten. Das Landgericht Berlin bejahte einen solchen Anspruch der Eltern (Urteil vom 17.12.2015 – 20 O 172/15). Facebook hat diese Entscheidung nicht akzeptiert und ist dagegen in Berufung gegangen.

2. Xing

Das Karriere-Portal Xing gibt keine Daten an Dritte weiter, auch nicht an Erben und nächste Verwandte. Im Todesfall ist lediglich der Xing-Kundendienst über das Versterben zu benachrichtigen. Daraufhin wird der Account stillgelegt. Erfolgt innerhalb von drei Monaten keine Meldung hinsichtlich der Fehlerhaftigkeit des angezeigten Todesfalls, wird der Account dann endgültig gelöscht.

3. Twitter

Der Kurzmitteilungsdienst Twitter schließt ebenfalls alle Auskunftsansprüche über Nutzerdaten aus. Bei der Anzeige des Todes eines Nutzers durch Angehörige oder einer autorisierten Person nach Verifikation durch eine Kopie der Todesurkunde des Verstorbenen, eine Kopie des Personalausweises des Antragstellers, eine Kopie des Erbscheines sowie eine Todesanzeige, wird der Account deaktiviert. Ferner werden der deaktivierte Account und die gespeicherte Daten nach 30 Tagen gelöscht.

4. „Google"

Google vereint mehrere Dienste in einem Google-Konto (z. B. GoogleMail, Google+, YouTube, Picasa). Im Erbfall kann der Erbe innerhalb eines zweistufigen Verfahrens seine Ansprüche geltend machen. Der Erbe muss sich dabei als „autorisierter Vertreter" legitimieren. Hierfür müssen die Kontaktdaten, eine Kopie des Personalausweises oder Führerscheines und eine englischsprachige Sterbeurkunde des Erblassers gegenüber dem Google Support in Kalifornien vorgelegt werden. Werden diese Dokumente als ausreichend befunden, stellt Google es in sein Ermessen in einer zweiten Stufe eine Anordnung eines US-Gerichts und/oder die Vorlage weiterer Materialien – wie beispielsweise des Erbscheines – zu verlangen.

Selbst für den Fall, dass die Erben Zugriff auf das Google-Konto erlangen, sind sie in der Ausübung ihrer Möglichkeiten gehemmt. Ein Google-Konto kann nur zu Lebzeiten gelöscht werden – Ausnahme: die Erben oder nächsten Angehörigen haben bereits die Zugangsdaten und benachrichtigen Google nicht über das Versterben. Eine Löschung des Google-Kontos hat automatisch die Löschung der verbundenen Dienste zur Folge.

YouTube erlaubt es zusätzlich, ein sogenanntes „Abschiedsvideo" hochzuladen und dazu 50 Gäste einzuladen. Allerdings muss dies entweder zu Lebzeiten des Erblassers oder nach Ableben des Erblassers durch die sich im Besitz der Zugangsdaten befindlichen Angehörigen oder Erben erfolgen.

5. GMX und Web.de

Die beiden zu United Internet gehörenden E-Mail-Provider GMX und Web.de regeln den digitalen Nachlass ähnlich. So wird ein inaktives Konto nach sechs Monaten angeschrieben und nach fortgesetzter Inaktivität gelöscht. Auskunftsansprüche werden nur unter Vorlage der Sterbeurkunde und Zugang erst nach Vorlage des Erbscheins gewährt.

6. PayPal

Für den Erben sicherlich interessant ist das PayPal-Konto, da sich dort Guthaben befinden kann. Zunächst ist im Erbfall dem PayPal-Kundenservice ein Fax mit einer Kopie der Sterbeurkunde, einer Kopie des Testaments oder des Erbscheines sowie einer Kopie des Personalausweises oder Reisepasses zu übersenden. Im Anschluss wird dem Erben jedoch nicht die vollumfängliche Ausübung über das Konto ermöglicht. Vielmehr besteht lediglich die Möglichkeit der Schließung des PayPal-Kontos. Eine Löschung der vorhandenen Daten wird in den allgemeinen Geschäftsbedingungen unter Verweis auf das Missbrauchs- und Betrugspotential ausgeschlossen. Jedoch besteht die Möglichkeit, dass das auf dem PayPal-Konto vorhandene restliche Guthaben nach sorgfältiger Prüfung ausgeschüttet wird.

IV. Handlungsmöglichkeiten

Der digitale Nachlass kennt keine Ländergrenzen und die Auseinandersetzung mit den vorrangig US-amerikanischen Diensteanbietern kann mühselig und mitunter aussichtslos sein. Während Erben sich im Zweifel nur an die einzelnen Diensteanbieter wenden können, um ihre Ansprüche durchzusetzen, kann der spätere Erblasser zu Lebzeiten Vorsorge treffen und Einfluss auf sein Andenken nehmen. Obwohl z. B. die Zugangsdaten zu den einzelnen Diensten zwar regelmäßig geheim gehalten werden sollen, könnten sie einer anderen Person mit der Bitte um z. B. Löschung des Facebook-Profils weitergeben werden. Problematisch ist sicherlich, dass Passwörter regelmäßig geändert werden sollten. Durch ausdrückliche Ermächtigungen oder testamentarische Verfügungen, kann zumindest der Versuch unternommen werden, dass der digitale Nachlass dem Willen des Verstorbenen entsprechend verwaltet wird. Letztlich kann auch ein Unternehmen mit der Regelung des digitalen Nachlasses beauftragt werden. Dieses handelt dann als eine Art „digitaler Testamentsvollstrecker". Die Zahl entsprechender Dienstleister steigt.

Disclaimer

I. **Allgemeines**
   1. Begriff
   2. Erscheinungsformen

II. **Disclaimer auf Internetseiten**
   1. Disclaimer für Hyperlinks
   2. Disclaimer für Forenbeiträge
   3. Disclaimer zur Beschränkung des Werbe- und Angebotsgebietes

III. **E-Mail-Disclaimer**

I. Allgemeines

Um Disclaimer bei Internetseiten und in E-Mail-Signaturen ranken sich viele Mythen und es herrscht häufig Unsicherheit darüber, ob man für seine Internet-Seite oder beim Versand von E-Mails einen Disclaimer benötigt und wie dieser gestaltet werden soll. Nachfolgend wird daher erläutert, was ein Disclaimer ist, welche rechtlichen Folgen mit einem Disclaimer geregelt werden können und wie ein Disclaimer sinnvoll eingesetzt werden kann.

1. Begriff

Der Begriff „Disclaimer" kommt von dem englischen Wort „to disclaim", das übersetzt „abstreiten, leugnen, von sich weisen" bedeutet. Allgemein steht „Disclaimer" für einen Haftungsausschluss. Haftungsausschlüsse sind in vielen Bereichen des Geschäftsverkehrs bekannt und können durch eine individuelle Vereinbarung oder durch Allgemeine Geschäftsbedingungen getroffen werden.

2. Erscheinungsformen

Im IT-Bereich werden Disclaimer in der Regel eingesetzt, um eine außervertragliche Haftung auf Grund gesetzlicher Bestimmungen zu beschränken, z. B. die Haftung für verlinkte Internetinhalte oder für Äußerungen Dritter in Internetforen. Da Internetinhalte weltweit aufrufbar sind, besteht vielfach auch ein Bedürfnis, durch einen Disclaimer den Kreis der potentiellen Nutzer und damit der anwendbaren Rechtsordnungen zu beschränken.

Der E-Mail-Disclaimer soll verhindern, dass eine Person, die eine E-Mail auf Grund eines Eingabefehlers bei der E-Mail-Adresse erhalten hat, den Inhalt der Mail weiterverbreitet oder für ihre Zwecke nutzt.

Wie die nachfolgenden Ausführungen zeigen, werden die rechtlichen Wirkungen eines Disclaimers häufig überschätzt und der gewünschte Haftungsausschluss kann dadurch meist nicht erreicht werden.

II. Disclaimer auf Internetseiten

Disclaimer auf Internetseiten werden überwiegend eingesetzt, um eine Haftung für Verlinkungen oder Forenbeiträge Dritter auszuschließen. Daneben kann ein Disclaimer auch zur Beschränkung des Werbegebietes und damit des anzuwendenden Rechts genutzt werden.

Disclaimer

1. Disclaimer für Hyperlinks

Die Verwendung von Hyperlinks im Internet ist gang und gäbe. Eine Verlinkung des eigenen Internetauftritts mit Seiten Dritter ist grundsätzlich erlaubt, sofern der Betreiber der Seite, auf die verwiesen wird, dies nicht erkennbar untersagt oder keine Schutzvorkehrungen (z. B. Passwortabfragen) umgangen werden. Ohne den Einsatz von Links könnte die Informationsflut im Internet überhaupt nicht sinnvoll genutzt werden. Genauso verbreitet wie Links sind auch sogenannte Disclaimer, mit denen der jeweilige Seitenbetreiber sich von einer Haftung für verlinkte Seiten freizeichnen will. Häufig liest man diesen oder einen ähnlichen Hinweis:

„Mit Urteil vom 12. Mai 1998 hat das Landgericht Hamburg entschieden, dass man durch die Ausbringung eines Links die Inhalte der gelinkten Seite ggf. mit zu verantworten hat. Dies kann – so das Landgericht Hamburg – nur dadurch verhindert werden, dass man sich ausdrücklich von diesen Inhalten distanziert.

Wir haben auf dieser Seite Links zu anderen Seiten im Internet gelegt. Für all diese Links gilt: Wir möchten ausdrücklich betonen, dass wir keinerlei Einfluss auf die Gestaltung und die Inhalte der gelinkten Seiten haben. Deshalb distanzieren wir uns hiermit ausdrücklich von allen Inhalten aller gelinkten Seiten auf dieser Homepage und machen uns ihre Inhalte nicht zu eigen. Diese Erklärung gilt für alle auf unserer Homepage ausgebrachten Links!"

Doch ist damit der Linksetzer tatsächlich von jeglicher Haftung befreit? Die Realität sieht anders aus.

Das Urteil des LG Hamburg wird in diesen Disclaimern falsch interpretiert. Das Gericht war vielmehr der Ansicht, dass derjenige, der einen Link auf Seiten mit beleidigendem Inhalt setzt, trotz des Hinweises, man distanziere sich von den Inhalten der verlinkten Seiten, haftet, wenn nicht durch die Gestaltung der Linksetzung eine Distanzierung erfolgt. Der bloße Hinweis, „ich distanziere mich", ist also allein nicht ausreichend, um eine Haftung für verlinkte Inhalte auszuschließen. Wer bewusst auf rechtswidrige Inhalte verlinkt, kann seine Haftung nicht durch einen Disclaimer ausschließen.

Aber auch wer sich die Inhalte der verlinkten Seite nicht bewusst zu eigen macht, haftet nach der ständigen Rechtsprechung des BGH, wenn er ihm obliegenden Prüfpflichten nicht nachkommt (vgl. BGH, Urteil v. 18.6.2015, Az.: I ZR 74/14 „Haftung für Hyperlinks").

Bei der erstmaligen Einrichtung eines Hyperlinks ist dem Verlinkenden nach Ansicht der Rechtsprechung regelmäßig zuzumuten, die Inhalte, die konkret verlinkt werden, im Zeitpunkt der Verlinkung auf etwaige Rechtsverstöße zu überprüfen. Der Umfang der Prüfpflicht richtet sich dabei nach dem Gesamtzusammenhang, in dem der Link verwendet wird, dem Zweck des Links sowie danach, welche Kenntnis der Link Setzende von Umständen hat, die dafür sprechen, dass die verlinkte Website rechtswidrige Inhalte hat und nach seinen Möglichkeiten, rechtswidrige Inhalte zu erkennen.

Von dem Stadium der ersten Einrichtung ist die anschließende **Unterhaltung des Hyperlinks** zu trennen. Die Inhalte von Internetseiten unterliegen einem ständigen Wandel. Eine Seite, die heute nur zulässige Inhalte aufweist, kann morgen schon Rechtswidriges enthalten. Eine ständige Überprüfung der Hyperlinks kann jedoch keinem Seitenbetreiber zugemutet werden. Sofern der Verweisende aber durch eine Abmahnung davon Kenntnis erhält, dass sein Link auf eine Seite mit rechtswidrigen Inhalten führt, trifft ihn nach der Rechtsprechung des BGH eine entsprechende Pflicht zur Prüfung. Kommt er dieser Prüfpflicht nicht nach oder entfernt er den Link nicht, obwohl er nun feststellt, dass die Inhalte der verlinkten Seite gegen gesetzliche Regelungen verstoßen, so haftet er auf Unterlassung, Beseitigung und auf Schadensersatz. Dies gilt auch, wenn der Verlinkende von sich aus feststellt, dass die in Bezug genommene Seite nachträglich rechtswidrig geworden ist und er den Link nicht entfernt. In diesen Fällen kann eine Haftung auch nicht durch einen Disclaimer ausgeschlossen werden.

TIPP!

Für Ihren Internetauftritt und dort vorgenommene Verlinkungen ist somit zu beachten:

1. Bei der Einrichtung eines Links ist die konkret verlinkte Seite vorab auf deutlich erkennbare Rechtsverstöße zu prüfen.
2. Nach dem Hinweis, dass ein Link auf eine nunmehr rechtswidrige Seite verweist, ist der Link zur Vermeidung einer weiteren Haftung zu entfernen.
3. Es empfiehlt sich, verlinkte Seiten in regelmäßigen Abständen zu überprüfen.
4. Ein Disclaimer führt nicht zu einem Ausschluss der Haftung. Wenn unbedingt ein Disclaimer verwendet werden soll, so sollte der Text die Rechtslage zutreffend wiedergeben.

2. Disclaimer für Forenbeiträge

Eine Haftung für fremde Äußerungen in einem Forum kann ebenfalls nicht durch einen Disclaimer ausgeschlossen werden. Auch hier geht die Rechtsprechung von einer Haftung des Forenbetreibers aus, wenn dieser sich die Äußerungen der User zu eigen macht oder die ihm zumutbaren Prüfpflichten verletzt. Wie diese Prüfpflichten im Einzelnen ausgestaltet sind, hängt von dem Zuschnitt des Forums ab. Zu berücksichtigen sind dabei folgende Faktoren:

- Art des Betreibers (gewerblich oder privat/ehrenamtlich) und wirtschaftliches Interesse
- Gefahrgeneigtheit auf Grund des Foren-Themas
- Zugangsbeschränkung für das Forum (öffentlich oder geschlossen).

Nach einem Urteil des OLG Frankfurt/Main vom 10.12.2015 (Az.: 6 U 244/14) ist der Betreiber eines Online-Forums nicht verpflichtet, die von den Usern eingestellten Beiträge vor Veröffentlichung einer Prüfung zu unterziehen. Erst wenn der Betreiber der Plattform auf eine Rechtsverletzung hingewiesen wird, muss er den betreffenden Beitrag sperren.

3. Disclaimer zur Beschränkung des Werbe- und Angebotsgebietes

Da Internetinhalte weltweit abrufbar sind, stellt sich Werbenden immer wieder die Frage, ob über einen Disclaimer, dass sich das Angebot nur an Bewohner eines bestimmten Landes richtet, eine Haftung nach dem Recht anderer Rechtsordnungen ausgeschlossen werden kann. Dies kann z. B. erforderlich werden, wenn bestimmte Produkte in einem Land durch Schutzrechte (Marke, Patent usw.) geschützt sind, in anderen jedoch nicht oder für ein Land Werbebeschränkungen bestehen, wie z. B. bei Arzneimitteln.

Im Falle eines Internetangebots eines niederländischen Händlers mit Arzneimitteln, der in Deutschland keine Zulassung hatte, wurde vom BGH grundsätzlich anerkannt, dass durch einen Disclaimer das Verbreitungsgebiet der Werbung eingeschränkt werden kann. Voraussetzung ist dabei aber, dass der Disclaimer eindeutig gestaltet ist, als ernst gemeint vom Verkehr aufgefasst und vom Händler auch tatsächlich beachtet wird (BGH Urteil v. 30.3.2006, I ZR 24/03). Ein Disclaimer, dass in ein Land nicht geliefert wird, nutzt also nichts, wenn tatsächlich Lieferungen in dieses Land erfolgen oder auf der Internetseite Zahlungen in der Währung des betreffenden Landes angeboten werden.

III. E-Mail-Disclaimer

In vielen geschäftlichen E-Mails findet sich am Ende der Hinweis, dass, falls die E-Mail nicht für den Empfänger bestimmt war, dieser die Mail vernichten und den Inhalt nicht zur Kenntnis nehmen soll. Weiter wird meist noch ein Hinweis aufgenommen, dass der Inhalt der E-Mail vertraulich ist und nicht veröffentlicht oder an Dritte weitergegeben werden darf.

Ein solcher Disclaimer ist rechtlich jedoch wirkungslos. Abgesehen davon, dass dieser Hinweis sich erst am Ende der E-Mail befindet und der Empfänger diesen erst wahrnimmt, wenn der die E-Mail bereits gelesen hat, wäre es für die Entfaltung von Rechtswirkungen erforderlich, dass zwischen dem Absender und dem Empfänger eine vertragliche Einigung darüber erfolgt, dass der Inhalt gelöscht und nicht weitergegeben wird. Eine einseitige Aufforderung kann insoweit keine rechtliche Verpflichtung des Empfängers begründen, entsprechend zu handeln.

Auch der Hinweis, dass der Inhalt der E-Mail vertraulich sei, führt nicht zu Ansprüchen gegen den Empfänger, der den Inhalt veröffentlicht. Das OLG Saarbrücken wies in seinem Urteil vom 13.6.2012 (5 U 5/12-2) ausdrücklich darauf hin, dass der einer E-Mail angefügte Disclaimer als lediglich einseitige Erklärung unter keinen Umständen geeignet ist, rechtliche Verpflichtungen des Empfängers auf Unterlassung der Weitergabe der E-Mail zu begründen.

Mehr als die psychologische Wirkung kommt damit auch dem E-Mail-Disclaimer nicht zu.

Domains und Kennzeichenrechte

I. Die Registrierung einer Domain
II. Die Rechtsnatur der Domain
III. Kennzeichenrechtlicher Schutz der Domain
IV. Kennzeichenrechtsverletzende Domains
   1. Unterlassungsanspruch
   2. Auskunfts- und Schadensersatzanspruch
V. Der Dispute-Eintrag
   1. Antragsvoraussetzungen
   2. Zeitliche Geltung des Dispute-Eintrags
   3. Folgen des Dispute-Eintrages

I. Die Registrierung einer Domain

Für die Vergabe und Verwaltung von Domainnamen mit der Endung „.de" ist die DENIC e. G. zuständig (http://www.rehmnetz.de/it-recht/whois-abfrage).

Hinweis:
Für die Vergabe der sogenannten **Top Level Domains**, wie z. B. die länderspezifische Adressendung „.de", ist die ICANN (Internet Corporation for Assigned Names and Numbers) mit Sitz in den USA zuständig.

Nach jahrelangen Vorbereitungen konnten zwischen dem 12. Januar 2012 und dem 20. April 2012 bei der ICANN neue Adressendungen beantragt werden, wie z. B. „.berlin". Am 13. Juni 2012 veröffentlichte die ICANN eine Liste aller gewünschten neuen Top Level Domains einschließlich der jeweiligen Interessenten. Deutsche Organisationen haben trotz der happigen Registrierungsgebühr von 185.000 $ knapp 70 Adressen beantragt. Internationaler Spitzenreiter unter den Bewerbern ist die Google Inc., die über 100 neue Top Level Domains beantragt hat. Insgesamt wurden 1930 Bewerbungen eingereicht. Das weltweite Vergabeverfahren läuft noch, die Einführung der neuen Top Level Domains wird gestaffelt erfolgen. Am 23. Oktober 2013 sind die ersten vier neuen Top Level Domains in Betrieb genommen worden. Die aktuelle Liste der bereits durch die ICANN neu zugelassenen Top Level Domains findet sich hier: http://www.rehmnetz.de/it-recht/tld-neu

Die Registrierung erfolgt in der Regel über einen Provider, der Mitglied der DENIC e. G. ist oder mit einem solchen zusammenarbeitet. Wer keinen Provider einschalten will, kann auch den Service DENICdirect in Anspruch nehmen (http://www.rehmnetz.de/it-recht/denic).

WICHTIG!
Die Registrierung erfolgt nach dem Prinzip: **Wer zuerst kommt, mahlt zuerst.** Ist also eine gewünschte Domain schon vergeben und besteht kein besseres Recht an dem Namen, so ist die Registrierung auch nicht durchsetzbar.

TIPP!
Um herauszufinden, ob ein Domainname schon vergeben ist, kann die sogenannte „Whois"-Abfrage unter http://www.rehmnetz.de/it-recht/whois-abfrage genutzt werden.

Nach den Vergabebedingungen der DENIC liegt die Verantwortung für marken- und namensrechtliche Folgen aus der Registrierung der Domain beim Domain-Inhaber. Nur im Ausnahmefall kann daher die DENIC e. G. im Rahmen einer Störerhaftung (weiterführend siehe das Stichwort → *Störerhaftung*) dazu verpflichtet werden, eine Domain zu löschen. Voraussetzung ist, dass die Rechtsverletzung offenkundig und für die DENIC e. G. ohne weiteres feststellbar ist.

Beispiel:
Um einen solchen Ausnahmefall handelt es sich beispielsweise bei der Registrierung der Domain www.regierung-mittelfranken.de durch eine Firma mit Sitz in Panama. In diesem vom Bundesgerichtshof entschiedenen Fall wird im Urteil vom 27.10.2011 (Az. I ZR 131/10) ausgeführt:

„Bei den Namen, auf deren Verletzung der Kläger die DENIC hingewiesen hat, handelt es sich um offizielle Bezeichnungen der Regierungen bayerischer Regierungsbezirke. Aufgrund eines solchen Hinweises kann auch ein Sachbearbeiter der DENIC, der über keine namensrechtlichen Kenntnisse verfügt, ohne weiteres erkennen, dass diese als Domainnamen registrierten Bezeichnungen allein einer staatlichen Stelle und nicht einem in Panama ansässigen privaten Unternehmen zustehen."

Hinweis:
Die gleichen Maßstäbe gelten, wenn über die registrierte Domain Urheberrechtsverletzungen begangen werden. Die Registrierungsstelle kann dann im Rahmen der Störerhaftung verpflichtet sein, die Domain zu dekonnektieren bzw. vorläufig zu suspendieren (vgl. OLG Saarbrücken Urteil vom 22.10.2014 Az. 1 U 25/14d). Allerdings – hierauf weist das OLG Frankfurt am Main mit Beschluss vom 16.9.2015 (Az. 16 W 47/15) hin – ist es dem Domain-Registrar nicht wie dem Host-Provider möglich, einzelne (rechtsverletzende) Inhalte einer Internetseite selektiv zu sperren oder zu löschen. Außerdem bleiben die Inhalte der Domain in der Regel weiterhin durch die Eingabe der IP-Adresse des Host-Servers für Internetnutzer als auch Suchmaschinen zugänglich. Insofern ist der Domain-Registrar eher mit dem Access-Provider vergleichbar. Als unzumutbar sieht das Gericht im Ergebnis Sperrmaßnahmen an, wenn durch sie in erheblichem Umfang auch der Zugang zu anderen und legitimen Inhalten betroffen wird oder der Zugang zu rechtsverletzenden Inhalten nicht effektiv unterbunden werden kann.

II. Die Rechtsnatur der Domain

Mit der Registrierung der Domain erlangt der Domaininhaber gegenüber der Registrierungsstelle ein vertragliches Nutzungsrecht an der Domain. Dieses **relative vertragliche Nutzungsrecht** stellt nach der Rechtsprechung des Bundesverfassungsgericht (Beschluss vom 24.11.2004 Az. 1 BvR 1306/02) eine eigentumsfähige Position dar und unterfällt damit dem Schutz der Eigentumsgarantie nach Art. 14 GG.

Umstritten ist jedoch, ob das Nutzungsrecht auch ein sonstiges Recht im Sinne von § 823 Abs. 1 BGB darstellt und hierüber geschützt ist. Während dies in der Literatur zum Teil bejaht wird, lehnt der BGH dies mit Urteil vom 18.1.2012 (Az. I ZR 187/10) ab:

„Durch die Registrierung eines Domainnamens erwirbt der Inhaber der Internetadresse weder Eigentum am Domainnamen selbst noch ein sonstiges absolutes Recht, das ähnlich der Inhaberschaft an einem Immaterialgüterrecht verdinglicht wäre (…). Der Vertragsschluss mit der Registrierungsstelle begründet allerdings ein relativ wirkendes vertragliches Nutzungsrecht zu Gunsten des Domainnamensinhabers, das ihm ebenso ausschließlich zugewiesen ist wie das Eigentum an einer Sache (…). Eine Einordnung als deliktsrechtlich geschütztes Recht erfordert dagegen eine absolute, gegenüber jedermann wirkende Rechtsposition (…). Bei einem Domainnamen handelt es sich aber nur um eine technische Adresse im Internet. Die ausschließliche Stellung, die darauf beruht, dass ein Domainname von der DENIC nur einmal vergeben wird, ist allein technisch bedingt. Eine derartige, rein faktische Ausschließlichkeit begründet kein absolutes Recht (…)."

Der BGH differenziert insofern zwischen der Qualifizierung als Eigentum im verfassungsrechtlichen Sinne und der Einordnung als sonstiges Recht im Sinne von § 823 Abs. 1 BGB:

„Soweit das Bundesverfassungsgericht in seinem Kammerbeschluss vom 24. November 2004 (…) dem aus dem Vertrag mit der DENIC folgenden Nutzungsrecht an einem Internetdomainnamen eine eigentumsfähige Position im Sinne von Art. 14 Abs. 1 Satz 1 GG zuerkannt hat, hat dies nicht zwangsläufig eine Einordnung dieses Nutzungsrechts als sonstiges Recht im Sinne von § 823 Abs. 1 BGB zur Folge. Nach der Rechtsprechung des Bundesverfassungsgerichts zählen zu dem gemäß Art. 14 Abs. 1 Satz 1 GG geschützten Eigentum auch die auf dem Abschluss von Verträgen beruhenden obligatorischen Rechte, die als relative Rechte gerade nicht den für absolute Rechte bestimmten Schutz des § 823 Abs. 1 BGB genießen (…). Dementsprechend unterscheidet auch das Bundesverfassungsgericht deutlich zwischen der Qualifizierung als Eigentum im Sinne von Art. 14 Abs. 1 Satz 1 GG auf der einen und der Einordnung als sonstiges Recht gemäß § 823 Abs. 1 BGB auf der anderen Seite. In dem Beschluss vom 24. November 2004 wird ausdrücklich darauf hingewiesen, dass der Inhaber eines Domainnamens weder das Eigentum an der Internetadresse selbst noch ein sonstiges absolutes Recht an dem Domainnamen erwirbt, das ähnlich einem Immaterialgüterrecht verdinglicht wäre; dem Inhaber des Domainnamens stehe vielmehr nur ein vertragliches, relativ wirkendes Nutzungsrecht zu (…)."

Der Domain kann aber durchaus ein absoluter Schutz, sprich gegenüber jedermann, über das Kennzeichenrecht zukommen.

III. Kennzeichenrechtlicher Schutz der Domain

Die Domain wird durch das MarkenG geschützt, wenn sie ein markenrechtlich geschütztes Kennzeichen in Form eines **Unternehmenskennzeichens,** einer **Marke** oder eines **Werktitels** darstellt. Kennzeichenrechtlich nicht geschützt sind Gattungsbegriffe.

Beispiel:
Die Domain www.anwalt.de genießt keinen kennzeichenrechtlichen Schutz.

Der Markenschutz entsteht – sofern es sich nicht bereits um eine eingetragene Marke handelt – durch Benutzung der Domain im geschäftlichen Verkehr, soweit der Domainname als Marke Verkehrsgeltung erlangt hat, § 4 MarkenG. Hierfür reicht es nicht, dass die Internetseite abrufbar ist. Vielmehr muss die Domain markenmäßig benutzt werden und einen gewissen Bekanntheitsgrad erreicht haben. Sofern es sich bei der Domain um ein Unternehmenskennzeichen handelt, besteht ein Schutz über § 5 MarkenG.

Außerhalb des geschäftlichen Verkehrs greift der ansonsten subsidiäre namensrechtliche Schutz über § 12 BGB, vorausgesetzt dass die Domain mit einem Namen identisch oder aus ihm abgeleitet ist. Aber auch im geschäftlichen Verkehr kann der Namensschutz zum Tragen kommen. Dies hat der BGH in seinem Urteil vom 9.11.2011 (Az. I ZR 150/09 „Basler Haarkosmetik") für den Fall bejaht, dass sich die begehrte Rechtsfolge nur aus dem Namensrecht ergibt:

„Der Namensschutz aus § 12 BGB bleibt neben dem Kennzeichenschutz aus §§ 5, 15 MarkenG anwendbar, wenn mit der Löschung des Domainnamens eine Rechtsfolge begehrt wird, die aus kennzeichenrechtlichen Vorschriften deswegen nicht hergeleitet werden kann, weil das Halten des Domainnamens im konkreten Fall für sich gesehen die Voraussetzungen einer Verletzung der Marke oder des Unternehmenskennzeichens des Klägers nicht erfüllt (…)."

IV. Kennzeichenrechtsverletzende Domains

Eine Domain genießt nicht nur kennzeichenrechtlichen Schutz, durch sie kann im Einzelfall auch gegen das Kennzeichenrecht verstoßen werden. Hierfür muss die Domain im kennzeichenrechtlichen Sinne benutzt werden. Dies beurteilt sich bei der

Verwendung von Domains nach denselben Kriterien wie bei anderen Verletzungsformen. Die bloße Registrierung einer Domain stellt nach der Rechtsprechung des BGH (Urteil vom 13.3.2008 Az. I ZR 151/05 – „Metrosex") noch keine Benutzung der Bezeichnung im geschäftlichen Verkehr und damit auch keine Verletzung eines mit dieser Bezeichnung identischen oder ähnlichen Kennzeichenrechts dar. Dies gilt auch, wenn es sich bei dem Domaininhaber um eine juristische Person des Handelsrechts handelt, wie der BGH mit Leitsatz in seinem Urteil vom 19.7.2007 (Az. I ZR 137/04 – „Euro Telekom") herausstellt:

„Das Halten eines Domain-Namens durch eine juristische Person des Handelsrechts stellt nicht schon deshalb eine Zeichenbenutzung dar, weil die juristische Person stets im geschäftlichen Verkehr handelt."

Ist eine Verletzung zu bejahen, stehen dem Inhaber des geschützten Kennzeichens Ansprüche auf Unterlassung, ggf. Löschung sowie auf Auskunft und Schadensersatz gegen den Domaininhaber zu.

1. Unterlassungsanspruch

Unterlassungsansprüche hinsichtlich der **Benutzung** der Domain können sich aus §§ 14 Abs. 5, 15 Abs. 4 MarkenG (subsidiär auch aus § 12 BGB) ergeben.

Ein aus § 15 Abs. 4 MarkenG abgeleiteter **Domain-Löschungsanspruch** ist zwar grundsätzlich denkbar. Dann müsste aber schon das Halten des Domain-Namens für sich gesehen eine Rechtsverletzung darstellen. Davon kann nach der Rechtsprechung des Bundesgerichtshofs nur ausgegangen werden, wenn jedwede Verwendung zumindest eine nach § 15 Abs. 3 MarkenG unlautere Ausnutzung oder Beeinträchtigung der Unterscheidungskraft oder Wertschätzung des Zeichens darstellt. Dies hat der BGH in seinem Urteil vom 19.7.2007 (Az. I ZR 137/04 – „Euro Telekom"; vgl. auch Urteil des BGH vom 19.2.2009 – I ZR 135/06 – „ahd.de") jedoch abgelehnt:

„Der von der Klägerin insoweit geltend gemachte Anspruch ist – worauf das Landgericht mit Recht hingewiesen hat – nur dann begründet, wenn schon das Halten der Domain-Namen durch die Beklagte für sich gesehen eine Rechtsverletzung darstellt. Diese Voraussetzung ist nicht schon deshalb erfüllt, weil die Beklagte als juristische Person (des Handelsrechts) stets im geschäftlichen Verkehr handelt (…). Der zuletzt genannte Umstand ändert nichts daran, dass eine Verwendung der Domain-Namen nur dann unzulässig ist, wenn die Beklagte dabei notwendig auch die weiteren Voraussetzungen des § 15 MarkenG erfüllt (…). Davon kann nur ausgegangen werden, wenn jede Verwendung auch dann, wenn sie im Bereich anderer Branchen als der der Telekommunikation und des Internets erfolgt, zumindest eine nach § 15 Abs. 3 MarkenG unlautere Ausnutzung oder Beeinträchtigung der Unterscheidungskraft oder Wertschätzung des Kennzeichens ‚Telekom' der Klägerin darstellt. Dies aber kann nach der Lebenserfahrung nicht angenommen werden."

Außerhalb der Markenrechts kann sich ein Löschungsanspruch beispielsweise in den Fällen des Domaingrabbings oder bei der Verletzung von Namens- und Firmenrechten aus § 4 Nr. 10 UWG und §§ 12, 823, 826, 1004 BGB ergeben. So hat der BGH mit Urteil vom 9.11.2011 (Az. I ZR 150/09 „Basler Haarkosmetik") entschieden:

„Aus § 12 Satz 1 BGB kann sich ein Anspruch auf Löschung eines Domainnamens ergeben, weil die den Berechtigten ausschließende Wirkung bei der unbefugten Verwendung des Namens als Domainadresse nicht erst mit der Benutzung des Domainnamens, sondern bereits mit der Registrierung eintritt (…)."

Einen weitergehenden Anspruch auf Übertragung bzw. Umschreibung der Domain gibt es nicht. Dies würde dem Prinzip widersprechen, dass die Vergabe der Domains nach Eingang der Anträge erfolgt, d. h. der schnellste Antragsteller bekommt den „Zuschlag" (siehe I.).

 ACHTUNG!

Mangels Anspruch auf Übertragung der Domain ist es bei einer Domainstreitigkeit, bei der es um die Erlangung der Inhaberschaft der Domain geht, unbedingt erforderlich, am besten noch vor der Einleitung gerichtlicher Schritte einen Dispute-Antrag bei der DENIC e. G. zu stellen. Mehr zum Dispute-Antrag siehe unter V.

2. Auskunfts- und Schadensersatzanspruch

Ein Anspruch auf Schadensersatz ist in § 14 Absatz 6 und § 15 Absatz 5 MarkenG vorgesehen. Der Auskunftsanspruch aus § 19 MarkenG betrifft bei Domains den Umfang der Benutzung, um die Höhe des Schadensersatzes, der anhand des Gewinns des Verletzers, des eigenen entgangenen Gewinns oder einer Lizenzanalogie ermittelt wird, beziffern zu können.

V. Der Dispute-Eintrag

Die DENIC e. G. stellt dem Anspruchsteller bei Domainstreitigkeiten ein hilfreiches Instrument zur Durchsetzung seiner behaupteten Rechte zur Verfügung: den sog. Dispute-Eintrag (siehe https://www.denic.de/service/dispute/).

1. Antragsvoraussetzungen

Ein solcher Eintrag ist bei der DENIC e. G. zunächst per Formular zu beantragen. Inhaltlich muss der Anspruchsteller nachweisen, dass ihm ein Recht an der Domain zukommen könnte, und dieses Recht gegenüber dem Domaininhaber geltend machen. Hält die DENIC e. G. den Antrag für schlüssig, so nimmt sie zu Gunsten des Anspruchstellers für die streitgegenständliche Domain einen Dispute-Eintrag vor.

2. Zeitliche Geltung des Dispute-Eintrags

Der Dispute-Eintrag gilt zunächst für ein Jahr. Die DENIC e. G. verlängert ihn jedoch, wenn der Dispute-Inhaber erneut ein Dispute-Antragsformular im Original einreicht und Unterlagen vorlegt, aus denen sich ergibt, dass die Auseinandersetzung mit dem Domaininhaber noch nicht abgeschlossen ist.

3. Folgen des Dispute-Eintrages

Der Dispute-Eintrag bewirkt vor allem, dass der Domaininhaber die Domain nicht mehr auf einen Dritten übertragen kann und verhindert somit, dass er sich der Auseinandersetzung mit dem Anspruchsteller entzieht. Ein Übergang der Domain auf den Anspruchsteller bleibt aber weiterhin möglich. Außerdem gewährleistet der zu Gunsten des Anspruchstellers eingerichtete Dispute-Eintrag, dass dieser unmittelbar neuer Domaininhaber wird, sobald der bisherige Inhaber die Domain löscht. Das ist für den Anspruchsteller vor allem deshalb von Vorteil, weil nach der höchstrichterlichen Rechtsprechung vom Domaininhaber allenfalls die Löschung der Domain, nicht aber deren Übertragung verlangt werden kann. Hat der Anspruchsteller also einen Dispute-Eintrag, braucht er vom Inhaber lediglich eine solche Löschung verlangen, und kann dank des Dispute-Eintrags sicher sein, dass der Erfolg des Löschungsanspruchs nicht nur einen Pyrrhussieg darstellt, sondern er danach selbst Domaininhaber wird.

Zu diesem Zweck ist es erforderlich, im Dispute-Eintragsformular die Person anzugeben, die in diesem Fall administrativer Ansprechpartner wird.

ACHTUNG!
Bei der First-Level-Domain „.eu" gibt es keinen Dispute-Eintrag. Dort besteht lediglich die Möglichkeit, entweder in dem sog. schiedsgerichtlichen **ADR** (Alternative Dispute Resolution)-Verfahren vor dem Tschechischen Schiedsgericht in Prag oder in einem zivilgerichtlichen Verfahren die Löschung der Domain zu erstreiten. Mehr dazu unter http://www.rehmnetz.de/it-recht/schiedsgericht-prag.

Hinweis:
Für Domainstreitigkeiten im Hinblick auf generische Top Level Domains wie „.com", „.org" und „.net", die häufig einen internationalen Bezug aufweisen, hat die ICANN ein eigenes Streitschlichtungsverfahren entwickelt, die **UDRP** (Uniform Domain-Name Dispute-Resolution Policy). Mehr hierzu siehe unter http://www.icann.org/en/help/dndr/udrp.

Die Schlichtung kann bei einer von fünf verschiedenen, von der ICANN akkreditierten Organisationen erfolgen:

- der Schiedsstelle der WIPO (World Intellectual Property Organization), siehe http://www.rehmnetz.de/it-recht/schiedsstelle-wipo
- dem National Arbitration Forum, siehe http://domains.adrforum.com/
- dem ADNDRC (Asian Domain Name Dispute Resolution Centre), siehe http://www.rehmnetz.de/it-recht/adndrc
- dem Czech Arbitration Court Arbitration Center for Internet Disputes, siehe http://www.rehmnetz.de/it-recht/schiedsgericht-prag/
- dem Arab Center for Domain Name Dispute Resolution (ACDR), siehe http://www.rehmnetz.de/it-recht/acdr

Über 30 (eher kleinere) Nationen haben die UDRP auch für ihre länderspezifischen Top Level Domains anerkannt, die DENIC sieht jedoch im Hinblick auf die Top Level Domain „.de" derzeit keinen Bedarf.

Hinweis:
Im Zuge der Einführung neuer Top-Level-Domains hat die ICANN außerdem das **Trademark Clearinghouse** zur Vermeidung von Markenrechtsverletzungen geschaffen. Hierbei handelt es sich um eine Datenbank, die seit März 2013 Inhaber eingetragener Marken automatisiert über die Verwendung ihrer Marken in neu registrierten Domains informiert.

Drohnen

I. Einführung
II. Rechtlicher Rahmen
III. Unbemanntes Luftfahrtsystem oder Flugmodell?

IV. **Benötige ich eine behördliche Erlaubnis?**
1. Gewerbliche Nutzung
2. Private Nutzung

V. **Aufstiegserlaubnis**

VI. **Welche weiteren Beschränkungen bestehen?**

VII. **Pflicht zum Abschluss einer Haftpflichtversicherung**

VIII. **Foto- und Videoaufnahmen**
1. Datenschutz
2. Allgemeines Persönlichkeitsrecht
3. Recht am eigenen Bild
4. Strafrecht
5. Urheberrecht

IX. **Wo kann die Aufstiegserlaubnis beantragt werden?**

I. Einführung

Die umgangssprachlich verwendete Bezeichnung „Drohnen" bezeichnet unbemannte Luftfahrzeuge, die entweder vom Boden aus ferngesteuert werden oder selbstständig mit Hilfe von GPS-Ortung navigieren können. Ursprünglich vor allem im militärischen Sektor eingesetzt, erobern Drohnen in letzter Zeit verstärkt auch die zivile Luftfahrt.

Insbesondere als Quadro-, Hexa- oder Oktocopter sind diese inzwischen auch für Privatpersonen erschwinglich geworden und werden vermehrt zur Freizeitunterhaltung eingesetzt.

Aber auch im gewerblichen Sektor haben Drohnen Einzug gefunden. So planen Firmen wie Amazon oder DHL den Einsatz von Transportdrohnen. Daneben werden kleinere Drohnen immer häufiger von Fotografen oder Filmemachern für Luftaufnahmen eingesetzt. Denkbar sind auch Einsatzmöglichkeiten im Rahmen von Gebäude- oder Bauwerkinspektionen, um ansonsten schwer erreichbare Stellen einsehen zu können. Auch in der Landwirtschaft werden inzwischen Drohnen zur Schädlingsbekämpfung verwendet.

Häufig sind Drohnen auch mit hochauflösenden Kameras ausgestattet, deren Bilder zur Steuerung an die Fernbedienung übermittelt und teilweise aufgezeichnet werden.

Hierbei sind verschiedene rechtliche Anforderungen aus dem Luftrecht, aber auch aus Persönlichkeits- und Urheberrecht zu beachten. Im Folgenden werden die häufigsten Fragen für den Einsatz ziviler Drohnen aufgeworfen und beantwortet.

II. Rechtlicher Rahmen

Die Nutzung von Fluggeräten ist primär im Luftverkehrsgesetz (LuftVG) und in der Luftverkehrsordnung (LuftVO) geregelt. Daneben sind bei dem Betrieb von Drohnen mit Foto- oder Videofunktionen auch Regelungen aus dem Bundesdatenschutzgesetz (BDSG), dem Kunsturhebergesetz (KUG) und strafrechtliche Regelungen von Belang.

Die EU-Kommission hat diesbezüglich angekündigt, im Laufe der nächsten Jahre einen Rechtsrahmen für die zivile Nutzung von Drohnen zu erarbeiten. Hierin sollen insbesondere Fragen der technischen Sicherheit, Gefahrenabwehr, Schutz der Privatsphäre, Datenschutz, Versicherung und Haftung geklärt werden.

III. Unbemanntes Luftfahrtsystem oder Flugmodell?

Rechtlich wird zwischen sog. „unbemannten Luftfahrtsystemen" (engl. Unmanned Aerial Systems, UAS) und „Flugmodellen" unterschieden, für die jeweils unterschiedliche Regelungen gelten.

Die Abgrenzung geschieht dabei allein über den Zweck der Nutzung (§ 1 Abs. 2 S. 3 LuftVG). Größe, Gewicht oder Ausstattung, z. B. der Einsatz einer Kamera, sind für die Einordnung nicht relevant.

Dient die Nutzung des Geräts Zwecken des Sports oder der Freizeitgestaltung, also einer „normalen" privaten Nutzung, so handelt es sich um ein Flugmodell. Wird das Gerät hingegen zu anderen, insbesondere gewerblichen Zwecken eingesetzt, ist es als unbemanntes Luftfahrtsystem einzustufen.

Es sei darauf hingewiesen, dass teilweise unter die Bezeichnung „Drohne" nur unbemannte Luftfahrtsysteme gefasst werden, der private Nutzungsbereich also ausgenommen wird. Für einen umfassenden Überblick werden im Folgenden aber auch die rechtlichen Anforderungen an die private Nutzung von Flugmodellen behandelt.

IV. Benötige ich eine behördliche Erlaubnis?

In § 20 Abs. 1 Nr. 1 LuftVO ist aufgeführt, unter welchen Umständen für den Betrieb einer Drohne eine sog. „Aufstiegserlaubnis" benötigt wird.

1. Gewerbliche Nutzung

Nach § 20 Abs. 1 Nr. 7 LuftVO benötigen unbemannte Luftfahrtsysteme eine Aufstiegserlaubnis. Unter die Definition der unbemannten Luftfahrtsysteme fallen wie oben dargestellt solche Drohnen, die nicht zu Zwecken des Sports oder der Freizeitgestaltung betrieben werden. Folglich bedürfen gewerblich genutzte Drohnen immer einer Erlaubnis.

2. Private Nutzung

Soweit sich die Nutzung allerdings im privaten Bereich zu Sport- oder Freizeitzwecken bewegt, ist weiter zu unterscheiden:

Einer Erlaubnis bedürfen privat genutzte Flugmodelle:

- mit mehr als 5 Kilogramm Gesamtmasse (Achtung bei schweren Kameras!), § 20 Abs. 1 Nr. 1 a) LuftVO,
- mit Verbrennungsmotor in einer Entfernung von weniger als 1,5 Kilometern von Wohngebieten, § 20 Abs. 1 Nr. 1 c) LuftVO,
- in einer Entfernung von weniger als 1,5 Kilometern von der Begrenzung von Flugplätzen, § 20 Abs. 1 Nr. 1 d) LuftVO,
- bei einem Betrieb über Menschenansammlungen, § 20 Abs. 1 Nr. 1 e) LuftVO

Hinweis:
Erlaubnisfrei ist die Verwendung von Drohnen nur zur privaten Nutzung mit einem Gewicht von bis zu 5 Kilogramm und soweit sie nicht über Menschenansammlungen oder innerhalb eines Radius von 1,5 Kilometern um Wohngebiete (bei Verwendung eines Verbrennungsmotors) und Flugplätze betrieben werden.

V. Aufstiegserlaubnis

Die Aufstiegserlaubnis wird von der zuständigen Luftfahrtbehörde erteilt, wenn diese festgestellt hat, dass die beabsichtigte Nutzung nicht zu einer Gefahr für die Sicherheit des Luftverkehrs oder die öffentliche Sicherheit oder Ordnung führt (§ 20 Abs. 4 LuftVO) und Vorschriften über den Datenschutz nicht verletzt werden.

Sie kann einer oder mehreren natürlichen Personen, aber auch juristischen Personen wie Vereinen für den Einzelfall oder allgemein (regelmäßig für 2 Jahre) erteilt werden.

Hierzu wurden im Jahr 2012 gemeinsame Grundsätze des Bundes und der Länder für die Erteilung der Erlaubnis zum Aufstieg von unbemannten Luftfahrtsystemen gemäß § 20 Abs. 1 Nr. 7 LuftVO festgelegt.

Danach werden typischerweise folgende Auflagen erlassen:

- Die Drohne darf nur von den in der Erlaubnis als „Steuerer" genannten Personen gesteuert werden.
- Innerhalb geschlossener Ortschaften ist die zuständige Ordnungsbehörde/ Polizeidienststelle vorab zu informieren.
- Der Start- und Landeplatz ist abzusichern, um eine Gefährdung von Dritten auszuschließen.
- Der automatisch-autonome Betrieb (z. B. mittels GPS-waypoint-Navigation) ist nur erlaubt, wenn der Steuerer jederzeit mit Hilfe der Funkfernsteuerung manuell und in Echtzeit eingreifen kann (und nur in Sichtweite des Steuerers, s. o.)
- Innerhalb von Naturschutzgebieten sind die dortigen Schutzgebietsverordnungen zu beachten.
- Der Betrieb über Menschenansammlungen, Industrieanlagen und Kraftwerken, Justizvollzugsanstalten, Unglücksorten, Katastrophengebieten oder anderen Einsatzorten von Polizei oder anderen Behörden und Organisationen mit sicherheitsrelevanten Aufgaben (BOS) ist verboten.

 ACHTUNG!
Einzelne Bundesländer, darunter Bremen, Hamburg, Berlin, Rheinland-Pfalz und Baden-Württemberg, stellen eigene, teilweise schärfere Anforderungen an den Erlass einer Aufstiegserlaubnis.

Im Rahmen der Entscheidung über einen beantragten Aufstieg prüft die Luftfahrtbehörde unter anderem auch, ob die einschlägigen datenschutzrechtlichen Bestimmungen beachtet werden. Hier wird insbesondere darauf geachtet, dass durch den Betrieb der Drohne nicht in den Bereich der privaten Lebensgestaltung Dritter eingedrungen wird, siehe dazu im Einzelnen weiter unten.

Am Ende dieses Beitrags finden Sie eine Übersicht über die Luftfahrtbehörden der Länder und Links zu deren Webseiten, auf denen die Antragsformulare für die Aufstiegserlaubnis bereitgestellt werden.

VI. Welche weiteren Beschränkungen bestehen?

Unabhängig von dem Zweck der Nutzung (privat oder gewerblich) dürfen Drohnen nach § 16 Abs. 3 Nr. 1 LuftVO nur in Sichtweite des Steuerers verwendet werden. Bei dem Betrieb in Sichtweite kommt es allein auf die normale Wahrnehmungs-

Drohnen

möglichkeit an. Auch wenn der Steuerer über das Kontrollgerät (3D-Brille, o. Ä.) noch die Umgebung der Drohne sehen kann, ist der Betrieb deshalb nicht zulässig. Als Richtwert wird hier eine Distanz von maximal 100 Metern angenommen.

Darüber hinaus haben einige Bundesländer die maximale Flughöhe weiter begrenzt. Teilweise ist daher eine Flughöhe nur bis zu 30 Metern zulässig. Die „Piloten" können sich hierüber in den sog. ICAO-Karten (Luftfahrtkarten) informieren. Es besteht sogar eine Pflicht, sich für sein Fluggebiet die dort geltenden Informationen einzuholen.

Darüber hinaus dürfen Drohnen nicht in festgelegten Flugverbotszonen (z. B. das Regierungsviertel in Berlin) verwendet werden.

Weiter gelten die genannten Regelungen nur für Geräte mit einer Gesamtmasse bis zu 25 Kilogramm. Drohnen mit einer Gesamtmasse über 25 Kilogramm benötigen nach der LuftVZO eine Musterzulassung sowie entweder eine Verkehrszulassung oder eine Verkehrssicherheitsbestätigung. Über 150 Kilogramm Gesamtmasse wird immer einer Verkehrszulassung durch das Luftfahrtbundesamt verlangt.

VII. Pflicht zum Abschluss einer Haftpflichtversicherung

Für den Betrieb aller Arten von Drohnen besteht die Pflicht zum Abschluss einer speziellen Haftpflichtversicherung, die aus dem Betrieb des Fluggerätes ergebende Schäden absichert, vgl. § 43 Abs. 2 S. 1 LuftVG i. V. m. § 102 Luftverkehrs-Zulassungs-Ordnung (LuftVZO).

Für Flugmodelle ist dabei gem. § 102 Abs. 3 LuftVZO auch eine Gruppenversicherung zulässig, die häufig von Modellfliegerverbänden im Rahmen der Mitgliedschaft angeboten wird.

Ein Verstoß gegen die Versicherungspflicht stellt eine Ordnungswidrigkeit dar (vgl. § 58 Abs. 1 Nr. 15 a) LuftVG), die gem. § 58 Abs. 2 LuftVG mit einer Geldbuße bis 50.000 Euro geahndet werden kann.

VIII. Foto- und Videoaufnahmen

Werden mit Hilfe von Drohnen Foto- oder Videoaufnahmen durchgeführt, sind oftmals die Rechtspositionen von aufgenommenen Personen oder auch Architekten von Bauwerken betroffen. Deren Verletzung kann Unterlassungs- und Schadensersatzansprüche nach sich ziehen, aber auch strafrechtliche Konsequenzen haben.

1. Datenschutz

Werden bei einem gewerblichen Drohnenflug Video- oder Fotoaufnahmen live an das Steuerungsgerät übertragen und sind dabei Personen identifizierbar, so finden die Regelungen des Bundesdatenschutzgesetzes Anwendung.

Danach bedarf es einer gesetzlichen Erlaubnis oder der Einwilligung des Betroffenen, um von diesem Aufnahmen anfertigen zu dürfen. Da eine Einwilligung bei Aufnahmen, bei denen auch Unbeteiligte erfasst werden, regelmäßig ausscheidet, ist eine Abwägung der Interessen des Drohnensteuerers und der aufgenommenen Personen durchzuführen. Hierbei dürfte eine Aufnahme regelmäßig nur dann zulässig sein, wenn die betroffene Person sich nur zufällig und kurz im erfassten Bereich befindet, die Aufnahme ausschließlich zur Steuerung der Drohne gemacht wird und insbesondere keine dauerhafte Speicherung erfolgt.

Darüber hinaus finden die Regelungen zur Videoüberwachung nach § 6b BDSG Anwendung, wenn die Aufnahmen nicht nur während eines kurzen Überflugs gemacht werden, sondern eine Beobachtung mit einer gewissen Dauerhaftigkeit stattfindet. Die hierbei einzuhaltenden Pflichten, insbesondere die Hinweispflicht mit Hilfe von Kennzeichnungen, dürften bei Drohnenaufnahmen regelmäßig nicht einzuhalten sein.

Im Ergebnis dürfte damit, soweit keine Einwilligung vorliegt, nur eine beiläufige Aufnahme von identifizierbaren Personen für die Live-Übertragung an das Steuergerät ohne Speicherung zulässig sein.

Bei einer privaten Nutzung gilt das BDSG hingegen nicht. Aber auch hier werden die aufgenommenen Personen über das allgemeine Persönlichkeitsrecht geschützt.

2. Allgemeines Persönlichkeitsrecht

Das allgemeine Persönlichkeitsrecht (Art. 2 Abs. 1 i. V. m. Art. 1 Abs. 1 GG) schützt den Einzelnen vor einem ungerechtfertigten Eingriff in seine Privatsphäre und gewährt ihm das Recht am eigenen Bild.

Dieses Recht ist verletzt, wenn eine erkennbare Person aufgenommen wird; oder auch nur der räumliche Lebensbereich, also z. B. ein von außen nicht einsehbarer Garten oder Balkon ausgespäht wird.

Auch hier ist eine Abwägung anhand des konkreten Einzelfalls vorzunehmen; so kann ein kurzer Überflug über ein Nachbarsgrundstück dann zulässig sein, wenn dies in angemessener Höhe geschieht und die Live-Bildaufnahme ausschließlich zu Steuerungszwecken geschieht.

Aber auch andere Fälle sind denkbar: So ist das Amtsgericht Potsdam (Urteil vom 16.4.2015, Az. 37 C 454/13) von einem unzulässigen Eingriff in das allgemeine Persönlichkeitsrecht ausgegangen. Dies begründete das Gericht in dem zu entscheidenden Fall damit, dass bereits ein gestörtes Nachbarschaftsverhältnis vorgelegen habe und das Fliegenlassen der Drohne über dem Nachbarsgrundstück nicht mehr als zufällig, sondern als gezielt – mit Zügen von Mobbing – angesehen wurde.

Unabhängig von derart gezielten Störungen ist davon auszugehen, dass auch bei einer dauerhaften Speicherung von Bildaufnahmen das Persönlichkeitsrecht in unzulässiger Weise verletzt wird und eine solcher daher nicht erlaubt ist.

3. Recht am eigenen Bild

Darüber hinaus dürfen Abbildungen von Personen nach § 22 KUG generell nur mit Einwilligung verbreitet oder öffentlich zur Schau gestellt werden. Ausnahmen hiervon sind in § 23 Abs. 1 KUG geregelt. Danach ergibt sich eine Privilegierung, wenn die Person nur im Hintergrund oder als Beiwerk neben einer Landschaft oder sonstigen Örtlichkeit abgebildet wird. Sobald sich die aufgenommenen Personen jedoch – auch nur kurzfristig – im Mittelpunkt der Videoaufnahme befinden, liegt bei fehlender Einwilligung eine Verletzung des Rechts am eigenen Bild vor.

4. Strafrecht

In § 201 StGB ist die Anfertigung von Bildaufnahmen unter Verletzung des höchstpersönlichen Lebensbereichs einer Person, die sich in einer Wohnung oder einem gegen Einblick besonders geschützten Raum befindet, unter Strafe gestellt.

Ein solcher Raum können sowohl Balkone oder Terrassen sein, aber auch ein Garten, der durch eine hohe Hecke oder einen Zaun gegen Einblick geschützt ist. Allerdings ist durch die Anfertigung von Luftbildaufnahmen regelmäßig nicht der höchstpersönliche Lebensbereich („Intimsphäre") verletzt, ausnahmsweise kommt dies nur bei Nacktaufnahmen in Betracht.

Daneben besteht auch die Möglichkeit einer Strafbarkeit wegen Nachstellung gem. § 238 StGB, wenn beharrlich eine Person durch eine Drohnenbeobachtung in ihrer Lebensgestaltung schwerwiegend beeinträchtigt wird. Dies dürfte anzunehmen sein, wenn mit Hilfe der Drohne eine Person innerhalb eines sichtgeschützten Bereiches regelmäßig und dauerhaft aufgenommen wird.

5. Urheberrecht

Nach § 59 UrhG ist die Vervielfältigung, Verbreitung und öffentliche Wiedergabe von solchen Bauwerken zulässig, die sich an öffentlichen Wegen, Straßen oder Plätzen befinden (sog. „Panoramafreiheit"). Hierunter fallen jedoch nur die Aufnahmen, deren Aufnahmeort in einem solchen öffentlichen Bereich liegt. So lehnte der BGH (Urteil vom 5.6.2003, Az. I ZR 192/00) den Schutz eines Fotos ab, das aus erhöhter Perspektive gemacht wurde.

Für die Anfertigung von Aufnahmen von hoch oben aus der Luft, oder über Zäune und Hecken hinweg, kann man sich daher nicht auf die Panoramafreiheit berufen.

IX. Wo kann die Aufstiegserlaubnis beantragt werden?

Die Aufstiegserlaubnis ist schriftlich bei den Luftfahrtbehörden der Länder zu beantragen. Hierfür stellen die jeweils zuständigen Landesbehörden entsprechende Antragsformulare auf ihren Internetseiten zur Verfügung:

Landesluftfahrtbehörde Baden-Württemberg

- Regierungspräsidium Stuttgart

    http://www.rehmnetz.de/it-recht/
    regierungspraesidium-stuttgart

- Regierungspräsidium Karlsruhe

    http://www.rehmnetz.de/it-recht/
    regierungspraesidium-karlsruhe

- Regierungspräsidium Freiburg

    http://www.rehmnetz.de/it-recht/
    regierungspraesidium-freiburg

- Regierungspräsidium Tübingen

    http://www.rehmnetz.de/it-recht/
    regierungspraesidium-tuebingen

Landesluftfahrtbehörde Bayern

- Luftamt Südbayern

    http://www.rehmnetz.de/it-recht/luftamt-suedbayern

- Luftamt Nordbayern

    http://www.rehmnetz.de/it-recht/luftamt-nordbayern

Landesluftfahrtbehörde Berlin und Brandenburg

http://www.rehmnetz.de/it-recht/
landesluftfahrtbehoerde-berlin-brandenburg

Landesluftfahrtbehörde Bremen

http://www.rehmnetz.de/it-recht/
landesluftfahrtbehoerde-bremen

Landesluftfahrtbehörde Hamburg

http://www.rehmnetz.de/it-recht/
landesluftfahrtbehoerde-hamburg

Landesluftfahrtbehörde Hessen

- Regierungspräsidium Darmstadt

    http://www.rehmnetz.de/it-recht/
    regierungspraesidium-darmstadt

- Regierungspräsidium Kassel

    http://www.rehmnetz.de/it-recht/
    regierungspraesidium-kassel

Landesluftfahrtbehörde Mecklenburg-Vorpommern

http://www.rehmnetz.de/it-recht/
landesluftfahrtbehoerde-mecklenburg-vorpommern

Landesluftfahrtbehörde Niedersachsen

http://www.rehmnetz.de/it-recht/
landesluftfahrtbehoerde-niedersachsen

Landesluftfahrtbehörde Nordrhein-Westfalen

- Bezirksregierung Düsseldorf

    http://www.rehmnetz.de/it-recht/
    bezirksregierung-duesseldorf

- Bezirksregierung Münster

    http://www.rehmnetz.de/it-recht/
    bezirksregierung-muenster

Landesluftfahrtbehörde Rheinland-Pfalz

http://www.rehmnetz.de/it-recht/
landesluftfahrtbehoerde-rheinland-pfalz

Landesluftfahrtbehörde Saarland

http://www.rehmnetz.de/it-recht/
landesluftfahrtbehoerde-saarland

Landesluftfahrtbehörde Sachsen

http://www.rehmnetz.de/it-recht/
landesluftfahrtbehoerde-sachsen

Landesluftfahrtbehörde Sachsen-Anhalt

http://www.rehmnetz.de/it-recht/
landesluftfahrtbehoerde-sachsen-anhalt

Landesluftfahrtbehörde Schleswig-Holstein

http://www.rehmnetz.de/it-recht/
landesluftfahrtbehoerde-schleswig-holstein

Landesluftfahrtbehörde Thüringen

http://www.rehmnetz.de/it-recht/
landesluftfahrtbehoerde-thueringen

E-Government-Gesetz

I. Hintergrund und Entstehungsgeschichte

II. Anwendungsbereich des E-Government-Gesetzes (EGovG)

III. Wesentliche Inhalte des E-Government-Gesetzes (EGovG)
1. Verpflichtung zur Eröffnung eines elektronischen Zugangs zur Verwaltung
2. Verpflichtung zur Informationsbereitstellung in öffentlich zugänglichen Netzen
3. Verpflichtung zur Schaffung von elektronischen Bezahlmöglichkeiten
4. Verpflichtung zur Akzeptanz von elektronischen Nachweisen
5. Verpflichtung und Regelungen zur elektronischen Aktenführung
6. Verpflichtung zur Umsetzung von Standardisierungsbeschlüssen des IT-Planungsrates und gemeinsame Verfahren in der Bundesverwaltung
7. Verpflichtung zur Verwendung von maschinenlesbaren Formaten bei der Bereitstellung von Daten
8. Verpflichtung zur Georeferenzierung
9. Erfüllung von Publikationspflichten in amtlichen Mitteilungs- und Verkündungsblättern durch eine elektronische Ausgabe
10. Verpflichtung zur Barrierefreiheit
11. Elektronische Formulare

IV. Wichtige Änderungen in anderen Rechtsvorschriften
1. Zulassung weiterer Schriftformsurrogate
2. Modifikation einzelner Schriftformerfordernisse
3. Streichung von Schriftformerfordernissen

V. Ausblick

I. Hintergrund und Entstehungsgeschichte

Am **1. August 2013** ist das Gesetz zur Förderung der elektronischen Verwaltung sowie zur Änderung weiterer Vorschriften nach einem langwierigen Gesetzgebungsverfahren zum Ende der 17. Legislaturperiode des Deutschen Bundestages in Kraft getreten.

Hinweis:
Einzelne Vorschriften treten abweichend hiervon erst später in Kraft.

Bei diesem Bundesgesetz handelt es sich um ein Artikelgesetz, d. h. das Gesetz besteht aus mehreren Artikeln, die verschiedene Gesetze ändern.

Beispiel:
Artikel 2 des Gesetzes ändert das De-Mail-Gesetz, Artikel 3 ändert das Verwaltungsverfahrensgesetz, Artikel 4 bis 6 ändern Vorschriften in den Sozialgesetzbüchern und Artikel 7 die Abgabenordnung usw.

Nur Artikel 1 enthält als sogenanntes Stammgesetz ein neues Gesetz, das **Gesetz zur Förderung der elektronischen Verwaltung (E-Government-Gesetz – EGovG)**.

II. Anwendungsbereich des E-Government-Gesetzes (EGovG)

Auch wenn dem Inkrafttreten des Gesetzes umfassende Abstimmungen zwischen Bund und Ländern vorangegangen sind, ist der Anwendungsbereich des E-Government-Gesetzes (EGovG) aus Kompetenzgründen auf Bundesbehörden beschränkt. Landesbehörden sind nur erfasst, wenn sie Bundesrecht ausführen. Gleiches gilt für Gemeinden und Gemeindeverbände und der sonstigen der Aufsicht des Landes unterstehenden juristischen Personen des öffentlichen Rechts (§ 1 Abs. 1 EGovG). Ausdrücklich ausgenommen vom Anwendungsbereich sind der Bereich Strafverfolgung und Ahndung von Ordnungswidrigkeiten sowie einzelne spezielle Verfahren wie z. B. solche vor dem Deutschen Patent- und Markenamt.

III. Wesentliche Inhalte des E-Government-Gesetzes (EGovG)

Adressat des E-Government-Gesetzes ist „die Behörde". Sie wird zu verschiedenen Maßnahmen zur Förderung der elektronischen Verwaltung verpflichtet. Mittelbar ergeben sich hieraus korrespondierende Ansprüche für den Bürger bzw. juristische Personen mit Behördenkontakten.

1. Verpflichtung zur Eröffnung eines elektronischen Zugangs zur Verwaltung

Zentral ist die nunmehr gesetzlich normierte Verpflichtung für **alle Behörden,** einen Zugang für die Übermittlung elektronischer Dokumente, auch soweit sie mit einer qualifizierten elektronischen Signatur (qeS) versehen sind, zu eröffnen (§ 2 Absatz 1 EGovG).

ACHTUNG!
Da fast jede Behörde auch Bundesrecht ausführen muss, gilt diese Verpflichtung quasi flächendeckend!

Diese Verpflichtung ist zum **1. Juli 2014** in Kraft getreten. Sie bedeutet faktisch, dass jede Behörde zumindest eine qeS-fähige E-Mail-Adresse einrichten muss, sofern sie kein anderes elektronisches Verfahren anbietet.

Beispiel:
Ein anderes elektronisches Verfahren ist z. B. das elektronische Lohnsteuerverfahren ELSTER.

Laut der Umsetzungsempfehlung des BMI (abrufbar unter http://www.rehmnetz.de/it-recht/bmi-egovg) muss außerdem durch die innerbehördliche Organisation dafür Sorge getragen werden, dass die elektronischen Eingänge gleichberechtigt mit den schriftlichen Eingängen bearbeitet werden.

Hinweis:
Aus datenschutzrechtlicher Sicht ist darauf hinzuweisen, dass die einfache unverschlüsselte E-Mail wie eine „mit Bleistift geschriebene Postkarte" zu behandeln ist. Das heißt, die Behörde müsste hier eigentlich sicherere elektronische Kommunikationsmöglichkeiten anbieten.

Daneben sind **Behörden des Bundes** ein Jahr nach Einrichtung einer entsprechenden Infrastruktur für die Bundesverwaltung verpflichtet, den elektronischen Zugang zusätzlich durch eine De-Mail-Adresse im Sinne des De-Mail-Gesetzes zu eröffnen (§ 2 Abs. 2 EGovG). Seit dem 1. Januar 2015 müssen sie die Möglichkeit eines elektronischen Identitätsnachweises über den

E-Government-Gesetz

neuen Personalausweis (siehe hierzu das Stichwort → *Online-Ausweis*) oder den elektronischen Aufenthaltstitel anbieten.

2. Verpflichtung zur Informationsbereitstellung in öffentlich zugänglichen Netzen

Ebenfalls für **alle Behörden** verbindlich ist die Verpflichtung, über öffentlich zugängliche Netze in allgemein verständlicher Sprache Informationen über ihre Aufgaben, ihre Anschrift, ihre Geschäftszeiten sowie postalische, telefonische und elektronische Erreichbarkeiten zur Verfügung zu stellen (§ 3 Abs. 1 EGovG). Darüber hinaus soll jede Behörde über öffentlich zugängliche Netze in allgemein verständlicher Sprache über ihre nach außen hin wirkende öffentlich-rechtliche Tätigkeit, damit verbundene Gebühren, beizubringende Unterlagen und die zuständigen Ansprechpartner und ihre Erreichbarkeit informieren sowie erforderliche Formulare bereitstellen (§ 3 Abs. 2 EGovG).

Beispiel:
> Entsprechende Hinweise bieten sich auf einer bürgerfreundlich gestalteten Homepage der Behörde im Internet an.

Für Gemeinden und Gemeindeverbände gilt dies allerdings nur dann, wenn dies nach Landesrecht angeordnet ist (§ 3 Abs. 3 EGovG).

3. Verpflichtung zur Schaffung von elektronischen Bezahlmöglichkeiten

Fallen im Rahmen eines elektronisch durchgeführten Verwaltungsverfahrens Gebühren oder sonstige Forderungen an, muss die Behörde die Einzahlung dieser Gebühren oder die Begleichung dieser sonstigen Forderung durch Teilnahme an mindestens einem im elektronischen Geschäftsverkehr üblichen und hinreichend sicheren Zahlungsverfahren ermöglichen (§ 4 EGovG).

Hinweis:
> Diese Verpflichtung gilt ebenfalls für **alle Behörden**. Voraussetzung ist jedoch, dass das Verwaltungsverfahren elektronisch durchgeführt wird – über eine diesbezügliche Verpflichtung sagt das EGovG nichts aus.

4. Verpflichtung zur Akzeptanz von elektronischen Nachweisen

Die Behörde ist außerdem bei elektronisch durchgeführten Verwaltungsverfahren grundsätzlich verpflichtet, elektronische Nachweise anzunehmen (§ 5 Abs. 1 Satz 1 EGovG). Nur ausnahmsweise, wenn das Fachrecht etwas anderes bestimmt oder die Behörde für bestimmte Verfahren oder im Einzelfall die Vorlage eines Originals verlangt, gilt etwas anderes. Darüber, welche Art der elektronischen Einreichung zur Ermittlung des Sachverhalts zulässig ist, entscheidet die Behörde nach pflichtgemäßem Ermessen (§ 5 Abs. 1 Satz 2 EGovG).

Hinweis:
> Diese Verpflichtung gilt ebenfalls für **alle Behörden**. Voraussetzung ist jedoch auch hier, dass das Verwaltungsverfahren elektronisch durchgeführt wird – über eine diesbezügliche Verpflichtung sagt das EGovG nichts aus.

5. Verpflichtung und Regelungen zur elektronischen Aktenführung

Nur für **Behörden des Bundes** gilt die Verpflichtung zur elektronischen Aktenführung (§ 6 EGovG). Geregelt wird in diesem Zusammenhang der Vorgang des Übertragens und Vernichtens des Papieroriginals (§ 7 EGovG) sowie die Art der Gewährung von Akteneinsicht (§ 8 EGovG). Gleichzeitig wird gesetzlich festgehalten, dass Verwaltungsabläufe, die erstmals zu wesentlichen Teilen elektronisch unterstützt werden, vor Einführung der informationstechnischen Systeme dokumentiert, analysiert und optimiert werden sollen (§ 9 Abs. 1 Satz 1 EGovG). Ziel ist es, die Abläufe im Interesse der Verfahrensbeteiligten so zu gestalten, dass Informationen zum Verfahrensstand und zum weiteren Verfahren sowie die Kontaktinformationen der zum Zeitpunkt der Anfrage zuständigen Ansprechstelle auf elektronischem Weg abgerufen werden können (§ 9 Abs. 1 Satz 2 EGovG).

6. Verpflichtung zur Umsetzung von Standardisierungsbeschlüssen des IT-Planungsrates und gemeinsame Verfahren in der Bundesverwaltung

Auch der IT-Planungsrat hat Eingang in das E-Government-Gesetz (§ 10 EGovG) gefunden.

Definition:
> Der IT-Planungsrat ist das zentrale Gremium für die föderale Zusammenarbeit in der Informationstechnik. Seine Geschäftsstelle ist beim Bundesministerium des Innern angesiedelt.
>
> Mitglieder des IT-Planungsrates sind neben der Bundesbeauftragten für Informationstechnik die jeweiligen IT-Beauftragten der Länder sowie in beratender Funktion Vertreter der kommunalen Spitzenverbände und die Bundesbeauftragte für den Datenschutz und die Informationsfreiheit.
>
> Rechtliche Grundlage für die Tätigkeit des IT-Planungsrates ist der Vertrag über die Errichtung des IT-Planungsrats und über die Grundlagen der Zusammenarbeit beim Einsatz der Informationstechnologie in den Verwaltungen von Bund und Ländern – Vertrag zur Ausführung von Artikel 91c GG (IT-Staatsvertrag). Wie der sperrige Name verrät, werden durch den IT-Staatsvertrag die verfassungsrechtlichen Vorgaben des Art. 91c GG umgesetzt, der 2009 in das Grundgesetz aufgenommen worden ist.

Nach § 1 Abs. 1 Satz 1 Nr. 2 IT-Staatsvertrag ist der IT-Planungsrat befugt, fachunabhängige und fachübergreifende IT-Interoperabilitäts- und IT-Sicherheitsstandards zu beschließen. Diese Beschlüsse entfalten Bindungswirkung und sind vom Bund und den Ländern bereits gemäß § 3 Abs. 2 Satz 2 IT-Staatsvertrag umzusetzen. Nicht im Staatsvertrag geregelt sind jedoch die Einzelheiten der Umsetzung, die für die **Bundesverwaltung** nunmehr in § 10 EGovG konkretisiert sind.

Daneben sind in § 11 EGovG die Modalitäten für gemeinsame Verfahren innerhalb der **Bundesverwaltung** geregelt.

Definition:
> Gemeinsame Verfahren sind automatisierte Verfahren, die mehreren verantwortlichen Stellen im Sinne des Bundesdatenschutzgesetzes die Verarbeitung personenbezogener Daten in oder aus einem Datenbestand ermöglichen (§ 11 Abs. 1 Satz 1 EGovG).

7. Verpflichtung zur Verwendung von maschinenlesbaren Formaten bei der Bereitstellung von Daten

Dem Gedanken von „Open Data" verpflichtet sind die nunmehr gesetzlich festgelegten Anforderungen an das Bereitstellen von Daten. Stellen Behörden über öffentlich zugängliche Netze Daten zur Verfügung, an denen ein Nutzungsinteresse, insbesondere ein Weiterverwendungsinteresse im Sinne des Informationsweiterverwendungsgesetzes zu erwarten ist, so sind grund-

E-Government-Gesetz

sätzlich maschinenlesbare Formate zu verwenden (§ 12 Abs. 1 Satz 1 EGovG). Die Daten sollen außerdem mit Metadaten versehen werden (§ 12 Abs. 1 Satz 3 EGovG).

Definition:
> Ein Format ist maschinenlesbar, wenn die enthaltenen Daten durch Software automatisiert ausgelesen und verarbeitet werden können (§ 12 Absatz 1 Satz 2 EGovG).

Die Nutzungsbestimmungen sowohl für kommerzielle als auch für die nichtkommerzielle Nutzung sollen durch eine Rechtsverordnung des Bundes geregelt werden (§ 12 Abs. 2 Satz 1 und 2 EGovG). Festzulegen sind dabei insbesondere der Umfang der Nutzung, die Nutzungsbedingungen sowie Gewährleistungs- und Haftungsausschlüsse (§ 12 Abs. 2 Satz 3 EGovG).

ACHTUNG!
> Die Verpflichtung, maschinenlesbare Formate zu verwenden, bezieht sich auf bereits bereitgestellte Daten und sagt nichts darüber aus, ob eine Verpflichtung zur Bereitstellung von Daten in öffentlich zugänglichen Netzen besteht!

Die Anforderungen an das Bereitstellen von Daten gelten grundsätzlich für **alle Behörden,** es sei denn Rechte Dritter, insbesondere der Länder, stehen entgegen (§ 12 Abs. 5 EGovG).

Hinweis:
> Dieser Absatz in § 12 EGovG war im Gesetzentwurf der Bundesregierung noch nicht enthalten, sondern ist erst im Laufe des Gesetzgebungsverfahrens aufgrund der Stellungnahme des Bundesrates aufgenommen worden.

Sie gelten für Daten, die vor dem 31.7.2013 erstellt worden sind, jedoch nur dann, wenn diese bereits in maschinenlesbaren Formaten vorliegen (§ 12 Abs. 4 EGovG).

8. Verpflichtung zur Georeferenzierung

Für elektronische Register, die Angaben mit Bezug zu inländischen Grundstücken enthalten, ist die Behörde nunmehr verpflichtet, eine bundesweit einheitlich festgelegte direkte Georeferenzierung (Koordinate) zu dem jeweiligen Flurstück, Gebäude oder sonstig definierten Gebiet aufzunehmen (§ 14 Abs. 1 EGovG).

Hinweis:
> Vom Anwendungsbereich dieser Spezialvorschrift sind **alle Behörden** erfasst. Register im Sinne des Gesetzes sind jedoch nur solche, für die Daten aufgrund von Rechtsvorschriften des Bundes erhoben oder gespeichert werden (§ 14 Abs. 2 EGovG).

9. Erfüllung von Publikationspflichten in amtlichen Mitteilungs- und Verkündungsblättern durch eine elektronische Ausgabe

Lediglich um eine „Kann"-Vorschrift handelt es sich bei § 15 Abs. 1 EGovG: Danach kann eine durch Rechtsvorschrift des Bundes bestimmte Pflicht zur Publikation in einem amtlichen Mitteilungs- oder Verkündungsblatt zusätzlich **oder** ausschließlich (!) durch eine elektronische Ausgabe erfüllt werden, wenn diese über öffentlich zugängliche Netze angeboten wird.

Hinweis:
> Auch diese Vorschrift gilt für **alle Behörden,** sofern sie vom Anwendungsbereich des E-Government-Gesetzes erfasst sind. In diesem Fall wird die Behörde weniger verpflichtet als privilegiert: Sie kann ihre Veröffentlichungspflichten in amtlichen Mitteilungs- oder Verkündungsblättern sogar ausschließlich durch eine elektronische Ausgabe erfüllen!

In § 15 Abs. 2 EGovG werden dann Regelungen getroffen, die den der Behörde eröffneten Spielraum näher ausgestalten. Danach muss jede Person einen angemessenen Zugang zu der Publikation haben, insbesondere durch die Möglichkeit, Ausdrucke zu bestellen oder in öffentlichen Einrichtungen auf die Publikation zuzugreifen (§ 15 Abs. 2 Satz 1 EGovG). Es muss die Möglichkeit bestehen, die Publikation zu abonnieren oder elektronisch einen Hinweis auf neue Publikationen zu erhalten (§ 15 Abs. 2 Satz 2 EGovG). Gibt es nur eine elektronische Ausgabe, ist dies in öffentlich zugänglichen Netzen auf geeignete Weise bekannt zu machen (§ 15 Abs. 2 Satz 3 EGovG). Es ist sicherzustellen, dass die publizierten Inhalte allgemein und dauerhaft zugänglich sind und eine Veränderung des Inhalts ausgeschlossen ist (§ 15 Abs. 2 Satz 4 EGovG). Bei gleichzeitiger Publikation in elektronischer und papiergebundener Form hat die herausgebende Stelle eine Regelung zu treffen, welche Form als authentische anzusehen ist (§ 15 Abs. 2 Satz 5 EGovG).

10. Verpflichtung zur Barrierefreiheit

Die **Behörden des Bundes** sollen außerdem die barrierefreie Ausgestaltung der elektronischen Kommunikation und der Verwendung elektronischer Dokumente nach § 4 des Behindertengleichstellungsgesetzes in angemessener Form gewährleisten (§ 16 EGovG).

Hinweis:
> Dieser Aspekt hat erst im Laufe des Gesetzgebungsverfahrens Eingang in das E-Government-Gesetz gefunden. Es handelt sich zwar nur um eine „Soll"-Vorschrift, deren Geltungsbereich aus kompetenzrechtlichen Gründen auf die Behörden des Bundes beschränkt ist. Die Aufnahme der Barrierefreiheit in einen eigenen Paragraphen ist jedoch als politisches Signal nicht zu unterschätzen.

11. Elektronische Formulare

Eher deklaratorischer Natur ist die Klarstellung, wonach nicht allein dadurch, dass ein Formular, dessen Verwendung gesetzlich vorgeschrieben ist, ein Unterschriftsfeld vorsieht, die Anordnung der Schriftform bewirkt wird (§ 13 Satz 1 EGovG).

ACHTUNG!
> Es gilt der Grundsatz der Nichtförmlichkeit des Verwaltungsverfahrens (§ 10 VwVfG): Soweit keine besonderen Rechtsvorschriften für die Form des Verwaltungsverfahrens bestehen, ist das Verwaltungsverfahren nicht an eine bestimmte Form gebunden!

Die Aussage hat aber insofern Bedeutung für das E-Government, als damit festgehalten wird, dass die für die elektronische Versendung an die Behörde bestimmte Fassung des Formulars nicht mit einer qualifizierten elektronischen Signatur versehen werden muss oder die Voraussetzungen anderer schriftformersetzender Verfahren (siehe im Einzelnen unter IV.1.) erfüllen muss. Vielmehr entfällt in diesem Fall einfach das Unterschriftenfeld (§ 13 Satz 2 EGovG).

IV. Wichtige Änderungen in anderen Rechtsvorschriften

Die Regelungen des E-Government-Gesetzes werden flankiert durch Änderungen in bestehenden Rechtsvorschriften, die die elektronische Verwaltung in Deutschland weiter voranbringen sollen.

E-Government-Gesetz

1. Zulassung weiterer Schriftformsurrogate

Zentral hierbei ist die Zulassung weiterer Schriftformsurrogate neben der elektronischen Form im allgemeinen Verwaltungsverfahrensrecht (§ 3a Abs. 2 VwVfG) sowie parallele Regelungen in einigen Fachgesetzen (§ 36a Abs. 2 des Ersten Sozialgesetzbuchs, § 87a Abs. 3 und 4 der Abgabenordnung). Die elektronische Form war bis dahin die einzige Form, die die Schriftform ersetzen konnte.

ACHTUNG!
Eine einfache E-Mail genügt der elektronischen Form nicht, vielmehr ist genau vorgegeben, was unter „elektronischer Form" zu verstehen ist.

Definition:
Die elektronische Form ist in § 3a Abs. 2 Satz 2 VwVfG legaldefiniert als elektronisches Dokument, das mit einer qualifizierten elektronischen Signatur nach dem Signaturgesetz versehen ist.

Die für die elektronische Form erforderliche qualifizierte elektronische Signatur hat sich bislang kaum in Deutschland durchgesetzt. Nunmehr kann die Schriftform auch ersetzt werden durch

- die unmittelbare Abgabe der Erklärung in einem elektronischen Formular, das von der Behörde in einem Eingabegerät oder über öffentlich zugängliche Netze zur Verfügung gestellt wird; bei einer Eingabe über öffentlich zugängliche Netze muss ein sicherer Identitätsnachweis nach § 18 des Personalausweisgesetzes, also über die **eID-Funktion des neuen Personalausweises,** oder nach § 78 Abs. 5 des Aufenthaltsgesetzes erfolgen (§ 3a Abs. 2 Satz 4 Nr. 1 VwVfG).

  Hinweis:
  Die Möglichkeit, die eID-Funktion des neuen Personalausweises zur Wahrung der Schriftform einzusetzen, besteht seit Inkrafttreten des Gesetzes zum **1. August 2013.**

  Eine Verpflichtung der Behörde, den elektronischen Identitätsnachweis nach § 18 des Personalausweisgesetzes oder nach § 78 Abs. 5 des Aufenthaltsgesetzes anzubieten, besteht allerdings nur im Hinblick auf Verwaltungsverfahren, in denen sie die Identität einer Person auf Grund einer Rechtsvorschrift festzustellen hat oder aus anderen Gründen eine Identifizierung für notwendig erachtet (§ 2 Abs. 3 EGovG), und gilt erst seit dem **1. Januar 2015.**

- eine **De-Mail im Sinne von § 5 Abs. 5 De-Mail-Gesetz,** also eine De-Mail, bei der die sichere Anmeldung des Senders durch den akkreditierten De-Mail-Diensteanbieter bestätigt wird. Dies gilt sowohl bei Anträgen und Anzeigen an die Behörde als auch bei elektronischen Verwaltungsakten oder sonstigen elektronischen Dokumenten von der Behörde, allerdings muss die Bestätigung des akkreditierten De-Mail-Diensteanbieters in letzterem Fall die erlassende Behörde als Nutzer des De-Mail-Kontos erkennen lassen (§ 3a Abs. 2 Satz 4 Nr. 2 und 3 VwVfG).

  Hinweis:
  Diese Möglichkeit des Schriftformersatzes gilt seit dem **1. Juli 2014!**

  Eine Verpflichtung der Behörde, eine De-Mail entgegenzunehmen, gibt es derzeit noch nicht. Erst ein Jahr nach Aufnahme des Betriebs des zentral für die Bundesverwaltung betriebenen IT-Verfahrens, über das De-Mail-Dienste für Bundesbehörden angeboten werden, sind diese verpflichtet, einen elektronischen Zugang per De-Mail zu eröffnen (§ 2 Abs. 2 EGovG).

- **sonstige sichere Verfahren,** die durch Rechtsverordnung der Bundesregierung mit Zustimmung des Bundesrates festgelegt werden, welche den Datenübermittler (Absender der Daten) authentifizieren und die Integrität des elektronisch übermittelten Datensatzes sowie die Barrierefreiheit gewährleisten; der IT-Planungsrat gibt Empfehlungen zu geeigneten Verfahren ab (§ 3a Abs. 2 Satz 4 Nr. 4 VwVfG).

  Hinweis:
  Bislang wurde noch kein weiteres Verfahren im Verordnungswege als sicher im Sinne von § 3a Abs. 2 Satz 4 Nr. 4 VwVfG anerkannt.

  WICHTIG!
  Die Verwaltungsverfahrensgesetze der Länder sind inzwischen im Wege der Simultangesetzgebung angepasst worden, sodass die schriftformersetzende Wirkung jetzt flächendeckend in Deutschland gilt!

2. Modifikation einzelner Schriftformerfordernisse

Daneben werden in den weiteren Artikeln des Gesetzes zur Förderung der elektronischen Verwaltung und zur Änderung weiterer Rechtsvorschriften einzelne Schriftformerfordernisse in verschiedenen Fachgesetzen modifiziert:

- Abgabenordnung (§ 357 Abs. 1 AO)
- Umweltschutzprotokoll-Ausführungsgesetz
- Aufenthaltsgesetz
- Rechtsdienstleistungsgesetz
- Rechtsdienstleistungsverordnung
- Satellitendatensicherheitsgesetz
- Gewerbeordnung
- Handwerksordnung
- Erste Verordnung zum Sprengstoffgesetz
- Dritte Verordnung zum Sprengstoffgesetz
- Berufsbildungsgesetz
- Bundeswasserstraßengesetz
- Luftverkehrs-Zulassungs-Ordnung.

Der Änderungsbefehl für die einzelnen Vorschriften lautet regelmäßig, dass nach dem Wort „schriftlich" die Wörter „oder elektronisch" einzufügen sind. Das bedeutet, dass eine echte Alternative zur Schriftform und nicht nur ein Schriftformsurrogat zugelassen wird.

ACHTUNG!
„Elektronisch" darf nicht verwechselt werden mit der „elektronischen Form", die in § 3a Abs. 2 Satz 2 VwVfG legaldefiniert ist und eine qualifizierte elektronische Signatur voraussetzt.

Beispiel:
Heißt es in der Vorschrift „schriftlich oder elektronisch" kann auch die einfache E-Mail genutzt werden!

3. Streichung von Schriftformerfordernissen

Nur vereinzelt werden im Zuge des Gesetzes zur Förderung der elektronischen Verwaltung sowie zur Änderung weiterer Vorschriften Schriftformerfordernisse für gänzlich verzichtbar gehalten und ersatzlos gestrichen (so z. B. im Berufsqualifikationsfeststellungsgesetz). Dabei läge hierin ein großes Potenzial zur Vereinfachung von Verwaltungsabläufen und Förderung der elektronischen Verwaltung. Dass der Gesetzgeber dies genauso sieht, lässt sich an Artikel 30 Absatz 2 Nr. 1 des Gesetzes zur Förderung der elektronischen Verwaltung und zur Änderung weiterer Vorschriften erkennen. Darin wird die Bundesregierung verpflichtet, dem Bundestag innerhalb von drei Jahren nach Inkrafttreten des Gesetzes – also zum 1. August 2016 – zu berichten, in welchen verwaltungsrechtlichen Rechtsvorschriften des Bundes die Anordnung der Schriftform verzichtbar ist. Auf das Ergebnis dieser umfassenden Prüfung des Normenbestandes des Bundes darf man gespannt sein.

V. Ausblick

Neben dem Normenscreening durch den Bund im Hinblick auf Streichung weiterer Schriftformerfordernisse sind auch die Länder im Bereich E-Government aktiv. Eigene E-Government-Gesetze erlassen haben bisher Baden-Württemberg, Bayern und Sachsen. Schleswig-Holstein hat bereits 2009 – vor der Bundesgesetzgebung – ein Gesetz zu elektronischen Verwaltung eingeführt. In Berlin, Nordrhein-Westfalen und dem Saarland läuft das Gesetzgebungsverfahren zur Erlass eines E-Government-Gesetzes noch. In den übrigen Bundesländern wird der Bedarf für ein eigenes E-Government-Gesetz geprüft bzw. aktuell nicht gesehen oder es werden eigene Schwerpunkte bei der Gesetzgebung gesetzt. So spielt in einigen Ländern der Gesichtspunkt der Transparenz eine entscheidende Rolle, was sich auch in der Gesetzesbezeichnung widerspiegeln kann (z. B. „Hamburgisches Transparenzgesetz"). Alle Bundesländer haben jedoch ihr Verwaltungsverfahrensrecht im Wege der dort traditionellen Simultangesetzgebung an die bundesgesetzliche Regelung angepasst. Die flächendeckende Geltung der neuen Schriftformsurrogate ist entscheidend für deren Verbreitung und Akzeptanz in der Bevölkerung. In diesem Zusammenhang werden auch die weiteren Entwicklungen um die EU-Verordnung über elektronische Identifizierung und Vertrauensdienste für elektronische Transaktionen im Binnenmarkt und zur Aufhebung der Richtlinie 1999/93/EG vom 23. Juli 2014 zu beobachten sein (siehe hierzu das Stichwort → eIDAS-Verordnung).

Einstweilige Verfügung

I. Begriff und Funktion
II. Voraussetzungen für den Erlass einer einstweiligen Verfügung
   1. Verfügungsanspruch
   2. Verfügungsgrund
   3. Verfügungsantrag
III. Rechtsfolgen der einstweiligen Verfügung
IV. Reaktionsmöglichkeiten des Antragsgegners
   1. Abschlusserklärung
      1.1 Inhalt und Zweck
      1.2 Abschlussschreiben
      1.3 Muster Abschlusserklärung
   2. Widerspruch, § 924 ZPO
   3. Berufung
   4. Antrag auf Anordnung der Klageerhebung, § 926 ZPO
   5. Antrag auf Aufhebung der einstweiligen Verfügung wegen veränderter Umstände, § 927 ZPO
   6. Schadenersatz, § 945 ZPO

I. Begriff und Funktion

Die einstweilige Verfügung ist ein Instrument des vorläufigen Rechtsschutzes. Sie soll einen Anspruch sichern, bis über ihn in einem „normalen" gerichtlichen Hauptsacheverfahren abschließend entschieden wird. In der wettbewerbsrechtlichen Praxis markiert der Abschluss des einstweiligen Verfügungsverfahrens allerdings nicht selten auch das Ende des Rechtsstreits insgesamt. Ein gerichtliches Hauptsacheverfahren findet dann gar nicht mehr statt. Dem einstweiligen Verfügungsverfahren kommt daher enorme praktische Bedeutung zu.

II. Voraussetzungen für den Erlass einer einstweiligen Verfügung

1. Verfügungsanspruch

Der Antragsteller muss einen Anspruch gegen den Schuldner haben, dessen Sicherung er begehrt. Dabei kann Verfügungsanspruch grundsätzlich nur ein Anspruch sein, der einer vorläufigen Regelung oder Befriedigung zugänglich ist.

Folgende Ansprüche kommen in Betracht:

- Unterlassungsanspruch,
- Beseitigungs- und Widerrufsanspruch, soweit damit keine endgültigen, nicht revidierbaren Verhältnisse geschaffen werden (z. B. Firmenlöschung),
- Auskunftsanspruch, kraft gesetzlicher Regelung auf Grund des Produktpirateriegesetzes (z. B. § 19 Abs. 3 MarkenG, § 14a Abs. 3 GeschmMG, § 101 UrhG, § 140b Abs. 3 PatG, § 24b Abs. 3 GebrMG) bei „offensichtlicher Rechtsverletzung" sonst nur, wenn existentielle Gläubigerinteressen auf dem Spiel stehen.

Ausgeschlossen ist eine einstweilige Verfügung bei folgenden Ansprüchen:

- Anspruch auf Abgabe einer Willenserklärung,
- Feststellungsanspruch,
- Schadenersatz in Geld.

2. Verfügungsgrund

Die Durchsetzung des Verfügungsanspruchs muss eilbedürftig sein, um den Erlass einer einstweiligen Verfügung zu rechtfertigen. Diese Eilbedürftigkeit bzw. Dringlichkeit ist der sog. Verfügungsgrund. Es müssen Umstände vorliegen, die nach dem objektiven Urteil eines vernünftigen Menschen befürchten lassen, dass die Verwirklichung des Individualanspruchs durch bevorstehende Veränderung des bestehenden Zustandes gefährdet ist. Bei wettbewerbsrechtlichen Unterlassungsansprüchen wird die Dringlichkeit kraft Gesetzes vermutet (§ 12 Abs. 2 UWG). Es ist dann also keine besondere Dringlichkeit darzulegen, um eine einstweilige Verfügung zu erwirken. Die Vermutung der Dringlichkeit kann jedoch widerlegt werden, wenn der Antragsteller zu erkennen gegeben hat, dass ihm die Sache selbst nicht eilig ist. Dies betrifft vor allem Fälle, in denen der Antragsteller einen Wettbewerbsverstoß nur zögerlich ver-

Einstweilige Verfügung

folgt. Insoweit gelten von Gericht zu Gericht unterschiedliche ungeschriebene „Dringlichkeitsfristen", innerhalb derer ein Verfügungsantrag ab Kenntnis des Wettbewerbsverstoßes zu Gericht gebracht werden muss. Diese Fristen reichen von 1 Monat bis zu etwa 6 Monaten. Eine Kenntnis der Gepflogenheiten des jeweiligen Gerichts ist daher unerlässlich.

3. Verfügungsantrag

Im Verfügungsantrag müssen Verfügungsanspruch und Verfügungsgrund (soweit nicht die gesetzliche Vermutung des § 12 Abs. 2 UWG greift) glaubhaft gemacht werden. Der Antrag kann entweder schriftlich oder zu Protokoll der Geschäftsstelle erklärt werden. Zuständig ist grundsätzlich das Gericht der Hauptsache. Bei Rechtsverletzungen über das Internet ist dies im gewerblichen Rechtsschutz in der Regel jedes Gericht, in dessen Bezirk sich die Rechtsverletzung ausgewirkt hat, was dem Kläger faktisch die Anrufung des Gerichts seiner Wahl ermöglicht (sog. fliegender Gerichtsstand). Eine Ausnahme gilt neuerdings für die Durchsetzung von urheberrechtlichen Ansprüchen gegenüber Verbrauchern. Diese müssen an ihrem Wohnsitz verklagt werden (§ 104a UrhG).

III. Rechtsfolgen der einstweiligen Verfügung

Einstweilige Verfügungen müssen binnen eines Monats vollzogen werden, §§ 936, 929 Abs. 2 ZPO. Bei Unterlassungsverfügungen geschieht dies regelmäßig durch Zustellung der einstweiligen Verfügung per Gerichtsvollzieher im Parteibetrieb. Insoweit ist zwischen Beschluss- und Urteilsverfügung zu unterscheiden:

- Bei der **Beschlussverfügung** (Verfügung ergeht ohne vorherige mündliche Verhandlung) beginnt die Monatsfrist mit Zustellung des Beschlusses an den Gläubiger. Die Zustellung an den Schuldner erfolgt nicht durch das Gericht, sondern ist Aufgabe des Gläubigers, § 922 Abs. 2 ZPO. Mit der Zustellung im Parteibetrieb wird die Beschlussverfügung wirksam und zugleich gemäß § 929 Abs. 2 ZPO vollzogen.

- Bei der **Urteilsverfügung** (Verfügung ergeht aufgrund vorheriger mündlicher Verhandlung) beginnt die Monatsfrist mit der Verkündung des Urteils, § 929 Abs. 2 ZPO. Die Zustellung des schriftlichen Urteils erfolgt zwar an beide Parteien von Amts wegen. Diese Zustellung von Amts wegen stellt aber keine Vollziehung im Sinne von § 929 Abs. 2 ZPO dar. Erforderlich ist daher eine nochmalige Zustellung des Urteils durch den Gläubiger an den Schuldner im Parteibetrieb. Sollte das Urteil nach Verkündung nicht sogleich schriftlich vorliegen, ist dem Gläubiger zu empfehlen, sich umgehend eine abgekürzte Ausfertigung erteilen zu lassen, die er dem Schuldner innerhalb der Monatsfrist zustellen kann. Auch ohne die vom Gläubiger veranlasste Zustellung ist das Urteil mit Verkündung wirksam und ist vom Schuldner ab diesem Zeitpunkt zu beachten.

Verstößt der Schuldner gegen die Unterlassungsverfügung, so kann er wegen jeder einzelnen Zuwiderhandlung auf Antrag des Gläubigers von dem Prozessgericht des ersten Rechtszuges zu einem Ordnungsgeld und für den Fall, dass dieses nicht beigetrieben werden kann, zur Ordnungshaft bis zu sechs Monaten verurteilt werden, § 890 Abs. 1 ZPO. Das einzelne Ordnungsgeld darf den Betrag von 250.000 €, die Ordnungshaft insgesamt zwei Jahre nicht übersteigen. Diese Ordnungsmittel sind vorher anzudrohen und können nur nach Durchführung eines neuen Verfahrens (§§ 890, 891 ZPO) verhängt werden. Wie das Ordnungsmittel letztendlich ausfällt, ist stets eine Frage des Einzelfalls und liegt im Ermessen des erkennenden Gerichts.

IV. Reaktionsmöglichkeiten des Antragsgegners

1. Abschlusserklärung

1.1 Inhalt und Zweck

Hat ein Antragsteller eine einstweilige Verfügung erlangt, so ist damit sein Anspruch nur vorläufig gesichert. Die Durchführung eines gerichtlichen Hauptsacheverfahrens wird damit keineswegs überflüssig. Soll der Rechtsstreit ohne ein solches endgültig zum Abschluss gebracht werden, kann und muss der Schuldner eine sog. Abschlusserklärung abgeben. Darin erkennt er die durch die einstweilige Verfügung ergangene Regelung als endgültige Regelung des Rechtsstreits an und verzichtet gleichzeitig auf die Rechte aus §§ 924, 926 und 927 ZPO. Hierdurch entfällt das Rechtsschutzinteresse für eine Klage in der Hauptsache, so dass das oft kostspielige Hauptsacheverfahren vermieden werden kann.

1.2 Abschlussschreiben

Gibt der Schuldner eine Abschlusserklärung nicht aus eigener Initiative ab, kann ihn der Gläubiger mit einem sog. Abschlussschreiben dazu auffordern. Wird das Abschlussschreiben durch einen Rechtsanwalt verfasst, entstehen dadurch neue Kosten, die der Schuldner zu erstatten hat. Ein solcher Kostenerstattungsanspruch besteht jedoch nur, wenn der Antragsgegner erst nach Ablauf einer angemessenen Wartefrist zur Abgabe der Abschlusserklärung aufgefordert wurde. Die Wartefrist muss ausreichend bemessen sein, um dem Schuldner zunächst Gelegenheit zu geben, von sich aus die Abschlusserklärung abzugeben. Die Rechtsprechung geht von einem Zeitraum von zwei Wochen bis zu einem Monat aus.

1.3. Muster: Abschlusserklärung

> *Abschlusserklärung*
>
> *Die X-GmbH, (Adresse), erkennt gegenüber der Y-GmbH, (Adresse), die am … ergangene einstweilige Verfügung des Landgerichts … (Az. …) als endgültige und zwischen den Parteien verbindliche Regelung an. Auf die Rechte aus §§ 926, 927 ZPO sowie auf Einlegung eines Rechtsmittels wird verzichtet.*
>
> *Ort, Datum*
>
> *Unterschrift*

2. Widerspruch, § 924 ZPO

Hält der Antragsgegner die gegen ihn erlassene einstweilige Verfügung in der Sache für unberechtigt, so kann er hiergegen gemäß §§ 936, 924 Abs. 1 ZPO Widerspruch erheben. Der Widerspruch ist nicht fristgebunden. Wird er erst nach vielen Monaten eingelegt, kann ihm aber der Verwirkungseinwand entgegengehalten werden. Der Widerspruch führt notwendig zur mündlichen Verhandlung über die Rechtmäßigkeit der einstweiligen Verfügung, über die durch Endurteil entschieden wird, § 925 ZPO. Wird die einstweilige Verfügung aufgehoben, so tritt sie sogleich außer Kraft. Wird das Urteil in der Berufungsinstanz wieder aufgehoben, so muss das Berufungsgericht die einstweilige Verfügung erneut erlassen. Die Vollziehung der einstweiligen Verfügung wird durch den Widerspruch nicht gehemmt, § 924 Abs. 3 Satz 1 ZPO. Eine Einstellung der Zwangsvollstreckung nach §§ 924 Abs. 3 Satz 2, 707 ZPO kommt nur ausnahmsweise in Betracht, beispielsweise dann, wenn das Gericht den Widerspruch für offensichtlich begründet hält.

Möchte der Antragsgegner sich nur gegen die Kostenfolge der einstweiligen Verfügung zur Wehr setzen, weil er die Verfügung in der Sache für berechtigt hält, die regelmäßig erforderliche außergerichtliche Abmahnung jedoch unterblieben ist, so hat er folgende Möglichkeiten:

- Er kann vor oder gleichzeitig mit dem (Voll-)Widerspruch eine strafbewehrte Unterlassungserklärung abgeben. Folge: Die Hauptsache ist für erledigt zu erklären und die Kosten sind nach §§ 91a, 93 ZPO dem Antragsteller aufzuerlegen.

- Er kann seinen Widerspruch von Anfang an auf die Kosten beschränken (sog. Kostenwiderspruch). Damit erkennt der Antragsgegner den Verfügungsanspruch konkludent an und er verzichtet konkludent auf die Einlegung eines Vollwiderspruchs. Über den Kostenwiderspruch wird durch Endurteil entschieden, §§ 936, 925 Abs. 1 ZPO.

3. Berufung

Ist die einstweilige Verfügung nach mündlicher Verhandlung durch Endurteil erlassen worden, so ist hiergegen nach § 511 ZPO grundsätzlich Berufung statthaft. Wurde im Urteil nur über die Kosten entschieden (z. B. bei bloßem Kostenwiderspruch), ist jedoch nur die sofortige Beschwerde nach § 99 Abs. 2 ZPO analog zulässig.

4. Antrag auf Anordnung der Klageerhebung, § 926 ZPO

Mit diesem Rechtsbehelf kann der Antragsgegner den Antragsteller zwingen, entweder eine endgültige Entscheidung im Hauptsacheverfahren herbeizuführen oder die Aufhebung der einstweiligen Verfügung zu riskieren. Vor einer vorschnellen Stellung eines solchen Antrags ist allerdings zu warnen, da sich damit das Prozesskostenrisiko signifikant erhöht.

5. Antrag auf Aufhebung der einstweiligen Verfügung wegen veränderter Umstände, § 927 ZPO

Haben sich nach Erlass der einstweiligen Verfügung die Umstände geändert, die zu ihrem Erlass geführt haben, mit der Folge, dass die einstweilige Verfügung unter Berücksichtigung der neuen Umstände nicht mehr gerechtfertigt ist, so kann der Antragsgegner deren Aufhebung beantragen. Der Antrag ist nicht fristgebunden, unterliegt aber dem Einwand der Verwirkung.

6. Schadenersatz, § 945 ZPO

Die Möglichkeit, eine einstweilige Verfügung zu beantragen, gibt dem Gläubiger eines Unterlassungsanspruchs ein scharfes Schwert an die Hand. Durch eine unberechtigte einstweilige Verfügung drohen dem Schuldner massive, möglicherweise gar existenzgefährdende Schäden. Das Gesetz sieht daher ein Korrektiv vor. Erweist sich die Anordnung der einstweiligen Verfügung als von Anfang an ungerechtfertigt, so kann der Gegner vom Antragsteller nämlich gemäß § 945 ZPO den Ersatz des entstandenen Schadens verlangen. Dieses Risiko sollte daher vor jedem Antrag auf Erlass einer einstweiligen Verfügung sorgfältig abgewogen werden.

eIDAS-Verordnung

Die europäische Verordnung für Vertrauensdienste wird mit Wirkung vom 1. Juli 2016 das deutsche Signaturgesetz (Stichwort → *Signaturgesetz*) ablösen. Ihre vollständige Bezeichnung lautet „Verordnung über elektronische Identifizierung und Vertrauensdienste für elektronische Transaktionen im Binnenmarkt" (Verordnung [EU] Nr. 910/2014 vom 23.7.2014). Da sie als Verordnung im Sinn des EU-Rechts in allen Mitgliedstaaten unmittelbar wirkt, ohne dass eine Umsetzung in nationales Recht notwendig wäre, wird sie einen einheitlichen Rechtsrahmen für die gesamte Europäische Union zur Verfügung stellen. Das bisherige deutsche Signaturgesetz beruht dagegen auf der Signaturrichtlinie 1999/93/EG, die erheblichen Spielraum für nationale Regelungen ließ und die deshalb nicht zu einer EU-weiten Vereinheitlichung der Vorgaben für elektronische Identifizierung und elektronische Transaktionen gesorgt hat.

Vorbild für die Verordnung sind die österreichischen Regelungen über die Handy-Signatur (siehe https://www.handy-signatur.at/hs/). Dabei wird die digitale Signatur über ein Webformular bestellt, von einem Server erzeugt und dann unter Nutzung einer mobilen TAN-Nummer (mTAN) über das Handy bestätigt. Die Bestätigung über das Handy bildet technisch gesehen den zweiten sicheren Kanal. Insgesamt sind die Sicherheitsanforderungen bei dieser Konstruktion deutlich geringer als bei der qualifizierten elektronischen Signatur nach dem deutschen Signaturgesetz.

Im Augenblick (Stand April 2016) fehlen noch wesentliche Ausführungsbestimmungen zu der neuen Verordnung. Prognosen dazu, ob sich die neuen Konstruktionen in der Praxis stärker durchsetzen werden als die wenig genutzten Möglichkeiten des Signaturgesetzes sind daher im Augenblick noch nicht möglich.

E-Justice

I. Begriff

II. Elektronischer Rechtsverkehr mit den Gerichten
   1. Qualifizierte elektronische Signatur
   2. Elektronisches Gerichts- und Verwaltungspostfach (EGVP)
   3. Gesetz zur Förderung des elektronischen Rechtsverkehrs mit den Gerichten

E-Justice

III. Europäisches Justizportal
IV. Elektronische Entscheidungsdatenbanken
V. Elektronisches gerichtliches Mahnverfahren
VI. Elektronisches Grundbuch
VII. Elektronische Register
   1. Handels-, Genossenschafts- und Partnerschaftsregister
   2. Rechtsdienstleistungsregister
VIII. Gerichtliche Bekanntmachungen
   1. Handelsregisterbekanntmachungen
   2. Insolvenzbekanntmachung
   3. Justizauktion
IX. Elektronischer Gerichtssaal

I. Begriff

Unter dem Begriff „E-Justice" sind alle elektronischen Verfahren und Vorgänge im Rahmen des Gerichtswesens zu verstehen. Die Entwicklung hin zu einem elektronischen Justizsystem ist erkennbar.

II. Elektronischer Rechtsverkehr mit den Gerichten

Zentrale Bedeutung hat der „Elektronische Rechtsverkehr". Als elektronischer Rechtsverkehr im engeren Sinne wird dabei die elektronische Übermittlung von Prozesserklärungen und im Kontext hierzu stehenden Dokumenten im Gerichtsverfahren bezeichnet. Dabei werden vor allem an die Übermittlung strenge Vorschriften gestellt: Diese muss dem Erklärenden rechtsverbindlich und nach rechtlichen und technischen Vorgaben sicher zugerechnet werden können.

1. Qualifizierte elektronische Signatur

Dokumente, die übermittelt werden sollen, müssen zu Zwecken der Zuordnung und Verifikation gemäß § 126a BGB den Vorgaben des Signaturgesetzes und der Richtlinie 1999/93/EG des Europäischen Parlaments und des Rates vom 13. Dezember 1999 über gemeinschaftliche Rahmenbedingungen für elektronische Signaturen genügen.

Es wird zwischen verschiedenen Formen der Signatur unterschieden. Für den Rechtsverkehr ausreichend ist lediglich die qualifizierte elektronische Signatur nach § 2 Nr. 3 SigG. Für eine solche Signatur wird einer natürlichen Person ein Schlüsselpaar zugeordnet, welches aus einem privaten und einem öffentlichen Schlüssel besteht. Einer Behörde wird demgegenüber ein einem Dienstsiegel entsprechendes Attribut zugewiesen, welches als Attributfeld in einem qualifizierten Signaturzertifikat oder als eigenes Attributzertifikat in Verbindung mit dem persönlichen Signaturzertifikat geführt wird.

Kommt es zu einer Übermittlung, so vergewissert sich der Empfänger durch ein Prüfsummenverfahren der Integrität der Übermittlung. Hierfür kann durch ein sogenanntes Trust-Center gemäß § 2 Nr. 9 SigG ein entsprechendes Zertifikat erstellt werden. § 5 Abs. 6 SigG i. V. m. § 5 Abs. 2 SigV-E bilden die rechtlichen Voraussetzungen für die Vergabe qualifizierter Zertifikate durch Trust-Center. Sind die gesetzlichen Voraussetzungen erfüllt, kann die qualifizierte elektronische Signatur die eigenhändige Unterschrift gemäß § 126a BGB ersetzen.

2. Elektronisches Gerichts- und Verwaltungspostfach (EGVP)

Der erste Schritt zur Umstellung auf den elektronischen Gerichts- und Behördenverkehr war die Einrichtung des elektronischen Gerichts- und Verwaltungspostfaches. Diese auf Java basierende Applikation dient der sicheren Übermittlung von rechtsverbindlichen Nachrichten nach dem OSCI-Protokoll an teilnehmende Gerichte und Behörden durch Bürger, Rechtsanwälte und Notare bundesweit. Sie steht auf der Internetseite www.egvp.de im Download-Bereich zum Herunterladen zur Verfügung.

EGVP findet Verwendung beim elektronischen Mahnverfahren, dem elektronischen Handelsregister sowie im Insolvenzverfahren.

3. Gesetz zur Förderung des elektronischen Rechtsverkehrs mit den Gerichten

Die Annahme des elektronischen Rechtsverkehrs durch Gerichte wie Anwaltschaft erfolgt nur schleppend. Aus diesem Grund wurde 2013 auf Initiative der Bundesregierung das Gesetz zur Förderung des elektronischen Rechtsverkehrs mit den Gerichten erlassen. Zielsetzung dieses Gesetzes ist die Umsetzung des elektronischen Rechtsverkehrs zum Jahre 2022.

Innerhalb dieses Umsetzungszeitraumes soll die gesamte elektronische Kommunikation mit den Gerichten durch das De-Mail-Konto oder über das elektronische Gerichts- und Verwaltungspostfach (EGVP) seitens der Rechtsanwaltschaft erfolgen. Daher ist die Bundesrechtsanwaltskammer durch dieses Gesetz verpflichtet, bis zum Jahre 2016 ein elektronisches Anwaltspostfach einzurichten.

In diesem Zusammenhang wird die Beweiskraft gescannter Dokumente und Urkunden gestärkt. Durch den neu eingefügten § 130a ZPO wird die Zulassung des Einreichens von Schriftsätzen und Anlagen in elektronischer Form geregelt. Diese sind ab 2018 mit einer qualifizierten elektronischen Signatur zu versehen oder signiert auf sicherem Übermittlungsweg – als solcher wird insbesondere das elektronische Anwaltspostfach angesehen – zu überreichen. Ferner erfolgt die Zustellung gemäß § 174 ZPO gegen strukturierte, maschinenlesbare, elektronische Empfangsbekenntnis oder automatische Eingangsbestätigung. Auf gerichtlicher Seite soll im Zeitraum bis 2018 die elektronische Akte eingeführt werden.

III. Europäisches Justizportal

Neben den Bestrebungen um eine föderale Zusammenarbeit innerhalb der Bundesrepublik werden auch Strategien zur Implementation eines europäischen E-Justice-Prozesses verfolgt. So ist seit 2010 das Internetportal http://www.rehmnetz.de/it-recht/infoportal online, welches den Bürgern als Informationsportal zu den europäischen Gerichtssystemen und prozessualen Vorschriften dient.

Neben der Ebene der Bürgerinformation gibt es aber auch Bestrebungen einer tatsächlichen technischen Vernetzung der europäischen Rechtssysteme. Ziel ist dabei ein sicherer, medienbruchfreier und schneller Austausch zwischen den Institutionen der Justiz. Diese Bestrebungen folgen dem Aktionsplan für die europäische E-Justiz des Rates der Europäischen Union. So sind bereits der europaweite Zugriff auf Insolvenzregister, Unternehmensregister und Grundbücher der Mitgliedstaaten online möglich.

IV. Elektronische Entscheidungsdatenbanken

Aufgrund eines institutionellen Legitimations- und Transparenzinteresses der Gerichte werden regelmäßig Entscheidungen der Gerichte veröffentlicht. Im Rahmen des E-Justice-Prozesses erfolgt dies vermehrt über die Auftritte der Gerichte im Internet. Einige Bundesländer bzw. einige Gerichte haben in diesem Zusammenhang Entscheidungsdatenbanken sowie einen Newsletter eingerichtet.

V. Elektronisches gerichtliches Mahnverfahren

Um eines der ältesten Verfahren im Rahmen des E-Justice-Prozesses handelt es sich beim elektronischen gerichtlichen Mahnverfahren nach §§ 688 ff. ZPO. Dieses Verfahren, welches seit den 1980er-Jahren ein funktionsfähiges elektronisches Mahnverfahren ermöglicht, dient der Geltendmachung von finanziellen Ansprüchen. Durch § 689 Abs. 1 ZPO wird dabei die maschinelle Bearbeitung ermöglicht. Zielsetzung und Anspruch ist dabei die Bearbeitung des Antrages innerhalb eines Werktages. Dieses sogenannte Stuttgarter Verfahren, welches auf Standardformularen beruht, wurde im Rahmen des E-Justice-Prozesses auch elektronisch ausgestaltet.

Innerhalb des sogenannten Barcode-Verfahrens wird nun ein elektronischer Antrag auf einen Mahnbescheid ermöglicht. So sind Rechtsanwälte seit 2008 gemäß § 690 Abs. 3 ZPO an den Online-Mahnbescheid gebunden. Sie können dabei auch die Schnittstelle des Elektronischen Gerichts- und Verwaltungspostfaches (EGVP) verwenden.

VI. Elektronisches Grundbuch

Der E-Justice-Prozess hat Einfluss auf das Grundbuch. So kann das Grundbuch gemäß § 12 GBO auch online eingesehen werden. Innerhalb des automatisierten Abrufverfahrens nach § 133 GBO wird der elektronische Zugriff auf Grundbuchdaten zur schnellen Vertragsabwicklung ermöglicht.

Im Rahmen des Zugriffs auf Grundbuchdaten sind die berechtigten Personen- und Behördenkreise zur Einsicht und zur Anfertigung von Grundbuchblattabschriften berechtigt. Die Berechtigung ergibt sich aus § 12 GBO i. V. m. § 12a GBO. So werden Behörden, Gerichte, öffentlich bestellte Vermessungsingenieure sowie Notare hierzu genauso berechtigt wie Personen oder Stellen, die durch Einsichtsermächtigung seitens der Eigentümer, aus dinglichen Rechten oder im Rahmen der Zwangsvollstreckung ermächtigt wurden.

Sollten Personen oder Stellen außerhalb der berechtigten Kreise Zugriff auf Grundbuchdaten erlangen wollen, so müssen diese ein berechtigtes Interesse nachweisen. Ein solches Interesse könnte in einem bestehenden und relevanten Rechtsverhältnis – wie einem Mietverhältnis – oder einem Kaufinteresse bestehen.

VII. Elektronische Register

Außer für die Prozessführung und das Grundbuchwesen sind deutsche Amtsgerichte als sogenannte Registergerichte auch für die Führung von öffentlichen Registern zuständig. Sie erfüllen dabei ihren sogenannten Publizitätsauftrag. Insbesondere dieses Tätigkeitsfeld wurde stark durch den elektronischen Wandel im Rahmen des E-Justice-Prozesses beeinflusst.

1. Handels-, Genossenschafts- und Partnerschaftsregister

Die Führung des Handels-, Genossenschafts- und Partnerschaftsregisters erfolgt zur Auskunft über Unternehmen. Hierbei können im Handelsregister Rechtsform, vertretungsberechtigte und verantwortliche Personen sowie die Kapitaldecke eingesehen werden.

Seit 2007 wird das Handelsregister ausschließlich elektronisch geführt. Die Rechtsgrundlage hierfür sind die §§ 8 ff. HGB in Verbindung mit der Handelsregisterverordnung. Die Eintragung erfolgt durch den zuständigen Notar ausschließlich elektronisch. Das bedeutet, dass die jeweilige Anmeldung durch den Notar digitalisiert, signiert und elektronisch übermittelt wird. Dieser Vorgang erfolgt nach § 12 HGB über das elektronische Gerichts- und Verwaltungspostfach (EVGP).

Durch das Registergericht werden die relevanten Stammdaten erfasst, eingetragen und bekannt gegeben, wobei dieser Prozess zum Teil bereits automatisiert wurde. In diesem Zusammenhang ist auf die Internetplattform www.handelsregisterbekanntmachungen.de hinzuweisen, welche die Bekanntmachungen zentral und deutschlandweit regelt.

2. Rechtsdienstleistungsregister

Ein weiteres Register, welches im Rahmen des E-Justice-Prozesses eine elektronische Umsetzung erfahren hat, stellt das Rechtsdienstleistungsregister dar. In diesem Register werden die Zulassung oder der Widerruf der Erlaubnis zur Erbringung von Dienstleistung im Rahmen des Rechtsdienstleistungsgesetzes erfasst. Hintergrund dieses Registers ist die Schaffung von Transparenz im Hinblick auf die Erlaubnis zur Ausübung von Rechtsdienstleistungen.

VIII. Gerichtliche Bekanntmachungen

Den Gerichten kommt allgemein und innerhalb verschiedener spezialisierter Tätigkeiten ein Publizitätsauftrag zu. Dieser erstreckt sich insbesondere auf Bekanntmachungen im unmittelbaren gerichtlichen Zusammenhang. Eine praktische Umsetzung dieser Bekanntmachungen ist daher ebenfalls Teil des E-Justice-Prozesses.

1. Handelsregisterbekanntmachungen

Die gesetzlich vorgeschriebenen Bekanntmachungen zum – bereits vollständig elektronischen – Handelsregister werden in einer bundesweiten Zusammenarbeit der Registergerichte auf der Internetplattform www.handelsregisterbekanntmachungen.de zur Verfügung gestellt.

2. Insolvenzbekanntmachung

Ein ähnlicher Ansatz wird bei Insolvenzverfahren verfolgt. Informationen zu Insolvenzen von Unternehmen werden öffentlich über die Internetplattform www.insolvenzbekanntmachungen.de bekannt gegeben. Auch dieser Informationsdienst erfolgt deutschlandweit und durch Zusammenarbeit aller beteiligten Gerichte.

3. Justizauktion

Im weiteren Zusammenhang zur Gerichtstätigkeit wird die Online-Versteigerung von eingezogenen und gepfändeten Gegenständen über das Internetportal www.justizauktion.de ermöglicht.

IX. Elektronischer Gerichtssaal

Unter anderem in München wird schon an der Umsetzung von elektronischen Gerichtssälen gearbeitet. Neben der elektronischen Aktenführung sollen dann in einer Verhandlung Zeugen und Gutachter per Leinwand zugeschaltet werden können. Verfasste Schriftsätze sollen direkt auf der Leinwand für alle sichtbar gemacht werden. Das würde die Prozessführung in vielerlei Hinsicht erleichtern, da unter anderem Prozessbeteiligte nicht mehr aus großer Ferne anreisen müssten, sondern auf elektronischem Wege anwesend sein könnten.

Electronic Commerce (E-Commerce)

I. **Einordnung des Begriffs**
 1. Bezug zum E-Business
 2. Bereiche des E-Business
 3. E-Business und Internet

II. **Meilensteine des europarechtlichen Rahmens**
 1. Richtlinie 2000/31/EG über den elektronischen Geschäftsverkehr
  1.1 Wesentlicher Inhalt
   (1) Impressumspflichten bei Webangeboten (Art. 5 der Richtlinie)
   (2) Informationspflichten bei der Ansprache von Kunden oder potentiellen Kunden (Art. 6 bis 8 der Richtlinie)
   (3) Regelungen für den Abschluss von Verträgen auf elektronischem Weg (Art. 9 bis 11 der Richtlinie)
   (4) Vorgaben für die Verantwortlichkeit bei Internetangeboten (Art. 12 bis 15 der Richtlinie)
  1.2 Umsetzung im deutschen Recht
   (1) Impressumspflichten bei Webangeboten
   (2) Informationspflichten bei der Ansprache von Kunden oder potentiellen Kunden
   (3) Regelungen für den Abschluss von Verträgen auf elektronischem Weg
   (4) Vorgaben für die Verantwortlichkeit bei Internetangeboten
 2. Richtlinie 97/7/EG über den Verbraucherschutz bei Vertragsabschlüssen im Fernabsatz
  2.1 Wesentlicher Inhalt
  2.2 Umsetzung im deutschen Recht
  2.3 Das Widerrufsrecht des Verbrauchers
 3. Richtlinie 2011/83/EU über die Rechte der Verbraucher
  3.1 Wesentlicher Inhalt
  3.2 Umsetzung im deutschen Recht

III. **Nicht europarechtlich geregelte Aspekte**
 1. Recht der Domain-Namen
  1.1 Knappheit geeigneter Domain-Namen
  1.2 Rechtliche Ansatzpunkte
 2. Strafrechtlich relevante Verstöße
  2.1 Strafrecht als nationales Recht
  2.2 Typische Verstöße

IV. **Checkliste Electronic Commerce**

I. Einordnung des Begriffs

1. Bezug zum E-Business

Electronic Commerce (E-Commerce) oder Elektronischer Geschäftsverkehr lässt sich als Teilausschnitt des E-Business verstehen. Die Begrifflichkeiten schwanken in der sich rasch ändernden Literatur so stark, dass völlig exakte, allgemein anerkannte Definitionen nicht möglich sind. Dennoch kann auf eine gewisse Präzisierung der Begrifflichkeiten nicht verzichtet werden.

2. Bereiche des E-Business

Ausgehend vom Unternehmen als Mittelpunkt zerfällt das E-Business in zwei Bereiche:

- Beschaffungsseite

  Hier geht es darum, Waren und Dienstleistungen, die das Unternehmen benötigt, von Lieferanten und Dienstleistern zu erhalten. Damit assoziierte Begriffe sind vor allem „E-Procurement" und „Supply Chain Management".

  In diesem Bereich gehören etwa „Einkaufsplattformen", aber auch Bewerbungsportale im Internet, bei denen Bewerber nach einem vorgegebenen Raster Angaben machen. Ferner stellen sich hier rechtlich relevante Fragen der Verknüpfung eigener DV-Systeme mit DV-Systemen von Lieferanten (etwa die Frage, welche Formen der Dokumentation vertragsrechtlich oder steuerrechtlich anerkannt werden).

- Absatzseite

  Hier geht es darum, vom Unternehmen angebotene Waren oder Dienstleistungen am Markt zu platzieren. Nur in diesem Zusammenhang wird üblicherweise der Begriff E-Commerce benutzt. Im Mittelpunkt steht also das Verhältnis zum Kunden. Dieser Kunde kann dabei sein

  > ebenfalls Unternehmer („B to B" – Business to Business, siehe dazu auch § 14 BGB, wo der Begriff des Unternehmers definiert ist) oder

  > Endverbraucher („B to C" – Business to Consumer, siehe dazu auch § 13 BGB, der eine Definition des Verbraucherbegriffs enthält).

Sowohl auf der Beschaffungs- wie auf der Absatzseite ist das E-Business dadurch gekennzeichnet, dass möglichst alle Abläufe in der Beziehung zwischen den Beteiligten digitalisiert und so Medienbrüche vermieden werden. Ideales Ergebnis wäre

Electronic Commerce (E-Commerce)

dabei, dass alle Teilschritte einer Transaktion elektronisch ablaufen. Verwirklicht ist dies beim Download von Musik oder Software.

Beispiel: Download von Musik
- Der Kunde sucht sich aus einer im Internet zugänglichen Datenbank die Musikstücke aus, die er wünscht.
- Er bestellt sie über eine „Shopfunktion" zum Download.
- Der Download als Liefervorgang erfolgt durch Übermittlung einer Datei an ihn oder durch die Möglichkeit, per Streaming auf einen Datenbestand zuzugreifen.
- Die Bezahlung erfolgt im Weg der automatischen Abbuchung von seinem Konto. Die entsprechende Einwilligung hat er vorher elektronisch erteilt.

Einen kompakten Überblick zu Vorsichtsmaßnahmen, die Unternehmen beim E-Commerce beachten sollten, bietet der E-Commerce-Leitfaden, 3. Auflage 2012, kostenlos abrufbar unter http://www.rehmnetz.de/it-recht/ecommerceleitfaden. Die wirtschaftlichen Aspekte (einschließlich Werbung) sind in einer Broschüre des BITKOM umfassend geschildert (Stand: Februar 2009, abrufbar unter http://www.rehmnetz.de/it-recht/praxisleitfadenecommerce.

3. E-Business und Internet

Das Beispiel „Download von Musik" zeigt, dass E-Business/E-Commerce und Internet engstens miteinander in Verbindung stehen. Das Internet ist das zentrale Instrument, mit dem die Idee medienbruchfreier, vollelektronischer Abläufe erstmals auch im Verhältnis zum Endverbraucher umgesetzt werden kann.

Das Recht des E-Commerce ist daher vom Internet-Recht kaum zu trennen. Manche gehen sogar davon aus, dass das Recht des E-Commerce inzwischen ein Teilgebiet des Internetrechts darstellt. Solche rechtsdogmatischen Diskussionen führen in der Praxis jedoch nicht zu zusätzlichen Erkenntnissen und sollen deshalb hier unterbleiben.

II. Meilensteine des europarechtlichen Rahmens

1. Richtlinie 2000/31/EG über den elektronischen Geschäftsverkehr

1.1 Wesentlicher Inhalt

Maßgeblicher erster Meilenstein auf EU-Ebene war die Richtlinie über den elektronischen Geschäftsverkehr 2000/31/EG vom 8.6.2000. Eine ausführliche Darstellung ihrer Entstehung ist abrufbar unter http://www.rehmnetz.de/it-recht/ecommercerichtlinie2000. Dort findet sich auch der Text der Richtlinie. Ausgangspunkt bei der Erarbeitung dieser Richtlinie war die Feststellung, dass die Entwicklung der Informationsgesellschaft auf EU-Ebene durch rechtliche Hemmnisse behindert wurde. Diese sah man in zweierlei Hinsicht (siehe Erwägungsgrund 5 der Richtlinie):

- Unterschiede in den innerstaatlichen Rechtsvorschriften,
- Rechtsunsicherheit hinsichtlich der Frage, welche nationalen Regelungen jeweils anwendbar sind.

Um dies zu beheben, griff man gezielt die Rechtsbegriffe heraus, die in unterschiedlicher Weise verwendet wurden, stellte sie klar und harmonisierte, soweit für das Funktionieren des Binnenmarkts nötig, auch den Inhalt von Rechtsvorschriften (Erwägungsgrund 6 der Richtlinie). Ausgeklammert wurden ganz bewusst das Strafrecht (siehe Erwägungsgrund 8) und das Steuerrecht (Erwägungsgrund 13). Die Richtlinie war also – anders als wesentliche Teile der späteren Richtlinie 2011/83/EU, auf die unter II.3 eingegangen wird – nie als „Vollregelung" konzipiert, sondern eher als Katalysator für die Fortentwicklung der nationalen Rechtsordnungen gedacht. Aus dem Abstand von einigen Jahren lässt sich sagen, dass dieses ebenso begrenzte wie wichtige Ziel auch tatsächlich erreicht wurde. Dies gelang im Wesentlichen durch Vorgaben für vier Regelungskomplexe:

(1) Impressumspflichten bei Webangeboten (Art. 5 der Richtlinie)

Die Richtlinie verwendete den aus dem Presserecht übernommenen und inzwischen üblich gewordenen Begriff „Impressum" noch nicht, sondern sprach pauschal von „Allgemeinen Informationspflichten". Deren Inhalt zeigte aber deutlich, worum es ging: Es sollte sofort zu sehen sein, wer „hinter einem Angebot steckt" – einschließlich der rechtlich zentral bedeutsamen (ladungsfähigen) Anschrift und etwaiger Handelsregistereintragungen (unentbehrlich für die Feststellung von Vertretungsbefugnissen usw.).

(2) Informationspflichten bei der Ansprache von Kunden oder potentiellen Kunden (Art. 6 bis 8 der Richtlinie)

Hier stand der Schutz des Kunden vor Täuschung über den kommerziellen Charakter von Angeboten und vor unerwünschter Werbung im Vordergrund. Ferner wurde darauf Bedacht genommen, dass das Standesrecht freier Berufe im Internet nicht verletzt wird.

(3) Regelungen für den Abschluss von Verträgen auf elektronischem Weg (Art. 9 bis 11 der Richtlinie)

Diese Vorgaben griffen tief in das traditionelle Vertragsrecht ein. Insbesondere verlangten sie, die Regelungen zum Vertragsschluss so auszugestalten, dass diese den Abschluss von Verträgen auf elektronischem Weg nicht behindern.

(4) Vorgaben für die Verantwortlichkeit bei Internetangeboten (Art. 12 bis 15 der Richtlinie)

Diese Vorschriften waren von zentraler Bedeutung für die Haftungsrisiken bei Internetangeboten, insbesondere für die Betreiber von Plattformen und ähnlichen Einrichtungen.

Die Richtlinie als solche ist inzwischen mit Wirkung vom 13.6.2014 außer Kraft getreten (siehe Art. 31 der Verbraucherrechterichtlinie 2011/83/EU vom 25.10.2011, EG-ABl. 304/64 vom 22.11.2011). Ihr Inhalt wurde dabei in wesentlichen Teilen in die Verbraucherrechterichtlinie übernommen.

1.2 Umsetzung im deutschen Recht

Im deutschen Recht wurden die Vorgaben der E-Commerce-Richtlinie durch mehrere Regelungskomplexe umgesetzt. Sie haben ihre inhaltliche Bedeutung trotz der Aufhebung der Richtlinie 2000/31/EG, die ihnen ursprünglich zugrunde lag, behalten, weil die inzwischen maßgebliche Verbraucherrechterichtlinie 2011/83/EU (siehe dazu II.3), ebenfalls entsprechende Vorgaben macht:

(1) Impressumspflichten bei Webangeboten

Hier ist vor allem § 5 TMG maßgeblich. Das Telemediengesetz (TMG) vom 26.2.2007 (BGBl. I, S. 179, inzwischen mehrfach geändert und ergänzt) ist an die Stelle des früheren Teledienstgesetzes vom 22.7.1997 (BGBl. I, S. 1870) getreten, das als erste Umsetzung der E-Commerce-Richtlinie in nationales Recht konzipiert war. Eine gründliche Darstellung, was in einem Impressum alles enthalten sein muss, finden Sie unter dem Stichwort → *Impressum*.

(2) Informationspflichten bei der Ansprache von Kunden oder potentiellen Kunden

Diese Regelungen sind zum einem in § 6 TMG enthalten. Daneben (siehe § 6 Abs. 3 TMG) gelten die Bestimmungen des Gesetzes gegen unlauteren Wettbewerb, das in § 7 (unzumutbare Belästigungen) bestimmte Werbemethoden untersagt.

Beispiel:
> Ein Verbraucher (zum Begriff siehe § 13 BGB) erhält einen Werbeanruf, ohne dass er vorher seine Einwilligung erteilt hat.

Dieses Verfahren ist wettbewerbswidrig (§ 7 Abs. 2 Nr. 2 UWG).

(3) Regelungen für den Abschluss von Verträgen auf elektronischem Weg

Diese Aspekte waren zunächst im Fernabsatzgesetz vom 27.6.2000 (BGBl. I, S. 897) umgesetzt. Dieses Gesetz ist inzwischen aufgehoben. Sein Inhalt wurde in das BGB integriert (siehe dort jetzt §§ 312 ff. BGB). Diese Regelungen wurden inzwischen bei der Umsetzung der Verbraucherrechterichtlinie 2011/83/EU erheblich geändert (siehe dazu das Umsetzungsgesetz vom 27.9.2013, BGBl. I 2013, S. 3642).

(4) Vorgaben für die Verantwortlichkeit bei Internetangeboten

Sie waren zunächst im Teledienstegesetz (TDG) enthalten, an dessen Stelle inzwischen seit 1.3.2007 Abschnitt 3 (§§ 7–10) des TMG getreten ist.

Ein wichtiger Diskussionspunkt in diesem Bereich ist die Frage, ob die Regelungen im 3. Abschnitt des TMG auch Unterlassungsansprüche ausschließen oder „nur" Schadensersatzansprüche sowie eine etwaige Strafbarkeit.

Die Frage ist im Markenrecht und im Wettbewerbsrecht von großer Bedeutung. „Leitentscheidungen" sind die drei „Rolex-Fälle", die der Bundesgerichtshof entschieden hat (Rolex I, Urteil vom 11.3.2004 – I ZR 304/01, Rolex II, Urteil vom 19.4.2007 – I ZR 35/04, Rolex III, Urteil vom 30.4.2008 – I ZR 73/05, alle abrufbar unter www.bundesgerichtshof.de/Button „Entscheidungen").

Dabei ging es um die Pflichten, die ein Internetauktionshaus wie etwa eBay hat, wenn auf seiner Plattform Plagiate geschützter Markenartikel verkauft werden, etwa Plagiate der ebenso bekannten wie teuren Rolexuhren.

§ 7 Abs. 2 Satz 1 TMG legt zunächst den Schluss nahe, dass es dem Betreiber einer Plattform schlicht egal sein kann, ob Plagiate verkauft werden, sofern er nicht direkt auf ein solches Geschehen hingewiesen wird („... nicht verpflichtet, die ... Informationen zu überwachen oder nach Umständen zu forschen, die auf eine rechtswidrige Tätigkeit hinweisen"). Diesen Schluss lehnt der BGH jedoch ab und verweist auf § 7 Abs. 2 Satz 2 TMG, wonach die Verpflichtung zur Entfernung von Informationen nach allgemeinen Gesetzen unberührt bleibt. Daraus leitet der BGH ab:

- Unterlassungsansprüche bleiben von den Haftungsprivilegien im TMG völlig unberührt und gelten weiterhin.
- Der sehr weite „Störerbegriff" des deutschen Wettbewerbs- und Markenrechts wird vom TMG in keiner Weise eingeschränkt. Wer eine Plattform betreibt, ist Störer in diesem Sinn, wenn er trotz klarer Hinweise auf Rechtsverletzungen nicht handelt.
- Das gilt auch für lediglich vorbeugende Unterlassungsansprüche (so Rolex II).

In der Entscheidung Rolex III hat der Bundesgerichtshof diese Grundsätze nochmals bestätigt.

Im Ergebnis läuft diese Rechtsprechung darauf hinaus, dass ein Betreiber seine Plattform eben doch überwachen muss, indem er beispielsweise eine **„Filtersoftware"** einsetzt, um „verdächtige" Angebote auszusortieren (im konkreten Fall etwa Angebote, in denen der Begriff „Rolex-Imitat" auftaucht).

2. Richtlinie 97/7/EG über den Verbraucherschutz bei Vertragsabschlüssen im Fernabsatz

2.1 Wesentlicher Inhalt

Diese Richtlinie zielte an sich nicht spezifisch auf den Elektronischen Geschäftsverkehr. Darauf deutet schon das Datum ihrer Verabschiedung (20.5.1997), denn erst seit etwa 1995 wurde allgemein bewusst, dass das Internet sich zur kommerziellen Nutzung eignet, und zwar auch gerade im Verhältnis zum Endverbraucher. Auch diese Richtlinie ist inzwischen formal aufgehoben durch Art. 31 der Verbraucherrechterichtlinie 2011/83/EU, die aber aus der aufgehobenen Richtlinie wesentliche Inhalte in angepasster Form übernommen hat.

Bleibend bedeutsamer Ansatzpunkt der Richtlinie war die Überlegung, dass sich grenzüberschreitende „Distanzgeschäfte", bei dem sich die Vertragsparteien nicht persönlich treffen, in einem gemeinsamen Binnenmarkt geradezu anbieten und entsprechend gefördert werden sollen. Deshalb wollte man Schutzvorschriften entwickeln, die das „Entstehen von rechtlichen Nachteilen aus der geographischen Entfernung" vermeiden.

Dementsprechend galt die Richtlinie laut Art. 1 für alle „Vertragsabschlüsse im Fernabsatz", also für alle Verträge, bei deren Abschluss ausschließlich „Fernkommunikationstechniken" verwendet werden. Darunter waren gemäß Art. 2 Nr. 4 i. V. m. Anhang I der Richtlinie zu verstehen:

- Drucksachen ohne Anschrift,
- Drucksachen mit Anschrift,
- vorgefertigter Standardbrief,
- Pressewerbung mit Bestellschein,
- Katalog,

Electronic Commerce (E-Commerce)

- telefonische Kommunikation mit Person als Gesprächspartner,
- telefonische Kommunikation mit Automaten als Gesprächspartner (Voice-Mail-System, Audiotext),
- Hörfunk,
- Bildtelefon,
- Videotext (Mikrocomputer, Fernsehbildschirm) mit Tastatur oder Kontaktbildschirm),
- elektronische Post,
- Fernkopie (Telefax),
- Fernsehen (Teleshopping).

Aus gutem Grund war in Art. 2 Nr. 4 der Richtlinie festgehalten, dass es sich um eine „beispielhafte Liste" handelt. Denn manche Technik wurde schon bald kaum noch angewandt (etwa Videotext), andere Kommunikationswege (etwa die nicht genannte E-Mail) kamen hinzu.

Außer Informationspflichten des Unternehmens gegenüber dem Verbraucher (Art. 4 der Richtlinie) enthielt die Richtlinie als wesentliche, dem deutschen Recht bis dahin völlig unbekannte Neuerung ein Widerrufsrecht des Verbrauchers, das nicht an besondere Gründe geknüpft war (Art. 6 der Richtlinie).

Der Text der Richtlinie ist abrufbar unter http://www.rehmnetz.de/it-recht/fernabsatzrichtlinie.

Über die Umsetzung der Richtlinie hat die EU-Kommission 2006 ausführlich berichtet, siehe http://www.rehmnetz.de/it-recht/berichtfernabsatz.

2.2 Umsetzung im deutschen Recht

Wegen der Kompetenzverteilung zwischen Bund und Ländern war eine einheitliche Regelung an einer Stelle nicht möglich. Deshalb erfolgte die Umsetzung, was Rundfunk und Fernsehen betrifft, im Rundfunkstaatsvertrag (siehe dort § 2 Nr. 8 – Teleshopping – und der VI. Abschnitt – Telemedien). Im Übrigen fanden sich die meisten Regelungen im BGB selbst (Fernabsatzbestimmungen, damals §§ 312b–312f BGB in der Fassung bis 14.6.2014).

2.3 Das Widerrufsrecht des Verbrauchers

Die zentral bedeutsame Regelung des Widerrufsrechts war bis 14.6.2014 in § 312d BGB i. V. m. § 355 Abs. 1 BGB in der bis dahin geltenden Fassung enthalten. Es gab dem Verbraucher erstmals das Recht, binnen einer Frist von zwei Wochen ohne jede Begründung von einem Fernabsatzvertrag zurückzutreten. Kosten durften ihm dabei nicht entstehen (§ 357 Abs. 2 Satz 2 BGB). Die Zweiwochenfrist begann dabei erst, wenn der Unternehmer den Verbraucher ordnungsgemäß über sein Widerrufsrecht unterrichtet hatte.

Ausführlich zum Thema nach jetzt aktuellem Stand siehe das Stichwort → Widerrufsrecht.

3. Richtlinie 2011/83/EU über die Rechte der Verbraucher

3.1 Wesentlicher Inhalt

Die Richtlinie ist ein Ergebnis der Überprüfung der bisher vorhandenen Richtlinien, die vorstehend dargestellt wurden. Mit eingeflossen ist außerdem die Überprüfung der Richtlinie 85/577/EWG vom 20. Dezember 1985 betreffend den Verbraucherschutz im Falle von außerhalb von Geschäftsräumen geschlossenen Verträgen. Dabei stellte sich laut Darstellung in den Erwägungsgründen der Richtlinie 2011/83/EU Folgendes heraus:

- Das grenzüberschreitende Potenzial des Versandhandels wird nicht in vollem Umfang ausgeschöpft. Während der inländische Versandhandel in der Europäischen Union in den letzten Jahren stark gewachsen ist, gab es im grenzüberschreitenden Versandhandel nur ein geringes Wachstum (Erwägungsgrund 5).

- Dies soll unter anderem darauf zurückgehen, dass es in den Mitgliedstaaten unterschiedliche Verbraucherschutzvorschriften gibt, an die sich die Wirtschaft halten muss. Deshalb harmonisiert die Richtlinie die Verbraucherinformationen und das Widerrufsrecht in Verträgen, die im Fernabsatz oder außerhalb von Geschäftsräumen geschlossen werden, vollständig. Davon erhofft sie sich einerseits ein hohes Verbraucherschutzniveau und andererseits ein besseres Funktionierenden des Binnenmarkts durch mehr grenzüberschreitende Geschäfte (Erwägungsgrund 5).

- Diese Harmonisierung soll auch dafür sorgen, dass Unternehmen, die ihre Waren oder Dienstleistungen grenzüberschreitend anbieten wollen, keine höheren Kosten mehr durch die Einhaltung unterschiedliche Rechtsvorschriften in den Mitgliedstaaten haben (Erwägungsgrund 6).

Diesen Absichten entsprechend bilden den Kern der Richtlinie Vorgaben für die Information des Verbrauchers (Kapitel II), das Widerrufsrecht (Kapitel III) und sonstige Verbraucherrechte (Kapitel IV). Damit greift die Richtlinie Regelungskomplexe auf, die größtenteils schon in den früheren, vorstehend geschilderten Richtlinien enthalten waren. Allerdings werden viele Rechte des Verbrauchers präzisiert und vor allem wird der Spielraum der Mitgliedstaaten bei der Umsetzung der Richtlinie in nationales Recht deutlich eingeengt. Dies ergibt sich aus Art. 4 der Richtlinie, der zum „Grad der Harmonisierung" Folgendes festlegt:

Sofern diese Richtlinie nichts anderes bestimmt, erhalten die Mitgliedstaaten weder von den Bestimmungen dieser Richtlinie abweichende innerstaatliche Rechtsvorschriften aufrecht noch führen sie solche ein; dies gilt auch für strengere oder weniger strenge Rechtsvorschriften zur Gewährleistung eines anderen Verbraucherschutzniveaus.

Damit können die Mitgliedstaaten von den Vorgaben der Richtlinie nur noch dann abweichen, wenn die Richtlinie dies ausdrücklich vorsieht. Die bisherigen Richtlinien 97/7/EG und 2000/31/EG, die den Mitgliedstaaten insoweit mehr Freiheiten ließen, wurden konsequenterweise durch Art. 31 der Richtlinie 2011/83/EU aufgehoben.

3.2 Umsetzung im deutschen Recht

In nationales deutsches Recht umgesetzt wurde die Richtlinie durch das Gesetz zur Umsetzung der Richtlinie 2011/83/EU (BGBl. I 2013, S. 3642), das am Tag des Inkrafttretens der Richtlinie, also am 13.6.2014, in Kraft trat. Dies war notwendig, da die Richtlinie eine Umsetzung bis zu diesem Zeitpunkt vorsah.

Electronic Commerce (E-Commerce)

III. Nicht europarechtlich geregelte Aspekte

1. Recht der Domain-Namen

1.1 Knappheit geeigneter Domain-Namen

Um eine Webseite eindeutig adressieren zu können, kann es jede Webadresse nur einmal geben. Scheinbare Ausnahmen gelten nur dann, wenn dieselbe „Second-Level-Domain" (etwa „internetrecht") unter verschiedenen „Top-Level-Domains" (etwa „de" und „at") benutzt wird (also etwa „www.internetrecht.de" neben „www.internetrecht.at"). In Verbindung mit der Tatsache, dass das Vorkommen kurzer Adressen (etwa mit drei Buchstaben in der Second-Level-Domain) zahlenmäßig begrenzt ist und vor dem weiteren Hintergrund, dass nur verständliche Adressen praktisch brauchbar sind (niemand kann etwa mit „www.mgdbpstf.de" etwas anfangen), führt dies rasch dazu, dass sich bei den wenigen, wirklich gut geeigneten Adressen Kollisionen zwischen den Interessen verschiedener Beteiligter ergeben.

Beispiele:

- Ein Herr namens Krupp, aber ohne jeden Bezug zu der bekannten Stahlfirma, sichert sich bei DENIC (www.denic.de) die Adresse „www.krupp.de", was der bekannten Stahlfirma dieses Namens missfällt.

  → Fall der Interessenskollision bei einem überragend bekannten Namen.

- Eine Partnervermittlung sichert sich die Seite www.freundin.de und kommt dadurch in Kollision mit den Interessen des Verlags der bekannten Frauenzeitschrift „Freundin".

  → Fall der Interessenkollision eines Gattungsnamens mit der Bezeichnung eines Produkts.

- Ein Ehepaar gibt unter www.saeugling.de (inzwischen nicht mehr im Netz verfügbar) Tipps zur Säuglingspflege, was einem Journalist namens Säugling missfällt.

  → Fall der Interessenskollision zwischen einem Namensträger und Handelnden mit rein ideellen Interessen.

Die entsprechenden Fälle gehen inzwischen in die Hunderte. Erste veröffentlichte Entscheidungen zu diesem Rechtsgebiet war im Jahr 1996 der Streit um die Webadresse „www.heidelberg.de". Eine detaillierte Darstellung finden Sie beim Stichwort Domains und Kennzeichenrechte.

Noch keine Auswirkungen im Bereich der Rechtsprechung hat die Umstellung auf IPv6. Dies Version 6 des Internet-Protokoll wird weit mehr Webadressen als bisher zur Verfügung stellen, aber im Ergebnis nichts daran ändern, dass „gute" (kurze, leicht merkbare) Internetadressen Mangelware bleiben. Die Einführung von IPv6 verringert das Streitpotential daher kaum.

1.2 Rechtliche Ansatzpunkte

Eine europarechtliche Regelung zur Problematik der Domain-Namen fehlt. Folgende drei Ansatzpunkte im nationalen Recht bieten Schutzmöglichkeiten:

- Namensrecht (§ 12 BGB)

  Voraussetzung ist, dass es sich beim „Domain-Namen" um den Namen einer natürlichen oder juristischen Person handelt, die tatsächlich existiert und nicht nur um den Namen eines Produkts.

- Recht des unlauteren Wettbewerbs (§ 8 i. V. m. §§ 3, 4 UWG)

  Hier kommt es darauf an, ob in der Verwendung eines Domain-Namens eine wettbewerbsrechtlich relevante Handlung liegt. Das ist vor allem dann der Fall, wenn bewusst die Nähe zu einem bekannten Firmennamen gesucht wird.

- Markenrecht (§ 14 i. V. m. §§ 3, 4 MarkenG)

  Es greift dann ein, wenn ein Unbefugter eine markenrechtlich geschützte Bezeichnung als Domainnamen verwendet.

2. Strafrechtlich relevante Verstöße

2.1 Strafrecht als nationales Recht

Die Europäische Union hat auf dem Gebiet des Strafrechts nach wie vor keine Rechtsetzungsbefugnisse. Auf der Ebene des Völkerrechts gibt es eine „Cyber Crime Convention" des Europarats (http://www.rehmnetz.de/it-recht/cybercrimeconvention). Sie ist am 18.3.2004 in Kraft getreten und wurde u. a. von Deutschland ratifiziert. Auswirkungen hat aber auch sie nur dann, wenn das nationale Recht daran angepasst wird.

2.2 Typische Verstöße

Typische Erscheinungsformen der Internetkriminalität im Zusammenhang mit E-Commerce sind:

- Computerbetrug (§ 263a StGB), etwa durch Bankautomatenmissbrauch,

- Ausspähen von Daten (§ 202a StGB), etwa durch Einschleusen von Trojanern,

- Datenveränderung (§ 303a StGB), etwa durch Einschleusen von Viren.

IV. Checkliste Electronic Commerce

- ❏ E-Commerce zielt darauf, möglichst alle Abläufe zu digitalisieren und Medienbrüche zu vermeiden.

- ❏ E-Commerce-Recht und Internetrecht lassen sich kaum trennen, da das Internet das zentrale Instrument des E-Commerce darstellt.

- ❏ Wesentliche Aspekte des E-Commerce sind europarechtlich geprägt. Das gilt etwa für Impressumspflichten bei Webangeboten, Regelungen für elektronische Vertragsabschlüsse und zur Verantwortlichkeit (besonders Haftung) für Internetangebote.

- ❏ Wesentliche nationale deutsche Rechtsquellen sind das Telemediengesetz (TMG) und die Fernabsatzregelungen im BGB.

- ❏ Die Fernabsatzregelungen geben dem Verbraucher unter anderem ein Widerrufsrecht, das an keinerlei Voraussetzungen geknüpft ist.

- ❏ Das Recht der Domain-Namen und strafrechtliche Aspekte sind nach wie vor rein national geregelt.

E-Mail-Pflichtangaben

I. Hintergrund

II. Was fällt unter den Begriff „geschäftliche E-Mail"?

III. Konsequenzen bei Fehlen der erforderlichen Pflichtangaben?

IV. Muster
1. Gewerbetreibende/r (nicht im Handelsregister eingetragen)
2. Einzelkaufleute (im Handelsregister eingetragen)
3. Gesellschaft bürgerlichen Rechts (GbR)
4. Offene Handelsgesellschaft (OHG)
5. Kommanditgesellschaft (KG)
6. Kommanditgesellschaft mit beschränkter Haftung (GmbH & Co. KG)
7. Gesellschaft mit beschränkter Haftung (GmbH)
8. Aktiengesellschaft (AG)
9. Genossenschaft
10. Partnerschaftsgesellschaft (PartG) oder Partnerschaftsgesellschaft mit beschränkter Berufshaftung (PartGmbB)

I. Hintergrund

Seit dem 1. Januar 2007 müssen Unternehmen auch im Rahmen ihrer elektronischen Korrespondenz bestimmte Pflichtangaben veröffentlichen. Demnach müssen auch Faxe und E-Mails den bisher nur für den Briefverkehr geltenden Anforderungen der §§ 37a, 125a HGB, 80 AktG, 25a GenG genügen. Davon betroffen sind alle deutschen Kaufleute, Handelsfirmen und ihre Angestellten, die nun jede geschäftliche E-Mail mit den für ihre Rechtsform gültigen Pflichtangaben versehen müssen.

II. Was fällt unter den Begriff „geschäftliche E-Mail"?

Der Begriff „geschäftliche E-Mail" ist sehr weit zu fassen. Darunter fallen nicht nur E-Mails mit rechtlicher Bedeutung, also Angebote, Bestellungen oder Vertragstexte, sondern im Zweifel sogar die Gratulation zum Geburtstag eines Geschäftsfreundes.

Eine gesetzliche Ausnahme gilt lediglich für Mitteilungen in einer laufenden Geschäftsbeziehung, für die üblicherweise Vordrucke verwendet werden (z. B. Eingangsbestätigungen). Diese Ausnahme wird in üblicher E-Mail-Korrespondenz jedoch praktisch fast nie relevant werden. Bei einer rein internen Kommunikation im Unternehmen (E-Mails zwischen Mitarbeitern des gleichen Unternehmens) sind die Pflichtangaben nicht erforderlich.

III. Konsequenzen bei Fehlen der erforderlichen Pflichtangaben?

Fehlen die erforderlichen Pflichtangaben, hat das Registergericht ein Bußgeld zu verhängen. Lediglich bei der Höhe hat es ein Ermessen. Das Bußgeld darf 5.000 € nicht überschreiten (§ 14 HGB). Außerdem besteht das Risiko einer wettbewerbsrechtlichen Abmahnung durch einen Konkurrenten. Dies kann durchaus unangenehmer und kostenintensiver als die Verhängung eines Bußgeldes sein, da alleine die Kosten für die anwaltliche Inanspruchnahme höher liegen dürften, als ein Bußgeld bei einem erstmaligen Verstoß.

Allerdings ist die Rechtsprechung hier teilweise großzügig: Das OLG Brandenburg (Az. 6 U 12/07) etwa sieht bei fehlenden Pflichtangaben in E-Mails nicht die Bagatellgrenze überschritten; das OLG Hamburg jedenfalls dann nicht, wenn die Parteien des Rechtsstreits längere Zeit in vertraglichen Beziehungen standen (Az. 5 U 208/06). Anders urteilte jedoch das LG Baden-Baden (Urteil v. 18.1.2012, Az. 5 O 100/11). Das Risiko besteht damit für Abmahner und Abgemahnte gleichermaßen.

ACHTUNG!

Achten Sie also vorsichtshalber darauf, jede E-Mail mit einem „Footer" oder „Header" zu versehen, aus dem die entsprechenden Angaben hervorgehen. Dies kann beispielsweise durch vorformulierte und im E-Mailprogramm gespeicherte sogenannte „Signaturen" bewerkstelligt werden. Dabei ist darauf zu achten, dass die Angaben in der E-Mail selbst stehen. Ein bloßer Link auf die Unternehmenswebsite reicht insoweit nicht aus. Eine bestimmte Form, z. B. eine besondere Schriftart oder -größe, ist für die Pflichtangaben nicht vorgeschrieben. Es sollte jedoch darauf geachtet werden, dass die Angaben auch bei einem eventuellen Ausdruck gut zu lesen sind.

IV. Muster

Um nun allen Handels- bzw. Kleingewerbetreibenden auf unkompliziertem Wege eine korrekte Kennzeichnung ihrer Korrespondenz zu ermöglichen, werden nachfolgend die wichtigsten Muster zum Thema angegeben.

1. Muster: Gewerbetreibende/r (nicht im Handelsregister eingetragen)

Max Mustermann*

Mustermannstr. 1

80339 München

Legende:

* *Gemäß § 15b Gewerbeordnung reicht die Angabe des Vor- und Nachnamens sowie die ladungsfähige Adresse der/s Gewerbetreibende/n aus. Dabei ist darauf zu achten, dass der Vor- und Nachname der Schreibweise im Personalausweis entsprechen muss und nicht etwa abgekürzt werden darf.*

ACHTUNG!

- Die oben angegebenen Pflichtangaben müssen in jedem Schreiben enthalten sein, das in geschäftlicher Angelegenheit an einen bestimmten Empfänger gerichtet ist – also z. B. Rechnungen, Angebote, Auftrags- und Anfragebestätigungen, Bestell- und Lieferscheine sowie Quittungen.

- Es spielt in Bezug auf die notwendigen Pflichtangaben keine Rolle, ob eine E-Mail eigenhändig verfasst oder automatisch generiert wurde.

- Die Pflichtangaben müssen im E-Mail-Body enthalten sein und zwar dergestalt, dass sie leicht erkennbar, unmittelbar erreichbar und ständig verfügbar sind.

- Zu den Pflichtangaben zählt **nicht** die Angabe einer Telefon- oder Faxnummer, eines Postfachs oder einer Bankverbindung.

E-Mail-Pflichtangaben

2. Muster: Einzelkaufleute (im Handelsregister eingetragen)

Motor Mustermann, e. K.*

Mustermannstr. 1

80339 München

Registergericht: Amtsgericht München, HRA 11111

Legende:

* *Gemäß § 37a HGB muss der Firmenname in Übereinstimmung mit dem im Handelsregister eingetragenen Wortlaut, dem Rechtsformzusatz (wie etwa der Bezeichnung „eingetragener Kaufmann" bzw. „e. K." oder „e.Kfm.", „eingetragene Kauffrau" bzw. „e.Kfr."), dem Ort der Handelsniederlassung, dem zuständigen Registergericht sowie der Handelsregisternummer angegeben sein. Der Name des/der Inhaber/in braucht dagegen nicht veröffentlicht zu werden.*

ACHTUNG!

- Die oben angegebenen Pflichtangaben müssen in jedem Schreiben enthalten sein, das in geschäftlicher Angelegenheit an einen bestimmten Empfänger gerichtet ist – also z. B. Rechnungen, Angebote, Auftrags- und Anfragebestätigungen, Bestell- und Lieferscheine sowie Quittungen.

- Es spielt in Bezug auf die notwendigen Pflichtangaben keine Rolle, ob eine E-Mail eigenhändig verfasst oder automatisch generiert wurde.

- Die Pflichtangaben müssen im E-Mail-Body enthalten sein und zwar dergestalt, dass sie leicht erkennbar, unmittelbar erreichbar und ständig verfügbar sind.

- Zu den Pflichtangaben zählt **nicht** die Angabe einer Telefon- oder Faxnummer, eines Postfachs oder einer Bankverbindung. Die Angabe der Geschäftsanschrift am Firmensitz wird empfohlen, auch wenn nach den gesetzlichen Bestimmungen die Angabe des Ortes, an dem sich der Firmensitz befindet, ausreichend ist.

3. Muster: Gesellschaft bürgerlichen Rechts (GbR)

Max Mustermann und Stefanie Mustermann GbR*

Mustermannstr. 1

80339 München

Legende:

* *Gemäß § 15b Gewerbeordnung reicht die Angabe des Vor- und Nachnamens eines jeden Gesellschafters sowie die ladungsfähige Anschrift der GbR aus. Dabei ist darauf zu achten, dass der Vor- und Nachname der Schreibweise im Personalausweis entsprechen, also nicht etwa abgekürzt werden darf. Aus Gründen der Rechtsklarheit wird zudem die Angabe des Zusatzes „GbR" empfohlen.*

ACHTUNG!

- Die oben angegebenen Pflichtangaben müssen in jedem Schreiben enthalten sein, das in geschäftlicher Angelegenheit an einen bestimmten Empfänger gerichtet ist – also z. B. Rechnungen, Angebote, Auftrags- und Anfragebestätigungen, Bestell- und Lieferscheine sowie Quittungen.

- Es spielt in Bezug auf die notwendigen Pflichtangaben keine Rolle, ob eine E-Mail eigenhändig verfasst oder automatisch generiert wurde.

- Die Pflichtangaben müssen im E-Mail-Body enthalten sein und zwar dergestalt, dass sie leicht erkennbar, unmittelbar erreichbar und ständig verfügbar sind.

- Das Fehlen der oben genannten Pflichtangaben kann von den Ordnungsämtern mit Bußgeldern bis zu 1000 € geahndet werden, vgl. § 146 Abs. 3 Gewerbeordnung (GewO).

- Zu den Pflichtangaben zählt **nicht** die Angabe einer Telefon- oder Faxnummer, eines Postfachs oder einer Bankverbindung.

4. Muster: Offene Handelsgesellschaft (OHG)

Motor Mustermann OHG*

Mustermannstr. 1

80339 München

Registergericht: Amtsgericht München, HRA 11111

Legende:

* *Gemäß § 125a HGB ist der Firmenname in Übereinstimmung mit dem im Handelsregister eingetragenen Wortlaut zu nennen. Darüber hinaus ist der Rechtsformzusatz (die Abkürzung „OHG" reicht aus), der Ort der Handelsniederlassung, das Registergericht sowie die Handelsregisternummer anzugeben.*

ACHTUNG!

- Sollte kein Gesellschafter der OHG eine natürliche Person sein, so hat die E-Mail auch die Firmen aller persönlich haftenden Gesellschafter anzugeben. Für den Fall, dass es sich bei den persönlich haftenden Gesellschaftern um eine GmbH oder eine Aktiengesellschaft (AG) handeln sollte, müssen die für diese Rechtsform vorgeschriebenen Angaben mit veröffentlicht werden (vgl. § 125a Abs. 1 S. 2 HGB).

- Die oben angegebenen Pflichtangaben müssen in jedem Schreiben enthalten sein, das in geschäftlicher Angelegenheit an einen bestimmten Empfänger gerichtet ist – also z. B. Rechnungen, Angebote, Auftrags- und Anfragebestätigungen, Bestell- und Lieferscheine sowie Quittungen.

- Es spielt in Bezug auf die notwendigen Pflichtangaben keine Rolle, ob eine E-Mail eigenhändig verfasst oder automatisch generiert wurde.

- Die Pflichtangaben müssen im E-Mail-Body enthalten sein und zwar dergestalt, dass sie leicht erkennbar, unmittelbar erreichbar und ständig verfügbar sind.

- Zu den Pflichtangaben zählt **nicht** die Angabe, einer Telefon- oder Faxnummer, eines Postfachs oder einer Bankverbindung. Die Angabe der Geschäftsanschrift am Firmensitz wird empfohlen, auch wenn nach den gesetzlichen Bestimmungen die Angabe des Ortes, an dem sich der Firmensitz befindet, ausreichend ist.

E-Mail-Pflichtangaben

5. Muster: Kommanditgesellschaft (KG)

Motor Mustermann KG*

Mustermannstr. 1

80339 München

Registergericht: Amtsgericht München, HRA 11111

Legende:

* *Gemäß §§ 177a, 125a HGB ist der Firmenname in Übereinstimmung mit dem im Handelsregister eingetragenen Wortlaut zu nennen. Darüber hinaus ist der Rechtsformzusatz (die Abkürzung „KG" reicht aus), der Ort der Handelsniederlassung, das Registergericht sowie die Handelsregisternummer anzugeben.*

 ACHTUNG!

- Sollte kein Gesellschafter der KG eine natürliche Person sein, so hat die E-Mail auch die Firmen aller persönlich haftenden Gesellschafter anzugeben. Für den Fall, dass es sich bei den persönlich haftenden Gesellschaftern um eine GmbH oder eine Aktiengesellschaft (AG) handeln sollte, müssen die für diese Rechtsform vorgeschriebenen Angaben mit veröffentlicht werden (vgl. §§ 177a, 125a Abs. 1 S. 2 HGB).

- Die oben angegebenen Pflichtangaben müssen in jedem Schreiben enthalten sein, das in geschäftlicher Angelegenheit an einen bestimmten Empfänger gerichtet ist – also z. B. Rechnungen, Angebote, Auftrags- und Anfragebestätigungen, Bestell- und Lieferscheine sowie Quittungen.

- Es spielt in Bezug auf die notwendigen Pflichtangaben keine Rolle, ob eine E-Mail eigenhändig verfasst oder automatisch generiert wurde.

- Die Pflichtangaben müssen im E-Mail-Body enthalten sein und zwar dergestalt, dass sie leicht erkennbar, unmittelbar erreichbar und ständig verfügbar sind.

- Zu den Pflichtangaben zählt **nicht** die Angabe einer Telefon- oder Faxnummer, eines Postfachs oder einer Bankverbindung. Die Angabe der Geschäftsanschrift am Firmensitz wird empfohlen, auch wenn nach den gesetzlichen Bestimmungen die Angabe des Ortes, an dem sich der Firmensitz befindet, ausreichend ist.

6. Muster: Kommanditgesellschaft mit beschränkter Haftung (GmbH & Co. KG)

Motor Mustermann GmbH & Co. KG*

Mustermannstr. 1

80339 München

Registergericht: Amtsgericht München, HRA 11111

Persönlich haftende Gesellschafterin**: Mustermann GmbH

Mustermannstr. 2

80339 München

Registergericht: Amtsgericht München, HRB 11111

Geschäftsführer: Max Mustermann, Steffi Mustermann***

Aufsichtsratsvorsitzende: Elisabeth Mustermann****

Legende:

* *Gemäß §§ 177a, 125a HGB und § 35a GmbH ist der Firmenname in Übereinstimmung mit dem im Handelsregister eingetragenen Wortlaut zu nennen. Darüber hinaus ist der Rechtsformzusatz (die Abkürzung „GmbH & Co. KG" reicht aus), der Ort der Handelsniederlassung, das Registergericht sowie die Handelsregisternummer anzugeben.*

** *Zusätzlich ist die persönlich haftende Gesellschafterin anzugeben und zwar wiederum mit ihrem Rechtsformzusatz (die Abkürzung „GmbH" reicht aus), der Ort der Handelsniederlassung, das Registergericht sowie der Handelsregisternummer.*

*** *Die Vor- und Nachnamen aller Geschäftsführer (einschließlich Stellvertreter, die nicht als solche bezeichnet werden müssen) sind ungekürzt anzugeben. Nach dem OLG Frankfurt (ZIP 86, 47) genügt bei Geschäftsführern mit Doppelnamen die Angabe eines Namens, wenn der Geschäftsführer so auch im Geschäftsverkehr zeichnet und damit eindeutig gekennzeichnet ist.*

**** *Falls es einen Aufsichtsrat geben sollte, bedarf es an dieser Stelle auch des Vor- und Zunamens des Aufsichtsratsvorsitzenden. Falls nur ein Beirat besteht, braucht der Vorsitzende nur genannt werden, sofern der Beirat dem Aufsichtsrat vergleichbare Kontrollfunktion hat. Ein Vorsitzender eines ohne Satzungsgrundlage nur de facto bestehenden Aufsichtsrats ist nicht zu nennen (Irreführungsgefahr).*

 ACHTUNG!

- Zur GmbH (als persönlich haftende Gesellschafterin): Erforderlich sind Angaben über die Höhe des Stammkapitals und über den Gesamtbetrag etwa ausstehender Geld-(nicht Sach-)einlagen nur dann, wenn die Gesellschaft überhaupt Angaben über ihr Kapital (z. B. Bilanzsumme, Höhe des Eigenkapitals) macht. Dies steht ihr jedoch im Prinzip frei.

- Sollte kein Gesellschafter der KG eine natürliche Person sein, so hat die E-Mail auch die Firmen aller persönlich haftenden Gesellschafter anzugeben. Für den Fall, dass es sich bei den persönlich haftenden Gesellschaftern um eine GmbH oder eine Aktiengesellschaft (AG) handeln sollte, müssen die für diese Rechtsform vorgeschriebenen Angaben mit veröffentlicht werden (vgl. §§ 177a, 125a Abs. 1 S. 2 HGB).

- Die oben angegebenen Pflichtangaben müssen in jedem Schreiben enthalten sein, das in geschäftlicher Angelegenheit an einen bestimmten Empfänger gerichtet ist – also z. B. Rechnungen, Angebote, Auftrags- und Anfragebestätigungen, Bestell- und Lieferscheine sowie Quittungen.

- Es spielt in Bezug auf die notwendigen Pflichtangaben keine Rolle, ob eine E-Mail eigenhändig verfasst oder automatisch generiert wurde.

- Die Pflichtangaben müssen im E-Mail-Body enthalten sein und zwar dergestalt, dass sie leicht erkennbar, unmittelbar erreichbar und ständig verfügbar sind.

- Zu den Pflichtangaben zählt **nicht** die Angabe einer Telefon- oder Faxnummer, eines Postfachs oder einer Bankverbindung. Die Angabe der Geschäftsanschrift am Firmensitz wird empfohlen, auch wenn nach den gesetzlichen Bestimmungen die Angabe des Ortes, an dem sich der Firmensitz befindet, ausreichend ist.

E-Mail-Pflichtangaben

7. Muster: Gesellschaft mit beschränkter Haftung (GmbH)

Mustermann GmbH*

Mustermannstr. 1

80339 München

Registergericht: Amtsgericht München, HRB 11111

Geschäftsführer: Max Mustermann, Steffi Mustermann**

Aufsichtsratsvorsitzende: Elisabeth Mustermann***

Legende:

* *Gemäß § 35a GmbH ist der Firmenname in Übereinstimmung mit dem im Handelsregister eingetragenen Wortlaut zu nennen. Darüber hinaus ist der Rechtsformzusatz (die Abkürzung „GmbH" reicht aus), der Ort der Handelsniederlassung, das Registergericht sowie die Handelsregisternummer anzugeben.*

** *Die Vor- und Nachnamen aller Geschäftsführer (einschließlich Stellvertreter, die nicht als solche bezeichnet werden müssen) sind ungekürzt anzugeben. Nach dem OLG Frankfurt (ZIP 86, 47) genügt bei Geschäftsführern mit Doppelnamen die Angabe eines Namens, wenn der Geschäftsführer so auch im Geschäftsverkehr zeichnet und damit eindeutig gekennzeichnet ist.*

*** *Falls es einen Aufsichtsrat geben sollte, bedarf es an dieser Stelle auch der Vor- und Zunamen des Aufsichtsratsvorsitzenden. Falls nur ein Beirat besteht, braucht der Vorsitzende nur genannt werden, sofern der Beirat eine Aufsichtsrat vergleichbare Kontrollfunktion hat. Ein Vorsitzender eines ohne Satzungsgrundlage nur de facto bestehenden Aufsichtsrats ist nicht zu nennen (Irreführungsgefahr).*

ACHTUNG!

- Erforderlich sind Angaben über die Höhe des Stammkapitals und über den Gesamtbetrag etwa ausstehender Geld-(nicht Sach-)einlagen nur dann, wenn die Gesellschaft überhaupt Angaben über ihr Kapital (z. B. Bilanzsumme, Höhe des Eigenkapitals) macht. Dies steht ihr jedoch im Prinzip frei.

- Fällt die Gesellschaft in Konkurs, sind weiterhin (dann im Amt bleibende und nicht durch Liquidatoren ersetzte) Geschäftsführer zu nennen, jedoch neben ihnen auch der Konkursverwalter. Der Zusatz i. L. oder „in Liquidation" ist dem Rechtsformzusatz beizufügen.

- Die oben angegebenen Pflichtangaben müssen in jedem Schreiben enthalten sein, das in geschäftlicher Angelegenheit an einen bestimmten Empfänger gerichtet ist – also z. B. Rechnungen, Angebote, Auftrags- und Anfragebestätigungen, Bestell- und Lieferscheine sowie Quittungen.

- Es spielt in Bezug auf die notwendigen Pflichtangaben keine Rolle, ob eine E-Mail eigenhändig verfasst oder automatisch generiert wurde.

- Die Pflichtangaben müssen im E-Mail-Body enthalten sein und zwar dergestalt, dass sie leicht erkennbar, unmittelbar erreichbar und ständig verfügbar sind.

- Zu den Pflichtangaben zählt **nicht** die Angabe einer Telefon- oder Faxnummer, eines Postfachs oder einer Bankverbindung. Die Angabe der Geschäftsanschrift am Firmensitz wird empfohlen, auch wenn nach den gesetzlichen Bestimmungen die Angabe des Ortes, an dem sich der Firmensitz befindet, ausreichend ist.

8. Muster: Aktiengesellschaft (AG)

Mustermann AG*

Mustermannstr. 1

80339 München

Registergericht: Amtsgericht München, HRB 11111

Vorstandsmitglieder: Max Mustermann, Steffi Mustermann**

Vorstandsvorsitzende: Steffi Mustermann**

Vorsitzender des Aufsichtsrats: Stephan Mustermann**

Legende:

* *Gemäß § 80 AktG ist der Firmenname in Übereinstimmung mit dem im Handelsregister eingetragenen Wortlaut zu nennen. Darüber hinaus ist der Rechtsformzusatz („AG"), der Ort der Handelsniederlassung, das Registergericht sowie die Handelsregisternummer anzugeben.*

** *Nicht vergessen werden darf zudem, dass die ausgeschriebenen Vor- und Zunamen aller Vorstandsmitglieder (und deren Stellvertreter) sowie des Aufsichtsratsvorsitzenden mit zu veröffentlichen sind. Der Vorstandsvorsitzende und der Aufsichtsratsvorsitzende sind als solche übrigens gesondert zu bezeichnen.*

ACHTUNG!

- Es müssen keine Angaben über das Kapital gemacht werden. Werden jedoch (freiwillig) Angaben über das Kapital der Gesellschaft gemacht, ist das Grundkapital, sowie der Gesamtbetrag der ausstehenden Einlagen anzugeben, wenn auf die Aktien der Nennbetrag oder höhere Ausgabebetrag nicht vollständig eingezahlt ist.

- Für den Fall, dass sich die AG in Liquidation befindet, ist darauf hinzuweisen und die Abwickler sind entsprechend zu benennen.

- Die oben angegebenen Pflichtangaben müssen in jedem Schreiben enthalten sein, das in geschäftlicher Angelegenheit an einen bestimmten Empfänger gerichtet ist – also z. B. Rechnungen, Angebote, Auftrags- und Anfragebestätigungen, Bestell- und Lieferscheine sowie Quittungen.

- Es spielt in Bezug auf die notwendigen Pflichtangaben keine Rolle, ob eine E-Mail eigenhändig verfasst oder automatisch generiert wurde.

- Die Pflichtangaben müssen im E-Mail-Body enthalten sein und zwar dergestalt, dass sie leicht erkennbar, unmittelbar erreichbar und ständig verfügbar sind.

- Zu den Pflichtangaben zählt **nicht** die Angabe einer Telefon- oder Faxnummer, eines Postfachs oder einer Bankverbindung. Die Angabe der Geschäftsanschrift am Firmensitz wird empfohlen, auch wenn nach den gesetzlichen Bestimmungen die Angabe des Ortes, an dem sich der Firmensitz befindet, ausreichend ist.

9. Muster: Genossenschaft

Muster Genossenschaft eG*

Mustermannstr. 1

80339 München

Registergericht: Amtsgericht München*, GnR XXX*

Vorstand: Max Mustermann**, Steffi Mustermann (Vorstandsvorsitzende)***

Aufsichtsratsvorsitzender: Stephan Mustermann****

Legende:

* *Gemäß § 25a GenG (Genossenschaftsgesetz) ist die Rechtsform, der Sitz der Genossenschaft, das Registergericht sowie die Genossenschaftsregisternummer anzugeben.*
** *Gemäß § 25a GenG müssen alle Vorstandsmitglieder aufgeführt sein.*
*** *Wie sich aus § 25a GenG ergibt, kann, aber muss kein Vorsitzender angegeben werden.*
**** *Sofern der Aufsichtsrat einen Vorsitzenden hat, ist dieser mit dem Familiennamen und mindestens einem ausgeschriebenen Vornamen zu nennen, vgl. § 25a GenG.*

ACHTUNG!

- Die oben angegebenen Pflichtangaben müssen in jedem Schreiben enthalten sein, das in geschäftlicher Angelegenheit an einen bestimmten Empfänger gerichtet ist – also z. B. Rechnungen, Angebote, Auftrags- und Anfragebestätigungen, Bestell- und Lieferscheine sowie Quittungen.
- Es spielt in Bezug auf die notwendigen Pflichtangaben keine Rolle, ob eine E-Mail eigenhändig verfasst oder automatisch generiert wurde.
- Die Pflichtangaben müssen im E-Mail-Body enthalten sein und zwar dergestalt, dass sie leicht erkennbar, unmittelbar erreichbar und ständig verfügbar sind.
- Zu den Pflichtangaben zählt **nicht** die Angabe einer Telefon- oder Faxnummer, eines Postfachs oder einer Bankverbindung. Die Angabe der Geschäftsanschrift am Firmensitz wird empfohlen, auch wenn nach den gesetzlichen Bestimmungen die Angabe des Ortes, an dem sich der Firmensitz befindet, ausreichend ist.

10. Muster: Partnerschaftsgesellschaft (PartG) oder Partnerschaftsgesellschaft mit beschränkter Berufshaftung (PartGmbB)

Mustermann & Musterfrau PartG* (bzw. PartGmbB)

Mustermannstr. 1

80339 München

Registergericht: Amtsgericht München*, PR 1234*

Legende:

* *Gemäß § 7 PartGG i. V. m. § 125a HGB ist der Name der Gesellschaft zu nennen. Darüber hinaus ist der Rechtsformzusatz (die Abkürzung „PartG" reicht aus), der Sitz der Gesellschaft, das Registergericht sowie die Registernummer anzugeben.*

ACHTUNG!

- Die oben angegebenen Pflichtangaben müssen in jedem Schreiben enthalten sein, das in geschäftlicher Angelegenheit an einen bestimmten Empfänger gerichtet ist – also z. B. Rechnungen, Angebote, Auftrags- und Anfragebestätigungen, Bestell- und Lieferscheine sowie Quittungen.
- Es spielt in Bezug auf die notwendigen Pflichtangaben keine Rolle, ob eine E-Mail eigenhändig verfasst oder automatisch generiert wurde.
- Die Pflichtangaben müssen im E-Mail-Body enthalten sein und zwar dergestalt, dass sie leicht erkennbar, unmittelbar erreichbar und ständig verfügbar sind.
- Zu den Pflichtangaben zählt **nicht** die Angabe einer Telefon- oder Faxnummer, eines Postfachs oder einer Bankverbindung. Die Angabe der Geschäftsanschrift am Sitz der Partnerschaft wird empfohlen, auch wenn nach den gesetzlichen Bestimmungen die Angabe des Ortes, an dem sich der Firmensitz befindet, ausreichend ist.

Ersetzendes Scannen

I. Einleitung

II. Rechtliche Ausgangslage
1. Zivilrechtliche Erklärungen
2. Gesetzliche Aufbewahrungsvorschriften
3. Beweiswert elektronischer Dokumente
4. Gesetz zur Förderung des elektronischen Rechtsverkehrs mit den Gerichten

III. Ausgestaltung des ersetzenden Scannens

IV. BSI Technische Richtlinie

V. Digitalisierung in der Poststelle

VI. Digitale Archivierung

VII. Anforderungen an eine rechtskonforme Vernichtung

I. Einleitung

In vielen Unternehmen und Verwaltungen werden Projekte initiiert, die einen Übergang von Papier zu elektronischen Dokumenten vorantreiben sollen. Zeit- und Kostenvorteile sind das Ziel solcher Umstellungen. Soweit im Alltag Papierdokumente zur Vorgangsbearbeitung benötigt werden, müssen diese bei einem Technologiewechsel digitalisiert werden. Dies betrifft sowohl laufende oder archivierte Vorgänge als auch Posteingänge. Dabei stellt sich unter verschiedenen Gesichtspunkten die Frage, ob ein ersetzendes Scannen rechtlich zulässig ist und welche technischen Rahmenbedingungen notwendig sind, um Rechtssicherheit beim ersetzenden Scannen zu erreichen. Projekte, die auf die elektronische Abwicklung von Geschäftsprozessen abzielen, sollten auf jeden Fall den rechtlichen Fragestellungen besondere Aufmerksamkeit widmen.

II. Rechtliche Ausgangslage

Bei der rechtlichen Betrachtung ist im ersten Schritt zu klären, ob ein ersetzendes Scannen überhaupt zulässig ist. Ein Papierdokument kann gescannt und anschließend vernichtet werden, wenn keine gesetzlichen oder vertraglichen Verpflichtungen für eine Aufbewahrung bestehen. Daneben ist zu prüfen, ob sich aus eigenen Interessen unabhängig von rechtlichen Verpflichtungen ein Aufbewahrungsbedürfnis ergibt.

1. Zivilrechtliche Erklärungen

Die Rechtswirksamkeit einer zivilrechtlichen Erklärung wird durch das Papierdokument begründet. Durch das Scannen eines Dokuments und dem Aufbringen einer qualifizierten elektronischen Signatur geht die Rechtswirksamkeit nicht verloren, denn das elektronische Dokument weist auf die papiergebundene rechtswirksame Erklärung hin. Dies gilt auch für den Fall der gesetzlichen Schriftform. Durch das elektronisch archivierte Dokument mit der qualifizierten Signatur kann nachgewiesen werden, dass die Erklärung in Schriftform und damit rechtswirksam erfolgt ist. Das Aufbewahren des gescannten Papierdokumentes ist nicht erforderlich, da das elektronische Dokument ein Abbild der rechtswirksamen Erklärung ist. Damit kann das Papierdokument, das gescannt worden ist, aus zivilrechtlicher Sicht vernichtet werden. Die qualifizierte elektronische Signatur verbunden mit einer revisionssicheren Archivierung der Dokumente ist die Basis für eine rechtssichere digitale Aufbewahrung von Dokumenten.

2. Gesetzliche Aufbewahrungsvorschriften

Gesetzliche Aufbewahrungsvorschriften finden sich in verschiedenen rechtlichen Regelungen. Dokumentation- und Aufbewahrungsvorschriften ergeben sich beispielsweise aus den §§ 238 ff. HGB und den dort festgelegten Grundsätzen der ordnungsgemäßen Buchführung. Auch die Abgabenordnung regelt Anforderungen in § 147 Abs. 3 und Abs. 4 AO. Medizinische Dokumentationspflichten und damit verbundene Aufbewahrungsvorschriften können sich aus den Berufsordnungen oder der Röntgenverordnung ergeben. Werden Aufbewahrungspflichten verletzt, kann dies sowohl strafrechtlich als auch berufsrechtliche Konsequenzen nach sich ziehen. Aus diesem Grund empfiehlt sich bei Projekten zum ersetzenden Scannen die genaue Prüfung für die jeweiligen Dokumentenkategorien, inwieweit gesetzliche Regelungen einschlägig sind.

3. Beweiswert elektronischer Dokumente

Ein elektronisches Dokument ist keine Urkunde, da es in materialisierter Form von dem Aussteller nicht unterzeichnet ist. Damit ist ein elektronisches Dokument ein Objekt des Augenscheins, wie es im Zivilprozess heißt, und unterliegt der freien Beweiswürdigung des jeweiligen Gerichts. Die freie Beweiswürdigung wird insbesondere durch die Integrität und Authentizität eines Dokuments bestimmt. Wenn der Scanvorgang mit der qualifizierten elektronischen Signatur eine Integrität und Authentizität eines Dokuments revisionssicher sicherstellt, ergibt sich daraus eine hohe Beweisqualität. Das Dokument ist gegen Änderungen geschützt. Dies ist ein Weg, um auf Papierdokumente, die gescannt worden sind, zu verzichten und diese zu vernichten.

Das Gesetz zur Förderung des elektronischen Rechtsverkehrs mit den Gerichten hat den § 371b ZPO neu in die Zivilprozessordnung eingefügt. In dieser Vorschrift ist der Beweiswert von gescannten öffentlichen Urkunden geregelt. Um den gesetzlich formulierten Beweiswert zu erlangen, ist unter anderem die Bestätigung notwendig, dass das elektronische Dokument mit der Urschrift bildlich und inhaltlich übereinstimmt. Eine kürzlich erschienene Studie der DATEV hat festgestellt, dass Berufsrichter eingescannte Dokumente als taugliches Beweismittel einstufen, wenn und soweit die inzwischen anerkannten Vorgaben beim ersetzenden Scannen beachtet wurden.

Sehr kritisch hat sich das Verwaltungsgericht Wiesbaden mit dem Beweiswert gescannter Dokumente auseinandergesetzt. In einem Urteil vom 26.9.2914 (Az.: 6 K 691/14.WI.A) hat es unter anderem Folgendes ausgeführt: „Im Falle eines ersetzenden Scannens ist jedes eingescannte Dokument zwingend auf seine Qualität zu prüfen und von der einscannenden Person entsprechend mit einem Übereinstimmungsvermerk qualifiziert zu signieren. Ist dies nicht der Fall, so führt die Ausländerbehörde nur irgendwelche Kopien, über deren Richtigkeit und ihren Nachweisgehalt in einem Freibeweis entschieden werden muss."

4. Gesetz zur Förderung des elektronischen Rechtsverkehrs mit den Gerichten

Im Zusammenhang mit dem ersetzenden Scannen ist auf das Gesetz zur Förderung des elektronischen Rechtsverkehrs mit den Gerichten hinzuweisen. Zielsetzung und Regelungsgehalt dieses Gesetzes ist die Umsetzung des elektronischen Rechtsverkehrs zum Jahre 2022.

Innerhalb dieses Umsetzungszeitraumes soll die gesamte elektronische Kommunikation mit den Gerichten durch das De-Mail-Konto oder über das elektronische Gerichts- und Verwaltungspostfach (EGVP) seitens der Rechtsanwaltschaft erfolgen. Mit diesem Gesetz werden zukünftig verstärkt gescannte Dokumente zum Einsatz kommen. Der neu eingefügte § 130a ZPO regelt die Zulassung des Einreichens von Schriftsätzen und Anlagen in elektronischer Form. Diese sind ab 2018 mit einer qualifizierten elektronischen Signatur zu versehen oder signiert auf sicherem Übermittlungsweg beispielsweise über das elektronische Anwaltspostfach zu überreichen. Auf gerichtlicher Seite soll im Zeitraum bis 2018 die elektronische Aktenführung eingeführt werden.

III. Ausgestaltung des ersetzenden Scannens

Wenn die Rechtsfrage geklärt ist, ob aus vertraglichen oder gesetzlichen Verpflichtungen eine Aufbewahrung von Dokumenten notwendig ist, ist zu prüfen, ob besondere Anforderungen an die Ausgestaltung des Scanprozesses bestehen. Mit der organisatorischen Ausgestaltung des Scanprozesses soll sichergestellt werden, dass durch das ersetzende Scannen keine nachteiligen Folgen eintreten. Dabei ergeben sich verschiedene Bearbeitungsphasen. Aus rechtlicher Sicht ist in der ersten Phase zu klären, ob das Papieroriginal echt ist. Anschließend muss sichergestellt sein, dass in der zweiten Phase eine korrekte Übertragung des Papierdokuments in elektronische Daten erfolgt. Insbesondere für rechtliche und gerichtliche Auseinandersetzungen muss im Zweifel ein Nachweis erbracht werden, dass während des ersetzenden Scannens Veränderungen an den Dokumenten nicht möglich sind oder waren. In der dritten Phase ist sicherzustellen, dass die elektronischen Dokumente auffindbar sind und nicht verfälscht werden können (Revisionssicherheit). In einem Urteil des Verwaltungsgerichts Wiesbaden vom 26.9.2014 fordert das Gericht, dass beim ersetzenden Scannen zwingend jedes eingescannte Dokument auf seine Qualität zu prüfen ist und von der einstellenden Person entsprechend mit einem Übereinstimmungsvermerk qualifiziert zu signieren ist (Az.: 6 K 691/14.WI.A). Ob solche hohen Anforderungen gerechtfertigt sind, wird zukünftig kritisch zu hinterfragen sein. Die Bundessteuerberaterkammer und der Deutsche Steuerberaterverband haben eine Muster-Verfahrensdokumentation zum ersetzenden Scannen (stand: März 2014) unter http://www.rehmnetz.de/it-recht/verfahrensbeschreibung veröffentlicht.

IV. BSI Technische Richtlinie

Das Bundesamt für Sicherheit in der Informationstechnik (BSI) hat eine technische Richtlinie 03138 zum ersetzenden Scannen erstellt. Sie trägt das Kürzel „BSI TR RESISCAN – 03138". Unter dem Datum vom 20.3.13 ist eine Version 1.0 vom BSI online gestellt worden. In dem Dokument werden unter anderem Hinweise für die Methodik, beispielsweise für eine Strukturanalyse, Schutzbedarfsanalyse oder Risikoanalyse gegeben. Weiterhin werden getrennt nach einem Basismodul und einem Aufbaumodul verschiedene Sicherheitsmaßnahmen beschrieben, die ein ersetzendes Scannen insgesamt rechtssicher ermöglichen sollen. Das BSI betrachtet dabei den gesamten Workflow, vom Vorgang der elektronischen Erfassung von Papierdokumenten mit dem Ziel der elektronischen Weiterverarbeitung und Aufbewahrung bis hin zur späteren Vernichtung des papiergebunden Originals. Das BSI weist darauf hin, dass die technische Richtlinie nicht die Zulässigkeit des ersetzenden Scannen als solches regelt, sondern die technischen Anforderungen im Blick hat.

V. Digitalisierung in der Poststelle

In Projekten, die eine möglichst medienbruchfreie Gestaltung von Geschäftsvorfällen ermöglichen sollen, werden auch Fragen zur Digitalisierung von Papier-Posteingängen ein Thema sein. Ziel ist es, alle Posteingänge im Geschäftsprozess als elektronische Dokumente zur Verfügung zu stellen. Die organisatorische Herausforderung besteht darin, eingehende Post richtig zu klassifizieren und der jeweils angemessenen Vorgangsbearbeitung zuzuführen. Gerichtliche Titel, die im Original für die Einleitung von Zwangsvollstreckungsmaßnahmen benötigt werden oder im Original unterschriebene Verträge dürfen nicht digitalisiert und anschließend vernichtet werden. Auf der anderen Seite muss nicht jede Werbung, die per Post bei einer Verwaltung oder bei einem Unternehmen eingeht, rechtssicher in ein elektronisches Dokument verwandelt werden. In der Praxis werden dafür verschiedene Dokumentenkategorien gebildet, für die im Einzelnen festgelegt wird, wie diese zu verarbeiten sind. Die tägliche Anwendung muss dann intensiv mit den Mitarbeitern geschult werden, um fehlerhafte Kategorisierung und/oder Vernichtung zu vermeiden.

Im Bereich der öffentlichen Verwaltung wird darüber hinaus die Einrichtung einer virtuellen Poststelle diskutiert. In Ergänzung zu der bestehenden Infrastruktur soll so eine Behörde die Möglichkeit haben, ausschließlich online zu kommunizieren. Verfolgt eine Behörde das Ziel, Geschäftsprozesse vollständig online abzuwickeln, um diese effektiv zu bearbeiten, bedarf es äquivalenter Lösungen zu den rechtsverbindlich papierbasierten Geschäftsabläufen.

VI. Digitale Archivierung

Bei der digitalen Archivierung sind drei Elemente zu betrachten. Aufbewahrungsobjekt sind Daten, beispielsweise betriebswirtschaftliche Anwendungsdaten, Stamm- und Bewegungsdaten aus geschäftlichen Aktivitäten. Daneben können Programme und auch Unterlagen in Form von aufbereiteten betriebswirtschaftlichen und steuernden Daten Gegenstand der Archivierung sein.

Sowohl kaufmännische als auch steuerliche Vorschriften sind bei der digitalen Archivierung zu beachten. Kaufleute haben gemäß den §§ 238, 257 HGB die Pflicht, Unterlagen einzelner Geschäftsvorfälle aufzubewahren. Die Abgabenordnung fordert in steuerlicher Hinsicht Ähnliches. Die Grundsätze zur ordnungsgemäßen Führung und Aufbewahrung von Büchern, Aufzeichnungen und Unterlagen in elektronischer Form sowie zum Datenzugriff (GoBD) sind zu beachten.

§ 146 Abs. 1 AO fordert, dass die Buchung und die erforderlichen Aufzeichnungen vollständig, richtig, zeitgerecht und geordnet vorzunehmen sind. Diese Grundsätze sind auf eine digitale Archivierung anzuwenden.

Wenn Unternehmen sich mit dem Gedanken tragen, steuerlich relevante Daten außerhalb von Deutschland zu archivieren, sollte dies vorab mit dem Finanzamt geklärt werden. Nach § 145 Abs. 2 AO sind Bücher und die sonst erforderlichen Aufzeichnungen im Geltungsbereich der Abgabenordnung zu führen und aufzubewahren. Wer steuerlich relevante Daten in einem Mitgliedstaat der Europäischen Union aufbewahren möchte, muss dazu bei der zuständigen Finanzbehörde einen schriftlichen Antrag stellen und benötigt die Bewilligung der Finanzbehörden. Archivierungen von steuerlich relevanten Daten außerhalb der EU sind nach der Abgabenordnung unzulässig. Die Aufbewahrungsfrist beträgt überwiegend zehn Jahre, in einigen Fällen sechs Jahre.

VII. Anforderungen an eine rechtskonforme Vernichtung

Die Vernichtung von Informationsträgern nach dem ersetzenden Scannen ist datenschutzgerecht durchzuführen. Einzelheiten werden in der DIN 32757 geregelt, die sich auf die Vernichtung personenbezogener Daten konzentriert. Für Schriftgut sind Sicherheitsstufen für die Aktenvernichtung festzulegen. Die Vernichtung der Original-Dokumente trägt so den datenschutzrechtlichen Grundsätzen der Datenvermeidung und Datensparsamkeit Rechnung.

EVB-IT

I. Ausgangslage

II. Begriff „EVB-IT Standardverträge"

III. EVB-IT als AGB der öffentlichen Hand

IV. Aufbau der Vertragsdokumente

V. Haftungskonzept
    1. Verzug
    2. Mängelhaftung (Gewährleistung)

3. Schutzrechtsverletzung
4. Sonstige Haftung
5. Fazit

VI. Anwendungsbereich der einzelnen Vertragstypen und deren Besonderheiten
1. EVB-IT Dienstvertrag
2. EVB-IT Kauf
3. EVB-IT Überlassung Typ-A
4. EVB-IT Überlassung Typ-B
5. EVB-IT Instandhaltung
6. EVB-IT Pflege S

VII. Anwendung der Vertragsmuster
1. Auswahl aus insgesamt 11 Vertragstypen
2. Entscheidungshilfe des CIO des Bundes

I. Ausgangslage

EVB-IT sind „Ergänzende Vertragsbedingungen für die Beschaffung von IT-Leistungen". BVB sind „Besondere Vertragsbedingungen für die Beschaffung DV-technischer Anlagen und Geräte". EVB-IT und BVB stellen Musterbedingungen für den Einkauf von IT-Leistungen durch die öffentliche Hand dar. Diese Vertrags- und Einkaufsbedingungen unterstützen die Beschaffung von informationstechnischen Leistungen durch die öffentliche Hand. Die öffentliche Hand in der Bundesrepublik Deutschland setzt diese Musterbedingungen (schon seit 40 Jahren) beim Einkauf von IT-Produkten ein, welche die „Allgemeinen Vertragsbedingungen der öffentlichen Hand" (VOL/B) um die Regeln des IT-Einkaufs ergänzen. Sie stehen zum Download unter www.cio.bund.de bereit.

Die **BVB** umfassten ursprünglich sieben unterschiedliche Vertragsbedingungen. Sie wurden gemeinsam in der Zeit von Anfang der 70er- bis Ende der 80er-Jahre von dem Kooperationsausschuss „Automatisierte Datenverarbeitung Bund/Länder/Kommunaler Bereich" (KoopA) und den Industrieverbänden entwickelt. Die BVB stellten zunächst ein einheitliches Regelwerk für die Beschaffung von IT-Produkten auf und legten die Rechte und Pflichten von Auftragnehmer und Auftraggeber fest. Auf der Grundlage der BVB wickelten nicht nur Bund, Länder und Kommunen den Einkauf von Produkten der Informationstechnologie ab, sondern ebenso Teile der Auftraggeber in der Wirtschaft. Zurzeit findet nur noch der Mustervertrag BVB – Planung Anwendung beim IT-Einkauf.

II. Begriff „EVB-IT Standardverträge"

Die EVB-IT Standardverträge sollen dem Beschaffer der öffentlichen Hand den Einkauf von IT-Leistungen erleichtern. Zu den EVB-IT Standardverträgen zählen sechs Vertragsmuster, die zwischen der öffentlichen Hand und Vertretern der Wirtschaft ausgehandelt wurden. Die Dokumente sind im Internet unter www.cio.bund.de veröffentlicht.

Zu den EVB-IT Standardverträgen gehören folgende Vertragstypen:

- EVB-IT Dienstleistung
- EVB-IT Kauf
- EVB-IT Überlassung Typ A
- EVB-IT Überlassung Typ B
- EVB-IT Instandhaltung
- EVB-IT Pflege S.

Darüber hinaus wurden von der öffentlichen Hand noch ein EVB-IT Systemvertrag, ein EVB-IT Systemlieferungsvertrag, ein EVB-IT Erstellungsvertrag und ein EVB-IT Servicevertrag veröffentlicht, die aber – so eine übliche Abgrenzung – nicht zu den EVB-IT Standardverträgen gehören.

III. EVB-IT als AGB der öffentlichen Hand

Bei den EVB-IT handelt es sich um Allgemeine Geschäftsbedingungen der öffentlichen Hand in Form von Einkauf-AGBs. Auch wenn die Regelungen mit Vertretern der Wirtschaft, insbesondere dem Branchenverband BITKOM verhandelt wurden, ändert dies nichts an dieser rechtlichen Einordnung.

Damit unterliegen die EVB-IT Standardverträge der Kontrolle durch die AGB-rechtlichen Vorschriften des Bürgerlichen Gesetzbuches (BGB). Gemäß § 307 Abs. 1 BGB sind Bestimmungen in Allgemeinen Geschäftsbedingungen unwirksam, wenn sie den Vertragspartner des Verwenders der Allgemeinen Geschäftsbedingungen entgegen den Geboten von Treu und Glauben unangemessen benachteiligen. Eine solche unangemessene Benachteiligung kann beispielsweise dann vorliegen, wenn Bestimmungen nicht klar und verständlich sind oder von wesentlichen Grundgedanken einer gesetzlichen Regelung erheblich abweichen. Auch die Einschränkung wesentlicher Rechte und Pflichten, die zu einer Gefährdung der Erreichung des Vertragszweckes führt, ist eine unangemessene Benachteiligung (§ 307 Abs. 2 BGB).

Einige EVB-IT Klauseln sind für den Auftraggeber nachteilig, was innerhalb der öffentlichen Hand durchaus kritisiert wird. Soweit die öffentliche Verwaltung bei der Beschaffung Einkauf-AGBs in Form der EVB-IT einsetzt, die zu ihrem eigenen Nachteil von den gesetzlichen Vorgaben abweichen, ist dies eine rechtlich zulässige „Selbstbeschränkung". Dagegen muss ein Auftragnehmer vorsichtig sein, wenn er ohne rechtliche Prüfung die EVB-IT Standardverträge als „seine Vertragswerke" einsetzt. Eine solche Verwendung kann dazu führen, dass Teile der EVB-IT unwirksam sind und stattdessen die gesetzlichen Regelungen gelten.

IV. Aufbau der Vertragsdokumente

Die EVB-IT bestehen stets aus einem Vertragsformular (Vertrag, Vertragsdeckblatt), seinen Anlagen und Allgemeinen Geschäftsbedingungen. Im Vertragsformular wird das konkrete Rechtsgeschäft festgelegt. Hier werden nachrangig zunächst die für diesen Vertragstyp geltenden EVB-IT AGB und dann die VOL/A einbezogen. Das Vertragsformular ist somit der Rahmen aller vertragswesentlichen Unterlagen. Es ist auf der letzten Seite von Auftraggeber und Auftragnehmer zu unterschreiben. Auch die Anlagen sollten unterschrieben werden. Das vom Auftraggeber vorausgefüllte Vertragsmuster wird in den Verdingungsunterlagen mit versandt. Der Bieter wird dabei aufgefordert, das Vertragsdokument zu vervollständigen.

Beim Ausfüllen des Vertragsformulars ist Vorsicht geboten und der Bieter tut gut daran, äußerst sorgfältig vorzugehen. Er sollte die von ihm angebotenen Leistungen und die Preise an den vorgesehenen Stellen eintragen und es vermeiden, Änderun-

EVB-IT

gen an den Vorgaben des Auftraggebers vorzunehmen. Änderungen können zum Ausschluss aus dem Vergabeverfahren führen.

TIPP!
Verweise in allen EVB-IT Dokumenten (Vertrag, AGB, Hinweise), die sich auf die **Vertragsbedingungen**, also die **EVB-IT AGB** beziehen, verwenden den Begriff „**Ziffer**", solche, die sich auf das **Vertragsformular**, also den **EVB-IT Mustervertrag** beziehen, den Begriff „**Nummer**". Die mit „*" gekennzeichneten Begriffe werden am Schluss der jeweiligen EVB-IT AGB definiert.

V. Haftungskonzept

Die EVB-IT Standardverträge regeln insbesondere vier Haftungsfälle: Verzug, Sachmängelhaftung, Schutzrechtsverletzung und sonstige Haftung. Eine Haftungsbegrenzung ist in den AGB stets nur für leicht fahrlässiges Verschulden möglich. Dies wird in den EVB-IT beachtet.

ACHTUNG!
In allen EVB-IT Standardverträgen wird regelmäßig die Haftung für die Verletzung vertragswesentlicher Pflichten durch den Auftragnehmer begrenzt und die Haftung für entgangenen Gewinn des Auftraggebers ausgeschlossen!

1. Verzug

Gemäß § 286 BGB hat der Schuldner bei einer verspäteten Leistung nach erfolgloser Mahnung das Recht auf einen Rücktritt vom Vertrag, ohne dass ein Verschulden vorliegen muss. Liegt ein Verschulden vor, besteht Anspruch auf Ersatz des durch den Verzug verursachten Schadens.

Die EVB-IT modifizieren diese gesetzliche Regelung wie folgt:

Zunächst einmal ist der Rücktritt vom Vertrag nur bei Verschulden des Schuldners möglich.

Stets werden Schadensersatzansprüche des Auftraggebers bei leicht fahrlässigem Verschulden des Schuldners auf 0,4 % des Einzelpreises der Leistung, mit der sich der Auftragnehmer in Verzug befindet und maximal auf 8 % des Gesamtpreises des Vertrages beschränkt. Der pauschalierte Schadensersatz kann erst ab dem siebten Verzugstag (EVB-IT Kauf, Überlassung Typ A und Typ B) oder ab dem dritten Störungstag (EVB-IT Pflege S, EVB-IT Instandhaltung) geltend gemacht werden.

Eine solche Regelung wäre gemäß § 307 Abs. 2 Nr. 2 BGB unwirksam, wenn sie in Verkaufs- oder Geschäftsbedingungen eines Anbieters stünden, da die Rechtzeitigkeit der Lieferung eine vertragswesentliche Pflicht des Schuldners ist.

2. Mängelhaftung (Gewährleistung)

Nach dem BGB-Kaufrecht ist die Mangelhaftigkeit einer Sache bei Übergabe eine Pflichtverletzung des Kaufvertrages. Ein unerheblicher Mangel ist unbeachtlich. Lediglich der Rücktritt ist bei unerheblichen Mängeln ausgeschlossen. Liegt eine solche Pflichtverletzung vor, ist der Käufer unabhängig vom Verschulden des Schuldners berechtigt, nach seiner Wahl Nacherfüllung, also Neulieferung oder Nachbesserung der Sache zu verlangen. Ist dies gescheitert, kann er nach seiner Wahl die Vergütung mindern oder (bei einem erheblichen Mangel) vom Vertrag zurückzutreten. Bei einem Verschulden des Schuldners besteht darüber hinaus ein unbegrenzter Schadensersatzanspruch. Die Ansprüche verjähren in 24 Monaten nach Lieferung. Erfolgt die Nacherfüllung durch Neulieferung, beginnt die Verjährungsfrist erneut (§ 212 Abs. 1 Nr. 1 BGB).

Die EVB-IT modifizieren diese gesetzliche Regelung unter anderem in Ziffer 7 EVB-IT Überlassung Typ A und Ziffer 4 EVB-IT Kauf wie folgt:

- Ein unwesentlicher Sachmangel ist unbeachtlich und begründet keine Mängelansprüche.
- Die Wahl der Art der Nacherfüllung hat der Auftragnehmer.
- Die Ansprüche des Auftraggebers verjähren bereits nach zwölf Monaten (EVB-IT Überlassung Typ A) und nach 24 Monaten (EVB-IT Kauf).
- Wird ein Mangel anerkannt und vom Auftragnehmer behoben, begründet dies keinen Neuanfang der Verjährung.
- Ein Anspruch auf Schadensersatz und Minderung ist ausgeschlossen, ein Anspruch auf Schadensersatz und Rücktritt aber möglich.
- Der Schadensersatzanspruch des Auftraggebers bei leichter Fahrlässigkeit ist auf 8 % des Wertes der vom Mangel betroffenen Leistung und für sämtliche Schadensersatzansprüche aufgrund von Mängeln auf höchstens 8 % des Gesamtpreises des Vertrages begrenzt.

Auch diese Modifizierungen zu Ungunsten der öffentlichen Verwaltung wären zum größten Teil gemäß § 307 Abs. 2 Nr. 2 BGB unwirksam, wenn sie in Verkaufs- oder Geschäftsbedingungen eines Anbieters stünden.

3. Schutzrechtsverletzung

Die EVB-IT Standardverträge haben die Haftung für Rechtsmängel gesondert in einer eigenen Klausel „Schutzrechtsverletzungen" geregelt. Rechtsmängel liegen vor, wenn vertraglich vereinbarte Rechte, wie zum Beispiel Eigentums- und Nutzungsrechte, tatsächlich nicht oder nicht vollständig eingeräumt wurden. Seit der Schuldrechtsreform gelten für Rechtsmängel dieselben gesetzlichen Regelungen wie für Sachmängel. Dennoch billigen die EVB-IT Standardverträge dem Auftraggeber im Fall von Rechtsmängeln geringere Rechte zu.

Er hat lediglich einen Anspruch auf Nacherfüllung (Neulieferung oder Nachbesserung) nach Wahl des Aufragnehmers. Das Recht auf Minderung und Rücktritt ist ausgeschlossen. Schadensersatzansprüche im Falle von leichter Fahrlässigkeit sind ausgeschlossen. Davon ausgenommen sind Ersatzansprüche in Bezug auf Rechtsverfolgungskosten.

4. Sonstige Haftung

Alle EVB-IT Standardverträge regeln die wichtigsten Haftungsansprüche gesondert. Die Regelung in den EVB-IT Standardverträgen mit dem Titel „sonstige Haftung" bezieht sich daher nur noch auf Schadensersatzansprüche wegen der Verletzung von vertraglichen Nebenpflichten, wegen Unmöglichkeit und bei der Haftung aus Delikt. Bei leichter Fahrlässigkeit ist die Haftung reduziert auf 500.000 € für Sachschäden je Schadensereignis, insgesamt jedoch auf höchstens bis zu 1 Mio. € pro Vertrag und bei Vermögensschäden höchstens bis zu 10 % der Gesamtsumme des Vertrages, maximal 500.000 € je Vertrag. Bei Verlust von Daten wird nur für den Ersatz des Schadens gehaftet, der entstanden wäre, wenn die Daten rechtzeitig gesichert worden wären.

5. Fazit

Da es umstritten ist, ob und wie Haftungsbeschränkungen in AGB wirksam vereinbart werden können, ist die Haftungsregelung in den EVB-IT, zumindest für die Auftragnehmer positiv. Die Haftungsbegrenzungen sind als Einkaufsbedingungen der Vergabestelle in Form einer „Selbstbeschränkung eigener Rechte" wirksam.

VI. Anwendungsbereich der einzelnen Vertragstypen und deren Besonderheiten

1. EVB-IT Dienstvertrag

Der EVB-IT Dienstvertrag regelt die Beschaffung von Dienstleistungen wie beispielsweise Schulung oder Beratung. Eine Dienstleistung stellt eine bloße Unterstützung des Auftragnehmers bezüglich der Geschäfte des Auftraggebers dar. Ein bestimmter Arbeitserfolg, ein konkretes Ergebnis oder gar ein fassbares Produkt ist nicht geschuldet.

Der BGB-Dienstvertrag kennt kein Gewährleistungsrecht wie etwa der BGB-Werkvertrag. Schlechtleistungen (z. B. Falschberatung) führen zu Schadensersatzansprüchen gem. §§ 280 ff. BGB, wenn der Dienstleistende sich nicht exkulpieren kann und gegebenenfalls zu einem Recht auf eine fristlose Kündigung des Dienstvertrages gem. § 626 BGB. Darüber hinaus ist in Ziffer 7.1 der EVB-IT Dienstleistung eine Art „Nacherfüllungsanspruch bei Schlechtleistungen" aufgenommen.

 ACHTUNG!

In den EVB-IT Dienstleistung wird in Ziffer 7.3 der Anspruch auf Ersatz des Verzögerungsschadens und auf Schadensersatz statt der Leistung bei leicht fahrlässigem Verzug ausgeschlossen. Diese Regelung ist sehr positiv für den Auftragnehmer. Er würde eine solche Haftungsbegrenzung in seinen AGB nicht wirksam vereinbaren können, da eine solche Klausel den Vertragspartner unangemessen benachteiligt.

2. EVB-IT Kauf

Der EVB-IT Kauf ist bei Verträgen über den Kauf „fertiger" Hardware anzuwenden, gegebenenfalls einschließlich der Überlassung von Standardsoftware gegen Einmalvergütung zur unbefristeten Nutzung. Im Gegensatz zu den BVB-Kauf sehen die EVB-IT Kauf keine werkvertraglichen Leistungen wie zum Beispiel Anpassungsleistungen oder die Herbeiführung der Funktionsfähigkeit vor. Die EVB-IT Kauf beinhalten daher keine werkvertraglichen Vereinbarungen wie z. B. die Erklärung der Funktionsbereitschaft, Leistungsprüfungen oder die Abnahme. Sollen über die bloße Lieferung der Hardware hinausgehende werkvertragliche Leistungen in geringem Umfang vereinbart werden, ist der → *EVB-IT Systemlieferungsvertrag* anzuwenden. Ist zusätzlich die Pflege der Standardsoftware und/oder die Instandhaltung der Hardware erforderlich, müssen die entsprechenden EVB-IT Verträge zusätzlich abgeschlossen werden.

Das Vertragsformular liegt in einer Kurzfassung und in einer Langfassung vor. Die Langfassung lässt umfangreiche individuelle Vereinbarungen zu. Die Kurzfassung des Kaufvertrages enthält einen Mindestumfang vertraglicher Regelungen für die Beschaffung von Hardware und wenig Raum für Abweichungen vom Regelungsumfang der AGB.

3. EVB-IT Überlassung Typ-A

Dieser Vertragstyp ist für die Überlassung von Standardsoftware gegen Einmalvergütung zur unbefristeten Nutzung anzuwenden. Der Vertrag unterliegt dem BGB-Kaufrecht. Wie bei den EVB-IT Kauf findet der EVB-IT Überlassungsvertrag Typ A keine Anwendung, wenn zusätzlich werkvertragliche Leistungen des Auftragnehmers wie etwa Installation, Integration, Parametrisierung oder Anpassung der Standardsoftware verlangt werden.

Wie beim EVB-IT Kaufvertrag liegt das Vertragsformular in einer Kurzfassung und in einer Langfassung vor. Bei werkvertraglichen Leistungen in geringem Umfang kann der EVB-IT Systemlieferungsvertrag genutzt werden.

4. EVB-IT Überlassung Typ-B

Die Ergänzenden Vertragsbedingungen für die befristete Überlassung von Standardsoftware („EVB-IT Überlassung Typ B") finden Anwendung für Verträge über die zeitlich befristete Überlassung von Standardsoftware gegen periodische Vergütung. Der Vertragstyp orientiert sich am BGB-Mietvertrag. Die EVB-IT Überlassung Typ B enthalten (analog zu den EVB-IT Überlassung Typ A) im Gegensatz zu den bisher geltenden BVB-Überlassung Typ II keine werkvertraglichen Vereinbarungen (z. B. Herbeiführung der Funktionsbereitschaft, Leistungsprüfungen, Abnahmen, Anpassungsarbeiten). Der Auftragnehmer schuldet während der Dauer der Überlassung die Aufrechterhaltung der vertraglich vereinbarten Nutzung. Darüber hinausgehende Vereinbarungen (z. B. Überlassung von Updates, Upgrades oder neue Releases) mit Mängelbeseitigungen und funktionalen Erweiterungen oder Installations-, Hotline-, Informations- und/oder Analyseservices oder Mängelbehebungs- und Anpassungsleistungen können in dem EVB-IT Pflegevertrag S vereinbart werden. Sollen über die bloße Lieferung der Standardsoftware hinausgehende (in geringem Umfang) werkvertragliche Leistungen vereinbart werden, wird bis zur Einführung eines „EVB-IT Systemmietvertrages" weiterhin die Nutzung der BVB-Überlassung Typ II empfohlen.

5. EVB-IT Instandhaltung

Die EVB-IT Instandhaltung regeln die Instandhaltung (Reparatur, Wartung und Inspektion) von Hardware. Sie ersetzen die BVB-Wartung vollständig. Instandhaltungsleistungen können gegen pauschale Vergütung oder gegen Vergütung nach Aufwand vereinbart werden. Die EVB-IT Instandhaltung geben standardmäßig eine Reaktionszeit von 20 Stunden vor und für die Beseitigung einer Störung einen Zeitraum von drei Störungstagen.

Die Verzugsregeln der EVB-IT sind in den EVB-IT Instandhaltung bei pauschaler Vergütung wie folgt modifiziert:

Für die Nichteinhaltung der Reaktionszeit ist in Ziffer 7.1 der EVB-IT Instandhaltung ein pauschalierter Schadensersatzanspruch in Höhe von $^5/_{30}$ der auf die gestörte Hardware entfallenden pauschalen Vergütung vereinbart. Wird die Störung nicht innerhalb von drei Störungstagen beseitigt, ist dieser Schadensersatz für jeden weiteren Störungstag zu zahlen. Die Zahlungsverpflichtung ist auf hundert Kalendertage beschränkt. Nach 15 Störungstagen kann der Auftragnehmer aufgefordert werden, einen Dritten hinzuzuziehen.

ACHTUNG!
Das Recht auf Selbstvornahme ist in allen → *EVB-IT Standardverträgen* auf ein Recht reduziert, vom Auftragnehmer die Hinzuziehung eines Dritten zu verlangen, statt die Störung selbst oder durch Dritte auf Kosten des Auftragnehmers zu beseitigen.

Nach 25 Störungstagen kann der Auftraggeber den Vertrag kündigen.

Bei Vergütung nach Aufwand sind in Ziffer 7.2 die Standardpauschalen der EVB-IT für Schadensersatzansprüche, also 0,4 % und maximal 8 % des Einzelauftragswertes, vereinbart. Hier kann der Auftraggeber nach fünf Kalendertagen die Hinzuziehung eines Dritten verlangen und nach zehn Kalendertagen vom Einzelauftrag zurücktreten und Schadensersatz statt der Leistung verlangen. Der Schadensersatzanspruch ist insgesamt auf 8 % des Auftragswertes beschränkt.

ACHTUNG!
Die Reaktionszeiten beginnen nur mit dem Zugang der Störungsmeldung innerhalb der vereinbarten Servicezeiten und laufen nur in den Servicezeiten ab. Störungstage sind Kalendertage, zu denen Servicezeiten vereinbart sind, nach Ablauf der Reaktionszeit.

Beispiel:
Eine Firma hat Servicezeiten von Montag bis Donnerstag von 9:00 Uhr bis 17:00 Uhr. Eine Störung wird Mittwoch um 18.00 Uhr gemeldet. Die Reaktionszeit läuft am nächsten Dienstag um 13:00 Uhr ab. Die Störung muss bis zum darauffolgenden Montag beseitigt werden. Der dann folgende Dienstag (fast zwei Wochen später) ist dann der erste Störungstag, an dem der Auftraggeber den pauschalierten Schadensersatz verlangen kann.

Die Konsequenzen bei Nichteinhaltung der Reaktionsfristen und Störungsbeseitigungszeiten sind in den EVB-IT Instandhaltung auftragnehmerfreundlich geregelt. Kommt es dem Auftraggeber auf die rasche und zuverlässige Störungsbeseitigung an, sind die EVB-IT Instandhaltung zu überarbeiten und zu ergänzen.

6. EVB-IT Pflege S

Der EVB-IT Pflegevertrag S regelt Pflegeleistungen für Standardsoftware. Hierzu gehört in erster Linie die Lieferung von neuen verfügbaren Programmkorrekturen. Programmkorrekturen sind, je nach Vereinbarung Patches, Updates, Upgrades und neue Versionen. Daneben können gegen Vergütung nach Aufwand in Nummer 3.1.2 des EVB-IT Pflegevertrages S sogenannte „additive Pflegeleistungen" vereinbart werden. Diese sind als individuelle Störungsbeseitigungsleistungen ausformuliert.

Vertragstypologisch folgt der EVB-IT Pflegevertrag S in erster Linie dem BGB-Dienstvertragsrecht und nicht dem BGB-Kaufrecht, wie es angesichts der Lieferverpflichtungen, die den Schwerpunkt der Leistungen ausmachen, möglich wäre. Wie in den EVB-IT Dienstvertrag wird auch in den EVB-IT Pflege S die Haftung für die Verletzung vertragswesentlicher Pflichten und die Haftung bei leicht fahrlässiger Verletzung aller Pflegeleistungen mit Ausnahme der additiven Pflegeleistungen ausgeschlossen.

Die additiven Leistungen orientieren sich an den Regelungen des BGB-Werkvertragsrechts, beispielsweise im Hinblick auf die Mängelhaftung und einer Abnahme der Leistungen. Die Verjährungsfrist für Mängel beträgt 12 Monate.

VII. Anwendung der Vertragsmuster

1. Auswahl aus insgesamt 11 Vertragstypen

Nach Veröffentlichung des EVB-IT-Systemvertrags, des EVB-IT Systemlieferungsvertrags, des EVB-IT Erstellungsvertrags und des EVB-IT Servicevertrags finden nur noch ein BVB-Vertrag und die zehn EVB-IT-Vertragstypen Anwendung. Es wird daher für die Vergabestellen nicht einfacher zu entscheiden, welcher Vertragstyp den Vergabeunterlagen zu Grunde zu legen ist. Wird ein Vertragstyp ausgewählt, der das tatsächliche Rechtsgeschäft nicht abdeckt, sind die einbezogenen AGB unwirksam, wenn sie wesentlich vom gesetzlichen Leitbild für diesen Vertragstyp abweichen.

Mit einer unsachgemäßen Verwendung der BVB und EVB-IT gehen Auftraggeber und Auftragnehmer Risiken ein. Sie können alleine durch die Wahl des Vertragstyps einen (teilweise) unwirksamen Vertrag erstellen. Für die rechtliche Beurteilung eines Vertrages ist es nämlich im Streitfall unerheblich, welche Vertragsbezeichnung gewählt wurde. Es ist daher entscheidend, den richtigen Vertragstyp aus der Angebotspalette der EVB-IT und BVB zu wählen.

2. Entscheidungshilfe des CIO des Bundes

Eine Entscheidungshilfe zur Wahl des richtigen Vertragstyps findet sich unter www.cio.bund.de.

Entscheidungshilfe zur Einbeziehung der BVB- bzw. EVB-IT-Vertragstypen in IT-Beschaffungsverträge

Vertragsgegenstand	empfohlener Vertragstyp
Dienstvertrag	EVB-IT Dienstleistung
Kauf von Hardware (ohne werkvertragliche Leistungsanteile)	EVB-IT Kauf
Kauf von Hardware (mit geringfügigen werkvertraglichen Leistungsanteilen)	EVB-IT Systemlieferungsvertrag
Miete von Hardware	EVB-IT Systemvertrag
Instandhaltung (früher: Wartung) von Hardware	EVB-IT Instandhaltung
Kauf von Standardsoftware (ohne werkvertragliche Leistungsanteile)	EVB-IT Überlassung Typ A
Miete von Standardsoftware (ohne werkvertragliche Leistungsanteile)	EVB-IT Überlassung Typ B
Überlassung von Standardsoftware (mit geringfügigen werkvertraglichen Leistungsanteilen)	EVB-IT Systemlieferungsvertrag
Pflege von Standardsoftware	EVB-IT Pflege S
Pflege von Individualsoftware, Wartung IT-System	EVB-IT Servicevertrag

Vertragsgegenstand	empfohlener Vertragstyp
Planung von DV-gestützten Verfahren, insbesondere Planung von Individualsoftware (Planungsphase, fachliches Feinkonzept)	BVB-Planung
Erstellung von Individualsoftware, Customizing	EVB-IT Erstellung
Erstellung von IT-Systemen (Lieferung von Hard- und/oder Standardsoftware, ggf. Erstellung von Individualsoftware, Herbeiführung der Funktionsfähigkeit des Gesamtsystems; die werkvertraglichen Leistungsanteile stellen mit mehr als 15 % des Auftragswertes einen Schwerpunkt der Leistung dar)	EVB-IT System

EVB-IT Erstellungsvertrag

I. Einführung und Anwendungsbereich

II. Vertragsschein

III. AGB

IV. Fazit

I. Einführung und Anwendungsbereich

Am 9.7.2013 hat der IT-Planungsrat des Bundes den EVB-IT Erstellungsvertrag veröffentlicht. Mit ihm sollen Beschaffungsvorgänge für werkvertragliche Leistungen an einer Software vertraglich abgebildet werden.

Zwar war im EVB-IT Systemvertrag schon bisher die Möglichkeit gegeben, die Beschaffung von Individualsoftware oder auch das Customizing von Software in diesen Vertrag aufzunehmen, allerdings erwies sich der EVB-IT Systemvertrag in vielen Fällen als zu umfangreich, zu komplex und damit schwer zu handhaben.

Aus diesem Grund sah sich der IT-Planungsrat in Abstimmung mit dem Branchenverband BITKOM veranlasst, einen „kleinen Bruder" des EVB-IT Systemvertrages zu verfassen, um insoweit den Bedürfnissen der Praxis Rechnung zu tragen.

Da der EVB-IT Erstellungsvertrag sich nur um das Thema „Individualisierung von Software" kümmert, konnten aus dem EVB-IT Systemvertrag unter anderem alle Regelungen zur Hardware, aber auch für die Miete von Standardsoftware entfallen. Insoweit verkürzt sich das Vertragsformular von 38 Seiten auf 21 Seiten.

Damit ist der EVB-IT Erstellungsvertrag ein gekürzter EVB-IT Systemvertrag für die Erstellung von Individualsoftware, zur Anpassung von Software auf Quellcodeebene oder für Verträge, die schwerpunktmäßig ein Customizing von Standardsoftware beinhalten. Alle Varianten werden vertraglich auf Basis eines BGB-Werkvertrages abgebildet.

In der Praxis stellt sich die Frage, wann das Customizing eine wesentliche Leistung ist und dann zu einer Anwendung des EVB-IT Erstellungsvertrages führt. Eine generalisierende Antwort dazu ist schwierig. Grundsätzlich kann davon ausgegangen werden, dass ein Werkvertrag nur dann vorliegt, wenn die Individualleistungen einen nicht unerheblichen Anteil im Verhältnis zu den Standardleistungen haben. Ab einem Prozentsatz von 15 % bis 20 % kann von werkvertraglichen Leistungen und damit von einer Anwendung des EVB-IT Erstellungsvertrages ausgegangen werden. Darüber hinaus spielt die zeitliche Länge der Anpassungsarbeiten ebenfalls eine Rolle. Wichtig kann auch die Frage sein, ob die Anpassungsleistungen entscheidend dafür sind, dass die jeweilige Software produktiv beim Auftraggeber eingesetzt werden kann.

Bei der Frage, was Individualsoftware ist, findet sich wie bisher in den Begriffsbestimmungen der EVB-IT Erstellungs-AGB eine Definition. Individualsoftware sind Softwareprogramme, Programm-Module, Tools etc., die zur Vertragserfüllung für die Bedürfnisse des Auftraggebers vom Auftragnehmer erstellt werden. Zur Individualsoftware gehört per Definition auch die Dokumentation. Individualsoftware umfasst auch Anpassungen von Standard- oder Individualsoftware auf Quellcodeebene.

Das Customizing wird in den Begriffsbestimmungen als Anpassen von Standardsoftware an die Anforderungen des Auftraggebers, das nicht auf Quellcodeebene erfolgt, definiert. Standardsoftware ist als ein Programm definiert, das für die Bedürfnisse einer Mehrzahl von Kunden am Markt entwickelt wurde und nicht speziell für einen Auftraggeber.

II. Vertragsschein

Das Formular für den EVB-IT Erstellungsvertrag ist in weiten Teilen identisch mit dem Mustervertrag EVB-IT System. Unter Nummer 1.1 heißt es zum Vertragsgegenstand, dass die Erstellung bzw. Anpassung von Software auf der Grundlage eines Werkvertrages und – soweit nachfolgend vereinbart – die Pflege nach Abnahme und/oder die Weiterentwicklung und Anpassung vertraglich vereinbart werden. Der Auftragnehmer wird also vertraglich verpflichtet, die beauftragte Individualsoftware erfolgreich zu erstellen. Der Projekterfolg steht für den Auftraggeber im Vordergrund. Dies hat für Auftraggeber viele Vorteile, für Auftragnehmer nicht unerhebliche Risiken. Letztendlich muss ein Auftragnehmer sicher sein, dass er den vertraglich vereinbarten Projekterfolg so auch erbringen kann.

In Nummer 1.2 geht der EVB-IT Erstellungsvertrag grundsätzlich von einem Pauschalfestpreis aus. Auch hier zeigt sich deutlich die Orientierung an den Bedürfnissen der öffentlichen Auftraggeber. Ein Werkvertrag in Verbindung mit einem Pauschalfestpreis ist unter haushaltsrechtlichen Gesichtspunkten für den Auftraggeber eine positive und wichtige Vertrags-Grundeinstellung. Andere Vergütungsmodelle sind möglich. Nach unseren Erfahrungen bevorzugen öffentliche Auftraggeber aber klare preisliche Vorgaben.

Unter Nummer 1.3 wird wie bisher die Möglichkeit gegeben, verschiedene Vertragsbestandteile einzubinden. Insbesondere die Leistungsbeschreibung sollte als Anlage Vertragsbestandteil sein. Generell ist das Konzept dieses Vertrages, dass in

EVB-IT Erstellungsvertrag

vielen Bereichen auf mögliche Anlagen verwiesen wird. Für beide Vertragsparteien ist dabei wichtig, dass die Anlagen sich in das Grundkonzept des Vertrages einfügen und die Leistungspflichten des Auftragnehmers möglichst präzise beschreiben. Viele Projektkrisen und Eskalationen entstehen in der Praxis, weil die Leistungspflichten und der Leistungsumfang nicht genau genug beschrieben ist.

In der vertraglichen Abwicklung ist, wie bei Werkverträgen üblich, die Abnahme eine wichtige Zäsur. Dies findet sich auch in Nr. 2 der Übersicht über die vereinbarten Leistungen wieder. Nummer 2.1 regelt die Leistung bis zur Abnahme. Die Leistungen nach der Abnahme in Nummer 2.2 sind insbesondere Pflegeleistungen, sprich die Störungsbeseitigung oder die Lieferung neuer Programmstände.

In Nummer 3 können Einzelheiten zur Systemumgebung des Auftraggebers und zur Beistellung des Auftraggebers vertraglich vereinbart werden. Hier wird in der Tabelle deutlich darauf hingewiesen, dass Regelungen zur Übergabe im Quellcode und zu den Bearbeitungsrechten mit aufgenommen werden sollen.

Nicht nur die Erstellung von Individualsoftware, sondern auch das Customizing kann im Vertrag vereinbart werden. Basis wird dann häufig die Überlassung von Standardsoftware gegen Einmalvergütung, sprich der Verkauf von Standardsoftware sein. Dazu finden sich entsprechende Regelungen. In Nummer 4.2 ist die Anpassung der Software auf Quellcodeebene und in Nummer 4.3 das Customizing geregelt. Details zur Anpassung oder zum Customizing sind in Anlagen festzulegen. Gleiches gilt für Details zur Erstellung der Individualsoftware.

In dem Mustervertrag können dann weitere Einzelheiten für Schulungen (Nummer 4.5) und zur Dokumentation (Nummer 4.6) aufgenommen werden.

Bei der Pflege (Nummer 5) steht die Störungsbeseitigung mit weiteren Einzelheiten im Vordergrund. Auftraggeber sollten darauf achten, dass eine Pflege der Software erst nach Abnahme beginnt.

Der Termin-, Leistungs- und Zahlungsplan wird in Nummer 8 nunmehr in einer Tabelle zusammengefasst. Dies hat sich in der Praxis bewährt, da die Termin- und Zahlungspflichten häufig sehr eng miteinander verknüpft sind.

Unter Nummer 10 können Reaktions- und Wiederherstellungszeit vertraglich vereinbart werden. Wichtig ist aus Sicht der Auftraggeber, dass keine überzogenen Erwartungen in den Vertrag aufgenommen werden. Insbesondere die Wiederherstellungszeiten sind ein „Preistreiber".

Abgerundet wird das Vertragsformular durch Regelungen zur Abnahme (Nummer 13) und zur Mängelhaftung (Nummer 14). Weiterhin besteht die Möglichkeit, Einzelheiten zur Übergabe und Hinterlegung des Quellcodes (Nummer 17) sowie weitere, aus Sicht der Auftraggeber wichtige Einzelheiten, in das Vertragsmuster einzubringen.

III. AGB

Die AGB der EVB-IT Erstellung sind im Vergleich zu den AGB EVB-IT System nur unwesentlich kürzer (25 Seiten statt 31 Seiten). Dies resultiert unter anderem daraus, dass Einzelheiten zu den Nutzungsrechten, zur Abnahme und vielen anderen Details kaum Kürzungen in den AGB ermöglichen. Neben den AGB wurden noch ein Muster-Störungsmeldeformular, ein Muster-Leistungsnachweis, ein Musterdokument für Änderungsverfahren sowie eine Nutzungsrechtsmatrix veröffentlicht.

In Ziffer 1 der AGB wird der Grundgedanke des Vertragswerkes noch einmal aufgegriffen. Deutlich wird ausgeführt, dass die Leistungen auf Basis eines Werkvertrages zu erbringen sind. Dann erfolgt eine Aufzählung der verschiedenen Leistungen. In Ziffer 1.1 wird darauf hingewiesen, dass die Leistungen eine sachliche, wirtschaftliche und rechtliche Einheit bilden. Der Auftragnehmer trägt die Erfolgsverantwortung für die vereinbarten Leistungen. Er haftet für die Leistungen seiner Subunternehmer wie für seine eigenen Leistungen (Ziffer 1.3).

Die Nutzungsrechte sind nach wie vor umfangreich und detailliert geregelt. Neben der Überlassung von Standardsoftware sind in Ziffer 2.1 genaue Regelungen zum Rechteumfang der Individualsoftware in den AGB enthalten. Dabei geht in diesem Vertragswerk die öffentliche Hand davon aus, dass ein ausschließliches Nutzungsrecht, sprich eine exklusive Nutzung von Individualsoftware als „Grundeinstellung" nicht notwendig ist. Allerdings werden dem Auftraggeber Bearbeitungsrechte, die Nutzung in einem Rechenzentrumsbetrieb sowie viele weitere Rechte eingeräumt. Im Vertragsschein kann abweichend von den AGB ein ausschließliches Nutzungsrecht bei Bedarf vereinbart werden.

Wie schon im EVB-IT Systemvertrag wird das Thema „Werkzeuge" zur Erstellung der Individualsoftware berücksichtigt (Ziffer 2.1.2.3). Auch der Fall, dass Auftragnehmer Programmbibliotheken oder Programmteile mit in ein Projekt einbringen, ist in Ziffer 2.1.2.2 hinsichtlich der Nutzungsrechte vertraglich beschrieben.

Zu den Pflegeleistungen nach Abnahme finden sich in Ziffer 4 verschiedene Grundeinstellungen, unter anderem die Festlegung von Servicezeiten. Montag bis Freitag von 8.00 bis 17.00 Uhr mit Ausnahme der gesetzlichen Feiertage am Erfüllungsort soll ein Service erfolgen. Abweichungen von den AGB sind im Vertragsschein festzulegen. Die Dokumentation in Ziffer 5 ist weniger streng als in dem EVB-IT Systemvertrag. Die Dokumentation muss es dem für die Nutzung und Administration einzusetzenden Personal ermöglichen, die Werkleistung nach Durchführung einer entsprechenden Schulung ordnungsgemäß zu nutzen. Voraussetzung ist, dass das Personal eine ausreichende Vorbildung und Ausbildung aufweist.

Ob die in Ziffer 9.3 vorgesehene Vertragsstrafe bei Verzug tatsächlich ein „Antreiber" für eine termingerechte Leistungserbringung ist, darf bezweifelt werden. Bei der Einhaltung der Termine ist ggf. eine höhere Vertragsstrafe individuell zu vereinbaren.

Bei den Abnahmeregelungen in Ziffer 11 wird dem Auftraggeber eine Funktionsprüfungszeit von 30 Tagen eingeräumt. Soweit betriebsverhindernde und/oder betriebsbehindernde Mängel festgestellt werden, kann der Auftraggeber die Funktionsprüfung abbrechen. Dann ist nach der Fehlerbeseitigung die Funktionsprüfung wieder von neuem zu starten. Hierfür ist dann standardmäßig ein Zeitrahmen von 14 Tagen vorgesehen (Ziffer 11.5).

Die Verjährungsfrist für Sach- und Rechtsmängelansprüche beträgt grundsätzlich 24 Monate (Ziffer 12.3). Eine Ausnahmeregelung ist für Rechtsmängelansprüche an der Individualsoftware festgelegt. Hier soll eine Verjährungsfrist von 36 Monaten ab Erklärung der Abnahme gelten. Bei den Haftungsbeschränkungen in Ziffer 14 wird grundsätzlich davon ausgegangen, dass die Haftung auf den Auftragswert beschränkt ist. Sonderregelungen sind für Auftragswerte unter 100.000 Euro in Ziffer 14.1 vorgesehen.

IV. Fazit

Der EVB-IT Erstellungsvertrag versucht, eine rechtlich durchaus anspruchsvolle Situation auf Basis von werkvertraglichen Regelungen abzubilden. Ein wirklich „kurzer" Vertrag ist er allerdings nicht. Dennoch bietet der EVB-IT Erstellungsvertrag Einkäufern der öffentlichen Hand eine gute Basis für die häufig ungewöhnliche Beschaffungssituationen „Erstellung von Individualsoftware" oder „Anpassung/Customizing von Standardsoftware". Das Vertragsmuster ist gleichzeitig eine Checkliste, die für den Beschaffer alle wesentlichen Fragen zur vertraglichen Gestaltung thematisiert. Durch die klare Positionierung als Werkvertrag können Auftraggeber davon ausgehen, dass ihre Rechte weitgehend berücksichtigt sind. Als Auftragnehmer muss dieser Mustervertrag kritisch betrachtet werden. Die rechtlichen und damit verbundenen kaufmännischen Risiken sind genau zu analysieren.

EVB-IT Servicevertrag

I. **Einführung und Anwendungsbereich**

II. **Vertragsschein**

III. **AGB**

IV. **Fazit**

I. Einführung und Anwendungsbereich

Im März 2014 hat der IT-Planungsrat des Bundes den EVB-IT Servicevertrag veröffentlicht. Mit ihm sollen Serviceleistungen eines Auftragnehmers für ein IT-System vertraglich umgesetzt werden.

Bisher konnten für IT-Systeme Serviceleistungen im EVB-IT Systemvertrag mit ausgeschrieben werden. Der IT-Planungsrat und der Branchenverband BITKOM sahen das Praxisbedürfnis, einen eigenen Servicevertrag zu entwerfen.

Gegenstand dieses Vertrages sind die Störungsbeseitigung sowie die Wartung eines IT-Systems und die Lieferung neuer Programmstände.

Weitere Leistungen kommen hinzu, beispielsweise Serviceangebote für ein Lizenzmanagement oder eine Rufbereitschaft.

Mit diesem Mustervertrag können auch Regelungen für die Pflege von Individualsoftware vereinbart werden. Dabei lässt sich vertraglich sowohl die Fallgestaltung abbilden, dass der Auftragnehmer die Individualsoftware selber erstellt hat oder es sich für den Auftragnehmer um eine „fremde" Individualsoftware handelt.

Wenn es um den Betrieb eines IT-Systems geht, der für einen Auftraggeber vom Auftragnehmer übernommen werden soll, ist der EVB-IT Servicevertrag nicht anwendbar. Da allein der Mustervertrag bereits 33 Seiten hat, empfiehlt sich nicht die Anwendung dieses Musters bei einer „bloßen" Pflege von Standardsoftware oder der Instandhaltung von Hardwarekomponenten. Hier können die Musterverträge EVB-IT Pflege S oder EVB-IT Instandhaltung weiterhin genutzt werden.

II. Vertragsschein

Der Vertragsschein zeigt bereits, dass umfangreiche Leistungen vertraglich geregelt werden. Das Dokument hat in der Grundausführung 33 Seiten. Es finden sich viele Regelungen, die auch im EVB-IT Systemvertrag vorhanden sind.

Unter Nummer 2 wird ein Überblick über die vereinbarten Leistungen gegeben. Das Leistungsspektrum umfasst folgende Services:

- Bestandsaufnahme,
- Wiederherstellung der Betriebsbereitschaft (Störungsbeseitigung),
- Aufrechterhaltung der Betriebsbereitschaft (vorbeugende Maßnahmen),
- Überlassung neuer Programmstände,
- Hotline,
- Rufbereitschaft,
- Vor-Ort-Service,
- Lizenzmanagement,
- Mängelhaftungs-, Garantie- und Servicevertragsabwicklung,
- Datensicherung-Services,
- besondere Serviceleistungen im Bezug auf Systemkomponenten,
- Schulungen.

Wie bereits beim EVB-IT Systemvertrag, EVB-IT Systemlieferungsvertrag und EVB-IT Erstellungsvertrag steht auch bei diesem Vertragswerk die Wiederherstellung der Betriebsbereitschaft im Vordergrund. Hier hat sich in den letzten Jahren die Perspektive verändert. Während in der Vergangenheit vielfach in Serviceverträgen und Pflegeverträgen „nur" von Reaktionszeiten die Rede war, rückt nunmehr verstärkt die Funktionalität und Störungsfreiheit des IT-Systems in den Vordergrund. Die Auftraggeber benötigen für einen störungsfreien Betriebsablauf Zusagen, innerhalb welcher Zeiträume IT-Systeme wieder vollständig einsatzfähig sind.

In diesem Vertragsmuster zeigt sich, wie zunehmend differenziert die Betrachtungen der Situation des Arbeitgebers sind. Beispielsweise wird in Nummer 3 des Vertragsmusters und bei der Beschreibung des IT-Systems zwischen Produktivsystemen, Testsystemen und Schulungssystemen differenziert. Auch die Möglichkeit, verschiedene Standorte anzugeben, findet sich in dem Vertragsmuster wieder.

In Nummer 7 kann auf ein Ticketsystem verwiesen werden. Dies soll für die Meldung, Klassifizierung und Bestätigung von Störungen, sonstigen Meldungen und Anfragen sowie für die Beobachtung und Überwachung des Bearbeitungsfortschritts verwendet werden. Auch hier hält die aktuelle Situation bei Serviceleistungen in dem Vertragsmuster Einzug.

EVB-IT Servicevertrag

Unter Nummer 10.2.3 wird zwischen Reaktionszeiten und Erledigungszeiten differenziert. Erledigungszeit ist der Zeitraum, innerhalb dessen der Auftragnehmer die Serviceleistung erfolgreich abzuschließen hat. Der Zeitraum beginnt mit dem Zugang der entsprechenden Meldung oder dem Eintritt eines vereinbarten Ereignisses innerhalb der vereinbarten Servicezeiten und läuft ausschließlich während der vereinbarten Servicezeiten. Es empfiehlt sich in den vertraglichen Vereinbarungen klarzustellen, ob mit dem Hinweis, dass Serviceleistungen erfolgreich abgeschlossen werden sollen, die Wiederherstellung des jeweils aktuellen Zustandes des IT-Systems gemeint ist.

Unter Nummer 10.8 können Regelungen zum Lizenzmanagement in den Vertrag mit aufgenommen werden. Das Lizenzmanagement kann die gesamte Software des IT-Systems oder Teile umfassen. Es können automatisierte Verfahren und Softwaretools eingesetzt werden. In den weiteren Ausführungen wird zwischen Bestandserfassung und Bestandsverwaltung differenziert. Wichtig ist für Auftraggeber bei der Beschaffung von Softwarelizenzen, dass die Lizenzbedingungen Vertragsbestandteil werden und auch vorliegen. Im Nachhinein kann es teilweise mühevoll sein, entsprechende vertragliche Regelungen zu vervollständigen.

Unter Nummer 10.10 können Einzelheiten zu einem Datensicherungsservice vereinbart werden. Es wird auf die Regelungen in Ziffer 2.9 EVB-IT Service-AGB verwiesen. Basis ist ein Datensicherungskonzept. Im Einzelfall ist zu prüfen, ob hier insbesondere die Vorgaben nach BSI-Grundschutz eingehalten werden sollen.

Die Leistungen nach dem EVB-IT Servicevertrag orientieren sich an den Regelungen des BGB-Werkvertrages. Daher finden sich in Nummer 15 Einzelheiten zu Abnahmen von Serviceleistungen. Ergänzt wird der Mustervertrag durch optionale Regelungen zur Mängelhaftung, der Haftung generell und zu Vertragsstrafen.

III. AGB

Die EVB-IT Service-AGB sind mit 25 Seiten ebenfalls ein umfangreiches Dokument. In Ziffer 1.3 wird klargestellt, dass die Serviceleistungen in der Regel als Werkleistungen erbracht werden. Der Auftragnehmer trägt die Erfolgsverantwortung für vereinbarte Leistungen. Ergänzt wird dies in Ziffer 1.5: Soweit nicht anders vereinbart, hat der Auftragnehmer alle auf der Grundlage des EVB-IT Servicevertrages gelieferten, angepassten oder neu erstellten Systemkomponenten zu installieren, an die Bedürfnisse des Kunden anzupassen (Customizing) und in das IT-System zu integrieren.

Viele Leistungen und rechtliche Anforderungen, die in den EVB-IT Service-AGB vereinbart werden, basieren auf den Regelungen aus dem EVB-IT Systemvertrag.

In Ziffer 2.7 sind Einzelheiten zum Lizenzmanagement geregelt. Bei der Bestandserfassung ist der Auftragnehmer verpflichtet, die tatsächliche Nutzung der vereinbarten Software mit den Einsatz- und Installationsorten zu ermitteln und in einer elektronischen Datenbank (Lizenzdatenbank) darzustellen. Weiterhin ist der Auftragnehmer verpflichtet, Art und Umfang der beim Auftraggeber vorhandenen Nutzungsrechte an der vereinbarten Software zu ermitteln und in der Lizenzdatenbank zu ergänzen. Dazu gehört die Ermittlung der relevanten Nutzungsrechtsinformationen und die Erfassung, wo sich Originaldatenträger und Sicherungskopien befinden.

Nach Abschluss der Bestandserfassung erstattet der Auftragnehmer dem Auftraggeber einen schriftlichen Bericht über die Ergebnisse seiner Ermittlungen. Insbesondere weist er auf Unterlizenzierung, Überlizenzierung oder Fehllizenzierungen hin. Weiterhin soll er Vorschläge unterbreiten, inwieweit Nachlizenzierungen notwendig sind oder ein Wechsel des Lizenzmodells zu empfehlen ist. Optimierungspotentiale sollen aufgezeigt werden.

Bei der Bestandsverwaltung im Rahmen des Lizenzmanagements sollen die Änderungen entsprechend erfasst werden.

Im Rahmen des Lizenzmanagements übernimmt daher der Auftragnehmer eine umfangreiche Verantwortung. Er muss sich bewusst sein, dass dies auf Basis von werkvertraglichen Leistungen auch Haftungsfolgen auslösen kann. Werden also fehlerhafte Hinweise zum Lizenzmanagement gegeben, muss im Zweifel der Auftragnehmer für den sich daraus ergebenen Schaden geradestehen.

Unter Nummer 2.9 wird als neue Serviceleistung die Datensicherung aufgenommen. Der Auftragnehmer übernimmt nach Maßgabe eines vereinbarten Datensicherungskonzeptes die laufende ordnungsgemäße Datensicherung. Im Rahmen der ordnungsgemäßen Datensicherung ist der Auftragnehmer insbesondere verpflichtet, die Datensicherung durch Datenrücksicherungen regelmäßig zu überprüfen. Er soll Sicherungsprotokolle auswerten, Datenträger regelmäßig präventiv austauschen und Datenträger sicher verwahren. Es wird erwartet, dass alle Datensicherungsmaßnahmen detailliert protokolliert werden. Unklar ist, wer das Datensicherungskonzept erstellt und wie die Kosten für die Erstellung des Datensicherungskonzeptes zwischen den Vertragspartnern verteilt werden.

Wie bereits im EVB-IT Systemvertrag finden sich auch in den EVB-IT Service-AGB umfangreiche Regelungen zu den Nutzungsrechten. Es werden unter anderem differenziert die Serviceleistungen für Individualsoftware betrachtet. Wie bereits beim EVB-IT Systemvertrag wird davon ausgegangen, dass bei Individualsoftware oder bei Anpassung von Standardsoftware auf Quellcodeebene ein nicht ausschließliches, sprich kein exklusives Nutzungsrecht gewährt wird.

Bei den in Ziffer 7 geregelten Reaktions- und Erledigungszeiten sind keine Auffangregelungen aufgenommen worden, falls versehentlich keine Details zu den Reaktions- und Erledigungszeiten im Mustervertrag enthalten sind. Es wird dann nur vereinbart, dass Serviceleistungen „unverzüglich" zu beginnen sind. In Ziffer 14 finden sich Auffangregelungen, falls Reaktions- und/oder Erledigungszeiten überschritten werden. Hier ist im Einzelfall zu prüfen, ob die Regelungen ausreichend sind, wenn die Einhaltung der Reaktions- und/oder Erledigungszeiten für den Auftraggeber von erheblicher Bedeutung ist.

IV. Fazit

Mit dem EVB-IT Servicevertrag wurde angelehnt am EVB-IT Systemvertrag ein neuer Mustervertrag veröffentlicht. Ob tatsächlich ein Praxisbedürfnis besteht, neben den bereits umfangreichen drei Projektverträgen einen weiteren Mustervertrag für den Service rund um IT-Systeme anzuwenden, bleibt zweifelhaft. Aufgrund des neuen Mustervertrages ergeben sich unter Umständen Ergänzungsbedürfnisse beim EVB-IT Systemvertrag. Da die Serviceleistungen im EVB-IT Systemvertrag mit dem EVB-IT Servicevertrag nicht synchronisiert sind, muss der jeweilige Anwender prüfen, ob Regelungen aus dem EVB-IT

Servicevertrag mit in den EVB-IT Systemvertrag übernommen werden müssen. Vermutlich werden es viele Anwender vermeiden, neben dem umfangreichen EVB-IT Systemvertrag noch einen ebenfalls umfangreichen EVB-IT Servicevertrag abzuschließen. Auch wenn IT-Projekte zunehmend größer werden, wünschen sich die meisten Beschaffer nicht im gleichen Maße wachsende und umfangreichere Vertragswerke.

EVB-IT Systemlieferungsvertrag

I. Ausgangslage

II. Unterschied zwischen dem EVB-IT Systemvertrag und EVB-IT Systemlieferungsvertrag

III. Welche BVB-Vertragstypen ersetzt der EVB-IT Systemlieferungsvertrag?

IV. Vertragsschein und AGB

V. Demonstration der Betriebsbereitschaft

VI. Nutzungsrechte

VII. Haftungskonzept

I. Ausgangslage

Am 1.3.2010 wurde der EVB-IT Systemlieferungsvertrag veröffentlicht. Dieser ist kostenlos unter www.cio.bund.de abrufbar. Dieser Mustervertrag soll der öffentlichen Hand die Beschaffung eines IT-Systems, dessen Individualität und Komplexität nicht so groß ist, erleichtern.

Der Vertrag, der als Einkaufs-AGB verwandt wird, wurde von der öffentlichen Hand mit dem Branchenverband BITKOM ausgehandelt. Die Veröffentlichung des EVB-IT Systemlieferungsvertrages erfolgte von den Verhandlungspartnern einvernehmlich. Damit kehrt die öffentliche Hand wieder zu der Praxis zurück, die bei der Veröffentlichung der ersten sechs EVB-IT Verträgen (EVB-IT Standardverträge) galt. Gemäß dieser Praxis war eine abschließende Verhandlung und Einigung mit der Auftragnehmerseite Bedingung für eine Veröffentlichung. Dieses Prinzip war mit dem EVB-IT Systemvertrag kurzzeitig aufgegeben worden.

II. Unterschied zwischen dem EVB-IT Systemvertrag und EVB-IT Systemlieferungsvertrag

Der EVB-IT Systemvertrag positioniert sich eindeutig als Einkaufs-AGB und orientiert sich am Werkvertragsrecht des BGB. Dagegen ist der EVB-IT Systemlieferungsvertrag ein Verhandlungsergebnis zwischen öffentlicher Verwaltung und BITKOM und orientiert sich insgesamt am Kaufrecht des BGB. Beim EVB-IT Systemvertrag liegt der Schwerpunkt in der Erstellung eines IT-Systems. Individuelle Anpassungen und Integrationsleistungen stehen im Vordergrund. Dagegen ist die Hauptleistung beim EVB-IT Systemlieferungsvertrag die Lieferung von Standardsystemkomponenten. In der Praxis kann die Abgrenzung schwierig sein. Unter folgenden Voraussetzungen soll der EVB-IT Systemlieferungsvertrag verwandt werden:

- Der Schwerpunkt der vertraglichen Leistung liegt in der Lieferung von Systemkomponenten, die zusammen ein IT-System bilden. Die Herbeiführung der Betriebsbereitschaft des Systems stellt nicht den Schwerpunkt der Leistung dar.

- Die Herstellung von Individual-Software ist nicht Gegenstand des EVB-IT Systemlieferungsvertrages.

- Es wird nicht ausschließlich die Lieferung von Hardware geschuldet.

- Es wird nicht ausschließlich die Überlassung von Standardsoftware geschuldet.

- Der Wert der Anpassungs- bzw. Integrationsleistung ist im Verhältnis zum Wert der Systemkomponenten deutlich geringer.

Als Orientierungsgröße gilt ein Wert der Anpassungs- bzw. Integrationsleistung von ca. 15–20 % der Gesamtleistungen. Wenn die Anpassung und die Integrationsleistungen diesen Rahmen nicht überschreiten, ist der EVB-IT Systemlieferungsvertrag der richtige Mustervertrag.

III. Welche BVB-Vertragstypen ersetzt der EVB-IT Systemlieferungsvertrag?

Mit der Veröffentlichung des EVB-IT Systemlieferungsvertrages wurden die beiden BVB-Vertragstypen BVB-Kauf und BVB-Überlassung Typ II ersetzt. Beide Verträge räumten dem Auftraggeber die Möglichkeit ein, neben der Lieferung von Standardkomponenten in geringem Umfang die Herbeiführung der Betriebsbereitschaft zu vereinbaren. Dies übernimmt nun der EVB-IT Systemlieferungsvertrag.

IV. Vertragsschein und AGB

Der EVB-IT Systemlieferungsvertrag setzt sich aus folgenden Dokumenten zusammen:

- EVB-IT Systemlieferungsvertrag als ausfüllbares Muster (Vertragsschein),

- EVB-IT Systemlieferungsvertrag als ausfüllbares Muster (Vertragsschein),

- EVB-IT Systemlieferungsvertrag als ausfüllbares Muster (Vertragsschein),

- Muster 1 Störungsmeldeformular,

- Muster 2 Leistungsnachweis,

- Muster 3 Nutzungsrechtmatrix.

Der Vertragsschein ist das Dokument, mit dem die Mitarbeiter des Auftraggebers primär arbeiten. Dieses Dokument hält die individuellen Vereinbarungen zwischen Auftraggeber und Auftragnehmer fest. Der Vertragsschein regelt in Nummer 2 die Rangfolge der Dokumente. An erster Stelle stehen die Vereinbarungen im Vertragsschein sowie die Anlagen zum Vertragsschein. In der Rangfolge wird danach auf die Allgemeinen Geschäftsbedingungen (EVB-IT Systemlieferungs-AGB) verwiesen. An dritter Stelle sollen die Regelungen der VOL/B gelten.

Gegenstand des Vertrages ist die Lieferung eines im Vertragsschein im Einzelnen beschriebenen Systems, einschließlich der Herbeiführung der Betriebsbereitschaft durch den Auftragneh-

EVB-IT Systemvertrag

mer. Die vertraglichen Regelungen basieren auf dem BGB-Kaufvertrag und enthalten – soweit vereinbart – Absprachen zum Systemservice.

Der Vertrag geht grundsätzlich von einem Pauschalfestpreis aus. Weitere Leistungen können unter Nummer 2.1 des Vertragsscheines festgelegt werden, beispielsweise die Übernahme von Altdaten und andere Migrationsleistungen. Auch kann die Schulung von Mitarbeitern mit weiteren Einzelheiten vereinbart werden (Nummer 2.2 des Vertragsscheines).

Nicht nur der Verkauf von Hardware, sondern auch die dauerhafte Überlassung von Standardsoftware gegen Einmalvergütung sowie die Herbeiführung der Betriebsbereitschaft kann Regelungsinhalt des EVB-IT Systemlieferungsvertrages sein. Der Bereich Systemservice lehnt sich stark an die Vereinbarungen im EVB-IT Systemvertrages an. Gleiches gilt für die Regelungen zur Vergütung nach Aufwand.

Die Bestimmungen im Vertragsschein zeigen das Bestreben der Verhandlungspartner, den textlichen Umfang sowie die Regelungsdichte begrenzt zu halten. Viele Beschaffer haben keine juristische Ausbildung, sodass ein Mustervertrag nicht zu komplex sein darf. Der EVB-IT Systemlieferungsvertrag sieht Regelungsmöglichkeiten für Garantien und die Hinterlegung des Quellcodes vor. Auch hat der öffentliche Auftraggeber die Möglichkeit, Sicherheiten, beispielsweise die Vereinbarung einer Vorauszahlungssicherheit oder einer Mängelhaftungssicherheit im Vertrag festzulegen.

Insgesamt orientiert sich der EVB-IT Systemlieferungsvertrag an einem Kaufvertrag mit Montageverpflichtung, wie dies im § 434 Abs. 2 BGB festgelegt ist. Gem. Ziff. 11.1 der EVB-IT Systemlieferungsvertrag-AGB heißt es:

„Die Systemlieferung umfasst die Anlieferung aller vereinbarten Systemkomponenten des Systems, einschließlich der Herbeiführung und Demonstration der Betriebsbereitschaft des Systems und weiterer ggf. zur Systemlieferung vereinbarten Leistung. Die Demonstration umfasst die Vorführung der Ablauffähigkeit des Systems und, soweit dies im Systemlieferungsvertrag ausdrücklich vereinbart ist, bestimmter Funktionalitäten. Das System ist nicht geliefert, wenn der Auftraggeber die Systemlieferung gem. Ziff. 11.4 berechtigter Weise zurückweist."

V. Demonstration der Betriebsbereitschaft

Der Systemlieferungsvertrag unterliegt einheitlich dem BGB-Kaufrecht. Er wird durch die Lieferung der Systemkomponenten und durch deren Aufstellung, Installation und Montage erfüllt. Da die Anpassungs- oder Installationsleistungen nicht die Hauptleistung darstellen, ändern sie den Charakter des Vertrages als BGB-Kaufvertrag nicht. Da aber erst nach der Installation oder anderen ergänzenden Arbeiten für den Auftraggeber feststeht, ob das Gesamtsystem mangelfrei ist, geht die Gefahr des zufälligen Untergangs und der Verschlechterung der gelieferten Sachen auf den Auftraggeber über, wenn der Auftragnehmer dem Auftraggeber das Gesamtsystem nach dessen Montage vorgeführt hat und der Auftraggeber nach einer kurzen gemeinsamen Testphase die Annahme (nicht Abnahme) des Systems nicht verweigert. Wird eine solche Verweigerung nicht ausdrücklich erklärt, gilt das System als geliefert. Im Vertrag ist vorgesehen, dass der Auftragnehmer eine Betriebsbereitschaft demonstriert.

VI. Nutzungsrechte

Der EVB-IT Systemlieferungsvertrag enthält als Anlage ein Muster 3, das den Namen „Nutzungsrechtmatrix" trägt. Grundsätzlich wird davon ausgegangen, dass dem Auftraggeber im Rahmen des EVB-IT Systemlieferungsvertrages nur ein einfaches Nutzungsrecht an der überlassenen Standardsoftware eingeräumt wird. Dieses einfache Nutzungsrecht ist dauerhaft, örtlich unbeschränkt, übertragbar und in jeder beliebigen Hard- und Softwareumgebung ausübbar. Da es sich um Standardsoftware handelt, ist es praxisgerecht, dem Auftraggeber kein exklusives Nutzungsrecht einzuräumen.

Nach den Veröffentlichungen der Verhandlungspartner ist die Nutzungsrechtmatrix auf Wunsch der öffentlichen Verwaltung erstellt worden. Mit Hilfe dieser Nutzungsrechtsmatrix sollen Angebote verschiedener Auftragnehmer vergleichbar werden. Darüber hinaus ist die Nutzungsrechtsmatrix eine Orientierung im Dschungel der verschiedenen möglichen Nutzungsrechte. Die von der Vergabestelle vorausgefüllte Nutzungsrechtmatrix wird über Nummer 4.2.1 des Vertragsscheins Vertragsbestandteil. Sie gilt vorrangig vor den AGB.

In der Praxis sollten allerdings beide Vertragspartner darauf achten, dass die Vereinbarung der Nutzungsrechte sich an den Lizenzbedingungen der Softwarehersteller orientiert. Es kann sinnvoll sein, die jeweiligen Lizenzbedingungen als Anlage dem Vertrag beizufügen und zur Vermeidung von Widersprüchen über den Umfang der Nutzungsrechte direkt auf die Hersteller-Lizenzbedingungen zu verweisen.

VII. Haftungskonzept

Auf den ersten Blick gleichen die Haftungsregelungen des EVB-IT Systemlieferungsvertrages den Vereinbarungen aus dem EVB-IT Systemvertrag. Die Haftung ist für fahrlässige Pflichtverletzung zunächst auf den Auftragswert begrenzt. Allerdings ergeben sich im Detail Reduzierungen. Gemäß Ziff. 5.2 der AGB ist die Haftung bei Verzug auf insgesamt 50 % des Auftragswertes beschränkt. Auch die Haftungsobergrenze für eine fahrlässige Pflichtverletzung beim Systemservice beträgt insgesamt das Doppelte der Vergütung, die für das erste Vertragsjahr des Systemservices ohne Berücksichtigung einer etwaig vereinbarten Reduktion wegen Mängelansprüchen zu zahlen ist.

Hier konnte offensichtlich der BITKOM für den Verzug und die Haftung bei Systemservices ein erhebliches Entgegenkommen der öffentlichen Hand erreichen.

EVB-IT Systemvertrag

I. **Einführung**

II. **Anwendungsbereich des EVB-IT Systemvertrages**

III. **Aufbau und Struktur des EVB-IT Systemvertrages**
   1. Vertragsbestandteile
   2. Geltungshierarchie der Vertragsbestandteile

IV. **Das Haftungskonzept des EVB-IT Systemvertrages**
   1. Paradigmenwechsel
   2. Rechtsgrundneutralität

EVB-IT Systemvertrag

3. Zusätzliche Regelungen hinsichtlich der Haftung für Sach- und Rechtsmängel
4. Verzugsregelung
   4.1 Verzugsfolgen
   4.2 Vertragsstrafe bei Verzug

V. Nutzungsrechte an der Software des IT-Systems
1. Allgemeines
2. Nutzungsrechte an Standardsoftware
3. Rechteumfang Individualsoftware
   3.1 Nicht ausschließliche, aber umfangreiche Nutzungsrechte
   3.2 Rückvergütung
   3.3 Rechte an Werkzeugen

VI. Systemservice
1. Vertragsbeginn und Dauer
2. Die einzelnen Systemserviceleistungen
   2.1 Aufrechterhaltung der Betriebsbereitschaft
      2.1.1 Wartung
      2.1.2 Überlassung von neuen Programmständen
   2.2 Wiederherstellung der Betriebsbereitschaft
3. Reaktions- und Wiederherstellungszeiten
4. Abnahme der Systemserviceleistungen
5. Mängelhaftung bei Systemserviceleistungen
6. Fazit

I. Einführung

Der EVB-IT Systemvertrag ist ein Mustervertrag, mit dem die öffentliche Hand komplexe IT-Systeme bestehend aus Hardware, Software sowie Integrations- und Anpassungsleistungen beschaffen kann. Der Umfang dieses Vertragsmusters ist mächtig. Das Vertragsformular hat 38 Seiten, die Allgemeinen Geschäftsbedingungen finden sich auf 31 Seiten. Hinzu kommen weitere Muster.

Der EVB-IT Systemvertrag positioniert sich juristisch eindeutig. Er **unterliegt einheitlich dem Werkvertragsrecht** und statuiert eine **Gesamtverantwortlichkeit** des Auftragnehmers für die Funktionsfähigkeit des IT-Systems. Er eröffnet die Möglichkeit, eine ganze Palette von Leistungen, die zusammen ein System ergeben, von einem Auftragnehmer als Generalunternehmer erstellen und liefern zu lassen. Zu den einzelnen Leistungen gehören beispielsweise die Lieferung von Hardware, die Überlassung von Standardsoftware, Anpassungsleistungen, Customizing, Entwicklung von Individualsoftware, Schulungen etc. Mit Hilfe des EVB-IT Systemvertrages können des Weiteren Standardsoftware und Hardware auf Dauer (Kauf) oder auf Zeit (Miete) erworben werden. Der Systemvertrag berücksichtigt die Vorgaben des V-Modells XT.

II. Anwendungsbereich des EVB-IT Systemvertrages

Der Schwerpunkt der vertraglichen Leistungen liegt beim EVB-IT Systemvertrag in der Erstellung eines IT-Systems – ggf. einschließlich der Realisierung von Individualprodukten –, der Integration und Zusammenfügung von Einzelleistungen, der Einbindung in die Systemumgebung des Auftraggebers sowie in der Herbeiführung der Funktionsfähigkeit des Gesamtsystems. Um die Anwendung des EVB-IT Systemvertrages zu begründen, sollen die Anpassungsleistungen **einen Wert von ca. 15 % bis 20 % der Gesamtleistungen** überschreiten. Unabhängig von dem Wert der Anpassungsleistungen findet der EVB-IT Systemvertrag aber auch Anwendung, wenn die Anpassungsleistungen so entscheidend sind, dass das IT-System ohne sie durch den Auftraggeber nicht oder nicht sinnvoll nutzbar ist oder **wenn es sich bei den Anpassungen um die Erstellung zahlreicher Individualprogrammierungen handelt.** Bei einer solchen Fallgestaltung überwiegt das werkvertragliche Moment des individuell geschuldeten Erfolges in einer Weise, dass die Anwendung des Werkvertragsrechts gerechtfertigt wird. Der Systemvertrag unterliegt damit einheitlich dem Werkvertragsrecht. **Er wird durch die Erklärung der Abnahme des Gesamtsystems erfüllt.**

Liegt eine der oben genannten Voraussetzungen für die Anwendung des EVB-IT Systemvertrages nicht vor, sollen aber gleichwohl mehrere Leistungen inklusive geringfügiger Anpassungsleistungen aus einer Hand beschafft werden, findet der → *EVB-IT Systemlieferungsvertrag* Anwendung.

Die Planung des Systems ist nicht Gegenstand des EVB-IT Systemvertrages, sondern seine Voraussetzung. Sie kann vom Auftraggeber selbst erstellt oder – bis zu der Veröffentlichung eines EVB-IT Planungsvertrages – gemäß den BVB Planung vereinbart werden.

Bisher existierte innerhalb der BVB- und EVB-IT-Welt kein Systemvertrag. Der EVB-IT Systemvertrag umfasst auch die Erstellung von Individualsoftware und ersetzt damit neben dem EVB-IT Erstellungsvertrag den bisherigen BVB-Erstellungsvertrag, der lediglich die Erstellung von Individualsoftware regelt.

Der EVB-IT Systemvertrag regelt somit ein **Projekt zur Erstellung eines komplexen IT-Gesamtsystems.** Die Durchführung eines IT-Projektes ist technisch und juristisch der Erstellung eines Bauwerkes ähnlich. In beiden Fällen gibt der Auftraggeber ein Paket von Leistungen in Auftrag mit dem Ziel, mit Vertragserfüllung ein Bauwerk oder beim IT-Projekt ein funktionierendes EDV-System zu erhalten. Der EVB-IT Systemvertrag ähnelt daher komplexen Bauverträgen mit einem Generalunternehmer. **Der Auftragnehmer trägt die Projekt- und Erfolgsverantwortung.** Der Auftraggeber unterstützt ihn bei der Erstellung.

Die AGB des EVB-IT Systemvertrages, die EVB-IT System, zeigen anhand der Überschriften den Regelungsumfang und die Komplexität auf:

1 *Gegenstand des EVB-IT Systemvertrages*

2 *Art und Umfang der Leistungen zur Erstellung des Gesamtsystems*

3 *Mängelklassifizierung*

4 *Systemservice nach Abnahme*

5 *Dokumentation*

6 *Mitteilungspflichten des Auftragnehmers*

7 *Personal des Auftragnehmers, Subunternehmer*

8 *Vergütung*

9 *Verzug*

10 *Projektmanagement*

11 *Mitwirkung des Auftraggebers*

EVB-IT Systemvertrag

12 Abnahme

13 Rechte des Auftraggebers bei Mängeln des Gesamtsystems (Gewährleistung)

14 Schutzrechte Dritter

15 Haftungsbeschränkung

16 Laufzeit und Kündigung

17 Änderung der Leistung nach Vertragsschluss

18 Quellcodeübergabe und Quellcodehinterlegung

19 Haftpflichtversicherung

20 Vorauszahlungsbürgschaft, Vertragserfüllungs- und Mängelhaftungssicherheit

21 Datenschutz, Geheimhaltung und Sicherheit

22 Zurückbehaltungsrechte

23 Schlichtungsverfahren

24 Textform

25 Anwendbares Recht

III. Aufbau und Struktur des EVB-IT Systemvertrages

1. Vertragsbestandteile

Das Vertragswerk setzt sich aus folgenden Dokumenten zusammen:

- EVB-IT Systemvertrag (Vertragsmuster),
- EVB-IT System (AGB),
- Muster 1 – Störungsmeldung,
- Muster 2 – Leistungsnachweis,
- Muster 3 – Änderungsverfahren,
- Muster 4 – Nutzungsrechtematrix.

Alle diese Dokumente stehen unter www.cio.bund.de zum Download bereit.

2. Geltungshierarchie der Vertragsbestandteile

Die Dokumente haben folgende Geltungshierarchie:

- Vorrangig gilt der Vertragsschein EVB-IT Systemvertrag, einschließlich der Nummer 1.3 und der dort aufgeführten Anlagen.
- Dann gemäß Nummer 1.3.2 die Ergänzenden Vertragsbedingungen für die Erstellung eines IT-Systems (EVB-IT System) in der bei Versand der Vergabeunterlagen geltenden Fassung.
- Dann gemäß Nummer 1.3.3 die Verdingungsordnung für Leistungen – ausgenommen Bauleistungen – Teil B (VOL/B) in der bei Versand der Vergabeunterlagen geltenden Fassung.

Wie in den anderen EVB-IT besteht der EVB-IT Systemvertrag aus Allgemeinen Geschäftsbedingungen (AGB) und aus einem Vertragsschein, in dem das konkrete Rechtsgeschäft festzuhalten und in seinen Einzelheiten vertraglich zu regeln ist. Die AGB werden als **EVB-IT System AGB** bezeichnet. Das Vertragsmuster selber lautet **EVB-IT Systemvertrag**. Wird also in den EVB-IT System-AGB Bezug genommen auf eine **Nummer** im EVB-IT Systemvertrag, bedeutet dies, dass auf eine Bestimmung in dem Vertragsmuster (EVB-IT Systemvertrag) verwiesen wird.

Die EVB-IT System AGB enthalten als letzten Teil jeweils Definitionen von Begriffen, die in den Vertragsbedingungen oder den Vertragsmustern verwendet werden und über die ein einheitliches Verständnis bei Auftraggebern und Auftragnehmern notwendig ist.

Bei Verwendung des vorgesehenen Vertragsmusters werden die jeweiligen Vertragsbedingungen einschließlich der Definitionen **Vertragsbestandteil**. Das Vertragsformular (EVB-IT Systemvertrag) ist auf der letzten Seite von Auftraggeber und Auftragnehmer zu unterschreiben.

Zum EVB-IT Systemvertrag gehören **Muster zur Festlegung spezieller Sachverhalte,** beispielsweise der Durchführung eines Änderungsverfahrens im laufenden Vertrag oder der Behandlung von Mängelmeldungen.

Der EVB-IT Systemvertrag bietet die Möglichkeit für Auftraggeber und Auftragnehmer, dem Vertrag durchgehend auf jeder Seite eine Kennung oder eine Vertragsnummer zu geben. Hierdurch soll eine eindeutige Kennzeichnung des Vertrages sowie eine zweifelsfreie Bezugnahme darauf möglich werden.

Alle vertraglichen Vereinbarungen müssen in den EVB-IT Systemvertrag aufgenommen werden. Dies kann durch Ausfüllen der hierfür vorgesehenen Stellen, durch Ankreuzen der angebotenen Optionen und durch den Verweis auf Anlagen zum Vertrag geschehen. Die EVB-IT System AGB werden über die Einbeziehung auf der ersten Seite des Vertrages Vertragsbestandteil. Die an verschiedenen Stellen in den EVB-IT enthaltene Formulierung: „… soweit nichts anderes vereinbart …" stellt eine Auffangregelung dar. Eine anderslautende Vereinbarung kann im Vertrag an der hierfür vorgesehenen Stelle getroffen werden. Fehlt eine solche Stelle im Vertrag, ist die anderslautende Vereinbarung unter der Nummer „Sonstige Vereinbarungen" im EVB-IT Systemvertrag einzufügen.

Es empfiehlt sich, Regelungen zu treffen, um die einzelnen Seiten des EVB-IT Systemvertrages, der auf der letzten Seite von Auftraggeber und Auftragnehmer unterschrieben wird, vor nachträglichen und nicht mehr nachvollziehbaren Änderungen zu schützen. Dies kann beispielsweise durch Abzeichnen – Paraphieren – jeder einzelnen Seite geschehen.

IV. Das Haftungskonzept des EVB-IT Systemvertrages

1. Paradigmenwechsel

Das Haftungskonzept des EVB-IT Systemvertrages stellte einen Paradigmenwechsel dar. Grund hierfür war, dass die Auftraggeberseite bei der Verwendung der bisherigen EVB-IT zu dem Ergebnis kam, dass das in den EVB-IT festgelegte Haftungskonzept für die öffentliche Hand zu ungünstig sei, um langfristig Akzeptanz bei den Beschaffern zu finden.

Die öffentliche Hand legte daher im Januar 2003 ein neues Haftungskonzept vor, das eine Haftungsbeschränkung des Auftragnehmers in der Regel lediglich in dem Rahmen vorsah, der nach den AGB-rechtlichen Vorschriften des BGB in Auftragnehmer-AGB wirksam wäre. Aus diesem Grund und weil

EVB-IT Systemvertrag

für den komplexen Systemvertrag ein anderes Haftungskonzept erforderlich war, wurde für den EVB-IT Systemvertrag ein völlig neues Haftungskonzept erarbeitet.

2. Rechtsgrundneutralität

In den → *EVB-IT* Standardverträgen sind die Rechtsfolgen von Schadensersatzansprüchen **abhängig vom jeweiligen Haftungsgrund** abschließend geregelt. Lediglich in der Klausel „Sonstige Haftung" fand sich für die sonstigen Haftungsgründe noch eine Auffangregelung. Diese Regelung kommt aber nur noch für die Verletzung von vertraglichen Nebenpflichten und für deliktische, also für nicht vertragliche Ansprüche, zur Anwendung.

In den EVB-IT System AGB findet sich nun **eine Haftungsregel für alle Haftungstatbestände** wie Verzug, Gewährleistung, Schutzrechtsverletzung und unerlaubte Handlung. Es existieren also keine getrennten Schadensersatzregelungen, beispielsweise für Verzug oder bei Ansprüchen wegen Mängeln mehr, sondern diese werden sämtlich in Ziffer 15 der EVB-IT geregelt.

Da ein EVB-IT Systemvertrag aus vergaberechtlichen Gründen regelmäßig nicht verhandelt wird und gerade große Anbieter ohne Haftungsbegrenzungen keine Angebote abgeben können, wurde in Ziffer 15 eine standardmäßige Gesamthaftungsbegrenzung für alle Schadensersatzhaftungsansprüche aufgenommen.

Die Haftungsbeschränkungen gelten aber **nicht** für Ansprüche **wegen Vorsatz** und **grober Fahrlässigkeit**, bei der **Verletzung des Lebens, des Körpers oder der Gesundheit**, bei **Arglist, soweit das Produkthaftungsgesetz zur Anwendung kommt** sowie bei **Garantieversprechen**.

ACHTUNG!
Die Haftungsbeschränkungen gelten auch für die Verletzung von **Kardinalpflichten**. Diese Beschränkung könnte nicht rechtskonform in die AGB eines Auftragnehmers aufgenommen werden, da sie gemäß § 307 Abs. 2 Nr. 2 BGB unwirksam wäre.

Die Haftung **für entgangenen Gewinn** ist in den EVB-IT System AGB vollständig **ausgeschlossen**.

3. Zusätzliche Regelungen hinsichtlich der Haftung für Sach- und Rechtsmängel

In den → *EVB-IT* Standardverträgen wird zwischen Sach- und Rechtsmängelhaftung unterschieden. Rechtsmängel werden dort als Schutzrechtsverletzungen bezeichnet. Rechtsmängel liegen vor, wenn vertraglich vereinbarte Rechte, wie zum Beispiel Eigentum und Nutzungsrechte tatsächlich nicht oder nicht vollständig eingeräumt wurden. Auch in den EVB-IT System AGB findet sich diese Trennung.

Die Regelungen im EVB-IT Systemvertrag zu den Sachmängeln orientieren sich an den gesetzlichen Vorgaben der §§ 634 ff. BGB.

Der Auftraggeber ist daher bei Vorliegen eines Mangels berechtigt,

- Nacherfüllung zu verlangen,
- den Mangel selbst zu beseitigen und Ersatz der erforderlichen Aufwendungen zu verlangen,
- die Vergütung zu mindern oder (bei wesentlichen Mängeln) von dem Vertrag zurückzutreten,
- und bei Verschulden des Auftragnehmers Schadensersatz oder Ersatz vergeblicher Aufwendungen zu verlangen.

Entsprechend der gesetzlichen Regelung in § 634a BGB beträgt die Verjährungsfrist für Mängel (Gewährleistungsfrist) in der Regel zwei Jahre. Eine Ausnahme sieht Ziffer 13.3 der EVB-IT System AGB lediglich für Rechtsmängel der Individualsoftware vor. Für diese beträgt die Verjährungsfrist drei Jahre. Eine weitere Besonderheit ist, dass nach Ablauf von 12 Monaten ein Rücktritt vom EVB-IT Systemvertrag ausgeschlossen ist.

4. Verzugsregelung

4.1 Verzugsfolgen

Gemäß Ziffer 9.2 der EVB-IT System kommt der Auftragnehmer ohne Mahnung in Verzug, wenn er den Vertragserfüllungstermin oder Teilabnahmetermine nicht einhält. Dies sind die Termine, zu dem der Auftragnehmer alles Vereinbarte getan haben muss, damit der Auftraggeber die Gesamt- oder Teilabnahme erklären kann.

Der Auftraggeber kann im Falle des Verzuges weiter auf die **Erbringung der Leistung bestehen und den sog. Verzögerungsschaden verlangen** (siehe §§ 280 Abs. 1, 286 BGB). Danach ist der Auftraggeber so zu stellen, wie er ohne den Verzug des Auftragnehmers gestanden hätte. Der Auftraggeber hat dabei stets **den Schaden** und **seine Höhe** nachzuweisen.

Der Verzögerungsschaden darf nicht mit dem sog. „**Schadensersatz statt der Leistung**" verwechselt werden. Diese Art des Schadensersatzes kommt in der Regel erst dann in Betracht, wenn der Auftraggeber dem Auftragnehmer erfolglos eine angemessene Frist zur Leistungserbringung gesetzt hat (vgl. Ziffer 9.2 der EVB-IT System). Praktisch ist die Angemessenheit einer Frist schwierig zu bestimmen. Die Frist muss es dem Auftragnehmer nicht ermöglichen, die komplette Leistung nachzuholen, sie muss aber ausreichend bemessen sein, damit er noch Leistungshandlungen vornehmen bzw. abschließen kann. Erst nach Ablauf der angemessenen Frist ist der Auftraggeber in der Regel berechtigt zu wählen, ob er

- weiterhin auf Erfüllung des Vertrages besteht (parallel dazu kann er dennoch einen möglichen Verzögerungsschaden beanspruchen, s. o.)
- **oder lieber** Schadensersatz statt der Leistung verlangt. In diesem Fall ist zu beachten, dass die Pflicht des Auftragnehmers zur Erbringung der ursprünglich vertraglich vereinbarten Leistung entfällt.

Macht der Auftraggeber den Schadensersatz statt der Leistung geltend, ist er so zu stellen wie er stünde, wenn sein Vertragspartner ordnungsgemäß erfüllt hätte. Der Unterschied zum Verzögerungsschaden ist dabei u. a. der, dass über die reinen Verzögerungskosten hinaus Kosten geltend gemacht werden können, die dadurch entstanden sind, dass der Gläubiger die Leistung durch den Schuldner abgelehnt hat und sie nun von einem Dritten bezieht.

Beispiel

Als Systemkomponenten sollen Server geliefert werden. Diese sollen teilabgenommen werden. Der Auftragnehmer hält den Teilabnahmetermin schuldhaft nicht ein. Der Auftraggeber kann ihm nun eine angemessene Frist zur Nachlieferung setzen und nach Ablauf einer Nachfrist Schadensersatz statt der Leistung verlangen. Das heißt, dass er die Lieferung ablehnen und die

EVB-IT Systemvertrag

Server bei einem anderen Händler kaufen kann. Muss er dort einen höheren Preis zahlen, kann er die Differenz vom Auftragnehmer verlangen, soweit die Haftungsgrenzen (Ziffer 15 der EVB-IT System AGB bzw. Nummer 15 des EVB-IT Systemvertrages) dies zulassen.

Im Falle der Verzögerung der Leistung hat der Auftraggeber die Möglichkeit, sich insgesamt von dem Vertrag mit seinem Auftragnehmer zu lösen bzw. zurückzutreten (siehe Ziffer 9.2 EVB-IT System). Der Rücktritt hat grundsätzlich dieselben Voraussetzungen wie der Anspruch auf Schadensersatz statt der Leistung, d. h. in der Regel bedarf es einer Fristsetzung.

In den EVB-IT System AGB **ist die Summe aller Schadensansprüche** der Höhe nach gemäß deren Ziffer 15 begrenzt, sofern keiner der in Ziffer 15.4 EVB-IT System genannten Ausnahmefälle vorliegt. Soweit nichts anderes vereinbart ist, gilt diese Grenze also auch für etwaige Verzugsschäden. In Nummer 15.2 des EVB-IT Systemvertrages kann jedoch für den Verzugsfall eine andere Haftungsobergrenze als die in Ziffer 15 vereinbarte Grenze des Auftragswertes vereinbart werden.

4.2 Vertragsstrafe bei Verzug

Die → *EVB-IT* Standardverträge kannten keine standardmäßige Vertragsstrafenregelung. Der EVB-IT Systemvertrag regelt aber eine Vertragsstrafe für Verzug mit folgendem Inhalt:

- Die rechtzeitige Leistung ist eine typische vertragliche Hauptpflicht. Gemäß Ziffer 15 ist der Schaden auch für die Verletzung dieser vertraglichen Hauptpflicht begrenzt. Das hierdurch gestiegene Risiko des Auftraggebers sollte angemessen kompensiert werden. Daher wurde in Ziffer 9 der EVB-IT System AGB die Haftung des Auftragnehmers bei Verzug durch die generelle Vereinbarung einer Vertragsstrafe für den Verzugsfall mit einer **Obergrenze** von fünf Prozent des Auftragswertes ergänzt. Diese ist jedoch auf den eventuellen Verzugsschaden anrechenbar. Die Grenze von 5 % war aus AGB-rechtlichen Gründen erforderlich, um die Unwirksamkeit dieser Klausel zu vermeiden.

- Die Vertragsstrafe kann ab dem achten Verzugstag, dann jedoch **rückwirkend** vom Verzugstag an, geltend gemacht werden (Ziffer 9.3 EVB-IT System AGB). Sie beträgt 0,2 %, maximal aber 5 % des Auftragswertes. Sie wird auf den Schadensersatzanspruch angerechnet.

- Die Vertragsstrafenregelung kann in Nummer 16.1. des EVB-IT Systemvertrages **modifiziert** werden. Zum Beispiel kann eine Vertragsstrafe für Teilabnahmetermine oder sogar für Meilensteine vereinbart werden. Auch kann die Höhe der Vertragsstrafe geändert werden.

V. Nutzungsrechte an der Software des IT-Systems

1. Allgemeines

Der Begriff Software ist in den EVB-IT System AGB der Oberbegriff für Standardsoftware und Individualsoftware. Der Begriff **Standardsoftware** steht für Softwareprogramme, Programm-Module, Tools etc., die für die Bedürfnisse einer Mehrzahl von Kunden am Markt und nicht speziell vom Auftragnehmer für den Auftraggeber entwickelt wurden einschließlich der zugehörigen Dokumentation.

Der Begriff **Individualsoftware** steht für Softwareprogramme, Programm-Module, Tools etc., die zur Vertragserfüllung für die Bedürfnisse des Auftraggebers vom Auftragnehmer erstellt wurden, einschließlich der zugehörigen Dokumentation. Hierzu gehören auch Anpassungen von Standard- oder Individualsoftware auf Quellcodeebene, nicht jedoch Customizing.

Software ist grundsätzlich urheberrechtlich geschützt (§§ 69a ff. UrhG), siehe dazu auch Stichwort → *Schutz von Software, urheberrechtlicher*. Will der Auftraggeber die Software nutzen, benötigt er daher entsprechende Nutzungsrechte, um im Rahmen des Projektes erbrachte Leistungen zu nutzen, siehe dazu → *Nutzungsrechte an Software (Lizenzen), Einräumung von*. In Ziffer 2.3 der EVB-IT System AGB ist der Umfang der Nutzungsrechte geregelt.

2. Nutzungsrechte an Standardsoftware

An Standardkomponenten, z. B. Standardsoftware der großen Hersteller, oder einer Bedienungsanleitung für Hardware werden nur einfache, nicht ausschließliche Nutzungsrechte eingeräumt (siehe Ziffern 2.3.1.1, 2.3.1.2 und 5.6). Der Auftraggeber erhält

- „das nicht ausschließliche,

- mit der Einschränkung des letzten Absatzes dieser Ziffer … übertragbare,

- dauerhafte, unwiderrufliche und unkündbare,

- örtlich unbeschränkte,

- in jeder beliebigen Hard- und Softwareumgebung ausübbare

Recht, die Standardsoftware* zu nutzen, das heißt insbesondere dauerhaft oder temporär zu speichern und zu laden, sie anzuzeigen und ablaufen zu lassen. Dies gilt auch, soweit hierfür Vervielfältigungen notwendig werden."

Diese Nutzungsrechte sind in der Regel auf eine bestimmte Anzahl von gleichzeitig nutzbaren Arbeitsplätzen, Servern oder in ähnlicher Weise beschränkt. Entsprechende Regelungen sind in den Nummern 4.3 und 4.4 des EVB-IT Systemvertrages vorgesehen. Gerade bei Standardprodukten der großen internationalen Hersteller, deren Regelungen zu Rechteeinräumungen kaum verhandelbar sind, werden im Vertragsschein Ergänzungen bzw. Abweichungen mit aufzunehmen sein.

3. Rechteumfang Individualsoftware

3.1 Nicht ausschließliche, aber umfangreiche Nutzungsrechte

Bezüglich individuell für den Auftraggeber erstellter Komponenten, z. B. Individualsoftware, sind solche Beschränkungen nicht standardmäßig vereinbart. An solchen Leistungen erhält der Auftraggeber zwar nicht ausschließliche, jedoch im Übrigen weitgehende Rechte, z. B. das Recht zur Bearbeitung, Vervielfältigung und Verbreitung (siehe dazu Ziffer 2.3.2 der EVB-IT System AGB).

Soweit im Vertragsschein EVB-IT Systemvertrag nichts anderes vereinbart wird, regeln die AGB des EVB-IT Systemvertrages, dass der Auftragnehmer berechtigt bleibt, seine Leistung weiterhin zu verwerten. Der Auftraggeber erhält somit lediglich ein **nicht ausschließliches Nutzungsrecht** an der Individualsoftware. Für den Fall, dass dies, z. B. aus Geheimhaltungsgründen, nicht erwünscht ist, ist die Vereinbarung von ausschließlichen Rechten in Nummer 4.5.3 des EVB-IT Systemvertrages möglich.

Unabhängig von diesem Grundsatz wird der Auftraggeber in weitem Umfang berechtigt, die Individualsoftware unbeschränkt zu nutzen und zu verändern. Dies schließt lediglich die wirtschaftliche Weiterverwertung aus.

Der Umfang der Nutzungsrechte ist in Ziffer 2.3.2.1 der EVB-IT System wie folgt geregelt:

2.3.2.1

Soweit im EVB-IT Systemvertrag keine andere bestimmungsgemäße Nutzung vereinbart ist, geht jeweils, soweit die Individualsoftware* entstanden ist,

- *das nicht ausschließliche,*
- *für nichtgewerbliche Zwecke unterlizenzierbare,*
- *örtlich unbeschränkte,*
- *in jeder beliebigen Hard- und Softwareumgebung ausübbare,*
- *übertragbare,*
- *dauerhafte, unwiderrufliche und unkündbare*

Recht auf den Auftraggeber über, die Individualsoftware* im Original oder in abgeänderter, übersetzter, bearbeiteter oder umgestalteter Form

- *zu nutzen, das heißt insbesondere dauerhaft oder temporär zu speichern und zu laden, sie anzuzeigen und ablaufen zu lassen, auch soweit hierfür Vervielfältigungen notwendig werden,*
- *abzuändern, zu übersetzen, zu bearbeiten oder auf anderem Wege umzugestalten,*
- *für nichtgewerbliche Zwecke auf einem beliebigen bekannten Medium oder in anderer Weise zu speichern, zu vervielfältigen, auszustellen, zu veröffentlichen, in körperlicher oder unkörperlicher Form zu verbreiten, insbesondere nicht öffentlich und mit Ausnahme des Quellcodes* öffentlich wiederzugeben, auch durch Bild-, Ton- und sonstige Informationsträger,*
- *in Datenbanken, Datennetzen und Online-Diensten einzusetzen, einschließlich des Rechts, die Individualsoftware*, nicht jedoch den Quellcode*, den Nutzern der vorgenannten Datenbanken, Netze und Online-Dienste zur Recherche und zum Abruf mittels vom Auftraggeber gewählter Tools bzw. zum nicht gewerblichen Herunterladen zur Verfügung zu stellen,*
- *durch Dritte nutzen oder für den Auftraggeber betreiben zu lassen,*
- *nicht nur für eigene Zwecke zu nutzen, sondern auch zur Erbringung von Leistungen an Dritte einzusetzen,*
- *zu verbreiten, soweit dies nicht gewerblich geschieht.*

Das Nutzungsrecht bezieht sich auf die Individualsoftware*, insbesondere deren Objekt- und Quellcode* in allen Entwicklungs-, Zwischen- und Endstufen und auf die zugehörigen Dokumentationen sowie auf sonstige für die Ausübung der Nutzungsrechte notwendige Materialien, wie beispielsweise Analysen, Lasten- bzw. Pflichtenhefte, Konzepte und Beschreibungen.

Macht der Auftraggeber von seinem Recht zur Übertragung des Nutzungsrechts an der Individualsoftware* ganz oder teilweise Gebrauch oder überlässt er Dritten im Rahmen seines Vervielfältigungs-, Unterlizenzierungs- oder Verbreitungsrechts die Nutzung, hat er seine vertraglichen Verpflichtungen bezüglich Inhalt und Umfang der Nutzungsrechte dem Dritten aufzuerlegen. Eine Haftung des Auftragnehmers gegenüber Dritten im Zusammenhang mit einer Unterlizenzierung oder Weiterverbreitung ist ausgeschlossen. Dies gilt auch für Mängelansprüche und auch, soweit der Auftraggeber Ansprüche gegen den Auftragnehmer geltend macht, die der Dritte seinerseits wegen der Individualsoftware* gegen den Auftraggeber geltend gemacht hat.

Soweit der Auftraggeber seine Nutzungsrechte an den Dritten übertragen hat, ist er nicht mehr zur Nutzung berechtigt. Der Auftraggeber ist jedoch berechtigt, eine Kopie ausschließlich für Prüf- und Archivierungszwecke zu behalten und zu nutzen.

3.2 Rückvergütung

Wenn der Auftragnehmer berechtigt bleibt, die individuell für den Auftraggeber erstellte Leistung auch weiterhin zu verwerten, stellt sich die Frage nach einer wirtschaftlichen Beteiligung des Auftraggebers an der Verwertung der Individualsoftware durch den Auftragnehmer. Dies kann z. B. in Form einer **Rückvergütung** geschehen. Ziffer 2.3.2.3 sieht dazu eine entsprechende Vereinbarung zwischen den Vetragsparteien vor.

3.3 Rechte an Werkzeugen

Der Auftraggeber kann seine Rechte an der Individualsoftware, insbesondere das Recht zur Bearbeitung nur nutzen, wenn der Auftragnehmer ihm die dazu **erforderlichen Werkzeuge,** beispielsweise Compiler überlässt, die möglicherweise nicht am Markt erhältlich, aber zur Bearbeitung der Software erforderlich sind. Ziffer 2.3.2.4 der EVB-IT regelt daher, dass der Auftragnehmer dem Auftraggeber an derartigen Werkzeugen die notwendigen Rechte einräumt.

VI. Systemservice

Der Anwendungsbereich der → *EVB-IT Standardverträge* umfasste bisher nicht die Betreuung eines gesamten IT-Systems nach der Abnahme und über den Zeitpunkt der Verjährung der Mängelansprüche (Gewährleistungsansprüche) hinaus. Dieser Service wird aber immer häufiger von der öffentlichen Hand nachgefragt. Bei den Beschaffern herrschte bisher eine gewisse Ratlosigkeit, wie diese Gesamtverantwortung des Auftragnehmers nach der Abnahme für das Funktionieren aller Systemkomponenten mit den bisherigen Musterbedingungen sinnvoll zu vereinbaren sei. Sie konnten zwar auf die BVB-Pflege für die Pflege der Individualsoftware, auf die EVB-IT Instandhaltung für die Instandhaltung der Hardware und auf die EVB-IT Pflege S für die Pflege der Standardsoftware zurückgreifen. Der Nachteil war zum einen der Zwang, drei unterschiedliche Verträge mit unterschiedlichen Regelungen zu Vergütung und Haftung abschließen zu müssen. Zum anderen konnte der Auftragnehmer mit diesen Verträgen lediglich zur Störungsbeseitigung der einzelnen Systemkomponenten verpflichtet werden, nicht aber für die störungsfreie Interaktion aller Systemkomponenten innerhalb des IT-Systems.

EVB-IT Systemvertrag

Der neue EVB-IT Systemvertrag sieht nun die Möglichkeit vor, zusätzlich zur Erstellung des Gesamtsystems **vom Auftragnehmer zu erbringende Systemserviceleistungen** für das Gesamtsystem zu vereinbaren.

1. Vertragsbeginn und Dauer

Gemäß den EVB-IT System AGB werden die Systemserviceleistungen grundsätzlich **nach der Abnahme erbracht.**

Regelmäßig sind Systemerstellung und Systemservice **gemeinsam auszuschreiben,** da die Servicekosten wesentlicher Bestandteil der Gesamtkosten sind und der Zuschlag auf das insgesamt wirtschaftlichste Angebot zu erteilen ist.

Der Servicevertrag kann auf bestimmte oder auf unbestimmte Zeit abgeschlossen werden. Im letzteren Fall kann er, soweit nichts anderes vereinbart ist, gemäß Ziffer 16.1.1 EVB-IT System AGB von jedem Vertragspartner mit einer Frist von drei Monaten zum Monatsende ordentlich gekündigt werden. Dies gilt selbstverständlich frühestens zum Ende einer eventuell vereinbarten Mindestvertragsdauer.

 ACHTUNG!
Systemservice kann nach EU-Vergaberecht grundsätzlich maximal für einen Zeitraum von vier Jahren vereinbart werden (§ 4 EG Abs. 7 VOL/A). Eine optionale Verlängerungsmöglichkeit wäre eine unzulässige Umgehung. Hiervon kann jedoch dann abgewichen werden, wenn ein zulässiger Ausnahmetatbestand vorliegt. Das ist z. B. dann der Fall, wenn eine nur vierjährige Laufzeit unter Berücksichtigung der Einstandskosten unwirtschaftlich wäre.

2. Die einzelnen Systemserviceleistungen

Der EVB-IT Systemvertrag sieht in Ziffer 4 EVB-IT System AGB und in Nummer 5 des Vertragsformulars grundsätzlich zwei unterschiedliche Arten von Pflegeleistungen vor:

- **Leistungen zur Aufrechterhaltung der Betriebsbereitschaft des Gesamtsystems.** Hierzu gehören:
  > Wartungsleistungen (Vermeidung von Störungen)
  > Lieferung von verfügbaren neuen Programmständen für die Standardsoftware

und

- **Leistungen zur Wiederherstellung der Betriebsbereitschaft des Gesamtsystems.** Hierzu gehören sämtliche notwendigen Maßnahmen zur Beseitigung von Störungen bei den vereinbarten Systemkomponenten oder beim Gesamtsystem.

2.1 Aufrechterhaltung der Betriebsbereitschaft

2.1.1 Wartung

Die Parteien können im EVB-IT Systemvertrag eine vollumfängliche Wartung vereinbaren. Der Auftragnehmer ist in diesem Fall verpflichtet, während der Laufzeit der Systemwartungsvereinbarung alle Maßnahmen zu ergreifen, die notwendig und erforderlich sind, um das Auftreten von Störungen des Gesamtsystems oder einzelner vereinbarter Systemkomponenten oder Störungen in deren Zusammenspiel zu vermeiden. Dieser Service geht weit und ist eher hochpreisig. Er wird wohl nur dann vereinbart werden, wenn

- die Hochverfügbarkeit des Systems gewährleistet werden muss,
- aufgrund der Art des Gesamtsystems ein hoher Verschleiß zu erwarten ist oder
- vorbeugende Wartung sachlich gerechtfertigt ist.

2.1.2 Überlassung von neuen Programmständen

Der EVB-IT Systemvertrag sieht vor, dass die Lieferung von verfügbaren neuen Programmständen der Standardsoftware des Gesamtsystems vereinbart werden kann. Dieser Service gehört mit zur Aufrechterhaltung der Betriebsbereitschaft des Gesamtsystems. Zu den zu überlassenden Programmständen gehören, je nach Vereinbarung **Patches, Updates, Upgrades** und **neue Versionen.** Die EVB-IT System AGB regeln standardmäßig, dass die neuen Programmstände zu konfigurieren, zu customizen und in das Gesamtsystem zu integrieren sind. In Spalte 5 der Tabelle in Nummer 5.1.2 des EVB-IT Systemvertrages kann vereinbart werden, dass abweichend von diesem Grundsatz die Installation der neuen Programmstände durch den Auftraggeber erfolgt.

2.2 Wiederherstellung der Betriebsbereitschaft

Die Wiederherstellung der Betriebsbereitschaft des Gesamtsystems ist die **Hauptleistung des Systemservice.** Ist diese Leistung vereinbart, ist der Auftragnehmer verpflichtet, auftretende Störungen des Gesamtsystems oder, soweit vereinbart, lediglich einzelner Systemkomponenten zu beseitigen. Dies kann er beispielsweise durch Reparatur einer Hardware, Lieferung einer neuen Systemkomponente (neue Hardware, Update, Upgrade der Standard- oder Individualsoftware) oder Änderung des Customizings bewerkstelligen. Ist die Störungsbeseitigung für das Gesamtsystem vereinbart, besteht für den Auftraggeber der Vorteil, dass er in dem Auftragnehmer nur **einen Ansprechpartner** und eine Meldestelle für alle Störungen hat. Er muss sich also nicht damit beschäftigen, in welcher Systemkomponente die Störung auftritt. Es reicht in diesem Fall zu melden, dass das Gesamtsystem eine Störung aufweist.

Dies gilt auch dann, wenn die Standardsoftware oder Hardware des Gesamtsystems nicht vom Auftragnehmer, sondern von Subunternehmern oder Zulieferern stammt. Der Auftragnehmer muss in diesem Fall die Serviceleistungen bei diesen Dritten einkaufen, um sie anschließend dem Auftraggeber zusammen mit seinen Leistungen als „eigene Leistung" anzubieten.

3. Reaktions- und Wiederherstellungszeiten

Es kann vereinbart werden, dass mit der Störungsbeseitigung innerhalb einer bestimmten **Reaktionszeit** begonnen werden muss und/oder dass auftretende Störungen innerhalb von bestimmten **Wiederherstellungszeiten** beseitigt werden müssen.

Reaktions- und Wiederherstellungszeiten beginnen mit dem Zugang der Mängelanzeige und laufen ausschließlich während der vereinbarten Servicezeiten. Die EVB-IT Standardverträge regelten keine Wiederherstellungszeiten, gaben aber eine Reaktionszeit von 20 Stunden (EVB-IT Pflege S, EVB-IT Instandhaltung) standardmäßig vor. Im EVB-IT Systemvertrag sind Reaktions- und Wiederherstellungszeiten nur geregelt, wenn sie in Nummer 5.1.1.2 des EVB-IT Systemvertrages in Abhängigkeit von den vereinbarten Fehlerklassen vereinbart werden. In diesem Fall kommt der Auftragnehmer bei Überschreitung in

Verzug, es sei denn, dass er die Fristüberschreitung nicht zu vertreten hat. Der EVB-IT Systemvertrag sieht in Nummer 16.2 die Möglichkeit vor, Vertragsstrafen für die Nichteinhaltung von Reaktions- und Wiederherstellungszeiten zu vereinbaren.

4. Abnahme der Systemserviceleistungen

Der EVB-IT Systemvertrag regelt jeden Eingriff in das Gesamtsystem im Rahmen des Systemservices **als Werkleistung.** Dies gilt unabhängig von der Art der Leistungen und somit für Wartungsleistungen, Lieferung und Installation eines neuen Programmstandes und Störungsbeseitigungen. Der Auftragnehmer hat nach Durchführung von Systemserviceleistungen erneut **die Betriebsbereitschaft des Gesamtsystems** oder der vereinbarten zu pflegenden Systemkomponenten zu erklären. Die Leistung muss vom Auftraggeber abgenommen werden.

5. Mängelhaftung bei Systemserviceleistungen

Die Serviceleistungen (neu gelieferte Programmstände, Wartungsarbeiten, Störungsbeseitigungen) können mangelhaft sein. In Ziffer 4.4 der EVB-IT System AGB ist geregelt, dass der Auftraggeber die gleichen Mängelansprüche hat, die in Ziffer 13 der EVB-IT System für Mängel des Gesamtsystems vereinbart sind. Da es sich aber bei den Serviceleistungen um ein Dauerschuldverhältnis handelt, tritt folgerichtig an die Stelle des Rücktrittanspruchs das **Recht zur Kündigung** des Servicevertrages.

6. Fazit

Der Systemserviceteil des EVB-IT Systemvertrages ist zwar kurz, aber er beinhaltet dennoch viele und umfangreiche Regelungsmöglichkeiten.

Er bietet der Vergabestelle die Möglichkeit, die Betriebsbereitschaft des erstellten Gesamtsystems insgesamt oder einzelner Systemkomponenten aufrechtzuerhalten und wiederherzustellen und entsprechende Wartungs-, Pflege- und Instandhaltungsleistungen zu vereinbaren.

Durch die Möglichkeit der Vereinbarung von Reaktions- und Wiederherstellungsfristen abhängig von Fehlerklassen und von Vertragsstrafen steht den Auftraggebern zugleich ein Mustervertrag für ein Service-Level-Agreement (SLA) zur Verfügung.

E-Zigaretten rechtssicher verkaufen

I. Begriff und Funktion der E-Zigarette
II. Rechtliche Einordnung der E-Zigarette
III. Grundzüge der Regulierung von E-Zigaretten
  1. Inhaltsstoffe und Beschaffenheit von E-Zigaretten
  2. Kennzeichnung von E-Zigaretten
  3. Mitteilungs- und Informationspflichten
  4. Maßnahmen zur Vermeidung von Risiken
  5. Werbung für E-Zigaretten
  6. Jugendschutz
  7. Grenzüberschreitender Online-Handel
IV. Ausblick

I. Begriff und Funktion der E-Zigarette

Elektrische Zigaretten, auch elektronische Zigaretten oder kurz E-Zigaretten genannt, haben sich in den vergangenen Jahren als Alternative zu herkömmlichen Tabakzigaretten etabliert. Im Unterschied zum Tabakrauchen findet bei E-Zigaretten kein Verbrennungsprozess von Tabak statt, sondern mithilfe eines Verdampfers wird eine Flüssigkeit – ein sog. Liquid – erhitzt und der dabei entstehende Dampf vom Anwender inhaliert. Die Liquids enthalten in der Regel als „Wirkstoff" Nikotin. Es werden aber auch nikotinfreie Liquids angeboten. Außerdem ist der Zusatz diverser Aromen zu den Liquids gebräuchlich. Da beim „Dampfen" nicht die beim Tabakrauchen erzeugten Schadstoffe entstehen, gilt die E-Zigarette als „gesündere" Alternative zum konventionellen Rauchen. Die genauen gesundheitlichen Auswirkungen und Risiken der E-Zigarette sind allerdings noch weitgehend ungeklärt und umstritten.

II. Rechtliche Einordnung der E-Zigarette

Wie das seit Ende der 2000er Jahre von China aus auf den europäischen und damit auch deutschen Markt geschwappte Phänomen der E-Zigarette rechtlich zu qualifizieren ist und ob und unter welchen Voraussetzungen E-Zigaretten überhaupt verkehrsfähig sind, war lange Zeit heftig umstritten. Weitgehend Einigkeit bestand nur dahingehend, dass im Falle eines Einsatzes der E-Zigarette zur Raucherentwöhnung – also quasi als Pendant zum Nikotinpflaster – die nikotinhaltigen Liquids als Arzneimittel und die „Hardware", also der Verdampfer samt Akku etc., als Medizinprodukt einzustufen sind. Ob das Gleiche auch für den weitaus häufigeren Einsatzzweck der E-Zigarette, nämlich den (Nikotin-)Genuss, gilt, wurde kontrovers beurteilt. Das Bundesverwaltungsgericht (Urteil vom 20.11.2014, Az. 3 C 26.13) verneinte letztlich diese Frage. Nach Auffassung des Bundesgerichtshofs (Urteil vom 23.12.2015, Az. 2 StR 525/13) waren die meisten nikotinhaltigen Liquids aber als „Tabakerzeugnisse" im Sinne des Vorläufigen Tabakgesetzes zu qualifizieren und der Handel mit ihnen strafbar. Zu diesem Zeitpunkt hatte der EU-Gesetzgeber die E-Zigarette allerdings schon im Rahmen der neuen Tabakrichtlinie (Richtlinie 2014/40/EU) als eigenständige Produktkategorie anerkannt, sodass die BGH-Entscheidung letztlich ohne größere praktische Konsequenzen für den Handel mit E-Zigaretten blieb. Vielmehr wurden E-Zigaretten samt Liquids durch das seit 20.5.2016 geltende Tabakerzeugnisgesetz, das der Umsetzung der Richtlinie 2014/40/EU dient, entsprechend den unionsrechtlichen Vorgaben grundsätzlich „legalisiert" und die vormaligen rechtlichen Grauzonen beseitigt.

III. Grundzüge der Regulierung von E-Zigaretten

Seit 20.5.2016 sind E-Zigaretten und Liquids regulatorisch in vielerlei Hinsicht Tabakerzeugnissen gleichgestellt und gelten als diesen „verwandte Erzeugnisse". Das Tabakerzeugnisgesetz (TabakerzG) differenziert insoweit im Einklang mit den Begriffsbestimmungen der Richtlinie 2014/40/EU zwischen „elektronischen Zigaretten" und „Nachfüllbehältern", wobei „elektronische Zigaretten" verkürzt gesagt die „Hardware" erfassen und „Nachfüllbehälter" die nikotinhaltigen Liquids. Neben den Regelungen des TabakerzG haben Hersteller, Importeure und Händler von E-Zigaretten insbesondere auch die Tabakerzeugnisverordnung (TabakerzV) und das Jugendschutzgesetz (JuSchG) zu beachten.

E-Zigaretten rechtssicher verkaufen

1. Inhaltsstoffe und Beschaffenheit von E-Zigaretten

Nachfüllbehälter dürfen nur in den Verkehr gebracht werden, wenn ihre Inhaltsstoffe bestimmten, in § 13 TabakerzG genannten Anforderungen entsprechen. Insbesondere dürfen bei der Herstellung der zu verdampfenden Flüssigkeit außer Nikotin nur Inhaltsstoffe verwendet werden, die in erhitzter und nicht erhitzter Form kein Risiko für die menschliche Gesundheit darstellen. Vitamine, Koffein und Taurin sind als Inhaltsstoffe verboten (§ 28 i. V. m. Anlage 2 TabakerzV).

Elektronische Zigaretten und Nachfüllbehälter dürfen außerdem nur dann in den Verkehr gebracht werden, wenn die Nachfüllbehälter ein Volumen von höchstens 10 Millilitern haben und die nikotinhaltige zu verdampfende Flüssigkeit einen Nikotingehalt von höchstens 20 Milligramm pro Milliliter aufweist. Die Nikotindosis muss unter normalen Gebrauchsbedingungen auf einem gleichmäßigen Niveau abgegeben werden. Elektronische Zigaretten und Nachfüllbehälter müssen außerdem kinder- und manipulationssicher sowie bruch- und auslaufsicher sein und über einen Mechanismus für eine auslauffreie Nachfüllung verfügen. Detailregelungen hinsichtlich dieser technischen Anforderungen sind in Zukunft zu erwarten.

2. Kennzeichnung von E-Zigaretten

Hersteller und Importeure von elektronischen Zigaretten und Nachfüllbehältern sind vor dem Inverkehrbringen zur Aufbringung einer Liste auf Packungen und Außenverpackungen von elektronischen Zigaretten und Nachfüllbehältern verpflichtet. Die Liste muss folgende Angaben enthalten:

- alle Inhaltsstoffe in absteigender Reihenfolge ihres Gewichtsanteils,
- den Nikotingehalt und die Nikotinabgabe pro Dosis,
- einen Hinweis, aus dem das Los zu ersehen ist, zu dem die elektronische Zigarette oder der Nachfüllbehälter gehört, und
- den Hinweis, dass das Erzeugnis nicht in die Hände von Kindern gelangen darf.
- den Warnhinweis: „Dieses Produkt enthält Nikotin: einen Stoff, der sehr stark abhängig macht."

Darüber hinaus muss ein Beipackzettel zur Verfügung gestellt werden, der eine Gebrauchsanleitung und Informationen über gesundheitliche Auswirkungen sowie Kontaktdaten enthält (vgl. § 26 TabakerzV).

Bei nikotinhaltigen Liquids (Nachfüllbehältern) kommt außerdem eine Gefahrstoffkennzeichnung gemäß der Verordnung (EG) Nr. 1272/2008 (CLP-Verordnung) in Betracht.

3. Mitteilungs- und Informationspflichten

Hersteller und Importeure von elektronischen Zigaretten und Nachfüllbehältern unterliegen gegenüber der zuständigen Behörde umfangreichen Mitteilungspflichten hinsichtlich der von ihnen vermarkteten Erzeugnisse z. B. hinsichtlich der Inhaltsstoffe, Nikotindosis etc. (vgl. § 24 TabakerzV). Sie sind außerdem verpflichtet, der zuständigen Behörde jährlich die Verkaufsmengendaten des vorangegangenen Kalenderjahres, Informationen über die Präferenzen der betroffenen Verbrauchergruppen sowie bestimmte weitere Informationen vorzulegen (vgl. § 25 TabakerzV).

4. Maßnahmen zur Vermeidung von Risiken

Der Hersteller, der Importeur und der Händler haben jeweils im Rahmen ihrer Geschäftstätigkeit Vorkehrungen für geeignete Maßnahmen zur Vermeidung von Risiken zu treffen, die mit der elektronischen Zigarette oder dem Nachfüllbehälter verbunden sein können, die oder den sie in den Verkehr gebracht haben. Näheres hierzu regelt § 16 TabakerzG.

5. Werbung für E-Zigaretten

Werbung für elektronische Zigaretten oder Nachfüllbehälter im Fernsehen, Hörfunk und grundsätzlich auch in der Presse ist verboten. Ebenfalls verboten ist Werbung in Diensten der Informationsgesellschaft, also im Internet. Die genaue Reichweite dieses Internetwerbeverbots ist unklar. Richtigerweise müssen zumindest sachliche Informationen über elektronische Zigaretten und Nachfüllbehälter in Online-Shops, insbesondere Informationen, die für Auswahl und Bestellung dieser Erzeugnisse erforderlich sind, erlaubt sein. Abzuwarten bleibt aber, wie Behörden und Rechtsprechung dies auslegen werden.

6. Jugendschutz

E-Zigaretten und Liquids – auch nikotinfreie Liquids – dürfen nicht an Minderjährige abgegeben werden. Dies gilt auch für den Versandhandel (§ 10 JuSchG). Beim Online-Handel von E-Zigaretten und Liquids muss daher ein geeignetes Altersüberprüfungssystem eingerichtet werden.

7. Grenzüberschreitender Online-Handel

Wer grenzüberschreitenden Online-Handel mit elektronischen Zigaretten und Nachfüllbehältern gegenüber Verbrauchern in der EU betreiben will, muss sich gegenüber den zuständigen Behörden im In- und Ausland registrieren. Näheres regeln § 22 TabakerzG und § 31 TabakerzV. Der Online-Händler muss außerdem ein Altersüberprüfungssystem verwenden, das beim Verkauf kontrolliert, ob der bestellende Verbraucher das für den Erwerb von diesen Erzeugnissen vorgeschriebene Mindestalter hat, das in dem jeweiligen Mitgliedstaat der Europäischen Union gilt, in dem die Erzeugnisse in den Verkehr gebracht werden sollen.

IV. Ausblick

Hersteller, Importeure und Händler von E-Zigaretten profitieren einerseits davon, dass diese Erzeugnisse aus der früheren rechtlichen Grauzone geholt und grundsätzlich legalisiert wurden. Die weitgehende Gleichstellung mit Tabakerzeugnissen bringt andererseits eine hohe Regulierungsdichte und einen nicht unerheblichen administrativen Aufwand vor allem für Hersteller und Importeure mit sich. Insbesondere die Anforderungen an die Beschaffenheit von E-Zigaretten und Nachfüllbehältern, die Jugendschutzvorschriften und die Werbeverbote schaffen neue rechtliche Grauzonen, die Anlass für Streitigkeiten liefern werden.

Facebook

I. Einleitung
II. Impressumspflicht
III. Nutzung von Texten, Bildern und Videos
IV. Nutzung von Marken
V. Meinungen und Tatsachen
VI. Arbeitsrechtliche Urteile zu Facebook

I. Einleitung

Facebook ist für viele das soziale Netzwerk und zählt weltweit mehr als 1 Milliarde Mitglieder. Es besteht in der heutigen Form seit 2004. Jeder Nutzer hat bei Facebook eine Profilseite, auf der neben Informationen auch Fotos und Videos hochgeladen werden können. An der Pinwand können Anmerkungen veröffentlicht oder Nachrichten hinterlassen werden. Unternehmen können ebenfalls in Facebook ihre Leistungen und Produkte präsentieren.

Facebook finanziert sich durch Werbung. Es ist umstritten, welche Wirkung die Werbung bei Facebook hat. General Motors stellte im Mai 2012 alle Kampagnen bei Facebook ein. Andere Untersuchungen kommen zu dem Ergebnis, dass die Wirkung der Werbung bei Facebook im Vergleich zum Fernsehen erheblich höher ist.

Aufsehen erregte Facebook mit der Übernahme von WhatsApp. Welche Auswirkungen dieser Zusammenschluss auf die sozialen Netzwerke haben wird, lässt sich noch nicht absehen. Die Sorge der Nutzer um ihre persönlichen Daten nimmt aber weiter zu.

Nachfolgend soll ein Überblick über einige typische Rechtsprobleme im Umgang mit Facebook gegeben werden. Ergänzende Informationen sind unter dem Stichwort → *Social Media* und → *Soziale Netzwerke* zu finden.

II. Impressumspflicht

Nach § 5 Telemediengesetz ist ein Anbieter von Telemedien verpflichtet, verschiedene Angaben zu veröffentlichen. Diese Impressumspflicht gilt auch bei Facebook, insbesondere bei geschäftsmäßigen Angeboten. Nach Ansicht des Landgerichts Aschaffenburg muss beispielsweise eine Facebook-Fanseite ein Impressum beinhalten (LG Aschaffenburg, Urteil vom 19.8.2011, Az.: 2 HK O 54/11). Da bei einem fehlenden Impressum wettbewerbsrechtliche Abmahnungen durch Mitbewerber drohen, sollte der Impressumspflicht auf jeden Fall nachgekommen werden. Es ist der Vorname, Name sowie die Anschrift des Diensteanbieters zu nennen. Abkürzungen sollten vermieden werden. Das Gesetz fordert darüber hinaus unter anderem die Mitteilung, ob der Diensteanbieter im Handelsregister, Vereinsregister oder einem anderen Register eingetragen ist und erwartet die Veröffentlichung der entsprechenden Registernummer. Um allen Anforderungen gerecht zu werden, empfiehlt es sich, § 5 Telemediengesetz mit den verschiedenen aufgelisteten Anforderungen als Checkliste zu nutzen. Weitere Informationen zur Impressumspflicht finden Sie unter dem Stichwort → *Impressum*.

III. Nutzung von Texten, Bildern und Videos

Im Austausch mit Facebook-Freunden und auf den öffentlich zugänglichen Seiten werden viele Texte, Bilder und Videos genutzt. In der Presse wird immer wieder darüber berichtet, dass eine nicht unerhebliche Gefahr besteht, wegen einer unberechtigten Nutzung von urheberrechtlich geschützten Texten, Bildern oder Videos verfolgt zu werden. Das Urheberrechtsgesetz sieht bei einer unberechtigten Nutzung sowohl zivilrechtliche Folgen als auch strafrechtliche Konsequenzen vor. Zu den zivilrechtlichen Folgen gehören unter anderem die Geltendmachung von Unterlassungsansprüchen und Schadensersatzansprüchen. → *Bilderklau im Internet*

Vielfach wird davon ausgegangen, dass im Internet veröffentlichte Bilder und Videos uneingeschränkt für eigene Zwecke genutzt werden können. Zum Teil wird die Auffassung vertreten, dass nur Bilder und Videos geschützt sind, die mit einem © gekennzeichnet sind. Beides ist leider ein Irrglaube. Texte, Bilder und Videos sind kraft Gesetz urheberrechtlich geschützt, sobald sie geschaffen worden sind. Eine Kennzeichnung mit einem © ist nicht notwendig, um einen urheberrechtlichen Schutz auszulösen. Nur der Urheber ist berechtigt, Texte, Bilder und Videos zu nutzen oder Dritten entsprechende Nutzungsrechte einzuräumen.

Dies bedeutet im Umkehrschluss, dass ohne Genehmigung und Nutzungsberechtigung nicht einfach Texte, Bilder und Videos kopiert und in den eigenen Facebook-Account eingebaut werden dürfen. Der Umstand, dass dies von vielen genauso gemacht wird, sollte nicht über die rechtliche Unzulässigkeit hinwegtäuschen.

Bei der Bildernutzung sollte nicht nur geklärt werden, ob das Bild für den geplanten Zweck genutzt werden kann. In der Praxis ist weiterhin die Frage relevant, ob der Nutzer das Recht hat, das Motiv für den geplanten Zweck einzusetzen.

 TIPP!

Klären Sie vor der Verwendung eines Textes, Bildes oder Videos ab, ob der Urheber mit der geplanten Nutzung und Veröffentlichung auf ihrem Facebook-Account einverstanden ist.

Vorsicht ist auch bei der nicht genehmigten Nutzung von Stadtplänen oder Karten geboten.

Wenn dennoch aufgrund einer unberechtigten Nutzung von Texten, Bildern oder Videos eine urheberrechtliche Abmahnung eingeht, sollte auf jeden Fall anwaltliche Beratung hinzugezogen werden. Bei urheberrechtlichen Abmahnungen ist zu prüfen, ob der Auftraggeber des Schreibens tatsächlich die geltend gemachten Urheberrechte hat und ob die geltend gemachte Schadensersatzforderung berechtigt ist. Weitere Hinweise sind unter dem Stichwort Bilderklau im Internet zu finden.

IV. Nutzung von Marken

Die Nutzung von Marken oder Markenlogos unterliegen ebenfalls strengen rechtlichen Regelungen aus dem Markengesetz. Gemäß § 14 Abs. 1 MarkenG erhält der Inhaber einer Marke ein ausschließliches Recht mit der Konsequenz, dass er Dritten die Nutzung der Marke untersagen kann (§ 14 Abs. 2 MarkenG). Hier gilt die gleiche Empfehlung wie bei der Nutzung von Texten, Bildern und Videos. Die Verwendung von Marken oder Markenlogos ohne vorherige Genehmigung sollte unterbleiben. Einige Unternehmen verfolgen sehr konsequent unberechtigte Nutzungen ihrer Marken. Vertiefte Informationen zum Markenschutz enthält das Stichwort Marken und andere Kennzeichnungsrechte.

V. Meinungen und Tatsachen

Werden auf einem Facebook-Account Meinungen oder Tatsachen veröffentlicht, kann dies ebenfalls rechtlich relevant sein. Tatsachen sind Ereignisse oder Vorgänge, die wahrnehmbar und beweisbar sind. Werden Tatsachen bei Facebook behauptet, so müssen diese wahr sein.

Meinungen sind persönliche Überzeugungen und Werturteile. Als subjektive Ansichten sind sie weder beweisbar noch können sie wahr oder unwahr sein. Während bei Meinungsäußerungen ein größerer Spielraum besteht, sind Tatsachenbehauptungen in der Praxis immer wieder Gegenstand von rechtlichen Auseinandersetzungen.

Dabei gibt es eine Besonderheit im Hinblick auf die Beweisanforderungen. Wird über ein Facebook-Konto eine Tatsache veröffentlicht und geht ein Betroffener gegen die Äußerung der Tatsache rechtlich vor, so muss derjenige, der die Äußerung getätigt hat, nachweisen, dass die Tatsache richtig ist. Nicht derjenige, der sich an der Tatsachenbehauptung stört, muss beweisen, dass diese falsch ist, sondern die Beweislast trifft den Äußernden. Es sind schon viele gerichtliche Auseinandersetzungen verloren gegangen, weil Tatsachenbehauptungen nicht nachweisbar waren. Gefahren drohen insbesondere, wenn ungeprüft von anderen Internetseiten Tatsachen übernommen werden. Teilweise gehen Prominente gegen Personen vor, die unliebsame Tatsachen im Internet veröffentlichen.

VI. Arbeitsrechtliche Urteile zu Facebook

Äußerungen bei Facebook sind immer wieder Gegenstand von arbeitsgerichtlichen Streitigkeiten. Das LArbG Frankfurt hat in einem Urteil vom 28.1.2013 (21 Sa 715/12) deutlich gemacht, dass die Bezeichnung der Gesellschafter des Arbeitgebers als „asozial" und die Äußerung von Missachtung durch die Formulierung „Ich kotze gleich." an sich geeignet, einen wichtigen Grund gemäß § 626 Abs. 1 BGB darzustellen. Allerdings weist das Gericht darauf hin, dass eine herabwürdigende Äußerung in einer öffentlich zugänglichen Facebook-Gruppe wegen der Schnelllebigkeit des Internets und seiner unübersehbaren Größe weniger schwer wiegt als eine entsprechende Äußerung in einem persönlich adressierten Brief.

Ein Arbeitgeber kann ein Ausbildungsverhältnis ohne vorherige Abmahnung fristlos kündigen, wenn ein Auszubildender auf seinem Facebook-Profil unter der Rubrik „Arbeitgeber" eine Häufung massiv ehrkränkender Äußerungen einträgt, die den Arbeitgeber in einem extrem schlechten Licht erscheinen lassen (LArbG Hamm, Urteil vom 10.10.2012, Az. 3 Sa 644/12). Das Gericht stellt klar, dass eine Äußerung im Internet die gleiche Wertigkeit wie eine entsprechende mündliche Äußerung hat.

Werden arbeitsvertragliche Verschwiegenheitsvereinbarungen getroffen, können diese auch für Eintragungen in Facebook gelten. Allerdings nur dann, wenn eine Geltung für Facebook-Einträge durch berechtigte betriebliche Interessen gedeckt ist (Urteil vom 21.2.2013, Az.: 2 Sa 386/12).

Das LArbG Berlin-Brandenburg entschied mit Urteil vom 11.4.2014 (Az. 17 Sa 2200/13), dass die Veröffentlichung von Patientenbildern durch eine Krankenschwester auf Facebook grundsätzlich eine außerordentliche Kündigung rechtfertigen kann. Es bedarf jedoch stets der Abwägung der Interessen des Arbeitgebers und Arbeitnehmers im Einzelfall. Im zugrunde liegenden Fall hatte die Krankenschwester die Bilder nicht zur Selbstdarstellung, sondern aufgrund der emotionalen Beziehung zum Patienten auf Facebook veröffentlicht. Diese Motivation lasse nach Auffassung des Gerichts die Persönlichkeitsrechtsverletzung des Patienten als gering erscheinen. Die Kündigung ohne vorherige Abmahnung war daher unwirksam.

Fernwartung

I. Datenschutzrechtliche Anforderungen

II. Kontrolle des Dienstleisters

III. Maßnahmen zur IT-Sicherheit

Vielfach erfolgt der Support für Software und Hardware per **Fernwartung** oder **Teleservice.** Für den Anbieter entfallen Anfahrtszeiten und Reisekosten. Der Kunde profitiert aufgrund der reduzierten Aufwände von günstigeren Konditionen und schnelleren Reaktionszeiten.

I. Datenschutzrechtliche Anforderungen

Allerdings ergeben sich bei der Fernwartung neben den Anforderungen zur IT-Sicherheit verschiedene rechtliche Aspekte, die zu beachten sind. Gemäß § 11 Abs. 5 Bundesdatenschutzgesetz (BDSG) sind die Regelungen aus § 11 Abs. 1 bis 4 BDSG zu beachten, wenn im Rahmen einer Fernwartung die Möglichkeit eines Zugriffs auf personenbezogene Daten besteht oder dies nicht ausgeschlossen werden kann. Dies ist in der Praxis bei einer Fernwartung fast immer der Fall. Es wird nicht unterstellt, dass ein IT-Dienstleister unberechtigt auf personenbezogene Daten zugreift, sondern es wird allein auf die Möglichkeit eines Zugriffs abgestellt.

Der Auftraggeber bleibt für die Einhaltung der datenschutzrechtlichen Anforderungen verantwortlich. Wenn ein Auftraggeber sich nicht um das Thema Datenschutz im Zusammenhang mit der Fernwartung kümmert, treffen allein ihn die rechtlichen Konsequenzen. Eine Pflicht des Anbieters oder eines IT-Dienstleisters, auf die datenschutzrechtlichen Themen hinzuweisen, besteht nicht. Anbieter werden vielfach defensiv mit dem Thema umgehen, da das BDSG Anforderungen an technische Umgebungen definiert, die nicht von allen eingehalten werden.

II. Kontrolle des Dienstleisters

§ 11 BDSG fordert, dass sich der Auftraggeber vor Vertragsschluss und vor Beginn der Fernwartung von der Einhaltung der datenschutzrechtlichen Anforderungen durch den Anbieter überzeugen muss und die entsprechende Überprüfung dokumentiert. Weiterhin muss während des laufenden Vertrages die Einhaltung des Datenschutzes ebenfalls geprüft und dokumentiert werden. Dienstleister, die häufig mit datenschutzrechtlichen Fragen konfrontiert werden, haben zumeist ein Datenschutzkonzept und ein IT-Sicherheitskonzept erstellt. Dann kann der Auftraggeber anhand dieser Dokumentation prüfen, ob den gesetzlichen Anforderungen Genüge getan wird.

Es wird vom Gesetzgeber erwartet, dass der Auftraggeber sich in den vertraglichen Vereinbarungen zur Fernwartung Kontrollrechte einräumen lässt. Ohne entsprechende vertragliche Verpflichtungen muss ein Anbieter Kontrollen in seinem Unternehmen nicht dulden.

In § 11 Abs. 2 BDSG finden sich insgesamt 10 Punkte, die schriftlich in einem Fernwartungsvertrag festzulegen sind. Ein Vertrag über Fernwartung soll unter anderem folgende Punkte regeln:

- Beschreibung der technischen und organisatorischen Regeln für die Durchführung der Fernwartung,
- Einzelheiten zum Aufbau und der Kontrolle der Telekommunikationsverbindung,
- Berechtigung des Auftraggebers, die Verbindung zu unterbrechen, wenn begründete Zweifel an der Zulässigkeit der Kommunikationsverbindung bestehen,
- Regeln über eine sichere Authentifizierung der Kommunikationspartner und deren Protokollierung,
- Vereinbarungen über Dauer und den Ort der Aufbewahrung der Protokollierungen,
- unverzügliche gegenseitige Informationspflicht, wenn Verstöße gegen das Datenschutzrecht oder die Pflicht zur Verschwiegenheit festgestellt werden,
- genaue Beschreibung zu den Maßnahmen zur IT-Sicherheit beim Anbieter.

Ein Informationsblatt zur Auftragsdatenverarbeitung mit einem Vereinbarungsmuster, das auch Fälle der Fernwartung abdeckt (Stand: Januar 2014, hat das Bayerische Landesamt für Datenschutzaufsicht veröffentlicht. Es ist abrufbar unter http://www.rehmnetz.de/it-recht/ldamuster.

III. Maßnahmen zur IT-Sicherheit

Zu den Maßnahmen zur IT-Sicherheit gehören technische Details zu den Fernwartungszugriffen, zu den Protokollierungen und Überwachungen. Der Auftraggeber sollte jederzeit die Möglichkeit und das Recht haben, bei Gefahr den Fernwartungszugriff abzubrechen.

Letztendlich ist bei Fernwartungsverträgen wie in allen IT-Verträgen eine gute und präzise Leistungsbeschreibung essentiell. Die besten rechtlichen Regelungen nützen wenig, wenn die vertraglichen Leistungen ungenau beschrieben sind. Mit den Einzelheiten zu den Leistungen klären sich auch vielfach Haftungsfragen. Wenn ein Fernwartungszugriff mit geringer Sicherheitsstufe erfolgt, steigt das Haftungsrisiko. Bei einer Fernwartung mit hohen Sicherungsmechanismen sinken Risiken und Haftung.

Filesharing

I. Urheberrechtsverletzungen beim Filesharing

II. Ermittlung der Täter bei Urheberrechtsverletzungen

III. Haftung der Beteiligten bei Urheberrechtsverletzungen
1. Haftung des Anbietenden
    1.1 Zivilrechtliche Haftung
        1.1.1 Anspruch auf Unterlassung
        1.1.2 Anspruch auf Schadensersatz
    1.2 Strafrechtliche Haftung
2. Haftung des Herunterladenden
    2.1 Zivilrechtliche Haftung
    2.2 Strafrechtliche Haftung
3. Haftung des Anschlussinhabers
    3.1 Zivilrechtliche Haftung
        3.1.1 Kenntnis von der Nutzung des Anschlusses durch Dritte
        3.1.2 Keine Kenntnis von der Nutzung des Anschlusses durch Dritte
    3.2 Strafrechtliche Haftung
4. Haftung des File-Hosting-Dienstes
    4.1 Zivilrechtliche Haftung
    4.2 Strafrechtliche Haftung
5. Haftung des Access-Providers
    5.1 Zivilrechtliche Haftung
    5.2 Strafrechtliche Haftung
6. Zusammenfassung

IV. Streitwerte bei der Verfolgung von Urheberrechtsverletzungen

V. Abmahnungen bei Urheberrechtsverletzungen
1. Voraussetzungen einer wirksamen Abmahnung
2. Abmahnkosten
    2.1 Ersatz der für die Abmahnung erforderlichen Aufwendungen
        2.1.1 Berechtigte Abmahnung
        2.1.2 Einhaltung von formalen Vorgaben bei der Abmahnung
        2.1.3 Erforderlichkeit der Aufwendungen
    2.2 Begrenzung des Aufwendungsersatzes durch Deckelung des Gegenstandswerts auf 1000 €
        2.2.1 Inanspruchnahme anwaltlicher Dienstleistungen
        2.2.2 Privilegierung von Privatpersonen
        2.2.3 Beschränkung auf „Ersttäter"
        2.2.4 Keine Unbilligkeit der Deckelung
3. Fazit

I. Urheberrechtsverletzungen beim Filesharing

Unter Filesharing (dt. „gemeinsamer Dateizugriff" oder „Dateien teilen") versteht man das Weitergeben von Dateien zwischen Benutzern des Internets über sogenannte Tauschbörsen, die vollständig oder überwiegend auf dem Peer-to-Peer-Prinzip beruhen. Dabei stellen sich die Nutzer gegenseitig über die jeweilige Tauschplattform Daten zur Verfügung. Hierzu sind alle Computer der Nutzer über eine bestimmte Software in einem eigenen Netzwerk miteinander verbunden.

Filesharing

Um an dem Netzwerk teilnehmen zu können, ist es erforderlich, eine entsprechende Software, welche im Internet kostenlos angeboten wird, herunterzuladen und zu installieren, sowie sich unter Angabe eines Benutzernamens zu registrieren. Jeder Nutzer der Internettauschbörse bietet den anderen Nutzern sodann Einblick in einen bestimmten Teil der Festplatte seines Computers. Die Daten werden auf diese Weise gegenseitig über die Tauschplattform zur Verfügung gestellt. Dabei bietet jeder, der auch nur ein Datenpaket einer Datei von einem anderen Nutzer auf seine eigene Festplatte lädt, dieses Datenpaket bereits wieder anderen Nutzern zum Download an. Handelt es sich um urheberrechtlich geschützte Dateien, stehen Urheberrechtsverletzungen im Raum.

Beispiel:
> Zum Inbegriff des Filesharing wurde die Musiktauschbörse Napster, die 1999 online ging und mittlerweile ein kostenpflichtiger Musikdownload-Anbieter ist.

Illegales wie legales Filesharing konnte sich lange Zeit relativ unbehelligt entwickeln. Entsprechend hoch ist der Anteil dieses netzbasierten Datenaustauschs am gesamten Internetdatenverkehr. In jüngerer Zeit werden die Teilnehmer von Tauschbörsen im Internet jedoch zunehmend von Urheberrechteinhabern sowie Staatsanwaltschaften verfolgt. Durch gezielte Einzel- sowie Massenverfahren sollen sie in die Pflicht genommen und abgeschreckt werden.

II. Ermittlung der Täter bei Urheberrechtsverletzungen

Für die Ermittlung der Täter bei Urheberrechtsverletzungen im Rahmen des Filesharing werden zunächst besondere Programme eingesetzt, die sich das Peer-to-Peer-Prinzip zunutze machen. Die eingesetzten Programme greifen auf die beteiligten Rechner eines Peer-to-Peer-Netzwerkes zu und durchsuchen diese auf urheberrechtlich geschützte Dateien. Die Rechner geben dabei ihre Kennung und Adresse, die sog. IP (Internet Protokoll Adresse) an. Da die IP dem jeweiligen Anschluss jedoch meist nur vorübergehend zugewiesen ist (dynamische IP), muss zusätzlich eine Datei heruntergeladen werden, um neben der IP auch den Moment ihrer Zuordnung zu einem bestimmten Anschluss dokumentieren zu können. Für die konkrete Zuordnung der IP zu einem Anschluss bedarf es der Hilfe des Access-Providers, der die IP vergeben hat. Dieser kann Auskunft darüber erteilen, welchem Anschluss die IP zum protokollierten Zeitpunkt zugewiesen war und wer hinter dem Anschluss steckt.

Hinweis:
> Mit dem dargestellten Verfahren lässt sich nur auf die persönlichen Daten des **Anschlussinhabers** schließen – es ist damit noch nicht gesagt, dass der Anschlussinhaber auch wirklich derjenige ist, der den Anschluss zum relevanten Zeitpunkt genutzt hat!

Beispiel:
> Die Frage, wer den Anschluss tatsächlich genutzt hat und damit Täter der Urheberrechtsverletzung ist, stellt sich nicht nur bei Hotels oder Internet-Cafés, sondern typischerweise auch in Mehrpersonenhaushalten.

Früher war der Access-Provider den Rechteinhabern nicht zur Auskunft verpflichtet, so dass diese einen „Umweg" über die Strafverfolgungsbehörden gehen mussten. Die Rechteinhaber zeigten daher die beobachteten Vorgänge bei den Staatsanwaltschaften an. Diese konnten dann auf Grundlage eines richterlichen Beschlusses die persönlichen Daten der Anschlussinhaber vom Access-Provider herausverlangen. Über die gewährte Akteneinsicht kamen die Rechteinhaber schließlich an die persönlichen Daten des jeweiligen Anschlussinhabers. Diese Ermittlungspraxis war jedoch für die Rechteinhaber äußerst umständlich, da sie stets auf die Mithilfe der Strafverfolgungsbehörden angewiesen waren. Gleichzeitig führte dieser Umstand zu einer regelrechten Flut von Strafanzeigen bei den Staatsanwaltschaften, die hierdurch wegen oftmals verhältnismäßig geringfügiger Urheberrechtsdelikte stark eingespannt wurden.

Mit einer Neuregelung des § 101 UrhG zum 01.09.2008 hat der Gesetzgeber das Problem beseitigt. Darin ist nun u. a. ein zivilrechtlicher Auskunftsanspruch des Rechteinhabers gegen den Access-Provider geregelt. Danach kann der Rechteinhaber die persönlichen Daten des Anschlussinhabers unter bestimmten Voraussetzungen selbst vom Access-Provider herausverlangen (zu den Voraussetzungen im Einzelnen siehe das Stichwort → *Auskunftsanspruch (UrhG)*).

III. Haftung der Beteiligten bei Urheberrechtsverletzungen

Werden beim Filesharing Urheberrechtsverletzungen begangen, sind hieran die folgenden Akteure beteiligt:

- derjenige, der die urheberrechtlich geschützten Dateien **anbietet**
- derjenige, der die urheberrechtlich geschützten Dateien **herunterlädt**
- der **Inhaber des Internet-Anschlusses,** von dem aus die Urheberrechtsverletzungen begangen werden
- der **Host-Provider,** der den Speicherplatz im Internet zur Verfügung stellt, über den die urheberrechtlich geschützten Dateien ausgetauscht werden
- der **Access-Provider,** der den Internet-Zugang, über den die Urheberrechtsverletzungen begangen werden, bereitstellt.

Die verschiedenen Formen der Beteiligung sind jeweils gesondert rechtlich zu würdigen.

1. Haftung des Anbietenden

1.1 Zivilrechtliche Haftung

Das Anbieten urheberrechtlich geschützter Daten über Filesharing-Netzwerke stellt ein **öffentliches Zugänglichmachen** nach **§ 19a UrhG** dar. Dabei ist es unerheblich, ob die Daten tatsächlich hochgeladen werden. Ein öffentliches Zugänglichmachen im Sinne des Urheberrechts liegt bereits dann vor, wenn andere Teilnehmer auf die Daten Zugriff nehmen können. Werden urheberrechtlich geschützte Daten ohne Erlaubnis der Rechteinhaber öffentlich zugänglich gemacht, so stellt dies gemäß §§ 15 Abs. 2 Nr. 2, 52 Abs. 3 UrhG einen Rechtsverstoß dar. Rechtsfolge sind Unterlassungs-, Beseitigungs-, Auskunfts-, Rechnungslegungs-, Besichtigungs- und Schadensersatzansprüche nach den §§ 97 ff. UrhG. In der Praxis stehen dabei naturgemäß der Unterlassungs- und der Schadensersatzanspruch gemäß § 97 UrhG im Vordergrund.

1.1.1 Anspruch auf Unterlassung

Mit dem Unterlassungsanspruch kann der Rechteinhaber gegen den Täter der Urheberrechtsverletzung das Verbot durchsetzen, die urheberrechtlich geschützten Daten ohne seine Zustimmung zu nutzen. In prozessualer Hinsicht erfolgt dies meistens durch eine urheberrechtliche Abmahnung, verbunden mit der Aufforderung an den Gegner, innerhalb einer bestimmten Frist eine entsprechende strafbewehrte Unterlassungs- und Verpflichtungserklärung abzugeben (zu den einzelnen Schritten siehe das Stichwort → *Abmahnung* sowie V.). Unterwirft sich der Gegner trotz einer entsprechenden Aufforderung nicht, so kann der Rechteinhaber seinen Unterlassungsanspruch im Wege des vorläufigen Rechtsschutzes (einstweilige Verfügung) oder im Rahmen einer Hauptsacheklage gerichtlich durchsetzen.

1.1.2 Anspruch auf Schadensersatz

Grundsätzlich kommt bei schuldhaft begangenen Urheberrechtsverletzungen auch immer ein Schadensersatzanspruch des Verletzten in Betracht. Für die Höhe des Schadensersatzes sind in der Rechtsprechung drei Berechnungsarten anerkannt:

- Ersatz der erlittenen Vermögenseinbuße einschließlich des entgangenen Gewinns
- Zahlung einer angemessenen Lizenz
- Herausgabe des tatsächlichen Gewinns des Täters.

Da in den typischen Fällen von Filesharing der Nachweis eines konkret entstandenen Schadens bzw. die konkrete Bestimmung des Gewinns des Täters naturgemäß sehr schwierig ist, behilft man sich in derartigen Fällen zumeist mit der **Geltendmachung einer angemessenen Lizenz.** Diese Berechnungsart beruht auf dem Gedanken, dass der schuldhaft handelnde Täter einer Urheberrechtsverletzung nicht besser gestellt sein soll, als derjenige, der das Schutzrecht als vertraglicher Lizenznehmer rechtmäßig nutzt. Der größte Vorteil dieser Berechnungsart gegenüber den anderen beiden Berechnungsarten liegt darin, dass es keine Kausalitätsprobleme gibt. Die Lizenz ist als pauschalierter Mindestschaden anzusehen.

Gibt es keine branchenüblichen Vergütungssätze und Tarife, ist die Höhe der als Schadensersatz zu zahlenden Lizenzgebühr vom Tatrichter gemäß § 287 ZPO unter Würdigung aller Umstände des Einzelfalls nach seiner freien Überzeugung zu bemessen. Hiervon ausgehend hat der **BGH** die Veranschlagung von **200 € pro Musikdatei** in drei **Urteilen vom 11.06.2015** (Az. I ZR 19/14 – „Tauschbörse I", Az. I ZR 7/14 – „Tauschbörse II", Az. I ZR 75/14 – „Tauschbörse III") als rechtsfehlerfrei anerkannt. Der Tatrichter hatte jeweils unter Heranziehung von verkehrsüblichen Entgeltsätzen für legale Downloadangebote im Internet einen Betrag von 0,50 € pro Abruf angesetzt und war von mindestens 400 möglichen Abrufen durch andere Nutzer ausgegangen.

1.2 Strafrechtliche Haftung

Neben der zivilrechtlichen Haftung droht demjenigen, der urheberrechtlich geschützte Daten ohne die erforderliche Erlaubnis der Rechteinhaber über Filesharingsysteme anbietet, auch noch eine strafrechtliche Verfolgung. Die Strafbarkeit ergibt sich insoweit aus § 106 UrhG, wonach mit Freiheitsstrafe bis zu drei Jahren oder mit Geldstrafe bestraft wird, wer in anderen als den gesetzlich zugelassenen Fällen ohne Einwilligung des Berechtigten ein Werk oder eine Bearbeitung oder Umgestaltung eines Werkes vervielfältigt, verbreitet oder öffentlich wiedergibt. Als Strafen drohen meist Geldbußen, deren Höhe vom konkreten Vorwurf abhängt. Bei kleineren Verstößen (bis zu 100 angebotene Dateien) wird das Verfahren aber in der Regel von den Staatsanwaltschaften eingestellt.

2. Haftung des Herunterladenden

2.1 Zivilrechtliche Haftung

Das Herunterladen urheberrechtlich geschützter Daten über Filesharing-Netzwerke stellt eine **Vervielfältigung nach § 16 Abs. 1 UrhG** dar. Soweit es sich dabei um Vervielfältigungen zum privaten Gebrauch handelt, was beim Filesharing die Regel sein dürfte, ist die **Urheberrechtsschranke des § 53 Abs. 1 UrhG** zu beachten (siehe auch das Stichwort → *Schranken des Urheberrechts*). § 53 Abs. 1 Satz 1 UrhG lautet:

„Zulässig sind einzelne Vervielfältigungen eines Werkes durch eine natürliche Person zum privaten Gebrauch auf beliebigen Trägern, sofern sie weder unmittelbar noch mittelbar Erwerbszwecken dienen, soweit nicht zur Vervielfältigung eine offensichtlich rechtswidrig hergestellte oder öffentlich zugänglich gemachte Vorlage verwendet wird."

§ 53 Abs. 1 S. 1 UrhG regelt den Fall der **„zulässigen Privatkopie"** (näher hierzu siehe das Stichwort „→ *Privatkopie*"). Da die Vorschrift negativ formuliert ist („… soweit nicht…"), ergibt sich im Umkehrschluss, welche Vervielfältigungen verboten sind.

Nach früherer Rechtslage (bis 31.12.2007) war lediglich die Kopie einer **offensichtlich rechtswidrig hergestellten Vorlage** verboten. Dies führte beim Filesharing zu dem kuriosen Ergebnis, dass das Herunterladen urheberrechtlich geschützter Daten regelmäßig nicht urheberrechtswidrig war bzw. die Urheberrechtswidrigkeit nicht nachgewiesen werden konnte. Denn der Nutzer einer Tauschbörse hat regelmäßig keine Erkenntnisse darüber, wie der andere Teilnehmer an seine Version der Daten gelangt ist. Der Nachweis der Urheberrechtswidrigkeit scheiterte also zumeist am Tatbestandsmerkmal der „Offensichtlichkeit".

Diesem Missstand hat der Gesetzgeber im Rahmen der Novelle des Urheberrechtsgesetzes (2. Korb) durch eine Änderung des § 53 Abs. 1 UrhG abgeholfen. Seit 1.1.2008 ist auch das Kopieren von einer **Vorlage** rechtswidrig, wenn diese eine „**offensichtlich rechtswidrig öffentlich zugänglich gemachte**" ist. Auf diese Weise wird die Nutzung illegaler Tauschbörsen klarer erfasst.

Hinweis:
Auch nach der aktuellen Rechtslage gilt weiterhin: Wenn für den Nutzer einer Peer-to-Peer-Tauschbörse offensichtlich ist, dass es sich bei dem angebotenen Film oder Musikstück um ein rechtswidrig erstelltes Angebot im Internet handelt, z. B. weil klar ist, dass kein privater Internetnutzer entsprechende Rechte an einem aktuellen Kinofilm besitzt, darf er schon aus diesem Grund keine Privatkopie davon herstellen!

Regelmäßig greift daher die Urheberrechtsschranke des § 53 Abs. 1 UrhG beim Filesharing nicht. Rechtsfolge sind auch hier Unterlassungs-, Beseitigungs-, Auskunfts-, Rechnungslegungs-, Besichtigungs- und Schadensersatzansprüche nach den §§ 97 ff. UrhG. In der Praxis stehen wiederum der Unter-

Filesharing

lassungs- und der Schadensersatzanspruch gemäß § 97 UrhG im Vordergrund.

2.2 Strafrechtliche Haftung

Nach früherer Rechtslage war das Herunterladen urheberrechtlich geschützter Dateien im Rahmen von Filesharingsystemen nach herrschender Meinung nicht strafbar, da es sich aus den oben genannten Gründen regelmäßig um einen gesetzlich zugelassenen Fall der Privatkopie handelte.

Seit Inkrafttreten der Urheberrechtsnovelle (2. Korb) zum 1.1.2008 ist jedoch auch das Herunterladen nach § 106 UrhG strafrechtlich sanktionierbar, da nunmehr klar geregelt ist, dass es sich hierbei nicht um eine erlaubte Privatkopie handelt.

3. Haftung des Anschlussinhabers

3.1 Zivilrechtliche Haftung

Wer lediglich den Anschluss zur Verfügung stellt, von dem aus ohne sein Wissen oder weiteres Zutun illegal Daten angeboten werden, handelt nicht schuldhaft im zivilrechtlichen Sinn. Ein Schadensersatzanspruch gegen den Anschlussinhaber kommt unter diesen Umständen nicht in Betracht.

WICHTIG!

Allerdings spricht nach der Rechtsprechung eine tatsächliche Vermutung für eine Täterschaft des Anschlussinhabers, wenn zum Zeitpunkt der Rechtsverletzung keine anderen Personen diesen Internetanschluss benutzen konnten. Denn es entspricht der Lebenserfahrung, dass in erster Linie der Anschlussinhaber seinen Internetzugang nutzt, jedenfalls über die Art und Weise der Nutzung bestimmt und diese mit Tatherrschaft bewusst kontrolliert. Hierzu führt der **BGH** (Urteil vom **11.6.2015** Az. I ZR 75/14 – „Tauschbörse III") weiter aus:

„Eine die tatsächliche Vermutung ausschließende Nutzungsmöglichkeit Dritter ist anzunehmen, wenn der Internetanschluss zum Verletzungszeitpunkt nicht hinreichend gesichert war oder bewusst anderen Personen zur Nutzung überlassen wurde. In diesen Fällen trifft den Inhaber des Internetanschlusses jedoch eine sekundäre Darlegungslast. Diese führt zwar weder zu einer Umkehr der Beweislast noch zu einer über die prozessuale Wahrheitspflicht und Erklärungslast (§ 138 Abs. 1 und 2 ZPO) hinausgehenden Verpflichtung des Anschlussinhabers, dem Anspruchsteller alle für seinen Prozesserfolg benötigten Informationen zu verschaffen. Der Anschlussinhaber genügt seiner sekundären Darlegungslast vielmehr dadurch, dass er dazu vorträgt, ob andere Personen und gegebenenfalls welche anderen Personen selbstständigen Zugang zu seinem Internetanschluss hatten und als Täter der Rechtsverletzung in Betracht kommen. In diesem Umfang ist der Anschlussinhaber im Rahmen des Zumutbaren zu Nachforschungen verpflichtet."

Das heißt, der Anschlussinhaber muss die tatsächliche Vermutung seiner Täterschaft erschüttern und dann seiner sekundären Darlegungslast genügen, um nicht als Täter der Urheberrechtsverletzung zu haften!

Anders verhält es sich mit dem verschuldensunabhängigen Unterlassungs- bzw. Beseitigungsanspruch. Nach den Grundsätzen der **Störerhaftung** (Näheres hierzu siehe unter dem Stichwort → Störerhaftung) kann auch derjenige, der den Urheberrechtsverstoß nicht unmittelbar selbst herbeigeführt hat, auf Unterlassung und Beseitigung haften, wenn er willentlich und adäquat kausal an der Herbeiführung oder Aufrechterhaltung einer Urheberrechtsverletzung mitgewirkt hat. Um die Störerhaftung jedoch nicht zu sehr auszuweiten, wird sie von Rechtsprechung und Literatur durch ein Korrektiv von Zumutbarkeitserwägungen eingegrenzt. Was im Einzelfall zumutbar ist, hängt vom Störbeitrag des jeweiligen Anschlussinhabers ab.

3.1.1 Kenntnis von der Nutzung des Anschlusses durch Dritte

Ist dem Anschlussinhaber etwa positiv bekannt, dass über seinen Anschluss Verletzungshandlungen durch Dritte vorgenommen werden, so hat er dies zu unterbinden, soweit ihm dies zumutbar möglich ist. Im privaten Bereich dürfte dies dadurch zu bewerkstelligen sein, dass dem Dritten der Gebrauch des Anschlusses komplett untersagt wird und notfalls auch entsprechende Vorkehrungen getroffen werden wie etwa das Abschalten des Routers.

Aber auch ohne Kenntnis von konkreten Verletzungshandlungen können den Anschlussinhaber Prüf- und Kontrollpflichten treffen, wenn er seinen Internetanschluss Dritten zur Verfügung stellt. Hierbei differenziert die Rechtsprechung nach dem Personenkreis, dem der Anschluss zur Nutzung überlassen wird.

Handelt es sich um den **Ehegatten**, verneint das OLG Düsseldorf in seiner Entscheidung vom 16.5.2012 (Az. I-6 U 239/11, 6 U 239/11) anlasslose Prüf- und Kontrollpflichten.

Das OLG Frankfurt (Beschluss vom 22.3.2013, Az. 11 W 8/13) hält sogar jegliche Hinweis-, Aufklärungs- und Überprüfungspflichten für unzumutbar, sofern der Anschlussinhaber nicht mit einer Rechtsverletzung durch seinen Ehepartner rechnen musste.

Anders verhält es sich bei **im Haushalt lebenden Kindern**. Hier differenziert die Rechtsprechung nach dem Alter des Kindes, insbesondere danach, ob es im Zeitpunkt der Rechtsverletzung volljährig oder noch minderjährig war.

Bei minderjährigen Kindern müssen die Eltern ihrer Aufsichtspflicht genügen. Dass hierbei jedoch keine übersteigerten Anforderungen zu stellen sind, hat der **BGH** in seiner „**Morpheus**"-Entscheidung (Urteil vom **15.11.2012**, Az. I ZR 74/12) klargestellt:

„Eltern genügen ihrer Aufsichtspflicht über ein normal entwickeltes 13-jähriges Kind, das ihre grundlegenden Gebote und Verbote befolgt, regelmäßig bereits dadurch, dass sie das Kind über die Rechtswidrigkeit einer Teilnahme an Internettauschbörsen belehren und ihm eine Teilnahme daran verbieten. Eine Verpflichtung der Eltern, die Nutzung des Internet durch das Kind zu überwachen, den Computer des Kindes zu überprüfen oder dem Kind den Zugang zum Internet (teilweise) zu versperren, besteht grundsätzlich nicht. Zu derartigen Maßnahmen sind Eltern erst verpflichtet, wenn sie konkrete Anhaltspunkte dafür haben, dass das Kind dem Verbot zuwiderhandelt."

Fortgeführt hat der BGH diese Rechtsprechung in seiner Entscheidung zu Tauschbörsen (Urteil vom **11.6.2015** Az. I ZR 7/14 – „**Tauschbörse II**") und dahingehend präzisiert, dass es nicht ausreichend ist, dem Kind nur die Einhaltung allgemeiner Regeln zu einem ordentlichen Verhalten aufzugeben.

Im Hinblick auf **volljährige Kinder** sind die Anforderungen weniger streng. Unter Betonung des besonderen Vertrauensverhältnisses zwischen Familienangehörigen und der Eigenverantwortung von Volljährigen hat der **BGH** entschieden (Urteil vom **8.1.2014**, Az. I ZR 169/12 – „**BearShare**"), dass der Anschlussinhaber einem volljährigen Familienangehörigen seinen Internetanschluss überlassen darf, ohne diesen belehren oder überwachen zu müssen. Erst wenn der Anschlussinhaber – etwa aufgrund einer Abmahnung – konkreten Anlass für die Befürchtung hat, dass der volljährige Familienangehörige den Internetanschluss für Rechtsverletzungen missbraucht, hat er die zur Verhinderung von Rechtsverletzungen erforderlichen Maßnahmen zu ergreifen.

Erfolgt die Überlassung des Internetanschlusses an mehr oder weniger **unbekannte Dritte** z. B. in einem **Internet-Café,** kann sich der Anschlussinhaber nicht auf diesen Umstand zu seinen Gunsten berufen (LG Hamburg, Beschluss vom 25.11.2010 Az. 310 O 433/10). Er soll aber jedenfalls dann nicht als Störer für eine von einem Gast begangene Urheberrechtsverletzung haften, wenn er – wie im Fall eines **Hotelbetriebers** – seine Gäste vorher auf die Einhaltung gesetzlicher Vorgaben hingewiesen hat (LG Frankfurt am Main, Urteil vom 18.8.2010 Az. 2/6 S 19/09). Keines ausdrücklichen Verbots bedarf es allerdings im Fall der **Vermietung einer Ferienwohnung,** wenn den Gästen der Internetzugang von vornherein nur für zum Versand von E-Mails und allenfalls noch zu beruflichen Zwecken eröffnet wird (LG Frankfurt, Urteil vom 28.6.2013 Az. 2-06 O 304/12). Lässt ein **Vermieter seinen Mieter den eigenen Internetanschluss** ohne Einschränkung mitnutzen, genügt er seinen Prüfpflichten, indem er sich vertraglich zusichern lässt, der Mieter werde den eingeräumten Zugang zum Internet nicht zu illegalen Zwecken nutzen (AG München, Urteil vom 15.2.2012, Az. 142 C 10921/11).

Die größte Rechtsunsicherheit besteht derzeit für **Betreiber öffentlicher WLANs,** auch wenn einzelne Gerichte sie als Access-Provider mit der Folge einer eingeschränkten Verantwortlichkeit (näher siehe hierzu das Stichwort → *Providerhaftung*) einstufen und daraus besonders strenge Anforderungen an die Zumutbarkeit von Maßnahmen und Pflichten im Rahmen der Störerhaftung ableiten (AG Berlin Beschluss vom 17.12.2014, Az. 217 C 121/14; AG Hamburg, Urteil vom 10.6.2014, Az. 25b C 431/13).

Hinweis:
Für Access-Provider gilt nach § 8 TMG eine Haftungsprivilegierung. Die telemedienrechtlichen Haftungsprivilegierungen sind zwar auf Unterlassungsansprüche nicht unmittelbar anwendbar. Aus der gesetzgeberischen Wertung wird jedoch ein besonders strenger Maßstab für die Zumutbarkeit von Prüfungs- und Kontrollpflichten im Rahmen der Störerhaftung abgeleitet.

Gleichzeitig steigt die Bedeutung von öffentlichen WLAN-Hotspots durch die zunehmende Digitalisierung von Wirtschaft und Alltag. Die Wichtigkeit von schnellem und mobilem Internet immer und überall hat auch die Politik erkannt und konstatiert einen Nachholbedarf Deutschlands im internationalen Vergleich. Um die bestehenden Haftungsrisiken für WLAN-Betreiber zu beseitigen hat die Bundesregierung aktuell einen Gesetzentwurf zur Änderung des Telemediengesetzes (TMG) vorgelegt.

Hinweis:
Betreiber öffentlicher WLANs sollen sich nach dem Gesetz-Entwurf der Bundesregierung zukünftig durch zwei Maßnahmen gegen eine Störerhaftung absichern können:

1. Der WLAN-Betreiber muss sein Netzwerk angemessen gegen unberechtigte Zugriffe sichern.
2. Der WLAN-Betreiber darf nur dem Nutzer Zugang zum Internet gewähren, der erklärt hat, im Rahmen der Nutzung keine Rechtsverletzungen zu begehen.

Damit sollen die Hürden für WLAN-Betreiber in Deutschland weiter abgebaut und so die enormen gesellschaftlichen und wirtschaftlichen Potenziale von WLAN-Funknetzen ausgeschöpft werden.

Beeinflusst werden könnte die rechtspolitische Diskussion durch eine anstehende Entscheidung des EuGH (Rechtssache C-484/14) zu der Frage, ob ein Gewerbetreibender, der im Rahmen seiner Tätigkeiten ein WLAN der Öffentlichkeit unentgeltlich zur Verfügung stellt, durch eine gerichtliche Anordnung verpflichtet werden, den Zugang zu seinem Netz durch ein Passwort zu sichern. Diese und weitere Fragen hat das Landgericht München I anlässlich einer Klage eines WLAN-Betreibers dem EuGH zur Vorabentscheidung vorgelegt.

Hinweis:
In seinen Schlussanträgen vom 16.3.2016 zu der Rechtssache C-484/14 hat der Generalanwalt diese Frage verneint. Die Verpflichtung zur Sicherung des Zugangs stellt aus seiner Sicht das Geschäftsmodell von Unternehmen in Frage, die neben ihrer sonstigen Leistung einen öffentlichen Internetzugang anbieten. Darüber hinaus begegnet die mit der Sicherung des Zugangs einhergehende Identifizierung der Nutzer und Speicherung ihrer Daten nach seiner Auffassung rechtlichen Bedenken und erfordert einen unverhältnismäßig hohen bürokratischen Aufwand. Ferner hält der Generalanwalt eine aktive und präventive Rolle des WLAN-Betreibers mit dem rechtlich privilegierten Status als Vermittler für unvereinbar und stuft überdies die Sicherung des Zugangs als ungeeignete und damit unverhältnismäßige Maßnahme ein. In der überwiegenden Zahl der Fälle folgt das Gericht dem Votum des Generalanwalts.

3.1.2 Keine Kenntnis von der Nutzung des Anschlusses durch Dritte

Eine grundsätzlich andere Situation ist gegeben, wenn der Anschlussinhaber keine Kenntnis von der urheberrechtswidrigen Nutzung seines Anschlusses durch einen unberechtigten Dritten hat. Allerdings besteht auch hier die Möglichkeit einer Störerhaftung, wenn zumutbare Prüfpflichten durch den Anschlussinhaber verletzt worden sind. In seiner am **12.5.2010** verkündeten **Entscheidung „Sommer unseres Lebens"** (Az. I ZR 121/08) konkretisiert der **BGH** die zumutbaren Prüfpflichten für einen WLAN-Anschluss-Inhaber:

„Auch Privatpersonen, die einen WLAN-Anschluss in Betrieb nehmen, ist es zuzumuten zu prüfen, ob dieser Anschluss durch angemessene Sicherungsmaßnahmen hinreichend dagegen geschützt ist, von außenstehenden Dritten für die Begehung von Rechtsverletzungen missbraucht zu werden. Die Zumutbarkeit folgt schon daraus, dass es regelmäßig im wohlverstandenen eigenen Interesse des Anschlussinhabers liegt, seine Daten vor unberechtigtem Eingriff von außen zu schützen. Zur Vermeidung von Urheberrechtsverletzungen durch unberechtigte Dritte ergriffene Sicherungsmaßnahmen am WLAN-Zugang dienen zugleich diesem Eigeninteresse des Anschlussinhabers. Die Prüfpflicht ist mit der Folge der Störerhaftung verletzt, wenn die gebotenen Sicherungsmaßnahmen unterbleiben. Welche konkreten Maßnahmen zumutbar sind, bestimmt sich auch für eine Privatperson zunächst nach den jeweiligen technischen Möglichkeiten (...). Es würde die Verwender der WLAN-Technologie allerdings unzumutbar belasten und wäre damit unverhältnismäßig, wenn ihnen zur Pflicht gemacht würde, die Netzwerksicherheit fortlaufend dem neuesten Stand der Technik anzupassen und dafür entsprechende finanzielle Mittel aufzuwenden. Die Prüfungspflicht im Hinblick auf die unbefugte Nutzung eines WLAN-Routers konkretisiert sich vielmehr dahin,

Filesharing

dass jedenfalls die im Kaufzeitpunkt des Routers für den privaten Bereich marktüblichen Sicherungen ihrem Zweck entsprechend wirksam einzusetzen sind."

Belässt es der Anschlussinhaber bei den werkseitigen Standardsicherheitseinstellungen und vergibt kein persönliches, ausreichend langes und sicheres Passwort für den Zugang zum Router, sieht der BGH die Prüfpflichten verletzt.

Wird der Authentifizierungsschlüssel eines WLAN-Routers allerdings bereits ab Werk individuell pro Gerät vergeben, ist eine sofortige Personalisierung des Passwortes nicht erforderlich, da hierüber bereits ein hinreichendes, hohes Schutzniveau gewährleistet wird, so jedenfalls das AG Frankfurt (Urteil vom 14.6.2013, Az. 30 C 3078/12 [75]). Nach Auffassung des Gerichts ist damit der vom BGH erstrebte Zweck eines hohen Schutzniveaus bereits erreicht. Der BGH könne lediglich die Fälle im Blick gehabt haben, in denen die Router einer Modellreihe werkseitig über den gleichen Authentifizierungsschlüssel verfügen, so dass ein effektiver Schutz für diese Fälle nur über eine sofortige Personalisierung des Passworts gewährleistet sei. Dieser Argumentation hat sich das AG Hamburg in einer neuen Entscheidung (Urteil vom 9.1.2015, Az. 36a C 40/14) angeschlossen.

3.2 Strafrechtliche Haftung

Eine strafrechtliche Haftung des Anschlussinhabers kommt nur bei einer strafrechtlich relevanten Mitwirkung an der Verletzungshandlung in Betracht. Erschöpft sich der Verursachungsbeitrag des Anschlussinhabers in der Zurverfügungstellung des Anschlusses, ohne dass er dabei Kenntnis von dem konkreten Urheberrechtsverstoß hat, so scheidet eine Strafbarkeit mangels Vorsatz aus.

4. Haftung des File-Hosting-Dienstes

4.1 Zivilrechtliche Haftung

Auch das Bereitstellen von Speicherplatz im Internet für urheberrechtlich geschützte Dateien kommt als Beitrag zu einer Urheberrechtsverletzung in Betracht. Bekanntestes Beispiel aus der Rechtsprechung ist der File-Hosting-Dienst „Rapidshare". Der **BGH** hat in seinem **Urteil** vom **12.7.2012** („Alone in the Dark" – Az. 1 ZR 18/11) den File-Hosting-Dienst zwar weder als Täter noch als Teilnehmer der Urheberrechtsverletzungen gesehen, jedoch eine Haftung als Störer angenommen:

„Ein File-Hosting-Dienst, der im Internet Speicherplatz zur Verfügung stellt, kann als Störer haften, wenn urheberrechtsverletzende Dateien durch Nutzer seines Dienstes öffentlich zugänglich gemacht werden, obwohl ihm zuvor ein Hinweis auf die klare Rechtsverletzung gegeben worden ist. Nach einem solchen Hinweis muss der File-Hosting-Dienst im Rahmen des technisch und wirtschaftlich Zumutbaren verhindern, dass derselbe oder andere Nutzer das ihm konkret benannte, urheberrechtlich geschützte Werk Dritten erneut über seine Server anbieten."

Zur Verhinderung weiterer Urheberrechtsverletzungen kommt für den BGH der Einsatz eines Wortfilters in Betracht, mit dem die urheberrechtlich geschützten Dateien auf den Servern identifiziert und nach einer manuellen Kontrolle gegebenenfalls entfernt werden können. Außerdem kann der File-Hosting-Dienst dazu verpflichtet sein, eine kleine Anzahl einschlägiger Linksammlungen manuell darauf zu überprüfen, ob sie Verweise auf bestimmte bei ihm gespeicherte urheberrechtsverletzende Daten enthalten, um eine Störerhaftung zu vermeiden. In Fortführung dieser Rechtsprechung hat der **BGH** mit **Urteil** vom **15.8.2013** (Az. I ZR 80/12 – „File-Hosting-Dienst") die Prüfpflichten des File-Hosting-Dienstes dahingehend erweitert, dass ihm eine umfassende regelmäßige Kontrolle der Linksammlungen zuzumuten ist, die auf seinen Dienst verweisen, wenn durch das konkrete Geschäftsmodell Urheberrechtsverletzungen in erheblichem Umfang Vorschub geleistet wird. Dies hat der BGH für den File-Hosting-Dienst „Rapidshare", der u. a. die Download-Häufigkeit der eingestellten Dateien mit Bonus-Punkten belohnt hat, inzwischen bejaht.

Hinweis:

Anders als bei den eingangs beschriebenen Peer-to-Peer-Tauschbörsen können Nutzer von File-Hosting-Diensten wie „Rapidshare" in vielen Fällen nicht über ihren Internetanschluss von Dritten identifiziert werden. Dies rechtfertigt es, den File-Hosting-Dienst im Wege der – sonst subsidiären – Störerhaftung in Anspruch zu nehmen (zu den Voraussetzungen im Einzelnen siehe das Stichwort → *Störerhaftung*).

4.2 Strafrechtliche Haftung

Der File-Hosting-Dienst ist kein (Mit-)Täter einer Urheberrechtsverletzung, wenn er lediglich Speicherplatz zur Verfügung stellt, ohne zuvor vom Inhalt der dort abgelegten Dateien Kenntnis zu nehmen. Auch für einen Gehilfenvorsatz reicht es nach der Rechtsprechung des **BGH** (Urteil vom **12.7.2012,** Az. 1 ZR 18/11 – **"Alone in the Dark"**) nicht aus, wenn zwar mit gelegentlichen Rechtsverletzungen durch die Nutzer des File-Hosting-Dienstes gerechnet wird, aber keine Kenntnis von konkret drohenden Haupttaten besteht.

Hinweis:

Sofern das konkrete Geschäftsmodell Urheberrechtsverletzungen Vorschub leistet, verschärfen sich aber die im Rahmen der Störerhaftung relevanten Prüfpflichten für den File-Hosting-Dienst (BGH Urteil vom 15.8.2013, Az. I ZR 80/12 – "File-Hosting-Dienst")!

Ist der File-Hosting-Dienst jedoch auf konkrete Verstöße hingewiesen worden und unterlässt es hartnäckig, den Zugang zu den urheberrechtlich geschützten Inhalten zu sperren, bejaht das OLG Hamburg (Beschluss vom 13.5.2013, Az. 5 W 41/13) eine Gehilfenhaftung.

Hinweis:

In diesem Fall greift auch keine telemedienrechtliche Haftungsprivilegierung zu Gunsten des File-Hosting-Dienstes ein, da § 10 Satz 1 Nr. 2 TMG voraussetzt, dass der Diensteanbieter, der fremde Informationen für einen Nutzer speichert, unverzüglich tätig geworden ist, um die Informationen zu entfernen oder den Zugang zu ihnen zu sperren, sobald er Kenntnis von der rechtswidrigen Handlung oder der Information erlangt hat (weiterführend siehe das Stichwort → *Providerhaftung*, dort insbesondere Ziffer II.3.1).

Eine strafrechtliche Verfolgung droht, wenn der Dienst selbst, ggf. in bewusstem Zusammenwirken mit anderen, für die Veröffentlichung der urheberrechtlich geschützten Inhalte verantwortlich ist.

Beispiel:

Aufsehen erregt hat in der Vergangenheit das Vorgehen gegen kino.to, einer deutschsprachigen Video-on-Demand-Website für Kinofilme, Serien und Dokumentationen, deren Betreiber zu mehrjährigen Haftstrafen wegen gewerbsmäßiger Urheberrechtsverletzung verurteilt worden sind.

Filesharing

5. Haftung des Access-Providers

Schließlich kann der Access-Provider haften, der den Zugang zum Internet, über den die Urheberrechtsverletzungen beim Filesharing begangen werden, vermittelt.

5.1 Zivilrechtliche Haftung

Dies hat der BGH im Kontext von Websites mit Linksammlungen zu urheberrechtlich geschützten Inhalten, die über Filesharing-Netzwerke bereitgestellt werden, mit zwei Urteilen jeweils vom 26.11.2015 (Az. I ZR 3/14 – "**3dl.am**" und Az. I ZR 174/14 – "**Goldesel**") bestätigt. Konkret sollte der beklagte Access-Provider den Zugang zu diesen Websites unterbinden. Allerdings darf der Access-Provider nach der höchstrichterlichen Rechtsprechung als Störer erst in Anspruch genommen werden, wenn vorher erfolglos versucht worden ist, gegen den Betreiber der Internetplattform, in die Nutzer rechtswidrige Angebote eingestellt haben, oder den Host-Provider vorzugehen:

"Im Hinblick darauf, dass der Access-Provider ein von der Rechtsordnung gebilligtes und in Bezug auf Rechtsverletzungen Dritter neutrales Geschäftsmodell verfolgt, ist es im Rahmen der Prüfung der Zumutbarkeit von Überwachungs- und Sperrmaßnahmen angemessen, eine vorrangige Rechtsverfolgung gegenüber denjenigen Beteiligten zu verlangen, die – wie die Betreiber beanstandeter Webseiten – entweder die Rechtsverletzung selbst begangen oder zu der Rechtsverletzung – wie der Host-Provider der beanstandeten Webseiten – durch die Erbringung von Dienstleistungen beigetragen haben. Dagegen kommt die Geltendmachung von Ansprüchen gegen den Zugangsvermittler unter dem Gesichtspunkt der Verhältnismäßigkeit nur in Betracht, wenn der Inanspruchnahme des Betreibers der Webseite jede Erfolgsaussicht fehlt und deshalb andernfalls eine Rechtsschutzlücke entstünde. Für dieses Ergebnis spricht auch der Umstand, dass der Betreiber der Webseite und sein Host-Provider wesentlich näher an der Rechtsgutsverletzung sind als derjenige, der nur allgemein den Zugang zum Internet vermittelt."

5.2 Strafrechtliche Haftung

Eine strafrechtliche Verantwortung kommt mangels Kenntnis des Access-Providers von der konkreten Urheberrechtsverletzung nicht in Betracht.

6. Zusammenfassung

Derjenige, der urheberrechtlich geschützte Dateien ohne entsprechende Erlaubnis im Internet anbietet, begeht eine Urheberrechtsverletzung und kann von den Rechteinhabern insbesondere auf Unterlassung und Schadensersatz in Anspruch genommen werden. Darüber hinaus kann er strafrechtlich verfolgt werden. Gleiches gilt für denjenigen, der urheberrechtlich geschützte Dateien ohne die erforderliche Berechtigung herunterlädt.

Wer zu einer Urheberrechtsverletzung im Internet beiträgt, ohne selbst Täter oder Teilnehmer zu sein, kann im Wege der Störerhaftung in Anspruch genommen werden. Das ist bei demjenigen, der lediglich den Zugang zum Internet vermittelt, ebenso der Fall wie beim demjenigen, der den Internetanschluss zur Verfügung stellt, von dem aus die Urheberrechtsverletzung begangen wird. Gleiches gilt für denjenigen, der Speicherplatz zum Austausch der urheberrechtlich geschützten Dateien bereitstellt ohne von den gespeicherten Inhalten Kenntnis zu nehmen. Die Störerhaftung ist subsidiär, d. h. auf sie kann nur zurückgegriffen werden, wenn nicht der Täter der Urheberrechtsverletzung selbst in Anspruch genommen werden kann.

IV. Streitwerte bei der Verfolgung von Urheberrechtsverletzungen

Die Kosten für gerichtliche und außergerichtliche Verfahren bei Urheberrechtsverletzungen beurteilen sich nach dem Streitwert der Angelegenheit. Schadensersatzansprüche werden nach den Grundsätzen der Lizenzanalogie bemessen (s. o.). Beim Unterlassungsanspruch ist nach der Kommentarliteratur die gemäß § 3 ZPO zu schätzende Beeinträchtigung wertbestimmend, die für den Verletzten von dem beanstandeten Verhalten verständigerweise zu besorgen ist und die mit der begehrten Unterlassung beseitigt werden soll. Maßgeblich ist also die Gefährlichkeit und Schädlichkeit des zu unterbindenden Verhaltens. Dieser Wert kann bei urheberrechtlichen Verstößen von den Gerichten durchaus hoch angesetzt werden.

Beispiel:
> Mit Beschluss vom 9.8.2007 (Az. 308 O 273/07) entschied etwa das Landgericht Hamburg, dass gegenüber demjenigen, der durch den Betrieb eines eDonkey-Servers zum Funktionieren eines Filesharingsystems über das eDonkey-Netzwerk beiträgt, ein Streitwert von 20.000 € für jede einzelne öffentlich zugänglich gemachte Musikdatei gerechtfertigt ist.

 Hinweis:
> Für den Fall, dass der Unterlassungsschuldner nicht selbst aktiv zum Betrieb des Filesharingsystems beigetragen hat, sondern sich als Anschlussinhaber nach den Grundsätzen der Störerhaftung das in einzelnen Filesharing-Handlungen liegende deliktische Verhalten seiner Kinder oder anderer Dritter zurechnen lassen muss, nimmt das Landgericht Hamburg jedoch eine Streitwertstaffelung an. In solchen Fällen erachtet das Gericht einen Streitwert von 6.000 € für den ersten Titel, von je 3.000 € für den zweiten bis fünften Titel, von je 1.500 € für den sechsten bis zehnten Titel und von je 600 € für jeden weiteren Titel für angemessen und ausreichend.

Allerdings darf die Streitwertfestsetzung keinen Sanktionscharakter entfalten und nicht auf eine Abschreckungswirkung abzielen. Die Gerichte sind sich weitgehend einig, dass generalpräventive Erwägungen bei der Bemessung des Streitwerts keine Rolle spielen können (vgl. OLG Brandenburg, Beschluss vom 22.8.2013 Az. 6 W 31/13). Unter diesem Gesichtspunkt hat auch das OLG Düsseldorf (Beschluss vom 4.2.2013 Az. I-20 W 68/11 im Anschluss an das OLG Frankfurt vom 21.12.2010 Az. 11 U 52/07) den Streitwert für eine einzelne Urheberrechtsverletzung im Rahmen eines einstweiligen Verfügungsverfahrens von 20.000 € auf 2.500 € reduziert:

"Der Gebührenstreitwert dient nämlich nur der Bestimmung im Einzelfall angemessener Gerichts- und Rechtsanwaltsgebühren. Er darf nicht zu einem Mittel denaturiert werden, Zivilrechtsstreitigkeiten zwecks Abschreckung zu verteuern, zumal da ein Teil der Gebühren in Person der Rechtsanwälte Privaten zufließt (...)."

Noch deutlicher im Hinblick auf die Interessen der Anwaltschaft wird das OLG Hamm, das in einem vergleichbaren Verfahren zur Festsetzung des Streitwerts (Beschluss vom 26.3.2013 Az. 22 W 42/13) ausführt:

"Bei der Festsetzung mag durchaus auch der von der Antragstellerin in der Antragsschrift angegebene Wert eine Rolle spie-

len. Dieser ist jedoch keineswegs unkritisch zu übernehmen mit der Erwägung, die Antragstellerin könne selbst am besten ihr mit dem Antrag verbundenes wirtschaftliches Interesse beurteilen. Dabei wird verkannt, dass die vorgebliche Höhe des wirtschaftlichen Interesses gerade in Verfahren wegen Urheberrechtsverletzungen nicht selten von dem Gebühreninteresse des Verfahrensbevollmächtigten der antragstellenden Partei mitbestimmt wird."

Auch der Gesetzgeber ist sich dieser Problematik bewusst und hat im Bereich der urheberrechtlichen Abmahnung mit einer Deckelung des Gegenstandswerts auf 1000 € unter bestimmten Voraussetzungen (§ 97a Abs. 3 Satz 2–4 UrhG) zum 9.10.2013 reagiert (näher hierzu siehe unter V.2.2).

V. Abmahnungen bei Urheberrechtsverletzungen

Nach § 97a Abs. 1 Satz 1 UrhG soll der Verletzte den Verletzer vor Einleitung eines gerichtlichen Verfahrens auf Unterlassung abmahnen und ihm Gelegenheit geben, den Streit durch Abgabe einer mit einer angemessenen Vertragsstrafe bewehrten Unterlassungsverpflichtung beizulegen.

1. Voraussetzungen einer wirksamen Abmahnung

Damit die Abmahnung wirksam ist, müssen seit **9.10.2013** ausdrücklich formale Vorgaben eingehalten werden. Diese dienen der Transparenz und sind in § 97a Abs. 2 Satz 1 Nr. 1 bis 4 UrhG näher definiert. Danach hat die Abmahnung in **klarer** und **verständlicher Weise**

1. Name oder Firma des Verletzten anzugeben, wenn der Verletzte nicht selbst, sondern ein Vertreter abmahnt,
2. die Rechtsverletzung genau zu bezeichnen,
3. geltend gemachte Zahlungsansprüche als Schadensersatz- und Aufwendungsersatzansprüche aufzuschlüsseln und
4. wenn darin eine Aufforderung zur Abgabe einer Unterlassungsverpflichtung enthalten ist, anzugeben, inwieweit die vorgeschlagene Unterlassungsverpflichtung über die abgemahnte Rechtsverletzung hinausgeht.

Eine Abmahnung, die diese Voraussetzungen nicht erfüllt, ist unwirksam (§ 97a Abs. 2 Satz 2 UrhG).

> **WICHTIG!**
> Gibt ein Abgemahnter aufgrund einer unwirksamen Abmahnung eine Unterlassungserklärung ab, ist diese gleichfalls unwirksam (vgl. BT-Drs. 17/13057), er ist also nicht an sie gebunden!

Soweit die Abmahnung unwirksam ist, kann der Abgemahnte Ersatz der für die Rechtsverteidigung erforderlichen Aufwendungen verlangen (§ 97a Abs. 4 Satz 1 UrhG).

2. Abmahnkosten

In die Schlagzeilen ist das Filesharing geraten, seitdem die Urheberrechtsverletzungen mit zum Teil horrenden Summen abgemahnt werden. Einige Anwaltskanzleien haben hier für sich ein lukratives Geschäftsmodell entdeckt und konfrontieren die Abgemahnten im Namen der Urheberrechtinhaber nicht nur mit einer strafbewehrten Unterlassungs- und Verpflichtungserklärung (zu den Voraussetzungen einer Abmahnung im Einzel-

nen siehe das Stichwort → *Abmahnung*), sondern vor allem mit einer saftigen Kostenrechnung.

> **ACHTUNG!**
> Die Abmahnkosten stellen keine Sanktion dar – auch wenn sie möglicherweise als solche empfunden werden. Es handelt sich lediglich um die Aufwendungen, die der Rechteinhaber zur Verfolgung seines Urheberrechts hatte, wie die Einschaltung eines Anwalts zur Formulierung einer entsprechenden Abmahnung. Dessen Vergütung richtet sich nach dem Rechtsanwaltsvergütungsgesetz (RVG), das wiederum auf den Streitwert Bezug nimmt. Dieser kann bei urheberrechtlichen Streitigkeiten durchaus hoch sein (siehe IV.).

2.1 Ersatz der für die Abmahnung erforderlichen Aufwendungen

Nach dem in § 97a Abs. 3 Satz 2 UrhG normierten Grundsatz kann der in seinen Urheberrechten Verletzte den Ersatz der mit der Abmahnung verbundenen Aufwendungen verlangen. Voraussetzung ist, dass die **Abmahnung berechtigt** ist, den formalen **Vorgaben in § 97a Abs. 2 Satz 1 Nr. 1 bis 4 UrhG** entspricht und die **Aufwendungen erforderlich** waren.

2.1.1 Berechtigte Abmahnung

Die Abmahnung ist berechtigt, wenn einerseits der **Rechtsverstoß** vorliegt und überdies auch die **Abmahnung erforderlich** war. Letzteres wäre etwa dann nicht der Fall, wenn der Betreffende bereits eine hinreichend strafbewehrte Unterlassungserklärung abgegeben hat.

> **Hinweis:**
> Nach einer neueren Entscheidung des BGH (Urteil vom 28.2.2013, Az. I ZR 237/11) kann unter bestimmten Voraussetzungen auch vorbeugend eine Unterwerfungserklärung abgegeben werden, ohne dass dies einen zum Kostenersatz verpflichtenden rechtswidrigen Eingriff in den Gewerbebetrieb des Urheberrechtsberechtigten darstellt!

Gibt der Betreffende umgekehrt trotz Aufforderung keine Unterlassungserklärung ab und wird der Unterlassungsanspruch nicht weiter verfolgt, sondern gerichtlich allein die Erstattung der Abmahnkosten geltend gemacht, ist die Abmahnung ebenfalls nicht berechtigt. Dies begründet das AG Hamburg (Urteil vom 20.12.2013, Az. 36a C 134/13) wie folgt:

„Berechtigt ist eine Abmahnung dann, wenn sie objektiv erforderlich ist, um den Abgemahnten den kostengünstigen Weg aus dem Konflikt zu zeigen bzw. wenn sie notwendig ist, um den Streit ohne ein gerichtliches Verfahren zu beenden. So soll ein kostspieliger Unterlassungsprozess vermieden werden. Droht jedoch gar kein Unterlassungsprozess, kann die Abmahnung diesen auch nicht vermeiden helfen und ist daher nicht berechtigt."

> **ACHTUNG!**
> Soweit die Abmahnung unberechtigt ist, kann der Abgemahnte seinerseits Ersatz der für die Rechtsverteidigung erforderlichen Aufwendungen verlangen, es sei denn, es war für den Abmahnenden zum Zeitpunkt der Abmahnung nicht erkennbar, dass die Abmahnung unberechtigt war (§ 97a Abs. 4 Satz 1 UrhG).

2.1.2 Einhaltung von formalen Vorgaben bei der Abmahnung

Ferner müssen die in § 97a Abs. 2 Satz 1 Nr. 1 bis 4 UrhG definierten Formalia bei der Abmahnung eingehalten werden (siehe V.1.). Entspricht die Abmahnung nicht diesen im Interesse der Transparenz eingeführten Vorgaben, ist sie nicht nur unwirksam, sondern der Abmahnende hat auch keine Chance, seine Aufwendungen für die Abmahnung erstattet zu bekommen.

2.1.3 Erforderlichkeit der Aufwendungen

Schließlich müssen die geltend gemachten Aufwendungen erforderlich gewesen sein. Gegen die Erforderlichkeit der Aufwendungen wurde in den vergangenen Jahren regelmäßig eingewandt, dass gerade in ihren Urheberrechten beeinträchtigte Konzerne nicht zur Einschaltung externer Rechtsanwaltskanzleien berechtigt wären. Sie müssten die Urheberrechtsverletzungen vielmehr durch ihre Rechtsabteilungen bearbeiten lassen. Dieser Argumentation hat der BGH mit Urteil vom 17.7.2008 (Az. I ZR 219/05; Clone-CD) jedoch eine Absage erteilt. Auch Firmen mit eigener Rechtsabteilung dürfen daher zur Verfolgung von Urheberrechtsverstößen externe Rechtsanwälte einschalten und sich diese Kosten ersetzen lassen.

2.2 Begrenzung des Aufwendungsersatzes durch Deckelung des Gegenstandswerts auf 1000 €

Im Zuge der Umsetzung der sog. Enforcement-Richtlinie in das deutsche Recht trat zum 1. September 2009 auch der neue § 97a Abs. 2 UrhG in Kraft. Dieser begrenzte die vom Abgemahnten zu tragenden Kosten einer berechtigten urheberrechtlichen Abmahnung auf **100 EUR,** wenn es sich um eine **erstmalige Abmahnung** in einem **einfach gelagerten Fall** mit einer **nur unerheblichen Rechtsverletzung** handelte, die **außerhalb des geschäftlichen Verkehrs** begangen wurde. Die Vorschrift bestand praktisch ausschließlich aus unbestimmten Rechtsbegriffen, was die Anwendung deutlich erschwert hat.

Diese für Bagatellverstöße gedachte Gebührendeckelung lief daher weitgehend leer, so dass der Gesetzgeber zum **9.10.2013** mit einer Änderung des § 97a UrhG reagiert hat. Die „100-Euro-Abmahnung" wurde durch eine **Deckelung des Gegenstandswerts auf 1000 Euro** unter neu definierten Voraussetzungen ersetzt.

WICHTIG!
Eine Deckelung des Gegenstandswerts auf 1000 € bedeutet, dass als erstattungsfähige Anwaltskosten derzeit maximal 155,30 € einschließlich Umsatzsteuer und Auslagenpauschale geltend gemacht werden können.

Die neue Regelung in § 97a Abs. 3 Satz 2–4 UrhG lautet:

Für die Inanspruchnahme anwaltlicher Dienstleistungen beschränkt sich der Ersatz der erforderlichen Aufwendungen hinsichtlich der gesetzlichen Gebühren auf Gebühren nach einem Gegenstandswert für den Unterlassungs- und Beseitigungsanspruch von 1000 Euro, wenn der Abgemahnte

1. eine natürliche Person ist, die nach diesem Gesetz geschützte Werke oder andere nach diesem Gesetz geschützte Schutzgegenstände nicht für ihre gewerbliche oder selbständige berufliche Tätigkeit verwendet, und

2. nicht bereits wegen eines Anspruchs des Abmahnenden durch Vertrag, auf Grund einer rechtskräftigen gerichtlichen Entscheidung oder einer einstweiligen Verfügung zur Unterlassung verpflichtet ist.

Der in Satz 2 genannte Wert ist auch maßgeblich, wenn ein Unterlassungs- und ein Beseitigungsanspruch nebeneinander geltend gemacht werden. Satz 2 gilt nicht, wenn der genannte Wert nach den besonderen Umständen des Einzelfalles unbillig ist.

2.2.1 Inanspruchnahme anwaltlicher Dienstleistungen

Die Deckelung des Gegenstandswerts setzt die Inanspruchnahme anwaltlicher Dienstleistungen voraus. Allerdings muss die Einschaltung eines Anwaltes überhaupt erforderlich gewesen sein, damit Ersatz für die Aufwendungen einer (berechtigten) Abmahnung verlangt werden kann. Denn auch § 97a Abs. 3 Satz 2 UrhG bezieht sich nur auf **erforderliche** Aufwendungen. Ist der Fall so einfach gelagert, dass der Rechteinhaber selbst tätig werden kann, fehlt es bereits an dieser Voraussetzung. In diesem Sinne hat das OLG Braunschweig (Urteil vom 8.2.2012, Az. 2 U 7/11) im Hinblick auf die unberechtigte Verwendung von Lichtbildern bei einem privaten eBay-Verkauf entschieden:

„Sofern der Fotograf selbst in der Lage ist, den urheberrechtlichen Verstoß einer ungenehmigten Fotonutzung zu erkennen, eine vorgerichtliche Abmahnung des Verletzers vorzunehmen und Letzteres in zurückliegender Zeit in anderen gleichgelagerten Fällen auch schon getan hat, sind die Kosten für die Beauftragung eines Rechtsanwalts zur Durchführung des vorgerichtlichen Abmahnverfahrens nicht notwendig und damit nicht erstattungsfähig i. S. des § 97a Abs. 1 S. 2 UrhG. Die Kenntnis hierzu kann der Fotograf auch dadurch erlangen, dass er zuvor in gleichgelagerten anderen Verfahren anwaltliche Hilfe zur Durchführung der Abmahnung in Anspruch genommen hatte und sich ihm aufgrund der Gleichartigkeit der Verletzungen und der dagegen gerichteten außergerichtlichen Vorgehensweise ohne Weiteres erschließt, wie er zukünftig selbst Verletzungen erkennen und Abmahnungen durchführen kann."

2.2.2 Privilegierung von Privatpersonen

Privilegiert werden sollen durch die Regelung lediglich natürliche Personen, die die urheberrechtlich geschützten Werke nicht für ihre gewerbliche oder selbstständige berufliche Tätigkeit verwenden (§ 97a Abs. 3 Satz 2 Nr. 1 UrhG).

Hinweis:
In der Vorgängerregelung war noch das stark interpretationsbedürftig Merkmal „außerhalb des geschäftlichen Verkehrs" enthalten, das jedoch Abgrenzungsschwierigkeiten bereitet hat. Aus den gleichen Gründen wurde wohl auch auf die Kriterien „einfach gelagerter Fall" und „nur unerhebliche Rechtsverletzung" verzichtet, die jedoch allesamt in eine ähnliche Richtung wie § 97a Abs. 3 Satz 2 Nr. 1 UrhG gezielt haben.

2.2.3 Beschränkung auf „Ersttäter"

Ferner dürfen die Abgemahnten nicht bereits zur Unterlassung gegenüber dem Abmahnenden verpflichtet sein, sei es durch Vertrag, eine rechtskräftige gerichtliche Entscheidung oder eine einstweilige Verfügung (§ 97a Abs. 3 Satz 2 Nr. 2 UrhG).

Hinweis:
Damit ist das frühere Tatbestandsmerkmal der „erstmaligen Abmahnung" zwar nicht wortlautgleich, jedoch sinngemäß übernommen worden.

Es wird also der – zu privaten Zwecken handelnde (siehe 2.2.2) – Ersttäter geschützt.

2.2.4 Keine Unbilligkeit der Deckelung

Als Korrektiv dient § 97a Abs. 3 Satz 4 UrhG, wonach die Deckelung des Gegenstandswerts nicht gelten soll, wenn der Wert nach den besonderen Umständen des Einzelfalls unbillig ist. Welche Fälle unter diese Ausnahmeregelung fallen, wird erst noch durch die Rechtsprechung konkretisiert werden müssen.

3. Fazit

Der gut gemeinte Ansatz des Gesetzgebers, das „Abmahnunwesen im Urheberrecht" einzudämmen, hat mit dem früheren § 97a Abs. 2 UrhG nicht die erhofften Früchte getragen. Dies lag vor allem daran, dass die Regelung zwar von ihrer Rechtsfolge her klar und begrüßenswert war, die Verwendung unbestimmter Rechtsbegriffe wie „einfach gelagerter Fall" und „unerhebliche Rechtsverletzung" aber eine große Unsicherheit bei den Betroffenen hinterlassen hat. Diese Unsicherheit hat in der Vergangenheit dazu geführt, dass wegen des nicht abschätzbaren Kostenrisikos häufig ein mit der Abmahnung vorgelegtes „Vergleichsangebot" angenommen und auf eine gerichtliche Klärung verzichtet worden ist.

Mit der Neuregelung hat der Gesetzgeber weitgehend auf die Verwendung unbestimmter Rechtsbegriffe verzichtet und die Position des Abgemahnten durch neue Anforderungen an die Transparenz der Abmahnung gestärkt. Hervorzuheben ist, dass die Einhaltung der Formalia Voraussetzung für die Wirksamkeit der Abmahnung und für die Geltendmachung von Aufwendungsersatzansprüchen ist. Um den Empfänger der Abmahnung vor übereilt – etwa aus Angst oder Unkenntnis – abgegebenen Unterlassungsverpflichtungen mit Strafdrohungen zu bewahren, führt die Nichterfüllung der Informationspflichten sowohl zur Unwirksamkeit der Abmahnung als auch zur Unwirksamkeit einer gegebenenfalls durch den Abgemahnten abgegebenen Unterlassungsverpflichtung. Die Deckelung der zu erstattenden Anwaltskosten für den zu privaten Zwecken handelnden Ersttäter ist der Versuch, einen gerechten Ausgleich zwischen Verbraucherinteressen und den Interessen der Inhaber von Urheberrechten zu finden.

> **Hinweis:**
> Lässt sich ein gerichtliches Verfahren nicht vermeiden, werden natürliche Personen, die urheberrechtlich geschützte Werke bzw. Schutzgegenstände nicht für ihre gewerbliche oder selbstständige berufliche Tätigkeit verwenden, auch insofern geschützt, als sie – ebenfalls seit dem 9.10.2013 – nur noch an ihrem Wohnsitz verklagt werden können (§ 104a UrhG)!

Gegendarstellung im Internet

I. Begriff
II. Voraussetzungen des Gegendarstellungsanspruchs
 1. Tatsachenbehauptung
 2. über eine Person, die für die Empfänger der Mitteilung erkennbar ist
 3. Journalistisch-redaktionell gestaltetes Angebot
 4. Berechtigtes Interesse
 5. Ausnahmen
III. Inhalt, Form und Fristen der Gegendarstellung
 1. Inhalt der Gegendarstellung
 2. Form der Gegendarstellung
  Muster einer Gegendarstellung
 3. Frist für Gegendarstellung
IV. Veröffentlichung der Gegendarstellung
 1. Art und Weise der Veröffentlichung
 2. Dauer der Veröffentlichung
V. Anspruchsdurchsetzung

I. Begriff

Die Gegendarstellung ist Ausfluss des allgemeinen → *Persönlichkeitsrechts* (Art. 1 und 2 GG) und gibt dem Einzelnen die Möglichkeit, auf die Darstellung seiner Person in der Öffentlichkeit, insbesondere in den Medien, Einfluss zu nehmen. Der Gegendarstellungsanspruch ermöglicht es dem von einer öffentlichen Berichterstattung Betroffenen, seine eigene Sachverhaltsdarstellung der Öffentlichkeit zur Kenntnis zu bringen. Im Bereich der Printmedien sowie im Rundfunk und Fernsehen ist die Gegendarstellung schon seit langem bekannt und ein probates Mittel des Einzelnen sich gegen eine unzutreffende Berichterstattung zur Wehr zu setzen. Auch im Online-Bereich besteht die Möglichkeit einer Gegendarstellung, und das nicht nur bei Online-Zeitungen, sondern auch bei anderen Internetangeboten (Telemedien).

II. Voraussetzungen des Gegendarstellungsanspruchs

Die Voraussetzungen des Gegendarstellungsanspruchs in Telemedien sind in § 56 Abs. 1 Rundfunkstaatsvertrag (RStV) geregelt.

1. Tatsachenbehauptung

Voraussetzung für eine Gegendarstellung ist stets, dass es sich bei der Behauptung, gegen die sich die Gegendarstellung wendet, um eine Tatsachenbehauptung handelt. Eine Tatsachenbehauptung ist dann gegeben, wenn die Aussage mit Mitteln des Beweises auf ihre Richtigkeit überprüft werden kann. Keinem Beweis zugänglich sind reine Meinungsäußerungen, wie z. B. die Aussage, eine Person sei zu dumm zum Autofahren. Dem Beweis zugänglich ist hingegen die Aussage, eine Person habe die Führerscheinprüfung dreimal nicht bestanden. Auch rhetorische Fragen können Tatsachenbehauptungen und damit der Gegendarstellung zugänglich sein, wenn dadurch ein unzutreffender Eindruck entsteht. Gleiches gilt für sog. verdeckte Tatsachenbehauptungen, bei denen die Tatsachenbehauptung zwischen den Zeilen versteckt ist.

Problematisch ist die Abgrenzung zwischen einer Tatsachenbehauptung und einer Meinungsäußerung, wenn in einer Äußerung beide Elemente vermischt sind. Hier ist zu prüfen, ob Tatsachenbehauptung und Meinungsäußerung untrennbar miteinander verbunden sind. Ist dies der Fall, so ist von einer Meinungsäußerung und nicht von einer Tatsachenbehauptung auszugehen.

Für den Gegendarstellungsanspruch ist es nicht erforderlich, dass die Unwahrheit der Tatsachenbehauptung feststeht.

2. über eine Person, die für die Empfänger der Mitteilung erkennbar ist

Weitere Voraussetzung ist, dass die Tatsachenbehauptung über eine Person erfolgt, die für den Empfänger der Mitteilung, also den Internetnutzer, erkennbar ist. Die Erkennbarkeit ist nicht nur dann gegeben, wenn der Name der Person ausdrücklich genannt wird. Die Erkennbarkeit kann sich auch aus anderen Umständen ergeben. Richtet sich eine Tatsachenbehauptung pauschal gegen eine allgemeine Personengruppe (alle Autofahrer), so kann eine Person, die zu dieser Gruppe gehört, keine Gegendarstellung verlangen, da gerade diese bestimmte Person für den Empfänger der Mitteilung nicht erkennbar ist.

3. Journalistisch-redaktionell gestaltetes Angebot

Der Gegendarstellungsanspruch nach § 56 RStV besteht nur bei journalistisch-redaktionell gestalteten Angeboten. Eine gesetzliche Definition, was ein journalistisch-redaktionell gestaltetes Angebot ist, gibt es jedoch nicht. Allgemein wird davon ausgegangen, dass ein journalistisch-redaktionell gestaltetes Angebot vorliegt, wenn der Inhalt des Angebots zur Meinungsbildung beiträgt, regelmäßig aktualisiert wird und sich nicht in einer bloßen Eigenwerbung erschöpft. Nach dieser Definition besteht eine Gegendarstellungspflicht bei Online-Zeitungen und Blogs. Aber auch eine Homepage, wie z. B. ein Internetauftritt einer Rechtsanwaltskanzlei, kann ein solches Angebot darstellen, wenn dort regelmäßige bearbeitete Neuigkeiten eingestellt werden, z. B. wenn aktuelle Geschehnisse kommentiert oder Pressemitteilungen veröffentlicht werden, die sich nicht auf eine reine Eigenwerbung beschränken (vgl. OLG Bremen, Urteil v. 14.1.2011, Az.: 2 U 115/10).

4. Berechtigtes Interesse

Einen Anspruch auf Gegendarstellung hat nur derjenige, der von der Tatsachenmitteilung betroffen ist. Dies ist in jedem Fall die Person, über welche die Tatsachenbehauptung aufgestellt wurde. Aber auch Dritte können betroffen sein, so z. B. Eltern bei Tatsachenbehauptungen über ihre minderjährigen Kinder oder ein Unternehmen bei Tatsachenbehauptungen über einen Mitarbeiter.

Ein berechtigtes Interesse fehlt, wenn der Inhalt der Gegendarstellung offensichtlich unwahr oder irreführend ist. Auch bei bloßen Belanglosigkeiten, die nicht geeignet sind, das Bild des Betroffenen in der Öffentlichkeit zu beeinträchtigen, wird das berechtigte Interesse verneint.

5. Ausnahmen

Von der Pflicht zur Gegendarstellung gibt es verschiedene gesetzliche Ausnahmen, die in § 56 Abs. 2 und Abs. 4 RStV enthalten sind. Keine Gegendarstellungspflicht besteht, wenn die Gegendarstellung im Umfang nicht angemessen ist, sie sich nicht auf Tatsachenbehauptungen beschränkt oder sie nicht unverzüglich gefordert wird. Nach § 56 Abs. 4 RStV besteht auch dann keine Pflicht zur Gegendarstellung, wenn über öffentliche Sitzungen übernationaler parlamentarischer Organe oder der gesetzgebenden Organe des Bundes und der Länder, also z. B. über Sitzungen des Bundestages, wahrheitsgemäß berichtet wird.

III. Inhalt, Form und Fristen der Gegendarstellung

Die Veröffentlichung einer Gegendarstellung setzt voraus, dass sie die Anforderungen an Inhalt und Form erfüllt und innerhalb der gesetzlichen Ausschlussfristen geltend gemacht wird.

1. Inhalt der Gegendarstellung

Der Inhalt der Gegendarstellung darf, worauf schon hingewiesen wurde, nicht offensichtlich unwahr oder irreführend sein. Darüber hinaus darf eine Gegendarstellung nur Tatsachen enthalten und sie muss vom Umfang angemessen sein. Hinsichtlich des Umfangs wird jedoch kein kleinlicher Maßstab angelegt.

2. Form der Gegendarstellung

Die Gegendarstellung erfordert Schriftform mit eigenhändiger Unterschrift des Betroffenen. Die Übermittlung per Telefax ist nach Ansicht des OLG Bremen zur Wahrung der Form ausreichend; dies ist jedoch umstritten. Aus der Gegendarstellung muss sich auch ergeben, auf welche ursprüngliche Veröffentlichung sich diese bezieht und welche Tatsachenbehauptungen angegriffen werden.

Muster einer Gegendarstellung

Auf der Website http://www.muster-zeitung.de/news/ wurde in dem Bericht „Tote leben länger" vom 22.2.2016 behauptet, ich hätte der Deutschen Rentenversicherung nicht mitgeteilt, dass mein Mann verstorben ist und ich hätte dadurch nach dem Tod meines Mannes noch für vier Monate Rentenleistungen zu Unrecht bezogen. Diese Behauptung ist unzutreffend. Ich habe den Tod meines Mannes der Deutschen Rentenversicherung unverzüglich mitgeteilt. Nach dem Tod meines Mannes habe ich keine Rentenzahlungen mehr erhalten.

Musterdorf, den .... Frauke Mustermann

---

3. Frist für Gegendarstellung

Abgesehen davon, dass eine Gegendarstellung grundsätzlich unverzüglich nach Kenntnis des Betroffenen von der angegriffenen Behauptung erfolgen muss, kann nach § 56 Abs. 2 Nr. 4 RStV eine Gegendarstellung nur innerhalb der dort geregelten Ausschlussfristen verlangt werden. Deadline ist spätestens 6 Wochen nach dem letzten Tag des Angebots des beanstandeten Textes, jedenfalls nach drei Monaten nach der erstmaligen Einstellung des Angebots.

Beispiel:
> Das beanstandete Angebot wurde am 2.1.2016 eingestellt und am 2.5.2016 wieder entfernt. Der Betroffene erhielt am 30.4.2016 von dem Angebot Kenntnis. Seinem am 3.5.2016 eingegangenen Gegendarstellungsverlangen ist damit nicht mehr nachzukommen, da die 3-Monats-Frist nach erstmaligem Einstellen bereits am 2.4.2016 ablief. Auf die 6-Wochen-Frist kommt es damit nicht mehr an.

IV. Veröffentlichung der Gegendarstellung

1. Art und Weise der Veröffentlichung

Die Art und Weise, wie eine Gegendarstellung zu veröffentlichen ist, ist in § 56 Abs. 1 RStV geregelt.

Die Gegendarstellung ist ohne Einschaltungen und Weglassungen in gleicher Weise wie die ursprüngliche Meldung anzubieten und mit der ursprünglichen Meldung durch einen Link zu verknüpfen. Der zur Gegendarstellung Verpflichtete kann sich nach einer Entscheidung des LG München I (Urteil v. 24.11.2014, Az. 9 O 19238/14) der Veröffentlichungspflicht auch nicht dadurch entziehen, dass er seinen Internetauftritt so gestaltet, dass die Gegendarstellung aus technischen Gründen nicht veröffentlicht werden kann. Gegebenenfalls muss sogar eine Umprogrammierung der Internetseite erfolgen, damit die Veröffentlichung erfolgen kann.

Eine Erwiderung auf die Gegendarstellung (sog. Redaktionsschwanz) ist grundsätzlich zulässig. Sie darf jedoch nicht unmittelbar mit der Gegendarstellung verknüpft werden. Es ist also weder zulässig, den Redaktionsschwanz unmittelbar unter der Gegendarstellung wiederzugeben noch diesen bei der Gegendarstellung zu verlinken.

2. Dauer der Veröffentlichung

Die Gegendarstellung ist so lange wie die ursprüngliche Behauptung zu veröffentlichen. Wird die ursprüngliche Behauptung nicht mehr veröffentlicht oder endet die Veröffentlichung vor Aufnahme der Gegendarstellung, ist der Anbieter verpflichtet, die Gegendarstellung an vergleichbarer Stelle so lange anzubieten, wie die ursprüngliche Behauptung angeboten wurde. Der Anbieter kann also der Pflicht zur Gegendarstellung nicht dadurch entgehen, dass er die ursprüngliche Behauptung aus seinem Angebot löscht.

V. Anspruchsdurchsetzung

Kommt der Anbieter einem berechtigten Gegendarstellungsverlangen nicht nach, so kann der Betroffene seinen Anspruch gerichtlich im Wege des einstweiligen Rechtsschutzes verfolgen (§ 56 Abs. 3 RStV). Zuständig sind, abhängig vom Streitwert, die Amts- oder die Landgerichte.

Grenzüberschreitender Datenverkehr

I. **Ausgangslage**
   1. Notwendigkeit grenzüberschreitenden Datenverkehrs
   2. Unterscheidung Binnenraum – Drittländer

II. **Grenzüberschreitender Datenverkehr im Binnenraum**
   1. Vorgaben der EG-Datenschutzrichtlinie
   2. Umsetzung der Vorgaben im BDSG

III. **Grenzüberschreitender Datenverkehr mit Empfängern in Drittstaaten**
   1. Vorgaben der EG-Datenschutzrichtlinie
      1.1 Bedeutung des „angemessenen Schutzniveaus"
      1.2 Mechanismen zur generellen Gewährleistung eines angemessenen Schutzniveaus
      1.3 Gesetzliche Ausnahmen vom angemessenen Schutzniveau
   2. Checkliste: Datenexport in Drittstaaten

I. Ausgangslage

1. Notwendigkeit grenzüberschreitenden Datenverkehrs

Die deutschen Schutzvorschriften für personenbezogene Daten (insbesondere BDSG und TMG) gelten nur innerhalb Deutschlands. Wenn Unternehmen Daten von Kunden oder Arbeitnehmern an Stellen außerhalb Deutschlands transferieren, stellt sich die Frage, ob dadurch der in Deutschland gegebene Schutz für personenbezogene Daten unzulässig geschwächt oder sogar unterlaufen wird. Andererseits können Unternehmen solche Datentransfers oft gar nicht vermeiden, wenn sie abgeschlossene Verträge ordnungsgemäß erfüllen oder intern rentabel arbeiten wollen.

Beispiele:

- Bestellungen für Blumenzwiebeln bei einem deutschen Versandhändler werden von einem Tochterunternehmen in den Niederlanden ausgeliefert. Es benötigt dazu die Lieferanschriften der Kunden.

- Innerhalb eines Konzerns werden alle Zahlungsvorgänge von einem spezialisierten Unternehmen in Frankreich durchgeführt. Deutsche Konzernunternehmen geben deshalb alle für die Durchführung von Zahlungen nötigen Daten dorthin weiter.

- Ein deutsches Reiseunternehmen bietet Fotosafaris in Afrika an. Der Abflug erfolgt mit einer spanischen Fluggesellschaft ab London. Das Hotel liegt in Kenia, die Safaris führt ein Spezialist mit Sitz in Südafrika durch. Alle beteiligten Leistungserbringer benötigen Daten über den Kunden, sonst können sie nicht vertragsmäßig tätig werden.

Die Beispiele zeigen, dass grenzüberschreitender Verkehr personenbezogener Daten zum wirtschaftlichen Alltag gehört. Andererseits dürfen berechtigte Interessen der Betroffenen dadurch nicht beeinträchtigt werden. Das gilt auch dann, wenn die beteiligten Unternehmen in einer Konzernstruktur verbunden sind. Das BDSG enthält keine Ausnahmen für Konzerne.

2. Unterscheidung Binnenraum – Drittländer

Grundlegend für den Schutz von Daten beim grenzüberschreitenden Datenverkehr ist die Unterscheidung zwischen datenschutzrechtlichem Binnenraum und Drittländern, die nicht zu ihm gehören. Für beide Bereiche gelten völlig unterschiedliche Regeln.

Was zum „**Binnenraum**" gehört, ist in § 4b Abs. 1 BDSG skizziert:

- alle Mitgliedstaaten der Europäischen Union (also auch die „Beitrittsstaaten"); eine offizielle Liste der Mitgliedstaaten bietet http://www.rehmnetz.de/it-recht/mitgliedstaaten, mit dem Button „Maps" öffnet sich eine Kartenseite dazu. Eine gute inoffizielle Darstellung mit Karten ist abrufbar unter http://www.rehmnetz.de/it-recht/kartemitgliedstaaten.

- die Vertragsstaaten des Abkommens über den Europäischen Wirtschaftsraum (EWR, englisch: European Economic Area – EEA); das sind außer sämtlichen Mitgliedstaaten der EU Island, Liechtenstein und Norwegen (nicht dagegen, wie oft behauptet, die Schweiz),
- die Organe und Einrichtungen der Europäischen Gemeinschaften (vor allem die Europäische Kommission).

Zum Begriff **„Mitgliedstaaten"** sind einige Details unterschiedlichen Gewichts zu beachten (siehe Art. 355 des Vertrags über die Arbeitsweise der Europäischen Union – AEUV):

- Die – wirtschaftlich allerdings wenig bedeutsamen – Färöer-Inseln gehören nicht dazu.
- Ebenfalls nicht dazu gehören die als Finanzstandort wichtigen Kanalinseln (Guernsey, Jersey und Shark) sowie die Isle of Man.
- Die französischen Überseedepartements gehören dagegen rechtlich zu Frankreich, die räumliche Lage in Übersee ist ohne Belang.

Diese Feinheiten erklären, warum für diese Gebiete zum Teil die Gleichwertigkeit des Datenschutzes mit dem Datenschutz in der Europäischen Union förmlich festgestellt wurde (siehe unten III.1.2).

Keine Bedeutung hat es für den Datenschutz, ob ein Land den Euro eingeführt hat oder ob es zu den „Schengen-Staaten" zählt. Daran knüpft das Datenschutzrecht nicht an.

„Drittländer" oder „Drittstaaten" sind alle Gebiete außerhalb des Binnenraums, also:

- die oben erwähnten Kanalinseln, die Isle of Man und die Färöer-Inseln,
- alle Staaten Europas, die weder dem EWR noch der Europäischen Union angehören (etwa die Schweiz, aber auch zum Beispiel die Ukraine usw.),
- alle Staaten außerhalb Europas (etwa die USA, Indien, Japan usw.).

Ob eine **Konzernstruktur** vorliegt, spielt keine Rolle.

Beispiel:
Die „Konzernmutter" ist in den USA ansässig. Übermittlungen von personenbezogenen Daten durch „Konzerntöchter" in Deutschland oder in einem EU-Staat an die Konzernmutter sind rechtlich Datenübermittlungen in einen Drittstaat.

II. Grenzüberschreitender Datenverkehr im Binnenraum

1. Vorgaben der EG-Datenschutzrichtlinie

Diese Regelung des grenzüberschreitenden Datenverkehrs in § 4b BDSG setzt die Vorgaben von Art. 1 der EG-Datenschutzrichtlinie um. Diese Bestimmung besteht aus zwei Bestandteilen:

- Absatz 1 verpflichtet die Mitgliedstaaten dazu, den „Schutz der Privatsphäre natürlicher Personen bei der Verarbeitung personenbezogener Daten" zu gewährleisten.

- Absatz 2 verbietet es den Mitgliedstaaten, den „freien Verkehr personenbezogener Daten zwischen Mitgliedstaaten aus Gründen des gemäß Absatz 1 gewährleisteten Schutzes" zu untersagen oder auch nur zu beschränken.

Damit sind zwei Zielrichtungen benannt, die sich nicht ausschließen, sondern bedingen:

- Absatz 2 gewährleistet – analog zum freien Warenverkehr – den freien Datenverkehr zwischen den Mitgliedstaaten.
- Absatz 1 setzt dafür voraus, dass die Mitgliedstaaten auf gesetzgeberischer Ebene die Bestimmungen der EG-Datenschutzrichtlinie in vollem Umfang umsetzen.

Es stimmt also nicht – so aber eine beliebte, rein datenschutzpolitisch motivierte Interpretation –, dass Absatz 1 von den Mitgliedstaaten ein möglichst hohes Datenschutzniveau verlangt. Im Gegenteil: Sollte ein Mitgliedstaat über die Anforderungen der Richtlinie hinausgehen, kann dies rasch eine gemäß Absatz 2 unzulässige Beschränkung darstellen.

Seit längerem haben **alle** Mitgliedstaaten auf der gesetzgeberischen Ebene die Vorgaben der EG-Datenschutzrichtlinie umgesetzt. Dies ist – soweit die Richtlinie dafür Spielräume offen lässt – im Detail zwar in unterschiedlicher Weise geschehen. Dennoch besteht damit innerhalb der gesamten Europäischen Union ein angemessenes, wenn auch in den Details zum Teil unterschiedlich ausgeprägtes Datenschutzniveau.

2. Umsetzung der Vorgaben im BDSG

Dies erklärt, warum § 4b Abs. 1 BDSG im Kern nur noch festlegt, dass für Übermittlungen personenbezogener Daten im Binnenraum dieselben Regelungen gelten wie für Übermittlungen innerhalb Deutschlands. Die zusätzlich enthaltenen Einschränkungen sind für Privatpersonen und Unternehmen ohne Bedeutung:

- Die besonderen „Gesetze oder Vereinbarungen" betreffen nur den Behördenbereich (etwa in Gestalt der besonderen Regelungen für das Schengen-Informationssystem); für den Bereich der Privatpersonen und Unternehmen existieren solche besonderen Regelungen nicht.
- Dass die „Tätigkeiten", um die es bei den Datenübermittlungen geht, in den „Anwendungsbereich des Rechts der Europäischen Gemeinschaften" fallen, ist bei Privatleuten und Unternehmen stets gegeben. Diese Regelung wirkt sich lediglich auf die Zusammenarbeit von Behörden der Mitgliedstaaten auf den Gebieten der Außenpolitik, Sicherheitspolitik und der Justiz aus.

Im Ergebnis gilt als **Faustregel:** Eine Übermittlung personenbezogener Daten, die innerhalb Deutschlands zulässig wäre, ist auch dann zulässig, wenn die beteiligten Stellen in verschiedenen Mitgliedstaaten ansässig sind.

Notwendig ist daher für Privatleute und Unternehmen eine relativ einfache **zweistufige Prüfung:**

- Stufe 1: Ist der Adressat der Übermittlung im datenschutzrechtlichen Binnenraum ansässig?
- Stufe 2: Sind die materiellen Voraussetzungen des BDSG für die Übermittlung erfüllt – und zwar genau die Voraussetzungen, die auch innerhalb Deutschlands gelten würden?

Grenzüberschreitender Datenverkehr

Beispiele (anknüpfend an die Beispiele oben I.1.):

Beispiel „Bestellung von Blumenzwiebeln":

- Der Empfänger der Daten liegt in den Niederlanden, also in einem Mitgliedstaat der EU (Stufe 1 der Prüfung).
- Die Übermittlung ist zulässig, da sie zur Erfüllung des Kaufvertrages erforderlich ist, § 28 Abs. 1 Satz 1 Nr. 1 BDSG (Stufe 2 der Prüfung).

Beispiel „Zahlungsvorgänge":

- Prüfungsstufe 1: Der Datenempfänger liegt in Frankreich, also in einem Mitgliedstaat der EU.
- Prüfungsstufe 2: Soweit die Zahlungsvorgänge der Erfüllung von Verträgen dienen, greift wiederum § 28 Abs. 1 Satz 1 Nr. 1 BDSG ein. Soweit das nicht der Fall ist, lassen sich die Übermittlungen auf das berechtigte Interesse stützen, alle Zahlungen zentral an einer Stelle zu bündeln (§ 28 Abs. 1 Satz 1 Nr. 2 BDSG). Es besteht kein Grund zu der Annahme, dass entgegenstehende Interessen der Betroffenen überwiegen, schließlich gewährleistet auch Frankreich das Schutzniveau der EG-Datenschutzrichtlinie.
- Ohne Belang ist der Aspekt, dass die beteiligten Unternehmen zu ein und demselben Konzern gehören. Weder das BDSG noch die EG-Datenschutzrichtlinie berücksichtigen diesen Aspekt in irgendeiner Weise.

Beispiel „Fotosafari in Afrika":

- Soweit Daten an die Fluggesellschaft in Spanien oder an den Flughafen in London übermittelt werden, sind die Datenempfänger in Mitgliedstaaten der EU ansässig (Prüfungsstufe 1 positiv entschieden).
- Die Übermittlung der Daten ist insoweit notwendig, um den Vertrag mit dem Kunden erfüllen zu können, § 28 Abs. 1 Satz 1 Nr. 1 BDSG (Prüfungsstufe 2 insoweit ebenfalls positiv).
- Soweit Daten nach Kenia oder Südafrika übermittelt werden, ist Prüfungsstufe 1 nicht erfüllt, denn die Datenempfänger liegen in Drittstaaten.

III. Grenzüberschreitender Datenverkehr mit Empfängern in Drittstaaten

1. Vorgaben der EG-Datenschutzrichtlinie

1.1 Bedeutung des „angemessenen Schutzniveaus"

Die Übermittlung an Empfänger in Drittstaaten ist Gegenstand von Kapitel IV der EG-Datenschutzrichtlinie, der aus den beiden Artikeln 25 (Grundsätze) und 26 (Ausnahmen) besteht.

Vom Ansatz her geht die Richtlinie davon aus, dass Übermittlungen in ein Drittland nur zulässig sind, wenn dort ein „angemessenes Schutzniveau" herrscht. Schon begrifflich bedeutet „angemessen" nicht „gleichwertig", weshalb das Schutzniveau im Drittstaat hinter dem in der Europäischen Union zurückbleiben kann. So jedenfalls die Theorie. In der Praxis neigen – nicht nur, aber vor allem – deutsche Datenschutzbehörden dazu, letztlich ein gleichwertiges Schutzniveau zu verlangen.

Diese Tendenz wird auch dadurch gefördert, dass die EG-Datenschutzrichtlinie zwar in Art. 25 Abs. 2 Vorgaben dafür enthält, wie die Angemessenheit des Schutzniveaus zu beurteilen ist, es sich dabei jedoch um einen eher bunten Strauß von Aspekten handelt, die untereinander nicht gewichtet sind.

Die Feststellung eines angemessenen Schutzniveaus anlässlich einer im Einzelfall beabsichtigten Datenübermittlung hat deshalb in der Praxis keine Bedeutung. Vielmehr wird dieser Forderung auf anderen Wegen und durch andere Mechanismen Rechnung getragen.

1.2 Mechanismen zur generellen Gewährleistung eines angemessenen Schutzniveaus

- Förmliche Feststellung der Europäischen Kommission, dass ein Drittland **insgesamt** ein angemessenes Schutzniveau gewährleistet (Art. 25 Abs. 6 EG-Datenschutzrichtlinie). Solche Feststellungen werden in einem umfangreichen Verfahren getroffen und sowohl im Amtsblatt der Europäischen Gemeinschaften als auch im Internet veröffentlicht (siehe http://www.rehmnetz.de/it-recht/adaequanzentscheidungen). Sie bestehen hinsichtlich ganzer Staaten zum Stand 1.8.2011 für Andorra, Argentinien, Israel, und die Schweiz. Ebenso liegt die Feststellung für die Färöer-Inseln, Guernsey, Jersey und die Isle of Man vor (zum Status dieser Gebiete siehe oben I.2.). Insgesamt ist die Zahl dieser Feststellungen zumindest auf den ersten Blick überraschend gering. Dies ist ein Hinweis darauf, wie aufwendig das Verfahren ist.

- Förmliche Feststellung der Europäischen Kommission, dass in einem Drittland **unter gewissen förmlichen Voraussetzungen** ein angemessenes Datenschutzniveau besteht (Art. 25 Abs. 6 EG-Datenschutzrichtlinie).

  Ein praktisch hoch bedeutsames Beispiel hierfür sind die **„Safe-Harbor-Regelungen"** der USA, die der Europäische Gerichtshof inzwischen als Rechtsgrundlage für Datenübermittlungen verworfen hat (Urteil v. 6.10.2015 – C-362/14). Aus dem Wortlaut von Art. 25 Abs. 6 der Richtlinie ist nicht zu entnehmen, dass eine solche „Anerkennung unter Bedingungen" möglich ist. Zu den „Safe-Harbor-Regelungen" im Einzelnen siehe dazu das eigene Stichwort → *Safe Harbor*.

  Daneben gibt es besondere Abkommen mit Australien, Kanada und den USA für den Umgang mit Fluggastdaten (PNR-Abkommen, wobei PNR für Passenger Name Records steht).

- Benutzung von **Standardvertragsklauseln,** die von der Europäischen Kommission zur Verfügung gestellt werden (Art. 26 Abs. 4 EG-Datenschutzrichtlinie).

  Wenn die an einer Übermittlung beteiligten Stellen die Geltung dieser Vertragsklauseln vereinbaren, ohne sie abzuändern, gilt ein ausreichendes Datenschutzniveau als gewährleistet.

Die Standardvertragsklauseln sind im Amtsblatt der EU veröffentlicht und im Internet verfügbar. Es gibt Versionen für die Übermittlung von personenbezogenen Daten in Drittländer und allgemein und speziell für die Weitergabe an Auftragsdatenverarbeiter in Drittländern (siehe http://www.rehmnetz.de/it-recht/standardklauseln).

Für Auftragsdatenverarbeitung gelten besondere Vertragsklauseln. Siehe dazu das Stichwort → *Outsourcing*!

Ob die Standardvertragsklauseln trotz der „Safe-Harbor-Entscheidung" des EuGH noch Anwendung finden können, wird kontrovers diskutiert. Formal waren die Klauseln nicht Gegenstand der Entscheidung.

Zwei weitere Mechanismen, die die EG-Datenschutzrichtlinie zur Sicherung eines angemessenen Datenschutzniveaus ermöglicht, haben in der Praxis bisher nur wenig Bedeutung erlangt:

- **Unternehmens- oder Konzernregelungen** zum Datenschutz

  Sie sind in § 4c Abs. 2 Satz 1 BDSG ausdrücklich genannt („verbindliche Unternehmensregelungen"), doch ist der Aufwand für ihre Erstellung nur für sehr große Unternehmen zu leisten. Zudem bedürfen sie behördlicher Billigung.

- Einholen einer **behördlichen Ausnahmegenehmigung** (§ 4c Abs. 2 Satz 1 BDSG)

  Dieser Weg scheitert in der Regel schon am nötigen Zeitaufwand. Bis eine solche Genehmigung erteilt wird, vergehen im günstigsten Fall Monate.

1.3 Gesetzliche Ausnahmen vom angemessenen Schutzniveau

Neben diesen Mechanismen stehen gesetzliche Ausnahmebestimmungen, wonach in bestimmten Einzelfällen auf ein angemessenes Datenschutzniveau völlig verzichtet werden kann. Sie sind aus Art. 26 Abs. 1 EG-Datenschutzrichtlinie in § 4c Abs. 1 Satz 1 BDSG übernommen. Hervorzuheben sind dabei vor allem:

- Einwilligung des Betroffenen

  Sie ist in der Praxis schwer zu handhaben, weil der Betroffene intensiv darüber aufgeklärt werden muss, worin die Mängel des Datenschutzniveaus liegen, die er durch seine Einwilligung hinnimmt.

- Erforderlichkeit der Übermittlung für die Erfüllung eines Vertrages

- Diese Ausnahme hat große praktische Bedeutung.

Beispiel:
Im oben erwähnten Beispiel „Fotosafari in Kenia" deckt sie die Übermittlung der erforderlichen Daten nach Kenia und Südafrika ab.

---

2. Checkliste: Datenexport in Drittstaaten

- ❏ Seien Sie sich bewusst, dass in den meisten Drittstaaten ein Datenschutzniveau europäischen Zuschnitts nicht gegeben ist.

- ❏ Eine Datenübermittlung in einen Drittstaat ist problemlos, wenn sie für die Erfüllung eines Vertrages mit dem Betroffenen erforderlich ist.

- ❏ Prüfen Sie ansonsten zuerst, ob die EU-Kommission das Datenschutzniveau im Zielland generell als angemessen gebilligt hat.

- ❏ Speziell für die USA ist zu prüfen, ob ihr Geschäftspartner die „Safe-Harbor-Regelungen" anerkannt hat. Dann ist zu bedenken, dass diese Regelungen vom EuGH für unwirksam erklärt wurden. Sie führen deshalb nicht mehr zu einem positiven Ergebnis.

- ❏ Erst, wenn alle diese Schritte nicht weitergeführt haben, sollten Sie mit Ihrem Geschäftspartner besprechen, ob er die Standardvertragsklauseln der EU akzeptiert (verfügbar in allen Amtssprachen der EU).

- ❏ Der ansonsten noch verbleibende Weg über eine behördliche Ausnahmegenehmigung ist eher langwierig.

Impressum

I. Rechtliche Grundlagen

II. Wer muss die Informationspflichten nach § 5 TMG erfüllen?
1. Haben Online-Händler ein Impressum anzugeben?
2. Müssen private Website-Betreiber auf ihren Internetseiten ein Impressum vorhalten?
3. Sind auch ausländische Telemediendiensteanbieter zur Angabe eines Impressums verpflichtet?
4. Besteht eine Impressumspflicht bei Angeboten auf Internetplattformen wie eBay oder mobile.de?
5. Besteht eine Impressumspflicht auch für einen eigenen Auftritt bei Facebook?
6. Haben Betreiber von Internetportalen eine Pflicht zur Eindämmung von Impressumsverstößen der jeweiligen Anbieter?
7. Muss auch der Versender von Werbe-E-Mails die Impressumspflicht beachten?

III. Platzierung und Gestaltung des Impressums
1. Darf man sein Impressum „Kontakt", „Info" oder auch „Backstage" nennen?
2. Reicht es aus, dass das Impressum von der Startseite aus nur über mehrere Links abrufbar ist?
3. Reicht es aus, das Impressum in den Allgemeinen Geschäftsbedingungen unterzubringen?
4. Reicht es aus, das Impressum am unteren Rand des Bildschirmes zu verlinken?
5. Können die Informationen auch in Form eines PDFs angegeben werden?
6. Checkliste zur Platzierung und Gestaltung des Impressums

IV. Notwendiger Inhalt eines rechtssicheren Impressums
1. Ist es zu beanstanden, wenn der Vorname im Impressum abgekürzt wird?
2. Reicht es aus, wenn ein gewerblicher eBay-Verkäufer in seinem Impressum nur sein eBay-Pseudonym angibt?
3. Ist die Angabe einer E-Mail-Adresse notwendig?
4. Ist die Angabe einer Telefonnummer im Impressum notwendig?
5. Ist die Angabe einer kostenpflichtigen Telefonnummer ausreichend?
6. Ist die Angabe einer Telefonnummer ausreichend, unter der nur ein Anrufbeantworter zu erreichen ist?
7. Ist auch eine Faxnummer im Impressum anzugeben?
8. Sind elektronische Anfragemasken ein unmittelbarer und effizienter Kommunikationsweg i. S. v. § 5 Abs. 1 Nr. 2 TMG?

Impressum

9. Gehört auch eine Steuernummer in das Impressum?
10. Haben Anbieter von Telemedien mit journalistisch-redaktionell gestalteten Angeboten weitergehende Angaben zu machen?

V. Ausgewählte Entscheidungen aus der Rechtsprechung

1. In dem über das eBay-WAP-Portal abrufbaren Angebot wird kein Impressum dargestellt
2. Bei eBay ist nur auf der „Mich"-Seite ein vollständiges Impressum veröffentlicht
3. Geschäftsführer einer GmbH wird nicht genannt
4. Fehlende Angabe des Vertretungsberechtigten bei einer Kapitalgesellschaft
5. Fehlender Hinweis auf Komplementär-GmbH bei Kommanditgesellschaft
6. Hinweis („haftungsbeschränkt") fehlt bei Impressum einer Unternehmergesellschaft
7. Keine Angabe des Handelsregisters und der diesbezüglichen Nummer sowie der Umsatzsteueridentifikationsnummer
8. Impressum eines Immobilienunternehmens weist zuständige Aufsichtsbehörde nicht aus
9. Impressum eines Zahnarztes enthält keine Angaben zur zuständigen Kammer, Aufsichtsbehörde etc.
10. Kurzzeitige Nichterreichbarkeit der Impressumseite während der Dauer der Bearbeitung der Impressumseite
11. Fehlendes Impressum bei Internetseite im Aufbau
12. Fehlendes bzw. nur über versteckten Link erreichbares vollständiges Impressum bei beruflich genutztem Internetportal („XING")

VI. Anlage: Muster

1. Muster Aktiengesellschaft (AG)
2. Muster Einzelkaufmann (im Handelsregister eingetragen, e.K.)
3. Muster Gesellschaft bürgerlichen Rechts (GbR)
4. Muster Gesellschaft mit beschränkter Haftung (GmbH)
5. Muster Gewerbetreibende (nicht in das Handelsregister eingetragen)
6. Muster Kommanditgesellschaft (KG)
7. Muster Limited & Co. KG (Ltd. & Co. KG)
8. Muster Limited (Ltd.)
9. Muster Offene Handelsgesellschaft (OHG)
10. Muster Personengesellschaft mit beschränkter Haftung (GmbH & Co. KG)

I. Rechtliche Grundlagen

Seit 2007 statuiert das Telemediengesetz (TMG) als Nachfolgenorm des Teledienstegesetzes (TDG) die Impressumspflicht (auch Anbieterkennzeichnungspflicht genannt) für geschäftsmäßige Internetpräsenzen.

Die Impressumspflicht existiert schon seit 1997 und hat bereits mehrere Änderungen erfahren, insbesondere durch die Umsetzung der E-Commerce-Richtlinie in deutsches Recht. Durch die Pflicht zur Impressumsangabe soll ein Mindestmaß an Transparenz und Information im Internet sichergestellt und zusätzliches Vertrauen in den E-Commerce (und auch M-Commerce) geschaffen werden. Darüber hinaus dienen die in § 5 TMG enthaltenen allgemeinen Informationspflichten zur Identitätsfeststellung, womit auch etwaige Rechtsverfolgungen im Streitfalle erleichtert werden sollen.

II. Wer muss die Informationspflichten nach § 5 TMG erfüllen?

Nach § 5 TMG trifft die Impressumspflicht alle **Diensteanbieter,** die **geschäftsmäßige,** in der Regel gegen Entgelt angebotene **Telemedien** bereithalten.

- Ein Diensteanbieter ist jede natürliche oder juristische Person, die eigene oder fremde Telemedien zur Nutzung bereithält oder den Zugang zur Nutzung vermittelt (vgl. § 2 Satz 1 TMG). Rechtsfähige Personengesellschaften werden in § 2 Satz 2 TMG juristischen Personen gleichgestellt.

- Telemedien umfassen alle Informations- und Kommunikationsdienste, die keine Telekommunikation im engeren Sinne oder Rundfunk darstellen. Telemedien sind also unter anderem auch private Websites, Blogs oder E-Mails, jedoch nicht die reine Datenübertragung, wie zum Beispiel VoIP oder „Call-Center". Nahezu alle Angebote im Internet unterfallen damit dem Begriff der Telemedien.

- Der Begriff der „Geschäftsmäßigkeit" ist wesentlich weiter zu verstehen, als „Gewerbsmäßigkeit". Nach den Gesetzesbegründungen und der Rechtsprechung (vgl. OLG Hamburg, Beschluss vom 3.4.2007 Az. 3 W 64/07) liegt Geschäftsmäßigkeit bereits dann vor, wenn die Internetseiten kommerziell ausgestaltet sind. Es muss sich nicht zwingend um einen kostenpflichtigen Telemediendienst handeln, da andernfalls der Anwendungsbereich des § 5 TMG zu weit beschränkt würde.

1. Haben Online-Händler ein Impressum anzugeben?

Selbstverständlich, da sie geschäftsmäßig einen Internetauftritt zur individuellen Nutzung durch PCs oder mobile Endgeräte (Notebook, Tablet-Computer, Smartphone etc.) betreiben.

2. Müssen private Website-Betreiber auf ihren Internetseiten ein Impressum vorhalten?

Entscheidend für die Impressumspflicht nach § 5 TMG ist die Frage, ob es sich bei den Internetseiten um geschäftsmäßige Telemedien handelt. Der Begriff der „Geschäftsmäßigkeit" ist weit auszulegen (s. o.). Lediglich rein nicht-kommerzielle Angebote werden aus dem Anwendungsbereich der Impressumspflicht nach § 5 TMG grundsätzlich ausgenommen. Dies ist bei privaten Website-Betreibern normalerweise der Fall. Allerdings sind Betreiber privater Websites dennoch zur Angabe eines Impressums verpflichtet, falls sie über Werbebanner oder -anzeigen oder durch sonstige Links und Verweisungen einen Verdienst erzielen. Die Höhe ist dabei unbeachtlich, so dass jedes Setzen eines Links gegen Entgelt die Geschäftsmäßigkeit auslöst und somit die Internetpräsenz nach § 5 TMG impressumspflichtig macht. Eine Gewinnerzielungsabsicht ist für die Geschäftsmäßigkeit nicht notwendig.

> **TIPP!**
> Gehen Sie also auf Nummer sicher und erstellen Sie gerade auch dann ein Impressum nach § 5 TMG, wenn Zweifel über Ihre Pflicht zur Anbieterkennzeichnung bestehen.

ACHTUNG!
In jedem Fall, also unabhängig von der Frage der Geschäftsmäßigkeit, muss bei Websites, die offen im Netz auffindbar sind, bereits wegen § 55 Absatz 1 Rundfunkstaatsvertrag (RStV) **Name und Anschrift**, bei juristischen Personen Name und Anschrift des Vertretungsberechtigten angegeben werden!

3. Sind auch ausländische Telemediendiensteanbieter zur Angabe eines Impressums verpflichtet?

Ja. Insbesondere besteht auch die Pflicht zur Angabe einer Handelsregisternummer (bzw. der Nummer eines vergleichbaren Gesellschaftsregisters) nach § 5 Abs. 1 Nr. 4 TMG für im Ausland registrierte Telemediendiensteanbieter, die ihre geschäftliche Tätigkeit im Inland entfalten und nicht zugleich auch im Inland registriert sind. Dies hat das LG Frankfurt am Main mit Urteil vom 28.3.2003 (Az. 3-12 O 151/02) für den Fall einer englischen „Limited" mit deutschem Verwaltungssitz entschieden. Zur Begründung führt das Gericht aus:

„Die Informationspflichten dienen dem Verbraucherschutz und der Transparenz von geschäftsmäßig erbrachten Telediensten. Diese Zweckbestimmung beschränkt sich nicht auf und endet nicht bei Dienste-Anbietern für geschäftsmäßige Teledienste, die in das Inländische Handelsregister eingetragen sind. Vielmehr greift auch bei im Ausland registrierten Teledienste-Anbietern, die im Inland ihre Geschäftstätigkeit entfalten, das Transparenzgebot. Diesem Gebot und dem damit bewirkten Verbraucherschutz würde zuwidergehandelt, wenn es dem im Ausland registrierten Unternehmen, das im Inland der elektronischen Kontaktaufnahme nachgeht, gestattet wäre, sich in der Anonymität des ‚Limited'-Zusatzes zu verlieren. Auch und gerade bei im Ausland registrierten Gesellschaften besteht das Interesse des Verbrauchers, leicht erkennbare und unmittelbar erreichbare Informationen darüber zu erlangen, welchem Recht die ausländische ‚Limited' unterliegt, wer die Gesellschafter sind und wie die Vertretungsverhältnisse der Gesellschaft im Einzelnen aussehen. Auf diesem Hintergrund fordern es Sinn und Zweck des § 6 Ziff. 4 TDG, dass im Ausland registrierte Teledienste-Anbieter, die im Inland ihre geschäftliche Tätigkeit entfalten und nicht zugleich auch im Inland registriert sind, das ausländische Register und die Registernummer offenlegen, bei dem und unter der sie dort eingetragen sind."

4. Besteht eine Impressumspflicht bei Angeboten auf Internetplattformen wie eBay oder mobile.de?

Ja. Das hat das OLG Düsseldorf mit Urteil vom 18.12.2007 (Az. I-20 U 17/07) für die Internetplattform mobile.de entschieden und führt dazu aus:

„Die Beklagte ist Diensteanbieterin im Sinne des § 2 Nr. 1 TMG. Regelmäßig ist nur der Homepage-Inhaber Diensteanbieter, so dass zunächst das für die Website insgesamt verantwortliche Unternehmen Diensteanbieter ist. Inhaberin der Domain ist die ‚m.M. GmbH'. Anders kann es sich aber bei Internetportalen verhalten. In diesem Zusammenhang ist anerkannt, dass die einzelnen Anbieter bei eBay, sofern sie geschäftsmäßige Teledienste anbieten, für ihre Unterseiten impressumspflichtig sind, obwohl sie den ‚übergeordneten' Teledienst unter ‚ebay.de' nicht betreiben. Anderes mag ausnahmsweise dann gelten, wenn eine Einzeldarstellung von Filialgeschäften derart in einen einheitlich gestalteten Gesamtauftritt einer Firmengruppe/eines Konzerns eingepasst ist, dass die einzelnen Unternehmen keine kommunikationsbezogene Eigenständigkeit besitzen (so das Urteil des OLG Frankfurt/M. vom 6. März 2007, MMR 2007, 379 ff.).

Unerheblich ist, wie der Diensteanbieter das Angebot bewerkstelligt. Auch derjenige, der selbst nicht über einen eigenen Server verfügt, sondern fremde Speicherkapazitäten nutzt, bietet Teledienste an, sofern er über den Inhalt und das Bereithalten des Dienstes bestimmen kann (vgl. Spindler/Schmitz/Geis, TDG, München 2004, § 3 Rdnr. 7).

Für eine vollständige Impressumspflicht der Beklagten spricht die besondere Gestaltung der ‚m.de'-Seite. Die Werbung des einzelnen Anbieters im Falle von ‚m.de' kann von jedem Nutzer gezielt angesteuert werden. Der Internetauftritt unter ‚m.de' wirkt auch nur beim Einstieg über die Hauptseite einheitlich. Die ‚m.de'-Händler haben die Möglichkeit, ihre Seiten selbst zu gestalten, so dass die Unterseiten ausschließlich der Präsentation des jeweiligen Angebots dienen. Nur die über die Navigationsleiste links angebotenen Informationen sind standardisiert. (...)

Wenn aber ein solcher eigenständiger Auftritt unter einem Portal zu finden ist, können die angesprochenen Verkehrskreise auch ein ordnungsgemäßes Impressum erwarten."

Die Rechtsprechung stellt darauf ab, dass der Anbieter selbst über den Inhalt und das Bereithalten des Dienstes – also der konkreten Einzelveröffentlichung im Rahmen des Internetportals – bestimmen kann und sich sein (Unter-)Angebot für einen objektiven Dritten als eigenständiger Auftritt des Anbieters darstellt (LG Stuttgart Urteil vom 24.4.2014 Az. 11 O 72/14 zu Anwaltsvermittlungs-Plattform und Urteil vom 27.6.2014 Az. 11 O 51/14 zu XING).

5. Besteht eine Impressumspflicht auch für einen eigenen Auftritt bei Facebook?

Ja. Auch Nutzer von „Social Media" wie Facebook-Accounts müssen nach einem Urteil des LG Aschaffenburg vom 19.8.2011 (Az. 2 HK O 54/11) eine eigene Anbieterkennung vorhalten, wenn diese zu Marketingzwecken benutzt werden und nicht nur eine rein private Nutzung vorliegt. Diese Rechtsprechung hat das LG Regensburg mit Urteil vom 31.1.2013 (Az. 1 HK O 1884/12) bestätigt und präzisiert:

„Nach § 5 TMG müssen Diensteanbieter, die ihre angebotenen Leistungen letztlich gegen Entgelt erbringen, ihre Daten darlegen (zu dieser teleologischen Auslegung der Bestimmung vgl. Spindler/Schuster, Recht der elektronischen Medien, 2. Auflage, TMG § 5 Rdnr. 8 ff.).

Die Beklagte benutzte den Facebookauftritt als Eingangskanal in ihre Website, auf der die Darstellung ihrer entgeltlichen Leistungen erfolgt. Damit greift die Pflicht nach § 5 TMG auf derartige Facebookseiten ein, die einen gewissen Grad von Selbstständigkeit in Bezug auf die präsentierte Firma haben (vgl. Spindler/Schuster a.a.O., Rdnr. 13 a)."

6. Haben Betreiber von Internetportalen eine Pflicht zur Eindämmung von Impressumsverstößen der jeweiligen Anbieter?

Dieser Ansicht ist jedenfalls das LG Frankfurt (Urteil vom 13.5.2009, Az. 2–06 O 61/09), das sich mit einem Internetportal für kostenlose Kleinanzeigen zu beschäftigen hatte. An Art und Intensität der hierzu erforderlichen Maßnahmen seien je-

Impressum

doch keine allzu hohen Anforderungen zu stellen. Impressumsverstößen könnte zum einen etwa dadurch entgegengewirkt werden, dass die gewerblichen Anzeigenkunden vor Abgabe ihres Anzeigenauftrags in geeigneter Form über die Impressumspflicht belehrt, zur Preisgabe der Tatsache der Gewerblichkeit ihres Angebots bei der Anmeldung nachdrücklich angehalten und in diesem Fall zur Angabe ihres Namens und ihrer Anschrift gezwungen werden. Derartige Maßnahmen der „Vorsorge" könnten Impressumsverstöße zwar nur in begrenztem Umfang verhindern; sie seien dafür aber mit verhältnismäßig geringem Aufwand verbunden. Zum anderen könnten die erschienenen Anzeigen darauf untersucht werden, ob sie Anhaltspunkte für ein geschäftliches Angebot enthalten. Solche Maßnahmen der „Nachsorge" würden einen höheren Erfolg versprechen, erforderten aber einen deutlich höheren Aufwand. Nicht ausreichend sei es jedenfalls, lediglich innerhalb der Anmeldemaske neben den Informationen für gewerbliche Anbieter, auf die in dieser Anmeldemaske (verlinkt) verwiesen wird, darüber zu informieren, dass im geschäftlichen Verkehr handelnde Anbieter der Impressumspflicht unterliegen. Das Gericht führt hierzu aus:

„Dies ist zur Eindämmung von Verstößen gegen die Impressumspflicht nicht ausreichend. Zwar stellt der aufgenommene Hinweis einen Fortschritt im Verhältnis zu dem Verhalten der Antragsgegnerinnen in der Vergangenheit, als in der Anmeldemaske überhaupt kein Hinweis auf eine Impressumspflicht vorgesehen war, dar. Es ist jedoch – im Gegensatz bspw. zu einer sog. Pflichtfeldmaske, deren Implementierung nach dem Bekunden der Antragsgegnerinnen kurzfristig erfolgen soll – weiterhin möglich, dass sich auch gewerbliche Anbieter völlig anonym anmelden können, ohne sich hinsichtlich der Frage des gewerblichen Handels auch nur einmal festlegen zu müssen und damit eine bewusste Falschangabe zu riskieren. Im Ergebnis wird deshalb von den Antragsgegnerinnen zwar entsprechend ihrer Verkehrspflicht über das Bestehen von Impressumspflichten belehrt, deren Einhaltung aber nicht ausreichend nachdrücklich verfolgt. Da keine sonstigen Maßnahmen der ‚Vor- oder Nachsorge' der Antragsgegnerinnen vorgetragen ist, genügt sie im Ergebnis den ihr obliegenden Verkehrspflichten nicht."

Ähnlich beurteilt das OLG Düsseldorf einen vergleichbaren Sachverhalt (Urteil vom 18.6.2013, Az. I-20 U 145/12, 20 U 145/12). Es sieht den Portalbetreiber jedenfalls insoweit in der Pflicht, als dieser die Eingabemaske für die von Dritten einzustellenden Angebote beispielsweise so gestalten könne, dass die für ein ordnungsgemäßes Impressum erforderlichen Angaben im Einzelnen abgefragt würden und im Falle des Freibleibens der Felder eine mit einer Belehrung über die Impressumspflicht versehene Aufforderung zur Überprüfung erscheine. Der unspezifische Hinweis in den Nutzungsbedingungen, die Inserate dürften nicht gegen geltendes Recht verstoßen, genüge der Verkehrspflicht dagegen nicht.

7. Muss auch der Versender von Werbe-E-Mails die Impressumspflicht beachten?

Ja, die Gesetzesbegründung zum TMG weist ausdrücklich darauf hin, dass mit dem Begriff „Telemediendienste" auch

„die kommerzielle Verbreitung von Informationen über Waren-/Dienstleistungsangebote mit elektronischer Post (z. B. Werbe-Mails)"

gemeint ist.

Hinweis:
Es ist dem jeweiligen Anbieter überlassen, ob er das Impressum vollständig in seinem Newsletter ausschreiben möchte oder ob er mittels eines Links auf sein Impressum verweisen möchte – und zwar deutlich und leicht erkennbar.

ACHTUNG!
Gemäß § 6 Abs. 2 TMG dürfen Werbe-E-Mails außerdem in der Kopf- und Betreffzeile weder den Absender noch den kommerziellen Charakter der Nachricht verschleiern oder verheimlichen. Ein Verschleiern oder Verheimlichen würde etwa dann vorliegen, wenn die Kopf- und Betreffzeile absichtlich so gestaltet sind, dass der Empfänger vor Einsichtnahme in den Inhalt der Kommunikation keine oder irreführende Informationen über die tatsächliche Identität des Absenders oder den kommerziellen Charakter der Nachricht erhält.

III. Platzierung und Gestaltung des Impressums

Das Gesetz gibt in § 5 Abs. 1 TMG vor, dass die Informationen **leicht erkennbar, unmittelbar erreichbar** und **ständig verfügbar** sein müssen.

1. Darf man sein Impressum „Kontakt", „Info" oder auch „Backstage" nennen?

Hier ist zu differenzieren: Nach § 5 Abs. 1 TMG müssen die notwendigen Informationen **leicht erkennbar,** also optisch leicht wahrnehmbar sein. Die Wahrnehmbarkeit und damit der Zugriff auf die Informationen kann jedoch gerade auch durch die Verwendung unverständlicher Bezeichnungen vereitelt werden.

Ungeachtet dessen, dass der Nutzer auch auf die kreative und originelle Gestaltung eines Internetauftritts Wert legt und mit dem Aufsuchen einer Website häufig auch die Erwartung verbindet, eine unterhaltsame Art und Weise der Darstellung vorzufinden, muss laut OLG Hamburg (Beschluss vom 20.11.2002 – Az. 5 W 80/02) dem Zweck der Informationspflichten aus § 5 TMG (vormals § 6 TDG) entsprechend auf übliche Bezeichnungen zurückgegriffen werden:

„Eine leichte Erkennbarkeit setzt zugleich voraus, dass der Diensteanbieter bei der zur sinnvollen Gliederung der Seiten erforderlichen Verwendung weiterführender, durch entsprechende Oberbegriffe gekennzeichneter Links eine Terminologie wählt, die für den Nutzer auch als Hinweis auf die Angaben nach § 6 TDG verstanden wird. (...) Seine Gestaltungsfreiheit unterliegt insoweit Beschränkungen; der Dienstanbieter hat sich bei diesen Angaben an den Gepflogenheiten der beteiligten Verkehrskreise orientieren.

Bei dem Bereithalten von Telediensten hat sich im Verkehr die Bezeichnung ‚Kontakt' oder ‚Impressum' durchgesetzt, um den Nutzer auf die Angaben zur Person des Anbieters hinzuweisen. Der Begriff ‚Backstage' wird im allgemeinen Sprachgebrauch hingegen eher mit der Musikbranche in Verbindung gebracht. Mit ihm wird die Erwartung verbunden, auf unterhaltsame Weise Einblicke im Hinblick auf eine künstlerische Darbietung oder die Person eines Künstlers zu erhalten, die der Öffentlichkeit gewöhnlich nicht zugänglich sind. Er vermag daher nicht mit der erforderlichen Klarheit auf die Angaben nach § 6 TDG hinzuweisen."

Das OLG München bestätigt in seinem Urteil vom 11.9.2003 (Az. 29 U 2681/03), dass sich die Bezeichnungen „Impressum" und „Kontakt" im Internet durchgesetzt haben, um den Nutzer auf die Angaben zur Person des Anbieters hinzuweisen. Dies führt der BGH in seinem Grundsatzurteil vom 20.7.2006 (Az. I ZR 228/03) weiter:

„Haben sich im Internetverkehr aber die Begriffe ‚Kontakt' und ‚Impressum' zur Bezeichnung von Links durchgesetzt, die zur Anbieterkennzeichnung führen und ist dies dem durchschnittlichen Nutzer bekannt, sind die Anbieterinformationen auch leicht erkennbar dargestellt."

Bereits kritisch gesehen wird dagegen die Bezeichnung „Info". Nach Auffassung des OLG Düsseldorf, das ein Impressum im Rahmen eines Facebook-Auftritts zu beurteilen hatte (Urteil vom 13.8.2013, Az. I-20 U 75/13, 20 U 75/13), verdeutlicht die Bezeichnung „Info" nicht ausreichend, dass hierüber – auch – Anbieterinformationen abgerufen werden können.

Im Ergebnis kann daher das Impressum auch unter dem Link „Kontakt" vorgehalten werden, unübliche Bezeichnungen wie „Backstage" oder unspezifische Begriffe wie „Info" sollten jedoch vermieden werden.

2. Reicht es aus, dass das Impressum von der Startseite aus nur über mehrere Links abrufbar ist?

Lange Zeit war mit der umstrittenste Punkt beim Thema „Impressum", an welcher Stelle man es denn auf seiner Internetpräsenz zu platzieren habe. Nach § 5 Abs. 1 TMG müssen die Informationen **unmittelbar erreichbar** sein. Mit Urteil vom 20.7.2006 (Az. I ZR 228/03) hat der Bundesgerichtshof entschieden, dass es wettbewerbsrechtlich nicht zu beanstanden ist, wenn das Impressum erst durch mehrere Links von der Startseite aus zu erreichen ist:

„Eine unmittelbare Erreichbarkeit scheitert nicht daran, dass der Nutzer nicht schon in einem Schritt, sondern erst in zwei Schritten zu den benötigten Informationen gelangt. Diesen Anforderungen genügt der Internetauftritt der Beklagten. Ein langes Suchen ist, anders als die Revision meint, nicht wegen der konkreten Gestaltung der Homepage der Beklagten erforderlich, die neben dem Link ‚Kontakt' weitere Links enthält. Der Link ‚Kontakt' befindet sich deutlich abgesetzt in der linken sogenannten Navigationsspalte, in der die einzelnen Links übersichtlich angeordnet sind."

Dementsprechend ist es nicht erforderlich, die Angaben nach § 5 Abs. 1 TMG bereits auf der Startseite bereitzuhalten. Es genügt vielmehr, wenn das Impressum über zwei Links von der Startseite aus erreichbar ist.

TIPP!
Es sollte darauf geachtet werden, dass die Erreichbarkeit des Impressums nicht von bestimmten Scripts oder Browser-Plug-Ins abhängig gemacht wird (z. B. Impressum per JavaScript-Popup).

3. Reicht es aus, das Impressum in den Allgemeinen Geschäftsbedingungen unterzubringen?

Nein, so hat etwa das Landgericht Stuttgart mit Urteil vom 11.3.2003 entschieden (Az. 20 O 12/03) und dies mit dem Willen des Gesetzgebers, der sich bei § 5 TMG eine ohne langes Suchen wahrnehmbare Information vorgestellt hat, begründet:

„Die Anbieterkennzeichnung ist üblicherweise nicht Bestandteil von Geschäftsbedingungen; sie muss nach kaufmännischen Grundsätzen (vgl. § 37a HGB) auf allen Geschäftspapieren enthalten sein, auch wenn deren Verwendung nicht im Zusammenhang mit Vertragsabschlüssen steht. Die Anbieterkennzeichnung wird daher nicht auf der Seite einer Website erwartet, deren Überschrift sie als Platz lediglich für die Allgemeinen Geschäftsbedingungen ausweist.

(...) Weil die Beklagte auch sonst keinen (verbalen, bildlichen oder sonstigen) Hinweis gibt, wo diese Informationen zur Kennzeichnung des Anbieters zu finden sein könnte, muss der Verbraucher, wenn er die Information wünscht, sich auf die Suche machen. ‚Informieren' heißt aber gewiss nicht ‚suchen lassen'. Der Unternehmer hat die Information unabhängig vom Interesse des Verbrauchers zu geben, so dass dieser sie unschwer bekommt, solange er sie nicht bewusst beiseite lässt. Dies wiederum erfordert eine Information über das Informationsangebot."

4. Reicht es aus, das Impressum am unteren Rand des Bildschirmes zu verlinken?

Hier kommt es auf den Einzelfall an. Entscheidend ist, ob der Link noch das Kriterium der **leichten Erkennbarkeit** erfüllt. Verneint wurde dies in einem vor dem OLG Frankfurt (Urteil vom 4.12.2008, Az. 6 U 187/07) ausgetragenen Rechtsstreit, bei dem der Link „Impressum" am unteren rechten Ende der betreffenden Internetseite in sehr kleiner, blasser und drucktechnisch nicht hervorgehobener Schrift dergestalt platziert war, dass er nicht ohne Schwierigkeiten auffindbar war und deshalb ohne Weiteres überlesen werden konnte. Das Gericht differenziert wie folgt:

„Im Übrigen ergibt sich der Verstoß gegen § 5 TMG (bzw. § 6 TDG) schon daraus, dass der Begriff ‚Impressum' in sehr kleiner und drucktechnisch nicht hervorgehobener Schrift am unteren rechten Ende der Internetseite platziert ist. Zwar kann die leichte Erkennbarkeit im Sinne von § 5 TMG auch dann zu bejahen sein, wenn der Link ‚Impressum' zwar am unteren Ende der Homepage in relativ kleiner Schrift gesetzt wird, dort aber in eine Informationsleiste oder einen Informationsblock einbezogen wird, der als solcher ins Auge springt und der die Wahrnehmung des Nutzers auch auf die in ihm enthaltenen einzelnen Verlinkungen lenkt, mit denen der Nutzer in einem solchen Informationsblock aufgrund der üblichen Gepflogenheiten rechnet. Die hier zu beurteilende Internetseite weist aber keinen Informationsblock oder eine Informationsleiste auf, die als solche ins Auge fallen. Vielmehr kann die in kleiner Schrift gehaltene und vom übrigen Text wenig abgesetzte Aufzählung ‚AGB/Verbrauchsinformationen/Datenschutz. Impressum', die rechtsbündig angeordnet ist und sich in etwa über ein Viertel der Seitenbreite erstreckt, im Ganzen leicht übersehen werden. Die hier gewählte Aufmachung entspricht auch keiner Gestaltung, an die die Nutzer gewöhnt sind und für die sie deshalb einen geschärften Blick haben."

In einem anderen Fall hat das OLG Hamburg durch Beschluss vom 17.1.2012 (Az. 3 W 54/10) entschieden, dass für die Erkennbarkeit ein in grauer Farbe gehaltener Link „Impressum" in dem in schwarzer Farbe gehaltenen unteren Rand des ohne Scrollen sichtbaren Fensters genügt.

TIPP!
Gehen Sie bei der Beurteilung, ob der Link auf das Impressum ins Auge springt oder nicht, kein unnötiges Risiko ein. Platzieren Sie deshalb Ihr Impressum so, dass der Link bzw. die Angaben für den Nutzer ohne langes Suchen auffindbar sind, und

Impressum

achten Sie bei der drucktechnischen Gestaltung darauf, dass das Impressum nicht überlesen werden kann.

5. Können die Informationen auch in Form eines PDFs angegeben werden?

Generell ist es unzulässig, eine vorherige Installation eines Plug-ins oder sonstiger Software zum Lesen des Impressums vorauszusetzen. Fraglich erscheint das aber hinsichtlich des weit verbreiteten, faktisch standardisierten Acrobat Readers. Unter Beachtung seiner kostenlosen und plattformunabhängigen Verfügbarkeit, dem stetig steigenden Angebot an PDF-Dokumenten und der auf neu erworbenen Computern zumeist vorinstallierten Software, könnte der Schluss naheliegen, diese Software als essentiellen Bestandteil eines jeden Computers anzusehen. Aktuelle Rechtsprechung zu vorgenannter Problematik ist bislang nicht bekannt, daher bleibt es vorerst bei der herrschenden Ansicht der Unzulässigkeit eines Impressums im PDF-Format.

6. Checkliste zur Platzierung und Gestaltung des Impressums

Die Informationen müssen leicht erkennbar, unmittelbar erreichbar und ständig verfügbar gehalten werden:

- ☐ Idealerweise ist das Impressum von jeder Seite der Website aus mit nur einem Klick erreichbar. Es sollten jedenfalls nicht mehr als zwei Klicks sein.

- ☐ Die Informationen sollten am besten unter der Bezeichnung „Impressum" zu finden sein. Eine Verortung unter „Kontakt" ist unschädlich, vermieden werden sollten aber ungewöhnliche Bezeichnungen wie „Backstage" o. Ä.

- ☐ Bei der drucktechnischen Gestaltung sollte darauf geachtet werden, dass der Nutzer das Impressum nicht übersehen kann.

- ☐ Nach Möglichkeit sollte vermieden werden, dass das Impressum erst durch ein (wie auch immer geartetes Scrollen) der Website sichtbar wird.

IV. Notwendiger Inhalt eines rechtssicheren Impressums

Gemäß § 5 Abs. 1 TMG haben Anbieter geschäftsmäßiger Telemedien insbesondere folgende Informationen leicht erkennbar, unmittelbar erreichbar und ständig verfügbar zu halten:

- Namen und Anschrift, unter der sie niedergelassen sind,
- bei juristischen Personen zusätzlich die Rechtsform und den Vertretungsberechtigten,
- Angaben, die eine schnelle elektronische Kontaktaufnahme und unmittelbare Kommunikation mit ihnen ermöglichen, einschließlich der Adresse der elektronischen Post,
- ggf. Angaben zur zuständigen Aufsichtsbehörde,
- das Register (z. B. Handelsregister), in das sie eingetragen sind, einschließlich der entsprechenden Registernummer,
- Umsatzsteueridentifikationsnummer/ Wirtschaftsidentifikationsnummer.

Diese Informationspflichten dienen dem Verbraucherschutz und der Transparenz von geschäftsmäßig angebotenen Telemedien. Sie stellen Marktverhaltensregeln im Sinne des § 4 Nr. 11 UWG dar.

ACHTUNG!
Das Fehlen der oben genannten Pflichtangaben im Impressum kann nicht nur von Mitbewerbern abgemahnt werden, sondern auch als Ordnungswidrigkeit mit einer Geldbuße von bis zu fünfzigtausend Euro geahndet werden (§ 16 Abs. 2 Nr. 1, Abs. 3 TMG).

1. Ist es zu beanstanden, wenn der Vorname im Impressum abgekürzt wird?

Dies beurteilen die Gerichte unterschiedlich: Nach Auffassung des LG Düsseldorf (Urteil vom 6.5.2008, Az. 37 O 47/08) besitzt die Abkürzung des Vornamens eines Geschäftsführers im Impressum nicht die Relevanz, den Wettbewerb hinreichend zu beeinflussen und stellt daher keinen Verstoß gegen Wettbewerbsrecht dar. Anders wird das vom übergeordneten OLG Düsseldorf (Urteil vom 4.11.2008, 20 U 125/08) gesehen, das bekräftigt, dass gemäß § 5 Abs. 1 Nr. 1 TMG der vollständige Name des Geschäftsführers angegeben werden muss, da er vor allem für etwaige Rechtsstreitigkeiten von erheblicher Bedeutung ist.

Im Gegensatz dazu weist das LG Erfurt (Urteil vom 10.4.2008, Az. 2 HK O 44/08) eine gegen die Abkürzung von Vornamen der Gesellschafter einer GbR gerichtete Klage ab, da mit der Angabe des Initialbuchstabens des Vornamens und den nachfolgenden Nachnamen die weiteren Marktteilnehmer im Stande seien, den Anbieter unter der genannten Anschrift zu identifizieren. Die GbR treffe keine Pflicht zur Angabe eines Vertreters im Impressum, sofern die Geschäftsführungsbefugnis, wie im Regelfall, nur durch alle Gesellschafter gemeinschaftlich ausgeübt werden könne.

TIPP!
Auf der rechtlich sicheren Seite stehen Sie, wenn Sie auch den Vornamen vollständig im Impressum angeben.

2. Reicht es aus, wenn ein gewerblicher eBay-Verkäufer in seinem Impressum nur sein eBay-Pseudonym angibt?

Nein, das reicht nicht aus. Der gewerbliche eBay-Verkäufer, der in seinem Impressum nur sein eBay-Pseudonym angibt, verstößt gegen § 5 Abs. 1 Nr. 1 TMG, wonach der Name und die Anschrift Pflichtangaben sind.

3. Ist die Angabe einer E-Mail-Adresse notwendig?

Ja. Diensteanbieter haben für geschäftsmäßige Telemedien gemäß § 5 Abs. 1 Nr. 2 TMG die Adresse der elektronischen Post verfügbar zu halten. Nicht notwendig ist die Angabe eines automatisierten Links zur E-Mail Anschrift des Anbieters, da das Abtippen der Adresse zwar lästig sein mag, aber letztlich doch zumutbar ist.

Eine Antwortpflicht für die im Impressum hinterlegte E-Mail-Adresse gibt es nicht. Nach einem Urteil des OLG Koblenz (Urteil vom 1.7.2015 Az. 9 U 1339/14) darf der Anbieter eines Telemediendienstes – ebenso wie auf dem Postweg – eine an ihn gerichtete Nachricht im Einzelfall unbeantwortet lassen. Auch ein Nichtantworten kann demnach eine Reaktion sein. Allerdings darf nach der Rechtsprechung die Kommunikationsmöglichkeit per E-Mail nicht von vornherein eingeschränkt oder zurückgewiesen werden. Nicht als Kommunikation anerkannt hat das LG Berlin (Urteil vom 28.8.2014 Az. 52 O 135/13) in einem Verfahren gegen die Google Inc. eine automatisierte Antwort-E-Mail, in der auf ein Online-Kontaktformular verwiesen und der Absender darüber unterrichtet wird, dass seine E-Mail nicht gelesen und zur Kenntnis genommen wird.

4. Ist die Angabe einer Telefonnummer im Impressum notwendig?

Nach § 5 Abs. 1 Nr. 2 TMG muss das Impressum Angaben, die eine schnelle elektronische Kontaktaufnahme und unmittelbare Kommunikation ermöglichen, einschließlich der Adresse der elektronischen Post, enthalten. Aus der dem TMG zugrunde liegenden europäischen Richtlinie ergibt sich, dass neben der elektronischen Post ein weiterer schneller, unmittelbarer und effizienter Kommunikationsweg zur Verfügung stehen muss. Dies hat der EuGH mit Urteil vom 16.10.2008 (Az. C-298/07) klargestellt:

„Nach Art. 5 Abs. 1 Buchst. c der Richtlinie muss der Diensteanbieter den Nutzern des Diensts bestimmte Mindestinformationen verfügbar machen, zu denen Angaben – einschließlich seiner Adresse der elektronischen Post – gehören, die es diesen Nutzern ermöglichen, schnell mit ihm Kontakt aufzunehmen und unmittelbar und effizient mit ihm zu kommunizieren.

Demnach ergibt sich aus dem Wortlaut des Art. 5 Abs. 1 Buchst. c, insbesondere der Wendung ‚einschließlich', dass der Gemeinschaftsgesetzgeber von dem Diensteanbieter verlangen wollte, dass er den Nutzern des Diensts neben seiner Adresse der elektronischen Post weitere Informationen zur Verfügung stellt, mit denen sich das mit dieser Vorschrift angestrebte Ziel erreichen lässt."

Dies bedeutet nach Auffassung des EuGH jedoch nicht zwingend, dass eine Telefonnummer im Impressum angegeben werden muss:

„Dabei ist von vornherein darauf hinzuweisen, dass das Adverb ‚unmittelbar' im Sinne von Art. 5 Abs. 1 Buchst. c der Richtlinie nicht notwendigerweise eine Kommunikation in Form von Rede und Gegenrede, d. h. einen wirklichen Dialog, erfordert, sondern nur, dass kein Dritter zwischen den Beteiligten eingeschaltet ist.

Im Übrigen bedeutet eine effiziente Kommunikation nicht, dass eine Anfrage sofort beantwortet wird. Eine Kommunikation ist vielmehr dann als effizient anzusehen, wenn sie es erlaubt, dass der Nutzer angemessene Informationen innerhalb einer Frist erhält, die mit seinen Bedürfnissen oder berechtigten Erwartungen vereinbar ist.

Es ist offensichtlich, dass es andere Kommunikationswege als das Telefon gibt, die den Kriterien einer unmittelbaren und effizienten Kommunikation im Sinne von Art. 5 Abs. 1 Buchst. c der Richtlinie, also einer hinreichend zügigen Kommunikation ohne eine zwischengeschaltete Person, genügen können, etwa die über den persönlichen Kontakt mit einer verantwortlichen Person in den Räumen des Diensteanbieters oder über Telefax."

Folglich müssen die Informationen nach § 5 Abs. 1 Nr. 2 TMG nicht notwendigerweise eine Telefonnummer umfassen, wobei jedoch zu beachten ist, dass eine gleichwertige andere Kommunikationsmöglichkeit anzugeben ist.

TIPP!
Aufgrund der hohen Anforderungen, die der EuGH in zeitlicher Hinsicht stellt – eine Antwort in 30 bis 60 Minuten, die auch von den nationalen Gerichten als Maßstab herangezogen werden (vgl. LG Bamberg, Urteil vom 28.11.2012, Az. 1 HK O 29/12), sollte eine Telefonnummer mit angegeben werden.

5. Ist die Angabe einer kostenpflichtigen Telefonnummer ausreichend?

Nein. Dies hat das OLG Frankfurt entschieden (Urteil vom 2.10.2014, Az. 6 U 219/13). Eine teure Mehrwertnummer erfüllt nach Ansicht des Gerichts nicht das Kriterium der Effizienz, das auch den Aspekt der Wirtschaftlichkeit beinhalte. Die Kosten einer telefonischen Rückfrage stellten eine erhebliche Hürde für viele Verbraucher dar, die sie unter Umständen von einer Kontaktaufnahme gänzlich abhalten könnten.

6. Ist die Angabe einer Telefonnummer ausreichend, unter der nur ein Anrufbeantworter zu erreichen ist?

Eine Gerichtsentscheidung zu diesem Thema ist bis dato noch nicht ergangen. Es ist jedoch davon auszugehen, dass die Angabe einer Telefonnummer, die ausschließlich zu einem Anrufbeantworter leitet, nicht ausreichend ist, jedenfalls dann nicht, wenn die Nachrichten nicht zeitnah abgehört und bearbeitet werden.

7. Ist auch eine Faxnummer im Impressum anzugeben?

Der EuGH hat die Kommunikation über Telefax in seinem Urteil vom 16.10.2008 (Az. C-298/07) ausdrücklich als Alternative zum Telefon erwähnt. Soll damit also das Erfordernis eines weiteren schnellen, unmittelbaren und effizienten Kommunikationsweges neben der elektronischen Post aus § 5 Abs. 1 Nr. 2 TMG erfüllt werden, muss die Faxnummer im Impressum angegeben werden.

8. Sind elektronische Anfragemasken ein unmittelbarer und effizienter Kommunikationsweg i. S. v. § 5 Abs. 1 Nr. 2 TMG?

Ja. Nach einer entsprechenden Vorlagefrage des BGH (Urteil vom 26.4.2007, Az. I ZR 190/04) an den EuGH bestätigte Letzterer in seinem Urteil vom 16.10.2008 (Az. C-298/07), dass eine elektronische Internet-Anfragemaske als zusätzlicher Kommunikationsweg die geforderte Unmittelbarkeit und Effizienz besitzt:

„Es trifft zu, dass eine elektronische Anfragemaske als unmittelbarer und effizienter Kommunikationsweg im Sinne von Art. 5 Abs. 1 Buchst. c der Richtlinie angesehen werden kann, wenn der Diensteanbieter, wie sich im Ausgangsverfahren aus den Akten ergibt, auf Anfragen der Verbraucher innerhalb von 30 bis 60 Minuten antwortet."

Unzureichend ist diese Möglichkeit jedoch in Situationen, in denen ein Nutzer des Diensts nach elektronischer Kontaktaufnahme mit dem Diensteanbieter keinen Zugang zum elektronischen Netz hat und diesen um Zugang zu einem anderen, nichtelektronischen Kommunikationsweg ersucht.

Impressum

9. Gehört auch eine Steuernummer in das Impressum?

Nein, eine Steuernummer muss nicht im Impressum angegeben werden, es sei denn, es geht um die Umsatzsteueridentifikationsnummer nach § 27a Umsatzsteuergesetz oder eine Wirtschaftsidentifikationsnummer nach § 139c der Abgabenordnung. Dann handelt es sich um eine Pflichtangabe nach § 5 Abs. 1 Nr. 6 TMG.

10. Haben Anbieter von Telemedien mit journalistisch-redaktionell gestalteten Angeboten weitergehende Angaben zu machen?

Ja, Anbieter von Telemedien mit journalistisch-redaktionell gestalteten Angeboten, in denen insbesondere vollständig oder teilweise Inhalte periodischer Druckerzeugnisse in Text oder Bild wiedergegeben werden, haben zusätzlich zu den Angaben nach § 5 Abs. 1 TMG einen Verantwortlichen mit Angabe des Namens und der Anschrift zu benennen. Dies ergibt sich aus § 55 Absatz 2 RStV.

Werden mehrere Verantwortliche benannt, so ist kenntlich zu machen, für welchen Teil des Dienstes der jeweils Benannte verantwortlich ist. Als Verantwortlicher darf nur benannt werden, wer

- seinen ständigen Aufenthalt im Inland hat,
- nicht infolge Richterspruchs die Fähigkeit zur Bekleidung öffentlicher Ämter verloren hat,
- voll geschäftsfähig ist und
- unbeschränkt strafrechtlich verfolgt werden kann.

V. Ausgewählte Entscheidungen aus der Rechtsprechung

Fehlende oder unvollständige Impressen sind häufig Gegenstand von Abmahnungen. Im Folgenden finden sich ausgewählte Entscheidungen aus der diesbezüglichen Rechtsprechung. Regelmäßig geht es dabei um die Frage, ob der vorliegende Verstoß gegen § 5 Abs. 1 TMG wettbewerbsrechtlich relevant ist.

1. In dem über das eBay-WAP-Portal abrufbaren Angebot wird kein Impressum dargestellt

Wettbewerbswidrig, so das LG Köln (Urteil vom 6.8.2009, Az. 31 O 33/09):

„Die Beklagte hat dafür einzustehen, dass die vorgenannten Informationen im Zusammenhang mit ihrem im WAP-Portal eingestellten Angebot fehlten. Indem sie den offerierten Artikel auf der Internetplattform ‚eBay' eingestellt hat, hat sie die Weiterleitung des Angebots ins WAP-Portal erst ermöglicht. Dass die Beklagte vom dortigen Fehlen der Zusatzinformationen vor Zugang der Abmahnung des Klägers keine Kenntnis hatte, enthebt sie im Rahmen des geltend gemachten Unterlassungsbegehrens nicht ihrer Verantwortlichkeit. Voraussetzung ist insoweit lediglich ein objektiver Wettbewerbsverstoß, ohne dass der Verletzer schuldhaft handeln muss. (…) Ebenso wenig kann sich die Beklagte damit entlasten, sie sei zu einer wettbewerbskonformen Präsentation ihres ins Internet eingestellten Angebots wegen dessen automatischer Weiterleitung ins WAP-Portal nicht in der Lage gewesen. Ob der Unternehmer persönlich in der Lage ist, den an eine geschäftliche Handlung zu stellenden Erfordernissen nachzukommen, ist für die Unlauterkeit einer geschäftlichen Handlung unerheblich (vgl. Köhler a.a.O. § 3 UWG Rn. 38). Im Übrigen konnte die Beklagte Wettbewerbsverstöße im ‚eBay'-WAP-Portal ohne Weiteres vermeiden, indem sie in die dortige Handelsplattform keine Produkte mehr einstellte."

2. Bei eBay ist nur auf der „Mich"-Seite ein vollständiges Impressum veröffentlicht

- Nicht wettbewerbswidrig, so das KG Berlin (Urteil vom 11.5.2007, Az. 5 W 116/07):

„Nach höchstrichterlicher Rechtsprechung genügt es, wenn die Anbieterkennzeichnung über zwei Links ‚Kontakt' und ‚Impressum' erreichbar ist (BGH GRUR 2007, 159 ff. – Anbieterkennzeichnung im Internet). Die Schaltfläche ‚mich' ist in diesem Zusammenhang nicht anders zu beurteilen als die Schaltflächen ‚Kontakt' und ‚Impressum'. Wer mit den Gepflogenheiten bei eBay vertraut ist, erwartet unter besagter Schaltfläche die in Rede stehenden Anbieterdaten. Wer erstmals über eBay einkauft und sich für solche Daten interessiert, wird – nahe liegend – solche unter ‚mich' vermuten, die Schaltfläche anklicken und das Gesuchte finden."

- Nicht wettbewerbswidrig, so das OLG Köln (Urteil vom 4.7.2008, Az. 6 U 60/08):

„Die zulässige Berufung hat in der Sache teilweise Erfolg, soweit das Landgericht die Platzierung des Impressums auf der ‚mich'-Seite als wettbewerbswidrig angesehen hat. Der Senat ist mit dem Kammergericht (…) der Ansicht, dass dies in Fällen der vorliegenden Art nicht anzunehmen ist, so dass die Abmahnung in diesem Punkt ungerechtfertigt war."

- Wettbewerbswidrig, wenn sich auf der Angebotsseite gleichzeitig unrichtige Informationen befinden, so das OLG Hamm (Urteil vom 4.8.2009, Az. 4 U 11/09):

„An diesem Gesetzesverstoß ändert sich auch nichts dadurch, dass die Klägerin auf einer anderen sog. Mich-Seite das Impressum bereithält und auch die weiteren erforderlichen Angaben klar und zutreffend gemacht hat. Eine klare und verständliche Information ist zwar im Regelfall auch dann gegeben, wenn auf jeder Angebotsseite ein Link auf das an anderer Stelle vorhandene Impressum vorhanden ist, der durch seine Kennzeichnung erkennen lässt, dass Informationen über den Verkäufer und seinen Vertreter darüber abgerufen werden können. Es mag auch sein, dass im vorliegenden Fall die Seite mit den zutreffenden Informationen auf jeder Angebotsseite über einen sprechenden Link ‚Impressum/AGB' und gegebenenfalls einen weiteren Link erreicht werden konnte. Denn es ist nicht erforderlich, dass die entsprechenden Angaben auf der Startseite bereitgehalten werden oder im Laufe eines Bestellvorgangs zwangsläufig aufgerufen werden müssen, um den Anforderungen des § 312c Abs. 1 Satz 1 BGB an eine klare und verständliche Zurverfügungstellung der Informationen i. S. v. § 1 Abs. 1 BGB-InfoV im Internet zu genügen. Eine bestimmte Stelle, an der die Informationen zu erteilen sind, schreibt das Gesetz nämlich nicht vor. Es ist nur eine klare und verständliche Information erforderlich (vgl. BGH MMR

2007, 40, 42 – Anbieterkennzeichnung im Internet). Hier ist aber schon fraglich, ob der sprechende Link, den man unter dem deutlichen Link zum Widerrufsrecht quasi mit der Lupe suchen muss, deutlich genug erkennbar ist. Entscheidend kommt aber hinzu, dass eine über zwei Links erreichbare zutreffende Information jedenfalls dann nicht mehr genügt, wenn auf den Angebotsseiten tatsächlich auch die erforderlichen Informationen vorhanden sind und dabei unrichtig oder jedenfalls unklar sind. Dann muss sich der Unternehmer die gesetzeswidrigen Angaben zurechnen lassen. Er kann sich nicht darauf zurückziehen, dass es sich insoweit um die unzuverlässigen F-Angaben zum Verkäufer handele, auf die es im Gegensatz zu seinen eigenen zuverlässigeren Angaben nicht ankommen könne. Entscheidend ist, dass der Internetnutzer die Angaben auf der Angebotsseite als ‚Rechtliche Informationen des Verkäufers' besonders ernst nimmt und deshalb überhaupt keine Veranlassung mehr sieht, nach dem Link zum Impressum und einer weiteren Informationsseite zu suchen. Es wäre vielmehr reiner Zufall, wenn er vor dem Bestellvorgang auf diese Seite noch gelangen würde."

3. Geschäftsführer einer GmbH wird nicht genannt

Wettbewerbswidrig, so das OLG Hamm (Urteil vom 17.11.2009, Az. 4 U 148/09):

„Die fehlende Angabe der Geschäftsführer im Impressum und die unvollständige und unklare Angabe in den ‚rechtlichen Informationen des Anbieters' verstoßen gegen § 312c Abs. 1 BGB und § 5 TMG."

4. Fehlende Angabe des Vertretungsberechtigten bei einer Kapitalgesellschaft

Nicht wettbewerbswidrig, so das KG Berlin (Beschluss vom 21.9.2012, Az. 5 W 204/12):

„§ 5 Abs. 1 Nr. 1 TMG und § 312c Abs. 1 BGB (in Verbindung mit Art. 246 § 1 Abs. 1 Nr. 3 EGBGB) stellen – soweit sie bei juristischen Personen zusätzlich die Angabe des bzw. eines Vertretungsberechtigten fordern – keine Marktverhaltensregelungen Sinne von § 4 Nr. 11 UWG dar. Es fehlt insoweit an einer hinreichenden Grundlage im Unionsrecht. (...)

In dem unvollständigen Impressum liegt auch keine unlautere Irreführung durch Unterlassen im Sinne von § 5a UWG. Die vorenthaltene Information über einen Vertretungsberechtigten der juristischen Person ist nicht wesentlich im Sinne des § 5a Abs. 2 UWG. (...)

Der Verbraucher wird durch das Fehlen der Angabe eines Vertretungsberechtigten nicht von der Abgabe (rechts)geschäftlicher Erklärungen gegenüber der Antragsgegnerin oder der Erhebung einer Klage abgehalten (vgl. schon Senat, GRUR-RR 2008, 352, juris Rn. 10). Im Regelfall ist insoweit gemäß § 253 Abs. 2 Nr. 1 ZPO selbst im Fall einer Klageerhebung die namentliche Bezeichnung des Vertreters ebenso wenig erforderlich (Zöller/Greger, ZPO, 99. Auflage, § 53 Rn. 8; vgl. auch BGHZ 107, 296, 199) wie die konkrete Angabe der Vertretungsverhältnisse. So genügt etwa bei der GmbH & Co. KG regelmäßig die Angabe ‚vertreten durch die Geschäftsführer' (vgl. BGH, NJW 1993, 2811, 2813; Zöller/Greger, a.a.O.)."

5. Fehlender Hinweis auf Komplementär-GmbH bei Kommanditgesellschaft

Nicht wettbewerbswidrig, so das LG Hamburg (Urteil vom 14.8.2009, Az. 406 O 235/08):

„Denn die namentliche Angabe des gesetzlichen Vertreters ist für eine Klageerhebung nicht zwingend vorgeschrieben. Im Übrigen kann sich der Verbraucher hinsichtlich der genauen Vertretungsverhältnisse aufgrund der entsprechenden Angaben im Impressum der Klägerin bei deren Registergericht erkundigen. Daher begründet die fehlende Angabe der Komplementär-GmbH im Impressum keinen wettbewerbsrechtlich relevanten Rechtsverstoß."

6. Hinweis („haftungsbeschränkt") fehlt bei Impressum einer Unternehmergesellschaft

Wettbewerbswidrig, so das Landgericht Bochum (Beschluss vom 8.9.2009, Az. I – 17 O 107/09).

7. Keine Angabe des Handelsregisters und der diesbezüglichen Nummer sowie der Umsatzsteueridentifikationsnummer

- Wettbewerbswidrig, so das OLG Hamm (Urteil vom 2.4.2009, Az. 4 U 213/08):

„Hinsichtlich der Handelsregisternummer gemäß § 5 Abs. 1 Nr. 4 TMG kann von einer Unwesentlichkeit zweifelsohne nicht ausgegangen werden. Die Angabe der Handelsregisternummer dient einerseits der Identifizierung des Anbieters und andererseits einer Art Existenznachweis. Wer im Handelsregister eingetragen ist, existiert zumindest formell und ist nicht nur ein Phantasiegebilde (Fezer-Mankowski, UWG, 2005, § 4 – S 12 Rn. 168). Außerdem ergeben sich hieraus die gesellschaftsrechtlichen Haftungsgrundlagen. Diese Umstände sind für den Verbraucher, der den Anbieter nötigenfalls in Anspruch nehmen und verklagen will, von überaus großer Bedeutung. Allein die Möglichkeit der Kontaktierung durch die Angabe des Namens und der Adressdaten reicht insofern keinesfalls aus. Das – völlige – Fehlen der Angabe des Handelsregisters und der Registernummer kann jedenfalls seit Inkrafttreten der UGP-Richtlinie und damit auch zum Zeitpunkt des Verstoßes nicht mehr als eine wettbewerbsrechtliche Bagatelle angesehen werden. (...) Da sich eine Differenzierung nach den einzelnen Informationsangaben verbietet, gilt Entsprechendes auch in Bezug auf die Umsatzsteueridentifikationsnummer oder die Wirtschafts-Identifikationsnummer i. S. v. § 5 Abs. 1 Nr. 6 TMG. Zweifel mögen in diesem Zusammenhang zwar daraus resultieren, dass die Angabe dieser Identifikationsnummern, die – so bei der Umsatzsteueridentifikationsnummer – für Auslandsgeschäfte benötigt und vom Bundesamt für Finanzen vergeben werden, weniger dem Kunden- bzw. Verbraucherschutz als vielmehr dem Fiskus dient (vgl. Spindler/Schuster, Recht der elektronischen Medien, 2008, TMG, § 5 Rn. 65). Diese Nummer ist Teil des steuerlichen Kontrollmechanismus im europäischen Binnenmarkt, wobei hierauf freilich auch ein außenstehender Dritter vertrauen kann (Bunjes-Leonard, UStG, 7. Aufl. 2003, § 27a Rn. 2). Mit dem Argument, dass insofern beim Fehlen der Steueridentitätsnummer kein nennenswerter oder ersichtlicher Wettbewerbsvorteil erzielt werde, wird mitunter die Auffassung vertreten, die Nichtangabe stelle keine relevante Wett-

Impressum

bewerbswidrigkeit dar (Ernst, GRUR 2003, 759, 762; Fezer-Mankowski, a.a.O., § 4 - S 12 Rn. 170). Gegen die Annahme eines Bagatellverstoßes spricht hier, wie zuvor bereits ausgeführt, jedoch entscheidend, dass sich das Gericht als Rechtsprechungsorgan nicht erheben und abweichend von den europarechtlichen Vorgaben nunmehr aus eigener Machtvollkommenheit entscheiden kann, dass die geforderten Angaben eben doch unwesentlich und von daher nicht zu ahnden sind."

- Wettbewerbswidrig, so das OLG München (Urteil vom 1.10.2009, Az. 29 U 2298/09):

„Das OLG Hamm (MMR, 2008, 469) hat die fehlende Angabe des Handelsregisters und der Registernummer, das OLG Düsseldorf (MMR 2008, 682) die fehlende Information über die Handelsregistereintragung und die Umsatzsteueridentifikationsnummer als Verstoß gegen § 8 Abs. 1, Abs. 3 Nr. 1, § 3 Abs. 1, § 4 Nr. 11 UWG i. V. m. § 5 Abs. 1 Nr. 4 TMG beurteilt. Es besteht – auch nach Auffassung der Senats – kein Zweifel, dass es sich dabei um ‚wesentliche' Informationen gehandelt hat, die geschäftlich relevant waren."

- Wettbewerbswidrig, so das KG Berlin (Urteil vom 6.12.2011, Az. 5 U 144/10):

„Die Abmahnung war begründet, weil ihr ein aus § 8 Abs. 1, §§ 3, 5a Abs. 2 UWG folgender Unterlassungsanspruch der Klägerin gegen die Beklagte zugrunde lag. Nach der zuletzt genannten Vorschrift handelt unlauter, wer die Entscheidungsfähigkeit von Verbrauchern i. S. von § 3 Abs. 2 UWG dadurch beeinflusst, dass er eine Information vorenthält, die im konkreten Fall unter Berücksichtigung aller Umstände einschließlich der Beschränkungen des Kommunikationsmittels wesentlich ist.

(…) Mit Recht – und von der (Berufungs-)Beklagten nicht in Zweifel gezogen – hat das Landgericht angenommen (LGU 4), dass über Handelsregister, Handelsregisternummer und Umsatzsteueridentifikationsnummer gemäß § 5 Abs. 1 Nr. 4, 6 TMG zu informieren ist und dass die Beklagte diese Informationen vorenthalten hat.

(…) Bei diesen vorenthaltenen Informationen handelte es sich auch um im vorstehenden Sinne ‚wesentliche'. Denn nach § 5a Abs. 4 UWG gelten vorenthaltene Informationen bei (bestimmten) gemeinschaftsrechtlich determinierten Informationspflichten als ‚wesentlich' i. S. von § 5a Abs. 2 UWG. Das trifft auf die hier vermissten Informationen zu, denn § 5 Abs. 1 Nr. 4, 6 TMG setzt Art. 5 Abs. 1 Buchst. d, g EU-Richtlinie über den elektronischen Geschäftsverkehr um."

8. Impressum eines Immobilienunternehmens weist zuständige Aufsichtsbehörde nicht aus

Nicht wettbewerbswidrig, so das LG München (Urteil vom 3.9.2008, Az. 33 O 23089/07):

„Die fehlende Angabe der zuständigen Aufsichtsbehörde ist für sich allein genommen nicht geeignet, die Entscheidung der Marktteilnehmer und damit das Marktverhalten in dieser Weise zu beeinflussen."

9. Impressum eines Zahnarztes enthält keine Angaben zur zuständigen Kammer, Aufsichtsbehörde etc.

Wettbewerbswidrig, so das LG Essen (Urteil vom 11.2.2009, Az. 41 O 5/09):

„Zwischen den Parteien ist unstreitig, dass auf der Internetseite www. . . . . .de das vorgehaltene Impressum unvollständig und irreführend war, weil die nach dem TMG erforderlichen Angaben dort nicht enthalten waren. So wurde der Benutzer der Seite weder über die zuständige Kammer, die gesetzliche Berufsbezeichnung der Mitarbeiter und den Staat, in dem diese Berufsbezeichnung verliehen worden ist, noch über die zuständige Aufsichtsbehörde informiert. Es ist anerkannt, dass ein Verstoß gegen die Impressumspflicht aus § 5 Abs. 1 TMG einen Wettbewerbsverstoß darstellt, weil es dem Benutzer der entsprechenden Seite erschwert wird, ohne weitere Recherchen seinen Vertragspartner und dessen Status zu erkennen. Die Durchsetzung etwaiger Ansprüche wird dadurch erschwert. Der Wettbewerber verschafft sich einen Vorsprung vor dem Wettbewerber, der die erforderlichen Angaben ordnungsgemäß mit einstellt."

10. Kurzzeitige Nichterreichbarkeit der Impressumseite während der Dauer der Bearbeitung der Impressumseite

Nicht wettbewerbswidrig, so das OLG Düsseldorf (Urteil vom 4.11.2008, Az. I – 20 U 125/08, 20 U 125/08):

„Eine nur während der Dauer der Bearbeitung der Impressumseite technisch bedingte Unerreichbarkeit stellt sich jedoch schon nicht als Verstoß gegen die von § 5 TMG geforderte ständige Verfügbarkeit dar, denn wenn dies technisch bei einer Bearbeitung der Datei erforderlich ist, dann würde ein Verbot insoweit dazu verpflichten, falsche Angaben im Impressum unendlich fortzuführen. (…) Jedenfalls aber wäre ein derartiger nur wenige Minuten dauernder Verstoß gegen die Impressumpflicht nicht geeignet, die Interessen der übrigen Marktteilnehmer zu beeinträchtigen (§ 3 UWG)."

11. Fehlendes Impressum bei Internetseite im Aufbau

- Nicht wettbewerbswidrig bei reiner „Baustellenseite", so LG Düsseldorf (Urteil vom 15.12.2010, Az. 12 O 312/10):

„Die unter der Internetadresse zu diesem Zeitpunkt abrufbare Vorschalt- bzw. Wartungsseite enthielt als einzigen Hinweis auf Dienste der Beklagten, dass diese sich mit ‚alle[m] für die Marke' befasst; im Übrigen wurde der Besucher auf einen späteren Besuch verwiesen. Damit hatte der Internetauftritt zu diesem Zeitpunkt nicht den Zweck der Verfolgung wirtschaftlicher Interessen, denn die Beklagte hat keine konkreten Leistungen beworben, auch die Angabe ‚alles für die Marke' stellt sich dem Besucher als bloßer Slogan dar, vermittelt ihm aber keine Informationen zu ihrem tatsächlichen Tätigkeitsfeld."

- Wettbewerbswidrig, wenn Übergangsseite kommerzielle Interessen verfolgt, so LG Aschaffenburg (Urteil vom 3.4.2012, Az. 2 HK O 14/12):

„Unerheblich ist dabei, dass der Internetauftritt noch nicht vollständig aufgebaut und abgeschlossen ist und über ihn selbst noch keine Leistungen in Anspruch genommen wer-

den können. Entscheidend ist, dass der Internetauftritt zum vorliegenden Zeitpunkt bereits den Zweck hatte, wirtschaftliche Interessen zu verfolgen. Unstreitig war das aktuelle Printmedium ‚...' bereits abrufbar, damit hat die Verfügungsbeklagte konkrete Leistungen beworben. Durch die Angabe des Vertriebsleiters und der E-Mail Anschrift auf der Startseite, über dem Zusatz: ‚Hier entsteht in Kürze unsere Internetpräsenz', ist klargestellt, dass mit diesem Internetauftritt geschäftliche Interessen vertreten werden sollen, da das entsprechende Magazin abgerufen werden kann und potentielle Werbeinteressenten für das Anzeigenblatt sodann über diese Telefonnummer bzw. E-Mail Adresse den Kontakt zum Vertragsschluss herstellen können.

Es liegt damit keine reine ‚Baustellenseite' vor, die ein Vorhalten der Pflichtangaben nicht erforderlich machen würde (vgl. LG Düsseldorf, Aktenzeichen 12 U 312/10, Entscheidung vom 15.12.2010, MIR 01/2011)."

12. Fehlendes bzw. nur über versteckten Link erreichbares vollständiges Impressum bei beruflich genutztem Internetportal („XING")

- Nicht wettbewerbswidrig (bei fehlendem Impressum eines Rechtsanwalts, der lediglich Stellengesuch bei XING eingestellt hat), so das LG Dortmund (Urteil vom 14.5.2014, Az. 5 O 107/14)

- Nicht wettbewerbswidrig (bei fehlendem Impressum eines Rechtsanwalts mit lediglich einem Basis-Profil bei XING), so das LG München I (Urteil vom 3.6.2014, Az. 33 O 4149/14)

- Wettbewerbswidrig (bei nur über mehrere, nicht leicht erkennbare Links erreichbarem vollständigen Impressum), so das LG Stuttgart (Urteil vom 27.6.2014, Az. 11 O 51/14):

„Bei Veröffentlichungen von Anbietern im Rahmen eines Internetportals ist Diensteanbieter nicht nur der Plattformbetreiber, sondern, je nach Lage des Einzelfalls, auch der einzelne Anbieter, der eine eigene Internetveröffentlichung in das Portal einstellt. Entscheidend dafür, ob es sich bei dieser Internetveröffentlichung um ein eigenes Telemedium des Anbieters handelt, ist, ob er selbst über den Inhalt und das Bereithalten des Dienstes – also der konkreten Einzelveröffentlichung im Rahmen des Internet-Portals – bestimmen kann und sich sein (Unter-)Angebot für einen objektiven Dritten als eigenständiger Auftritt des Anbieters darstellt (...). Nach ständiger Rechtsprechung ist daher impressumspflichtiger Diensteanbieter im Sinne von §§ 5, 2 Nr. 1 TMG etwa bei den Internet-Plattformen

> ‚car TV' (OLG Düsseldorf, Urt. v. 28.12.2002, I-20 U 147/11, juris Rn. 16),

> ‚facebook' (OLG Düsseldorf, Urt. v. 13.8.2013, I-20 U 75/13, juris Rn. 16),

> ‚mobile.de' (OLG Düsseldorf, Urt. v. 18.12.2007, I-20 U 17/07, juris Rn. 20) und

> ‚eBay' (OLG Karlsruhe, Urt. v. 27.4.2006, 4 U 119/04, juris Rn. 43; OLG Oldenburg, B. v. 12.5.2006, 1 W 29/06, juris Rn. 10 ff.; Brandenburgisches OLG, Urt. v. 13.6.2006, 6 U 121/05, juris Rn. 30).

nicht nur der Plattformbetreiber, sondern auch der jeweilige Anbieter, der in diese Portale eine eigene Internetveröffentlichung einstellt. Ausgehend von diesen Grundsätzen ist der Kläger selbst Diensteanbieter im Sinne von §§ 5 Abs. 1, 2 Nr. 1 TMG. Denn für einen objektiven Dritten stellt sich seine Internetveröffentlichung (Profil) auf der Plattform XING als ein eigenständiges Informations- und Kommunikationsangebot des Klägers dar, mit dem dieser selbst für seine anwaltliche Tätigkeit wirbt."

VI. Anlage: Muster

Die nachfolgenden Muster sollen die Erfüllung der Kennzeichnungspflichten weiter erleichtern.

WICHTIG!
Die Muster können keine Beratung im Einzelfall ersetzen. Es wird keine Haftung für die Mustertexte übernommen.

1. Muster: Aktiengesellschaft (AG)

Die Aufnahme der folgenden Angaben in das Impressum einer Aktiengesellschaft (AG) wird empfohlen:

Musterfirma AG

Mustermannstr. 1

80339 München

Telefon: +49 (0)89/12 34 56

Telefax: +49 (0)89/12 34 57

E-Mail: info@musterfirma.de

Vertretungsberechtigter Vorstand:

Max Mustermann und Stefanie Musterfrau (Vorsitzende)

Aufsichtsratsvorsitzender: Daniel Mustermann

Registergericht: Amtsgericht München

Registernummer: Registernummer: HRA 11111

Wirtschafts-Identifikationsnummer gemäß § 139c Abgabenordnung: DE 1234567

Umsatzsteuer-Identifikationsnummer gemäß § 27a Umsatzsteuergesetz: DE 1234567

Verantwortliche i. S. d. § 55 Abs. 2 RStV: Renate Beispiel, Beispielstr. 1, 80339 München

ACHTUNG!
- Erforderlich sind Angaben über die Höhe des Stammkapitals und über den Gesamtbetrag etwa ausstehender Geld-(nicht Sach-)einlagen nur dann, wenn die Gesellschaft überhaupt Angaben über ihr Kapital (z. B. Bilanzsumme, Höhe des Eigenkapitals) macht. Dies steht ihr jedoch im Prinzip frei.

- Fällt die Gesellschaft in Konkurs, sind weiterhin (dann im Amt bleibende und nicht durch Liquidatoren ersetzte) Geschäftsführer zu nennen, jedoch neben ihnen auch der Konkursverwalter. Der Zusatz i. L. oder „in Liquidation" ist dem Rechtsformzusatz beizufügen.

Impressum

2. Muster: Einzelkaufmann (im Handelsregister eingetragen, e.K.)

Die Aufnahme der folgenden Angaben in das Impressum eines im Handelsregister eingetragenen Einzelkaufmannes (e.K.) wird empfohlen:

„Firma" e. K.

Inhaber: Max Mustermann

Mustermannstr. 1

80339 München

Telefon: +49 (0)89/12 34 56

Telefax: +49 (0)89/12 34 57

E-Mail: info@musterfirma.de

Registergericht: Amtsgericht München

Registernummer: HRA 11111

Wirtschafts-Identifikationsnummer gemäß § 139c Abgabenordnung: DE 1234567

Umsatzsteuer-Identifikationsnummer gemäß § 27a Umsatzsteuergesetz: DE 1234567

Verantwortlicher i. S. d. § 55 Abs. 2 RStV: Max Mustermann, Mustermannstraße 1, 80339 München

3. Muster: Gesellschaft bürgerlichen Rechts (GbR)

Die Aufnahme der folgenden Angaben in das Impressum einer Gesellschaft bürgerlichen Rechts (GbR) wird empfohlen:

Mustermann und Musterfrau GbR

Mustermannstr. 1

80339 München

Gesellschafter: Max Mustermann und Stefanie Musterfrau

Telefon: +49 (0)89/12 34 56

Telefax: +49 (0)89/12 34 57

E-Mail: info@mustermann.de

Wirtschafts-Identifikationsnummer gemäß § 139c Abgabenordnung: DE 1234567

Umsatzsteuer-Identifikationsnummer gemäß § 27a Umsatzsteuergesetz: DE 1234567

Verantwortliche i. S. d. § 55 Abs. 2 RStV: Renate Beispiel, Beispielstr. 1, 80339 München

4. Muster: Gesellschaft mit beschränkter Haftung (GmbH)

Die Aufnahme der folgenden Angaben in das Impressum einer Gesellschaft mit beschränkter Haftung (GmbH) wird empfohlen:

Musterfirma GmbH

Mustermannstr. 1

80339 München

Telefon: +49 (0)89/12 34 56

Telefax: +49 (0)89/12 34 57

E-Mail: info@musterfirma.de

Geschäftsführer: Max Mustermann

Registergericht: Amtsgericht München

Registernummer: HRA 11111

Wirtschafts-Identifikationsnummer gemäß § 139c Abgabenordnung: DE 1234567

Umsatzsteuer-Identifikationsnummer gemäß § 27a Umsatzsteuergesetz: DE 1234567

Verantwortliche i. S. d. § 55 Abs. 2 RStV: Renate Beispiel, Beispielstr. 1, 80339 München

ACHTUNG!

- Erforderlich sind Angaben über die Höhe des Stammkapitals und über den Gesamtbetrag etwa ausstehender Geld-(nicht Sach-)einlagen nur dann, wenn die Gesellschaft überhaupt Angaben über ihr Kapital (z. B. Bilanzsumme, Höhe des Eigenkapitals) macht. Dies steht ihr jedoch im Prinzip frei.
- Fällt die Gesellschaft in Konkurs, sind weiterhin (dann im Amt bleibende und nicht durch Liquidatoren ersetzte) Geschäftsführer zu nennen, jedoch neben ihnen auch der Konkursverwalter. Der Zusatz i. L. oder „in Liquidation" ist dem Rechtsformzusatz beizufügen.

5. Muster: Gewerbetreibende (nicht in das Handelsregister eingetragen)

Die Aufnahme der folgenden Angaben in das Impressum eines Gewerbetreibenden wird empfohlen:

Max Mustermann

(evtl.: geschäftliche Bezeichnung)

Mustermannstr. 1

80339 München

Telefon: +49 (0)89/12 34 56

Telefax: +49 (0)89/12 34 57

Impressum

E-Mail: max@mustermann.de

Wirtschafts-Identifikationsnummer gemäß § 139c Abgabenordnung: DE 1234567

Umsatzsteuer-Identifikationsnummer gemäß § 27a Umsatzsteuergesetz: DE 1234567

Verantwortlicher i. S. d. § 55 Abs. 2 RStV: Max Mustermann, Beispielstr. 1, 80339 München

6. Muster: Kommanditgesellschaft (KG)

Die Aufnahme der folgenden Angaben in das Impressum einer Kommanditgesellschaft (KG) wird empfohlen:

Musterfirma KG

Mustermannstr. 1

80339 München

Telefon: +49 (0)89/12 34 56

Telefax: +49 (0)89/12 34 57

E-Mail: info@musterfirma.de

Vertretungsberechtigte Gesellschafterin: Stefanie Musterfrau (Komplementärin)

Registergericht: Amtsgericht München

Registernummer: HRA 11111

Wirtschafts-Identifikationsnummer gemäß § 139c Abgabenordnung: DE 1234567

Umsatzsteuer-Identifikationsnummer gemäß § 27a Umsatzsteuergesetz: DE 1234567

Verantwortliche i. S. d. § 55 Abs. 2 RStV: Renate Beispiel, Beispielstr. 1, 80339 München

7. Muster: Limited & Co. KG (Ltd. & Co. KG)

Die Aufnahme der folgenden Angaben in das Impressum einer Limited & Co. KG (Ltd. & Co. KG) wird empfohlen:

Musterfirma Ltd. & Co. KG

Mustermannstr. 1

80339 München

Bundesrepublik Deutschland

Telefon: +49 (0)89/12 34 56

Telefax: +49 (0)89/12 34 57

E-Mail: info@musterfirma.de

Registergericht: Amtsgericht München

Registernummer: HRA 11111

Persönlich haftende Gesellschafterin:

Musterfirma Limited 11 Bruton Street

London (England) W1J 6QS

United Kingdom

Phone: 0044-(0)221-545454

Fax: 0044-(0)221-434343

E-Mail: max@mustermann.de

Company registered in England & Wales

Company No. 1111111

Geschäftsführerin der Musterfirma Ltd.: Stefanie Musterfrau (Director)

Wirtschafts-Identifikationsnummer gemäß § 139c Abgabenordnung: DE 1234567

Umsatzsteuer-Identifikationsnummer gemäß § 27a Umsatzsteuergesetz: DE 1234567

Verantwortliche i. S. d. § 55 Abs. 2 RStV: Renate Beispiel, Beispielstr. 1, 80339 München

8. Muster: Limited (Ltd.)

Die Aufnahme der folgenden Angaben in das Impressum einer Limited (Ltd.) wird empfohlen:

Musterfirma Limited

11 Bruton Street

London (England) W1J 6QS

United Kingdom

Phone: 0044-(0)221-545454

Fax: 0044-(0)221-434343

E-Mail: max@mustermann.de

Director: Steffi Musterfrau

Company registered in England & Wales

Company Nr. 1111111

Musterfirma Limited – Zweigniederlassung in Deutschland

Geschäftsführerin: Steffi Musterfrau (Director)

Mustermannstr. 1

80339 München

Bundesrepublik Deutschland

Informationsfreiheitsgesetze

Telefon: +49 (0)89 / 12 34 56

Telefax: +49 (0)89 / 12 34 57

E-Mail: info@musterfirma.de

Registergericht: Amtsgericht München

Registernummer: HRA 11111

Wirtschafts-Identifikationsnummer gemäß § 139c Abgabenordnung: DE 1234567

Umsatzsteuer-Identifikationsnummer gemäß § 27a Umsatzsteuergesetz: DE 1234567

Verantwortliche i. S. d. § 55 Abs. 2 RStV: Renate Beispiel, Beispielstr. 1, 80339 München

9. Muster: Offene Handelsgesellschaft (OHG)

Die Aufnahme der folgenden Angaben in das Impressum einer Offenen Handelsgesellschaft (OHG) wird empfohlen:

Musterfirma OHG

Mustermannstr. 1

80339 München

Telefon: +49 (0)89/12 34 56

Telefax: +49 (0)89/12 34 57

E-Mail: info@musterfirma.de

Vertretungsberechtigte Gesellschafter: Max Mustermann und Stefanie Musterfrau

Registergericht: Amtsgericht München

Registernummer: HRA 11111

Wirtschafts-Identifikationsnummer gemäß § 139c Abgabenordnung: DE 1234567

Umsatzsteuer-Identifikationsnummer gemäß § 27a Umsatzsteuergesetz: DE 1234567

Verantwortliche i. S. d. § 55 Abs. 2 RStV: Renate Beispiel, Beispielstr. 1, 80339 München

10. Muster: Personengesellschaft mit beschränkter Haftung (GmbH & Co. KG)

Die Aufnahme der folgenden Angaben in das Impressum einer Personengesellschaft mit beschränkter Haftung (GmbH & Co. KG) wird empfohlen:

Musterfirma GmbH & Co. KG

Mustermannstr. 1

80339 München

Telefon: +49 (0)89/12 34 56

Telefax: +49 (0)89/12 34 57

E-Mail: info@musterfirma.de

Registergericht: Amtsgericht München

Registernummer: HRA 11111

Die Musterfirma GmbH & Co. KG wird vertreten durch die persönlich haftende Gesellschafterin: Max Mustermann GmbH, Registergericht: Amtsgericht München, HRA 11111. Diese wiederum wird vertreten durch die Geschäftsführerin: Stefanie Musterfrau

Wirtschafts-Identifikationsnummer gemäß § 139c Abgabenordnung: DE 1234567

Umsatzsteuer-Identifikationsnummer gemäß § 27a Umsatzsteuergesetz: DE 1234567

Verantwortliche i. S. d. § 55 Abs. 2 RStV: Renate Beispiel, Beispielstr. 1, 80339 München

Informationsfreiheitsgesetze

I. Grundgedanke der Regelungen

II. Gesetzgeberische Umsetzung
 1. Informationsfreiheitsgesetze
 2. Verbraucherinformationsgesetz
 3. Umweltinformationsgesetze
 4. Abgrenzungsprobleme

III. Hinweise für den Umgang mit Anträgen am Beispiel des IFG
 1. Generelle Vorgehensweise
 2. Rolle von Betriebs- und Geschäftsgeheimnissen
 3. Recht auf Anhörung

IV. Rechtsschutz am Beispiel des IFG
 1. Aus der Sicht des Antragstellers
 2. Aus der Sicht betroffener Unternehmen

V. Checkliste: Informationsfreiheitsgesetze

I. Grundgedanke der Regelungen

Die Informationsfreiheitsgesetze des Bundes und der Länder ermöglichen ohne besondere Begründung den Zugang zu amtlichen Informationen bei öffentlichen Stellen (vor allem bei Behörden). Dieser Gedanke ist für das deutsche Recht relativ neu, während andere europäische Länder (vor allem Schweden) und außereuropäische Staaten (USA: Freedom of Information Act) mit dem Zugang zu amtlichen Informationen schon in der Vergangenheit großzügiger waren.

Der Gedanke der Informationsfreiheit führt zu Konflikten in verschiedener Hinsicht:

- Die Preisgabe bestimmter Informationen (etwa die Namen von Informanten) kann die Arbeit der Behörden gefährden.

- Wenn bei Behörden Informationen vorhanden sind, die von privaten Stellen stammen (etwa Geschäftsgeheimnisse von Unternehmen), kann die Preisgabe der Informationen die Interessen dieser Stellen beeinträchtigen.

Die Verhältnisse liegen also nicht so einfach, dass es bei der Informationsfreiheit nur darum ginge, endlich eine bisher vermisste und seitens des Staates hintertriebene Transparenz über die Vorgänge in Behörden zu schaffen, wie manchmal suggeriert wird. Der nachvollziehbare Wunsch nach Transparenz staatlichen Handelns berührt vielmehr Interessen anderer (Unternehmen wie Privatpersonen), die ihrerseits nicht ohne weiteres ignoriert werden können, weil sie teils sogar grundrechtlich geschützt sind (so Geschäftsgeheimnisse etwa durch das Eigentumsrecht, Art. 14 GG und das Berufsfreiheitsrecht, Art. 12 GG).

II. Gesetzgeberische Umsetzung

1. Informationsfreiheitsgesetze

Ausgehend von der Verteilung der Gesetzgebungskompetenz im Grundgesetz gibt es auf Bundesebene das Informationsfreiheitsgesetz (IFG) des Bundes vom 5.9.2005 (mit Änderung vom 7.8.2013) und Informationsfreiheitsgesetze der Länder (in allen Bundesländern außer Bayern, Hessen, Niedersachsen und Sachsen). Das erste Landesgesetz war das Brandenburgische Akteneinsichts- und Informationszugangsgesetz vom 10.3.1998. Nur wenige Landesgesetze (Bremen und Rheinland-Pfalz) schreiben vor, dass nicht nur ein Informationszugang auf Verlangen ermöglicht wird, sondern die Verwaltung von sich aus verpflichtet ist, bestimmte Dinge zu veröffentlichen. Bremen hat hierfür ein „Transparenzportal" geschaffen (www.transparenz.bremen.de).

Die jeweils aktuellste Zusammenschau der vorhandenen Gesetze auf Bundesebene bietet http://www.rehmnetz.de/it-recht/uebersichtbund. Die Seite verfügt auch einen Link zu den Landesbeauftragten für Informationsfreiheit.

2. Verbraucherinformationsgesetz

Eine Spezialregelung für Daten, die den Schutz des Verbrauchers betreffen, bildet das Verbraucherinformationsgesetz (VIG) des Bundes. Seine erste Fassung stammte vom 5.11.2007 (BGBl. I S. 2558). Sie ist inzwischen durch eine wesentlich überarbeitete Fassung vom 15.3.2012 (BGBl. I, S. 476, neu gefasst durch Bekanntmachung vom 17.10.2012, BGBl. I, S. 2725) ersetzt worden. Ging es zunächst vor allem um Verstöße gegen lebensmittelrechtliche Vorschriften, aber auch um Informationen über Ausgangsstoffe für die Lebensmittelproduktion und Ähnliches, so hat sich der Zweck des Gesetzes inzwischen deutlich erweitert. Er ist in der Gesetzesfassung von 2012 erstmals ausdrücklich in § 1 VIG allgemein beschrieben und erfasst nun sowohl den Schutz des Verbrauchers vor gesundheitsschädlichen und unsicheren Produkten wie auch seinen Schutz vor Täuschung.

Im VIG ist vorgesehen, dass ein Antrag zu stellen ist, und dass Dritte (etwa Produzenten), deren Interessen von dem Antrag betroffen sind, vor einer Entscheidung in der Regel gehört werden müssen (siehe § 5 Abs. 1 Satz 2 Nr. 1 VIG, der seit 2012 auch Ausnahmen von dieser Pflicht kennt). Es genügt dabei ein formloser Antrag, also auch per Telefon oder E-Mail. Schriftform ist nicht mehr vorgeschrieben.

Die Berufung auf Betriebs- und Geschäftsgeheimnisse ist möglich, hat aber nur eingeschränkte Wirkungen. Zu den Details, die dabei zu beachten sind, siehe § 3 Satz 5 VIG. Der Schutz solcher Geheimnisse wurde 2012 gegenüber der Ursprungsfassung des Gesetzes aus dem Jahr 2007 deutlich abgeschwächt und hinsichtlich der Herausgabe von Kontrollergebnissen der amtlichen Lebensmittelüberwachung aufgehoben. Darin spiegelt sich die Erfahrung wider, dass Auskunftsersuchen zuvor nicht selten an der Berufung auf solche Geheimnisse gescheitert sind.

Im Zusammenhang mit dem Erlass des VIG im Jahr 2007 wurde auch § 40 des Lebensmittel- und Futtermittelgesetzbuchs (LFGB) geändert und ergänzt. Diese Bestimmung mit der Überschrift „Informationen der Öffentlichkeit" legt fest, dass die zuständigen Behörden unter bestimmten Voraussetzungen die Öffentlichkeit über Gefahren und Verstöße gegen Vorschriften informieren soll, und zwar unter namentlicher Nennung des Lebens- oder Futtermittels und des Unternehmens (Herstellers, Vertreibers).

Dieser Ansatz ging von Anfang an über den der Informationsfreiheitsgesetze deutlich hinaus. Während dort Auskünfte nur erteilt werden, wenn ein entsprechender Antrag gestellt wird, wird hier ein aktives Handeln der Behörden verlangt, ohne dass es jemand vorher eingefordert hat.

Bei der Novellierung des VIG im Jahr 2012 wurde dieser Aspekt noch verstärkt. Der Vorschrift wurde ein neuer Absatz 1a eingefügt, dessen Inhalt in der Öffentlichkeit rasch mit dem Stichwort „Lebensmittel-Pranger" oder „Hygiene-Pranger" belegt wurde. Bei Verstößen, die der Gesetzgeber als besonders schwer wertet, verpflichtet diese Vorschrift die zuständigen Behörden dazu, das verantwortliche Unternehmen und das betroffene Produkt in jedem Fall öffentlich zu nennen. Eine Abwägung im Einzelfall ist bei solchen herausgehobenen Verstößen nicht mehr vorgesehen. Da der Bayerische Verwaltungsgerichtshof erhebliche Bedenken gegen die Rechtmäßigkeit dieser Vorschrift hat, hat er der Landeshauptstadt München in einem konkreten Fall bis auf Weiteres entsprechende Veröffentlichungen im Internet untersagt (Beschluss vom 18. März 2013 – 9 CE 12.2755). Ähnlich hat im Ergebnis das Oberverwaltungsgericht Nordrhein-Westfalen entschieden. Nach seiner Auffassung verletzt die in § 40 Abs. 1a Nr. 2 LFGB vorgesehene Information der Öffentlichkeit über Hygienemängel (oder Täuschung) die informationelle Selbstbestimmung der betroffenen Lebensmittel- und Futtermittelunternehmer, weil die Dauer der Veröffentlichung gesetzlich nicht befristet worden ist (Beschluss vom 24.4 2013 – 13 B 192/13). Es bleibt daher abzuwarten, ob diese neue Vorschrift vor den Gerichten letztlich Bestand haben wird. In der Praxis wird sie derzeit (Stand: April 2015) durchweg nicht mehr angewandt, weil die zuständigen Behörden Schadensersatzansprüche fürchten.

Die offizielle Seite http://www.vigwirkt.de/ enthält unter anderem den Text des VIG, die amtliche Begründung zum Gesetz und auch eine Zusammenstellung der gesetzlichen Änderungen, die im Jahr 2012 vorgenommen wurden.

3. Umweltinformationsgesetze

Strukturell ähnlich ausgestaltet wie das Verbraucherinformationsgesetz sind die Umweltinformationsgesetze des Bundes (Umweltinformationsgesetz – UIG – in der Fassung der Bekanntmachung vom 27.10.2014, BGBl. I S. 1643) und der Länder.

Dort ist einerseits vorgesehen, dass ein Antrag auf Zugang zu Umweltinformationen gestellt werden kann (Abschnitt 2 des

Informationsfreiheitsgesetze

UIG „Informationszugang auf Antrag"). Daneben ist aber auch eine aktive Pflicht normiert, Umweltinformationen zu verbreiten (Abschnitt 4 des UIG „Verbreitung von Umweltinformationen"): Dies geht so weit, dass die Bundesregierung mindestens alle vier Jahre einen „Umweltzustandsbericht" veröffentlichen muss (siehe § 11 UIG).

Das UIG ist im Verhältnis zum IFG ebenfalls eine Spezialregelung. Sie gilt nur für „Umweltinformationen", wobei dieser Begriff aber denkbar weit gefasst ist (siehe § 2 Abs. 3 UIG), so dass die meisten menschlichen Aktivitäten, mit denen Behörden zu tun haben, zumindest auch zum Entstehen von Umweltinformationen in den Behördenunterlagen führen. Zu beachten ist ferner, dass Umweltinformationen auch bei Behörden vorliegen können, die allenfalls gelegentlich mit solchen Fragen zu tun haben (etwa Baubehörden).

Überblicksinformationen zum Umweltinformationsrecht bietet die offizielle Seite http://www.rehmnetz.de/it-recht/umweltinformation. Teilweise haben die Bundesländer eigene Info-Portale eingerichtet, so das „Portal Umwelt BW" für Baden-Württemberg (http://www.umwelt-bw.de/).

4. Abgrenzungsprobleme

Die drei geschilderten Gesetzeskomplexe sind nur unzureichend aufeinander abgestimmt. Die Antragsvoraussetzungen und Antragsverfahren sind ebenso unterschiedlich geregelt wie die Ausnahmetatbestände, die eine Auskunft ausschließen. Für das Verhältnis der drei Gesetzeskomplexe zueinander gelten folgende Grundregeln (siehe Wustmann, Praxisprobleme bei der Umsetzung des VIG in: Informationsfreiheit und Informationsrecht – Jahrbuch 2009, S. 205, 211–215 sowie zu den Neuerungen beim VIG im Jahr 2012 Wustmann, Das neue Verbraucherinformationsrecht (VIG und § 40 Abs. 1a LFGB in: Informationsfreiheit und Informationsrecht – Jahrbuch 2012, S. 197 ff.):

- Wenn es spezifisch um Informationen aus dem Lebensmittel- und Futtermittelbereich geht, ist das VIG gegenüber den (allgemeinen) Informationsfreiheitsgesetzen vorrangig. Das VIG ist dann das speziellere Gesetz.

- Schwieriger ist das Verhältnis des VIG zum UIG, denn Zustände in der Umwelt können natürlich Auswirkungen auf Lebens- und Futtermittel haben. Die Abgrenzung ist deshalb oft kaum zu treffen. Das ist jedoch in erster Linie ein Problem der Behörde, von der eine Information gefordert wird. Der Antragsteller kann sich zunächst einmal auf beide Gesetze zugleich berufen und die Abgrenzung der Behörde überlassen.

III. Hinweise für den Umgang mit Anträgen am Beispiel des IFG

1. Generelle Vorgehensweise

Im Folgenden sind am Beispiel des IFG des Bundes einige grundsätzliche Probleme angesprochen, die für Unternehmen erfahrungsgemäß von besonderem Interesse sind. Insbesondere wenn es aus der Sicht eines Unternehmens darum geht, dass bestimmte Daten nicht herausgegeben werden, sollte es frühzeitig, nämlich sobald bekannt ist, dass ein entsprechender Antrag bei einer Behörde vorliegt, rechtlichen Rat einholen. Oft laufen nämlich zum Nachteil des Unternehmens Fristen (siehe unten IV.2!).

Hinweise und Tipps für Anträge, die im Internet zugänglich sind, sind meistens aus der Sicht potenzieller Antragsteller und nicht aus der Sicht von potenziellen betroffenen Unternehmen formuliert. Das gilt gerade für amtliche Seiten. Beispiele hierfür: http://www.rehmnetz.de/it-recht/antragstipps (mit einem Fragenkatalog dazu, was bei Anträgen zu beachten ist), ferner http://www.umweltinformationsrecht.de.

2. Rolle von Betriebs- und Geschäftsgeheimnissen

Soweit es sich bei den gewünschten Informationen um Betriebs- oder Geschäftsgeheimnisse handelt, dürfen sie nur herausgegeben werden, wenn der Betroffene einwilligt (§ 6 Satz 2 IFG). Wichtig: Bei der Neufassung des VIG ist das inzwischen anders (siehe dazu oben II.2), so dass es unter diesem Aspekt für einen Antragsteller attraktiver sein kann, über das VIG statt über das IFG vorzugehen, wenn er bestimmte Informationen wünscht. Was unter diesen Begriffen zu verstehen ist, ist daher in jedem Fall von zentraler Bedeutung. An den wenigen anderen, vom IFG festgelegten Voraussetzungen für eine Auskunft wird es nämlich kaum einmal fehlen:

- Antragsberechtigung (§ 1 Abs. 1 IFG)

  Einen Antrag kann ausdrücklich „jeder" stellen. Einen Grund für seinen Auskunftswunsch muss er nicht nennen.

  Beispiele:
  - Eine politische Partei möchte Informationen haben, um sie gegen einen politischen Gegner einzusetzen.
  - Ein Unternehmen möchte an Informationen herankommen, um Aufschluss über die Strategie der Konkurrenz zu erhalten.
  - Ein Rechtsanwalt möchte Informationen für einen Mandanten erhalten, verrät aber weder, wer dieser Mandant ist, noch wofür der die Informationen verwenden will.

- Vorliegen einer amtlichen Information (§ 2 IFG)

  Darunter versteht das Gesetz „jede zu amtlichen Zwecken dienende Aufzeichnung, unabhängig von der Art ihrer Speicherung". Das erfasst nahezu jedes in einer Behörde vorhandene Dokument.

- Antrag bei der richtigen Behörde (§ 7 Abs. 1 Satz 1 IFG)

  Der Antrag ist an die Behörde zu richten, die zur Verfügung über die gewünschten Informationen berechtigt ist. Das ist im Regelfall die Behörde, bei der die Informationen vorliegen.

Was als „Betriebs- und Geschäftsgeheimnis" anzusehen ist, ist vor allem für den Fall umstritten, dass es um Informationen geht, die sich auf Gesetzesverstöße beziehen:

Nach der ständigen Rechtsprechung des Bundesgerichtshof seit den 1950er-Jahren ist Betriebs- oder Geschäftsgeheimnis „jede im Zusammenhang mit einem Geschäftsbetrieb stehende, nicht offenkundige, sondern nur einem begrenzten Personenkreis bekannte Tatsache", an deren Geheimhaltung der Betriebsinhaber ein berechtigtes wirtschaftliches Interesse hat und die nach seinem bekundeten oder doch erkennbaren Willen auch geheim bleiben soll" (Urteil vom 15.3.1955 – I ZR 111/53, seither beständig so wiederholt). Von der Definition geht auch die Rechtsprechung des Bundesverfassungsgerichts aus (siehe BVerfG, Beschluss v. 14.3.2006 – 1 BvR 2087/03 und 1 BvR 2111/03 Randnummer 87, abrufbar unter www.bundes

Informationsfreiheitsgesetze

verfassungsgericht.de und nennt als Beispiele: Umsätze, Ertragslagen Geschäftsbücher, Kundenlisten, Bezugsquellen, Konditionen, Marktstrategien, Unterlagen zur Kreditwürdigkeit, Kalkulationsunterlagen und Patentanmeldungen. Dabei sollen Betriebsgeheimnisse im Wesentlichen technisches Wissen umfassen, Geschäftsgeheimnisse dagegen vornehmlich kaufmännisches Wissen betreffen. Legt man dies zugrunde, dann fallen auch und gerade Informationen über Rechtsverstöße unter den Begriff, denn

- Rechtsverstöße in einem Unternehmen stehen in Zusammenhang mit dem Geschäftsbetrieb,
- sie sind (in der Regel) nur einem sehr begrenzten Personenkreis bekannt, und
- an der Geheimhaltung hat der Betriebsinhaber in der Regel ein Interesse,
- dieses Interesse ist in der Regel auch berechtigt, da das Bekanntwerden die Stellung im Wettbewerb schwächen würde und
- den Willen zur Geheimhaltung äußert der Betroffene in der Regel sogar ausdrücklich.

Auf der Basis dieser Argumentationskette hatte das OVG Schleswig-Holstein keine Bedenken, Informationen über das Unterschreiten von Füllmengen bei Fertigpackungen als Betriebs- und Geschäftsgeheimnis anzusehen (Beschluss vom 22.6.2005 – 4 LB 30/04). Dass dieses Unterschreiten eine (wohl sogar vorsätzlich begangene) Ordnungswidrigkeit darstellte, störte dabei in keiner Weise.

Die Rechtsprechung neigt inzwischen deutlich dazu, die Reichweite der Begriffe „Betriebsgeheimnis" und „Geschäftsgeheimnis" einzuschränken. Das kommt dem Willen der Politik entgegen, Rechtsverstöße möglichst nicht mehr unter diese Begriffe fallen zu lassen (siehe § 2 Satz 3 VIG, wonach im Anwendungsbereich dieses Gesetzes Verstöße gegen lebensmittelrechtliche Vorschriften nicht unter diese Begriffe fallen). Beispiele solcher Entscheidungen:

- Ob ein Unternehmen Ausfuhrerstattungen für landwirtschaftliche Produkte erhalten hat, stellt kein Betriebs- oder Geschäftsgeheimnis dar. (Zweifelhafte) Begründung: Die Offenlegung dieser Angaben könne die Wettbewerbsposition des Unternehmens nicht nachteilig beeinflussen (BVerwG, Urteil v. 28.5.2009 – BVerwG 7 C 18.8, Randnummer 14, abrufbar unter www.bundesverwaltungsgericht.de.
- Ob die Etikettierung eines Lebensmittels mit dem Produktinhalt übereinstimmt ist ebenfalls kein Betriebs- oder Geschäftsgeheimnis. Begründung: Eine solche Abweichung betrifft kein Produktionsgeheimnis, wie es etwa beim Mischungsverhältnis bestimmter Inhaltsstoffe im Produkt vorläge (BayVGH, Beschluss v. 22.12.2009 – GO 9.3).

3. Recht auf Anhörung

Dritte (also etwa Unternehmen), deren Interessen durch einen Antrag auf Informationszugang berührt sind, erhalten schriftlich Gelegenheit zur Stellungnahme innerhalb eines Monats (§ 8 IFG). Das gilt freilich nur, wenn Anhaltspunkte dafür vorliegen, dass er ein schutzwürdiges Interesse am Ausschluss „des Informationszugangs haben kann".

Sofern Daten aus Unternehmenssicht brisant sind, ist daher zu überlegen, darauf bei der Behörde schon vorbeugend hinzuweisen. Dies kann etwa dadurch geschehen, dass bei der Übersendung von Unterlagen diese mit Stempeln wie „Vertraulich" oder „Geschäftsgeheimnis – keine Weitergabe an Dritte" versehen werden. Das wird bei etwaigen Auskunftswünschen für die Behörde zumindest Anlass sein, das betroffene Unternehmen vor einer Auskunft anzuhören.

Hinzuweisen ist allerdings darauf, dass die „Gelegenheit zur Stellungnahme" nicht dazu führt, dass für eine Auskunft die Zustimmung des Betroffenen notwendig wäre. Eine solche Zustimmung ist nur notwendig, wenn – objektiv gesehen! – ein Betriebs- und Geschäftsgeheimnis vorliegt. Ansonsten fließt die Stellungnahme des Betroffenen nur in die Abwägung der Interessen ein, die von der Behörde vorzunehmen ist.

IV. Rechtsschutz am Beispiel des IFG

1. Aus der Sicht des Antragstellers

Gegen die Ablehnung eines Antrags kann der Antragsteller zunächst Widerspruch einlegen. Sollte dieser erfolglos bleiben, ist Klage beim zuständigen Verwaltungsgericht möglich (§ 9 Abs. 4 Satz 1 IFG). Dieses Verfahren ist mit einem entsprechenden Kostenrisiko verbunden und kann relativ langwierig sein.

2. Aus der Sicht betroffener Unternehmen

Sofern ein Unternehmen im Weg der Anhörung Gelegenheit zur Stellungnahme hatte, ist ihm die Entscheidung förmlich bekannt zu geben (§ 8 Abs. 2 Satz 1 IFG). Dann ist – falls Einwendungen des Unternehmens nicht beachtet wurden – Eile geboten:

- Falls ausdrücklich die sofortige Vollziehung der Entscheidung angeordnet ist, wird die Information herausgegeben, sobald zwei Wochen nach der förmlichen Bekanntgabe vergangen sind (§ 8 Abs. 2 IFG).
- Im Übrigen wird die Information herausgegeben, sobald die Entscheidung über die Herausgabe bestandskräftig ist (§ 8 Abs. 2 IFG). Die Bestandskraft tritt einen Monat nach Bekanntgabe der Entscheidung ein, denn nur so lange ist ein Widerspruch gegen die Entscheidung möglich (§ 70 Abs. 1 VwGO).

V. Checkliste: Informationsfreiheitsgesetze

- ❑ Der Zugang zu behördlichen Informationen soll die Transparenz der Verwaltung erhöhen, wirft aber auch Fragen des Schutzes von Geschäftsgeheimnissen und des Datenschutzes auf.
- ❑ Informationsfreiheitsgesetze gibt es für den Bund und eine Reihe von Bundesländern (noch nicht für alle).
- ❑ An Spezialregelungen für bestimmte Materien bestehen das Verbraucherinformationsgesetz sowie die Umweltinformationsgesetze des Bundes und der Länder.

Internationale Marke

- ❏ Der Umfang des Schutzes von Betriebs- und Geschäftsgeheimnissen ist umstritten. Das Verbraucherinformationsgesetz lässt Gesetzesverstöße nicht unter diesen Begriff fallen. Die Gerichte neigen neuerdings dazu, den Begriff einzuengen. Im Geltungsbereich des Verbraucherinformationsgesetzes hat der Gesetzgeber im Jahr 2012 die Möglichkeit der Berufung auf Betriebs-Geschäftsgeheimnisse deutlich eingeschränkt.
- ❏ Betroffene haben Rechtsschutzmöglichkeiten gegen die Gewährung einer Information. Dabei sind teils sehr knappe Fristen (zwei Wochen!) zu beachten.

Internationale Marke

I. Allgemeines
II. Bündelung des Registrierungsverfahrens
III. Wer kann eine internationale Marke anmelden?
IV. Wo kann eine internationale Marke angemeldet werden?
V. Das Registrierungsverfahren
   1. Registrierungsantrag
   2. Prüfung durch die nationalen Markenämter
   3. Schutzdauer der internationalen Registrierung
VI. Vorteile der internationalen Registrierung

I. Allgemeines

In Zeiten der Globalisierung sind immer mehr deutsche Unternehmen international tätig. Durch den Vertrieb von Waren in außereuropäische Länder und nach Übersee wächst somit die Bedeutung des internationalen Markenschutzes immens und ist daher dringend zu empfehlen.

Während innerhalb der Europäischen Union die europäische Marke – die sog. → Unionsmarke – einen sehr umfassenden und einheitlichen Markenschutz in allen 28 Mitgliedstaaten bietet, kann außerhalb der Grenzen der Europäischen Union nach dem Madrider Markenabkommen (MMA) aus dem Jahre 1891 eine internationale Marke (IR-Marke) registriert werden. Das MMA findet seine Ergänzung durch das Protokoll zum Madrider Markenabkommen (PMMA). Die internationale Markenregistrierung bedeutet allerdings nicht, dass mit einer Anmeldung automatisch in allen Ländern der Erde Markenschutz erreicht werden kann. Vielmehr beschränkt sich der Markenschutz auf die Mitglieder des MMA und des PMMA, denen mittlerweile insgesamt 95 Staaten und mit dem EUIPO und der African Intellectual Property Organization (OAPI) auch zwei Organisationen beigetreten sind. Die Bundesrepublik Deutschland gehört beiden Abkommen an, dem MMA seit 1922 und dem PMMA seit 1996. Die Europäische Union ist Mitglied des PMMA seit 2004. Viele andere wichtige Industrienationen sind ebenfalls Mitglieder der Abkommen, wie zum Beispiel die USA (seit 2003) und China (seit 1989). Zuletzt traten Algerien und Gambia bei. Da zwischenzeitlich alle Mitglieder dem Protokoll zum Madrider Markenabkommen angehören, richtet sich das Verfahren nun ausschließlich nach dem Protokoll und nicht mehr nach dem Abkommen.

II. Bündelung des Registrierungsverfahrens

Die Möglichkeit der Registrierung einer internationalen Marke bedeutet für die Anmelder eine große Erleichterung, denn das Registrierungsverfahren wird gebündelt durchgeführt. Es ist damit nicht erforderlich, in jedem einzelnen Mitgliedstaat eine Marke separat anzumelden. Vielmehr kann mit einer **einzigen Anmeldung** die Marke zugleich in allen Mitgliedstaaten angemeldet werden. Selbstverständlich ist die Anmeldung der internationalen Marke auch für nur einzelne ausgewählte Mitgliedstaaten möglich.

III. Wer kann eine internationale Marke anmelden?

Der Anmelder einer internationalen Marke muss Angehöriger eines Mitgliedstaates sein. Bei dem Anmelder kann es sich um eine natürliche Person oder um eine juristische Person handeln, welche einen Unternehmens- oder ihren (Wohn)sitz in einem Mitgliedstaat hat, oder Angehörige eines solchen ist. Dies bedeutet, dass Personen bzw. Unternehmen, die keinen Bezug zu einem Mitgliedstaat des MMA bzw. des PMMA haben, keine internationale Marke anmelden können (das gilt somit z. B. für Andorra und viele südamerikanische Staaten). Die Angehörigen dieser Staaten sind auf den komplizierten und wesentlich teureren Weg verwiesen, in den jeweils gewünschten Ländern einzelne nationale Marken anzumelden.

IV. Wo kann eine internationale Marke angemeldet werden?

Die Registrierung wird durch das Internationale Büro der „World Intellectual Property Organization" (WIPO) in Genf durchgeführt. Die WIPO besitzt den Status einer Sonderorganisation der Vereinten Nationen und wurde im Jahre 1967 gegründet, um den Schutz des geistigen Eigentums zu fördern und auszubauen.

V. Das Registrierungsverfahren

Voraussetzung für die internationale Markenanmeldung ist zunächst, dass bereits eine Marke in dem Heimatland des Anmelders angemeldet wurde. Ein Anmelder aus Deutschland benötigt somit eine deutsche Marke oder eine Unionsmarke bzw. eine entsprechende Anmeldung, um eine internationale Registrierung vornehmen zu können. Auf diese Basismarke(nanmeldung) kann dann die internationale Registrierung gestützt werden.

1. Registrierungsantrag

Eingereicht werden muss der Antrag für die Registrierung der internationalen Marke beim Markenamt des „Heimatlandes" des Anmelders, welches den Antrag dann an die WIPO weiterleitet. Die WIPO stellt unter http://www.rehmnetz.de/it-recht/wipo-forms entsprechende Anmeldeformulare zur Verfügung. Bei einer deutschen Marke muss der Registrierungsantrag somit beim DPMA eingereicht werden. Wird die internationale Registrierung auf eine Unionsmarke gestützt, so ist der Antrag beim Amt der Europäischen Union für geistiges Eigentum (EUI-

PO) einzureichen. Die Anmeldung muss sich inhaltlich mit den Waren und Dienstleistungen decken, die in der Basisanmeldung enthalten sind. Hat die WIPO diese Voraussetzungen geprüft, wird die Marke in das internationale Register aufgenommen und in der „WIPO Gazette of International Marks" veröffentlicht.

Durch die internationale Registrierung wird jedoch kein einheitliches Markenrecht begründet. Lediglich die rein verwaltungsrechtliche Registerkompetenz ist bei dem Internationalen Büro gebündelt, nicht jedoch die Beurteilung der rechtlichen Voraussetzungen für den Markenschutz. Diese wird durch die einzelnen nationalen Ämter vorgenommen. Daher informiert die WIPO nach der Registrierung die Markenämter der einzelnen in der Anmeldung benannten Staaten über die Markenregistrierung, so dass diese nachfolgend eine Prüfung der rechtlichen Voraussetzungen in Bezug auf die Zulässigkeit des Markenschutzes in ihrem Staat vornehmen können.

2. Prüfung durch die nationalen Markenämter

Sind die nationalen Ämter der benannten Staaten über die internationale Registrierung informiert worden, haben sie in der Regel zwölf, teilweise auch achtzehn Monate Zeit, die Prüfung der rechtlichen Voraussetzungen für die Anerkennung des Markenschutzes durchzuführen. Ergibt die Prüfung eines Amtes, dass die Schutzvoraussetzungen für sein Land nicht vorliegen, so kann es den Markenschutz ablehnen. Im Einzelnen ist die Prüfung der Schutzvoraussetzungen im Rahmen einer internationalen Markenanmeldung nach der Pariser Verbandsübereinkunft (PVÜ) vorzunehmen. Danach haben die nationalen Ämter von der grundsätzlichen Schutzfähigkeit der angemeldeten Marke auszugehen. Sie können aber in einem weiteren Schritt erwägen, ob ein Schutzhindernis nach der PVÜ gegeben ist. Dies sind zum einen entgegenstehende Markenrechte Dritter sowie die mangelnde Unterscheidungskraft des einzutragenden Zeichens, beispielsweise wegen beschreibenden Charakters, oder die Sittenwidrigkeit des Zeichens.

3. Schutzdauer der internationalen Registrierung

Die internationale Marke bleibt in den ersten fünf Jahren nach der Registrierung von dem Bestand der Basismarke im Heimatland abhängig. Verliert die Basismarke in dieser Zeit ihren Schutz, verfällt damit auch die internationale Registrierung. Mit dem Ablauf der ersten fünf Jahre von der internationalen Registrierung an wird diese dann unabhängig von der Basismarke.

Die Schutzdauer beträgt 10 Jahre ab der Registrierung und kann um jeweils weitere 10 Jahre verlängert werden. Außerdem ist es möglich, zu einer bestehenden internationalen Registrierung weitere Länder, in welchen die Marke Schutz genießen soll, zu benennen (sog. nachträgliche Schutzrechtserstreckung). Die international registrierten Marken können im Online-Register ROMARIN der WIPO unter http://www.rehmnetz.de/it-recht/romarin abgerufen werden.

VI. Vorteile der internationalen Registrierung

Es gibt einige Vorteile der internationalen Markenregistrierung für den Anmelder. Einer davon ist die oben schon angesprochene Bündelung des Registrierungsverfahrens. Dadurch müssen keine einzelnen Anmeldungen bei jedem nationalen Amt eingereicht werden. Folglich hat der Anmelder auch nur eine amtliche Registrierungsgebühr des Internationalen Büros zu zahlen und nicht separat die Gebühren jedes einzelnen nationalen Amtes. Ein weiterer Vorteil ist, dass die Bestellung eines anwaltlichen Vertreters in den einzelnen in der Anmeldung benannten Staaten nicht notwendig ist, so dass für den Anmelder die internationale Anmeldung wesentlich günstiger ist. Denn erst wenn im weiteren Prüfungsverfahren ein nationales Amt Beanstandungen hinsichtlich einer Marke vorbringt, ist die Bestellung eines vertretungsberechtigten Anwaltes vor Ort erforderlich.

Internetfilter

I. Kontrolle des Internetverkehrs
   1. Filterung auf Adressebene
   2. Filterung auf Inhaltsebene

II. Sonderfall der erlaubten Privatnutzung des Internets am Arbeitsplatz

III. Datenschutzgerechte Internetfilterung

IV. Checkliste Internetfilter

I. Kontrolle des Internetverkehrs

Bei der Regelung der IT-Nutzung am Arbeitsplatz spielen Internetfilter eine entscheidende Rolle:

- Internetfilter können zur Durchsetzung von Benutzer- und Sicherheitsrichtlinien für die Verwendung eines Internetzuganges eingesetzt werden.

- Zusätzlich bieten sie eine Möglichkeit, Internetnutzer im Unternehmen von Webseiten fernzuhalten, deren Gefahrenpotenzial bereits bekannt ist (verseuchte Webseiten).

- Eine besondere Betrachtung von Internetfiltern ist notwendig, wenn Beschäftigten die Privatnutzung des betrieblichen Internetzuganges erlaubt wird.

- Internetfilter überwachen den ein- bzw. ausgehenden Internetverkehr eines Unternehmens. Ruft ein Mitarbeiter über seinen Webbrowser am Arbeitsplatz eine bestimmte Webadresse auf, so wird diese Anfrage von dem Internetserver des Unternehmens entgegengenommen. Ein zentraler Internetfilter wird am Internetserver betrieben und prüft dort die angefragte Webseite. Alternativ kann ein Internetfilter auch bereits auf dem Arbeitsplatzrechner installiert sein und bereits vor der Weiterleitung der Anfrage an den Internetserver seine Prüfung durchführen. Geprüft wird einerseits die aufgerufene Internetadresse, andererseits kann auch der Inhalt der entsprechenden Webseite kontrolliert werden.

- Eine besondere Beachtung verdienen mobile Internetfilter, also Internetfilter, die als Dienst oder App auf Smartphones und Tablets laufen. Da mobile Endgeräte auch einen direkten Internetzugang wählen können, sind lokal installierte, mobile Internetfilter eine wichtige Ergänzung der betrieblichen Datensicherheit.

Internetfilter

1. Filterung auf Adressebene

Die einfachste Form des Internetfilters prüft bei Aufruf einer Internetadresse, ob diese Adresse zu den erlaubten Webadressen gehört (White-List-Verfahren) oder aber ob die Adresse zu den verbotenen Webadressen gehört (Black-List-Verfahren).

Ist die Internetadresse nicht auf der Weißen Liste und somit nicht erlaubt bzw. ist sie auf der Schwarzen Liste, wird der Aufruf entweder blockiert oder der Anwender erhält eine entsprechende Warnung, je nach Einstellung des Internetfilters.

WICHTIG!
Beide Filterverfahren, das White-List-Verfahren und das Black-List-Verfahren, haben jedoch Einschränkungen. So müssen die erlaubten Webseiten auf der Weißen Liste laufend nachgepflegt werden, um zu verhindern, dass Mitarbeiter betrieblich erforderliche Webseiten nicht erreichen können. Die verbotenen Webseiten auf der Schwarzen Liste können nie vollständig sein, denn die Zahl der Webseiten, die für Passwortdiebstahl präpariert sind (Phishing-Webseiten), und die Zahl der mit → *Schadsoftware* verseuchten Webseiten nimmt laufend zu. Ein Black-List-Verfahren macht deshalb nur dann Sinn, wenn die Schwarze Liste durch einen Sicherheitsanbieter (in der Regel der Anbieter des Internetfilters) automatisch aktualisiert wird.

Beispiel:
Ein Unternehmen verbietet seinen Beschäftigten aus Sicherheitsgründen die Nutzung sozialer Netzwerke. Mit einem Internetfilter kann dieses Verbot durchgesetzt werden, wenn die Internetadressen der sozialen Netzwerke nicht auf die Weiße Liste gesetzt werden oder wenn die Internetadressen der sozialen Netzwerke so umfassend wie möglich auf die Schwarze Liste gesetzt werden.

2. Filterung auf Inhaltsebene

Neben der Filterung auf Adressebene analysieren moderne Internetfilter auch die Inhaltsebene. Die aufgerufenen Webseiten werden also inhaltlich untersucht. Um verbotene und gefährliche Webseiten aufspüren und blockieren zu können, suchen Internetfilter auf der Inhaltsebene nach definierten Stichwörtern (Keywords). Die Stichwörter können von dem Unternehmen selbst festgelegt werden. Zusätzlich bieten verschiedene Sicherheitsanbieter eine automatische Aktualisierung der Stichwörter an.

WICHTIG!
Moderne Internetfilter suchen nicht nur nach Stichwörtern. Sie haben weitere Funktionen, um die Webseiten auf Inhaltsebene analysieren zu können, darunter

- Filterung auf Inhaltsebene mit automatischer Übersetzung der Begriffe in mehrere Fremdsprachen
- Prüfung der Webseitenaufrufe trotz verschlüsselter Verbindung (HTTPS-Filterung)
- Filterung aller genutzten Internetprotokolle, auch FTP (File Transfer Protocol) und P2P (Peer-to-Peer)
- Blockierung bestimmter Dateitypen als Download
- Blockierung bestimmter Webapplikationen und Online-Dienste (z. B. Chat-Programme)
- Blockierung bestimmter IP-Adressen (IP, Internet Protocol)
- Standardrichtlinien für Gäste und Benutzer
- Ausnahmeregeln für bestimmte Benutzer und Gruppen
- tageszeitabhängige Filter-Richtlinien.

II. Sonderfall der erlaubten Privatnutzung des Internets am Arbeitsplatz

Ist die Privatnutzung des Internets am Arbeitsplatz erlaubt, muss der Einsatz von Internetfiltern unter einem besonderen Blickwinkel betrachtet werden: Denn durch die Erlaubnis wird der **Arbeitgeber** dem Gesetzeswortlaut nach zum **Diensteanbieter im Sinne des Telekommunikationsgesetzes (TKG)**. Näheres hierzu siehe unter dem Stichwort → *IT am Arbeitsplatz*.

Als solcher muss er das Fernmeldegeheimnis wahren (§ 88 TKG) sowie Vorschriften zum Datenschutz beachten (§§ 91 ff. TKG). Der Arbeitgeber darf aus diesem Grund das private Surfverhalten seiner Mitarbeiter grundsätzlich nicht überwachen.

WICHTIG!
Mitunter ist die private Nutzung des Internets weder explizit erlaubt noch ausdrücklich verboten. Dieser Zustand ist keine zufriedenstellende Lösung. Der Arbeitnehmer kann sowohl aus einer Duldung als auch aus einer fehlenden Kontrolle bei einem Verbot ableiten, dass eine Privatnutzung zulässig ist.

Insofern können rechtliche Bedenken gegen den Einsatz eines Internetfilters bestehen. Beschränkt sich die Funktion des Internetfilters nicht auf ein reines Blockieren einer Internetseite, sondern findet auch eine Protokollierung statt, bedarf es regelmäßig der datenschutzrechtlichen Rechtfertigung.

Geht es um den Schutz der Netzwerksicherheit, kommt § 100 Abs. 1 TKG als Erlaubnistatbestand in Betracht. Geht es jedoch darum, durch den Internetfilter sicherzustellen, dass der Arbeitnehmer nicht auf Seiten zugreift, die ihn von der Erfüllung seiner arbeitsvertraglichen Pflichten abhalten, kann nicht auf die telekommunikationsrechtlichen Vorschriften zurückgegriffen werden.

Es erscheint daher ratsam, die Erlaubnis der privaten Nutzung des Internets am Arbeitsplatz von einer datenschutzrechtlichen Einwilligung des Arbeitnehmers in den Einsatz von Internetfiltern abhängig zu machen.

Hinweis:
Die Freiwilligkeit ist Voraussetzung für die Wirksamkeit einer Einwilligung. Diese ist im Arbeitsverhältnis stets problematisch. Allerdings muss der Arbeitnehmer, wenn er die Einwilligung verweigert, lediglich die Konsequenz fürchten, dass er das Internet am Arbeitsplatz nicht privat nutzen darf. Der Verzicht auf dieses Zugeständnis des Arbeitgebers bei ansonsten gleichbleibenden Konditionen legt keine Drucksituation des Arbeitnehmers nahe, die die Freiwilligkeit der Einwilligung in Frage stellen würde.

Eine nähere Beschreibung der Funktionsweise des Internetfilters kann in einer Betriebs- bzw. Dienstvereinbarung festgehalten werden. Der Arbeitgeber sollte in jedem Fall seine Gestaltungsmöglichkeiten nutzen (weiterführend hierzu siehe das Stichwort → *IT am Arbeitsplatz*). Je nach Unternehmensstruktur und -kultur kann es noch andere geeignete Wege geben, eine Gefährdung des Persönlichkeitsrechts der Mitarbeiter beim Einsatz von Internetfiltern zu vermeiden.

Beispiel:
Um eine Privatnutzung erlauben und trotzdem den dienstlichen Gebrauch stichprobenartig überprüfen zu können, könnte eine Richtlinie die getrennte Behandlung von Verbindungsdaten aus dienstlicher und privater Webnutzung vorgeben, zum Beispiel durch eine zeitliche Vorgabe, die eine private Internetverwendung nur nach Dienstschluss oder in der Mittagspause erlaubt, oder die Begrenzung der privaten Webnutzung auf bestimmte Rechner, die aus den Protokollierungen ausgenommen werden.

III. Datenschutzgerechte Internetfilterung

Bei dem Einsatz von Internetfiltern muss die Verhältnismäßigkeit gewahrt bleiben. Manche Internetfilter bieten Protokollierungen und Auswertungen, die über die datenschutzrechtlich zulässigen Maßnahmen hinausgehen könnten, zum Beispiel sehr umfangreiche Protokollierungen wie:

- Wer hat welche Website wann wie oft aufgerufen?
- Wer hat welche Downloads zu welchem Zeitpunkt wie oft durchgeführt?
- Wer hat wie oft versucht, gesperrte Websites zu öffnen?
- Wer hat das Internet am häufigsten genutzt?

Solche Berichte sollten wenn überhaupt nur anonymisiert erstellt werden, um die Zweckentfremdung der Internetfilterung für eine Verhaltens- und Leistungsanalyse der Mitarbeiter auszuschließen. Nur in begründeten Ausnahmefällen und im Zuge eines Stichprobenverfahrens sollten Protokolle der Internetfilter der dienstlichen Nutzung bestimmten Personen zugeordnet werden. Erlaubte Privatnutzungen sind von solchen Protokollierungen generell auszunehmen (Anonymisierung der Nutzer).

IV. Checkliste Internetfilter

WICHTIG!

Für den Einsatz eines Internetfilters ist entscheidend:

- ☐ Technisch-organisatorische Trennung der dienstlichen und privaten Nutzung des Internets
- ☐ Kontrolle der Einhaltung der Nutzungsrichtlinien
- ☐ anonyme Kontrolle des Surfverhaltens
- ☐ Zugriff auf Protokolle (Loggings) und Berichte des Internetfilters geschützt
- ☐ Filterung auf Adress- und Inhaltsebene
- ☐ regelmäßige Updates für die Weißen und Schwarzen Listen des Internetfilters
- ☐ anonymisierte Kontrolle auch verschlüsselter Verbindungen (HTTPS-Filterung)
- ☐ Filterung auch alternativer Verbindungen über Peer-to-Peer (P2P) oder File Transfer Protocol (FTP)

IT am Arbeitsplatz

I. Ausgangssituation

II. Verbotene Privat-Nutzung der IT am Arbeitsplatz

III. Erlaubte Privat-Nutzung der IT am Arbeitsplatz
   1. Rechtliche Konsequenzen einer Erlaubnis für den Arbeitgeber
   2. Bedeutung für den Arbeitnehmer

IV. Gestaltungsmöglichkeiten
   1. Ausdrückliches Verbot
   2. Regelungen in Betriebs- bzw. Dienstvereinbarungen
   3. Einwilligung des Arbeitnehmers

V. Fazit

I. Ausgangssituation

Informationstechnologie (IT), insbesondere Internet und E-Mail, sind heute unverzichtbare Werkzeuge im Arbeitsalltag vieler Arbeitnehmer. Die Beschaffung von Informationen, die zur Erfüllung der dienstlichen Aufgaben erforderlich sind, erfolgt inzwischen größtenteils über das Internet, dienstliche E-Mails ersetzen immer mehr den Briefverkehr mit Lieferanten und Kunden und prägen auch die betriebsinterne Kommunikation. Aber der Dienst-PC wird nicht nur für dienstliche Zwecke, sondern vielfach auch privat genutzt. Dies betrifft in erster Linie die Nutzung des Internets, aber auch die der dienstlichen E-Mail-Adresse. Diese Privat-Nutzung der IT am Arbeitsplatz führt zu einer ganzen Reihe von rechtlichen Konsequenzen für Arbeitgeber und Arbeitnehmer.

Hinweis:
Werden umgekehrt private Geräte mit der Erlaubnis des Arbeitgebers dienstlich eingesetzt, ergeben sich hieraus eigene rechtliche Probleme. Mehr hierzu siehe unter dem Stichwort → BYOD (Bring Your Own Device).

II. Verbotene Privat-Nutzung der IT am Arbeitsplatz

Ist die private Nutzung von Internet und E-Mail am Arbeitsplatz verboten, darf der Arbeitnehmer diese Medien nicht für private Zwecke nutzen. Tut er es doch, so stellt dies eine Verletzung der arbeitsvertraglichen Pflichten dar, was im schlimmsten Fall eine Abmahnung oder sogar die (fristlose) Kündigung nach sich ziehen kann.

III. Erlaubte Privat-Nutzung der IT am Arbeitsplatz

Anders ist die Situation zu beurteilen, wenn die private Nutzung von Internet und E-Mail am Arbeitsplatz erlaubt ist. Es muss jedoch nicht zwingend eine ausdrückliche Anweisung bezüglich der Internetnutzung am Arbeitsplatz geben, damit die neuen Medien legal genutzt werden dürfen. Ausreichend ist, wenn eine sogenannte betriebliche Übung dahingehend besteht, dass das Internet auch einmal für private Zwecke genutzt werden darf.

Definition:
Unter „betrieblicher Übung" wird die Situation verstanden, dass ein Arbeitnehmer aus einem bestimmten dauerhaften oder regelmäßig wiederkehrenden Verhalten des Arbeitgebers ableiten darf, dass sich der Arbeitgeber auch in Zukunft so verhält.

Eine solche betriebliche Übung lässt sich etwa daran erkennen, dass der Arbeitgeber von der gelegentlichen privaten Internet- und E-Mail-Nutzung seiner Mitarbeiter weiß und diese bereits über einen längeren Zeitraum duldet. Dies gilt jedoch nur für den Fall, dass dem Arbeitgeber hierdurch keine zusätzlichen Kosten entstehen.

IT am Arbeitsplatz

Aufgrund der Einbindung des Internets in die meisten Bereiche des täglichen Lebens geht die Entwicklung inzwischen sogar dahin, dass der Arbeitnehmer von einer stillschweigenden Erlaubnis des Arbeitgebers in die private Internet- und E-Mail-Nutzung ausgehen darf, wenn keine ausdrückliche anderslautende Anweisung kommuniziert wurde.

1. Rechtliche Konsequenzen einer Erlaubnis für den Arbeitgeber

Erlaubt der Arbeitgeber die private Nutzung von Internet und E-Mail am Arbeitsplatz, wird er dem Gesetzeswortlaut nach zum **Diensteanbieter im Sinne des Telekommunikationsgesetzes (TKG)**.

Zwar hat das Landesarbeitsgericht Berlin-Brandenburg entschieden, dass ein Arbeitgeber nicht allein dadurch zum Diensteanbieter i. S. d. Telekommunikationsgesetzes wird, dass er einem Beschäftigten gestattet, einen dienstlichen E-Mail-Account auch privat zu nutzen (Urteil vom 16.2.2011 Az. 4 Sa 2132/10). Diese Sichtweise ist auch unlängst durch das Verwaltungsgericht Karlsruhe (Urteil vom 27.5.2013 Az. 2 K 3249/12) unter Verweis auf den Gesetzeszweck des Telekommunikationsgesetzes bestätigt worden:

„§ 1 TKG bringt zum Ausdruck, dass es sich um ein Gesetz zur Förderung des privaten Wettbewerbs im Bereich der Telekommunikation handelt, dass also auf die Rechtsbeziehungen zwischen dem Staat und den Telekommunikationsdiensteanbietern sowie diejenigen zwischen den Telekommunikationsdiensteanbietern untereinander abgezielt wird. Sinn und Zweck des Gesetzes ist es dagegen nicht, die unternehmens- beziehungsweise behördeninternen Rechtsbeziehungen – etwa zwischen Arbeitgeber und Arbeitnehmer zu regeln."

Die Aufsichtsbehörden für den Datenschutz vertreten hierzu jedoch eine gegenteilige Auffassung (vgl. das Positionspapier des BfDI „Datenschutzrechtliche Grundsätze bei der dienstlichen/privaten Internet- und E-Mail-Nutzung am Arbeitsplatz") und können sich damit auf die Gesetzesbegründung (BT-Drs. 13/3609 Seite 53) stützen, in der es heißt:

„Dem Fernmeldegeheimnis unterliegen damit z. B. Corporate Networks, Nebenstellenanlagen in Hotels und Krankenhäusern, Clubtelefone und Nebenstellenanlagen in Betrieben und Behörden, soweit sie den Beschäftigten zur privaten Nutzung zur Verfügung gestellt sind."

Es bleibt abzuwarten, welche Meinung sich durchsetzen wird bzw. ob eine gesetzliche Klarstellung, z. B. im Rahmen der Novellierung der Beschäftigtendatenschutzregelungen (siehe dazu das Stichwort → *Beschäftigtendatenschutz*), erfolgen wird.

TIPP!
Bis zu einer höchstrichterlichen Klärung oder gesetzlichen Klarstellung sollte – dem Prinzip der Vorsicht folgend – davon ausgegangen werden, dass das Telekommunikationsgesetz (TKG) auch im Arbeitsverhältnis Anwendung finden kann.

Geht man weiterhin davon aus, dass die telekommunikationsrechtlichen Vorschriften gelten, muss der Arbeitgeber das in § 88 TKG normierte **Fernmeldegeheimnis** wahren. Daraus und aus dem Schutz des auch im Arbeitsverhältnis zu beachtenden allgemeinen Persönlichkeitsrechts folgt, dass der Arbeitgeber die private Korrespondenz seiner Arbeitnehmer grundsätzlich nicht mitlesen oder kontrollieren darf. Das Gleiche gilt für die Überwachung des Surfverhaltens im Internet.

ACHTUNG!
Die Verletzung des Fernmeldegeheimnisses ist über § 206 StGB sogar strafbewehrt!

Sieht sich der Arbeitgeber aufgrund einer unvorhergesehenen Abwesenheit des Arbeitnehmers (z. B. krankheitsbedingt) gezwungen auf dessen dienstlichen E-Mail-Account zuzugreifen, sollte er in jedem Fall die folgenden Punkte beachten:

Checkliste für den Zugriff auf den dienstlichen E-Mail-Account des Arbeitnehmers in dessen Abwesenheit:

- An allererster Stelle sollte eine Dringlichkeitsprüfung stehen: Der Arbeitgeber muss begründen können, warum ein Zugriff auf den E-Mail-Account des Arbeitnehmers notwendig ist und dessen Rückkehr nicht abgewartet werden kann.

- Dann sollte zunächst versucht werden, den Arbeitnehmer zu erreichen, um im besten Fall seine Zustimmung zur Einsichtnahme einzuholen.

- Bleiben die Versuche der Kontaktaufnahme erfolglos, ist – sofern vorhanden – der Betriebsrat und der Datenschutzbeauftragte zu informieren.

- Um eine Einsichtnahme in den dienstlichen E-Mail-Account des abwesenden Mitarbeiters zu ermöglichen, muss das Passwort durch den Administrator zurückgesetzt werden. Dieser Prozess sowie die Einsichtnahme selbst sollten im 4-Augen-Prinzip erfolgen.

- Ausschließlich die dienstlichen E-Mails sollten ausgedruckt oder an den Stellvertreter weitergeleitet werden. Eine Einordnung der E-Mails in dienstlich und privat sollte vorab anhand Betreff und Absender unter Beteiligung einer neutralen Person (z. B. Betriebsratsmitglied oder Datenschutzbeauftragter) stattfinden.

- Die Vorgehensweise sollte dokumentiert und von allen Beteiligten unterschrieben werden.

TIPP!
Durch Betriebs- bzw. Dienstvereinbarung kann der Arbeitnehmer verpflichtet werden, private E-Mails als solche zu kennzeichnen. Dies erleichtert eine Selektion der dienstlichen E-Mails im Fall einer zwingend notwendigen Einsichtnahme in das E-Mail-Postfach des Arbeitnehmers bei unvorhergesehenen Abwesenheiten. Für geplante Abwesenheiten sollte geregelt sein, dass eine Stellvertreterregelung für das E-Mail-Postfach eingerichtet werden muss.

2. Bedeutung für den Arbeitnehmer

Gestattet der Arbeitgeber die private Nutzung des Internets und den privaten E-Mail-Versand, so bedeutet dies nicht, dass der Arbeitnehmer dies nun nach Gutdünken in Anspruch nehmen darf. Er ist und bleibt durch den Arbeitsvertrag verpflichtet, während der Arbeitszeit seine Arbeitskraft alleine dem Arbeitgeber zur Verfügung zu stellen. Internet- und E-Mail-Nutzung sind daher nur in den Pausen gestattet. Nicht von der Erlaubnis des Arbeitgebers umfasst ist zudem in der Regel der Download großer privater Dateien auf den Dienstcomputer, wenn dadurch die Gefahr von Virenschäden oder anderer Störungen der EDV-Anlage des Arbeitgebers geschaffen oder verschärft wird.

Der Arbeitnehmer kann ferner nicht davon ausgehen, dass die stillschweigende Erlaubnis des Arbeitgebers sich auch auf Internetnutzungen bezieht, durch die dem Arbeitgeber zusätzliche Kosten entstehen. Solche Handlungen können nach der

IT am Arbeitsplatz

Rechtsprechung des Bundesarbeitsgerichts sogar zur Kündigung führen.

IV. Gestaltungsmöglichkeiten

Der Arbeitgeber hat verschiedene Möglichkeiten, die Situation zu gestalten:

1. Ausdrückliches Verbot

Will der Arbeitgeber kein Risiko eingehen, muss er die private IT-Nutzung am Arbeitsplatz ausdrücklich verbieten.

> **Hinweis:**
> Ausdrücklich deshalb, weil sonst der Eindruck entstehen könnte, dass der Arbeitgeber die private IT-Nutzung stillschweigend erlaubt oder zumindest duldet. So kann eine betriebliche Übung entstehen.

Dann jedenfalls ist er nicht mehr als Diensteanbieter im Sinne des Telekommunikationsgesetzes mit den dargestellten rechtlichen Konsequenzen einzustufen. Allerdings scheuen viele Arbeitgeber vor diesem Schritt zurück, um nicht das Betriebsklima zu gefährden. Auch im Hinblick auf Neueinstellungen kann es für den Arbeitgeber opportun sein – gerade wenn jüngeres oder technikaffines Personal rekrutiert werden soll, die private IT-Nutzung nicht vollständig zu verbieten. In diesem Fall sollten Regelungen zur IT-Nutzung am Arbeitsplatz, z. B. in einer Betriebsvereinbarung, getroffen werden.

2. Regelungen in Betriebs- bzw. Dienstvereinbarungen

Eine Betriebsvereinbarung eignet sich um festzuhalten, welche Nutzung von Internet und E-Mail am Arbeitsplatz zulässig sein soll. Sie wird zwischen dem Arbeitgeber und dem Betriebsrat als Vertretung der Arbeitnehmer abgeschlossen. Im öffentlichen Dienst kann eine entsprechende Dienstvereinbarung mit dem Personalrat abgeschlossen werden.

In einer Betriebs- bzw. Dienstvereinbarung wird in der Regel vereinbart werden, dass die Nutzung von Internet und E-Mail zwar generell nur im dienstlichen Interesse erfolgen soll, dass aber gelegentliches privates Surfen und E-Mails-Schreiben in den Pausen und außerhalb der Dienstzeit zulässig sind.

> **TIPP!**
> Der Arbeitgeber sollte eingangs klarstellen, dass die Erlaubnis der privaten IT-Nutzung am Arbeitsplatz eine freiwillige Leistung ist, die jederzeit widerrufen werden kann und keine Rechtsansprüche, insbesondere im Hinblick auf eine künftige Nutzung, begründet!

Klar festgehalten werden sollte in der Betriebs- bzw. Dienstvereinbarung, welche Aktivitäten im Internet vom Arbeitsplatz aus nicht toleriert werden und in jedem Fall zu unterbleiben haben:

Checkliste für unzulässige private IT-Nutzung am Arbeitsplatz:

- Abruf kostenpflichtiger Internetseiten
- Abruf, Speichern oder Verbreiten von Inhalten, die gegen geltendes Recht, insbesondere gegen persönlichkeitsrechtliche, lizenz- und urheberrechtliche oder strafrechtliche Bestimmungen verstoßen
- Aktivitäten, die sich gegen die Sicherheit von IT-Systemen richten
- Abonnement von Newslettern für private Zwecke (Spamgefahr)
- Herunterladen von Audio- oder Videodateien
- etc.

Diese Liste kann – orientiert an den jeweiligen Bedürfnissen – noch beliebig erweitert oder gegebenenfalls nur eingeschränkt übernommen werden.

Es empfiehlt sich, gleichzeitig die Modalitäten zu regeln, wie überprüft wird, ob die Nutzungsbedingungen auch eingehalten werden. Gibt es spezielle Regelungen über „erlaubte" Internetseiten, sollten diese Regelungen durch eine Vereinbarung flankiert werden, nach der der Arbeitgeber befugt ist, eine personenbezogene Kontrolle der Internetnutzung anzuordnen, wenn der begründete Verdacht einer missbräuchlichen Nutzung des Internets besteht, etwa durch das Aufrufen von Seiten mit strafbarem Inhalt. Möglich ist in diesem Zusammenhang auch die Regelung, dass der Arbeitgeber durch technische Vorkehrungen diejenigen Internetseiten für seine Mitarbeiter sperrt, die nicht zur Erfüllung ihrer arbeitsvertraglichen Pflichten beitragen. Hierzu können beispielsweise Internetfilter eingesetzt werden (näher hierzu siehe das Stichwort → *Internetfilter*).

> **Hinweis:**
> Nach überwiegender Meinung in der Literatur ist eine Regelung in Betriebs- bzw. Dienstvereinbarungen allein nicht ausreichend, um Überprüfungsmaßnahmen des Arbeitgebers bei erlaubter privater IT-Nutzung zu rechtfertigen. Es bedarf zusätzlich der Einwilligung der Beschäftigten (siehe 3.). Dies entspricht auch der Empfehlung der Datenschutzaufsichtsbehörden, die im Januar 2016 eine Orientierungshilfe zur datenschutzgerechten Nutzung von E-Mail und anderen Internetdiensten am Arbeitsplatz mit Mustertexten herausgegeben haben (abrufbar z. B. unter http://www.rehmnetz.de/it-recht/orientierungshilfe-it_am_arbeitsplatz).

Weiterführend zur Gestaltung von Betriebs- bzw. Dienstvereinbarungen siehe das Stichwort → *IT-Betriebsvereinbarung – rechtliche Ausgestaltung*.

3. Einwilligung des Arbeitnehmers

Eine zusätzliche Absicherung kann dadurch erfolgen, dass die Erlaubnis der Privatnutzung der IT am Arbeitsplatz durch den Arbeitgeber von einer Einwilligung des Arbeitnehmers in die Protokollierung und Überprüfung seiner Internetzugriffe abhängig gemacht wird.

> **ACHTUNG!**
> Eine Einwilligung im Arbeitsverhältnis ist aufgrund der fraglichen Freiwilligkeit auf Seiten des Arbeitnehmers stets problematisch. Will der Arbeitgeber aber kein absolutes Verbot der privaten IT-Nutzung aussprechen und dennoch gewisse Kontrollmöglichkeiten behalten, erscheint es als gangbarer Weg, um das Risiko einer Verletzung des Fernmeldegeheimnisses oder datenschutzrechtlicher Vorschriften zu minimieren.

Die Betriebs- bzw. Dienstvereinbarung muss dann aber ausdrücklich darauf hinweisen, dass die Privatnutzung der IT am Arbeitsplatz nur unter der Bedingung der Einwilligung des Arbeitnehmers in die – dort näher zu beschreibenden – Kontrollen des Arbeitgebers erlaubt ist und ansonsten ein Verbot gilt.

> **TIPP!**
> Damit müsste der Arbeitgeber bei Kontrollen eigentlich weitgehend abgesichert sein: Entweder es liegt die Einwilligung des betroffenen Arbeitnehmers vor (für die Freiwilligkeit seiner Einwilligung spricht, dass er eine echte Alternative hat, die ledig-

lich einen Verzicht auf ein Zugeständnis des Arbeitgebers bedeutet) oder es besteht von vornherein keine Gefahr einer Verletzung seiner Rechte, da er die IT am Arbeitsplatz nur dienstlich nutzen darf (sollte der Arbeitnehmer verbotswidrig die IT am Arbeitsplatz privat genutzt haben, kann dies nicht zu Lasten des Arbeitgebers gehen).

V. Fazit

Der Arbeitgeber sollte unbedingt von seinen Gestaltungsmöglichkeiten Gebrauch machen und klare Verhältnisse schaffen. Dies gilt insbesondere für den Fall, dass er die Privatnutzung der IT am Arbeitsplatz durch seine Arbeitnehmer nicht tolerieren will. Ein ausdrückliches Verbot ist derzeit auch der einzige Weg, einer telekommunikationsrechtlichen Verantwortung sicher zu entgehen. Erlaubt der Arbeitgeber die private Nutzung der IT am Arbeitsplatz, sollten die Bedingungen möglichst klar geregelt und durch eine Einwilligung des Arbeitnehmers abgesichert werden. Dies ist besonders wichtig im Hinblick auf die Kontroll- und Zugriffsmöglichkeiten des Arbeitgebers.

IT-Betriebsvereinbarung – rechtliche Ausgestaltung

I. Rechtliche „Handlungsanleitung" in Form einer Betriebsvereinbarung (oder auch einer „Mitarbeiterrichtlinie")
1. Regelungsbedarf: Infrastruktur (Gebäude etc.)
2. Regelungsbedarf: Arbeitsplatz
3. Regelungsbedarf: Telefon, Internet und E-Mail
3a. Nutzung des Telefons
3b. Nutzung des Internets von E-Mail-Systemen
4. Regelungsbedarf: Externe Datenträger
5. Regelungsbedarf: Passwortgebrauch, mobile Geräte und Home Office
6. Regelungsbedarf: Firmenwebseite
7. Regelungsbedarf: Account-Daten

II. Social Media Guidelines
1. Problematik der sozialen Netzwerke für Unternehmen
2. Regelungsbedarf

III. Fazit

Es sollte mittlerweile für jedes Unternehmen eine Selbstverständlichkeit darstellen, den Angestellten in verbindlicher Art und Weise vorzugeben, in welcher Form die betriebseigenen Telekommunikationseinrichtungen (wie z. B. E-Mail, Internet, Telefon etc.) genutzt werden dürfen.

Dies ist jedoch meist keineswegs der Fall: Stattdessen scheinen viele Geschäftsführer den Umstand schlicht zu ignorieren, dass es mittlerweile fast schon ein gesetzliches „Muss!" darstellt, den Angestellten eine rechtlich verbindliche „Handlungsanleitung" hinsichtlich des Umgangs mit unternehmenssensiblen Systemen vorzugeben.

Nur auf diese Weise ist es beispielsweise möglich,

- unter Berücksichtigung des geltenden Datenschutzrechtes die gesetzlichen Verpflichtungen hinsichtlich der revisionssicheren E-Mail-Archivierung zu erfüllen,

- sicherheitsrelevante Risiken frühzeitig zu erkennen und wirkungsvoll zu begegnen. So werden heutzutage alle wesentlichen Funktionen und Aufgaben eines Unternehmens maßgeblich durch die Informationstechnik (IT) unterstützt. Ein Ausfall von IT-Systemen muss insgesamt kurzfristig kompensiert werden können – wofür auch die Einbeziehung der Mitarbeiterschaft gehört. Diese gilt es bezüglich der Themen „IT-Security", Datenschutz und Risikoprävention zu sensibilisieren und ihr nicht zuletzt dadurch Rechtssicherheit zu verschaffen.

Das Gesetz ernst nehmen!

Die vorgenannten Punkte sollte auch jeder Geschäftsführer ernst nehmen, da das Gesetz seine persönliche Haftung für den Fall vorsieht, dass er Entwicklungen, die zukünftig ein Risiko für das Unternehmen darstellen könnten (dazu gehört eben auch die unterlassene Speicherung geschäfts- oder steuerrechtlich relevanter E-Mails), nicht durch ein Risikomanagement überwacht und durch geeignete Maßnahmen vorbeugt. Dies gilt sowohl für die persönliche Haftung

- des Vorstands einer AG (§ 91 Abs. 2 und § 93 Abs. 2 AktG),

- des Geschäftsführers einer GmbH, der die „Sorgfalt eines ordentlichen Geschäftsmannes" aufzubringen hat (§ 43 Abs. 1 GmbHG), als auch für

- andere Gesellschaftsformen, wie etwa der Offenen Handelsgesellschaft oder der Kommanditgesellschaft. Diese sind den Kapitalgesellschaften hinsichtlich der Rechtspflichten zur IT-Sicherheit dann gleichgestellt, wenn sie keine natürliche Person als persönlich haftende Gesellschafter haben (vgl. dazu das Kapitalgesellschaften und Co-Richtlinie-Gesetz, „KapCoRiLiG").

Dass die IT-Betriebsvereinbarung rechtliche Sicherheit bietet, hat beispielsweise das Landesarbeitsgericht Berlin-Brandenburg (5 Sa 657/15) klargestellt: Dieses hat festgestellt, dass eine IT-Betriebsvereinbarung eine datenschutzrechtlich wirksame Grundlage für die Erhebung von Daten sein kann. So kann etwa die Überprüfung des Browserverlaufs eines Arbeitnehmers auf diesem Weg möglich sein.

I. Rechtliche „Handlungsanleitung" in Form einer Betriebsvereinbarung (oder auch einer „Mitarbeiterrichtlinie")

Ziel einer jeden rechtlichen „IT-Handlungsanleitung" sollte sein, allgemeine Richtlinien der Ausgestaltung und Entwicklung für das Arbeiten mit IT-Systemen aufzustellen, die Qualität der Arbeit zu fördern sowie die Mitarbeiter vor unzulässigen Verhaltens- und Leistungskontrollen und vor Eingriffen in das allgemeine Persönlichkeitsrecht zu schützen.

Im Folgenden werden nun die wichtigsten Regeln zur Nutzung der unternehmenseigenen „IT-Infrastruktur" dargestellt, wie sie etwa auch im Rahmen einer Mitarbeiterrichtlinie (bzw. Betriebsvereinbarung) Eingang finden könnten. Dabei wird unter dem Begriff „IT-Infrastruktur" die Gesamtheit aller Gebäude, Kommunikationsdienste (Netzwerk), Maschinen (Hardware) und Programme (Software) eines Unternehmens verstanden.

IT-Betriebsvereinbarung – rechtliche Ausgestaltung

1. Regelungsbedarf: Infrastruktur (Gebäude etc.)

An erster Stelle einer jeden IT-Betriebsvereinbarung sollten sich konkret gefasste Vorgaben befinden, die die Sicherheit unternehmenseigener Gebäude, Räume, Fahrzeuge etc. zum Gegenstand haben. Dementsprechend könnte etwa geregelt werden,

- wie sich die Mitarbeiter den Zugang zum Gebäude verschaffen dürfen (etwa durch den Einsatz einer elektronischen Schließanlage und von Transponder-Systemen);
- wie die Zugangsrechte bezüglich besonders sensibler Räume geregelt sind;
- dass etwa darauf zu achten ist, dass alle sicherheitsrelevanten Zugänge, wie Gebäude- oder Bürozugänge in Zeiten, in denen ein Raum nicht besetzt ist, verschlossen sind. Dies bezieht, neben Türen, auch die Fenster im Erdgeschoss ein, wie man bei Verlust oder Diebstahl von Transpondern bzw. Schlüsseln zu reagieren hat;
- wie Alarmanlagen zu behandeln sind;
- was bei einem frühen Eintreffen oder auch spätem Verlassen des Gebäudes zu beachten ist – etwa wenn eine Sicherheitsfirma oder auch ein Hausmeister existent ist;
- wie sich Besucher anzumelden und beim Verlassen wieder abzumelden haben (Stichwort: Besucherausweis, Registrierung etc.).

2. Regelungsbedarf: Arbeitsplatz

Des Weiteren sollte die IT-Betriebsvereinbarung den Mitarbeitern deutlich vor Augen führen, dass gerade sie es sind, die für den Schutz der IT-Systeme vor unbefugter, unsachgemäßer und missbräuchlicher Benutzung Sorge zu tragen haben. Hierfür ist etwa unabdingbar, dass bestimmte Regeln am Arbeitsplatz eingehalten werden, wie z. B.

- die PC-Sperrung beim Verlassen des Arbeitsplatzes. Zudem sollte der Arbeitsplatz in einer Art und Weise verlassen werden, dass keine schutzbedürftigen Unterlagen zurückgelassen werden;
- der sensible Umgang mit Passwörtern;
- die Abmeldung des Dialogs bei servergestützten Anwendungen bei längerer Abwesenheit bzw. bei längerem Nichtgebrauch;
- dass bei Dienstende der PC ordnungsgemäß auszuschalten und beispielsweise sämtliche Ausdrucke aus dem Drucker zu entfernen wären.

Anmerkung: Abhängig von der unternehmenseigenen IT-Infrastruktur ist zu empfehlen, dass besonders sensible bzw. unternehmenskritische Daten nicht auf der Festplatte des Arbeitsplatz-PCs gespeichert werden dürfen (da dort meist gespeicherte Daten nicht gesichert werden). Vielmehr sollten Daten dieser Art stets und ausschließlich auf dem Netzlaufwerk gespeichert werden.

3. Regelungsbedarf: Telefon, Internet und E-Mail

Grundsätzlich kann der Arbeitgeber die Nutzung von betrieblichen Kommunikationsmitteln verbindlich regeln und die private Nutzung verbieten. Ansonsten gilt die „betriebliche Übung", nämlich wenn der Arbeitgeber von der Nutzung wusste und sie über einen gewissen Zeitraum (ca. ½–1 Jahr) hinweg duldete. Doch auch dann sind der privaten Nutzung von E-Mail, Internet & Co. Grenzen gesetzt.

So kann bei grundsätzlichem Dulden eine „**exzessive Nutzung**" während der Arbeitszeit Grund für eine fristlose Kündigung sein (BAG, 27.4.2006, Az. 2 AZR 386/05; 7.7.2005, Az. 2 AZR 581/04). Ebenso das OVG Lüneburg (18 LP 15/10) und Landesarbeitsgericht Niedersachsen (12 SA 875/09). Ein Sonderfall sind dabei **betriebsinterne Administratoren,** die naturgemäß besondere Rechte und Zugriff auf verschiedene Teile der Infrastruktur haben – somit auch Missbrauch treiben können. Daran ist nicht nur vertraglich zu denken, es steht im Regelfall auch die Möglichkeit offen, bei einem Missbrauch der Rechte, eine Sonderkündigung auszusprechen (so Landesarbeitsgericht München, 11 Sa 54/09).

Regelbar ist die Nutzung betrieblicher Kommunikationsmittel entweder direkt im Arbeitsvertrag oder in einer Betriebsvereinbarung. Zu beachten ist in letzterem Fall jedoch ein evtl. zwingendes Mitbestimmungsrecht des Betriebsrats nach § 87 Abs. 1 Nr. 6 BetrVG.

3a. Nutzung des Telefons

Klargestellt muss zu Beginn sein, dass die private Nutzung von Telefondiensten nur im geringfügigen Umfang zulässig ist und das auch nur, soweit die betriebliche Aufgabenerfüllung sowie die Verfügbarkeit der Telekommunikationsanlagen für betriebliche Zwecke nicht beeinträchtigt werden. Der Begriff „geringfügiger Umfang" ist nun natürlich äußerst dehnbar und sollte unbedingt konkretisiert werden – etwa dergestalt, dass dem Arbeitnehmer am Tag 2 bis 3 kurze Telefonate während der Arbeitspausen gestattet werden könnten, die insgesamt auch nicht länger als etwa 5 Minuten dauern dürften. Des Weiteren sollte unbedingt geregelt werden, dass

- insbesondere das Abrufen kostenpflichtiger Informationen bzw. das Anwählen von Servicenummern für den Privatgebrauch nicht gestattet ist;
- mittels privaten Telefonanrufen keine kommerziellen oder gar geschäftlichen Zwecke verfolgt werden dürfen;
- die Privatnutzung des betriebseigenen Telefons jederzeit ohne Angabe von Gründen widerrufen werden kann;
- aus Kostengründen Telefonate aus dem Festnetztelefon stets dem Mobiltelefon vorzuziehen sind;
- etc.

Anmerkung: Zuletzt sollte der Arbeitnehmer auch noch deutlich darauf hingewiesen werden, dass zur Überprüfung der rechtlichen Vorgaben regelmäßige, nicht personenbezogene Stichproben durchgeführt werden – im Rahmen der geltenden datenschutzrechtlichen Bestimmungen.

3b. Nutzung des Internets von E-Mail-Systemen

Hier empfiehlt sich regelungstechnisch, zwischen der Nutzung der Systeme zu dienstlichen sowie zu privaten Zwecken zu unterscheiden.

Nutzung zu dienstlichen Zwecken

Zweck des Internets und der E-Mail ist es, den Mitarbeitern als Arbeitsmittel im Rahmen der Aufgabenerfüllung zur Verfügung zu stehen und damit auch insbesondere der Verbesserung der

IT-Betriebsvereinbarung – rechtliche Ausgestaltung

internen und externen Kommunikation, der Erzielung einer höheren Effizienz und der Beschleunigung der Informationsbeschaffung und der Arbeitsprozesse zu dienen.

Da jedoch per E-Mail abgegebene und eingegangenen Erklärungen grundsätzlich die gleiche rechtliche Bedeutung wie Brief- oder Faxsendungen zukommt, erfordert insoweit das Auftreten der Mitarbeiter im Internet zu dienstlichen Zwecken die Einhaltung bestimmter Regeln („Internet-Etikette"), wie etwa,

- dass Daten eines E-Mail-Kontos des Unternehmens nicht durch eine automatische Weiterleitung an externe E-Mail-Konten, beispielsweise an Freemail-Konten wie GMX, WEB.DE versendet werden dürfen;
- bei längerer Abwesenheit im Postfach eine Abwesenheitsmeldung mit vordefiniertem Inhalt eingerichtet werden muss;
- bei einer geschäftlichen E-Mail es verpflichtend ist, dass am Ende der E-Mail eine Signatur angegeben wird;
- etc.

Nutzung zu privaten Zwecken

Den Mitarbeitern sollte im Einzelnen vorgeschrieben werden, auf welche Art und Weise mittels E-Mails privat über die firmeninterne IT-Infrastruktur in geringfügigen Umfang (!) kommuniziert werden kann. Folgende Lösungen bieten sich hierzu an:

- Zeitliche Ausnahmeregelung („Nutzung in Pausen und außerhalb der Arbeitszeit" oder „nur zwischen xx Uhr und yy Uhr") definieren, in der auf einen Freemail-Account (wie web.de) zugegriffen werden darf.
- Den Mitarbeitern kann neben einer geschäftlichen E-Mail-Adresse auch eine privat (und als solche gekennzeichnete) E-Mail-Adresse zur Verfügung gestellt werden – verbunden mit der Auflage, dass nur Letztere zu privaten Zwecken genutzt werden darf. Damit würde eine zentrale sowie effiziente Archivierung ermöglicht werden, da auf diese Weise eine Vermischung privater und dienstlicher E-Mail ausgeschlossen würde. Nicht zuletzt würde man damit auch etwaigen Konflikten mit Betriebsräten aus dem Weg gehen können, die ansonsten bei betrieblichen Vereinbarungen zur E-Mail-Nutzung hinzugezogen werden müssten. So wird etwa das Mitbestimmungsrecht von Betriebsräten seitens der Rechtsprechung recht weit gefasst. Es sei demnach ausreichend, wenn technische Maßnahmen dazu geeignet sein könnten, den Arbeitnehmer zu überwachen – was naturgemäß gerade für Telekommunikationssysteme gilt.
- Auch könnte man an Regelungen denken, die dem Mitarbeiter vorschreiben würden, private E-Mails auch im Header deutlich als „privat" zu kennzeichnen. (So wird es zum Teil auch von Behörden praktiziert.)

Unbedingt zu regeln wäre zudem noch, dass etwa die

- Privatnutzung nicht zur Verfolgung gewerblicher oder geschäftsmäßiger Interessen erfolgen darf;
- Privatnutzung nicht zu Zwecken erfolgen darf, die die Interessen oder das Ansehen des Unternehmens beeinträchtigen können – wie etwa das Abrufen, Verbreiten oder Speichern von beleidigenden, verleumderischen, verfassungsfeindlichen, rassistischen, sexistischen, gewaltverherrlichenden oder pornografischen Äußerungen oder Abbildungen;
- Privatnutzung von E-Mails eine freiwillige Leistung des Unternehmens darstellt und jederzeit widerrufen werden kann;
- etc.

Hinweis:
Eine professionelle Mitarbeiterrichtlinie (oder auch Betriebsvereinbarung) würde des Weiteren

- Regelungen zum Schutz der IT-Systeme „Internet und E-Mail" vorsehen,
- eine Handlungsanweisung bei Virenbefall vorgeben und
- klare Regelungen zum Thema „Kontrolle der Mitarbeiter" enthalten.

Besonders problematisch wird es, wenn erlaubt (oder geduldet) ist, dass über die dienstliche Mail-Adresse auch private Mails empfangen und gesendet werden – dies nämlich dann, wenn der Arbeitnehmer erkrankt, der Arbeitgeber aber auf die Mails **Zugriff nehmen möchte.** Es stellt sich dann die Frage, wie mit diesem Sonderfall umzugehen ist, der erst allmählich von der Rechtsprechung behandelt wird. Sowohl das Landesarbeitsgericht Berlin-Brandenburg (Az.: 4 Sa 2132/10) als auch das Landesarbeitsgericht Niedersachsen (Az.: 12 Sa 78/09) gewährtem dem Arbeitgeber im Ergebnis Zugriff auf das Postfach. Allerdings sollte man ein gewisses Prozedere einhalten, insbesondere zuerst den Arbeitnehmer vor dem Zugriff in Kenntnis setzen und Gelegenheit geben, evt. private Mails zu sichern und zu löschen. Sofern der Arbeitnehmer darauf dann nicht reagiert, sind vor einem Zugriff Betriebsrat und betrieblicher Datenschutzbeauftragter zu informieren, Letzterer beim Zugriff hinzuzuziehen.

Beachten Sie auch, dass Probleme nach dem Ausscheiden des Arbeitnehmers auftreten können – etwa bei der Frage, wie mit dem vorhandenen Mail-Account weiter verfahren wird. Nahe liegend ist es für den Arbeitgeber, den Account ungesichtet zu löschen. Tatsächlich aber hat das OLG Dresden (4 W 961/12) festgestellt, dass ein Arbeitnehmer Anspruch auf Herausgabe der dort befindlichen Daten haben kann, wenn ihm die private Nutzung erlaubt wurde. Arbeitgeber sind daher gut beraten, von einem umgehenden Löschen der Daten abzusehen. Vielmehr sollte man dem Arbeitnehmer die Möglichkeit schaffen, seine Daten zu sichern – etwa indem man ein Backup des Accounts erstellt, den Account deaktiviert und dem Arbeitnehmer eine angemessene Frist zur Abholung des Backups setzt.

4. Regelungsbedarf: Externe Datenträger

Als externe Datenträger werden z. B. CDs, DVDs, USB-Sticks, Speicher-Chips, Disketten, Speicher von Digitalkameras bezeichnet. Insbesondere sie bergen ein großes Risiko, Viren in die IT-Systeme einzuschleusen. Aus diesem Grund sollten auch alle eventuell benötigten Daten und Programme auf externen Datenträgern von der IT-Abteilung (eigenständiges Kopieren ist zu untersagen) in das Netz eingespielt werden, die diese vorher auf Viren untersucht. Auch weitere rechtliche Vorgaben sind erforderlich, etwa dass der Zugriff auf externe Datenträger nur in Ausnahmefällen erlaubt sein sollte.

IT-Betriebsvereinbarung – rechtliche Ausgestaltung

5. Regelungsbedarf: Passwortgebrauch, mobile Geräte und Home Office

Zum weiteren Regelungsumfang einer Betriebsvereinbarung könnte etwa noch der Umgang mit sensiblen Passwörtern, mobilen Geräten wie etwa Handys, PDAs und Laptops und auch die Nutzung und Gestaltung des häuslichen Arbeitsplatzes sein.

Gerade mobile Endgeräte bedürfen hier eines besonderen Augenmerks, speziell wenn betrieblich Endgeräte wie **Tablets** angeschafft werden, auf denen geschäftliche Unterlagen gespeichert werden. So muss die Gefahr vor Augen gehalten werden, dass ein Angestellter ein solches Tablet in seinem Auto lässt, das wiederum gestohlen wird. Hier ist mindestens zwingend vorzusehen, dass solche Geräte eine ausreichende Passwortsperre vorsehen, die der Arbeitnehmer auch nicht eigenmächtig deaktivieren darf.

6. Regelungsbedarf: Firmenwebseite

Auch die Firmenwebseite bedarf eines besonderen Augenmerks: Gerne werden Arbeitnehmer fotografiert und auf der Firmenwebseite dann eingesetzt. Selten wird dabei daran gedacht, eine ausdrückliche Vereinbarung darüber zu treffen, wie lange das Foto genutzt werden darf. Spätestens, wenn der Arbeitnehmer dann aus dem Unternehmen ausscheidet, ist der Streit vorprogrammiert. Dabei ist mit der Rechtsprechung keineswegs davon auszugehen, dass automatisch mit dem Ausscheiden aus dem Betrieb die Pflicht einhergeht, das Foto zu entfernen – so etwa das Landesarbeitsgericht Schleswig-Holstein (3 Sa 72/10) und das Landesarbeitsgericht Köln (7 Ta 126/09). Vielmehr ist immer zu prüfen, was (wohl) gewollt war und wie – ggf. auch konkludent – eingewilligt wurde, so dass es ein stillschweigendes Einverständnis geben und eine Nutzung ohne konkreten Personenbezug auch beim Ausscheiden noch stattfinden kann. Zu empfehlen ist es aber, von Anfang an eine klare Vereinbarung zu treffen, wobei man dem Arbeitnehmer die Möglichkeit einer schriftlichen Aufkündigung der Vereinbarung einräumen sollte, die mit einer angemessenen Frist einhergeht.

7. Regelungsbedarf: Account-Daten

Es ist daran zu denken, ob Mitarbeiter über Accounts Kontakt zu Kunden haben: Wenn etwa ein Mitarbeiter des Vertriebs seine Kontakte in einem „Business-Netzwerk" pflegt, wird das Unternehmen ein hohes und berechtigtes Interesse daran haben, diese Kontakte nicht zu verlieren. Wie man mit der Situation umgeht, ist dabei eine Frage des Einzelfalls. Der Arbeitgeber wird von einem Arbeitnehmer im Falle der Beendigung des Arbeitsverhältnisses grundsätzlich nicht verlangen können, dass dieser seine privaten Accounts in sozialen Netzen löscht. Es kann aber vertraglich geregelt werden, dass im Fall einer Kündigung betrieblich veranlasste Kontakte in „sozialen Accounts" des Arbeitnehmers zu löschen sind. Andererseits ist es durchaus denkbar, dass je nach Zulässigkeit in den Netzwerken Accounts für das Unternehmen bzw. bestimmte Abteilungen geschaffen werden – dann muss eine Übergabe des Accounts sichergestellt sein. In jedem Fall wird es dringend notwendig sein, die spätere Abwicklung bereits im Vorhinein zu regeln, auch damit der Arbeitnehmer selber weiß, wie er mit Kontaktanfragen umzugehen hat.

II. Social Media Guidelines

Während sich die Betriebsvereinbarung vorwiegend darauf bezieht, wie der Umgang von Mitarbeitern und Technik innerhalb des Unternehmens geregelt wird, muss zunehmend auch die Wirkung der Mitarbeiter außerhalb des Unternehmens ins Auge gefasst werden.

1. Problematik der sozialen Netzwerke für Unternehmen

Die Praxis zeigt, dass Mitarbeiter häufig im Internet agieren und dies in irgendeiner Form auf das Unternehmen zurückfällt. Dies kann zum einen durchaus gewollt sein, etwa wenn Mitarbeiter auf Wunsch der Unternehmensleitung in sozialen Netzen aktiv sind, dies vor allem mit Blick auf Eigenwerbung des Unternehmens. Es kann aber auch durchaus ungewollt auftreten, wenn etwa Mitarbeiter sich ohne Absprache oder Beauftragung zu dem eigenen Unternehmen im Internet äußern. Dies kann der Fall sein, indem der Mitarbeiter ohne sonstige Veranlassung über seinen privaten Account in sozialen Netzwerken auf Angebote des eigenen Arbeitgebers hinweist. Eine andere, durchaus häufige Konstellation ist der Fall, dass Mitarbeiter sich zu Artikeln im Internet über den eigenen Arbeitgeber in Form von Kommentaren äußern.

Derartige alltägliche Vorfälle haben eine gewisse juristische Brisanz: Unternehmen müssen sich im Wettbewerbsrecht rechtswidrige Handlungen ihrer Mitarbeiter zurechnen lassen. Diese Zurechnung erfolgt dabei verschuldensunabhängig! Das bedeutet, für ein Unternehmen ist es unbeachtlich, ob es ein rechtswidriges Verhalten eines Mitarbeiters aktiv veranlasst hat. Vielmehr haftet es selbst dann für einen durch einen Mitarbeiter begangenen Wettbewerbsverstoß, wenn das Verhalten des Mitarbeiters durch das Unternehmen ausdrücklich unerwünscht war. Dies geht so weit, dass ein Unternehmen sogar dann haftet, wenn ein Mitarbeiter in seinem privaten Facebook-Account unter Verstoß gegen die Preisangabenverordnung auf ein Verkaufsangebot des Unternehmens hinweist, ohne dass dieses davon Kenntnis hatte (so eine Entscheidung des LG Freiburg, 12 O 83/13).

Unter Beachtung der geschilderten Aspekte ist es offensichtlich, dass ein ausdrückliches Verbot bestimmter Verhaltensweisen weder rechtlich noch tatsächlich geeignet ist, derartige Vorfälle zu verhindern. In der Praxis geht man daher den Weg, Mitarbeitern nicht schlicht Verbote vorzugeben, sondern vielmehr Richtlinien zu verfassen, die den Mitarbeitern dabei behilflich sein sollen, ihr Verhalten rechtmäßig auszugestalten. Entsprechend sind solche Richtlinien dann auch häufig nicht als starres Regelwerk verfasst, sondern vielmehr als allgemein verständliche Handreichung, die für die Mitarbeiter im Alltag mehr Hilfe als Regularium sein soll.

2. Regelungsbedarf

Bei der Frage, was in solche Richtlinien aufgenommen wird, gibt es derzeit noch keinen einheitlichen Standard oder gar Vorgaben. Insoweit ist jedem Unternehmen selber überlassen, was man hier letztendlich für sinnvoll hält.

Eine sehr umfangreiche Vorlage gibt es von der Bitkom als frei verfügbares Muster, zu finden unter http://www.rehmnetz.de/it-recht/socialmediaguidelines

Es gibt allerdings einige Punkte, die sich inhaltlich mit der Zeit bewährt haben und die auch Verbreitung gefunden haben. So ist es üblich, einen einführenden Text vorzusehen, in dem die Mitarbeiter auf die besondere Problematik hingewiesen werden. Ziel einer solchen Einleitung soll es sein, den Mitarbeiter zu sensibilisieren und ihm klarzumachen, welche Risiken für das Unternehmen insgesamt bestehen. Gerade die Zurechnung des Verhaltens, die auch im privaten Bereich droht, ist Mitarbeitern häufig unbekannt und ist als Aufhänger für eine Sensibilisierung nicht zu unterschätzen.

Weiterhin und vorangestellt sollten sicherheitsrelevante Fragen thematisiert werden. Dies betrifft insbesondere Fragen, wie der Mitarbeiter damit umzugehen hat, wenn er den Eindruck hat, dass ein unberechtigter Zugriff durch Dritte stattgefunden haben könnte. An dieser Stelle sollte dann auch der Umgang mit Missbrauch durch Dritte angesprochen werden. Hierbei geht es vornehmlich um Szenarien, in denen Dritte die Präsenz des Unternehmens in sozialen Netzwerken rechtswidrig nutzen. Hier ist insbesondere an die in sozialen Netzen verbreitete Möglichkeit zu denken, Aktivitäten des Unternehmens zu kommentieren. Wenn hier verleumderische oder beleidigende Inhalte durch Dritte verbreitet werden ist es wichtig, dass die betreffenden Mitarbeiter sofort wissen, wie sie im Sinne des Unternehmens reagieren können. An dieser Stelle hatte sich bewährt, wenn ein zentraler Ansprechpartner in Unternehmen existiert, der umgehend zu informieren ist und der dann notwendige Entscheidungen trifft bzw. koordiniert.

Im Übrigen werden solche Richtlinien klarstellen, wer überhaupt offiziell im Namen des Unternehmens agieren darf und in welcher Form er dies tun soll bzw. muss. Sofern das Unternehmen besonderen Wert darauf legt, dass nur bestimmte Personen nach außen hin auftreten, ist dies ausdrücklich klarzustellen. Mitarbeiter sind anzuhalten, sofern Sie in irgendeiner Form agieren, klarzustellen, dass sie nicht im Namen des Unternehmens bzw. der Unternehmensführung sprechen. Dies muss durch den Arbeitnehmer nicht immer ausdrücklich betont werden, vielmehr kann sich bereits aus der Art und Weise wie sich ein Mitarbeiter äußert, ergeben, dass dies eine rein private Meinung ist. Was hier so selbstverständlich klingt, sollte jedoch nicht unterschätzt werden, schließlich ist es in vielen Netzwerken üblich, dass Mitarbeiter ihren Arbeitgeber angeben, so dass sich hier durchaus für Außenstehende Rückschlüsse anbieten könnten. In jedem Fall ist hier Sorge dafür zu tragen, dass die Richtlinien so formuliert sind, dass Mitarbeiter auch hier entsprechend sensibilisiert sind.

Auch wird es für das Unternehmen relevant sein, klarzustellen, ob man bestimmte Dienste gar nicht nutzen möchte oder auch bestimmte Dienste bevorzugt genutzt werden sollen. Selbst innerhalb der jeweiligen Dienste kann es Regelungsbedarf geben, etwa in der Art, dass bestimmte Arten der Kommunikation stattfinden sollen. Mit Blick auf das Urheberrecht kann es zum Beispiel durchaus sinnvoll sein, die grundsätzliche Vorgabe zu geben, nicht ungeprüft fremde Bilder oder Grafiken im Namen des Unternehmens über soziale Netzwerke zu teilen.

Es zeigt sich, dass der Regelungsbedarf durchaus beachtlich sein kann. Mit Blick auf das Marketing muss ein Unternehmen dabei natürlich auch immer bedenken, dass mit mehr Regulierung zugleich auch ein Minus an Flexibilität einhergeht. Wenn Unternehmen den Umgang mit sozialen Netzen zu starr bzw. zu streng regulieren, kann dies durchaus schnell zur Folge haben, dass das Marketing spröde und träge wirkt. Hier den richtigen Ausgleich zu finden ist die am Ende wohl schwierigste Aufgabe in diesem Zusammenhang.

III. Fazit

Über kurz oder lang sollte in jedem Unternehmen verbindlich geklärt werden, in welcher Art und Weise die Mitarbeiter etwa zur Nutzung sensibler betriebsinterner Kommunikationseinrichtungen befugt sind. Hierzu bietet sich etwa eine IT-Betriebsvereinbarung oder auch eine sog. IT-Mitarbeiterrichtlinie (als ausgestaltetes Weisungsrecht des Arbeitgebers) an – am besten noch flankiert durch Einwilligungserklärungen der Mitarbeiter.

IT-Forensik

I.   **Bedeutung von IT-Forensik**

II.   **Vorgehen der IT-Forensiker**
    1. Ziel sind gerichtsverwertbare, digitale Beweise
    2. Die Daten Unbeteiligter sind zu schützen
    3. Die IT-Forensik ist zeitkritisch

III. **Checkliste**

I. Bedeutung von IT-Forensik

Die IT-Forensik oder Computer-Forensik befasst sich mit der Untersuchung verdächtiger Vorfälle in IT-Systemen. Ähnlich wie die klassische Spurensicherung nach einem Verbrechen suchen die IT-Forensiker nach verwertbaren digitalen Spuren, zum Beispiel wenn es zu einem Hackerangriff auf einen Webserver gekommen ist oder wenn vertrauliche Daten im Unternehmensnetzwerk kopiert und missbraucht wurden. Die IT-Forensik ist Aufgabe von Spezialisten. Für Unternehmen als mögliche Opfer einer Computerstraftat ist es jedoch wichtig zu wissen, wie die IT-Forensik arbeitet, um die digitale Spurensuche nicht ungewollt zu behindern.

II. Vorgehen der IT-Forensiker

1. Ziel sind gerichtsverwertbare, digitale Beweise

Die digitale Spurensuche und Beweisaufnahme nach einem möglichen Einbruch in IT-Systeme erfolgt nach einem definierten Schema, das in der Regel so aussieht:

- Beauftragung durch die Unternehmensleitung zur Absicherung der Rechtmäßigkeit der Ermittlungsarbeiten,

- Klärung der datenschutzrechtlichen Regelungen,

- Schutz der betroffenen Systeme,

- Schutz der gerichtsverwertbaren Spuren oder der Spuren entsprechend dem konkreten Auftrag,

- Erzeugung von Arbeitskopien der zu untersuchenden Daten,

- Datenanalyse und Bewertung,

- forensische Dokumentation und

- Erstellung von Berichten für eine mögliche Gerichtsverhandlung.

IT-Forensik

 WICHTIG!
Die Suche nach verwertbaren, digitalen Spuren darf niemals an den Originaldateien erfolgen, die mit dem verdächtigen Vorfall in Verbindung stehen. Deshalb sind grundsätzlich Arbeitskopien zu erzeugen. Nach Abschluss der forensischen Untersuchungen, nach erfolgter Beweisaufnahme und nach Rücksprache mit den Ermittlungsbehörden sollten die Arbeitskopien durch das betroffene Unternehmen oder die IT-Forensiker gelöscht werden.

Zur forensischen Analyse der IT-Systeme stehen den Experten zahlreiche Möglichkeiten zur Verfügung:

- die Überprüfung sämtlicher, relevanter Endgeräte und Speichermedien, insbesondere auch externer und mobiler Medien und Geräte, mit spezieller IT-Forensik-Software,
- die Durchsuchung der Protokoll- und Systemdateien nach Anhaltspunkten, die zu dem möglichen IT-Vorfall passen,
- die Aufstellung des zeitlichen Ablaufs eines Systemausfalls oder -einbruchs,
- die Suche nach möglicherweise ursächlicher → *Schadsoftware*,
- die Analyse des Angriffsmusters sowie
- die Dokumentation der aufgefundenen Schwachstellen in der Datensicherheit.

Die tatsächlich ergriffenen Maßnahmen werden durch die IT-Forensiker dokumentiert.

2. Die Daten Unbeteiligter sind zu schützen

Bei der Suche nach digitalen Spuren werden zu Beginn weite Teile der Datenbestände des betroffenen Unternehmens durch IT-Forensiker durchforstet. Dabei besteht eine hohe Wahrscheinlichkeit, dass auch Daten unbeteiligter Mitarbeiter, Geschäftspartner und Kunden in die Untersuchung einbezogen werden.

Mögliche Problemfelder sind insbesondere Datenbestände, die personenbezogene Daten enthalten, darunter ggf. private E-Mails und private Nutzungsspuren im Internetbrowser. Deshalb sollten die Mitarbeitervertretung und der Datenschutzbeauftragte immer in die Vorbereitungen für die IT-Forensik einbezogen werden.

 WICHTIG!
Um die Daten Unbeteiligter so weit wie möglich zu schützen, sollten die Untersuchungen der IT-Forensiker gezielt begrenzt werden. Gleichzeitig sollte verhindert werden, für die Beweissicherung wichtige Bereiche bei der Untersuchung auszusparen. Dazu müssen der Zeitablauf des Systemeinbruchs und der Angriffsweg so genau wie möglich bestimmt werden, um betroffene Systeme und Datenbereiche von den nicht betroffenen unterscheiden zu können.

3. Die IT-Forensik ist zeitkritisch

Um noch digitale Spuren finden zu können, bevor die immer raffinierter vorgehenden Hacker mögliche Beweise gelöscht haben oder nichtsahnende Benutzer ungewollt die digitalen Beweise verwischen, muss schnell gehandelt werden, wenn ein Verdacht auf einen Systemeinbruch vorliegt. Dazu sollten Unternehmen auf mögliche Zeichen für Hackerangriffe und andere kriminelle IT-Aktivitäten achten.

Beispiel:
Mögliche Kennzeichen für einen Systemeinbruch könnten sein:

- Dritte kennen interne Details, bevor diese offiziell bekannt gegeben wurden.
- Wettbewerber bieten nach sehr kurzer Zeit ein vergleichbares Produkt an.
- Der Netzwerkverkehr des betroffenen Unternehmens hat unerklärlich stark zugenommen.
- Fehlermeldungen, die verschiedene Applikationen anzeigen, lassen sich nicht ohne weiteres erklären.
- IT-Systeme sind aus unerklärlichen Gründen langsamer geworden.
- Die Zahl an Einträgen in den Systemprotokollen hat massiv zugenommen.

 WICHTIG!
Systemabstürze, das Löschen von Dateien und der Zugriff auf unerlaubte Systembereiche können auch ohne jede Absicht durch eigene Beschäftigte verursacht werden. Nicht immer muss hinter verdächtigen Vorkommnissen in IT-Systemen ein wirklicher Systemeinbruch stecken.

Wenn sich solche Vorkommnisse aber als ungewollt herausstellen, sollten trotzdem Maßnahmen (wie eine bessere Vergabe und Kontrolle der Zugriffsberechtigungen) ergriffen werden, die solche Fälle nach Möglichkeit ausschließen. Dadurch wird verhindert, dass tatsächliche Systemeinbrüche als harmlose Versehen behandelt werden und Beschäftigte unbegründet unter Verdacht geraten.

 WICHTIG!
Systemeinbrüche finden nicht nur von außen statt. Die Zahl der Computerstraftaten durch Innentäter ist beträchtlich. Dabei werden in der Regel offizielle Systemprivilegien ausgenutzt, so dass sich gerade Attacken durch Innentäter nur schwierig aufspüren lassen.

III. Checkliste

 WICHTIG!
- ☐ Zuerst sollte die Prüfung erfolgen, ob eine Strafanzeige notwendig ist.
- ☐ Zudem sind die internen Betriebs- oder Dienstvereinbarungen wegen möglicher privater Nutzung von E-Mail und Internet zu beachten.
- ☐ Wichtig ist eine lückenlose Dokumentation aller internen Schritte, bevor die IT-Forensiker eintreffen.
- ☐ Mitarbeiter sollten unterwiesen sein, wie sie sich im Fall eines angenommenen Systemeinbruchs zu verhalten haben.
- ☐ Verdächtige Dateien sollten nicht geöffnet, aber auch nicht geschlossen werden, um keine digitalen Spuren zu verwischen.
- ☐ Arbeitsplatzsysteme, die in Verbindung mit einem möglichen Systemeinbruch stehen, sollten vor weiteren Zugriffen bewahrt werden, indem weder der Computer noch die Peripherie verändert wird.
- ☐ Die Systemeinstellungen sollten bis zum Eintreffen der IT-Forensiker nicht geändert werden.

IT-Sicherheitsgesetz

- Updates, Upgrades oder Patches sollten im Verdachtsfall nicht eingespielt werden.
- Verdächtige Systemprozesse oder Anwendungen sollten bis zum Eintreffen der IT-Forensiker nicht beendet werden.
- Die zu untersuchenden Datenbestände sollten zeitlich, inhaltlich und personenbezogen eingeschränkt werden.
- Die genaue Verwendung der personenbezogenen Datenbestände bei der forensischen Untersuchung sollte lückenlos dokumentiert werden.
- Die erzeugten Arbeitskopien der verdächtigen Dateien sollten nach Zweckerfüllung umgehend an das Unternehmen zurückgegeben oder nachweisbar gelöscht werden.

IT-Sicherheitsgesetz

I. Gesetzgebungsprojekt der „Digitalen Agenda"
1. Bedrohungslage
2. Notwendigkeit der Einführung von einheitlichen Mindeststandards bei der IT-Sicherheit

II. Das IT-Sicherheitsgesetz – ein Änderungsgesetz

III. Wesentliche Inhalte des Gesetzes
1. IT-Sicherheit bei Kritischen Infrastrukturen
2. Neue Pflichten für Betreiber Kritischer Infrastrukturen
3. Erweiterte Kompetenzen des Bundesamtes für Sicherheit in der Informationstechnik (BSI)

IV. Weitere Entwicklung und Ausblick

I. Gesetzgebungsprojekt der „Digitalen Agenda"

Das Gesetz zur Erhöhung der Sicherheit informationstechnischer Systeme (IT-Sicherheitsgesetz) ist ein Projekt im Rahmen der „Digitalen Agenda" der Bundesregierung. Wie die ausgeschriebene Gesetzesbezeichnung verrät, ist es erklärtes Ziel, die Sicherheitsstandards informationstechnischer Systeme anzuheben. Das Gesetz ist am 25.7.2015 in Kraft getreten.

1. Bedrohungslage

Mit dem Gesetz wird auf eine Bedrohungslage reagiert, die aus der in allen Bereichen feststellbaren, weiter steigenden Abhängigkeit von IT-Systemen resultiert.

Beispiel:
Mehr als die Hälfte der deutschen Unternehmen quer durch alle Branchen ist laut Vorblatt des Gesetzentwurfs heute schon vom Internet abhängig.

Mit der Abhängigkeit steigen die Risiken bei IT-Ausfällen. Zielgerichtete Angriffe, insbesondere auf Kritische Infrastrukturen stellen eine reale Gefahr dar, wie sich aus dem Bericht des Bundesamts für Informationstechnik (BSI) zur Lage der IT-Sicherheit in Deutschland 2014 ergibt.

Definition:
Kritische Infrastrukturen sind solche, die für das Funktionieren des Gemeinwesens von zentraler Bedeutung sind.

Der Schutz der IT-Systeme von solchen Kritischen Infrastrukturen und der für den Infrastrukturbetrieb nötigen Netze war daher für den Gesetzgeber von größter Wichtigkeit.

2. Notwendigkeit der Einführung von einheitlichen Mindeststandards bei der IT-Sicherheit

Die Notwendigkeit der Einführung von verbindlichen Mindeststandards bei der IT-Sicherheit wurde im Gesetzentwurf wie folgt begründet (BT-Drucksache 18/4096):

„Das IT-Sicherheitsniveau bei Kritischen Infrastrukturen ist derzeit sehr unterschiedlich: In manchen Infrastrukturbereichen existieren detaillierte gesetzliche Vorgaben auch zur IT-Sicherheit, in anderen Bereichen fehlen solche vollständig. Manche Bereiche verfügen über ein ausgeprägtes Risikomanagement und übergreifende Sicherheitskonzepte, führen Audits durch, beteiligen sich am Informationsaustausch und an Übungen. In anderen Bereichen sind diese Maßnahmen noch nicht oder nur rudimentär entwickelt. Auf Grund des hohen Grades der Vernetzung und der daraus resultierenden Interdependenzen zwischen den unterschiedlichen Bereichen Kritischer Infrastrukturen ist dieser Zustand nicht hinnehmbar."

II. Das IT-Sicherheitsgesetz – ein Änderungsgesetz

Das IT-Sicherheitsgesetz ist ein Änderungsgesetz, d. h. es besteht aus mehreren Artikeln, die bereits bestehende Gesetze ändern.

Beispiel:
In Artikel 1 wird das BSI-Gesetz geändert, in Artikel 2 das Atomgesetz usw.

Geändert werden die folgenden Gesetze:

- BSI-Gesetz
- Atomgesetz
- Energiewirtschaftsgesetz
- Telemediengesetz
- Telekommunikationsgesetz
- Bundesbesoldungsgesetz
- Bundeskriminalamtgesetz
- Gesetz zur Strukturreform des Gebührenrechts des Bundes.

Ein eigenes Stammgesetz gibt es nicht.

III. Wesentliche Inhalte des Gesetzes

1. IT-Sicherheit bei Kritischen Infrastrukturen

Im Fokus der neuen Regelungen steht die IT-Sicherheit bei sogenannten Kritischen Infrastrukturen. Diese werden im Gesetz (§ 2 Absatz 10 Satz 1 BSI-Gesetz) legaldefiniert:

Kritische Infrastrukturen im Sinne dieses Gesetzes sind Einrichtungen, Anlagen oder Teile davon, die

IT-Sicherheitsgesetz

1. den Sektoren Energie, Informationstechnik und Telekommunikation, Transport und Verkehr, Gesundheit, Wasser, Ernährung sowie Finanz- und Versicherungswesen angehören

und

2. von hoher Bedeutung für das Funktionieren des Gemeinwesens sind, weil durch ihren Ausfall oder ihre Beeinträchtigung erhebliche Versorgungsengpässe oder Gefährdungen für die öffentliche Sicherheit eintreten würden.

Eine nähere Bestimmung von Kritischen Infrastrukturen soll im Verordnungswege erfolgen (§ 2 Absatz 10 Satz 2 BSI-Gesetz). Hierzu enthält das Gesetz eine entsprechende Ermächtigungsgrundlage (§ 10 Absatz 1 BSI-Gesetz).

2. Neue Pflichten für Betreiber Kritischer Infrastrukturen

Betreiber Kritischer Infrastrukturen werden verpflichtet, angemessene **organisatorische und technische Vorkehrungen** zur Vermeidung von Störungen der Verfügbarkeit, Integrität, Authentizität und Vertraulichkeit ihrer informationstechnischen Systeme, Komponenten oder Prozesse zu treffen, die für die Funktionsfähigkeit der von ihnen betriebenen Kritischen Infrastrukturen maßgeblich sind (§ 8a Absatz 1 BSI-Gesetz).

ACHTUNG!
Dabei ist der Stand der Technik zu berücksichtigen. Organisatorische und technische Vorkehrungen sind nach dem Gesetz angemessen, wenn der dafür erforderliche Aufwand nicht außer Verhältnis zu den Folgen eines Ausfalls oder einer Beeinträchtigung der betroffenen Kritischen Infrastruktur steht (§ 8a Absatz 1 BSI-Gesetz).

Hinweis:
Betreiber Kritischer Infrastrukturen und ihre Branchenverbände können branchenspezifische Sicherheitsstandards zur Gewährleistung der Anforderungen vorschlagen (§ 8a Absatz 2 BSI-Gesetz).

Außerdem müssen die Betreiber Kritischer Infrastrukturen mindestens alle zwei Jahre die Erfüllung der Anforderungen auf geeignete Weise **nachweisen.** Der Nachweis kann durch Sicherheitsaudits, Prüfungen oder Zertifizierungen erfolgen (§ 8a Absatz 3 BSI-Gesetz).

Kommt es dennoch zu erheblichen Störungen der Verfügbarkeit, Integrität, Authentizität und Vertraulichkeit der informationstechnischen Systeme, Komponenten oder Prozesse, die zu einem Ausfall oder einer Beeinträchtigung der Funktionsfähigkeit der Kritischen Infrastrukturen führen können oder bereits geführt haben, haben dies die Betreiber Kritischer Infrastrukturen unverzüglich an das BSI zu **melden.** Die Meldung muss Angaben zu der Störung sowie zu den technischen Rahmenbedingungen, insbesondere der vermuteten oder tatsächlichen Ursache, der betroffenen Informationstechnik und zur Branche des Betreibers enthalten (§ 8b Absatz 4 BSI-Gesetz).

Hinweis:
Ausgenommen von den Verpflichtungen sind Kleinstunternehmen im Sinne der Empfehlung 2003/361/EG der Kommission vom 6. Mai 2003 betreffend die Definition der Kleinstunternehmen sowie der kleinen und mittleren Unternehmen (ABl. L 124 vom 20.5.2003, S. 36). Artikel 3 Absatz 4 der Empfehlung ist nicht anzuwenden.

Hinweis:
Ebenfalls ausgenommen von den Verpflichtungen sind die Betreiber Kritischer Infrastrukturen, die auf Grund von Rechtsvorschriften Anforderungen erfüllen müssen, die mit den neuen Anforderungen im BSI-Gesetz vergleichbar oder weiter gehend sind. Explizit ausgenommen sind

- Betreiber Kritischer Infrastrukturen, soweit sie ein öffentliches Telekommunikationsnetz betreiben oder öffentlich zugängliche Telekommunikationsdienste erbringen
- Betreiber von Energieversorgungsnetzen oder Energieanlagen im Sinne des Energiewirtschaftsgesetzes
- Genehmigungsinhaber nach § 7 Absatz 1 des Atomgesetzes für den Geltungsbereich der Genehmigung.

Hier finden sich in den jeweiligen Fachgesetzen die passenden Anforderungen.

Beispiel:
So sind spezielle Anforderungen für Telekommunikationsdiensteanbieter, die eine Schlüsselrolle für die Sicherheit des Cyberraums haben, im Telekommunikationsgesetz (TKG) vorgesehen. Um den Schutz der Bürgerinnen und Bürger zu verbessern, werden Telekommunikationsanbieter verpflichtet, IT-Sicherheit nach dem Stand der Technik nicht nur zum Schutz des Fernmeldegeheimnisses und zum Schutz personenbezogener Daten, sondern auch im Hinblick auf die Verfügbarkeit ihrer Telekommunikations- und Datenverarbeitungssysteme zu gewährleisten. Die Umsetzung der zugrunde liegenden IT-Sicherheitskonzepte in den Unternehmen wird von der Bundesnetzagentur überprüft. Telekommunikationsanbieter sollen zudem IT-Sicherheitsvorfälle, die zu einem unerlaubten Zugriff auf die Systeme der Nutzerinnen und Nutzer oder einer Beeinträchtigung der Verfügbarkeit führen können, unverzüglich über die Bundesnetzagentur an das BSI melden und Betroffene über bekannte Störungen informieren, die durch Schadprogramme auf den datenverarbeitenden Systemen der Nutzerinnen und Nutzer hervorgerufen werden.

3. Erweiterte Kompetenzen des Bundesamtes für Sicherheit in der Informationstechnik (BSI)

Den Nachweis- und Meldepflichten der Betreiber Kritischer Infrastrukturen korrespondieren erweiterte Kompetenzen des Bundesamtes für Sicherheit in der Informationstechnik (BSI). Das BSI ist die zentrale Meldestelle für Betreiber Kritischer Infrastrukturen in Angelegenheiten der Sicherheit in der Informationstechnik (§ 8b Absatz 1 BSI-Gesetz). Zur Wahrnehmung dieser Aufgabe hat das BSI laut § 8b Absatz 2 BSI-Gesetz

1. die für die Abwehr von Gefahren für die Sicherheit in der Informationstechnik wesentlichen Informationen zu sammeln und auszuwerten, insbesondere Informationen zu Sicherheitslücken, zu Schadprogrammen, zu erfolgten oder versuchten Angriffen auf die Sicherheit in der Informationstechnik und zu der dabei beobachteten Vorgehensweise,

2. deren potentielle Auswirkungen auf die Verfügbarkeit der Kritischen Infrastrukturen in Zusammenarbeit mit den zuständigen Aufsichtsbehörden und dem Bundesamt für Bevölkerungs- und Katastrophenschutz zu analysieren,

3. das Lagebild bezüglich der Sicherheit in der Informationstechnik der Kritischen Infrastrukturen kontinuierlich zu aktualisieren und

4. unverzüglich

   a) die Betreiber Kritischer Infrastrukturen über sie betreffende Informationen nach den Nummern 1 bis 3,

   b) die zuständigen Aufsichtsbehörden und die sonst zuständigen Behörden des Bundes über die zur Erfüllung ihrer Aufgaben erforderlichen Informationen nach den Nummern 1 bis 3 sowie

   c) die zuständigen Aufsichtsbehörden der Länder oder die zu diesem Zweck dem Bundesamt von den Ländern als zentrale Kontaktstellen benannten Behörden über die zur Erfüllung ihrer Aufgaben erforderlichen Informationen nach den Nummern 1 bis 3 zu unterrichten.

Dem BSI kommt also eine Koordinierungs- und Kommunikationsfunktion zu. Die beim BSI zusammenlaufenden Informationen werden nicht nur ausgewertet, sondern auch den Betreibern Kritischer Infrastrukturen zur Verbesserung des Schutzes ihrer Infrastrukturen schnellstmöglich zur Verfügung gestellt.

Hinweis:
Hierin liegt ein Anreiz für die Betreiber Kritischer Infrastrukturen ihre Meldepflicht möglichst korrekt zu erfüllen. Denn sie bekommen im Gegenzug dafür ein Mehrfaches an Informationen und Know-how zurück und profitieren insofern auch von den Meldungen der anderen Betreiber und der Auswertung dieser Meldungen durch das BSI.

Gleichzeitig wird die Beratungsfunktion des BSI in diesem Bereich gestärkt. Darüber hinaus ist vorgesehen, dass das BSI die Öffentlichkeit durch einen jährlichen Bericht informiert und auf diese Weise zur Sensibilisierung der Nutzerinnen und Nutzer beiträgt.

WICHTIG!
Da eine Vielzahl von IT-Angriffen bereits durch die Umsetzung von Standardsicherheitsmaßnahmen abgewehrt werden könnte, liegt in der Aufklärung der Nutzerinnen und Nutzer ein großes Potential zur Steigerung der IT-Sicherheit!

Ferner wird die gewachsene Rolle des BSI als nationale zentrale Stelle für IT-Sicherheit gegenüber ausländischen Staaten festgeschrieben.

IV. Weitere Entwicklung und Ausblick

Auf europäischer Ebene wird derzeit an einer parallelen Regelung in Form einer Richtlinie gearbeitet. Die Richtlinie über Maßnahmen zur Gewährleistung einer hohen gemeinsamen Netz- und Informationssicherheit in der Union, oder auch kurz NIS-Richtlinie, wurde bereits am 7.2.2013 von der Europäischen Kommission vorgeschlagen.

Am 7.12.1015 haben sich die am Gesetzgebungsprozess Beteiligten informell geeinigt, so dass das weitere Verfahren seinen Lauf nehmen kann. Der Richtlinienentwurf sieht eine Mindestharmonisierung vor, so dass die Mitgliedstaaten nicht daran gehindert werden, Bestimmungen zur Gewährleistung eines höheren Sicherheitsniveaus zu erlassen oder aufrechtzuerhalten. Das heißt, wenn die NIS-Richtlinie in Kraft treten wird, wird zu prüfen sein, inwieweit die darin gestellten Anforderungen bereits durch das IT-Sicherheitsgesetz vom 25.7.2015 umgesetzt sind, und werden ggf. ergänzende Regelungen zu erlassen sein (weiterführend siehe das Stichwort → NIS-Richtlinie).

Marken und sonstige Kennzeichenrechte

I. Die Marke

II. Wofür kann eine Marke angemeldet werden?

III. Wo kann ich eine deutsche Marke anmelden?

IV. Rechtsvoraussetzungen einer eingetragenen Marke
   1. Markenformen
   2. Die Markenfähigkeit eines Kennzeichens
      2.1 Ausgeschlossene Zeichenformen
      2.2 Grafische Darstellbarkeit
   3. Absolute Schutzhindernisse
      3.1 Konkrete Unterscheidungskraft der Marke
      3.2 Beschreibende Angaben
      3.3 Übliche Bezeichnungen
      3.4 Täuschungseignung
      3.5 Verstoß gegen die öffentliche Ordnung oder die guten Sitten
      3.6 Hoheitszeichen
      3.7 Amtliche Prüf- oder Gewährzeichen
      3.8 Öffentliches Interesse
      3.9 Bösgläubigkeit
   4. Relative Schutzhindernisse
      4.1 Verwechslungsgefahr
      4.2 Ähnlichkeit der Marken und der Waren und Dienstleistungen

V. Sonstige Kennzeichenrechte
   1. Unternehmenskennzeichen
   2. Werktitel

I. Die Marke

Unter einer Marke versteht man ein Kennzeichnungsmittel für Produkte und Dienstleistungen. Der Schutz von Marken ergibt sich aus § 3 MarkenG. Eine Marke muss geeignet sein, die Produkte und Dienstleistungen eines Unternehmens von denen anderer Unternehmen zu unterscheiden (sogenannte Herkunfts- und Unterscheidungsfunktion). Auf diese Weise kann der Verbraucher die Produkte und Dienstleistungen einem Unternehmen zuordnen; er weiß, wessen Produkte er kauft und konsumiert, und kann sie durch die Marke von Konkurrenzangeboten unterscheiden. Zu beachten ist, dass eine Marke immer nur einen territorial begrenzten Schutz gibt. So können aus einer deutschen Marke z. B. in Frankreich oder Österreich keine Rechte geltend gemacht werden.

II. Wofür kann eine Marke angemeldet werden?

Eine Marke kann für jedwede Art von Waren und Dienstleistungen angemeldet werden, die auf dem Markt zu gewerblichen Zwecken vertrieben und angeboten werden. Dabei ist es auch möglich, eine Marke für mehrere unterschiedliche Waren und Dienstleistungen anzumelden. In der sogenannten Nizzaer Klassifikation findet man diese einzelnen Waren und Dienstleistungen in unterschiedlichen Klassen aufgelistet. Gegenwärtig gilt die 10. Auflage dieser Klassifikation in der Version 2016.

III. Wo kann ich eine deutsche Marke anmelden?

Das Deutsche Patent- und Markenamt (DPMA) in München ist zuständig für das nationale deutsche → *Markenregistrierungsverfahren*. Das DPMA nimmt die Anmeldungen entgegen, führt das Prüfungsverfahren durch und führt das Markenregister.

IV. Rechtsvoraussetzungen einer eingetragenen Marke

Damit eine Marke überhaupt eingetragen werden kann und damit dem Schutz nach dem MarkenG unterliegt, müssen bestimmte Rechtsvoraussetzungen erfüllt sein. Zum einen muss das Zeichen einer zulässigen **Markenform** zuzuordnen sein, zum anderen muss das Kennzeichen **Markenfähigkeit** besitzen, und es dürfen keine absoluten Schutzhindernisse vorliegen. Sind diese Kriterien nicht erfüllt, kann die Marke nicht eingetragen werden und das DPMA weist die Markenanmeldung zurück.

1. Markenformen

Im deutschen Rechtssystem gibt es folgende Markenformen, deren grundsätzliche Schutzfähigkeit in § 3 Abs. 1 MarkenG geregelt ist:

- **Wortmarken** sind Marken, die aus einem oder mehreren Wörtern, Buchstaben und Buchstabenreihenfolgen, Zahlen oder sonstigen Schriftzeichen bestehen.

   TIPP!
  Alle Zahlen, Buchstaben und sonstigen Schriftzeichen, die zum Zeichensatz des DPMA gehören (http://www.rehmnetz.de/it-recht/moeglichezeichen) können Bestandteil einer Wortmarke sein.

- **Bildmarken** sind grafische Darstellungen, Bilder oder Abbildungen, die keine Schriftzeichen enthalten.

- **Wort-/Bildmarken** bestehen sowohl aus einem Bild- als auch aus einem Wortbestandteil. Marken, die aus einem Wort in besonderer grafischer Gestaltung bestehen, z. B. einen besonderen Schrifttyp oder Verzierungen aufweisen, werden ebenfalls als Wort-/Bildmarken bezeichnet.

- **Hörmarken** sind Zeichen, die vom Gehör wahrgenommen werden, wie Klänge, Töne und sonstige Geräusche. Auch gesprochene Slogans können als Hörmarke geschützt werden. Eine Hörmarke kann eingetragen werden, wenn sie grafisch durch Notenschrift in einem anerkannten Notensystem darstellbar ist. Eine Darstellung durch ein Sonogramm ist nicht zulässig.

- **Dreidimensionale Marken/Formmarken** sind dreidimensionale Gestaltungen – auch die Form einer Ware oder ihrer Verpackung – wie beispielsweise Flaschenformen.

  Beispiel:
  Bekannte dreidimensionale Marken sind der Mercedes-Stern und der Jaguar auf Autokühlern, das Michelin-Männchen oder auch die Odol-Flasche.

- **Farbmarken:** Auch reine, konturenlose Farben oder Farbzusammenstellungen sind grundsätzlich als Marke eintragungsfähig. Farbmarken sind durch die genaue Farbbezeichnung, sprich die RAL- oder Pantone-Nummer zu spezifizieren.

  Beispiel:
  Bekannte Farbmarken sind das Magenta der Deutschen Telekom oder die Farbe Gelb der Langenscheidt-Wörterbücher

- **Geruchsmarken** können zwar grundsätzlich als Marke eingetragen werden. Problematisch ist jedoch die grafische Darstellbarkeit, an der bisher die Eintragung von Geruchsmarken scheiterte.

- **Kollektivmarken** können durch rechtsfähige Vereine angemeldet werden, die die Marke dann ihren Mitgliedern zur Benutzung zur Verfügung stellen können. Für die Anmeldung von Kollektivmarken stehen alle oben aufgeführten Markenarten zur Verfügung.

  Beispiel:
  Gütezeichen, wie beispielsweise das Wollsiegel, werden in der Regel als Kollektivmarke geschützt.

2. Die Markenfähigkeit eines Kennzeichens

Jedoch nicht jedes Kennzeichen, welches einer der oben genannten Markenformen zugeordnet werden kann, ist fähig, die Funktion einer Marke zu erfüllen.

2.1 Ausgeschlossene Zeichenformen

In § 3 Abs. 2 MarkenG sind einzelne Ausschlusstatbestände genannt, die einem Markenschutz entgegenstehen: Nicht markenfähig sind Zeichen,

- die ausschließlich aus einer Form bestehen, die durch die Art der Ware selbst bestimmt ist. Hierbei sind nach der Rechtsprechung des Europäischen Gerichtshofs solche Formen ausgeschlossen, deren wesentliche Eigenschaften zu der oder den gattungstypischen Funktion(en) der Ware zählen (EuGH, Urteil vom 18. September 2014 – C-205/13).

  Beispiel:
  So hat der BGH die Grundform eines Bausteins in der „Legostein"-Entscheidung (BGH, Beschluss v. 16.7.2009 – I ZB 53/07) als eine Form angesehen, die ausschließlich durch die Art der Ware bestimmt ist.

- die ausschließlich aus einer Form bestehen, die zur Erreichung einer technischen Wirkung erforderlich ist

  Beispiel:
  Der BGH sah die Noppen eines Legosteins als ausschließlich technisch bedingt und damit nicht schutzfähig an.

- die der Ware ihren wesentlichen Wert verleihen: Dieser Ausschlussgrund kommt nur sehr selten zur Anwendung. Die Rechtsprechung sieht nur dann ein Eintragungshindernis, wenn der Verkehr allein in der ästhetischen Gestaltung der Ware den wesentlichen Wert sieht, z. B. bei reinen Kunst- oder Designobjekten. So wurde z. B. auf europäischer Ebene einer besonders designten Lautsprecherbox die Eintragung versagt, da nach Ansicht des Amtes die besondere Gestaltung der Lautsprecherbox dieser den wesentlichen Wert verlieh.

2.2 Grafische Darstellbarkeit

Des Weiteren ist gem. § 8 Abs. 1 MarkenG erforderlich, dass die Marke grafisch darstellbar ist. Dies Erfordernis wird damit begründet, dass das System der Markeneintragung nur auf

Marken und sonstige Kennzeichenrechte

diese Art gewährleistet werden kann und zudem nur so der genaue Schutzgegenstand bestimmbar ist. Problematisch ist die grafische Darstellbarkeit bei den Hör- und Farbmarken (siehe oben). Für Geruchsmarken wird sie bisher verneint.

3. Absolute Schutzhindernisse

Voraussetzung für die Eintragung einer Marke ist ferner, dass der Marke keine absoluten Schutzhindernisse entgegenstehen. Im Anmeldeverfahren prüft das Markenamt von Amts wegen das Vorliegen etwaiger absoluter Schutzhindernisse. Kommt es zu dem Ergebnis, dass im Zeitpunkt der Eintragung ein absolutes Schutzhindernis gegeben ist, lehnt es die Eintragung der Marke ab.

Die absoluten Schutzhindernisse sind in § 8 Abs. 2 Nr. 1–10 MarkenG geregelt.

3.1 Konkrete Unterscheidungskraft der Marke

Nach § 8 Abs. 2 Nr. 1 MarkenG darf eine Marke nicht eingetragen werden, wenn ihr im Hinblick auf die konkreten Waren und Dienstleistungen jegliche Unterscheidungskraft fehlt. Die mit der Marke gekennzeichneten Waren müssen einem bestimmten Unternehmen zuzuordnen sein. In dem unmittelbaren Produktbezug liegt der Unterschied zur abstrakten Unterscheidungskraft.

Beispiel:

Konkrete Unterscheidungskraft wurde z. B. verneint für die Bezeichnung „PAYeID", die für die Dienstleistung „Geldgeschäfte" geschützt werden sollte oder „GATEKEEPER" für Computersoftware. Auch die Bezeichnung „Fussball WM 2006" wurde vom BGH für eine Vielzahl von Waren als nicht schutzfähig angesehen, da „Fussball WM 2006" vom Verkehr als Hinweis auf die Veranstaltung, aber nicht als Hinweis auf die Herkunft der Waren aus einem bestimmten Unternehmen verstanden wird.

Das Fehlen der konkreten Unterscheidungskraft kann jedoch überwunden werden, wenn der Anmelder dem Amt nachweisen kann, dass sich das angemeldete Zeichen infolge seiner Benutzung für die angemeldeten Waren und Dienstleistungen in den beteiligten Verkehrskreisen zugunsten des Anmelders durchgesetzt hat (§ 8 Abs. 3 MarkenG). Dies ist nach den Richtlinien des DPMA für die Markenanmeldung dann gegeben, wenn ein Durchsetzungsgrad von mindestens 50 % vorliegt. Es müssen also mindestens 50 % der beteiligten Verkehrskreise das Zeichen kennen und davon ausgehen, dass nur ein einziges Unternehmen dieses Zeichen für die angemeldeten Waren und Dienstleistungen nutzt. So konnte die Bezeichnung „Spielwarenmesse" als Wortmarke für die Dienstleistung „Veranstaltung von gewerblichen Fachmessen auf dem Gebiet der Spielwaren" auf Grund nachgewiesener Verkehrsdurchsetzung geschützt werden (BPatG München, Beschluss v. 12.9.2012 – 29 W (pat) 79/12).

3.2 Beschreibende Angaben

Nach § 8 Abs. 2 Nr. 2 MarkenG besteht für Begriffe, die die Waren und Dienstleistungen beschreiben, das sogenannte **Freihaltebedürfnis**. Dazu gehören Begriffe, die im Verkehr zur Bezeichnung der Art, der Beschaffenheit, der Menge, der Bestimmung, des Wertes, der geografischen Herkunft oder zur Bezeichnung sonstiger Merkmale der Waren und Dienstleistungen dienen können. Dahinter steht das Interesse der Allgemeinheit, dass beschreibende Begriffe von jedem Wirtschaftsteilnehmer frei verwendet können werden sollen und daher auch nicht als Marke eingetragen und damit monopolisiert werden können.

Beispiel:

- Beschreibung der Menge: Liter, Kilogramm, Watt etc.
- Beschreibung der Art: frisch gebacken, vakuumverpackt; bei einer Farbmarke die Farbe weinrot für Schleifmittel, da dies für einen bestimmten Körnungsgrad steht.

Auch das Schutzhindernis des § 8 Abs. 2 Nr. 2 MarkenG kann durch den Nachweis der Verkehrsgeltung beseitigt werden.

3.3 Übliche Bezeichnungen

Bezeichnungen von Waren und Dienstleistungen, die im allgemeinen Sprachgebrauch oder aufgrund Verkehrsgepflogenheit dafür üblich geworden sind sowie Gattungsbezeichnungen, sollen § 8 Abs. 2 Nr. 3 MarkenG ebenfalls nicht als Marke eintragbar sein.

Beispiel:

Nicht eintragbare Gattungsbezeichnungen sind u. a. Sekt, Schuhe, Creme und Suppe. Auch die Bezeichnung „Porzellan-Klinik" wurde vom BPatG für die Dienstleistung „Reparatur von Porzellan- und Glaswaren" als Gattungsbezeichnung und damit nicht schutzfähig angesehen.

Übliche Bezeichnungen können als Marke eingetragen werden, wenn der Anmelder eine Verkehrsdurchsetzung zu seinen Gunsten nachweisen kann (§ 8 Abs. 3 MarkenG).

3.4 Täuschungseignung

Gem. § 8 Abs. 2 Nr. 4 MarkenG sind Bezeichnungen als Marke nicht gestattet, die ersichtlich geeignet sind, über die Art, Beschaffenheit oder geografische Herkunft der Produkte zu täuschen. Es muss sich um inhaltlich unwahre Angaben handeln.

Beispiel:

Die Bezeichnung „Chocolatino" wurde für „Konfitüre, Kompotte, Fruchtaufstriche ohne kleine Schokoladenstücke" als täuschend angesehen und die Eintragung wurde abgelehnt (BPatG, Beschluss v. 3.3.2014, Az.: 25 W (pat) 527/12).

3.5 Verstoß gegen die öffentliche Ordnung oder die guten Sitten

Dass die Marke nicht gegen die öffentliche Ordnung oder die guten Sitten verstoßen darf, ergibt sich aus § 8 Abs. 2 Nr. 5 MarkenG. Bei Verletzung der öffentlichen Ordnung müssen wesentliche Grundsätze des deutschen Rechts berührt sein, so dass wohl nur in Ausnahmefällen ein solcher Fall zu bejahen sein wird.

Sittenwidrigkeit ist zu bejahen, wenn die Marke dem Anstandsgefühl der beteiligten Verkehrskreise widerspricht oder allgemein missbilligt oder für untragbar angesehen wird, weil es sich um beispielsweise religiöse oder sonstige grobe Geschmacklosigkeiten handelt.

Beispiel:

Als nicht schutzfähig wurden z. B. die Bezeichnungen „Schlüpferstürmer" und „Busengrapscher" für alkoholische Getränke zurückgewiesen, da diese Bezeichnungen das Schamgefühl verletzen würden. Auch „Pontifex" für alkoholische Getränke und „Buddha" für Parfümeriewaren wurden wegen der Verletzung religiöser Gefühle zurückgewiesen. Derben Flüchen, wie

„SCHEISS DRAUF!" wurde ebenfalls wegen Sittenwidrigkeit der Markenschutz versagt.

3.6 Hoheitszeichen

Gem. § 8 Abs. 2 Nr. 6 und 8 MarkenG können keine inländischen staatlichen Hoheitszeichen, Wappen, Flaggen sowie andere Kennzeichen, auch nicht solche von Gemeinden und internationalen Institutionen als Marke eingetragen werden. § 8 Abs. 2 Nr. 6 MarkenG greift aber nicht ein, wenn durch die Art der Abbildung der Staatsflagge überhaupt nicht der Eindruck entstehen kann, dass es sich um ein hoheitliches Symbol handelt, mit dem eine bestimmte Legitimationswirkung verbunden ist. Der Eindruck eines hoheitlichen Symbols entsteht nicht, wenn das Zeichen neben anderen Elementen aus der Kombination verschiedener Flaggen besteht und diese lediglich als verzierendes, dekoratives Element auf einem Strandkorb abgebildet sind [BPatG, Beschluss vom 19.3.2013 – 33 W (pat) 39/11]. Der „G8"-Strandkorb von Heiligendamm, mit den Flaggen der teilnehmenden acht Nationen konnte somit als Bildmarke eingetragen werden. Zuletzt rückte diese Bestimmung im Rahmen der Fußball-WM 2014 in den Vordergrund. Es entbrannte zwischen der Betreiberin von Einzelhandelsmärkten und dem DFB ein Rechtsstreit über die Darstellung des Adlers im Logo des DFB. Die Betreiberin der Einzelhandelsmärkte stellte im Rahmen dieser Auseinandersetzung einen Löschungsantrag gegen das als Marke geschützte Logo des DFB mit der Begründung, es sei bei der Eintragung der Marke § 8 Abs. 2 Nr. 6 MarkenG nicht beachtet worden, da das Logo den Bundesadler enthalte. Das DPMA hat den Löschungsantrag zurückgewiesen, nachdem das Bundesinnenministerium einer Nutzung nach § 8 Abs. 4 Satz 2 MarkenG zugestimmt hat (DPMA Beschluss v. 30.10.2015, Az.: S 208/14 Lösch).

3.7 Amtliche Prüf- oder Gewährzeichen

Amtliche Prüf- oder Gewährzeichen dürfen nicht als Marke eingetragen werden, die nach einer Bekanntmachung des Bundesjustizministeriums im Bundesgesetzblatt von der Eintragung als Marke ausgeschlossen sind.

3.8 Öffentliches Interesse

Hierzu gehören alle sonstigen gesetzlichen Benutzungsverbote, wie z. B. im Arzneimittelrecht oder spezielle gesetzliche Regelungen zum Schutz bestimmter Bezeichnungen (Solingen).

3.9 Bösgläubigkeit

Schließlich sind gem. § 8 Abs. 2 Nr. 10 MarkenG Marken von der Eintragung ausgeschlossen, die ersichtlich bösgläubig angemeldet worden sind. Dies ist nicht schon dann der Fall, wenn der Anmelder weiß, dass ein Mitbewerber dasselbe Zeichen benutzt, ohne besondere Kennzeichenrechte dafür innezuhaben, sondern erst, wenn der Anmelder die Marke ohne hinreichenden Grund anmeldet, um den wertvollen Besitzstand an der nicht eingetragenen Marke und den Gebrauch der Marke zu stören. Auch ein Vorgehen gegen eine rein dekorative Verwendung der als Marke geschützten Bezeichnung, wie z. B. „GÜCKSPILZ" begründet nicht den Vorwurf der Bösgläubigkeit (BGH Beschluss v. 15.10.2015, Az.: I ZB 69/14).

4. Relative Schutzhindernisse

Des Weiteren darf eine Marke gem. § 9 MarkenG nicht die geschützte Rechtsposition einer älteren Marke stören. Danach liegen sogenannte relative Schutzhindernisse vor, wenn entweder

- Identität der Markenzeichen und der Waren oder Dienstleistungen besteht,
- Identität oder Ähnlichkeit der Markenzeichen und der Waren oder Dienstleistungen und somit für den Verbraucher die Gefahr von Verwechslung besteht oder
- Identität oder Ähnlichkeit der Markenzeichen bei Unähnlichkeit der Waren und Dienstleistungen besteht, zudem die ältere Marke im Inland bekannt ist und ohne rechtfertigenden Grund in unlauterer Weise die Unterscheidungskraft oder Wertschätzung der bekannten Marke durch Benutzung der jüngeren beeinträchtigt werden würde.

 ACHTUNG!

Im Gegensatz zu den absoluten Schutzhindernissen prüft das deutsche Markenamt das Vorliegen von relativen Schutzhindernissen **nicht**. Daher sollte vor Anmeldung einer Marke im Rahmen einer Markenrecherche geklärt werden, ob Kollisionsgefahr mit älteren Marken besteht. Markeninhabern ist zu raten, eine Überwachung hinsichtlich neuer Markenanmeldungen (Kollisionsüberwachung) einzurichten, um gegen jüngere identische oder verwechslungsfähige Markeneintragungen vorgehen zu können.

4.1 Verwechslungsgefahr

Verwechslungsgefahr besteht dann, wenn die jeweils mit den Marken gekennzeichneten Waren und Dienstleistungen nicht eindeutig einem Unternehmen zuzuordnen sind, weil angenommen werden könnte, sie stammen aus demselben oder aus wirtschaftlich verbundenen Unternehmen. Faktoren wie der Grad der Ähnlichkeit der Marken und der Waren bzw. Dienstleistungen sowie die Kennzeichnungskraft der älteren Marke spielen hier eine Rolle.

4.2 Ähnlichkeit der Marken und der Waren und Dienstleistungen

Bei der Beurteilung der **Ähnlichkeit der Marken** ist der Gesamteindruck der sich gegenüberstehenden Marken maßgeblich. Dabei sind die Marken unter dem klanglichen wie auch bildlichen Gesichtspunkt zu betrachten. Zudem ist auch der Aussagegehalt des Wortes zu beachten.

Die **Ähnlichkeit der Waren und Dienstleistungen** ist anhand objektiver, auf die Produkte bezogener Kriterien zu beurteilen. Faktoren sind hier beispielsweise die Art, der Verwendungszweck, aber auch die Vertriebswege und die Verwendung sowie die Branchenzugehörigkeit.

V. Sonstige Kennzeichenrechte

Sonstige dem Markengesetz unterfallende Kennzeichen sind geschäftliche Bezeichnungen, wozu Unternehmenskennzeichen und Werktitel gezählt werden. Sie genießen nach § 5 MarkenG Schutz.

1. Unternehmenskennzeichen

Gem. § 5 Abs. 2 MarkenG sind Unternehmenskennzeichen Zeichen, die im geschäftlichen Verkehr als Name, Firma oder besondere Bezeichnung eines Geschäftsbetriebes oder Unternehmens benutzt werden. Neben der Unterscheidungseignung

Musterwiderrufsbelehrung

muss das Unternehmenskennzeichen gem. § 5 Abs. 2 S. 1 MarkenG Namensfunktion besitzen. Keine Namensfunktion kann z. B. Zahlenkombinationen oder Einzelbuchstaben zugesprochen werden. Der Schutz des Unternehmenskennzeichens beginnt unter diesen Voraussetzungen mit Benutzungsaufnahme im geschäftlichen Verkehr, unabhängig vom Umfang der Benutzung. Aber auch Unternehmenskennzeichen ohne Namensfunktion genießen gem. § 5 Abs. 2 S. 2 MarkenG Schutz, wenn sie Verkehrsgeltung erlangt haben.

Der Schutz nach § 5 Abs. 2 MarkenG beginnt mit der Benutzungsaufnahme im Inland und endet mit der Einstellung der Geschäftstätigkeit.

2. Werktitel

Werktitel sind gem. § 5 Abs. 3 MarkenG Namen oder besondere Bezeichnungen von Druckschriften, Filmwerken, Tonwerken, Bühnenwerken oder sonstigen vergleichbaren Werken, wie z. B. Software oder Spiele. Ebenso wie die Marke und das Unternehmenskennzeichen müssen Werktitel Unterscheidungseignung aufweisen. Auch die Bezeichnung einer App als Software für mobile Endgeräte kann Titelschutz beanspruchen, wenn sie kennzeichnungskräftig ist. Diese erforderliche Kennzeichnungskraft fehlt der Bezeichnung „wetter.de" nach Ansicht des BGH für eine App, die Informationen zum Wetter vermittelt (BGH, Urteil v. 28.1.2016, Az.: I ZR 202/14).

Titelschutz beginnt mit Ingebrauchnahme des Titels für ein fertiggestelltes Werk (Weiteres siehe: → *Titelschutz*).

Musterwiderrufsbelehrung

I. Gesetzliche Neuordnung des Widerrufrechts zum 13. Juni 2014

II. Die gesetzlichen Änderungen im Überblick
1. Abschaffung des Rückgaberechts
2. Geänderte Konsequenzen bei fehlerhafter Belehrung des Verbrauchers über das Widerrufsrecht
3. Neue Legaldefinition der Textform
4. Inhalt der Widerrufsbelehrung
5. Muster für Widerrufsbelehrung und Widerrufsformular

III. Mustertexte mit Gestaltungshinweisen
1. Widerrufsbelehrung
2. Widerrufsformular

I. Gesetzliche Neuordnung des Widerrufrechts zum 13. Juni 2014

Am 13.6.2014 ist in Deutschland das Gesetz zur Umsetzung der Verbraucherrechterichtlinie und zur Änderung des Gesetzes zur Wohnraumvermittlung (BGBl. 2013 Teil I Nr. 58) in Kraft getreten. Mit dem Gesetz wurde die Richtlinie 2011/83/EU des Europäischen Parlaments und des Rates vom 25. Oktober 2011 über die Rechte der Verbraucher, zur Abänderung der Richtlinie 93/13/EWG und der Richtlinie 1999/44/EG sowie zur Aufhebung der Richtlinie 85/577/EWG (Haustürgeschäfterichtlinie) und der Richtlinie 97/7/EG (Fernabsatzrichtlinie) in deutsches Recht umgesetzt.

Durch das Gesetz ist das Widerrufsrecht im Internet an die europarechtlichen Vorgaben angepasst worden. Weiterführend und ergänzend siehe das Stichwort → *Widerrufsrecht des Verbrauchers*.

II. Die gesetzlichen Änderungen im Überblick

1. Abschaffung des Rückgaberechts

Als wesentliche Änderung kann die Abschaffung des Rückgaberechts herausgestellt werden. Nunmehr gibt es nur noch ein gesetzliches Widerrufsrecht, die Möglichkeit stattdessen ein Rückgaberecht zu vereinbaren, ist weggefallen.

Hinweis:
Damit entfällt auch der faktisch mit dem Rückgaberecht verbundene Vorteil für den Unternehmer, die seinerseits empfangene Leistung erst dann zurückzugewähren, wenn er die Sache zurückerhalten hat, da das Rückgaberecht nur durch die Rücksendung der Sache ausgeübt werden konnte. Allerdings hat der Unternehmer jetzt bei einem Verbrauchsgüterkauf das gesetzliche Recht, die Rückzahlung zu verweigern, bis er die Ware zurückerhalten hat oder der Verbraucher den Nachweis erbracht hat, dass er die Waren abgesandt hat (§ 357 Abs. 4 Satz 1 BGB).

Damit ist nur noch über ein Widerrufsrecht und nicht mehr über ein Rückgaberecht zu belehren.

2. Geänderte Konsequenzen bei fehlerhafter Belehrung des Verbrauchers über das Widerrufsrecht

Auch die Konsequenzen einer fehlerhaften Belehrung des Verbrauchers über das Widerrufsrecht haben sich geändert.

Liegt der Fehler darin, dass der Verbraucher zu spät über sein Widerrufsrecht belehrt wird, war nach bis zum 12.6.2014 geltender Rechtslage die Konsequenz, dass sich die Widerrufsfrist von 14 Tagen auf einen Monat verlängert hat (§ 355 Abs. 2 Satz 3 BGB a. F.). Dies ist so nicht mehr vorgesehen.

ACHTUNG!
Es wird kein Zeitpunkt mehr definiert, zu dem die Widerrufsbelehrung erteilt sein muss, damit diese als rechtzeitig gilt. Der Zeitpunkt der Widerrufsbelehrung ist nur insofern relevant, als die Widerrufsfrist vorher nicht zu laufen beginnt (§ 356 Abs. 3 Satz 1 BGB).

Entspricht die Widerrufsbelehrung inhaltlich nicht den gesetzlichen Vorgaben, war nach bis zum 12.6.2014 geltender Rechtslage die Folge, dass das Widerrufsrecht unbegrenzt fortbesteht (§ 355 Abs. 4 Satz 3 BGB a. F.).

Hinweis:
Dies stellte die Ausnahme nach dem in § 355 Abs. 4 Satz 1 BGB a. F. niedergelegten Grundsatz dar, wonach das Widerrufsrecht spätestens sechs Monate nach Vertragsschluss erlischt.

Mit den zum 13.6.2014 in Kraft getretenen Änderungen hat sich dies geändert. Zwar ist der Beginn der Widerrufsfrist grundsätzlich an die ordnungsgemäße Belehrung des Verbrauchers entsprechend den Vorgaben des Artikels 246a § 1 Absatz 2 Satz 1 Nummer 1 oder des Artikels 246b § 2 Absatz 1 EGBGB geknüpft (§ 356 Abs. 3 Satz 1 BGB). Allerdings erlischt das Widerrufsrecht – unabhängig von etwaigen Fehlern bei der Widerrufsbelehrung – spätestens 12 Monate und 14 Tage nach

Musterwiderrufsbelehrung

dem bei ordnungsgemäßer Belehrung vorgesehenen Zeitpunkt des Fristbeginns.

WICHTIG!
Im Unterschied zur alten Rechtslage (vgl. § 312d Abs. 2 BGB a. F.) spielt es für den Beginn der Widerrufsfrist keine Rolle, ob auch andere Pflichtinformationen vollständig und fehlerfrei erteilt worden sind!

3. Neue Legaldefinition der Textform

Nach bis zum 12.6.2014 geltender Rechtslage musste die Widerrufsbelehrung gegenüber dem Verbraucher in Textform erfolgen (§ 355 Abs. 2 Satz 1 BGB a. F.). Dies gilt auch nach neuer Rechtslage jedenfalls dann, wenn der Unternehmer das gesetzliche Muster in Anlage 1 zu Artikel 246a § 1 Absatz 2 Satz 2 EGBGB verwendet. Allerdings hat sich die Legaldefinition der Textform in § 126b BGB geändert. § 126b BGB lautet nunmehr:

„Ist durch Gesetz Textform vorgeschrieben, so muss eine lesbare Erklärung, in der die Person des Erklärenden genannt ist, auf einem dauerhaften Datenträger abgegeben werden. Ein dauerhafter Datenträger ist jedes Medium, das

1. *es dem Empfänger ermöglicht, eine auf dem Datenträger befindliche, an ihn persönlich gerichtete Erklärung so aufzubewahren oder zu speichern, dass sie ihm während eines für ihren Zweck angemessenen Zeitraums zugänglich ist, und*

2. *geeignet ist, die Erklärung unverändert wiederzugeben."*

4. Inhalt der Widerrufsbelehrung

Die inhaltlichen Anforderungen der Widerrufsbelehrung sind nunmehr in Artikel 246a § 1 Absatz 2 Satz 1 EGBGB festgelegt (früher § 360 BGB). Dieser lautet:

„Steht dem Verbraucher ein Widerrufsrecht gemäß § 312g Absatz 1 des Bürgerlichen Gesetzbuchs zu, ist der Unternehmer verpflichtet, den Verbraucher zu informieren

1. *über die Bedingungen, die Fristen und das Verfahren für die Ausübung des Widerrufsrechts gemäß § 355 Absatz 1 des Bürgerlichen Gesetzbuchs sowie das Muster-Widerrufsformular gemäß Anlage 2,*

2. *gegebenenfalls darüber, dass der Verbraucher im Widerrufsfall die Kosten für die Rücksendung der Waren zu tragen hat, und bei Fernabsatzverträgen zusätzlich über die Kosten für die Rücksendung der Waren, wenn die Waren auf Grund ihrer Beschaffenheit nicht auf dem normalen Postweg zurückgesendet werden können und*

3. *darüber, dass der Verbraucher dem Unternehmer bei einem Vertrag über die Erbringung von Dienstleistungen oder über die nicht in einem bestimmten Volumen oder in einer bestimmten Menge vereinbarte Lieferung von Wasser, Gas, Strom oder die Lieferung von Fernwärme, einen angemessenen Betrag gemäß § 357 Absatz 8 des Bürgerlichen Gesetzbuchs für die vom Unternehmer erbrachte Leistung schuldet, wenn der Verbraucher das Widerrufsrecht ausübt, nachdem er auf Aufforderung des Unternehmers von diesem ausdrücklich den Beginn der Leistung vor Ablauf der Widerrufsfrist verlangt hat."*

Artikel 246a § 1 Absatz 2 Satz 2 EGBGB verweist auf die Anlage 1 des Einführungsgesetzes zum Bürgerlichen Gesetzbuch (EGBGB), in der ein Muster enthalten ist. Gleichzeitig wird klargestellt, dass der Unternehmer seine Informationspflichten dadurch erfüllen kann, dass er das gesetzliche Muster für die Widerrufsbelehrung zutreffend ausgefüllt in Textform übermittelt.

WICHTIG!
Das Risiko einer wettbewerbsrechtlichen Abmahnung kann durch die Verwendung der aktuell gültigen Musterwiderrufsbelehrung minimiert werden, wenn der Unternehmer diese zutreffend ausfüllt.

Hinweis:
Das Muster für die Rückgabeerklärung ist ersatzlos weggefallen, da es seit dem 13.6.2014 nicht mehr möglich ist, ein Rückgaberecht anstelle des Widerrufsrechts zu vereinbaren.

5. Muster für Widerrufsbelehrung und Widerrufsformular

Nach der seit 13.6.2014 geltenden Rechtslage gibt es nicht nur ein gesetzliches Muster für die Widerrufsbelehrung, sondern auch eines für ein Widerrufsformular. Dieses kann vom Unternehmer zur Verfügung gestellt werden. Die Muster finden sich in den Anlagen 1 und 2 zu Artikel 246a § 1 Absatz 2 Satz 2 EGBGB.

III. Mustertexte mit Gestaltungshinweisen

1. Muster: Widerrufsbelehrung

Anlage 1 (zu Artikel 246a § 1 Absatz 2 Satz 2)
Muster für die Widerrufsbelehrung

(Fundstelle: BGBl. I 2013 Nr. 58, neu gefasst mit Wirkung vom 21.3.2016 durch Gesetz vom 11.3.2016, BGBl. I S. 396)

Muster für die Widerrufsbelehrung bei außerhalb von Geschäftsräumen geschlossenen Verträgen und bei Fernabsatzverträgen mit Ausnahme von Verträgen über Finanzdienstleistungen

Widerrufsbelehrung

Widerrufsrecht

Sie haben das Recht, binnen vierzehn Tagen ohne Angabe von Gründen diesen Vertrag zu widerrufen.

Die Widerrufsfrist beträgt vierzehn Tage ab dem Tag [1].

Um Ihr Widerrufsrecht auszuüben, müssen Sie uns [2] mittels einer eindeutigen Erklärung (z. B. ein mit der Post versandter Brief, Telefax oder E-Mail) über Ihren Entschluss, diesen Vertrag zu widerrufen, informieren. Sie können dafür das beigefügte Muster-Widerrufsformular verwenden, das jedoch nicht vorgeschrieben ist. [3]

Zur Wahrung der Widerrufsfrist reicht es aus, dass Sie die Mitteilung über die Ausübung des Widerrufsrechts vor Ablauf der Widerrufsfrist absenden.

Folgen des Widerrufs

Wenn Sie diesen Vertrag widerrufen, haben wir Ihnen alle Zahlungen, die wir von Ihnen erhalten haben, einschließlich der Lieferkosten (mit Ausnahme der zusätzlichen Kosten, die sich daraus ergeben, dass Sie eine andere Art der Lieferung als die von uns angebotene, günstigste Standardlieferung gewählt haben), unverzüglich und spätestens binnen vierzehn Tagen ab dem Tag zurückzuzahlen, an dem die Mitteilung über Ihren Wi-

derruf dieses Vertrags bei uns eingegangen ist. Für diese Rückzahlung verwenden wir dasselbe Zahlungsmittel, das Sie bei der ursprünglichen Transaktion eingesetzt haben, es sei denn, mit Ihnen wurde ausdrücklich etwas anderes vereinbart; in keinem Fall werden Ihnen wegen dieser Rückzahlung Entgelte berechnet.

[4]

[5]

[6]

Gestaltungshinweise:

[1] 1. Fügen Sie einen der folgenden in Anführungszeichen gesetzten Textbausteine ein:

   a) im Falle eines Dienstleistungsvertrags oder eines Vertrags über die Lieferung von Wasser, Gas oder Strom, wenn sie nicht in einem begrenzten Volumen oder in einer bestimmten Menge zum Verkauf angeboten werden, von Fernwärme oder von digitalen Inhalten, die nicht auf einem körperlichen Datenträger geliefert werden: „des Vertragsabschlusses.";

   b) im Falle eines Kaufvertrags:„, an dem Sie oder ein von Ihnen benannter Dritter, der nicht der Beförderer ist, die Waren in Besitz genommen haben bzw. hat.";

   c) im Falle eines Vertrags über mehrere Waren, die der Verbraucher im Rahmen einer einheitlichen Bestellung bestellt hat und die getrennt geliefert werden: „, an dem Sie oder ein von Ihnen benannter Dritter, der nicht der Beförderer ist, die letzte Ware in Besitz genommen haben bzw. hat.";

   d) im Falle eines Vertrags über die Lieferung einer Ware in mehreren Teilsendungen oder Stücken: „, an dem Sie oder ein von Ihnen benannter Dritter, der nicht der Beförderer ist, die letzte Teilsendung oder das letzte Stück in Besitz genommen haben bzw. hat.";

   e) im Falle eines Vertrags zur regelmäßigen Lieferung von Waren über einen festgelegten Zeitraum hinweg: „, an dem Sie oder ein von Ihnen benannter Dritter, der nicht der Beförderer ist, die erste Ware in Besitz genommen haben bzw. hat.

[2] Fügen Sie Ihren Namen, Ihre Anschrift und, soweit verfügbar, Ihre Telefonnummer, Telefaxnummer und E-Mail-Adresse ein.

[3] Wenn Sie dem Verbraucher die Wahl einräumen, die Information über seinen Widerruf des Vertrags auf Ihrer Webseite elektronisch auszufüllen und zu übermitteln, fügen Sie Folgendes ein: „Sie können das Muster-Widerrufsformular oder eine andere eindeutige Erklärung auch auf unserer Webseite [Internet-Adresse einfügen] elektronisch ausfüllen und übermitteln. Machen Sie von dieser Möglichkeit Gebrauch, so werden wir Ihnen unverzüglich (z. B. per E-Mail) eine Bestätigung über den Eingang eines solchen Widerrufs übermitteln."

[4] Im Falle von Kaufverträgen, in denen Sie nicht angeboten haben, im Fall des Widerrufs die Waren selbst abzuholen, fügen Sie Folgendes ein: „Wir können die Rückzahlung verweigern, bis wir die Waren wieder zurückerhalten haben oder bis Sie den Nachweis erbracht haben, dass Sie die Waren zurückgesandt haben, je nachdem, welches der frühere Zeitpunkt ist."

[5] Wenn der Verbraucher Waren im Zusammenhang mit dem Vertrag erhalten hat:

   a) Fügen Sie ein:

   - „Wir holen die Waren ab." oder

   - „Sie haben die Waren unverzüglich und in jedem Fall spätestens binnen vierzehn Tagen ab dem Tag, an dem Sie uns über den Widerruf dieses Vertrags unterrichten, an ... uns oder an [hier sind gegebenenfalls der Name und die Anschrift der von Ihnen zur Entgegennahme der Waren ermächtigten Person einzufügen] zurückzusenden oder zu übergeben. Die Frist ist gewahrt, wenn Sie die Waren vor Ablauf der Frist von vierzehn Tagen absenden."

   b) Fügen Sie ein:

   - „Wir tragen die Kosten der Rücksendung der Waren.";

   - „Sie tragen die unmittelbaren Kosten der Rücksendung der Waren.";

   - Wenn Sie bei einem Fernabsatzvertrag nicht anbieten, die Kosten der Rücksendung der Waren zu tragen und die Waren aufgrund ihrer Beschaffenheit nicht normal mit der Post zurückgesandt werden können: „Sie tragen die unmittelbaren Kosten der Rücksendung der Waren in Höhe von ... EUR [Betrag einfügen].", oder wenn die Kosten vernünftigerweise nicht im Voraus berechnet werden können: „Sie tragen die unmittelbaren Kosten der Rücksendung der Waren. Die Kosten werden auf höchstens etwa ... EUR [Betrag einfügen] geschätzt." oder

   - wenn die Waren bei einem außerhalb von Geschäftsräumen geschlossenen Vertrag aufgrund ihrer Beschaffenheit nicht normal mit der Post zurückgesandt werden können und zum Zeitpunkt des Vertragsschlusses zur Wohnung des Verbrauchers geliefert worden sind: „Wir holen die Waren auf unsere Kosten ab." und

   c) Fügen Sie ein: „Sie müssen für einen etwaigen Wertverlust der Waren nur aufkommen, wenn dieser Wertverlust auf einen zur Prüfung der Beschaffenheit, Eigenschaften und Funktionsweise der Waren nicht notwendigen Umgang mit ihnen zurückzuführen ist."

[6] Im Falle eines Vertrags zur Erbringung von Dienstleistungen oder der Lieferung von Wasser, Gas oder Strom, wenn sie nicht in einem begrenzten Volumen oder in einer bestimmten Menge zum Verkauf angeboten werden, oder von Fernwärme fügen Sie Folgendes ein:

„Haben Sie verlangt, dass die Dienstleistungen oder Lieferung von Wasser/Gas/Strom/Fernwärme [Unzutreffendes streichen] während der Widerrufsfrist beginnen soll, so haben Sie uns einen angemessenen Betrag zu zahlen, der dem Anteil der bis zu dem Zeitpunkt, zu dem Sie uns von der Ausübung des Widerrufsrechts hinsichtlich dieses Vertrags unterrichten, bereits erbrachten Dienstleistungen im Vergleich zum Gesamtumfang der im Vertrag vorgesehenen Dienstleistungen entspricht."

2. Muster: Widerrufsformular

Anlage 2 (zu Artikel 246a § 1 Absatz 2 Satz 2)
Muster für das Widerrufsformular

(Fundstelle: BGBl. I 2013 Nr. 58)

Muster-Widerrufsformular

(Wenn Sie den Vertrag widerrufen wollen, dann füllen Sie bitte dieses Formular aus und senden Sie es zurück.)

- An [hier ist der Name, die Anschrift und gegebenenfalls die Faxnummer und E-Mail-Adresse des Unternehmers durch den Unternehmer einzufügen]:

- Hiermit widerrufe(n) ich/wir(*) den von mir/uns(*) abgeschlossenen Vertrag über den Kauf der folgenden Waren(*)/die Erbringung der folgenden Dienstleistung(*)

- Bestellt am(*)/erhalten am(*)

- Name des/der Verbraucher(s)

- Anschrift des/der Verbraucher(s)

- Unterschrift des/der Verbraucher(s) (nur bei Mitteilung auf Papier)

- Datum

* Unzutreffendes streichen.

Negative Bewertungen bei eBay & Co.

I.   Hintergrund
    1.   Bewertungen im Internet
    2.   eBay-Bewertungssystem
    3.   Umgang mit Bewertungen
    4.   Anonymität als Schutzfaktor

Negative Bewertungen bei eBay & Co.

II. **Ansprüche bei einer ungerechtfertigten Negativbewertung**
   1. Schmähkritik oder unwahre Tatsachenbehauptungen
   2. Verstoß gegen das Sachlichkeitsgebot
   3. Markenkritik

III. **Fazit**

IV. **Musterschreiben: Rücknahme negativer Bewertung bei eBay**

I. Hintergrund

1. Bewertungen im Internet

Bewertungen im Internet boomen: Schon längst muss man nicht mehr nur an eBay denken. Bewertungen der eigenen Dienstleistungen und Produkte können jedes Unternehmen treffen, auch wenn es nicht auf eBay aktiv ist. Hintergrund sind die zahlreichen Bewertungsportale, wie etwa Qype, in denen Nutzer Unternehmen nicht nur bewerten können, sondern sogar selber überhaupt erst eintragen können. Damit ist es möglich, dass ein Unternehmen ohne sein Wissen, auch gegen den eigenen Willen, in einem Portal bewertet wird. Bewertungsportale gibt es dabei in den verschiedensten Formen, einmal branchenspezifisch, also z. B. speziell für Restaurants, aber auch ganz allgemein für jegliche Art von Unternehmen.

Eine Besonderheit ist dabei, dass zunehmend auch andere Anbieter Bewertungen anbieten. So gibt es bei „Google My Business" (ehemals Google Places) die Möglichkeit, vorhandene Unternehmenseinträge zu bewerten. Auch Facebook Places bietet seinen Nutzern diese Möglichkeit an. Das führt dazu, dass z. B. die Suche nach einem Unternehmen ausgerechnet beim Branchenprimus Google, etwa in Google Maps, plötzlich eine Vielzahl äußerst kritischer Einträge zu Tage fördert. Hier kann sich dann entscheiden, ob ein potentieller Kunde sich ein anderes Unternehmen sucht.

2. eBay-Bewertungssystem

Wer die Internetplattform eBay als Anbieter oder als Nachfrager von Waren nutzen möchte, muss bei der Registrierung der Geltung der Allgemeinen Geschäftsbedingungen von eBay zustimmen. Nach beendeten Auktionen bewerten sich die Nutzer der Internetauktions-Plattform gegenseitig. In dem Bewertungssystem gibt es dabei die Stufen „positiv", „neutral" und „negativ". eBay greift nach eigener Aussage grundsätzlich nicht in das Bewertungssystem ein. Abgegebene Bewertungen werden durch eBay weder verändert noch entfernt. Zusätzlich haben eBay-Mitglieder jedoch die Möglichkeit, Bewertungspunkte im gegenseitigen Einvernehmen entfernen zu lassen.

Die Bewertungen sind für jedermann über das Internet einsehbar und haben großen Einfluss auf die Kaufentscheidung potentieller Käufer. In § 7 der eBay-AGB heißt es zum Punkt Bewertungssystem u. a.:

§ 7 Bewertungssystem und Vertrauenssymbole

1. *Nutzer können sich nach der Durchführung einer Transaktion gegenseitig und öffentlich zugänglich bewerten. Käufer können einzelne Aspekte der Leistung eines Verkäufers zudem über die detaillierten Verkäuferbewertungen bewerten. Die Bewertungen werden von eBay nicht überprüft und können unzutreffend oder irreführend sein.*

2. *Nutzer sind verpflichtet, in den abgegebenen Bewertungen ausschließlich wahrheitsgemäße Angaben zu machen. Die von Nutzern abgegebenen Bewertungen müssen sachlich gehalten sein und dürfen keine Schmähkritik enthalten.*

3. *Jede zweckwidrige Nutzung des Bewertungssystems ist verboten. Insbesondere ist es untersagt:*
   > *Bewertungen über sich selbst abzugeben oder durch Dritte abgeben zu lassen.*
   > *in Bewertungen Umstände einfließen zu lassen, die nicht mit der Abwicklung der betreffenden Transaktion in Zusammenhang stehen.*
   > *Bewertungen zu einem anderen Zweck zu verwenden als zum Handel mittels der eBay-Dienste.*
   > *andere Nutzer durch Drohung mit der Abgabe oder Nichtabgabe einer Bewertung zu einer Handlung, Duldung oder Unterlassung zu nötigen.*

4. *Für die Entfernung von Bewertungen gilt der Grundsatz zum Entfernen von Bewertungen.*

Wer bei eBay dauerhaft erfolgreich handeln will, sollte sich vor negativen Bewertungen durch andere eBay-Nutzer hüten. Schließlich dient das von eBay eingeführte Bewertungssystem dazu, potentiellen Käufern einen Eindruck von der Zuverlässigkeit des jeweiligen Händlers und der von diesem angebotenen Produktqualität zu vermitteln. So ist es auch kein Wunder, dass sich derartige Bewertungen unmittelbar auf den Umsatz eines Händlers auswirken können. Die Bedeutung des Bewertungssystems für die Nutzer wurde auch von eBay nicht verkannt und findet deshalb nicht nur in § 7 der eBay-AGB, sondern auch in den eBay-Grundsätzen Erwähnung.

Auch für die Nutzer von eBay stellt das Mittel einer negativen Bewertung ein scharfes Schwert dar, welches der eine oder andere gerne mal einsetzt, um einem unliebsamen Vertragspartner eins auszuwischen. Ist eine negative Bewertung erst einmal abgegeben, so wird diese durch eBay grundsätzlich nicht mehr entfernt oder verändert. Eine Ausnahme macht eBay nur in solchen Fällen, in denen die negative Bewertung missbräuchlich eingesetzt wurde, etwa wenn der Bewertungskommentar vulgäre, obszöne, rassistische, nicht jugendfreie oder im strafrechtlichen Sinn beleidigende Bemerkungen beinhaltet. Ansonsten wird eine negative Bewertung nur dann entfernt, wenn die Parteien eine einvernehmliche Regelung finden oder wenn eine vollstreckbare richterliche Entscheidung dies vorsieht.

3. Umgang mit Bewertungen

Wer am geschäftlichen Verkehr teilnimmt, muss sich nach Auffassung des Bundesgerichtshofs öffentliche Kritik grundsätzlich gefallen lassen. Dabei orientiert sich der Rahmen dessen, was an Meinungsäußerung zulässig ist, auch an der Größe des Unternehmens – je größer ein Unternehmen ist, je mehr es in der Öffentlichkeit steht, umso größer ist das öffentliche Interesse, sich damit kritisch auseinanderzusetzen (BGH, Urteil vom 22.9.2009, Az. VI ZR 19/08). Aber nicht jede Kritik muss auch hingenommen werden: Zum einen gibt es juristische Grenzen zur Frage, was zulässig ist, zum anderen ist üblicherweise in den AGB von Bewertungsportalen ein von der Rechtsprechung ohnehin gefordertes „Sachlichkeitsgebot" für die Bewertungen vorgeschrieben, das häufig berührt sein wird.

Negative Bewertungen bei eBay & Co.

Grundsätzlich hat man als Betroffener einer negativen Bewertung natürlich immer drei **Verhaltensoptionen**: Ignorieren, juristisch agieren oder das Gespräch suchen. Jede Option wird man in Betracht ziehen müssen, um im Einzelfall eine Entscheidung zu treffen. Keine Option dagegen ist das sogenannte „Astroturfing", worunter die Bewertungen eigener Dienstleistungen bzw. Produkte unter fremden Namen verstanden wird. Auch wenn im vermeintlich anonymen Internet ein verlockender Gedanke, so ist es bei Bekanntwerden zumindest peinlich, regelmäßig aber auch ein abmahnfähiger Wettbewerbsverstoß nach UWG.

Dabei ist insbesondere der gefürchtete **Streisand-Effekt** zu bedenken. Gemeint ist hiermit, dass man bei dem Versuch, eine ungewollte Meinung im Internet zu unterdrücken, genau das Gegenteil erreicht, nämlich dass diese erst recht Beachtung findet und sich unkontrolliert massenhaft weiter verbreitet. Hintergrund der Bezeichnung ist ein solches Vorgehen von Barbra Streisand, die genau dies versuchte – und kläglich scheiterte.

Wenn Ignorieren keine Option darstellt und das Gespräch nicht gesucht werden will oder kann, verbleibt der Rückgriff auf juristische Hilfsmittel. Üblicherweise wird hier mit einer **Abmahnung** reagiert, also einer Aufforderung an den Kritiker bzw. die Plattform, die Bewertung zurückzunehmen und zukünftig in dieser Form zu unterlassen. Im Anschluss an diese Abmahnung kann dann die gerichtliche Durchsetzung erfolgen. Abgelehnt wird allerdings die Inanspruchnahme einstweiligen Rechtsschutzes im Zusammenhang mit eBay-Bewertungen, da das eBay-System einen zeitnahen Schutz bietet (so OLG Düsseldorf, Beschluss vom 28.2.2011, Az. I-15 W 14/11 und OLG Köln, Beschluss vom 8.3.2012, Az. 15 U 193/11). Wer über eine Abmahnung nachdenkt, muss bedenken, dass im Internet beim Thema Abmahnungen, gerade im Zusammenhang mit vermeintlichen Meinungsäußerungen, sehr empfindlich reagiert wird. Eine unüberlegt ausgesprochene Abmahnung, bei einem Gegner der sich einer gewissen Beachtung erfreut, kann man schnell in den Sog einer Zensur-Diskussion geraten, mit dem Ergebnis, dass die eigene Abmahnung und die unerwünschte Bewertung sich unkontrolliert massenhaft verbreiten.

Dennoch darf diese Sorge um den Streisand-Effekt auf keinen Fall ein pauschales Argument sein, um zustehende Rechte nicht mit den geeigneten Maßnahmen durchzusetzen. Vielmehr wird man im Einzelfall prüfen müssen, wie hoch die Risiken sind, und ob es sich nicht vielleicht eher lohnt, durch andere Maßnahmen – etwa geeignete PR-Maßnahmen – den befürchteten Schaden abzuwenden. Dabei wird man verschiedene Faktoren berücksichtigen müssen, insbesondere, welcher Aufmerksamkeit sich die Bewertung erfreut und mit welchem zeitlichen und finanziellen Aufwand man bei Gegenwehr rechnen müsste. Die letztendliche Entscheidung hinsichtlich des Vorgehens wird idealerweise mit einem entsprechend erfahrenen Berater zu treffen sein.

4. Anonymität als Schutzfaktor

Die Rechtsprechung akzeptiert inzwischen auch, dass eine gewisse Anonymität im Internet zur Ausübung der Meinungsfreiheit notwendig ist. Das OLG Hamm (Beschluss vom 3.8.2011, Az. I-3 U 196/10) sagte dazu etwa:

„Die für das Internet typische anonyme Nutzung entspricht zudem auch der grundrechtlichen Interessenlage, da eine Beschränkung der Meinungsfreiheit auf Äußerungen, die einem bestimmten Individuum zugerechnet werden, mit Art. 5 Abs. 1 Satz 1 GG nicht vereinbar ist. Die Verpflichtung, sich namentlich zu einer bestimmten Meinung zu bekennen, würde allgemein die Gefahr begründen, dass der Einzelne aus Furcht vor Repressalien oder sonstigen negativen Auswirkungen sich dahingehend entscheidet, seine Meinung nicht zu äußern. Dieser Gefahr der Selbstzensur soll durch das Grundrecht auf freie Meinungsäußerung entgegengewirkt werden (BGH, Urteil vom 23.6.2009 – VI ZR 196/08 –, MMR 2009, 608, 612)."

An dieser Rechtsprechung hat auch der BGH (Urteil vom 1.3.2016, Az. VI ZR 34/14) in einer kürzlich ergangenen Entscheidung zu dem Ärztebewertungsportal „Jameda" festgehalten:

In dem zu entscheidenden Fall hatte ein Zahnarzt geklagt, da er der Auffassung war, dass der anonyme Bewerter gar nicht bei ihm in Behandlung gewesen sei. Nachdem das Bewertungsportal zunächst die streitige Bewertung entfernt hatte, stellte es sie nach einer Rücksprache mit dem Bewerter wieder ein. Der Arzt verlangte daraufhin neben der Unterlassung auch Auskunft darüber, welcher Daten dem Portal über den Bewerter vorliegen und welche Unterlagen der Bewerter eingereicht habe, um seinen Praxisbesuch nachzuweisen.

Die Entscheidung des BGH in dieser Streitigkeit hat in zweierlei Hinsicht grundlegende Bedeutung:

Zum einen beschloss das Gericht, dass das Bewertungsportal auf das Vorbringen des Arztes hin verpflichtet sei, umfassend zu überprüfen, ob der Bewerter tatsächlich als Patient in Behandlung war. Hierzu hätte das Portal den Bewerter zur umfassenden Vorlage von Unterlagen auffordern müssen, die als Beleg für die Behandlung herangezogen werden können, z. B. Bonushefte, Rezepte oder sonstige Indizien. In diesen Unterlagen hätte das Portal anschließend Namen und Identifikatoren des Betroffenen schwärzen und die so anonymisierten Dokumente im Anschluss an den Arzt weiterleiten müssen.

Zum anderen stützt der BGH damit die Anonymität des Bewerters und beruft sich hierbei auf § 13 Abs. 6 S. 1 TMG. Eine Herausgabe des Namens oder einer E-Mail-Adresse an das bewertete Unternehmen wird somit ebenfalls abgelehnt.

Die Anonymität des Bewerters wird mit dieser Entscheidung zwar gegenüber dem bewerteten Unternehmen geschützt, gleichzeitig wird der Bewerter aber gerade bei Bewertungen im medizinischen Kontext gezwungen, äußerst sensible Gesundheitsdaten, an das Bewertungsportal herauszugeben, jedenfalls dann, wenn er an seiner Bewertung festhalten möchte.

II. Ansprüche bei einer ungerechtfertigten Negativbewertung

1. Schmähkritik oder unwahre Tatsachenbehauptungen

Jedenfalls Schmähkritiken und unwahre Tatsachenbehauptungen muss man sich nicht bieten lassen und kann sich erfolgreich wehren. Anspruchsgrundlage sind üblicherweise § 823 Abs. 1 BGB i. V. m. § 1004 BGB analog, einmal auf Unterlassung, andererseits (speziell bei eBay) auf Zustimmung des Bewertenden zur Rücknahme der innerhalb der Bewertung veröffentlichten Schmähkritik oder unwahren Tatsachenbehauptung. Das gilt übrigens nicht nur für Unternehmen, sondern auch für **Verbraucher** – wenn etwa ein Verbraucher bei eBay unzulässig negativ bewertet wird, ist dieser in seinem allgemeinen Persönlichkeitsrecht verletzt und hat dann die gleichen Ansprüche (vgl. AG Frankfurt a. M., Urteil vom 21.10.2010, Az. 29 C 1485/10).

Die Differenzierung zur Meinungsäußerung ist erfahrungsgemäß immer wieder problematisch. Grundsätzlich gilt:

- Eine **Schmähkritik** liegt mit der Rechtsprechung jedenfalls dann vor, wenn die persönliche Herabsetzung im Vordergrund steht und die sachliche Auseinandersetzung vollkommen in den Hintergrund drängt.
- Bei der **unwahren Tatsachenbehauptung** dagegen steht nicht die Wertung im Vordergrund, sondern ein dem objektiven Beweis zugängliches Fakt. Eine unwahre Tatsachenbehauptung wird auch nicht von der Meinungsfreiheit gedeckt (OLG Hamburg, Urteil vom 22.3.2011, Az. 7 U 128/09).

Die Grenze zur Meinungsäußerung ist naturgemäß fließend und mitunter schwer zu konturieren. Dabei erkennt die Rechtsprechung mitunter auch wertend an, dass das Bewertungssystem von eBay auf kurze und prägnante Kommentare ausgelegt ist. Mit diesem Argument soll auch eine im Tonfall scharf formulierte Kritik zulässig sein, solange sich immerhin noch ein sachlicher Bezug eindeutig erkennen lässt (AG Bremen, Urteil vom 27.11.2009, Az. 9 C 412/09). Einige ausgewählte Entscheidungen rund um eBay-Bewertungen sollen das beispielhaft verdeutlichen:

Das OLG Oldenburg (Urteil vom 3.4.2006, Az. 13 U 71/05) hatte über die Frage zu entscheiden, ob die von der dortigen Beklagten abgegebene negative Bewertung *„Bietet, nimmt nicht ab, schade, obwohl selber großer Verkäufer"* die dortige Klägerin in ihren Rechten beeinträchtigt. Hintergrund des Streits war eine Meinungsverschiedenheit der beiden Parteien über von der Käuferin geltend gemachte Gewährleistungsrechte, die von der Verkäuferin bestritten wurden.

Das Gericht bejahte eine entsprechende Rechtsverletzung mit dem Hinweis, die Erklärung „nimmt die Ware nicht ab" werde auch von einem juristischen Laien, jedenfalls, wenn sie im Zusammenhang als negative Beurteilung abgegeben wird, so verstanden, dass die Klägerin sich nicht vertragstreu verhalten hat. Sobald jedoch ein Hinweis auf Meinungsverschiedenheiten hinsichtlich der Mangelfreiheit der Lieferung erfolgt, erscheine die Behauptung der Nichtabnahme in einem anderen Licht. Dann sei offen, ob nicht vielleicht die Beklagte eine mangelhafte Sache geliefert hat. Ein vertragsuntreues Verhalten der Klägerin ergebe sich daraus nicht zwingend. Selbst wenn man daher die Erklärung an sich als wahr, allerdings unvollständig ansieht, so sei das Verschweigen des Hintergrunds für die „Nichtabnahme" wesentlich und gebe der gesamten Erklärung ein anderes Gewicht. Bei einem Hinweis über Streitigkeiten hinsichtlich der Mangelfreiheit der Ware, bliebe offen, ob die Klägerin letztlich nicht nur die ihr zustehenden Rechte wahrgenommen hat, während bei einem Weglassen dieses Hinweises von einem vertragsuntreuen Verhalten der Klägerin ausgegangen werde.

In einem vom AG Koblenz (Urteil vom 21.6.2006, Az. 151 C 624/06) zu entscheidenden Fall ging es um die von dem dortigen Beklagten abgegebene negative Bewertung *„Vorsicht Spaßbieter. Bietet erst und zahlt dann nicht!!!!"*. Hintergrund dieses Streits war eine Meinungsverschiedenheit der Parteien über die Verpflichtung des Käufers, neben dem vereinbarten Kaufpreis auch noch die Versandkosten für die erworbene Ware zu tragen. Der Käufer wollte die Ware direkt beim Verkäufer abholen und weigerte sich daher, die Versandkosten zu zahlen. Den Kaufpreis, der hier weit unter den Versandkosten lag, hatte der Käufer aber bereits überwiesen. Das Gericht führte hier aus, dass der vorgenannte Bewertungskommentar das allgemeine Persönlichkeitsrecht des dortigen Klägers verletze und auch dessen wirtschaftliche Belange als Käufer und Verkäufer bei Teilnahme an Auktionen im Auktionshaus eBay, weil der vorgenannte Bewertungskommentar einerseits in der Formulierung „Vorsicht Spaßbieter" eine verbale Beleidigung und Verunglimpfung des Klägers enthalte, zum anderen in der Formulierung „Bietet erst und zahlt dann nicht" eine unwahre Tatsachenbehauptung enthalte.

Die Bewertung *„Droht gleich mit Anwalt"* ist nach dem Amtsgericht München (Urteil vom 16.12.2010, Az.: 142 C 18225/09) gleichsam vertretbar, auch wenn keine Drohung im Sinne des Strafgesetzbuches im Raume stand. Da es sich bei eBay-Bewertungen um subjektive Eindrücke handelt, komme es insofern darauf an, wie der Durchschnittsleser es versteht und insofern ist die „Androhung" anwaltlicher Schreiben direkt in der ersten Kontaktaufnahme durchaus in eine solche Bewertung zu verpacken.

Auch die auf den ersten Blick problematische Bewertung *„Vorsicht bei Reklamation! Übelste Abzocke bei Versandkosten!!!"* wurde gerichtlich als zulässige Meinungsäußerung eingestuft (AG Bremen, Urteil vom 27.11.2009, Az. 9 C 412/09). Speziell der Begriff „Abzocke" ist von der Rechtsprechung längst als Meinungsäußerung anerkannt (dazu nur OLG Brandenburg, Urteil vom 8.12.1997, Az. 1 W 27/97; das LG Köln, Urteil vom 2.2.2011, Az. 28 O 703/07, hatte auch mit *„betrügerisch"* keine Probleme!).

Anders aber, wenn man in einer Bewertung *„Gefälscht!"* schreibt: Das ist, so das Landgericht Bonn (Urteil vom 20.11.2009, Az. 1 O 360/09) richtig, keine Meinungsäußerung mehr, sondern schlicht eine Tatsachenbehauptung, die – wenn unwahr – zu unterlassen ist. Wohl noch zulässig ist aber mit dem OLG Düsseldorf (Beschluss vom 11.3.2011, Az. I-15 W 14/11) die bei eBay durchaus gebräuchliche Bewertung *„Finger weg!"*, die nicht als Schmähkritik angesehen wurde. Wohl aber, wenn Kaufwarnungen ausgesprochen werden („Lieber woanders kaufen"), diese sind mit dem Amtsgericht Bonn (Urteil vom 9.1.2013, Az. 113 C 28/12) nur ausnahmsweise zulässig.

Häufig ist jedoch auch streitig, ob die behauptete Tatsache überhaupt unwahr ist. So kann oft nicht mehr geklärt werden, ob ein verkauftes Produkt mangelhaft war oder nicht. Im gerichtlichen Verfahren geht das zu Lasten desjenigen, der den Mangel beweisen muss. In einer aktuellen Entscheidung des OLG München (Urteil vom 28.10.2014, Az. 18 U 1022/14 Pre) hat das Gericht hierzu entschieden, dass der Käufer den behaupteten Mangel darzulegen hat. Dies dürfte es in vielen Fällen Verkäufern auf eBay leichter machen, gegen unwahre Tatsachenbehauptungen in Bewertungen vorzugehen.

2. Verstoß gegen das Sachlichkeitsgebot

Enthält die negative Bewertung zwar keine Schmähkritik oder unwahre Tatsachenbehauptung, ist sie jedoch aus anderen Gründen unsachlich, so kann sich der bewertete Vertragspartner wegen Verletzung der vertraglichen Nebenpflichten zumindest auf den Anspruch gem. § 280 Abs. 1, § 249 Abs. 1 BGB stützen.

Die Grenzen können dabei mitunter fließend sein. Die Rechtsprechung geht dabei davon aus, dass Bewertungen bei eBay grundsätzlich subjektive Eindrücke vermitteln und die Grenze

Negative Bewertungen bei eBay & Co.

zur Sachlichkeit erst überschritten ist, wenn bewusste Fehlurteile und Verzerrungen vorgenommen werden oder die abschließende Bewertung als sachlich nicht mehr vertretbar, das heißt indiskutabel, erscheint (so das AG Bremen, Urteil vom 27.11.2009, Az. 9 C 412/09).

Entsprechend entschied etwa das Amtsgericht Hamburg-Wandsbek (Urteil vom 22.12.2005, Az. 712 C 465/05) in einer zwar älteren, aber sehr übersichtlichen Entscheidung:

„Es gehört zu den Nebenpflichten eines jeden eBay-Benutzers, andere Nutzer unter Berücksichtigung des § 6 Ziffer 3 der Allgemeinen Geschäftsbedingungen zu bewerten (vgl. auch AG Erlangen, NJW 2004, 3720 ff.). Wie § 6 Ziffer 2 der Allgemeinen Geschäftsbedingungen zeigt (und im Übrigen gerichtsbekannt ist), stellt das Bewertungssystem nämlich ein überaus wichtiges Element der Geschäftsabwicklung bei eBay dar. Allein mit Hilfe dieses Systems ist es den Nutzern möglich, sich über andere Mitglieder zu informieren und ‚die Zuverlässigkeit anderer Mitglieder einzuschätzen' (§ 6 Ziffer 2 S. 2 der AGB). Positive wie negative Bewertungen sind auch nicht ohne Folgen, da Mitglieder aus negativen Bewertungen offenkundig Konsequenzen – etwa bezüglich der Entscheidung, bei einem anderem Nutzer etwas ersteigern zu wollen – ziehen können.

Erklärter Zweck des § 6 der Allgemeinen Geschäftsbedingungen von eBay ist dabei die Gewährleistung größtmöglicher Sachlichkeit, um eine objektive Beurteilung anderer Nutzer zu ermöglichen, und gerade keine freie, für Dritte nicht nachvollziehbare Meinungsäußerung.

Hiervon ausgehend, ist – trotz des sicher immer vorhandenen subjektiven Einschlags der Bewertungen – Inhalt der vertraglichen Nebenpflicht nicht allein das Weglassen von ‚Schmähkritik'. Vielmehr dürfen bei Bewertungen keine evidenten Verstöße gegen das Gebot der Sachlichkeit begangen werden. Sachfremd sind dabei insbesondere Behauptungen, die für Dritte mangels Sachbezug nicht nachvollziehbar sind und bei denen unklar bleibt, ob der Vertragspartner vielleicht sogar betrügerisch gehandelt hat oder was genau sonst an seinem Verhalten eine negative Beurteilung aus Sicht des Bewertenden rechtfertigt. Liegt eine überspitzte Beurteilung ohne sachlichen Bezug vor, die durch das dem Geschäft zu Grunde liegende Verhalten nicht gerechtfertigt ist, so stellt dies in evidenten Fällen eine Verletzung der vertraglichen Nebenpflicht dar, welche einen Anspruch auf Löschungsbewilligung auslöst (vgl. AG Erlangen, a.a.O.)."

3. Markenkritik

Auch „Markenkritik" muss mit dem Bundesgerichtshof möglich sein – es ist insofern nicht möglich, in jeder Kritik einer Marke bereits pauschal eine markenrechtliche Verletzung zu sehen, die man unterbinden kann. Insbesondere wenn die Kritik auf Webseiten geäußert wird und die Marke dazu im Zusammenhang mit Meta-Tags oder dem Title-Tag verwendet wird, gibt es häufig Streit.

Wie mit einer solchen Markenkritik umzugehen ist, ist weiterhin umstritten. Die Rechtsprechung sah dies bisher, vor allem unter Berücksichtigung der „Impuls"-Entscheidung des BGH aus dem Jahr 2006 (Urteil vom 18.5.2006, Az. I ZR 183/03, „Impuls"), eher problematisch. Der Bundesgerichtshof hat allerdings kürzlich seine „Impuls"-Entscheidung nochmals aufgreifen können und stellte dazu in der Entscheidung in seinem Urteil vom Urteil vom 13.1.2011 (Az. I ZR 46/08) fest:

„Eine Beeinträchtigung der Herkunftsfunktion kann anzunehmen sein, wenn ein als Suchwort verwendetes verwechslungsfähiges Zeichen als Metatag im HTML-Code oder auch in ‚Weiß-auf-Weiß-Schrift' auf der Internetseite dazu benutzt wird, das Ergebnis des Auswahlverfahrens in Gestalt der Trefferliste einer Internetsuchmaschine zu beeinflussen und den Nutzer auf diese Weise zu der Internetseite des Verwenders zu führen."

Es *kann* also problematisch sein, *muss* es somit aber nicht zwingend sein! Es ist nun auch zunehmend festzustellen, dass jedenfalls bei Unternehmensnamen, die nach § 5 MarkenG Schutz genießen können, die Rechtsprechung von der bisherigen „harten Linie" Abstand nimmt. So haben sowohl das Landgericht Düsseldorf (Urteil vom 10.8.2011, Az. 2a O 69/11) als auch das LG München I (Urteil vom 25.1.2011, Az. 1 HK O 19013/09), festgestellt, dass im Rahmen einer kritischen Auseinandersetzung mit einem Unternehmen auch die Erwähnung des Unternehmensnamens in Meta-Tags bzw. im Title-Tag zulässig ist.

III. Fazit

Niemand muss sich negative Bewertungen, sei es in Bewertungsportalen oder bei eBay, gefallen lassen, die nicht den Tatsachen entsprechen oder grob unsachlich sind. Weiterhin sollte man als Käufer immer die Gelegenheit gewähren, einen aufgetretenen Fehler wiedergutzumachen und muss dann fairerweise die Erfahrungen hieraus in der Bewertung berücksichtigen.

Das Bewertungssystem bei eBay sollte nicht dazu missbraucht werden, private Rachefeldzüge gegen unliebsame Vertragspartner zu führen. Dies kann – wie in den oben dargestellten Fällen – zu unangenehmen rechtlichen Konsequenzen für den Verletzer führen. Zugleich bedeutet das aber auch, dass Unternehmen aufgerufen sind, Bewertungsplattformen generell im Auge zu halten, um bei unpassender Kritik schnell und sachlich reagieren zu können.

IV. Muster: Musterschreiben: Rücknahme negativer Bewertung bei eBay

Sehr geehrte/r Frau/Herr xxx,

Unter Ihrem eBay-Mitgliedsnamen „xxx" haben Sie von uns am xxx über die Internetplattform eBay eine/n xxx (Artikelnummer xxx) erworben. Unter demselben Mitgliedsnamen haben Sie uns am xxx im Zusammenhang mit dieser Transaktion in dem von eBay zur Verfügung gestellten Bewertungsprofil mit den Worten: „xxx" negativ bewertet.

Mit dieser Bewertung verstoßen Sie gegen § 7 der von Ihnen akzeptierten eBay-AGB, die sich im Rahmen von vertraglichen Nebenpflichten auf alle über eBay getätigten Transaktionen auswirken. Darin heißt es:

„Nutzer sind verpflichtet, in den abgegebenen Bewertungen ausschließlich wahrheitsgemäße Angaben zu machen. Die von Nutzern abgegebenen Bewertungen müssen sachlich gehalten sein und dürfen keine Schmähkritik enthalten.

Jede zweckwidrige Nutzung des Bewertungssystems ist verboten. Insbesondere ist es untersagt:

- *Bewertungen über sich selbst abzugeben oder durch Dritte abgeben zu lassen.*
- *in Bewertungen Umstände einfließen zu lassen, die nicht mit der Abwicklung der betreffenden Transaktion in Zusammenhang stehen.*
- *Bewertungen zu einem anderen Zweck zu verwenden als zum Handel mittels der eBay-Dienste.*
- *andere Nutzer durch Drohung mit der Abgabe oder Nichtabgabe einer Bewertung zu einer Handlung, Duldung oder Unterlassung zu nötigen."*

Die von Ihnen abgegebene Bewertung ist unzutreffend, weil ...

Darüber hinaus greifen Sie mit Ihrer im Ergebnis unzulässigen Bewertung in rechtswidriger Weise in unseren eingerichteten und ausgeübten Gewerbebetrieb ein. Ihre Behauptung ist geeignet, unseren Ruf als Verkäufer zu schädigen und entsprechende Umsatzeinbußen zu verursachen.

Wir können daher von Ihnen die Zustimmung zur Rücknahme der oben genannten Bewertung verlangen.

Wir fordern Sie daher auf,

bis spätestens zum ... (7 Werktage)

gegenüber eBay die Zustimmung zur Rücknahme Ihrer Bewertung vom xxx mit dem Inhalt: „xxx" zu erklären.

Sollten Sie die vorgenannte Frist ungenutzt verstreichen lassen, werden wir anwaltliche Hilfe in Anspruch nehmen. Da Ihnen hierdurch weitere erhebliche Kosten entstehen, hoffen wir, dass dies vermieden werden kann.

Mit freundlichen Grüßen

Nicht eingetragenes Gemeinschaftsgeschmacksmuster

I. Hintergrund
II. Schutzvoraussetzungen
   1. Musterfähigkeit
   2. Neuheit
   3. Eigenart
III. Schutzbeginn und -dauer
IV. Rechtsinhaber
V. Rechtsverletzungen
VI. Fazit

I. Hintergrund

Als Geschmacksmuster oder Design werden ästhetische Gestaltungsformen geschützt, also etwa die Form einer Sache, die Farbgebung, das Muster oder eine Kombination dieser Merkmale. Bis zum 31.12.2013 wurde der Begriff „Geschmacksmuster" einheitlich in Deutschland und der EU verwendet. Seit dem 1.1.2014 heißt das nach den Bestimmungen des deutschen Designgesetzes (bis 31.12.2013: Geschmacksmustergesetz) eingetragene Geschmacksmuster „eingetragenes Design". In der EU blieb es bei dem Begriff „Geschmacksmuster". Das Design bzw. Gemeinschaftsgeschmacksmuster kann wie eine Marke entweder beim Deutschen Patent- und Markenamt als → *Design* oder beim Amt der Europäischen Union für geistiges Eigentum (EUIPO) als europäisches Geschmacksmuster angemeldet werden.

Eine Besonderheit stellt das sog. nicht eingetragene Gemeinschaftsgeschmacksmuster dar, welches – wie der Name schon sagt – ohne Eintragung entstehen kann (Art. 11 Gemeinschaftsgeschmacksmusterverordnung, kurz: GGV). Damit genießen besondere ästhetische Gestaltungen einen zusätzlichen Schutz, der den Rechteinhabern in vielen Fällen jedoch gar nicht bewusst ist.

II. Schutzvoraussetzungen

Als nicht eingetragenes Gemeinschaftsgeschmacksmuster werden solche Muster geschützt, die musterfähig, neu und im Zeitpunkt der Offenbarung auch eigenartig sind (Art. 4 Abs. 1 in Verbindung mit Art. 5–7 GGV).

1. Musterfähigkeit

Musterfähig ist die Erscheinungsform eines jeden industriellen oder handwerklichen Gegenstandes, Verpackungen, grafische Symbole und typografische Schriftbilder. Nicht schutzfähig sind Naturprodukte, Tiere und Pflanzen oder Veränderungen am menschlichen Körper, wie z. B. Tätowierungen oder Frisuren. Auch ein Verfahren oder Rezept kann nicht als Geschmacksmuster geschützt werden.

2. Neuheit

Ein nicht eingetragenes Gemeinschaftsgeschmacksmuster ist neu, wenn der Öffentlichkeit zum Zeitpunkt der ersten Veröffentlichung dieses Musters kein anderes, identisches Muster bekannt ist (Art. 5 Abs. 1 GGV). Dabei werden auch solche Muster noch als identisch angesehen, die sich nur in unwesentlichen Einzelheiten unterscheiden (Art. 5 Abs. 2 GGV). Bei der Neuheitsprüfung sind alle Erscheinungsformen heranzuziehen, die den in der Europäischen Gemeinschaft tätigen Fachkreisen des jeweiligen Wirtschaftskreises im normalen Geschäftsverkehr bekannt sein können. Als bekannt anzusehen sind z. B. die amtlichen Veröffentlichungen von Geschmacksmustern, Marken und Patenten, auf Messen ausgestellte Erzeugnisse oder Abbildungen in Fachzeitschriften und Prospekten.

Da bei der Prüfung der Neuheit bei einem nicht eingetragenen Gemeinschaftsgeschmacksmuster auf den **Tag der ersten Veröffentlichung** des nicht eingetragenen Geschmacksmusters **in der EU** abzustellen ist, empfiehlt es sich, den Gegenstand und den Tag der ersten Veröffentlichung hinreichend zu dokumentieren, z. B. durch Fotos des Erzeugnisses auf einem Messestand mit Dokumentation des Tages, Dokumentation des Erscheinens von Prospekten oder Zeitschriften, in denen das Erzeugnis das erste Mal der Öffentlichkeit vorgestellt wurde usw.

Wurde das Muster vor einer Veröffentlichung in der EU schon außerhalb der EU veröffentlicht, so kann dies für die Neuheit schädlich sein, selbst wenn die Veröffentlichung durch den Entwerfer selbst erfolgte. Entscheidend ist, ob diese Veröffentlichung außerhalb der EU den Fachkreisen in der EU bekannt sein konnte.

3. Eigenart

Nach Art. 6 GGV ist Eigenart dann gegeben, wenn sich der Gesamteindruck, den das Muster beim informierten Benutzer hervorruft, von dem Gesamteindruck unterscheidet, den andere, vorbekannte Muster bei diesem Benutzer hervorgerufen haben. Hierbei ist der Gesamteindruck, den jedes ältere Muster für sich genommen hervorruft zu Grunde zu legen und nicht eine Kombination von isolierten Merkmalen mehrerer älterer Muster (EuGH, Urteil v. 19.6.2014, Az.: C-345/13). Notwendig ist dabei weder eine bestimmte Gestaltungshöhe noch ein besonderes Maß an Originalität, sondern alleine die Entfernung des Musters vom vorbekannten Formenschatz.

An diesem Punkt spielt die individuelle Betrachtung eine entscheidende Rolle. In Prozessen ist dies einer der kritischsten Punkte.

III. Schutzbeginn und -dauer

Der Schutz beginnt mit dem Tag, an dem das Muster der Öffentlichkeit erstmals auf dem Gebiet der Europäischen Union zugänglich gemacht wird (Art. 11 Abs. 2 GGV). Der Öffentlichkeit zugänglich gemacht wird das Geschmacksmuster, wenn es im Gebiet der Europäischen Union so offenbart wird, dass es den in der Union tätigen Fachkreisen des betreffenden Wirtschaftszweiges im normalen Geschäftsverlauf bekannt sein konnte. In diesem Zusammenhang hat der BGH im August 2012 an den EuGH die Frage gerichtet, ob auch die Verteilung von Abbildungen des Geschmacksmusters an Händler dazu führt, dass das Muster den Fachkreisen bekannt ist, da Händler in der Regel nicht selbst zu den Fachkreisen im Sinne des Art. 11 GGV zählen (vgl. BGH Beschluss v. 16.8.2012 – I ZR 74/10 „Gartenpavillon"). Der EuGH hat in seinem Urteil vom 13.2.2014 (C-479/12) ausgeführt, dass dies der Fall sein kann und die Beurteilung, ob dies in dem zu entscheidenden Fall gegeben ist, dem BGH überlassen. Zu einer abschließenden Entscheidung des BGH kam es bisher nicht.

Veröffentlichungen des Musters außerhalb der EU werden für die Entstehung des Schutzes nicht berücksichtigt, können aber ihrerseits die „Neuheit" des Musters beseitigen und damit das Geschmacksmuster gar nicht erst entstehen lassen. Diese Tatsache sollte bei der Markteinführung eines Produktes stets beachtet werden. In dem bereits erwähnten BGH-Beschluss vom 16.8.2012 wurde an den EuGH auch die Frage gerichtet, ob eine neuheitsschädliche Veröffentlichung gegeben ist, wenn ein Geschmacksmuster ohne Vertraulichkeitsvereinbarung nur einem einzelnen Unternehmen der Fachkreise zugänglich gemacht wurde oder in einem Firmen-Showroom in China ausgestellt wurde. Auch hier hat der EuGH die Beurteilung, ob eine neuheitsschädliche Offenbarung vorliegt, als Tatsachenfrage angesehen und es dem BGH überlassen, diesen Punkt anhand der konkreten Umstände des zu entscheidenden Falls zu beurteilen (EuGH, Urteil v. 13.2.2014, C-479/12).

Der Schutz des nicht eingetragenen europäischen Geschmacksmusters endet drei Jahre nach der erstmaligen Veröffentlichung des Musters (Art. 11 Abs. 1 GGV) und ist damit 22 Jahre kürzer als die Schutzdauer des eingetragenen Gemeinschaftsgeschmacksmusters.

IV. Rechtsinhaber

Inhaber des Rechts am nicht eingetragenen Gemeinschaftsgeschmacksmuster ist der Entwerfer, unabhängig davon, wer das Muster der Öffentlichkeit innerhalb der Gemeinschaft erstmals zugänglich gemacht hat. War der Entwerfer im Rahmen seiner beruflichen Tätigkeit für einen Arbeitgeber tätig, so ist der Arbeitgeber Inhaber des Geschmacksmusterrechts (Art. 14 Abs. 3 GGV).

Das Recht am nicht eingetragenen Geschmacksmuster kann auf andere übertragen werden.

V. Rechtsverletzungen

Das Recht aus dem nicht eingetragenen Gemeinschaftsgeschmacksmuster wird verletzt, wenn ein Dritter das geschützte Erzeugnis nachahmt. Grundsätzlich trägt der Inhaber des Geschmacksmusters die Beweislast dafür hat, dass die angefochtene Benutzung das Ergebnis einer Nachahmung ist. Wenn zwischen dem Geschmacksmuster und der angegriffenen Benutzung wesentliche Übereinstimmungen entstehen, können dem Geschmacksmusterinhaber Beweiserleichterungen zukommen (OLG Düsseldorf, Urteil v. 2.7.2015, Az.: 14c O 55/15). Sofern der Dritte nachweisen kann, dass sein Erzeugnis eine eigenständige Parallelschöpfung ist und er das Muster nicht kannte, liegt keine Verletzung vor. Im Falle einer Verletzung hat der Rechtsinhaber nach Art. 89 Abs. 1 GGV Unterlassungs- und Beschlagnahmeansprüche. Für Auskunfts-, Beseitigungs-, Schadenersatz- und Vernichtungsansprüche wird über Art. 88 Abs. 2 GGV das nationale Recht, hier die §§ 42 ff. DesignG, herangezogen. Die Ansprüche des Geschmacksmusterinhabers unterliegen auch der Verjährung. Die Verjährungsfrist bestimmt sich nach dem Recht des jeweiligen EU-Mitgliedstaates, in dem die Verletzungshandlungen begangen wurde (EuGH, 13.2.2014, C-479/12).

Keine Ansprüche wegen einer Geschmacksmusterverletzung können geltend gemacht werden, wenn der Dritte ausschließlich im privaten Bereich zu nicht gewerblichen Zwecken oder zu Versuchszwecken gehandelt hat.

VI. Fazit

Das nicht eingetragene europäische Geschmacksmuster ist gerade für neue Produkte mit kurzer Verweildauer am Markt interessant. Außerdem hilft es denjenigen Kreativen, die eine Geschmacksmusteranmeldung nicht rechtzeitig vorgenommen haben oder für die die Anmelde- und Eintragungsgebühren eines Geschmacksmusters nicht erschwinglich sind. So leicht das Recht erworben werden kann, so flüchtig ist es jedoch auch. Häufig wird erst im Rahmen eines Prozesses festgestellt, ob ein nicht eingetragenes europäisches Geschmacksmuster tatsächlich vorliegt oder nicht.

NIS-Richtlinie

I.   Teil der europäischen Cybersicherheitsstrategie

II.   Mindestharmonisierung

III.   Wesentliche Regelungen der NIS-Richtlinie (Entwurf)
    1. NIS-Strategie und NIS-Kooperationsplan
    2. IT-Sicherheit bei kritischen Infrastrukturen

IV.   Weitere Entwicklung und Ausblick

I. Teil der europäischen Cybersicherheitsstrategie

Die Richtlinie über Maßnahmen zur Gewährleistung einer hohen gemeinsamen Netz- und Informationssicherheit in der Union, oder auch kurz NIS-Richtlinie, wurde bereits am 7.2.2013 von der Europäischen Kommission vorgeschlagen. Nach langwierigen Verhandlungen zwischen Kommission, Parlament und Rat der Europäischen Union konnte am 7.12.1015 eine informelle Einigung erzielt werden, so dass das Gesetzgebungsverfahren fortgesetzt werden kann. Die NIS-Richtlinie ist Teil der europäischen Cybersicherheitsstrategie.

II. Mindestharmonisierung

Ziel der Richtlinie ist es, einen EU-weiten verbindlichen Mindeststandard im Bereich der Netz- und Informationssicherheit zu schaffen. Ausweislich der Begründung des Richtlinienentwurfs der Kommission gibt es hier zu behebende Defizite:

„Trotz der bereits ergriffenen Initiativen gibt es große Unterschiede in Bezug auf die Kapazitäten und die Abwehrbereitschaft der einzelnen Mitgliedstaaten, was zu einem fragmentierten Vorgehen in der EU führt. Angesichts der Tatsache, dass Netze und Systeme eng miteinander verflochten sind, wird die Netz- und Informationssicherheit der EU durch Mitgliedstaaten mit unzureichendem Schutzniveau insgesamt geschwächt."

Dabei ist eine Mindestharmonisierung vorgesehen, so dass die Mitgliedstaaten nicht daran gehindert werden, Bestimmungen zur Gewährleistung eines höheren Sicherheitsniveaus zu erlassen oder aufrechtzuerhalten.

Hinweis:
Das bedeutet, dass das am 25.7.2015 in Kraft getretene IT-Sicherheitsgesetz (weiterführend siehe das Stichwort → *IT-Sicherheitsgesetz*) neben der NIS-Richtlinie bestehen bleiben kann, soweit es strengere Anforderungen enthält!

III. Wesentliche Regelungen der NIS-Richtlinie (Entwurf)

1. NIS-Strategie und NIS-Kooperationsplan

Die NIS-Richtlinie sieht für alle Mitgliedstaaten geltende Verpflichtungen hinsichtlich der Prävention, des Umgangs und der Reaktion in Bezug auf Sicherheitsrisiken und -vorfälle vor, die Netze und Informationssysteme beeinträchtigen. Konkret verpflichtet die NIS-Richtlinie die Mitgliedstaaten, eine nationale NIS-Strategie sowie einen nationalen NIS-Kooperationsplan zu erlassen und ein IT-Notfall-Team einzurichten. Ferner sollen die zuständigen Behörden des jeweiligen Mitgliedstaates mit der Kommission ein Kooperationsnetz bilden, um bei der Bewältigung von Sicherheitsvorfällen effizient und auf einer sicheren Basis zusammen zu arbeiten. Im Vordergrund stehen dabei der Informationsaustausch, insbesondere Frühwarnungen, und eine koordinierte Reaktion. Auch die Europäische Union selbst soll einen NIS-Kooperationsplan bekommen.

2. IT-Sicherheit bei kritischen Infrastrukturen

Die Mitgliedstaaten haben außerdem durch nationale Regelungen sicherzustellen, dass öffentliche Verwaltungen und Marktteilnehmer geeignete Maßnahmen ergreifen, um die Risiken für die Sicherheit ihrer Netze und Informationssysteme zu managen. Im Fokus stehen dabei die Betreiber kritischer Infrastrukturen, die für die Aufrechterhaltung zentraler wirtschaftlicher und gesellschaftlicher Tätigkeiten in den Bereichen Energie, Verkehr, Banken, Börsen und Gesundheit unerlässlich sind.

Hinweis:
Ursprünglich war der Anwendungsbereich der NIS-Richtlinie weiter gefasst, so waren z. B. auch Soziale Netze als Marktteilnehmer im Anhang der Richtlinie genannt. Im Rahmen des Trilogs sind jedoch die sogenannten kritischen Infrastrukturen in den Fokus gerückt.

Hinweis:
Am 25.7.2015 hat der deutsche Gesetzgeber bereits das Gesetz zur Erhöhung der Sicherheit informationstechnischer Systeme (IT-Sicherheitsgesetz) mit eben dieser Zielrichtung erlassen. Weiterführend siehe das Stichwort → *IT-Sicherheitsgesetz*.

IV. Weitere Entwicklung und Ausblick

Nach der Einigung zwischen Europäischer Kommission und Europäischem Parlament ist anzunehmen, dass das weitere Verfahren zum Erlass der Richtlinie mit dem abgestimmten Wortlaut zügig betrieben wird. Wenn die NIS-Richtlinie in Kraft treten wird, wird von deutscher Seite aus zu prüfen sein, inwieweit die darin gestellten Anforderungen bereits durch das IT-Sicherheitsgesetz umgesetzt sind und inwieweit noch Handlungsbedarf besteht. Ein solcher wird vor allem für die europäisch ausgerichteten Regelungen wie die vorgesehenen Kooperationsmechanismen anzunehmen sein, die das IT-Sicherheitsgesetz noch nicht berücksichtigen konnte.

Nutzungsrechte an Software & Gebrauchtsoftware

I. Begriff

II. Art der übertragenen Nutzungsrechte
1. Ausschließliches Nutzungsrecht
2. Einfaches Nutzungsrecht
3. Zeitliche Begrenzung
4. Räumliche Begrenzung
5. Quantitative und inhaltliche Begrenzung (Lizenzmodelle)

III. Einräumung durch Vertrag
1. Vertragstypologische Einordnung des Softwarevertrages
2. Kein Abstraktionsprinzip bei Softwareverträgen
3. Keine vertragliche Vereinbarung

IV. Neue Nutzungsarten

IV. Rechtmäßigkeit des Handels mit Gebrauchtsoftware
1. Erschöpfungsgrundsatz
   1.1 Auswirkungen des Erschöpfungsprinzips auf vertragliche Beschränkungen des Verbreitungsrechts
   1.2 Entwicklung der Rechtsprechung zum Verkauf gebrauchter Software
2. Software, Hörspiele, Computerspiele?
3. Einschränkung des Weitervertriebs durch AGB?

4. Arten des Lizenzerwerbs und Arten der Zweitverwertung
5. In welchen Fällen erwirbt der Zweiterwerber Nutzungsrechte?
   5.1 Kein gutgläubiger Erwerb
   5.2 Fallbeurteilung
      5.2.1 Verkauf einer Software mit dem Nutzungsrecht für einen Nutzer verkörpert auf einem Datenträger (Nr. 1, siehe Tabelle unter 4.)
      5.2.2 Verkauf der Software und des Nutzungsrechts im Wege des Onlinevertriebs durch Download (Nr. 2, siehe Tabelle unter 4.)
      5.2.3 Verkauf einer Master-CD und eines Nutzungsrechts, das den Lizenznehmer dazu berechtigt, Kopien in einer von der Lizenz vorgegebenen Menge herzustellen (Nr. 3 u. 4, siehe Tabelle unter 4.)

V. Zusammenfassung

I. Begriff

Das Urheberrecht selbst ist zwar vererbbar, aber ansonsten grundsätzlich unübertragbar. Der Urheber kann seine Rechte gemäß § 69c UrhG aber wirtschaftlich verwerten → **(Verwertungsrechte),** indem er einem anderen diese Rechte durch Vertrag ganz oder teilweise einräumt. Für diese Rechte, die ein Dritter erhält, spricht das Gesetz in § 31 Abs. 1 UrhG von Nutzungsrechten. Die Nutzungsrechtseinräumungen werden in der Praxis oft „Lizenzen" genannt. Unter „Lizenzen" werden aber oft die unterschiedlichsten Rechtseinräumungen verstanden. Angesichts dieser unklaren Terminologie wird im Folgenden der eindeutige Begriff der **Nutzungsrechtseinräumung** verwandt.

Von besonderem Interesse ist die Thematik der Einräumung von Nutzungsrechten bei Software im Bereich der Gebrauchtsoftware: Als Gebrauchtsoftware bezeichnet man Software, die der Endnutzer, der sie nicht mehr benötigt, selbst oder über Gebrauchtsoftwarehändler weiterverkauft. Es liegt nahe, Software, die auf Grund einer Insolvenz, nach dem Abbau von Arbeitsplätzen oder auf Grund von Software- und Systemumstellungen nicht mehr benötigt wird durch Verkauf zu verwerten. Anderseits bietet dieser Handel mit Gebrauchtsoftware auch Unternehmern die Möglichkeit, sich zu günstigen Preisen mit Software einzudecken oder die Anzahl der Lizenzen (→ *Nutzungsrechte an Software*) für eine bereits eingesetzte Software kostengünstig aufzustocken. Die Rechtmäßigkeit eines Handels mit Gebrauchtsoftware war lange umstritten, bis die Rechtsprechung hier grundsätzliche Fragen geklärt hat.

Hinweis: Beachten Sie ergänzend hierzu auch das Stichwort „Nutzungsrechte im Arbeitsverhältnis".

II. Art der übertragenen Nutzungsrechte

Nutzungsrechte werden gemäß § 31 Abs. 1 UrhG in einfache und ausschließliche Nutzungsrechte aufgeteilt. Ebenfalls können sie zeitlich befristet und räumlich sowie inhaltlich begrenzt werden. Nutzungsrechte sind übertragbar, wofür es aber im Regelfall der Zustimmung des Urhebers bedarf. Eine Ausnahme hiervon besteht für das Verbreitungsrecht im Falle der Erschöpfung (→ *Erschöpfungsgrundsatz im Urheberrecht*). Eine Begrenzung in zeitlicher, räumlicher oder inhaltlicher Art ist dabei eine dingliche Beschränkung des Nutzungsrechts mit der Folge, dass eine Verletzung automatisch eine Urheberrechtsverletzung darstellt. Dabei ist es möglich, diese drei Begrenzungen miteinander zu kombinieren.

1. Ausschließliches Nutzungsrecht

Von einem ausschließlichen Nutzungsrecht spricht man, wenn der Nutzungsberechtigte die Nutzungsrechte allein, d. h. **unter Ausschluss aller Personen, einschließlich des Urhebers** nutzen darf. Wenn gemäß § 31 Abs. 3 S. 2 UrhG vereinbart wird, dass das Nutzungsrecht zwar gegen Dritte wirkt, dem Urheber allerdings die Nutzung vorbehalten bleibt, spricht man von einer eingeschränkten Ausschließlichkeit. **Das ausschließliche Nutzungsrecht wird unstrittig als dingliches Recht analog dem Eigentumsrecht angesehen.** Das heißt, dass der Inhaber eines ausschließlichen Nutzungsrechtes gegen Verletzter wie der Urheber vorgehen kann. Er hat somit die in den §§ 97 ff. UrhG geregelten Rechtsbehelfe. Dabei ist es keineswegs ausgeschlossen, mehrere ausschließliche Nutzungsrechte zu gewähren: Abzustellen ist hier auf die Nutzungsart, bei einem Manuskript kann hier etwa an die Filmrechte und die Buchrechte gedacht werden.

2. Einfaches Nutzungsrecht

Die Einräumung des einfachen Nutzungsrechtes bedeutet lediglich, dass der Nutzungsnehmer berechtigt ist, das entsprechende Werk auf die erlaubte Art zu nutzen, **ohne jedoch den Urheber oder andere Nutzungsberechtigte ausschließen** zu können.

Beispiel: Nutzungsrechte an Standardsoftware

> Bei der Nutzung von Standardsoftware werden meist nur einfache Nutzungsrechte eingeräumt. Der Lizenznehmer darf die Software, z. B. eine Datenbanksoftware, im vertraglich vereinbarten Umfang neben dem Urheber nutzen. Er wird hierzu das einfache Nutzungsrecht erhalten müssen, zum **Laden, Anzeigen, Ablaufen, Übertragen und Speichern** des Programms gemäß § 69c Nr. 1 UrhG. Auch die **Vervielfältigung** (in den Arbeitsspeicher) ist erlaubt, soweit diese notwendig ist, um das Programm zu nutzen.

Es ist strittig, ob **auch einfache Nutzungsrechte** dinglichen Charakter haben, oder ob das einfache Nutzungsrecht lediglich eine schuldrechtliche Benutzungsbefugnis darstellt.

Die herrschende Meinung sieht aber auch im einfachen Nutzungsrecht ein dingliches Recht.

3. Zeitliche Begrenzung

Nutzungsrechte können zeitlich befristet eingeräumt werden, z. B. für unbestimmte Zeit mit einer Kündigungsfrist oder für einen bestimmten Zeitraum. Eine Kündigung vorab ist in letzterem Fall nur außerordentlich möglich. Mit Ablauf der zeitlichen Frist fällt das Nutzungsrecht automatisch wieder zurück („Heimfall des Urheberrechts").

4. Räumliche Begrenzung

Nutzungsrechte können räumlich territorial begrenzt werden, etwa auf das Bundesland Bayern, auf die Bundesrepublik Deutschland oder auf den deutschsprachigen Raum usw. Darüber hinaus ist auch die weltweite Einräumung, d. h. räumlich unbegrenzte Einräumung von Nutzungsrechten, möglich. Über geographische Kriterien hinaus sind aber auch weitere Kriterien möglich, sofern sie nur hinreichend klar sind und nicht dazu führen, dass etwa ein einheitlicher Staatsraum aufgeteilt wird. Nicht unüblich ist hier die Nutzung von Sprachräumen, etwa Rechte hinsichtlich des deutschen Sprachraums.

5. Quantitative und inhaltliche Begrenzung (Lizenzmodelle)

Das Nutzungsrecht kann auch quantitativ und inhaltlich, etwa wie folgt, beschränkt werden.

- **Einfachlizenz:** Der Anwender darf die Software auf einer Hardware nutzen. Wird die Hardware vertraglich bestimmt, spricht man von einer CPU-Klausel oder OEM-Lizenz (siehe hierzu → *Erschöpfungsgrundsatz im Urheberrecht*).

- **Mehrfachlizenz:** Der Anwender darf die Software auf mehreren Geräten gleichzeitig nutzen. Es kann auch die Anzahl der Nutzer vorgeschrieben werden. Wird die Nutzung an bestimmte natürliche Personen geknüpft, spricht man von einer **Named User Lizenz** (siehe hierzu → *Erschöpfungsgrundsatz im Urheberrecht*).

Möglich ist dies aber nur bei eigenständigen Nutzungsarten. Solche sind, mit dem Bundesgerichtshof, nur dann anzunehmen, **wenn es sich um übliche, technische und wirtschaftlich eigenständige und damit klar abgrenzbare Nutzungsformen handelt.** Keine solche Nutzungsform sind etwa „Update-Versionen", die nur von Nutzern von Vollversionen früheren Datums eingesetzt werden können. Hier mangelt es an der klaren Abgrenzbarkeit, nicht zuletzt, da solche Versionen kein wesentlich anderes Erscheinungsbild bieten. Auch die oben erwähnten „OEM-Versionen" sind letztlich nicht darunter zu verstehen.

Beispiel:
- Es dürfen maximal 1000 Terminals an ein System, das mit der Software arbeitet, angeschlossen werden.
- Eine Firma, Schule oder Universität erhält die Nutzungsmöglichkeit auf beliebig vielen Rechnern mit beliebig vielen Nutzern.

III. Einräumung durch Vertrag

Die Einräumung der Nutzungsrechte an der Software erfolgt auf der Grundlage eines Vertrages. Dieser wird in der Regel **Lizenzvertrag** genannt.

1. Vertragstypologische Einordnung des Softwarevertrages

Bei der Überlassung von Software muss unterschieden werden zwischen **Standardsoftware** und **Individualsoftware**. Bei Standardsoftware handelt es sich um vorgefertigte Softwareprogramme, die für die Bedürfnisse einer Mehrzahl von Kunden am Markt und nicht speziell vom Auftragnehmer für den Auftraggeber entwickelt wurden. Individualsoftware wird für den Auftraggeber individuell erstellt.

Die vertragstypologische Einordnung wird wie folgt vorgenommen:

- Nutzungsrechte an **Standardsoftware** werden auf Dauer gegen **Einmalvergütung** oder befristet gegen **periodische Vergütung** eingeräumt. Die herrschende Meinung geht hier im ersten Fall von einem Kaufvertrag und im zweiten Fall von einem Mietvertrag aus.

- **Individualsoftwareerstellung** unterliegt je nach Einschätzung entweder dem **Werklieferungsrecht** und damit letztlich dem **Kaufrecht**, dem **Werkvertragsrecht** oder dem **Dienstvertragsrecht** (Softwareerstellungsvertrag).

Bei der Individualsoftwareerstellung tendiert die Rechtsprechung aber zunehmend zum Werkvertrag. Hinsichtlich des „Internet-System-Vertrages" hat der Bundesgerichtshof dies inzwischen mehrfach klargestellt (BGH, Az. VII ZR 111/10, VII ZR 133/10, VIII ZR 314/86 sowie III ZR 79/09). Bei einem Softwareerstellungsvertrag deutete der Bundesgerichtshof 2010 an (BGH, Az. VII ZR 224/08), dass es sich hier um einen Werkvertrag handeln würde, jedenfalls das OLG München (Az. 20 U 3515/09) hat den Softwareerstellungsvertrag eindeutig dem Werkvertragsrecht zugeordnet.

Die vertragliche Einordnung hat dabei vor allem zwei wichtige Punkte: Zum einen muss darauf geachtet werden, wie man mit Mängeln und der Nachbesserung umgeht, das Kaufrecht unterscheidet sich hier erheblich vom Werkvertragsrecht, insbesondere da bei Letzterem dem Unternehmer überlassen ist, wie er nacherfüllen will. Des Weiteren muss bei Werkverträgen immer an die Möglichkeit der jederzeitigen Kündigung nach § 649 BGB gedacht werden.

2. Kein Abstraktionsprinzip bei Softwareverträgen

Nach herrschender Meinung gilt für die Übertragung des Nutzungsrechts **nicht** das **Abstraktionsprinzip**: Ist der **Nutzungsrechtsvertrag nichtig** oder kann der dort beabsichtigte Zweck nicht erfüllt werden, fällt das Nutzungsrecht somit nach herrschender Meinung **automatisch** wieder an den Urheber zurück. Einer Rückübertragung bedarf es also nicht **(Heimfall des Urheberrechts).** Auch ein **gutgläubiger Erwerb** der Nutzungsrechte von einem Nichtberechtigten ist nicht denkbar.

Das Gesetz schützt in § 33 UrhG aber den Besitzer eines einfachen Nutzungsrechtes dann, wenn der Urheber nach der Einräumung des einfachen Nutzungsrechtes einem Dritten ein **ausschließliches Nutzungsrecht** eingeräumt hat. Das ausschließliche Recht ist zwar wirksam, aber der Erwerber des ausschließlichen Rechtes erhält ein Recht, das mit dem einfachen Nutzungsrecht belastet ist **(Sukzessivschutz)**. Dass mehrere einfache Nutzungsrechte nebeneinander bei verschiedenen Nutzern bestehen können, ergibt sich bereits aus der Natur des einfachen Nutzungsrechts. Wird aber nach der Einräumung eines ausschließlichen Nutzungsrechts ein einfaches oder ein ausschließliches Nutzungsrecht eingeräumt, ist die Verfügungsmacht des Urhebers verbraucht und die spätere einfache oder ausschließliche Nutzungsrechtseinräumung ist unwirksam. Ein gutgläubiger Erwerb ist wie oben bereits ausgeführt ausgeschlossen.

3. Keine vertragliche Vereinbarung

Falls keine vertraglichen oder nur unzulängliche Vereinbarungen über Art und Umfang der Nutzungsrechte getroffen werden, richtet sich der Umfang der Rechtseinräumungen nach dem im Kauf-, Werklieferungs-, Dienst- oder Werkvertrag verfolgten Zweck (sogenannte → *Zweckübertragungsregel*). Demgemäß ist im Zweifel anzunehmen, dass der Urheber ein Nutzungsrecht nur in demjenigen Umfang einräumen will, den der Vertragszweck unbedingt erfordert.

Nutzungsrechte an Software & Gebrauchtsoftware

IV. Neue Nutzungsarten

Seit dem 1.1.2008 ist der alte urheberrechtliche Grundsatz aufgehoben, dass die Einräumung von Nutzungsrechten für noch nicht bekannte Nutzungsarten unwirksam ist. Inzwischen gilt gemäß § 31a UrhG, dass der Urheber seine Rechte auch für bei Vertragsabschluss noch nicht bekannte Nutzungsarten **in schriftlicher Form** übertragen kann. Er erhält eine gesonderte, angemessene Vergütung, wenn sein Werk in einer neuen Nutzungsart verwertet wird. Außerdem muss der Verwerter den Urheber informieren **(zuletzt bekannte Adresse genügt!)**, bevor er mit der neuartigen Nutzung beginnt.

Die vertragliche Regelung sollte zur Sicherheit ausdrücklich von „unbekannten Nutzungsarten" sprechen, auch wenn nicht klar ist, ob ähnliche Formulierungen auch ausreichen würden. Auch wenn die Nutzungsarten naturgemäß nicht benannt werden können, so können sie dennoch abstrakt eingeschränkt werden. Etwa ist es möglich, eine Beschränkung auf alle unbekannten Nutzungsarten im gewerblichen Bereich vorzunehmen. Gesetzlich vorgeschrieben ist die Schriftform, die auch nicht durch die Textform nach § 126b BGB ersetzt werden kann.

Dem Urheber steht ein befristetes Widerrufsrecht zur Verfügung. Die 3-Monats-Frist beginnt dabei nach Absendung der Information über die Inanspruchnahme der jeweils neuartigen Nutzung. Wenn die Absendung nicht stattgefunden hat bzw. nicht nachgewiesen werden kann, beginnt auch die Widerrufsfrist nicht zu laufen. Insofern ist zwingend anzuraten, eine beweissichere Absendung vorzunehmen.

Für → *Open-Source-Software* gilt gemäß § 31a Abs. 1 Satz 2 UrhG, dass die Einräumung **nicht schriftlich** erfolgen muss, wenn der Urheber **unentgeltlich** ein **einfaches Nutzungsrecht für jedermann einräumt**.

IV. Rechtmäßigkeit des Handels mit Gebrauchtsoftware

Der Handel mit online gekaufter Software, insbesondere mit **Volumenlizenzen**, ist je nach Einzelfallgestaltung rechtlich – jedenfalls in Detailfragen – immer noch umstritten. Grundsätzlich gilt aber nunmehr, dank dem EuGH (C-128/11): Der Verkauf gebrauchter Software ist grundsätzlich zulässig. Streitig bleibt aber, wie man mit Einzelfragen umgeht.

Wie sich aus den Gerichtsprozessen der letzten Zeit entnehmen lässt, sieht die Softwareindustrie jedenfalls nicht tatenlos zu, wenn Gebrauchtlizenzhändler ihre Geschäftsmodelle konterkarieren. Potentielle Erwerber sollten sich genauestens informieren, welche Einschränkung die ursprünglichen Lizenzbestimmungen vorsehen, da der → *Erschöpfungsgrundsatz im Urheberrecht* in ausgehandelten Verträgen, also Verträgen, die keine AGB sind, wirksam ausgeschlossen werden kann. Die zunächst preiswert erworbene Programmlizenz kann ansonsten schnell teuer zu stehen kommen.

1. Erschöpfungsgrundsatz

Die Frage der Rechtmäßigkeit der Weitergabe von Software, dreht sich stets um den oben darstellten → *Erschöpfungsgrundsatz im Urheberrecht* gem. § 69c Nr. 3 Satz 2 Urhebergesetz und der hier vorgenommenen Einschränkung des Verbreitungsrechts des Urhebers, zum Erschöpfungsgrundsatz im Urheberrecht im Detail beachten Sie bitte das entsprechende Stichwort.

Zweck des **Verbreitungsrechts** ist es, dem Urheber die alleinige Möglichkeit einzuräumen, durch die erstmalige Veräußerung eine angemessene Gegenleistung für seine Schöpfung zu erhalten. Hat der Rechteinhaber aber mit dem Erstverkauf dann erst einmal sein (Erst-)Verwertungsrecht ausgeübt, hat er es damit verbraucht. Es hat sich in diesem Sinne „erschöpft". Ab diesem Zeitpunkt steht das Interesse des Urhebers hinter dem allgemeinen Interesse zurück, dass das betreffende Werkexemplar im Geschäftsverkehr ungehindert zirkulieren kann.

So bewirkt die Erschöpfung im Ergebnis, dass ein einmal mit Zustimmung des Rechtsinhabers durch Veräußerung in Handel gebrachtes Original oder Vervielfältigungsstück eines Computerprogramms auch ohne Einwilligung des Urhebers an Dritte weiterverkauft werden darf. In Bezug auf diese eine bestimmte **Werkkopie** kann der Urheber eine Weiterverbreitung – sei es durch Verkauf, Tausch oder Schenkung – insoweit nicht mehr verhindern.

1.1 Auswirkungen des Erschöpfungsprinzips auf vertragliche Beschränkungen des Verbreitungsrechts

Die urheberrechtliche dingliche Beschränkung des Verbreitungsrechts ist zwingend zu unterscheiden von der vertraglich vorgenommenen Beschränkung. Deren Nichteinhaltung stellt keine urheberrechtliche Verletzung des Verbreitungsrechts, sondern lediglich eine **Vertragsverletzung** dar. In **Individualverträgen** mag eine solche Beschränkung wirksam sein. Wird aber das Verbreitungsrecht des Lizenznehmers in **Allgemeinen Geschäftsbedingungen** (AGB) gänzlich ausgeschlossen, ist eine solche Klausel gemäß § 307 Abs. 2 Nr. 1 BGB unwirksam, da sie von wesentlichen gesetzlichen Grundgedanken, nämlich dem Erschöpfungsgrundsatz, abweicht.

Wie im Detail beim Stichwort Erschöpfungsgrundsatz erklärt, hat der Bundesgerichtshof in seiner OEM-Entscheidung aus dem Jahr 2000, Az. I ZR 244/97. Der BGH den Weiterverkauf von „entbündelter" Software an Endverbraucher mit Hinweis auf das Erschöpfungsprinzip für zulässig erklärt.

Hier wurde festgestellt, dass mit dinglicher Wirkung Einschränkungen nur bei eigenständigen Nutzungsarten wirksam möglich sind, die mit dem Bundesgerichtshof, nur dann vorliegen, **wenn es sich um übliche, technische und wirtschaftlich eigenständige und damit klar abgrenzbare Nutzungsformen handelt** – man wird man also verschiedenen Weitergabemöglichkeiten ins Auge fassen müssen. Die Rechte des Ersterwerbers hängen daher letztlich entscheidend davon ab, wie dieser die Software erhalten hat und wie er sie weiterverkaufen möchte.

1.2 Entwicklung der Rechtsprechung zum Verkauf gebrauchter Software

Den Ursprung nahm die ausschlaggebende Rechtsprechung zum Grundsatz des Verkaufs gebrauchter Software mit einer Entscheidung des OLG München: Das OLG München (6 U 2759/07) hatte dingliche Verfügungsverbote trotz Erschöpfungsgrundsatz für wirksam erklärt. Zwar, so das Urteil, sei das Verbreitungsrecht erschöpft, nicht aber das Vervielfältigungsrecht. Die Zustimmung des Urhebers zur Vervielfältigung nach der Verbreitung, also zum Aufspielen der Software trotz Erschöpfung, sei nach wie vor erforderlich. Dass der Erschöpfungsgrundsatz damit faktisch leerläuft, nahmen die Richter in Kauf.

Diese Entscheidung war, so die Kritik, mit dem Sinn des Erschöpfungsgrundsatzes nicht in Einklang zu bringen: Dieser liegt darin, den Konflikt zwischen dem verwertungsrechtlichen Interesse des Rechteinhabers auf der einen Seite und dem Interesse an einem klaren und übersichtlichen Warenverkehr auf der anderen Seite, auszugleichen. Diesen Grundsatz nun lediglich auf die freie Verbreitung zu beschränken, ohne ihn auch auf die für den freien Warenverkehr bei der Softwarenutzung unumgänglichen notwendigen Vervielfältigungshandlungen auszudehnen, führt zu dem Ergebnis, dass der Erschöpfungsgrundsatz, zumindest beim Handel mit Computersoftware, zur sinnlosen gesetzlichen Vorschrift wird. Würde er nur auf die eigentliche Verbreitungshandlung beschränkt, stellte er nämlich ein Scheinrecht mit dem Inhalt dar: „Du darfst zwar die Software weitergeben ohne Zustimmung, aber dein Käufer darf sie nicht nutzen ohne Zustimmung des Rechteinhabers". Daher wird teilweise gefordert, dass es für den Fall der Verbreitung der Zustimmung des Urhebers auch für die notwendige Vervielfältigungshandlung gemäß § 69d Abs. 1 UrhG nicht bedarf, da die bestimmungsgemäße Nutzung durch den Berechtigten gerade die für die Nutzung notwendigen Vervielfältigungen erfordert. Hat der Rechteinhaber das Werkstück also einmal verkauft, soll der legitime Weiterverkauf und die Nutzung (also Einspielen in den Arbeitsspeicher) nicht mehr von seiner Zustimmung oder einer nochmaligen Vergütung abhängig sein.

Tatsächlich war es diese Entscheidung des OLG München, die nach Einlegung von Rechtsmitteln zum Bundesgerichtshof (I ZR 129/08) gelangte und von dort dem EuGH (C-128/11, „Usedsoft") zur Entscheidung vorgelegt wurde. Der EuGH stellte dann im Ergebnis fest,

(...) dass das Recht auf die Verbreitung der Kopie eines Computerprogramms erschöpft ist, wenn der Inhaber des Urheberrechts, der dem (...) Herunterladen dieser Kopie aus dem Internet auf einen Datenträger zugestimmt hat, (...) diese Kopie ohne zeitliche Begrenzung zu nutzen (...); sowie

(...) dass sich (...) jeder weitere Erwerber einer Nutzungslizenz auf die Erschöpfung des Verbreitungsrechts (...) berufen kann und somit (...) als rechtmäßiger Erwerber einer Programmkopie anzusehen ist, der vom Vervielfältigungsrecht nach dieser Vorschrift Gebrauch machen darf (...).

Dies bedeutete im Ergebnis erst einmal, dass ein Verkauf und Erwerb gebrauchter Software selbst dann rechtmäßig wirksam ist, wenn das Nutzungsrecht an dieser alleine im Zuge des Downloads erworben wurde. Doch der EuGH nimmt auch eine Einschränkung vor, nämlich dass die Software bei ursprünglichem Erwerb dauerhaft, also ohne zeitliche Begrenzung zu nutzen war. Weitere Einschränkungen ergeben sich sodann aus Entscheidungen der deutschen Rechtsprechung. Hierauf basierend entwickelte sich die Rechtsprechung des BGH (zuerst in I ZR 8/13), der dann noch weiter ging: Eine Erschöpfung tritt mit dem Bundesgerichtshof auch ein, wenn eine „Master-CD" vorhanden ist, von der die notwendige Anzahl an Kopien erstellt werden kann. Zudem dürfen zwar keine Client-Server-Lizenzen, wohl aber Volumenlizenzen aufgespalten werden.

Zugleich aber gibt es auf der anderen Seite auch einschränkende Rechtsprechung des BGH: So dürfte diese sehr freizügige Entscheidung des EuGH durch die vorangegangene „Half-Life2"-Entscheidung des Bundesgerichtshofs (Az. I ZR 178/08), einen spürbaren Dämpfer erfahren haben. Hier hatte der BGH entschieden, dass es durchaus möglich ist, bei einer online zu aktivierenden Software, die nur im Zusammenhang mit dem zugehörigen Nutzeraccount eingesetzt werden kann, die Weitergabe der Nutzerdaten zu verbieten, während der Datenträger samt Software weiter verkauft werden durfte. Dass die damit auf einem Datenträger weiterveräußerte Software letztlich faktisch nicht eingesetzt werden kann, und der Erschöpfungsgrundsatz hier leerzulaufen droht, störte den BGH an dieser Stelle nicht. Auch das Landgericht Berlin (16 O 73/13) ging einen ähnlichen Weg, als es um das „Keyselling" ging. Hierbei handelt es sich um einen Verkauf von legal erworbenen Software-Schlüsseln, die allerdings in Drittländern günstiger als in Deutschland erworben werden – um dann in Deutschland angeboten zu werden. Das Landgericht war der Auffassung, dass eine Erschöpfung schon gar nicht vorliegen konnte, da sich der Erschöpfungsgrundsatz nur auf die Verbindung von Datenträger und zugehörigem Schlüssel beziehen kann. Wenn der Schlüssel hier „herausgetrennt" und separat nach Europa eingeführt wird, ist dies kein Fall der Erschöpfung. Hierzu hat dann der BGH in der Entscheidung „Green IT" (BGH, I ZR 4/14) im Jahr 2015 weitere Linien vorgegeben. Der Bundesgerichtshof meint, dass die (urheberrechtliche) Erschöpfung sich sowohl auf die eines die Programmkopie enthaltenden Datenträgers bezieht als auch auf den zum Herunterladen des Programms erforderlichen Produktschlüssel. Dabei ist es gleichgültig, „ob der Weiterverkäufer die „erschöpfte" Kopie des Computerprogramms seinerseits von dem Verkäufer durch Übergabe eines Datenträgers oder durch Bekanntgabe des Produktschlüssels erhalten hat." Spannend ist, dass sich die Erschöpfung fortsetzt bis hin zu Updates, sodass der Download neuerer Versionen ebenso zulässig ist, wenn man als Erwerber der Vor-Version hierauf einen Anspruch hat.

Eine weitere Einschränkung erfuhr der Verkauf gebrauchter Software in der „OEM II"-Entscheidung des BGH (I ZR 6/10) aus dem Jahr 2011: Hier wurde festgestellt, dass der Verkauf von OEM-Software in Kombination mit „Echtheitszertifikaten", die so bisher nicht kombiniert waren, eine Verletzung markenrechtlicher Ansprüche darstellen kann.

2. Software, Hörspiele, Computerspiele?

Ist die aktuelle Rechtsprechung des EuGH auch auf andere digitale Werke, wie etwa Hörbücher oder Computerspiele, anzuwenden? Diese Frage ist weiterhin umstritten, denn die Entscheidung des EuGH basiert auf der Richtlinie 2009/24/EG, die jedenfalls auf Hörbücher und eBooks keine (alleinige) Anwendung finden kann. Ebenso ist es bei Computerspielen umstritten, da diese Mischwerke mit verschiedenen Inhalten sind. Das Landgericht Bielefeld (4 O 191/11) etwa sah keine Anwendbarkeit der Rechtsprechung zu Gebrauchtsoftware bei eBooks. Die Entwicklung in diesem Bereich bleibt abzuwarten, es ist allerdings davon auszugehen, dass hier keine Erschöpfung anzunehmen sein wird.

3. Einschränkung des Weitervertriebs durch AGB?

Auf Grund der nunmehr vorliegenden Rechtsprechung des EuGH muss von einschränkenden Weiterverkaufsklauseln jedenfalls bei Software wohl abgeraten werden. Es gibt allmählich erste Entscheidungen zum Thema, wobei eine des Land-

Nutzungsrechte an Software & Gebrauchtsoftware

gerichts Hamburg (315 O 449/12) hervorgehoben werden soll. Hier ging es nicht nur um eine Klausel, die den Weiterverkauf verbieten wollte, was ohnehin unwirksam wäre – und abgemahnt werden könnte. Man wollte die Zulässigkeit des Weiterverkaufs schlicht an Bedingungen knüpfen, etwa dass der Zweiterwerber bestimmte AGB des Rechteinhabers schriftlich akzeptieren muss. Dies aber ist mit den Gedanken des EuGH schlicht nicht zu vereinbaren. Zugleich aber zeigt die Entscheidung auch eines: Die Softwarehersteller werden so ohne weiteres die Möglichkeit des Weiterverkaufs nicht hinnehmen.

4. Arten des Lizenzerwerbs und Arten der Zweitverwertung

Nutzungsrechte an Software können in unterschiedlichster Form erworben werden. Da eine Erschöpfung des Zustimmungsrechts des Rechteinhabers ausschließlich bei der Veräußerung (dauerhafte Überlassung gegen Einmalvergütung) stattfindet, werden im Folgenden daher nur die unterschiedlichen Überlassungsmodelle im Wege der Veräußerung und ihre Auswirkungen auf die Erschöpfung der Rechte des Rechteinhabers untersucht.

Die geläufigsten Übertragungsmöglichkeiten von Softwarelizenzen durch den Rechteinhaber sind:

Nr.	Art der Überlassung an den Ersterwerber	Art der Weitergabe an den Zweiterwerber
1	Verkauf einer Software mit dem Nutzungsrecht für einen Nutzer, verkörpert auf einem Datenträger	Die auf dem Datenträger verkörperte Software und das Nutzungsrecht werden weiterverkauft. Der Ersterwerber löscht die Software auf seinem Computer.
2	Verkauf der Software und des Nutzungsrechts im Wege des Onlinevertriebs durch Download	2.1 Weitergabe dieser Software und der Nutzungsrechte durch Bereitstellung zum Download. Der Ersterwerber löscht die Software und nutzt sie nicht weiter.
		2.2 Der Ersterwerber überträgt nur das Nutzungsrecht, nicht aber die Software dem Zweiterwerber, der die Software schon hat oder sich woanders beschafft. Der Ersterwerber selber vernichtet den Datenträger und löscht die Software auf seinem Computer.
3	Verkauf einer Master-CD und eines Nutzungsrechts, das den Lizenznehmer dazu berechtigt, Kopien in einer von der Lizenz vorgegebenen Menge herzustellen und auf den Rechnern des Lizenznehmers zu nutzen.	3.1 Übergabe der Masterkopie und Überlassung der Lizenz insgesamt.
		3.2 Aufspalten der Lizenz, Übertragung einzelner Vervielfältigungsstücke.
		3.3 Aufspalten der Lizenz, Übertragung nur der Nutzungsrechte. Der Erwerber verschafft sich die Software selbst.
4	Verkauf einer Master-CD mit der Lizenz, dass eine gewisse Anzahl von Nutzern die Software gleichzeitig nutzen können.	4.1 Übergabe der Masterkopie und Überlassung der Lizenz insgesamt.
		4.2 Aufspalten der Lizenz, Übertragung einzelner Vervielfältigungsstücke.
		4.3 Aufspalten der Lizenz, Übertragung nur der Nutzungsrechte. Der Erwerber verschafft sich die Software selbst.
5	Verkauf einer Lizenz zur Nutzung durch mehrere Nutzer, ohne dass die Software verkörpert auf einem Datenträger überlassen wird. Zum Beispiel durch Übertragung eines Lizenzschlüssels.	5.1 Übergabe der Masterkopie und Überlassung der Lizenz insgesamt.
		5.2 Aufspalten der Lizenz, Übertragung nur der Nutzungsrechte. Der Erwerber verschafft sich die Software selbst oder hat sie bereits und erwirbt lediglich Lizenzen hinzu.

5. In welchen Fällen erwirbt der Zweiterwerber Nutzungsrechte?

5.1 Kein gutgläubiger Erwerb

Ersterwerber interessiert, in welchen der o. a. Fälle sie die Nutzungsrechte an der von ihnen erworbenen Software zulässiger Weise weitergeben dürfen. Aber auch Zweiterwerber muss diese Frage brennend interessieren, da sie nur dann tatsächlich Nutzungsrechte an der von ihnen erworbenen Software erhalten, wenn der Verkäufer tatsächlich dazu berechtigt war. Ein gutgläubiger Erwerb von Nutzungsrechten – entsprechend dem gutgläubigen Erwerb von Eigentum – ist ausgeschlossen. Hintergrund ist, dass ein gutgläubiger Erwerb von Rechten grundsätzlich ausgeschlossen ist, da es keinen Rechtsschein gibt, an den sich der gute Glauben anknüpfen kann. Beim gutgläubigen Eigentum wird dieser Rechtsschein durch den Besitz erzeugt, eine Analogie zu Nutzungsrechten bietet sich aber nicht an.

Exkurs: Trennungs- und Abstraktionsprinzip

Um das tiefer gehend zu verstehen, muss man das Abstraktionsprinzip und Trennungsprinzip im deutschen Recht erfassen. Das **Trennungsprinzip** ist eine Eigentümlichkeit des deutschen Rechts. Es bedeutet, dass der schuldrechtliche Vertrag, d. h. die gegenseitigen Verpflichtungen, und der dingliche Vertrag, d. h. der Erfüllungsteil der Verpflichtungen, abstrakt, d. h. voneinander getrennt zu beurteilen sind. Zunächst verpflichtet man sich, etwas zu tun, dann erfüllt man es. Beides sind unterschiedliche Verträge. Eng damit verbunden ist das **Abstraktionsprinzip**, das besagt, dass beide Verträge voneinander losgelöst zu betrachten sind, dass diese abstrakt nebeneinander stehen. Wenn daher der schuldrechtliche Vertrag nichtig ist oder angefochten wird, bleibt der dingliche Vertrag davon unberührt.

Beispiel: Abstraktionsprinzip im Alltag

A kauft einen PC bei B. Der Kaufvertrag wird abgeschlossen und das Eigentum am PC auf B übertragen. Nun ist der schuldrechtliche Vertrag aber nichtig. Das Eigentum wird dadurch nicht berührt. A hat zwar Anspruch auf Rückübereignung wegen ungerechtfertigter Bereicherung (§ 812 BGB). Aber automatisch fällt das Eigentum nicht an A zurück.

Im Urheberrecht bzw. im Verlagswesen soll dies mit der herrschenden Meinung für die Übertragung des Nutzungsrechts nicht gelten: Zwar gilt das Trennungsprinzip, nicht aber das Abstraktionsprinzip. Für Verlagsverträge zwischen Verfasser und Verleger etwa hebt § 9 VerlG das **Abstraktionsprinzip** auf. Dies soll dann auch allgemein für die Nutzungsverträge nach dem Urheberrecht gelten. Das bedeutet: Ist der **Nutzungsrechtsvertrag** nichtig oder kann der dort beabsichtigte Zweck nicht erfüllt werden, fällt das Nutzungsrecht somit nach herrschender Meinung automatisch wieder an den Urheber zurück. Einer gesonderten Rückübertragung bedarf es nicht (Heimfall des Urheberrechts).

Dies bedeutet, dass der Zweiterwerber, der eine Software nutzt, die er gutgläubig von einem Nichtberechtigten erworben hat, von dem Rechteinhaber auf Unterlassung in Anspruch genommen werden kann. Ob auch ein Schadensersatzanspruch gegeben ist, hängt davon ab, ob der Zweiterwerber hätte erkennen müssen, dass der Veräußerer der Software nicht über die entsprechenden Rechte verfügte. So haben Gerichte immer wieder deutlich gemacht, dass es bei der Frage, ob eine Verletzung von Nutzungsrechten schuldhaft sei, darauf ankomme, dass der Erwerber seine Überprüfungspflichten ordnungsgemäß wahrgenommen habe (LG München I, Urteil vom 15.11.2006 – Az. 21 O 506/05). Der Ersterwerber handelt bei dieser Konstellation als Nichtberechtigter, so dass es dem Berechtigten frei steht, das Geschäft nach § 185 BGB zu genehmigen und das Erlangte von dem Nichtberechtigten zu verlangen. Der Zweiterwerber dagegen wird Schadensersatzansprüche gegen den Ersterwerber geltend machen können (dazu nur § 311a Abs. 2 BGB).

5.2 Fallbeurteilung

5.2.1 Verkauf einer Software mit dem Nutzungsrecht für einen Nutzer verkörpert auf einem Datenträger (Nr. 1, siehe Tabelle unter 4.)

Dieser Fall ist eindeutig. Bei dem Verkauf einer auf einem Datenträger verkörperten Software erschöpft sich das Verbreitungsrecht des Rechteinhabers in Bezug auf dieses Vervielfältigungsstück gemäß § 69c Abs. 3 UrhG. Das heißt, der Zweiterwerber erwirbt die auf dem Datenträger verkörperten Nutzungsrechte. Soweit das OLG München (Entscheidung vom 3.7.2008, Az. 6 U 2759/07) hier ein dingliches Verfügungsverbot des Rechteinhabers angenommen hat dürfte dies durch die aktuellen Entscheidungen des BGH und EUGH überholt sein.

5.2.2 Verkauf der Software und des Nutzungsrechts im Wege des Onlinevertriebs durch Download (Nr. 2, siehe Tabelle unter 4.)

Hier war früher umstritten, ob die Erschöpfung nach § 69c Nr. 3 Satz 2 lediglich das Verbreitungsrecht an Werkstücken erfasst. Wird also die Software zusammen mit einem Datenträger in den Verkehr gebracht, lag hiernach kein Vervielfältigungsstück vor, an dem Erschöpfung eintreten sein könnte. Der EuGH (C-128/11) hat dies aber klar gestellt, als er entschied, nach der Richtlinie 2009/29/EG

„... erschöpft sich das Recht zur Verbreitung einer Programmkopie in der Union mit dem Erstverkauf dieser Kopie durch den Urheberrechtsinhaber oder mit seiner Zustimmung. So verliert der Rechtsinhaber, der eine Kopie in einem Mitgliedstaat der Union vermarktet hat, die Möglichkeit, sich auf sein Verwertungsmonopol zu berufen, um sich dem Weiterverkauf der Kopie zu widersetzen. Dabei gilt der Grundsatz der Erschöpfung des Verbreitungsrechts nicht nur dann, wenn der Urheberrechtsinhaber die Kopien seiner Software auf einem Datenträger (CD-ROM oder DVD) vermarktet, sondern auch dann, wenn er sie durch Herunterladen von seiner Internetseite verbreitet."

Weiterhin stellt der EuGH klar, dass es letztlich keinen nennenswerten Unterschied zwischen einem Download und einer CD-ROM gibt:

„Darüber hinaus sind die Veräußerung eines Computerprogramms auf CD-ROM oder DVD und die Veräußerung eines Computerprogramms durch Herunterladen aus dem Internet wirtschaftlich gesehen vergleichbar. Die Online-Übertragung entspricht funktionell der Aushändigung eines materiellen Datenträgers."

Umstritten war über die grundsätzliche Möglichkeit des Verkaufs hinaus, die Frage, ob Volumenlizenzen aufgespalten werden dürfen. Die bisherige Entscheidung des EuGH (C-128/11) verneinte dies nur scheinbar, allerdings war das OLG Frankfurt (11 U 68/11) schon früh der Auffassung, dass diese Einschränkung des EuGH nur für „Client-Server-Software" gelten soll. Der Bundesgerichtshof (I ZR 8/13) hat Ende 2014 diese Entscheidung des OLG Frankfurt dann ausdrücklich bestätigt – so dass davon auszugehen ist, dass Volumenlizenzen aufgespalten werden dürfen.

Nochmals zu erinnern ist hier an die „Half-Life2"-Entscheidung (Az. I ZR 178/08), wo der Bundesgerichtshof feststellte, dass es durchaus möglich ist, bei einer online zu aktivierenden Software, die auf einem Datenträger geliefert wird, die Weitergabe der Nutzerdaten zu verbieten.

Fazit:

Grundsätzlich ist der Verkauf & Kauf gebrauchter Software, die es nur im Zuge eines Downloads gab, mit dem EuGH also zulässig. Probleme gibt es aber weiterhin – wenn etwa Volumenlizenzen aufgespalten werden. Und natürlich ist das Risiko zu sehen, dass man gutgläubig Software kauft, an der der Verkäufer tatsächlich dann doch keine Rechte hatte. Insbesondere bei Downloads wird es regelmäßig (noch) schwer für den Käufer, hier effizient die Rechte vor dem Kauf klarzustellen. Es verbleibt daher beim Rat, beim Kauf von Download-Software Vorsicht walten zu lassen und ggf. erst anwaltlichen Rat einzuholen.

5.2.3 Verkauf einer Master-CD und eines Nutzungsrechts, das den Lizenznehmer dazu berechtigt, Kopien in einer von der Lizenz vorgegebenen Menge herzustellen (Nr. 3 u. 4, siehe Tabelle unter 4.)

In diesem Fall erwirbt der Ersterwerber neben dem Nutzungsrecht auch ein Vervielfältigungsrecht, das über die normale bestimmungsgemäße Vervielfältigung, nämlich der Vervielfältigung in den Arbeitsspeicher hinausgeht. Veräußert der Ersterwerber nun seine Master-CD (Nr. 4.1), was angesichts der Erschöpfung, die an der Master-CD eingetreten ist, möglich ist, kann der Erwerber die Software auch bestimmungsgemäß vervielfäl-

Nutzungsrechte im Arbeitsverhältnis

tigen. Der Zustimmung des Urhebers bedarf es in diesem Fall gemäß § 69d Abs. 1 UrhG nicht, da die bestimmungsgemäße Nutzung durch den Berechtigten die vereinbarten Vervielfältigungen erfordert (anders OLG München, Entscheidung vom 3.7.2008, Az. 6 U 2759/07; siehe Kritik an diesem Urteil unter 1.2).

Darf nun der Ersterwerber, die von ihm erlaubterweise hergestellten Vervielfältigungsstücke weitergeben (Nr. 4.2, siehe Tabelle unter 4.)?

Auch hier besteht in der Literatur und Rechtsprechung keine Einigkeit. Es gibt durchaus Stimmen, die sagen, dass, da an dem einzelnen Vervielfältigungsstück Erschöpfung eingetreten sei, das Vervielfältigungsstück nun im Rahmen der ursprünglichen Lizenz weiterveräußert werden dürfe. Das heißt, der Ersterwerber darf nur so viele Lizenzen herstellen, wie ihm durch die Lizenz zugestanden wurden und der Zweiterwerber erwirbt nun kein über die normale Nutzung hinausgehendes Vervielfältigungsrecht mehr. Es gibt aber auch gewichtige Stimmen die der Meinung sind, dass bei Erwerb eines Masterdatenträgers nicht davon ausgegangen werden könne, dass der Ersterwerber berechtigt sein solle, Kopien herzustellen, die nicht der Nutzung durch den Ersterwerber dienten, sondern zur Weitergabe an einen Zweiterwerber bestimmt seien. Dies gehe über das für die Softwarenutzung erforderliche Maß deutlich hinaus und habe nichts mehr mit der bestimmungsgemäßen Nutzung der Software zu tun.

Dies gilt erst recht, wenn lediglich Nutzungsrechte übertragen werden, und Zweiterwerber zu seinen bereits vorhandenen Lizenzen hinzukauft (Nr. 4.3, siehe Tabelle unter 4.)

Dies mag auf den ersten Blick einleuchtend erscheinen. Der Ersterwerber hat 100 Lizenzen, von denen er 20 nicht benötigt. Der Zweiterwerber hat nur 80 Lizenzen, benötigt aber 20 weitere Lizenzen. Dieser Geschäftsidee steht die h.M. äußerst kritisch gegenüber. Bei einem reinen Rechteübergang hat der Erwerber keinen Anspruch darauf, Vervielfältigungen zu produzieren. Dieses Recht unterliegt der Zustimmung des Urhebers. Die Verfechter dieser Überzeugung bringen stets das Beispiel, dass ein Zweiterwerber, der eine Raubkopie in Besitz hat, die er nicht nutzen darf, d. h. in den Arbeitsspeicher kopieren darf, durch den Erwerb einer Lizenz, wenn diese denn ein Vervielfältigungsrecht beinhalten würde, berechtigt würde, die Raubkopie nun zu nutzen, d. h. in den Arbeitsspeicher zu kopieren. Dieses Ergebnis sei nicht mit dem Urheberrechtsschutz in Einklang zu bringen.

Fazit:

Der Verkauf einer Master-CD, die ein Vervielfältigungsrecht enthält, ist möglich. Der Verkauf einzelner auf der Grundlage der Master-CD erstellten Vervielfältigungen ist äußerst umstritten. Die gilt erst recht für den reinen Rechtehandel.

V. Zusammenfassung

Der Kauf und Verkauf gebrauchter Software, sei es durch Download oder mittels Datenträger, ist grundsätzlich zulässig. Im Detail sind durchaus noch einige Fragen offen, insbesondere bieten sich für Softwarehersteller zumindest noch vereinzelte Wege, den Verkauf zu erschweren oder zu umgehen, insbesondere im Bereich des gesonderten Verkaufs von Produktschlüsseln. Selbst wenn man vermeintlich sämtliche Regeln beim Kauf einer gebrachten Software einhält, können sich dennoch beweisrechtliche Probleme ergeben: Der Käufer etwa muss im Streitfall nachweisen, dass er unter den richtigen Voraussetzungen die Nutzungslizenz erworben hat. Dazu gehört der Nachweis, dass die Software beim Veräußerer wirklich gelöscht wurde und auch vom Rechteinhaber so in den Rechtsverkehr gebracht wurde, wie sie später gebraucht erworben wurde – namentlich die entsprechende Lizenzanzahl. Es verbleibt dabei, das Thema mit Bedacht anzugehen, vor einem Verkauf oder Kauf sollte – speziell im Unternehmen – dringend entsprechender Rat eingeholt werden.

Nutzungsrechte im Arbeitsverhältnis

I. **Begriff**

II. **Nutzungsrechte an von Arbeitnehmern geschaffenen Werken**
    1. Nutzungsrechte an Werken mit Ausnahme von Computerprogrammen
    2. Nutzungsrechte an Computerprogrammen
    3. Ausgleich bei Unentgeltlichkeit

III. **Nutzungsrechte an von freien Mitarbeitern geschaffenen Werken**

IV. **Zuständige Gerichte bei Streit über Art und Umfang der Nutzungsrechte**

I. Begriff

Urheberrechtlich geschützte Werke entstehen oft auch, wenn Arbeitnehmer oder freiberuflich beschäftigte Mitarbeiter in Ausübung ihrer arbeitsvertraglichen oder freiberuflichen Aufgaben tätig werden.

Beispiele für Arbeitsergebnisse:
- Softwareprogramme,
- journalistische Beiträge,
- Fotos,
- Abhandlungen,
- Präsentationen,
- Pflichtenhefte,
- Studien etc.

Für den Arbeitgeber und Auftraggeber stellt sich hinsichtlich der wirtschaftlichen Verwertung dieser Arbeitsergebnisse die entscheidende Frage nach **Art und Umfang der Nutzungsrechte** an diesen Arbeitsergebnissen. Das Urheberrecht beantwortet diese Fragen, macht aber ausdrücklich einen großen Unterschied zwischen dem Urheber als Arbeitnehmer und dem Urheber, der als freiberuflicher Mitarbeiter tätig geworden ist.

Nutzungsrechte im Arbeitsverhältnis

II. Nutzungsrechte an von Arbeitnehmern geschaffenen Werken

1. Nutzungsrechte an Werken mit Ausnahme von Computerprogrammen

Für urheberrechtlich geschützte Werke, die von Arbeitnehmern oder Beamten geschaffen werden, gilt mit Ausnahme von Computerprogrammen § 43 UrhG.

Diese Regel sichert zunächst Arbeitnehmern und Beamten ihre urheberrechtlichen Verwertungsrechte zu. (Mit Dienstverhältnissen im Sinne von § 43 UrhG sind nicht Dienstverträge im Sinne von § 611 BGB gemeint, sondern die öffentlich-rechtlichen Dienstverhältnisse der Beamten.) Der Arbeitgeber oder Dienstherr kann daher die im Arbeits- oder Dienstverhältnis geschaffenen Werke grundsätzlich legal nur verwerten, wenn er sich vertraglich die entsprechenden **Nutzungsrechte** gesichert hat.

§ 43 UrhG privilegiert aber den Arbeitgeber oder Dienstherrn, in dem dieser Grundsatz nur gilt, wenn sich aus **dem Wesen des Arbeits- oder Dienstverhältnisses nichts anderes ergibt.** In der Regel wird also davon auszugehen sein, dass der Arbeitnehmer oder Beamte neben der **Übergabe** und **Übereignung** der von ihm für den Arbeitgeber oder Dienstherrn geschaffenen Werke auch die **Einräumung** der für die wirtschaftliche Verwertung der Arbeitsergebnisse oder deren Nutzung für Verwaltungszwecke erforderlichen **Nutzungsrechte** schuldet. Mit dem Bundesarbeitsgericht (Az. 3 AZR 371/81) gilt insofern der Grundsatz, dass der Arbeitnehmer diesbezügliche Vorbehalte klar zum Ausdruck bringen muss.

Unberührt bleibt aber auf jeden Fall das Urheberpersönlichkeitsrecht (siehe Stichwort: → *Urheberrecht*). Dies ist das Recht, als Urheber genannt zu werden (Ausnahme: Ghostwriter-Verträge, Redenschreiben durch einen Beamten).

Im Arbeits- und Dienstvertrag gilt aber grundsätzlich auch die → *Zweckübertragungsregel.* Danach wird im Zweifel zu Lasten des Rechteerwerbers (hier Arbeitgeber) angenommen, dass der Urheber (hier Arbeitnehmer) ein Nutzungsrecht nur in demjenigen Umfang einräumen will, den der Vertragszweck unbedingt erfordert (siehe Zweckübertragungsregel). Im Zweifel verbleiben also die Nutzungsrechte beim Arbeitnehmer oder Beamten, was der Bundesgerichtshof so auch bestätigt hat (BGH, Az. I ZR 209/07). Die Beweislast trägt der Arbeitgeber oder Dienstherr. Die Einräumung der Nutzungsrechte wird nicht gesondert vergütet, sondern sie ist mit dem Arbeitslohn abgegolten. Anderes gilt evtl. dann, wenn ein Arbeitnehmer zur Schaffung urheberrechtlich geschützter Werke nicht verpflichtet ist – in diesem Fall kann eine den Umständen zu entnehmende Vergütungsvereinbarung anzunehmen sein (so das Bundesarbeitsgericht, Az. 3 AZR 371/81).

ACHTUNG!

Ist im Rahmen eines Arbeitsverhältnisses oder Dienstverhältnisses mit der Entstehung von urheberrechtlich geschützten Werken zu rechnen, ist der Arbeitgeber oder Dienstherr gut beraten, Art und Umfang der ihm eingeräumten Nutzungsrechte an diesen Werken ausdrücklich vertraglich festzulegen. Dies kann bereits bei Abschluss des Arbeitsvertrages geschehen, da über die während des Arbeitsverhältnisses zu schaffenden Werke auch im Voraus verfügt werden kann. Das Schriftformerfordernis des § 40 Abs. 1 UrhG gilt hierbei nicht.

Beispiel:

Muster für eine Nutzungsrechtsklausel mit einem Mitarbeiter, der Inhalte (content) für die Homepage des Arbeitgebers erstellt.

Der Arbeitnehmer räumt dem Arbeitgeber an den für den Arbeitgeber oder für dessen Auftraggeber verfassten Aufsätzen, Beiträgen und sonstigen schriftlichen Erzeugnissen das ausschließliche, örtlich unbeschränkte, übertragbare, dauerhafte, unwiderrufliche und unkündbare Nutzungsrecht ein.

Das Nutzungsrecht umfasst ausdrücklich

- das Recht zur wirtschaftlichen Verwertung einschließlich des Rechts zum Vertrieb;
- das Recht, Abänderungen, Übersetzungen, Bearbeitungen oder andere Umgestaltungen vorzunehmen;
- das Recht, die Schriftwerke und Anpassungen im Original oder in abgeänderter, übersetzter, bearbeiteter oder umgestalteter Form auf einem beliebigen bekannten Medium oder in anderer Weise zu speichern, zu vervielfältigen, auszustellen, zu veröffentlichen, in körperlicher oder unkörperlicher Form zu verbreiten, insbesondere nicht öffentlich und öffentlich wiederzugeben, auch durch Bild-, Ton- und sonstige Informationsträger;
- das Recht zur Nutzung in Datenbanken, Datennetzen und Online-Diensten, einschließlich des Rechts, die Schriftwerke und die Anpassungen auch in bearbeiteter Form den Nutzern der vorgenannten Datenbanken, Netze und Online-Dienste zur Recherche und zum Abruf mittels vom Auftraggeber gewählter Tools bzw. zum Herunterladen zur Verfügung zu stellen;
- das Recht, die Schriftwerke und die Anpassungen auch in bearbeiteter Form auf Computern oder anderen datenverarbeitenden Maschinen zu nutzen oder durch Dritte nutzen zu lassen;
- das Recht, die Schriftwerke und die Anpassungen nicht nur für eigene Zwecke zu nutzen, sondern auch zur Erbringung von Leistungen an Dritte einzusetzen.

Das Nutzungsrecht bezieht sich auf alle Schriftwerke in allen Entwicklungs-, Zwischen- und Endstufen.

2. Nutzungsrechte an Computerprogrammen

Für **Computerprogramme** einschließlich des Entwurfsmaterials im Sinne von § 69a UrhG gilt eine von § 43 UrhG abweichende Regelung gemäß § 69b UrhG. Hiernach ist festgelegt, dass für Computerprogramme, die von einem Arbeitnehmer oder Beamten in Wahrnehmung seiner Aufgaben nach den Anweisungen seines Arbeitgebers oder Dienstherrn geschaffen werden, ausschließlich der Arbeitgeber oder Dienstherr zur Ausübung **aller vermögensrechtlichen** Befugnisse berechtigt ist, **sofern nichts anderes vereinbart ist (gesetzliche Lizenz).** Einer **Verfügung** des Arbeitnehmers zur Übertragung der Rechte bedarf es somit nicht (dazu auch OLG Köln, Az. 6 U 132/04).

Rechtstechnisch gesehen handelt es sich dabei im Unterschied zu § 43 um eine **gesetzliche Vermutung** zu Gunsten des Arbeitgebers. Für die Anwendung der → *Zweckübertragungsregel* ist also kein Raum. Im Allgemeinen ist also davon auszugehen, dass dem Arbeitgeber bei allen Auftragsprogrammen ein ausschließliches Nutzungsrecht (§§ 69c–69f UrhG) eingeräumt wird. Ein besonderer Vergütungsanspruch besteht nicht. Das Gesetz geht davon aus, dass der Erstellungsaufwand mit der Arbeitsvergütung abgegolten wird. Dem Arbeitnehmer oder

Nutzungsrechte im Arbeitsverhältnis

Beamten verbleiben in diesem Fall die Urheberpersönlichkeitsrechte (siehe oben). Die **Beweislast**, dass die Verwertungsrechte für Werke und Computerprogramme dem Arbeitnehmer auf Grund einer vertraglichen Vereinbarung zustehen, trägt im Rahmen des § 69b UrhG der Arbeitnehmer.

ACHTUNG!

§ 69b UrhG gilt **nur** für **Computerprogramme** im Sinne von § 69a UrhG, nicht aber für die **sonstigen Elemente** der Software, wie Ist-Analysen als Darstellung wissenschaftlicher oder technischer Art, Soll-Analysen, Benutzeroberflächen, Programmbeschreibungen, Bedienungsanleitungen, Handbücher oder Schulungsunterlagen (siehe: → *Urheberrechtlicher Schutz von Software*). Für diese im Rahmen eines Arbeitsverhältnisses erstellten Werke gelten die unter Ziffer II aufgeführten Grundsätze.

ACHTUNG!

Wenn das Computerprogramm in der Freizeit oder außerhalb des Arbeitsverhältnisses erstellt wird, gilt § 69b UrhG nicht zwingend. Der Auftraggeber erhält dann nicht automatisch Rechte an diesen Programmen, insbesondere muss er sie gesondert vergüten. Doch auch hier ist vor einer pauschalen Bewertung zu warnen – alleine dass der Arbeitnehmer (scheinbar) außerhalb seiner Arbeitszeit an einer Software arbeitet, bedeutet nicht, dass keine Rechteübertragung stattfindet. So ist es gerade bei Programmierern nicht unüblich, dass diese auch außerhalb der „offiziellen Arbeitszeit" an einer Software arbeiten. Es kommt hier immer auf eine Bewertung im Gesamtbild dahin gehend an, ob es sich letztlich um eine Tätigkeit im Rahmen des Arbeitsverhältnisses handelt oder nicht.

TIPP!

Der Arbeitgeber oder Dienstherr sollte sich auf keinen Fall alleine auf § 69b UrhG verlassen. Er weiß nicht, welche Teile des Programms möglicherweise in der Freizeit geschaffen wurden. Auch regelt § 69b UrhG, dass die gesetzliche Lizenz vertraglich abdingbar ist. Der Arbeitnehmer kann möglicherweise behaupten, dies sei konkludent (durch schlüssiges Handeln) erfolgt, der Arbeitgeber habe also durch sein Handeln zum Ausdruck gebracht, dass er die im Rahmen des Arbeitsverhältnisses erstellten Programme gesondert erwerben und vergüten wolle.

In der Praxis bietet es sich daher insbesondere für Softwareentwickler und Softwarebesteller an, arbeitsvertragliche Nutzungsrechtsvereinbarungen (siehe dazu Muster unter Stichwort: → *Verwertungsrechte an Computerprogrammen*) zu treffen. Die Problematik kann generell-abstrakt geregelt werden. Inhalt einer Vereinbarung kann sein, ob nur Auftragsprogramme oder auch andere innerhalb oder außerhalb der Arbeitszeit geschriebene Programme von einer bestimmten Vergütungspflicht erfasst werden. Wichtig ist auch zu betonen, dass Urheberrechtsvergütungen der Einkommensteuer unterliegen.

3. Ausgleich bei Unentgeltlichkeit

Bei vereinbarter Unentgeltlichkeit besteht ggf. ein Beteiligungsanspruch des Arbeitnehmers an unerwarteten Gewinnen (siehe § 36 UrhG). Entscheidend für die Beurteilung sind die Umstände des Einzelfalls (sog. „Sonderleistungstheorie"). Der Anspruch aus § 36 UrhG verjährt in zwei Jahren ab Kenntnis. Eine Anwartschaft auf eine Gewinnbeteiligung unterliegt nicht der Zwangsvollstreckung und kann nicht übertragen werden. Ggf. besteht ein Rückrufsrecht wegen Nichtausübung von Nutzungsrechten des Arbeitgebers (§ 41 UrhG).

III. Nutzungsrechte an von freien Mitarbeitern geschaffenen Werken

Freie Mitarbeiter werden auf Grund eines Dienst- oder Werkvertrages tätig. Sie spielen insbesondere im IT-Bereich eine wesentliche Rolle, da sie als sogenannte **Free-Lancer** bei vielen IT-Projekten mitarbeiten. Die freie Mitarbeit bietet für den Auftraggeber viele Vorteile. Es fallen keine **Sozialabgaben** an. Der freie Mitarbeiter genießt keinen **Kündigungsschutz** und ist daher flexibel nur für ein Projekt einsetzbar. Er erhöht nicht die Anzahl der Mitarbeiter und zählt daher auch nicht mit bei der Berechnung der Schwellenwerte zum Kündigungsschutz. Er hat keinen Anspruch auf Entgeltfortzahlung bei Krankheit oder an Feiertagen und bezahlten Urlaub. Auch findet das Mutterschutzgesetz wie andere Arbeitnehmerschutzvorschriften sowie Tarifverträge und Betriebsvereinbarungen keine Anwendung. Oft bestehen aber auch Free-Lancer auf die Selbstständigkeit, da sie die höheren Gehälter schätzen, die freie Mitarbeiter in der Regel erhalten und sich nicht an einen Arbeitgeber binden wollen.

Der Gesetzgeber möchte eine Umgehung des Sozialversicherungsrechts vermeiden und von möglichst vielen Menschen Beiträge in die Solidarkassen erhalten. Auch will er verhindern, dass Mitarbeiter, die wie Arbeitnehmer für einen Arbeitgeber arbeiten, von den Privilegien des Arbeitsrechts ausgeschlossen werden.

Die freie Mitarbeit darf daher kein Arbeitsverhältnis begründen. Dies ist immer dann der Fall, wenn die Deutsche Rentenversicherung den Auftragnehmer als „arbeitnehmerähnlichen Selbstständigen" nach § 2 Nr. 9 SGB III einordnet. Dies wollen die Parteien in der Regel gerade verhindern. Die freie Mitarbeit ist im Gegensatz zum Arbeitsverhältnis eine selbstständige unternehmerische Tätigkeit auf dienst- oder werkvertraglicher Grundlage. Es sollte daher immer eine **schriftliche Vereinbarung** getroffen werden. Die Bezeichnung dieses Vertrags als „Vertrag über eine freie Mitarbeit" schützt nicht davor, dass die Arbeits- oder Sozialgerichte nicht doch von einem sozialversicherungspflichtigen Arbeitsverhältnis ausgehen. Es kommt nach der Rechtsprechung nicht auf die Bezeichnung im Vertrag, sondern auf die tatsächliche Durchführung des Vertragsverhältnisses an.

TIPP!

Kriterien, die für eine freie selbstständige Tätigkeit sprechen, sind u. a.

- freie Wahl von Ort und Zeit der Tätigkeit,
- Tätigkeiten für andere Auftraggeber,
- Unternehmerisches Auftreten nach außen (Werbung, Büro usw.),
- eigene Arbeitnehmer,
- kein Urlaub,
- keine Weisungsgebundenheit.

ACHTUNG!

Um eine möglichst hohe Sicherheit zu erlangen, kann nur dazu geraten werden, dass der „freie Mitarbeiter" zur Manifestierung seiner Selbstständigkeit **eine GmbH gründet** und dann als Geschäftsführer der Gesellschaft einen entsprechenden Vertrag mit dem Auftraggeber abschließt oder ein **Statusfeststellungsverfahren** gemäß § 7a SGB IV bei der Deutsche Rentenversicherung beantragt und sich möglichst an die von der Rechtsprechung entwickelten Kriterien für die echte freie Mitarbeit hält.

Für echte freie Mitarbeiter gelten weder § 43 UrhG noch § 69b UrhG, sondern die §§ 31 ff. UrhG.

Wegen der → *Zweckübertragungsregel* ist daher eine vertragliche und dezidierte Regelung über Art und Umfang der Nutzungsrechte an den vom freien Mitarbeiter für den Auftraggeber erstellten urheberrechtlichen Werken unverzichtbar.

Es ist daher unverzichtbar, mit freien Softwareentwicklern und Softwarebestellern dezidierte Nutzungsvereinbarungen (siehe dazu Muster und Stichwort: → *Nutzungsrechte an Software (Lizenzen), Einräumung von*) zu treffen.

IV. Zuständige Gerichte bei Streit über Art und Umfang der Nutzungsrechte

Streiten sich die Parteien, sind in der Regel die Zivilgerichte zuständig, wenn Streit über die Nutzungsrechte besteht. Soweit es sich um einen Vergütungsanspruch für Nutzungsrechte im Rahmen eines Arbeitsverhältnisses handelt, sind die Arbeitsgerichte zuständig (vgl. § 104 S. 2 UrhG).

Online-Ausweis

I. Rechtliche Grundlagen
II. Die Online-Ausweisfunktion
  1. Welche Daten werden beim Online-Ausweisen übermittelt?
  2. Wie funktioniert das Online-Ausweisen?
  3. Was sind die Voraussetzungen für die Nutzung der Online-Ausweisfunktion?
  4. Wo kann die Online-Ausweisfunktion genutzt werden?
  5. Bürgerservice und Sperrhotline des Bundesministeriums des Innern
III. Bedeutung des elektronischen Identitätsnachweises nach § 18 PAuswG im E-Government
IV. Ausblick

I. Rechtliche Grundlagen

Der neue Personalausweis – häufig auch nPa abgekürzt – hat seine rechtliche Grundlage im Gesetz über Personalausweise und den elektronischen Identitätsnachweis (Personalausweisgesetz – PAuswG). Die ausgeschriebene Gesetzesbezeichnung verrät schon die wesentliche Neuerung des am 1.11.2010 in Kraft getretenen Gesetzes: die Möglichkeit seine Identität gegenüber öffentlichen und nichtöffentlichen Stellen elektronisch nachzuweisen (§ 18 PAuswG). Die Einzelheiten zum elektronischen Identitätsnachweis nach § 18 PAuswG werden in der Verordnung über Personalausweise und den elektronischen Identitätsnachweis (Personalausweisverordnung – PAuswV) geregelt.

II. Die Online-Ausweisfunktion

Die Online-Ausweisfunktion basiert auf einem in den neuen Personalausweis implementierten Chip, auf dem die folgenden Daten des Ausweisinhabers digital hinterlegt sind (§ 5 Abs. 5 PAuswG):

- Familienname und Geburtsname
- Vornamen
- Doktorgrad
- Tag und Ort der Geburt
- Lichtbild
- Anschrift, bei Anschrift im Ausland die Angabe „keine Hauptwohnung in Deutschland"
- Ordensname, Künstlername
- die Abkürzungen „IDD" für einen Personalausweis der Bundesrepublik Deutschland oder „ITD" für einen vorläufigen Personalausweis der Bundesrepublik Deutschland
- Seriennummer
- Abkürzung „D" für deutsche Staatsangehörigkeit,
- letzter Tag der Gültigkeitsdauer,
- Prüfziffern
- Leerstellen
- ggf. Fingerabdrücke (diese werden nur auf Antrag gespeichert, § 5 Abs. 9 PAuswG).

Nicht elektronisch gespeichert werden die Unterschrift, Größe und Augenfarbe. Die auf diese Weise gespeicherten Daten ermöglichen die Funktion des elektronischen Identitätsnachweises nach § 18 PAuswG (§ 5 Abs. 10 PAuswG).

1. Welche Daten werden beim Online-Ausweisen übermittelt?

Will sich der Inhaber des Personalausweises online ausweisen, wird immer die Angabe, ob der Personalausweis gültig ist, und gegebenenfalls ein Sperrmerkmal übermittelt. Dies ist zur Überprüfung, ob ein gesperrter oder abgelaufener Personalausweis vorliegt, notwendig (§ 18 Abs. 3 S. 1 PAuswG). Darüber hinaus können die folgenden weiteren Daten übermittelt werden:

- Familienname
- Geburtsname
- Vornamen
- Doktorgrad
- Tag der Geburt
- Ort der Geburt
- Anschrift
- Dokumentenart
- dienste- und kartenspezifisches Kennzeichen
- Abkürzung „D" für Bundesrepublik Deutschland
- Angabe, ob ein bestimmtes Alter über- oder unterschritten wird

Online-Ausweis

- Angabe, ob ein Wohnort dem abgefragten Wohnort entspricht
- Ordensname, Künstlername.

Eine Übermittlung des Lichtbildes und der gegebenenfalls gespeicherten Fingerabdrücke ist nicht vorgesehen (§ 18 Abs. 3 S. 2 PAuswG). Welche Daten im Einzelfall tatsächlich übermittelt werden, hängt von der Berechtigung des Empfängers und der Zustimmung des Ausweisinhabers ab.

2. Wie funktioniert das Online-Ausweisen?

Zunächst ruft der Ausweisinhaber im Internet den Online-Dienst auf, den er nutzen möchte. Dann muss er seinen neuen Personalausweis auf ein spezielles Kartenlesegerät legen. Über den Chip wird geprüft, ob der Anbieter berechtigt ist, die Daten abzufragen.

WICHTIG!
Behörden und Unternehmen können die persönlichen Daten des Ausweisinhabers nur mit einer vorher staatlicherseits erteilten Berechtigung abfragen (§ 21 PAuswG). Diese Berechtigung stellt auch sicher, dass nur die Daten übermittelt werden, die für den jeweiligen Dienst benötigt werden.

Hinweis:
Unter http://www.rehmnetz.de/it-recht/npa-anbieterliste-daten abruf kann eine Liste der Diensteanbieter mit einer Berechtigung zum Abruf von Personalausweisdaten eingesehen werden. Aus dieser ergibt sich auch der jeweilige Umfang der Berechtigung.

Der Ausweisinhaber sieht, welche Daten der Anbieter abfragen möchte (§ 18 Abs. 4 S. 2 PAuswG). Ist er damit einverstanden, bestätigt er durch Eingabe einer PIN, dass die Daten übermittelt werden dürfen (§ 18 Abs. 4 S. 1 PAuswG). Daraufhin werden die Daten verschlüsselt übertragen.

3. Was sind die Voraussetzungen für die Nutzung der Online-Ausweisfunktion?

Aus dem dargestellten Prozedere ergeben sich die Voraussetzungen für die Nutzung der Online-Ausweis-Funktion:

Die **Online-Ausweisfunktion** des Personalausweises muss zuallererst **eingeschaltet** sein. Dies ist eine persönliche Entscheidung des Ausweisinhabers, die er bei Beantragung des neuen Personalausweises treffen muss, aber auch noch jederzeit danach ändern kann (§ 10 PAuswG).

TIPP!
Überlegen Sie sich vor der Beantragung des neuen Personalausweises, ob Sie die Online-Ausweis-Funktion nutzen möchten. Die nachträgliche Einschaltung erfordert einen erneuten Gang zur Behörde und kostet immerhin 6 €.

Ist die Online-Ausweis-Funktion eingeschaltet, erhält der Ausweisinhaber eine (fünfstellige) vorläufige PIN, die er durch eine **persönliche (sechsstellige) PIN** ersetzen muss. Diese benötigt er für seine Zustimmung zur Übermittlung der Ausweisdaten.

Im Elektronikhandel muss sich der Ausweisinhaber noch ein geeignetes **Kartenlesegerät** besorgen. Hier gibt es verschiedene Varianten: den Basisleser, den Standardleser und den Komfortleser. Diese Varianten unterscheiden sich nicht nur hinsichtlich des Preises, sondern auch im Hinblick auf Datensicherheitsaspekte. Insbesondere beim Basismodell, bei dem die Eingabe der PIN über die Tastatur des angeschlossenen Rechners erfolgt, ist auf eine regelmäßige Aktualisierung des Betriebssystems, der Virenschutzprogramme und der Firewall zu achten.

TIPP!
Nehmen Sie außerdem Ihren Ausweis nach dem Auslesen der Daten vom Kartenlesegerät.

Zuletzt wird noch eine **Software,** die eine sichere Verbindung zwischen dem Ausweis und dem Computer ermöglicht, benötigt. Als solche fungiert die AusweisApp, die inzwischen in einer neuen Version vorliegt (AusweisApp2) und kostenlos unter www.ausweisapp.bund.de heruntergeladen werden kann. Im Laufe des Jahres 2016 soll die AusweisApp2 für mobile Betriebssysteme ausgeliefert werden.

4. Wo kann die Online-Ausweisfunktion genutzt werden?

Das Bundesministerium des Innern stellt unter http://www.rehmnetz.de/it-recht/npa-anwendungen die Anwendungen vor, bei denen bereits die Online-Ausweisfunktion genutzt werden kann. Dies sind zum einen Bürgerdienste öffentlicher Stellen im Internet, z. B. von Kommunen, Landesverwaltungen oder Bundesbehörden wie der Bundesagentur für Arbeit. Zum anderen finden sich dort auch Online-Angebote verschiedener Unternehmen aus den Bereichen Versicherungen, Finanzen und weitere Services.

WICHTIG!
Im Zuge des Gesetzes zur Förderung der elektronischen Verwaltung (E-Government-Gesetz – EGovG) sowie zur Änderung weiterer Vorschriften (weiterführend siehe hierzu das Stichwort → E-Government-Gesetz) werden die Behörden des Bundes seit dem 1. Januar 2015 verpflichtet, in Verwaltungsverfahren, in denen sie die Identität einer Person auf Grund einer Rechtsvorschrift festzustellen haben oder aus anderen Gründen eine Identifizierung für notwendig erachten, einen elektronischen Identitätsnachweis nach § 18 des Personalausweisgesetzes anzubieten (§ 2 Abs. 3 EGovG). Dies dürfte die Einsatzmöglichkeiten weiter erhöhen.

5. Bürgerservice und Sperrhotline des Bundesministeriums des Innern

Es gibt einen Bürgerservice und eine Sperrhotline des Bundesministeriums des Innern:

Bürgerservice

Telefon: +49(0)180 1 33 33 33 (3,9 ct/Min. dt. Festnetz, max. 42 ct/Min. Mobilnetz, auch aus dem Ausland erreichbar)

Servicezeiten: Mo.–Fr., 7:00–18:00 Uhr

E-Mail: eID_buergerservice@bmi.bund.de

Sperrnotruf

Telefon: +49 116 116 (in Deutschland kostenfrei aus dem Festnetz und aus allen Mobilfunknetzen sowie aus dem Ausland mit der deutschen Ländervorwahl gebührenpflichtig zu erreichen; zur Sicherheit ist der Sperrnotruf zusätzlich über +49 (0)30 40 50 40 50 zu erreichen).

Servicezeiten: Mo.–So., 0:00–24:00 Uhr

Weitere Informationen zur Online-Ausweisfunktion sowie zum neuen Personalausweis enthalten die folgenden Links:

- www.personalausweisportal.de
- www.bsi-fuer-buerger.de
- www.ausweisapp.bund.de

III. Bedeutung des elektronischen Identitätsnachweises nach § 18 PAuswG im E-Government

Von besonderer Bedeutung ist eine weitere Neuerung im Zuge des am **1. August 2013** in Kraft getretenen Gesetzes zur Förderung der elektronischen Verwaltung (E-Government-Gesetz – EGovG) sowie zur Änderung weiterer Vorschriften (weiterführend siehe hierzu das Stichwort → *E-Government-Gesetz*). Durch eine Änderung des Verwaltungsverfahrensgesetzes (VwVfG) des Bundes kommt dem elektronischen Identitätsnachweis nach § 18 des Personalausweisgesetzes inzwischen sogar **schriftformersetzende Wirkung** bei der Kommunikation mit Behörden zu. Dies gilt in Kombination mit der unmittelbaren Abgabe einer Erklärung in einem elektronischen Formular, das von der Behörde über öffentlich zugängliche Netze zur Verfügung gestellt wird (§ 3a Abs. 2 Satz 4 Nr. 1 und Satz 5 VwVfG).

ACHTUNG!
Bis zum 31.7.2013 konnte eine durch Rechtsvorschrift angeordnete Schriftform nur durch die elektronische Form ersetzt werden.

Definition:
Die **elektronische Form** ist in § 3a Abs. 2 Satz 2 VwVfG legaldefiniert und setzt voraus, dass das elektronische Dokument mit einer qualifizierten elektronischen Signatur nach dem Signaturgesetz versehen ist.

Hinweis:
Die schriftformersetzende Wirkung gilt inzwischen flächendeckend in Deutschland, da die Länder ihre Verwaltungsverfahrensgesetze im Wege der Simultangesetzgebung an die bundesrechtliche Regelung angepasst haben.

IV. Ausblick

Zwar ist die Zahl der Anwendungen derzeit noch überschaubar. Es ist jedoch zu erwarten, dass die Online-Ausweisfunktion künftig vermehrt sowohl im öffentlichen als auch im nichtöffentlichen Bereich eingesetzt werden kann. Im öffentlichen Bereich ist dies bereits vorgezeichnet durch die seit dem 1.1.2015 bestehende Verpflichtung der Behörden des Bundes den elektronischen Zugang zur Verwaltung auch insoweit zu eröffnen. Aber auch in qualitativer Hinsicht sind die Einsatzmöglichkeiten des neuen Personalausweises erweitert worden. So kann nach den aktuellen Änderungen im Verwaltungsverfahrensrecht der elektronische Identitätsnachweis nach § 18 des Personalausweisgesetzes in Kombination mit der unmittelbaren Abgabe einer Erklärung in einem elektronischen Formular, das von der Behörde über öffentlich zugängliche Netze zur Verfügung gestellt wird, die Schriftform ersetzen. Die schriftformersetzende Wirkung erstreckt sich allerdings nicht auf den Privatrechtsverkehr. Hier kann die Schriftform weiterhin nur durch die elektronische Form ersetzt werden, die eine qualifizierte elektronische Signatur voraussetzt. Der neue Personalausweis ist für eine solche „Unterschriftsfunktion" jedoch zumindest vorbereitet.

Open-Source- oder Freie Software

I. **Begriff**

II. **Open-Source-Definition**
   1. Free Software Foundation
   2. Debian Free Software Guidelines
      2.1 Freie Weitergabe
      2.2 Quellcode
      2.3 Abgeleitete Software
      2.4 Unversehrtheit des Quellcodes des Autors
      2.5 Keine Diskriminierung von Personen oder Gruppen
      2.6 Keine Einschränkungen bezüglich des Einsatzfeldes
      2.7 Weitergabe der Lizenz
      2.8 Die Lizenz darf nicht auf ein bestimmtes Produktpaket beschränkt sein
      2.9 Die Lizenz darf die Weitergabe zusammen mit anderer Software nicht einschränken

III. **Geschichte der OSS**

IV. **OSS-Lizenzen: Übersicht**

V. **Lizenzmodelle für Freie Software**
   1. Lizenz mit strenger Copyleft-Klausel
   2. Lizenz mit beschränkter Copyleft-Klausel
   3. Lizenz ohne Copyleft-Klausel
   4. Lizenz mit Wahlmöglichkeiten
   5. Lizenz mit Sonderrechten

VI. **Inhalt der GNU General Public Licence**
   1. Übersicht
   2. Kopier- und Verbreitungsrecht
   3. Lizenzgebührenverbot
   4. Copyleft-Effekt
      4.1 Weitergabe
      4.2 „deriative work"
   5. Regelung zum Lizenzverstoß
   6. Änderungsrecht
   7. Haftung

VII. **Überblick über die wichtigsten Änderungen der GPL Version 3**
   1. Einführung einer Patentregelung
   2. Neue Kompatibilitätsregelungen
   3. Wahl der Lizenzart
   4. Einführung einer DRM-Regelung
   5. Kompatibilität mit anderen Lizenzen, Auflockerung des strengen Copyleft-Effektes
   6. Anpassung der Haftungsregelungen an nationales Recht

VIII. **Rechtsprechung zu Opensource-Software-Lizenzen**

IX. **Thema: Lizenzverstöße bei der GPL**

X. **Fazit**

Open-Source- oder Freie Software

I. Begriff

Open-Source-Software (OSS) oder auch „Freie Software" ist eine Software, deren Quellcode veröffentlicht ist und die frei genutzt, vervielfältigt und verändert werden kann. Dabei kann es sich um einzelne Programme handeln, aber auch vollständige Betriebssysteme. Das wohl bekannteste ist hierbei das Linux-System, das heute über „Android" sogar auf vielen Smartphones zu finden ist. Von Besonderer Relevanz ist dabei die Differenzierung zwischen „Quellcode" und „Objektcode" oder „Binärcode". Letzteres ist der eigentlich ausführbare Code, also beispielsweise die Exe-Datei, die man auf einem Windows-System ausführt. Wer nur den ausführbaren Code hat, kann die Software zwar nutzen, aber eben nicht verändern – dazu benötigt man den Quellcode.

Der Begriff OSS, ganz besonders „freie Software", darf auf keinen Fall mit Freeware verwechselt werden. Diese ist im allgemeinen Sprachgebrauch die übliche Bezeichnung für eine Software, die von jedermann unentgeltlich im Objektcode genutzt manchmal auch ohne Einschränkungen weiterverbreitet werden darf. Der Quellcode ist hierbei jedoch üblicherweise nicht frei zugänglich oder darf jedenfalls nicht frei modifiziert und verbreitet werden. Finanziell bedeutet dies auch eine Verschiebung der Einnahmequellen, weg vom reinen Verkauf, hin zu Dienstleistungen, also etwa Support und Schulungen. Juristisch kann die zunehmende Verbreitung von Open-Source-Software also auch bedeuten, dass hier das Kaufvertragsrecht weniger relevant wird, während Fragen rund um das Dienstleistungsrecht zunehmen.

II. Open-Source-Definition

Es gibt keine verbindliche Definition der Begriffe „freie Software" oder „Open-Source", wohl aber brauchbare Eingrenzungen. Freie Software ist insofern erst einmal von proprietärer Software zu unterscheiden, die dem Wortsinn nach „unfreie Software" meint. Bei der Suche nach einer Open-Source-Definition sowie einer Definition für „freie Software" sind zwei Kriterienkataloge hilfreich: Die Vorgaben der Free Software Foundation und die von Debian. Auch wenn diese auf den ersten Blick recht unterschiedlich sind, erkennt man schnell, dass es im Kern dabei um die gleichen Überlegungen geht, man also insofern schnell abstrakte Kriterien gewinnen kann.

1. Free Software Foundation

Die 1985 von Richard Stallman gegründete „Free Software Foundation" (FSF) ist eine gemeinnützige Gesellschaft deren Ziel es ist, freie Software zu fördern. Man kann sie in diesem Bereich getrost als den Pionier schlechthin bezeichnen. Neben diversen Kampagnen organisiert die FSF vor allem die Arbeit des GNU-Projekts, zu dem wiederum die bekannten Lizenzen GPL und LGPL gehören. Für beiden bekannten Lizenzen ist die Vereinbarkeit mit deutschem Recht heute allgemein anerkannt: Zur GPL siehe die wegweisende Entscheidung des LG München I, Az. 21 O 6123/04 sowie aktueller das LG Frankfurt, Az. 2-6 O 224/06. Zur LGPL siehe die Entscheidung des Landgerichts Bochum, Az. I-8 O 293/09.

Die FSF hat für sich vier Kriterien festgelegt, die erfüllt sein müssen, damit eine Software als „freie Software" für die FSF gilt. Der Kriterienkatalog (zu finden unter http://fsfe.org/about/basics/freesoftware.de.html auf Deutsch) beinhaltet vier Freiheiten:

1. Die Freiheit, das Programm für jeden Zweck auszuführen.
2. Die Freiheit, die Funktionsweise eines Programms zu untersuchen, und es an seine Bedürfnisse anzupassen.
3. Die Freiheit, Kopien weiterzugeben und damit seinen Mitmenschen zu helfen.
4. Die Freiheit, ein Programm zu verbessern, und die Verbesserungen an die Öffentlichkeit weiterzugeben, sodass die gesamte Gesellschaft profitiert.

2. Debian Free Software Guidelines

Bei Debian handelt es sich um eine Linux-Distribution, die von einem Netzwerk von Entwicklern gepflegt wird. Die Ideologie freier Software wird hier aktiv gepflegt und ist Voraussetzung für die Mitarbeit. Gemäß der Open-Source-Definition der „Debian Free Software Guidelines" (http://debiananwenderhandbuch.de/dfsg.html) wird Software als „freie Software" angesehen, wenn ihre Lizenzbedingungen die folgenden Kriterien erfüllen.

Die Kriterien von Debian erinnern dabei teilweise an die vier Freiheiten der FSF, insgesamt gehen sie aber darüber hinaus und sehen bereits ein Copyleft vor. Das Copyleft verlangt, dass eine veränderte Software keiner Lizenz unterworfen werden darf, die Einschränkungen gegenüber der ursprünglichen Lizenz vorsieht. Hintergrund ist der Gedanke, dass niemand von der freien Arbeit eines anderen profitieren soll, um seinerseits – mit teilweise minimalen Änderungen – dann daraus Profit zu Lasten der Freiheit der Software zu ziehen.

2.1 Freie Weitergabe

Die Lizenz darf niemanden in seinem Recht einschränken, die Software als Teil eines Software-Paketes, das Programme unterschiedlichen Ursprungs enthält, zu verschenken oder zu verkaufen. Die Lizenz darf für den Fall eines solchen Verkaufs keine Lizenz- oder sonstigen Gebühren festschreiben.

2.2 Quellcode

Das Programm muss den Quellcode beinhalten. Die Weitergabe muss sowohl für den Quellcode, als auch für die kompilierte Form zulässig sein. Wenn das Programm in irgendeiner Form ohne Quellcode weitergegeben wird, so muss es eine allgemein bekannte Möglichkeit geben, den Quellcode zum Selbstkostenpreis zu bekommen, vorzugsweise als gebührenfreien Download aus dem Internet. Der Quellcode soll die Form eines Programms haben, das ein Programmierer vorzugsweise bearbeitet. Ein absichtlich unverständlich geschriebener Quellcode ist daher nicht zulässig. Zwischenformen des Codes, so wie sie etwa ein Präprozessor oder ein Konverter („Translator") erzeugt, sind unzulässig.

> **Hinweis:**
> Die Weitergabe des Quellcodes ist ein nicht zu unterschätzendes Problem, speziell bei der GPL, da diese recht restriktive Vorgaben macht und ein Verstoß den Verlust der Lizenz zur Folge hat. Gerade bei der GPLv2 besteht dabei das Problem, dass ein auf einem Datenträger ausgelieferter Objectcode nicht einfach mit einem Download-Angebot des Quellcodes kombiniert werden darf, sondern der Quellcode gleichsam auf einem Datenträger zu liefern ist. (Vertiefend dazu: http://www.ferner-alsdorf.de/?p=5692)

2.3 Abgeleitete Software

Die Lizenz muss Veränderungen und Derivate zulassen. Außerdem muss sie es zulassen, dass die solcherart entstandenen Programme unter denselben Lizenzbestimmungen weiter vertrieben werden können wie die Ausgangssoftware.

2.4 Unversehrtheit des Quellcodes des Autors

Die Lizenz darf die Möglichkeit, den Quellcode in veränderter Form weiterzugeben, nur dann einschränken, wenn sie vorsieht, dass zusammen mit dem Quellcode so genannte „Patch files" weitergegeben werden dürfen, die den Programmcode bei der Kompilierung verändern. Die Lizenz muss die Weitergabe von Software, die aus einem veränderten Quellcode entstanden ist, ausdrücklich erlauben. Die Lizenz kann verlangen, dass die abgeleiteten Programme einen anderen Namen oder eine andere Versionsnummer als die Ausgangssoftware tragen.

2.5 Keine Diskriminierung von Personen oder Gruppen

Die Lizenz darf niemanden benachteiligen.

2.6 Keine Einschränkungen bezüglich des Einsatzfeldes

Die Lizenz darf niemanden daran hindern, das Programm in einem bestimmten Bereich einzusetzen. Beispielsweise darf sie den Einsatz des Programms in einem Geschäft oder in der Genforschung nicht ausschließen.

2.7 Weitergabe der Lizenz

Die Rechte an einem Programm müssen auf alle Personen übergehen, die diese Software erhalten, ohne dass für diese die Notwendigkeit besteht, eine eigene, zusätzliche Lizenz zu erwerben.

2.8 Die Lizenz darf nicht auf ein bestimmtes Produktpaket beschränkt sein

Die Rechte an dem Programm dürfen nicht davon abhängig sein, ob das Programm Teil eines bestimmten Software-Paketes ist. Wenn das Programm aus dem Paket herausgenommen und im Rahmen der zu diesem Programm gehörenden Lizenz benutzt oder weitergegeben wird, so sollen alle Personen, die dieses Programm dann erhalten, alle Rechte daran haben, die auch in Verbindung mit dem ursprünglichen Software-Paket gewährt wurden.

2.9 Die Lizenz darf die Weitergabe zusammen mit anderer Software nicht einschränken

Die Lizenz darf keine Einschränkungen enthalten bezüglich anderer Software, die zusammen mit der lizenzierten Software weitergegeben wird. So darf die Lizenz z. B. nicht verlangen, dass alle anderen Programme, die auf dem gleichen Medium weitergegeben werden, auch quelloffen sein müssen.

III. Geschichte der OSS

In den 60er- und 70er-Jahren des 20. Jahrhunderts war der Quellcode der von Programmierern geschriebenen Computerprogramme sehr maschinennah. Die Software stellte noch keinen wesentlichen wirtschaftlichen Wert dar, diente sie doch alleine dazu, die aufwendigen Geräte bedienbar zu machen. Sie war stets offen und: war stets austauschbar. Erst durch die Entwicklung einer eigenen Softwareindustrie, die sich von der Hardwareindustrie erst emanzipierte und sie dann majorisierte, entstand die Vorstellung von Software als eigenem wirtschaftlichem Wert. Sie wurde daher auch entsprechend geschützt und zunehmend „proprietär" vermarktet. Das heißt, der Quellcode wurde als Betriebsgeheimnis geschützt und jeder Nutzer musste Lizenzen erwerben, um die Software nutzen zu können. Diese Entwicklung stieß bei vielen Programmierern auf Widerstand, da sie das Bedürfnis hatten, die auf dem Markt vorhandene Software an ihre eigenen Bedürfnisse anpassen zu können. Hierzu bestand aber keine (lizenz-)rechtliche Befugnis.

In den 80er-Jahren des letzten Jahrhunderts wurde daher der Ruf nach „freier Software" laut. 1985 gründete dann der US-Amerikaner Richard Stallmann die „Free Software Foundation" (FSF), mit dem Ziel, ein vollkommen freies, uneingeschränkt nutzbares System von UNIX-kompatibler Software zu schaffen, das sog. GNU-System. Wirtschaftlich bedeutsam und für die gesamte Computerindustrie relevant wurde diese Bewegung aber erst durch den LINUX-Erfinder Linus Torvalds. Torvalds machte 1991 den Linux-Quellcode über das Internet mit dem Ziel zugänglich, dass andere Programmierer LINUX verändern und verbessern und ebenfalls die veränderten und verbesserten Versionen frei zugänglich veröffentlichen. Dazu setzte er auf die 1989 von Richard Stallman verfasste GNU GPL.

Seitdem hat die Verbreitung von OSS erheblich zugenommen und immer mehr Computer werden mit OSS verkauft. Da zunehmend auch Netzwerk-Router und Smartphones auf einem Linux-Kernel basieren, ziehen auch hier immer mehr OSS-Produkte ein. Ausschlaggebend für die Verbreitung ist auch das häufig in Lizenzen vorgesehene „Copyleft", da beim Rückgriff auf Software unter einem solchen Copyleft weiterhin die gleiche Open-Source-Lizenz genutzt werden muss.

IV. OSS-Lizenzen: Übersicht

Software ist in der Regel urheberrechtlich geschützt (→ *Verwertungsrechte an Computerprogrammen*). Dies gilt auch für Freie Software oder Open-Source (OSS).

Die für proprietäre Software eingeräumten Softwarelizenzen sind dahingehend ausgerichtet, die Freiheit der Nutzung, Verbreitung und Veränderung der Software einzuschränken. Der Softwarehersteller kann so durchsetzen, eine angemessene Vergütung für die Entwicklungsleistungen zu erhalten, Art und Umfang der Werknutzung zu bestimmen und die Software vor ungewollter Veränderung zu schützen.

Den Entwicklern der freien Software geht es nicht um solche Einschränkungen, sondern darum, die Freiheiten der OSS-Nutzung gemäß der Open-Source-Definition **(Freie Software oder Open-Source-Software)** dauerhaft zu gewährleisten. Die für freie Software entwickelten lizenzrechtlichen Regelungen dienen diesem Zweck.

Abgrenzen muss man freie Software vor allem von drei anderen Modellen:

Shareware sind eine Art von Testversionen: Die Software wird im Regelfall unentgeltlich verteilt und kann für eine begrenzte

Open-Source- oder Freie Software

Zeit getestet werden. Nach der Zahlung einer Gebühr, die nicht dem Gewinn, sondern der Weiterentwicklung dient, erhält der Nutzer eine Vollversion.

Public Domain dagegen erlaubt die Nutzung einer Software ohne Zahlung von Gebühren, wobei es keine besonderen Rechte hinsichtlich der Nutzung des Quellcodes gibt.

Freeware bezeichnet eine Software, die kostenlos genutzt werden kann, aber keine besonderen Rechte hinsichtlich des Quelltextes, also z. B. wegen der Veränderung, bietet.

V. Lizenzmodelle für Freie Software

Richard Stallmann, der 1983 die „Free Software Foundation" (FSF) gegründet hatte, entwickelte daher bereits 1989 die GNU General Public License (GPL), die grundlegende Lizenz für die meisten OSS-Programme.

Anknüpfend an die GPL sind entsprechend den Bedürfnissen der Lizenzgeber eine Unzahl von unterschiedlichen OSS-Lizenzen entwickelt worden, die die Freiheit der Nutzung unterschiedlich einschränken. Dabei ist in erster Linie die Strenge des sogenannten Copyleft-Effektes für die Unterscheidung der einzelnen Lizenztypen maßgeblich.

Der Copyleft-Effekt (Ziffer 2b GPL) besagt, dass **Bearbeitungen der Software** (deriative work) nur unter der Ursprungslizenz **weitergegeben** oder **veröffentlicht** (distribute or publish) werden dürfen.

Der Copyleft-Effekt kann verschieden streng ausgestaltet sein. Es können bei einer Lizenz mit einer beschränkten Copyleft-Klausel bestimmte Ausnahmen zugelassen werden, so dass der Nutzer je nach der genauen Regelung der Ursprungslizenz bestimmte Weiterentwicklungen einer eigenen Lizenz unterstellen und so zumindest Teile eigenständig vermarkten kann. Um die Idee des Copylefts und die damit verknüpfte Vorstellung freier Software zu verstehen, hilft es, sich den Slogan „you should think of ‚free' as in ‚free speech', not as in ‚free beer.'" zu merken.

Im Folgenden sollen die wichtigsten OSS-Lizenztypen nach Strenge des Copyleft-Effekts dargestellt werden. Ein guter Überblick über die unterschiedlichen Lizenztypen und ihrer Regelungen findet sich auf unter http://www.ifross.de/.

1. Lizenz mit strenger Copyleft-Klausel

Bei einer Lizenz mit einer strengen Copyleft-Klausel muss der Nutzer alle Weiterentwicklungen und Änderungen ausnahmslos der Ursprungslizenz unterstellen. Bekannte Beispiele für eine solche Lizenz sind die bereits angesprochene **GNU General Public License (GPL)** und die **Common Public License (CPL)**.

Die wichtigste Lizenzregelung bei der GPL betrifft die Pflichten des Nutzers beim Vertrieb von veränderter Software. So muss der Nutzer neben einem Änderungsvermerk vor allem die bereits angesprochene Copyleft-Klausel befolgen. Dies hat auf Dauer zur Folge, dass die Software trotz individueller Veränderungen frei nutzbar bleibt und aufgrund der Offenlegung des Quellcodes stets von externen Nutzern weiterentwickelt werden kann.

2. Lizenz mit beschränkter Copyleft-Klausel

Bei den Lizenzen mit einer beschränkten Copyleft-Klausel kann der Nutzer – abhängig von der jeweiligen individuellen Lizenzvereinbarung – einfacher Opensource-Software und Softwareteile, die unter einer anderen, eigenen Lizenz stehen, miteinander kombinieren. Dies ist insbesondere dann relevant, wenn der Nutzer eigene, „proprietäre" Komponenten entwickelt, die er aus Gründen der besseren Vermarktbarkeit nicht vollständig der Ursprungslizenz unterstellen will. Die bekannteste existierende Lizenz dieses Lizenztyps ist die **Mozilla Public License (MPL)** und die **GNU Lesser General Public License (LGPL)**. Die LGPL unterscheidet sich von der GPL dadurch, dass Software, die nicht mit GPL oder LGPL kompatibel ist, weil sie beispielsweise anderen Lizenzen unterfallen, mit LGPL-lizenzierter Software kombiniert werden kann, ohne dass sie ihre Eigenständigkeit bzw. die eigenständige Lizenzierung verliert, wenn sie nur auf vorhandene Bibliotheken der LGPL-lizenzierten Software zugreift. Dies bedeutet, dass diese eigene Software eigenständig bleiben kann, wenn sie die bereits vorhandenen Softwareelemente nur nutzt und nicht verändert. Wenn allerdings die LGPL-lizenzierte Software selbst im Sourcecode verändert wird, so muss die veränderte Software wiederum der LGPL unterstellt werden. Somit entspricht die LGPL in diesem Punkt dem strengen Copyleft-Erfordernis der GPL.

3. Lizenz ohne Copyleft-Klausel

Bei der Lizenz ohne Copyleft-Klausel ist der Nutzer frei, von ihm veränderte Teile der Software oder hinzugefügte Softwaremodule eigenständig zu lizenzieren, ohne Rücksicht auf die bisherige Lizenzierung nehmen zu müssen. Dies bedeutet beispielsweise, dass der Nutzer „proprietäre" Software vollkommen eigenständig lizenzieren oder auch unter eine andere Opensource-Lizenz stellen kann. Der unveränderte Teil der Software verbleibt dabei unter der ursprünglichen Lizenz. Für den veränderten, „proprietären" Teil kann der jeweilige Nutzer tatsächlich vollständig eigene Lizenzbedingungen aufstellen. So muss er beispielsweise auch nicht den Quellcode für den veränderten Teil der Software offenlegen. Eine bekannte Lizenz dieses Lizenztyps ist die sog. **Berkeley Software Distribution-Lizenz (BSD),** die nach der US-Universität Berkeley benannt ist. Ein weiterer bekannter Lizenztyp ohne Copyleft-Klausel ist die Apache Software License. Die Apache-Lizenz ist die Freie-Software-Lizenz der Apache Software Foundation. Die aktuelle Version 2.0 wurde im Januar 2004 veröffentlicht. Sie ist gegenüber der vorherigen Version 1.1 stark erweitert. Auf Grund ihres Umfangs wird in den Quelltexten der einzelnen Apache-Projekte nicht mehr der komplette Text, sondern lediglich ein Verweis auf die Originallizenz eingefügt. Die Apache-Lizenz wird von der Free Software Foundation (FSF) als Lizenz für freie Software anerkannt. Sie ist allerdings nicht GPL-kompatibel.

4. Lizenz mit Wahlmöglichkeiten

Neben den bisher vorgestellten Lizenztypen gibt es auch sog. Lizenzen mit Wahlmöglichkeiten. Bei diesen Lizenzen wird danach unterschieden, welche Veränderungen an der Software vorgenommen werden. Je nachdem können dann unterschiedliche Rechtsfolgen oder spezielle Wahlmöglichkeiten für die Nutzung der veränderten Software vorgesehen werden. Bekannte Lizenzen dieses Typs sind die Perl Artistic License und die Clarified Artistic License.

Besondere Beachtung verdienen hierbei die Creative Commons Lizenzen. Hierbei handelt es sich um Lizenzen, die von der Creative Commons Gesellschaft frei zur Verfügung gestellt werden. Die Creative Commons Lizenzen spielen vor allem im Content-Bereich eine Rolle, weniger im Software-Bereich, auf den sie nicht ausgelegt sind. Die Creative Commons FAQ empfiehlt ausdrücklich, im Bereich von Software nicht auf Creative Commons Lizenzen zurückzugreifen.

Dabei kann der Nutzer auf ein abgestuftes Konzept zurückgreifen, das je nach Art des Werkes und übertragenen Rechten variiert. In der Praxis läuft es so, dass der Nutzer in einem Online-Formular auswählt, welche Rechte er gewähren möchte und für welche Art (etwa Software oder Musikstück), um dann einen automatisch generierten Lizenztext zu erhalten. Hierbei kann der Nutzer durchaus vorgeben, dass entsprechend dem Gedanken des strengen Copylefts eine Bearbeitung nur erlaubt ist, wenn die bisherige Lizenz beibehalten wird. Ebenso ist es möglich, auf einer Namensnennung zu bestehen und die kommerzielle Nutzung zu unterbinden. Diese drei Optionen sind auch die in der Praxis gängigsten Entscheidungen.

Neben dem abgestuften Konzept erfreuen sich die Creative Commons Lizenzen auch wegen ihrer Verständlichkeit zunehmender Beliebtheit. So werden die Lizenzen in zwei verschiedenen Fassungen geboten: In einer „Kurzfassung", die verständlich für Laien erklärt, welche Rechte und Pflichten man jeweils hat. Dahinter stehen dann die umfassenden, verbindlichen Vertragswerke. Untermalt wird dieses System von verständlichen Grafiken, die in Form von Bannern oder Buttons durch einheitliche Symbole auf einen Blick erklären, welche Rechte im jeweiligen Fall gewährt sind. Das Landgericht München I (37 O 8778/14) sieht hinsichtlich der Wirksamkeit der Creative Commons Lizenzen keine Bedenken.

5. Lizenz mit Sonderrechten

Ende der 1990er-Jahre haben sich verstärkt Softwareunternehmen im Opensource-Bereich engagiert, indem sie den Quellcode ihrer bislang nur kommerziell entwickelten Software offengelegt haben. Dabei haben diese Unternehmen teilweise eigene Lizenzen entwickelt, innerhalb derer sie sich Sonderrechte zugewiesen haben. Diese Sonderrechte bestanden z. B. darin, dass die Unternehmen als Inhaber der Verwertungsrechte an der ursprünglichen Software zwar den Quellcode offenlegten und insbesondere auf eine qualitative Weiterentwicklung durch externe, freiwillige Programmierer hofften, aber sich gleichzeitig vorbehalten haben, die externen Weiterentwicklungen „proprietär" zu verwenden, d. h. auch selbstständig weiterzuentwickeln und vor allem eigenständig kommerziell zu vermarkten. Dieser Lizenztyp mit Sonderrechten ist von der Opensource-Bewegung zwar oft misstrauisch gesehen worden, jedoch sind auch diese Lizenzen als Opensource Lizenzen anerkannt worden. Mittlerweile haben diese Lizenzen mit Sonderrechten allerdings ihre Bedeutung verloren, da die Unternehmen immer mehr auf andere der hier dargestellten Lizenztypen zurückgreifen.

VI. Inhalt der GNU General Public Licence

1. Übersicht

Die GNU-GPL ist die wichtigste Lizenzart, die die Nutzung von Freier Software regelt, wie nachfolgende Tabelle darstellt.

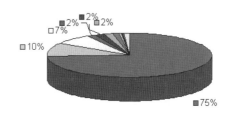

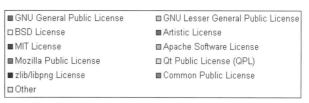

Sie wird daher im Folgenden näher dargestellt.

Die GNU-GPL regelt drei Nutzungsformen der Software: das **Vervielfältigen** (copying), das **Vertreiben** (distribution) und das **Verändern** (modifying). Das Ausführen des Programms als Nutzung von Software im eigentlichen Sinne ist nicht eingeschränkt. Es ist nicht von der Lizenz erfasst (outside the scope). Im deutschen Urheberrecht ist dagegen bereits das Zwischenspeichern eines Programms in den Arbeitsspeicher urheberrechtlich relevant und bedarf der Zustimmung des Urhebers.

Anwendbar ist die GNU-GPL auf jede Software, die mit einem Hinweis des Urhebers versehen ist, dass das nachfolgende Werk gemäß der GPL vertrieben werden darf (Abschnitt 0 der Lizenzbestimmungen).

2. Kopier- und Verbreitungsrecht

Im ersten Abschnitt der GPL-Bestimmungen wird die Erlaubnis erteilt, den Quelltext des Programms unverändert zu kopieren und zu verbreiten. Voraussetzung ist ein ausdrücklicher Copyright-Vermerk und ein Haftungsausschluss. Nach US-amerikanischem Recht entsteht das schützende Urheberrecht nur dann, wenn das Werk einen ausdrücklichen Copyright-Vermerk enthält. Weiterhin ist immer eine Kopie der Lizenz an den Empfänger der Programme mitzusenden. Meist sind die Lizenzbestimmungen im Anhang der Programmdatei enthalten oder es findet sich ein Verweis auf die Homepage der FSF. Die Lizenzen werden dezentral weitergegeben, d. h. nicht vom Urheber selbst, sondern von Nutzer zu Nutzer.

3. Lizenzgebührenverbot

Für die Vervielfältigung und Verbreitung der GPL-Software darf keine Lizenzgebühr verlangt werden. Dies betrifft nicht das Recht, ein Entgelt für die Kopierkosten und die Kosten für die Erstellung eines Handbuchs und für sonstige mit dem Erwerb der Software verbundene Dienstleistungen zu verlangen. Dies bedeutet aber, dass die GPL-Software auch dann unbegrenzt vervielfältigt und weiterverbreitet werden darf, wenn sie von einem Distributor als kommerzielle Distribution verkauft wurde.

4. Copyleft-Effekt

Der Copyleft-Effekt (Ziffer 2b GPL) besagt, wie oben aufgeführt, dass **Bearbeitungen der Software** (deriative work) nur unter der Ursprungslizenz **weitergegeben** oder **veröffentlicht** (distribute or publish) werden dürfen.

2b) You must cause any work that you **distribute or publish**, that **in whole or in part** contains or is **derived** from the Program or any part thereof, to be licensed as a whole at no charge to all third parties under the terms of this License.

Open-Source- oder Freie Software

4.1 Weitergabe

Die Frage, was unter **Weitergabe** im Sinne der GPL zu verstehen ist, wirft schwierige Abgrenzungsfragen auf.

TIPP!
Es ist gesichert, dass eine Weitergabe innerhalb eines Rechtsträgers, also innerhalb einer Firma, nicht unter den Begriff „distribute" im Sinne der GPL fällt, nicht aber die Weitergabe innerhalb eines Konzerns im Sinne von § 16 AktG.

4.2 „deriative work"

Sehr umstritten ist, was unter einem „deriative work" anzusehen ist. Es genügt hier nicht, dass Softwarebestandteile unabhängig sind, auch deren Verbreitung muss als eigenständiges Werk erfolgen. Auch ist es gerade bei Software schwierig zu entscheiden, was als Teil eines Ganzen **(in whole or in part)** anzusehen ist. Anhaltspunkte ergeben sich aus der folgenden Aufstellung:

- **Ergänzung einer bestehenden Datei:** Wird eine unter der GPL lizenzierte Software so geändert, dass bestehende Dateien mit eigenem Code erweitert werden oder bestehender Code ersetzt wird, darf dieser Code stets nur unter der GPL vertrieben werden.

- **Gemeinsamer Vertrieb auf einem Datenträger:** Wird ein eigenes Programm mit einer GPL-Software auf einer CD-ROM oder einem anderen Datenträger zusammen vertrieben, kann das eigene Programm einer beliebigen Lizenz unterstellt werden, wenn die Programme eigenständig sind.

- **Anwendungsprogramme für Linux:** Sofern ein für Linux geschriebenes Anwendungsprogramm nur über normale Systemaufrufe mit dem Linux-Kernel abläuft und im sogenannten „Userland" verbleibt, muss es nicht der GPL unterstellt werden.

- **Verwendung von Softwaretools, Editoren, Kompilern:** Sofern GPL-Softwaretools als Hilfsmittel zur Erstellung eines Programms verwendet werden und kein Code dieser Werkzeuge in die so erzeugte Software eingefügt wird, müssen diese auch nicht der GPL unterstellt werden.

- **Kernelmodule:** Umstritten ist die Lage bei Kernelmodulen. In Linux wurden „Binary Only Modules" geduldet, dies sagt allerdings nichts über die Zulässigkeit aus. Man wird keine einheitliche Aussage dazu geben können, sondern darauf abstellen müssen, ob im Einzelfall getrennter Vertrieb vorliegt.

- **Programmbibliotheken:** Für Programmbibliotheken, die der GPL unterstellt sind, gilt Ähnliches wie für Kernelmodule: Es hängt von der Art der Bibliothek und der Form des Vertriebs ab, ob das auf die Bibliothek zugreifende Programm der GPL unterstellt werden muss. Entsprechend ist die Lage bei der umgekehrten Situation, wenn das zugreifende Programm der GPL untersteht.

- **Kommunikation über Schnittstellen:** Über Schnittstellen können sowohl eigenständige Programme als auch „abhängige" Bestandteile angebunden werden. Daher kann nur anhand des Umstands, dass eine Schnittstelle verwendet wird, noch keine Aussage darüber getroffen werden, ob der so eingebundene Code unter der GPL lizenziert werden muss. Findet nur ein Informationsaustausch anhand von Kommunikationsmitteln statt, die üblicherweise für das Zusammenwirken eigenständiger Programme verwendet werden, verlangt die GPL nicht, dass ihr der fremde Code unterstellt werden muss. Dies ist im Regelfall bei der Verwendung von Pipes, Sockets und Kommandozeilenargumenten der Fall. Bei einer engeren Verbindung über die Kommunikation hinaus, insbesondere wenn durch die Kombination die Struktur der Softwarebestandteile betroffen ist, kann im Einzelfall ein „abgeleitetes Werk" vorliegen.

Der Copyleft-Effekt schränkt den Nutzer also stark ein. Er darf eigene Weiterentwicklungen nicht eigenständig kommerziell vermarkten, sondern muss sich an die vereinbarten Lizenzbedingungen halten und auch die Weiterentwicklungen den Ursprungslizenzen unterstellen.

5. Regelung zum Lizenzverstoß

Werden die Lizenzbedingungen nicht eingehalten, liegt ein Lizenzverstoß vor. Der Lizenzgeber kann gegen den Verletzter zivil- oder strafrechtlich vorgehen. Unklar ist allerdings sowohl nach deutschem als auch nach US-amerikanischem Recht, ob die FSF Inhaberin der ursprünglichen Urheberrechte an der OSS ist. Denkbar ist auch, dass derjenige Inhaber der Urheberrechte ist, der jeweils die Lizenz weitergibt. Zurzeit ist nicht eindeutig geklärt, wer befugt ist, Lizenzverstöße gerichtlich zu verfolgen. Nach deutschem Recht ist Torvalds in Bezug auf Linux Inhaber der ursprünglichen Urheberrechte. Die nachfolgend an der Weiterentwicklung beteiligten Programmierer können je nach Umständen Miturheber (§ 8 UrhG), Urheber eines verbundenen Werkes (§ 9 UrhG) oder lediglich Bearbeiter sein. Dies führt in der Praxis dazu, dass nur der ursprüngliche Urheber faktisch die Möglichkeit hat, Lizenzverstöße zu verfolgen.

Aber die GPL hat sich dennoch in der Gerichtspraxis bewährt. So entschied das Tribunal de grande instance de Paris, das entsprechend einem Landgericht in erster Instanz entscheidet, mit Urteil vom 28. März 2007, dass Bestimmungen der GPL wirksam vereinbart und anzuwenden sind. Es schaffte damit einen wichtigen Präzedenzfall für die gerichtliche Durchsetzung der GPL.

Auch das Landgericht München I anerkannte mit Urteil vom 24.7.2007 erneut die Wirksamkeit der GPL (Az. 7 O 5245/07).

6. Änderungsrecht

Der zweite Abschnitt der Lizenz regelt, dass eine Veränderung am Programm vorgenommen und das abgeänderte Werk wiederum frei verbreitet und vervielfältigt werden kann. Voraussetzung dafür ist, dass die weitergegebene Version einen Copyright-Vermerk und einen Haftungsausschluss enthält. Außerdem muss die weitergegebene Version den deutlich sichtbaren Hinweis enthalten, welche Veränderungen vorgenommen wurden. Das Datum der Veränderung ist einzufügen.

7. Haftung

Abschnitt 11 GPL schließt jegliche Gewährleistung für das Programm „soweit gesetzlich zulässig" aus, „da die Software kostenlos zur Verfügung gestellt worden ist." Findet hingegen deutsches Recht Anwendung, so halten die Bestimmungen einer rechtlichen Kontrolle nicht stand. Die Haftung darf nach §§ 309 ff. BGB allenfalls für leichte Fahrlässigkeit ausgeschlossen werden. Auch ein kompletter Ausschluss der Gewährleistungsrechte ist nicht zulässig, da die Software i. d. R. einer neu hergestellten Sache gleichsteht. Nachdem auch eine geltungserhaltende Reduktion der Klauseln auf das gesetzlich zulässige Maß unzulässig ist, hätte dies eine komplette Nichtigkeit der Haftungs- und Gewährleistungsausschlüsse der GPL zur Folge. Daran ändert auch die in der GPL V3 (siehe unten) verwendete salvatorische Klausel („soweit gesetzlich zulässig") nichts, da sie einen Verstoß gegen das gesetzliche Transparenzgebot bedeutet. Dem Nutzer muss allein aufgrund des Lizenztextes bewusst sein, welche Rechte ihm bei einer Beschränkung der Haftung und Gewährleistung verbleiben. Die Einholung von Rechtsrat zur Bestimmung des „gesetzlich Zulässigen" wird dem Nutzer von der Rechtsprechung nicht zugemutet.

Daraus folgt, dass die beschränkenden Bestimmungen der GPL als Ganzes unwirksam sind. An deren Stelle treten die gesetzlichen Regeln: Wegen der Unentgeltlichkeit ist die reine Überlassung von OSS regelmäßig als gemischter Schenkungsvertrag einzuordnen. Der Entwickler haftet damit nur für Vorsatz und grobe Fahrlässigkeit. Gewährleistungspflichten treffen ihn nur, wenn er Mängel der Software arglistig verschwiegen hat. Eine Arglist ist in der Praxis allerdings nur schwer zu beweisen. Somit sind auch unter der Geltung deutschen Rechts Ansprüche gegen den Entwickler aus einem Schenkungsvertrag kaum realisierbar. Andere vertragliche Konstellationen können im Einzelfall zu Gewährleistungsrechten führen.

Etwas anders stellt sich die Situation in Bezug auf den Distributor dar. Soweit er Eigenleistungen, insbesondere im Bereich der Zusammenstellung, der Installationsroutinen oder der Dokumentation erbringt, verlangt er im Gegenzug regelmäßig eine Vergütung. In der Folge richten sich die Rechte der Beteiligten nach Kaufrecht oder Werkvertragsrecht. Die Verwaltung kann dann die bekannten Gewährleistungsansprüche nach dem Bürgerlichen Gesetzbuch (BGB) wie Nacherfüllung, Minderung, Rücktritt und/oder Schadenersatz geltend machen. Voraussetzung ist das Vorliegen eines Mangels, beispielsweise wenn die ausgewählten Komponenten inkompatibel sind oder Installationsroutinen nicht ordnungsgemäß funktionieren.

Zur Lösung des Problems bieten sich verschiedene Ansätze an. Zum einen könnte ein externes Unternehmen mit der Auswahl, Beschaffung und Installation der OSS beauftragt werden. Dann haftet das Unternehmen entsprechend den vertraglichen Regelungen als Generalunternehmer. Eine andere Möglichkeit eröffnen einige Distributoren selbst: Gegen eine entsprechende Vergütung übernehmen Sie die Gewährleistung und bieten Ihren Kunden so ein gewisses Maß an rechtlicher Sicherheit.

VII. Überblick über die wichtigsten Änderungen der GPL Version 3

Bereits vor einigen Jahren veröffentlichte die FSF **die GPL Version 3 (http://www.rehmnetz.de/it-recht/gplv3).** Sie trat am 1. Juli 2007 in Kraft. Grund für die Revision war, dass die seinerzeit 16 Jahre alte Vorgängerversion keine passenden Regelungen für technische und rechtliche Neuerungen hatte. Auch sollte eine bessere Internationalisierung erreicht werden und die starke Prägung der Lizenz durch das US-Recht gelockert werden. Die Version 3 bemüht sich daher um eine neutralerer Sprache und berücksichtigt auch andere Urheberrechtssysteme. Bis heute ist festzustellen, dass die GPL V2 weiterhin enorm verbreitet ist und von einer marktbeherrschenden Rolle der GPL V3 keine Rede sein kann. Daher muss man beide Versionen im Auge behalten.

Die wichtigsten Änderungen der GPL V3 zur GPL V2 stellen sich wie folgt dar:

1. Einführung einer Patentregelung

Die GPL 3 enthält eine Patent-Lizenz, die bisher nicht ausdrücklich geregelt war. Die neuen Regelungen postulieren, dass jeder, der GPL-Software vertreibt, für die er Patente benutzt hat, auch anderen ermöglichen muss, diese Patente voll zu nutzen. Entweder darf also jeder diese Patente nutzen oder keiner. Das ist jedenfalls die Intention. Ob das alles auch in der Praxis so funktioniert, wird sich erweisen.

2. Neue Kompatibilitätsregelungen

Gemäß der GPL 2 fallen bei einer Lizenzverletzung die Rechte des Verletzers weg. Er darf die Software nicht mehr nutzen. Dies wurde in der GPL 3 beibehalten, allerdings mit einer besonderen Regelung, die eine Wiederherstellung von Rechten vorsieht, wenn sich der Lizenznehmer konform verhält. Man hat damit einen Möglichkeit gefunden, die sowohl unter europäischem als auch unter US-Recht wirksam sein soll.

3. Wahl der Lizenzart

Ziffer 14 regelt ein Wahlrecht des Lizenzgebers, seine Software unter einer bestimmten Version der GPL anzubieten und zusätzlich im Wege einer dynamischen Verweisung auch die Freigabe hinsichtlich jeder späteren neuen Version zu erteilen. Macht der Lizenzgeber keine Angaben, **kann der Nutzer entscheiden,** welcher Version der GPL er sich unterwerfen will. Für welche Anwender der Umstieg auf die GPL V3 vorteilhaft ist, lässt sich pauschal nicht sagen. Insoweit ist insbesondere aufgrund der geplanten Nutzungs- und Anwendungszwecke der Software zu entscheiden, ob die entsprechenden Einschränkungen und Verbote für technische Schutzmaßnahmen und Software-Patente akzeptabel sind.

4. Einführung einer DRM-Regelung

Durch Digital-Rights-Management (DRM) werden die durch die GPL eingeräumten Nutzungsrechte faktisch genommen. Solche Nutzungseinschränkungen widersprechen nach Ansicht der FSF dem Grundsatz der freien Verwendbarkeit von GPL-Software. In Ziffer 3 ist nun geregelt, dass keine GPL-Software für DRM eingesetzt werden darf.

5. Kompatibilität mit anderen Lizenzen, Auflockerung des strengen Copyleft-Effektes

In Ziffer 7 soll der strenge Copyleft-Effekt abgemildert werden. So werden auf der einen Seite nunmehr Lizenzen mit fehlender oder abgeschwächter Copyleft-Klausel anerkannt, die dem Nutzer mehr Freiheiten als nach der GPL zugestehen. Solche „additional permissions" werden künftig einfach als Bestandteil der Lizenz angesehen. Andererseits werden auch Lizenzen akzeptiert, die den Anwendern zusätzliche Pflichten auferlegen, sofern sich diese in dem aufgeführten Pflichtenkatalog zu Ziffer 7 wiederfinden. Solche zulässigen weiteren Pflichten sind etwa von der GPL-Lizenz abweichende Garantie- oder Gewährleistungsregelungen oder eine mit der Lizenzierung verbundene Einschränkung der Nutzung von Markenrechten. In Ziffer 13 ist schließlich die Kompatibilität mit der **Affero General Public License (AGPL)** geregelt, wonach die Lizenzbedingungen der AGPL im Falle der Verbindung von GPL-Software mit AGPL-Software unverändert fortbestehen.

6. Anpassung der Haftungsregelungen an nationales Recht

Der Unwirksamkeit der Haftungsklauseln der GPL V2 nach anderen Rechtsordnungen wird nunmehr in Ziffer 7 der GPL V3 Rechnung getragen. Unternehmern wird beim Vertrieb eigener Software neben der GPL-Software die Möglichkeit eröffnet, strengere Haftungs- und Gewährleistungsbestimmungen aufzunehmen. Da die strengeren Haftungs- und Gewährleistungsbestimmungen jedoch nur bezüglich der neu hinzugefügten Softwareteile vereinbart werden dürfen und daher die alten Programmbestandteile weiterhin den unveränderten Bestimmungen der GPL V2 unterliegen, verbleibt es bei der Unwirksamkeit der Haftungsausschlüsse für die alten Programmbestandteile wegen Verstoßes gegen das AGB-Recht.

VIII. Rechtsprechung zu Opensource-Software-Lizenzen

Urteile deutscher Gerichte zu Opensource-Software Lizenzen sind überraschend selten vorzufinden. Das Schwergewicht liegt dabei naturgemäß bei der GPL als herausragender Lizenz. An erster Stelle steht dabei die Entscheidung des Landgerichts München I, welche die Wirksamkeit der GPL (Az. 7 O 5245/07) bestätigte. Ebenso wie beim Landgericht Frankfurt a.M. (Az. 2-6 O 224/06) wurden die Regelungen der GPL als AGB eingestuft, die letztlich wirksam sind. Ein Verzicht auf Urheberrechte wird in der GPL nicht erkannt.

Ebenfalls gerichtlich geklärt ist, dass dem Urheber – dem Lizenzgeber – bei Verletzungen der GPL die üblichen Unterlassungs- und Schadensersatzansprüche zustehen (dazu LG Bochum, Az. I-8 O 293/09; LG München I, Az. 7 O 5245/07; LG Berlin, Az. 16 O 134/06). Dabei wurde richtigerweise in dem reinen Veröffentlichen unter einer freien Lizenz noch kein Verzicht auf Unterlassungsansprüche erkannt (so das LG Berlin, Az. 7 O 5245/07).

Beachtenswert ist auch die Entscheidung des OLG Düsseldorf (Az. I-20 U 41/09), mit der klargestellt wurde, dass Rechte zur Nutzung einer Marke nicht aus der GPL abzuleiten sind. Hintergrund ist, dass nicht wenige Opensource-Software-Projekte ihre Namen als Marke geschützt haben. Wer entsprechend der GPL den Quelltext aufgreift und weiterentwickelt, hat damit aber noch nicht das Recht, auch den Projektnamen zu führen. Hinsichtlich entsprechender Dienstleistungen wird man zumindest nach § 23 MarkenG eine beschreibende Nutzung anführen können – bei eigenen Weiterentwicklungen wird das aber nur zur Benennung des Ursprungs möglich sein.

Im Übrigen sei noch darauf verwiesen, dass das LG Berlin (Az. 16 O 458/10) die Wirksamkeit der Creative Commons Lizenzen bestätigt hat. Ebenso wurden die „Creative Commons" Lizenzen als grundsätzlich wirksame Allgemeine Geschäftsbedingungen durch das OLG Köln anerkannt (OLG Köln, 6 U 60/14). Dabei hat sich das OLG Köln zudem zu der Frage geäußert, wann eine „nicht kommerzielle" Nutzung vorliegt, die bei ausgewählten Creative-Commons-Lizenzen eine Voraussetzung der Nutzung ist. Insoweit ist mit dem OLG Köln festzustellen, dass sowohl der Lizenztext als auch das zugehörige Erklärungswerk unklar ist bei der Frage, wann genau eine „kommerzielle Nutzung" vorliegt. Da Unklarheiten in AGB zu Lasten des Verwenders – hier des Urhebers – gehen, bedeutet dies, dass im Zweifelsfall streng zu fragen ist, ob nicht doch eine Nutzung erlaubt ist. Jedenfalls bei einem öffentlich-rechtlichen redaktionellen Angebot, bei dem kein unmittelbarer finanzieller Vorteil erstrebt wird, liegt dann eine nicht-kommerzielle Nutzung vor. Dies könnte ein Fingerzeig für sämtliche redaktionellen Angebote sein – aber an seine Grenzen stoßen, wenn ein unmittelbarer finanzieller Vorteil, etwa infolge von Werbeeinblendungen, erzielt wird.

IX. Thema: Lizenzverstöße bei der GPL

Immer noch umstritten ist, wie sich ein Lizenzverstoß bei der GPL auswirkt, insbesondere ob dieser einfach „heilbar" ist. Diese Frage hat inzwischen besonders hohe Relevanz, etwa da gerade im Bereich des auf vielen Smartphones installierten Android-Betriebssystems die GPL eine besondere Rolle spielt. Wie im Falle eines Lizenzverstoßes für die zukünftige Verwendung zu verfahren ist, ist gerichtlich noch nicht geklärt. Einerseits wird die Auffassung vertreten, nach einem Lizenzverstoß sei zur erneuten Verwendung nicht nur die Heilung des bisherigen Verstoßes, sondern darüber hinaus die Zustimmung aller Urheber der Software nötig. Bei Software wie dem Linux-Kernel dürfte dies wohl unmöglich zu erfüllen sein. Andererseits aber gibt es die Auffassung, die darauf verweist, dass die Lizenz eine Nutzung ausdrücklich jedem zugesteht, der sich an die Bedingungen hält und gerade keine Ausnahmen für Vertragsbrüche gemacht werden (so Jaeger/Metzger, „Open Source Software", bei Rn. 154). Letzteres erscheint derzeit auf Grund des klaren Wortlautes der Lizenzvereinbarung vorzugswürdig.

Festzuhalten ist nochmals ausdrücklich, dass die rechtliche Wirksamkeit der GPL heute allgemein anerkannt ist. Wer Software nutzt, die der GPL unterliegt, und dabei die Vorgaben der GPL nicht einhält, der sieht sich Unterlassungsansprüchen ausgesetzt (LG München I, Az. 7 O 5245/07; LG Berlin, Az. 16 O 134/06).

X. Fazit

Freie Software ist, wie dieser Artikel zeigt, nicht im wörtlichen Sinne frei. Sie unterliegt komplexen Lizenzbedingungen, die unbedingt zu beachten sind, will der Nutzer unangenehme rechtliche Konsequenzen und zum Teil sehr hohe Schadensersatzansprüche vermeiden. Die OSS-Gemeinde ist großzügig bei der Weitergabe ihrer Arbeitsergebnisse, reagiert aber empfindlich, wenn die Nutzer freie Software proprietär verwerten. Die Nutzung und Weitergabe von freier Software sollte daher mit großer Sorgfalt erfolgen. Insbesondere sollte Wert darauf gelegt werden, dass bei der Gestaltung von Lizenzverträgen, die sich auch auf freie Software beziehen, den Lizenzbedingungen, denen die jeweilige freie Software unterliegt, Rechnung getragen wird.

Ortung

I. Basis standortbezogener Dienste und mobiler Werbung
1. Location Based Services
2. Standortbezogene Werbung
3. Missbrauchspotenzial

II. Vorgaben im Telekommunikationsgesetz

Ortung

III. Vielfältige Ortungsfunktionen
1. Ortung über Mobilfunk-Zellen
2. Ortung über GPS (Global Positioning System)
3. Ortung über WLAN (Wireless Local Area Network) oder Bluetooth

IV. Abwehr heimlicher Ortung

V. Checkliste Ortung

I. Basis standortbezogener Dienste und mobiler Werbung

Ortung als Bestimmung der aktuellen, räumlichen Position wird sowohl beruflich als auch privat genutzt für die Navigation und Routenführung, die Suche nach aktuell interessanten Zielen in der näheren Umgebung und die Bestimmung des Aufenthaltsortes eines Fahrzeugs oder einer Person.

Ortungsdaten können auch für die mobile Werbung auf mobilen Geräten wie Handys und Smartphones genutzt oder für die Erzeugung von heimlichen Bewegungsprofilen missbraucht werden.

1. Location Based Services

Dienste, die aktuelle Standortinformationen nutzen, werden auch standortbezogene Dienste oder Location Based Services (LBS) genannt.

Beispiel:
Beispiele sind die Navigation und Routenplanung, die Ortung von Personen im Notfall, das Management und die Disposition einer Fahrzeugflotte und die Suche nach interessanten Punkten (Points of Interest, POI) in der Nähe, wie Sehenswürdigkeiten, Apotheken, Tankstellen, Hotels und Restaurants.

2. Standortbezogene Werbung

Daten zur aktuellen Position werden auch genutzt, um mobile, standortbezogene Werbung gezielt platzieren zu können. Während herkömmliche Online-Werbung versucht, ein Profil aus den stationären Nutzerdaten zu erzeugen, geht die mobile Werbung einen Schritt weiter und ergänzt das Nutzerprofil um vorhandene Standortdaten.

Beispiel:
Bei der Nutzung des mobilen Internets über ein Smartphone kann über eine Ortung die aktuelle Position des Smartphones und damit auch des Nutzers festgestellt werden. Suchergebnisse in Internetsuchmaschinen und Online-Werbeanzeigen können dann auf den aktuellen Standort zugeschnitten werden. Sucht man im mobilen Internet zum Beispiel nach einem bestimmten Spielfilm, kann dann das nächstgelegene Kino angezeigt werden, das den Film gegenwärtig im Programm hat.

3. Missbrauchspotenzial

 WICHTIG!
Ortungsdaten könnten auch missbräuchlich verwendet werden. Ein Missbrauch der Standortinformationen liegt dann vor, wenn die Standortdaten einer Person ohne deren ausdrückliche Einwilligung oder einer speziellen gesetzlichen Grundlage erfolgt. Die Erteilung der Einwilligung über eine einfache SMS an den Ortungsanbieter reicht nicht aus. Vielmehr ist eine ausdrückliche und nachweisliche Zustimmung des Betroffenen notwendig. Ein Missbrauch der Standortdaten kann verschiedene Ziele verfolgen, darunter die heimliche Überwachung einer anderen Person durch Kollegen oder Familienangehörige, die heimliche Überwachung von Mitarbeiterinnen und Mitarbeiter oder die Vorbereitung einer kriminellen Tat (zum Beispiel im Vorfeld einer Entführung).

II. Vorgaben im Telekommunikationsgesetz

Die Anforderungen für einen gesetzeskonformen Ortungsdienst finden sich insbesondere im Telekommunikationsgesetz (§ 98 TKG).

III. Vielfältige Ortungsfunktionen

Grundsätzlich wird ein Nutzer indirekt über das von ihm genutzte Gerät geortet. Für die Ortung stehen verschiedene technische Verfahren zur Verfügung:

1. Ortung über Mobilfunk-Zellen

Die Ortung über Funkzellen ist bei jedem herkömmlichen Mobiltelefon und jedem mobilen Gerät möglich, das eines der Mobilfunknetze (GSM, Global Systems for Mobile Communications) nutzt. Möchte man ein bestimmtes mobiles Gerät orten, wird die Kennung des Gerätes und über die SIM-Karte auch des Teilnehmers unter den aktuell angemeldeten Mobilfunkteilnehmern gesucht. Die Position der Basisstation, an der das Gerät aktuell oder zuletzt anmeldet war, wird dabei als Positionsinformation für Gerät und Teilnehmer genutzt. Dadurch ist die Positionsangabe bei der Funkzellen-Ortung für alle mobilen Geräte innerhalb des Bereiches (Funkzelle), den eine bestimmte Basisstation versorgt, im Prinzip gleich. Die Genauigkeit der Funkzellen-Ortung hängt also von der Größe und Verteilung der Funkzellen ab. Die Ortungsgenauigkeit im Funkzellen-Verfahren ist in der Regel in städtischen Gebieten höher als in ländlichen Bereichen.

2. Ortung über GPS (Global Positioning System)

Die satellitengestützte Ortung über GPS ist nicht bei jedem Gerät möglich. Vielmehr muss das Gerät über ein integriertes oder zusätzliches GPS-Modul verfügen. Mindestens vier Satelliten sind erforderlich, um die Position eines GPS-Moduls auf der Erdoberfläche bestimmen zu können. Für die Ortung werden die Signallaufzeiten zwischen dem Modul und den einzelnen Satelliten gemessen und verglichen. Aus den jeweiligen Zeitunterschieden kann nicht nur die aktuelle Position, sondern auch die Positionsänderung mit Geschwindigkeit und Richtung bestimmt werden.

3. Ortung über WLAN (Wireless Local Area Network) oder Bluetooth

Die Möglichkeit, ein Gerät über WLAN oder Bluetooth zu orten, setzt ein integriertes oder zusätzliches WLAN- bzw. Bluetooth-Modul voraus. Weiterhin sind mehrere WLAN-Sender (Router) oder Bluetooth-Sender (Beacons) in der Umgebung erforderlich, um einen WLAN- bzw. Bluetooth-Empfänger lokalisieren zu können. Je nach Standort des mobilen Gerätes ist ein bestimmtes lokales Funknetz dasjenige, das den besten Empfang gewährleisten kann. Ändert sich die Position des Gerätes, wird sich nach einer gewissen Zeit auch das bevorzugte Netz ändern. Durch die Kenntnis der Standorte der zugehörigen WLAN-Router oder Bluetooth-Beacons kann die Position des mobilen Gerätes ermittelt werden. Als Standort wird dann die Umgebung des WLAN-Routers oder Beacons mit dem stärks-

Outsourcing und Auftragsdatenverarbeitung

ten Signal angenommen. Zur Ortung wird auf das WLAN-oder Bluetooth-Modul des zu ortenden Gerätes zugegriffen.

IV. Abwehr heimlicher Ortung

Um die heimliche Aufzeichnung eines Bewegungsprofils und eine unerwünschte Nutzung der Standortdaten durch mobile Werbung zu verhindern, müssen technische Vorkehrungen getroffen werden, die je nach Ortungsverfahren variieren. Bei Verwendung eines modernen Smartphones mit GPS-, Bluetooth- und WLAN-Unterstützung müssen alle Verfahren berücksichtigt werden, wenn eine heimliche Ortung verhindert werden soll.

Beispiel:

Das einfachste Verfahren zur Ortung, die Funkzellen-Ortung, ist das Verfahren, das sich am schwierigsten umgehen lässt. Der Mobilfunkanbieter benötigt die Standortdaten für die Erbringung seiner Dienste. Die Nutzung eines Mobiltelefons oder eines mobilen Datendienstes mit dem Notebook ohne Ortung durch den Anbieter ist technisch gesehen nicht möglich. Aus Sicht des Datenschutzes besteht jedoch die Forderung an den Mobilfunkbetreiber, die Standortdaten nach Erbringung der Dienste und nach der Abrechnung zu löschen (Grundsatz der Erforderlichkeit) und diese nicht für andere Zwecke wie unerwünschte mobile Werbung zu missbrauchen (Grundsatz der Zweckbindung).

Um die Lokalisierung des aktuellen Standortes über GPS, Bluetooth oder WLAN zu verhindern, können die Nutzer mobiler Geräte die entsprechenden Module deaktivieren. Dann kann jedoch keine GPS-Navigation, keine Bluetooth-Kommunikation und kein Internetzugang über WLAN genutzt werden.

V. Checkliste Ortung

- ☐ Ortungsverfahren liefern aktuelle Standortdaten von Geräten und indirekt von den Nutzern der Geräte.
- ☐ Die Ermittlung der Standortdaten hat nach den Vorgaben von § 98 TKG zu erfolgen.
- ☐ Ortungsverfahren liefern die Grundlage für sogenannte standortbezogene Dienste und für mobile Werbung.
- ☐ Ortungsdaten können auch für die Erzeugung von Bewegungsprofilen missbraucht werden.
- ☐ Die technische Vermeidung einer Ortung setzt letztlich voraus, dass ein vorhandenes GPS-, Bluetooth- und WLAN-Modul deaktiviert wird und dass sich das Gerät bei keinem Mobilfunk-Dienst anmeldet. Dadurch sind jedoch viele Funktionen des Gerätes nicht verwendbar.

Outsourcing und Auftragsdatenverarbeitung

I. Outsourcing – wirtschaftlich und rechtlich
1. Wirtschaftliche Betrachtungsweise
2. Rechtliche Einordnung von Datenflüssen
    - 2.1 Irrelevanz einer Konzernzugehörigkeit
    - 2.2 Ausschließlichkeit einer Einordnung
    - 2.3 Einordnung als Auftragsdatenverarbeitung
    - 2.4 Haltung der Aufsichtsbehörden
    - 2.5 Einordnung als Datenübermittlung

II. Gestaltung als Auftragsdatenverarbeitung (§ 11 BDSG)
1. Abgrenzung Auftragsdatenverarbeitung/Funktionsübertragung
2. Schriftform
3. Festlegung technischer und organisatorischer Maßnahmen nach § 9 BDSG
4. Unterauftragsverhältnisse
5. Vertrauen ist gut, Kontrolle ist besser
6. Verantwortungsverteilung bei einem Auftragsverhältnis
7. Musterverträge
    - 7.1 Muster für die Privatwirtschaft
    - 7.2 Muster für die öffentliche Hand

III. Folgen einer Einordnung als Funktionsübertragung
1. Problematik des Begriffs
2. Rechtliche Behandlung einer Funktionsübertragung
3. Vor- und Nachteile einer Funktionsübertragung

IV. Besonderheiten bei Auftragsdatenverarbeitung im Ausland
1. EU-Mitgliedstaaten
2. Drittstaaten

V. Checkliste: Outsourcing und Auftragsdatenverarbeitung

I. Outsourcing – wirtschaftlich und rechtlich

1. Wirtschaftliche Betrachtungsweise

Outsourcingmaßnahmen sind normalerweise wirtschaftlich motiviert: Funktionen des Unternehmens, die es prinzipiell auch selbst intern wahrnehmen könnte, werden an Externe verlagert, weil

- diese die Aufgaben preisgünstiger erledigen können,
- sie die Aufgaben qualitativ höherwertiger erledigen können, mag das unter Umständen auch teurer sein oder
- sie über Know-how verfügen, das im eigenen Unternehmen nicht verfügbar ist.

Es trifft also **nicht** zu, dass es beim Outsourcing stets nur ums Sparen geht. Zugleich wird deutlich, dass es „das" einheitliche Motiv für Outsourcingmaßnahmen nicht gibt. Auch geschieht deren Umsetzung auf sehr unterschiedliche Art und Weise. Die Palette ist sehr breit.

Beispiele:
- Auslagerung von reinen Zuarbeiten (etwa Drucken und Kopieren)
- Auslagerung komplexer Tätigkeiten (etwa der Lohn- und Gehaltsabrechnung)
- Auslagerung ganzer Teilfunktionen des Unternehmens (etwa das Personalwesen insgesamt).

Outsourcing und Auftragsdatenverarbeitung

Extremfälle kommen in Konzernstrukturen vor, wo es so weit gehen kann, dass alle typischen Unternehmensfunktionen so zwischen mehreren Konzernunternehmen aufgeteilt sind, dass sie nur noch alle zusammen existenz- und handlungsfähig sind. Man spricht hier von „Matrixstrukturen". Diese Struktur wird im Überblick erläutert unter http://www.rehmnetz.de/it-recht/matrixstruktur.

Beispiel:
> Es bestehen vier Konzernunternehmen A, B, C und D jeweils als eigene GmbH. A erledigt für alle vier Unternehmen das Rechnungswesen, B für alle das Personalwesen, C die Logistik usw.

Wer sich diese Bandbreite vorkommender Gestaltungen vor Augen hält, kann und wird nicht erwarten, dass alle Konstellationen rechtlich einheitlich behandelt werden können. Vom Ausgangspunkt her geht es meist um die Frage, wie Datenflüsse, die aus personenbezogenen Daten bestehen, rechtlich einzuordnen sind. Es handelt sich daher primär um eine Frage des Datenschutzrechts, auf das sich die folgende Darstellung deshalb konzentriert.

2. Rechtliche Einordnung von Datenflüssen

2.1 Irrelevanz einer Konzernzugehörigkeit

Vorab ist darauf hinzuweisen, dass die Zugehörigkeit von Beteiligten zu ein und demselben Konzern in keinem Fall den Ausschlag für die rechtliche Einordnung von Datenflüssen gibt. Das deutsche Datenschutzrecht kennt kein „Konzernprivileg". Das bedeutet, Datenflüsse zwischen (rechtlich ja selbstständigen) Konzernunternehmen sind genauso zu behandeln, wie wenn die Beteiligten nicht durch einen Konzern verbunden sind. Das gilt auch im Verhältnis von „Mutter" und „Tochter" oder bei „gemeinsamen Töchtern" mehrerer Konzernunternehmen (etwa einer ausgelagerten früheren IT-Abteilung).

Der Begriff „Konzern" knüpft an einen wirtschaftlichen, nicht an einen rechtlichen Sachverhalt an. In der Sprache des Datenschutzrechts sind auch Konzernunternehmen im Verhältnis zueinander „Dritte" (§ 3 Abs. 8 Satz 2 BDSG).

2.2 Ausschließlichkeit einer Einordnung

Die rechtliche Einordnung eines Datenflusses ist im Ergebnis immer eindeutig, eine wie immer geartete Wahlfreiheit besteht nicht. Wenn im Folgenden verschiedene Möglichkeiten behandelt werden, dann fällt ein und derselbe Sachverhalt also immer nur in den Bereich einer Möglichkeit. Erscheinen die rechtlichen Konsequenzen dieser Möglichkeit nicht passend, dann muss der **Sachverhalt** so verändert und gestaltet werden, bis die Voraussetzungen der anderen Möglichkeit erfüllt sind. Ein bloßes „Jonglieren mit Begriffen" führt nicht weiter.

Beispiel:
> Eine Übermittlung von Daten zwischen zwei Stellen auf der Basis von § 28 BDSG (Datenverarbeitung für eigene Zwecke) setzt in den meisten Fällen eine Interessensabwägung voraus, bei der auch die Interessen des Betroffenen einbezogen werden. Liegt eine Auftragsdatenverarbeitung nach § 11 BDSG vor, bedarf die Weitergabe von Daten einer solchen Abwägung dagegen nicht. Wer die Vorteile der einen oder der anderen Bestimmung genießen will, muss den Sachverhalt so (um)gestalten, dass die Voraussetzungen für die Anwendbarkeit der jeweiligen Regelung erfüllt sind.

2.3 Einordnung als Auftragsdatenverarbeitung

Diese in § 11 BDSG geregelte Möglichkeit setzt das Vorliegen eines „Auftrags" voraus. Der Begriff wird allgemein recht eng verstanden und lässt sich etwa als „intensiv ausgeprägtes Weisungsverhältnis" charakterisieren. Fehlt es daran, weil der „Auftragnehmer" zu große eigene Handlungsspielräume hat, wird ein Auftragsverhältnis verneint. Eine Weitergabe von Daten auf der Basis von § 11 BDSG ist dann nicht möglich.

In solchen „Negativfällen" wird das bestehende Rechtsverhältnis in der Regel durch den Begriff der „Funktionsübertragung" charakterisiert. Er bedeutet im Ergebnis, dass eine Weitergabe von Daten nur zulässig ist, wenn die rechtlichen Voraussetzungen für eine Datenübermittlung erfüllt sind (in der Regel also § 28 BDSG oder Vorliegen einer Einwilligung).

2.4 Haltung der Aufsichtsbehörden

Ein Papier der Datenschutzbeauftragten des Bundes und der Länder vom Oktober 2008 möchte den Begriff der Auftragsdatenverarbeitung sehr eng auslegen und ihn „ausschließlich als Rechtsgrundlage für Aufträge zur Datenverarbeitung (im rein technischen Sinn) … verstehen." Daraus wird dann gefolgert: „Für eine inhaltliche Aufgabenverlagerung kann § 11 BDSG danach niemals eine rechtliche Grundlage sein." (Siehe http://www.rehmnetz.de/it-recht/auftragsdv). Das würde bedeuten, dass nur reine „Rechenaufträge" im Weg der Auftragsdatenverarbeitung erledigt werden könnten. Zwar richtet sich das genannte Arbeitspapier ausdrücklich nur an die öffentliche Verwaltung. Da alle Landesbeauftragte für den Datenschutz (außer in Bayern) auch für die Aufsicht über die Privatwirtschaft zuständig sind, kann man davon ausgehen, dass über kurz oder lang versucht wird, diese Überlegungen auch auf Privatunternehmen zu übertragen. Das würde deren Spielraum für Auslagerungen erheblich einengen.

2.5 Einordnung als Datenübermittlung

„Übermitteln" bedeutet, dass vorhandene Daten in der Weise an einen Dritten bekannt gegeben werden, dass

- die Daten an den Dritten weitergegeben werden oder
- der Dritte die Daten einsieht oder abruft.

So die Definition in § 3 Abs. 4 Satz 2 Nr. 3 BDSG.

Diese Voraussetzungen sind für sich gesehen rein begrifflich auch erfüllt, wenn ein Auftragsverhältnis vorliegt. Für diese Fälle trifft aber das Gesetz die Abgrenzung, dass ein Auftragnehmer im Sinn von § 11 BDSG nicht als Dritter gilt (§ 3 Abs. 8 Satz 3 BDSG).

Letztlich kommt es bei Outsourcingmaßnahmen also entscheidend darauf an, ob es gelingt, die Voraussetzungen einer Auftragsdatenverarbeitung zu erfüllen:

- Ist das der Fall, dann ist die Weitergabe von Daten zwischen den Beteiligten ohne besondere Voraussetzungen zulässig.
- Falls nicht, müssen für die Weitergabe die oft nicht leicht zu erfüllenden Voraussetzungen für eine rechtmäßige Datenübermittlung eingehalten sein.

Outsourcing und Auftragsdatenverarbeitung

II. Gestaltung als Auftragsdatenverarbeitung (§ 11 BDSG)

1. Abgrenzung Auftragsdatenverarbeitung/ Funktionsübertragung

Eine Auftragsdatenverarbeitung liegt nur dann vor, wenn detaillierte Vorgaben dafür bestehen, wie mit den überlassenen Daten umzugehen ist.

Beispiel:
> Ein Dienstleister wird damit beauftragt, auf der Basis eines bestimmten Tarifvertrages die Löhne der gesamten Belegschaft zu berechnen. Spielräume bei der Anwendung des Tarifvertrages bestehen für den Dienstleister nicht.

Anders sieht es dagegen aus, wenn nur eine allgemeine, nicht im Einzelnen definierte Aufgabenstellung vorgegeben ist:

Beispiel:
> Die vorhandene Personalabteilung wird aufgelöst, alle vorhandenen Unterlagen werden einem externen Dienstleister übergeben. Gegen Zahlung eines monatlichen Pauschalbetrags je Mitarbeiter übernimmt der Dienstleister „die Abwicklung aller Arbeitgeberpflichten, insbesondere Durchführung von Einstellungsverfahren, Lohnberechnungen, Kündigungsabwicklung (außergerichtlich) und das Erstellen von Zeugnissen".

Diese Aufgabenstellung ist so pauschal, dass keine Auftragsdatenverarbeitung gemäß § 11 BDSG mehr vorliegt. Man spricht dann von einer „Funktionsübertragung", weil der Dienstleister letztlich funktional gesehen an die Stelle seines Auftraggebers tritt und nach eigenem Ermessen tun kann, was er für richtig hält.

Wie der Kontrast zwischen den beiden Beispielen zeigt, lässt es sich in gewissen Grenzen über die Gestaltung des Vertrages zwischen den Beteiligten steuern, welcher der beiden Begriffe „Auftragsdatenverarbeitung" und „Funktionsübertragung" erfüllt ist.

Welcher der beiden Begriffe erfüllt ist, lässt sich also in gewissen Grenzen über die Gestaltung des Vertrages zwischen den Beteiligten steuern. Beim letztgenannten Beispiel wäre wie folgt zu verfahren, um eine Wertung als Auftragsdatenverarbeitung zu erreichen:

- Es wird nicht die Übernahme „aller Arbeitgeberpflichten" vereinbart, vielmehr wird ein (abschließender!) Katalog der einzelnen Pflichten erstellt, die zu übernehmen sind.
- Für jede einzelne Pflicht wird vorgegeben, wie zu verfahren ist (Vorgabe von Checklisten, Mustertexten, Ablaufplänen).
- Es wird ausdrücklich festgelegt, dass bestimmte wichtige Ergebnisse (etwa ein Kündigungsschreiben oder ein Zeugnis) in jedem Einzelfall zur Billigung vorgelegt werden müssen – wobei die Billigung dann recht formalisiert erfolgen kann.

Dies führt rein äußerlich zu relativ umfangreichen Verträgen mit vielen Auflagen, Handbüchern usw. Anders gelingt es jedoch nicht, nach außen zu dokumentieren, dass der Auftraggeber „Herr des Geschehens" bleibt.

Auf dieser Basis ist es möglich, auch relativ komplexe Tätigkeiten als Auftragsdatenverarbeitung auszugestalten. Dabei ist es keineswegs verboten, dass der Auftragnehmer im Vorfeld die nötigen umfangreichen Verträge und Muster ausarbeitet und der Auftraggeber diese Vorschläge übernimmt. Es stört auch nicht, wenn die entsprechenden „Dokumentenpakete" in mehreren Fällen verwendet werden.

Beispiel:
> Die DATEV e. G. führt für zahlreiche Auftraggeber relativ komplexe Tätigkeiten nach einer Reihe einheitlicher Schemata durch, die sehr umfangreich dokumentiert sind und dem Auftraggeber eine Reihe von Wahlmöglichkeiten lassen.

2. Schriftform

Ein Auftrag muss stets schriftlich erteilt werden (§ 11 Abs. 2 Satz 2 BDSG). Kern des Auftrags muss die Festlegung bilden, was genau mit welchen Daten geschehen soll (siehe dazu vorstehend 1.). Hinzu kommen muss laut § 11 Abs. 2 Satz 2 BDSG, der zum 1.9.2009 erheblich erweitert wurde, ein ganzer Katalog an weiteren Festlegungen, der aus insgesamt zehn Ziffern besteht:

1. Gegenstand und die Dauer des Auftrags,
2. Umfang, die Art und der Zweck der vorgesehenen Erhebung, Verarbeitung oder Nutzung von Daten, die Art der Daten und der Kreis der Betroffenen,
3. nach § 9 zu treffende technische und organisatorische Maßnahmen,
4. Berichtigung, Löschung und Sperrung von Daten,
5. nach Absatz 4 bestehende Pflichten des Auftragnehmers, insbesondere die von ihm vorzunehmenden Kontrollen,
6. etwaige Berechtigung zur Begründung von Unterauftragsverhältnissen,
7. Kontrollrechte des Auftraggebers und die entsprechenden Duldungs- und Mitwirkungspflichten des Auftragnehmers,
8. mitzuteilende Verstöße des Auftragnehmers oder der bei ihm beschäftigten Personen gegen Vorschriften zum Schutz personenbezogener Daten oder gegen die im Auftrag getroffenen Festlegungen,
9. Umfang der Weisungsbefugnisse, die sich der Auftraggeber gegenüber dem Auftragnehmer vorbehält,
10. Rückgabe überlassener Datenträger und die Löschung beim Auftragnehmer gespeicherter Daten nach Beendigung des Auftrags.

Besonders Ziffer 3 (nach § 9 BDSG zu treffende technische und organisatorische Maßnahmen) erfordert detaillierte Festlegungen, die deshalb gesondert betrachtet werden müssen (siehe dazu den folgenden Gliederungspunkt).

3. Festlegung technischer und organisatorischer Maßnahmen nach § 9 BDSG

Pragmatisch kann man wie folgt vorgehen:

- Schon deutlich vor der Auftragserteilung wird der potenzielle Auftragnehmer aufgefordert, sein Datenschutzkonzept vorzulegen.
- Dieses wird auf Tauglichkeit geprüft, nötigenfalls ergänzt und als Pflichten, die vom Auftragnehmer einzuhalten sind, zum Bestandteil des Vertrages gemacht.

Outsourcing und Auftragsdatenverarbeitung

So wird sichergestellt, dass nur Auftragnehmer ausgewählt werden, die geeignete derartige Maßnahmen getroffen haben (§ 11 Abs. 2 Satz 1 BDSG).

Für die Beurteilung des Datenschutzkonzepts können Checklisten hilfreich sein, die auf die üblichen „Hauptschwachstellen" zielen.

Beispiel einer solchen Checkliste (siehe Ehmann, Sicherheit beim Outsourcing, Datenschutz PRAXIS 9/2007, S. 1, 9):

- Wie sieht die Datenanlieferung aus?

  Klären Sie die Anlieferung der Daten: Wann, wo, wie (auf Datenträger oder elektronisch)? Legen Sie Maßnahmen zur Prüfung der Vollständigkeit und Unversehrtheit fest.

  Legen Sie fest, an wen und wie schnell eine Rückmeldung gemacht werden soll, wenn die Daten nicht pünktlich eintreffen.

- Wie ist der Datentransport geregelt?

  Beim Versenden von Datenträgern hat sich das „Zweischlüsselsystem" bewährt. Dabei werden die Datenträger vom Auftraggeber in ein stabiles Behältnis gelegt, das verschlossen wird. Der Transporteur hat keinen Schlüssel, der Auftragnehmer natürlich schon. Der Datentransport ist eine gefährliche potenzielle Schwachstelle, die oft zu wenig beachtet wird.

- Wie werden die Daten verschlüsselt?

  Überlegen Sie, welche Verschlüsselungssysteme Sie bei der elektronischen Übertragung der Daten einsetzen wollen.

- Wie bewahrt der Auftragnehmer die Daten auf?

  Prüfen Sie, wie die Sicherung gegen unbefugten Zugriff durch Dritte und durch Personen im Unternehmen des Auftragnehmers erfolgt. Gerade Letzteres wird oft als Gefahr übersehen!

- Ist gewährleistet, dass jederzeit zu reproduzieren ist, wohin die Daten kopiert wurden? Beachten Sie die Gefahr der Industriespionage.

- Wie geht der Auftragnehmer mit der Datenlöschung und mit Ausschussmaterial um?

  > Legen Sie die Löschung der Daten nach Abschluss des Auftrags fest. Fordern Sie eine Protokollierung und Nachprüfbarkeit der Löschvorgänge!

  > Prüfen Sie, wie mit Ausschussmaterial umgegangen wird. Dies ist wichtig, wenn das Erstellen von Ausdrucken oder das Brennen einer CD zum Gegenstand des Auftrags gehört.

- Kann der Auftragnehmer jederzeit nachvollziehen, wer bei ihm die Daten in der Hand gehabt hat?

- Die folgende Frage löst bisweilen Panik aus: Können Sie uns auch im Nachhinein lückenlos auflisten, welche Personen bei Ihnen mit unseren Daten befasst waren?

Ob die nötigen technischen und organisatorischen Maßnahmen auch tatsächlich eingehalten werden, ist **vor** Beginn der Arbeiten und – vor allem bei länger dauernden Vertragsverhältnissen – stichprobenartig auch danach zu prüfen (siehe § 11 Abs. 2 Satz 4 BDSG).

Völlig untauglich sind die in der Praxis oft anzutreffenden kurzen Erklärungen folgender Art: „Wir verpflichten uns, bei der Verarbeitung der Daten alle Vorschriften des Datenschutzes (BDSG und weitere Vorschriften) einzuhalten." Dies wird der gesetzlichen Verpflichtung, Einzelfestlegungen zu treffen (§ 11 Abs. 2 Satz 2 BDSG), in keiner Weise gerecht. Im Ernstfall entsteht zudem nur Streit darüber, was eigentlich konkret aus den gesetzlichen Regelungen folgt.

4. Unterauftragsverhältnisse

Unterauftragsverhältnisse bringen **besondere Risiken** mit sich. Der Auftraggeber kann oft nicht mehr überblicken, wer mit den von ihm zur Verfügung gestellten Daten umgeht. Ob Maßnahmen, zu denen sich der „Erst-Auftragnehmer" verpflichtet hat, auch beim Unterauftragnehmer noch eingehalten werden, ist unsicher und oft kaum zu kontrollieren.

Grundregel sollte deshalb sein, die Vergabe von Unteraufträgen auszuschließen. Rechtlich sind sie jedoch möglich (Folgerung aus § 11 Abs. 2 Satz 2 Nr. 6 BDSG).

Lassen sie sich nicht vermeiden, sind folgende Festlegungen sinnvoll:

- Erteilung von Unteraufträgen nur mit vorheriger schriftlicher Zustimmung,
- Mitteilung von Name und Anschrift des Unterauftragnehmers,
- Übernahme aller Pflichten des Auftragnehmers auch durch den Unterauftragnehmer,
- Einräumung des Rechts zur direkten Kontrolle vor Ort auch beim Unterauftragnehmer.

5. Vertrauen ist gut, Kontrolle ist besser

Stets sollte zumindest vor Vergabe eines Auftrags eine Besichtigung vor Ort stattfinden. Der unmittelbare persönliche Eindruck hat schon manches schriftlich beeindruckende Datenschutzkonzept als Makulatur entlarvt. Eine Besichtigung muss dokumentiert werden. § 11 Abs. 2 Satz 4 BDSG verpflichtet aber nicht zwingend zu einer Besichtigung vor Ort. Unterbleibt sie, muss auf sonstige Weise überprüft werden, ob die notwendigen Maßnahmen eingehalten sind. Die hierfür denkbaren Wege (etwa Vorlage von Dokumenten, Bescheinigungen des Datenschutzbeauftragten des Auftragnehmers) schließen Manipulationsmöglichkeiten jedoch selten so zuverlässig aus wie eine Besichtigung vor Ort. Eine Dokumentation ist stets notwendig (§ 11 Abs. 2 Satz 5 BDSG).

6. Verantwortungsverteilung bei einem Auftragsverhältnis

Das Gesetz formuliert klar, dass der Auftraggeber auch (und gerade) nach Vergabe eines Auftrags nach außen datenschutzrechtlich verantwortlich bleibt (§ 11 Abs. 1 Satz 1 BDSG). Dies ist auch der Grund dafür, warum er detaillierte Vorgaben für den Auftragnehmer festlegen muss.

Sofern ein Betroffener Rechte nach dem BDSG geltend machen will (etwa das Auskunftsrecht, § 34 BDSG), ist nach wie

Outsourcing und Auftragsdatenverarbeitung

vor der Auftraggeber sein Adressat, nicht der Auftragnehmer. Der Betroffene kann nicht an den Auftragnehmer verwiesen werden.

7. Musterverträge

7.1 Muster für die Privatwirtschaft

Im Internet gibt es inzwischen schon genügend kostenlose Musterverträge, die schon an die Änderungen des § 11 BDSG im Jahr 2009 angepasst wurden:

- Muster der GDD:

  http://www.rehmnetz.de/it-recht/mustergdd

- Muster des Unabhängigen Landeszentrums für Datenschutz (ULD) Schleswig-Holstein

  http://www.rehmnetz.de/it-recht/musteruld

- Muster des BITKOM (mit englischen Übersetzungshilfen):

  http://www.rehmnetz.de/it-recht/musterbitkom

7.2 Muster für die öffentliche Hand

Diese Muster können auch für Privatunternehmen von Bedeutung sein und zwar dann, wenn sie Aufträge für die öffentliche Hand übernehmen. Die öffentliche Hand als Auftraggeber legt sinnvoller Weise ein Muster zugrunde, das für ihren jeweiligen Bereich (etwa auf Landesebene) zur Verfügung steht.

Beispiele:

- Bayern:

  http://www.rehmnetz.de/it-recht/musterbayern

- Hessen:

  http://www.rehmnetz.de/it-recht/musterhessen

- Niedersachsen:

  http://www.rehmnetz.de/it-recht/musterniedersachsen

Diese Muster sind von den Änderungen des § 11 BDSG nicht berührt, da sie auf Landesrecht beruhen.

III. Folgen einer Einordnung als Funktionsübertragung

1. Problematik des Begriffs

Das Gesetz kennt den Begriff der Funktionsübertragung nicht. Er dient als Abgrenzungsbegriff zum Auftragsverhältnis, nicht mehr und nicht weniger: Wenn die Handlungsspielräume des anderen Beteiligten so groß sind, dass die typische Bindung durch einen Auftrag nicht mehr vorliegt, spricht man vom Vorliegen einer Funktionsübertragung.

Dabei schwingt oft ein Denken mit, das für den Behördenbereich passend ist, nicht jedoch für die Wirtschaft. Eine Behörde hat gesetzlich festgelegte Zuständigkeiten, die sie nicht an eine andere Stelle abgeben kann. Dies rechtfertigt eine sehr enge Definition dessen, was als Auftrag an eine andere Stelle möglich ist.

Bei einem Unternehmen hat dieser Aspekt keine Bedeutung, da es sich seine Aufgaben selbst gibt und festlegt. Hier geht es eher um den Aspekt, dass es ihm nicht möglich sein soll, der eigenen Verantwortung auszuweichen. Da dies bei der Einordnung als Auftragsverhältnis ja aber gerade nicht möglich ist (Verbleiben der Verantwortung beim Auftraggeber!), stünde hier nichts dagegen, den Begriff des Auftrags sehr weit auszulegen.

Die Aufsichtsbehörden für den Datenschutz, die inzwischen mit Ausnahme Bayerns sowohl für Behörden wie für die Privatwirtschaft zuständig sind, sind diesen Überlegungen nicht gefolgt. Sie kommen durchweg aus behördlichem Denken und legen den Begriff recht eng aus. Es kommt deshalb nicht selten vor, dass behauptet wird, ein bestimmtes Vorgehen sei als Funktionsübertragung zu werten.

2. Rechtliche Behandlung einer Funktionsübertragung

Der Begriff besagt zunächst nur, dass die Weitergabe von personenbezogenen Daten in diesem Fall als Übermittlung zu werten ist. Wie in anderen Fällen auch, bedarf die Übermittlung einer Rechtsgrundlage. Sie kann in gesetzlichen Regelungen oder in einer Einwilligung enthalten sein.

Beispiel für gesetzliche Regelung:

Eine Führungskraft (gehobenes mittleres Management) ist bei einem Konzernunternehmen beschäftigt. Dies ist von Anfang an so vereinbart worden, dass sie einen Arbeitsvertrag mit diesem Unternehmen hat, aber bei immer wieder neuen Projekten verschiedener anderer Konzernunternehmen eingesetzt wird. Damit er dafür ausgewählt werden kann, richtet der Konzern eine zentrale „Skill-Datenbank" ein, in der die Basisdaten (insbesondere zu Ausbildung und Kenntnissen) dieser Führungskraft aufgenommen werden sollen.

Die hierfür nötigen Datenübermittlungen sind nach der Zweckbestimmung des Beschäftigungsverhältnisses (Einsatz im gesamten Konzern) schon durch das BDSG gerechtfertigt (§ 32 Abs. 1 Satz 1 BDSG; strittig). Einer Einwilligung des Betroffenen bedarf es deshalb nicht. Sie wird in der Praxis dennoch zum Teil eingeholt, um „auf Nummer sicher" zu gehen.

Beispiel für Einwilligung:

Ein Unternehmen will das Personalwesen komplett an ein anderes Konzernunternehmen übertragen. Eigener Sachverstand soll in diesem Bereich nicht mehr vorgehalten werden, weshalb eine Ausgestaltung als Auftragsdatenverarbeitung ausscheidet. Deshalb wird von jedem einzelnen vorhandenen Mitarbeiter eine Einwilligung eingeholt, dass er mit dieser Übertragung einverstanden ist. Um Zweifel an der Wirksamkeit der Einwilligung nicht entstehen zu lassen, erhält zuvor jeder Mitarbeiter ein Merkblatt, in dem dargelegt ist, welche Aufgaben künftig ausgelagert sind. Außerdem wird allen Mitarbeitern angeboten, zuvor die eigene Personalakte einzusehen, damit jedem klar ist, welche Unterlagen vorhanden sind.

Der erhebliche Aufwand wird betrieben, um den gesetzlichen Voraussetzungen an eine wirksame Einwilligung (siehe § 4a BDSG) zu genügen.

3. Vor- und Nachteile einer Funktionsübertragung

Das Stichwort Funktionsübertragung erscheint in der Datenschutzliteratur oft in eher negativem Zusammenhang: Zunächst wird an Beispielen dargestellt, dass eine Auslagerung aus irgendwelchen Gründen (meist wegen ungenauer Beschreibung der Maßnahmen) nicht als Auftragsdatenverarbeitung gewertet werden könne, sondern als Funktionsübertragung angesehen werden müsse, um dann festzustellen, dass das Vorgehen „deshalb" unzulässig sei.

Dies sind verkürzte Darstellungen. Sie treffen zwar im Normalfall insofern zu, als die Voraussetzungen für eine rechtmäßige

Übermittlung konkret nicht vorliegen. Andererseits besagt das: Werden die Voraussetzungen für eine rechtmäßige Übermittlung eingehalten, ist eine Funktionsübertragung durchaus zulässig.

Gegenüber der Auftragsdatenverarbeitung hat sie den Vorteil, dass nach der Auslagerung der Aufgabe keine „Restverantwortung" mehr bei der bisher verantwortlichen Stelle bleibt. Das kann Aufwand ersparen. Andererseits verbleibt dann auch keine Einflussmöglichkeit mehr, was mit den Daten weiter geschieht. Darin kann ein auch geschäftlich relevanter Nachteil liegen.

Beispiel:
> Ein Versandhandel lässt die Logistik extern erledigen und will damit gar nichts zu tun haben. Bei einer Bestellung lässt er jeden Kunden einwilligen, dass die gesamte Auslieferung, von der „Verpackung bis zur Zustellung von unserem Partnerunternehmen XY erbracht wird".

Das genügt als rechtliche Basis, um die Kundenadressen weiterzugeben. Freilich sollte man dann ausdrücklich vertraglich festlegen, dass das Partnerunternehmen sie nur für diesen Zweck verwenden darf und sonst für nichts. Sonst könnte es auf die Idee kommen, von der gesetzlichen Befugnis (§ 28 Abs. 3 Satz 2 BDSG) Gebrauch zu machen, sie auch für Werbezwecke zu verwenden. Denn das kann zu unguten Konkurrenzsituationen führen.

IV. Besonderheiten bei Auftragsdatenverarbeitung im Ausland

1. EU-Mitgliedstaaten

Hier gelten im Ergebnis keine Besonderheiten gegenüber der Auftragsdatenverarbeitung im Inland. Die Länder der Europäischen Union gehören zum „datenschutzrechtlichen Binnenraum" (siehe dazu das Stichwort → *Grenzüberschreitender Datenverkehr*) und sind deshalb rechtlich wie Inland zu behandeln.

Dieses Ergebnis ist aus § 11 BDSG nicht unmittelbar abzulesen. Es ergibt sich vielmehr aus der Definition des Begriffs „Dritter":

- Als „Dritte" gelten nicht Personen oder Stellen, „die ... in einem anderen Mitgliedstaat der Europäischen Union ... personenbezogene Daten im Auftrag erheben, verarbeiten oder nutzen" (§ 3 Abs. 8 Satz 3 BDSG).
- Die Vorschriften über die Auftragsdatenverarbeitung einschließlich der entsprechenden Musterverträge können somit auch in solchen Fällen angewandt werden.

2. Drittstaaten

Hier gelten Besonderheiten, weil – wie auch sonst bei der Übermittlung von Daten in Drittstaaten – sich das Problem eines ausreichenden Datenschutzniveaus im Empfängerland stellt.

Feststeht, dass § 11 BDSG in solchen Fällen **nicht** unmittelbar angewandt werden kann. Denn der Datenempfänger gilt in solchen Fällen als „Dritter", die Weitergabe der Daten an ihn stellt also eine Übermittlung dar. Sie ist nur zulässig, wenn ein „angemessenes Schutzniveau" gewährleistet ist (siehe § 4b Abs. 2 und 3 BDSG).

Um der Praxis hier eine gewisse Hilfestellung zu bieten, hat die EU-Kommission Musterverträge publiziert, bei deren Verwendung von der Einhaltung eines angemessenen Schutzniveaus auszugehen ist („Standardvertragsklauseln"). Sie sind in allen Gemeinschaftssprachen verfügbar unter http://www.rehmnetz.de/it-recht/vertragsmuster-standardklauseln.

Die Erwartung, dass diese Musterverträge ohne Wenn und Aber geeignet sind, wurde durch die weitere Entwicklung seit ihrer Veröffentlichung im Dezember 2001 teilweise enttäuscht. Der Düsseldorfer Kreis hat im April 2007 ein zwischen allen Datenschutzaufsichtsbehörden abgestimmtes Papier zum Thema verabschiedet. Es unterscheidet nicht weniger als acht Fallkonstellationen (von Fallgruppe A bis Fallgruppe J) und kommt dabei für manche Fallgruppen zu dem Schluss, dass die Standardverträge gar nicht anwendbar sind oder einer Ergänzung bedürfen. Das Papier ist abrufbar unter http://www.rehmnetz.de/it-recht/fallgruppenauftragsdv.

Aus anderen EU-Staaten sind ähnliche Ausarbeitungen bisher nicht bekannt geworden. Es besteht daher die Gefahr, dass die Handhabung der Musterverträge in den einzelnen Mitgliedstaaten über kurz oder lang nicht mehr einheitlich erfolgt.

V. Checkliste: Outsourcing und Auftragsdatenverarbeitung

- ❑ Beachten Sie, dass Outsourcingmaßnahmen je nach den Umständen als Auftragsdatenverarbeitung oder als Funktionsübertragung einzuordnen sind.
- ❑ Eine Auftragsdatenverarbeitung kann nur vorliegen, wenn genaue Vorgaben für den Auftragnehmer bestehen, die schriftlich als Vertrag fest gehalten sind.
- ❑ Sofern eine Maßnahme als Funktionsübertragung einzuordnen ist, liegen Datenübermittlungen vor, für die entsprechende Voraussetzungen (Einwilligung oder gesetzliche Erlaubnis) gegeben sein müssen.
- ❑ Innerhalb der Europäischen Union ist eine Auftragsdatenverarbeitung ebenso zulässig wie im Inland.
- ❑ Bei Auftragsdatenverarbeitung in Drittstaaten sollten die amtlichen Formulare der Europäischen Union benutzt werden.

Persönlichkeitsrecht im Internet

I. Begriff
1. Allgemeines
2. Ausprägungen des allgemeinen Persönlichkeitsrechts und mögliche Verletzungen im Internet
    - 2.1 Schutz der Privat-, Geheim- und Intimsphäre
    - 2.2 Recht am eigenen Bild
    - 2.3 Recht am eigenen Namen
    - 2.4 Recht am eigenen Wort

Persönlichkeitsrecht im Internet

      2.5   Recht der persönlichen Ehre
      2.6   Recht auf informationelle Selbstbestimmung

II. Ansprüche des Betroffenen bei Verletzung des Persönlichkeitsrechts
1. Gegendarstellung
2. Unterlassung und Beseitigung
3. Widerruf und Richtigstellung
4. Auskunft
5. Schadensersatz
6. Geldentschädigung
7. Strafrechtliches Vorgehen

III. Haftung von Hostprovidern und Suchmaschinenbetreibern
1. Haftung von Hostprovidern
2. Haftung von Suchmaschinenbetreibern

IV. Rechtsdurchsetzung

I. Begriff

1. Allgemeines

Das Allgemeine Persönlichkeitsrecht wurde vom Bundesgerichtshof Mitte der 1950er-Jahre entwickelt, um dem Einzelnen die Möglichkeit zu geben, gegen die Vereinnahmung seiner Person und die Verbreitung von Fehlinformationen über seine Person durch die Medien vorzugehen. Bis dahin waren nur einzelne Aspekte des Persönlichkeitsrechts, wie das Recht am eigenen Bild oder das Namensrecht, gesetzlich geregelt. Seine Grundlagen findet das allgemeine Persönlichkeitsrecht in Art. 1 Abs. 1 GG (Menschenwürde) und Art. 2 Abs. 1 GG (Recht auf freie Entfaltung der Persönlichkeit). Über die Jahre hinweg wurde das allgemeine Persönlichkeitsrecht durch die Rechtsprechung konkretisiert und es ist seit langem gewohnheitsrechtlich anerkannt.

Zwischenzeitlich ist von der Rechtsprechung ebenfalls anerkannt, dass nicht nur lebende Personen, sondern auch Verstorbene einen Anspruch auf Achtung und Anerkennung ihrer Lebensleistung haben. Dieser Anspruch wird durch das sog. „postmortale Persönlichkeitsrecht" geschützt. Schließlich können sich auch Unternehmen auf ein sog. „Unternehmenspersönlichkeitsrecht" berufen, z. B. wenn über das Unternehmen oder seine Produkte unzutreffend berichtet wird.

Das allgemeine Persönlichkeitsrecht kommt nur dann zur Anwendung, wenn es an einer spezialgesetzlichen Regelung fehlt. Es wird wie ein eigenes Grundrecht behandelt und im Konfliktfall mit den Grundrechten Dritter, insbesondere mit der Meinungs- und der Pressefreiheit abgewogen.

Lange Zeit spielte das allgemeine Persönlichkeitsrecht nur im Zusammenhang mit der Berichterstattung über Prominente eine Rolle. Durch die Möglichkeit, im Internet über soziale Netzwerke, Blogs oder Bewertungsplattformen, Informationen über Privatpersonen einer breiten Öffentlichkeit zugänglich zu machen, gewinnt das allgemeine Persönlichkeitsrecht im Bereich der „normalen Bürger" zunehmend an Bedeutung.

2. Ausprägungen des allgemeinen Persönlichkeitsrechts und mögliche Verletzungen im Internet

Im Laufe der Zeit wurden von der Rechtsprechung verschiedene Aspekte des allgemeinen Persönlichkeitsrechts herausgearbeitet, von denen einige durch spezielle gesetzliche Bestimmungen geregelt sind. Auch das Datenschutzrecht dient dem Schutz des allgemeinen Persönlichkeitsrechts (siehe Stichwort → *Datenschutz*)

2.1 Schutz der Privat-, Geheim- und Intimsphäre

Jeder Mensch hat einen Anspruch auf Schutz seiner Privat-, Geheim- und Intimsphäre. Die **Privatsphäre** ist der Bereich der privaten Lebensgestaltung, den der Betroffene der Öffentlichkeit nicht ohne seine Einwilligung zugänglich machen will, insbesondere der häusliche Bereich einer Person und deren private Beziehungen zu anderen Menschen zählen zur Privatsphäre. Die Privatsphäre kann im Internet z. B. dadurch verletzt werden, dass Einkommens- und Vermögensverhältnisse des Betroffenen öffentlich gemacht werden, oder private Bilder ohne Zustimmung des Betroffenen in sozialen Netzwerken veröffentlicht werden.

Zu der **Geheimsphäre** zählen alle vertraulichen Daten und Informationen, die nach Ansicht des Betroffenen der Öffentlichkeit nicht preisgegeben werden dürfen, wie z. B. Tagebuchaufzeichnungen oder persönliche Notizen. Die **Intimsphäre** erfasst schließlich den engsten Raum der persönlichen Entfaltung. Sie ist beeinträchtigt, wenn z. B. über sexuelle Vorlieben oder Krankheiten einer Person berichtet wird oder Nacktaufnahmen veröffentlicht werden.

Eingriffe in die **Intimsphäre** stellen regelmäßig einen Eingriff in das allgemeine Persönlichkeitsrecht dar. Soweit über Umstände aus der Privatsphäre berichtet wird, ist dies nur dann zulässig, wenn das Informationsinteresse der Öffentlichkeit gegenüber den persönlichen Belangen des Betroffenen überwiegt. Dies ist beispielsweise relevant bei der Frage der Zulässigkeit von Berichten über namentlich genannte Straftäter in Online-Archiven von Zeitungen.

2.2 Recht am eigenen Bild

Werden in sozialen Netzwerken ohne Zustimmung des Betroffenen Fotos eingestellt, so stellt dies eine Verletzung des Rechts am eigenen Bild nach § 22 Kunsturhebergesetz (KUG) dar. Da es sich hierbei um einen besonders häufig vorkommenden Fall der Verletzung des Persönlichkeitsrechts im Internet handelt, wurde diesem ein eigenes Stichwort gewidmet (siehe → *Recht am eigenen Bild*).

2.3 Recht am eigenen Namen

Das Recht am eigenen Namen schützt § 12 BGB. Eine Person muss es danach nicht hinnehmen, dass ein Fremder unter ihrem Namen bei sozialen Netzwerken ein Profil anlegt oder bei Twitter Mitteilungen bloggt (sog. Impersonation). Da das Recht am eigenen Namen in § 12 BGB gesetzlich geregelt ist, geht diese Bestimmung dem allgemeinen Persönlichkeitsrecht vor.

2.4 Recht am eigenen Wort

Eine weitere Ausprägung des allgemeinen Persönlichkeitsrechts ist das Recht am eigenen (gesprochenen oder geschrie-

Persönlichkeitsrecht im Internet

benen) Wort. Dieses Recht kann z. B. durch die Veröffentlichung von Briefen oder E-Mails verletzt werden. Auch das Entstellen oder das Unterschieben von Äußerungen verletzt das Recht am eigenen Wort. Jeder hat einen Anspruch darauf, korrekt zitiert zu werden. Das heimliche Mitschneiden von Gesprächen oder Vorträgen und die Veröffentlichung dieser Mitschnitte oder deren schriftliche Wiedergabe stellen ebenfalls eine Rechtsverletzung dar.

Die Vertraulichkeit des gesprochenen Wortes wird auch durch das Strafrecht (§ 201 StGB) geschützt.

2.5 Recht der persönlichen Ehre

Das Recht der persönlichen Ehre ist betroffen, wenn im Internet über eine Person beleidigende oder verächtliche Äußerungen verbreitet werden oder die Person in sonstiger Weise einer herabwürdigenden Kritik ausgesetzt wird. Auch wenn Plattformen wie ISharegossip.com nicht mehr existieren, kann der einzelne in sozialen Netzwerken, auf YouTube oder in Foren an den Online-Pranger gestellt werden. Gerade bei Jugendlichen kann das Cyber-Mobbing dramatische Folgen haben und sogar zum Selbstmord führen.

Äußerungen, die die persönliche Ehre eines anderen angreifen, sind nicht mehr durch das Recht auf Meinungsfreiheit gedeckt. Angriffe auf die persönliche Ehre können auch strafrechtliche Relevanz haben. Die §§ 186 ff. StGB stellen Beleidigung, üble Nachrede und Verleumdung sowie die Verunglimpfung des Andenkens Verstorbener unter Strafe.

2.6 Recht auf informationelle Selbstbestimmung

Das Recht auf informationelle Selbstbestimmung gibt einer Person das Recht selbst zu bestimmen, welche sie betreffenden Daten staatliche Stellen erlangen und speichern dürfen. Es spielt daher im Bereich des Datenschutzes eine große Rolle. Im Online-Bereich hat das Recht auf informationelle Selbstbestimmung im Bereich der Bewertungsportale für Lehrer, Ärzte oder Handwerker Bedeutung erlangt. So sah sich ein Arzt in seinem Recht auf informationelle Selbstbestimmung beeinträchtigt, weil seine Daten bei dem Bewertungsportal „jameda.de" gespeichert und übermittelt wurden. Näheres zu Bewertungsportalen unter dem Stichwort → *Bewertungsportale*.

II. Ansprüche des Betroffenen bei Verletzung des Persönlichkeitsrechts

Im Falle einer Persönlichkeitsrechtsverletzung, die jeweils an Hand aller Umstände des Einzelfalls und unter Abwägung der sich gegenüberstehenden Interessen und Grundrechte festzustellen ist, ist der Betroffene nicht schutzlos. Er kann sowohl zivilrechtlich als auch in bestimmten Fällen strafrechtlich vorgehen. Es bestehen folgende Ansprüche:

1. Gegendarstellung

Bei einer unzutreffenden Tatsachenbehauptung über eine Person besteht auch im Bereich der Online-Medien die Möglichkeit einer Gegendarstellung. Hierfür muss der Betroffene nicht nachweisen, dass die verbreitete Behauptung unzutreffend ist. Lediglich bei einer offensichtlich wahren Tatsachenbehauptung besteht kein Gegendarstellungsanspruch. Zu den Einzelheiten siehe Stichwort → *Gegendarstellung im Internet*.

2. Unterlassung und Beseitigung

Der wichtigste Anspruch bei einer Persönlichkeitsrechtsverletzung ist der Anspruch darauf, dass der Verletzer in der Zukunft die persönlichkeitsrechtsverletzende Handlung unterlässt und die unzulässige Äußerung, Abbildung oder Veröffentlichung löscht. Der Unterlassungsanspruch ist nicht davon abhängig, dass der Verletzer vorsätzlich oder fahrlässig gehandelt hat. Auch derjenige, der zunächst davon ausgehen konnte, dass z. B. eine Tatsachenbehauptung der Wahrheit entspricht, ist verpflichtet, diese Tatsachenbehauptung zu unterlassen und zu löschen, wenn sich später herausstellt, dass die Behauptung unzutreffend war.

3. Widerruf und Richtigstellung

Soweit die Persönlichkeitsrechtsverletzung in einer unzutreffenden Tatsachenbehauptung liegt, kann der Betroffene einen Widerruf oder eine Richtigstellung der Behauptung beanspruchen. Voraussetzung ist dabei aber, dass die Beeinträchtigung des Persönlichkeitsrechts noch andauert und auch die Meldung noch eine gewisse Aktualität besitzt.

4. Auskunft

Da der Verletzte in der Regel keine gesicherte Kenntnis hat, wo die Persönlichkeitsrechtsverletzung erfolgt ist, z. B. auf welchen Internetseiten eine unzutreffende Tatsachenbehauptung oder eine beleidigende Äußerung erfolgt ist, kann er vom Verletzer Auskunft verlangen. Auch für die Berechnung der Höhe eines Schadensersatzes kann der Verletzte Auskunft darüber erhalten, wie lange die verletzende Handlung begangen wurde und z. B. wie viele Besucher eine Internetseite hatte.

5. Schadensersatz

Erfolgte die Rechtsverletzung schuldhaft, hat der Verletzer also gewusst, dass eine von ihm aufgestellte Behauptung unzutreffend ist oder hätte er es bei einer sorgfältigen Prüfung erkennen können, so kann der Betroffene Ersatz seines materiellen Schadens beanspruchen.

6. Geldentschädigung

Da bei einer Persönlichkeitsrechtsverletzung ein materieller Schaden häufig nicht gegeben ist, sondern „nur" die Ehre des Betroffenen beeinträchtigt ist, hat die Rechtsprechung – vergleichbar dem Schmerzensgeld bei einer Körperverletzung – dem Betroffenen bei einer schweren Verletzung seines Persönlichkeitsrechts einen Anspruch auf Geldentschädigung zugebilligt.

Voraussetzung ist eine schwere Persönlichkeitsrechtsverletzung, wie z. B. eine schwere Beleidigung, Eingriffe in die Intimsphäre oder das Unterschieben von Äußerungen. Weiter muss ein schweres Verschulden des Verletzers vorliegen und ein unabwendbares Bedürfnis für eine Entschädigung bestehen. Die Höhe der Entschädigung ist von der Eingriffsintensität, der Dauer des Eingriffs, dem Verschuldensgrad und den Folgen für den Betroffenen abhängig.

Beispiel:
Eine Teilnehmerin der TV-Container-Show „Big Brother" wurde während ihrer Teilnahme von einem Rapper auf seinen Facebook-, Twitter- und MySpace-Seiten u. a. beschimpft mit den Worten: „…. du Nutte!!!!!!!!", „… du Kacke!!!", „… sieht aus wie

ne Mischung aus Der Joker, nem Schimpansen, ... und ..." sowie „... hat so nen ekligen Zellulitiskörper pfui Teufel".

Für diese Äußerungen wurde der Betroffenen vom LG Berlin (Az. 33 O 434/11) eine Geldentschädigung von € 8.000 zugesprochen.

7. Strafrechtliches Vorgehen

Soweit die persönlichkeitsrechtsverletzende Handlung auch strafrechtliche Tatbestände erfüllt, wie z. B. den Tatbestand der Beleidigung, kann der Betroffene gegen den Verletzer Strafanzeige erstatten und Strafantrag stellen. Ein Strafverfahren kann auch dann hilfreich sein, wenn eine Persönlichkeitsrechtsverletzung anonym erfolgt ist. Durch die Ermittlungen der Polizei und Staatsanwaltschaft kann so möglicherweise der Täter identifiziert werden und es können dann zivilrechtliche Ansprüche geltend gemacht werden.

III. Haftung von Hostprovidern und Suchmaschinenbetreibern

Die Verfolgung von Persönlichkeitsrechtsverletzungen durch den Betroffen wird häufig dadurch erschwert, dass die verletzende Äußerung anonym erfolgt oder der Verletzer im Ausland sitzt. Ein weiteres Problem der Rechtsverfolgung liegt darin, dass sich Informationen im Internet rasend schnell vervielfältigen und der Verletzte eine Vielzahl von Prozessen führen müsste, ohne die Verbreitung jemals effektiv stoppen zu können, weil in der Zwischenzeit die Meldungen, Bilder oder Filme auf neuen Internetseiten veröffentlicht werden. Vielfach würden ohne Suchmaschinen persönlichkeitsrechtsverletzende Beiträge auch nicht gefunden werden, so dass der Internetuser nur aufgrund von Suchergebnissen oder von der Suchmaschine vorgeschlagenen Suchbegriffen zu den rechtsverletzenden Beiträgen gelangt.

Es wird daher von den Verletzten immer wieder versucht, Ansprüche gegen Hostprovider oder Suchmaschinenbetreiber geltend zu machen.

1. Haftung von Hostprovidern

Eine Haftung des Hostproviders, der es Bloggern ermöglicht, auf vom ihm zur Verfügung gestellter Infrastruktur ihre Blogs zu speichern und zu veröffentlichen, besteht nur dann, wenn der Hostprovider auf den rechtsverletzenden Beitrag vom Betroffenen aufmerksam gemacht wurde und dieser Hinweis so konkret gefasst ist, dass der Rechtsverstoß auf der Grundlage der Behauptungen des Betroffenen unschwer, also ohne eingehende rechtliche und tatsächliche Überprüfung, bejaht werden kann. Dabei hängt das Ausmaß des insoweit vom Provider zu verlangenden Prüfungsaufwandes von den Umständen des Einzelfalls ab, insbesondere vom Gewicht der angezeigten Rechtsverletzungen auf der einen und den Erkenntnismöglichkeiten des Providers auf der anderen Seite.

Nach der Rechtsprechung des BGH (vgl. BGH – Az. VI ZR 93/10 vom 25.10.2011) ist vom Hostprovider regelmäßig zunächst die Beanstandung des Betroffenen an den für den Blog Verantwortlichen zur Stellungnahme weiterzuleiten. Bleibt eine Stellungnahme innerhalb einer nach den Umständen angemessenen Frist aus, ist von der Berechtigung der Beanstandung auszugehen und der beanstandete Eintrag zu löschen. Stellt der für den Blog Verantwortliche die Berechtigung der Beanstandung jedoch substantiiert in Abrede und ergeben sich deshalb berechtigte Zweifel, ist der Provider grundsätzlich gehalten, dem Betroffenen dies mitzuteilen und gegebenenfalls Nachweise zu verlangen, aus denen sich die behauptete Rechtsverletzung ergibt. Bleibt eine Stellungnahme des Betroffenen aus oder legt er gegebenenfalls erforderliche Nachweise nicht vor, ist eine weitere Prüfung nicht veranlasst. Ergibt sich aus der Stellungnahme des Betroffenen oder den vorgelegten Belegen auch unter Berücksichtigung einer etwaigen Äußerung des für den Blog Verantwortlichen eine rechtswidrige Verletzung des Persönlichkeitsrechts, ist der beanstandete Eintrag zu löschen. Diese Rechtsprechung wurde vom BGH in der Entscheidung „Hotelbewertungsportal" vom 19.3.2015 (Az. I ZR 94/13) bestätigt. Der BGH sah keine Verpflichtung des Portalbetreibers zur Vorabprüfung der Beiträge im Hinblick auf etwaige Rechtsverletzungen. Erst wenn der Portalbetreiber von einer Rechtsverletzung gesicherte Kenntnis erlangt und dann den Inhalt nicht löscht, haftet er selbst und kann auf Unterlassung in Anspruch genommen werden.

Erfolgt eine das Persönlichkeitsrecht verletzende Äußerung anonym oder unter einem Pseudonym, so hat der Betroffene keinen Anspruch gegen den Hostprovider auf Mitteilung der Anmeldedaten des Users (BGH, Urteil v. 1.7.2014 – VI ZR 345/13). Allerdings treffen in diesem Fall den Betreiber des Bewertungsportals bei einer Beanstandung schärfere Prüfpflichten. Hierbei wird von der Rechtsprechung z. B. bei der anonymen Bewertung eines Arztes gefordert, dass der Portalbetreiber Nachweise anfordern muss, die belegen, dass der Bewertende überhaupt bei dem Arzt in Behandlung war (BGH Urteil v. 1.3.2016, Az.: VI ZR 34/15).

In gleicher Weise wie ein Hostprovider haftet nach einer Entscheidung des OLG Stuttgart vom 2.10.2013 (Az. 4 U 78/13) auch Wikipedia für persönlichkeitsrechtsverletzende Artikel, die von Dritten eingestellt wurden.

2. Haftung von Suchmaschinenbetreibern

In der jüngsten Zeit wurde von verschiedenen Betroffenen versucht, gegen Suchmaschinenbetreiber vorzugehen, weil diese in der Ergebnisliste nach Eingabe des Namens des Betroffenen auch persönlichkeitsrechtsverletzende Inhalte anführen oder bereits bei der Eingabe des Namens als Suchbegriff Kombinationen von Suchbegriffen zur Autovervollständigung vorschlagen, deren Eingabe zu persönlichkeitsrechtsverletzenden Beiträgen führt.

Der BGH hat in seiner Entscheidung vom 14.5.2013 (VI ZR 269/12) einen Unterlassungsanspruch gegen Google bejaht. In dem dortigen Fall hatte ein Betroffener gegen Google auf Unterlassung der Suchvorschläge geklagt, bei denen nach Eingabe seines Namens automatisch „Scientology" oder „Betrug" vorgeschlagen wurden. In dem Urteil wurde vom BGH betont, dass ein Suchmaschinenbetreiber nicht grundsätzlich verpflichtet ist, die durch die Software generierten Suchvorschläge auf mögliche Persönlichkeitsrechtsverletzungen zu prüfen. Erhält er aber Kenntnis von Rechtsverletzungen trifft den Suchmaschinenbetreiber eine Prüfungspflicht und er hat künftige Rechtsverletzungen zu verhindern.

Die Google-Bildersuchfunktion war Gegenstand eines Verfahrens beim LG Hamburg. Dort war der Kläger dagegen vorgegangen, dass über die Bildersuchfunktion Fotos veröffentlicht werden, die einen schweren Eingriff in seine Intimsphäre darstellen und daher, gleich in welchem Kontext sie auf der jeweiligen Internetseite genutzt wurden, rechtsverletzend seien. Dem Kläger war nicht nur daran gelegen, dass solche Fotos gelöscht werden, deren URL er Google mitgeteilt hatte, sondern dass die Fotos generell nicht mehr in den Ergebnissen der Bildersuche enthalten sind. In seinem Urteil vom 24.2.2014 (Az. 324 O 264/11) hat das Gericht einen solchen Anspruch des Klägers gegen Google bejaht. Es war der Ansicht, dass es Google zuzumuten ist, eine entsprechende Software anzuwenden oder zu entwickeln, die die konkret benannten Bilder unabhängig von ihrer URL in den Suchergebnissen sperrt. Google legte zunächst Berufung gegen das Urteil ein. Anschließend kam es dann zu einer außergerichtlichen Einigung.

Soweit bei Suchmaschinen in der Ergebnisliste Links zu Beiträgen erscheinen, in denen der Betroffene eine Verletzung seines Persönlichkeitsrechtes sieht, kann dieser auf Grund einer Entscheidung des Europäischen Gerichtshofes (EuGH, Urteil v. 13.5.2014 – C-131/12) von dem Suchmaschinenbetreiber beanspruchen, dass der betreffende Link zu dem Beitrag nicht mehr angezeigt wird. Google hat daraufhin ein Verfahren eingeführt, mit dem die Löschung solcher Links beantragt werden kann (siehe: http://www.rehmnetz.de/it-recht/google-loeschantrag). Zwischenzeitlich haben auch bereits mehrere Instanz-Gerichte eine Haftung von Suchmaschinenbetreibern bejaht, wenn diese von einer Rechtsverletzung durch den Verletzten in Kenntnis gesetzt wurden und daraufhin den Link nicht innerhalb angemessener Zeit löschten.

Das LG Hamburg verpflichtet unter Anwendung dieser Grundsätze im Juli 2015 sogar ein Online-Presse-Archiv dazu, es zu unterlassen, Beiträge, in denen über eine Person in bei der damaligen Veröffentlichung zulässiger Weise berichtet wurde, nach Erlöschen des öffentlichen Interesses weiterhin so bereit zu halten, dass diese durch Eingabe des Namens bei einer Suchmaschine angezeigt werden.

IV. Rechtsdurchsetzung

Die zivilrechtlichen Ansprüche kann der Verletzte bei den ordentlichen Gerichten verfolgen; abhängig vom Streitwert ist in erster Instanz das Amts- oder Landgericht zuständig. Ist der Verletzer jedoch im Ausland ansässig, so stellt sich die Frage, ob deutsche Gerichte überhaupt zuständig sind. Diese Frage wurde durch ein Urteil des EuGH und ein darauf basierendes Urteil des BGH für den Fall bejaht, dass der Verletzte den Mittelpunkt seiner Interessen in Deutschland hat und das Internetangebot, das den persönlichkeitsrechtsverletzenden Inhalt aufweist, bestimmungsgemäß in Deutschland aufgerufen werden kann (vgl. EuGH Urteil v. 25.10.2011, Rs. C-509/09 und BGH Urteil v. 8.5.2012, Az. VI ZR 217/08).

Privatkopie

I. Begriff

II. Voraussetzung für das Recht auf Privatkopie

III. Keine Privatkopie bei offensichtlich rechtswidrig hergestellter oder öffentlich zugänglich gemachter Vorlage

IV. Umgehung technischer Schutzmaßnahmen ist unzulässig
1. Wann liegt eine wirksame technische Schutzmaßnahme vor?
2. Kennzeichnungsverpflichtung
3. Schranken der Schutzbestimmung
4. Folgen der Kopierschutzumgehung

V. Vergütung

VI. Digitale Rekorder

I. Begriff

Das Recht auf Privatkopie ist eine Bestimmung im Rahmen des urheberrechtlichen Kanons der → Schranken des Urheberrechts. Gemäß § 53 UrhG Abs. 1 wird das Zustimmungsrecht des Urhebers für Vervielfältigungen zum privaten Gebrauch durch eine **gesetzliche Lizenz** gedeckt.

II. Voraussetzung für das Recht auf Privatkopie

Die Privatkopie ist nur zulässig für den **eigenen Gebrauch sowie für den Gebrauch im Familien- und im Freundeskreis**, alleine durch **natürliche Personen** (also nicht durch Unternehmen). Für die Herstellung der Kopie darf kein Gewinn erzielt werden. Es ist aber zulässig, die Erstattung der Herstellungskosten (Materialkosten) zu verlangen, insofern muss jegliche kommerzielle Absicht fehlen. Vielmehr muss die Kopie ausschließlich dem Gebrauch in der Privatsphäre dienen. Die Kopie darf dabei nicht weiter verbreitet werden, also etwa einer unbestimmten Öffentlichkeit angeboten werden.

Es sind auch nur einige wenige Kopien erlaubt, die Rede ist insofern von „einzelnen Vervielfältigungen". In der Praxis hat sich hier eine Obergrenze **bis zu sieben Kopien** eingespielt, die jedoch nicht pauschal anzuwenden ist. Eine Privatkopie ist nicht an ein bestimmtes Medium gebunden und gilt ausweislich des Gesetzestextes auf beliebigen Trägern, darf also sowohl mit analogen als auch mit digitalen Mitteln angefertigt werden. Nur bei der Herstellung durch Dritte ist zu beachten, dass diese in einem **reprografischen Verfahren** (Scannen, analoges Kopieren, Plotten), also in einem nicht digitalen Verfahren oder **unentgeltlich** (dann ist auch ein digitales Verfahren möglich) erfolgen muss.

Beispiel:
> Es ist erlaubt, die Kopie eines Textes für den Privatgebrauch durch einen Copyshop machen zu lassen und hierfür eine Kopiergebühr zu bezahlen.

An dieser Stelle ist jedoch zu differenzieren: Wenn Kopiergeräte durch den Copyshop-Betreiber lediglich bereitgestellt und von den jeweiligen Personen selbstständig genutzt werden, liegt schon kein Herstellen durch den Dritten vor (so auch BGH, Urteil vom 22.4.2009, Az. I ZR 216/06).

Beispiel für eine Privatkopie:
- Überspielen von Schallplatten oder CDs zum eigenen Gebrauch oder für Freunde oder Familienmitglieder.
- Mitschnitt einer Radio- oder Fernsehsendung zum eigenen Gebrauch, für Freunde oder für Familienmitglieder, wiedergegeben durch den Videorekorder oder den Kassettenrekorder.

Privatkopie

- Kopie einer CD auf einen Computer, um sie dort zu hören.
- Kopie einer CD auf dem MP3-Player, um sie im Auto zu hören.
- Fotokopie von Stellen aus einem Buch, zur Diskussion in der Familie oder unter Freunden.
- Kopieren von Zeitungsartikeln für ein privates Archiv.
- Abschrift eines Gedichtes aus einem Buch zum eigenen Gebrauch oder für Freunde oder Familienmitglieder.

Für **Computerprogramme im Sinne des § 69a UrhG oder Spiele** besteht das Recht auf Privatkopie nicht, da für diese die speziellen Regelungen in §§ 69a ff. zur Anwendung kommen.

Bei Computerprogrammen ist gemäß § 69d Abs. 2 UrhG lediglich eine **Sicherungskopie** erlaubt. Diese darf nur durch die Person, die zur Benutzung des Programms berechtigt ist, erstellt werden und muss für die Sicherung einer zukünftigen Benutzung erforderlich sein.

Eine weitere Ausnahme gilt an elektronischen Leseplätzen in Bibliotheken, da hier der § 53b UrhG als speziellere Vorschrift zu beachten ist. Es ist Bibliotheken untersagt, an solchen Leseplätzen zugleich eine Möglichkeit der Vervielfältigung anzubieten (dazu OLG Frankfurt a.M., Urteil vom 24.11.2009, Az. 11 U 40/09).

III. Keine Privatkopie bei offensichtlich rechtswidrig hergestellter oder öffentlich zugänglich gemachter Vorlage

Auf Grund des am 1. Januar 2008 in Kraft getretenen „Zweites Gesetz zur Regelung des Urheberrechts in der Informationsgesellschaft" (sogenannter **zweiter Korb**) sind Privatkopien nicht nur wie bisher von „rechtswidrig **hergestellten** Vorlagen", sondern nun auch bei „offensichtlich rechtswidrig **öffentlich zugänglich** gemachten Vorlagen" verboten. Die Verschärfung der bisherigen Regelung schien notwendig, da z. B. Nutzer einer Tauschbörse sich immer darauf hinausreden konnten, dass es für sie beim Herunterladen der Kopie nicht ersichtlich gewesen war, dass die Vorlage rechtswidrig **hergestellt** worden ist.

Nun kommt es darauf an, dass es für den Nutzer erkennbar ist, dass die Vorlage kein legales und von den Rechteinhabern autorisiertes **Angebot** im Internet darstellt, das öffentlich zugänglich gemacht wird. Dies trifft mit der Rechtsprechung auf jeden Fall auf Tauschbörsen zu. Hier dürfte sich selbst in Schülerkreisen herumgesprochen haben, dass diese kein legales Angebot der Musikindustrie darstellen und die dort angebotenen Stücke somit aus offensichtlich rechtswidrigen Quellen stammen. Wenn für den Nutzer einer **Peer-to-Peer-Tauschbörse** also offensichtlich ist, dass es sich bei dem angebotenen Film oder Musikstück um ein rechtswidriges Angebot im Internet handelt – z. B. weil klar ist, dass kein privater Internetnutzer die Rechte zum Angebot eines aktuellen Kinofilms im Internet besitzt –, darf er keine Privatkopie davon herstellen. Kann er aber berechtigterweise davon ausgehen, dass die Quelle rechtmäßig ist (indem er zum Beispiel eine angemessene Gebühr bezahlt), muss er keine weiteren Untersuchungen anstellen, da die Rechtswidrigkeit nicht offensichtlich ist.

IV. Umgehung technischer Schutzmaßnahmen ist unzulässig

Verhindert der Rechteinhaber die Erstellung einer Kopie mit einer **wirksamen technischen Schutzmaßnahme (Kopierschutz)**, ist es gemäß §§ 95a ff. UrhG unzulässig, diesen zu umgehen. Damit dürfen Medien mit Kopierschutz nicht kopiert werden. Diese Bestimmungen werden häufig kritisiert, da sie die vom Gesetzgeber gewollten Schranken des Urheberrechts faktisch aushebeln. Auch ist die Herstellung, Überlassung und Werbung mit Umgehungsinstrumenten verboten. Dies trifft aber nicht auf den privaten Besitz von solchen Umgehungsmitteln zu.

Beispiel:

Der Besitzer eines „funktionsreichen" Brennerprogramms kann dieses weiterhin nutzen, um Privatkopien von nicht kopiergeschützten CDs zu machen, nicht aber, um einen Kopierschutz zu umgehen.

Die Vorschriften über die Umgehung technischer Schutzmaßnahmen gelten gemäß § 69a Abs. 5 UrhG nicht für Computerprogramme. Bei Computerspielen wird unterschieden. Der audio-visuellen Darstellung auf dem Bildschirm kann in ihrem Bewegungsablauf (Spielablauf) Schutz als Filmwerk (§ 2 Abs. 1 Nr. 5 UrhG) oder Laufbild (§ 95 UrhG) zukommen. Das den Spielablauf erzeugende Computerprogramm zählt hingegen als Computerprogramm im Sinne der §§ 69a ff. UrhG. Nach Ansicht des BGH (Urteil vom 27.11.2014, Az. I ZR 124/11 – „Videospielkonsolen II") unterfallen solche kombinierten Produkte ebenfalls dem Schutz des § 95a UrhG, weshalb eine Umgehung des Kopierschutzes unzulässig sei.

1. Wann liegt eine wirksame technische Schutzmaßnahme vor?

Technische Maßnahmen sind nach § 95a Abs. 2 UrhG Technologien, Vorrichtungen und Bestandteile, die im normalen Betrieb dazu bestimmt sind, geschützte Werke oder andere nach diesem Gesetz geschützte Gegenstände betreffende Handlungen, die vom Rechtsinhaber nicht genehmigt sind, zu verhindern oder einzuschränken. Voraussetzung für das Verbot nach § 95a UrhG ist, dass die technische Maßnahme auch wirklich **wirksam** ist und die Nutzung eines urheberrechtlich geschützten Werkes etwa durch ein DRM-System tatsächlich technisch kontrolliert.

Wenn aber z. B. ein CD- oder ein DVD-Brenner den Kopierschutz gar nicht erkennt und deshalb eine Kopie brennt, dann ist der Kopierschutz insoweit nicht **wirksam** und wird deswegen auch nicht **umgangen.** Dasselbe gilt, wenn ein Kopierschutz nur auf bestimmten Betriebssystemen (z. B. Windows-PC) funktioniert, auf anderen (z. B. Macintosh, Linux) aber nicht. Auch stellt der bloße Hinweis auf einer CD oder DVD „Diese CD/DVD ist kopiergeschützt" keinen technisch wirksamen Kopierschutz dar. Eine Privatkopie bleibt möglich.

Eine solche Maßnahme darf dabei nicht zu früh bejaht werden: Das OLG Hamburg (Urteil vom 20.2.2008, Az. 5 U 68/07) hat festgestellt, dass eine Session-ID keine solche wirksame Schutzmaßnahme ist, da sie zu leicht zu umgehen ist.

2. Kennzeichnungsverpflichtung

Der Käufer einer CD hat Anspruch darauf zu erfahren, dass das Medium mit einem Kopierschutz versehen ist. § 95d Absatz 1 UrhG sieht daher vor, dass bei Werken und anderen

Schutzgegenständen – also z. B. Audio-CDs – die mit technischen Schutzmechanismen geschützt werden, deutlich sichtbare Angaben über die Eigenschaften der technischen Maßnahmen erfolgen müssen. Falls dies nicht geschieht, liegt ein Mangel der Kaufsache vor. Das heißt, der Käufer hat die gesetzlichen Mängelansprüche (Gewährleistungsansprüche) auf Nacherfüllung, Rücktritt oder Minderung und Schadenersatz.

3. Schranken der Schutzbestimmung

Eine Schranke findet diese Schutzbestimmung des § 95a in § 95b UrhG. Hier wird der Rechteinhaber verpflichtet, z. B. für Zwecke des schulischen Gebrauchs oder der behindertengerechten Nutzung den besonders Berechtigten die technischen Mittel zur Verfügung zu stellen, um den Kopierschutz zu umgehen.

Hinweis:
Für private Nutzer gilt dieses Privileg nur, soweit es sich um Vervielfältigungen auf **Papier oder einen ähnlichen Träger mittels beliebiger photomechanischer Verfahren oder anderer Verfahren mit ähnlicher Wirkung handelt**, nicht aber für digitale Kopien.

Ein Verstoß gegen diese Verpflichtung stellt nach § 111a Absatz 1 Nr. 2 UrhG eine Ordnungswidrigkeit dar.

4. Folgen der Kopierschutzumgehung

Wird der Kopierschutz umgangen, ist gemäß § 108b Abs. 1 UrhG eine Strafbarkeit **ausgeschlossen,** wenn die Tat ausschließlich zum **eigenen privaten Gebrauch** des Täters oder mit dem Täter persönlich verbundener Personen erfolgt oder sich auf einen derartigen Gebrauch bezieht. Dies berührt aber nicht den zivilrechtlichen Anspruch des Rechteinhabers auf Unterlassung und deren Durchsetzung (siehe unter → *Urheberrecht*, dort zivilrechtliche Ansprüche).

V. Vergütung

Der Urheber hat einen Vergütungsanspruch, der allerdings aus Gründen der kaum durchführbaren Kontrolle der privaten Haushalte und Erfassung der einzelnen Vervielfältigungshandlungen und der Gefahr der Zerstörung der Privatsphäre in einer **Urheberabgabe** besteht, die Hersteller von Vervielfältigungsgeräten zu leisten haben. So sind gemäß § 54 UrhG u. a. von **Herstellern** und **Importeuren Abgaben** auf Tonbandgeräte, Kassetten- und Videorecorder, CD- und DVD-Brenner, MP3-Aufnahmegeräte, bespielbare CDs, DVDs und Memory-Sticks zu zahlen. Daneben steht grundsätzlich auch der Händler gesamtschuldnerisch für die Abgabe ein, kann jedoch nach § 54b Abs. 3 UrhG davon befreit werden, was auch der Regelfall ist. Allerdings kann der Händler im internationalen Verkauf von einem belieferten EU-Mitgliedstaat in Anspruch genommen werden (EuGH, Urteil vom 16.6.2011, Az. C-462/09).

Verwaltet und verteilt werden die Einnahmen von den → **Verwertungsgesellschaften** GEMA, der **VG Wort** und der **VG Bild-Kunst**.

Auf Grund der Novellierung (2. Korb) des Urheberrechts gilt seit dem 1.1.2008, dass der Gesetzgeber darauf verzichtet, die Höhe der Pauschalvergütung festzulegen. Die Vergütung soll von den Parteien (den Herstellern und den Verwertungsgesellschaften) selbst festgelegt werden. Dabei soll gemäß § 54a Abs. 1 Satz 2 UrhG berücksichtigt werden, ob eine **technische Schutzmaßnahme** die Erstellung einer Privatkopie verhindert.

VI. Digitale Rekorder

Im Zusammenhang mit den verschiedenen digitalen Rekordern stellt sich die Frage, ob die von Ihnen erzeugten Kopien das Privileg der Privatkopie genießen oder nicht.

Fragen:

1. Darf man Lieder auf YouTube z. B. mit dem Audiorecorder von Windows mitschneiden, wenn man die Kopien nur selbst verwendet und nicht an Dritte weitergibt?

2. Darf man Webradiobeiträge mit Radio-/Stream-Rippern mitschneiden und auf seine eigene Festplatte im MP3-Format speichern?

3. Darf man Aufnahmen netzbasierend auf einem Server eines Anbieters speichern mit sogenannten „virtuellen Videorecordern"?

Bei den technischen Kopierverfahren, die in oben genannten Fragen eine Rolle spielen, handelt es sich ausschließlich um digitale Kopien, die mit technischen Verfahren über das Internet erstellt werden.

In der BGH-Entscheidung vom 22.4.2009 (Az. I ZR 216/06) wurde entschieden, dass Hersteller einer Kopie allein derjenige ist, der die körperliche Festlegung technisch bewerkstelligt, auch wenn er sich dabei technischer Hilfsmittel bedient, die Dritte zur Verfügung gestellt haben. Das bedeutet, dass entscheidend ist, wie die Software funktioniert. Gibt man selbst den Befehl und beginnt dann die Software mit der Aufnahme, ist man selbst Hersteller der Kopie. Dies ist bei Verwendung von sog. intelligenter Aufnahmesoftware in den oben genannten Fragen 1 und 2 der Fall.

Die ersten beiden Fragen sind damit beantwortet. Man darf als natürliche Person für den eigenen Gebrauch und für den Gebrauch im Familien- und im Freundeskreis legale Online-Angebote wie Web-Radio, Internet-Fernsehen, YouTube & Co mitschneiden. Dies gilt auch, wenn man sich dabei der zahlreichen Kauf- und Freeware-Programme bedient, welche die Festplatte gigabyte-weise mit legalen MP3s füllen. Man kann sich bei den offiziellen Anbietern darauf verlassen, dass diese keine rechtswidrigen Angebote im Internet zur Verfügung stellen. Verboten ist es dagegen, Kopien von TV- oder Radio-Mitschnitten aus einer Tauschbörse herunterladen. Hier kann sich der Nutzer nicht darauf verlassen, dass es sich um legale und von den Rechteinhabern autorisierte Angebote im Internet handelt. Es ist ein Irrtum zu glauben, das Recht zur Kopie sei durch die GEZ-Gebühr bereits gezahlt.

Die dritte Frage betrifft netzbasierende zeitverschobene Aufnahmen auf einem Server eines Anbieters mit sogenannten „virtuellen Videorecordern", „Online-Videorecordern" oder „Internet-Videorekordern". Die Anbieter greifen die Programme von in Deutschland oder in Europa verbreiteten Fernsehsendern über eine oder mehrere Satellitenantennen ab. Sie fassen die Programme dann in einem Programmbündel in einer Art elektronischen Fernsehprogrammzeitung zusammen. Hieraus kann dann der bei Ihnen registrierte Nutzer Sendungen zur Aufzeichnung und zum Abruf auf einem Rechner auswählen. Die Sendungen werden auf dem Server der Anbieter gespeichert

Providerhaftung

und den Nutzern im Rahmen ihrer Nutzer-Accounts mit zeitlicher Verzögerung von wenigen Minuten zum Abruf zur Verfügung gestellt. Die Nutzer können den von ihnen ausgewählten Sendebeitrag über das Internet zum Zeitpunkt und Ort ihrer Wahl und beliebig oft abrufen und ansehen. Der Anbieter verlangt für seine Leistung eine Vergütung.

Die Frage der Zulässigkeit hängt nun davon ab, wer als Hersteller anzusehen ist. So kann der Nutzer der Hersteller sein, wenn er per Fernzugriff über das Internet die Aufzeichnung der Sendung veranlasst, also die Vervielfältigung/Kopie, auslöst und diese dann vollständig automatisiert auf dem Server des Anbieters erfolgt. In diesem Fall ist die Kopie von § 53 Abs. 1 S. 1 UrhG gedeckt, da das technische Hilfsmittel ja nur durch den Dritten bereitgestellt wird (siehe oben, BGH, I ZR 216/06). § 53 Abs. 1 S. 2 UrhG greift nicht ein, da der Nutzer selbst herstellt (auch wenn sie auf dem Server des Anbieters erfolgt), und nicht durch einen Dritten herstellen lässt. Damit ist es unerheblich, ob die Herstellung unentgeltlich geschieht.

Anders ist dies zu beurteilen, wenn die durch den Nutzer hergestellten Aufnahmen anschließend durch den Anbieter des Online-Videorecorders in ein anderes Format umgewandelt werden. In diesem Fall dient die ursprüngliche Aufnahme nämlich nicht dem privaten Gebrauch des Nutzers, dem erst die umgewandelte Version bereitgestellt wird und der keine Kontrolle über die ursprüngliche Kopie hat. Diese Vorlage ist damit für eine Weiterverarbeitung durch den Anbieter bestimmt und somit nicht von der Privatkopie gedeckt (vgl. OLG München, Urteil vom 19.9.2013, Az. 29 U 3989/12).

Auch wenn der Anbieter die Sendungen immer, also nicht nur durch den Nutzer ausgelöst, mitschneidet, liegt hierin eine Verletzung der Rechte der Fernsehsender, soweit ihm nicht entsprechende Rechte eingeräumt wurden.

Providerhaftung

I. Der Begriff des „Internet-Providers"

II. Die Haftung von Providern
 1. Überblick
 2. Haftung für eigene Informationen
  2.1 Content-Provider
  2.2 Problem des nutzergenerierten Inhalts
 3. Haftung für fremde Informationen
  3.1 Host-Provider
  3.2 Access-Provider
  3.3 Cache-Provider

III. Fazit

I. Der Begriff des „Internet-Providers"

Der Begriff des „Internet Service Providers" (ISP) oder kurz des „Internet-Providers" steht für den oder besser gesagt die Dienstleister, die dem Einzelnen die Nutzung des Internets ermöglichen. Den Zugang zum Internet schafft der **Access-Provider** (siehe hierzu das Stichwort → *Access-Providing-Vertrag*). Der Internet Presence Provider stellt dagegen Speicherplatz und Serverfunktionen meist in der Form des Webhosting (siehe hierzu das Stichwort → *Webhosting-Vertrag*) zur Verfügung und wird deswegen auch als Webhoster oder **Host-Provider** bezeichnet. Dies sind die technischen Voraussetzungen dafür, dass der **Content-Provider** seine Informationen für den Nutzer zum Abruf bereithalten kann. Damit der Zugriff auf die Inhalte möglichst schnell und reibungslos funktioniert, gibt es noch sogenannte **Cache-Provider,** die die Informationen auf ihren Servern zwischenspeichern.

Erst durch dieses Zusammenwirken können Inhalte im Netz verbreitet werden. Dementsprechend können nicht nur die jeweiligen Autoren, sondern grundsätzlich auch die beteiligten Provider für rechtswidrige Inhalte im Internet zur Verantwortung gezogen werden (Haftungsverdoppelung).

II. Die Haftung von Providern

1. Überblick

Die Frage der Verantwortlichkeit der Provider für rechtswidrige Inhalte auf Internetseiten, die von ihnen betrieben oder technisch betreut werden, wird in Deutschland mittlerweile durch das **Telemediengesetz** – TMG (§§ 7 ff. TMG) beantwortet, welches das Teledienstegesetz – TDG (§§ 8 ff. TDG) und den Mediendienstestaatsvertrag – MDStV (§§ 6 ff. MDStV) im Jahr 2007 abgelöst hat. Die näheren Voraussetzungen der Providerhaftung regeln die **§§ 7–10 TMG.** Die Regelung gilt für Zivilrecht, Strafrecht und Öffentliches Recht gleichermaßen.

Die verschiedenen Internet-Provider sind regelmäßig Diensteanbieter im Sinne des Telemediengesetzes.

Definition:
> Darunter fallen gemäß § 2 Nr. 1 TMG alle natürlichen oder juristischen Personen, die eigene oder fremde Telemedien zur Nutzung bereithalten oder den Zugang zur Nutzung vermitteln.

Entscheidend für die Verantwortlichkeit des Providers ist die Frage, ob es sich bei den rechtsverletzenden Inhalten um **eigene oder fremde** Informationen handelt. Das TMG sieht eine abgestufte Haftung vor, die den unterschiedlichen Grad der Beteiligung bei Rechtsverletzungen im Internet berücksichtigt. Insoweit wird nach der Tätigkeit der Provider differenziert. Der Umfang der Haftung richtet sich dementsprechend danach, ob der Provider als Content-Provider, Host-Provider, Access-Provider oder Cache-Provider gehandelt hat.

> **ACHTUNG!**
> Zu beachten ist jedoch, dass es sich bei den Regelungen im TMG nicht um selbstständige Anspruchsgrundlagen für die Haftung des Providers handelt. Die Anspruchsgrundlagen ergeben sich vielmehr aus den allgemeinen Regelungen des Urheber-, Zivil- oder Strafrechts. Das TMG bestimmt lediglich, unter welchen Voraussetzungen eine Haftung nach den allgemeinen Vorschriften überhaupt in Betracht kommt. Greift eine Privilegierung des TMG, scheidet eine Haftung nach den einschlägigen Vorschriften des Urheber-, Zivil- oder Strafrechts aus (sogenannte Filterfunktion).

2. Haftung für eigene Informationen

Handelt es sich bei den bereitgestellten Inhalten um **eigene Informationen,** gibt es **keine Haftungsprivilegierung.** § 7 Abs. 1 TMG stellt klar, dass der Provider in diesem Fall nach den allgemeinen Gesetzen verantwortlich ist.

2.1 Content-Provider

Derjenige, der eigene Inhalte auf einer Internetseite anbietet, wird als Content-Provider bezeichnet. Einen Content-Provider trifft also stets die volle Haftung nach den allgemeinen Vorschriften, wenn das von ihm veröffentlichte Webangebot fremde Rechte verletzt. Es ergeben sich insoweit keinerlei Unterschiede zu Offline-Publikationen.

2.2 Problem des nutzergenerierten Inhalts

Im sogenannten Web 2.0 stellt sich darüber hinaus die Frage, ob der Provider auch für nutzergenerierte Inhalte haften muss.

Definition:
> Der Begriff des Web 2.0 steht für die interaktiven Elemente des Internets, d. h. der Nutzer konsumiert nicht nur Inhalte im Netz, sondern stellt selbst Inhalte auf der Plattform des Providers zur Verfügung (nutzergenerierter Inhalt).

Nutzergenerierte Inhalte sind zunächst keine eigenen Informationen des Providers. Eine uneingeschränkte Haftung des Providers ist nach der Rechtsprechung des Bundesgerichtshofs (BGH, Urteil vom 12.11.2009 Az. I ZR 166/07 – „marionskochbuch.de") jedoch zu bejahen, wenn sich der Provider die Inhalte **zu eigen gemacht** hat. Hier kommt es auf eine Gesamtbetrachtung an. Indizien sind beispielsweise, dass

- der Provider die nutzergenerierten Inhalte vor der Veröffentlichung überprüft,
- der Provider die nutzergenerierten Inhalte unter seinem Emblem veröffentlicht,
- die nutzergenerierten Inhalte den redaktionellen Kerngehalt des gesamten Internetauftritts darstellen,
- der Provider sich ein umfassendes Nutzungsrecht an den Inhalten einräumen lässt,
- die nutzergenerierten Inhalte zu kommerziellem Nutzen beim Provider führen.

3. Haftung für fremde Informationen

Handelt es sich bei den bereitgestellten Inhalten um **fremde Informationen,** sieht das TMG im Hinblick auf die strafrechtliche Verantwortung und eine etwaige Schadensersatzhaftung eine **Privilegierung** des Providers vor (§§ 8–10 TMG).

Hiervon unberührt bleibt jedoch eine nach den allgemeinen Gesetzen bestehende Verpflichtung zur Entfernung oder Sperrung der Nutzung von Informationen des Providers wie § 7 Abs. 2 S. 2 TMG klarstellt. Dies gilt nach einer Grundsatzentscheidung des Bundesgerichtshofs auch für Unterlassungsansprüche gegen den Provider (BGH, Urteil vom 11.3.2004 Az. I ZR 304/01).

 WICHTIG!
Die Haftungsprivilegierungen des TMG gelten nicht für Ansprüche auf **Entfernung, Sperrung** oder **Unterlassung!** Hier haftet der Provider nach den allgemeinen Gesetzen!

Der Provider ist aber in keinem Fall verpflichtet, die von ihm übermittelten oder gespeicherten Informationen generell zu überwachen oder nach Umständen zu forschen, die auf eine rechtswidrige Tätigkeit hinweisen. Hier ist das Gesetz – § 7 Abs. 2 S. 1 TMG – eindeutig.

 WICHTIG!
Eine Nachforschungs- oder Überwachungspflicht besteht nicht! Dies gilt auch für nicht von der Haftungsprivilegierung erfasste Ansprüche!

3.1 Host-Provider

Host-Provider ist derjenige, der fremde Inhalte auf seinem Webserver und den eigenen Seiten bereitstellt. Zu den Leistungen des Host-Providers im Einzelnen siehe das Stichwort → *Webhosting-Vertrag*.

Entscheidend ist insofern, dass nach den Gesamtumständen nicht der Eindruck entsteht, es handele sich um ein eigenes Angebot des Providers. Zu beachten ist in diesem Zusammenhang, dass sich der Provider fremde Inhalte auch zu eigen machen kann (siehe Ziffer 2.2).

Ein Host-Provider ist gemäß § 10 TMG grundsätzlich nicht für fremde Inhalte bzw. durch sie ausgelöste Rechtsverletzungen verantwortlich. Der Provider haftet allerdings bei positiver Kenntnis, d. h. wenn nachweisbar ist, dass er von der Rechtswidrigkeit der Inhalte wusste (§ 10 Satz 1 Nr. 1 1. Alt. TMG). Auch wenn nachgewiesen werden kann, dass der Host-Provider starke Verdachtsmomente hegte, jedoch keine Klärungsbemühungen unternommen hat, greift die Haftungsprivilegierung jedenfalls im Hinblick auf Schadensersatzansprüche nicht (§ 10 Satz 1 Nr. 1 2. Alt. TMG).

 Hinweis:
Hierin liegt kein Widerspruch zu der Freistellung des Providers von Überwachungs- bzw. Nachforschungspflichten in § 7 Abs. 2 S. 1 TMG. Diese Vorschrift zielt ab auf vorsorgliche Überwachungsmaßnahmen bzw. Nachforschungen, die erst den Verdacht einer rechtswidrigen Tätigkeit zu begründen vermögen.

Um seine Befreiung von der Verantwortlichkeit nicht zu verlieren, muss der Host-Provider nach Kenntniserlangung unverzüglich die rechtswidrigen Inhalte entfernen oder den Zugang zu der jeweiligen Seite sperren (§ 10 Satz 1 Nr. 2 TMG).

Die nicht von der Privilegierung erfassten Verpflichtungen zur Sperrung oder Entfernung nach den allgemeinen Gesetzen kommen ebenfalls erst ab Kenntnis des Providers von den rechtswidrigen Inhalten in Betracht. Dies ergibt sich in diesen Fällen nicht aus § 10 TMG, sondern im Umkehrschluss aus § 7 Abs. 2 S. 1 TMG. Wie dieses Wissen erlangt wird, ob durch einen Hinweis, eine Abmahnung oder beim „Surfen", ist unerheblich.

 ACHTUNG!
Bei einem Hinweis muss dieser nach der Rechtsprechung allerdings so konkret gefasst sein, dass der Rechtsverstoß auf der Grundlage der Behauptungen des Betroffenen unschwer – das heißt ohne eingehende rechtliche und tatsächliche Überprüfung – bejaht werden kann (BGH, Urteil vom 25.10.2011 Az. VI ZR 93/10 – „Blog-Eintrag").

Weiterführend zu einer Störerhaftung des Host-Providers siehe das Stichwort → *Störerhaftung*.

3.2 Access-Provider

Access-Provider ist derjenige, der fremde Informationen im Internet oder anderen Netzen lediglich vermittelt bzw. durchleitet oder den Zugang zum Internet ermöglicht. Zu den Leistungen des Access-Providers im Einzelnen siehe das Stichwort → *Ac-*

cess-Providing-Vertrag. Diese Vermittlung des Internetzugangs ist rein technischer Art.

Der Access-Provider haftet gemäß § 8 TMG grundsätzlich nicht für die durchgeleiteten fremden Informationen, sofern er die Übermittlung nicht veranlasst hat, den Adressaten der übermittelten Informationen nicht ausgewählt hat und die übermittelten Informationen nicht ausgewählt oder verändert hat. Den Access-Provider trifft folglich keine Verantwortung für rechtswidrige Inhalte, die über die von ihm bereitgestellten Server übertragen oder zugänglich gemacht werden oder die von anderen Servern über ihn abgerufen werden. Inwieweit der Access-Provider im konkreten Einzelfall Kenntnis von den rechtswidrigen Inhalten besitzt, ist – im Gegensatz zum Host-Provider – unerheblich.

Auf die Kenntnis des Access-Providers von den rechtswidrigen Inhalten kommt es nur im Hinblick auf die nach den allgemeinen Gesetzen bestehenden Verpflichtungen zur Sperrung oder Entfernung an, die nicht von der Privilegierung des § 8 TMG erfasst sind.

Hinweis:
Die Freistellung von einer Überwachungs- oder Nachforschungspflicht in § 7 Abs. 2 S. 1 TMG kommt insofern nur bei den verschuldensunabhängigen Ansprüchen zum Tragen.

Dass der Access-Provider als Störer haften kann, hat der **BGH** inzwischen mit zwei **Urteilen** jeweils vom **26.11.2015** (Az. I ZR 3/14 – „3dl.am" und Az. I ZR 174/14 – „Goldesel") bestätigt. Allerdings darf nach der höchstrichterlichen Rechtsprechung der Access-Provider erst in Anspruch genommen werden, wenn vorher erfolglos versucht worden ist, gegen den Betreiber der Website oder den Host-Provider vorzugehen. In seiner Begründung stellt der BGH darauf ab, dass der Betreiber der Website und sein Host-Provider wesentlich näher an der Rechtsgutsverletzung sind als derjenige, der nur allgemein den Zugang zum Internet vermittelt. Diese Argumentation entspricht dem Grundgedanken, der auch der abgestuften Haftungsprivilegierung in §§ 7–10 TMG zugrunde liegt.

3.3 Cache-Provider

Ebenfalls nur eingeschränkt verantwortlich für fremde Informationen sind die sogenannten Cache-Provider. Als Cache-Provider i. S. v. § 9 TMG hat die Rechtsprechung beispielsweise einen Usenet-Betreiber eingeordnet (Oberlandesgericht Düsseldorf, Urteil vom 15.1.2008, Az. I-20 U 95/07).

§ 9 TMG sieht unter bestimmten Voraussetzungen eine Freistellung von der Haftung vor, wenn der Provider die Inhalte lediglich zum Zweck der effizienteren Übermittlung an anfragende Nutzer automatisch und zeitlich begrenzt zwischenspeichert. Insbesondere muss der Provider unverzüglich handeln, um zwischengespeicherte Informationen zu entfernen oder den Zugang zu ihnen zu sperren, sobald er Kenntnis davon hat, dass die Informationen am Ausgangsort der Übertragung aus dem Netz entfernt wurden oder der Zugang zu ihnen gesperrt wurde oder dies eine staatliche Stelle angeordnet hat.

Auf den Zeitpunkt der Kenntnisnahme kommt es auch im Hinblick auf die nicht von der Haftungsprivilegierung des § 9 TMG erfassten verschuldensunabhängigen Ansprüche wie Entfernung, Sperrung und Unterlassung an. Dies ergibt sich – wie für alle anderen Provider auch – aus der Regelung des § 7 Abs. 2 S. 1 TMG.

III. Fazit

Die Providerhaftung wird durch die §§ 7 ff. TMG nunmehr gesetzlich geregelt. Allerdings handelt es sich bei den Regelungen im TMG nicht um selbstständige Anspruchsgrundlagen, die gegenüber dem Provider geltend gemacht werden können. Die Anspruchsgrundlagen ergeben sich vielmehr aus den allgemeinen Regelungen des Urheber-, Zivil- oder Strafrechts.

Der Regelungsgehalt der §§ 7 ff. TMG liegt darin, zu bestimmen, nach welcher Maßgabe die allgemeinen Vorschriften zur Anwendung kommen. Eine uneingeschränkte Anwendung der allgemeinen Vorschriften gilt für eigene Informationen des Providers. Für fremde Informationen sieht das TMG Haftungsprivilegierungen vor, die die Geltung der allgemeinen Vorschriften – jedenfalls der Regelungen zum Schadensersatz und zu einer etwaigen strafrechtlichen Verantwortlichkeit – einschränken. Die Haftungsprivilegierungen richten sich nach dem Grad der Beteiligung bei Rechtsverletzungen im Internet. Insoweit wird nach der Tätigkeit der Provider differenziert.

In keinem Fall sind die Provider jedoch verpflichtet, die von ihnen übermittelten oder gespeicherten Informationen zu überwachen oder nach Umständen zu forschen, die auf eine rechtswidrige Tätigkeit hinweisen.

Recht am eigenen Bild

I. **Veränderte Rahmenbedingungen**
1. Stark gewachsene Bedeutung des Themas
2. Ursachen der veränderten Situation
   2.1 Siegeszug der Digitalfotografie
   2.2 Einfluss des Internets
   2.3 Visualisierung und Personalisierung der Öffentlichkeitsarbeit

II. **Rechtlicher Rahmen**
1. Überblick zu den Anknüpfungspunkten
   1.1 Kunsturheberrechtsgesetz (KUG)
   1.2 Bundesdatenschutzgesetz (BDSG)
   1.3 Grundgesetz (GG)
   1.4 Strafgesetzbuch
2. Abgrenzung zu anderen rechtlichen Regelungen
   2.1 Urheberrecht an Abbildungen
   2.2 Markenrecht
   2.3 Pass- und Ausweisrecht

III. **Besondere Problemfelder der Praxis**
1. Bilder von volljährigen Mitarbeitern im Internet
2. Bilder von minderjährigen Mitarbeitern im Internet
3. Gruppenbilder im Internet
4. Bilder ausgeschiedener Mitarbeiter auf einer Internetseite
5. Bild auf einem Betriebs- oder Werkausweis
6. Intime Bilder nach dem Ende einer Beziehung

IV. **Rechtliche Folgen bei Verstößen**
1. Überblick
2. Zivilrechtliche Ansprüche
3. Strafrechtliche Risiken

V. **Checkliste Recht am eigenen Bild**

Recht am eigenen Bild

I. Veränderte Rahmenbedingungen

1. Stark gewachsene Bedeutung des Themas

Bis vor wenigen Jahren war das Recht am eigenen Bild ein Randthema des Datenschutzes. Erörtert wurde beispielsweise, ob und unter welchen Voraussetzungen die Presse Abbildungen von Prominenten auch gegen deren Willen veröffentlichen darf („Caroline-von-Monaco-Prozesse"). Ab und an wurde auch darum gestritten, ob verfremdete Bilder für Werbezwecke benutzt werden dürfen. Eine gewisse Berühmtheit hatte dabei der in den 1950er-Jahren spielende „Herrenreiterfall" vom 14.2.1958 (abrufbar unter http://www.rehmnetz.de/it-recht/herrenreiterfall. Bei ihm wurde das schemenhafte Bild eines bekannten Turnierreiters in der Werbung für ein Potenzmittel verwendet, wobei jedoch vielen, die das Bild sahen, dennoch klar war, um wen es sich handelte. Für den typischen IT-Anwender waren solche Streitigkeiten ohne Belang, sie wurden eher als Kuriosa wahrgenommen.

Diese Situation hat sich in den letzten Jahren fast schon dramatisch geändert. Das Recht am eigenen Bild gehört inzwischen zu den bedeutenden Rechtsthemen im Unternehmensalltag. Die rechtlichen Risiken sind dabei erheblich: Bei Fehlern drohen Schadensersatzansprüche und im Extremfall Strafanzeigen (siehe dazu unten IV.3.).

2. Ursachen der veränderten Situation

2.1 Siegeszug der Digitalfotografie

„Stehende Bilder" (Fotos) werden inzwischen im Alltag ausschließlich digital aufgenommen; für „bewegte Bilder" (Filmaufnahmen) gilt dies schon länger. Die klassische Fotografie, bei der Filme belichtet werden, ist auf Nischen im Bereich der Kunst und der Liebhaberei beschränkt.

Die Bilder stehen sofort nach der Aufnahme zur Verfügung. Es gibt kein „Filmentwickeln" mehr.

Das digitale Format ermöglicht die problemlose Übermittlung von Bildern als Datei, beispielsweise als E-Mail-Anhang oder mittels Datenträgern wie einem USB-Stick.

Digitale Kameras sind nahezu überall greifbar – nämlich in Gestalt der Kameras von Smartphones, die in der Regel qualitativ gute Bilder liefern.

2.2 Einfluss des Internets

Jedes Unternehmen hat inzwischen einen Internetauftritt, der auch mit Bildern attraktiv gestaltet sein muss.

Bildplattformen wie www.flickr.com (für Fotos) und www.youtube.com (für Filmaufnahmen) ermöglichen die kostenlose weltweite Verbreitung von Aufnahmen.

Soziale Netzwerke wie www.facebook.com sehen eigene Bereiche für das Ablegen von Bildern vor.

Bilder, die ins Internet gestellt werden, kann jeder downloaden und weiterverwenden, wenn keine besonderen Sicherheitsvorkehrungen getroffen sind.

Die Verbreitung von Bildern, die ins Internet gestellt werden, ist damit im Ergebnis kaum zu kontrollieren.

2.3 Visualisierung und Personalisierung der Öffentlichkeitsarbeit

Werbewirksame Publikationen sind ohne Bebilderung kaum noch denkbar. Die Aufmerksamkeit wird dadurch deutlich erhöht.

Beispiel:
> Die Meldung „Die X-GmbH hat 15 Lehrlinge eingestellt" wird durch ein Bild der 15 Lehrlinge deutlich „greifbarer".

Vielfach erwartet der Kunde, dass nicht nur die Kontaktdaten seines „Gegenübers" (etwa eines Kundenberaters) im Internet verfügbar sind, sondern dass er auch ein Bild vorfindet.

Von Führungspersonen, wie etwa dem Geschäftsführer, erwartet die Presse schon nahezu selbstverständlich, dass ein Bild frei downloadbar zur Verfügung steht.

II. Rechtlicher Rahmen

1. Überblick zu den Anknüpfungspunkten

Die Anknüpfungspunkte für das Recht am eigenen Bild sind erstaunlich vielfältig, was den Überblick erschwert. Es sind (nachfolgend in der Reihenfolge ihrer Bedeutung für die Praxis behandelt) mehrere Vorschriften zu beachten, deren Anwendungsbereich sich zum Teil überschneidet: Kunsturheberrechtsgesetz, Bundesdatenschutzgesetz, Grundgesetz, Strafgesetzbuch.

1.1 Kunsturheberrechtsgesetz (KUG)

Der Name des schon recht alten Gesetzes (ursprüngliche Fassung aus dem Jahr 1907) bezieht sich auf seinen damaligen Hauptinhalt: Den Schutz der Rechte von Urhebern an Kunstwerken. Aus heutiger Sicht ist er irreführend. Der Schutz der Urheberrechte ist inzwischen Gegenstand eines ganz anderen Gesetzes (Urheberrechtsgesetz), während im KUG nur noch die Schutzvorschriften für das Recht am eigenen Bild enthalten sind.

Das KUG enthält viele konkrete Vorgaben, etwa dafür, welchen Schutz Bilder von Verstorbenen genießen (§ 22 Satz 3 KUG). Es sollte daher immer zuerst zu Rate gezogen werden. Es ist immer anwendbar, wenn Abbildungen von Personen (Fotos oder Filme) veröffentlicht werden oder wenn sie anderen überlassen werden. Dazu, ob jemand überhaupt fotografiert werden darf, sagt es dagegen nichts. Dafür ist auf das Grundgesetz zurückzugreifen.

Ein praktischer Hauptanwendungsbereich des Gesetzes sind inzwischen Abbildungen im Internet. Das Gesetz ist so abstrakt formuliert, dass es – ungeachtet seines Alters – darauf problemlos angewandt werden kann.

1.2 Bundesdatenschutzgesetz (BDSG)

Bilder von Personen fallen unter den Begriff der „personenbezogenen Daten" (§ 3 Abs. 1 BDSG). Das hat inzwischen der Europäische Gerichtshof besonders hervorgehoben: Nach seiner Auffassung fällt das von einer Kamera aufgezeichnete oder auf sonstige Art und Weise erstellte Bild einer Person unter den Begriff der personenbezogenen Daten, sofern das Bild die Identifikation der betroffenen Person ermöglicht (so EuGH, Urt. v. 11.12.2014 – C-212/13, Rn. 22). Damit ist das BDSG auch auf Abbildungen (Fotos oder Filme) anwendbar. Das BDSG

Recht am eigenen Bild

überschneidet sich in seinen Anwendungsbereich teilweise mit dem KUG, hat aber daneben auch eine eigenständige Bedeutung.

Eine Überschneidung liegt vor, soweit es um die Weitergabe von Abbildungen an andere oder um das Veröffentlichen geht. In den Begriffen des BDSG ist das eine Übermittlung personenbezogener Daten (§ 3 Abs. 4 Nr. 3 BDSG). Zugleich werden diese Vorgänge vom KUG als „Verbreiten" und „öffentlich zur Schau stellen" erfasst (§ 22 Satz 1 KUG). Hier hat das BDSG also kaum eine eigenständige Rolle.

Die eigenständige Bedeutung beginnt dort, wo Abbildungen lediglich intern fest gehalten werden. Das ist im Regelfall als Datenerhebung und Datenspeicherung zu werten. Insofern setzt das BDSG also schon früher ein als das KUG und erfasst andere Vorgänge.

1.3 Grundgesetz (GG)

Das Recht am eigenen Bild ist eine besondere Facette des grundrechtlich geschützten allgemeinen Persönlichkeitsrechts. Das zeigt zum einen den hohen ideellen Stellenwert des Rechts am eigenen Bild. Es hat aber auch praktische Konsequenzen: Die Gerichte zögern nicht, bei Verletzungen des Rechts am eigenen Bild Schadensersatz wegen Verletzung des allgemeinen Persönlichkeitsrechts zuzusprechen – eine sonst eher etwas ungewöhnliche Konstruktion, bei der Grundrechte als Rechtsgrundlage für Schadensersatzansprüche nicht nur gegen staatliche Stellen, sondern auch gegenüber Privatpersonen dienen. Dies geht zurück auf Rechtsprechung des Bundesgerichtshofs aus den 1950er-Jahren, die seither kontinuierlich fortgeführt wurde (BGHZ 13, 334, 338 – „Leserbriefentscheidung", abrufbar unter http://www.rehmnetz.de/it-recht/leserbriefentscheidung).

Aus dem Recht am eigenen Bild als Ausprägung des allgemeinen Persönlichkeitsrechts sind praktisch wichtige Folgerungen abzuleiten. So folgt aus ihm, dass es grundsätzlich niemand dulden muss, gegen seinen Willen fotografiert zu werden. Für das Verbreiten von Fotos ist dagegen auf die Regelungen des KUG zurückzugreifen (siehe oben II.1.2).

1.4 Strafgesetzbuch

Das heimliche Anfertigen von Fotos ist dann strafbar, wenn fotografiert wird, während sich der Betroffene „in einer Wohnung oder einem gegen Einblick besonders geschützten Raum" befindet (§ 201a StGB: Freiheitsstrafe bis zu einem Jahr oder Geldstrafe).

Beispiel:

> Ein Frauenarzt fertigt bei der Untersuchung von Patientinnen medizinisch nicht indizierte Bilder des Intimbereichs an und erstellt daraus eine private Bildersammlung. Eine Weitergabe an andere Personen erfolgt nicht.
>
> Darin liegt laut Landgericht Frankenthal (Urteil v. 11.11.2013 – 5221 Js 25913/11.6 KLs) unter anderem ein Vergehen gemäß § 201a StGB (außerdem nach den Umständen des konkreten Falles noch sexueller Missbrauch gemäß § 174c StGB).

2. Abgrenzung zu anderen rechtlichen Regelungen

2.1 Urheberrecht an Abbildungen

Nichts mit dem Recht am eigenen Bild zu tun hat die Frage des Urheberrechts an Abbildungen, das im Urheberrechtsgesetz geregelt ist („Lichtbildwerke" bzw. „Filmwerke gemäß § 2 Abs. 1 Nr. 5 bzw. Nr. 6 UrhG). Ein Fotograf, der eine Person fotografiert, erwirbt durch seine Tätigkeit ein Urheberrecht an der Abbildung. Das Recht am eigenen Bild kann dagegen immer nur der abgebildeten Person zustehen.

2.2 Markenrecht

Auch das Markenrecht, das im Markengesetz geregelt ist, befasst sich mit etwas anderem. Abbildungen, die eine Ware oder Dienstleistung kennzeichnen (etwa das bekannte „Bayer-Kreuz" für Arzneimittel des Herstellers Bayer Leverkusen), können markenrechtlich geschützt sein. Zumindest theoretisch wäre es denkbar, dass auch die Abbildung einer Person einen solchen Schutz erfährt („Abbildung" gemäß § 3 Abs. 1 MarkenG). Dabei geht es dann jedoch um den Bezug zwischen dieser Marke und der Ware oder Dienstleistung, für die sie kennzeichnend ist. Mit dem Schutz der Rechte des Abgebildeten selbst hat das wiederum nichts zu tun.

2.3 Pass- und Ausweisrecht

Im Pass- und Ausweisrecht hat das Bild der Person, für die ein Pass oder Ausweis ausgestellt wird, eine besondere Bedeutung für die Identifizierung des Betroffenen. Es regelt daher auch die Anforderungen an solche Bilder und legt fest, an welche Stellen (etwa Polizei und Verkehrsüberwachungsbehörden) sie übermittelt werden dürfen (§ 22a PassG). Diese Übermittlungsvorschriften haben datenschutzrechtlichen Charakter, befassen sich aber nicht mit dem Recht des Abgebildeten am eigenen Bild.

Für Unternehmen sind die Vorschriften im Passgesetz von einer gewissen Bedeutung, in denen festgelegt wird, dass Pässe auch von privaten Stellen zur Identifikation genutzt werden dürfen (siehe § 18 PassG). Entsprechendes gilt für die parallelen Vorschriften im Personalausweisgesetz (siehe § 20 PAuswG). Das Verwaltungsgericht Hannover hat hierzu entschieden, dass das Scannen und Speichern von Personalausweisen durch nichtöffentliche Stellen (wie etwa Unternehmen) gegen die datenschutzrechtlichen Vorgaben des Personalausweisgesetzes verstoßen. Dies wurde zwar nicht spezifisch mit dem Recht am eigenen Bild begründet, doch erfasst dieses Verbot auch das Scannen des Bildes im Personalausweis (VG Hannover, Urteil v. 28.11.2013 – 10 A 5342/11). Eine Broschüre des Landesbeauftragten für den Datenschutz Nordrhein-Westfalen stellt verschiedene Fallkonstellationen dazu dar, wann das Kopieren und Scannen des Personalausweises einschließlich des in ihm enthaltenen Bildes erlaubt ist und wann nicht. Die Broschüre (Stand: Oktober 2014) ist abrufbar unter http://www.rehmnetz.de/it-recht/leitfadenperso.

III. Besondere Problemfelder der Praxis

1. Bilder von volljährigen Mitarbeitern im Internet

Die Regelungen des KUG für das Verbreiten und das öffentliche „Zurschaustellen" von Abbildungen gelten auch für Unternehmen im Verhältnis zu ihren Mitarbeitern.

Beispiel:

> Die X-GmbH möchte auf ihrer Homepage alle Mitarbeiter der Bestellannahme mit betrieblicher Telefonnummer und E-Mail-Adresse sowie mit einem Bild vorstellen. Sie verlangt von allen Mitarbeitern, sich zu diesem Zweck auf Kosten des Unterneh-

Recht am eigenen Bild

mens fotografieren zu lassen. Frau Y lehnt das strikt ab. Kann sie gezwungen werden, sich fotografieren zu lassen oder ist eine Abmahnung möglich, weil sie sich weigert?

Wird das Bild einer Person ins Internet eingestellt, dann liegt darin ein „öffentliches Zurschaustellen", denn eine unabsehbare Zahl von Personen kann dieses Bild betrachten. Dies setzt die Einwilligung des Betroffenen voraus (§ 22 Satz 1 KUG). Hier lehnt die Betroffene eine solche Einwilligung aber gerade ab. Einer der gesetzlichen Ausnahmefälle, in denen eine solche Einwilligung entbehrlich wäre (§ 23 KUG: Bilder von Personen der Zeitgeschichte, etwa von Politikern), liegt nicht vor. Siehe zu solchen Ausnahmen die konkreten Bildbeispiele bei http://www.rehmnetz.de/it-recht/kursurheberrecht. Somit kann kein Bild eingestellt werden. Weder ein Zwang zum Fotografieren noch eine Abmahnung sind möglich. Letzteres scheitert daran, dass die Mitarbeiterin keine arbeitsrechtliche Pflicht verletzt hat.

Die Frage ist nicht mit der vergleichbar, ob der Betroffene die Angabe der (dienstlichen, nicht privaten!) **Telefonnummer** und **Mailadresse** auf der Internetseite dulden muss. Dafür gibt es keine spezielle gesetzliche Regelung. Nach den Generalklauseln des BDSG (hier: § 32 Abs. 1 Satz 1 BDSG: Erforderlichkeit für die Durchführung des Beschäftigungsverhältnisses?) sind die Interessen von Arbeitgeber und Arbeitnehmer abzuwägen.

Ergebnis: Mitarbeiter mit Außenkontakt (hier: Bestellannahme) müssen die Angabe dieser Daten dulden.

Eine Einwilligung kann auch durch ein entsprechendes Handeln des Abgebildeten gegeben werden: Wer sich auf ein Bild drängt, das etwa ausdrücklich zur Veröffentlichung im Internetauftritt gemacht wurde, erklärt damit bereits sein Einverständnis mit der Veröffentlichung. Ohne diese Einwilligung dürfen nur Bilder aus dem Bereich der Zeitgeschichte, Bilder, auf denen die Personen nur als Beiwerk neben eine Landschaft oder sonstigen Örtlichkeiten erscheinen sowie Bilder von Versammlungen und Veranstaltungen, an denen die dargestellten Personen teilgenommen haben (also Bilder „in die Menge hinein", solange durch diese Bilder nicht ein berechtigtes Interesse des Abgebildeten verletzt wird) veröffentlicht werden." Siehe hierzu bereits oben erwähnten Bildbeispiele unter http://www.rehmnetz.de/it-recht/kursurheberrecht.

Ein Mustertext für eine schriftliche Einwilligung ist verfügbar unter http://www.rehmnetz.de/it-recht/einwilligungkug.

2. Bilder von minderjährigen Mitarbeitern im Internet

Bei Minderjährigen (alle Personen vor dem vollendeten 18. Lebensjahr) ist zu beachten, dass der Minderjährige selbst rechtlich nicht wirksam einwilligen kann. Das führt oft zu komplizierten Überlegungen.

Beispiel:

> Das Unternehmen hat fünf Azubis unter 18 eingestellt und möchte sie als Gruppe unter der Überschrift „Unsere Neuen" ins Netz stellen. Es kommen Bedenken, ob das rechtlich in Ordnung ist.

Es bedarf der Einwilligung der Betroffenen selbst, diese reicht aber nicht aus. Nötig ist außerdem die Einwilligung der jeweiligen Erziehungsberechtigten (in der Regel beide Elternteile, § 1626 Abs. 1 BGB). Sie sollte aus Beweisgründen schriftlich eingeholt werden.

Vertretbar, wenn auch mit einem „Restrisiko" versehen, scheint folgendes Vorgehen: Das Gruppenbild wird gefertigt und mit einem freundlichen Schreiben den Erziehungsberechtigten zugeschickt. Im Anschreiben sollte der Hinweis enthalten und klar hervorgehoben sein, dass das Bild ins Internet gestellt wird, sofern man nichts Gegenteiliges hört. Das „Restrisiko" liegt insbesondere darin, dass jemand später (etwa wenn ein Azubi das Unternehmen in der Probezeit verlassen muss) behauptet, ein solches Schreiben sei nie angekommen.

3. Gruppenbilder im Internet

Es ist ein falsches Gerücht, ab fünf Personen könne man Bilder immer auch ohne Einwilligung der Betroffenen verbreiten (etwa ins Internet stellen). Dieses Gerücht geht auf die Fehlinterpretation einer Regelung im KUG zurück. Dort heißt es, es bedürfe keiner Einwilligung der Betroffenen bei „Bildern von Versammlungen, Aufzügen und ähnlichen Vorgängen, an denen die dargestellten Personen teilgenommen haben" (§ 23 Abs. 1 Nr. 3 KUG).

Grundgedanke der Regelung: Wenn hier die Einwilligung jedes Einzelnen nötig wäre, könnte man solche Ereignisse letztlich nie abbilden. Diese Ausnahmeregelung deckt etwa den Fall ab, dass eine öffentlich zugängliche Jubiläumsveranstaltung eines Unternehmens fotografiert wird. Wie viele Personen auf einem solchen Bild zu sehen sein müssen, lässt sich schwer pauschal angeben. Wesentlich ist, dass der Einzelne als Individuum in den Hintergrund tritt. Faustregel: ab etwa zehn bis 15 Personen. Das optische „Herausgreifen" einzelner Personen aus einer Menge ist niemals durch diese Ausnahmeregelung abgedeckt, da dann eine individuelle und keine Gruppendarstellung mehr vorliegt.

4. Bilder ausgeschiedener Mitarbeiter auf einer Internetseite

Zu erheblichem Ärger führt es immer wieder, wenn Mitarbeiter aus dem Unternehmen ausscheiden und sie nach wie vor auf Bildern der Internetseite des Unternehmens zu sehen sind.

Beispiel:

> Von einer Bankkauffrau befinden sich auch nach ihrem Ausscheiden aus dem bisherigen Unternehmen auf dessen Homepage noch zwei Bilder: Auf dem einen Bild ist sie Teil einer Gruppe von insgesamt sechs Lehrlingen, die zusammen mit ihrer Ausbildungsleiterin fotografiert wurden. Auf dem zweiten Bild sitzt sie mit anderen Personen anlässlich einer Genossenschaftsversammlung der Bank, bei der sie bisher gearbeitet hat, an einem Tisch.
>
> Das Arbeitsgericht Frankfurt/Main ist zu der Auffassung gelangt, dass der frühere Arbeitgeber das Gesicht der Bankkauffrau auf beiden Bildern „verpixeln" muss, wenn sie dies fordert. Sie kann dagegen nicht verlangen, dass die beiden Bilder vollständig entfernt werden. Dies scheitert daran, dass die anderen abgebildeten Personen nach wie vor nichts dagegen haben, dass sie auf der Homepage zu sehen sind und dass der Arbeitgeber ein berechtigtes Interesse daran hat, Ereignisse aus dem Leben des Unternehmens nach außen zu dokumentieren. Siehe Urteil des Arbeitsgerichts Frankfurt/Main vom 20.6.2012 – 7 Ca 1649/12.
>
> Einen ganz ähnlichen Fall (Bild einer Rechtsanwältin auf der Homepage der Kanzlei, bei der sie früher angestellt war) hat das Landesarbeitsgerichts Köln Beschluss vom 10.7.2009 – 7 Ta 126/09 entsprechend entschieden.

Recht am eigenen Bild

Allerdings gibt es auch Grenzen dessen, was ein ausgeschiedener Arbeitnehmer verlangen kann. Insbesondere, wenn er bei der Anfertigung eines Bildes nicht als Individuum von Interesse war, kann er nicht verlangen, dass ein Bild nur deshalb entfernt wird, weil er aus dem Unternehmen ausgeschieden ist. Die Rechtsprechung ist insoweit jedoch nicht ganz konsequent, wie die folgenden beiden Beispiele zeigen.

Beispiel:

Eine kaufmännische Angestellte stand vom 6.9.2001 bis zum 31.5.2007 in einem Arbeitsverhältnis. Irgendwann in dieser Zeit ließ der Arbeitgeber sie am Arbeitsplatz fotografieren. Das Foto zeigt die Angestellte an ihrem Schreibtisch, während sie ein Telefonat führt und sich mit leichtem Lächeln der Kamera zuwendet. Dabei war ihr klar, dass das Foto auf der Homepage des Unternehmens verwendet werden sollte, was dann in der Folge auch geschah.

Nach Beendigung des Arbeitsverhältnisses forderte sie, dass der Arbeitgeber das Foto entfernt. Das tat er im Ergebnis auch. Da es aus ihrer Sicht zu spät geschehen war, forderte die Angestellte Schadensersatz. Damit hatte sie beim Landesarbeitsgericht Köln jedoch keinen Erfolg. Das Gericht führte dazu aus (LAG Köln, Beschluss vom 10.7.2009 – 7 Ta 126/09):

„Vorliegend enthält die Gestaltung der Internetseite der Antragsgegnerin aber keinen individuellen Bezug auf die Persönlichkeit der Antragstellerin, sondern ihr Foto als telefonierende Angestellte dient nur Illustrations- bzw. Dekorationszwecken und wäre von seinem Aussagegehalt her durch das Foto jeder beliebigen anderen – auch unternehmensfremden – Person in gleicher Pose austauschbar. In einem solchen Fall kann der Arbeitgeber damit rechnen, dass der abgelichtete Arbeitnehmer auch über das Ende des Arbeitsverhältnisses hinaus kein gesteigertes Interesse an einer sofortigen Entfernung des Fotos hat."

Gleichwohl gibt das Gericht im Ergebnis dem Arbeitnehmer einen Anspruch auf Entfernung des Fotos, indem es fortfährt: „(Der Arbeitgeber) . . . muss den Aufwand einer Neugestaltung seiner Homepage ohne das Foto des ausgeschiedenen Arbeitnehmers vielmehr nur dann auf sich nehmen, wenn der Arbeitnehmer sich an ihn wendet und dies ausdrücklich von ihm verlangt. Einen Tag nachdem die ... (Arbeitnehmerin) ... sodann im November 2008 die Entfernung ihres Fotos von der Homepage unstreitig verlangt hatte, ist ... (der Arbeitgeber) ...diesem Ansinnen auch nachgekommen."

Beispiel:

Ein Unternehmen für Kälte- und Klimatechnik ließ für seinen Internetauftritt einen Werbefilm von drei Minuten Länge gestalten. In diesem Film sind insgesamt über 30 Arbeitnehmer des Unternehmens zu sehen, darunter zweimal auch der Kläger, der damals als Monteur im Unternehmen tätig war. Einmal steht er an einem Schaltschrank, einmal sitzt er auf einem Stuhl. Jede dieser beiden Filmsequenzen dauert nicht mehr als drei (!) Sekunden.

Etwa drei Jahre nach den Filmaufnahmen schied der Kläger aus dem Unternehmen aus. Dabei erklärte er, er widerrufe „eine möglicherweise erteilte Einwilligung betreffend die Verwendung seines Bildes auf den Filmaufnahmen". Diesen Widerruf ließ das Bundesarbeitsgericht im vorliegenden Fall nicht gelten. Ein Arbeitnehmer könne zwar eine einmal erteilte Einwilligung später prinzipiell durchaus widerrufen. Dies gelte allerdings nur, wenn er dafür einen plausiblen Grund nenne. Im vorliegenden Fall hat der Kläger überhaupt keinen Grund genannt. Deshalb könne er die früher erteilte Einwilligung nicht wirksam widerrufen (Bundesarbeitsgericht, Urteil vom 19.2.2015 – 8 AZR 1011/13).

5. Bild auf einem Betriebs- oder Werkausweis

In diesem Fall spielen die Regelungen des Kunsturheberrechtsgesetzes keine Rolle. Es wäre nur anwendbar, wenn Bilder verbreitet oder öffentlich zur Schau gestellt werden. Das ist bei einem Betriebs- oder Werksausweis jedoch nicht der Fall. Der betroffene Mitarbeiter benutzt einen solchen Ausweis ausschließlich selbst nur gegenüber einzelnen Personen oder einem sehr begrenzten Kreis von Personen, denen gegenüber er sich als Mitarbeiter des Unternehmens zu erkennen geben möchte.

Einschlägig ist dagegen § 32 Abs. 1 BDSG. Die Verwendung des Bildes ist jedoch für die Durchführung des Beschäftigungsverhältnisses erforderlich, weil nur so eine Identifizierung des Mitarbeiters ermöglicht werden kann (so zutreffend Bayerisches Landesamt für Datenschutzaufsicht, Tätigkeitsbericht 2011/2012, Ziffer 13.7).

6. Intime Bilder nach dem Ende einer Beziehung

Beispiel:

Eine Frau verlangt nach dem Ende einer Liebesbeziehung, dass ihr Ex-Partner Fotos und Videoaufnahmen löscht, die während der Beziehung angefertigt wurden. Dabei handelte es sich auch um intime Aufnahmen, teils im Zusammenhang mit Geschlechtsverkehr.

Der Bundesgerichtshof sah den Mann verpflichtet, jedenfalls die höchstpersönlichen Aufnahmen zu löschen. Diese Pflicht leitete er daraus ab, dass die Einwilligung der Frau in die Anfertigung und die Verwendung der Aufnahmen erkennbar auf die Dauer der Beziehung beschränkt war. Nicht verpflichtet ist der Mann dagegen, Bilder von Alltagssituationen zu löschen, auf denen das frühere Paar zu sehen ist (also Urlaubsaufnahmen usw.).

Siehe dazu das Urteil des Bundesgerichtshofs vom 13.10.2015 – VI ZR 271/14.

IV. Rechtliche Folgen bei Verstößen

1. Überblick

Die Folgen von Verstößen gegen das Recht am eigenen Bild werden häufig unterschätzt. Das liegt an einer falschen Analogie zum Datenschutzrecht. Da Verstöße dort – vielfach – nur gering geahndet werden, meint man, das sei hier genauso. Das erweist sich in der Praxis immer wieder als fataler Irrtum.

Denkbar sind zum einen zivilrechtliche Folgen (Unterlassungsanspruch, Schadensersatz). Daneben stehen – eine gefährliche Flanke – im Anwendungsbereich des KUG strafrechtliche Risiken. Beim heimlichen Anfertigen von Bildern kann sogar § 201a StGB einschlägig sein.

2. Zivilrechtliche Ansprüche

Denkbar ist zum einen ein Unterlassungsanspruch wegen Verletzung des Rechts am eigenen Bild/des Persönlichkeitsrechts (Rechtsgrundlage entweder § 1004 BGB oder unmittelbar aus der Verfassung abgeleitet das Persönlichkeitsrecht). Ein solcher Anspruch besteht im Prinzip zeitlich unbegrenzt, solange die Rechtsverletzung anhält – also etwa solange ein Bild ohne Einwilligung des Betroffenen im Internet steht. Er kann auch im Wege der einstweiligen Verfügung durchgesetzt werden. Zuständig sind die Zivilgerichte (Amtsgericht, Landgericht).

WICHTIG!
Bei der Verbreitung eines Bildes im Internet kann der Betroffene bei jedem Amts- oder Landgericht klagen. Die örtliche Zuständigkeit ist überall gegeben, da das Bild überall abrufbar ist („fliegender Gerichtsstand").

Schadensersatzansprüche wegen materieller Schäden (§ 823 Abs. 1 BGB oder § 823 Abs. 2 i. V. m. § 22 KUG) dürften selten sein, da meist kein in Geld messbarer Schaden entsteht.

Schmerzensgeld (§ 253 BGB) kommt in Betracht (von der Rechtsprechung unmittelbar aus Art. 2 i. V. m. Art. 1 GG abgeleitet). Dabei ist beim Internet zu berücksichtigen, dass die Verbreitung sehr umfassend ist. Im Ergebnis wird es meist um Beträge bis allenfalls 1000 oder 2000 € gehen, doch kommt es stets auf die Umstände des Einzelfalls an; die Gerichte haben hier erhebliche Spielräume.

3. Strafrechtliche Risiken

Wer ohne Einwilligung des Betroffenen ein Bild verbreitet oder öffentlich zur Schau stellt, wird mit Freiheitsstrafe bis zu einem Jahr oder mit Geldstrafe bestraft (§ 33 Abs. 1 KUG). Damit ein Strafverfahren in Gang kommt, bedarf es eines Strafantrags des Betroffenen (§ 33 Abs. 2 KUG).

Eine solche Strafanzeige ist nur binnen drei Monaten möglich, nachdem der Betroffene davon erfahren hat, dass sein Recht am eigenen Bild verletzt wurde (§ 77b Abs. 1 Satz 1 StGB). Er kann bei der Polizei oder Staatsanwaltschaft gestellt werden.

 ACHTUNG!
Wird der Strafantrag zurückgenommen – was jederzeit möglich ist, § 77d StGB – endet das Strafverfahren. Die Möglichkeit, dass die Staatsanwaltschaft das öffentliche Interesse bejaht und das Verfahren fortführt, ist hier nicht vorgesehen.

Die Strafanzeige ist ein echtes Risiko – wenn auch eine Freiheitsstrafe bei den Fällen, die real vorkommen, kaum denkbar erscheint. Meist wird ein Verfahren gegen Zahlung einer Geldauflage von einigen hundert Euro eingestellt werden. Nicht selten wird die Drohung mit einer Strafanzeige auch als Druckmittel benutzt, um beispielsweise einen höheren Schadensersatz herauszuhandeln. Dies ist rechtlich nicht zu beanstanden, wenn es auch aus der Sicht eines Laien wie eine Erpressung wirken kann.

 ACHTUNG!
Ein Strafverfahren wegen unerlaubten Einstellens eines Bildes ins Internet richtet sich im Allgemeinen gegen den Verantwortlichen für den Webauftritt. Meist wird das die Geschäftsführung sein. Das gibt einer etwaigen Strafanzeige unternehmensintern ein besonderes Gewicht.

V. Checkliste Recht am eigenen Bild

- ❏ Veränderte technische Rahmenbedingungen
  - ▶ Digitalfotografie überall verfügbar (Smartphones!)
  - ▶ Verbreitung von Fotos im Internet fast unkontrollierbar
  - ▶ „Negative" usw. spielen keine Rolle mehr

- ❏ Kunsturheberrechtsgesetz (KUG) als oft übersehene Regelung
  - ▶ Einwilligung des Betroffenen bei jeder Veröffentlichung eines Bildes, das ihn darstellt, nötig. Entsprechendes gilt für Filmaufnahmen
  - ▶ Einwilligung nicht erzwingbar, Verweigerung kein Verstoß gegen den Arbeitsvertrag
  - ▶ Bei Minderjährigen Einwilligung der Eltern nötig
- ❏ Rechtsfolgen bei Verstößen
  - ▶ Zivilrechtlich: Unterlassungsanspruch (auch per einstweiliger Verfügung), Schadensersatz (geringes Risiko), Schmerzensgeld (praktisch relevant)
  - ▶ Strafrechtlich: Strafanzeige des Betroffenen möglich, dabei Strafantrag nötig (fristgebunden: Drei Monate ab Kenntnis der Rechtsverletzung)

RFID – Radio Frequency Identification

- I. Technische Hintergründe
  1. Grundprinzip
  2. Aktive und passive Systeme
- II. Praktische Einsatzfelder
  1. Logistik (u. a. als Barcode-Einsatz)
  2. Produktionsabläufe
  3. Zugangskontrollen
  4. Diebstahlschutz
  5. Reisepässe und Personalausweise
  6. „Internet der Dinge"
- III. Datenschutzrechtliche Fragen
  1. Vorliegen eines Personenbezugs
  2. Anwendbare Vorschriften
     2.1 BDSG als Ausgangspunkt
     2.2 Rechtliche Grundlage für den Umgang mit Daten (§ 4 Abs. 1, § 28 BDSG)
     2.3 Unterrichtung des Betroffenen (§ 6c BDSG)
  3. Sicherung gespeicherter personenbezogener Daten
  4. Löschung gespeicherter personenbezogener Daten
  5. Bemühungen um eine europaweite Rechtsbasis
- IV. Fragen der (Daten-)Sicherheit
- V. Praxisrelevante rechtspolitische Diskussionen
  1. Big Brother Award 2003 für die Metro-Gruppe
  2. Datenschutzbeauftragte des Bundes und der Länder
  3. Europäische Ebene
- VI. Checkliste für RFID-Vorhaben

I. Technische Hintergründe

1. Grundprinzip

RFID steht für „Radio Frequency Identifikation" und bedeutet im Ausgangspunkt, dass ein Gegenstand mit einem Chip („Transponder" oder „Tag") versehen wird, der Angaben zur

RFID – Radio Frequency Identification

Identifikation des Gegenstandes (daher „Identification") enthält, die durch den Einsatz von Funkwellen ausgelesen werden können (daher „Radio Frequency"). Das Auslesen geschieht dabei durch ein Lesegerät (Reader), das aus den drei Komponenten Sender, Empfänger und Antenne besteht. Über eine Schnittstelle ist der Reader meist noch an EDV-Systeme angeschlossen (etwa an ein Warenwirtschaftssystem). Mit dieser technischen Kurzbeschreibung ist die breite Palette der Einsatzmöglichkeiten jedoch allenfalls angedeutet. Eine ausführliche Darstellung dessen, was möglich ist und was tatsächlich schon zum Einsatz kommt, bietet http://www.rfid-journal.de/.

2. Aktive und passive Systeme

Etwas näher betrachtet unterscheidet man vom Prinzip her zwei Arten von RFID-Systemen:

- Passive Systeme

  Bei ihnen verfügt der Chip, der am Gegenstand angebracht ist, nicht über eine eigene Energiequelle. Energie erhält er von außen, indem er in ein magnetisches Feld gebracht wird. Erst dies versetzt ihn in die Lage, gespeicherte Informationen zu „senden".

  Die Möglichkeiten dieser Systeme sind durch die verfügbare Energie begrenzt. Die Reichweite des „Senders" ist in der Regel auf weniger als einen Meter limitiert. Die Menge der gespeicherten Daten ist eher gering.

- Aktive Systeme

  Bei ihnen verfügt der Chip über eine eigene Energiequelle (Batterie). Die Reichweite vergrößert sich dadurch. Auch das spätere „Dazuspeichern" zusätzlicher Daten ist relativ leicht möglich.

Generell gilt, dass die Möglichkeiten beider Arten von Systemen ständig zunehmen. Das geht auf verbesserte Möglichkeiten des Einsatzes magnetischer Felder zurück, aber auch auf die geradezu stürmischen Fortschritte der Batterietechnik.

II. Praktische Einsatzfelder

1. Logistik (u. a. als Barcode-Einsatz)

RFID-Systeme sind primär ein Werkzeug der Logistik im weitesten Sinn.

Beispiel:
> Sie können zur Kennzeichnung von Waren aller Art dienen und dann etwa an der Kasse den „Strichcode" (Barcode) ersetzen.

Vorteil dabei: Bei entsprechender Gestaltung des Chips müssen die Gegenstände nicht mehr auf ein Kassenband gelegt werden; vielmehr ist eine berührungsloses „Auslesen im Korb" möglich.

Für solche Einsatzzwecke bieten sich passive RFID-Systeme an.

2. Produktionsabläufe

Denkbar ist bei aktiven Systemen, Bearbeitungsschritte auf dem Chip fest zuhalten.

Beispiel:
> In einem Krankenhaus sind alle Wäschestücke mit einem Chip versehen. Auf ihm wird gespeichert, wann ein Wäschestück in der Wäscherei war, auf welcher Station es in Gebrauch war und Ähnliches.

Vorteil: Es lässt sich mit geringem Aufwand feststellen, nach wie vielen Wäschen ein Stück in der Regel unbrauchbar ist, wie oft es im Lauf eines Jahres benutzt wird usw. Auch Sortiervorgänge vor dem Waschen lassen sich automatisieren. Im Ergebnis kann der Umfang der Wäschevorräte in der Regel reduziert werden.

3. Zugangskontrollen

Ein weites Einsatzfeld bietet sich bei Zugangskontrollen.

Beispiel:
> Jeder Beschäftigte bringt seinen persönlichen Chip am Eingang in die Nähe eines Lesegeräts. Es speichert Beginn und Ende seiner Arbeitszeit und gibt den Eingang bzw. Ausgang frei.

Die Mitbestimmungsrechte eines etwa vorhandenen Betriebsrats sind dabei zu beachten (§ 87 Abs. 1 Nr. 1 BetrVG – Verhalten der Arbeitnehmer im Betrieb – bzw. § 87 Abs. 1 Nr. 6 BetrVG – technische Überwachungs- und Kontrolleinrichtung).

4. Diebstahlschutz

RFID-Systeme können auch dem Diebstahlschutz dienen.

Beispiel:
> Haustiere werden „gechippt", um sie jederzeit identifizieren zu können, wenn sie etwa in die Hände von Tierfängern geraten sind.

Als nicht unproblematisch wird der Einsatz beim Menschen empfunden.

Beispiel:
> Jeder Patient eines Krankenhauses erhält ein Armband, auf dessen Chip Basisdaten wie Name usw. gespeichert sind. Das kann vor allem bei bewusstseinsgetrübten, bettlägerigen Patienten die Abläufe erleichtern.

5. Reisepässe und Personalausweise

Stark beachtet wird derzeit die Verwendung von RFID-Chips auf den seit 1.11.2007 ausgestellten „neuen" Reisepässen. Auf diesen Chips werden biometrische Daten (Fingerabdruck, Gesichtsbild) Daten festgehalten und zwar in Form von rechnerischen Werten, also nicht als Bild. Die Speicherung der Daten im Chip ist bei den Reisepässen obligatorisch (siehe § 4 Abs. 3 PassG).

Beim Personalausweis ist das anders. Zwar verfügen alle Personalausweise, die neu ausgestellt werden, über einen RFID-Chip (siehe § 5 Abs. 7 PAuswG). Daten über Fingerabdrücke werden dort aber nur auf Wunsch des Ausweisinhabers gespeichert (siehe § 5 Abs. 9 Satz 1 PAuswG). Anders dagegen die Daten des Lichtbilds; sie sind immer enthalten (siehe § 5 Abs. 5 Nr. 1 i. V. m. Abs. 2 Nr. 5 PAuswG).

6. „Internet der Dinge"

RFID ist ein wesentliches technisches Instrument, um das „Internet der Dinge" zu verwirklichen. Mit diesem Begriff ist gemeint, dass Gegenstände über das Internet vernetzt sein sollen. Das ist eine konsequente Fortentwicklung vorhandener technischer Strukturen. So könnte ein medizinisches Diagnosegerät, das ein Mensch am Körper trägt (etwa ein EKG) in gewissen Abständen Daten über eine Funkschnittstelle an eine

Arztpraxis übertragen, wo sie ausgewertet werden. RFID ist ein mögliches Instrument, um die Übertragung zu ermöglichen.

Zum Thema „Internet der Dinge" gibt es eine Webseite der Europäischen Kommission, auf der auch dargestellt ist, dass man den Einsatz von RFID als eine erste Stufe des Internets der Dinge ansehen kann, siehe http://www.rehmnetz.de/it-recht/internetderdinge.

Das Potential der RFID-Technik ist noch lange nicht ausgeschöpft. Es handelt sich um eine vielseitig anwendbare Basistechnik, die in den nächsten Jahren in alle Wirtschaftsbereiche vordringen wird. Aktuelle Informationen zu neuen Einsatzfeldern bietet www.info-rfid.de (früher eine Seite des Interessenverbandes Informationsforum RFID e. V., jetzt laut Impressum von einem Privatunternehmen betrieben).

Aus Sicht der USA sind die Möglichkeiten und Risiken des Internets der Dinge in einem Report der Federal Trade Commission (FTC) vom Januar 2015 geschildert, der sich unter dem Aspekt des Verbraucherschutzes auch Fragen des Datenschutzes widmet. Er trägt den Titel „Internet of Things. Privacy & Security in a Connected World" und hebt besonders hervor, dass Maßnahmen der Datensicherheit schon bei der Entwicklung von Produkten einbezogen werden müssten („Privacy by Design") und nicht erst nachträglich implementiert werden dürften. Auch wird der Grundsatz der Datensparsamkeit („Data Minimization") hervorgehoben. Der Report ist abrufbar unter http://www.rehmnetz.de/it-recht/ftcreport.

III. Datenschutzrechtliche Fragen

1. Vorliegen eines Personenbezugs

Die Vorschriften des Datenschutzrechts sind nur anwendbar, wenn personenbezogene Daten vorliegen (§ 3 Abs. 1 BDSG). Das kann bei RFID-Chips in unterschiedlicher Weise der Fall sein:

- Personenbezogene Daten auf dem Chip selbst

  Dieser Fall liegt etwa vor, wenn Daten eines Krankenhauspatienten (Name, Vorname, Station usw.) in einem Chip auf einem Patientenarmband gespeichert werden, der Chip also von vornherein dazu gedacht ist.

- Entstehung personenbezogener Daten durch Verknüpfung

  Diese Situation besteht, wenn auf dem Chip vorhandene Daten (etwa Produktdaten) zwar für sich gesehen nicht personenbezogen sind, aber mit personenbezogenen Daten (etwa in einer Kundendatenbank) verknüpft werden. Beispiel: Wird in einer Kundendatenbank festgehalten, dass ein Kunde ein bestimmtes Kleidungsstück gekauft hat, dann sind in diesem Kontext alle Produktinformationen über das Kleidungsstück (Größe, Farbe usw.) personenbezogen.

- Entstehung personenbezogener Daten durch Zuspeicherung

  In diesem Fall sind die zunächst auf dem Chip vorhandenen Daten nicht personenbezogen (etwa, weil es sich um reine Produktinformationen handelt). Es werden jedoch später personenbezogene Daten hinzugespeichert.

  Beispiel:
  Gespeichert wird der Name oder die Kennziffer des Arbeitnehmers, der an dem Gegenstand Bearbeitungsschritte vorgenommen hat. Damit sind auch alle Daten, die zunächst nur auf das Produkt an sich bezogen waren, als personenbezogen anzusehen.

 ACHTUNG!
Oft wird unterschätzt, wie schnell das Merkmal „Personenbezug" erfüllt ist. Bevor das Vorliegen dieses Merkmals verneint wird, sollte deshalb eine sorgfältige Prüfung erfolgen.

2. Anwendbare Vorschriften

2.1 BDSG als Ausgangspunkt

Maßgebend für den Datenschutz in Privatunternehmen sind die Regelungen des BDSG. Soweit beim Einsatz von RFID personenbezogene Daten anfallen, sind daher die Vorschriften des BDSG zu beachten, die nach Lage des jeweiligen Falles anwendbar sind.

2.2 Rechtliche Grundlage für den Umgang mit Daten (§ 4 Abs. 1, § 28 BDSG)

Gemäß der Grundregel des § 4 Abs. 1 BDSG ist entweder eine Einwilligung des Betroffenen erforderlich oder es bedarf einer gesetzlichen bzw. einer vom Gesetz anerkannten Rechtsgrundlage (etwa einen Vertrag), wenn mit personenbezogenen Daten umgegangen werden soll.

Diese Grundlage ist bereits für die Erhebung personenbezogener Daten notwendig.

Beispiel:
Wenn von einem Betroffenen Daten erfragt werden, um sie auf einem RFID-Chip zu speichern, bedarf schon dies einer Rechtsgrundlage.

Beispiel:
Sobald Produktdaten einer Person in einer Datenbank zugeordnet werden und dadurch ein Personenbezug entsteht, ist eine Rechtsgrundlage notwendig.

Spezielle gesetzliche Regelungen für RFID gibt es – zumindest bisher – nicht. Eine Einwilligung des Betroffenen wird meist nicht vorliegen und angesichts der hohen rechtlichen Hürden (siehe § 4a BDSG, u. a. Schriftform notwendig) auch nicht zu beschaffen sein. Somit konzentriert sich die Diskussion rasch auf die Frage, ob einer der gesetzlich geregelten Fälle vorliegt, in denen der Umgang mit personenbezogenen Daten (also das Erheben, Speichern, Verändern oder Übermitteln) vom Gesetz gebilligt wird, ohne dass eine Einwilligung vorliegen muss.

Einschlägig hierfür sind die Bestimmungen des § 28 Abs. 1 BDSG (Umgang mit Daten zur Erfüllung eigener Geschäftszwecke):

- Zweckbestimmung eines Vertragsverhältnisses (§ 28 Abs. 1 Nr. 1 BDSG bzw. soweit es sich um einen Arbeitsvertrag handelt § 32 Abs. 1 BDSG)

  Beispiel:
  Zur Dokumentation einer Transportkette bei einem verderblichen Gut wird bei jeder Zwischenstation festgehalten, wenn das Gut angekommen ist, wer es angenommen hat und wann es weitergegeben wurde.

  Das ist durch den Zweck des Arbeitsverhältnisses („Vornahme des Transports verderblicher Güter") gedeckt. Einer Einwilligung des betroffenen Arbeitnehmers in die Erhebung, Speicherung und zweckgebundenen Verwendung dieser Daten bedarf es daher nicht. Soweit ein Betriebsrat

RFID – Radio Frequency Identification

vorhanden ist, wäre zusätzlich die Mitbestimmungspflicht zu beachten – § 87 Abs. 1 Nr. 6 BetrVG (technische Kontrolleinrichtung zur Überwachung von Mitarbeitern). Denn die Summe aller Güterbewegungen, in die ein bestimmter Arbeitnehmer eingebunden ist, stellt zugleich ein Tätigkeitsprofil dieses Arbeitnehmers dar.

Beispiel:
> Bei einem Kauf werden Daten zu dem Gegenstand, den der Kunde gekauft hat, in eine Datenbank übernommen und den Daten dieses Kunden zugeordnet.

Das ist durch den Zweck des Kaufvertrages gedeckt, schon um etwaige Reklamationen abwickeln zu können. Nicht mehr vom Zweck des Vertrages gedeckt wäre hingegen die Verwendung der Daten für eine Werbeaktion (siehe dazu aber sogleich nochmals).

- Wahrnehmung berechtigter Interessen (§ 28 Abs. 1 Nr. 2 BDSG)

Beispiel:
> Die Daten von Käufen werden ausgewertet und verwendet, um
> - den einzelnen Kunden gezielt Werbung zukommen zu lassen und
> - Marktanalysen durchzuführen.

Beides wird nahezu einhellig als Wahrnehmung berechtigter Interessen akzeptiert.

2.3 Unterrichtung des Betroffenen (§ 6c BDSG)

Für mobile Speicher- und Informationsmedien, mit denen Daten verarbeitet werden können, bestehen besondere Informationspflichten gegenüber dem Betroffenen (§ 6c BDSG). RFID-Systeme können je nach ihrer konkreten Ausgestaltung unter diese Vorschrift fallen. Davon ist in der Regel auszugehen, wenn die Transponder nicht nur ausgelesen, sondern auch beschrieben werden können. Bei rein passiven Transpondern, bei denen lediglich vorhandene Informationen ausgelesen werden können, fehlen diese Voraussetzungen dagegen.

Der Umfang der Unterrichtungspflichten ist an sich überschaubar. Informiert werden muss über

- Identität und Anschrift der Stelle, die RFID einsetzt,
- die Funktionsweise von RFID,
- die Art der zu verarbeitenden Daten,
- die Art und Weise, wie der Betroffene seine gesetzlichen Rechte ausüben kann,
- die Maßnahmen, die bei Verlust oder Zerstörung des Speichermediums zu treffen sind.

Praktische Erfahrungen mit der Ausgestaltung solcher Informationen liegen noch nicht vor; auch fehlt es an konkreten Äußerungen von Datenschutzaufsichtsbehörden. Erfahrungen auf anderen Gebieten lassen allerdings befürchten, dass im „Ernstfall" mit eher weitgehenden Forderungen zu rechnen ist. Stets sollte daher geprüft werden, ob statt des Einsatzes aktiver Transponder nicht auch passive Transponder den angestrebten Zweck erreichen können. Dies würde auch dem Gebot der Datensparsamkeit (§ 3a BDSG) Rechnung tragen.

3. Sicherung gespeicherter personenbezogener Daten

Sofern ein Transponder personenbezogene Daten enthält, müssen sie gegen unbefugten Zugriff (etwa durch unbefugtes Auslesen) geschützt werden (§ 9 BDSG und die Anlage hierzu).

Dies verursacht einen teils beträchtlichen Aufwand. Deshalb sollte auch unter diesem Aspekt stets geprüft werden, ob die Speicherung solcher Daten nicht von vornherein vermieden werden kann (Gebot der Datensparsamkeit und Datenvermeidung, § 3a BDSG).

Wie die Zugriffssicherung konkret technisch erfolgen kann, ist noch Gegenstand von Diskussionen; im Großmaßstab erprobte Lösungen sind noch nicht verfügbar. Anzusetzen ist bei Verschlüsselungsmaßnahmen, die mit Hash-Funktionen arbeiten. Dies erfordert jedoch eine gewisse Speicherkapazität und zieht auch Kosten nach sich. Die zumutbaren (§ 9 Satz 2 BDSG) Maßnahmen sind beträchtlich. So nennt die Literatur (Holznagel/Bonnekoh, RFID-Rechtliche Dimensionen der Radiofrequenz-Identifikation, MMR 2006, 17 ff. an möglichen Maßnahmen zur Sicherung gegen unbefugte Zugriffe:

- Festlegen der Zugriffsbefugnisse einzelner Mitarbeiter,
- Identifikation der Zugreifenden,
- Protokollieren von Zugriffen und Zugriffsversuchen,
- Authentifizierung durch Passwortschutz,
- Automatisches Logoff nach bestimmten Zeiträumen.

Die Erfüllung auch nur eines Teils dieser Forderungen setzt den Aufbau einer Sicherheitsinfrastruktur voraus, die aus einer ganzen Reihe von Komponenten besteht.

4. Löschung gespeicherter personenbezogener Daten

Dass nicht mehr benötigte personenbezogene Daten zu löschen sind, steht außer Zweifel (§ 20 Abs. 2 BDSG). Wann genau es an der weiteren Erforderlichkeit der Daten fehlt, führt in der Praxis oft zu Diskussionen.

Beispiel:
> Daten aus Transpondern, die an Waren angebracht sind, werden an der Kasse einem konkreten Kunden zugeordnet, dessen Name und Anschrift registriert sind (etwa wegen der Verwendung einer personalisierten Kunden- oder Rabattkarte).

Darüber, ob es erforderlich ist, die Produktdaten auf den Transpondern auch noch nach dem Kauf verfügbar zu halten oder ob sie gelöscht (= zerstört) werden können, kann man streiten. Löscht man sie, so kann das die Abwicklung von Umtausch oder Reklamation beträchtlich erschweren. Löscht man sie nicht, können sie unter Umständen von Unbefugten ausgelesen und missbraucht werden.

5. Bemühungen um eine europaweite Rechtsbasis

Es liegt auf der Hand, dass rein nationale Regelungen für die Verbreitung einer so umfassend einsetzbaren Technik hinderlich sind. Deshalb bemühen sich einschlägig interessierte Wirtschaftskreise darum, eine tragfähige Selbstverpflichtungsbasis zu schaffen. Das Instrument dafür ist der „PIA-Rahmen" (Privacy and Data Protection Impact Assessment Framework for

RFID Applications"). Der Text des Dokuments ist abrufbar unter http://www.rehmnetz.de/it-recht/piaframework (Stand: Januar 2011).

IV. Fragen der (Daten-)Sicherheit

Das Sicherstellen der Datensicherheit beim Einsatz von RFID kann erheblichen Aufwand verursachen. Vor allem ist darauf zu achten, dass die Vertraulichkeit personenbezogener Daten gewahrt bleibt. Stets ist ein Gesamtkonzept nötig, das alle Aspekte abdeckt. Eine umfassende Darstellung des BSI zum Thema „Privacy Impact Assessment Guideline for RFID Applications" (auf Englisch, Stand: 2011) zeigt die Palette generell möglicher Lösungsansätze auf (abrufbar unter http://www.rehmnetz.de/it-recht/rfidguideline).

V. Praxisrelevante rechtspolitische Diskussionen

1. Big Brother Award 2003 für die Metro-Gruppe

Wer RFID-Systeme einsetzen und dabei auch personenbezogene Daten verwenden will, sollte sich bewusst sein, dass er in eine rechtspolitische Diskussion hineingerät, die eine Umsetzung des jeweiligen Vorhabens erheblich erschweren kann. Warnendes Beispiel ist in diesem Zusammenhang das Vorhaben „Versuchs-Supermarkt" der Metro-Gruppe, bei dem der Einsatz der RFID-Technik im Einzelhandel erprobt werden sollte. Schon diese Absicht führte unter einem geschickt inszenierten publizistischen Trommelfeuer zur Verleihung des „Big Brother Award" (http://www.bigbrotherawards.de/2003/.cop). Bis heute wird die RFID-Technik im Einzelhandel gegenüber dem Endkunden kaum eingesetzt – darin eine Fernwirkung der damaligen Kampagne zu sehen, liegt nahe. Es ist deshalb zu empfehlen, entsprechende Vorhaben von vornherein durch eine qualifizierte Datenschutzberatung rechtlich abzusichern.

2. Datenschutzbeauftragte des Bundes und der Länder

Die Datenschutzbeauftragten des Bundes und der Länder haben in einer gemeinsamen Entschließung vom Oktober 2006 sehr allgemeine Forderungen zum Datenschutz bei RFID erhoben. Darin heißt es, man erwarte „insbesondere von Herstellern und Anwendern im Handels- und Dienstleistungssektor, alle Möglichkeiten der datenschutzgerechten Gestaltung dieser Technologie zu nutzen, und vor allem die Prinzipien der Datensparsamkeit, Zweckbindung, Vertraulichkeit und Transparenz zu gewährleisten" (http://www.rehmnetz.de/it-recht/entschliessungendbkonferenz, Rubrik „Entschließungen"). Daran hat die Wirtschaft kritisiert, so entstehe der unzutreffende Eindruck, dass sich RFID-Anwendungen im rechtsfreien Raum bewegen würden und zugleich mit einem hohen Risikopotential verbunden seien (Gemeinsame Erklärung u. a. von HDE und BITKOM).

3. Europäische Ebene

Die Diskussion der nächsten Zeit wird sich darauf konzentrieren, ob spezielle gesetzliche Regelungen für RFID geboten sind oder ob die vorhandenen, allgemeinen gesetzlichen Regelungen ausreichen. Die deutsche Wirtschaft lehnt spezielle neue Regelungen ersichtlich ab. Die Diskussion auf EU-Ebene ist in vollem Gang (siehe dazu die RFID-Webseite der Europäischen Kommission http://www.rfidineurope.eu/ sowie http://www.rfid-in-action.eu/public/, ferner speziell die Mitteilung der Europäischen Kommission Kom (2007) 96 endg., abrufbar unter http://www.rehmnetz.de/it-recht/rfidmitteilung).

Insgesamt ist die Situation noch sehr im Fluss. Da praktische RFID-Anwendungen, bei denen auch personenbezogene Daten genutzt werden, bisher kaum existieren, findet die Diskussion noch eher auf einer theoretischen Ebene statt.

VI. Checkliste für RFID-Vorhaben

- RFID-Vorhaben mit Bezug zu Externen (Lieferanten, Kunden) werfen durchweg Fragen des Datenschutzes auf.
- Der Personenbezug verwendeter Daten ist kritisch zu prüfen und öfter als erwartet gegeben.
- Wenn möglich, ist auf die Verwendung personenbezogener Daten zu verzichten (Grundsatz der Datenvermeidung und der Datensparsamkeit).
- Die Verwendung personenbezogener Daten bedarf auch bei RFID einer Rechtsgrundlage (in der Regel Vertrag oder Gesetz).
- Personenbezogene Daten bedürfen der Sicherung (u. a. durch Verschlüsselung).

Schadsoftware (Malware)

I. Formen und Abwehr von Schadsoftware
  1. Nicht jede Schadsoftware ist ein Virus
  2. Abwehr: Signatur- und verhaltensbasierte Erkennung

II. Verbreitung von Schadsoftware
  1. Verbreitung im Internet
  2. Verbreitung außerhalb des Internets
  3. Nicht nur PCs sind betroffen

III. Checkliste Schadsoftware

I. Formen und Abwehr von Schadsoftware

Unter einer Schadsoftware versteht man eine Software, die einer IT-Infrastruktur (Netzwerk, Hardware, Software, Daten) einen Schaden zuführen kann. Die für Schadsoftware gebräuchliche Bezeichnung Malware besteht aus dem ersten bzw. letzten Teil der englischen Wörter „malicious" (bösartig) und „software".

Die Erstellung und Verbreitung von Schadsoftware erfolgt mit kriminellen Absichten. Schadsoftware ist keine fehlerhafte Software, die einen Schaden anrichtet, sondern der Schaden wird ganz bewusst verursacht. Ziele der Programmierer und Verbreiter von Schadprogrammen können die Zerstörung, Manipulation oder Blockade von IT-Systemen sowie die Löschung, die Manipulation oder das Ausspähen von Daten sein.

Schadsoftware (Malware)

1. Nicht jede Schadsoftware ist ein Virus

Als erste Schadsoftware gilt ein Computervirus, der 1983 von einem US-Forscher der Öffentlichkeit vorgestellt wurde. Das kriminelle Potenzial von Computerviren war damals noch nicht abzusehen, auch nicht die Vielfalt an Schadprogrammen, die es inzwischen gibt. Computerviren sind nur noch ein Typ von Schadsoftware.

Beispiel:

Schadsoftware kommt in unterschiedlichen Varianten vor, von denen jeweils verschiedene Gefahrenpotenziale ausgehen:

Adware: Programme, wie das Nutzerverhalten protokollieren, um passende Werbung zu ermöglichen

Backdoor: geheime Hintertür in den Computer für unerlaubte Fernzugriffe und eine heimliche Fernkontrolle

Boot-Virus: Virus, der bereits beim Startvorgang des Computers (Boot) aktiviert wird

Bot: bildet ein Netz aus ferngesteuerten, verseuchten Computern, die für kriminelle Zwecke missbraucht werden, zum Beispiel als heimliche Spam-Versender ohne Wissen und Zutun der Computernutzer

Datei- oder Programm-Virus: Virus, der sich an eine Datei oder ein Programm anhängt, um aktiviert zu werden

Exploit: kein Schadprogramm im eigentlichen Sinne, sondern eine Sicherheitslücke in einem Programm, die für Angriffe ausgenutzt werden kann

Hoax: Falschmeldung per E-Mail über nichtexistente Viren, um eine Panik auszulösen

Keylogger: Schadsoftware, die alle Tastatureingaben mitschreibt und übermittelt, um insbesondere Passwörter zu stehlen

Makro-Virus: Virus, der die Makrosprache z. B. in Office-Programmen ausnutzt

Polymorphe Viren: Viren, die sich selbst verändern können, um nicht so leicht erkannt zu werden

RAM-Scraper: Schadsoftware, die den Arbeitsspeicher (RAM) ausliest, in dem z. B. temporär entschlüsselte Daten liegen können

Ransomware: Schadsoftware, die Dokumente unerlaubt verschlüsselt und Lösegeld für die Entschlüsselung erpressen will

Rootkit: Programm, das dabei hilft, Schadsoftware besser zu verstecken (Tarnkappe für andere Malware)

Spyware: Spionagesoftware zur Sammlung vertraulicher Daten

Trojaner oder Trojanisches Pferd: scheinbar nützliches Programm, das eine bösartige Funktion in sich trägt

Würmer: Schadsoftware, die sich selbst vervielfältigen kann, ohne andere Dateien zu infizieren, und sich zum Beispiel selbsttätig über E-Mail-Programme ausbreitet.

2. Abwehr: Signatur- und verhaltensbasierte Erkennung

Die zunehmende Verbreitung von Schadsoftware macht eine professionelle Abwehr unumgänglich. Bereits ein mit Schadsoftware verseuchter Computer im Firmennetzwerk kann massive Konsequenzen für das ganze Unternehmen haben.

WICHTIG!

Der Schutz gegen Schadsoftware ist ein elementarer Schutz für das ganze Unternehmen.

Lokale Infektionen mit Schadsoftware können sich ausbreiten. Schadsoftware kann im lokal infizierten System und später im gesamten Netzwerk zu Datenverlust, Datendiebstahl und Datenmissbrauch führen.

Schadsoftware kann zu einem Missbrauch der eigenen IT-Systeme führen, die dann z. B. zu Spam-Attacken im Namen des Unternehmens oder als Zwischenlager für illegale Software genutzt werden.

Schadsoftware kann die interne IT-Infrastruktur teilweise oder ganz blockieren.

Schadsoftware hat eine negative Außenwirkung: Wenn sich Kunden bei dem Besuch der Firmen-Webseite ein Schadprogramm auf ihren Rechner laden, kann dies zu Imageverlust und Umsatzverlust führen.

Suchmaschinen wie Google machen auf Webseiten aufmerksam, die mit Schadsoftware verseucht sind. Hier drohen ein Imageverlust und ein Fernbleiben der Kunden.

Schadsoftware auf der eigenen Webseite kann dazu führen, dass Sicherheitsanbieter den Firmen-Internetauftritt in ihre Schwarze Liste aufnehmen und für längere Zeit blockieren.

Zur Abwehr stehen spezielle Sicherheitsprogramme auf dem Markt zur Verfügung, die in der Regel als Anti-Malware-Software oder Anti-Viren-Software bezeichnet werden. Solche Sicherheitsprogramme dienen dazu, Schadprogramme zu erkennen und ihre bösartigen Funktionen zu blockieren. Dazu werden erkannte Schadprogramme je nach Sicherheitslösung und Einstellung durch den Nutzer entweder nur blockiert (Quarantäne), verseuchte Dateien nach Möglichkeit desinfiziert oder aber gelöscht.

WICHTIG!

Die Erkennung von Schadsoftware arbeitet in der Regel auf Basis sogenannter Signaturen oder auf Basis einer Verhaltensanalyse der verdächtigen Software. Dabei versteht man unter einer Signatur in diesem Fall den „Fingerabdruck" einer Schadsoftware, also spezielle Kennzeichen, an denen die Malware zu erkennen ist. Um neue Schadprogramme erkennen zu können, benötigt die Anti-Viren-Software die entsprechende Signatur. Diese erhält das Schutzprogramm in der Regel im Rahmen von regelmäßigen Updates.

Zusätzlich bietet die Verhaltensanalyse eine signaturunabhängige Erkennung von Schadprogrammen an und ist eine sinnvolle Ergänzung zur signaturbasierten Erkennung. Die verhaltensbasierte Erkennung sucht nach ungewöhnlichen Aktivitäten, die gutartige Programme und Dateien im Normalfall nicht zeigen.

Beide Verfahren bieten keine vollständige Sicherheit vor Schadprogrammen, denn neuartige Schadsoftware könnte in der Liste der bekannten Signaturen noch fehlen oder sich anders verhalten, als dies bei Schadprogrammen bisher üblich war.

Zusätzlich besteht die Gefahr, dass Programme oder Dateien, die nicht bösartig sind, als Schadsoftware eingestuft werden. Diese fehlerhaften Meldungen der Anti-Malware-Programme nennt man auch False Positives. Sie können unter anderem zu einer Beschädigung oder Störung der eigentlich zu schützenden IT-Systeme führen, wenn gutartige, wichtige Programme oder Dateien aufgrund der Falschmeldung gelöscht oder blockiert werden.

Trotzdem ist der Einsatz eines professionellen Anti-Malware-Systems für die Datensicherheit und IT-Sicherheit unverzichtbar.

Schadsoftware (Malware)

II. Verbreitung von Schadsoftware

Schadsoftware wird meist mit dem Internet in Verbindung gebracht. Tatsächlich ist das Internet einer der Hauptverbreitungswege für Malware. Doch auch IT-Systeme ohne Internetverbindung können von Schadprogrammen befallen werden und benötigen somit einen Anti-Malware-Schutz.

1. Verbreitung im Internet

Der bei den Internetnutzern bekannteste Verbreitungsweg für Schadsoftware im Internet ist die E-Mail. Dabei ist nicht der E-Mail-Text selbst das Schadprogramm, sondern ein Hyperlink (Internetverknüpfung) im E-Mail-Text führt bei Anklicken zum Herunterladen eines Schadprogramms. Alternativ befindet sich das Schadprogramm bei verseuchten E-Mails im Dateianhang. Potenziell gefährlich sind dabei nicht nur Programmdateien (Dateiendung *.exe) als Dateianhang, sondern jedes Dateiformat kann ein getarntes Schadprogramm sein, also auch Office-Dateien, Bilddateien, PDF-Dateien, um nur einige Beispiele zu nennen.

Neben der Verbreitung von Malware über E-Mails können Schadprogramme auch in Webinhalten versteckt sein, die mit dem Browser oder einer Browsererweiterung (Plugin) geöffnet werden, also Webseiten, Bilder, Online-Videos oder Musikdateien. Dabei ist es nicht erforderlich, dass der verseuchte Hyperlink oder Webinhalt aktiv angeklickt wird. Bereits das Öffnen einer Webseite, die mit Schadprogrammen verseuchte Inhalte aufweist, kann zu einer Malware-Infektion führen. Man spricht deshalb von Drive-by-Downloads, also dem Herunterladen von Schadprogrammen im „Vorbeifahren". Nicht nur von unseriösen oder illegalen Webinhalten geht ein solches Risiko aus. Jede unzureichend abgesicherte Webseite kann manipuliert und mit Malware versehen werden.

Neben E-Mail und World Wide Web (WWW) sind auch alle anderen Internetdienste mögliche Verbreitungswege für Malware, zum Beispiel FTP (File Transfer Protocol), P2P (Peer-to-Peer-Dienste wie Tauschplattformen im Internet), VoIP (Voice-over-IP, Internettelefonie), Chat-Dienste, Instant Messaging (Echtzeit-Kommunikation im Internet wie Skype) und soziale Netzwerke mit ihren Kommunikationsdiensten (wie Facebook Messages).

2. Verbreitung außerhalb des Internets

IT-Systeme sind immer dann von Schadprogrammen bedroht, wenn ein Systemzugriff wie z. B. ein Datenaustausch stattfindet, wenn also neue Dateien auf das IT-System gelangen können. Für einen solchen Systemzugriff ist kein Internet erforderlich, vielmehr können die Schadprogramme über jede Systemschnittstelle oder Netzwerkverbindung auf das IT-System gelangen.

Beispiel:
> Schadprogramme können über optische Medien wie CDs/DVDs (via optisches Laufwerk) übertragen werden, über USB-Sticks und andere USB-Speichermedien (via USB-Schnittstelle), aber auch über eine lokale Funkverbindung (wie Wireless Local Area Network (WLAN), Bluetooth oder Infrarot-Kurzstreckenverbindung). Malware kann auch über die interne Netzwerkverbindung (LAN, Local Area Network) des Unternehmens übertragen werden, wenn es keine Internetzugänge an den Arbeitsplätzen gibt. Selbst bei Anschluss einer Computermaus, einer Tastatur oder eines Druckers könnten Schadprogramme auf den Rechner gelangen, wenn die angeschlossenen Geräte zuvor mit Schadprogrammen infiziert wurden.

3. Nicht nur PCs sind betroffen

Die Verbreitungswege für Schadprogramme sind ebenso vielfältig wie die möglichen Zielsysteme. Personal Computer unter einem Windows-Betriebssystem sind wegen ihrer hohen Verbreitung besonders häufig in den Schlagzeilen, wenn es um Malware-Attacken geht. Generell von Schadsoftware bedroht sind allerdings alle IT-Systeme, unabhängig von dem Betriebssystem. Sobald ein IT-System eine gewisse Verbreitung auf dem Markt erreicht hat, wird es für die Entwickler und Verbreiter von Schadsoftware zum interessanten Zielsystem.

 WICHTIG!
Neben den Windows-PCs können also z. B. auch Apple-Rechner mit Mac-Betriebssystem, Linux-Rechner, Serversysteme sowie Tablets, Smartphones und Handys mit Malware infiziert werden. Auch Netzwerkkomponenten wie Router können befallen werden, im Prinzip jedes System, das softwarebasierte Befehle ausführen kann.

III. Checkliste Schadsoftware

 WICHTIG!

- Jedes Endgerät, das Daten übertragen und empfangen kann, benötigt einen Schutz vor Schadsoftware. Dazu gehören auch Tablets, Smartphones und Handys.

- Jeder Kommunikationsweg, auf dem Daten übertragen und empfangen werden können, muss auf Malware-Verdacht hin überprüft werden. Dazu gehören neben E-Mail und WWW auch Chat-Dienste oder Nachrichtenfunktionen der sozialen Netzwerke.

- Schadsoftware kann über jede Schnittstelle/Verbindung übertragen werden, nicht nur über das Internet.

- Zur Abwehr von Schadprogrammen gehören regelmäßig aktualisierte Anti-Viren-Programme, Firewalls, eine (anonymisierte) Überwachung des Datenverkehrs, um auffällige Aktivitäten von Malware entdecken zu können, und Sicherheitslösungen, die einen Systemeinbruch erkennen können (Intrusion Detection System, IDS).

- Alle Betriebssysteme und Anwendungen müssen regelmäßig aktualisiert werden, um vorhandene Sicherheitslücken zu schließen, die von Malware ausgenutzt werden könnten.

- Die Verwendung von (lokalen) Administratorzugängen muss minimiert werden. Wo immer möglich, sollten einfache Benutzerzugänge eingesetzt werden, insbesondere bei einer Internetsitzung. Dies erschwert es Schadprogrammen, an höhere Nutzerprivilegien zu gelangen, wenn die Malware Zugangsdaten ausspäht und missbrauchen will.

Schranken des Urheberrechts

I. Begriff

II. Schranken des Urheberrechts
1. Vorübergehende Vervielfältigung
2. Rechtspflege und öffentliche Sicherheit
3. Vervielfältigungen zu Gunsten behinderter Menschen
4. Sammlungen für Kirchen-, Schul- oder Unterrichtsgebrauch
5. Schulfunksendungen
6. Öffentliche Reden
7. Zeitungsartikel und Rundfunkkommentare
8. Zitate
9. Öffentliche Wiedergabe
10. Öffentliche Zugänglichmachung für Unterricht und Forschung
11. Wiedergabe von Werken an elektronischen Leseplätzen in öffentlichen Bibliotheken, Museen und Archiven
12. Vervielfältigungen zum privaten und sonstigen eigenen Gebrauch
13. Kopienversand auf Bestellung
14. Vervielfältigung durch Sendeunternehmen
15. Benutzung eines Datenbankwerkes
16. Vervielfältigung und öffentliche Wiedergabe in Geschäftsbetrieben
17. Unwesentliches Beiwerk
18. Werke in Ausstellungen, öffentlichem Verkauf und öffentlich zugänglichen Einrichtungen
19. Werke an öffentlichen Plätzen
20. Bildnisse

I. Begriff

Die Schranken des Urheberrechts sind die Grenzen, die das Urheberrecht dem berechtigten Partizipationsinteresse des Urhebers an der Verwertung seines Werkes auferlegt. Sie gründen sich in ebenfalls berechtigten Interessen der Allgemeinheit am ungehinderten Zugang zu Kulturgütern, an der Erleichterung des Schulunterrichts und der Forschung und Lehre, an der Freiheit des geistigen Schaffens und an der freien Berichterstattung über Tagesereignisse. Das Urheberrecht ist somit, wie jedes absolute Recht, also zum Beispiel auch das Eigentum, sozialgebunden. Das heißt, dass es gewissen Schranken im Interesse der Gemeinschaft unterliegt.

 ACHTUNG!
Gemäß § 63 UrhG gilt, dass bei legitimen Vervielfältigungen in der Regel stets der Urheber deutlich anzugeben ist. Auch sind gemäß § 62 Abs. 1 UrhG Änderungen an dem Werk in der Regel nicht gestattet.

II. Schranken des Urheberrechts

1. Vorübergehende Vervielfältigung

Gemäß § 44a UrhG sind **Vervielfältigungen** von urheberrechtlich geschützten Werken zulässig, wenn sie flüchtig oder begleitend sind, sowie einen integralen Teil dieses technischen Vorgangs darstellen und eine Übertragung im Netz oder eine rechtmäßige Nutzung eines Werkes ermöglichen und keine eigenständige wirtschaftliche Bedeutung haben. Im Bereich der computerbasierten Nutzung von urheberrechtlich geschützten Werken kommt es häufig zu kurzfristigen und rein technisch betrachtet notwendigen Vervielfältigungshandlungen (z. B. die Speicherung im Arbeitsspeicher). Dies betrifft insbesondere (Zwischen-)Speichervorgänge (Caching sowie die Verwendung von Proxyservern). Unter § 44a UrhG fallen damit Access-Provider, die Zugang zu den Netzen vermitteln und Serviceprovider, die die Übertragung im Netz vornehmen, nicht aber Content-Provider, die den Inhalt einer Web-Site gestalten.

Diese Schranke wird zunehmend diskutiert beim sogenannten „Streaming", insbesondere wenn es um die Nutzung von Portalen wie dem 2011 geschlossenen kino.to geht. Hier ist zu beachten, dass § 44a UrhG tatsächlich zwei alternative Voraussetzungen hat: Entweder das besprochene Zwischenspeichern beim Access-Provider (§ 44a Nr. 1 UrhG) oder die „rechtmäßige Nutzung" (§ 44a Nr. 2 UrhG). Nur Letzteres kann mit dem Gesetz den Nutzer solcher Angebote privilegieren, verlangt aber grundsätzlich die Zustimmung des Rechteinhabers. Da diese nicht vorliegt, dürfte das Betrachten illegal gestreamter Angebote trotz § 44a UrhG letztlich mit der herrschenden Meinung wohl illegal sein. Gleichwohl hat der EuGH (C-360/13) im Jahr 2014 festgestellt

„dass die von einem Endnutzer bei der Betrachtung einer Internetseite erstellten Kopien auf dem Bildschirm seines Computers und im ‚Cache' der Festplatte dieses Computers (...) ohne die Zustimmung der Urheberrechtsinhaber erstellt werden können."

Hintergrund der Entscheidung ist, dass der EuGH am Ende eine Interessenabwägung vornehmen möchte und in dem hier konkreten Fall zu dem Ergebnis kam, dass die Abwägung zu Lasten des Rechteinhabers ausfiel. Es ist allerdings davon auszugehen, dass jedenfalls bei eindeutig illegalen Angeboten ein anderes Ergebnis aussteht. Insoweit sollte man nicht davon ausgehen, dass das Streaming von Inhalten aus offenkundig illegaler Quelle durch diese Rechtsprechung rechtmäßig wäre.

2. Rechtspflege und öffentliche Sicherheit

Nach § 45 Abs. 1 UrhG ist die Herstellung oder das Herstellenlassen einzelner Vervielfältigungsstücke zur Verwendung in Verfahren vor Gerichten, Schiedsgerichten oder einer Behörde zulässig.

3. Vervielfältigungen zu Gunsten behinderter Menschen

Gemäß § 45a UrhG wird die nicht gewerbsmäßige Vervielfältigung für physisch oder kognitiv beeinträchtigte Menschen gestattet, wenn diese aufgrund ihrer Behinderung sonst keine oder nur erheblich beschränkte Zugangsmöglichkeiten zum Werk hätten. Die Nutzung darf nicht **Erwerbszwecken** dienen. Hauptanwendungsgebiet von § 45a UrhG sind die Tätigkeiten der Blindenbüchereien.

4. Sammlungen für Kirchen-, Schul- oder Unterrichtsgebrauch

§ 46 Abs. 1 UrhG wird auch **Schulbuch-Paragraf** genannt. Hiernach sind umfangreiche Nutzungen von Werksteilen oder Werken geringen Umfangs gestattet zu Gunsten von **Sammlungen,** die für den Gebrauch in Schulen, nicht gewerblichen Weiterbildungseinrichtungen oder Kirchen bestimmt sind. In diesen Sammlungen müssen Werke einer größeren Anzahl von Urhebern aufgenommen werden. Von der geplanten Verwen-

Schranken des Urheberrechts

dung ist der Urheber in Kenntnis zu setzen. Dieser hat unter Umständen die Möglichkeit, die Verwendung zu verbieten, wenn sein Werk nicht mehr seiner Überzeugung entspricht.

Für den Bildungsgebrauch ist erforderlich, dass die Sammlungen tatsächlich im Unterricht verwendet werden. Institutionen der Erwachsenenbildung sowie Musikschulen und Privatunterricht werden nicht erfasst.

Als **Sammlungen** gelten Bücher, Schallplatten, Tonbandkassetten, Dia-Serien und alle digitalen **Offline**-Medien, wie z. B. CD-ROM und DVD. Als **Einschränkung** gilt gemäß § 46 Abs. 1 UrhG aber, dass die öffentliche Zugänglichmachung von Werken für den Unterrichtsgebrauch, also die Einstellung ins **Internet**, stets der Einwilligung des Berechtigten bedarf.

Zu differenzieren von den Sammlungen ist die unmittelbare Verwendung im **Unterricht,** also wenn etwa vom Lehrpersonal für die Schulklasse eine Kopie angefertigt und im Unterricht verteilt wird. Hier ermöglicht § 52a UrhG das öffentliche Zugänglichmachen kleiner Teile eines bereits veröffentlichten Werkes. Insofern liegt auf der Hand, dass zu prüfen ist, wann ein nur „kleiner Teil" eines Werkes vorliegt, was letztlich immer nur in einer Gesamtschau von Werksart, Inhalt und Anzahl der gefertigten Kopien entschieden werden kann. Zu beachten ist in diesem Zusammenhang, dass das Landgericht Stuttgart (17 O 671/10) entschieden hat, dass losgelöst von dem Umfang der Kopien auch die Form der Kopie zu beachten ist. In diesem Fall wurde einer Fernuniversität untersagt, Kopien als PDF-Dateien an Kursteilnehmer zu verteilen. Ob diese fragwürdige Rechtsprechung Bestand haben wird, bleibt abzuwarten.

5. Schulfunksendungen

Zur Erleichterung des Unterrichts gestattet § 47 Abs. 1 UrhG, dass Schulen sowie Einrichtungen der Lehrerbildung und -fortbildung sowie bestimmte vergleichbare Stellen privilegierte Mitschnitte von Werken, die im Rahmen von **Schulfunksendungen** gesendet werden, herstellen. Diese Kopien dürfen jedoch nur im Unterricht verwendet werden. Sie müssen spätestens am Ende des auf die Sendung folgenden Schuljahres gelöscht werden. Ein Löschen ist nur dann nicht notwendig, wenn dem Urheber eine angemessene Vergütung gezahlt wird.

6. Öffentliche Reden

Gemäß § 48 Abs. 1 UrhG sind die Vervielfältigung und Verbreitung und öffentliche Wiedergabe von Reden über Tagesfragen in Zeitungen, Zeitschriften sowie in anderen Druckschriften oder sonstigen Datenträgern, die im Wesentlichen den Tagesinteressen Rechnung tragen, zulässig, wenn die Reden bei öffentlichen Versammlungen gehalten oder im Internet oder im Radio veröffentlicht worden sind.

Dies gilt auch für Reden, die bei öffentlichen Verhandlungen vor staatlichen, kommunalen oder kirchlichen Organen gehalten worden sind.

Es dürfen aber **nicht** ohne Zustimmung mehrere Reden eines Redners **gesammelt** und ohne seine Zustimmung verbreitet werden.

7. Zeitungsartikel und Rundfunkkommentare

Die sogenannte **Pressespiegelbestimmung** in § 49 UrhG gestattet Zeitungen und dem Rundfunk den Abdruck einzelner Artikel bzw. das Ausstrahlen einzelner Rundfunkkommentare, die politische, wirtschaftliche oder religiöse Tagesfragen betreffen. Unter Umständen ist dem Urheber des ursprünglichen Beitrags eine angemessene Vergütung zu zahlen. Das Inkasso der Vergütung erfolgt durch die VG Wort.

Nach § 49 Abs. 2 UrhG dürfen vermischte Nachrichten tatsächlichen Inhalts und Tagesneuigkeiten, die durch die Presse bereits veröffentlicht wurden, uneingeschränkt und ohne Vergütung durch beliebig viele Kommunikationswege vervielfältigt, verbreitet und öffentlich wiedergegeben werden.

Lange war umstritten, ob diese Regelungen auch für **elektronische Pressespiegel** gelten. Eine Regelung zum elektronischen Pressespiegel findet sich **nicht** im sogenannten zweiten Korb. Es gilt daher weiterhin die BGH-Rechtsprechung zu § 49 UrhG. Danach ist der elektronische Pressespiegel nur zur internen, nicht kommerziellen Verwendung und nur als graphische Datei ohne Recherchemöglichkeiten zulässig.

8. Zitate

Eine wichtige Schranke des Urheberrechts ist das Recht, gemäß § 51 UrhG andere Werke ganz oder teilweise zitieren zu dürfen. § 51 ist durch den zweiten Korb neu gefasst worden: Die Vorschrift fordert für ein rechtmäßiges Zitat, dass bei der Vervielfältigung, Verbreitung und öffentlichen Wiedergabe eines Werkes die Nutzung in ihrem Umfang durch den besonderen Zweck, den „Zitatzweck", gerechtfertigt ist. Die frühere Unterscheidung zwischen **Kleinzitat, Großzitat** und **Musikzitat** wird heute zu den in § 51 UrhG aufgeführten Regelbeispielen herabgestuft, das heißt die Aufzählung der erwähnten Zitate dient lediglich der näheren Erläuterung des Zitatrechts, ohne dabei allerdings abschließend zu sein.

Zulässig ist damit ein Zitat, wenn

- einzelne Werke nach der Veröffentlichung in ein selbstständiges wissenschaftliches Werk zur Erläuterung des Inhalts aufgenommen werden,
- Stellen eines Werkes nach der Veröffentlichung in einem selbstständigen Sprachwerk angeführt werden,
- einzelne Stellen eines erschienenen Werkes der Musik in einem selbstständigen Werk der Musik angeführt werden.

Die Frage, in welchem **Umfang** letztlich ein Zitat erlaubt ist, lässt sich keineswegs pauschal beantworten. Jedenfalls ist eine unzumutbare Beeinträchtigung der Verwertungsrechte des Urhebers nicht hinzunehmen. Als Faustregel gilt dabei, dass die Grenze des Umfangs dort liegt, wo der Belegcharakter des jeweiligen Zitats endet. Etwas anderes sind dabei sogenannte „Abstracts", also Zusammenfassungen von fremden Werken. Diese sind als selbstständige Werke – wenn auch zitatähnlich oder gar mit Zitaten versehen – zu qualifizieren und können, abhängig vom Umfang der vom Original übernommenen Anteile, urheberrechtlich unproblematisch sein (Bundesgerichtshof, „Perlentaucher", Az. I ZR 12/08 und I ZR 13/08).

Zudem müssen das Gebot zur Quellenangabe gemäß § 63 UrhG sowie das Änderungsverbot gemäß § 62 UrhG beachtet werden. Das Zitat wird unzulässig, wenn eine mögliche Quellenangabe weggelassen wird. Dabei ist auch unbedingt zu bedenken, dass ein unrichtig wiedergegebenes Zitat zugleich eine Persönlichkeitsrechtsverletzung darstellt, die Unterlassungsansprüche mit sich bringt.

Schranken des Urheberrechts

9. Öffentliche Wiedergabe

Gemäß § 52 UrhG ist die öffentliche Wiedergabe eines veröffentlichten Werkes zulässig, wenn die Wiedergabe keinem Erwerbszweck des Veranstalters dient, die Teilnehmer ohne Entgelt zugelassen werden und im Falle des Vortrages oder der Aufführung des Werkes keiner der ausübenden Künstler eine besondere Vergütung erhält. Für die Wiedergabe ist eine angemessene Vergütung zu zahlen.

10. Öffentliche Zugänglichmachung für Unterricht und Forschung

Gemäß § 52a UrhG können kleine Teile eines Werks sowie einzelnen Beiträge aus Zeitungen zur Veranschaulichung des Unterrichts in bestimmten Bildungseinrichtungen und zur Forschung gegen angemessene Vergütung einem begrenzten Kreis von Personen zugänglich gemacht werden. Voraussetzung ist weiter, dass keine kommerziellen Ziele verfolgt werden. Diese Vorschrift stößt auf Widerstand der Verleger und ist zunächst nur bis zum 31.12.2012 verlängert worden.

11. Wiedergabe von Werken an elektronischen Leseplätzen in öffentlichen Bibliotheken, Museen und Archiven

Diese Vorschrift in § 52b UrhG ist durch den „zweiten Korb" **neu** in den Schrankenkatalog des Urheberrechts aufgenommen worden. Bibliotheken wird erlaubt, ihre Bestände auch an elektronischen Leseplätzen zu zeigen.

12. Vervielfältigungen zum privaten und sonstigen eigenen Gebrauch

Vervielfältigungen zum privaten und sonstigen eigenen Gebrauch werden durch § 53 UrhG zu einem großen Teil freigestellt (siehe → *Privatkopie* gemäß § 53 Abs. 1 UrhG). Durch die Novellierung des Urheberrechts wurde § 53 Abs. 3. Nr. 1 UrhG modifiziert. Nun ist klargestellt, dass die **Vor- und Nachbereitung des Unterrichts** auch unter diese Schranke fällt. Lehrer haben damit die Möglichkeit, sich ein eigenes Archiv für Schulzwecke zu Hause einzurichten. **Schulbücher** sind aber vom Vervielfältigungsrecht ausdrücklich ausgenommen.

Generelle Einschränkungen enthalten § 53 Abs. 4–7 UrhG. Für Vervielfältigungen, die im Rahmen von § 53 UrhG hergestellt wurden, muss eine **angemessene Vergütung** gezahlt werden. Detaillierte Regelungen hierzu enthalten die §§ 54 ff. UrhG. Die Vergütungsansprüche können gemäß § 54h nur durch → **Verwertungsgesellschaften** geltend gemacht werden. Danach ist sowohl eine Abgabe auf **Vervielfältigungsgeräte** und **Leermedien** wie auch eine **Betreiberabgabe** für **Ablichtungen** vorgesehen. Vergütungsfrei ist danach allerdings die Herstellung ohne Verwendung von Vervielfältigungsgeräten, also z. B. das Abschreiben mit der Hand.

Beachten Sie, dass die Vorlage nicht aus einer offensichtlich rechtswidrigen Quelle stammen darf – damit sind beispielsweise „Raubkopien" von Liedern, die man sich über Tauschbörsen kopiert, nicht von der „Privatkopie" umfasst. Diese Einschränkung ist mit dem EuGH (EuGH, C-435/12) ausdrücklich mit europäischem Recht vereinbar.

Im Übrigen ist das Medium unbedeutend, auf dem die Verfielfältigung vorgenommen wird, so dass etwa auch Tätowierungen auf die menschliche Haut erfasst sein können.

13. Kopienversand auf Bestellung

Neu ist seit dem 1.1.2008 auch, dass Bibliotheken gemäß § 53a UrhG Kopien von urheberrechtlich geschützten Werken auf Bestellung anfertigen und versenden dürfen, z. B. per E-Mail.

14. Vervielfältigung durch Sendeunternehmen

Durch § 55 UrhG wird es Sendeunternehmen, die zur Sendung eines Werks berechtigt sind, gestattet, hiervon mit eigenen Mitteln Vervielfältigungsstücke herzustellen. Diese Schranke dient der technischen Abwicklung des Sendevorgangs. Daher sind die angefertigten Vervielfältigungsstücke nach einer kurzen Frist zu löschen, es sei denn, die Bild- und Tonträger werden wegen des außergewöhnlichen dokumentarischen Werts in ein Archiv aufgenommen.

Hiervon ist der Urheber jedoch unverzüglich zu unterrichten.

15. Benutzung eines Datenbankwerkes

Gemäß § 55a UrhG werden Vervielfältigungen und Bearbeitungen gestattet, die notwendig sind, um ein Datenbankwerk zu benutzen. Dies setzt jedoch voraus, dass die Benutzung ihrerseits vom Rechteinhaber gestattet wurde.

16. Vervielfältigung und öffentliche Wiedergabe in Geschäftsbetrieben

Gem. § 56 UrhG ist es gestattet, in Verkaufsräumen, in denen z. B. Fernseher oder Radios vertrieben oder instand gesetzt werden, diese vorzuführen und dabei Fernseh- oder Rundfunkprogramme vorzuführen. Ohne diese Schrankenregelung könnten Verkäufer nicht demonstrieren, dass ein Gerät funktioniert.

17. Unwesentliches Beiwerk

Oftmals werden urheberrechtlich geschützte Materialien mehr oder weniger zufällig als unwesentliches Beiwerk bei der Vervielfältigung, Verbreitung oder öffentlichen Wiedergabe anderer Werke benutzt. Das Urhebergesetz lässt daher in § 57 UrhG solche Benutzungen von Werken als unwesentliches Beiwerk zu.

Als **unwesentliches Beiwerk** ist jedoch nur das anzusehen, was rein zufällig und ohne jede erkennbare Beziehung zum eigentlichen Verwertungsgegenstand am Rande miterfasst wird. Wird das Beiwerk hingegen absichtlich in die Darstellung einbezogen, ist es nicht unwesentlich.

Beispiel:

> Eine zustimmungsfreie Benutzung von Werken als unwesentliches Beiwerk liegt vor:
>
> - wenn bei Filmaufnahmen im Hintergrund eine urheberrechtlich geschützte wissenschaftliche Abbildung oder ein Gemälde mitgefilmt wird und zu erkennen ist,
> - wenn bei einem Reisebericht für das Fernsehen zufällig ertönende Musik mit aufgenommen wird.

18. Werke in Ausstellungen, öffentlichem Verkauf und öffentlich zugänglichen Einrichtungen

Zulässig ist gemäß § 58 UrhG die Vervielfältigung, Verbreitung und öffentliche Zugänglichmachung von öffentlich ausgestellten oder zur öffentlichen Ausstellung oder zum öffentlichen Verkauf bestimmten Werken der bildenden Künste und Lichtbildwerken durch den Veranstalter zur Werbung, soweit dies zur Förderung der Veranstaltung erforderlich ist. Wer also ein Werk der **bildenden** Kunst versteigert oder für eine öffentliche Ausstellung ausleiht, hat damit das Recht, es in einem Katalog abzubilden.

 ACHTUNG!
Diese Nutzung wird jedoch vergütungspflichtig, sobald der Katalog über den Buchhandel vertrieben wird.

19. Werke an öffentlichen Plätzen

Das Recht, gemäß § 59 UrhG Werke auf öffentlichen Plätzen abzubilden, wird auch **Panoramafreiheit** genannt. Danach ist die Herstellung und Verbreitung von Außenaufnahmen, Grafiken oder Gemälden, von urheberrechtlich geschützter Architektur, Gebäuden und anderen **bleibend** bzw. dauerhaft in der Öffentlichkeit aufgestellten urheberrechtlich geschützten Werken (z. B. Skulpturen) auch ohne die Zustimmung des Urhebers (z. B. Architekt) erlaubt.

Abgebildet werden darf aber nur, was ohne Einsatz von Hilfsmitteln von öffentlichem Grund aus einsehbar ist. Öffentlicher Grund ist dabei alles, was nicht im Privateigentum steht. Das Fotografieren eines urheberrechtlich geschützten Objekts vom Dach eines Nachbarhauses (dazu die „Hundertwasser-Entscheidung" des BGH, Az. I ZR 192/00) oder von einem Kran aus, welches in dieser Ansicht nicht von der öffentlichen Straße aus zu sehen ist, wäre daher nicht durch die Panoramafreiheit gedeckt. Auch ist es möglich, dass die (gewerbliche) Fotografie eines Gebäudes vom zugehörigen, frei zugänglichen, Grundstück durch den Eigentümer untersagt werden kann (BGH, Az. V ZR 44/10, 45/10 u. 46/10).

Hinweis:
Mitunter kommt es auf die Details an: Die ohne Zustimmung der Urheber gemachten Aufnahmen des verhüllten Reichstags durften etwa nicht verbreitet werden, da sich die Verhüllung nicht bleibend an einem öffentlichen Ort befand, sondern nur für eine befristete Ausstellung erstellt worden war (BGH, Urteil vom 24.1.2002 – I ZR 102/ 99).

20. Bildnisse

Gemäß § 60 UrhG ist es zulässig, dass der Besteller, für den ein Bild angefertigt wurde, dieses vervielfältigen sowie unentgeltlich und nicht zu gewerblichen Zwecken verbreiten darf.

Schutz von Datenbanken, urheberrechtlicher

I. Begriff
II. Schutzfähigkeit
III. Datenbankwerk
  1. Begriff
  2. Schutzgegenstand
  3. Verwertungsrechte an Datenbankwerken
  4. Schranken des Urheberschutzes an Datenbankwerken
  5. Dauer der Rechte

IV. Einfache Datenbank
  1. Begriff
  2. Schutzgegenstand
  3. Rechte des Datenbankherstellers
  4. Schranken des Rechts des Datenbankherstellers
  5. Dauer der Rechte

I. Begriff

Datenbanken sind eine Sammlung von elektronisch gespeicherten Daten, die mittels Computer abfragbar sind. Die in den Datenbanken enthaltenen Datenstrukturen und Daten sind keine Computerprogramme im Sinne von § 69a UrhG, da die Daten und Strukturen selbst keine Steuerbefehle aufweisen. Die Abgrenzung ist oft nicht leicht. Die in Datenbankmanipulationssprachen enthaltenen Abfrageelemente sind oft mit Programmen geschrieben, die Ähnlichkeit mit herkömmlichen Computersprachen im Sinne von § 69a UrhG haben und daher als Computerprogramme gelten. Auch das zum Betrieb der Datenbank notwendige Datenbankmanagementsystem kann als Computerprogramm in Sinne von § 69a UrhG angesehen werden.

II. Schutzfähigkeit

Das Urhebergesetz unterscheidet zwischen **Datenbankwerken,** denen eine persönliche geistige Schöpfung bei der Auswahl oder Anordnung der Elemente zugrunde liegt, und sogenannten **einfachen Datenbanken,** für die lediglich ein kürzerer Leistungsschutz nach § 4 und §§ 87a ff. UrhG besteht.

III. Datenbankwerk

1. Begriff

Als Datenbankwerk im Sinne von § 4 Abs. 2 UrhG definiert das Gesetz ein **Sammelwerk,** dessen Elemente systematisch oder methodisch angeordnet und einzeln mit Hilfe **elektronischer Mittel oder auf andere Weise** zugänglich sind. Kein Bestandteil von Datenbanken sind die zu ihrer Schaffung verwendeten Computerprogramme.

Voraussetzung für die Annahme eines Datenbankwerkes ist, dass die Datenbank in Auswahl oder Anordnung ihrer einzelnen Elemente eine persönliche geistige Schöpfung und damit eine individuelle Leistung darstellt. Die Individualität zeigt sich in der Auswahl und Anordnung der Daten. Diese muss nicht außergewöhnlich oder genial, jedoch von den sich jedem aufdrängenden Anordnungskriterien zu unterscheiden sein. Es reicht allerdings nicht schon aus, dass ein gewisser Aufwand zur Erstellung der Datenbank notwendig war (EuGH, C-604/10). Der EuGH stellt insoweit fest,

[...] dass für die Erstellung der Datenbank unabhängig von der Erzeugung der darin enthaltenen Daten [...] ein bedeutender Arbeitsaufwand und bedeutende Sachkenntnis des Urhebers erforderlich waren, als solche nicht aus, um einen urheberrechtlichen Schutz der Datenbank nach der Richtlinie 96/9 zu rechtfertigen, wenn durch diesen Arbeitsaufwand und diese Sachkenntnis keinerlei Originalität bei der Auswahl oder Anordnung der Daten zum Ausdruck kommt.

Schutz von Datenbanken, urheberrechtlicher

Beispiel für Datenbankwerke:
- Website mit umfangreichem geordneten Inhalt inklusive Suchfunktion
- Über das Internet abrufbares Medizinlexikon.

Beispiel für Sammlungen, die nicht als Datenbankwerke zu qualifizieren sind:

Rein handwerklich, schematisch oder routinemäßige Auswahl oder Anordnung in digitaler Form von

- Adressenlisten
- Rundfunkprogrammen
- Spielpläne von Fussballspielen (dazu EuGH, C-604/10),
- Telefonbüchern.

Umstritten war lange, ob topographische Landkarten als Datenbankwerk eingestuft werden können. Dieser seit langem geführte Streit wurde vom Bundesgerichtshof dem EuGH in einem Beschluss zur Entscheidung vorgelegt (BGH, I ZR 138/13). Der EUGH (C-490/14) hat insoweit nunmehr klar gestellt, dass es hier auf die Umstände ankommt und „dass geografischen Daten, die von einem Dritten aus einer topografischen Landkarte herausgelöst werden, um eine andere Landkarte herzustellen und zu vermarkten, nach ihrer Herauslösung ein hinreichender Informationswert bleibt, um als „unabhängige Elemente" einer „Datenbank" im Sinne dieser Bestimmung angesehen werden zu können."

2. Schutzgegenstand

Schutzgegenstand von Datenbanken ist die Struktur der Datenbank, nicht aber deren Inhalt. Dieser Inhalt ist dann geschützt, wenn er selbst eine urheberrechtlich relevante Qualität genießt.

3. Verwertungsrechte an Datenbankwerken

Die → *Verwertungsrechte* ergeben sich aus den §§ 15 ff. UrhG und nicht aus § 69c UrhG. Die Verwertung bedarf daher der Zustimmung des Urhebers oder Datenbankherstellers. Dieses Nutzungsrecht an Datenbankwerken wird auch Lizenz genannt (→ *Nutzungsrechte an Software [Lizenzen], Einräumung von*).

Das Verbreitungsrecht erschöpft sich gemäß § 17 UrhG (siehe → *Erschöpfungsgrundsatz im Urheberrecht*).

4. Schranken des Urheberschutzes an Datenbankwerken

Für Datenbankwerke gilt der Schrankenkatalog gemäß den §§ 44a ff. UrhG.

5. Dauer der Rechte

Die Rechte an Datenbankwerken erlöschen wie alle anderen urheberrechtlich geschützten Werke gemäß § 64 UrhG siebzig Jahre nach dem Tode des Urhebers.

IV. Einfache Datenbank

1. Begriff

Eine einfache Datenbank ist nach § 87a UrhG eine **Sammlung** von Werken, Daten oder anderen unabhängigen Elementen, die systematisch oder methodisch angeordnet und einzeln mit Hilfe elektronischer Mittel oder auf andere Weise zugänglich sind und deren Beschaffung, Überprüfung oder Darstellung eine nach Art oder Umfang **wesentliche Investition** erfordert. Einer persönlichen geistigen Schöpfung bedarf es hier nicht. Die Schutzschwelle ist also vergleichsweise niedrig. „Wesentliche Investition" bedeutet lediglich, dass ganz unbedeutende Aufwendungen in Form sog. „Allerweltsinvestitionen" in kleine Datenbanken nicht ausreichen.

Beispiel für Datenbanken:

Digitale

- Vereinsregister,
- Handels- und Schiffsregister,
- Grundbuch,
- Sammlungen von Satellitenbildern,
- Telefonbücher.

2. Schutzgegenstand

Schutzgegenstand ist die **Summe** der in der Datenbank zusammengetragenen Informationen, nicht aber deren Struktur oder die Informationen als solche. Der Schutz richtet sich also auf die Investition des Datenbankherstellers und auf die Verwertung der Datenbank insgesamt.

3. Rechte des Datenbankherstellers

Der Datenbankhersteller hat gemäß § 87b UrhG das ausschließliche Recht, die Datenbank insgesamt oder einen nach Art oder Umfang **wesentlichen Teil** der Datenbank

- zu vervielfältigen,
- zu verbreiten,
- öffentlich wiederzugeben.

Zur Frage, was ein wesentlicher Teil einer Datenbank ist stellte der Bundesgerichtshof (Aktenzeichen I ZR 196/08) fest:

„*Ein Anteil von zehn Prozent des Datenvolumens der gesamten Datenbank erfüllt nicht die Voraussetzungen, die an einen quantitativ wesentlichen Teil zu stellen sind.*"

Gemäß Abs. 3 gilt dies auch für **unwesentliche Teile** der Datenbank bei Nutzungshandlungen, die systematisch erfolgen und des Weiteren einer normalen Auswertung der Datenbank zuwiderlaufen oder die berechtigten Interessen des Datenbankherstellers unzumutbar beeinträchtigen.

4. Schranken des Rechts des Datenbankherstellers

Gemäß § 87c UrhG besteht für die Rechte des Datenbankherstellers ein von § 44a UrhG abweichender Katalog von Schranken des Urheberrechts.

Demnach ist die Vervielfältigung eines wesentlichen Teils einer Datenbank zulässig

- zum privaten Gebrauch; dies gilt nicht für eine Datenbank, deren Elemente einzeln mit Hilfe elektronischer Mittel zugänglich sind,
- zum eigenen wissenschaftlichen Gebrauch, wenn und soweit die Vervielfältigung zu diesem Zweck geboten ist und der wissenschaftliche Gebrauch nicht zu gewerblichen Zwecken erfolgt,
- für die Benutzung zur Veranschaulichung des Unterrichts, sofern sie nicht zu gewerblichen Zwecken erfolgt.

Im Ergebnis zulässig ist grundsätzlich das sogenannte Screen-Scraping (hierzu EuGH C-30/14 sowie der Bundesgerichtshof, Aktenzeichen I ZR 196/08 u. I ZR 159/10). Hierbei werden Informationen aus einer Datenbank automatisiert ausgelesen und auf fremden Webseiten weiterverwendet. Typische Anwendungsbeispiele sind Suchmaschinen, die aus verschiedenen Quellen z. B. die Preise für Flüge zusammensuchen und anzeigen. Der EuGH hat nun wohl entschieden, dass dann, wenn eine geschützte Datenbank anzunehmen ist, ein Zugriff im Rahmen der Schranken möglich ist, ein Verbot per AGB ist hier nicht möglich. Sollte man im Einzelfall kein geschütztes Datenbankwerk annehmen, kann man allerdings den Zugriff verhindern, indem man in seinen AGB das Screen-Scraping untersagt und notfalls ein virtuelles Hausverbot ausspricht (hierzu auch die frühere Rechtsprechung OLG Hamburg, 3 U 191/08, anders aber später das LG Hamburg, 308 O 162/09 sowie das OLG Frankfurt, 6 U 221/08).

5. Dauer der Rechte

Die Rechte des Datenbankherstellers erlöschen bereits fünfzehn Jahre nach der Veröffentlichung der Datenbank. Ist die Datenbank nicht veröffentlicht, erlöschen die Rechte schon fünfzehn Jahre nach der Herstellung.

Schutz von Software, urheberrechtlicher

I. Begriff

II. Schutzfähigkeit der Software
   1. Urheberschutz für Computerprogramme gemäß § 69a UrhG
   2. Urheberschutz für Software gemäß § 2 UrhG
   3. Urheberschutz für Webseiten

III. Schranken des Urheberschutzes an Software

IV. Nutzungsrechte an Software

I. Begriff

Der Begriff der Software umfasst zum einen alle zusammenhängenden Computerbefehle, die auf dem Rechner ausgeführt werden, also Computerprogramme in jeder Gestalt einschließlich des Entwurfsmaterials. Der Begriff Software umfasst aber auch das Begleitmaterial und die Programmbeschreibung.

II. Schutzfähigkeit der Software

1. Urheberschutz für Computerprogramme gemäß § 69a UrhG

Computerprogramme sind gemäß § 69a UrhG urheberrechtlich geschützt. Geschützt sind gemäß § 69a Abs. 2 UrhG alle Ausdrucksformen eines Computerprogramms. Die Vorschrift erfasst z. B. Betriebssysteme, Anwendungsprogramme, Makros, Suchmaschinen, den Quellcode und auch einzelne Programmteile. Dabei ist es unerheblich, ob das Programm auf einem mobilen Datenträger (USB-Stick, DVD, CD-ROM, Band, Diskette) bzw. auf einer Festplatte gespeichert oder in die Hardware integriert ist. Unerheblich ist, zu welchem Zweck das Programm eingesetzt wird.

Es ist grundsätzlich auch unerheblich, ob das Programm bereits fertiggestellt ist. Auch sämtliche **Vor- und Zwischenstufen,** die im Rahmen der Entwicklung in verkörperter Form entstehen, sind prinzipiell schutzfähig.

> **Hinweis:**
> Nicht geschützt sind Ideen und Grundsätze, die einem Element eines Computerprogramms zugrunde liegen, einschließlich der den Schnittstellen zugrunde liegenden Ideen und Grundsätze.

Voraussetzung für die Schutzfähigkeit ist gemäß § 69a Abs. 3 UrhG, dass das Computerprogramm ein individuelles Werk in dem Sinne darstellt, dass es das Ergebnis der eigenen geistigen Schöpfung seines Urhebers ist. Zur Bestimmung seiner Schutzfähigkeit sind keine anderen Kriterien, insbesondere nicht qualitative oder ästhetische, anzuwenden. Es ist für aber nicht erforderlich, dass eine besondere „Gestaltungshöhe" erreicht wird. Bereits die „kleine Münze" wird geschützt.

Nach herrschender Lehre bezieht sich der Schutz des § 69a UrhG auf folgende Programme:

- Pflichtenheft (enthält bereits Lösungskonzepte),
- Grobkonzept inklusive Datenflussplan,
- Feinkonzept,
- Quellcode (in allen Entwicklungsstufen),
- Objectcode (in allen Entwicklungsstufen),
- Programmmodule,
- Schnittstellen,
- Software-Entwicklungs-Tools,
- Patches, Workarounds.

2. Urheberschutz für Software gemäß § 2 UrhG

Für Softwarebestandteile, die nicht als Computerprogramme oder Entwurfsmaterial nach § 69 UrhG angesehen werden können, ist ein Urheberschutz anzunehmen, wenn sie

- Darstellungen wissenschaftlicher oder technischer Art im Sinne von § 2 Abs. 1 Nr. 1 UrhG,
- oder Darstellungen wissenschaftlicher oder technischer Art, wie Zeichnungen, Pläne, Karten, Skizzen, Tabellen und plastische Darstellungen gemäß § 2 Abs. 1 Nr. 7 UrhG

sind.

Erforderlich ist aber gemäß § 2 Abs. 2 UrhG, dass diese Materialien einen gewissen Grad an „Gestaltungshöhe" erreichen, der über den Anforderungen des § 69a UrhG liegt. Will man sich auf die Schutzfähigkeit dieser Materialien berufen, hat man daher stets die „schöpferische Höhe" des Werkes nachzuweisen.

Liegen diese Voraussetzungen vor, sind gemäß § 2 Abs. 1 Nr. 1 bzw. Nr. 7 UrhG urheberrechtlich geschützt:

- Ist-Analysen als Darstellung wissenschaftlicher oder technischer Art,
- Soll-Analysen,

- Pflichtenheft (enthält lediglich Problembeschreibung),
- Benutzeroberfläche,
- Programmbeschreibung,
- Bedienungsanleitung,
- Handbücher,
- Schulungsunterlagen.

3. Urheberschutz für Webseiten

Auch Webseiten unterliegen, bei entsprechender Schöpfungshöhe, dem urheberrechtlichen Schutz. Dabei kann sowohl das jeweilige Design in seiner Erscheinungsform als auch ein individuelles Skript geschützt sein. Selbst rein beschreibende Texte, mit denen etwa Dienstleistungen beworben werden, können urheberrechtlich geschützt sein (Landgericht Hamburg, Az. 308 O 159/11). Auch einzelne Gestaltungselemente einer Webseite, etwa Eingabe-Formulare, können mit dem OLG Karlsruhe (Az. 6 U 46/09) und dem EuGH (Az. C-393/09) geschützt sein. Auch einzelne Code-Schnippsel („Snippets") die im Quelltext zum Einsatz kommen, können urheberrechtlichen Schutz genießen – so etwa Java-Snippets, sofern es sich nicht um „Routinearbeiten" handelt (Landgericht Düsseldorf, Az. 12 O 254/11).

Komplex ist der Schutz von SEO-Techniken, also die Gestaltung einer Seite samt Auswahl bestimmter Begrifflichkeiten zur Suchmaschinenoptiimerung, was mit dem OLG Rostock (Aktenzeichen 2 W 12/07) gleichsam Schutz genießen soll.

III. Schranken des Urheberschutzes an Software

Die Schranken des urheberrechtlichen Schutzes an Software finden sich abschließend in den §§ 69d, 69e UrhG, welche die in §§ 44a ff. UrhG geregelten, allgemeinen Schranken verdrängen. Der Grund für die in §§ 69d, 69e UrhG aufgeführten zustimmungsfreien Handlungen sind die in der Praxis auftretenden Probleme mit Computerprogrammen aufgrund ihrer technischen Natur.

§ 69d Abs. 1 UrhG erlaubt notwendige Handlungen zur Fehlerbehebung oder zur Herstellung der bestimmungsgemäßen Benutzung.

§ 69d Abs. 2 UrhG erlaubt das Anfertigen einer Sicherungskopie (Backup), da Datenträger eine höhere Empfindlichkeit aufweisen. Diese Schranke ist zu unterscheiden von der Privatkopieschranke des § 53 Abs. 1 UrhG und gilt eben speziell, wenn eine Software gesichert wird.

§ 69e Abs. 1 UrhG gestattet die an sich nach § 69c Nr. 1 und 2 UrhG verbotene Dekompilierung (Rückwandlung des binären Maschinen-Codes in den Source-Code zur Ermittlung der Funktionsweise des Programms), wenn sie unerlässlich zur Herstellung der Interoperabilität ist.

Da die Ideen und Grundsätze, welche einem Programmelement zugrunde liegen, nicht geschützt sind, stellt § 69d Abs. 3 UrhG klar, dass das Funktionieren eines Programmes beobachtet, untersucht und getestet werden kann, wenn dies durch berechtigte Handlungen wie Laden, Anzeigen, Ablaufen, Übertragen oder Speichern des Programmes geschieht. Davon ist jedoch das Dekompilieren (mit Ausnahme des oben genannten Falles nach § 69e Abs. 1 UrhG) nicht erfasst, da es keine berechtigte Handlung ist.

Schließlich ist § 69b UrhG noch eine Schranke des Urheberschutzes des Arbeitnehmers, welcher ein Computerprogramm schafft (siehe → *Nutzungsrechte im Arbeitsverhältnis*).

Mit Ausnahme des § 69d Abs. 1 UrhG (Fehlerbehebung) können die Schranken der §§ 69d, 69e UrhG nicht durch Vertrag eingeschränkt oder ausgeschlossen werden (§ 69g Abs. 2 UrhG). Für die Umgehung von technischen Schutzmaßnahmen für Computerprogramme gelten nach § 69a Abs. 5 UrhG nicht die §§ 95a ff. UrhG, sondern allein die §§ 69d, 69e UrhG.

Für weitere Einzelheiten siehe → *Verwertungsrechte an Computerprogrammen – III. Zustimmungsfreie Handlungen – Schranken des Urheberschutzes*.

IV. Nutzungsrechte an Software

Die → *Verwertungsrechte* an Software ergeben sich für Softwarebestandteile, die nicht Computerprogramme sind, aus den §§ 15 ff. UrhG, für Computerprogramme aus § 69c UrhG. Die Nutzung der Software bedarf der Zustimmung des Urhebers (→ *Nutzungsrechte an Software*). Dieses Nutzungsrecht an Software wird auch **Lizenz** genannt.

Service-Level-Agreement (SLA)

I. Definition und Vertragzweck

II. SLA als AGB oder als Individualvertrag

III. Vertragsinhalt
1. Regelung der Verfügbarkeit und Leistungsfähigkeit
2. Verpflichtung zum Reporting
3. Leistungen zur Störungsbeseitigung
4. Sanktionen
   4.1 Pauschalierter Schadensersatz
   4.2 Vertragsstrafe
   4.3 Kündigung

IV. Fazit

I. Definition und Vertragzweck

Der Begriff Service-Level-Agreement (SLA) bezeichnet einen Vertrag zwischen einem IT-Diensteanbieter (Provider) und einem Kunden, in dem wiederkehrende IT-Dienstleistungen hinsichtlich Leistungsumfang, Reaktionszeit und Schnelligkeit der Bearbeitung detailliert geregelt werden. Wichtiger Bestandteil ist hierbei die Dienstgüte (Servicelevel), die die vereinbarte Leistungsqualität beschreibt.

Beispiele für Verträge mit SLA:

- E-Mail-Anwendungen,
- Telekommunikation (Telefon oder Mobilfunk),
- Callcenter,
- Personaldienstleistung,

Service-Level-Agreement (SLA)

- Hosting von Servern,
- ASP-Verträge.

Ein SLA knüpft an die technische Leistung an und definiert deren Inhalt, sowie die Maßnahmen, die im Fall der Beeinträchtigung der Leistung zu ergreifen sind. Hierzu gehören beispielsweise Sanktionen, die bei einem Fehlschlag der Störungsbeseitigung greifen können. In der Regel werden ASP-Verträge und andere Providerverträge mit einem SLA-Vertrag verbunden, in dem die ständige Verfügbarkeit eines gemieteten IT-Systems für den Nutzer der IT-Leistung geregelt wird.

Während die Hauptleistungen des Anbieters in dem Dienstvertrag oder Mietvertrag beschrieben werden, beschränkt sich das SLA auf die Konkretisierung der Ansprüche des Kunden bei Leistungsstörungen. Diese werden dezidiert beschrieben und stellen ein eigenes Leistungsstörungsrecht dar, dass unabhängig von der schuldrechtlichen Einordnung des Vertragstyps des Grundvertrages in die gesetzlichen Vertragskategorien gilt. Stehen dem Kunden nach dem Gesetz weitergehende Ansprüche zu, so bleiben diese in der Regel durch das SLA unberührt.

II. SLA als AGB oder als Individualvertrag

Werden SLA-Bestimmungen in Allgemeinen Geschäftsbedingungen aufgenommen, kann es zu Konflikten mit dem AGB-Recht kommen. Dieses beschränkt die Vertragsfreiheit und lässt nur begrenzte Abweichungen von den gesetzlichen Regelungen zu (§ 307 BGB).

III. Vertragsinhalt

Ein SLA enthält in der Regel folgende Vereinbarungen:

- Regelung der Verfügbarkeit und Leistungsfähigkeit,
- Verpflichtung zum Reporting,
- Leistungen zur Störungsbeseitigung,
- Sanktionen.

1. Regelung der Verfügbarkeit und Leistungsfähigkeit

Bei Computersystemen wird die Verfügbarkeit in „Dauer der Uptime pro Zeiteinheit" gemessen und in Prozent angegeben. Die Parteien haben zunächst zu definieren, wann das IT-System als nicht verfügbar angesehen wird.

Die Verfügbarkeit alleine stellt noch kein ausreichendes Kriterium für die Leistungsqualität der geschuldeten Leistung dar. Die Leistung kann verfügbar sein, jedoch in ihrer Qualität nicht den bestehenden oder vereinbarten Erwartungen des Kunden entsprechen. Dies kann zum Beispiel dann gegeben sein, wenn die Antwortzeit eines Systems eine bestimmte Kenngröße überschreitet. Die Geschwindigkeit und damit die Qualität der Leistung lassen sich technisch definieren. Messgrößen hierfür sind:

- das Antwortzeitverhalten, also die Zeit zwischen der Eingabe einer Abfrage und der Ausgabe einer entsprechenden Antwort,
- der Datendurchsatz (die übertragene Datenmenge pro Zeiteinheit),
- die Paketverzögerung (der Zeitbedarf, um ein IP-Paket von A nach B zu senden),
- der Round Trip Delay (RTD)
- sowie die Paketverlustrate (die Zahl der IÜ-Pakete, die pro Zeiteinheit verloren gehen, weil sie nicht rechtzeitig an ihren Bestimmungsort gelangen).

Welche Messgrößen zur Bestimmung der Leistungsqualität des Anbieters zugrunde gelegt werden, hängt von den Anforderungen des Kunden an die Leistungsfähigkeit des Providers und dem technischen Leistungsvermögen des Providers ab.

Ein SLA regelt den Zeitraum, in dem die **minimale erwartete** Verfügbarkeit des Systems mindestens geschuldet wird. Als Zeiteinheiten werden typischerweise Minuten, Stunden, Tage, Monate, Quartale oder Jahre verwendet. Die vereinbarte Verfügbarkeit hat je nach Vereinbarung große Auswirkungen auf die Anforderungen bzgl. Ausfall und Wartungsfähigkeit des Systems.

Für ein System, das 12 Stunden am Tag, an 5 Wochentagen, in 52 Wochen im Jahr (12 × 5 × 52) zur Verfügung steht (3120 Stunden), bedeutet dies z. B. in Stunden:

Verfügbarkeit im Jahresdurchschnitt	Minimal erwartete Verfügbarkeit	Maximal erlaubte Ausfallzeit	Stunden der nicht geschuldeten Verfügbarkeit
99 %	3088,8	31,2	5671,2
99,50 %	3104,4	15,6	5655,6
99,70 %	3110,64	9,36	5649,36
99,90 %	3116,88	3,12	5643,12
99,95 %	3118,44	1,56	5641,56
100 %	3120	0	5640

Ausgehend von 365 Tagen im Jahr steht hier selbst bei 100-prozentiger Verfügbarkeit eine Zeit von 5640 Stunden oder 235 Tagen, zum Beispiel zur Wartung des Systems, zur Verfügung, ohne dass die Verfügbarkeit leiden muss. Dies kann ein Kunde, der von der Verfügbarkeit des Systems an 24 Stunden rund um die Uhr abhängig ist, nachvollziehbarerweise nicht hinnehmen. Er wird eine ständige Verfügbarkeit fordern müssen und lediglich kleine Zeitfenster für Wartungsarbeiten akzeptieren können. Bei Hochverfügbarkeitssystemen ist es daher für den Kunden empfehlenswert, kürzere Bezugszeiten zu vereinbaren. Wie das obige Beispiel zeigt, sind bei einer 99 %igen Verfügbarkeit **pro Jahr** 31,2 Stunden an Ausfallzeiten hinzunehmen. Wäre vereinbart, dass das System rund um die Uhr (24 Stunden) im ganzen Jahr zur Verfügung zu stehen hat (= 8736 Stunden), bedeutete dies bei einer 99 %-Verfügbarkeit pro Jahr einen hinzunehmenden Ausfall von 87,36 Stunden (das sind immerhin 3,49 Tage). Wäre aber eine Verfügbarkeit von 99 % rund um die Uhr pro Monat vereinbart, dann dürfte selbst bei Monaten mit 31 Tagen das System in einem Monat maximal 7,44 Stunden nicht zur Verfügung stehen.

Bei Vereinbarung einer hohen Verfügbarkeit sollte der Provider darauf achten, dass Wartungsfenster bei der Verfügbarkeitsmessung berücksichtigt werden. Je nach Standpunkt der Vetragsparteien wird dabei darauf Wert zu legen sein, ob diese Wartungsintervalle in regelmäßigen Abständen erfolgen, einer

Service-Level-Agreement (SLA)

vorherigen Genehmigung des Kunden bedürfen oder auch außerplanmäßig (mit oder ohne Vorankündigung) erfolgen dürfen.

2. Verpflichtung zum Reporting

Ein wichtiger Regelungspunkt in SLAs ist die Verpflichtung des Providers zum Reporting. Der Kunde muss die Möglichkeit erhalten, die Erfüllung der Verfügbarkeitsvereinbarung zu überprüfen. Dies gilt insbesondere dann, wenn die Leistung nicht beim Kunden, sondern beim Provider erbracht wird. Der Kunde muss nachvollziehen können, in welchen Bereichen beim Provider eine Leistungsstörung aufgetreten ist. Dies ermöglicht eine ständige Kontrolle des Providers und die automatisierte Berechnung von ggf. vereinbarten Vertragsstrafen für die Nichteinhaltung der vereinbarten Verfügbarkeit. Sinnvoll ist es zu vereinbaren, dass der Anbieter dem Kunden regelmäßig (monatlich, jedes Quartal, halbjährlich etc.) eine Übersicht über die Einhaltung der vereinbarten Verfügbarkeit und Qualität der Leistungen zur Auswertung zur Verfügung stellt. Dabei ist auf einen „objektiven Messpunkt" und eine nachvollziehbare Messmethode Wert zu legen (SLA Monitoring).

Es kann weiterhin vereinbart werden, dass verwirkte Vertragsstrafen automatisch von der Monatsrechnung abgezogen werden. Diese Vereinbarung wird in den AGB der Anbieter kaum zu finden sein und kann nur das Ergebnis einer Individualvereinbarung sein. Berichte des Anbieters, die dieser selbst erstellt, beruhen auf Vertrauen. Es ist daher sinnvoll, dass die Berichte nicht vom Anbieter, sondern von einem Dritten erstellt oder selbst aus dem System in einer Weise generiert werden, die nicht manipuliert werden kann.

3. Leistungen zur Störungsbeseitigung

Unabhängig von der Verpflichtung zur Aufrechterhaltung der vereinbarten Verfügbarkeit muss in einem SLA zusätzlich die Pflicht zur Wiederherstellung der Verfügbarkeit geregelt werden. Dies gilt insbesondere, wenn bei Nichtverfügbarkeit keine Vertragsstrafe verwirkt wird, sondern lediglich gesetzliche Schadensersatzansprüche begründet werden, die in der Regel an der fehlenden Nachweisbarkeit des konkreten Schadens scheitern. Dies gilt insbesondere, wenn die vereinbarte Verfügbarkeit wie im obigen Beispiel nur für 12 Stunden am Tag zugesichert wird.

Die Pflichten des Anbieters werden regelmäßig durch die Vereinbarung von Reaktions- und/oder Wiederherstellungszeiten festgelegt.

Die Reaktionszeit ist der Zeitraum, innerhalb dessen der Provider mit den Störungs- bzw. Mängelbehebungsarbeiten zu beginnen hat.

Die Wiederherstellungszeit ist der Zeitraum, innerhalb dessen der Provider die Störungsbehebungs- bzw. Mängelbehebungsarbeiten erfolgreich abzuschließen hat.

Es ist von wesentlicher Bedeutung, wann der jeweilige Zeitraum beginnt (z. B. mit dem Zugang der Störungs- bzw. Mängelmeldung) und während welcher Zeit er läuft. Reaktions- und Wiederherstellungszeiten laufen entweder nur innerhalb von definierten Servicezeiten oder unabhängig von diesen Zeiten, z. B. ab Störungsmeldung.

Die Vereinbarung von Wiederherstellungszeiten erfordert Augenmaß. Bei der Beseitigung von Hardwarestörungen ist der Auftragnehmer in der Regel in der Lage, Wiederherstellungszeiten anzubieten und zu kalkulieren, weil Hardware ausgetauscht werden kann. Dies ist aber bei Standardsoftware nur dann möglich, wenn ein neuer Programmstand verfügbar ist, der den Mangel behebt.

4. Sanktionen

Hält der Provider die vereinbarten Verfügbarkeitszeiten nicht ein oder behebt er eine Störung nicht innerhalb der vereinbarten Wiederherstellungszeit, verletzt er eine vertragliche Pflicht. Ist das SLA als Mietvertrag anzusehen, hat der Kunde mietvertragliche verschuldensunabhängige Mängelansprüche. Dies gilt nicht, wenn das SLA als Dienstvertrag zu qualifizieren ist, da ein solcher verschuldensunabhängiger Mängelanspruch dem Dienstvertragsrecht fremd ist. Bei Verschulden des Providers stehen dem Kunden nach Miet- oder Dienstvertragsrecht Schadensersatzansprüche zu, die im Einzelfall nachgewiesen werden müssen.

Da dies in der Regel kaum oder nur mit erheblichem Aufwand möglich ist, empfiehlt es sich, für den Fall der Pflichtverletzung des Providers pauschalierte Schadensersatzansprüche oder Vertragsstrafen zu vereinbaren. Die Höhe dieser Sanktionen hängt von dem Anspruch des Kunden an die Hochverfügbarkeit des Systems und von dem Verhandlungsgeschick der Parteien ab.

4.1 Pauschalierter Schadensersatz

Die Parteien können als pauschalierten Schadenersatz beispielsweise vereinbaren, dass für den Fall der Nichteinhaltung der Reaktions- oder Wiederherstellungszeiten die monatliche Vergütung für den Monat entfällt, in dem die Störung nicht beseitigt wurde. Hier empfiehlt es sich aus Providersicht nach Mängelklassen zu differenzieren und das Entgelt nur entfallen zu lassen, wenn die Gebrauchstauglichkeit völlig entfällt. In diesen Fällen ist mit Störungsklassen zu arbeiten und für Störungen der Priorität II (behinderte Gebrauchsfähigkeit) und III (leichte Störung) kann eine entsprechende Minderung der Vergütung vereinbart werden.

Störungsklasse	Wiederherstellungszeit	Minderung der Vergütung bei Fristverletzung
Betriebsverhindernde Störung Prio I	1	100 %
Betriebsbehindernde Störung Prio II	2	80 %
Leichte Störung Prio III	4	10 %

Die Störungsklassen können im Vertrag weiter definiert werden.

4.2 Vertragsstrafe

Die Parteien können Vertragsstrafen für „jede Minute" nach fruchtlosem Ablauf der Reaktions- und Wiederherstellungszeiten vereinbaren. Eine Vertragsstrafe ist vom pauschalierten Schadensersatz abzugrenzen, welcher lediglich der Beweiserleichterung und Prozessökonomie dient. Die Vertragsstrafe hat zwei Funktionen:

- Auf den Auftragnehmer soll ein zusätzlicher Druck zur vertragsgemäßen Erfüllung seiner Leistungspflicht ausgeübt werden,
- der Auftraggeber soll keinen Schadensnachweis führen müssen, um einen Ausgleich zu erhalten.

Durch individuelle Vereinbarung kann eine schuldunabhängige Vertragsstrafe vereinbart werden.

ACHTUNG!
Nach der Rechtsprechung des BGH sind Vertragsstrafen in den AGB unwirksam, wenn sie die Höchstgrenze von 5% des Auftragswertes überschreiten (BGH vom 23.1.2003 – VII ZR 210/01; bestätigt durch BGH vom 20.1.2016 – VIII ZR 26/15).

Hinweis:
Gemäß § 341 Abs. 3 BGB gilt, dass eine Vertragsstrafe nur verlangt werden kann, wenn der Gläubiger sich das Recht dazu bei der Annahme der Leistung vorbehält. Da dies in der Regel vergessen wird, wenn der Gläubiger verspätet leistet, ist es sinnvoll für den Kunden, den § 341 Abs. 3 BGB vertraglich auszuschließen. Dies ist in Individualvereinbarungen wirksam möglich.

Einer Mahnung bedarf es sowohl bei der Geltendmachung des pauschalierten Schadensersatzanspruches als auch bei der Vertragsstrafe gemäß § 286 Abs. 2 Nr. 2 BGB nicht, da mit der Vereinbarung von festen Reaktions- und/ oder Wiederherstellungszeiten ab Störungsmeldung oder Beginn vereinbarter Servicezeiten der Fristablauf errechenbar ist.

4.3 Kündigung

Eine weitere Möglichkeit der Sanktion ist die Kündigung des SLA aus wichtigem Grund. Ein wichtiger Grund liegt vor, wenn die vereinbarte Verfügbarkeit in einer Weise beeinträchtigt ist, dass dem Kunden unter Berücksichtigung aller Umstände des Einzelfalles und unter Abwägung der Interessen des Providers die Fortsetzung des Vertrages nicht mehr zugemutet werden kann.

IV. Fazit

Bei der Gestaltung eines SLA kommt es ganz auf den Blickwinkel und die Interessen der Vertragspartner an. Wichtig ist, sowohl die technische Leistung detailliert festzulegen als auch die Maßnahmen, die im Fall der Beeinträchtigung der Leistung zu ergreifen sind, genau zu beschreiben.

Signatur, elektronische

I. **Rechtliche Regelung**
  1. Begriffe
  2. Entwicklung des rechtlichen Rahmens
  3. Künftiges europäisches Recht
II. **Praktische Bedeutung**
  1. Behörden und Gerichte
  2. Privatwirtschaft
  3. Anbieter elektronischer Signaturen
III. **Ablauf des Signaturvorgangs**
  1. Schlüsselpaar
  2. Zeitstempel
  3. Benutzerzertifikat
  4. Rolle des Zertifizierungsdiensteanbieters
  5. Schlüsselerneuerung

IV. **Rechtliche Anerkennung elektronischer Signaturen**
  1. Bedeutung von Förmlichkeiten im Recht
  2. Arten gesetzlicher Formen
  3. Elektronische Form als Ersatz der Schriftform
V. **Checkliste: Elektronische Signatur**

I. Rechtliche Regelung

1. Begriffe

„Elektronische Signatur" und „digitale Signatur" sind zwei Begriffe, die sich genau genommen nicht decken:

- Rechtlich geregelt ist die „elektronische Signatur", und zwar im Signaturgesetz. Dort sind „elektronische Signaturen" definiert als „Daten in elektronischer Form, die anderen elektronischen Daten beigefügt oder logisch mit ihnen verknüpft sind und die zur Authentifizierung dienen" (§ 2 Nr. 1 SigG).

- Diese sehr allgemeine Formulierung erklärt sich daraus, dass zur Erzeugung elektronischer Signaturen unterschiedliche Verfahren benutzt werden können. Der Gesetzgeber wollte bewusst nicht bestimmte technische Verfahren festschreiben.

- „Digitale Signatur" ist dagegen ein Sammelbegriff für kryptografische mathematische Verfahren, mit denen elektronische Signaturen erzeugt werden können.

In der Praxis ist allerdings zu beobachten, dass die Begriffe „elektronische Signatur" und „digitale Signatur" oft synonym verwendet werden. Richtig ist das eigentlich nicht. Einen Schaden richtet diese Gleichsetzung der an sich zu trennenden Begriffe aber kaum an, da die elektronischen Signaturen, die in der Praxis vorkommen, derzeit fast ausnahmslos auf der Technik der digitalen Signatur aufbauen. Insofern machen die Begriffe für den Nichtfachmann keinen Unterschied. Es existieren jedoch auch andere mögliche technische Verfahren.

2. Entwicklung des rechtlichen Rahmens

Maßgebliche europarechtliche Vorgabe für elektronische Signaturen ist die Europäische Signaturrichtlinie 1999/93/EG, die am 19.1.2000 im EG-Amtsblatt veröffentlicht wurde. Durch sie wurde das (erste) Signaturgesetz von 1997 obsolet, weil die Signaturrichtlinie einige Rahmenbedingungen vorgab, die im Signaturgesetz 1997 nicht verwirklicht waren. Das betraf vor allem folgende Punkte:

- Die Richtlinie sieht eine Methodenvielfalt vor.

- Zentrale staatliche Zertifizierungsstellen kennt sie dagegen im Unterschied zu dem Gesetz von 1997 nicht.

- Dagegen schreibt sie – wiederum im Unterschied zu diesem Gesetz – die rechtsverbindliche Anerkennung, elektronischer Signaturen unter bestimmten Bedingungen vor.

Damit sind zugleich auch wesentliche Punkte genannt, durch die sich das (mit einigen späteren Änderungen) bis heute geltende zweite Signaturgesetz aus dem Jahr 2001 von seinem Vorgänger aus dem Jahr 1997 unterscheidet. Einige Ergänzungen, die vor allem im Jahr 2007 am Gesetz vorgenommen wurden, haben daran nichts geändert.

Signatur, elektronische

Das Signaturgesetz wird ergänzt durch die Signaturverordnung. Sie enthält zahlreiche Einzelheiten, vor allem technischer Art, welche die Anforderungen des Signaturgesetzes näher detaillieren.

Beide Rechtstexte, Gesetz wie Verordnung, sind stark durch mathematisch-technische Sachverhalte geprägt und ohne Vorkenntnisse in der Signaturtechnik kaum verständlich. Dabei ist aber auch zu bedenken, dass sich ein Großteil der Bestimmungen an die Anbieter von Signaturen und an die zuständigen Aufsichtsbehörden richtet. Das gilt besonders für die Detailregelungen der Signaturverordnung, auf die ein Anwender kaum jemals zurückgreifen muss. Der erste Eindruck, die Bestimmungen des Signaturrechts seien viel zu kompliziert, um sich als Laie dem Gebiet nähern zu können, trifft deshalb letztlich doch nicht zu.

3. Künftiges europäisches Recht

Mit grundsätzlicher Wirkung vom 1.7.2016 wird das deutsche Signaturgesetz abgelöst durch die Verordnung (EU) Nr. 910/2014 des Europäischen Parlaments und des Rates vom 23. Juli 2014 über elektronische Identifizierung und Vertrauensdienste für elektronische Transaktionen im Binnenmarkt und zur Aufhebung der Richtlinie 1999/93/EG. Siehe hierzu das eigene Stichwort → eIDAS-Verordnung.

II. Praktische Bedeutung

1. Behörden und Gerichte

Die offizielle Seite des Bundesamts für Sicherheit in der Informationstechnik (BSI) führt eine größere Zahl von Signaturprojekten auf (siehe http://www.rehmnetz.de/it-recht/anwendungenbsi Kap. 5.1 „Signaturanwendungen im behördlichen Umfeld"). Es handelt sich allerdings meist um Pilotanwendungen, die freiwillig genutzt werden können – was vielfach noch wenig geschieht. Die bisher größte Bedeutung hat die Elektronische Steuererklärung mit dem Verfahren ELSTER im Bereich der Umsatzsteuer (www.elster.de), wobei das Verfahren allerdings auch ohne elektronische Signatur genutzt werden kann.

Ohne große praktische Auswirkungen ist die bereits seit 2010 vorhandene Möglichkeit geblieben, den neuen Personalausweis mit einer Signaturmöglichkeit zu versehen (siehe § 22 PAuswG). Das liegt wohl daran, dass es zu wenige Angebote gibt, bei denen der Ausweisinhaber einen Nutzen für sich selbst hätte, der den damit verbundenen Aufwand für die Beschaffung der nötigen Ausstattung aus seiner Sicht rechtfertigt. Siehe dazu die offizielle Informationsseite http://www.personalausweisportal.de.

2. Privatwirtschaft

Ein Verfahren, das wegen seiner Anerkennung durch die Steuerverwaltung eine gewisse Bedeutung erfahren hat, ist die Elektronische Rechnungsstellung im B2B-Bereich (siehe dazu die eben genannte Seite des BSI, Kapitel 5.2 „Elektronische Rechnungsstellung").

Deutlich ungünstiger sieht es mit der Nutzung solcher Verfahren im Verhältnis Unternehmen – Endverbraucher (B2C-Bereich) aus. Das hat nicht nur Kostengründe. Für Geschäfte des täglichen Lebens erscheint das Verfahren vielmehr zu kompliziert. Und wirtschaftlich bedeutsame Geschäfte (etwa Käufe von größerem Wert) sind für den einzelnen Bürger selten, so dass die durch elektronische Signaturen mögliche Vereinfachung der Abwicklung nicht ins Gewicht fällt. Entscheidend gebremst hat die Verbreitung der elektronischen Signatur, dass der Bankbereich sie nicht eingeführt hat, sondern – entgegen allen Erwartungen – weiterhin mit PIN und TAN arbeitet.

Eine wachsende Bedeutung elektronischer Signaturen ist bei Dokumentenmanagementsystemen zu verzeichnen, wenn ein Bedürfnis besteht, die Dokumente beweiskräftig elektronisch zu archivieren.

Von Bedeutung für die weitere Verbreitung digitaler Signaturen bei Behörden wie in der Privatwirtschaft könnte es werden, dass das Bundesarbeitsgericht einen Arbeitgeber bei der Einhaltung gewisser Vorgaben (vor allem Haftungsfreistellung für den Beschäftigten, Beteiligung des Personal- oder Betriebsrats) für berechtigt hält, Beschäftigte zur Beantragung einer Signaturkarte bei einem privatwirtschaftlichen Anbieter zu zwingen (siehe Bundesarbeitsgericht, Urteil v. 25.9.2013 – 10 AZR 270/12). Dies hatte bereits früher der Bayerische Verwaltungsgerichtshof für Beamte so entschieden (Beschluss v. 2.11.2011 – 6 CE 11.1346).

3. Anbieter elektronischer Signaturen

Die Zahl der Anbieter ist bisher recht gering. Sie sind zu finden über die Seite der Arbeitsgemeinschaft der Trustcenterbetreiber und Zertifizierungsdiensteanbieter, die inzwischen als eingetragener Verein organisiert ist (siehe http://www.t7ev.org/).

III. Ablauf des Signaturvorgangs

1. Schlüsselpaar

Bei Signaturverfahren finden Schlüsselpaare Verwendung:

- Der Signaturschlüssel dient zum Signieren des Dokuments. Er muss zwingend geheim gehalten werden.

  Zum Signieren wird nach einem mathematischen Verfahren mittels eines Algorithmus (mathematische Ablaufanweisung) aus den vorhandenen Daten ein „Hashwert" errechnet. Er hat unabhängig von der Datenmenge, die zu verschlüsseln ist, im Ergebnis immer dieselbe, vordefinierte Länge.

  Der Hashwert definiert ein Dokument eindeutig („elektronischer Fingerabdruck"). Er wird mit dem geheimen Signaturschlüssel verschlüsselt. Bei diesem Vorgang wird ein öffentlich zugänglicher Algorithmus eingesetzt (Public Key Algorithmus). Das Resultat ist ein „Signaturwert".

- Der Signatur**prüf**schlüssel dient der Überprüfung, ob ein vorliegendes Dokument gegenüber dem Zustand bei der Verschlüsselung geändert wurde. Er muss öffentlich zugänglich sein, wenn er diesen Zweck erfüllen soll.

  Der Überprüfungsvorgang beginnt damit, dass mit dem Algorithmus, der auch zur Verschlüsselung benutzt wurde, der zum Dokument gehörende Hashwert errechnet wird.

  Dann wird der Signaturwert, der dem Dokument beigefügt ist, unter Nutzung des Public Key Algorithmus entschlüsselt. Das dabei erzielte Ergebnis muss zu 100 % mit dem Hashwert übereinstimmen, sonst wurde am Dokument etwas verändert.

Signatur, elektronische

- Der Signaturschlüssel bildet die geheime Verknüpfung im Schlüsselpaar. Wird seine Geheimhaltung durchbrochen, ist die Verschlüsselung entwertet.

Betrachtet man das Geschehen nicht vom Schlüsselpaar her, sondern als Ablauf aus der Sicht vom Sender und Empfänger, dann ergibt sich folgende Darstellung (entnommen aus: Sicherheit und Vertrauen in elektronische Kommunikation/Ein europäischer Rahmen für digitale Signaturen und Verschlüsselung, KOM/1997503/final, Anhang I):

- Ein einzigartiges kryptografisches Schlüsselpaar ist vorgegeben oder wird vom Nutzer erzeugt.
- Der Sender erstellt auf einem Rechner einen Datensatz.
- Der Sender erstellt mit Hilfe eines sicheren Hash-Algorithmus eine Prüfsumme. Für die Erzeugung der digitalen Signatur wird ein Hash-Ergebnis verwendet, das aus den unterzeichneten Daten und einem privaten Schlüssel abgeleitet ist und ausschließlich diesen entspricht.
- Der Sender verschlüsselt die Prüfsumme mit Hilfe des privaten Schlüssels, nach einem mathematischen Algorithmus. Die digitale Signatur besteht aus der verschlüsselten Prüfsumme.
- Der Sender fügt die digitale Signatur seinem Dokument bei oder versendet es getrennt.
- Der Sender übermittelt elektronisch die verschlüsselten oder nicht verschlüsselten Daten mit der digitalen Signatur an den Empfänger.
- Der Empfänger überprüft mit Hilfe des öffentlichen Schlüssels des Senders dessen digitale Signatur. Dadurch wird nachgewiesen, dass die Daten vom Sender stammen.
- Der Empfänger erstellt eine Prüfsumme der Daten mit Hilfe des gleichen sicheren Hash-Algorithmus.
- Der Empfänger vergleicht beide Prüfsummen. Entsprechen sie sich vollständig (ohne den geringsten Unterschied), kann der Empfänger davon ausgehen, dass die Daten nach der Unterzeichnung nicht verändert wurden.
- Der Empfänger beantragt bei der Zertifizierungsstelle (oder beim Sender der Daten) ein Zertifikat, das die digitale Signatur den Daten des Senders bestätigt. Das Zertifikat enthält den öffentlichen Schlüssel und den Namen oder das Pseudonym des Senders (sowie gegebenenfalls zusätzliche Informationen), versehen mit einer digitalen Signatur der Zertifizierungsstelle.

Der Vorteil dieser „**asymmetrischen** Verschlüsselung" liegt darin, dass zwischen den Beteiligten kein geheimer Schlüssel hin- und hertransportiert werden muss. Das ist hingegen bei der traditionellen „**symmetrischen** Verschlüsselung" der Fall: Beide Beteiligte benutzten ein und denselben Schlüssel. Nur mit ihnen kann geprüft werden, ob ein Dokument authentisch ist. Gerät er in die Hände Außenstehender, ist der Schlüssel entwertet. Bei der asymmetrischen Verschlüsselung reicht dagegen der öffentliche Schlüssel, den gerne jeder besitzen kann, um die Authentizität zu prüfen. Die Verschlüsselung selbst erfolgt mit dem privaten Schlüssel, den der Verschlüsselnde dazu weder aus der Hand geben muss noch darf (daher die Bezeichnung „asymmetrisch": nur ein Beteiligter besitzt diesen Schlüssel, der oder die anderen Beteiligten dagegen nicht).

Diese Art der Verschlüsselung führt **nicht** dazu, dass der Dokument**inhalt** geheim gehalten würde. Das Dokument ist offen lesbar. Wenn auch der Inhalt geheim gehalten werden soll, müssen zusätzlich hierfür geeignete Verschlüsselungen angewendet werden.

2. Zeitstempel

Er muss von einer vertrauenswürdigen externen Stelle (Zertifizierungsdiensteanbieter) angebracht werden und weist das Datum nach, zu dem die Daten signiert worden sind. Das ist ein zusätzlicher Schutz gegen Manipulationen.

3. Benutzerzertifikat

Es wird ebenfalls von einer externen vertrauenswürdigen Stelle ausgestellt und weist nach, dass der verwendete Signaturprüfschlüssel wirklich dem Schlüsselinhaber „gehört", der Inhaber des zugehörigen Signaturschlüssels ist.

4. Rolle des Zertifizierungsdiensteanbieters

Er hat eine zentrale Funktion bei dem gesamten Vorgang, da er die Zuordnung zusammengehöriger Schlüssel zu einem Schlüsselpaar und dessen Zuordnung zum Schlüsselverwender gewährleistet. Aus diesem Grund widmet ihm das Signaturgesetz einen ganzen Abschnitt (2. Abschnitt des Signaturgesetzes) mit zehn Paragrafen, die u. a. seine Haftung regeln. Das Gesetz geht davon aus, dass solche Anbieter grundsätzlich privatwirtschaftlich arbeiten (Ausnahmen sind staatliche Stellen, die den behördeninternen Bereich abdecken). Daraus ergibt sich, dass das Gesetz eine Reihe von Folgefragen regeln muss (Geschäftsaufgabe des Anbieters, Konkurs usw.).

Die Zahl entsprechender Anbieter ist derzeit gering. Zu nennen sind vor allem die Elektronische Signatur GmbH (eine Telekom-Tochter, Anbieter für jedermann) sowie die DATEV (nur für eigene Kunden). Siehe auch die oben schon erwähnte Seite http://www.t7ev.org/.

Welche Gefahren entstehen, falls ein Zertifizierungsdiensteanbieter sich nicht als zuverlässig erweist, haben im September 2011 die Vorgänge um den – inzwischen vom Markt verschwundenen – niederländischen Anbieter DigiNotar gezeigt. Durch Manipulationen hatten Hacker dort erreicht, dass eine größere Zahl gefälschter Zertifikate ausgestellt wurde. Im Nachhinein lässt sich recht leicht erklären, wie dies zu vermeiden gewesen wäre. Es bleibt die Frage, welche anderen Schwachstellen noch unbekannt sind und wann sie ausgenutzt werden. Zu DigiNotar siehe mit zahlreichen weiteren Nachweisen https://de.wikipedia.org/wiki/DigiNotar.

5. Schlüsselerneuerung

Elektronische Signaturen weisen eine bestimmte „Stärke" auf, die durch den aktuellen Stand der Technik, insbesondere auch durch die Leistungsfähigkeit verfügbarer Rechner bestimmt wird. Dies bedeutet andererseits, dass sie im Lauf der Zeit ihre Eignung verlieren und dann durch neue, stärkere Schlüssel ersetzt werden müssen. Diese „Umsignierung" bedeutet einen beachtlichen Aufwand und muss alle etwa drei bis fünf Jahre neu durchgeführt werden – jedenfalls sofern das signierte Dokument dann noch weiterhin benötigt wird.

Signatur, elektronische

Die Umsignierung beugt vor allem der Gefahr vor, dass

- Wege gefunden werden, aus dem öffentlichen Schlüssel den privaten Schlüssel zu bestimmen. Beide hängen ja mathematisch zusammen und haben eine bestimmte, vordefinierte Länge. Höhere Rechnerleistungen können deshalb dazu führen, dass dieser Zusammenhang „geknackt" wird.

- Wege gefunden werden, den Hash-Algorithmus zu entschlüsseln. Dann könnte ein zweites Dokument erstellt werden, das denselben Hashwert wie das verschlüsselte Dokument hat, aber einen anderen Inhalt.

Um mit der technischen Entwicklung Schritt zu halten, veröffentlicht die Bundesnetzagentur seit 2002 jedes Jahr „Algorithmenkataloge", die auch offiziell im Bundesanzeiger publiziert werden. Sie geben den maßgeblichen technischen Standard vor. Ein Überblick über die Kataloge (und damit auch über die ständigen Änderungen) ist verfügbar unter http://www.rehmnetz.de/it-recht/kryptoalgorithmen). Dort finden sich auch Links zu den zugehörigen offiziellen Bekanntmachungen der Bundesnetzagentur.

IV. Rechtliche Anerkennung elektronischer Signaturen

1. Bedeutung von Förmlichkeiten im Recht

Entgegen einem häufig anzutreffenden Irrtum kennt das deutsche Recht als Grundsatz keinerlei Formzwang. So sind etwa Verträge im Regelfall gültig, ohne dass eine bestimmte Form beachtet werden müsste. Etwas anderes gilt nur dann, wenn das Gesetz eine bestimmte Form vorschreibt (§ 125 BGB), etwa bei der Übertragung des Eigentums an einem Grundstück (§ 925 Abs. 1 BGB) oder der Übernahme einer Bürgschaft (§ 766 BGB) sowie in dem praktisch häufigsten Fall, dass die Schriftform vertraglich vereinbart wurde (§ 927 BGB).

2. Arten gesetzlicher Formen

Folgende Arten vorgeschriebener oder vereinbarter Formen kennt das deutsche Recht

- Schriftform (§ 126 BGB)

  Sie meint die eigenhändige Unterschrift.

- Notarielle Beurkundung (§ 128 BGB)

- Öffentliche Beglaubigung (§ 129 BGB)

  Sie meint, dass die Unterschrift der Beteiligten vor einem Notar geleistet und von ihm beglaubigt wird.

- Textform (§ 126b BGB)

  Sie setzt lediglich die textliche Fixierung einer Erklärung voraus. Dabei können beliebige Mittel zur Anwendung kommen (Fax, Mail, SMS-Nachricht). Eine Unterschrift ist nicht nötig. Erforderlich ist jedoch, dass die Erklärung äußerlich abgeschlossen ist. Das kann (muss aber nicht) durch die Nachbildung einer Namensunterschrift geschehen. Andere Vorgehensweisen (etwa das schlichte Wort „Ende der Mitteilung") sind möglich.

- Elektronische Form (§ 126a BGB)

  Nur bei ihr kommt die elektronische Signatur ins Spiel. Diese kann unter bestimmten Voraussetzungen die sonst notwendige Schriftform ersetzen.

3. Elektronische Form als Ersatz der Schriftform

Die elektronische Form kann die Schriftform dann ersetzen, wenn

- eine Erklärung mit dem Namen des Ausstellers versehen ist **und**

- das elektronische Dokument mit einer **qualifizierten** elektronischen Signatur versehen ist (§ 126a BGB).

Mit diesem Begriff verweist § 126a BGB auf § 2 Nr. 3 SigG. Demnach muss (wegen der dort enthaltenen Verweisung auf Nr. 2 der Bestimmung) eine qualifizierte elektronische Signatur kumulativ folgende Voraussetzungen erfüllen:

- Ausschließliche Zuordnung der Signatur zu einem bestimmten Signaturschlüssel-Inhaber,

- Möglichkeit der Identifizierung des Signaturschlüssel-Inhabers,

- Erzeugung der Signatur ausschließlich mit Mitteln, die der Signaturschlüssel-Inhaber unter seiner alleinigen Kontrolle halten kann,

- Verknüpfung der Signatur mit den Daten, auf die sie sich bezieht, in einer Weise, bei der nachträgliche Veränderungen der Daten erkennbar sind,

- Beruhen der Signatur auf einem qualifizierten Zertifikat, das zum Zeitpunkt der Signaturerstellung gültig ist und

- Erzeugung der Signatur mit einer sicheren Signaturerstellungseinheit.

Die Kumulation dieser Anforderungen zeigt, dass weder eine „normale" (einfache) elektronische Signatur noch eine „fortgeschrittene elektronische Signatur" genügen. Nur unter Beachtung der aufgelisteten Anforderungen ersetzt eine elektronische Signatur die Schriftform. Dies wird der Tatsache gerecht, dass das Gesetz die Schriftform nur in besonderen Fällen fordert.

Die Textform, deren Voraussetzungen geringer sind als die der Schriftform, kann durch die elektronische Form ebenfalls ersetzt werden. Ein Ersatz von notarieller Beglaubigung oder öffentlicher Beglaubigung ist dagegen nicht möglich.

Manches spricht dafür, dass Gerichte gescannte Dokumente in der Regel als Beweismittel anerkennen (siehe dazu die Ergebnisse einer Simulationsstudie, die auf Initiative der DATEV eG im Herbst 2013 durchgeführt wurde. Siehe dazu näher das Stichwort → *Ersetzendes Scannen*.

V. Checkliste: Elektronische Signatur

- Die Begriffe elektronische Signatur und digitale Signatur können ohne Schaden synonym verwendet werden, obwohl sie an sich nicht dasselbe bedeuten.

- Maßgebliche Rechtsquellen sind Signaturgesetz und Signaturverordnung.

- Die praktische Verwendung elektronischer Signaturen kommt nach wie vor nur zögerlich in Gang.

- Elektronische Signaturen verlieren im Lauf der Zeit ihre „Stärke" und müssen in bestimmten Abständen erneuert werden.

❏ Eine qualifizierte elektronische Signatur (nicht dagegen andere Formen der elektronischen Signatur) kann eine gesetzlich vorgeschriebene Schriftform ersetzen.

Social Advertising

I. Bedeutung von Social Advertising

II. Besonderheiten von Social Advertising
 1. Zielgruppenbestimmung für Social Ads
 2. Social Ads als Empfehlungsmarketing
 3. Social Ads als gezielte Angriffsversuche

III. Checkliste

I. Bedeutung von Social Advertising

Social Advertising bezeichnet die Werbung innerhalb sozialer Netzwerke und auf Basis der Nutzerangaben in sozialen Netzwerken und gewinnt zunehmend an Bedeutung.

→ *Soziale Netzwerke* gehören zu den beliebtesten Internetangeboten und sind deshalb für die Werbewirtschaft von hoher Relevanz. Dabei spielt zum einen die große Nutzerzahl eine Rolle, die zum Beispiel das führende soziale Netzwerk → *Facebook* mit rund 1,6 Milliarden monatlichen Nutzern angab.

Neben der Größe der erreichbaren Zielgruppen sind es die Möglichkeiten, die Anzeigen und Angebote zu personalisieren, die Werbung in sozialen Netzwerken so interessant macht. Die Untersuchung „Social Network Advertising: A Global Strategic Business Report" von GIA (Global Industry Analysts) prognostiziert, dass der Werbemarkt in sozialen Netzwerken in 2017 einen Wert von 14,8 Milliarden US-Dollar haben wird.

Beispiel:
Die Nutzer sozialer Netzwerke machen in ihren Profilen und Statusangaben umfangreiche Informationen, die sich zur Personalisierung von Online-Werbung verwenden lassen, zum Beispiel:

- Wohnort
- Aktueller Standort
- Alter
- Geschlecht
- Geburtsdatum
- Bildungsstand
- Arbeitgeber und Branche
- Familienstand
- Angaben zu Hobbys und Aktivitäten.

Da soziale Netzwerke eine personalisierte Werbung ermöglichen und diese als erfolgversprechender und für die Zielgruppen relevanter gilt, nutzen bereits zahlreiche Unternehmen Social Advertising oder planen dies in absehbarer Zeit.

Beispiel:
Die Untersuchung „Selligent & StrongView 2016 Marketing Tends Survey" ergab, dass weltweit 56 Prozent der Unternehmen ihr Budget für Werbung in sozialen Netzwerken erhöhen wollen.

Werbung in sozialen Netzwerken, auch Social Ad genannt, bedeutet mehr als die Präsentation von Online-Werbeanzeigen, die zu den Angaben im jeweiligen Nutzerprofil passen. Soziale Netzwerke wie Facebook bieten eine große Bandbreite an möglichen Werbeformaten.

Beispiel:
Je nach Ziel der Werbemaßnahme können Unternehmen zum Beispiel bei Facebook ihre eigene Unternehmensseite bei Facebook, eine über Facebook angebotene Anwendung (Facebook App), Veranstaltungen oder die eigene Unternehmens-Website im Internet bewerben.

Facebook-Nutzer sollen dann durch die Werbung dazu bewegt werden, einen bestimmten Facebook-Like-Button zu drücken, eine bestimmte Nachricht auf Facebook zu lesen und weiterzuleiten (auch „teilen" genannt), eine App zu aktivieren und zu nutzen, eine Veranstaltung zu empfehlen und zu besuchen oder von Facebook aus die Firmen-Website oder eine bestimmte Produkt-Webseite im Internet aufzusuchen.

II. Besonderheiten von Social Advertising

1. Zielgruppenbestimmung für Social Ads

Auf Basis der Nutzerangaben in einem sozialen Netzwerk können persönliche Interessen und Vorlieben ermittelt werden. Dies erlaubt die relativ genaue Auswahl der Nutzer, die zur Zielgruppe der Werbemaßnahme gehören sollen. Bei Social Advertising kann deshalb von vergleichsweise geringen Streuverlusten ausgegangen werden.

Beispiel:
Bei der Buchung einer Werbung auf Facebook können Unternehmen umfangreiche Auswahloptionen nutzen, um ihre Zielgruppe zu beschreiben, darunter den Wohnort, das Alter oder die Altersgruppe, die bevorzugten Aktivitäten und Interessen, den Familienstand, die Sprache, den Bildungsstand und den Beruf oder die Berufsgruppe.

 WICHTIG!
Für Unternehmen, die eine Werbung in sozialen Netzwerken schalten wollen, ist es entscheidend zu prüfen, ob die Datenschutzerklärung und die Nutzungsbedingung des jeweiligen sozialen Netzwerkes die Verwendung der personenbezogenen Daten des Nutzers zu Werbezwecken ausdrücklich vorsehen.

2. Social Ads als Empfehlungsmarketing

In sozialen Netzwerken geben die Nutzer nicht nur persönliche Informationen über sich preis. Sie können auch mit anderen Nutzern in Kontakt treten und Beziehungen aufbauen. Für das Social Advertising spielen die Kontakte eines Nutzers eine große Rolle. So kann eine Social Ad so aufgebaut sein, dass innerhalb der Online-Anzeige die Kontakte des Nutzers genannt werden, denen zum Beispiel das beworbene Produkt zusagt.

Beispiel:
Bei Facebook kann ein Nutzer sogenannte Freundschaftsanfragen an andere Nutzer senden. Wird diese Anfrage bestätigt, gelten die betreffenden Nutzer als Facebook-Freunde. Wenn nun einer der Facebook-Freunde die Facebook-Seite eines Unternehmens oder Produktes mit einem „Gefällt mir" versieht, dann kann diese Information in einer Social Ad genutzt und angezeigt werden. Facebook spricht dabei von einer Sponsored Story.

Empfehlungen von Freunden und Bekannten sind in sozialen Netzwerken die effektivste Form der Werbung, so eine Umfrage im Auftrag des Hightech-Verbands BITKOM. Danach sagt die Hälfte der Mitglieder sozialer Netzwerke wie Facebook, Xing, Google+ oder LinkedIn, dass ihre Aufmerksamkeit für Empfehlungen von Kontakten aus ihrem Netzwerk „hoch" oder „sehr hoch" ist.

Social Ads nutzen die Strategie des Empfehlungsmarketings, denn Produkte oder Unternehmen, die einem Freund oder Kontakt gefallen, erscheinen für den jeweiligen Nutzer als relevanter.

WICHTIG!
Unternehmen, die Social Ads nutzen wollen, sollten sicherstellen, dass aus den Nutzungsbedingungen bzw. der Datenschutzerklärung des sozialen Netzwerkes genau hervorgeht, wie die personenbezogenen Daten zu Werbezwecke eingesetzt werden. Nicht jedem wird es recht sein, mit dem eigenen Profilfoto und Namen in einer Online-Anzeige zu erscheinen.

3. Social Ads als gezielte Angriffsversuche

Online-Werbung wird bereits seit mehreren Jahren für Angriffsversuche missbraucht. Bei dem sogenannten Malvertising manipulieren Internetkriminelle bestehende Online-Anzeigen oder schalten sogar selbst unter falscher Identität Online-Banner, wobei ein Anklicken der Online-Anzeige nicht zu den gewünschten Produktinformationen oder Sonderangeboten führt, sondern auf eine mit → *Schadprogrammen (Malware)* versehene Webseite. Solche Internetattacken über Online-Werbung sind meist gezielte Angriffe, denn die mit Schadprogrammen verseuchten Werbebanner werden hauptsächlich von bestimmten Zielgruppen angeklickt.

Noch gezielter können Angriffe über Social Ads vorgehen, denn hier lassen sich die Zielgruppen noch besser bestimmen. Zusätzlich können Empfehlungen von Kontakten des Opfers vorgetäuscht werden, die das Anklicken und damit den Start der Attacke noch wahrscheinlicher machen.

WICHTIG!
Gegen Angriffsversuche über Social Ads helfen Anti-Malware-Programme, die auch webbasierte Bedrohungen analysieren, Browsererweiterungen, die Verknüpfungen (Hyperlinks) auf Malware-Verdacht überprüfen und spezielle Sicherheitsanwendungen, die als Apps in sozialen Netzwerken aktiviert werden können.

III. Checkliste

WICHTIG!
- Online-Werbung in sozialen Netzwerken, Social Advertising genannt, gilt als besonders erfolgversprechend.
- Ein Grund sind die persönlichen Angaben der Nutzer in den Online-Profilen, die bei der Zielgruppenbestimmung ausgewertet werden können.
- Ein weiterer Grund ist die Verwendung der Angaben von Kontakten, die als Empfehlung für das beworbene Produkt gewertet werden können.
- Entscheidend ist, dass vor der Schaltung einer Online-Anzeige in sozialen Netzwerken geprüft wird, ob die Nutzer der Verwendung ihrer Daten zu Werbezwecke zustimmen (Datenschutzerklärung und Nutzungsbedingung des sozialen Netzwerkes).
- Anzeigen in sozialen Netzwerken werden auch als Angriffsmethode missbraucht. Datendiebe nutzen hier die größeren Erfolgsaussichten in sozialen Netzwerken, dass heimlich verseuchte Werbebanner angeklickt werden.

Social Media

I. Einleitung

II. Einrichtung von Social Media-Auftritten

III. Datenschutz

IV. Werbung in Social Media

V. Meinungen und Tatsachen

VI. Markenschutz und Urheberrecht

VII. Arbeitnehmer in Social Media

I. Einleitung

Unter dem Begriff „Social Media" werden digitale Medien und Technologien gefasst, die es den Nutzern ermöglichen, sich auszutauschen oder Inhalte allein oder gemeinsam zu gestalten. Die soziale Interaktion und Zusammenarbeit steht im Vordergrund. Damit grenzt sich Social Media von den klassischen Massenmedien, wie z. B. Zeitung, Radio oder Fernsehen ab. Bei den klassischen Massenmedien steht die lineare Kommunikation im Vordergrund, bei Social Media der interaktive Austausch von Informationen und die gegenseitige Kommunikation. Beispiele für Social Media sind Blogs, soziale Netzwerke oder Twitter.

Zunehmend an Bedeutung gewinnen auch Rechtsfragen zum → *Digitalen Nachlass*. Hinweise finden Sie im Lexikon unter diesem Stichwort.

II. Einrichtung von Social Media-Auftritten

Bereits bei der Wahl des Accounts-Namens sollte darauf geachtet werden, dass keine Rechte Dritter verletzt werden. Beispielsweise dürfen keine Markennamen unberechtigt genutzt werden. Marken sind Bezeichnungen, die beim deutschen Patent- und Markenamt eingetragen sind. Der Account-Name darf nicht mit einer Marke identisch oder ähnlich sein, so dass eine Verwechslungsgefahr besteht. Namensrechte Dritter dürfen ebenfalls nicht verletzt werden. Typische Fälle für Namensrechtsverletzungen sind unberechtigte Nutzungen von Städtenamen oder Gemeindenamen. Werktitel sind ebenfalls geschützt, wie beispielsweise Titel von Büchern, Filmen und Zeitschriften. Ob nun bei Twitter, Facebook oder anderen Social Media, überall ist der Kontoinhaber dafür verantwortlich, dass die gesetzlichen Anforderungen eingehalten werden.

In den verschiedenen Social Media ist darauf zu achten, dass die richtige Kontoart gewählt wird. Die meisten Plattformbetreiber differenzieren zwischen privater und kommerzieller Nutzung. Konten, die ausschließlich für kommerzielle Nutzung eingerichtet werden, unterliegen teilweise Nutzungseinschränkungen. Dennoch darf nicht auf private Konten ausgewichen werden. Andernfalls droht bei vielen Plattformen nach den Nutzungsbedingungen ein Ausschluss.

Bei allen Social Media-Auftritten, die einen geschäftlichen Hintergrund haben, ist ein → *Impressum* gemäß § 5 Telemediengesetz (TMG) zu veröffentlichen. Werden darüber hinaus redaktionelle Inhalte veröffentlicht, sind auch die Angaben nach § 55 Rundfunkstaatsvertrag mit online zu stellen. Diese Anforderungen gelten für alle Social Media, wie Blogs, Twitter, Facebook, Google+ oder YouTube.

Diensteanbieter haben nach § 5 TMG verschiedene Informationen leicht erkennbar, unmittelbar erreichbar und ständig verfügbar zu halten, u. a. den Namen und die Anschrift, bei juristischen Personen zusätzlich die Rechtsform und den Vertretungsberechtigten. Abkürzungen dürfen nicht genutzt werden. Weiterhin ist die Telefonnummer und E-Mail-Adresse zu nennen. Soweit ein Telefax vorhanden ist, kann die Telefaxnummer ebenfalls veröffentlicht werden. Bei juristischen Personen ist das Handelsregister, Vereinsregister, Partnerschaftsregister oder Genossenschaftsregister, in das sie eingetragen sind, und die entsprechende Registernummer anzugeben. Bei einigen Tätigkeiten ist die Aufsichtsbehörde zu nennen.

Soweit aufgrund der technischen Vorgaben eines Plattformbetreibers ein Impressum direkt nicht angegeben werden kann, ist es möglich, ein Impressum über einen Link zur Verfügung zu stellen. Die Rechtsprechung lässt einen gewissen Spielraum zu. Die Grundanforderung der unmittelbaren Erreichbarkeit bleibt aber erhalten. Es sollte darauf geachtet werden, dass der Link „sprechend" ist und die Bezeichnung „Impressum" trägt. Fehlt ein Impressum, so droht eine wettbewerbsrechtliche Abmahnung. Bei einer berechtigten Abmahnung ist der Inhaber des Accounts verpflichtet, neben einer Unterlassungserklärung die Kosten des Anwalts des Abmahnenden zu übernehmen. Diese betragen in der Regel mehr als 500,00 Euro. Weitere Informationen finden Sie unter dem Stichwort → *Impressum*.

III. Datenschutz

Nach § 13 Abs. 1 TMG muss bei einem Social Media-Profil eine → *Datenschutzerklärung* veröffentlicht werden. Hier empfiehlt sich ein Verweis auf vorhandene Datenschutzerklärungen der jeweiligen Plattformen. Allerdings ist zu bedenken, dass teilweise die Datenschutzerklärungen aus dem amerikanischen Rechtsraum nach deutschem Recht unzureichend sind. Der Gesetzgeber erwartet, dass zu Beginn des Nutzungsvorgangs über Art, Umfang und Zwecke der Erhebung und Verwendung personenbezogener Daten informiert wird. Diese Detailinformationen sind teilweise von den Plattformbetreibern nicht veröffentlicht. Der Ausweg, eine eigene Datenschutzerklärung ergänzend zu der Datenschutzerklärung der Plattform zu verwenden, ist dadurch versperrt. Dem Kontoinhaber ist häufig nicht bekannt, für welche Zwecke Daten genutzt werden. In einer solchen Situation hat ein Kontoinhaber nur die Möglichkeit, entweder die Nutzung der jeweiligen Plattform aufgrund der mangelhaften Datenschutzerklärung einzustellen oder zu hoffen, dass die Nutzung einer unzureichenden Datenschutzerklärung keine negativen Folgen nach sich zieht.

Datenschutzrechtliche Vorsicht ist bei Nutzeranalysen in Social Media geboten. Der Einsatz von Google Analytics wird von vielen Datenschutzaufsichtsbehörden kritisch gesehen. Zwar sichert Google zu, dass die statistischen Daten nicht mit anderen personenbezogenen Daten, beispielsweise aus googlemail oder Google+, zusammengeführt werden. Die Sorge, dass entgegen den Datenschutzbestimmungen personenbezogene Daten analysiert werden, bleibt dennoch mangels ausreichender Kontrolle durch die Aufsichtsbehörden. Gleiches gilt für das sogenannte Social Media-Monitoring. Mithilfe entsprechender Tools werden nutzergenerierte Inhalte, Beiträge und Gespräche in Social Media beobachtet. Hierbei ist nicht nur auf die datenschutzrechtlichen Vorgaben zu achten, sondern auch auf das Urheberrecht. Wenn beispielsweise zum Zweck der Analyse Inhalte von Nutzerbeiträgen in eigenen Datenbanken gespeichert werden, handelt es sich um eine Vervielfältigung, die nur mit Erlaubnis des Urhebers zulässig ist.

IV. Werbung in Social Media

In vielen Social Media verschwimmen die Unterschiede zwischen privater und kommerzieller Kommunikation. Unternehmen müssen darauf achten, dass kommerzielle Kommunikation als solche erkennbar ist. Dies ergibt sich unter anderem aus § 6 Abs. 1 Nr. 1 TMG und § 4 Nr. 3 des Gesetzes gegen den unlauteren Wettbewerb (UWG). Nach § 6 Abs. 1 TMG muss kommerzielle Kommunikation nicht nur klar als solche erkennbar sein, sondern auch die Person, in deren Auftrag kommerzielle Kommunikation erfolgt, muss klar identifizierbar sein. In der Praxis bedeutet dies, dass ein nur für die private Nutzung geeignetes Konto nicht für kommerzielle Kommunikation genutzt werden darf. Andernfalls liegt ein Verstoß gegen die gesetzlichen Regelungen vor. Wird ein Account sowohl privat als auch für geschäftliche Inhalte genutzt, so kann schnell das gesamte Profil als kommerziell eingestuft werden. Wird dann die kommerzielle Nutzung nicht ausreichend gekennzeichnet, können Mitbewerber kostenpflichtige Abmahnungen aussprechen. Je nach Schwere des Verstoßes entstehen bei einer wettbewerbsrechtlichen Abmahnung Kosten von mehr als 600,00 Euro.

Werbeaussagen in Social Media unterliegen den gleichen rechtlichen Anforderungen wie außerhalb der virtuellen Welt. Insbesondere das Gesetz gegen den unlauteren Wettbewerb (UWG) will verhindern, dass ein unfairer Wettbewerb entsteht oder Verbraucher getäuscht werden. Nachfolgend einige Beispiele für Werbemaßnahmen, die untersagt sind:

- Verbot der Schleichwerbung,
- Verbot, fiktive Personen für Werbebotschaften zu nutzen,
- Verbot, Bewertungen zu kaufen oder über Mitarbeiter-Profile zu erstellen,
- Verbot, in privaten Profilen kommerziell zu werben,
- Werbung mit Alleinstellung oder Spitzenstellung, wenn diese nicht nachweisbar ist,
- Mitbewerber und Produkte verächtlich zu machen.

In der Werbung sollte darauf geachtet werden, dass nicht mit Selbstverständlichkeiten geworben wird. Die gesetzliche Gewährleistung von zwei Jahren ist eine solche Selbstverständlichkeit, die nicht dem Verbraucher als besonderer Mehrwert präsentiert werden darf.

Social Media

Angaben zu Produkten, Leistungen und zum Unternehmen müssen wahr sein und dürfen nicht in die Irre führen (§ 5 UWG).

V. Meinungen und Tatsachen

Nach § 7 TMG haftet ein Diensteanbieter für eigene Informationen, die er zur Nutzung bereithält. Diese Regelung gilt auch für Social Media. Nur für fremde Inhalte, die sich ein Diensteanbieter nicht zu eigen macht, gilt nach § 10 TMG ein Haftungsprivileg. Die Grenze ist in der Praxis schwierig zu ziehen. Immer dann, wenn für einen durchschnittlichen Nutzer der Eindruck entsteht, es handelt sich um einen Inhalt des Diensteanbieters, kommt das Haftungsprivileg nicht mehr zum Zuge. Es empfiehlt sich in der Praxis, regelmäßig zu prüfen, ob rechtswidrige Inhalte, beispielsweise Beleidigungen oder Schmähkritik in Kommentaren und sonstigen Veröffentlichungen Dritter auf dem eigenen Account zu finden sind.

Soweit ein Diensteanbieter sich fremde Inhalte nicht zu eigen macht, muss er dennoch unverzüglich reagieren, wenn er auf rechtswidrige fremde Inhalte hingewiesen wird. Hier erwartet der Gesetzgeber nach § 10 TMG, dass ein Diensteanbieter unverzüglich tätig wird. Solche Hinweise auf rechtswidrige Inhalte müssen nicht immer über ein Anwaltsschreiben kommen. Das Haftungsprivileg entfällt auch, wenn per E-Mail auf unerlaubte Nutzerbeiträge verwiesen wird.

Werden Tatsachen über Social Media verbreitet, so müssen diese nachweisbar wahr sein. Derjenige, der Tatsachen veröffentlicht, trägt die Beweislast, für die Wahrhaftigkeit der Aussagen. Dies gilt ebenfalls, wenn Aussagen von anderen Internetseiten übernommen werden. Ein Verweis auf die anderweitige Veröffentlichung genügt nicht als Beweis für die Richtigkeit einer Aussage. Dagegen können Meinungen durchaus geäußert werden. In der Praxis sollten daher Aussagen lieber als Meinungen getätigt werden. Meinungsäußerungen werden vielfach mit folgenden Formulierungen eingeleitet:

- „Meiner Meinung nach, ...",
- „Ich bin überzeugt, ...",
- „Meines Erachtens ...".

VI. Markenschutz und Urheberrecht

Musik, Bilder, Texte oder Videos sind in den allermeisten Fällen urheberrechtlich geschützt. Eine Verwendung von urheberrechtlich geschütztem Material ohne vorherige Erlaubnis durch den Urheber oder Nutzungsberechtigten ist ein Gesetzesverstoß. Ein solcher Verstoß kann sowohl zivilrechtliche als auch strafrechtliche Folgen nach sich ziehen. Aus diesem Grund ist bei der Verwendung von Musik, Bildern, Texten oder Videos vor der Veröffentlichung zu klären, ob die Nutzung gestattet ist. Dies kann für Unternehmen sehr aufwändig sein, wenn beispielsweise bei einem Video nicht nur mit dem Produzenten, sondern mit Darstellern und sonstigen Beteiligten vertragliche Vereinbarung zur Nutzung getroffen werden müssen. Dabei ist darauf zu achten, dass urheberrechtlich geschützte Werke, die zunächst für einen anderen Zweck erstellt wurden, beispielsweise für eine Firmenbroschüre, nicht ungefragt im Internet veröffentlicht werden können. Bei einer unberechtigten Veröffentlichung kann der Nutzungsberechtigte eine Nachlizenzierung und damit eine zusätzliche Vergütung fordern.

Marken und Logos von Unternehmen unterliegen dem rechtlichen Schutz des Markengesetzes. Ein Markeninhaber ist berechtigt, Dritten die Nutzung seiner Marke oder seines geschützte Logos zu untersagen. Ein Markenschutz entsteht unter anderem durch Eintragung in das Markenregister beim Deutschen Patent- und Markenamt oder beim europäischen Markenamt. Durch eine kostenlose Recherche beim Deutschen Patent- und Markenamt http://www.rehmnetz.de/it-recht/dpma können potenzielle Rechtsverletzungen vermieden werden.

VII. Arbeitnehmer in Social Media

Wenn Unternehmen sich in Social Media präsentieren, werden vielfach Mitarbeiterbilder veröffentlicht. In Arbeitsverhältnissen haben Mitarbeiter ebenfalls ein Recht am eigenen Bild. Unternehmen dürfen nicht ungefragt und ohne Einwilligung Abbildungen von Mitarbeitern ins Internet stellen. Bei minderjährigen Arbeitnehmern ist die Einwilligung der Eltern einzuholen. Ein Mitarbeiter ist nicht verpflichtet, einer Veröffentlichung seines Fotos im Internet zuzustimmen. Darüber hinaus kann beispielsweise bei einer Beendigung des Arbeitsverhältnisses die Einwilligung widerrufen werden, so dass Bilder entfernt werden müssen. Weitere Einzelheiten hierzu enthält das Stichwort Recht am eigenen Bild.

Gerade im Vertriebsbereich haben Unternehmen ein Interesse, das neben den traditionellen Kommunikationwegen Social Media zur vertrieblichen Unterstützung eingesetzt werden. Die Praxis zeigt, dass hier ebenfalls rechtliche Rahmenbedingungen zwischen Arbeitgeber und Arbeitnehmer vereinbart werden sollten. Vielfach werden so genannte „Social Media Guidelines" in Unternehmen verabschiedet, in denen die Erwartungshaltung des Arbeitgebers im Umgang mit Social Media beschrieben wird. Aus Sicht der Arbeitnehmer ist es wichtig, die gewünschte und erlaubte Nutzung zu kennen. Typische Inhalte der Social Media Guidelines sind unter anderem:

- Beschreibung der Ziele der Aktivitäten in Social Media.
- Welche Informationen dürfen veröffentlicht werden und welche nicht?
- In welchem Umfang wird eine Privatnutzung akzeptiert?
- Deutliche Trennung zwischen offiziellen Unternehmensäußerungen und privater Meinung.
- Kompetenzverteilung: Öffentliche Stellungnahmen für das Unternehmen nur durch vorher definierten Personenkreis.
- Appell an die Eigenverantwortung der Mitarbeiter, mit Veröffentlichungen und Kommentaren verantwortungsvoll und sorgfältig umzugehen, um Schäden für das Unternehmen zu vermeiden.

Arbeitnehmer sollten sich bewusst sein, dass Äußerungen in Social Media für das Arbeitsverhältnis von Belang sein können. Wer bei Facebook oder Twitter seinen Arbeitgeber beleidigt oder über ihn herzieht, muss mit Abmahnungen oder je nach Schwere des Verstoßes auch mit einer Kündigung rechnen.

Beispiele:
> Arbeitsgericht Dessau-Roßlau 21.3.2012 – Az. 1 Ca 148/11
>
> Wer bei Facebook ein „Gefällt mir" unter einen abwertenden Beitrag über seinen Arbeitgeber setzt, riskiert eine Abmahnung. Nach dem Urteil des Arbeitsgerichts Dessau-Roßlau reicht ein

Soziale Netzwerke

„Gefällt mir" aber nicht für eine fristlose Kündigung, auch wenn der Arbeitgeber in dem Facebook-Beitrag mit einem Fisch verglichen wird, ergänzt durch den Hinweis „Unser Fisch stinkt vom Kopf".

Arbeitsgericht Duisburg 26.9.2012 – 5 Ca 949/12

Grobe Beleidigungen des Arbeitgebers oder von Kollegen, die nach Inhalt und Form zu einer erheblichen Ehrverletzung des Betroffenen führen, können eine außerordentliche, verhaltensbedingte Kündigung auch ohne vorherige Abmahnung rechtfertigen. Dies gilt auch für Einträge in sozialen Netzwerken wie Facebook und auch dann, wenn der Eintrag nur für sogenannte Facebook-Freunde und Freundes-Freunde sichtbar ist.

WICHTIG!
In Social Media ist Zurückhaltung bei Äußerungen über den eigenen Arbeitgeber geboten. Andernfalls drohen Abmahnungen oder Kündigungen des Arbeitsverhältnisses.

Soziale Netzwerke

I. **Bedeutung sozialer Netzwerke**
  1. Soziale Netzwerke sind beliebte Online-Angebote
  2. Soziale Netzwerke sind wichtige Drehscheiben

II. **Rechtliche Einordnung der Mitgliedschaft in einem sozialen Netzwerk**
  1. Vertragliches Nutzungsverhältnis
  2. Unentgeltlichkeit – der Nutzer zahlt mit seinen Daten
  3. Wirksamkeit der Nutzungsbedingungen im Einzelfall zweifelhaft

III. **Risiken in sozialen Netzwerken**
  1. Nutzer geben tiefe Einblicke in ihre Privatsphäre
  2. Internetkriminelle nutzen soziale Netzwerke als Angriffsplattform
  3. Datenschutz muss häufig nachgebessert werden

IV. **Verantwortlichkeit der Nutzer für eingestellte Inhalte**

V. **Checkliste**

I. Bedeutung sozialer Netzwerke

Soziale Netzwerke sind Online-Plattformen, auf denen Personen und Unternehmen individuelle Profile anlegen können, um sich im Rahmen des Netzwerkes zu präsentieren. Abhängig von den Nutzereinstellungen können die Profildaten nur von definierten Mitgliedern des Netzwerkes (den eigenen, freigegebenen Kontakten) eingesehen werden, von allen Teilnehmern des jeweiligen sozialen Netzwerkes oder über Suchmaschinen von allen Internetnutzern. Dabei ist es in der Regel möglich, die Zugriffsberechtigung auf das eigene Profil bis auf die einzelne Datenebene zu regeln.

Zusätzlich zu dem eigenen Online-Profil und der Suche nach anderen Profilen stehen den Teilnehmern eines sozialen Netzwerkes verschiedene Funktionen zur Verfügung wie das Senden von Nachrichten an andere Mitglieder, die Einladung zu Veranstaltungen, das Verteilen von Statusinformationen, die Empfehlung bestimmter Online-Inhalte an Dritte oder das Durchführen von Umfragen unter den eigenen Kontakten oder anderen Mitgliedern.

Die Teilnahme an sozialen Netzwerken bietet zahlreiche Vorteile und Möglichkeiten wie den Aufbau neuer und die Pflege bestehender Geschäftsbeziehungen oder Privatkontakte, die Präsentation des eigenen Unternehmens, der eigenen Marke oder bestimmter Produkte sowie die gezielte Werbung bei speziellen Zielgruppen, die sich über die Angaben in den Online-Profilen spezifizieren lassen.

Gleichzeitig werden soziale Netzwerke kritisch gesehen wegen der Preisgabe zu umfangreicher Informationen aus der Privatsphäre oder aus Betriebsinterna, wegen ungewollter Werbung auf Basis der im Online-Profil gemachten Angaben und den vielfältigen Möglichkeiten, die Daten in den sozialen Netzwerken zu missbrauchen und die Nutzer mit Schadprogrammen (→ *Schadsoftware [Malware]*) und → *Spam* anzugreifen.

1. Soziale Netzwerke sind beliebte Online-Angebote

Gut ein Fünftel (22 Prozent) der Internetnutzer informiert sich laut Bitkom in sozialen Netzwerken wie Facebook, Xing oder Twitter über aktuelle Nachrichten. Fast die Hälfte (46 Prozent) derjenigen, die sich in sozialen Netzwerken über das Tagesgeschehen informieren, nutzt dafür Facebook. 31 Prozent nutzen das berufliche Netzwerk Xing und 30 Prozent Twitter.

WICHTIG!
49 Prozent aller aktiven Nutzer sozialer Netzwerke wie Facebook, Twitter, Google+ oder Xing greifen laut BITKOM von unterwegs auf ihre Netzwerke zu. Sie nutzen dabei Smartphones und Tablets, die oftmals über → *Ortungs*funktionen verfügen. Gewollt oder unabsichtlich senden dadurch viele Nutzer sozialer Netzwerke ihren aktuellen Standort an den Betreiber des jeweiligen sozialen Netzwerkes. Häufig wird der aktuelle Standort auch in dem Online-Profil des Nutzers angezeigt. Kritiker sehen die Möglichkeit, dass die Standortdaten missbraucht werden könnten, zum Beispiel für Bewegungsprofile und ungewollte standortbezogene Werbung. Mittlerweile drehen 60 Prozent aller Smartphone-Nutzer mit ihrem Handy kurze Filmclips. Davon teilt mehr als die Hälfte (54 Prozent) die eigenen Videos zumindest gelegentlich mit anderen über soziale Netzwerke wie Facebook und Twitter.

2. Soziale Netzwerke sind wichtige Drehscheiben

Soziale Netzwerke haben auch eine wichtige Bedeutung aus Sicht der Unternehmen. Drei Viertel (75 Prozent) der deutschen Unternehmen setzen laut Bitkom Social Media für die interne oder externe Kommunikation ein. Soziale Medien sind vor allem in der Dienstleistungsbranche beliebt. Hier setzen mehr als acht von zehn Unternehmen (84 Prozent) auf Social Media. Im Handel nutzen rund sieben von zehn Unternehmen (73 Prozent) soziale Netzwerke. Ähnlich hoch ist mit rund 70 Prozent der Anteil der Unternehmen aus der Industrie, die Social Media einsetzen.

II. Rechtliche Einordnung der Mitgliedschaft in einem sozialen Netzwerk

Die oben genannten Zahlen zur Bedeutung sozialer Netzwerke sprechen für sich. Doch wie ist die Mitgliedschaft in einem sozialen Netzwerk eigentlich rechtlich einzuordnen?

Soziale Netzwerke

1. Vertragliches Nutzungsverhältnis

Um in einem sozialen Netzwerk aktiv sein zu können, muss sich der interessierte Nutzer zunächst registrieren und die Nutzungsbedingungen akzeptieren. Auch wenn der Registrierungsvorgang bei den einzelnen Netzwerken unterschiedlich ausgestaltet ist und der Nutzer möglicherweise nicht überall seinen Klarnamen angeben muss, jedenfalls aber regelmäßig keine Überprüfung seiner Identität stattfindet, darf dies nicht darüber hinwegtäuschen, dass er eine rechtliche Beziehung zum Anbieter des sozialen Netzwerks eingeht. Es handelt sich letztlich um einen **Vertrag über die Nutzung des sozialen Netzwerks.**

Hinweis:
Die Frage des Klarnamenzwangs wurde besonders stark bei der Einführung des sozialen Netzwerks Google+ im Jahr 2011 diskutiert. Eine Teilnahme war zunächst ausschließlich unter vollem Klarnamen vorgesehen, offensichtlich „falsche" Identitäten wurden gelöscht. Nach weltweiten öffentlichen Protesten, auch in den USA, lenkte Google ein: Der Anbieter verlangt zwar bei der Registrierung immer noch die Angabe des Klarnamens, eröffnet den Teilnehmern jedoch inzwischen die Möglichkeit, im Netzwerk unter Pseudonym aufzutreten.

Das **deutsche Recht** sieht in § 13 Abs. 6 Satz 1 TMG vor, dass die Nutzung eines Telemediendienstes – hierunter fällt auch ein soziales Netzwerk im Internet – anonym oder pseudonym möglich sein muss, soweit dies technisch möglich und zumutbar ist.

2. Unentgeltlichkeit – der Nutzer zahlt mit seinen Daten

Dem steht nicht entgegen, dass die Mehrzahl der Betreiber von sozialen Netzwerken im Internet kein Entgelt für die Mitgliedschaft verlangt. Ein Vertragsverhältnis setzt keine Entgeltlichkeit voraus.

Werden keine Mitgliedsbeiträge verlangt, basiert das Geschäftsmodell des sozialen Netzwerks in aller Regel auf Werbung und Sponsoring. Der Nutzer „zahlt" mit seinen Daten. Ob sich dies als „Win-Win"-Situation oder doch eher als ein Verkauf von Privatsphäre herausstellt, hängt von den konkreten Nutzungsbedingungen und der persönlichen Einstellung des Nutzers ab.

ACHTUNG!
Soziale Netzwerke sind Wirtschaftsunternehmen: Würde die Mitgliedschaft eines Nutzers keinen wirtschaftlichen Mehrwert generieren, könnten diesem die Dienste auch nicht kostenlos angeboten werden!

WICHTIG!
Ein Vertragsverhältnis bedeutet jedoch nicht, dass der Betreiber des sozialen Netzwerks beliebig mit den Daten der Nutzer umgehen darf. Der Datenumgang muss vielmehr von dem Zweck der Mitgliedschaft in dem sozialen Netzwerk gedeckt sein. Dies ist etwa bei der Speicherung eines Fotos des Nutzers zur Darstellung auf seiner Profilseite der Fall. Nicht mehr vom Vertragszweck gedeckt wäre dagegen der Verkauf von Mitgliederdaten an Dritte. Problematisch ist auch die Nutzung der Mitgliederdaten für Zwecke der Werbung, auch wenn die Geschäftsmodelle sozialer Netzwerke bekanntermaßen auf Werbeeinnahmen basieren. Denn eine Nutzung der Daten zu Werbezwecken hat jedenfalls nicht unmittelbar etwas mit der Teilnahme an einem sozialen Netzwerk zu tun.

ACHTUNG!
Entweder der Umgang mit den Daten der Mitglieder ist vom Hauptzweck des Vertrags gedeckt bzw. ausdrücklich vertraglich ausbedungen oder der Betreiber muss die (informierte) Einwilligung seiner Nutzer einholen. Alles andere wäre unzulässig!

3. Wirksamkeit der Nutzungsbedingungen im Einzelfall zweifelhaft

Die Kehrseite der Medaille ist, dass die Betreiber sozialer Netzwerke die Nutzungsbedingungen einseitig vorgeben und den Nutzern allenfalls in den von ihnen definierten Spielräumen Wahlmöglichkeiten einräumen. Dies gilt insbesondere für Privatsphäre-Einstellungen. Besonders in die Kritik geraten ist in diesem Zusammenhang das weltweit größte soziale Netzwerk Facebook, dem aufgrund seiner Bedeutung ein eigenes Stichwort → Facebook gewidmet ist.

Die Nutzungsbedingungen sozialer Netzwerke im Internet sind im Regelfall für alle Mitglieder einheitlich. Bei internationalen Betreibern stellt sich in diesem Zusammenhang die Frage, ob sie bei der Ausgestaltung den strengen Maßstab des deutschen Rechts beachten müssen. Gerade beim prominentesten sozialen Netzwerk Facebook ist anzunehmen, dass so manche Klausel der Nutzungsbedingungen einer gerichtlichen AGB-Kontrolle nicht standhält bzw. als Legitimation für die praktizierten Datenverwendungen nach deutschem Verständnis nicht ausreicht.

Beispiel:
Mit Urteil vom 6.3.2012 (Az. 16 O 551/10) hat etwa das Landgericht Berlin auf eine Klage des Bundesverbands der Verbraucherzentralen gegen Facebook hin entschieden, dass die Funktion „Freunde finden" in ihrer ursprünglichen Ausgestaltung wettbewerbswidrig (§ 7 Abs. 2 Nr. 3 UWG) ist und die entsprechenden Nutzungsbedingungen gegen das Recht der Allgemeinen Geschäftsbedingungen (§§ 305 ff. BGB) verstoßen. Die Entscheidung ist mit Urteil vom 24.1.2014 durch das Kammergericht Berlin (Az. 5 U 42/12) bestätigt worden. Der BGH hat die dagegen eingelegte Revision mit Urteil vom 14.1.2016 (Az. I ZR 65/14 – „Freunde finden") zurückgewiesen.

Das US-amerikanische Unternehmen beruft sich dagegen auf die Zulässigkeit seiner Nutzungsbedingungen nach US-amerikanischem Recht bzw. irischem Recht, seitdem Facebook Inc. eine europäische Niederlassung in Irland unterhält. Diese Haltung ist auch verständlich, wenn man sich vor Augen hält, dass ein länderübergreifend agierendes und weltweit verbreitetes soziales Netzwerk im Internet sich allein im EU-Raum derzeit mit 28 verschiedenen Rechtsordnungen auseinandersetzen müsste.

Hinweis:
Trotz eines gemeinsamen Mindestniveaus aufgrund der Richtlinie 95/46/EG zum Schutz natürlicher Personen bei der Verarbeitung personenbezogener Daten und zum freien Datenverkehr, auf der auch das deutsche Bundesdatenschutzgesetz (BDSG) basiert, bestehen Unterschiede zwischen den einzelnen Mitgliedstaaten in der EU.

Beispiel:
So werden die Funktionen und Nutzungsbedingungen von Facebook von den deutschen Datenschutzaufsichtsbehörden wesentlich kritischer gesehen als von der irischen Datenschutzaufsicht.

Mittlerweile hat das Schleswig-Holsteinische Oberverwaltungsgericht (OVG) entschieden, dass auf die Datenverarbeitung bei Facebook auch in Bezug auf deutsche Nutzer nicht deutsches, sondern ausschließlich irisches Datenschutzrecht anwendbar ist (Beschlüsse vom 22.4.2013, Az. 4 MB 10/13, 4 MB 11/13).

 ACHTUNG!
Die Entscheidung des OVG Schleswig-Holstein ist zwar für den konkreten Fall „Facebook" ergangen. Sie hat aber darüber hinaus exemplarische Bedeutung für alle internationalen sozialen Netzwerke, die auf dem deutschen und europäischen Markt agieren: Diese haben es durch interne Organisation der Datenverarbeitung in der Hand zu bestimmen, welches nationale Datenschutzrecht innerhalb Europas Anwendung findet!

Genau aus diesem Grund wurde die Entscheidung nicht zuletzt vom unterlegenen Unabhängigen Landeszentrum für Datenschutz (ULD) Schleswig-Holstein heftig kritisiert.

In einem weiteren verwaltungsgerichtlichen Verfahren – hier auf vorläufigen Rechtsschutz gegen eine datenschutzrechtliche Anordnung des Hamburgischen Beauftragten für Datenschutz und Informationsfreiheit – hat das Verwaltungsgericht Hamburg mit Beschluss vom 3.3.2016 die Anwendbarkeit ausschließlich irischen Datenschutzrechts für europäische Nutzer von Facebook bestätigt. Offen gelassen hat das Gericht, ob sich das soziale Netzwerk gegenüber seinen Nutzern privatrechtlich verpflichten kann, deutsche datenschutzrechtliche Bestimmungen einzuhalten, da eine solche Rechtswahl jedenfalls hoheitliche Eingriffsbefugnisse nicht zu begründen vermag.

 Hinweis:
In diesem Zusammenhang ist auf ein anhängiges Revisionsverfahren beim Bundesverwaltungsgericht (BVerwG 1 C 28.14, Vorinstanzen OVG Schleswig Urteil vom 4.9.2014 Az. 4 LB 20/13, VG Schleswig Urteil vom 9.10.2013 Az. 8 A 14/12) hinzuweisen. Das BVerwG hat mit Beschluss vom 25.2.2016 dem EuGH gemäß Art. 267 AEUV mehrere Fragen zur Vorabentscheidung vorgelegt. Der EuGH soll die datenschutzrechtliche Verantwortlichkeit für die beim Aufruf einer Facebook-Fanpage erhobenen Nutzerdaten klären und in diesem Zusammenhang zur Reichweite der Anordnungsbefugnisse deutscher Aufsichtsbehörden Stellung nehmen (näher hierzu siehe http://www.rehmnetz.de/it-recht/bverwg-pm-25_02_2016). Bis zur Entscheidung des EuGH hat das BVerwG das Revisionsverfahren ausgesetzt.

Auf der Basis einer Rechtswahl zwischen den Vertragsparteien hat das Kammergericht Berlin im Urteil vom 24.1.2014 (Az. 5 U 42/12 – „Freunde finden") entschieden, nicht ohne jedoch vorher eine Verdrängung des deutschen Datenschutzrechts durch das irische Recht nach den datenschutzrechtlichen Kollisionsnormen abzulehnen. Das Gericht stellt in seiner Begründung darauf ab, dass bei Facebook nicht die europäische Tochtergesellschaft, sondern die US-amerikanische Muttergesellschaft tatsächlich für die Datenverarbeitung verantwortlich ist und de facto die Entscheidungsmacht hat.

 Hinweis:
Es ist kein Geheimnis, dass die Daten europäischer Facebook-Nutzer ganz oder teilweise an Server, die sich in den Vereinigten Staaten befinden, übermittelt und dort verarbeitet werden. Dies hat auch der EuGH in seinem Urteil vom **6.10.2015** (Rechtssache C-362/14 Maximilian Schrems/Data Protection Commissioner) festgestellt. Eine Übermittlung von personenbezogenen Daten in Staaten außerhalb der Europäischen Union ist jedoch nur unter der Voraussetzung zulässig, dass dort ein angemessenes Schutzniveau für die übermittelten Daten gewährleistet ist. Der EuGH hat die Entscheidung der Europäischen Kommission vom 26.7.2000, die den Vereinigten Staaten bescheinigt, im Rahmen der sogenannten „Safe-Harbor-Regelung" ein angemessenes Schutzniveau für die übermittelten personenbezogenen Daten zu gewährleisten, angesichts der durch die Enthüllungen von Edward Snowden bekannt gewordenen massenhaften und undifferenzierten Datenzugriffe von US-Sicherheitsbehörden für ungültig erklärt. Damit sind Datentransfers allein auf der Grundlage von „Safe Harbor" nicht mehr zulässig. Aktuell laufen Verhandlungen und Abstimmungsprozesse zu einem neuen Datentransfermechanismus zwischen der Europäischen Union und der USA. Der sogenannte „EU-US Privacy Shield" soll an die Stelle von „Safe-Harbor" treten und es EU-Unternehmen ermöglichen, personenbezogene Daten unter dem Schutz der mit den USA ausgehandelten Bedingungen in die USA zu übermitteln.

Damit erscheint die schwierige Frage der Anwendbarkeit des deutschen Datenschutzrechts bei ausländischen Anbietern Sozialer Netzwerke im Internet immer noch nicht geklärt. Insofern kann zwar die Wirksamkeit einzelner Nutzungsbedingungen nach deutschen Maßstäben in Zweifel gezogen werden. Es bleibt aber abzuwarten, welche Rechtsauffassung sich zur Frage des geltenden Rechts durchsetzen wird.

 TIPP!
Jeder Nutzer von sozialen Netzwerken im Internet sollte sich daher bewusst machen, dass er sich bei ausländischen Anbietern nicht darauf verlassen kann, dass deutsches Recht Anwendung findet und im Konfliktfall zumindest die Rechtsdurchsetzung deutlich erschwert sein kann.

 Hinweis:
Derzeit wird an einer Neuordnung des Datenschutzrechts in Europa gearbeitet, um dem rasanten technologischen Fortschritt sowie der Globalisierung Rechnung zu tragen und ein einheitliches Datenschutzniveau in Europa zu garantieren. Der Prozess zum Erlass einer europäischen Datenschutz-Grundverordnung ist bereits weit fortgeschritten (weiterführend siehe das Stichwort → *Datenschutz-Grundverordnung*).

III. Risiken in sozialen Netzwerken

Verbraucherschützer und Datenschützer warnen vor der Preisgabe zu vieler personenbezogener Daten in sozialen Netzwerken und raten zu mehr Datensparsamkeit. Unternehmen sind zudem besorgt, dass vertrauliche Firmeninformationen in sozialen Netzwerken veröffentlicht werden könnten, wenn Beschäftigte in sozialen Netzwerken über ihre Arbeit berichten. Gleichzeitig fehlt in vielen Unternehmen eine definierte Benutzer- und Sicherheitsrichtlinie zur betrieblichen Verwendung sozialer Netzwerke (Social Media Policy).

 ACHTUNG!
Der Arbeitgeber kann nur die Beteiligung an sozialen Netzwerken im betrieblichen Kontext regeln. Der betriebliche Kontext ist gegeben, wenn der Arbeitnehmer sich als Mitarbeiter eines bestimmten Unternehmens zu erkennen gibt und sich als solcher äußert. Welche Aktivitäten der Arbeitnehmer rein privat in sozialen Netzwerken entfaltet, geht den Arbeitgeber nichts an! Hier können allenfalls allgemeine Tipps gegeben werden.

1. Nutzer geben tiefe Einblicke in ihre Privatsphäre

Zu den Risiken in sozialen Netzwerken zählt insbesondere die Offenlegung privater und vertraulicher betrieblicher Informationen:

- Die personenbezogenen Daten in den Online-Profilen wie Postadresse, Telefonnummer und E-Mail-Adresse könnten unerlaubt für Werbemaßnahmen genutzt werden.

Soziale Netzwerke

- Nutzer vermischen private und betriebliche Online-Profile und achten nicht immer auf die Vertraulichkeit von Informationen.
- Die Informationen in sozialen Netzwerken könnten z. B. von bestehenden oder zukünftigen Arbeitgebern, unseriösen Versicherungsgesellschaften und von möglichen Betrügern ausgewertet und missbraucht werden.
- Einmal veröffentlichte Informationen im Internet wie die Profildaten in sozialen Netzwerken lassen sich nur schwierig oder kaum noch löschen, da nicht nur der Betreiber, sondern auch andere Internetteilnehmer (wie Suchmaschinen) Kopien der Daten vorhalten können.

2. Internetkriminelle nutzen soziale Netzwerke als Angriffsplattform

Neben der Verbreitung von vertraulichen und privaten Daten über soziale Netzwerke sind es die möglichen Online-Angriffe, die die Teilnahme an sozialen Netzwerken zum Risiko machen können:

- Spammer (siehe → *Spam*) durchsuchen soziale Netzwerke nach E-Mail-Adressen und missbrauchen diese.
- Betrüger täuschen in sozialen Netzwerken falsche Identitäten vor und erschleichen sich als angebliche Freunde das Vertrauen der Opfer.
- Internetkriminelle stehlen das Nutzerpasswort und übernehmen mit dem Online-Profil die Identität des Opfers, zum Beispiel für gezielte Angriffe auf Kontakte des Opfers.
- In Nachrichten, Statusmeldungen, Fotos, Videos und Anwendungen, die in sozialen Netzwerken veröffentlicht werden, kann → *Schadsoftware* versteckt sein.

3. Datenschutz muss häufig nachgebessert werden

Auch die Betreiber sozialer Netzwerke stehen in der Kritik der Datenschützer und Verbraucherschützer. In mehreren Beschlüssen haben die Aufsichtsbehörden für den Datenschutz Vorgaben für die Betreiber sozialer Netzwerke konkretisiert, zum Beispiel im Beschluss der obersten Aufsichtsbehörden für den Datenschutz im nicht-öffentlichen Bereich (Düsseldorfer Kreis) vom 8. Dezember 2011 „Datenschutz in sozialen Netzwerken" (abrufbar unter http://www.rehmnetz.de/it-recht/duesseldorferkreis-soziale_netzwerke).

WICHTIG!
So fordern die Aufsichtsbehörden für den Datenschutz insbesondere

- eine leicht zugängliche und verständliche Information darüber, welche Daten vom Betreiber des sozialen Netzwerkes erhoben und für welche Zwecke verarbeitet werden,
- Voreinstellungen des Netzwerkes nach dem Einwilligungsprinzip, soweit nicht der Zweck der Mitgliedschaft eine Angabe von Daten zwingend voraussetzt,
- eine einfache Möglichkeit für Betroffene, ihre Ansprüche auf Auskunft, Berichtigung und Löschung von Daten geltend zu machen,
- die Angabe von entsprechenden Kontaktdaten an leicht auffindbarer Stelle,
- keine Verwertung von Fotos für Zwecke der Gesichtserkennung und kein Speichern und Verwenden von biometrischen Gesichtserkennungsmerkmalen ohne ausdrückliche und bestätigte Einwilligung der abgebildeten Person,
- pseudonyme Nutzungsmöglichkeiten in sozialen Netzwerken,
- kein direktes Einbinden von Social Plugins, beispielsweise von Facebook, Google+ oder Twitter, in Websites deutscher Anbieter, wodurch eine Datenübertragung an den jeweiligen Anbieter des Social Plugins ausgelöst wird, ohne hinreichende Information der Internetnutzerinnen und -nutzer und ohne Möglichkeit, die Datenübertragung zu unterbinden, und
- den Nachweis geeigneter technisch-organisatorischer Maßnahmen zum Schutz der Nutzerdaten.

Am 13. März 2013 haben die Datenschutzbeauftragten des Bundes und der Länder gemeinsam mit ihrer Entschließung „Soziale Netzwerke brauchen Leitplanken" (abrufbar unter http://www.rehmnetz.de/it-recht/dsk-orientierungshilfe_soziale_netzwerke) eine Orientierungshilfe „Soziale Netzwerke" vorgelegt. Die Orientierungshilfe richtet sich an Betreiber sozialer Netzwerke, aber auch an Behörden und Unternehmen, die mit sozialen Netzwerken ihre Aufgaben erfüllen (wollen) oder ihre Geschäftszwecke verfolgen, und ist online abrufbar unter http://www.rehmnetz.de/it-recht/orientierungshilfe.

IV. Verantwortlichkeit der Nutzer für eingestellte Inhalte

Zwar richten sich die Anforderungen der Datenschutzaufsichtsbehörden in erster Linie an die Betreiber sozialer Netzwerke. Aber auch die Nutzer tragen eine datenschutzrechtliche Verantwortung. Beim Einstellen von Inhalten über andere Personen dürfen sie deren allgemeines Persönlichkeitsrecht nicht verletzen. Dies gilt insbesondere für Bilder, aber auch für Kommentare oder Geschichten über andere. Die Nutzer sind insoweit selbst verantwortliche Stellen im Sinne des Datenschutzrechts. Eine Ausnahme vom Geltungsbereich des Datenschutzrechts greift hier nicht, da bei sozialen Netzwerken im Internet der eng begrenzte persönlich-familiäre Bereich regelmäßig überschritten ist.

Beispiel:
> Das weltweit größte soziale Netzwerk Facebook hat nach eigenen Angaben inzwischen über 1,5 Milliarden Mitglieder.

Der Wirkungskreis in sozialen Netzwerken im Internet hat aber nicht nur für das Datenschutzrecht eine Bedeutung. Postet ein Nutzer etwa ein urheberrechtlich geschütztes Foto, so kann dies eine Urheberrechtsverletzung durch öffentliche Zugänglichmachung (§§ 19a, 52 Abs. 3 UrhG) bedeuten.

Die besondere Gefahr bei sozialen Netzwerken liegt darin, dass ihre Bezeichnung einen privaten Rahmen suggeriert. Genau das Gegenteil ist jedoch der Fall, wie am Beispiel des urheberrechtlich geschützten Fotos deutlich wird: Es macht einen Unterschied, ob ein Foto lediglich im Freundeskreis herumgereicht wird, oder ob es – angesichts der Nutzerzahlen und der Vielzahl von „Freunden" in einem sozialen Netzwerk – quasi öffentlich an einer virtuellen Pinnwand gezeigt wird.

ACHTUNG!
Das Internet ist kein privater, rechtsfreier Raum. Diese Selbstverständlichkeit muss im Kontext der sozialen Netzwerke ganz besonders betont werden!

Spam

Auch in sozialen Netzwerken im Internet gelten die allgemeinen Vorschriften. Die Nutzer sind daher für die von ihnen eingestellten Inhalte voll verantwortlich.

V. Checkliste

 WICHTIG!
Nutzer sozialer Netzwerke im Internet sollten achten auf:

- Datensparsamkeit (Preisgabe von Daten richtet sich nach Zweck der Teilnahme am sozialen Netzwerk)
- Prüfung der Nutzungsbedingungen und Datenschutzerklärung des sozialen Netzwerkes
- Prüfung der voreingestellten Datenschutz-Optionen und Anpassung an eigene Vorstellung von Privatsphäre
- Prüfung jeder Kontaktanfrage
- Passwortsicherheit
- Trennung privater und beruflicher Profile und Informationen
- Prüfung, ob ein Pseudonym statt des Klarnamens sinnvoll ist
- Prüfung von Nachrichten, Hyperlinks und digitalen Inhalten (Fotos, Dokumenten) aus sozialen Netzwerken auf Schadsoftware
- Prüfung, ob selbst eingestellte Inhalte möglicherweise Rechte anderer beeinträchtigen (allgemeines Persönlichkeitsrecht, Urheberrechte etc.)

Spam

I. Formen und Abwehr von Spam
1. Spam ist nicht nur lästig, sondern gefährlich
2. Spam kommt nicht nur per E-Mail
3. Abwehr: Einsatz von Spam-Filtern und Unterweisung

II. Verbreitung von Spam
1. Inbound-Spam
2. Outbound-Spam

III. Checkliste Spam

I. Formen und Abwehr von Spam

Unter Spam versteht man die vom Empfänger unerwünschten Nachrichten. Der Absender der unerwünschten Nachrichten wird Spammer genannt. Besonders bekannt sind die Spam-Mails als unerwünschte E-Mails, Spam kann jedoch über jeden elektronischen Nachrichtenkanal verteilt werden.

Mehr als 75 Prozent aller E-Mails gelten als Spam, teilweise werden weltweit Spam-Quoten von 95 Prozent aller versandten E-Mails erreicht. Spam sollte nicht nur als unerwünschte Werbung gesehen werden, denn in Spam-Nachrichten können versteckte Risiken enthalten sein.

1. Spam ist nicht nur lästig, sondern gefährlich

Spam wird als Ärgernis und Störung empfunden, die damit verbundenen Risiken werden jedoch oftmals übersehen.

 WICHTIG!
Hinter Spam steckt nicht nur ungewollte Werbung, sondern oftmals ein Angriff auf die Datensicherheit.

In Spam-Nachrichten können verseuchte Hyperlinks enthalten sein, also Internetverknüpfungen, die bei Anklicken zu dem Herunterladen einer → *Schadsoftware* führen.

Spam-Nachrichten tragen häufig einen Dateianhang, der ebenfalls eine getarnte → *Schadsoftware* sein kann.

Durch eine gezielte Themenwahl (Betreff und Inhalt der Spam-Nachricht) werden Attacken auf bestimmte Personengruppen durchgeführt (zum Beispiel auf Kunden einer bestimmten Bank).

Spam ist immer schwieriger zu erkennen. Die Spammer verwenden im Vergleich zu früher ein besseres Deutsch, eine persönliche Anrede des Spam-Opfers und scheinbar bekannte Absender.

Spam-Nachrichten nutzen insbesondere die Neugier (z. B. angebliche Todesnachricht eines Stars) und die Besorgnis (z. B. Ihr Konto wurde gesperrt) des Opfers aus, um zu einer Reaktion zu verführen (Anklicken des verseuchten Hyperlinks, Öffnen des verseuchten Dateianhangs, Beantworten der Spam-Nachrichten und Preisgabe personenbezogener, vertraulicher Daten wie z. B. Passwörter).

2. Spam kommt nicht nur per E-Mail

Spam wird meistens mit Spam-Mail gleichgesetzt. Spam kommt jedoch bei allen digitalen Kommunikationswegen vor. Regelungen zum Umgang mit Spam sollten genauso wie die technischen Abwehrmaßnahmen alle Spam-Verbreitungswege berücksichtigen. Bei jedem elektronischen Kommunikationskanal in einem Unternehmen sollte also an die Spam-Risiken gedacht werden.

Beispiel:

Spam kann unter anderem auftreten bei:
- E-Mails (Spam-Mails),
- Instant Messages (SPIM, Spam over Instant Messaging),
- Internettelefonie (SPIT, Spam over Internet Telephony),
- aber auch bei Chat-Diensten, bei Kommentarfunktionen auf Webseiten und bei SMS (Short Message Service) im Mobilfunk.

3. Abwehr: Einsatz von Spam-Filtern und Unterweisung

Spam sollte auf allen elektronischen Kommunikationswegen erkannt und den internen Vorgaben entsprechend behandelt werden, um die genannten Spam-Risiken zu minimieren. Um die Spam-Nachrichten innerhalb des gesamten Nachrichtenstroms erkennen zu können, werden Spam-Filter eingesetzt.

Spam-Filter untersuchen Nachrichten nach definierten Kriterien, zum Beispiel nach bekannten Spammer-Absenderadressen (Schwarze Liste der Spammer), dem Auftreten bestimmter Schlagwörter, nach der Anzahl enthaltener Hyperlinks und nach Art des Dateianhangs. Die Spammer variieren jedoch ihre Methoden, so dass ein Spam-Filter keine hundertprozentige Erkennungsquote vorweisen kann.

Spam

Beispiel:

> Werden zum Beispiel E-Mails mit einem bestimmten Dateianhang (wie eine bestimmte Programmdatei *.exe, die z. B. einen Computervirus enthalten könnte) als Spam erkannt und eingestuft, ändern Spammer das Dateiformat des Anhangs in ZIP oder ein anderes beliebiges Dateiformat, das scheinbar ungefährlich ist.

Spam-Filter können auch gewollte Nachrichten fehlerhaft als Spam einstufen und z. B. in einen speziellen Spam-Ordner verschieben. Dadurch könnten zeitkritische, wichtige Nachrichten erst mit einer zeitlichen Verzögerung entdeckt werden. Mitunter werden von Nutzern auch Einstellungen bei Spam-Filtern getätigt, die Spam automatisch löschen. Von solchen Einstellungen ist wegen der begrenzten Erkennungsquote der Spam-Filter abzuraten.

WICHTIG!
Der Einsatz von Spam-Filtern ist rechtlich zu bewerten. Für den Einsatz von Spam-Filtern ist eine entsprechende Betriebsvereinbarung vorzusehen. Ist zum Beispiel die Privatnutzung von E-Mail erlaubt, darf die als Spam eingestufte Nachricht nicht ohne Zustimmung des Empfängers unterdrückt werden. Eine inhaltliche Kontrolle eingehender Nachrichten (z. B. Suche nach Schlagworten, um Spam zu erkennen) ist bei erlaubter Privatnutzung der digitalen Kommunikation ohne Zustimmung des Empfängers nicht erlaubt. Nicht erlaubt ist dann auch eine zentrale, manuelle Prüfung der als Spam eingestuften Nachrichten durch einen Administrator. Statt zentraler Spam-Filter sollten deshalb lokale Spam-Filter zum Einsatz kommen, die z. B. innerhalb des lokalen E-Mail-Programms arbeiten und von dem Nutzer selbst administriert werden.

Für die Abwehr von Spam sind Spam-Filter aufgrund der begrenzten Erkennungsrate nicht ausreichend.

WICHTIG!
Zur Spam-Abwehr gehören neben Spam-Filter auch:

- ein aktueller Schutz gegen → *Schadsoftware* und eine Firewall,
- die Schulung der Mitarbeiterinnen und Mitarbeiter, damit die psychologischen Tricks der Spammer bekannt werden (z. B. angebliche Nachricht der Bank über eine Kontosperrung),
- das richtige Verhalten bei Eingang einer Spam-Nachricht (keine Hyperlinks anklicken, keine Dateianhänge öffnen, bevor diese auf Schadsoftware geprüft wurden, keine Antwort auf Spam-Nachrichten) und
- Maßnahmen, die die unkontrollierte Verbreitung der E-Mail-Adressen und anderer Kommunikationsadressen verhindern (z. B. E-Mail-Adressen nur als Bild veröffentlichen, nicht als durchsuchbaren Text).

II. Verbreitung von Spam

Spam kann sich in den eingehenden (Inbound-Spam), aber auch in den ausgehenden Nachrichten (Outbound-Spam) verbergen. Seriöse Unternehmen, die nur unzureichende Maßnahmen in der IT-Sicherheit ergreifen, können ungewollt und ohne es zu ahnen zu Spammern werden.

1. Inbound-Spam

Spam benötigt gültige Kommunikationsadressen, damit der Spammer zu seinem Ziel kommt. Anfangs wurde Spam hauptsächlich so adressiert, dass Kombinationen aus häufigen Vor- und Zunamen sowie führenden E-Mail-Provideradressen als Empfänger ausprobiert wurden. Dies führte allerdings zu hohen Streuverlusten. Bedenkt man, dass Spam-Aussendungen inzwischen „Auftragsarbeiten" von Internetkriminellen sind und von unseriösen Mail-Diensten gegen Entgelt angeboten werden, wundert es nicht, dass die Spammer immer gezielter vorgehen.

Dazu suchen sie echte, aktive E-Mail-Adressen. Verwendet werden sogenannte Harvester (Erntemaschinen), die als spezialisierte Suchmaschinen E-Mail- und andere Kommunikationsadressen aus dem Internet fischen. Besonders ergiebig sind heute die sozialen Online-Netzwerke, auf denen die Spam-Opfer selbst ihre Adressen veröffentlichen. Zu Vermeidung von Inbound-Spam gehört deshalb Datensparsamkeit bei der Veröffentlichung der eigenen Kommunikationsadressen.

2. Outbound-Spam

Unternehmen können nicht nur Opfer von eingehenden Spam-Attacken werden, die die internen Mailserver behindern oder sogar blockieren können. Gelingt es, Computer des Unternehmens mit spezieller → *Schadsoftware* (sogenannte Bots) zu infizieren, können die eigenen Computer und Server zu Spam-Versendern werden.

Wenn Spam-Nachrichten mit der Absenderangabe des Unternehmens auftauchen, können die Kommunikationsadressen des Unternehmens auf die Schwarzen Listen der Spam-Filter gesetzt werden. In diesem Fall werden auch echte E-Mails des betroffenen Unternehmens durch Spam-Filter abgefangen und nach den Regeln des Empfängers behandelt. Dies führt in der Regel zu zeitlichen Verzögerungen, mitunter auch zu einer Rufschädigung des als Spammer eingestuften Unternehmens.

Beispiel:

> Wenn der eigene E-Mail-Server zum ungewollten Spam-Versender (Outbound-Spam) wird, kann dies an verschiedenen Schwachstellen in der IT-Sicherheit liegen, zum Beispiel:
>
> - das E-Mail-Passwort eines Mitarbeiters / einer Mitarbeiterin war nicht komplex genug und wurde von einem Spammer geknackt, der nun das E-Mail-Konto missbraucht,
> - ein Mitarbeiter / eine Mitarbeiterin ist auf einen Betrugsversuch hereingefallen und hat das Mail-Passwort verraten,
> - ein ehemaliger Mitarbeiter missbraucht z. B. als Rache an dem ehemaligen Arbeitgeber sein altes E-Mail-Konto, das nicht deaktiviert oder gelöscht wurde, oder
> - ein Computer im eigenen Netzwerk wurde von einem Bot infiziert, wird nun ferngesteuert und für Spamming missbraucht.

III. Checkliste Spam

WICHTIG!
- ☐ Spam ist nicht nur unerwünschte Werbung, sondern kann eine reale Gefahr für die Daten- und IT-Sicherheit darstellen.
- ☐ Bei der Spam-Abwehr sollte jeder elektronische Kommunikationskanal, den ein Unternehmen nutzt, berücksichtigt werden.

> - Bei erlaubter Privatnutzung der elektronischen Kommunikation müssen zusätzliche Regelungen für die Spam-Abwehr getroffen werden.
> - Mitarbeiterinnen und Mitarbeiter müssen über die Maßnahmen der Spam-Abwehr informiert werden.
> - Zur Spam-Abwehr gehört ein Spam-Filter (Betriebsvereinbarung!) und die Unterweisung der Mitarbeiterinnen und Mitarbeiter über Spam-Risiken und das richtige Verhalten bei Spam-Nachrichten.
> - Zur Spam-Abwehr gehört es auch, die eigenen Kommunikationsadressen zu schützen und nicht offen im Internet zu verbreiten (Datensparsamkeit).
> - Unzureichende IT-Sicherheit kann dazu führen, dass ein Unternehmen ungewollt selbst zum Spam-Versender wird (zu schwache Mail-Passwörter, fehlende Erkennung von Bot-Infektionen, Weitergabe von Passwörtern).

Störerhaftung

I. **Allgemeines**

II. **Voraussetzungen der Störerhaftung**

III. **Rechtsgebiete**

IV. **Praxisrelevante Einzelfälle**
  1. Internetzugang
  2. Webseite mit fremden Informationen
  3. Marktplätze
  4. Domainrecht
  5. Hosting-Provider
  6. Filehoster
  7. Access-Provider

V. **Fazit**

I. Allgemeines

Die Störerhaftung lässt sich als rechtliche Konstruktion einer Verantwortlichkeit beschreiben: Wenn bei einem rechtswidrigen Zustand keine Möglichkeit besteht, auf den Täter selber zuzugreifen, so wird derjenige in Anspruch genommen, der zwar selber nicht Täter ist, die Rechtsverletzung aber gleichwohl abstellen kann. Im Zivilrecht entspringt dieser gedankliche Ansatz dem Sachenrecht und hat sich hier auch durchaus bewährt – schwieriger aber wird es, wenn die Störerhaftung auf das IT-Recht übertragen wird, wo sie mitunter zu befremdlichen Ergebnissen führt.

II. Voraussetzungen der Störerhaftung

Die Störerhaftung kommt dort in Betracht, wo eine Verletzung absoluter Rechte im Raum steht. Es geht also nicht um Vertragsverletzungen, sondern um Eingriffe in Rechte, wie etwa ein bestehendes Urheberrecht oder Persönlichkeitsrecht. Als Störer kommt nur in Betracht, wer nicht bereits selber Täter oder Teilnehmer der Verletzungshandlung ist. Es geht dabei darum, zwischen demjenigen zu unterscheiden, der selber gehandelt hat – dieser ist Täter – und demjenigen, der eine solche Handlung schlicht ermöglicht hat, der dann als Störer in Betracht kommt. Der Beitrag des Störers muss mit dem Bundesgerichtshof sowohl willentlich als auch adäquat kausal zur Rechtsverletzung beigetragen haben. Zu guter Letzt setzt die Störerhaftung dann noch voraus, dass durch den potentiellen Störer Prüfpflichten verletzt wurden. Die Frage nach dem Umfang der Prüfpflichten kann nicht pauschal beantwortet werden, vielmehr orientiert sich dieser am Einzelfall, wobei immer zu fragen ist, was dem potentiellen Störer überhaupt zuzumuten ist. Jedenfalls dann, wenn es konkrete Hinweise auf Rechtsverletzungen gibt oder Rechtsverletzungen vorhersehbar sind, wird ein potentieller Störer auch immer gewisse Kontroll- und Belehrungspflichten haben.

Der Bundesgerichtshof (VI ZR 269/12) stellt die Störerhaftung insgesamt wie folgt dar:

„Als Störer im Sinne von § 1004 BGB ist – ohne Rücksicht darauf, ob ihn ein Verschulden trifft – jeder anzusehen, der die Störung herbeigeführt hat oder dessen Verhalten eine Beeinträchtigung befürchten lässt. Sind bei einer Beeinträchtigung mehrere Personen beteiligt, so kommt es für die Frage, ob ein Unterlassungsanspruch gegeben ist, grundsätzlich nicht auf Art und Umfang des Tatbeitrags oder auf das Interesse des einzelnen Beteiligten an der Verwirklichung der Störung an. Im Allgemeinen ist ohne Belang, ob er sonst nach der Art seines Tatbeitrags als Täter oder Gehilfe anzusehen wäre (…)

Als (Mit-)Störer kann auch jeder haften, der in irgendeiner Weise willentlich und adäquat kausal an der Herbeiführung der rechtswidrigen Beeinträchtigung mitgewirkt hat, sofern der in Anspruch Genommene die rechtliche Möglichkeit zur Verhinderung dieser Handlung hatte. Dem negatorischen Unterlassungsbegehren steht nicht entgegen, dass dem in Anspruch Genommenen die Kenntnis der die Tatbestandsmäßigkeit und die Rechtswidrigkeit begründenden Umstände fehlt. Ebenso ist Verschulden nicht erforderlich (…)"

III. Rechtsgebiete

Eine Störerhaftung kommt nicht unter allen erdenklichen Umständen in Betracht, sondern nur in bestimmten rechtlichen Bereichen. Hierzu eine kurze Übersicht über die praxisrelevanten Bereiche:

- Da nur bei der Verletzung absoluter Rechte eine Störerhaftung in Betracht kommt, sind die lediglich relativ zwischen den Vertragsparteien wirkenden vertraglichen Ansprüche hiervon ausgenommen.

- Im Wettbewerbsrecht galt lange Zeit, dass die Grundsätze der Störerhaftung Anwendung finden – was der Bundesgerichtshof dann vor wenigen Jahren überraschend abgelehnt hat. Anstelle einer Störerhaftung gilt im Wettbewerbsrecht nunmehr die Verletzung wettbewerbsrechtlicher Verkehrspflichten. Hierbei handelt es sich nicht nur um eine geänderte Bezeichnung, sondern vielmehr handelt es sich um ein durchaus anderes Haftungsmodell, das im Vergleich zur Störerhaftung durchaus Haftungserleichterungen mit sich bringt.

- Im Übrigen ist die Störerhaftung dann bei sämtlichen absoluten Rechten anwendbar. Im IT-Recht betrifft dies insbe-

Störerhaftung

sondere den Bereich der gewerblichen Schutzrechte, des Markenrechts, des Urheberrechts und des Persönlichkeitsrechts.

IV. Praxisrelevante Einzelfälle

Es gibt Einzelfälle, die eine ganz besondere Praxisrelevanz genießen. Im Folgenden werden die typischen Einzelfälle, bei denen eine Störerhaftung immer wieder eine Rolle spielt, dargestellt.

1. Internetzugang

Wenn Dritten über den eigenen Internetzugang Zugriff auf das Internet gewährt wird, liegt der klassische Fall einer möglichen Störerhaftung vor. Gerade die früher massenhaften Abmahnungen im Bereich der Nutzung von Tauschbörsen in den Jahren 2009 bis 2013 haben gezeigt, dass die Rechtsprechung hier – mitunter sehr überzogene – Erwartungen hinsichtlich der Prüfungspflichten an den Anschlussinhaber stellen konnte. Verschärft wurde die Situation dadurch, dass der Bundesgerichtshof (I ZR 121/08) eine tatsächliche Vermutung dahin gehend sieht, dass der Inhaber eines Internetanschlusses auch der Täter der hierüber begangenen Rechtsverletzungen ist. Diese Vermutung ist aber bereits mit der Nutzung durch Dritte ausgeräumt:

„Wird über einen Internetanschluss eine Rechtsverletzung begangen, ist eine tatsächliche Vermutung für eine Täterschaft des Anschlussinhabers nicht begründet, wenn zum Zeitpunkt der Rechtsverletzung (auch) andere Personen diesen Anschluss benutzen konnten. Dies ist insbesondere dann der Fall, wenn der Internetanschluss zum Zeitpunkt der Rechtsverletzung nicht hinreichend gesichert war oder bewusst anderen Personen zur Nutzung überlassen wurde."

Zeitweilig war es mit der instanziellen Rechtsprechung – die von Rechteinhabern heute noch in Abmahnungen zitiert wird – derart problematisch, dass innerhalb von Familien mitunter die gegenseitige Überwachung gefordert wurde, während Hotels und Cafés ihren Gästen keinen Zugriff auf das Internet ohne Haftungsproblematik gewähren konnten. Der Bundesgerichtshof entschärfte diese Rechtsprechung aber insgesamt sehr erheblich und es ist Folgendes festzustellen:

- Der Bundesgerichtshof (I ZR 74/12) hatte schon früh im Grundsatz entschieden, dass Familienangehörige untereinander keine anlasslosen Überwachungspflichten haben. Dies hat er dann später in einer wegweisenden Entscheidung (BGH, I ZR 169/12) so weit verbessert, dass volljährige Familienangehörige sich ausdrücklich gegenseitig nicht überwachen müssen:

  „Der Inhaber eines Internetanschlusses haftet grundsätzlich nicht als Störer auf Unterlassung, wenn volljährige Familienangehörige den ihnen zur Nutzung überlassenen Anschluss für Rechtsverletzungen missbrauchen. Erst wenn der Anschlussinhaber konkrete Anhaltspunkte für einen solchen Missbrauch hat, muss er die zur Verhinderung von Rechtsverletzungen erforderlichen Maßnahmen ergreifen."

- Weiterhin hat der Bundesgerichtshof (I ZR 304/01) schon früh klargestellt, dass ein legales Geschäftsmodell nicht durch eine Störerhaftung quasi unmöglich gemacht werden darf. Somit sollte der Fall, dass ein Geschäftsmodell den Zugang zum Internet vorsieht, etwa in Hotels, kein Anhaltspunkt für eine Störerhaftung sein. Ausdrückliche Rechtsprechung des BGH hierzu fehlt allerdings weiterhin.

Unter Berücksichtigung dieser Rechtsprechung des Bundesgerichtshofes sollte damit grundsätzlich eine Störerhaftung im familiären oder geschäftlichen Bereich mehr Ausnahme als Regel sein, solange Rechtsverletzungen nicht aktiv Vorschub geleistet wird.

Gleichwohl muss angesichts der immer noch sehr individuellen Rechtsprechung der einzelnen Gerichte zur Vorsicht gemahnt werden. Insbesondere bei der geschäftlichen Zurverfügungstellung von Internetzugängen, etwa in einem Hotel, sollte nach derzeitigem Stand dafür Sorge getragen werden, dass der jeweilige Nutzer im Nachhinein identifizierbar ist. Darüber hinaus sollte man darauf achten, Nutzer vor der Gewährung des Zugriffs ausdrücklich dahingehend zu belehren, dass der Internetzugang nicht für rechtswidrige Handlungen genutzt werden darf, wobei die Urheberrechtsproblematik hervorgehoben werden sollte. Gerade in Hotels empfiehlt es sich an dieser Stelle, die Gäste im Vorhinein eine entsprechende Belehrung unterzeichnen zu lassen und diese unterzeichnete Belehrung dann mit den weiteren Unterlagen zu archivieren. Wer im Rahmen seines geschäftliches Betriebes einen Internetzugang eröffnen möchte, sollte daher weiterhin darüber nachdenken, ob nicht externe Anbieter zum Einsatz kommen, so etwa über den Verein www.Freifunk.de.

2. Webseite mit fremden Informationen

Beim Betrieb einer Webseite, auf der Dritte eigene Inhalte veröffentlichen können, ist darauf zu achten, dass fremde Urheberrechte eingehalten werden. Wer eine solche Webseite betreibt, darf die Augen nicht vor dem Risiko verschließen, dass hierbei etwa rechtswidrig Inhalte ohne Nutzungslizenz hinterlegt werden. Je nach Gestaltung der Webseite ist dann in einem ersten Schritt zu prüfen, ob der Webseitenbetreiber sich diese Inhalte zu eigen macht. Diese Frage ist anhand des Gesamtbildes zu beurteilen und kann auch nicht durch einen Disclaimer in irgendeiner Form geregelt werden. Sollte ein Zueigenmachen vorliegen, wird es sich bereits um eine täterschaftliche Urheberrechtsverletzung handeln.

Wenn die Inhalte dagegen nicht zu eigen gemacht werden, kommt grundsätzlich eine Haftung als Störer in Betracht. Da es sich hierbei allerdings dann um fremde Inhalte handelt, wird der in seinen Rechten Verletzte den Webseitenbetreiber erst einmal von der Rechtsverletzung in Kenntnis setzen müssen. Eine mit Kosten verbundene Abmahnung wird dann regelmäßig erst in Betracht kommen, wenn der Webseitenbetreiber nach dem Hinweis nicht reagiert hat.

Entsprechendes gilt hinsichtlich von Persönlichkeitsrechten, wenn etwa Kommentare Dritter auf der Webseite möglich sind. Allerdings gibt es hierbei eine Besonderheit: Die Rechtsprechung prüft, ob man rechtswidrige Kommentare quasi provoziert hat, etwa durch die inhaltliche Gestaltung des zu kommentierenden Artikels. In den Fällen, in denen man mit grenzwertigen Kommentaren seiner Nutzer geradezu rechnen musste, wird durchaus eine Prüfungspflicht hinsichtlich eingehender Kommentare verlangt!

Störerhaftung

 Hinweis:
Keine Rolle spielt es bei Urheberrechtsverletzung, ob die eigene Webseite durch einen externen Dienstleister gepflegt wird oder durch den Webseitenbetreiber selbst. Sollte etwa eine externe Agentur ein Bild in eine Webseite einbauen, die ein Unternehmen dann zur Präsentation verwendet, wobei sich herausstellt, dass an dem Bild gar keine Nutzungsrechte erworben wurden, so handelt nach außen hin dennoch das Unternehmen. Das bedeutet, das Unternehmen, das sich mit der Webseite präsentiert – das auch im Impressum angegeben sein wird – ist zumindest Mittäter der Urheberrechtsverletzung. Ob daneben noch die betreuende Agentur zusätzlich als Täter in Betracht kommt, muss im Einzelfall geprüft werden, wird jedoch regelmäßig der Fall sein. Üblicherweise regelt man diese Situation dann so, dass das abgemahnte Unternehmen die Angelegenheit kurzerhand klärt und sich dann im Innenverhältnis mit der betreuenden Agentur auseinandersetzt.

3. Marktplätze

Nahe liegend wäre es, bei Betreibern von Marktplätzen, wie etwa eBay, eine Störerhaftung hinsichtlich laufender Angebote anzunehmen, wenn durch diese Angebote fremde Rechte verletzt werden.

Tatsächlich aber hat die Rechtsprechung inzwischen klargestellt, dass es keine aktiven Prüfpflichten derartiger Betreiber im Vorhinein gibt (dazu etwa der EuGH, C-324/09). Das bedeutet, wer eine Handelsplattform betreibt, muss nicht neu eingehende Angebote vor einer Freischaltung dahingehend prüfen, ob hiermit etwa Urheberrechte oder Markenrechte verletzt werden. Mit der Rechtsprechung obliegt es den Rechteinhabern, derartige Marktplätze zu überwachen und im Falle einer Rechtsverletzung die Betreiber erst einmal von dem Rechtsverstoß in Kenntnis zu setzen. Dementsprechend wurde konsequent und richtigerweise auch eine Störerhaftung von Amazon für Urheberrechtsverletzungen verneint, die durch dort vertriebene Bücher in Form von eBooks begangen wurden (OLG München, 29 U 885/13).

Doch es gibt auch hier wieder eine Ausnahme: Der Bundesgerichtshof (BGH, I ZR 216/11) hat festgestellt, dass dann, wenn durch Werbeanzeige (auch) für rechtswidrige Angebote geworben wird, in diesem Fall eine erhöhte Sorgfaltspflicht des Plattformbetreibers zu erkennen ist. Dies hat der BGH (BGH, I ZR 240/12) im Jahr 2015 nochmals konkretisiert und festgestellt:

„Der Betreiber eines Internetmarktplatzes, der Dritten dort die Möglichkeit eröffnet, Verkaufsangebote ohne seine Kenntnisnahme in einem vollautomatischen Verfahren einzustellen, kann als Störer auf Unterlassung in Anspruch genommen werden, wenn er Anzeigen im Internet geschaltet hat, die über einen elektronischen Verweis zu Angebotslisten führen."

4. Domainrecht

Im Bereich des Domainrechts ist die Frage der Störerhaftung beim sogenannten Admin-C ein Thema. Dabei hat die Rechtsprechung hinsichtlich der Prüfpflichten ein zweigleisiges System entwickelt: Bei einer Rechtsverletzung, die durch den gewählten Domainnamen begangen wird, also speziell mit Blick auf das Kennzeichenrecht, ist eine Haftung des Admin-C zwar nicht grundsätzlich gegeben (BGH, I ZR 150/09), soll aber ausnahmsweise in Betracht kommen. Der Bundesgerichtshof (I ZR 150/11) sieht eine solche Haftung ausnahmsweise unter bestimmten Umständen:

„Die Haftung des auf Löschung des Domainnamens in Anspruch genommenen Admin-C als Störer setzt voraus, dass ihn ausnahmsweise eine eigene Pflicht trifft zu prüfen, ob mit der beabsichtigten Registrierung Rechte Dritter verletzt werden. Voraussetzung ist insofern das Vorliegen besonderer gefahrerhöhender Umstände, die darin bestehen können, dass vor allem bei Registrierung einer Vielzahl von Domainnamen die möglichen Kollisionen mit bestehenden Namensrechten Dritter auch vom Anmelder nicht geprüft werden. Eine abstrakte Gefahr, die mit der Registrierung einer Vielzahl von Domainnamen verbunden sein kann, reicht insofern nicht aus."

Insbesondere ist die Rechtsprechung also der Auffassung, dass dann, wenn jemand – wie durchaus üblich – seinen Namen für massenhafte Domainregistrierungen zur Verfügung stellt und hierfür entlohnt wird, dieser durchaus gewisse Handlungspflichten hat und mitunter im Einzelfall als Störer in Anspruch zu nehmen ist.

Anders geht die Rechtsprechung dagegen mit der Frage um, ob ein Admin-C für Rechtsverletzungen als Störer haften soll, die durch den Inhalt der Webseite unter der Domain verwirklicht werden, für die der Admin-C eingetragen ist. So kommt eine Haftung des Admin-C für unter der Domain begangene Urheberrechtsverletzungen wohl nicht in Betracht. Das OLG Hamburg (7 U 137/06) führte hierzu zu Recht aus:

„Eine gesetzliche Verpflichtung zur Benennung eines administrativen Partners im Inland durch den im Ausland ansässigen Betreiber einer in Deutschland erreichbaren Website existiert nicht. Allein die Tatsache, dass die Domainvergabestelle DENIC für die eigene Vertragsabwicklung einen solchen Ansprechpartner mit entsprechenden Vollmachten fordert, kann nicht zu einer erweiterten Haftung dieses Ansprechpartners auch für den Inhalt der jeweiligen Website gegenüber Dritten führen."

Ebenso sah es unter anderem das OLG Frankfurt am Main (11 W 39/13). Vormals gab es vereinzelte Landgerichte, die dem Admin-C die Pflicht auferlegen wollten, notfalls eine Domain löschen zu lassen – dies ist aber wohl inzwischen überholt.

5. Hosting-Provider

Auch Hosting-Provider sehen sich mitunter einer Störerhaftung ausgesetzt. Wenn etwa auf einer Webseite Persönlichkeitsrechtsverletzungen begangen werden und der Betreiber der Webseite nicht zu ermitteln ist, so kann durchaus an den Provider herangetreten werden. Der Bundesgerichtshof (VI ZR 93/10) hat hier allerdings ein abgestuftes System entwickelt, was durch Provider einzuhalten ist:

1. Ein Tätigwerden des Hostproviders ist nur veranlasst, wenn der Hinweis so konkret gefasst ist, dass der Rechtsverstoß auf der Grundlage der Behauptungen des Betroffenen unschwer – das heißt ohne eingehende rechtliche und tatsächliche Überprüfung – bejaht werden kann.

2. Regelmäßig ist zunächst die Beanstandung des Betroffenen an den für den Blog Verantwortlichen zur Stellungnahme weiterzuleiten.

3. Bleibt eine Stellungnahme innerhalb einer nach den Umständen angemessenen Frist aus, ist von der Berechtigung der Beanstandung auszugehen und der beanstandete Eintrag zu löschen. Bleibt also eine Stellungnahme des Betroffenen aus oder legt er gegebenenfalls erforderliche Nachweise nicht vor, ist eine weitere Prüfung nicht veranlasst.

Ergibt sich aus der Stellungnahme des Betroffenen oder den vorgelegten Belegen auch unter Berücksichtigung einer etwaigen Äußerung des für den Blog Verantwortlichen eine rechtswidrige Verletzung des Persönlichkeitsrechts, ist der beanstandete Eintrag zu löschen.

4. Stellt der für den Blog Verantwortliche die Berechtigung der Beanstandung substantiiert in Abrede und ergeben sich deshalb berechtigte Zweifel, ist der Provider grundsätzlich gehalten, dem Betroffenen dies mitzuteilen und gegebenenfalls Nachweise zu verlangen, aus denen sich die behauptete Rechtsverletzung ergibt.

5. Sollte es sich allerdings um einen derart rechtswidrigen Inhalt handeln, dass sich die Rechtswidrigkeit geradezu aufdrängt, wird der Provider wohl grundsätzlich auf den Hinweis des in seinen Rechten Verletzten reagieren müssen.

So griffig das Modell des Bundesgerichtshofes auch erscheint, darf es nicht über die missliche Lage von Providern hinwegtäuschen. Der Provider wird insofern das Dilemma erleben, dass er bei einer vorzeitigen Sperrung eine Vertragsverletzung gegenüber seinem Kunden begeht; bei einer zu späten Sperrung jedoch mit einer teuren Abmahnung konfrontiert ist.

6. Filehoster

Abschließend ist festzustellen, dass der Bundesgerichtshof (I ZR 80/12) auch bei sogenannten „Filehostern" durchaus eine Störerhaftung annimmt. Allerdings ist zu fragen, ob ein solcher Filehoster schlechterdings auf das Begehen von Urheberrechtsverletzungen ausgelegt ist. Falls dem nicht so ist, treffen ihn keine besonderen Prüfungspflichten, insoweit sind obige Regeln von Hosting-Providern wohl heranzuziehen. Anders ist es aber dann, wenn ein Filehoster in erheblichem Maße bei der Begehung von Urheberrechtsverletzungen Vorschub leistet – hier ist dann zu erwarten, dass dieser zumindest regelmäßige Kontrollen vornimmt, auch ohne dass entsprechende Hinweise vorliegen (BGH, I ZR 18/11).

7. Access-Provider

Der Bundesgerichtshof (I ZR 174/14) sieht inzwischen sogar bei Access-Providern eine mögliche Störerhaftung die zur Pflicht führen kann, den Zugriff auf Webseiten zu unterbinden:

„Ein Telekommunikationsunternehmen, das Dritten den Zugang zum Internet bereitstellt, kann von einem Rechteinhaber als Störer darauf in Anspruch genommen werden, den Zugang zu Internetseiten zu unterbinden, auf denen urheberrechtlich geschützte Werke rechtswidrig öffentlich zugänglich gemacht werden."

Allerdings führt der BGH im Hinblick auf die unionsrechtliche Privilegierung der TK-Provider an, dass hier hohe Ansprüche vor eine Haftung zu machen sind. Insbesondere muss der Anspruchsteller nachweisen, dass er zuvor erfolglos alle zumutbaren Möglichkeiten erschöpft hat, den Täter auf Unterlassung in Anspruch zu nehmen.

V. Fazit

Durchaus positiv ist festzustellen, dass die vormals sehr stark ausfernde Störerhaftung in den vergangenen Jahren durch den Bundesgerichtshof durchaus spürbar eingeschränkt wurde. Dennoch muss auch gesehen werden, dass sich weiterhin erhebliche Haftungsrisiken hinter dem Schreckgespenst der Störerhaftung verbergen, die auch noch nicht abschließend geklärt sind. Die äußerst individuelle Rechtsprechung im Einzelfall macht es dann dabei auch umso schwieriger, Prognosen und Handlungsempfehlungen bei Erhalt von Abmahnungen auszusprechen. Im Zweifelsfall wird es wohl dabei bleiben, dass man vor dem Hintergrund eines beachtlichen Prozesskostenrisikos im Zweifelsfall nach Erhalt einer Abmahnung eher einen Vergleich anstrebt, als die gerichtliche Klärung zu suchen.

Streaming

I. **Die Problematik des Streamings**
II. **Zur Rechtmäßigkeit des Abrufs**
　　1. Vervielfältigung durch Betrachten
　　2. Privatkopie
　　3. Zulässige Zwischenspeicherung
　　4. Identifizierung der Nutzer
　　5. Abmahnungen wegen Streamings
　　6. Fazit

I. Die Problematik des Streamings

Beim „Streaming" geht es, vereinfacht ausgedrückt, um die Beschreibung des Abrufs von Daten. Das Streaming steht dabei quasi im Gegensatz zum „Download", wie er üblicherweise verstanden wird: Während bei einem Download Daten erst vollständig geladen werden, bevor man sie nutzen kann, erfolgt beim Streaming der Zugriff, noch während der Download der Daten stattfindet. Gerade wenn es um Medien, wie etwa Filme oder Musik geht, ist dies ein verbreitetes Verfahren, um schlicht Zeit zu sparen. Würde man einen Film ansehen wollen und erst vollständig downloaden müssen, wäre die Wartezeit bei normalen DSL-Anschlüssen durchaus beachtlich. In der heutigen Konsumgesellschaft wäre es daher ein Wettbewerbsnachteil für einen Anbieter, wenn seine Kunden zu lange auf die begehrten Inhalte warten müssten.

Durch das Streaming der Daten wird dieses Problem dann umgangen: Hier wird mit der Übertragung der Daten begonnen und sobald ein erster Teil dieser Daten vorhanden ist, wird mit dem Abspielen des bereits vorhandenen Teils begonnen. Während der Wiedergabe dann werden kontinuierlich die weiteren Datenpakete heruntergeladen und so schrittweise, ohne irgendwelche Verzögerungen das gewünschte Medium wiedergegeben. Neben diesen offenkundigen Komfort treten dann weitere gute Gründe für ein Streaming im Bereich von Medien; so ist zum einen daran zu denken, dass Werke zum Abspielen nicht vollständig als Kopie an die Nutzer übergeben werden müssen, die Kontrolle über die Daten also durchaus gewahrt bleiben könnte. Zum anderen ist der Speicherbedarf bei diesem Verfahren erheblich geringer als bei vollständigem Download, da bereits abgespielte Daten im Zweifelsfall gelöscht werden können.

In den vergangenen Jahren haben sich zahlreiche Anbieter mit kommerziellen Plattformen zum Streaming von Inhalten auf dem Markt etabliert. Es ist insoweit keine Besonderheit mehr, heute über das Internet direkt auf den eigenen Fernseher Filme, bzw. auf das Smartphone Musik, zu „streamen". Neben diesen legalen Angeboten hat sich allerdings ein weiterer Markt etab-

Streaming

liert, in dem illegale Kopien von Medien, insbesondere von Filmen, kostenlos zu sehen sind. Im Bereich illegaler Angebote stellt sich dann die Frage, wie das Streaming solcher Inhalte urheberrechtlich zu bewerten ist. Weniger problematisch ist dabei die Feststellung der Rechtswidrigkeit des Angebots eines Werkes: Wer Filme zum Abruf via Streaming bereithält, macht diese öffentlich zugänglich im Sinne des Urheberrechtsgesetzes. Jeder Anbieter derartiger Plattformen – wie etwa Kino.to – begeht durch die öffentliche Zugänglichmachung (§ 19a UrhG) eine Urheberrechtsverletzung, die sowohl zivilrechtlich als auch strafrechtlich zu verfolgen ist. Fraglich ist vielmehr, wie es mit der urheberrechtlichen Relevanz hinsichtlich derer aussieht, die auf solche Angebote zugreifen. Diese Frage ist hoch umstritten und durch den Bundesgerichtshof auch noch nicht geklärt.

II. Zur Rechtmäßigkeit des Abrufs

Die Frage der Rechtmäßigkeit des Abrufs von Inhalten via Streaming stellt sich nicht nur bei illegalen Angeboten. Vielmehr gibt es zahlreiche und sehr gut besuchte Angebote im Internet, die man gerade nicht mit illegalen Inhalten in Verbindung bringt. So ist etwa an YouTube zu denken, wo sich die Frage stellt, ob eine Nutzung immer bedenkenlos ist oder doch auch Probleme bereiten kann.

1. Vervielfältigung durch Betrachten

Urheberrechtlich ist in aller Kürze festzustellen, dass auch durch Streaming letztendlich eine Vervielfältigung des eigentlichen Werkes vorgenommen wird. Dies ist insoweit auch unstreitig, so dass beim Streaming in jedem Fall eine urheberrechtliche Relevanz vorliegt. Da in jedem Fall ein Werk vervielfältigt wird, wäre damit die Einwilligung des Urhebers notwendig. Allerdings sind an dieser Stelle die Schranken im Urheberrecht zu berücksichtigen, wobei hier insbesondere zwei Schranken von Relevanz sind: Die Rechtmäßigkeit der Schaffung von Privatkopien und zum anderen die der rechtmäßigen Zwischenspeicherung von Daten.

2. Privatkopie

Bei der Prüfung der Rechtmäßigkeit der Nutzung ist in jedem Fall vorrangig zu prüfen, ob bereits eine rechtmäßige Privatkopie vorliegt. Hinsichtlich eines Nutzers, der rein im privaten Umfeld agiert und auf Inhalte durch Streaming zugreift, wird dabei regelmäßig nur fraglich sein, ob es sich um eine offensichtlich rechtswidrige Vorlage handelt: Sollte es sich um eine derart offensichtlich illegale Vorlage handeln, wie etwa beim früheren Angebot von Kino.to, steht die Anwendung der Regelung zu Privatkopien nicht zur Diskussion. Bei Angeboten dagegen, die gerade nicht offensichtlich rechtswidrig sind, wird man immer die Regelung zur Privatkopie in Erwägung ziehen müssen.

Wann ein Angebot als „offensichtlich rechtswidrig" einzustufen ist, ist dabei dem Einzelfall überlassen. Jedenfalls bei Angeboten, die nicht mit illegalen Inhalten werben bzw. bei denen sich die Rechtswidrigkeit nicht aufdrängt, wird dies wohl zu verneinen sein. Dass hier vielleicht mitunter in vereinzelten Fällen rechtswidrige Vorlagen zur Verfügung gestellt werden, wird daran nichts ändern, weil Einzelfälle nicht das Angebot insgesamt als offensichtlich rechtswidrig erscheinen lassen. Dies umso mehr, wenn entsprechende Plattformen wie YouTube dann auch noch die Möglichkeit bereithalten, dass man Urheberrechtsverstöße melden kann, damit diese dort geprüft werden.

Im Ergebnis wird festzustellen sein, dass die mit Abstand meisten Streamingangebote genutzt werden können, da mangels offensichtlicher Rechtswidrigkeit die lokale Betrachtung als zulässig unrechtmäßige Privatkopie einzustufen ist.

Beachten Sie hinsichtlich der Details der Privilegierung von Privatkopien im Internet das Stichwort → *Privatkopie*!

3. Zulässige Zwischenspeicherung

Sollte die Nutzung des Trainings nicht als Privatkopie einzustufen sein, wird sich die Frage stellen, ob es als vorübergehende Vervielfältigung nach § 44a Urheberrechtsgesetz einzustufen ist und das Streaming dann auf diesem Wege rechtmäßig ist:

§ 44a UrhG

Zulässig sind vorübergehende Vervielfältigungshandlungen, die flüchtig oder begleitend sind und einen integralen und wesentlichen Teil eines technischen Verfahrens darstellen und deren alleiniger Zweck es ist,

1. eine Übertragung in einem Netz zwischen Dritten durch einen Vermittler oder

2. eine rechtmäßige Nutzung

eines Werkes oder sonstigen Schutzgegenstands zu ermöglichen, und die keine eigenständige wirtschaftliche Bedeutung haben.

Inzwischen ist höchstrichterlich durch den EuGH entschieden (Urteil vom 5. Juni 2014, Az. C-360/13), dass die im Rahmen des Streamings vorgenommene lokale Speicherung von Bildschirm- und Cachekopien eine flüchtige, vorübergehende Vervielfältigungshandlung in diesem Sinne ist, die einen integralen und wesentlichen Bestandteil des technischen Verfahrens darstellen.

Eine vorübergehende Vervielfältigung liegt nach Ansicht des Gerichts auch dann vor, wenn die Cachekopien nicht unmittelbar nach Ende der Nutzung vom lokalen Rechner des Nutzers gelöscht werden, wenn sie, wie beim Streaming üblich, gewöhnlich automatisch nach einer gewissen Zeit, abhängig von der Kapazität sowie vom Volumen und der Häufigkeit der Internetnutzung des betreffenden Internetnutzers, durch andere Inhalte ersetzt werden.

Juristisch in höchstem Maße umstritten ist aber die – einzige hier in Betracht kommende – Tatbestands-Alternative des § 44a Nr. 2 UrhG, die eine „rechtmäßige Nutzung" voraussetzt. Eine sehr beachtliche Meinung ist dabei der Auffassung, dass eine „rechtmäßige Nutzung" die vorherige Zustimmung des Rechteinhabers voraussetzt. Der Gedanke hierbei ist, dass begrifflich durch den Gesetzgeber hierbei bereits unterstellt wurde, dass die Zwischenspeicherung eine Einwilligung des Rechteinhabers voraussetzt, die letztlich den Rahmen vorgibt, in dem sich die Zwischenspeicherung dann bewegt. Im Umkehrschluss bedeutet dies dann, dass urheberrechtlich geschützte Werke, die ohne Einwilligung des Rechteinhabers angeboten werden, grundsätzlich gar nicht rechtmäßig zwischengespeichert werden können. Sofern also keine rechtmäßige Privatkopie vorliegt, verbleibt es dann bei der Rechtswidrigkeit des Zugriffs.

Dieser Auffassung steht eine gänzlich andere Interpretation der „rechtmäßigen Nutzung" gegenüber: Diese Auffassung beruft sich auf die Urheberrechts-Richtlinie, in der sich im Erwägungs-

Streaming

grund 33 der ausdrückliche Hinweis findet, dass eine Nutzung dann rechtmäßig ist, wenn sie entweder von der Zustimmung des Rechteinhabers getragen ist oder nicht durch Gesetz beschränkt ist. Durch Letzteres, die Beschränkung durch Gesetz, wird dann die unterschiedliche Auslegung begründet. Durchaus mit Recht weist diese Meinung dann nämlich darauf hin, dass der reine Konsum eines Werkes gerade keine urheberrechtlich relevante Nutzungshandlung ist und somit vom Urheberrechtsgesetz gar nicht erfasst sein kann. Wenn der Konsum alleine aber nicht vom Urheberrechtsgesetz erfasst ist, kann er im Umkehrschluss auch nicht durch dieses verboten bzw. reglementiert sein. Dies bedeutet dann im Ergebnis, dass bereits der Konsum für sich eine rechtmäßige Nutzung darstellt, womit das Betrachten von Werken via Streaming niemals rechtswidrig sein kann.

Die zuletzt genannte Auffassung findet durchaus eine Stütze in der Rechtsprechung des europäischen Gerichtshofes. Dieser hat tatsächlich bereits festgestellt, dass der reine Empfang von Fernsehsendungen sowie der zugehörige Konsum im rein privaten Bereich keine urheberrechtlich reglementierte Handlung darstellt und dies somit grundsätzlich rechtmäßig ist (EuGH, Urteil vom 4.10.2011, Az. C-403/08).

Zu dieser Auffassung tendiert auch die Bundesregierung in einer Stellungnahme des Bundesministeriums der Justiz und für Verbraucherschutz auf eine Abgeordnetenanfrage (BT-Drs. 18/195):

„Einige Juristen argumentieren, dass die Zwischenspeicherung im Cache des Internetbrowsers eine Vervielfältigung darstellt. Dem wird entgegengehalten, dass sich das Betrachten eines Videostreams nicht vom Betrachten einer DVD unterscheidet. Das Abspielen von DVDs stellt keine Urheberrechtsverletzung dar, auch wenn die Nutzerin oder der Nutzer weiß, dass es sich um eine Raubkopie handelt. Doch selbst wenn das reine Betrachten eines Videostreams als Vervielfältigung angesehen wird, könnten Schrankenregelungen, wie beispielsweise in § 44a des Urhebergesetzes (UrhG) vorgesehen, greifen."

Es mag damit einiges für die Ansicht sprechen, die ein Streaming grundsätzlich als zulässig ansieht. Selbst wenn dem nicht gefolgt wird, stellt sich bei der Verfolgung rein praktisch das Problem, die Nutzer solcher Angebote gar nicht oder nur sehr schwer identifizieren zu können.

4. Identifizierung der Nutzer

Wenn man hier die Nutzer identifizieren möchte, muss man einen Weg finden, zum Zeitpunkt des Zugriffs Daten der Nutzer zu erhalten. Beim Streaming ist technisch bedingt, dass zwischen dem Server und dem zugreifenden Client eine direkte Verbindung hergestellt wird. Die zu übermittelnden Daten werden dabei alleine zwischen Server und Client ausgetauscht, ohne dass es technisch notwendig ist, dass irgendwelche Daten hiervon nach außen hin verbreitet werden. Dies ist ein wesentlicher Unterschied zum Filesharing, wo Teilnehmer von sogenannten „Tauschbörsen" ihre IP-Adresse einem unbestimmten Benutzerkreis zur Verfügung stellen. Während also beim Filesharing problemlos die Möglichkeit besteht, die IP-Adressen derer zu ermitteln, die Inhalte selber anbieten, ist Gleiches beim Streaming so nicht möglich, denn diese Daten liegen alleine beim Anbieter des Streaming-Angebotes, sofern dieser überhaupt entsprechende Daten erhebt. Man kann also nicht unmittelbar und zeitnah auf Nutzer zurückgreifen, sondern müsste erst einmal des Anbieters habhaft werden. Bei diesem wäre dann zu prüfen, ob Log-Dateien des Servers vorgehalten werden, in denen sich eventuelle IP-Adressen finden. Selbst wenn dies gelingen würde, müsste das gesamte Prozedere so schnell gehen, dass man noch rechtzeitig bei den Providern die Daten mit gerichtlichem Beschluss abfragen kann, wobei die Speicherdauer bei Providern sehr unterschiedlich ist und zwischen wenigen Tagen bis wenigen Wochen liegt.

Erfolgversprechender erscheint es insoweit, über Umwege an die Daten von Nutzern zu gelangen. Viele illegale Angebote bieten etwa „werbefreie Premium Accounts", bei denen zu prüfen wäre, ob Zahlungsdaten von Nutzern hinterlassen wurden, die Rückschlüsse auf den jeweiligen Nutzer zulassen. Letztlich im Ergebnis ist derzeit wohl festzustellen, dass es ein eher aussichtloses Unterfangen ist auf die Nutzer Zugriff zu nehmen.

5. Abmahnungen wegen Streamings

Gegen Ende des Jahres 2013 wurde bekannt, dass es Abmahnungen wegen der angeblichen Nutzung von Streamingangeboten gegeben hat. Im Zuge dieser Abmahnungen folgte sodann eine Aufsehen erregende öffentliche Diskussion, die sich im Kern an zwei Punkten orientierte: handelte es sich beim Betrachten von Werken, die gegen den Willen des Rechteinhabers auf Plattformen hochgeladen wurden, tatsächlich um Rechtsverletzungen? Und, was noch sehr viel intensiver diskutiert wurde, wie wurde überhaupt Zugriff auf die jeweiligen Daten genommen? Während diese Abmahnungen in der Öffentlichkeit keine größere Rolle mehr spielen, ist festzustellen, dass die beiden berechtigten Fragen bis heute nicht beantwortet wurden. Insbesondere ist vollkommen offen, wie überhaupt auf die Datensätze zugegriffen wurde. Dabei verstärkte sich allerdings immer mehr der Verdacht, dass die hier betroffenen Abmahnungen durchaus fragwürdig waren. Die Presse vermeldete etwa, dass die ernst zu nehmende Möglichkeit bestanden haben soll, dass Nutzer ohne ihr Wissen über Seitenumleitungen auf ganz konkrete Angebote umgeleitet wurden. Durch den Umweg einer solchen Umleitung könnte man auf der Umleitungsseite die IP-Adresse des unfreiwilligen Nutzers erfassen. Andererseits wurde ein technisches Gutachten bekannt, dem sich entnehmen lassen sollte, dass mittels einer nicht näher bekannten Software der unmittelbare Aufruf bestimmter Streamingangebote nachvollzogen werden konnte. Letztlich ist vollkommen unklar geblieben, worauf diese Abmahnungen technisch gestützt waren und ob die Daten überhaupt einen seriösen Ursprung hatten. Es verbleibt damit bei obigen Bedenken hinsichtlich der Frage, wie man überhaupt an die Daten der (vermeintlichen) Rechtsverletzer in Form der Nutzer gelangen möchte.

6. Fazit

Im Ergebnis ist festzustellen, dass das Verhalten, welches man hinlänglich unter „Streaming" versteht, jedenfalls dann keinen Bedenken begegnen wird, wenn die Quelle, auf die man zugreift nicht offensichtlich rechtswidrig ist. Sofern es sich um eine offensichtlich rechtswidrige Quelle handelt bzw. sich die Rechtswidrigkeit der Quelle aufdrängen muss, verbleibt es bei oben dargestelltem juristischen Streit. Sollten sich jemals gerichtliche Verfahren etablieren, wird abzuwarten bleiben, welchen Weg die Rechtsprechung einschlägt.

Systemprotokolle

I. **Grundlegend für Beweissicherung und IT-Sicherheit**

II. **Umsetzungsschwierigkeiten in der Praxis**
  1. Auswertbarkeit der Protokolle
  2. Umfang der Protokolle
  3. Regelmäßige Prüfung der Protokolle

III. **Auf den Zweck kommt es an**

IV. **Checkliste Systemprotokollierung**

Fast jedes IT-System bietet eine Protokollierungsfunktion zu den Systemaktivitäten an. Häufig werden sogar automatisch Systemprotokolle generiert, ohne dass sich der Benutzer dessen bewusst ist.

Beispiel:
> In der Regel werden Protokolle erzeugt von den Betriebssystemen der Serversysteme, den Betriebssystemen der Clientsysteme, den verschiedenen Anwendungsprogrammen (wie z. B. den Office-Programmen und den Webbrowsern), den Webservern für das Intranet, Extranet und Internet, den Mailservern, den verschiedenen Kommunikationsdiensten (darunter Telefonanlagen) und den Sicherheitskomponenten wie Firewalls.

I. Grundlegend für Beweissicherung und IT-Sicherheit

Für einen sicheren und zuverlässigen IT-Betrieb ist die Protokollierung der Systemaktivitäten zum Beispiel in Netzwerken, auf Servern und auf Endgeräten (wie PCs, Notebooks, Tablets oder Smartphones) wichtig. Ohne eine Protokollierung könnten Systemfehler, aber auch Systemeinbrüche erst zu spät entdeckt werden.

So können zum Beispiel Angriffe auf IT-Systeme meist nur mit Hilfe der Systemprotokolle erkannt und nachvollzogen werden. Systemprotokolle sind deshalb ein entscheidender Teil der Beweissicherung und der Betriebssicherheit in der IT.

Beispiel:
> Die Protokollierung ist ein wichtiger Teil der Sicherheits- und Kontrollmaßnahmen, darunter
> - die Protokollierung der Zutritte zum Gebäude und Serverraum
> - die Protokollierung der Systemzugänge zur Erkennung von Verstößen bei der Anmeldung (Login) oder von Passwortverletzungen
> - die Protokollierung der Benutzer und ihrer Aktivitäten in den IT-Systemen, um die Verletzung von Benutzerprivilegien aufzudecken
> - die Protokollierung der Datenübermittlung und ihrer Empfänger, um den Datentransfer nachvollziehen zu können.

WICHTIG!
Protokollierungen sind jedoch nicht nur Werkzeuge für die Überwachung der IT-Systeme. Systemprotokolle stellen auch eine mögliche Gefährdung für den → *Datenschutz* dar. Protokolle könnten missbraucht werden, um aus den Informationen, welcher Nutzer zu welchem Zeitpunkt welche Aktivität ausgeführt hat, Nutzerprofile sowie Leistungs- und Verhaltensanalysen zu erstellen. Hierauf wird unter III. näher eingegangen.

II. Umsetzungsschwierigkeiten in der Praxis

1. Auswertbarkeit der Protokolle

Systemprotokolle können nur dann wirklich zur Beweissicherung und IT-Sicherheit beitragen, wenn die Protokolle sinnvoll ausgewertet werden können. Verschiedene Hard- und Softwaresysteme liefern jedoch auch unterschiedliche Protokolltypen, die eine einheitliche Auswertung erschweren. Auswertungswerkzeuge für Protokolle (sogenannte Log-Management-Systeme) unterstützen meistens nicht alle in einem Unternehmen vorkommende Protokollformate. Die Folge kann sein, dass sich die Auswertung auf Teilbereiche der Systemprotokolle beschränkt, so dass kritische Systemfehler oder Systemangriffe in anderen Bereichen übersehen werden könnten.

2. Umfang der Protokolle

Systemprotokolle entziehen sich auch deshalb einer sinnvollen Auswertung, weil sie oftmals zu umfangreich sind. Alleine schon aus zeitlichen Gründen ist eine regelmäßige Auswertung dann kaum noch möglich. Zudem wird unnötig viel Speicherplatz im Netzwerk belegt.

Zum Teil sind die Protokolle aber auch nicht zu umfangreich, sondern sie sind lückenhaft und enthalten nicht alle notwendigen Informationen. Der Umfang der Systemprotokolle muss sich deshalb nach dem tatsächlichen Bedarf für Beweissicherung und IT-Sicherheit richten und sollte nicht einfach möglichst viele Systemaktivitäten oder eine willkürliche Ausfall von Systemereignissen berücksichtigen.

Beispiel:
> Wichtige Systemereignisse, die protokolliert werden sollten, sind insbesondere:
> - die Änderung von Systemparameter bzw. der Systemkonfiguration,
> - das Einrichten und Löschen von Benutzern,
> - die Vergabe und Änderung von Berechtigungen,
> - die Änderungen an Verzeichnissen und Anwendungen,
> - die Datensicherungsprozesse,
> - die Systemaktivitäten unter Nutzung von Administratorrechten,
> - die Anmeldungsversuche an Systemen,
> - die Eingabe, Übermittlung und Löschung von Daten.

3. Regelmäßige Prüfung der Protokolle

Die Vielzahl und der Umfang der Systemprotokolle erschweren häufig eine sinnvolle Auswertung. Die Systemprotokolle blockieren dann mitunter personelle und technische Ressourcen und stellen keinen Mehrwert für die IT-Sicherheit dar, sondern eine Belastung. Als Konsequenz findet dann keine regelmäßige Prüfung der Protokolle mehr statt. Der Wert der Systemprotokolle für Beweissicherung und IT-Sicherheit wird dadurch gemindert. Im Extremfall leisten Systemprotokolle, die nicht regelmäßig ausgewertet werden, keinen Beitrag zur IT-Sicherheit mehr.

WICHTIG!
Umfang und Inhalt der Systemprotokolle sollten genau definiert werden. Eine wichtige Grundlage dieser Definition ist eine Risikoanalyse, die den Schutzbedarf für die jeweiligen IT-Systeme anzeigt. Es gilt, bei den Systemprotokollen das richtige Maß zu finden, um möglichst alle Risikobereiche zu überwachen, ohne

zu einer unverhältnismäßigen Belastung der technischen und personellen Ressourcen zu führen.

III. Auf den Zweck kommt es an

Die Protokollierung unterliegt aus Sicht des Datenschutzes einer besonderen Zweckbindung (§ 31 BDSG). Die Protokollierung dient der Aufrechterhaltung der IT-Sicherheit. Für eine automatisierte Verhaltens- und Leistungskontrolle der Beschäftigten darf sie grundsätzlich nicht genutzt werden.

Art, Umfang und Dauer der Systemprotokollierung unterliegen dem Grundsatz der Erforderlichkeit. Die Protokollierung ist auf das für den tatsächlichen Protokollierungszweck erforderliche Maß zu beschränken. Gleichzeitig sind die Grundsätze der Datensparsamkeit und der Datenvermeidung zu beachten. Systemprotokolle sollen wo immer möglich unter Pseudonymisierung oder Anonymisierung der Nutzerdaten erzeugt werden. Nutzer müssen sich nur dann genau identifizieren lassen, wenn es dazu einen konkreten und wichtigen Anlass gibt, wie die Aufklärung eines Systemangriffs.

Beispiel:
> Die Protokollierung der Systemanmeldungen der Benutzer dient der Erkennung möglicher Angriffe oder Systemfehler, nicht aber einer versteckten Zeiterfassung, um die Arbeitszeiten zu ermitteln, zu denen die Beschäftigten tatsächlich an dem IT-System angemeldet gewesen sind.

IV. Checkliste Systemprotokollierung

WICHTIG!
Systemprotokolle sollten den folgenden Anforderungen genügen:

- ❑ Vor der Einführung einer Systemprotokollierung sind die Mitarbeitervertretung und der oder die Datenschutzbeauftragte einzubeziehen.
- ❑ Die betroffenen Mitarbeiterinnen und Mitarbeiter sind über Art, Umfang, Zweck und Dauer der Protokollierung zu unterrichten.
- ❑ Für die Systemprotokolle gilt der Grundsatz der Zweckbindung.
- ❑ Zu beachten sind auch die Grundsätze der Erforderlichkeit und Datensparsamkeit, die den Umfang der Protokollierung bestimmen.
- ❑ Zur Datenvermeidung bei Systemprotokollen gehören Pseudonymisierung und Anonymisierung der Nutzerdaten.
- ❑ Für Systemprotokolle gilt eine Zugriffsbeschränkung (Verschlüsselung).
- ❑ Für die Systemprotokolle gibt es einen sicheren Speicherort.
- ❑ Die Auswertung erfolgt nach dem Vier-Augen-Prinzip.
- ❑ Entscheidend für die Auswertung ist auch die Regelmäßigkeit.
- ❑ Die Systemprotokolle sind manipulationssicher, um auch die Tätigkeit der Systemadministratoren revisionssicher dokumentieren und nachprüfen zu können.
- ❑ Die Systemprotokollierung muss zwangsläufig sein, darf sich also nicht durch einen einzelnen Benutzer abstellen lassen, selbst wenn dieser Administratorrechte besitzt.
- ❑ Zur Sicherstellung der Richtigkeit sind Systemprotokollierungen ausreichend zu testen.
- ❑ Systemprotokolle werden nach Zweckerfüllung gelöscht.

Übertragung von Marken und Nutzungsrechten

I. Übertragung einer Marke

II. Form der Übertragung
   1. Rechtsgeschäftliche Übertragung
   2. Übertragung kraft Gesetzes
   3. Vermutung des Rechtsübergangs

III. Teilübertragung einer Marke

IV. Recht der Übertragung

V. Umschreibung im Markenregister

VI. Übertragung von Nutzungsrechten – die Lizenz
   1. Lizenzarten
   2. Inhalt und Form der Lizenz
   3. Rechte des Lizenznehmers gegenüber Dritten

I. Übertragung einer Marke

Übertragung einer Marke bedeutet, dass ein Rechtsübergang von dem bisherigen auf einen neuen Inhaber stattfindet. Sowohl eine Markenanmeldung als auch eine registrierte Marke können, wie auch andere Rechte, übertragen werden. Dies war aber nicht schon immer eine Selbstverständlichkeit. So konnte eine Marke bis 1995 nur zusammen mit dem Geschäftsbetrieb, zu dem die Marke gehörte, übertragen werden. Die Marke war also untrennbar mit dem Unternehmen verbunden.

Seit Inkrafttreten des Markengesetzes am 1.1.1995 ist in § 27 MarkenG der Rechtsübergang von Marken gesetzlich geregelt. Diese Bestimmung umfasst sowohl die rechtsgeschäftliche Übertragung als auch den Übergang kraft Gesetzes und Teilübertragungen sowie -übergänge.

II. Form der Übertragung

Eine Marke kann durch rechtsgeschäftliche Übertragung oder kraft Gesetzes auf einen neuen Inhaber übergehen.

1. Rechtsgeschäftliche Übertragung

Grundlage für die Übertragung kann beispielsweise ein Kaufvertrag oder ein Schenkungsvertrag sein. § 27 MarkenG regelt nur, dass die Marke übertragen werden kann, nicht jedoch, wie

Übertragung von Marken und Nutzungsrechten

dies zu geschehen hat. Dies erfolgt nach den allgemeinen gesetzlichen Bestimmungen zur Übertragung von Rechten. Die Markenübertragung erfolgt somit im Rahmen **zweier Verträge,** nämlich dem **schuldrechtlichen Kauf-** (Rechtskauf gem. § 453 BGB) **oder Schenkungsvertrag** sowie dem dinglichen **Übertragungsvertrag.** Ist die zwischen den Parteien getroffene Regelung nicht eindeutig, so ist im Zweifel nur von einer Einräumung eines Nutzungsrechts und nicht von einer Übertragung der Marke auszugehen.

TIPP!
- Angesichts der Komplexität solcher Übertragungsverträge ist es ratsam, sich hierbei von einem fachkundigen Rechts- oder auch Patentanwalt beraten zu lassen.
- Ein schriftlicher Abschluss dieser Verträge, insbesondere des Übertragungsvertrages, empfiehlt sich aus Gründen der Rechtssicherheit und Nachweisbarkeit.

Die Rechtsbeziehungen des Veräußerers und des Erwerbers, insbesondere die Haftung für Bestand, Rechtsbeständigkeit und Lastenfreiheit, richten sich nach dem schuldrechtlichen Grundgeschäft. Dabei haftet der Veräußerer für Bestand und Lastenfreiheit der Marke.

Beispiel:
Stellt sich nach der Übertragung einer Marke heraus, dass ein Dritter an der Marke ein Lizenzrecht innehat, so hat der Veräußerer nach den Gewährleistungsrechten gem. §§ 435 ff. BGB für den Mangel einzustehen.

Die Rechtsbeständigkeit der Marke fällt in die Risikosphäre des Erwerbers. Dies bedeutet, dass eine spätere Löschung der Marke wegen Nichtigkeit nicht als ein Mangel anzusehen ist, für den der Veräußerer haftet. Allerdings trifft den Veräußerer eine Aufklärungspflicht hinsichtlich solcher Umstände, die zu einer Nichtigkeit führen können, so dass er bei schuldhafter Unterlassung eines entsprechenden Hinweises, dass die Marke löschungsreif ist, dennoch zur Haftung herangezogen werden kann. Ebenso haftet der Veräußerer bei Veräußerung einer Markenanmeldung nicht dafür, dass die Marke auch tatsächlich eingetragen wird. Natürlich trifft ihn auch hier eine Aufklärungspflicht hinsichtlich aller Gründe, die einer Eintragung entgegenstehen könnten.

ACHTUNG!
Im Unterschied zur deutschen Marke wird für die Übertragung der → *Unionsmarke* gem. Art. 17 Abs. 3 UMV Schriftform und die Unterschrift der Vertragsparteien verlangt.

2. Übertragung kraft Gesetzes

Die Übertragung kraft Gesetzes ist sowohl aufgrund erbrechtlicher Universalsukzession als auch aufgrund sonstiger Fälle der Gesamtrechtsnachfolge oder nach gesellschaftsrechtlichen Bestimmungen möglich. Im letzteren Fall seien hier die Umwandlung oder die Verschmelzung von Gesellschaften nach dem Umwandlungsgesetz erwähnt.

3. Vermutung des Rechtsübergangs

Es wird vermutet, dass eine zu einem Unternehmen gehörende Marke bei Übertragung des Unternehmens davon mit umfasst ist, sofern keine ausdrückliche Regelung hinsichtlich des Schicksals der Marke getroffen wurde.

Davon zu unterscheiden ist jedoch die Verpachtung eines Betriebes, wodurch nur Nutzungsrechte an der Marke verschafft werden, aber keine Übertragung stattfindet.

TIPP!
Soll die Marke also nicht mit dem Geschäftsbetrieb verkauft werden, sondern gesondert erhalten bleiben, empfiehlt es sich, dies ausdrücklich vertraglich zu regeln, um der gesetzlichen Vermutung des § 27 MarkenG entgegenzutreten.

Handelt es sich um eine **Umwandlung oder Verschmelzung** von Gesellschaften nach dem Umwandlungsgesetz, so geht die Marke automatisch kraft Gesetzes über.

III. Teilübertragung einer Marke

Gemäß § 27 Abs. 4 MarkenG ist es auch möglich, nur einen Teil der Marke zu übertragen. Grund für eine Teilübertragung kann z. B. sein, dass der Markeninhaber die Marke nicht mehr für alle Produkte verwenden möchte. Die Übertragung eines Teils der Marke kann sich jedoch nur auf die eingetragenen Waren und Dienstleistungen beziehen, nicht auf das Markenzeichen an sich, welches selbst **unteilbar** ist. Auch eine territoriale Teilung der Marke ist nicht möglich.

Der Teilübertragung liegt die Teilung der Marke gem. § 27 Abs. 4 i. V. m. § 46 Abs. 1 S. 1 MarkenG zugrunde. Die Teilung ist beim Deutschen Patent- und Markenamt zu veranlassen. Es steht nur dem Markeninhaber das Recht zu, eine entsprechende Teilungserklärung vor dem Amt abzugeben, nicht dem Erwerber.

Rechtsfolge der Teilübertragung ist, dass zwei zeitranggleiche Rechte entstehen und somit die beiden Markeninhaber nicht gegeneinander vorgehen können, selbst wenn eine Verwechslungsgefahr aufgrund ähnlicher Waren oder Dienstleistungen bestehen sollte.

IV. Recht der Übertragung

Nach der herrschenden Rechtsprechung richtet sich die Übertragung deutscher Marken stets nach deutschem Recht. Dies ist mit dem im Immaterialgüterrecht geltenden Territorialitätsprinzip zu erklären. Dies bedeutet, dass auch Marken, die einem ausländischen Inhaber gehören, nach deutschem Recht übertragen werden.

Das OLG München hat dies in seiner Entscheidung vom 12.1.2006 (Az.: 29 U 3736/05) wieder bestätigt. Was allerdings alle anderen Rechtsfragen rund um die Übertragung beträfe, beispielsweise die Stellvertretung, so seien diese unabhängig zu beurteilen und könnten durchaus je nach den Umständen des Falles einer anderen Rechtsordnung unterfallen.

V. Umschreibung im Markenregister

Die Eintragung des Rechtsübergangs im Markenregister ist nicht obligatorisch und keine Voraussetzung eines wirksamen Rechtserwerbs. Allerdings ist die sogenannte Umschreibung im Register auf jeden Fall zu empfehlen, da die (widerlegliche) Vermutung besteht, dass derjenige materieller Rechtsinhaber der Marke ist, der als Inhaber im Register vermerkt ist. Dies kann bei markenrechtlichen Streitigkeiten oder in einem Verfahren gegenüber dem Amt relevant werden, wenn es gilt, die Inhaberschaft nachzuweisen.

Die Umschreibung der Marke ist beim Deutschen Patent- und Markenamt zu beantragen. Sie ist kostenlos, weil die Richtigkeit des Registerinhalts auch im öffentlichen Interesse liegt.

VI. Übertragung von Nutzungsrechten – die Lizenz

Die Übertragung von Nutzungsrechten an einer eingetragenen Marke oder einer Markenanmeldung ist durch die Einräumung einer Lizenz gem. § 30 MarkenG möglich. Damit gestattet der Lizenzgeber (meist der Markeninhaber) dem Lizenznehmer in der Regel gegen Zahlung einer bestimmten Lizenzgebühr die Benutzung der Marke. Es können jedoch auch kostenlose Lizenzen erteilt werden.

1. Lizenzarten

Bei Lizenzverträgen sind unterschiedliche Ausgestaltungen möglich. Es können sowohl ausschließliche Lizenzen, mit denen dem Lizenznehmer ein alleiniges Nutzungsrecht an der Marke eingeräumt wird, als auch einfache (nicht ausschließliche) Lizenzen, mit denen der Markeninhaber weiterhin über das Nutzungsrecht verfügen kann, entweder durch eigene Nutzung der Marke oder auch durch Vergabe weiterer Lizenzen an Dritte, vergeben werden. Auch die Erteilung von Unterlizenzen ist möglich, soweit dieses Recht dem Lizenznehmer vom Lizenzgeber eingeräumt wurde oder sich durch Auslegung des Lizenzvertrages ergibt. Das Recht zur Abtretung des Lizenzrechts hat der Lizenznehmer in der Regel nur, wenn die Zustimmung des Lizenzgebers vorliegt.

2. Inhalt und Form der Lizenz

In einem Lizenzvertrag wird das Benutzungsrecht an der Marke eingeräumt und Regelungen hinsichtlich der Dauer der Lizenz, der Form der Markenbenutzung, des räumlichen Geltungsbereichs, der Waren und Dienstleistungen und der Qualität der unter der Marke angebotenen Produkte getroffen. Hierbei sind auch Teillizenzen möglich. Eine Kombination von ausschließlicher und einfacher Lizenz ist im Hinblick auf die unterschiedlichen Regelungspunkte möglich, beispielsweise durch Einräumung einer ausschließlichen Lizenz für ein bestimmtes Teilgebiet, während für das andere Teilgebiet die Vergabe weiterer Lizenzen möglich bleibt. Werden in einem Lizenzvertrag Regelungen getroffen, die den Lizenznehmer über die dem Lizenzgeber aus der Marke zustehenden Rechte hinaus beschränken, z. B. Beschränkungen seiner Preisgestaltung, so müssen auch kartellrechtliche Bestimmungen beachtet werden.

Der Abschluss eines Lizenzvertrages ist formlos möglich. Allerdings ist aus Gründen der Rechtsklarheit der schriftliche Abschluss zu empfehlen.

3. Rechte des Lizenznehmers gegenüber Dritten

Rechte wegen Verletzung der Markenrechte kann der Lizenznehmer gem. § 30 Abs. 3 MarkenG nur mit Zustimmung des Lizenzgebers durchsetzen. Dies gilt sowohl für das außergerichtliche Vorgehen im Wege der Abmahnung als auch für die Markenverletzungsklage. Der Lizenznehmer macht dann das fremde Recht des Markeninhabers in eigenem Namen geltend.

Entsprechend § 30 Abs. 3 MarkenG beurteilt sich auch die Frage, ob ein Lizenznehmer berechtigt ist, auf Basis der lizensierten Marke gegen die Marke eines Dritten Widerspruch einzulegen oder Löschungsklage zu erheben.

Kann der Lizenznehmer keine markenrechtlichen Ansprüche gegenüber Dritten mangels Zustimmung des Markeninhabers geltend machen, so räumt ihm § 30 Abs. 4 MarkenG die Möglichkeit ein, der vom Markeninhaber erhobenen Markenverletzungsklage beizutreten, um auf diese Weise seinen Schadensersatzanspruch geltend zu machen.

Wird die Marke gem. § 27 MarkenG übertragen, bleiben bestehende Lizenzen davon unberührt.

Unionsmarke

I. Die Unionsmarke
1. Begriff
2. Das Amt der Europäischen Union für Geistiges Eigentum (EUIPO)

II. Vorteile und Nachteile der Unionsmarke
1. Vorteile
2. Nachteile

III. Das Eintragungsverfahren
1. Das Eintragungsverfahren im Überblick
2. Die Anmeldung
   2.1 Anmeldefähige Zeichen
   2.2 Inhaber einer Unionsmarke
   2.3 Ort der Anmeldung
   2.4 Inhalt der Anmeldeunterlagen
   2.5 Darstellung des als Marke einzutragenden Zeichens
3. Absolute Eintragungshindernisse
4. Relative Eintragungshindernisse

IV. Schutzumfang der Unionsmarke
1. Beginn des Schutzes
2. Schutzdauer
3. Inhalt des Schutzes
4. Erschöpfung des Markenrechts
5. Durchsetzung des Rechts aus der Unionsmarke

V. Verfall und Nichtigkeit
1. Verfallsgründe
2. Nichtigkeitsgründe
3. Das Löschungsverfahren

VI. Unionsgewährleistungsmarke

VII. Sonstiges
1. Verhältnis der Unionsmarke zur nationalen Marke
2. Rechtsschutz gegen Entscheidungen des Amts für geistiges Eigentum
   2.1 Einleitung eines Beschwerdeverfahrens
   2.2 Prüfung der Beschwerde
   2.3 Entscheidung über die Beschwerde
   2.4 Rechtsschutz gegen die Entscheidung der Beschwerdekammer
3. Übertragung einer Unionsmarke
4. Das Register

I. Die Unionsmarke

1. Begriff

Seit April 1996 kann durch eine einzige Markenanmeldung Markenrechtsschutz für die gesamte Europäische Union, der derzeit 28 Mitgliedstaaten angehören, erlangt werden. Bis zum Inkrafttreten der Markenrechtsreform durch die Verordnung (EU)

2015/2424 am 23.3.2016 wurde die Unionsmarke als „Gemeinschaftsmarke" bezeichnet. Zuständig für die Markenanmeldung ist das Amt der Europäischen Union für Geistiges Eigentum (kurz EUIPO) in Alicante (Spanien), das vor dem 23.3.2016 „Harmonisierungsamt für den Binnenmarkt (HABM)" hieß. Informationen zur Unionsmarke sind u. a. auf den Internetseiten des EUIPO (http://www.rehmnetz.de/it-recht/euipo-marke) abrufbar.

Eine Unionsmarke ist eine in der gesamten Europäischen Gemeinschaft gültige Produkt- bzw. Dienstleistungskennzeichnung, die dazu geeignet ist, Waren oder Dienstleistungen eines Unternehmens von denen eines anderen zu unterscheiden. Sie gibt dem Markeninhaber ein ausschließliches Recht zur Nutzung des geschützten Kennzeichens in den heute 28 Mitgliedstaaten.

Die Unionsmarke entsteht ausschließlich durch Eintragung beim Amt für Geistiges Eigentum (EUIPO) auf Grundlage der Unionsmarkenverordnung (UMV). Ein Markenschutz ohne Anmeldung und Eintragung aufgrund sog. Verkehrsgeltung, der in einigen EU-Mitgliedstaaten durch andauernde und umfangreiche Benutzung eines Zeichens als nationale Marke entstehen kann, ist in der Unionsmarkenverordnung nicht vorgesehen.

Für die Festlegung des Schutzumfangs der Marken dient dabei die **Internationale (Nizzaer) Markenklassifikation** von Waren und Dienstleistungen für die Eintragung von Marken. Seit 1.1.2016 ist ausschließlich die 10. Auflage, Version 2016 der Nizzaer Klassifikation anzuwenden. Das EUIPO hält auf seiner Internetseite mit „TMclass" http://www.rehmnetz.de/it-recht/tmclass auch eine Datenbank mit den in der Nizzaer Klassifikation enthaltenen Begriffen bereit, die bei der korrekten Zuordnung einzelner Waren und Dienstleistungen zur jeweiligen Klasse hilft.

2. Das Amt der Europäischen Union für Geistiges Eigentum (EUIPO)

Die Aufgabe des EUIPO besteht darin, auf der Ebene der EU den Erwerb von Marken, Mustern und Modellen zu fördern und die entsprechenden Rechte zu verwalten. Das Amt führt die Verfahren zur Eintragung gemeinschaftlicher Marken- und Designrechte durch und führt das öffentliche Register dieser Rechte. Gemeinsam mit den Gerichten der Mitgliedstaaten der EU hat es die Aufgabe, über Anträge zur Nichtigerklärung der Unionsmarken nach ihrer Eintragung zu entscheiden.

Das EUIPO ist eine rechtlich, administrativ und finanziell eigenständige öffentlich-rechtliche Einrichtung, die per Rechtsakt der EU errichtet worden und mit eigener Rechtspersönlichkeit ausgestattet ist. Es übt seine Tätigkeit im Rahmen des Unionsrechts aus. Für die Kontrolle der Rechtmäßigkeit der Entscheidungen des Amts für geistiges Eigentum sind die gemeinschaftlichen Gerichte zuständig: Zum einen das sog. Gericht erster Instanz (EuG) und der Gerichtshof der Europäischen Gemeinschaft (EuGH). Das Amt ist gehalten, seinen Haushalt durch eigene Einnahmen auszugleichen. Seine Haupteinnahmequellen sind die Anmeldegebühren und die Gebühren für die Verlängerung der Schutzrechte.

II. Vorteile und Nachteile der Unionsmarke

1. Vorteile

Der Vorteil einer Unionsmarke ist, dass sie dem jeweiligen Inhaber ein einheitliches Schutzrecht in sämtlichen Ländern der EU einräumt – damit kann diese Marke mehr als 500 Mio. Einwohner in der EU erreichen. Der Inhaber einer Unionsmarke wird damit in die Lage versetzt, gegen die Verwendung oder Nachahmung seiner Marke in dem gesamten Gebiet der EU vorzugehen. Dieses ausschließliche Recht kann aufgrund eines einzigen Eintragungsverfahrens für sämtliche 28 Mitgliedstaaten erlangt werden. Dies bedeutet eine erhebliche Ersparnis von Aufwand und Kosten gegenüber der Anmeldung von 28 einzelnen nationalen Marken in den jeweiligen Mitgliedstaaten, denn Markenanmeldungen sind immer mit Verwaltungsaufwand und Verfahrensgebühren verbunden.

Neben der Unionsmarke können weiterhin einzelne national oder international angemeldete Marken bestehen bleiben. Dabei schließen sich die jeweiligen Schutzwirkungen nicht gegenseitig aus. Zudem hat die Unionsmarke den Vorteil, dass es zur Aufrechterhaltung des Schutzes genügt, wenn sie in irgendeinem größeren Mitgliedstaat der EU tatsächlich benutzt wird. Dagegen muss der Inhaber einer Marke, die in den 28 Mitgliedstaaten jeweils als nationale Marke eingetragen ist, diese Marke in jedem dieser Länder benutzen, damit er den Markenschutz aufrechterhalten kann.

2. Nachteile

Mit den Vorteilen der Unionsmarke sind zugleich gewisse Nachteile verbunden. Dadurch, dass die Unionsmarke einen einheitlichen, nicht auf einzelne Staaten begrenzbaren Schutzumfang gewährt, verliert sie ihren Schutz, wenn die Voraussetzungen für den Markenschutz in einem einzigen Mitgliedstaat nicht (mehr) vorliegen.

Beispiel:
> Ein spanisches Unternehmen möchte beim Amt für Geistiges Eigentum in Alicante das Wort „Imaginarium" als Unionsmarke für eines seiner Produkte registrieren lassen. Jedoch ist diese Marke (nur) in Irland bereits national für dieselben Produkte eingetragen. Der irische Markeninhaber widerspricht der Eintragung der Unionsmarke innerhalb der dreimonatigen Widerspruchsfrist, sodass die Marke nach Art. 8 UMV nicht eingetragen wird.

Beispiel – eine Variante dazu:
> Die Marke wird vom Amt eingetragen, der irische Markeninhaber widerspricht nicht. Etwa zwei Jahre nach der Eintragung entdeckt der irische Markeninhaber, dass für das spanische Unternehmen die Marke „Imaginarium" eingetragen worden ist.
>
> Er betreibt ein Nichtigkeitsverfahren, nach dessen Abschluss die Eintragung des spanischen Unternehmens aufgrund des zeitlichen Vorrangs des irischen Markeninhabers gelöscht wird. Hier entfällt der Markenschutz nachträglich in allen 28 Mitgliedstaaten.

In beiden Varianten steht das spanische Unternehmen nun in der gesamten EU ohne Markenschutz da, während es im Fall der Anmeldung vieler einzelner nationaler Marken nur den Markenschutz in Irland verloren hätte. Besteht ein Schutzhindernis nicht in allen EU-Mitgliedstaaten, so kann über eine Umwandlung der Unionsmarke in nationale Marken einzelner Länder unter Inanspruchnahme der Priorität der Unionsmarke Markenschutz erreicht werden.

Auch wenn die Schutzvoraussetzungen der Unionsmarke in einem Land nicht vorliegen, gibt es keinen Markenschutz – auch nicht in den anderen, nicht betroffenen Ländern. Vielmehr noch: Wenn ein Schutzhindernis zu einem Zeitpunkt festgestellt wird, zu dem die Unionsmarke bereits eingetragen ist, fällt der

Unionsmarke

Schutz nachträglich wieder mit Wirkung von Anfang an für alle Länder weg.

Beispiel:
> Ein deutsches Unternehmen meldet die Marke „Cama" für Möbel, insbesondere Bettgestelle an. Diese Marke wird zunächst eingetragen, weil der Prüfer übersieht, dass „Cama" das portugiesische Wort für „Bett" ist. Ein britisches Unternehmen stellt einige Jahre nach der Eintragung die Schutzerteilung fest und beantragt die Nichtigerklärung der Marke, weil die Marke für die Ware beschreibend ist. Die Marke hätte damit nach Art. 7 Abs. 1 lit. c) UMV nicht eingetragen werden dürfen. Mit der Nichtigerklärung entfällt der Markenschutz nicht nur in Portugal, sondern in allen 28 Mitgliedstaaten.

III. Das Eintragungsverfahren

1. Das Eintragungsverfahren im Überblick

Das Eintragungsverfahren besteht aus verschiedenen Teilen.

Es beginnt mit der Anmeldung der Marke (Art. 25 ff. UMV). Die Einreichung der Anmeldung kann seit 23.3.2016 nur noch direkt beim Amt für Geistiges Eigentum in Alicante erfolgen. Bei der angemeldeten Marke kann es sich auch um eine Marke handeln, die der Anmelder bereits in einem Mitgliedstaat nach dem dortigen nationalen Recht angemeldet hat.

Nach Eingang der Anmeldung beim Amt wird zunächst ein **amtliches Prüfverfahren** (Art. 36 ff. UMV) durchgeführt. Dabei wird insbesondere geprüft, ob die Anmeldung den formellen Erfordernissen entspricht und die sog. Anmeldegebühren fristgemäß entrichtet worden sind. Ist dies der Fall, so wird der Anmeldung der sog. Anmeldetag zugewiesen. Dies ist wichtig, weil sich nach der zeitlichen Reihenfolge von zwei Markenanmeldungen später entscheiden kann, welcher von zwei Inhabern derselben oder einer ähnlichen Marke sich gegen den jeweils anderen durchsetzt. Derjenige, der seine Marke zuerst angemeldet hat, also einen früheren Anmeldetag zugewiesen bekommen hat, wird eine solche Streitigkeit für sich entscheiden.

Anschließend prüft das EUIPO, ob **sog. absolute Eintragungshindernisse** bestehen, die der Eintragung der angemeldeten Marke als Unionsmarke entgegenstehen. Ist dies der Fall, so muss dem Anmelder die Gelegenheit gegeben werden, die Anmeldung zurückzunehmen, zu ändern oder eine Stellungnahme abzugeben.

Hat die Marke diese Hürde genommen, so erstellt das Amt einen **Unionsrecherchenbericht,** in dem diejenigen ermittelten älteren Unionsmarken oder Anmeldungen von Unionsmarken aufgeführt werden, die im Rahmen der relativen Eintragungshindernisse gegen die Eintragung der angemeldeten Unionsmarke geltend gemacht werden könnten (Art. 38 UMV). Anschließend wird dieser Bericht dem Anmelder übermittelt, sofern dieser einen entsprechenden Antrag gestellt hat. Auf besonderen Antrag kann der Anmelder auch einen Recherchebericht einiger nationaler Zentralbehörden für den gewerblichen Rechtsschutz erhalten. Zurzeit führen nur die folgenden nationalen Ämter Recherchen in ihren nationalen Datenbanken durch: Tschechische Republik, Dänemark, Litauen, Ungarn, Rumänien und Slowakei. Für den nationalen Recherchebenricht ist eine Gebühr von derzeit 72 EUR zu zahlen.

Nach erfolgreichem Abschluss der amtlichen Prüfung wird die Anmeldung veröffentlicht (Art. 39 UMV). Gleichzeitig informiert die Behörde die Inhaber älterer Unionsmarken sowie diejenigen, die Anmeldungen von Unionsmarken vorgenommen haben, die in dem Gemeinschaftsrecherchebericht genannt sind, über die Anmeldung dieser Marke.

Anschließend können Dritte **Bemerkungen** hinsichtlich der Markenanmeldung machen (Art. 40 UMV), um beispielsweise die Behörde darauf hinzuweisen, dass möglicherweise (vom EUIPO bisher übersehende) absolute Eintragungshindernisse des Art. 7 UMV vorliegen, die einer Eintragung der Marke als Unionsmarke entgegenstehen oder dass die Voraussetzungen für die Markeninhaberschaft nach Art. 5 UMV nicht gegeben sind.

Zudem sind Inhaber betroffener älterer Markenrechte berechtigt, innerhalb von drei Monaten nach der Veröffentlichung der Anmeldung **Widerspruch** einzulegen (Art. 41 UMV). Der Widerspruch hat schriftlich zu erfolgen und muss innerhalb der Frist begründet werden. Zudem ist eine Widerspruchsgebühr zu entrichten.

Der Widerspruch wird von der Behörde im Rahmen eines weiteren Verfahrens geprüft (Art. 42 UMV). Dabei kann die Behörde die Beteiligten zu Stellungnahmen auffordern.

Schließlich wird die angemeldete Marke als Unionsmarke eingetragen, wenn innerhalb der Dreimonatsfrist kein Widerspruch erhoben wird oder ein eingelegter Widerspruch rechtskräftig zurückgewiesen worden ist (Art. 45 UMV).

2. Die Anmeldung

Die Unionsmarke kann nur einheitlich für das gesamte Gebiet der EU angemeldet werden. Eine geographische Begrenzung des Schutzes auf bestimmte einzelne Mitgliedstaaten ist nicht möglich. Will ein Markenanmelder nur Schutz für einzelne Mitgliedstaaten, so muss er in diesen Staaten jeweils gesonderte nationale Anmeldungen einreichen oder eine internationale Registrierung für diese Staaten beantragen.

2.1 Anmeldefähige Zeichen

Nicht jede Art von Zeichen oder Symbolen kann als Marke eingetragen werden. Folgende Zeichen lassen sich nach Art. 4 UMV als Unionsmarke anmelden:

- Marken, die aus Wörtern bestehen, darunter Buchstaben, Zahlen oder Kombinationen aus beiden. Keine Rolle spielt hierbei, ob die Wörter einer fiktiven Sprache oder einer Fremdsprache entnommen worden sind. Entscheidend ist nur, dass das Wort in der jeweiligen Sprache nicht zur Beschreibung der Waren oder Dienstleistungen dienen darf, für die die Marke angemeldet ist.

- Namen, Vornamen und Unterschriften

- Bildmarken mit oder ohne Wörter, auch in Farbe

- Abbildungen und Piktogramme

- Zeichen und Logos

- Slogans

- Portraits

- Farben oder Farbkombinationen

- dreidimensionale Marken

- Hörmarken, insbesondere Tonfolgen

Beispiel:
Als Hörmarke eintragungsfähig sind u. a. sog. Jingles. Darunter versteht man beispielsweise eine typische Tonfolge der Wiedererkennungsmusik einer TV-Serie oder eines Werbespots.

 ACHTUNG!
In der Anmeldung muss die Marke so dargestellt werden, dass sie klar und eindeutig bestimmt werden kann. Auf das Erfordernis der grafischen Darstellung der Marke wird ab 1.10.2017 verzichtet. Damit können dann auch Marken, die sich nicht grafisch darstellen lassen, eingetragen werden, wenn sie in einer anderen Weise klar und eindeutig dargestellt werden können, z. B. durch eine MP3- oder WAV-Datei bei einer Hörmarke oder eine Filmdatei bei einer Bewegungsmarke.

2.2 Inhaber einer Unionsmarke

Alle rechtsfähigen Personen können Inhaber von Unionsmarken sein, also alle natürlichen Personen sowie rechtsfähige juristische Personen (auch solche des öffentlichen Rechts). Nicht erforderlich ist, dass

- der Inhaber einer Unionsmarke selbst in der Lage ist, die von der Marke erfassten Waren und Dienstleistungen anzubieten oder herzustellen;
- schon zum Zeitpunkt der Anmeldung eine Benutzungsabsicht vorliegt.

Dies bedeutet, dass z. B. auch ein Grafiker ein von ihm entworfenes Zeichen anmelden kann, um die Nutzungsrechte an diesem Zeichen erst später an ein Unternehmen zu verkaufen oder zu lizenzieren. Erforderlich ist aber, dass der Inhaber einer Unionsmarke entweder in einem EWR-Mitgliedstaat ansässig ist oder sich von einem in einem Mitgliedstaat des EWR zugelassenen Vertreter oder Rechtsanwalt vertreten lässt (Art. 92 UMV). Grundsätzlich können jedoch alle natürlichen und juristischen Personen aus dem EWR unmittelbar selbst vor dem EUIPO auftreten. Eine (anwaltliche) Vertretung ist nicht vorgeschrieben.

2.3 Ort der Anmeldung

Seit 23.3.2016 kann eine Unionsmarke nur noch direkt beim EUIPO angemeldet werden. Die Anmeldung kann in Papierform oder online erfolgen. Die bisherige Möglichkeit, die Anmeldung über eine der Zentralbehörden für den gewerblichen Rechtsschutz (d. h. über die nationalen Patent- und Markenämter) der 28 Mitgliedstaaten der Union einzureichen, wurde abgeschafft, da von dieser Möglichkeit in der Praxis kaum Gebrauch gemacht wurde.

Bei einer Papieranmeldung ist die Verwendung dieses offiziellen Anmeldeformulars nicht zwingend vorgegeben, wird jedoch empfohlen. Dieses Antragsformular kann persönlich vor Ort beim EUIPO eingereicht werden oder auf dem Versandweg sowie per Fax (+34 965 131 344) übermittelt werden. Auch eine elektronische Anmeldung im Wege des sog. E-Filings ist möglich. http://www.rehmnetz.de/it-recht/efiling

Seit 24.11.2014 gibt es die Möglichkeit einer beschleunigten Online-Anmeldung im sog. „Fast-Track-Verfahren". Dabei müssen aber bestimmte Voraussetzungen erfüllt sein, insbesondere können nur solche Waren- und Dienstleistungsbegriffe gewählt werden, die das Amt bereits früher schon akzeptiert hat. Näheres auf der Internetseite des EUIPO unter http://www.rehmnetz.de/it-recht/fasttrack-marke.

 ACHTUNG!
Die Anmeldung einer Unionsmarke kann in jeder der 23 Amtssprachen der Union eingereicht werden (sog. „erste Sprache"). Daneben muss eine „zweite Sprache" angegeben werden, die nur eine der fünf Sprachen des Amts für geistiges Eigentum (Deutsch, Englisch, Französisch, Italienisch, Spanisch) sein kann. Sämtliche Korrespondenz des Amtes mit dem Anmelder im Anmeldeverfahren erfolgt in der ersten Sprache. Die zweite Sprache kann neben der ersten für Widerspruchs- und Löschungsverfahren verwendet werden.

2.4 Inhalt der Anmeldeunterlagen

Der Anmeldetag einer Unionsmarke ist der Tag, an dem die (formell vollständige) Anmeldung beim Amt (bzw. bei den nationalen Markenämtern) eingegangen ist. Voraussetzung für die Zuerkennung eines Anmeldetages ist, dass die Anmeldung

- einen Antrag auf Eintragung einer Unionsmarke enthält;
- Angaben enthält, die es erlauben, die Identität des Anmelders festzustellen;
- ein Verzeichnis der Waren oder Dienstleistungen enthält, für die die Eintragung begehrt wird;
- eine Wiedergabe der Marke enthält.

Außerdem ist die Anmeldegebühr sowie gegebenenfalls eine oder mehrere Klassengebühren innerhalb der Frist von einem Monat nach Eingang der Anmeldung beim EUIPO zu zahlen. Die Anmeldegebühr beträgt seit 23.3.2016 für eine Online-Anmeldung 850 EUR und umfasst eine Klasse. Die Höhe der Klassengebühr hängt davon ab, für wie viele Klassen eine Marke angemeldet wird. Für die zweite Klasse beträgt die Klassengebühr nur 50 EUR und für jede weitere Klasse dann 150 EUR. Nach der sog. Nizzaer Klassifikation gibt es 34 Waren- und 11 Dienstleistungsklassen, denen eine Marke zugeordnet werden kann.

 ACHTUNG!
Wenn eine der oben genannten Bedingungen nicht erfüllt ist, wird der Anmeldetag insgesamt zurückgewiesen oder auf ein späteres Datum als den Tag des Eingangs der Anmeldung beim Amt gelegt. Der Anmelder erhält in der Regel eine Aufforderung, die noch fehlenden Bedingungen innerhalb einer zweimonatigen Frist zu erfüllen. Als Anmeldetag wird schließlich der Tag zuerkannt, an dem die letzte Bedingung erfüllt worden ist.

2.5 Darstellung des als Marke einzutragenden Zeichens

Dabei kommt es darauf an, welche Art von Zeichen eingetragen werden soll:

- **Wortmarke:** Diese kann im Anmeldeformular einfach selbst angegeben werden.
- **Bildmarke:** Hier reicht eine bloße Angabe im Anmeldeformular nicht aus. Vielmehr ist es erforderlich, der Anmeldung eine Darstellung der anzumeldenden Marke beizulegen. Diese Darstellung hat auf einem gesonderten DIN-A4-Blatt zu erfolgen und ist in vierfacher Form einzureichen oder bei einer Online-Anmeldung als Datei hochzuladen. Sollte es sich um eine dreidimensionale Marke handeln, ist zu beachten, dass die Wiedergabe eine fotografische oder eine grafische Ansicht der Marke enthalten muss – hier können wiederum bis zu sechs unterschiedliche Ansichten des einen dreidimensionalen Gegenstandes eingereicht werden.

Unionsmarke

- **Hörmarke:** Hier kann eine detaillierte und umfassende Notenschrift in einem anerkannten Notensystem eingereicht werden. Auch das Einreichen einer Sound-Datei ist ab dem 1.10.2017 ausreichend.

- **Farbmarke:** Der Farbton ist in dem Anmeldeformular anzugeben, wobei dies durch Angabe eines international anerkannten Kennzeichnungscodes (etwa die RAL-Nummer oder Pantone) zu erfolgen hat. Darüber hinaus ist die anzumeldende Farbe in einer Anlage farbig wiederzugeben. Wird eine Farbkombination angemeldet, so muss das Verhältnis der Farben zueinander bestimmt werden.

- **Dreidimensionale Marke:** Der dreidimensionale Gegenstand kann durch das Einreichen verschiedener Ansichten aus unterschiedlichen Perspektiven dargestellt werden, wobei bis zu sechs unterschiedliche Abbildungen eingereicht werden können.

3. Absolute Eintragungshindernisse

Bei den sog. absoluten Eintragungshindernissen nach Art. 7 UMV spielt es keine Rolle, ob eine andere Person, etwa der Inhaber einer identischen oder ähnlichen Marke, der Eintragung widerspricht, sondern es kommt allein darauf an, ob ein solches Hindernis objektiv vorliegt. Dies wird von Amts wegen berücksichtigt und führt dazu, dass eine angemeldete Marke nicht eingetragen wird. Dabei genügt es, wenn nur in einem Teil der EU ein Eintragungshindernis besteht.

Eine Marke kann nach Art. 7 UMV nicht eingetragen werden, wenn sie sich nicht nach Art. 4 UMV klar und eindeutig darstellen lässt oder keine Unterscheidungskraft besitzt, d. h. nicht geeignet ist, Waren oder Dienstleistungen des Markeninhabers von anderen zu unterscheiden. Dies betrifft die ursprünglichste Funktion der Marke, die darin besteht, dem Konsumenten die betriebliche Herkunft der Waren oder Dienstleistungen anzuzeigen. Diese Funktion ist Kernbestandteil der Marke, so dass beim **Fehlen der Unterscheidungskraft** eine Marke nicht eingetragen werden kann. Dies kann jedoch überwunden werden, wenn die Marke aufgrund ihrer Benutzung Unterscheidungskraft erlangt hat.

Beispiel:
> Die Unterscheidungskraft fehlt bei einem handelsüblichen Geschirrspüler-Tab, der weder in seiner Form, noch in seiner Farbe eine Besonderheit aufweist. Eine solche – beispielsweise als 3D-Marke angemeldete – Unionsmarke wäre nicht dazu geeignet, die Waren eines Herstellers von denen eines anderen zu unterscheiden.

Weiter können solche Marken nicht eingetragen werden, die ausschließlich aus Zeichen oder Angaben bestehen, welche im Verkehr zur Bezeichnung der Art, der Beschaffenheit, der Menge, der Bestimmung, des Wertes, der geographischen Herkunft oder der Zeit der Herstellung der Ware oder der Erbringung der Dienstleistung oder zur Bezeichnung sonstiger Merkmale der Ware oder Dienstleistung dienen können. Bei solchen Angaben besteht ein **allgemeines Freihaltebedürfnis.** Denn die Allgemeinheit hat ein Interesse daran, dass solche Bezeichnungen für einen Markeninhaber nicht monopolisiert werden, sondern von jedem frei benutzt werden dürfen.

Beispiel:
> Die Angaben „Berliner" oder „Frankfurter" sind demnach nicht eintragungsfähig, da sie eine solche geographische Herkunftsangabe darstellen. Genauso wenig kann man die Marke „Apfel" für Früchte eintragen lassen, da dies eine Bezeichnung der Art der Ware darstellt.

Weiterhin können solche Marken nicht eingetragen werden, die ausschließlich aus Zeichen oder Angaben zur Bezeichnung der Ware oder Dienstleistung bestehen, die im allgemeinen Sprachgebrauch oder in den redlichen und ständigen Verkehrsgepflogenheiten üblich geworden sind.

Ebenfalls nicht eintragungsfähig sind Zeichen, die ausschließlich aus der Form oder einem anderen charakteristischen Merkmal der Ware bestehen, die durch die Art der Ware selbst bedingt ist – etwa die Form eines Staubsaugers. Dasselbe gilt für die Merkmale, die zur Erreichung einer technischen Wirkung erforderlich sind oder die der Ware einen wesentlichen Wert verleihen. So wurde die Anmeldung eines Lego-Steins als Marke zurückgewiesen, weil dessen Form zur Erreichung der technischen Wirkung als erforderlich angesehen wurde.

Grundsätzlich jedoch sind Formen als Marke eintragungsfähig – etwa das 3D-Modell des Mercedes-Sterns. Allerdings sollen durch eine solche Markeneintragung nicht das Patent-, Gebrauchsmuster- oder Urheberrecht und deren spezielle Bestimmungen (insbesondere deren Beschränkungen hinsichtlich der Schutzdauer) umgangen werden können.

Beispiel:
> So kann eine technische Neuerung – etwa eine neuartige elektrische Zahnbürste – möglicherweise patentiert werden. Ein Patent hat eine Schutzdauer von 20 Jahren. Dies bedeutet, dass nach dieser Zeit der Patentschutz entfällt, so dass jeder das technische Wissen nutzen kann, um das vorher geschützte Objekt nachzubauen – es besteht Nachahmungsfreiheit. Könnte man die Form der elektrischen Zahnbürste, die aufgrund ihrer Natur als Zahnbürste eine spezifische Form hat, markenrechtlich schützen lassen, so würde dies das Patentrecht und dessen Wertungen aushebeln. Denn der Schutz aus einer eingetragenen Marke lässt sich beliebig oft verlängern. Auf diese Weise würde die elektrische Zahnbürste Markenrechtsschutz erlangen, so dass möglicherweise niemand anderes mehr elektrische Zahnbürsten bauen dürfte, da dies stets eine Markenverletzung darstellen würde.

Des Weiteren sind solche Marken nicht eintragungsfähig, die gegen die öffentliche Ordnung oder die guten Sitten verstoßen oder die geeignet sind, das Publikum über die Art, die Beschaffenheit oder die geographische Herkunft der Ware oder Dienstleistung zu täuschen.

Beispiel:
> So können etwa herbe Schimpfwörter und grobe Beleidigungen nicht eingetragen werden. Auch kann man für einen Kupferring nicht die Marke „Goldener Kreis" eintragen lassen.

Im Übrigen gibt es Detailregelungen zur Eintragungsfähigkeit von Abzeichen, Emblemen und Wappen als Marke sowie von geographischen Herkunftsangaben und Sortenbezeichnungen.

4. Relative Eintragungshindernisse

Relative Eintragungshindernisse werden vom Amt für Geistiges Eigentum nicht von Amts wegen berücksichtigt, sondern müssen vom Inhaber eines älteren Rechts in der Form des Widerspruchs geltend gemacht werden. Es handelt sich dabei nicht um Schutzhindernisse, die in der Marke selbst begründet sind, sondern um Schutzhindernisse, die nur in Bezug auf ein anderes, älteres Zeichen bestehen. Der Widerspruch kann auf ältere Marken oder Markenanmeldungen sowie auf ältere Kennzeichen, Unternehmensbezeichnungen, geographische Herkunftsangaben oder im geschäftlichen Verkehr benutzte Kennzeichen gestützt werden.

Ältere Marken sind dabei alle Marken, die bereits vor Anmeldung der angemeldeten Marke als Marke in einem Mitgliedstaat der EU oder als Unionsmarke angemeldet und eingetragen sind. Auch aus bereits eingereichten älteren Markenmeldungen kann Widerspruch eingelegt werden, wobei in diesem Fall über den Widerspruch erst entschieden wird, wenn die Eintragung der älteren Markenanmeldung erfolgt ist.

Auf Widerspruch des Inhabers der älteren Marke ist eine jüngere Marke von der Eintragung auszuschließen, wenn sie mit der älteren Marke des Widersprechenden identisch ist und die Waren oder Dienstleistungen, für die die Marke angemeldet worden ist, mit denen identisch sind, für die die ältere Marke Schutz genießt.

Beispiel:
> Die Firma Quaselfix hat 2011 die DE-Marke „Quaselfix" für Telekommunikationsdienstleistungen eintragen lassen. Die Firma „Sagnix" will im Januar 2016 die Bezeichnung „Quaselfix" ebenfalls für Telekommunikationsdienstleistungen als Unionsmarke eintragen lassen. Wenn Quaselfix Widerspruch einlegt, ist der Anmeldung die Eintragung zu versagen.

Darüber hinaus dürfen solche Marken nicht eingetragen werden, für die aufgrund ihrer Identität oder Ähnlichkeit mit älteren Marken für dieselben oder ähnliche Waren oder Dienstleistungen Verwechslungsgefahr besteht. Dasselbe gilt für den Fall, dass die neue Marke mit der älteren Marke gedanklich in Verbindung gebracht wird.

Beispiel:
> Beispielsweise darf die Marke „Cuca Cola" nach einem Widerspruch des weltbekannten Brauseherstellers nicht eingetragen werden, wenn das Publikum die Marken miteinander verwechselt, etwa weil die Worte zu ähnlich klingen und/oder die farbliche Gestaltung des Schriftzugs (rot und weiß) der Originalmarke gleicht.

Ungeachtet der Waren- oder Dienstleistungsähnlichkeit sind auch solche Marken von einer Eintragung ausgeschlossen, die mit einer älteren **bekannten Marke** identisch oder ähnlich sind und wenn die Benutzung der jüngeren Marke die Unterscheidungskraft oder die Wertschätzung der älteren Marke ohne Grund unlauter ausnutzen oder beeinträchtigen würde.

Neben der älteren Marke gibt es noch andere geschützte Zeichen wie beispielsweise Kennzeichen, Unternehmensbezeichnungen oder geographische Herkunftsangaben. Auch der Inhaber eines älteren im geschäftlichen Verkehr benutzten Kennzeichenrechts kann gegen die Eintragung einer Marke als Unionsmarke unter bestimmten Voraussetzungen Widerspruch einlegen. Dazu muss sein Recht älter sein als die angemeldete Unionsmarke. Zudem muss das Kennzeichen, das etwa nach einem Gesetz in einem Mitgliedstaat entstanden ist, ihm das Recht verleihen, auch gegen die Benutzung jüngerer Marken vorzugehen.

Beispiel:
> Das Unternehmen „Carfix" aus Deutschland ist ein weltweit agierender Automobilkonzern, dessen Unternehmenskennzeichen nach deutschem Recht als Unternehmenskennzeichen geschützt ist. Allerdings ist die Unternehmensbezeichnung nicht als Marke eingetragen. Ein anderes Unternehmen möchte den Begriff „Carfix" als Unionsmarke für Kraftfahrzeuge eintragen lassen. Hiergegen kann Carfix Widerspruch einlegen, obwohl der Begriff nicht als Marke eingetragen ist.

Wenn ein älterer Rechteinhaber der Eintragung nicht während der 3-monatigen Widerspruchsfrist widerspricht, so kann er auch nach Eintragung der Unionsmarke sein Recht noch durchsetzen, indem er ein **Nichtigkeitsverfahren** durchführt, an dessen Ende die Löschung der jüngeren Marke steht.

IV. Schutzumfang der Unionsmarke

1. Beginn des Schutzes

Der Schutz aus der Unionsmarke beginnt mit der Anmeldung, wobei Rechte aus der Marke erst ab der **Veröffentlichung der Eintragung** der Marke geltend gemacht werden können. Allerdings kann eine angemessene Entschädigung für Handlungen verlangt werden, die nach Veröffentlichung der Anmeldung einer Unionsmarke vorgenommen werden und nach Veröffentlichung der Eintragung aufgrund der eingetragenen Marke verboten wären. Das angerufene Gericht darf bis zur Veröffentlichung der Eintragung jedoch keine Entscheidung in der Hauptsache treffen.

Doch schon die Anmeldung einer Unionsmarke räumt dem Anmelder bereits vor der Eintragung einige Rechte ein. So ist dieser berechtigt, Widerspruch gegen spätere Markenanmeldungen einzulegen, die mit seiner Markenanmeldung identisch oder ähnlich sind und sich auf identische oder ähnliche Waren und/oder Dienstleistungen beziehen. Darüber hinaus kann auch bereits die Unionsmarkenanmeldung Gegenstand eines Rechtsübergangs, eines dinglichen Rechts, Gegenstand von Zwangsvollstreckungen, von Insolvenzverfahren sowie von Lizenzen sein.

2. Schutzdauer

Die Gültigkeitsdauer der Unionsmarke beträgt zehn Jahre (Art. 46 UMV) ab dem Tag der Anmeldung. Der Markenschutz kann jedoch unbegrenzt oft gegen eine Gebühr um jeweils weitere zehn Jahre verlängert werden (Art. 47 UMV).

3. Inhalt des Schutzes

Die Unionsmarke gewährt ihrem Inhaber ein **ausschließliches Recht.** Dieses Recht gestattet es dem Inhaber nach Art. 9 UMV Dritten zu verbieten, ohne seine Zustimmung im geschäftlichen Verkehr

- ein mit der Unionsmarke identisches Zeichen für Waren oder Dienstleistungen zu benutzen, die mit denjenigen identisch sind, für die sie eingetragen ist;

- ein Zeichen zu benutzen, wenn wegen der Identität oder Ähnlichkeit des Zeichens mit der Unionsmarke und der Identität oder Ähnlichkeit der durch die Unionsmarke und das Zeichen erfassten Waren oder Dienstleistungen für das Publikum die Gefahr von Verwechslungen besteht; dabei schließt die Gefahr von Verwechslungen die Gefahr ein, dass das Zeichen mit der Marke gedanklich in Verbindung gebracht wird;

- ein mit der Unionsmarke identisches oder ihr ähnliches Zeichen für Waren oder Dienstleistungen zu benutzen, die nicht denen ähnlich sind, für die die Unionsmarke eingetragen ist, wenn diese in der Gemeinschaft bekannt ist und die Benutzung des Zeichens die Unterscheidungskraft oder die Wertschätzung der Unionsmarke ohne rechtfertigenden Grund in unlauterer Weise ausnutzt oder beeinträchtigt;

Unionsmarke

- das Zeichen auf Waren oder deren Aufmachung anzubringen;
- unter dem Zeichen Waren anzubieten, in den Verkehr zu bringen oder zu den genannten Zwecken zu besitzen oder unter dem Zeichen Dienstleistungen anzubieten oder zu erbringen;
- das Zeichen als Handelsnamen oder Unternehmensbezeichnung oder als Teil eines Handelsnamens oder einer Unternehmensbezeichnung zu benutzen;
- Waren unter dem Zeichen einzuführen oder auszuführen;
- das Zeichen in den Geschäftspapieren und in der Werbung zu benutzen,
- das Zeichen in vergleichender Werbung zu benutzen, sofern diese nicht die Anforderungen der Richtlinie 2006/114/EG zur vergleichenden Werbung erfüllt;
- mit dem Zeichen versehene Ware zu Zwecken des Transits in die Union zu verbringen, wenn die Ware aus einem Drittland stammt und das Zeichen mit der Marke identisch ist oder sich in wesentlichen Aspekten nicht von der Marke unterscheidet.

4. Erschöpfung des Markenrechts

Hat der Inhaber einer Marke in einem Mitgliedstaat des EWR unter seiner Marke Waren selbst in den Verkehr gebracht oder diesem Inverkehrbringen zugestimmt, so kann er deren freien Verkehr innerhalb des Europäischen Wirtschaftsraums nicht mehr untersagen. Diese Einschränkung der durch die Unionsmarke gewährten Rechte leitet sich aus dem Grundsatz der → Erschöpfung der Rechte in der Gemeinschaft ab, der auch auf nationale oder internationale Marken der Mitgliedstaaten der EU Anwendung findet. Paralleleinfuhren von mit der Unionsmarke versehenen Waren, die erstmals in einem Drittland in den Verkehr gebracht wurden, unterliegen diesem Grundsatz nicht.

Beispiel:
> Die Firma Carfix ist Inhaberin einer Unionsmarke „Carfix" für Kraftfahrzeuge. Wenn sie ein Auto mit der Marke „Carfix" in Frankreich in den Verkehr gebracht hat, so kann sie wegen der Erschöpfung einen Verkauf des aus Frankreich importierten Fahrzeugs in Deutschland nicht untersagen. Wurde das Fahrzeug aber in den USA erstmals unter der Marke „Carfix" in den Verkehr gebracht, so kann Carfix einen Verkauf des aus den USA importierten Kfz in Deutschland verbieten.

5. Durchsetzung des Rechts aus der Unionsmarke

Eingriffe in die im Rahmen der Unionsmarke geschützten Rechte sowie Handlungen, die eine Markenrechtsverletzung zur Folge haben, können mit sog. **Verletzungsklagen** verfolgt werden, für die in jedem Mitgliedstaat der EU speziell benannte Unionsmarkengerichte ausschließlich zuständig sind.

Der Kläger hat dabei die Wahl zwischen dem für den Ort der Rechtsverletzung zuständigen Gericht und dem für den Wohnsitz des mutmaßlichen Verletzers zuständigen Gericht. Das erstgenannte Gericht ist jedoch nur für die Handlungen zuständig, die auf dem Gebiet des betreffenden Staates begangen wurden. Die Wahl des für den Wohnsitz des mutmaßlichen Verletzers zuständigen Gerichts bietet den Vorteil, dass der gesamte Rechtsstreit in einem einzigen Verfahren zusammengefasst wird, da dieses Gericht für sämtliche Verletzungshandlungen zuständig ist, die auf dem gesamten Gebiet der EU begangen wurden.

Die Entscheidungen der Unionsmarkengerichte können in den übrigen Mitgliedstaaten der EU nach den Bestimmungen der Verordnung (EG) Nr. 44/2001 des Rates vom 22. Dezember 2000 über die gerichtliche Zuständigkeit und die Anerkennung und Vollstreckung von Entscheidungen in Zivil- und Handelssachen (Brüssel I), die die Fragen des Gerichtsstands und der Vollstreckung von Entscheidungen in Zivil- und Handelssachen regelt, vollstreckt werden.

Beispiel:
> Ein deutsches Unternehmen nutzt eine Bezeichnung, die für ein französisches Unternehmen als Unionsmarke eingetragen wurde, unberechtigt in Deutschland, Frankreich und Italien. Klagt die französische Markeninhaberin in Frankreich, so kann das französische Gericht nur die Verletzung in Frankreich prüfen, nicht aber die Verletzungen in Deutschland und Italien. Klagt die französische Markeninhaberin an dem deutschen Gericht, an dem die Verletzerin ihren Firmensitz hat, so kann das deutsche Gericht auch über die Verletzungen in Frankreich und Italien entscheiden.

V. Verfall und Nichtigkeit

Die Unionsmarke kann nach Art. 51 UMV für verfallen oder gemäß Art. 52 ff. UMV für nichtig erklärt werden, wenn Verfalls- oder Nichtigkeitsgründe vorliegen. Dies geschieht durch Antrag beim Amt für geistiges Eigentum oder im Rahmen der Widerklage innerhalb eines Verletzungsverfahrens. Dies bedeutet, dass der Beklagte, wenn ihn der Inhaber einer Unionsmarke aufgrund einer angeblichen Verletzung der Marke verklagt, im Zuge der Widerklage geltend machen kann, dass die Unionsmarke für verfallen oder nichtig zu erklären ist, wenn entsprechende Gründe vorliegen.

1. Verfallsgründe

Grundsätzlich ist niemand gezwungen, eine eingetragene Unionsmarke auch tatsächlich zu nutzen. Allerdings läuft der Markeninhaber Gefahr, den Markenschutz zu verlieren, wenn er die Unionsmarke innerhalb eines Zeitraums von fünf Jahren ab Eintragung nicht ernsthaft in der Gemeinschaft benutzt. Dieser sog. **Löschungsgrund aufgrund Verfalls** wegen Nichtbenutzung stellt in der Praxis den am häufigsten anzutreffenden Löschungsgrund dar.

Im Detail:

Der Verfall einer Unionsmarke kann nach Art. 51 UMV erklärt werden, wenn diese innerhalb eines ununterbrochenen Zeitraums von fünf Jahren ab Eintragung innerhalb der EU nicht ernsthaft benutzt worden ist und für diese Nichtbenutzung keine berechtigten Gründe vorliegen. Ein **berechtigter Grund** kann beispielsweise darin liegen, dass für ein Produkt ein vorübergehendes Werbeverbot bestanden hat (wie etwa für Tabakwerbung), aufgrund dessen der Markeninhaber die Marke nicht benutzen konnte (vgl. BGH, Urteil vom 28.9.2006, Az. I ZB 100/05).

Die ernsthafte Benutzung setzt eine Benutzungshandlung voraus, die so vorgenommen wird, dass damit der Hinweis auf die betriebliche Herkunft der Waren aus einem bestimmten Unternehmen verbunden ist. Eine Benutzung ausschließlich als Unternehmenskennzeichnung ohne direkten Warenbezug reicht hingegen nicht aus. Selbstverständlich ist eine Benutzung nur dann ernsthaft, wenn sie eine übliche und wirtschaftlich sinnvolle Verwendung der Marke darstellt. Bloße Scheinhandlungen erfüllen nicht die Voraussetzung der ernsthaften Benutzung. Bei der Benutzung stellt sich auch die Frage, wie die Beziehung zwischen Marke und Ware bzw. Dienstleistung hergestellt werden kann. Hier ist die Branchenüblichkeit maßgeblich. Während in einem Fall die körperliche Anbringung der Marke auf der Ware notwendig ist, reicht möglicherweise beim Internethandel die Benutzung der Marke im Internet aus. Bei der Beurteilung ist immer auf die Sicht des jeweils angesprochenen, normal informierten, angemessen aufmerksamen und verständigen Durchschnittsverbrauchers abzustellen.

Eine Unionsmarke kann darüber hinaus für verfallen erklärt werden, wenn sie für die Waren oder Dienstleistungen, für die sie eingetragen worden ist, zur gebräuchlichen Bezeichnung geworden ist und dies die Folge des Verhaltens oder der Untätigkeit des Inhabers der Unionsmarke ist.

Schließlich liegt ein weiterer Verfallsgrund vor, wenn die Marke geeignet ist, insbesondere über die Art, die Beschaffenheit oder die geographische Herkunft der mit ihr gekennzeichneten Waren oder Dienstleistungen irrezuführen.

2. Nichtigkeitsgründe

Parallel zu den absoluten und relativen Eintragungshindernissen im Rahmen des Eintragungsverfahrens (siehe oben) gibt es gleichfalls **absolute und relative Nichtigkeitsgründe.** Dies bedeutet für den Fall, dass eine Unionsmarke eingetragen worden ist, obwohl absolute oder relative Eintragungshindernisse vorgelegen haben, die Marke im Rahmen der Nichtigerklärung wieder aus dem Register gelöscht werden kann.

Bei den absoluten Nichtigkeitsgründen gibt es jedoch eine Ausnahme in Bezug auf die Unterscheidungskraft einer Marke. Es ist möglich, dass eine eingetragene Unionsmarke eigentlich nicht hätte eingetragen werden dürfen, weil sie zum Zeitpunkt ihrer Anmeldung keine Unterscheidungskraft besaß, jedoch mittlerweile durch Benutzung im Verkehr an Unterscheidungskraft für die Waren oder Dienstleistungen, für die sie eingetragen ist, gewonnen hat. In diesem Fall kann die Unionsmarke nicht für nichtig erklärt werden, da die Marke nun – würde sie jetzt angemeldet werden – Unterscheidungskraft hat und somit kein absolutes Eintragungshindernis vorliegen würde.

Wenn relative Eintragungshindernisse (vgl. Art. 8 UMV) vorliegen, können die Inhaber älterer Marken- und Kennzeichenrechte ein **Nichtigkeitsverfahren** gegen die eingetragene Unionsmarke betreiben. Zudem können auch die Inhaber eines entgegen stehenden Namensrechts, eines Rechts an der eigenen Abbildung, eines Urheberrechts oder eines gewerblichen Schutzrechts ein Nichtigkeitsverfahren führen, wenn die Benutzung der Marke gemäß dem für den Schutz relevanten Gemeinschaftsrecht oder nationalen Recht untersagt werden kann. Eine Nichtigkeitserklärung ist nicht möglich, wenn der Inhaber des älteren mit der Unionsmarke in Konflikt stehenden Rechts der Eintragung der Unionsmarke ausdrücklich zugestimmt hat.

3. Das Löschungsverfahren

Zur Einleitung des Nichtigkeitsverfahrens beim Amt für geistiges Eigentum aufgrund von Verfallsgründen oder absoluten Nichtigkeitsgründen ist jede natürliche und juristische Person berechtigt, sowie Verbände, z. B. Verbraucherschutzvereine oder Händlerverbände. Werden relative Nichtigkeitsgründe geltend gemacht, so sind nur die Inhaber der betroffenen Rechte (siehe oben) antragsberechtigt.

Der Antrag ist schriftlich und begründet beim Amt für geistiges Eigentum einzureichen. Zudem ist eine Gebühr zu entrichten. Der Antrag ist nicht zulässig, wenn ein Gericht hinsichtlich desselben Anspruchs zwischen denselben Parteien bereits rechtskräftig entschieden hat.

Anschließend prüft das Amt für geistiges Eigentum den Antrag (vgl. Art. 57 UMV). Dabei kann es die beteiligten Parteien um Stellungnahmen bitten sowie Nachweise verlangen. So muss beispielsweise derjenige, dem eine Nichtbenutzung der Marke vorgeworfen wird, nachweisen, dass er die Marke in den letzten fünf Jahren ernsthaft benutzt hat.

Die Unionsmarke wird für (teilweise) verfallen oder nichtig erklärt, wenn die Prüfung ergeben hat, dass sie (oder eben nur ein Teil von ihr) von der Eintragung ausgeschlossen ist. Ist dies nicht der Fall, so wird der Antrag auf Verfall oder Nichtigerklärung zurückgewiesen. Wenn die Entscheidung des Amts für geistiges Eigentum unanfechtbar geworden ist, wird die Entscheidung des Amtes im Unionsmarkenregister eingetragen.

VI. Unionsgewährleistungsmarke

Zum 1.10.2017 wird die Unionsgewährleistungsmarke (Art. 74a ff. UMV) neu eingeführt. Diese soll gewährleisten, dass die mit ihr gekennzeichneten Waren und Dienstleistungen bestimmte Eigenschaften besitzen, wie z. B. das Material, die Art und Weise der Herstellung oder die Qualität. Anmelden können diese Gewährleistungsmarke nur solche natürlichen oder juristischen Personen, die nicht mit der Lieferung der Waren und Dienstleistungen befasst sind, auf die sich die Marke bezieht. Es wird also eine gewisse „Neutralität" des Anmelders gefordert. Innerhalb von zwei Monaten nach der Anmeldung der Unionsgewährleistungsmarke muss eine Markensatzung vorgelegt werden, in der die Voraussetzungen für die Nutzung der Marke, die überwachende Stelle sowie Sanktionen anzugeben sind.

VII. Sonstiges

1. Verhältnis der Unionsmarke zur nationalen Marke

Regelmäßig treten Konflikte zwischen eingetragenen Unionsmarken und nationalen Marken auf. Dabei setzt sich grundsätzlich die Marke durch, die zeitlich zuerst eingetragen wurde. Es geht damit nach dem **Prinzip des Vorrangs des älteren Rechts** (→ *Prioritätsgrundsatz*). Ausnahmen können dann gelten, wenn die ältere Marke in bösem Glauben angemeldet worden war.

Das Amt für geistiges Eigentum prüft das Bestehen älterer Rechte nicht aus eigener Initiative. Dies kann nur der Inhaber eines älteren Rechts einleiten, indem er innerhalb von drei Monaten nach der Veröffentlichung der Anmeldung einer Unionsmarke Widerspruch einlegt oder nach der Eintragung der Unionsmarke einen Antrag auf Nichtigerklärung aufgrund relativer Nichtigkeitsgründe stellt (siehe oben).

Unionsmarke

2. Rechtsschutz gegen Entscheidungen des Amts für geistiges Eigentum

Entscheidungen der Prüfer im Anmeldeverfahren, der Widerspruchsabteilungen und der Nichtigkeitsabteilungen des EUIPO können im Rahmen eines Beschwerdeverfahrens unmittelbar beim EUIPO zur Überprüfung gestellt werden (vgl. Art. 58 ff. UMV).

Zur Beschwerde berechtigt sind alle Personen, die an einem Verfahren beteiligt gewesen sind, das zu einer Entscheidung geführt hat. Voraussetzung ist, dass die jeweiligen Personen durch die Entscheidung beschwert sind. Es kann also nur diejenige Person Beschwerde einlegen, die durch die jeweilige Entscheidung des EUIPO benachteiligt worden ist.

2.1 Einleitung eines Beschwerdeverfahrens

Eine Beschwerde ist nur innerhalb der Beschwerdefrist möglich. Diese beträgt zwei Monate ab Zustellung der Entscheidung, gegen die die Beschwerde erhoben wird. Die Beschwerde muss schriftlich erfolgen und es muss innerhalb dieser Frist die Beschwerdegebühr entrichtet werden. Zudem muss sie innerhalb einer Frist von vier Monaten nach Zustellung der Entscheidung begründet werden.

2.2 Prüfung der Beschwerde

Die Beschwerdekammer des EUIPO prüft, ob die Beschwerde zulässig und begründet ist. Im Rahmen des Prüfverfahrens kann die Beschwerdekammer die beteiligten Parteien dazu auffordern, innerhalb einer von ihr gesetzten Frist Stellungnahmen abzugeben. Die Möglichkeit einer Abhilfe durch die Stelle, die die angefochtene Entscheidung erlassen hat, gibt es seit 23.3.2016 nicht mehr.

2.3 Entscheidung über die Beschwerde

Die Beschwerdekammer kann nun selbst statt der zuständigen Dienststelle entscheiden oder die Sache an die zuständige Dienststelle mit der Maßgabe zurückverweisen, die Entscheidung nach den Vorgaben der Kammer abzuändern. Die Entscheidung der Beschwerdekammer wird nach zwei Monaten wirksam, es sei denn, es wird innerhalb dieser Frist eine Klage beim Gerichtshof gegen die Entscheidung der Beschwerdekammer erhoben.

2.4 Rechtsschutz gegen die Entscheidung der Beschwerdekammer

Gegen die Entscheidungen der Beschwerdekammer kann jeder, der am Beschwerdeverfahren beteiligt und durch dieses beschwert ist, innerhalb von zwei Monaten nach Zustellung der Entscheidung der Kammer Klage beim Europäischen Gericht (EuG) erheben. Der EuG kann die Entscheidung der Beschwerdekammer aufheben oder abändern. Gegen die Entscheidung des EuG kann dann Rechtsmittel beim Europäischen Gerichtshof (EuGH) eingelegt werden. Das EUIPO muss schließlich die Maßnahmen ergreifen, die sich aus dem Urteil des Gerichts oder des Gerichtshofs ergeben.

3. Übertragung einer Unionsmarke

Die Unionsmarke kann von einem Unternehmen auf ein anderes übertragen werden. Dies erfolgt durch ein einfaches Rechtsgeschäft (Vertrag). Dabei muss nicht das Unternehmen selbst ganz oder teilweise von einem Eigentümer auf einen neuen übertragen werden, sondern es genügt, dass für alle oder einen Teil der Waren und Dienstleistungen, für die die Unionsmarke eingetragen ist, eine Rechtsübertragung vereinbart wird. Allerdings darf die Übertragung nicht zur Folge haben, dass die Öffentlichkeit, insbesondere über Art, Qualität oder geographische Herkunft der Waren oder Dienstleistungen, getäuscht wird. Die Übertragung wird auf Antrag im Register eingetragen. Dies ist in jedem Fall zu empfehlen, da nur der eingetragene Inhaber die Rechte aus der Unionsmarke geltend machen kann.

Zudem können für die Unionsmarke ausschließliche und nicht ausschließliche Lizenzen vergeben werden. Dabei bleibt der Lizenzgeber Inhaber der Unionsmarke, räumt jedoch dem Lizenznehmer ein Benutzungsrecht an der Marke ein. Bei einer **ausschließlichen** Lizenz ist allein der Lizenznehmer berechtigt, die Marke zu nutzen. Er hat damit die Möglichkeit, gegen jeden anderen vorzugehen, der die Marke verletzt. Eine **nicht ausschließliche (einfache) Lizenz** kann – im Gegensatz zur ausschließlichen Lizenz – mehreren Lizenznehmern eingeräumt werden. Diese Lizenznehmer haben in der Regel nur die Möglichkeit, die Unionsmarke im Rahmen des vertraglich vereinbarten Nutzungsumfangs (Lizenzvertrag) zu nutzen.

Lizenzen können für das gesamte Gebiet der EU oder auch nur für einen Teil, d. h. etwa für einzelne Mitgliedstaaten, vergeben werden, während die Unionsmarke selbst nur für das gesamte Gebiet der EU angemeldet werden kann. Dies bedeutet, dass der Inhaber einer Unionsmarke sein einmal erlangtes Unionsmarkenrecht auf verschiedene Nutzer (Lizenznehmer) aufteilen kann, die beispielsweise jeweils nur für ein bestimmtes Land nutzungsberechtigt sind. Wegen der Erschöpfung kann der Lizenznehmer in einem EU-Staat aber nicht verhindern, dass mit der Marke gekennzeichnete Ware, die in einem anderen EU-Staat von dem dortigen Lizenznehmer in den Verkehr gebracht wurde, von Dritten in sein Vertragsgebiet eingeführt wird.

4. Das Register

Das Register verschafft Zugang zu allen Informationen über die Unionsmarken und deren Inhaber. Mit der nach Abschluss eines ordnungsgemäßen Eintragungsverfahrens erfolgten **Eintragung in das Register** können die Rechte aus einer Unionsmarke Dritten entgegengehalten werden. Auch eventuelle Rechtsübertragungen, Lizenzen und sonstigen Rechte müssen in das Register eingetragen sein, wenn man sie Dritten entgegenhalten will.

Die jeder Marke zugeordneten Waren und Dienstleistungen werden in sämtlichen Amtssprachen der EU in das Register aufgenommen, wie auch alle Angaben, deren Übersetzung erforderlich ist, damit sie für die Bürger sämtlicher Mitgliedstaaten der EU zugänglich sind.

Das Register ist zugleich eine Datenbank, die in der ganzen Welt in Echtzeit über das Internet abgefragt werden kann, z. B. von jedem nationalen Amt für gewerbliche Schutzrechte oder von Unternehmen, die Dienstleistungen für gewerbliche Schutzrechte erbringen. Die in dem Register enthaltenen Informationen werden über das **Blatt für Unionsmarken** vom EUIPO, das täglich herausgegeben wird, veröffentlicht. Eine Online-Recherche im Register ist unter http://www.rehmnetz.de/it-recht/register für jedermann möglich.

Die Veröffentlichung der Daten im Register veranlasst immer wieder Dienstleister an die im Register eingetragenen Markenanmelder oder -inhaber irreführende Zahlungsaufforderungen zu versenden, z. B. für die Eintragung in ein gewerbliches Register von Marken. Eine Liste der derzeit bekannten Unternehmen veröffentlicht das EUIPO unter http://www.rehmnetz.de/it-recht/irrefuehrende_rechnungen.

Urheberrecht

I. **Begriff**

II. **Schöpfungshöhe**
  1. Beispiele für Werke, die den Urheberschutz genießen
  2. Beispiele für Werke, die keinen Urheberrechtsschutz genießen
  3. Werke angewandter Kunst
  4. Zum Schutz von Fotografien
  5. „3D-Urheberrecht"

III. **Urheberrecht**

IV. **Entstehung und Erlöschen des Urheberrechts**

V. **Urheber und Miturheberschaft**

VI. **Inhalt des Urheberrechts**
  1. Urheberpersönlichkeitsrecht
  2. Verwertungsrechte
  3. Nutzungslizenzen in der Insolvenz

VII. **Schranken des Urheberrechts**

VIII. **Vergütung**

IX. **Folgen der nicht lizenzierten Nutzung eines Werkes**
  1. Zivilrechtliche Ansprüche
  2. Strafrechtliche Folgen

I. Begriff

Das Urheberrecht schützt geistige und künstlerische Leistungen, z. B. Kompositionen, Gemälde, Skulpturen, Texte, Theaterinszenierungen, Fotografien, Filme, Rundfunksendungen, Musik- und Tonaufnahmen, aber auch **Software, Spiele** und **Computerprogramme.** Ziel des Urheberrechtes ist es, **die** berechtigten Interessen der Kreativen zu schützen. Das Urheberrecht berücksichtigt damit die wirtschaftlichen Interessen und die Ideale des Urhebers am Werk, wird aber zum Teil zur Wahrung der Interessen der Allgemeinheit eingeschränkt (z. B. → Schranken des Urheberrechts). Entscheidend ist, dass das Urheberrecht nur das **Werk,** nicht aber die dem Werk zugrunde liegenden **Ideen** schützt. Solange also ein Werk noch nicht existiert, sondern lediglich in der Vorstellung des Schaffenden vorliegt, bestehen keine Urheberrechte. Das Werk ist aber nicht nur geschützt in seiner Endform. Bereits alle Entwürfe und festgehaltenen Pläne von Gestaltungen können bereits urheberrechtlichen Schutz genießen.

II. Schöpfungshöhe

Nicht jedes Werk ist geschützt. Erforderlich für einen urheberrechtlichen Schutz ist eine gewisse **„Schöpfungshöhe"** eines Werkes. Ein Werk muss nach § 2 Abs. 2 UrhG eine persönliche geistige Schöpfung des Urhebers sein. Es versteht sich, dass ein so allgemeiner Begriff wie Schöpfungshöhe sich nicht festlegen lässt. Die Ansprüche werden aber nicht allzu hoch gesetzt. Es gilt der sogenannte „Schutz der kleinen Münze". Liegt die erforderliche Schöpfungshöhe allerdings am Ende nicht vor, bleibt das Werk gemeinfrei, d. h. der Urheber hat keinen Anspruch auf einen Schutz.

1. Beispiele für Werke, die den Urheberschutz genießen

Als Minimalschutz werden im Rahmen eines „Schutzes der kleinen Münze" von der Rechtsprechung

- Preislisten,
- Telefonbücher,
- Newsticker,
- Kataloge und Sammlungen von Kochrezepten,
- Fotografien, mitunter selbst einfachster Art (siehe dazu unten),

gerade noch als schutzwürdig erachtet. Auch Pressemitteilungen und selbst rein praktische textliche Gestaltungen, wie etwa anwaltlich erstellte AGB (siehe OLG Köln, 6 U 193/08), können einen urheberrechtlichen Schutz genießen.

2. Beispiele für Werke, die keinen Urheberrechtsschutz genießen

Die Rechtsprechung sprach Urheberrechtsschutz etwa folgenden Werken ab:

- Anwaltsschriftsätze, mit Ausnahme besonders umfangreicher bzw. anspruchsvoller Werke,
- Handy-Logos,
- einfachen Bildbearbeitungen von Fotos am Computer,
- Programm-Codes, die alleine Ausdruck technischen Könnens sind.

3. Werke angewandter Kunst

Noch bis zum Jahr 2014 galt nach der Rechtsprechung des Bundesgerichtshofs hingegen im Bereich der angewandten Kunst, also bei (alltäglichen) Gebrauchsgegenständen mit künstlerischer Formgebung und damit bei Werken, die nicht nur zur Betrachtung bestimmt sind, sondern zugleich einen Gebrauchszweck haben, etwas anderes. Hier stellte die Rechtsprechung höhere Anforderungen an die Gestaltungshöhe und verlangte für die Werkqualität und damit für den Urheberrechtsschutz ein deutlich überragendes Niveau der Durchschnittsgestaltung. Maßgeblich für einen urheberrechtlichen Schutz war damit, dass das Designwerk eine eigenständige kreative Leistung darstellt, welche künstlerisch geprägt ist sowie eine nicht unerhebliche Schöpfungshöhe erreicht haben sollte.

Diese Rechtsprechung ist aber inzwischen überholt: Der Bundesgerichtshof (I ZR 143/12) hat Ende 2013 festgestellt, dass an den Urheberrechtschutz von Werken der angewandten Kunst grundsätzlich keine höheren Anforderungen mehr zu stellen sind als an den von Werken der zweckfreien Kunst. Das bedeutet in vielen Bereichen einen leichter zu erreichenden Schutz des Urheberrechts – wahrscheinlich nicht nur bei Alltagsgegenständen, sondern etwa auch beim Design von Webseiten. Allerdings muss detailliert dargelegt werden, inwieweit der jeweilige (Gebrauchs-)Gegenstand künstlerisch bzw. gestalterisch über das hinausgeht, was durch seine zu Grunde liegende Funktion als Form zwingend bedingt ist.

4. Zum Schutz von Fotografien

Auch Fotografien können – selbstverständlich – urheberrechtlichen Schutz genießen. Das Urheberrechtsgesetz spricht insoweit die „Lichtbildwerke" im § 2 Abs. 1 Nr. 5 UrhG ausdrücklich an. Damit eine Fotografie als Lichtbildwerk urheberrechtlichen Schutz genießt, muss es sich um eine persönliche geistige Schöpfung handeln, gefordert wird hier also auch eine gewisse Gestaltungshöhe. Ausschlaggebend ist bei der Frage dieser Bewertung alleine die in Rede stehende Fotografie – es spielt keine Rolle, ob es sich bei dem Fotografen um einen „anerkannten Künstler" handelt, oder unter welchen Umständen ein solches Foto erstellt wurde. Ausdrücklich ist es denkbar, dass auch Fotografien, die ein unerfahrener Laie im Urlaub erstellt hat, dem Schutz als Lichtbildwerk unterfallen. Eine konkrete „Formel" zur Bestimmung eines Lichtbildwerkes gibt es dabei nicht. Die Rechtsprechung fragt vielmehr, ob es sich bei dem vorliegenden Foto um ein derart besonderes handelt, dass es sich in irgendeiner Form hervorhebt – was auf verschiedene Art geschehen kann, etwa durch Lichtgestaltung, Auswahl der Perspektive oder schlicht konkret gewählte Einstellungen, die zu dem Gesamteindruck der Aufnahme führten.

Die Frage ist dann häufig, wie man mit sogenannten „Knipsbildern" umgeht. Hierbei geht es um Fotografien, die zwar nicht Ausdruck persönlicher geistiger Schöpfung sind – gleichwohl aber einen gewissen Schutz genießen sollen. Auch solche Bilder sind letztlich geschützt, dies über die Begrifflichkeit des „Lichtbildes" nach § 72 UrhG. Hierbei handelt es sich um ein sogenanntes Leistungsschutzrecht – geschützt wird nicht die (hier ja nicht vorhandene) Kreativität des Bildes, sondern die rein technische Leistung des Erstellens der Fotografie. Geschützt werden hier einfachste Fotografien, selbst etwas derart Profanes wie Fotografien von Lebensmitteln (siehe BGH, I ZR 166/07).

Regelmäßig wird man also einen urheberrechtlichen Schutz einer Fotografie annehmen können, sei es als „Lichtbildwerk" oder schlicht als „Lichtbild". Gleichwohl spielt die Unterscheidung häufig eine Rolle, so endet etwa der urheberrechtliche Schutz für Lichtbilder früher als der für Lichtbildwerke. Weiterhin nimmt die Rechtsprechung im Fall unberechtigter Nutzung durch Dritte bei Lichtbildern regelmäßig niedrigere Streitwerte und zu zahlende Schadensersatzsummen an (dazu beachten Sie bitte auch das Stichwort Bilderklau).

5. „3D-Urheberrecht"

Zunehmende Bedeutung gewinnen urheberrechtliche Fragen im Bereich „3D". Hintergrund ist die Tatsache, dass sogenannte „3D-Drucker", mit denen auf Grund spezieller Vorlagen „Ausdrucke" dreidimensionaler Körper möglich sind, zunehmend erschwinglich werden. Dabei gab es international bereits vereinzelte erste Rechtsstreitigkeiten zur Frage des Schutzes in diesem Bereich. In Deutschland fehlt obergerichtliche Rechtsprechung noch in Gänze, derzeit befasst sich vorwiegend die Literatur mit diesem Thema.

Insgesamt wird man wohl feststellen können, dass Rechteinhaber auch in diesem Bereich nicht schutzlos sind. Vorlagen für den 3D-Ausdruck sind wohl als Vervielfältigungen einzustufen, so dass hier bereits das Urheberrecht eingreift. Die Verbreitung einer solchen Vorlage im Internet wird letztlich wohl eine grundsätzlich unzulässige öffentliche Zugänglichmachung sein. An dieser Stelle sind dann aber die Schranken des Urheberrechts zu berücksichtigen, insbesondere die Privilegierung der Privatkopie. Vollkommen offen ist derzeit noch die Frage des Umgangs mit Fragen an dieser Stelle, insbesondere wenn die privilegierte Person auf einen kommerziellen 3D-Copyshop zur Herstellung des Ausdrucks zurückgreift. Unter Berücksichtigung der früheren Rechtsprechung ist aber davon auszugehen, dass jedenfalls dann, wenn der Copyshop als reines weisungsabhängiges „Werkzeug" auftritt, weiterhin die Privilegierung der Privatkopie eingreift.

Hinweis:
An dieser Stelle werden zum 3D-Urheberrecht bewusst kurze Ausführungen, beschränkt auf das Urheberrecht, geboten. Gerade im gewerblichen Rechtsschutz aber werden sich weitere Verletzungstatbestände ergeben, also im Patent-, Design- und Geschmacksmusterrecht.

III. Urheberrecht

Das Urheberrecht wird durch das Urheberrechtsgesetz (UrhG) geschützt. Wesentliche Änderungen brachte der sogenannte „zweite Korb" im Jahre 2008. Die jüngsten Änderungen traten am 1.9.2009 in Kraft.

IV. Entstehung und Erlöschen des Urheberrechts

Das Urheberrecht entsteht im Moment der Schaffung. Es muss im Gegensatz zu Markenrechten oder Patentrechten **nicht angemeldet werden.** Werke, die die notwendige Schöpfungshöhe erreichen, sind somit „automatisch" urheberrechtlich geschützt, ohne dass sie mit dem bekannten **Copyright-Vermerk** gekennzeichnet werden müssen. Es kann aber dennoch sinnvoll sein, sein Werk mit einem Copyright-Vermerk zu versehen. Der Urheber kann auf diese Weise dokumentieren, dass sein Werk urheberrechtlich geschützt ist und den oft vorgebrachten Einwand abschneiden, man habe vom Urheberrecht „nichts gewusst". Der Copyright-Vermerk kann auch nach außen dokumentieren, dass der Urheber willens ist, seine Rechte zu verteidigen.

Gemäß § 64 UrhG erlischt das Urheberrecht grundsätzlich 70 Jahre nach dem Tode des Urhebers. Mit dem Tode des Urhebers geht das entsprechende Recht auf die Erben über. Steht das Urheberrecht mehreren Personen gemeinsam zu, so erlischt es 70 Jahre nach dem Tod des längstlebenden Miturhebers. Bei anonymen Werken endet das Urheberrecht 70 Jahre nach der Veröffentlichung. Es gibt allerdings einige Ausnahmen, wobei die wichtigste wohl die 50-jährige Frist bei Lichtbildern ist; diese Frist beginnt zu laufen ab erstmaligem Erscheinen des Lichtbildes oder, sofern es niemals veröffentlicht wurde, ab Erstellung des Lichtbildes.

V. Urheber und Miturheberschaft

Urheber ist der Schöpfer des Werkes. Urheber kann nur eine natürliche Person sein.

Erstellen mehrere Personen gemeinsam ein einheitliches Werk, so gelten sie als Miturheber. Das Urheberrecht steht dann allen

Miturhebern gemeinsam zu, d. h. sie müssen einstimmig über die Veröffentlichung/Verwertung des Werkes entscheiden.

Dem Urheber steht das alleinige Recht an der Verwertung seines Werkes zu.

VI. Inhalt des Urheberrechts

Inhalte des Urheberrechts sind gemäß § 11 UrhG der Schutz des Urheberrechts in seinen geistigen und persönlichen Beziehungen zum Werk (Urheberpersönlichkeitsrechte gemäß §§ 12 ff. UrhG), die Nutzung des Werkes (Verwertungsrechte gemäß §§ 15 ff. UrhG) sowie die Sicherung einer angemessenen Vergütung für die Nutzung des Werkes.

1. Urheberpersönlichkeitsrecht

Der Urheber hat an allen urheberrechtlich geschützten Arbeitsergebnissen Urheberpersönlichkeitsrechte.

Hierzu gehören:

- das **Veröffentlichungsrecht** gem. § 12 UrhG. Das Veröffentlichungsrecht ist besonders eng mit den Verwertungsrechten verbunden. Ein Werk kann nur veröffentlicht, d. h. der Allgemeinheit zugänglich gemacht werden, indem es verbreitet, öffentlich ausgestellt oder öffentlich wiedergegeben, also zugleich verwertet wird. Die Veröffentlichung des Werkes schließt somit stets eine Verwertung des Werkes ein.

- das **Recht auf Anerkennung der Urheberschaft** gem. § 13 Satz 1 UrhG. Ein Dritter darf somit nicht vorgeben, selbst Urheber zu sein.

- Das Recht auf **Urheberbezeichnung** gem. § 13 Satz 2 UrhG. Dies bedeutet, dass nur der Urheber entscheiden darf, ob das Werk unter seinem Namen, anonym oder unter Pseudonym veröffentlicht wird.

- das **Entstellungsverbot** gem. § 14 UrhG. Eine Verfälschung des Werkes ist somit unzulässig.

- das **Änderungsverbot** gem. § 39 UrhG. Nach § 39 Abs. 2 UrhG sind nur solche Änderungen des Werkes zulässig, zu denen der Urheber seine Einwilligung nach Treu und Glauben nicht versagen kann.

- das **Rückrufrecht** gem. § 41 UrhG. Gemäß § 41 UrhG hat der Urheber ein Rückrufrecht wegen Nichtausübung, wenn der Inhaber eines ausschließlichen Nutzungsrechts dieses nicht oder nur unzureichend ausübt und dadurch berechtigte Interessen des Urhebers erheblich verletzt werden. Im Falle des Rückrufs erlischt das eingeräumte Nutzungsrecht.

- das **Zugangsrecht** gem. § 25 Abs. 1 UrhG. Hiernach kann der Urheber Zugang zu Werkstücken verlangen, soweit dies zur Herstellung von Vervielfältigungsstücken oder zur Bearbeitung erforderlich ist und keine berechtigten Interessen des Herstellers entgegenstehen.

2. Verwertungsrechte

Die **Verwertungsrechte** sind die Rechte, die das Urheberrecht dem Urheber zuerkennt, um ihn in die Lage zu versetzen, sein Werk alleine und ausschließlich in jeglicher Art und Weise zu verwerten. Sie werden **Nutzungsrechte** genannt, wenn sie einem anderen eingeräumt werden. Sie sollen die wirtschaftliche Position des Urhebers sichern und verhindern, dass Dritte das Werk unberechtigt nutzen und verwerten.

Das Urhebergesetz unterscheidet im Bereich der Verwertungsrechte zwischen der Verwertung in körperlicher (§ 15 Abs. 1 UrhG) und in unkörperlicher Form (§ 15 Abs. 2 UrhG). Die körperliche Verwertung befasst sich in Abgrenzung zu der unkörperlichen Verwertung unmittelbar mit dem Werk als solchem im Original oder als Vervielfältigungsstück. Für Computerprogramme weist § 69c UrhG gesondert Verwertungsrechte (siehe → *Verwertungsrechte an Computerprogrammen*) aus.

3. Nutzungslizenzen in der Insolvenz

Der Bundesgerichtshof hat sich inzwischen auch zur früher umstrittenen Frage des Umgangs mit urheberrechtlichen Lizenzen in der Insolvenz geäußert. Schon im Jahr 2009, in seiner „Reifen Progressiv"-Entscheidung (BGH, I ZR 153/06), hatte der BGH erklärt, dass es sich bei einer einfachen Nutzungslizenz um ein dingliches und nicht nur schuldrechtliches Recht handelt. Das bedeutet, dass derartige Nutzungslizenzen „insolvenzfest" sind, es gibt keine Wahlmöglichkeit des Insolvenzverwalters nach § 103 InsO in der Frage, ob die Lizenz „weiter fortbesteht".

Selbst wenn es sich um eine Unterlizenz handelt, deren Hauptlizenz später wegfällt, verbleibt es regelmäßig beim Bestehen der Unterlizenz. Dies sowohl in dem Fall, in dem der Hauptlizenznehmer dem Unterlizenznehmer die Unterlizenz gegen Zahlung eines laufenden Entgelts gewährt hat (BGH, I ZR 70/10) als auch, wenn er prozentual an den fortlaufenden Einnahmen beteiligt war (BGH, I ZR 24/11).

VII. Schranken des Urheberrechts

Das Urheberrecht ist wie jedes absolute Recht, also zum Beispiel auch das Eigentum sozialgebunden. Das heißt, dass es gewissen Schranken im Interesse der Allgemeinheit unterliegt. Um diesen Interessen gerecht zu werden, sind in den §§ 44a bis 63a UrhG Einschränkungen der Verwertungsrechte (→ *Schranken des Urheberrechts*) vorgenommen.

VIII. Vergütung

Eines der Hauptziele des Urheberrechtes ist es, den Kreativen eine angemessene Vergütung für die Nutzung ihrer Werke zu sichern. § 32 UrhG bestimmt daher als Grundsatz, dass der Urheber für die Einräumung von Nutzungsrechten und die Erlaubnis zur Werknutzung Anspruch auf die vertraglich vereinbarte Vergütung hat.

Ist die Höhe der Vergütung nicht bestimmt, gilt die angemessene Vergütung als vereinbart. Urheber haben daher auch ohne Vertrag, gleichsam „automatisch", einen Vergütungsanspruch.

Diese Regeln sind durch Vertrag nicht abdingbar.

Da aber im Softwarebereich durchaus Software unentgeltlich lizenziert werden soll (→ *Open Source*), ist in § 32 Abs. 3 Satz 3 UrhG die sogenannte **Linuxklausel** ins Gesetz eingeführt worden. Danach kann der Urheber unentgeltlich ein einfaches Nutzungsrecht für jedermann einräumen.

Die frühere „**Bestsellerregelung**" ist nun in den sog. „**Fairness-Paragraphen**" des § 32a UrhG geändert worden. Nach diesem hat der Urheber auch für bereits vergütete Werke einen

Urheberrecht

Korrektur- bzw. Anpassungsanspruch, wenn die vereinbarte Vergütung in einem auffälligen Missverhältnis zu den Erträgen des Verwerters steht. Urheber und ausübende Künstler erhalten einen Anspruch auf angemessene Vergütung, der sich an gemeinsam ermittelten Vergütungsregeln orientiert. Diese werden von den Vereinigungen der Urheber und der Werknutzer aufgestellt. In erster Linie gilt natürlich als Vergütung das, was zwischen den Parteien ausgehandelt wurde. Erst bei der Überprüfung der Angemessenheit kommt der o. g. Maßstab als Entscheidungshilfe zum Tragen.

Kann der Urheber seine Vergütung nicht selber durchsetzen, erfolgt die Durchsetzung durch → *Verwertungsgesellschaften*.

IX. Folgen der nicht lizenzierten Nutzung eines Werkes

Wird ein urheberrechtlich geschütztes Werk ohne Zustimmung des Urhebers genutzt, hat der Urheber in erster Linie Beseitigungs- und Unterlassungsansprüche sowie Schadensersatzansprüche, wenn den Verletzer Verschulden trifft. Der Verletzer hat hierbei Vorsatz und Fahrlässigkeit zu vertreten. Es ist dabei zu unterscheiden: Unterlassungs- und Beseitigungsansprüche entstehen verschuldensunabhängig, erst bei der Frage des Schadensersatzes ist zu prüfen, ob ein Verschulden des Verletzers vorliegt. Da der Unterlassungsanspruch regelmäßig anwaltlich geltend gemacht wird und hiermit erhebliche Kosten im Zuge der Abmahnung entstehen, führt eine Urheberrechtsverletzung auch ohne Verschulden bereits zu empfindlichen Kosten.

Fahrlässigkeit ist schon dann gegeben, wenn man damit rechnen musste, dass das betreffende Werk urheberrechtlichen Schutz genießt. Eine Fahrlässigkeit ist nur dann auszuschließen, wenn ausnahmsweise besondere Anhaltspunkte dafür vorlagen, dass der Urheber sein Werk zur allgemeinen Nutzung freigegeben hat.

 ACHTUNG!
Grundsätzlich gilt also: Unkenntnis bezüglich des Urheberrechts schützt vor Nachteilen nicht!

Es ist bei der Nutzung urheberrechtlicher Werke mitunter allerdings auch streitig, wann genau eine rechtmäßige Nutzung vorliegt, obwohl keine Nutzungsrechte eingeräumt wurden. Hierbei hervorzuhebende Entscheidungen sind: Mit dem BGH (I ZR 259/00) ist das einfache Verlinken eines Inhalts, auch als sogenannter „Deep Link", keine urheberrechtlich relevante Handlung, insbesondere kein öffentliches Zugänglichmachen. Verlinkungen von frei zugänglichen Werken, die mit Zustimmung des Rechteinhabers veröffentlicht wurden sind damit grundsätzlich unbedenklich. Doch Vorsicht, dies gilt insbesondere dann nicht, wenn eine Zugangshürde eingerichtet ist – dabei genügt es schon, wenn eine individuelle Session-ID beim Aufruf der Seite vergeben wird, ohne die kein Zugriff möglich ist, und die dann mitverlinkt wird (BGH, I ZR 39/08). Spannend ist die Frage, wie man mit urheberrechtlich geschützten Werken umgeht, die lediglich als „embedded Content" in die eigene Webseite eingebunden werden, aber dort nicht tatsächlich vorhanden sind. Hier hat der EuGH (C-348/13) eine differenzierte Entscheidung getroffen, die sich zu einem eingebundenen Youtube-Video geäußert hat. Hier gilt: Wenn die Quelle des Videos mit Zustimmung des Rechteinhabers in Umlauf geriet und durch dieses Video keine „neue Öffentlichkeit" erreicht wird, ist ein Einbetten wohl keine Urheberrechtsverletzung. Wenn das Video aber gegen den Willen des Rechteinhabers verbreitet wurde oder eine bisher nicht erreichte Öffentlichkeit angesprochen wird, wird es eine Urheberrechtsverletzung sein. Hier bietet sich somit bei Einbinden fremder Inhalte ein sehr hohes urheberrechtliches Risiko.

1. Zivilrechtliche Ansprüche

Wird ein urheberrechtlich geschütztes Werk ohne Zustimmung des Urhebers oder des ausschließlichen Lizenzinhabers genutzt, haben diese insbesondere nachfolgende Ansprüche:

- einen **Beseitigungsanspruch** gem. § 97 Abs. 1 S. 1 1. Alt. UrhG,

- einen **Unterlassungsanspruch** bei Wiederholungsgefahr gem. § 97 Abs. 1 S. 1 2. Alt. UrhG,

- einen **vorbeugenden Unterlassungsanspruch** gem. § 97 Abs. 1 S. 2 UrhG; dieser seit Jahren bereits gewohnheitsrechtlich anerkannte Anspruch wurde nun in das Gesetz aufgenommen und greift ein, wenn zwar noch keine Rechtsverletzung, aber eine drohende, hinreichend konkretisierende Erstbegehungsgefahr vorliegt,

- bei Verschulden einen **Schadensersatzanspruch** gem. § 97 Abs. 2 S. 1 UrhG; für die Bemessung der Höhe des Schadens wird in der Regel die Methode der sog. Lizenzanalogie nun gem. § 97 Abs. 2 S. 3 UrhG herangezogen; neu ist nun auch, dass § 97 Abs. 2 S. 2 UrhG als weitere Schadensberechnungsart die Höhe des Gewinns des Verletzers normiert; der selbstständige Anspruch auf Herausgabe des Verletzergewinns nach § 97 Abs. 1 S. 2 UrhG a. F. ist damit weggefallen; der Gewinn ist nun Bemessungsgrundlage für den Schadensersatzanspruch, – bei Verschulden einen Anspruch auf **Ersatz des immateriellen Schadens** gem. § 97 Abs. 2 S. 4 UrhG,

- einen auf die unrechtmäßig hergestellten Vervielfältigungsstücke gerichteten **Vernichtungsanspruch** gem. § 98 Abs. 1 S. 1 UrhG, respektive § 69f Abs. 1 S. 1 UrhG,

- einen Anspruch auf **Überlassung** der unrechtmäßig hergestellten Vervielfältigungsstücke gem. § 98 Abs. 3 UrhG, respektive § 69f Abs. 1 S. 2 UrhG,

- einen Anspruch auf **Vernichtung** der Vervielfältigungsvorrichtungen gem. § 98 Abs. 1 S. 2 UrhG,

- einen Anspruch auf **Rückruf** der unrechtmäßig hergestellten Vervielfältigungsstücke oder auf deren **Entfernung aus den Vertriebswegen** gem. § 98 Abs. 2 UrhG,

- einen **Auskunftsanspruch** gegen gewerbsmäßige Verletzer gem. § 101 Abs. 1 UrhG,

- einen Anspruch auf **Veröffentlichung des Urteils** gem. § 103 S. 1 UrhG, um eventuell eine Abschreckungswirkung gegenüber Nachahmern herbeizuführen,

- einen Anspruch auf **Vorlage und Besichtigung** gem. § 101a Abs. 1 S. 1 UrhG, um bei einer eventuellen Unklarheit über die Verletzung des Schutzbereichs Abhilfe zu erlangen; durch die Einfügung des § 101a Abs. 1 S. 1 UrhG muss nun nicht mehr auf § 809 BGB zurückgegriffen werden,

- einen **Bereicherungsanspruch** gem. § 812 BGB, um den vom Verletzer unrechtmäßig gezogenen Nutzen einzufordern, wobei nur Wertersatz nach § 818 Abs. 2 BGB in Form einer angemessenen Lizenz gefordert werden kann,

- einen **Rechnungslegungsanspruch** gegen nicht gewerbsmäßige Verletzer, sofern dieser zur Berechnung des Schadens erforderlich ist.

2. Strafrechtliche Folgen

Strafrechtlich werden folgende Urheberrechtsverletzungen verfolgt:

- **die unerlaubte Verwertung** von urheberrechtlich geschützten Werken gem. § 106 UrhG (Freiheitsstrafe bis zu drei Jahren oder Geldstrafe),

- **das unzulässige Anbringen** einer Urheberbezeichnung gem. § 107 UrhG (Freiheitsstrafe bis zu drei Jahren oder Geldstrafe),

- **die Verwertung einer Datenbank** entgegen § 87b Abs. 1 UrhG (§ 108 UrhG).

Handelt der Täter in den Fällen der §§ 106 bis 108 gewerbsmäßig, so ist die Strafe Freiheitsstrafe bis zu fünf Jahren oder Geldstrafe.

- **der unerlaubte Eingriff in technische Schutzmaßnahmen** und in zur Rechtewahrnehmung erforderliche Informationen nach § 108b UrhG (Freiheitsstrafe bis zu einem Jahr oder Geldstrafe) wie beispielsweise das Entfernen eines Kopierschutzes. Handelt der Täter gewerbsmäßig, ist die Strafe Freiheitsstrafe bis zu drei Jahren oder Geldstrafe.

Gemäß § 109 UrhG wird in den Fällen der §§ 106 bis 108 und des § 108b UrhG die Tat **nur auf Antrag** verfolgt, es sei denn, dass die Strafverfolgungsbehörde wegen des besonderen öffentlichen Interesses an der Strafverfolgung ein Einschreiten von Amts wegen für geboten hält.

Verkauf von Waffen über das Internet

I. Grundlage: Das Waffengesetz (WaffG)
II. Waffenhandelserlaubnis
III. Sanktionen
IV. Armbrüste
V. Airsoft
VI. Paintball
VII. Messer
VIII. Fazit

Im Internet wird mitunter rege mit Waffen gehandelt – und zwar ohne dass hierbei die Vermarktung von Kriegsgerät stattfindet: Viele Gegenstände, die nach der Wahrnehmung des Handels eher als Spielzeug oder Sportgeräte angepriesen werden, fallen in den Anwendungsbereich des deutschen Waffenrechts. Um eine irrtümliche (und hart sanktionierte) Betätigung als Waffenschieber zu vermeiden, sollten sich vor allem Online-Händler, die in den Bereichen Outdoor und Sport tätig sind, einen genauen Überblick über den Anwendungsbereich des Waffengesetzes verschaffen.

Im Folgenden wird ein grober Überblick über die Rechtslage – samt Formalitäten bezüglich der zum Waffenhandel benötigten Erlaubnis, sowie der Sanktionierung von Verstößen – geboten, gefolgt von einer konkreten Darstellung des Handels mit Armbrüsten, Airsoft-Waffen, Paintball-Markern und Messern.

I. Grundlage: Das Waffengesetz (WaffG)

Die einschlägige gesetzliche Grundlage ist das deutsche Waffengesetz (WaffG). Hier werden im Wesentlichen alle Fragen zu Erwerb, Verkauf, Instandsetzung, Benutzung und Besitz von Waffen geregelt, außerdem wird definiert, was eine Waffe ist. Anders als im sonstigen deutschen Recht gilt hier nicht „erlaubt ist, was nicht verboten ist", sondern umgekehrt „verboten ist, was nicht ausdrücklich erlaubt ist". Diese Regelung soll sicherstellen, dass Waffen nur von **fachkundigen** und **zuverlässigen** Personen verkauft bzw. erworben werden und darüber hinaus eine Kontrolle über die im Umlauf befindlichen Waffen ermöglichen. Im internationalen Vergleich gehört das deutsche WaffG mit zu den strengsten waffenrechtlichen Normen.

Problematisch für den Handel ist es, dass viele Gegenstände vom WaffG erfasst werden, die von Sachunkundigen nicht auf Anhieb mit dem Terminus „Waffe" in Verbindung gebracht werden. Darüber hinaus ist das WaffG teilweise langatmig und umständlich formuliert und bietet von daher keine allgemeinverständliche Hilfe.

Ein Überblick über alle erfassten Gegenstände würde den Rahmen dieses Beitrags bei weitem sprengen; im Folgenden sollen daher nur die relevantesten Outdoor- und Sportgeräte hinsichtlich ihrer waffenrechtlichen Qualität näher beleuchtet werden. Eine umfassende Darstellung lässt sich letztlich nur dem Gesetz selbst entnehmen, dazu muss die Anlage 2 zum Waffengesetz gelesen werden, die sich in drei Abschnitte aufteilt: Der erste Abschnitt zählt die verbotenen Waffen auf, im zweiten Abschnitt finden sich die erlaubnispflichtigen Waffen und im dritten Abschnitt die vom WaffG ganz oder teilweise ausgenommenen Waffen (insb. Unterwasser-Harpunen und unbrauchbare Dekorationswaffen).

II. Waffenhandelserlaubnis

Die zum Handel mit Schusswaffen und diesen gleichgestellten Waffen benötigte Waffenhandelserlaubnis (manchmal auch fälschlicherweise „Waffenhandelslizenz") wird von der zuständigen Behörde gem. § 21 WaffG erteilt, wobei die Erlaubnis gem. § 21 Abs. 1 WaffG auf den Handel mit bestimmten Waffen beschränkt werden kann. Die recht abstrakte Formulierung, welche Waffen den Schusswaffen gleichgestellt sind, lässt sich Anhang 1 zum Waffengesetz, Punkt 1.2, entnehmen. Praxisrelevant sind hier vor allem Armbrüste.

Voraussetzung zur Erteilung der Waffenhandelserlaubnis sind **persönliche Zuverlässigkeit** (§ 21 Abs. 3 Nr. 1 i. V. m. § 5 WaffG), **persönliche Eignung** (§ 21 Abs. 3 Nr. 1 i. V. m. § 6 WaffG) sowie **Nachweis der erforderlichen Fachkunde** (§ 21 Abs. 3 Nr. 3 WaffG). Dieser Nachweis geschieht gem. § 22 WaffG durch eine Prüfung vor der zuständigen Behörde.

Verkauf von Waffen über das Internet

Die jeweils zuständige Behörde wird von den einzelnen Bundesländern bestimmt, in der Regel ist die Kreisverwaltungsbehörde zuständig. Durch die jeweils landesspezifische Ausgestaltung dieser Regelung sind leider keine allgemeingültigen Aussagen über die Praxis der Erteilung oder den Umfang der Fachkundeprüfung möglich.

III. Sanktionen

Verstöße gegen die geschilderte Rechtslage können gem. § 52 WaffG mit empfindlichen Freiheitsstrafen bis zu 5 Jahren Haft geahndet werden, wobei selbst fahrlässige Verstöße noch Freiheitsstrafen von bis zu zwei Jahren nach sich ziehen können.

IV. Armbrüste

Historisch als Kriegswaffen entwickelt, sind Armbrüste heutzutage ein beliebtes Sportgerät. Der Schießsport mit Armbrüsten wird national und international in verschiedenen Disziplinen ausgeübt.

Armbrüste sind gem. § 1 Abs. 2 Nr. 1 i. V. m. Anlage 1 Abschnitt 1 Unterabschnitt 1 Nr. 1.2.2 WaffG den Schusswaffen gleichgestellte Gegenstände, da mit ihnen "feste Körper gezielt verschossen werden, deren Antriebsenergie mit Muskelkraft eingebracht und durch eine Sperrvorrichtung gespeichert werden kann". Gleiches würde übrigens auch für tragbare Katapulte und ähnliche Belagerungswaffen gelten, diese kommen jedoch heute auch bei Jagd und Sport nicht mehr zum Einsatz.

Ausgenommen von dieser Regelung sind Spielzeuge, deren Projektile eine elastische Spitze haben und deren Treffer mit maximal 0,16 J/cm² wirken. Ebenfalls ausgenommen sind Sportbögen, und zwar unabhängig von der Kraftentfaltung, da hier die Speicherung der Muskelkraft nicht möglich ist.

Der Handel und Erwerb von Armbrüsten ist gem. § 1 Abs. 2 Nr. 1 i. V. m. Anlage 2 Abschnitt 2 Unterabschnitt 2 Nr. 1.10 und Nr. 4.2 WaffG erlaubnisfrei. Gemäß § 2 Abs. 1 WaffG i. V. m. § 34 Abs. 1 WaffG ist von daher die einzige Voraussetzung für den Erwerb das vollendete 18. Lebensjahr, welches durch den Händler zu überprüfen ist.

Das Führen der Armbrust in der Öffentlichkeit ist für Volljährige ohne weitere Beschränkungen erlaubt (vgl. § 2 Abs. 2 i. V. m. Anlage 2 Abschnitt 2 Unterabschnitt 2 Nr. 3.2 WaffG).

Anekdote am Rande: Der Gesetzgeber vertritt hier eine etwas skurrile Haltung. Die Armbrust als solche wird zwar vom Gesetz erfasst, das Betätigen der Armbrust gilt aber nicht als "Schießen". Letzteres ist in Anlage 1 zum WaffG äußerst ausführlich definiert, ohne dass eine der genannten Voraussetzungen auf die Armbrust zutrifft.

V. Airsoft

Airsoft (auch: Softair, Air Soft etc.) ist eine jüngere Sportart, die nach dem Zweiten Weltkrieg in Japan entstanden ist und mittlerweile weltweit ausgeübt wird. Da hier von mehreren "verfeindeten" Parteien bewaffnete Konflikte detailgetreu (insbesondere mit detailliert nachgebildeten Waffen) nachgestellt werden, steht Airsoft regelmäßig in der öffentlichen Kritik.

Die rechtliche Bewertung der "Airsoft Guns" (ASGs) ist ausgesprochen kompliziert, da hier mittlerweile eine Vielzahl an verschiedenen Systemen auf dem Markt ist, die sich jeweils hinsichtlich Geschossenergie, Schießmechanismus und Schussfolge unterscheiden. Grundsätzlich gelten jedoch alle ASGs als Luftgewehr bzw. Luftpistole, da sie per Luftdruck kleine Plastikkugeln ("BBs") durch einen Metalllauf verschießen.

Hinsichtlich der Geschossenergie gilt Folgendes:

- ASGs mit einer Geschossenergie von **mehr als 7,5 J** gelten gem. § 1 Abs. 2 Nr. 1 i. V. m. Anlage 1 Abschnitt 1 Unterabschnitt 1 Nr. 1.1 WaffG als Schusswaffen und dürfen nur mit entsprechender **Waffenhandelserlaubnis** veräußert und auch nur gegen Vorlage einer Waffenbesitzkarte erworben werden.

- ASGs mit einer Geschossenergie von **maximal 7,5 J** gelten auch als Schusswaffen, dürfen aber gem. § 2 Abs. 2 i. V. m. Anlage 2 Abschnitt 2 Unterabschnitt 2 Nr. 1.1 WaffG **erlaubnisfrei** erworben werden, sofern sie eine vorgeschriebene Markierung tragen ("F im Fünfeck"); gem. § 2 Abs. 1 WaffG gilt hier folglich noch die Altersgrenze von 18 Jahren. Jedoch dürfen auch diese Waffen nur mit entsprechender Waffenhandelserlaubnis veräußert werden.

- ASGs mit einer Geschossenergie von **maximal 0,5 Joule** sind gem. § 2 Abs. 4 i. V. m. Anlage 2 Abschnitt 3 Unterabschnitt 2 Nr. 1 WaffG vom Anwendungsbereich des Waffenrechts ausgenommen und daher für jedermann **frei erhältlich**. Die meisten Händler beschränken sich hier jedoch freiwillig darauf, diese ASGs nicht an Kinder unter 14 Jahren abzugeben.

Technisch möglich sind auch vollautomatische ASGs (meist per elektrischem Antrieb); diese sind gem. § 2 Abs. 3 i. V. m. Anlage 2 Abschnitt 1 Nr. 1.2.1.1 WaffG generell verboten, sofern sie nicht durch eine Geschossenergie von maximal 0,5 J aus dem WaffG ausgenommen sind (vgl. oben).

Für den Erwerber ist noch zu beachten, dass die vorstehend beschriebenen Regelungen nur Erwerb und Besitz regeln, nicht jedoch das öffentliche Führen dieser Waffen. Erlaubt ist hier nur (durch einen Rückschluss aus Anlage 1 Abschnitt 2 Nr. 4 WaffG) der reine Transport in einem verschlossenen Behälter. Das gilt über § 42a Abs. 1 Nr. 1 WaffG auch für ASGs mit einer Geschossenergie von maximal 0,5 J, sofern es sich um detailgetreue Repliken echter Waffen ("Anscheinswaffen") handelt.

VI. Paintball

Paintball (oder "Gotcha") ist ebenfalls eine jüngere Sportart, die in den USA entstanden ist und auch weltweite Verbreitung gefunden hat. Wie beim Airsoft treten beim Paintball verschiedene Parteien gegeneinander an, weshalb dieser Sport von der Öffentlichkeit ebenso kritisch wahrgenommen wird. Inzwischen distanzieren sich die meisten Spieler jedoch bewusst von der "militärischen" Komponente (Verbot von Tarnkleidung, roter Farbe etc.) und betonen das sportliche Element, so dass in jüngerer Zeit eine höhere Akzeptanz zu erkennen ist.

Die zum Spielen verwendeten "Marker" (ursprünglich verwendet zur Markierung von Rindern) verschießen per Luftdruck Farbkugeln, die beim Aufschlag am Ziel platzen und einen Farbfleck hinterlassen. Auch diese Geräte sind also als Luftdruckwaffen zu klassifizieren, folglich gelten für sie die gleichen Bestimmungen wie für die ASGs (vgl. Ausführungen zu Airsoft).

Insbesondere benötigt der Händler auch hier eine Waffenhandelserlaubnis.

Aus den o.g. Gründen legen die meisten Spieler übrigens größten Wert darauf, dass ihre Sportgeräte tatsächlich „Marker" genannt werden, und nicht „Paintball-Gewehr" bzw. „-Waffe".

VII. Messer

Auch Messer können vom WaffG erfasst sein. Hier ist zunächst zu beachten, dass gem. § 2 Abs. 3 WaffG der Handel mit folgenden Messern grundsätzlich verboten ist:

- getarnte Messer (z. B. integriert in Gürtelschnalle, „Stockdegen" etc.), vgl. Anlage 2 Abschnitt 1 Nr. 1.3.1;
- „Wurfsterne", vgl. Anlage 2 Abschnitt 1 Nr. 1.3.3;
- Springmesser (wenn Klinge länger als 85 mm bzw. zweiseitig geschliffen) und Fallmesser, vgl. Anlage 2 Abschnitt 1 Nr. 1.4.1, soweit die Klinge nicht seitlich aus dem Griff herausspringt und der aus dem Griff herausragende Teil der Klinge höchstens 8,5 Zentimeter lang und nicht zweiseitig geschliffen ist;
- Faustmesser, vgl. Anlage 2 Abschnitt 1 Nr. 1.4.2 (Ausnahmen in § 40 Abs. 3 WaffG), sowie
- Butterfly-Messer, vgl. Anlage 2 Abschnitt 1 Nr. 1.4.3.

Für alle anderen Messer gilt: Wenn sie dem Waffenbegriff des § 1 Abs. 2 Nr. 2 WaffG unterfallen, dürfen sie nur an Volljährige abgegeben werden, was durch die Händler überprüft werden muss.

Dies ist bei folgenden Messern der Fall:

- die ihrem Wesen nach dazu bestimmt sind, die Angriffs- oder Abwehrfähigkeit von Menschen zu beseitigen oder herabzusetzen, insbesondere Hieb- und Stoßwaffen § 1 Abs. 2 Nr. 2 lit. a WaffG;
- deren Klingen auf Knopf- oder Hebeldruck hervorschnellen und hierdurch oder beim Loslassen der Sperrvorrichtung festgestellt werden können (Springmesser), § 1 Abs. 2 Nr. 2 lit. b WaffG i. V. m Anlage 1 Abschnitt 1 Unterabschnitt 2 Nr. 2.1.1;
- deren Klingen beim Lösen einer Sperrvorrichtung durch ihre Schwerkraft oder durch eine Schleuderbewegung aus dem Griff hervorschnellen und selbsttätig oder beim Loslassen der Sperrvorrichtung festgestellt werden (Fallmesser), § 1 Abs. 2 Nr. 2 lit. b WaffG i. V. m Anlage 1 Abschnitt 1 Unterabschnitt 2 Nr. 2.1.2;
- mit einem quer zur feststehenden oder feststellbaren Klinge verlaufenden Griff, die bestimmungsgemäß in der geschlossenen Faust geführt oder eingesetzt werden (Faustmesser), § 1 Abs. 2 Nr. 2 lit. b WaffG i. V. m Anlage 1 Abschnitt 1 Unterabschnitt 2 Nr. 2.1.3;
- Faltmesser mit zweigeteilten, schwenkbaren Griffen (Butterflymesser), § 1 Abs. 2 Nr. 2 lit. b WaffG i. V. m Anlage 1 Abschnitt 1 Unterabschnitt 2 Nr. 2.1.4.

Händler benötigen für den Handel mit solchen Messern jedoch keine Waffenhandelserlaubnis.

Für den Erwerber ist jedoch noch § 42a Abs. 1 Nr. 3 WaffG beachtlich: hiernach ist das öffentliche Führen von einhändig bedienbaren Klappmessern und Messern mit einer Klingenlänge von über 12 cm verboten, sofern nicht eine Ausnahme (vgl. Abs. 2 und 3) vorliegt, z. B. für die Nutzung im Tauch- oder Klettersport.

In der Praxis beschränken sich Händler oftmals freiwillig darauf, auch Messer, die nicht als Waffen qualifiziert sind (s. o.), nur an Volljährige abzugeben.

VIII. Fazit

Nicht alles, was nach Sport aussieht, gehört auch in den Sporthandel – insbesondere dann nicht, wenn es im Anwendungsbereich des WaffG liegt. Die oben genannten Beispiele sind hierbei nur einige von vielen; darüber hinaus können u. U. auch Leuchtsignale, Schleudern und ähnliche Wander- und Anglerutensilien dem WaffG unterliegen, und auch Pfefferspray gehört eher nicht ins Gewürzregal. Wer mit diesen Gerätschaften Handel treiben will, wird – auch im E-Commerce – um den Erwerb einer Waffenhandelserlaubnis nicht herumkommen.

Verlängerung einer Marke

I. Begriff
II. Allgemeines
III. Zuständigkeit für die Verlängerung
IV. Voraussetzungen für die Verlängerung – Gebührenzahlung
V. Zeitpunkt der Verlängerung, Fälligkeit, Fristen
VI. Umfang der Verlängerung
VII. Kosten für die Verlängerung
VIII. Verlängerungserinnerung
IX. Versäumnis der Verlängerung

I. Begriff

Die Verlängerung einer Marke erfolgt durch die Verlängerung der Schutzdauer der Marke, da diese immer nur zeitlich begrenzt für einen Zeitraum von zehn Jahren besteht. Am Ende dieses zehnjährigen Zeitraums endet der Markenschutz automatisch ohne weiteres Zutun. Hat man kein Interesse an dem Erhalt der Marke, muss man sich also um nichts weiter kümmern. Soll die Marke jedoch weiter geschützt werden, ist eine Verlängerung zu beantragen.

Die Verlängerung der Marke ist in § 47 Abs. 2–4 MarkenG, §§ 37 f. MarkenV geregelt.

II. Allgemeines

Die Schutzdauer einer eingetragenen deutschen Marke beginnt im Zeitpunkt der Eintragung rückwirkend mit dem Anmeldetag und endet nach zehn Jahren am letzten Tag des Monats, der durch seine Benennung dem Monat entspricht, in den der Anmeldetag fällt. Zum Ende der Schutzdauer gibt es dann die

Verlängerung einer Marke

Möglichkeit, den Schutz um einen Zeitraum von weiteren zehn Jahren zu verlängern. Die Verlängerung ist beliebig oft möglich, so dass man bei der Marke auch von dem „ewigen" Recht spricht.

Beispiel:
> Die Marke wurde am 2.3.2016 angemeldet und am 18.7.2016 eingetragen. Die Schutzdauer endet am 31.3.2026.

III. Zuständigkeit für die Verlängerung

Der Antrag auf Verlängerung der Marke wird beim Deutschen Patent- und Markenamt gestellt, welches nach Prüfung die **Verlängerung im Markenregister** vermerkt.

IV. Voraussetzungen für die Verlängerung – Gebührenzahlung

Die Verlängerung der Marke erfolgt durch Zahlung der Verlängerungsgebühr beim Amt unter Angabe von Namen, Registernummer der Marke und des Verwendungszwecks. Die Zahlung kann durch jedermann erfolgen. Die Verlängerung tritt nach Zahlung der Gebühr kraft Gesetzes ein; weitere Erklärungen des Markeninhabers sind für die Verlängerung nicht erforderlich. Die Verlängerungsgebühr ist einmalig für eine Schutzdauer von weiteren 10 Jahren zu zahlen. Nach Eingang der Zahlung erhält der Markeninhaber eine schriftliche Bestätigung über die Verlängerung, die sogenannte Verlängerungsurkunde.

Einer erneuten Prüfung durch das Amt auf ihre Eintragungsfähigkeit hin wie im Anmeldeverfahren wird die Marke im Verlängerungsverfahren nicht unterzogen. Allerdings kann es sein, dass das Waren- und Dienstleistungsverzeichnis neu gruppiert wird, falls zwischen der Anmeldung bzw. vorangegangenen Verlängerung und der aktuellen Verlängerung der Marke die Nizzaer Klassifikation geändert wurde.

TIPP!
Für den Antrag auf Verlängerung sollte das Formularblatt verwendet werden, welches das Deutsche Patent- und Markenamt auf seiner Internetseite bereitstellt: (Formblatt W7412/2.15 unter http://www.rehmnetz.de/it-recht/dpmaformulare-marke.

V. Zeitpunkt der Verlängerung, Fälligkeit, Fristen

Die Verlängerung einer Marke ist am letzten Tag des Monats, in dem die Marke zehn Jahre zuvor angemeldet wurde, fällig. Frühestens ein Jahr vor Ablauf der Schutzdauer kann die Markenverlängerung durch Zahlung der Verlängerungsgebühr schon im Voraus vorgenommen werden. Nach Eintritt der Fälligkeit, d. h. mit Ende der Schutzdauer, beginnt eine Nachfrist von insgesamt sechs Monate, innerhalb derer die Verlängerung noch möglich ist. In den ersten zwei Monaten davon kann die Verlängerungsgebühr noch ohne Zuschlag eingezahlt werden. Erfolgt die Zahlung erst innerhalb weiterer vier Monate, ist zusätzlich zu den Verlängerungsgebühren ein Verspätungszuschlag i. H. v. derzeit 50 € zu zahlen.

VI. Umfang der Verlängerung

Man kann die Verlängerung der Marke sowohl mit unverändertem Waren- und Dienstleistungsverzeichnis als auch unter Einschränkung des Verzeichnisses vornehmen. Die Einschränkung ist beispielsweise in dem Fall sinnvoll, in dem die Marke für bestimmte Waren oder Dienstleistungen nicht mehr benutzt wird und somit Verlängerungsgebühren über die dritte Klasse hinaus für nicht mehr benötigte Klassen gespart werden können.

Eine Änderung der Marke ist jedoch auf die Einschränkung des Waren- und Dienstleistungsverzeichnisses beschränkt und nicht in Bezug auf das Markenzeichen selbst möglich. Das Zeichen bleibt unverändert. Ansonsten würde es sich um eine andere, neue Marke handeln, die einer erneuten, vollständigen amtlichen Prüfung unterzogen werden muss. Es können auch keine weiteren Waren oder Dienstleistungen hinzugefügt werden.

VII. Kosten für die Verlängerung

Die Kosten für die Verlängerung einer Marke betragen derzeit 750 €. Für jede zusätzliche Klasse ab der vierten werden zusätzliche 260 € fällig. Bei 5 Klassen würde die Verlängerungsgebühr somit 1.270 € (750 € + 2 x 260 €) betragen.

Der Verspätungszuschlag für eine Verlängerung beträgt 50 € und für jede zusätzliche Klasse ab der vierten noch weitere 50 €.

Die im Vergleich zu der Anmeldegebühr (300 €) recht hohe Gebühr wird damit gerechtfertigt, dass derjenige, der eine Marke verlängert, offensichtlich erfolgreich wirtschaftlich mit ihr gearbeitet hat und daher die Gebühr für die Verlängerung aufbringen kann. Zudem soll mit den hohen Gebühren auch vermieden werden, dass nicht genutzte Marken für andere gesperrt werden.

VIII. Verlängerungserinnerung

In der Regel wird der Markeninhaber vom Amt rechtzeitig vor Ablauf des Markenschutzes an die Möglichkeit einer Verlängerung erinnert. Hierzu ergeht eine Mitteilung, in der der Markeninhaber zur Zahlung der Verlängerungsgebühr aufgefordert wird. Allerdings besteht kein Anspruch auf eine amtliche Verlängerungserinnerung. Der Verlängerungstermin sollte daher von jedem Markeninhaber selbst überwacht werden.

IX. Versäumnis der Verlängerung

Wird eine Marke innerhalb Verlängerungsfrist sowie der sechsmonatigen Nachfrist nicht verlängert, verfällt die Marke und wird im Markenregister gelöscht. Ein Wiederauflebenlassen der Marke ist dann nicht mehr möglich.

TIPP!
Da das Versäumnis der Verlängerung den endgültigen Verlust der Marke zur Folge hat, empfiehlt es sich, die Schutzdauer der Marke sorgfältig zu überwachen, damit kein ungewollter Rechtsverlust eintritt. Weiß der Markeninhaber schon mit Gewissheit, dass er die Marke verlängern will, kann dem Markenamt auch ein SEPA-Lastschriftmehrfachmandat erteilt werden. Weitere Informationen zum SEPA-Mandat des DPMA gibt es unter http://www.rehmnetz.de/it-recht/dpma-sepa.

Vertragsfallen im Internet

I. Hintergrund

II. Rechtslage
1. Unwirksamkeit der Vergütungsklausel nach § 305c BGB
2. Unwirksamkeit des Vertrags nach § 312j Abs. 4 BGB (bis 12.6.2014 § 312g Abs. 4 BGB)

III. Fazit

IV. Musterschreiben gegen Lockfallenbetreiber

I. Hintergrund

Im Internet gibt es immer noch zahlreiche Seiten, die durch ihre äußere Gestaltung den Eindruck vermitteln, als würde eine kostenlose Leistung angeboten, obwohl es sich tatsächlich um ein kostenpflichtiges Angebot handelt. Von der Kostenpflichtigkeit des Angebots erfährt der Nutzer im Internet jedoch nur dann etwas, wenn er sich auch die Mühe macht, das Kleingedruckte oder die Allgemeinen Geschäftsbedingungen (AGB) des jeweiligen Anbieters zu lesen. Tut er dies nicht, was in der Regel der Fall ist, und meldet er sich als Nutzer des scheinbar kostenlosen Services an, ist er in die Falle getappt und wird von nun an mit Zahlungsaufforderungen des jeweiligen Anbieters belästigt.

Dabei ist die Masche der Lockfallenbetreiber stets die gleiche: Der Nutzer stößt im Internet auf ein vermeintlich kostenloses Angebot, welches in vielen Fällen auch noch mit der kostenlosen Teilnahme an einem Gewinnspiel beworben wird. Um das Angebot wahrnehmen zu können, wird der Nutzer aufgefordert, sich mit seinen persönlichen Daten anzumelden. Danach erhält der Nutzer eine Anmeldebestätigung und kann das Angebot wahrnehmen. Nach ein paar Wochen erhält der Nutzer dann plötzlich eine Zahlungsaufforderung wegen der Wahrnehmung des Angebots. Darin wird er darauf hingewiesen, er habe sich zu einem bestimmten Termin für ein kostenpflichtiges Angebot angemeldet und schulde daher eine entsprechende Vergütung. Zahlt der Nutzer nicht auf Anhieb, so wird in der Regel ein Inkasso-Unternehmen oder auch ein Rechtsanwalt mit der Eintreibung der behaupteten Forderung beauftragt. Die Forderung wächst im Laufe der Zeit aufgrund der geltend gemachten Mahnkosten immer weiter an.

Diese Masche führt leider in vielen Fällen dazu, dass der ahnungslose Nutzer dem ausgeübten Druck nachgibt und den geforderten Betrag bezahlt. Auf diese Weise verdienen einige Unternehmen nach wie vor viel Geld mit der (unberechtigten) Angst der Leute.

Aktuelle Listen mit Domains von Lockfallenbetreibern finden sich häufig auf den Internetseiten der Verbraucherzentralen. Einen guten Überblick bietet auch die vom Bundesministerium für Verbraucherschutz geförderte Internetseite http://www.rehmnetz.de/it-recht/evz-de des Europäischen Verbraucherzentrums Deutschland.

II. Rechtslage

Derartige Internetangebote werden nicht ohne Grund als **Lockfallen** bezeichnet. Der Nutzer wird mit einem scheinbar kostenlosen Angebot gelockt und danach zur Kasse gebeten. Die Angebotsseiten lassen eine Vergütungspflicht für das Angebot nicht erkennen. Die Kostenpflichtigkeit des Angebots lässt sich in der Regel nur aus den AGB des Anbieters entnehmen und dort meist nur an versteckter Stelle.

1. Unwirksamkeit der Vergütungsklausel nach § 305c BGB

Solche Klauseln in Allgemeinen Geschäftsbedingungen werden nach § 305c BGB nicht Vertragsbestandteil, so dass eine Vergütungspflicht für die angebotene Leistung nicht besteht. Gemäß § 305c BGB werden nämlich Bestimmungen, die nach den Umständen, insbesondere nach dem äußeren Erscheinungsbild des Vertrags, so ungewöhnlich sind, dass der Vertragspartner des Verwenders mit ihnen nicht zu rechnen braucht, nicht Vertragsbestandteil. Hierbei ist immer das Gesamtbild der jeweiligen Website, sowie die Erwartungen, die der redliche Verkehr typischerweise oder auf Grund des Verhaltens des Verwenders bei Vertragsschluss an den typischen Vertragsinhalt knüpft, maßgeblich.

Beispiel:
> Der Lockfallenbetreiber bietet – nach den AGB bzw. einem versteckten Hinweis auf der Website kostenpflichtig – Software zum Download an, die normalerweise im Internet kostenfrei heruntergeladen werden kann.

Danach ist in den oben genannten Fällen zwar grundsätzlich davon auszugehen, dass der jeweilige Anbieter keinen Zahlungsanspruch gegen den überraschten Nutzer hat. Dennoch kann jedem Nutzer, der sich auf ein scheinbar kostenloses Angebot einlässt, nur empfohlen werden, zuvor die zur Verfügung gestellten AGB des Unternehmens zu lesen und auf eine eventuelle Kostenpflichtigkeit des Angebots zu untersuchen. Auf diese Weise kann man sich den zu erwartenden Ärger von vornherein ersparen.

2. Unwirksamkeit des Vertrags nach § 312j Abs. 4 BGB (bis 12.6.2014 § 312g Abs. 4 BGB)

Die Rechtslage ist für die Anbieter zum 1.8.2012 durch eine Änderung der fernabsatzrechtlichen Vorschriften noch einmal verschärft worden. Eingefügt wurde ein neuer § 312g Abs. 3 BGB, der aufgrund europarechtlicher Vorgaben zum 13.6.2014 fast wortlautgleich durch einen § 312j Abs. 3 BGB ersetzt worden ist. Dieser lautet:

„Der Unternehmer hat die Bestellsituation bei einem Vertrag nach Absatz 2 so zu gestalten, dass der Verbraucher mit seiner Bestellung ausdrücklich bestätigt, dass er sich zu einer Zahlung verpflichtet. Erfolgt die Bestellung über eine Schaltfläche, ist die Pflicht des Unternehmers aus Satz 1 nur erfüllt, wenn diese Schaltfläche gut lesbar mit nichts anderem als den Wörtern ‚zahlungspflichtig bestellen' oder mit einer entsprechenden eindeutigen Formulierung beschriftet ist."

Die sogenannte **„Button"-Lösung** soll verhindern, dass der Verbraucher erst in den AGB nach einer versteckten Zahlungspflicht suchen muss. Erfüllt der Unternehmer diese Vorgaben nicht, ist der Vertrag bereits nach § 312j Abs. 4 BGB (bis 12.6.2014 § 312g Abs. 4 BGB) unwirksam. Eine Zahlungspflicht des Verbrauchers ist damit ausgeschlossen.

III. Fazit

Wer für ein Angebot eine Rechnung erhält, von dem er dachte, es sei kostenlos, sollte zunächst einmal überprüfen, wann der Vertrag geschlossen worden sein soll. War dies vor dem 1.8.2012, kommt es darauf an, ob die oben genannten Voraussetzungen einer überraschenden Klausel wirklich vorliegen. Ist dies der Fall, sollte man sich nicht durch diverse Forderungsschreiben einschüchtern lassen und sich gegen unberechtigte Forderungen zur Wehr setzen. Das nachfolgende Musterschreiben bietet hierfür eine gute Basis.

TIPP!
Fertigen Sie möglichst bald einen Screenshot der betreffenden Website an!

Doch Vorsicht: Nicht jeder Fall ist gleich zu beurteilen. Wer sich nicht sicher ist, ob er tatsächlich das Opfer einer Lockfalle geworden ist oder ob er nicht vielleicht doch ein kostenpflichtiges Angebot wahrgenommen hat, welches zur Zahlung verpflichtet, sollte auf jeden Fall rechtlichen Rat einholen. Außerdem sollte man die Möglichkeit nicht außer Acht lassen, dass die oben genannten Lock-Domain-Betreiber ihre Angebote irgendwann einmal an die gesetzlichen Voraussetzungen anpassen und von diesem Zeitpunkt an tatsächlich kostenpflichtig anbieten.

Liegt der angebliche Vertragsschluss nach dem 1.8.2012 hätte der Verbraucher für das Zustandekommen des Vertrags die Zahlungsverpflichtung in der Bestellsituation ausdrücklich bestätigen müssen. Der Nachweis hierfür obliegt dem Unternehmer, so dass für den Verbraucher zunächst nichts weiter veranlasst ist.

TIPP!
Wer sich trotzdem vergewissern möchte, kann auf der betreffenden Internetseite nach einem Button „zahlungspflichtig bestellen" oder einer ähnlichen Gestaltung suchen und gegebenenfalls Screenshots fertigen.

IV. Muster: Musterschreiben gegen Lockfallenbetreiber

Firma
Raffzahn
Straße
Ort
Betreff
Kundennummer

Sehr geehrte Damen und Herren,

in vorbezeichneter Angelegenheit habe ich von Ihnen eine Rechnung vom ... über eine Forderung in Höhe von ... € erhalten. Als vergütungspflichtige Leistung haben Sie einen Jahreszugang für das Internetportal ... angegeben. Ich soll mich am 9.2.2012 auf Ihrer Internetseite angemeldet und damit ein kostenpflichtiges Angebot angenommen haben. Mit E-Mail vom ... haben Sie den Rechnungsbetrag bei mir angemahnt.

Ihre Forderung über den oben genannten Betrag ist unbegründet. Ich bin Ihnen gegenüber nicht zur Zahlung verpflichtet, da die in Ihren AGB enthaltene Vergütungsklausel gegen § 305c BGB verstößt. Danach werden Bestimmungen, die nach den Umständen, insbesondere nach dem äußeren Erscheinungsbild des Vertrags, so ungewöhnlich sind, dass der Vertragspartner des Verwenders mit ihnen nicht zu rechnen braucht, nicht Vertragsbestandteil. Hierbei ist immer das Gesamtbild der jeweiligen Website, sowie die Erwartungen, die der redliche Verkehr typischerweise oder auf Grund des Verhaltens des Verwenders bei Vertragsschluss an den typischen Vertragsinhalt knüpft, maßgeblich.

Ihre Internetseite war so aufgebaut, dass ich keine Vergütungspflicht erkennen konnte. Denn zum Zeitpunkt der Anmeldung befand sich auf Ihrer Internetseite kein hinreichend deutlicher Hinweis über die Vergütungspflicht Ihres Angebots. Ein entsprechender Hinweis befand sich lediglich an sehr versteckter Stelle auf Ihrer Angebotsseite und in Ihren AGB, die jedoch nur über einen Link erreichbar waren. Darüber hinaus ist die von Ihnen angebotene Leistung auch nicht typischerweise kostenpflichtig, so dass sich mir die Vergütungspflicht hätte aufdrängen müssen. Im Internet finden sich vielmehr zahlreiche ähnliche, völlig kostenlose Dienstleistungen, so dass ich nicht zwingend von einer Vergütungspflicht für Ihr Angebot ausgehen musste.

Hilfsweise erkläre ich die Anfechtung, weil lediglich eine kostenlose Nutzung Ihres Angebots gewollt war und keine kostenpflichtige.

Ich fordere Sie daher auf, von Ihrer Forderung Abstand zu nehmen und weitere Zahlungsaufforderungen an mich zu unterlassen. Sollten Sie meiner Aufforderung nicht Folge leisten, werde ich anwaltliche Hilfe in Anspruch nehmen.

Mit freundlichen Grüßen

Max Mustermann

Verwertungsgesellschaften

I. Begriff

II. Erwerb von Nutzungsrechten bei Verwertungsgesellschaften

III. Übersicht über die im IT-Bereich wichtigsten Verwertungsgesellschaften
  1. GEMA
  2. GVL
  3. VG Bild-Kunst
  4. VG Wort

I. Begriff

Verwertungsgesellschaften sind privatrechtlich organisierte Vereinigungen, die → *Verwertungsrechte* zur kollektiven Auswertung wahrnehmen. Für Verwertungsgesellschaften gilt das Urheberwahrnehmungsgesetz (UrhWahrnG). Hiernach schließen die Verwertungsgesellschaften mit den einzelnen Urhebern oder Leistungsschutzberechtigten **Wahrnehmungs- bzw. Berechtigungsverträge.** Die Verwertungsgesellschaft erteilt in der Regel somit Nutzern Lizenzen und zieht hierfür Vergütungen ein.

Die Verwertungsgesellschaften sind aber auch zuständig für die Rechte an Verwertungsarten, bei denen jeweils eine dem Urheber vorbehaltene Werkverwertung bereits vorausgegangen ist: Dies ist bei der Wiedergabe durch Bild- oder Tonträger und Wiedergabe von Funksendungen der Fall. Bei diesen Rechten handelt es sich um sog. **Zweitverwertungsrechte.**

Beispiel:

> Öffentliche und Fachbibliotheken, Tages- und Fachzeitungen, Hörfunk, Fernsehen und Internet sind Träger und Multiplikatoren geschützter Werke. Hier sind Kopien und somit Formen der Nutzung möglich, die der einzelne Urheber nicht kontrollieren kann. Filme kann man auf Videokassetten oder DVDs aufzeichnen, Zeitungen kopieren und Musik aus dem Radio auf Kassetten oder CDs speichern.

Diese besondere Form der „Lizenzgebühren" geht an die Verwertungsgesellschaften. Diese erhalten unterschiedliche Anteile, je nachdem zu welchem Zweck das Gerät geeignet ist und welcher Anteil an Inhalten kopiert wird.

Schließlich werden die Gelder in Form von **Ausschüttungen an Autoren und Verlage** ausgezahlt. Die Höhe der Einnahmen ist eine ewige Diskussion zwischen der Industrie und den Verwertungsgesellschaften. Dabei gibt es für bestimmte Fallgruppen aufgestellte Tarife.

Die erzielten Einnahmen teilt die Verwertungsgesellschaft dann nach festen Regeln – dem sogenannten **Verteilungsplan** – auf und schüttet sie an die Urheber und Leistungsschutzberechtigten aus. Allerdings existiert nicht eine einheitliche Verwertungsgesellschaft. Für alle geschützten Werke bieten die großen deutschen Verwertungsgesellschaften (GEMA, VG-Wort, GVL und VG Bild-Kunst) traditionell unterschiedliche Leistungen an und nehmen unterschiedliche Autorenrechte wahr.

Die Ermittlung der Verwertungsgesellschaft, die möglicherweise die Rechte an dem benötigten Material wahrnimmt, ist über die Werkart bzw. Leistung und andererseits die Berufsgruppe des Rechteinhabers möglich. Ob ein Rechteinhaber mit den in Frage kommenden Verwertungsgesellschaften einen Wahrnehmungs- bzw. Berechtigungsvertrag abgeschlossen hat, ist daran zu erkennen, dass das zu verwendende Material im Repertoire der Verwertungsgesellschaft vorhanden ist. Dazu ist eine **Recherche** in der Datenbank auf der Webseite der jeweiligen Verwertungsgesellschaft möglich. Es ist in der Regel auch möglich, direkte Anfrage zu stellen.

II. Erwerb von Nutzungsrechten bei Verwertungsgesellschaften

Die Verwertungsgesellschaften nehmen eine **Monopolstellung** in Bezug auf die von ihr vertretenen Werke ein. Sie unterliegen daher gem. § 11 UrhWahrnG einem Abschlusszwang gegenüber Werknutzern. Die jeweilige Verwertungsgesellschaft ist folglich verpflichtet, jedermann auf Verlangen zu angemessenen Bedingungen Nutzungsrechte einzuräumen.

III. Übersicht über die im IT-Bereich wichtigsten Verwertungsgesellschaften

1. GEMA

Die älteste und wirtschaftlich bedeutendste unter den bestehenden Verwertungsgesellschaften ist die Gesellschaft für musikalische Aufführungs- und mechanische Vervielfältigungsrechte (GEMA). Sie ist zuständig für die **Rechte der Komponisten, Textdichter und Musikverleger** an Werken der Musik und stellt insoweit die einzige Verwertungsgesellschaft im musikalischen Bereich dar. Seit 1996 nimmt die GEMA auch das Recht wahr, musikalische Werke auf Multimedia- und anderen Datenträgern aufzunehmen, diese zu vervielfältigen und zu verbreiten sowie Werke der Musik in Datenbanken, Dokumentationssystemen oder Speichern jeder Art einzubringen. Die GEMA nimmt sowohl Erst- wie Zweitverwertungsrechte wahr.

Beispiele für eine Rechtewahrnehmung der GEMA im IT-Bereich

- Music on Demand mit und ohne Download, d. h. Anbieten von Musikwerken im Internet oder anderen Netzen,
- Internet-Radio-Nutzung von Musik auf Webseiten zu Präsentationszwecken,
- Nutzung von Musik auf Webseiten mit E-Commerce,
- Versendung von Ruftonmelodien auf Mobiltelefone,
- Vervielfältigung von Musik auf audiovisuelle Datenträger,
- bei öffentlicher Wiedergabe von urheberrechtlich geschützten Werken deren Urheber GEMA-Mitglieder sind,
- CD-ROM etc.,
- Verbindung von Musik mit Werken anderer Gattungen (beispielsweise Textwerken, Bildwerken) zu einem Multimedia-Produkt.

2. GVL

Die Gesellschaft zur Verwertung von Leistungsschutzrechten mbH (GVL) nimmt die sogenannten **Zweitverwertungsrechte für die Künstler und die Hersteller** wahr. Sie zieht hierfür auf der Basis der von ihr aufgestellten Tarife und abgeschlossenen Verträge die Vergütungen ein und verteilt sie an ihre Berechtigten.

Es handelt sich dabei um die gesetzlichen Vergütungsansprüche

- gegen Hörfunk- und Fernsehsender für die Verwendung erschienener Tonträger in ihren Programmen,
- gegen Kabelbetreiber für die Einspeisung von Fernseh- und Hörfunkprogrammen ins Kabelnetz,
- gegen Diskotheken, Gaststätten, Hotels etc. für die öffentliche Wiedergabe von Tonträgern und von Radio- und Fernsehsendungen (Beachten Sie, dass hier letztlich neben der GVL für das Leistungsschutzrecht die GEMA für die Urheberrechte zuständig ist – am Ende meldet man sich nur bei der GEMA an, die für die GVL das Inkasso bestreitet),
- gegen die Hersteller von Aufnahmegeräten und Leermedien für die private Überspielung von Tonträgern und Videokassetten sowie von Radio- und Fernsehsendungen,
- gegen die Videotheken für die Vermietung von Bildtonträgern und Tonträgern (Vermieterlaubnis durch den Hersteller vorausgesetzt),
- gegen die öffentliche Hand für den Verleih von Tonträgern und Bildtonträgern in öffentlichen Bibliotheken,
- gegen die Schulbuchverleger für die Aufnahme von Titeln aus erschienenen Tonträgern in Sammlungen für den Schul- und Unterrichtsgebrauch
- und in anderen Fällen der Zweitverwertung von künstlerischen Darbietungen und erschienenen Tonträgern.

Den Tonträgern stehen bei der GVL Musikvideos gleich.

3. VG Bild-Kunst

Die Verwertungsgesellschaft Bild-Kunst (VG Bild-Kunst) ist ein von den Urhebern gegründeter Verein (**Künstler, Fotografen und Filmurheber**) zur Wahrnehmung ihrer Rechte.

Sie nimmt für ihre Mitglieder (Fotografen, Bildjournalisten, Designer, Karikaturisten, Pressezeichner, Bildagenturen und Verleger) und die Mitglieder ausländischer Schwesterorganisationen alle Verwertungsrechte im visuellen Bereich wahr, die der einzelne Urheber aus praktischen oder gesetzlichen Gründen nicht selbst wahrnehmen kann.

Hierzu gehören:

- für Künstler, die Werke der bildenden Kunst herstellen, und Fotografen: Vervielfältigungsrechte für die Online-Nutzung von Werken und Lichtbildern sowie die Rechte für die digitale Nutzung von veröffentlichten Lichtbildwerken und Lichtbildern für wissenschaftliche Zwecke, für den Schul- und Unterrichtsgebrauch sowie für kommerzielle Bildungszwecke,

- für Filmurheber: Online-Rechte zur Digitalisierung audiovisueller Werke; das Recht, digitalisierte audiovisuelle Werke zu senden und öffentlich zugänglich zu machen und das Recht, die Werke in elektronischen Datenbanken zu speichern und aus diesen die Werke zu übermitteln.

4. VG Wort

Für die Rechte der **Autoren von Sprachwerken** ist die Verwertungsgesellschaft Wort (VG Wort) zuständig. Die VG Wort ist in erster Linie für **Zweitverwertungsrechte** zuständig.

Verwertungsrechte, allgemeine

I. Begriff
II. Recht zur körperlichen Verwertung
III. Das Recht zur unkörperlichen Verwertung
IV. Freie Benutzung

I. Begriff

Die Verwertungsrechte sind die Rechte, die das → *Urheberrecht* dem Urheber zuerkennt, um ihn in die Lage zu versetzen, sein Werk alleine und ausschließlich in jeglicher Art und Weise zu verwerten. Sie werden Nutzungsrechte, wenn sie einem anderen eingeräumt werden. Sie sollen die wirtschaftliche Position des Urhebers sichern und verhindern, dass Dritte das Werk unberechtigt nutzen und verwerten.

Das UrhG unterscheidet im Bereich der Verwertungsrechte zwischen der Verwertung in körperlicher (§ 15 Abs. 1 UrhG) und in unkörperlicher Form (§ 15 Abs. 2 UrhG). Die körperliche Verwertung befasst sich in Abgrenzung zu der unkörperlichen Verwertung unmittelbar mit dem Werk als solchem im Original oder als Vervielfältigungsstück. Für Computerprogramme weist § 69c UrhG gesondert Verwertungsrechte (siehe → *Verwertungsrechte an Computerprogrammen*) aus.

II. Recht zur körperlichen Verwertung

Zu den Rechten zur körperlichen Verwertung gehören:

- Das **Vervielfältigungsrecht** gemäß § 16 UrhG. Dieses besagt, dass es zunächst nur dem Urheber erlaubt ist, Vervielfältigungsstücke eines Werkes, gleich in welchem Verfahren und in welcher Form, herzustellen. Diese Vervielfältigung muss jedoch auf einem festen Medium erfolgen, zum Beispiel auf einer CD.

  Beispiel für Vervielfältigungen:
  Anfertigung von vielen Druckexemplaren einer Zeitung oder eines Buches, Fotokopien, Fabrikationen der Ton- und Bildträgerindustrie (CDs, DVDs, Blu-Rays, Schallplatten, usw.) sowie Mitschnitte von Fernsehsendungen.

  Nach aktueller Rechtsprechung (vgl. BGH, Urteil vom 19.3.2014, Az. I ZR 35/14) ist aber auch in der **Digitalisierung von Werken** (z. B. durch Scannen) eine Vervielfältigungshandlung zu sehen. Durch die Digitalisierung verlieren die Werke zwar ihre eigentliche körperliche Form, das Werk an sich verändert sich jedoch nicht. Außerdem dient die digitale Festlegung im Sinne des § 16 UrhG der mittelbaren Wahrnehmung des Werkes.

- Das **Verbreitungsrecht** gemäß § 17 UrhG. Dieses ist das Recht „das Original oder Vervielfältigungsstücke des Werkes der Öffentlichkeit anzubieten oder in Verkehr zu bringen". Der Begriff der **Öffentlichkeit** wird in § 15 Abs. 3 UrhG definiert. Demnach ist die Wiedergabe eines Werkes für den Gesetzgeber öffentlich, wenn sie für eine **Mehrzahl von Personen** bestimmt ist. Das gilt nicht für einen abgegrenzten Personenkreis, dessen Mitglieder durch eine persönliche Beziehung untereinander verbunden sind.

- Das **Ausstellungsrecht** gemäß § 18 UrhG. Dieses ist das Recht, das Original oder Vervielfältigungsstücke eines unveröffentlichten Werkes der bildenden Künste oder eines unveröffentlichten Lichtbildwerkes **öffentlich zur Schau zu stellen**. Als körperliches Verwertungsrecht ist es insbesondere im Bereich der **bildenden Kunst** von Bedeutung.

 ACHTUNG!
In diesem Zusammenhang ist darauf hinzuweisen, dass immer streng zwischen dem **Eigentum** am Werk und der **Ausübung von Nutzungsrechten** zu unterscheiden ist. Der Eigentümer eines Werkes ist allein aufgrund der Tatsache, dass er das Eigentum an dem Werk erworben hat, grundsätzlich nicht zur Ausübung urheberrechtlicher Befugnisse berechtigt (§ 44 Abs. 1 UrhG). Er ist jedoch zur Ausstellung berechtigt, wenn nichts anderes vereinbart wurde.

III. Das Recht zur unkörperlichen Verwertung

Zu den Verwertungsrechten in unkörperlicher Form gehört:

- Das Vortrags-, Aufführungs- und Vorführungsrecht gem. § 19 UrhG.

  Das Aufführungsrecht ist das Recht, ein Werk der Musik durch persönliche Darbietung öffentlich zu Gehör zu bringen oder ein Werk öffentlich bühnenmäßig darzustellen (§ 19 Abs. 2 UrhG).

  Es muss sich dabei um eine **persönliche Darbietung** in der Öffentlichkeit, d. h. vor anwesenden Zuschauern bzw. Zuhörern handeln oder um Darbietungen, die per Bildschirm oder Lautsprecher oder ähnliche technische Einrichtungen öffentlich wahrnehmbar gemacht werden (§ 19 Abs. 3 UrhG).

Verwertungsrechte, allgemeine

Das **Vorführungsrecht** ist das Recht, ein Werk der bildenden Künste, ein Lichtbildwerk, ein Filmwerk oder Darstellungen wissenschaftlicher oder technischer Art durch technische Einrichtungen öffentlich wahrnehmbar zu machen. Das Vorführungsrecht umfasst nicht das Recht, die Funksendung solcher Werke öffentlich wahrnehmbar zu machen (§ 22 i. V. m. § 19 Abs. 4 UrhG).

Auch beim Vorführungsrecht findet die Darbietung des Werkes vor einem anwesenden Publikum statt. Jedoch handelt es sich hierbei nicht um eine **persönliche** Darbietung, sondern um eine Darbietung durch technische Einrichtungen, z. B. Vorführgeräte in einem Kino.

ACHTUNG!
Vom Vorführungsrecht ist das Senderecht abzugrenzen.

- Das **Recht der öffentlichen Zugänglichmachung** gem. § 19a UrhG

Dieses ist ein Recht, das durch das **Internet** erforderlich wurde. Es gewährt dem Urheber das ausschließliche Recht, das Werk drahtgebunden oder drahtlos in der Öffentlichkeit zugänglich zu machen. Voraussetzung ist, dass das Werk den Mitgliedern der Öffentlichkeit unabhängig von Orten und zu Zeiten ihrer Wahl zugänglich ist. Das Verwertungsrecht der öffentlichen Zugänglichmachung knüpft allein an das **Bereitstellen für die Öffentlichkeit** an; auf die „Öffentlichkeit" der einzelnen Abfrager kommt es nicht an.

Der Bundesgerichtshof (Urteil vom 29.4.2010, Az. I ZR 69/08, „Google Thumbnails") hat festgestellt, dass die Zurschaustellung von Vorschaubildern in Suchmaschinen („Thumbnails") nicht als Zugänglichmachung im Sinne des § 19a UrhG zu werten ist.

Hingegen stellt bereits das abrufbare Bereithalten von Werken unter einer URL-Adresse – also auch ohne Einbindung in eine Webseite – eine öffentliche Zugänglichmachung nach § 19a UrhG dar (vgl. OLG Karlsruhe, Urteil vom 3.12.2012, Az. 6 U 92/11).

- Das **Senderecht** gem. § 20 UrhG

Das Senderecht ist das Recht, das Werk durch Funk, wie Ton- und Fernsehrundfunk, Drahtfunk oder ähnliche technische Einrichtungen, der Öffentlichkeit zugänglich zu machen. Funksendungen fallen dementsprechend nicht unter das Vorführungsrecht (§ 19 Abs. 4 UrhG). Während beim Vorführungsrecht das Auditorium die Darbietung des Werkes gemeinsam wahrnimmt, muss das bei Funksendungen nicht der Fall sein.

Es ist nicht entscheidend, ob das Werk auch tatsächlich in der Öffentlichkeit empfangen wird.

Beispiel:
Zum Senderecht zählen der digitale und analoge terrestrische Rundfunk in gleicher Weise wie die Satelliten- oder die Kabelsendung. § 20a UrhG weist **europäischen Satellitensendungen** den Ort der Verwertungshandlung zu. Zunächst stellt er in Abs. 1 auf den aussendenden Mitgliedstaat der Europäischen Union ab (sog. Sendelandtheorie). Ist der aussendende Staat nicht von Abs. 1 erfasst, dann gilt nach Abs. 2 primär der Mitgliedstaat, in dem die Erdsendefunkstation liegt, und sekundär der Mitgliedstaat, in dem das Sendeunternehmen seine Niederlassung hat, als Ort der Verwertungshandlung.

- Das **Recht zur Kabelweitersendung** gem. § 20b UrhG.

Dieses ist das Recht, ein gesendetes Werk im Rahmen eines zeitgleich, unverändert und vollständig weiterübertragenen Programms durch Kabelsysteme oder Mikrowellensysteme weiterzusenden. Es ist ein selbstständiges Nutzungsrecht, welches sich aus dem Senderecht nach § 20 UrhG ableitet und kann nur durch eine Verwertungsgesellschaft geltend gemacht werden. Aufgrund dieser Vorschrift sind weitersendende Unternehmen nicht gezwungen, die einzelnen Urheberrechte an den weitergesendeten Programmteilen gesondert zu erwerben.

- Das **Recht der Wiedergabe durch Bild- oder Tonträger** gem. § 21 UrhG

Dieses ist das Recht, Vorträge oder Aufführungen des Werkes mittels Bild- oder Tonträger öffentlich wahrnehmbar zu machen. Dieses Recht wird relevant, wenn z. B. bei einer öffentlichen Veranstaltung oder in einer Diskothek Tonträger (Schallplatten, CDs usw.) abgespielt werden, die Rechte der ausübenden Künstler, d. h. Sänger und Musiker sowie der Plattenfirma (Tonträgerhersteller), berühren. Es ist das Recht zur Wiedergabe einzuholen.

ACHTUNG!
Wird hingegen **Live-Musik** gespielt, muss das **Aufführungsrecht** (§ 19 Abs. 2 UrhG) eingeholt werden.

- Das **Recht der Wiedergabe von Funksendungen** gem. § 22 UrhG

Dieses ist das Recht, Funksendungen des Werkes durch Bildschirm, Lautsprecher oder ähnliche technische Einrichtungen öffentlich wahrnehmbar zu machen, im Gegensatz zu dem Recht der Wiedergabe durch Bild- oder Tonträger (§ 21 UrhG).

Beispiel:
Ladengeschäfte und Gaststätten, die Rundfunksendungen als musikalische Untermalung für ihre Kundschaft im Hintergrund laufen lassen.

- Das **Bearbeitungsrecht** gem. § 23 UrhG

Bearbeitungen oder sonstige Umgestaltungen eines Werkes dürfen nur mit Zustimmung des Urhebers veröffentlicht oder verwertet werden. Eine Bearbeitung ist jedoch zulässig, solange diese nicht öffentlich zugänglich gemacht wird. Eine Bildbearbeitung am heimischen PC, um eine Fotografie in ein Desktop-Hintergrundbild zu verwandeln, ist somit erlaubt. Software hingegen darf nicht umgestaltet und bearbeitet werden (siehe § 69c Nr. 2 UrhG → *Verwertungsrechte an Computerprogrammen*). In seiner „Google-Thumbnails"-Entscheidung hat der Bundesgerichtshof (Az. I ZR 69/08, „Google Thumbnails") entschieden, dass „eine Abbildung, die ein Werk zwar verkleinert darstellt, aber in seinen wesentlichen schöpferischen Zügen genauso gut erkennen lässt wie das Original, keine Umgestaltung i. S. von § 23 UrhG ist".

IV. Freie Benutzung

Die Verwertungsrechte finden ihre **Schranken** in der sogenannten freien Benutzung. Die freie Benutzung eines Werkes ist jederzeit möglich (§ 24 UrhG). Voraussetzung dafür ist, dass das benutzte Werk nicht vollständig, sondern lediglich in umgestal-

Verwertungsrechte an Computerprogrammen

teter Form übernommen wird. Das Werk darf nur als Vorlage, also als **Anregung** für das neue, selbstständige Werk dienen. Die entliehenen Züge des geschützten älteren Werkes dürfen nicht mehr erkennbar sein. Die freie Benutzung von urheberrechtlich geschützten Werken ist unverzichtbar, da jeder Schöpfer von geistigen Inhalten für die Erstellung seiner neuen Werke sich von fremden Werken inspirieren lässt.

Beispiel für freie Benutzung:
- Wiedergabe des Inhalts eines Gedichts in einem Gemälde
- Parodien und Travestien als Kritik anderer Werke

Beispiel für zustimmungspflichtige Benutzung:
- Übersetzung oder Verfilmung eines Sprachwerks
- Fortsetzungen von Literaturwerken (sogenannter Serienroman)

Die Rechtsprechung hat für die Abgrenzung der freien Benutzung von der zustimmungspflichtigen Bearbeitung eines Werkes die sogenannte **„Verblassenstheorie"** entwickelt. So entschied der BGH im Jahre 2003, dass eine Karikatur des Bundesadlers freie Benutzung im Sinne des § 24 UrhG sei.

Er führte aus (BGH, Urteil vom 20.3.2003; Az. I ZR 117/00):

„Die freie Benutzung eines älteren geschützten Werks setzt voraus, dass angesichts der Individualität des neuen Werks die Züge des benutzten Werks verblassen. Dies geschieht in der Regel dadurch, dass die dem geschützten älteren Werk entlehnten Züge in dem neuen Werk zurücktreten, so dass die Benutzung des älteren Werkes durch das neuere nur noch als Anregung zu einem neuen, selbstständigen Werkschaffen erscheint."

Später ergänzte der Bundesgerichtshof dies (Urteil vom 1.12.2010, Az. I ZR 12/08, „Perlentaucher"):

„Für die Beurteilung, ob eine abhängige Bearbeitung (§ 23 UrhG) oder eine freie Benutzung (§ 24 Abs. 1 UrhG) vorliegt, kommt es nicht darauf an, ob das neue Werk dazu geeignet oder bestimmt ist, das ältere Werk zu ersetzen."

In der „Perlentaucher"-Entscheidung hat der Bundesgerichtshof sich mit Zusammenfassungen von urheberrechtlich geschützten Texten beschäftigt und dabei entschieden, dass es bei der Abgrenzung auf die Wertung des Gesamtbildes ankommt, ob letztlich ein genügender Abstand zum Originalwerk erhalten bleibt. Dies kann auch dann noch der Fall sein, wenn die Zusammenfassung auch Formulierungen enthält, auf denen die schöpferische Eigenart des ursprünglichen Schriftwerks beruht.

Verwertungsrechte an Computerprogrammen

I. Begriff

II. Die einzelnen Verwertungsrechte
1. Das Recht der Vervielfältigung (Vervielfältigungsrecht)
2. Umarbeitungsrecht
3. Verbreitungsrecht
4. Recht der öffentlichen Wiedergabe und Recht der öffentlichen Zugänglichmachung

III. Zustimmungsfreie Handlungen – Schranken des Urheberschutzes
1. Vervielfältigung bzw. Umarbeitung
2. Sicherungskopie
3. Beobachtung, Untersuchung und Testen
4. Dekompilierung
5. Ausübung aller Nutzungsrechte an Computerprogrammen, die aufgrund eines Arbeits- oder Dienstverhältnisses erstellt werden

I. Begriff

Die Verwertungsrechte sind die Rechte, die das → *Urheberrecht* dem Urheber zuerkennt, um ihn in die Lage zu versetzen, sein Werk alleine und ausschließlich in jeglicher Art und Weise zu verwerten. Sie werden auch → *Nutzungsrechte* genannt, wenn sie oder Teile von ihnen auf einen Dritten (Nutzer) übertragen werden. Sie sollen die wirtschaftliche Position des Urhebers sichern und verhindern, dass Dritte das Werk unberechtigt nutzen und verwerten. **Computerprogramme** sind gemäß § 69a UrhG urheberrechtlich geschützt (zum Schutzumfang siehe das Stichwort „Urheberrechtlicher Schutz von Software"). Der Urheber erhält somit auch an Computerprogrammen die ausschließlichen wirtschaftlichen Verwertungsrechte.

Die → *allgemeinen Verwertungsrechte* für urheberrechtlich geschützte Werke sind in den §§ 16 ff. UrhG festgelegt. Die Verwertungsrechte für **Computerprogramme** sind speziell in § 69c UrhG geregelt. Diese Bestimmung geht – soweit es um Computerprogramme geht – den §§ 16 ff. UrhG als Sonderregelung vor.

§ 69c UrhG gewährt dem Rechtsinhaber ausschließliche Rechte. Diese umfassen das positive Benutzungsrecht sowie das negative Verbietungsrecht. Im Einzelnen stehen dem Urheber eines Computerprogramms folgende Rechte zu:

II. Die einzelnen Verwertungsrechte

1. Das Recht der Vervielfältigung (Vervielfältigungsrecht)

Nach § 69c Nr. 1 UrhG bedarf die dauerhafte oder vorübergehende vollständige oder teilweise Vervielfältigung eines Computerprogramms mit jedem Mittel und in jeder Form der Zustimmung des Urhebers. Soweit das Laden, Anzeigen, Ablaufen, Übertragen oder Speichern des Computerprogramms eine Vervielfältigung erfordert, bedürfen diese Handlungen der Zustimmung des Rechtsinhabers. Damit stellen jedenfalls das Kopieren des Computerprogramms auf einen selbstständigen verkehrsfähigen Datenträger (etwa auf Festplatte, Memory-Stick, DVD, CD-ROM, Diskette oder Magnetband) und das Ausdrucken des Programmcodes eine Vervielfältigung dar.

Nach herrschender Meinung ist auch das (vorübergehende) Laden des Programms in den Arbeitsspeicher ein Vervielfältigungsvorgang.

 WICHTIG!
Da ein Computerprogramm in der Regel **nicht genutzt** werden kann, ohne es in den **Arbeitsspeicher** eines Computers zu laden, bedarf bereits die **bloße Nutzung** eines Computerprogramms im Gegensatz zu den anderen geschützten Werken (Bücher, Musik, Fotos) der Zustimmung des Urhebers.

2. Umarbeitungsrecht

Nach § 69c Nr. 2 UrhG hat der Rechtsinhaber das ausschließliche Recht zur **Übersetzung, Bearbeitung,** zum **Arrangement** und zu anderen Umarbeitungen eines Computerprogramms sowie zur Vervielfältigung der erzielten Ergebnisse.

Unter Übersetzungen ist in erster Linie die Übertragung eines Programms in eine andere Programmiersprache sowie die Kompilierung, also die Übersetzung des Quellcodes in den Objektcode und umgekehrt (Dekompilierung) gemeint. Bearbeitungen und sonstige Umarbeitungen sind aber auch die **Erweiterungen des Quellcodes oder Objektcodes** sowie neue Progammstände (Releases, Updates, Upgrades und sonstige Aktualisierungen). Keine Bearbeitung stellt das reine Customizing dar, wenn hierbei lediglich im Programm bereits vorhandene Einstellungsmöglichkeiten (Parametrisierung) genutzt werden.

Zulässig bleibt die sog. freie Bearbeitung gem. § 24 UrhG, (siehe → *(Allgemeine) Verwertungsrechte*), die Schaffung und Verwertung eines selbstständigen Werkes unter freier Benutzung des Originals. Die Grenzziehung zwischen freier Bearbeitung im Sinne von § 24 UrhG und zustimmungsbedürftiger unfreier Bearbeitung ist überaus schwierig. Je origineller und individueller ein Computerprogramm gestaltet ist, desto größer sollte der Abstand des neuen Werkes von seiner Vorlage sein.

3. Verbreitungsrecht

Das Verbreitungsrecht ist in § 69c Nr. 3 UrhG geregelt. Hiernach hat der Urheber das ausschließlich Recht zu jeder Form der Verbreitung des Originals eines Computerprogramms oder von Vervielfältigungsstücken, einschließlich der Vermietung. Gemäß § 17 Abs. 1 UrhG ist das Verbreitungsrecht das Recht, das Original oder Vervielfältigungsstücke des Werkes der Öffentlichkeit anzubieten oder in Verkehr zu bringen.

§ 69c Nr. 3 Satz 2 UrhG macht hier aber eine Ausnahme für Computerprogramme, die mit Zustimmung des Rechtsinhabers im Gebiet der Europäischen Union oder eines anderen Vertragsstaates des Abkommens über den Europäischen Wirtschaftsraum im Wege der Veräußerung in Verkehr gebracht worden sind. Für diese Programme ist das Verbreitungsrecht in Bezug auf **dieses Vervielfältigungsstück** mit Ausnahme des Vermietrechts erschöpft (→ *Erschöpfungsgrundsatz*). Dies bedeutet, dass legitim erworbene Computerprogramme vom Erwerber ohne Zustimmung des Rechtsinhabers **weiter veräußert werden dürfen**.

Die **Erschöpfung des Verbreitungsrechts,** also das Recht, das Programm ohne Zustimmung des Rechtsinhabers weiterzugeben, greift allerdings nur dann ein, wenn das Computerprogramm im Wege der **Veräußerung** in den Verkehr gebracht wurde. Vom Begriff der Veräußerung werden nicht allein Kaufverträge erfasst, sondern sämtliche Rechtsgeschäfte, die auf die endgültige Entäußerung des Eigentums gerichtet sind. Unstreitig fallen hierunter etwa auch **Tausch** und **Schenkung**.

Ob auch Onlineüberlassung von Software zur dauerhaften Nutzung unter den Begriff der Veräußerung eines Vervielfältigungsstückes fällt, ist strittig, da kein Vervielfältigungsstück überlassen wird (siehe dazu Stichwort → *Erschöpfungsgrundsatz*).

4. Recht der öffentlichen Wiedergabe und Recht der öffentlichen Zugänglichmachung

Gem. § 69c Nr. 4 UrhG hat der Rechtsinhaber das ausschließliche Recht zur drahtgebundenen oder drahtlosen öffentlichen Wiedergabe eines Computerprogramms einschließlich der öffentlichen Zugänglichmachung in der Weise, dass es Mitgliedern der Öffentlichkeit unabhängig von Orten und zu Zeiten ihrer Wahl zugänglich ist.

Eine öffentliche Wiedergabe liegt vor, wenn das Computerprogramm einer Vielzahl von nicht persönlich verbundenen Nutzern gleichzeitig oder sukzessive in unkörperlicher Form wahrnehmbar oder zugänglich gemacht wird. Maßgeblich hierfür ist die Definition des § 15 Abs. 3 UrhG. Das Recht der öffentlichen Zugänglichmachung ist eine spezielle Ausprägung des Rechts der öffentlichen Wiedergabe. Wie sein Pendant in § 19a UrhG ist diese Nutzungsart durch das Internet entstanden.

Das Recht der öffentlichen Zugänglichmachung unterscheidet sich vom Recht der öffentlichen Wiedergabe dadurch, dass es auf die Wahlmöglichkeit des Nutzers abstellt, zu welchem Zeitpunkt er auf das Programm zugreift. Es ermöglicht also eine Nutzung auf Abruf. Geschützt wird dadurch als ausschließliches Verwertungsrecht jedes Verhalten, das geschützte Werk zum Abruf im Netz anzubieten bzw. bereitzuhalten.

 WICHTIG!
Auch die Übertragungshandlung selbst, also insbesondere der Upload ins Internet bzw. Download aus dem Internet ist eine urheberrechtsrelevante Handlung i. S. v. § 69c Nr. 4 UrhG.

III. Zustimmungsfreie Handlungen – Schranken des Urheberschutzes

Gemäß §§ 69d und 69e UrhG bedürfen bestimmte Handlungen nicht der Zustimmung des Rechtsinhabers. Deswegen sind sie die sog. Schranken des Urheberschutzes. Die Schranken des urheberrechtlichen Schutzes an Software finden sich abschließend in den §§ 69d, 69e UrhG, welche die in §§ 44a ff. UrhG geregelten, allgemeinen Schranken verdrängen. Der Grund für die in §§ 69d, 69e UrhG aufgeführten zustimmungsfreien Handlungen sind die in der Praxis auftretenden Probleme mit Computerprogrammen aufgrund ihrer technischen Natur. Mit Ausnahme des § 69d Abs. 1 UrhG (Fehlerbehebung) können die Schranken der §§ 69d, 69e UrhG nicht durch Vertrag eingeschränkt oder ausgeschlossen werden (§ 69g Abs. 2 UrhG). Insbesondere ist es nicht möglich, vertraglich auszuschließen, dass ein Dritter zur Beseitigung eines Softwarefehlers eingeschaltet wird (Bundesgerichtshof, I ZR 141/97). Für die Umgehung von technischen Schutzmaßnahmen für Computerprogramme gelten nach § 69a Abs. 5 UrhG nicht die §§ 95a ff. UrhG, sondern allein die §§ 69d, 69e UrhG.

1. Vervielfältigung bzw. Umarbeitung

Gemäß § 69d Abs. 1 UrhG bedarf die Vervielfältigung (gemäß § 69c Nr. 1 UrhG) oder eine Umarbeitung gemäß § 69c Nr. 2 UrhG dann keiner Zustimmung des Rechtsinhabers, wenn sie für eine bestimmungsgemäße Benutzung des Computerprogramms einschließlich der Fehlerberichtigung durch einen zur Verwendung eines Vervielfältigungsstückes Berechtigten notwendig ist.

Die bestimmungsgemäße Nutzung ergibt sich zum einen aus dem Überlassungsvertrag oder, wenn keine vertraglichen Vereinbarungen vorliegen, aus dem Sinn und Zweck des Vertrages (→ *Zweckübertragungsregel*). Ist der Nutzer grundsätzlich zur Nutzung berechtigt, ist er aber auf jeden Fall zu Handlungen berechtigt, die zumindest die einfache Nutzung des Computerprogrammes ermöglichen. Hierzu gehören das **Laden, Anzeigen und Ablaufenlassen, Übertragen oder Speichern des Computerprogramms** im Arbeitsspeicher. Nicht alle diese Handlungen sind aber in einem Netzwerk oder einer Rechenzentrumsnutzung notwendig und können zulässigerweise beschränkt werden.

Keiner Zustimmung des Urhebers bedarf grundsätzlich die Fehlerberichtigung. Hierzu gehört z. B. die Beseitigung von Viren.

2. Sicherungskopie

Gemäß § 69d Abs. 2 UrhG darf die Erstellung einer **Sicherungskopie** durch eine Person, die zur Benutzung des Programms berechtigt ist, nicht vertraglich untersagt werden, wenn sie für die Sicherung künftiger Benutzung erforderlich ist. Diese Schranke ist zu unterscheiden von der Privatkopieschranke des § 53 Abs. 1 UrhG und gilt eben speziell, wenn eine Software gesichert wird. Unter einer Sicherungskopie ist eine Kopie eines Programms auf einem beliebigen Datenträger zu verstehen, auf die zurückgegriffen wird, wenn das Originalprogramm aus irgendwelchen Gründen nicht mehr nutzbar ist. Eine Sicherheitskopie ist **nicht** erforderlich, wenn der Nutzer bei der Überlassung des Computerprogramms eine brauchbare und dauerhafte Sicherheitskopie erhalten hat. Ist die mitgelieferte Kopie aber nicht ausreichend, kann eine weitere brauchbare Sicherheitskopie erstellt werden.

Beispiel:
> Erwirbt ein Nutzer mit seinem Rechner eine vorinstallierte OEM-Software, ist er berechtigt, eine Sicherheitskopie zu erstellen. Die mitgelieferte **Recovery-Kopie** gilt nicht als brauchbare Sicherheitskopie.

3. Beobachtung, Untersuchung und Testen

Nach § 69d Abs. 3 UrhG ist der Nutzer, der zur Verwendung eines Vervielfältigungsstücks eines Programms berechtigt ist, ohne Zustimmung des Rechtsinhabers berechtigt, das Funktionieren dieses Programms zu beobachten, es zu untersuchen oder zu testen, um die einem Programmelement zugrunde liegenden Ideen und Grundsätze zu ermitteln, wenn dies durch legitime Handlungen wie Laden, Anzeigen, Ablaufen, Übertragen oder Speichern des Programms geschieht. Diese Handlungen sind aber nur zulässig, wenn sie zur Ermittlung der einem **Programmelement** zugrunde liegenden **Ideen und Grundsätze** dienen; nicht erlaubt ist die Ermittlung und Untersuchung des Programmcodes selber.

4. Dekompilierung

Dekompilieren ist die Rückübersetzung des **Objectcodes** eines Computerprogramms **in seinen Quellcode**. Nach § 69e UrhG ist dies unter bestimmten Voraussetzungen ohne Zustimmung des Rechtsinhabers zulässig. Die Vorschrift spielt in der Praxis nur eine beschränkte Rolle, da die Dekompilierung ein sehr aufwendiges und kompliziertes Verfahren ist, welches je nach verwendeter Programmiersprache nur sehr eingeschränkte Ergebnisse erzielt. Der Nutzer wird sich in der Regel mit anderen Mitteln zu helfen versuchen. § 69e UrhG ist gemäß § 69g Abs. 2 UrhG zwingendes Recht und kann nicht wirksam abbedungen werden.

Die Zustimmung des Rechtsinhabers ist nicht erforderlich, wenn die Vervielfältigung des Codes oder die Übersetzung der Codeform im Sinne des § 69c Nr. 1 und 2 UrhG unerlässlich ist, um die erforderlichen Informationen zur Herstellung der Interoperabilität eines unabhängig geschaffenen Computerprogramms mit anderen Programmen zu erhalten, sofern folgende Bedingungen erfüllt sind:

1. die Handlungen werden von dem Lizenznehmer oder von einer anderen zur Verwendung eines Vervielfältigungsstücks des Programms berechtigten Person oder in deren Namen von einer hierzu ermächtigten Person vorgenommen;
2. die für die Herstellung der Interoperabilität notwendigen Informationen sind für die in Nummer 1 genannten Personen noch nicht ohne weiteres zugänglich gemacht;
3. die Handlungen beschränken sich auf die Teile des ursprünglichen Programms, die zur Herstellung der Interoperabilität notwendig sind.

Die gewonnenen Informationen dürfen nicht

1. zu anderen Zwecken als zur Herstellung der Interoperabilität des unabhängig geschaffenen Programms verwendet werden,
2. an Dritte weitergegeben werden, es sei denn, dass dies für die Interoperabilität des unabhängig geschaffenen Programms notwendig ist,
3. für die Entwicklung, Herstellung oder Vermarktung eines Programms mit im Wesentlichen ähnlicher Ausdrucksform oder für irgendwelche anderen das Urheberrecht verletzenden Handlungen verwendet werden.

5. Ausübung aller Nutzungsrechte an Computerprogrammen, die aufgrund eines Arbeits- oder Dienstverhältnisses erstellt werden

Nach § 69b UrhG ist der Arbeitgeber ausschließlich zur Ausübung aller vermögensrechtlichen Befugnisse an den Computerprogrammen, welche durch den Arbeitnehmer geschaffen wurden, berechtigt, sofern nichts anderes vereinbart wurde. Das gilt auch im Rahmen von Dienstverhältnissen, wobei damit die öffentlich-rechtlichen Dienstverhältnisse, also insbesondere das Beamtenverhältnis, gemeint sind.

Für weitere Einzelheiten siehe → *Nutzungsrechte im Arbeitsverhältnis*.

Videoüberwachung

I. Technische Möglichkeiten
1. Unschärfe des Begriffs „Videoüberwachung"
2. Reine Fernbeobachtung
3. Fernbeobachtung plus Zoom-Funktion
4. Anfertigung von Aufzeichnungen
5. Durchführen von Bildabgleichen
6. Unterschied zwischen „1:1-Vergleich" und „1:n-Vergleich"

Videoüberwachung

II. Überblick zu den anwendbaren Rechtsregeln
1. Öffentliche Stellen
2. Nicht-öffentliche Stellen
3. Öffentliche Wiedergabe von Aufzeichnungen

III. Beobachtung öffentlich zugänglicher Räume
1. Voraussetzungen des § 6b BDSG
   - 1.1 Überblick
   - 1.2 Vorliegen eines öffentlich zugänglichen Raumes
   - 1.3 Durchführung einer „Videoüberwachung" und Einsatz von Attrappen
   - 1.4 Rechtfertigung der Überwachung durch einen gesetzlichen Grund
     - 1.4.1 Aufgabenerfüllung öffentlicher Stellen
     - 1.4.2 Wahrnehmung des Hausrechts durch öffentliche oder nicht-öffentliche Stellen
     - 1.4.3 Wahrnehmung berechtigter Interessen durch öffentliche oder nicht-öffentliche Stellen
2. Verwendung aufgezeichneter Bilder
3. Hinweispflicht
4. Löschungspflicht

IV. Beobachtung nicht-öffentlich zugänglicher Räume
1. Anwendbare Vorschriften
2. Offene Videoüberwachung
3. Verdeckte Videoüberwachung

V. Rechtsfolgen unzulässiger Überwachungsmaßnahmen
1. Unterlassungsanspruch
2. Anspruch auf Schadensersatz
3. Strafrechtliche Konsequenzen

VI. Checkliste Videoüberwachung

I. Technische Möglichkeiten

1. Unschärfe des Begriffs „Videoüberwachung"

„Videoüberwachung" ist ein wertender Begriff, der ein technisches Instrument („Video") angibt, das für einen bestimmten Zweck („Überwachung") eingesetzt wird.

Mit „Video" wird meist eine „Videokamera" bezeichnet, also eine Kamera, die bewegte Bilder aufnimmt und in elektrische/elektronische Signale umwandelt. Normalerweise geht der Sprachgebrauch davon aus, dass die Bilder auch aufgezeichnet werden (Videorekorder). Sofern die Bilddaten digital vorhanden sind, können sie entsprechend weiterverarbeitet werden.

Die Verknüpfung des Begriffs „Video" mit dem Begriff „Überwachung" führt zu Assoziationen wie „Heimlichkeit", „Überwachungsstaat", „gläserner Bürger" usw. Damit ist jede Diskussion, die sich noch anschließen kann, negativ geprägt. Von diesem begrifflichen Vorgehen sind auch gesetzliche Regelungen nicht frei. So verwendet etwa § 6b Abs. 1 BDSG zunächst sehr exakt

- anstelle des Begriffs „Video" die präzisere Bezeichnung „optisch-elektronische Einrichtung" und
- spricht anstatt von „Überwachung" zunächst von „Beobachtung".

Dann jedoch definiert die Bestimmung durch einen Klammerzusatz, dass „die Beobachtung öffentlich zugänglicher Räume mit optisch-elektronischen Einrichtungen" als „Videoüberwachung" anzusehen ist. Damit erhalten entsprechende Aktivitäten von vornherein eine negative Vorprägung. Der Begriff ist zudem technisch gesehen nicht exakt, da er verschiedenste Aktivitäten einschließt, die höchst unterschiedliche Interessen der Beteiligten berühren. Diese Unterschiede werden im Folgenden skizziert.

2. Reine Fernbeobachtung

Beispiel:

> Um die Liefereinfahrt nicht mit einem eigenen Pförtner besetzen zu müssen, wird dort eine Beobachtungskamera angebracht. Ihre Aufnahmen sind 1:1 auf einem Bildschirm in der Hauptpforte zu sehen. Bildaufzeichnungen finden nicht statt.

Dieses System ist lediglich eine Art „verlängertes Auge" des Pförtners. Die etwaige Beeinträchtigung von Interessen Betroffener kann

- in der Tatsache der Beobachtung als solcher und
- in der Heimlichkeit einer solchen Beobachtung

liegen.

3. Fernbeobachtung plus Zoom-Funktion

Beispiel:

> Um die Kennzeichen von Lieferantenfahrzeugen besser erkennen zu können, wird die oben angesprochene Kamera mit einer „Zoom-Funktion" ausgestattet.

Darin liegt eine mögliche zusätzliche Beeinträchtigung der Betroffenen, denn jetzt ist – vor allem, wenn sich im unmittelbar von der Kamera erfassten Bereich Personen bewegen – die Beobachtung von Details möglich.

4. Anfertigung von Aufzeichnungen

Beispiel:

> Um im Nachhinein feststellen zu können, wer sich wann auf dem Gelände befunden hat, werden die Aufnahmen aufgezeichnet.

Darin liegt eine möglicherweise erhebliche zusätzliche Beeinträchtigung der Betroffenen. Während eine Beobachtung automatisch dann endet, wenn der Betroffene den von der Kamera erfassten Bereich verlässt, kann sie hier jederzeit erneut wiedergegeben und das Ergebnis auch an Dritte weitergegeben werden.

5. Durchführen von Bildabgleichen

Beispiel:

> Um „unliebsamen" Besuchern den Zugang verwehren zu können, wird in einer Datenbank eine „schwarze Liste" geführt. Wenn ein Fahrzeug vorfährt, wird das Kennzeichen von der Kamera erfasst, mit einer Bilderkennungssoftware eingelesen und mit der schwarzen Liste abgeglichen. Liegt ein Treffer vor, bekommt der Pförtner einen entsprechenden Hinweis.

Die mögliche Beeinträchtigung geht hier deutlich über die Aufnahme an sich hinaus. Der Betroffene sieht sich zusätzlichen Maßnahmen ausgesetzt, etwa einer Verweigerung des Zugangs.

Mit den heute verfügbaren Techniken können Kfz-Kennzeichen – wie auch viele andere Objekte in Bildern – auch unter

Videoüberwachung

ungünstigen Umständen (Dämmerlicht, Nieselregen usw.) zuverlässig erkannt werden (siehe dazu die Bildbeispiele bei Romberger, Bildmustererkennung ... am Beispiel von Kfz-Kennzeichen, Hildesheim 2005, abrufbar unter http://www.rehmnetz.de/it-recht/dissertationromberger).

6. Unterschied zwischen „1:1-Vergleich" und „1:n-Vergleich"

Beispiel:

> Die deutschen Reisepässe enthalten einen Chip, auf dem das Bild des Passinhabers als Zahlenformel (nicht als fotografisches Bild) gespeichert ist. Bei einer Kontrolle wird ein Bild des Passinhabers angefertigt, „verformelt" und mit der Bildformel auf dem Chip verglichen. Weil beide Formeln nicht übereinstimmen, nimmt die Polizei den Betroffenen mit zur Wache, um seine Identität aufzuklären.

Dieses (in § 16a PassG geregelte) Verfahren stellt einen „1:1-Vergleich" dar, weil es ohne Rückgriff auf eine Referenzdatenbank auskommt. Es bildet deshalb einen weniger belastenden Eingriff als das oben unter 5) geschilderte Beispiel, wo – rein vorbeugend – eine Referenzdatenbank angelegt ist. Besteht die Wahl zwischen beiden Möglichkeiten, ist der „1:1-Vergleich" vorzugswürdig.

Es wiederholt sich hier die Problematik, die sich generell beim Einsatz biometrischer Systeme stellt (siehe das Stichwort → *Biometrische Verfahren*). Sofern ein Videosystem zum Bildabgleich benutzt wird, wird es zu Zwecken der Biometrie eingesetzt.

II. Überblick zu den anwendbaren Rechtsregeln

1. Öffentliche Stellen

Sofern öffentliche Stellen Beobachtungen und Aufnahmen durchführen, kann eine Vielzahl von Rechtsregeln ins Spiel kommen:

- Sofern die Polizei Kameras anbringt, um Straftaten vorzubeugen („präventives Handeln"), etwa an öffentlichen Plätzen, ist auf die Rechtsgrundlagen in den Polizeigesetzen zurückzugreifen, und zwar bei der Polizei eines Landes auf das jeweilige Landespolizeigesetz, bei der Bundespolizei auf das Bundespolizeigesetz.

- Bringt die Polizei eine Kamera an, um eine Straftat aufzuklären („repressive Tätigkeit"), ist auf entsprechende Regelungen der Strafprozessordnung zurückzugreifen (siehe etwa § 100f StPO).

- Für Aktivitäten sonstiger Behörden ist bei Landesbehörden das jeweilige Landesdatenschutzgesetz maßgeblich, bei Bundesbehörden § 6b BDSG.

2. Nicht-öffentliche Stellen

Sofern private Stellen aktiv werden, richtet sich der Blick meist sofort auf § 6b BDSG. Dabei wird oft übersehen, dass § 6b BDSG nur die Beobachtung **öffentlich zugänglicher** Räume regelt, nicht dagegen die Beobachtung anderer Räume. Insoweit ist auf die allgemeinen Regelungen zurückzugreifen, die für Datenerhebungen gelten, vor allem auf § 28 BDSG.

Die folgende Darstellung konzentriert sich auf Beobachtungen, Aufnahmen und Aufzeichnungen durch private Stellen.

3. Öffentliche Wiedergabe von Aufzeichnungen

Bisweilen sind in Fernsehsendungen Aufzeichnungen zu sehen, die aus Videoüberwachungen stammen und mehr oder weniger lustige Szenen zeigen. Sie stammen durchweg aus dem Ausland, so gut wie niemals aus Deutschland. Das liegt daran, dass bei solchen Wiedergaben die Regelungen für das Recht am eigenen Bild zu beachten sind. Sie sind in im Kunsturheberrechtsgesetz (KUG) enthalten und lassen eine öffentliche Wiedergabe im Regelfall nur mit Einwilligung des Betroffenen zu. Siehe dazu das Stichwort Recht am eigenen Bild.

III. Beobachtung öffentlich zugänglicher Räume

1. Voraussetzungen des § 6b BDSG

1.1 Überblick

Die Bestimmung ist unter folgenden Voraussetzungen anwendbar:

- Vorliegen eines öffentlich zugänglichen Raums,
- Durchführung einer „Videoüberwachung",
- Rechtfertigung der Videoüberwachung durch einen der drei im Gesetz genannten Gründe.

Die Bestimmung ist in erster Linie für private Stellen relevant. Sie ist aber auch auf öffentliche Stellen anwendbar, wenn für sie das BDSG insgesamt gilt (was vor allem bei Bundesbehörden der Fall ist, siehe § 1 Abs. 2 Nr. 1, § 2 Abs. 1 BDSG). Dieser Aspekt bleibt im Folgenden außer Betracht.

1.2 Vorliegen eines öffentlich zugänglichen Raumes

Das Gesetz definiert nicht selbst, was es unter „öffentlich zugänglich" versteht. Abgehoben wird in der Literatur entweder darauf,

- dass die Zugänglichkeit nach allgemeinen Merkmalen bestimmt wird, die von jedermann erfüllt werden können oder darauf

- dass die Räume nach dem erkennbaren Willen des Berechtigten von jedermann betreten werden dürfen.

Das Ergebnis ist bei beiden Definitionen normalerweise identisch.

Typische Beispiele:

- Frei zugängliche Verkaufsräume (nicht dagegen z. B. die Verkaufsräume eines Juweliers, zu denen man erst Zugang erhält, wenn man läutet und dann eingelassen wird oder auch nicht).

- Treppenhäuser (nicht jedoch, wenn die Zugangstür erst mit einem Schlüssel geöffnet werden muss).

- Hotellobby (es sei denn, man muss erst einen Portier passieren, so dass eine Art Zugangskontrolle besteht).

Auch die freie Natur ist öffentlich zugänglicher Raum. Das ist von Bedeutung beim Einsatz von „Wildkameras" durch Jäger usw.

Der Begriff „Raum" ist im Sinn von „Bereich" verwendet. Er muss also nicht überdacht sein.

Beispiel:
Ein Vorplatz, der umzäunt ist, bei dem das Tor aber offen steht, ist ein Raum in diesem Sinn.

Ein Raum kann seinen rechtlichen Charakter wandeln, wenn sich die Umstände ändern.

Beispiel:
Bei Ladenschluss werden die Verkaufsräume für das Publikum geschlossen. Folge: aus dem öffentlichen wird ein nicht-öffentlicher Raum. Eine Videoüberwachung ist zulässig, § 6b BDSG nicht anwendbar.

1.3 Durchführung einer „Videoüberwachung" und Einsatz von Attrappen

Dieses Merkmal wird dann problematisch, wenn mit Kameraattrappen gearbeitet wird. Meist wird argumentiert, dass auch eine Attrappe als Videoüberwachung anzusehen ist, da der Betroffene unter demselben Überwachungsdruck stehe wie bei einer echten Kamera. Das hört sich sehr konsequent an. Es führt aber zu Problemen bei der Hinweispflicht (siehe unten III.3). Dennoch ist dieser Auffassung zu folgen.

Beispiel:
Ein Grundstückseigentümer bringt an seinem Haus die Attrappe einer Videokamera an. Zumindest zeitweise ist die Attrappe auch auf den Eingang des Nachbarhauses eingerichtet.

Nach Auffassung des Österreichischen Obersten Gerichtshofs kann der Nachbar verlangen, dass die Kamera nicht mehr – auch nicht vorübergehend – auf sein Grundstück ausgerichtet wird (Entscheidung vom 28.3.2007 – 60b 6/06k). Entsprechend hatte schon früher das Landgericht Bonn entschieden (Urteil vom 16.11.2004 – 8 S 139/04, abrufbar unter http://www.justiz.nrw.de/).

Eine solche Videoüberwachung eines Nachbargrundstücks oder auch einer öffentlichen Straße vor dem eigenen Haus ist keine „ausschließlich persönliche Tätigkeit", die gemäß § 1 Abs. 2 Nr. 3 BDSG von den Vorgaben des BDSG (bzw. der hinter diesem Gesetz stehenden Europäischen Datenschutzrichtlinie) befreit ist (so EuGH, Urteil vom 11.12.2014 – C-212/13).

Zu Problemen kann es führen, wenn eine Attrappe eingesetzt wird, dies dem Betroffenen aber verborgen bleibt und durch die Attrappe eine besondere Sicherheit suggeriert wird, die gar nicht besteht.

Beispiel:
Ein Hotelparkplatz wird mit einer Kameraattrappe „überwacht". Als das Auto eines Hotelgastes beschädigt wird, bittet er um die Aufnahmen, um mit ihrer Hilfe den Täter überführen zu können. – Er hat gute Chancen, den Schaden vom Hotel ersetzt zu bekommen. Letztlich ist er vom Hotel getäuscht worden, was den Vertrag verletzt, den er mit ihm geschlossen hat.

Unerheblich ist für § 6b BDSG, ob Bilder gespeichert werden oder nicht. Auch insoweit greift das Argument des Überwachungsdrucks.

1.4 Rechtfertigung der Überwachung durch einen gesetzlichen Grund

1.4.1 Aufgabenerfüllung öffentlicher Stellen

Jede Videoüberwachung eines öffentlich zugänglichen Raums setzt voraus, dass einer der im Gesetz vorgesehenen drei Rechtfertigungsgründe für eine solche Überwachung vorliegt. Der in § 6b Abs. 1 Nr. 1 BDSG genannte Grund der „Aufgabenerfüllung öffentlicher Stellen" ist dabei naturgemäß nur für solche Stellen bedeutsam, nicht dagegen für Privatunternehmen. Das wäre allenfalls denkbar, wenn Privatunternehmen im Auftrag einer öffentlichen Stelle handeln. Dann wären die Besonderheiten der Auftragsdatenverarbeitung (§ 11 BDSG) zu beachten.

1.4.2 Wahrnehmung des Hausrechts durch öffentliche oder nicht-öffentliche Stellen

Für private Stellen ist vor allem § 6b Abs. 1 Nr. 2 BDSG bedeutsam, die Wahrnehmung des Hausrechts. Der Begriff ist im BDSG nicht eigens geregelt. Zurückzugreifen ist daher auf den Inhalt, den der Begriff in der Regelung des „Hausfriedensbruchs" hat (siehe dazu § 123 StGB).

§ 6b Abs. 1 Nr. 2 BDSG kann nur angewandt werden, wenn bezüglich eines bestimmten Bereichs tatsächlich ein „Hausrecht" in diesem Sinn besteht. Dazu ist es vor allem erforderlich, dass ein nach außen erkennbar abgegrenzter Bereich vorliegt.

Beispiele:
Der Parkplatz eines Unternehmens ist durch Randsteine von 10 cm Höhe zur Wiese, die daneben liegt, abgegrenzt. – Es liegt ein erkennbar abgegrenzter Bereich vor, obwohl das „Hindernis", das ihn von der Umgebung trennt, leicht zu überwinden ist. Eine Berufung auf das Hausrecht ist möglich.

Ein Jäger will wissen, was sich nachts in der Tierwelt seines Jagdreviers abspielt. Dazu installiert er mitten im Wald eine Videokamera. Das Waldstück ist von allen Seiten frei zugänglich, wenn es auch keine gekennzeichneten Wege gibt, die dort durchführen. – Es liegt kein erkennbar abgegrenzter Bereich vor. Eine Berufung auf das Hausrecht kommt hier nicht in Betracht. Allerdings können Wildkameras auch so installiert sein, dass gegen ihren Einsatz keine Bedenken bestehen, weil sie aller Voraussicht nach keine Personen erfassen werden. Näheres siehe dazu weiter unten.

Der Besitzer eines Wochenendhauses mitten im Wald ist immer wieder mit Sachbeschädigungen konfrontiert. Das Hausgrundstück ist umzäunt. Er installiert eine Videokamera, die nur das eigene Grundstück mit dem Haus erfasst. – Es liegt ein abgegrenzter Bereich vor. Eine Berufung auf das Hausrecht ist möglich, obwohl sich der Hausbesitzer möglicherweise nur sehr selten in dem Anwesen aufhält.

Der Wunsch zu wissen, was im eigenen Bereich geschieht, genügt als Rechtfertigung für eine Videoüberwachung im Rahmen des Hausrechts. Es ist also nicht erforderlich, dass es schon zu unerwünschten Zwischenfällen kam usw. Dies wird allerdings von manchen Datenschutzaufsichtsbehörden (insbesondere vom Unabhängigen Landeszentrum für Datenschutz Schleswig-Holstein) strenger gesehen.

1.4.3 Wahrnehmung berechtigter Interessen durch öffentliche oder nicht-öffentliche Stellen

Eher selten wird man auf § 6b Abs. 1 Nr. 3 BDSG als Rechtfertigungsgrund zurückgreifen müssen („Wahrnehmung berechtigter Interessen"), da das Hausrecht schon sehr weit geht. In jedem Fall wäre aber das Argument der Sicherheit für Gäste, Mitarbeiter oder Eigentum ein berechtigtes Interesse. Wo die rechtlichen Grenzen verlaufen, zeigen eher exotische Fallkonstellationen, die das Bayerische Landesamt für Datenschutzaufsicht beschrieben hat (siehe Tätigkeitsbericht 2011/2012, Ziffer 17.5.):

Videoüberwachung

Beispiel:

> Ein Jäger bringt auf einer frei zugänglichen Privat-Waldfläche neben einem Waldweg eine Videokamera an, um das Wild in diesem Bereich zu beobachten. Dies ist unzulässig. Maßgebend ist die Vorschrift des § 6b BDSG, da es sich um einen öffentlich zugänglichen Raum handelt, die Interessen des Jägers an einer Überwachung eher allgemeiner Art sind und Spaziergänger usw. nicht damit rechnen müssen, dass sie mitten im Wald gefilmt werden.
>
> Der Jäger bringt die Kamera in einem Bereich an, der kaum zu betreten ist. Es handelt sich um ein Dornendickicht, durch das auch kein Weg führt. Interessen von Spaziergänger usw. können hier kaum berührt sein. Deshalb genügt in einem solchen Bereich auch das allgemeine Interesse an der Wildbeobachtung, um eine Überwachung zu rechtfertigen.
>
> Der Jäger bringt die Kamera direkt neben einem stark frequentierten Waldweg an, sie ist jedoch so eingestellt, dass beispielsweise nur der Eingang zu einer Dachshöhle erfasst wird, der recht versteckt direkt neben dem Waldweg liegt. Bei dieser Konstellation ist nicht damit zu rechnen, dass personenbezogene Daten erfasst werden. Deshalb ist ein solches Vorgehen zulässig.
>
> Der Jäger muss immer wieder erleben, dass ein Hochsitz angesägt wird, der fast direkt neben einem Waldweg liegt. In diesem Fall überwiegen seine Interessen, nicht zu Schaden zu kommen und es ist gerechtfertigt, wenn er eine Kameras so anbringt, dass nur der gefährdete Bereich des Hochsitzes erfasst wird – und zwar auch dann, wenn es dadurch zu Aufnahmen von Personen kommt.
>
> Zu diesen Fällen haben sich zahlreiche Datenschutzaufsichtsbehörden geäußert, siehe etwa Bayern, 5. Tätigkeitsbericht 2011/12 des BayLDA, S. 83, Rheinland-Pfalz: 24. Tätigkeitsbericht 2012/2013, S. 93–95, Schleswig-Holstein: Hinweise für den Einsatz von Wildkameras (Stand: 3.6.2013), abrufbar unter http://www.rehmnetz.de/it-recht/wildkamerauld, Thüringen: 1. Tätigkeitsbericht für den Nicht-öffentlichen Bereich 2012/2013, S. 90–92, abrufbar unter http://www.rehmnetz.de/it-recht/thueringenbericht2012.

Zu schwierigen Konstellationen führt es, wenn Fahrzeuge und ähnliche Objekte überwacht werden sollen, die dem Überwachenden gehören, aber auf öffentlichen Flächen stehen, die sich nicht in seinem Eigentum befinden.

Beispiel:

> Ein Stalker nimmt am Fahrzeug seines Opfers, das auf einer öffentlichen Straße vor dem Haus des Opfers geparkt ist, immer wieder Manipulationen vor. Das Opfer weiß ich nicht mehr anders zu helfen als von seinem Haus aus Videoaufnahmen des Fahrzeugs anzufertigen. Dabei ist es unvermeidlich, dass in geringem Umfang auch öffentlicher Straßenraum ins Bild gerät. Als das Opfer die Aufnahmen als Beweismittel vor Gericht präsentiert, argumentiert der Täter, die Aufzeichnungen seien unzulässig gewesen und dürften deshalb nicht als Beweismittel verwendet werden.

Das Oberlandesgericht Saarbrücken (Beschluss vom 27.10.2010 – 9 UF 73/10, abrufbar unter http://www.rehmnetz.de/it-recht/stalkerabwehr sah dies jedoch anders. Es war der Auffassung, dass in einem solchen Fall der „Beweisnot" die Interessen des Opfers überwiegen.

2. Verwendung aufgezeichneter Bilder

Hier sind die Beschränkungen des § 6b Abs. 3 BDSG zu beachten: Verwendung der aufgezeichneten Bilder nur für den bei der Aufzeichnung verfolgten Zweck.

Beispiel:

> Ein Wirt überwacht die Geschehnisse in seinem Biergarten per Kamera. Er dürfte die Aufzeichnungen auswerten, um z. B. Sachbeschädigungen aufzuklären.

Nicht erlaubt wäre es dagegen, dass er die Aufnahmen als „Aktuelle Webcam" ins Internet stellt. Dies würde gegen das Recht am eigenen Bild gemäß Kunsturheberrechtsgesetz (KUG) verstoßen.

Lösung für die Praxis: Auflösung oder Entfernung der Kamera zu Personen werden so verändert, dass niemand mehr individuell erkennbar ist. Dann fehlt der Personenbezug, der eine Voraussetzung für die Anwendbarkeit von § 6b BDSG insgesamt darstellt.

Ebenfalls unproblematisch sind Überblicksaufnahmen von Plätzen oder Landschaften, wenn dabei einzelne Personen nicht individuell erkennbar sind. Zahlreiche entsprechende Webcams finden sich unter http://www.webcamgalore.com/DE/.

3. Hinweispflicht

§ 6b Abs. 2 BDSG schreibt vor, dass erkennbar zu machen sind:

- der Umstand (also die Tatsache) der Beobachtung und
- die dafür verantwortliche Stelle.

Hierfür gibt es ein DIN-Piktogramm (DIN 33450). Bei ihm muss allerdings noch die verantwortliche Stelle ergänzt werden.

Falls nur eine Kameraattrappe verwendet wird, ist der Hinweis auf eine Beobachtung objektiv gesehen falsch, da ja gerade nicht beobachtet wird. Dennoch ist er nötig, da ja auch in diesem Fall ein Überwachungsdruck empfunden wird.

Der Sinn des Hinweises besteht darin, dass der Betroffene den überwachten Raum meiden kann, wenn er die Beobachtung nicht akzeptiert.

Vorsicht ist bei dem Argument geboten, die Angabe der verantwortlichen Stelle sei entbehrlich, wenn sie den Umständen nach ohnehin klar sei (etwa in einer Bank) (so Gola/Schomerus, BDSG-Kommentar, 12. Auflage 2015, § 6b RN 25). Angesichts der heute üblichen verschachtelten Rechtsstrukturen von Unternehmen ist fast nichts mehr alleine aufgrund irgendwelcher (welcher?) Umstände klar. Auf diese Angabe sollte also generell nicht verzichtet werden.

4. Löschungspflicht

Die Dauer einer Speicherung von Aufnahmen ist durch den Zweck begrenzt, für den sie erstellt wurden (§ 6b Abs. 5 BDSG).

Beispiel:

> Tankstellen zeichnen Tankvorgänge auf, um Betrüger zu überführen. Da solche Betrügereien beim täglichen Kassenschluss auffallen, genügt eine Speicherung von maximal vier bis fünf Arbeitstagen. Danach sind die Aufnahmen zum Beispiel zu überschreiben („Endlosschlaufe").

Wird ein Vorfall festgestellt, können sie natürlich länger (bis zur Klärung der Sache) aufbewahrt werden.

Videoüberwachung

IV. Beobachtung nicht-öffentlich zugänglicher Räume

1. Anwendbare Vorschriften

Abgrenzung von § 6b BDSG und § 28 BDSG

Gerade in Unternehmen gibt es zahlreiche nicht-öffentliche Bereiche, bei denen der Zutritt den „eigenen Leuten" vorbehalten ist: Büros, Werkstätten, Lagerräume. Es ist stark umstritten, welche Rechtsvorschriften bei einer Videoüberwachung solcher Bereiche anwendbar ist. Folgende Positionen bestehen:

- Position 1: Keine Anwendbarkeit von § 6b BDSG, dafür Rückgriff auf § 28 BDSG (Datenerhebung, -verarbeitung oder Nutzung für eigene Zwecke).

  Diese Position vertritt die bayerische Datenschutzaufsichtsbehörde in ihrem Tätigkeitsbereich 2006, S. 77 (abrufbar unter http://www.rehmnetz.de/it-recht/berichtlda2006).

  Sie hat den Vorteil, dass der Wortlaut des § 6b BDSG („öffentlich zugängliche Räume) respektiert wird und in Gestalt von § 28 BDSG ein gesetzlicher Maßstab vorhanden ist.

- Position 2: Anwendung weder von § 6b BDSG noch von § 28 BDSG

  Dies ist die Auffassung des Innenministeriums Baden-Württemberg als Datenschutzaufsichtsbehörde (Tätigkeitsbericht 2005, S. 79 und Tätigkeitsbericht 2007, S. 95, beide abrufbar unter http://www.rehmnetz.de/it-recht/berichtebawue).

  Die Begründung dieser auf den ersten Blick nicht leicht zu verstehenden Position lautet wie folgt:

  > § 6b BDSG gilt für die Überwachung von Arbeitnehmern nur, wenn diese in „öffentlich zugänglichen Räumen" stattfindet. Öffentlich zugänglich sind nur solche Räume, die ihrem Zweck nach dazu bestimmt sind, von einer unbestimmten Zahl oder nach nur allgemeinen Merkmalen bestimmten Personen betreten und genutzt zu werden. Dazu zählen beispielsweise Ausstellungsräume eines Museums, Verkaufsräume oder Schalterhallen. Nicht öffentlich zugänglich sind hingegen Räume, die nur von einem bestimmten Personenkreis betreten werden dürfen.

  > Eine analoge Anwendung des § 6b BDSG auf nicht öffentlich zugängliche Räume scheidet nach dem Verlauf des Gesetzgebungsverfahrens aus. § 28 BDSG ist auf solche Fälle ebenfalls nicht anwendbar, weil der Gesetzgeber mit § 6b BDSG erkennbar eine eigenständige, anderen Vorschriften des BDSG vorgehende Regelung für die Videoüberwachung schaffen wollte und zwar unabhängig davon, ob es sich um öffentlich zugängliche Räume handelt oder nicht.

Das Ergebnis beider Positionen liegt allerdings nicht so weit auseinander, wie man zunächst vermuten könnte:

- Wendet man § 28 BDSG an (so Position 1), dann stellt sich die Frage, mit welchen Kriterien man bei der Interessenabwägung arbeitet, die diese Vorschrift vorsieht.

- Wendet man dagegen weder § 6 BDSG noch § 28 BDSG an, muss eine Streitigkeit nach irgendwelchen anderen Maßstäben entschieden werden.

Im Ergebnis greifen beide Meinungen auf Grundsätze zurück, die das Bundesarbeitsgericht aus der Fürsorgepflicht des Arbeitgebers gegenüber seinen Arbeitnehmern entwickelt hat. Sie unterscheiden danach, ob die Videoüberwachung offen oder verdeckt erfolgt.

Rolle von § 32 BDSG

Angesichts der im Jahr 2009 neu eingeführten Vorschrift des § 32 BDSG (Datenerhebung, -verarbeitung und -nutzung für Zwecke des Beschäftigungsverhältnisses) ist ergänzend für diese Diskussion noch Folgendes zu beachten:

§ 28 BDSG ist seit Einführung des § 32 BDSG auf Beschäftigungsverhältnisse nicht mehr anwendbar; stattdessen ist auf § 32 BDSG zurückzugreifen. Inhaltlich andere Ergebnisse wollte der Gesetzgeber dadurch ausdrücklich nicht herbeiführen. Dennoch muss stets überprüft werden, ob es im konkreten Fall nicht doch zu Abweichungen kommt. Auch bleibt abzuwarten, ob sich wegen der leicht abweichenden Formulierung nicht doch im Einzelfall die Ergebnisse der Rechtsprechung ändern.

Ergänzende strafrechtliche Vorschriften

Strafrechtliche Risiken bestehen, wenn Räume überwacht werden, die gegen Beobachtung von außen besonders geschützt sind. Im betrieblichen Bereich wären dies zum Beispiel Toilettenkabine oder Räume zum Umziehen. In solchen Fällen kommt eine Strafbarkeit nach § 201a StGB (Verletzung des höchstpersönlichen Bereichs durch Bildaufnahmen) in Betracht. Siehe dazu das Stichwort → *Recht am eigenen Bild*.

Die Anwendbarkeit dieser Strafvorschrift hängt nicht davon ab, welche datenschutzrechtliche Vorschrift im Übrigen anwendbar ist. Entscheidend ist der in der Strafvorschrift selbst für sie definierte Anwendungsbereich.

2. Offene Videoüberwachung

„Leitentscheidung" ist hier der Beschluss des Bundesarbeitsgerichts vom 29.6.2004 – 1 ABR 21/03, abrufbar unter www.bundesarbeitsgericht.de). Ihm lag folgender Sachverhalt zugrunde:

Beispiel:
> Da in einem Briefverteilungszentrum täglich von 2,5 Millionen Briefsendungen etwa 300 verloren gingen (Ursache unbekannt), wollte der Arbeitgeber das Briefzentrum durch Kameras überwachen (50 Stunden pro Woche ohne Ankündigung).

Das Gericht sah dafür keine Rechtsgrundlage:

- § 6b BDSG ist nicht anwendbar, da das Zentrum keinen öffentlich zugänglichen Raum darstellt.

- § 28 BDSG (jetzt: § 32 BDSG) ist wohl ebenfalls gar nicht anwendbar. Zumindest sind aber seine Voraussetzungen nicht erfüllt. Die berechtigten Interessen der Arbeitnehmer, gegen die sich keinerlei konkreter Verdacht richtet, werden zu stark beeinträchtigt. Sie müssen sich ständig überwacht fühlen. Eine besondere Gefährdungslage ist nicht dargelegt.

- Weitere Rechtfertigungsgründe sind nicht ersichtlich.

3. Verdeckte Videoüberwachung

„Leitentscheidung" ist hier das Urteil vom 27.3.2003 – 2 AZR 51/02, abrufbar unter www.bundesarbeitsgericht.de. Dabei ging es um folgenden Sachverhalt:

Videoüberwachung

Beispiel:
> Es geht um eine Kündigung wegen Unterschlagungen an der Kasse eines Getränkemarkts. Als Beweis wurden dem Gericht heimliche Videoaufnahmen vorgelegt.

Gestritten wird darum, ob sie als Beweismittel verwendet werden dürfen.

Das Gericht hat das bejaht, wenn folgende Voraussetzungen vorliegen:

- Es muss ein erheblicher Verdacht vorliegen. Hier ergab er sich aus beträchtlichen Kassendifferenzen.
- Der Verdacht muss sich auf eine bestimmte Person konzentriert haben.
- Andere effektive Überwachungsmaßnahmen dürfen nicht möglich sein. Ein Argument ist hier insbesondere die Heimlichkeit der Tat, um die es geht.
- Die Überwachung muss zeitlich auf das notwendige Maß begrenzt sein (keine Dauereinrichtung).

Sofern sich der Verdacht nicht bestätigt, sind die Aufnahmen zu löschen.

Strittig ist, ob der Betroffene nach einer erfolglosen Überwachung darüber informiert werden muss. Gerichtliche Entscheidungen dazu gibt es noch nicht. Rechtlicher Ansatzpunkt wäre die Fürsorgepflicht.

V. Rechtsfolgen unzulässiger Überwachungsmaßnahmen

1. Unterlassungsanspruch

Sofern eine Videoüberwachung unzulässig ist, haben Betroffene (auch potenziell Betroffene) einen Unterlassungsanspruch. Er wird rechtlich unterschiedlich abgeleitet (sei es aus einer entsprechenden Anwendung von § 1004 BGB, sei es direkt aus dem verfassungsrechtlich geschützten Recht am eigenen Bild, sei es aus einer Kombination von beidem), doch ist es unstreitig, dass dann ein solcher Anspruch existiert.

2. Anspruch auf Schadensersatz

Auch ein Anspruch auf Schadensersatz wegen Verletzung des Rechts am eigenen Bild ist denkbar. Entsprechende Gerichtsverfahren kommen in der Praxis durchaus vor:

Beispiel:
> Ein Arbeitgeber installierte in dem Büro, in dem die beiden Klägerinnen arbeiteten, eine deutlich sichtbare Videokamera. Dadurch wollte er den Besprechungsbereich und den Eingangsbereich des Büros überwachen. Die Zoom-Funktion ließ sich jedoch auch so bedienen, dass die Arbeitsplätze der Klägerin erfasst wurden. Wenn eine Aufnahme erfolgte, leuchtete an der Kamera eine Lampe. Die Klägerinnen konnten jedoch nie wissen, ob die Kamera dann auch auf ihre Arbeitsplätze gerichtet war. Besondere Gründe für eine solche Überwachungsmaßnahme konnte der Arbeitgeber nicht nennen. Die beiden Klägerinnen verhängten die Kamera mit einem Tuch. Daraufhin stellte sie der Personalchef zur Rede und bot ihnen einen Aufhebungsvertrag an. Die Klägerinnen fordern Schadensersatz wegen Verletzung ihres Persönlichkeitsrechts.

Das Hessische Landesarbeitsgericht hielt ein Schmerzensgeld von 7000 € für jede der Klägerinnen für angemessen. Es bejahte eine schwere Verletzung des Persönlichkeitsrechts, da für die Klägerinnen ein ständiger Überwachungsdruck bestanden habe.

Das Urteil des hessischen Landesarbeitsgerichts vom 25.10.2010 – 7 Sa 1586/09 ist im Internet öfter zu finden.

Allerdings haben andere Gerichte in auf den ersten Blick vergleichbaren Fällen auch schon deutlich geringere Schmerzensgelder zugesprochen.

Beispiel:
> Die Arbeitnehmer der Produktionshalle einer Weberei wurden mittels vier Videokameras überwacht. Bei Nachfragen des Gerichts zum Grund der Überwachung machte der Arbeitgeber nur ungenügende und in sich widersprüchliche Angaben.

Zwei Arbeitnehmer klagten in getrennten Verfahren auf Schmerzensgeld. Einem Arbeitnehmer wurden 650 € zugesprochen, dem anderen Arbeitnehmer 850 €. Die unterschiedliche Schmerzensgeldhöhe begründete das Gericht in seinen Entscheidungen nicht, obwohl beide Entscheidungen am selben Tag ergingen.

Die Urteile des Landesarbeitsgerichts Rheinland-Pfalz in Mainz vom 23. Mai 2013 – 2 Sa 540/12 bzw. 2 Sa 12/13 sind abrufbar unter http://www.rehmnetz.de/it-recht/lagurteil1 bzw. http://www.rehmnetz.de/it-recht/lagurteil2.

3. Strafrechtliche Konsequenzen

In Betracht kommt vor allem eine Strafbarkeit nach § 201a StGB (Verletzung des höchstpersönlichen Bereichs durch Bildaufnahmen).

Beispiel:
> Flugdrohnen, die in relativ geringer Höhe fliegen und mit denen Videoaufnahmen möglich sind, die dann auf ein Handy übertragen werden, sind inzwischen für wenige 100 € allgemein erhältlich. Sofern sie dazu benutzt werden, um beispielsweise Personen auf einer öffentlich nicht zugänglichen Terrasse zu filmen, liegt eine Verletzung des höchstpersönlichen Bereichs durch Bildaufnahmen vor. Eine Freiheitsstrafe bis zu einem Jahr oder eine Geldstrafe ist möglich.

VI. Checkliste Videoüberwachung

- ☐ Für die Interessen der Beteiligten macht es einen Unterschied, ob „nur" beobachtet oder auch „aufgezeichnet" wird.
- ☐ Für nicht-öffentliche Stellen ist § 6b BDSG die zentrale Vorschrift, wenn es um die Beobachtung öffentlich zugänglicher Räume geht.
- ☐ Daneben ist für Räume, die nur bestimmten Personen (etwa den eigenen Arbeitnehmern) zugänglich sind, § 28 BDSG zu beachten.
- ☐ Auf eine Videoüberwachung muss hingewiesen werden.
- ☐ Heimliche Aufnahmen kommen bei Arbeitnehmern in Betracht, wenn ein konkreter Verdacht auf eine Straftat besteht und andere Aufklärungsmittel ausscheiden.
- ☐ Eine umfassende Darstellung vieler Praxisfälle hat die Regierung von Mittelfranken (als Vorgängerin des Bayerischen Landesamts für Datenschutzaufsicht) in ihrem 2. Tätigkeitsbericht 2006 zusammengestellt (abrufbar unter http://www.rehmnetz.de/it-recht/berichtlda2006, S. 70–81).

Webanalyse

I. **Bedeutung der Webanalyse**

II. **Verfahren der Webanalyse**

III. **Datenschutzrechtliche Vorgaben**
 1. Nur pseudonyme Nutzungsprofile
 2. Widerspruchsrecht des Nutzers
 3. Unterrichtung des Nutzers
 4. Vertrag zur Auftragsdatenverarbeitung bei Webanalyse-Diensten

IV. **Datenschutzkonformer Einsatz von Google Analytics in Deutschland**

V. **Checkliste**

I. Bedeutung der Webanalyse

Ob ein Internetangebot als erfolgreich gewertet werden kann, wird in der Regel von den erzielten Nutzerzahlen abhängig gemacht. Dabei interessieren sich die Betreiber der Internetangebote meist nicht nur für die Gesamtzahl der Besucher, sondern für die Verteilung der Besucherzahlen auf die verschiedenen Teile des Online-Angebotes.

Mit einer Webanalyse können Besucherzahlen konkret ermittelt und bestimmten Online-Inhalten und Zeitspannen zugeordnet werden. Inhalte, die selten oder nur für eine relativ kurze Dauer genutzt werden, lassen sich ebenso identifizieren wie besonders häufig besuchte Internetseiten.

Um das Internetangebot zu optimieren, also stärker auf die Wünsche und Interessen der Nutzer auszurichten, werden Veränderungen an den Inhalten vorgenommen und die Auswirkungen der Änderungen über eine wiederholte Webanalyse untersucht.

Bei einer Webanalyse können neben den Details zu den genutzten Inhalten auch zahlreiche Informationen über den Nutzer selbst gewonnen werden. Daher muss der Datenschutz berücksichtigt werden. Kritisch zu sehen ist insbesondere das Nachverfolgen eines Nutzers über einen längeren Zeitraum oder über mehrere Webangebote hinweg (Tracking, Erzeugen von Benutzerprofilen).

II. Verfahren der Webanalyse

Für die rechtliche Bewertung von Webanalysen ist es wichtig, die technischen Grundlagen zu kennen. So führt der Besuch eines Webangebotes zu vielfältigen Nutzungsspuren, die im Rahmen einer Webanalyse ausgewertet werden:

Abhängig von den Einstellungen im Webbrowser des Nutzers werden die besuchten Webseiten im Seitenverlauf des Browsers gespeichert. Dieser Verlauf (Browser-History) wird auf dem Internetrechner des Nutzers gespeichert und im Normalfall durch den Betreiber des Online-Angebotes nicht ausgewertet. In Einzelfällen findet jedoch eine Auswertung des Browserverlaufs durch den Anbieter eines Webangebotes statt (History Sniffing).

Üblich hingegen ist die Auswertung der Protokolldaten des Webservers, der das Webangebot vorhält. Diese sogenannte Logfile-Analyse liefert neben den Besucherzahlen und Besucherzeiten zu einzelnen Webseiten auch Angaben zu den Besuchern selbst, zum Beispiel zu dem eingesetzten Betriebssystem, dem genutzten Browser, der beim Besucher eingestellten Bildschirmauflösung, aber auch zu der IP-Adresse des Nutzers.

 ACHTUNG!
Die **IP-Adresse** wird von den Aufsichtsbehörden für den Datenschutz (vgl. Working Paper 136 der Artikel 29-Datenschutzgruppe) sowie in zahlreichen Gerichtsentscheidungen (vgl. z. B. EuGH Urteil vom 24.11.2011 Az. C-70/10 „Scarlet Extended SA/SABAM") als **personenbezogenes Datum** eingestuft. Die Auswertung der IP-Adresse des betroffenen Nutzers muss deshalb den datenschutzrechtlichen Vorgaben des Telemediengesetzes (TMG) genügen.

 WICHTIG!
Zur Logfile-Analyse werden meist für den Nutzer unsichtbare Ein-Pixel-Bilder, auch Webbugs genannt, eingesetzt. Diese Webbugs werden gemeinsam mit den im Browser sichtbaren Inhalten abgerufen und führen zu einer Protokollierung des Abrufs. Webbugs und die eigentlichen Online-Inhalte eines Webangebotes können auf verschiedenen Webservern liegen. Webbugs eignen sich deshalb auch für eine Webanalyse durch Dritte, also einen Dienstleister.

Eine weitere Methode zur Gewinnung von Nutzerdaten für die Webanalyse basiert auf speziellen JavaScript-Befehlen, die in das Webangebot integriert werden und zu einer Verbindung mit einem Webserver führen, die protokolliert und ausgewertet werden kann.

Neben der Logfile-Analyse werden insbesondere Cookies (siehe → *Cookies*) für Webanalysen eingesetzt. Durch die Verwendung von eindeutigen Cookie-IDs lassen sich einzelne Besucher auch bei einem späteren, erneuten Besuch des Webangebotes wiedererkennen, sofern die Cookies nicht zwischenzeitlich gelöscht werden.

Da die sogenannten Cookie-Manager in den Webbrowsern zunehmend genutzt werden, um Cookies automatisch zu löschen, werden vermehrt Tracking-Techniken eingesetzt, die ohne Cookies auskommen. So lassen sich die Endgeräte der Nutzer auch über eindeutige Gerätekennzeichen identifizieren, die sich nicht löschen lassen. Bei mobilen Endgeräten gehören zu den eindeutigen Gerätekennzeichen insbesondere UDID (Unique Device Identifier, Seriennummer für iPhones und iPads) und IMEI (International Mobile Equipment Identity, eindeutige Seriennummer für jedes Mobilfunk-Gerät), die sich für ein Tracking nutzen lassen.

III. Datenschutzrechtliche Vorgaben

Die Gefahren, die von den dargestellten Verfahren für das Persönlichkeitsrecht des einzelnen Nutzers ausgehen, liegen auf der Hand. Daher sind beim Einsatz von Webanalyseverfahren datenschutzrechtliche Vorgaben zu beachten. Diese ergeben sich insbesondere aus dem Telemediengesetz (TMG), aber auch aus dem Bundesdatenschutzgesetz (BDSG).

Der Düsseldorfer Kreis, das Gremium der obersten Aufsichtsbehörden für den Datenschutz im nicht-öffentlichen Bereich, hat diese Vorgaben in seinem Beschluss vom 26./27. November 2009 zur datenschutzkonformen Ausgestaltung von Analyseverfahren zur Reichweitenmessung bei Internet-Angeboten (http://www.rehmnetz.de/it-recht/duesseldorferkreis-webanalyse) noch weiter konkretisiert.

1. Nur pseudonyme Nutzungsprofile

Nach § 15 Absatz 3 Satz 1 TMG dürfen Nutzungsprofile nur bei Verwendung von Pseudonymen erstellt werden. Das heißt,

Webanalyse

ein Nutzungsprofil unter Klarnamen ist verboten, es sei denn der Nutzer hat hierzu ausdrücklich seine Einwilligung erteilt. Kann der Website-Betreiber den Klarnamen dagegen nur zufällig in Erfahrung bringen, beispielsweise weil der Nutzer sich in einen personalisierten Account einloggt, darf er diese Information nicht für seine Webanalyse nutzen. Das Zusammenführen des (pseudonymen) Nutzungsprofils mit dem Träger des Pseudonyms ist in § 15 Absatz 3 Satz 3 TMG explizit verboten und nach § 16 Absatz 2 Nr. 5 TMG sogar bußgeldbewehrt!

ACHTUNG!
Die **IP-Adresse** ist nach Auffassung der Datenschutzaufsichtsbehörden **kein Pseudonym** und muss, um eine Personenbeziehbarkeit auszuschließen, um das letzte Oktett gekürzt werden!

Zur Klarstellung haben sich die obersten Aufsichtsbehörden für den Datenschutz im nicht-öffentlichen Bereich in ihrem Beschluss vom 26./27. November 2009 zur datenschutzkonformen Ausgestaltung von Analyseverfahren zur Reichweitenmessung bei Internet-Angeboten wie folgt geäußert:

„Die obersten Aufsichtsbehörden für den Datenschutz im nicht-öffentlichen Bereich weisen darauf hin, dass bei Erstellung von Nutzungsprofilen durch Web-Seitenbetreiber die Bestimmungen des Telemediengesetzes (TMG) zu beachten sind. Demnach dürfen Nutzungsprofile nur bei Verwendung von Pseudonymen erstellt werden. Die IP-Adresse ist kein Pseudonym im Sinne des Telemediengesetzes.

Im Einzelnen sind folgende Vorgaben aus dem TMG zu beachten:

(...) Die pseudonymisierten Nutzungsdaten dürfen nicht mit Daten über den Träger des Pseudonyms zusammengeführt werden. Sie müssen gelöscht werden, wenn ihre Speicherung für die Erstellung der Nutzungsanalyse nicht mehr erforderlich ist oder der Nutzer dies verlangt. (...)

Die Analyse des Nutzungsverhaltens unter Verwendung vollständiger IP-Adressen (einschließlich einer Geolokalisierung) ist aufgrund der Personenbeziehbarkeit dieser Daten daher nur mit bewusster, eindeutiger Einwilligung zulässig. Liegt eine solche Einwilligung nicht vor, ist die IP-Adresse vor jeglicher Auswertung so zu kürzen, dass eine Personenbeziehbarkeit ausgeschlossen ist."

2. Widerspruchsrecht des Nutzers

Will der Nutzer auch kein pseudonymisiertes Nutzungsprofil akzeptieren, hat er nach § 15 Absatz 3 Satz 1 TMG das Recht, der Analyse seines Nutzungsverhaltens zu widersprechen.

Entsprechend lautet der Beschluss der obersten Aufsichtsbehörden für den Datenschutz im nicht-öffentlichen Bereich vom 26./27. November 2009 zur datenschutzkonformen Ausgestaltung von Analyseverfahren zur Reichweitenmessung bei Internet-Angeboten:

„Den Betroffenen ist eine Möglichkeit zum Widerspruch gegen die Erstellung von Nutzungsprofilen einzuräumen. Derartige Widersprüche sind wirksam umzusetzen."

Durch die Vielfalt an technischen Möglichkeiten zur Erzeugung von Webanalysen und die Vielzahl an Webanalyse-Diensten gibt es bislang für einen Internetnutzer keinen einheitlichen Weg, um Webanalysen zu widersprechen (Opt-Out-Verfahren). Wie der Widerspruch jeweils konkret aussehen muss, erfahren die Betroffenen in der Regel in der jeweiligen Datenschutzerklärung des Webseitenbetreibers bzw. des Webanalyse-Dienstleisters.

Beispiel:
Technische Widerspruchsmöglichkeiten können zum Beispiel sein:

- die Speicherung eines sogenannten Opt-Out-Cookies, das der jeweilige Webanalyse-Dienstleister zu diesem Zweck anbietet,
- die Installation einer Browsererweiterung (Add-on), die dem jeweiligen Webanalyse-Dienst den Widerspruch signalisiert, wie das Browser-Add-on zur Deaktivierung von Google Analytics,
- die Installation einer Browsererweiterung wie NoScript für Mozilla Firefox zur gezielten Deaktivierung von JavaScript-basiertem Tracking,
- die Einstellung Do-not-Track (DnT) in den Browser-Optionen (bei Mozilla Firefox unter Extras-Einstellungen-Datenschutz-Verfolgung von Nutzeraktivitäten) oder
- die Blockade von Webbugs mit Browsererweiterungen wie BetterPrivacy im Fall von Mozilla Firefox.

Hinweis:
Viele Nutzer haben Schwierigkeiten, Webanalysen und anderen Tracking-Verfahren zu widersprechen. An der Carnegie Mellon University fand eine Untersuchung statt, wie eine Gruppe von Testpersonen mit neun verschiedenen Opt-Out-Verfahren zurechtkam („Why Johnny Can't Opt Out: A Usability Evaluation of Tools to Limit Online Behavioral Advertising"). Das Ergebnis: Die Testkandidaten hatten große Schwierigkeiten, ihren persönlichen Wunsch korrekt einzustellen. Die Erklärungen zu den Opt-Out-Verfahren waren zu technisch und zu kompliziert, so das Studienergebnis.

3. Unterrichtung des Nutzers

Damit der Nutzer in die Lage versetzt wird, von seinen Rechten Gebrauch zu machen, muss er im Rahmen der Datenschutzerklärung der jeweiligen Website auf die Erstellung von pseudonymen Nutzungsprofilen und seine Möglichkeit zum Widerspruch hingewiesen werden. Auch diese Forderung, die sich bereits aus § 15 Absatz 3 Satz 2 TMG ergibt, haben die obersten Aufsichtsbehörden für den Datenschutz im nicht-öffentlichen Bereich in ihrem Beschluss „Datenschutzkonforme Ausgestaltung von Analyseverfahren zur Reichweitenmessung bei Internet-Angeboten" vom 26./27. November 2009 aufgegriffen und konkretisiert:

„Auf die Erstellung von pseudonymen Nutzungsprofilen und die Möglichkeit zum Widerspruch müssen die Anbieter in deutlicher Form im Rahmen der Datenschutzerklärung auf ihrer Internetseite hinweisen."

4. Vertrag zur Auftragsdatenverarbeitung bei Webanalyse-Diensten

Darüber hinaus haben die Aufsichtsbehörden in ihrem Beschluss auf eine weitere datenschutzrechtliche Besonderheit hingewiesen, die es beim Einsatz von Webanalyse-Diensten zu beachten gilt:

„Viele Web-Seitenbetreiber analysieren zu Zwecken der Werbung und Marktforschung oder bedarfsgerechten Gestaltung ihres Angebotes das Surf-Verhalten der Nutzerinnen und Nut-

Webanalyse

zer. Zur Erstellung derartiger Nutzungsprofile verwenden sie vielfach Software bzw. Dienste, die von Dritten kostenlos oder gegen Entgelt angeboten werden. (...)

Werden pseudonyme Nutzungsprofile durch einen Auftragnehmer erstellt, sind darüber hinaus die Vorgaben des Bundesdatenschutzgesetzes zur Auftragsdatenverarbeitung durch die Anbieter einzuhalten."

Neben Webanalyse-Werkzeugen, die auf dem Webserver des Betreibers eines Webangebotes installiert und betrieben werden, gibt es zahlreiche Webanalyse-Dienste, die von Dritten angeboten und betrieben werden. Bedient sich der Website-Betreiber bei der Erstellung der pseudonymen Nutzungsprofile eines Dienstleisters, muss er entsprechend des Beschlusses des Düsseldorfer Kreises zusätzlich die Vorgaben des Bundesdatenschutzgesetzes zur Auftragsdatenverarbeitung nach § 11 BDSG einhalten.

Beispiel:
> Das bekannteste Beispiel für eine Webanalyse durch einen Dienstleister ist der Einsatz des kostenlosen Analyse-Tools **Google Analytics** (http://www.rehmnetz.de/it-recht/googleanalytics).

IV. Datenschutzkonformer Einsatz von Google Analytics in Deutschland

Google Analytics gehört zu den am weitest verbreiteten Webanalyse-Diensten in Deutschland. Bis vor nicht allzu langer Zeit war der Einsatz von Google Analytics jedoch noch mit einer großen Rechtsunsicherheit behaftet, weil die dargestellten datenschutzrechtlichen Vorgaben nicht erfüllt werden konnten. Nach langwierigen Verhandlungen der deutschen Aufsichtsbehörden für den Datenschutz mit dem US-amerikanischen Dienste-Betreiber Google konnten entscheidende Verbesserungen erreicht werden. Mit Veröffentlichung einer **geänderten Version des Analysedienstes** teilten die Aufsichtsbehörden im **September 2011** mit, dass nunmehr **unter bestimmten Voraussetzungen eine datenschutzkonforme Nutzung von Google Analytics in Deutschland möglich ist.**

Zu den wesentlichen Änderungen gehören

- eine Möglichkeit für die Nutzer zum Widerspruch gegen die Erfassung von Nutzungsdaten,
- die Löschung des letzten Oktetts der IP-Adresse auf Anforderung des Webseitenbetreibers vor jeglicher Speicherung, so dass darüber keine Identifizierung des Nutzers mehr möglich ist,
- Anonymisierung innerhalb Europas, in der Regel keine Übermittlung vollständiger IP-Adressen in die USA, und
- ein Mustervertrag, den Google für die Webseitenbetreiber bereitstellt und der den Vorgaben des Bundesdatenschutzgesetzes zur Auftragsdatenverarbeitung entspricht.

 ACHTUNG!
> Es liegt in der Verantwortung des einzelnen Website-Betreibers, den von ihm ausgewählten Webanalyse-Dienst datenschutzkonform einzusetzen!

Insoweit werden die Website-Betreiber inzwischen auch von den Aufsichtsbehörden für den Datenschutz in die Pflicht genommen: Im Mai 2012 hat beispielsweise das Bayerische Landesamt für Datenschutzaufsicht über 13 000 Websites daraufhin überprüft, ob das Analyse-Tool Google Analytics datenschutzkonform eingesetzt wird (zur Prüfung in Bayern siehe http://www.rehmnetz.de/it-recht/baylda-googleanalytics).

Checkliste für einen datenschutzkonformen Einsatz von Google Analytics ab September 2011:

- ☐ **Implementierung der Funktion _anonymizeIp**

    Durch diese Funktion wird die IP-Adresse des Websitebesuchers vor der Verarbeitung bei Google anonymisiert. Dies erfolgt durch Löschung des letzten Oktetts der IP-Adresse. Dazu muss der Javascript-Code der Website angepasst werden. Detaillierte Informationen zur korrekten Implementierung finden sich auf den Developer-Seiten von Google.

- ☐ **Widerspruchsmöglichkeit für den Benutzer durch Einsatz von Browser-Plugins**

    In der Datenschutzerklärung müssen Websitebetreiber die Nutzer ihrer Website über die Verarbeitung personenbezogener Daten im Rahmen von Google Analytics aufklären und auf die Widerspruchsmöglichkeiten gegen die Erfassung durch Google Analytics hinweisen. Hierbei sollte möglichst auf die entsprechende Google-Website http://www.rehmnetz.de/it-recht/googleanalytics_widerspruchsmoeglichkeit verlinkt werden.

- ☐ **Anpassung der Datenschutzerklärung**

    Zur Anpassung der Datenschutzerklärung kann folgende Textvorlage (Quelle: Bayerisches Landesamt für Datenschutzaufsicht, http://www.rehmnetz.de/it-recht/baylda-googleanalytics_muster) verwendet werden:

    Diese Webseite benutzt Google Analytics, einen Webanalysedienst der Google Inc. („Google"). Google Analytics verwendet sog. „Cookies", Textdateien, die auf Computern der Nutzer gespeichert werden und die eine Analyse der Benutzung der Website durch sie ermöglichen. Die durch den Cookie erzeugten Informationen über Benutzung dieser Website durch die Nutzer werden in der Regel an einen Server von Google in den USA übertragen und dort gespeichert. Auf dieser Webseite wurde die IP-Anonymisierung aktiviert, so dass die IP-Adresse der Nutzer von Google innerhalb von Mitgliedstaaten der Europäischen Union oder in anderen Vertragsstaaten des Abkommens über den Europäischen Wirtschaftsraum zuvor gekürzt wird. Nur in Ausnahmefällen wird die volle IP-Adresse an einen Server von Google in den USA übertragen und dort gekürzt. Im Auftrag des Betreibers dieser Website wird Google diese Informationen benutzen, um die Nutzung der Website durch die Nutzer auszuwerten, um Reports über die Websiteaktivitäten zusammenzustellen und um weitere mit der Websitenutzung und der Internetnutzung verbundene Dienstleistungen gegenüber dem Websitebetreiber zu erbringen. Die im Rahmen von Google Analytics von Ihrem Browser übermittelte IP-Adresse wird nicht mit anderen Daten von Google zusammengeführt. Sie können die Speicherung der Cookies durch eine entsprechende Einstellung Ihrer Browser-Software verhindern; dieses Angebot weist die Nutzer jedoch darauf hin, dass Sie in diesem Fall gegebenenfalls nicht sämtliche Funktionen dieser Website vollumfänglich werden nutzen können. Die Nutzer können darüber hinaus die Erfassung der durch das Cookie erzeugten und auf ihre Nutzung der Website bezogenen Daten (inkl. Ihrer IP-Adresse) an Google sowie die Verarbeitung dieser Daten durch Google verhindern, indem sie das unter dem folgenden Link verfügbare Browser-Plugin herunterladen und installieren. Der aktuelle Link ist:„http://tools.google.com/dlpage/gaoptout?hl=de."

- Implementierung eigener Widerspruchslösungen

  Soweit das Webangebot von Browsern genutzt wird, für die die oben beschriebenen Widerspruchsmöglichkeiten nicht gegeben sind (insbesondere Browser von Smartphones, z. B. bei einem Webangebot, das speziell für die mobile Nutzung ausgelegt ist), muss eine eigene Widerspruchslösung implementiert werden. Diese sollte den Schalter „ga-disable-UA-XXXXXX-Y" (siehe http://www.rehmnetz.de/it-recht/googleanalytics_widerspruchsloesungen) verwenden, der das Tracking programmgesteuert unterbindet. Google bietet eine beispielhafte Umsetzung auf der oben genannten Website an, die unter geeigneten Anpassungen (insbesondere in Hinblick auf den erläuternden Text des Widerspruchs-Links) verwendet werden kann.

- Vertrag zur Auftragsdatenverarbeitung abschließen

  Webseitenbetreiber müssen den von Google vorbereiteten Vertrag zur Auftragsdatenverarbeitung schriftlich abschließen. Der mit den Datenschutzaufsichtsbehörden abgestimmte Vertragstext ist auffindbar unter: http://www.rehmnetz.de/it-recht/google-adv.

- Altdaten löschen

  Haben Webseitenbetreiber schon vor September 2011 Google Analytics in ihre Webseiten eingebunden, ist davon auszugehen, dass dabei Daten unrechtmäßig erhoben wurden. Diese Altdaten müssen daher streng genommen gelöscht werden. Google bietet hierfür nur den Weg an, das bestehende Google Analytics-Profil zu schließen und anschließend ein Neues zu eröffnen. Informationen zum Löschen eines Google Analytics-Profils sind unter der Support-Seite von Google zu finden.

V. Checkliste

WICHTIG!
- Automatische Kürzung der IP-Adressen der Nutzer bei Eigenbetrieb des Webanalyse-Dienstes
- Nutzung nur solcher Webanalyse-Dienste, die eine solche Kürzung erlauben
- Einhaltung der Vorgaben für eine Auftragsdatenverarbeitung durch möglichen Webanalyse-Dienstleister
- Möglichkeit für den Besucher der Website zum Widerspruch gegen die Erstellung von Nutzungsprofilen
- Strikte Trennung der pseudonymisierten Nutzungsdaten und der Daten über den Träger des Pseudonyms, zum Beispiel den Daten aus einem Benutzerkonto
- Einhaltung der Löschfrist für Analysedaten
- Datenschutzerklärung mit Hinweisen zur Webanalyse und zur Widerspruchsmöglichkeit

Webhosting-Vertrag

I. Begriff
II. Vertragstypologische Einordnung
III. Inhalt eines Webhosting-Vertrags
IV. Haftung des Host-Providers
V. Fazit

I. Begriff

Soll eine Website im Internet abrufbar sein, muss sie „gehostet" werden. Das heißt ein Host-Provider (oder auch Webhoster genannt) hält die Inhalte der Website zum Abruf über das Internet bereit. Um dies zu ermöglichen, stellt er seinen Kunden Webspace zur Verfügung, also Speicherplatz auf einem Server. Dort werden die Inhalte des Kunden, die online verfügbar sein sollen, abgelegt. Der Server des Host-Providers ist über eine Schnittstelle an das Internet angebunden, so dass die Internet-Nutzer die auf dem Server abgelegten Inhalte abrufen können.

II. Vertragstypologische Einordnung

Grundsätzlich hat ein Webhosting-Vertrag in erster Linie wegen des Zur-Verfügung-Stellens von Speicherplatz mietvertraglichen Charakter. Die Verpflichtung des Host-Providers, die Inhalte auf dem Server abrufbar zu halten, trägt dahingegen eher dienst- oder werkvertragliche Züge.

Hinweis:
Bereitet die vertragstypologische Einordnung eines Vertrages Schwierigkeiten, gibt es grundsätzlich zwei Lösungsansätze: Entweder wird ein **gemischt-typologischer Vertrag** angenommen und jede Leistung gesondert betrachtet oder auf den **Schwerpunkt des Vertrags/die Hauptleistung** abgestellt und der Vertrag danach eingeordnet.

Sofern der Vertragszweck seinen Schwerpunkt in der Gewährleistung der Abrufbarkeit der Website des Kunden im Internet findet, ist es nach Auffassung des Bundesgerichtshofs nahe liegend, insgesamt einen Werkvertrag im Sinne der §§ 631 ff. BGB anzunehmen (BGH, Urteil vom 4.3.2010 Az. III ZR 79/09). Fehlt es an einem solchen Schwerpunkt, wird im Fall von Leistungsstörungen auf den betroffenen Bereich abzustellen und dieser vertragstypologisch einzuordnen sein. Die rechtliche Beurteilung der Leistungsstörung richtet sich dann nach den Vorschriften des jeweils einschlägigen Vertragstypus.

Hinweis:
Die vertragstypologische Einordnung ist jedoch nicht nur im Hinblick auf Leistungsstörungen wichtig, sondern kann sich auch unmittelbar auf die Wirksamkeit von vertraglichen Bestimmungen auswirken, wenn diese im Rahmen von Allgemeinen Geschäftsbedingungen in den Vertrag eingeführt wurden.

III. Inhalt eines Webhosting-Vertrags

Aufgrund der nicht von vornherein eindeutigen vertragstypologischen Einordnung ist eine genaue Leistungsbeschreibung im Vertrag besonders wichtig. Der Webhosting-Vertrag sollte jedenfalls festschreiben, wie viel Speicherplatz dem Kunden zur Verfügung steht und auf welcher Hardware die Inhalte des Kunden abgelegt werden. Es kann Sinn machen, auch den Standort des Servers festzulegen, da sich die räumliche Nähe auf die Zugriffszeiten auswirkt.

Daneben können Zusatzleistungen vereinbart werden, etwa wenn der Kunde über die Website die Online-Nutzung von Software anbieten will (siehe hierzu das Stichwort → *Application Service Providing [ASP-]Vertrag*) oder wenn der Kunde die Anbindung der Website an eine Datenbank wünscht. Solche Zusatzleistungen sind gegebenenfalls vertragstypologisch gesondert einzuordnen.

Beispiel:
Der Kunde will den Besuchern seiner Website Informationen über die Liefermöglichkeiten der von ihm angebotenen Produkte geben. Dies wird durch eine technische Anbindung der Website an das Warenwirtschaftssystem des Kunden ermöglicht.

Eine Regelung, welcher der beiden Vertragspartner in welchem Umfang für die Datensicherung zuständig ist, sollte ebenso wenig fehlen wie die Klarstellung, dass die Internet-Adresse der Website vom Kunden zur Verfügung gestellt wird. Empfehlenswert ist auch ein Maßnahmenkatalog, der es dem Host-Provider ermöglicht auf Fälle zu reagieren, in denen der Kunde rechtswidrige Inhalte auf dem Server ablegt.

IV. Haftung des Host-Providers

Doch ist der Host-Provider überhaupt für die auf seinen Servern abgelegten Inhalte im Verhältnis zu Dritten verantwortlich?

Gehören die Inhalte seinen Kunden, handelt es sich für den Host-Provider um **fremde Informationen,** so dass er sich auf die **Haftungsprivilegierungen des Telemediengesetzes (TMG)** berufen kann.

Zugunsten des Host-Providers greift die Freistellung von der Verantwortlichkeit in **§ 10 TMG**, wonach er für fremde Informationen, die er für seine Kunden speichert, grundsätzlich nicht verantwortlich ist. Dies gilt jedoch nicht, wenn er nachweislich von der Rechtswidrigkeit der Inhalte wusste (§ 10 Satz 1 Nr. 1 1. Alt. TMG). Auch wenn nachgewiesen werden kann, dass er starke Verdachtsmomente hegte, jedoch keine Klärungsbemühungen unternommen hat, greift die Haftungsprivilegierung jedenfalls im Hinblick auf Schadensersatzansprüche nicht (§ 10 Satz 1 Nr. 1 2. Alt. TMG). Um seine Befreiung von der Verantwortlichkeit nicht zu verlieren, muss der Host-Provider nach Kenntniserlangung unverzüglich die rechtswidrigen Inhalte entfernen oder den Zugang zu der jeweiligen Seite sperren (§ 10 Satz 1 Nr. 2 TMG). Weiterführend siehe das Stichwort → *Providerhaftung*, dort insbesondere Ziffer II.3.1.

Die Haftungsprivilegierungen des TMG gelten jedoch nur für Schadensersatzansprüche und eine etwaige strafrechtliche Verantwortlichkeit. Verpflichtungen zur Entfernung oder Sperrung der Nutzung von Informationen nach den allgemeinen Gesetzen bleiben von der Haftungsprivilegierung unberührt (§ 7 Abs. 2 S. 2 TMG).

 Hinweis:
Nach einer Grundsatzentscheidung des Bundesgerichtshofs (BGH, Urteil vom 11.3.2004 Az. I ZR 304/01) gibt es nicht nur bei Ansprüchen auf **Entfernung** oder **Sperrung der Nutzung von Informationen keine Haftungsprivilegierung**, sondern auch bei **Unterlassungsansprüchen**.

Das bedeutet, dass der Host-Provider im Wege der **Störerhaftung uneingeschränkt** in Anspruch genommen werden kann. Aber auch hier gilt, dass eine Haftung erst ab Kenntnis des Host-Providers von den rechtswidrigen Inhalten in Betracht kommt. Dies ergibt sich in diesen Fällen nicht aus § 10 TMG, sondern im Umkehrschluss aus § 7 Abs. 2 S. 1 TMG. Wie dieses Wissen erlangt wird, ob durch einen Hinweis, eine Abmahnung oder beim „Surfen", ist unerheblich.

 ACHTUNG!
Bei einem Hinweis muss dieser nach der Rechtsprechung allerdings so konkret gefasst sein, dass der Rechtsverstoß auf der Grundlage der Behauptungen des Betroffenen unschwer – das heißt ohne eingehende rechtliche und tatsächliche Überprüfung – bejaht werden kann (BGH, Urteil vom 25.10.2011 Az. VI ZR 93/10 – „Blog-Eintrag").

Die Störerhaftung kommt zum Tragen, wenn derjenige, der für die rechtswidrigen Inhalte verantwortlich ist, nicht (mehr) greifbar ist. Erst dann darf auf den Host-Provider zurückgegriffen werden.

 Hinweis:
Im Verhältnis zu den Access-Providern, die bei Rechtsverletzungen im Internet auch immer wieder im Wege der Störerhaftung in Anspruch genommen werden, haftet der Host-Provider jedoch vorrangig (vgl. BGH, Urteil jeweils vom 26.11.2015 Az. I ZR 3/14 – „3dl.am" und Az. I ZR 174/14 – „Goldesel").

Weiterführend zu einer Störerhaftung des Host-Providers siehe das Stichwort → *Störerhaftung*.

 TIPP!
Was die Haftung des Host-Providers für die durch seine Kunden eingestellten Daten betrifft, ist er nach dem TMG Dritten gegenüber zwar haftungsrechtlich privilegiert. Dennoch sollte er sich vertraglich im Innenverhältnis zu seinen Kunden zusätzlich über eine Haftungsfreistellung absichern.

In den Vertrag sollte daher aufgenommen werden, dass sich der Kunde verpflichtet, den Host-Providers von Ansprüchen Dritter freizustellen, die aus der Rechtswidrigkeit der vom Kunden auf dem Server abgelegten Inhalte resultieren.

V. Fazit

Der Host-Providers erbringt im Wesentlichen zwei Leistungen, nämlich das Bereitstellen von Speicherplatz auf einem Server und das Anbinden dieses Servers an das Internet. Der Webhosting-Vertrag stellt sich insofern als typengemischter Vertrag dar. Welchen Charakter die einzelnen Vertragsbestandteile aufweisen bzw. wo der Schwerpunkt der vertraglichen Regelung liegt, hängt entscheidend von der konkreten vertraglichen Ausgestaltung ab. Dieser Steuerungsmöglichkeit sollten sich die Vertragsschließenden bewusst sein und sie in ihrem Sinne nutzen. Darüber hinaus empfiehlt es sich aus Sicht des Host-Providers im Innenverhältnis eine Vereinbarung zu treffen, die ihn von einer Haftung für die Inhalte seines Kunden freistellt.

Webportalvertrag, speziell: Online-Shop-Hosting

I. Begriff

II. Art der Einbindung

III. Vertragsabschluss

IV. Vertrag als AGB

Webportalvertrag, speziell: Online-Shop-Hosting

V. Vertragsinhalte
1. Kein Fernabsatz
2. Leistungen des Portalinhabers
3. Pflichten des Shopinhabers
4. Änderungen der Inhalte
5. Vergütung
6. Werbung
7. Geheimhaltung
8. Haftung
   8.1 Haftung für Pflichtverletzungen des Shopbetreibers
   8.2 Haftung für Verschulden des Portalinhabers

VI. Fazit

I. Begriff

So wie man einzelne Webseiten mieten bzw. erwerben kann – oder auch CMS – so können auch Webportale Gegenstand von Verträgen sein. Über Webportale bieten Portalinhaber Shopinhabern die Möglichkeit, eigene Angebote über das Portal abzugeben. Der Shopinhaber hat auf diese Weise die Möglichkeit, mit geringem Aufwand einen großen Kundenkreis anzusprechen und seine Geschäftsfelder zu etablieren. Er kann auch gewisse Aufgaben, wie Werbung und Fakturierung, auf den Portalbetreiber übertragen.

Für Interessenten bietet ein Webportal die Chance, sich auf effiziente und kostengünstige Art und Weise über das gesamte Angebot von mehreren Anbietern zu informieren und Geschäfte abzuwickeln. Auch bietet das Portal den Vorteil, über das Internet zu recherchieren und zu vergleichen. Webportale werden daher auch die Marktplätze des Internets genannt. Auf diesen Marktplätzen werden Waren, Dienstleistungen und Informationen gehandelt. Es gibt geschlossene Portale, deren Nutzung eine Registrierung voraussetzt und offene Portale mit themenspezifischen Angeboten. Portalverträge regeln die Rechte und Pflichten des Portalinhabers und seiner angeschlossenen Shopbetreiber.

II. Art der Einbindung

Die Shopbetreiber können auf unterschiedliche Weise in das Portal eingebunden werden. Am häufigsten ist die Einbindung der URL (Uniform Resource Locator) des Shopinhabers über einen Hyperlink auf dem Portal. Es besteht aber auch die Möglichkeit, den Geschäftsabschluss direkt über die Internetseite des Portalinhabers abzuwickeln. Es versteht sich, dass die Vergütung davon abhängt, wie intensiv das Portal genutzt wird und wie viele Dienste der Shopbetreiber vom Portalinhaber in Anspruch nimmt.

III. Vertragsabschluss

Portalinhaber bieten in der Regel interessierten Shop-Anbietern über ein Online-Formular die Möglichkeit, einen Portalvertrag abzuschließen. Im Absenden des ausgefüllten Online-Formulars liegt das Angebot des Shopbetreibers zum Abschluss eines Portalvertrages zu den Bedingungen des Portalinhabers. Der Vertrag kommt aber erst nach Prüfung durch den Portalinhaber und dessen Annahme zu Stande.

IV. Vertrag als AGB

Die Vertragsbedingungen des Portalinhabers werden als Allgemeine Geschäftsbedingungen verfasst und unterliegen damit den besonderen Form- und Wirksamkeitsvoraussetzungen der §§ 305 ff. BGB.

V. Vertragsinhalte

Ein Portalvertrag sollte insbesondere folgende Regelungen enthalten:

1. Kein Fernabsatz

Da der Shopbetreiber nicht als Verbraucher im Sinne von § 13 BGB anzusehen ist, sind die Bestimmungen zu den Fernabsatzverträgen gemäß §§ 312c ff. BGB nicht zu beachten (siehe Stichwort → Musterwiderrufsbelehrung).

2. Leistungen des Portalinhabers

Der Portalinhaber sollte seine Leistung umfassend beschreiben. Hierzu gehört insbesondere die Art der Einbindung des Shopbetreibers in das Portal. Die Leistungen beinhalten, wie unter Ziffer II bereits ausgeführt, lediglich die Verknüpfung des Shopbetreibers mit der Portal-URL. Sie können aber auch die optische Integration des Angebots des Shopbetreibers in das Portal beinhalten. Dabei muss unmissverständlich klargestellt werden, dass der Portalinhaber nicht Vertragspartner des Shopinhaber-Kunden wird.

Die Leistungsbeschreibung sollte daher regeln

- die Art der Verknüpfung,
- die Generierung von Umsätzen im Namen und für Rechnung des Shopbetreibers,
- den Betrieb und die Betreuung des Portals,
- das Recht der Portaländerung,
- technische Merkmale,
- den Umgang mit Nutzerdaten,
- ggf. die Einschaltung von Subunternehmern,
- einen Änderungsvorbehalt,
- falls gewünscht Fakturierung.

3. Pflichten des Shopinhabers

Auch die Leistungen des Shopinhabers sind detailliert darzustellen. Hier ist dem Shopinhaber insbesondere vorzuschreiben, dass bei der Betreibung seines Shops alle gesetzlichen Vorgaben zu beachten sind. Die Leistungsbeschreibung sollte daher folgende Regelungen beinhalten:

Die Verpflichtung zur

- Nutzung des Portals nur für eigene Zwecke,
- Unterlassung irreführender Angaben,
- Unterlassung der Verwendung von Software oder anderen Daten, die zu Veränderungen an der physikalischen oder logischen Struktur des Netzes, der Software und/oder des Betriebssystems des Portals führen könnten,
- Unterlassung des unberechtigten Zugriff auf Daten Dritter,

- zur Geheimhaltung von Passwörtern und/oder Registrierungsdaten, die dem Shopbetreiber vom Portalinhaber zur Registrierung zur Verfügung gestellt wurden,
- Mitteilung jeglicher Änderung der Daten des Shopbetreibers (insbesondere aber nicht ausschließlich: Adresse, Name, Telefonnummer, E-Mail, Sitz, Konten),
- termingerechten Lieferung der für die Verknüpfung erforderlichen Website,
- Aufrechterhaltung und Pflege des Internet-Shops, und des Shop-Datenbestandes des Shopbetreibers,
- Unterlassung von gesetzeswidrigen oder sittenwidrigen Inhalten,
- Nutzung von gut sichtbaren und rechtmäßigen AGB,
- Einhaltung der Fernabsatzpflichten nach § 312c ff. BGB,
- Aufnahme eines den Vorschriften des TMG entsprechenden Impressums,
- Freistellung des Portalinhabers von jeglichen Ansprüchen Dritter.

4. Änderungen der Inhalte

Da sich während der Vertragslaufzeit Änderungen, an dem Logo der URL oder von Adressdaten ergeben können, sollte der Vertrag eine Regelung enthalten über entscheidungsbefugte Ansprechpartner, die Änderungen beantragen und entgegennehmen können.

5. Vergütung

Der Vertrag sollte eine Regelung enthalten über die Höhe der Portalvergütung und deren Fälligkeit. Diese Vergütung wird in der Regel einen Pauschalanteil enthalten, kann aber auch Provisionen beinhalten. Diese werden für jede Transaktion, die über die URL des Portalinhabers generiert wird. Sind Provisionen vereinbart, sollte die Vergütungsregel Bestimmung über die Abrechnung der Provision durch den Portalinhaber und den Abrechnungszeitraum enthalten.

Weiter sollte geregelt werden, dass der Shopinhaber ohne weitere Mahnung in Verzug kommt, falls die Zahlungen nicht zu den vereinbarten Terminen dem Konto des Portalinhabers gutgeschrieben sind und welche Verzugsregeln in diesem Fall gelten.

Sinnvoll ist es zu bestimmen, dass der Shopinhaber dem Lastschriftverfahren zustimmt und dass das Recht des Shopinhabers zur Zurückbehaltung oder Aufrechnung ausgeschlossen ist, soweit die Gegenansprüche des Shopinhabers nicht unbestritten oder rechtskräftig festgestellt sind.

6. Werbung

Der Erfolg des Portals und damit die Einnahmen des Portalinhabers und des Shopbetreibers stehen und fallen mit der Bekanntheit des Portals. Das Portal muss daher beworben werden. Da aber auch der Shopinhaber von der Werbung profitiert, ist es angemessen im Portal-Vertrag zu regeln, dass der Shopinhaber die Werbung für das Portal mitfinanziert. Die letzte Entscheidung über die Art der Werbung sollte aber der Portalinhaber haben.

7. Geheimhaltung

Bereits aus dem vertraglich begründeten Treueverhältnis ergibt sich eine Geheimhaltungspflicht der Parteien. Es ist aber sinnvoll, durch eine ausdrückliche Formulierung die Verpflichtung der Parteien zur Geheimhaltung hervorzuheben.

8. Haftung

8.1 Haftung für Pflichtverletzungen des Shopbetreibers

Der Portalinhaber haftet nicht für die ordnungsgemäße Erfüllung der Pflichten des Shopinhabers gegenüber seinem Vertragspartner. Er haftet aber auch für die Inhalte der fremden Websites der Shopinhaber, auf die er verlinkt (siehe hierzu → *Providerhaftung*). Entscheidend ist insofern, dass nach den Gesamtumständen nicht der Eindruck entsteht, es handele sich um ein eigenes Angebot des Anbieters. Der Portalinhaber hat daher auf seiner Homepage die Nutzer des Portals darauf hinzuweisen, dass die Inhalte der Links von Dritten generiert werden und er auf sie keinen Einfluss hat. Ansonsten ist der Portalinhaber als Host-Provider (siehe Stichwort → *Providerhaftung*) gemäß § 10 TMG grundsätzlich nicht für fremde Inhalte bzw. Rechtsverletzungen verantwortlich. Der Anbieter ist allerdings dann haftbar, wenn er positive Kenntnis hat, d. h. wenn nachweisbar ist, dass er von der Rechtswidrigkeit der Inhalte wusste. Auch wenn nachgewiesen werden kann, dass der Host-Provider starke Verdachtsmomente hegte, jedoch keine Klärungsbemühungen unternommen hat, kann er haftbar gemacht werden. Besteht also der Verdacht, dass die gehostete fremde Seite einen rechtswidrigen Inhalt hat, muss entweder sofort der Zugang zu der Seite gesperrt werden oder die jeweiligen Informationen müssen unverzüglich entfernt werden. Obwohl Host-Provider bei Kenntnis rechtswidriger Inhalte zur Sperrung bzw. Entfernung verpflichtet sind, trifft sie gemäß § 7 Abs. 2 TMG keine Überwachungspflicht bezüglich fremder Inhalte. Die Entfernungs- und Sperrungspflicht setzt erst dann ein, wenn der Anbieter Kenntnis von den rechtswidrigen Inhalten erhält. Wie dieses Wissen erlangt wird, ob durch einen Hinweis, eine Abmahnung oder beim „Surfen", ist unerheblich.

Eine Freistellung für die Inanspruchnahme durch Dritte auf Grund eines Verschuldens des Shopbetreibers wurde bereits in Ziffer 3 beschrieben.

8.2 Haftung für Verschulden des Portalinhabers

Der Portalinhaber haftet aber für die von ihm verschuldete Verletzung seiner Pflichten aus dem Portalvertrag. Dies wird in erster Linie der nicht ordnungsgemäße Betrieb des Portals sein.

Es ist in Allgemeinen Geschäftsbedingungen nicht möglich, diese Haftung auszuschließen, da die Bereitstellung des Portals eine vertragliche Hauptpflicht des Portalinhabers ist. Die Haftung kann der Höhe nach bei leichter Fahrlässigkeit nur auf den vorhersehbaren Schaden beschränkt werden.

Die Frist für die Verjährung dieser Haftungsansprüche kann auf ein Jahr nach Kenntnis verkürzt werden.

Es empfiehlt sich für den Portalinhaber, keine Verfügbarkeitsgarantien abzugeben, da diese zur verschuldensunabhängigen Haftung führen.

VI. Fazit

Ein Portalvertrag sollte die Rechte und Pflichten der Parteien detailliert festlegen. Insbesondere sollte er klarstellen, dass der Portalinhaber nicht in ein Rechtsverhältnis mit den Kunden des Shopbetreibers eintritt und nicht für Pflichtverletzungen des Shopbetreibers haftet. Auch sollte der Vertrag eine Freistellung des Shopbetreibers gegenüber dem Portalinhaber enthalten, für den Fall, dass Dritte Ansprüche auf Grund eines Verschuldens des Shopbetreibers gegen den Portalinhaber geltend machen.

Website-Erstellungsvertrag

I. Begriff

II. Vertragstypologische Einordnung

III. Die Phasen bis zur Fertigstellung der Website
1. Entwurfs-/Konzeptphase
2. Programmierungsphase
3. Abnahme und Übergabe (Schlussphase)

IV. Inhalt eines Website-Erstellungsvertrages

V. Der Website-Erstellungsvertrag aus Auftraggeber- und Auftragnehmersicht

VI. Typische Probleme

VII. Fazit

I. Begriff

Vertragsgegenstand ist die Entwicklung und Erstellung einer Website, mit der der Auftraggeber im Internet auftreten möchte. Umfasst ist dabei der gesamte Webauftritt. Die Website setzt sich aus einer Mehrzahl einzelner Webseiten zusammen, die aus Dateien bestehen (z. B. einer html-Datei), in die zusätzliche Elemente eingebunden sein können (z. B. Bild-, Ton- oder Videodateien). Bei einem Website-Erstellungsvertrag geht es vorwiegend um die technische Realisierung, meist ist daneben aber auch die optische Gestaltung Vertragsgegenstand.

II. Vertragstypologische Einordnung

Mit der Erstellung einer Website ist ein Erfolg geschuldet, nämlich eine funktionsfähige Website. Der Vertrag über die Erstellung einer Website unterliegt daher dem Werkvertragsrecht der §§ 631 ff. BGB.

III. Die Phasen bis zur Fertigstellung der Website

In der Regel steht das Konzept für die Realisierung der Website bei Vertragsschluss noch nicht fest. In diesen Fällen gliedert sich die Vorgehensweise bis zur fertigen Website in mehrere Schritte bzw. Phasen, die sich auch im Vertrag widerspiegeln sollten. Folgende Phasen sind üblich:

1. Entwurfs-/Konzeptphase

Der Webdesigner entwickelt zunächst ein Konzept für die Website, das die geplante Anzahl und die wesentlichen Elemente jeder einzelnen Webseite sowie ihre Verknüpfung untereinander aufzeigt.

Es sollte geregelt werden, wie viele Entwürfe der Auftragnehmer liefern muss, wie oft der Auftraggeber berechtigt ist, einen Entwurf abzulehnen und was passiert, wenn der Auftraggeber keinen der Entwürfe freigibt.

 TIPP!

Folgende Regelung ist aus Sicht des Auftragnehmers empfehlenswert:

„Lehnt der Auftraggeber den Entwurf in jeweils wesentlich geänderter, die Wünsche des Auftraggebers berücksichtigende Version mehr als drei Mal ab, hat der Auftragnehmer das Recht, den Vertrag zu beenden und die für die Entwurfsphase anteilig vereinbarte oder, falls nicht anteilig vereinbart, eine angemessene anteilige Vergütung zu verlangen."

Auch aus Sicht des Auftraggebers kann es sinnvoll sein, eine Regelung über eine Trennungsmöglichkeit aufzunehmen, wenn sich bereits in der Konzeptphase abzeichnet, dass die subjektiven Vorstellungen über die Gestaltung der Webseite durch den Auftragnehmer auch nach mehrfacher Nachbesserung nicht erfüllt werden.

2. Programmierungsphase

Im nächsten Schritt erstellt der Auftragnehmer die Website nach den Vorgaben des freigegebenen Konzepts durch Programmierung des Codes (z. B. des html-, php-, oder flash-Codes) der Webseiten. Hinzu kommt die Einbindung der vereinbarten Elemente in die Codes der Webseiten und die Verknüpfung der einzelnen Webseiten untereinander.

3. Abnahme und Übergabe (Schlussphase)

Der Auftragnehmer sollte sich die Abnahme der fertigen Website vom Auftragnehmer nachweisbar bestätigen lassen. Die Übergabe an den Auftraggeber erfolgt in der Regel durch Herauladen der Daten auf einen vom Auftraggeber angegebenen Server oder durch Übergabe eines Datenträgers. Denkbar ist vor Abnahme auch die Durchführung einer Testphase, in der die Website im Lastbetrieb auf Fehler untersucht wird.

IV. Inhalt eines Website-Erstellungsvertrages

Wesentliche Elemente eines Website-Erstellungsvertrages sind:

- Vertragsgegenstand

  Schilderung des Vertragsgegenstands (vgl. oben Ziffer I)

   TIPP!
  Im Vertrag sollten auch die Browser (inkl. Versionsnummer) und mobilen Geräte (wie Smartphones und Tablets) festgelegt werden, für die die Website vom Auftragnehmer optimiert wird.

- Phasen der Website-Erstellung

  Die Darstellung der verschiedenen Schritte bis zur fertigen Website kann durch Unterteilung in Phasen erfolgen (vgl. oben Ziffer III).

- Terminplan für die Phasen und Mitwirkungspflichten des Kunden

  Empfehlenswert ist ein Terminplan, der sich an den Phasen orientiert.

- Obliegenheiten und Mitwirkungspflichten des Auftraggebers

  Ohne die Mithilfe des Auftraggebers kann der Auftragnehmer die Website nicht nach dessen Wünschen und Bedürfnissen entwickeln und umsetzen. Vertraglich sollte daher geregelt werden, dass der Auftraggeber die zur Entwicklung des Konzepts und weiteren Realisierung notwendigen Informationen und Wünsche rechtzeitig bzw. termingerecht mitzuteilen hat. Besonders wichtig ist eine Regelung darüber, wer für die Beschaffung und den Rechteerwerb inhaltlicher Elemente der Website (z. B. Bilddateien, Logos, Texte) verantwortlich ist. In der Regel fällt dies in den Verantwortungsbereich des Auftraggebers.

   TIPP!
  Auch für die Mitwirkungspflichten des Auftraggebers (z. B. Lieferung von Bildmaterial) sollten verbindliche Termine festgelegt werden.

- Rechte Dritter und Haftungsfreistellung

  Der Auftraggeber sollte im Vertrag auch explizit dafür verantwortlich gemacht werden, dass das von ihm gelieferte Material (Bilddateien, Logos, Texte etc.) frei von Rechten Dritter ist (z. B. Urheber-, Marken- oder Persönlichkeitsrechte) und nicht gegen gesetzliche Bestimmungen verstößt. Eine Haftungsfreistellung zugunsten des Auftragnehmers für den Fall, dass ein Dritter ihm gegenüber Ansprüche wegen Verletzung seiner Rechte aufgrund des vom Auftraggeber gelieferten Materials geltend macht, sollte ebenfalls nicht fehlen.

- Rechte an der Website

  Erreicht die Website die für einen urheberrechtlichen Schutz erforderliche sogenannte Gestaltungshöhe, bietet sich eine klare Regelung zu den Nutzungsrechten an.

  Beispiel:
  „Der Auftragnehmer räumt dem Auftraggeber die einfachen, nicht übertragbaren, räumlich und zeitlich unbeschränkten Nutzungsrechte an den an der Website, den einzelnen Unterseiten sowie ggf. eingebundenen Elementen entstehenden Urheberrechte des Auftragnehmers für die Nutzung im Internet ein."

  Der Auftraggeber sollte sich neben den Nutzungsrechten ausdrücklich auch Bearbeitungs- und Änderungsrechte einräumen lassen.

- Vergütung und Zahlungsbedingungen

  Die Vergütung kann z. B. in Form eines Festpreises oder nach Aufwand (z. B. auf Stundenbasis) festgelegt werden. Gesetzlich ist die Vergütung erst mit der Abnahme der Website durch den Auftraggeber zur Zahlung fällig, wenn nichts anderweitiges vereinbart ist. Oft werden Abschlagszahlungen oder ein Vorschuss vereinbart. Es bietet sich an, Zahlungstermine zum Abschluss einer jeweiligen Phase festzulegen.

V. Der Website-Erstellungsvertrag aus Auftraggeber- und Auftragnehmersicht

Der Website-Erstellungsvertrag kann tendenziell zugunsten des Auftraggebers oder zugunsten des Auftragnehmers ausgestaltet werden.

Für den Auftraggeber günstige Regelungen sind beispielsweise:

- Der Auftragnehmer übernimmt eindeutig das Erfolgsrisiko, auch für die Entwurfsphase. Dies wird abgebildet durch klare Regelungen zum Vertragstyp als Werkvertrag und das ausdrückliche Erfordernis einer Abnahme.

- Die Vereinbarung eines Festpreises liegt im Interesse des Auftraggebers. So hat er Kostensicherheit.

- Für die Mängelhaftung des Auftragnehmers sollten die aus Auftraggebersicht vorteilhaften gesetzlichen Regelungen gelten.

Für den Auftragnehmer günstige Regelungen sind beispielsweise:

- Der Auftragnehmer übernimmt in der Entwurfsphase kein Erfolgsrisiko. Dies wird abgebildet durch eine Zahlungspflicht des Auftraggebers auch für den Fall, dass er mehrmals Entwürfe ablehnt (vgl. Tipp unter Ziffer III.1.).

- Die Vereinbarung einer Vergütung nach Aufwand liegt im Interesse des Auftragnehmers, da so auch unvorhergesehener Mehraufwand abgedeckt ist. Falls ein Festpreis vereinbart wird, ist eine Verpflichtung des Auftragnehmers sinnvoll, die ihm die Kosten für Mehraufwand bei Zusatzwünschen auferlegt.

- Schutz vor Zahlungsausfällen bietet die Vereinbarung eines Vorschusses oder von Abschlagszahlungen.

- Die Nennung der Mitwirkungspflichten des Auftragnehmers ist unerlässlich. Hier geht es beim Website-Erstellungsvertrag insbesondere um die rechtzeitige Lieferung der erforderlichen Informationen und Materialien wie Bildmaterial und Text für die Website sowie um die Prüfungspflicht des Auftraggebers, dass das von ihm zur Verfügung gestellte Material frei von Rechten Dritter ist.

- Es werden Teilabnahmen für einzelne, selbstständig funktionsfähige Bestandteile der Website vereinbart.

- Zu Werbezwecken verpflichtet sich der Auftraggeber, den Auftragnehmer als Urheber der Website im Impressum zu nennen.

VI. Typische Probleme

Die bereits angesprochenen **Mitwirkungspflichten** des Auftraggebers sorgen leider häufig für Probleme, insbesondere in Form von Verzögerungen. Dazu kommt auch die andere Seite: Häufig findet der Auftraggeber immer wieder „Kleinigkeiten", die laufend nachgebessert werden sollen. Abhilfe schafft hier nur ein sauber ausgearbeiteter Vertrag, der die Pflichten zwingend in einem **Pflichtenheft** detailliert festhält und auch die Zahl der Korrekturwünsche begrenzt. Allerdings muss hierbei klar sein, dass eine Nachbesserung zur Vertragspflichterfüllung von der Verbesserung abzugrenzen ist!

Wettbewerbsrecht

Mit Blick auf die typischen Abläufe muss leider zur Kenntnis genommen werden, dass solche Projekte häufig nicht im geplanten Zeitrahmen verbleiben. Zumindest kurzfristige **Verzögerungen** sind leider eine alltägliche Erscheinung und müssen berücksichtigt werden. Man kann dies mit Vertragsstrafen oder besonderen Kündigungsrechten berücksichtigen, aber gerade Auftragnehmer sollten sich vor zu schnellen und hohen Vertragsstrafen in Acht nehmen.

Besonders problematisch ist in diesem Zusammenhang auch das **Urheberrecht!** Agenturen greifen üblicherweise auf externes Material, speziell Bildmaterial, bei der Gestaltung der Webseite zurück. Der Auftragnehmer wiederum nimmt am Ende die gesamte Webseite ab, prüft aber nur selten die Urheberrechte – was ein Fehler ist. Denn wenn er die Webseite später einsetzt und hier fremde Urheberrechte verletzt werden, wird er regelmäßig in Anspruch genommen werden. Das liegt daran, dass er als Verwender im Zweifelsfall die gesamte Rechtekette nachweisen können muss. Insbesondere darf er sich nicht auf einfache Zusicherungen verlassen, dass die Rechte soweit geklärt wären, geschweige denn, überhaupt nicht nachforschen. Zwar mag der Auftraggeber einen Anspruch auf Schadensersatz gegen den Auftragnehmer haben, doch erst einmal muss er sich mit der Abmahnung des Urhebers beschäftigen. Zu empfehlen ist hier, ausdrücklich zumindest zusichern zu lassen, dass die Rechte geklärt sind und sich bei Stichproben den Nachweis der gesamten Rechtekette liefern zu lassen.

Ein spezielles Augenmerk sollte dabei auf (freie) **Bilddatenbanken** gerichtet werden. Solche Angebote sind inzwischen verbreitet, hier werden – mitunter kostenlos, jedenfalls für geringe Summen – Bilder zur Verwendung angeboten. Allerdings gelten auch hier Lizenzbedingungen, die einzuhalten sind, wie z. B. eine Nennung des Urhebers. Dabei sind Abmahnungen der Urheber gerade in diesem Bereich keine Seltenheit. Sollten derartige Bilder zum Einsatz kommen, ist dringend anzuraten, für jedes verwendete Bild die Lizenzbedingungen zu klären, zu dokumentieren und umzusetzen.

VII. Fazit

Bei der Realisierung einer Website wirken Auftraggeber und Auftragnehmer zusammen. Ein Terminplan für die Phasen vom Entwurf bis hin zur fertigen Website und klare Regelungen zu den Rechten und Pflichten des Auftraggebers und des Auftragnehmers sind daher sinnvoll.

Zusatzleistungen wie die Beschaffung eines Domainnamens (Domainregistrierung), die Zurverfügungstellung von Webspace (hierzu Stichwort → *Webhosting-Vertrag*), die Pflege der fertigen Website, die Eintragung in Suchmaschinen, Suchmaschinenoptimierung etc. müssen ggf. gesondert beauftragt werden, da sie vom klassischen Website-Erstellungsvertrag nicht erfasst sind.

Wettbewerbsrecht

I. Allgemeines
1. Einführung in die Systematik des Wettbewerbsrechts
2. Reform des Wettbewerbsrechts 2015

II. Geschäftliche Handlung

III. Zurechnung von Handlungen von Mitarbeitern

IV. Systematik der Wettbewerbsverstöße
1. Grundsätzliche Systematik
2. Marktverhaltensregelung
3. Praktische Bedeutung

V. Die unzumutbare Belästigung durch Werbeanschreiben

VI. Konsequenzen bei Wettbewerbsverstößen
1. Ansprüche bei Wettbewerbsverstößen
2. Wichtige Fristen
3. Aktivlegitimation: Wettbewerbsverhältnis
4. Kostenerstattung bei unberechtigten Abmahnungen

VII. Fazit

I. Allgemeines

1. Einführung in die Systematik des Wettbewerbsrechts

Unter dem Begriff „Wettbewerbsrecht" werden üblicherweise die Regelungen rund um den unlauteren Wettbewerb verstanden. Zentrale Rechtsnorm in diesem Bereich ist das Gesetz gegen den unlauteren Wettbewerb („UWG"), wobei bei Auslegungsfragen die europäische Richtlinie 2005/29/EG, die Richtlinie über unlautere Geschäftspraktiken („UGP-Richtlinie"), heranzuziehen ist. Aus diesem Grund sind neben Entscheidungen des Bundesgerichtshofes auch solche des EuGH von enormem Interesse.

Dabei gibt es durch das UWG drei Zielrichtungen: Zum einen sollen Mitbewerber davor geschützt werden, dass sie einen faktischen Wettbewerbsnachteil erleiden, weil sie sich regelkonform verhalten, während andere Mitbewerber sich einen Wettbewerbsvorteil durch wettbewerbswidriges Verhalten schaffen. Weiterhin geht es darum, dass Verbraucher geschützt werden. Abschließend ist die gesamte Intention sämtlicher Regelungen in diesem Bereich die Schaffung und der Schutz eines fairen Wettbewerbs insgesamt.

In diesem Stichwort wird Ihnen ein allgemeiner Überblick über die Systematik des Wettbewerbsrechts geboten. Detaillierte besonders praxisrelevante Fragen der Zulässigkeit einzelner Werbeformen oder Werbemaßnahmen finden Sie in einzelnen Stichworten zum Thema „Werbung".

2. Reform des Wettbewerbsrechts 2015

Es ergaben sich im deutschen Wettbewerbsrecht (dem UWG) gegenüber den EU-Vorgaben (UGP-Richtlinie) zahlreiche sprachliche Differenzen, die immer wieder zu fachlichen Diskussionen geführt haben. Der Gesetzgeber hat hierauf reagiert und eine umfassende sprachlieh Neufassung und auch Neustrukturierung des UWG im Dezember 2015 vorgenommen. Dabei hatte der Gesetzgeber betont, dass es sich um eine rein klarstellende sprachliche Reform handelt, die keinerlei materiellrechtliche Auswirkung hat. Dem hat sich der Bundesgerichtshof (I ZR 61/14) in einer frühen Entscheidung angeschlossen.

II. Geschäftliche Handlung

Damit der Anwendungsbereich des Gesetzes gegen den unlauteren Wettbewerb überhaupt eröffnet ist, muss eine „ge-

Wettbewerbsrecht

schäftliche Handlung" vorliegen. Nur eine solche geschäftliche Handlung kann letztendlich wettbewerbsrechtliche Relevanz entfalten. Das Gesetz gegen den unlauteren Wettbewerb definiert dabei in § 2 Abs. 1 Nr. 1 UWG, was unter einer solchen geschäftlichen Handlung zu verstehen ist:

„Im Sinne dieses Gesetzes bedeutet ‚geschäftliche Handlung' jedes Verhalten einer Person zugunsten des eigenen oder eines fremden Unternehmens vor, bei oder nach einem Geschäftsabschluss, das mit der Förderung des Absatzes oder des Bezugs von Waren oder Dienstleistungen oder mit dem Abschluss oder der Durchführung eines Vertrags über Waren oder Dienstleistungen objektiv zusammenhängt; als Waren gelten auch Grundstücke, als Dienstleistungen auch Rechte und Verpflichtungen;"

Abzustellen ist damit auf das Verhalten einer Person, das letztlich folgende Kriterien erfüllen muss:

1. Es muss sich zu Gunsten eines Unternehmens auswirken, wobei es ohne Belang ist, ob es sich um das eigene oder irgendein fremdes Unternehmen handelt.
2. Weiterhin muss ein objektiver Zusammenhang zu der Förderung des Absatzes bzw. des Bezuges von Waren oder Dienstleistungen bestehen.

Wichtig ist hinsichtlich der objektiven Feststellung einer Absatzförderung, dass es hier eine objektive Prüfung gibt. Das bedeutet, es spielt keine Rolle, ob ein solcher Absatz überhaupt gefördert werden wollte, sondern ausschlaggebend ist alleine, dass dies objektiv tatsächlich der Fall war. Sollte eine solche Absatzförderung nicht im Raum stehen, kann dennoch eine geschäftliche Handlung dann vorliegen, wenn jedenfalls ein Zusammenhang zu dem Abschluss oder der Durchführung eines Vertrages hergestellt werden kann. Keine Relevanz hat die Frage, zu welchem Zeitpunkt die geschäftliche Handlung aufgetreten ist! Es spielt also keine Rolle, ob ein Vertragsschluss bereits stattgefunden hat oder erst noch bevorsteht. Letztendlich kann eine geschäftliche Handlung also zu jeglichem Zeitpunkt vorliegen. Insoweit ist es ein verbreiteter Fehler, Fragen des unlauteren Wettbewerbs alleine auf den Bereich der Bewerbung von Waren oder Dienstleistungen zu begrenzen. Ausdrücklich sind auch Verhaltensweisen von Personen bei der reinen Abwicklung von Verträgen erfasst. Besonderes Augenmerk muss daher auf die objektive Feststellung der Absatzförderung gerichtet werden. Der Bundesgerichtshof hat klargestellt, dass hierbei nicht die subjektive Interessenlage ausschlaggebend ist, sondern eine reine funktionale Betrachtung anzustellen ist. Hierzu führt der Bundesgerichtshof (I ZR 190/11) aus:

„Gemäß § 2 Abs. 1 Nr. 1 UWG ist eine ‚geschäftliche Handlung' jedes Verhalten einer Person zugunsten des eigenen oder fremden Unternehmens vor, bei oder nach einem Geschäftsabschluss, das mit der Förderung des Absatzes oder des Bezugs von Waren oder Dienstleistungen oder mit dem Abschluss oder der Durchführung eines Vertrages über Waren oder Dienstleistungen objektiv zusammenhängt. Der Begriff der geschäftlichen Handlung dient dazu, den Anwendungsbereich des Lauterkeitsrechts gegenüber dem allgemeinen Deliktsrecht abzugrenzen. Deshalb ist das Merkmal des ‚objektiven Zusammenhangs' funktional zu verstehen und setzt voraus, dass die Handlung bei objektiver Betrachtung darauf gerichtet ist, durch Beeinflussung der geschäftlichen Entscheidung der Verbraucher oder sonstigen Marktteilnehmer den Absatz oder Bezug von Waren oder Dienstleistungen des eigenen oder eines fremden Unternehmens zu fördern."

Allerdings ist die Rechtsprechung hier durchaus auch einschränkend tätig. Das Kammergericht in Berlin (5 O 92/07) hat dazu zu Recht ausgeführt, dass eine geschäftliche Handlung dann nicht anzunehmen ist, wenn zwar auf der einen Seite eine Absatzförderung eintreten kann, letztendlich die Handlung aber vorrangig unter objektiven Kriterien eindeutig vollkommen anderen Zielen gedient hat. Im Ergebnis muss allerdings klargestellt sein, dass eine geschäftliche Handlung im Sinne des Wettbewerbsrechts sehr häufig anzunehmen sein wird. Dies auch ausdrücklich dann, wenn es von Unternehmen gerade nicht gewünscht ist, letztendlich wird wohl jegliche, den Absatz von Waren bzw. Dienstleistungen fördernde oder einen Vertrag durchführende Handlung vom Wettbewerbsrecht erfasst werden.

III. Zurechnung von Handlungen von Mitarbeitern

Eine Besonderheit im Wettbewerbsrecht ist die Zurechnung von Handlungen von Mitarbeitern oder Beauftragten in Richtung des Unternehmens. Wenn ein Mitarbeiter oder externer Beauftragter des Unternehmens eine geschäftliche Handlung vornimmt, die einen Wettbewerbsverstoß darstellt, so muss sich dies das Unternehmen zurechnen lassen und kann unmittelbar auf Unterlassung in Anspruch genommen werden. Dieser Grundsatz ist in § 8 Abs. 2 des Gesetzes gegen den unlauteren Wettbewerb vorgesehen und bietet keine rechtliche Möglichkeit der Vorsorge bzw. des Haftungsausschlusses. Insbesondere ist es vollkommen irrelevant, ob das Unternehmen von den Handlungen des Mitarbeiters überhaupt wusste oder diese überhaupt gewollt hat! Es handelt sich hier hierbei um eine Zurechnungsnorm, so dass Fragen des Verschuldens keine Rolle spielen. Das Gesetz sieht dabei auch keine Möglichkeit vor, wie man seitens eines Unternehmens durch bestimmte Maßnahmen eine Haftung ausschließen könnte. Hintergrund ist, dass im Wettbewerbsrecht verhindert werden soll, das sich Unternehmen durch die Auslagerung von Aufgaben ihrer wettbewerbsrechtlichen Verantwortung entziehen können. Die einzige Möglichkeit für Unternehmen an dieser Stelle Vorsorge zu betreiben wird wohl darin liegen, dass man seinen Mitarbeitern Richtlinien an die Hand gibt, wie man sich klugerweise verhält. Unter dem Schlagwort „Social Media Guidelines" hat sich dabei ein moderner Weg entwickelt, um bestehende Risiken einzuschränken. Derartige Richtlinien finden Sie näher erläutert unter dem Stichwort → *IT-Betriebsvereinbarung*.

 Hinweis:
Gerade wenn ein Unternehmen eine Unterlassungserklärung abgegeben hat, ist höchste Vorsicht geboten! Bedenken Sie immer das Risiko, dass ein Mitarbeiter vielleicht dazu beiträgt, dass eine Vertragsstrafe verwirklicht wird. Da die Verwirklichung einer Vertragsstrafe im Rahmen einer Unterlassungserklärung allerdings ein Verschulden voraussetzt, bieten sich hier Möglichkeiten der Vorsorge. So kann durch gezielte Information der Mitarbeiter dafür Sorge getragen werden, dass ein Verstoß gegen eine abgegebene Unterlassungserklärung nicht zur Verwirklichung einer Vertragsstrafe führt.

Wettbewerbsrecht

IV. Systematik der Wettbewerbsverstöße

1. Grundsätzliche Systematik

Sofern tatsächlich eine geschäftliche Handlung vorliegt, ist dann zu prüfen, ob diese vielleicht unlauter ist. Dabei folgt das Gesetz einer bestimmten Systematik, in der zu prüfen ist.

Man beginnt mit der Frage, ob eine geschäftliche Handlung gegenüber Verbrauchern stattgefunden hat. Sollte eine Handlung im Verkehr mit Verbrauchern stattgefunden haben, ist anhand der sogenannten „schwarzen Liste" im Anhang des Gesetzes über § 3 Abs. 3 UWG zu analysieren, ob ein dort verbotenes Verhalten vorliegt. Diese „schwarze Liste" ist eine Ansammlung von immerhin 30 konkreten Verhaltensweisen, die es zu unterlassen gilt. Da diese Liste allgemein verständlich ist, wird hier von einer detaillierten Darstellung abgesehen, allerdings können die besonders häufig relevanten Kernelemente des zu unterlassenden Verhaltens wie folgt strukturiert werden:

- Es dürfen keine Vertrauensvorteile unlauter erschlichen werden, etwa indem man mit nicht vorhandenen oder fragwürdigen Auszeichnungen wirbt;
- sogenannte Lockangebote unterliegen einer sehr restriktiven Kontrolle, etwa wenn von dem eigentlichen Angebot zu wenig Ware vorrätig gehalten wird;
- es darf nicht mit Selbstverständlichkeiten geworben werden, etwa indem man den Eindruck erweckt, man würde etwas ganz Besonderes anbieten, was aber letztlich gesetzlich ohnehin vorgeschrieben ist. Typisches Beispiel ist die Werbung mit einer Gewährleistung, die hervorgehoben wird, aber letztendlich nur dem gesetzlichen Stand entspricht;
- unzulässig ist es auch, das Image bzw. den guten Ruf von Wettbewerbern bzw. von konkurrierenden Produkten auszunutzen, etwa wenn irgendeine Verbindung zwischen den Produkten hergestellt wird, die gar nicht besteht.

Sofern nicht bereits die Tatbestände der „schwarzen Liste" eingreifen oder kein Verhalten gegenüber Verbrauchern stattfindet, wird anhand der §§ 4–7 UWG die weitere Zulässigkeit geprüft. In diesen Paragraphen finden sich im Kern die Grundgedanken der „schwarzen Liste" differenzierter und verallgemeinert, teilweise etwas abgeschwächt, wieder.

Selbst wenn sich dann am Ende noch kein wettbewerbswidriges Verhalten ergeben hat, verbleibt als letzte Prüfstufe noch die der Generalklausel, die in § 3 Abs. 1 UWG enthalten ist. Hier bietet sich dann letztmalig die Gelegenheit, durch eine Gesamtbetrachtung einen Wettbewerbsverstoß zu erkennen.

Es ergibt sich damit im Gesamtbild ein sehr schwieriges Regelwerk hinsichtlich der wettbewerbsrechtlichen Zulässigkeit von Verhaltensweisen – wobei die Praxis zeigt, dass bei komplexen Werbemaßnahmen gegenüber Verbrauchern regelmäßig ein Ansatzpunkt für ein wettbewerbswidriges Verhalten zu finden sein wird.

2. Marktverhaltensregelung

Eine Besonderheit stellt § 3a UWG (vormals § 4 Nr. 11 UWG) dar. Hier wird vorgesehen, dass jede weitere gesetzliche Regelung, deren Ziel die Regelungen des Verhaltens von Wettbewerbern auf dem Markt ist, ebenfalls wettbewerbsrechtliche Relevanz genießt. Dies führt dazu, dass auch Rechtsverstöße in vollkommen anderen Bereichen einen wettbewerbsrechtlichen Unterlassungsanspruch – quasi durch die Hintertür – auslösen können. Es kann allerdings mitunter sehr umstritten sein, ob eine derartige Regelung auch wirklich den Markt regeln soll, wobei ein reflexartiges Auswirken auf den wettbewerbsrechtlichen Markt gerade nicht ausreichend ist. Inzwischen ist dabei regelmäßig festzustellen, dass der Bundesgerichtshof den Anwendungsbereich des § 3a UWG spürbar erweitert.

> **Hinweis:**
> Es gibt eine sehr umfangreiche Rechtsprechung zu § 4 Nr. 11 UWG. Auch wenn sich diese Norm etwa umformuliert nun im § 3a UWG wiederfindet ergeben sich inhaltlich – so auch ausdrücklich der BGH – keinerlei Änderungen. Die bisherige umfangreiche Rechtsprechung lässt sich daher nahtlos auf den § 3a UWG übertragen und bleibt anwendbar!

Im Folgenden einige ausgewählte Beispiele aus der Praxis, die bekanntlich mit Abmahnungen einhergehen:

- berufsrechtliche Regeln, insbesondere über die Notwendigkeit einer Zulassung für die jeweilige Berufsausübung, etwa als Heilpraktiker für bestimmte Tätigkeiten oder bei der Tätigkeit als Versicherungsmakler gemäß § 34d Gewerbeordnung. Aber auch bei Berufsbezeichnungen ergeben sich Probleme, insbesondere bei „Diplomen", die am Ende von Seminaren vergeben werden, ist Vorsicht geboten. Da es sich hierbei nicht um staatlich verliehene Diplome handeln wird, dürfen diese auch nicht entsprechend als Bezeichnung verwendet werden – entsprechende Abmahnungen wurden etwa im Bereich der Kosmetikdienstleistung bekannt.
- die Vorgabe im Telemediengesetz, dass ein Impressum bereitgehalten werden muss;
- die Paragraphen im BGB, anhand derer die Zulässigkeit von allgemeinen Geschäftsbedingungen geprüft wird;
- Kennzeichnungspflichten und Informationspflichten im Bereich von Produkten, etwa bei Kosmetika oder beim Verkauf von Pkw, hier speziell die (Pkw-)EnVKV;
- bei der Preisauszeichnung ist inzwischen umstritten, ob die Vorgaben der Preisangabenverordnung überhaupt noch einzuhalten sind oder diese nicht gegen europäisches Recht verstößt, der BGH hat diese Frage inzwischen dem EuGH vorgelegt – erst einmal sollten die Vorgaben der Preisangabenverordnung eingehalten werden, bis Klarheit herrscht;
- es ist auch daran zu denken, dass streng zwischen redaktionellen und werbenden Inhalten zu unterscheiden ist, die entsprechenden Regeln der Pressegesetze der Länder sind hier auch wettbewerbsrechtlich relevant;
- Werbebeschränkungen im Heilmittelwerberecht, die sich aus anderen Gesetzen ergeben, etwa bei Rabatten in einer Apotheke oder bei der Bewerbung von Arzneimitteln sowie der „Health-Claims-Verordnung" bei Fragen zu nährwert- und gesundheitsbezogenen Angaben.

    > Unwirksame Allgemeine Geschäftsbedingungen, die gegenüber Verbrauchern verwendet werden, sind mit dem Bundesgerichtshof in jedem Fall ein Wettbewerbsverstoß.
    > Umstritten ist weiterhin, ob der Verstoß gegen datenschutzrechtliche Vorschriften einen Wettbewerbsverstoß darstellt. Eine Entscheidung des BGH liegt hierzu

noch nicht vor, die OLG Köln und Hamburg sehen einen Wettbewerbsverstoß, anders das Kammergericht in Berlin. Zwischenzeitlich wurde ein eigenes Verbandsklagerecht bei Datenschutzverstößen im Unterlassungsklagegesetz eingeführt. Insgesamt ist dringend anzuraten, datenschutzrechtliche Verstöße im Hinblick auf das Wettbewerbsrecht zu unterlassen; mehr dazu unten.

Inzwischen scheint sich die feste Linie beim Bundesgerichtshof herauskristallisiert zu haben, dass speziell verbraucherschützende Normen immer als Regelung im Sinne des § 3a UWG erfasst werden. Dies führt letztendlich dazu, dass die Möglichkeit wettbewerbsrechtlicher Abmahnungen erheblich ausgeweitet wird: Schließlich kann ein Verstoß gegen unterschiedlichste rechtliche Vorgaben am Ende zu einer Abmahnung wegen eines wettbewerbsrechtlichen Unterlassungsanspruchs führen.

Derzeit in höchstem Maße umstritten ist die Frage, ob hier auch datenschutzrechtliche Regelungen heranzuziehen sind. So wurde die Frage, ob auf einer Webseite eine Datenschutzerklärung bereitgehalten werden muss und ein Verstoß hiergegen wettbewerbsrechtliche Relevanz entfaltet, äußerst unterschiedlich beantwortet.

Insgesamt lässt sich wohl feststellen, dass die überwiegende Meinung in der Rechtsprechung bisher einen Marktbezug von datenschutzrechtlichen Regelungen ablehnt und damit eine wettbewerbsrechtliche Relevanz ausscheidet. Das OLG München (29 U 3926/11) sah keine Anwendbarkeit für § 3a UWG, da man den Schutzzweck des BDSG nicht darin erkennen wollte, den Markt wettbewerbsrechtlich zu regeln. Ebenso sah es das OLG Düsseldorf (7 U 149/03), das der Meinung ist, dass das Datenschutzrecht in erster Linie den Bürger vor Eingriffen des Staates schützen soll. Auch das OLG Hamburg (5 U 186/03) ging im Jahr 2004 jedenfalls davon aus, dass ein eventueller Marktbezug des § 28 BDSG bestenfalls „reflexartig" eintritt, aber nicht eigentlich gewollt ist, ebenso das OLG Frankfurt (6 U 168/04). Sehr differenziert ging das Kammergericht (5 W 88/11) vor, das den § 13 TMG untersuchte und hier im konkreten Fall, es ging um einen „Facebook Like Button", erkannte, dass ein Verstoß gegen § 13 Abs. 1 TMG nur ein Verhalten betreffen kann, das dem tatsächlichen Marktverhalten vorausgegangen ist.

Während die überwiegende Meinung die Annahme von Marktverhaltensregelungen bisher ablehnt, sagen inzwischen aber sowohl das OLG Karlsruhe mit Urteil vom 9.5.2012 (6 U 38/11) sowie das OLG Hamburg (3 U 26/12) mit Urteil vom 27.6.2013, dass wettbewerbsrechtliche Abmahnungen ausgesprochen werden können, sogar wenn nur eine Datenschutzerklärung auf der Webseite vergessen wurde. Das OLG Köln hat sich dieser Rechtsauffassung angeschlossen. Ebenso das Landgericht Frankfurt (Urteil vom 18.2.2014; Az. 3-10 O 86-12).

Aktuell lässt sich jedenfalls festhalten, dass diese Frage derart umstritten ungeklärt ist, dass es keine ausufernden Abmahnungen gibt. Offensichtlich ist potentiellen Abmahnern das Risiko vor Gericht zu verlieren noch zu hoch. Rein vorsichtshalber soll allerdings an dieser Stelle der Rat gegeben werden, in jedem Fall dafür Sorge zu tragen, datenschutzrechtliche Vorschriften, insbesondere die des Telemediengesetzes, einzuhalten.

3. Praktische Bedeutung

In der Praxis hat dies im Ergebnis vor allem an zwei Punkten Auswirkungen und führt zu Abmahnungen: Zum einen, wenn es um die Ausgestaltung von Werbung geht und zum anderen bei der Zulässigkeit von allgemeinen Geschäftsbedingungen. Bei Letzterem hat der Bundesgerichtshof inzwischen klargestellt, dass allgemeine Geschäftsbedingungen, die rechtswidrig formuliert sind, einen Wettbewerbsverstoß darstellen, der auch abgemahnt werden kann.

Hinweis:

Die sehr praxisrelevanten Fragen der Zulässigkeit von Werbung und von allgemeinen Geschäftsbedingungen wurden in eigenen Stichworten bearbeitet. Beachten Sie hierzu insbesondere die einzelnen Stichworte zu typischen Werbemaßnahmen, insbesondere zur „Werbung im Internet" im Allgemeinen. Darüber hinaus sind im Stichwort „Abmahngefährdete AGB" klassische rechtswidrige allgemeine Geschäftsbedingungen, die auch Gegenstand laufender Abmahnungen sind, erläutert und dargestellt.

V. Die unzumutbare Belästigung durch Werbeanschreiben

Hervorzuheben ist im Wettbewerbsrecht die Problematik der Kontaktaufnahme des Unternehmens mit (potenziellen) Kunden. Im § 7 UWG wird vorgegeben, in welcher Art eine Kontaktaufnahme möglicherweise erlaubt ist und was in jedem Fall ausdrücklich untersagt ist. Auch hier zeigt sich wieder der besondere verbraucherschützende Charakter des Wettbewerbsrechts, wenn bei Werbeanrufen deutlich zwischen Verbrauchern und Unternehmern unterschieden wird. So sind Werbeanrufe bei Verbrauchern grundsätzlich nur noch mit deren vorheriger ausdrücklicher Zustimmung zulässig. Dabei wird der Unternehmer im Fall eines Anrufs hinsichtlich der angeblich erlangten Einwilligung immer beweispflichtig sein. Kritisch muss man dabei auch die Versuche sehen, Einwilligungen von Verbrauchern über allgemeine Geschäftsbedingungen zu erlangen. Der Bundesgerichtshof hat in ständiger Rechtsprechung festgehalten, dass Einwilligungen von Verbrauchern in Werbeanrufe ausdrücklich zu erfolgen haben und bei der Verwendung von AGB ganz besonders hervorgehoben sein müssen. Anders stellt sich dies bei Unternehmern da, hier reicht eine zumindest mutmaßliche Einwilligung des Unternehmers in einen Anruf. Doch auch hier ist zur Vorsicht zu raten: eine solche mutmaßliche Einwilligung wird mit großer Zurückhaltung von der Rechtsprechung angenommen. Jedenfalls bei bereits bestehenden Geschäftsbeziehungen kann sie durchaus vorliegen, ein einfach nur allgemeines potentielles Interesse an den zu bewerbenden Dienstleistungen reicht aber gerade nicht aus.

Werbung per Fax oder per E-Mail bedarf in jedem Fall einer ausdrücklichen vorherigen Einwilligung! Es spielt dabei keine Rolle, ob E-Mails einem Verbraucher oder einem Unternehmer zugestellt werden. Ebenfalls spielt es keine Rolle, ob es sich um eine einmalige oder erstmalige Zusendung handelt: Mit der Rechtsprechung begründet bereits die erstmalige Zusendung sowohl an einen Verbraucher als auch an einen Unternehmer einen Unterlassungsanspruch. Das Gesetz sieht eine wichtige Ausnahme für Werbemails in § 7 Abs. 3 UWG vor. So ist es möglich, sich in eigenen AGB die Zusendung von Werbemails vorzubehalten, sofern im Vorhinein bereits von dem Angeschriebenen etwas erworben wurde und mit den Werbemails zumindest gleichartige Produkte bzw. Dienstleistungen bewor-

Wettbewerbsrecht

ben werden sollen. In der Praxis zeigt sich aber, dass auch hier erheblicher Streit entstehen kann und die rechtssichere Ausgestaltung dieser Werbemaßnahmen erheblichen Schwierigkeiten begegnet.

Insgesamt muss festgestellt werden, dass die ebenso schnelle wie kostengünstige Kontaktaufnahme mit potentiellen Kunden über Telefon, Fax oder E-Mail wettbewerbsrechtlich grundsätzlich problematisch ist. Ganz bewusst hat der Gesetzgeber es so ausgestaltet, dass alleine der Versand von Werbeschreiben per Post keinen durchgreifenden Bedenken begegnen wird. Aufgrund der erheblichen Kostenrisiken in diesem Bereich – bei unverlangter Werbesendung sind Gegenstandswerte hinsichtlich des Unterlassungsanspruchs in Höhe von 5.000 € und mehr üblich – sollten derartige Werbemaßnahmen nur bei genauer Planung und rechtlicher Beratung stattfinden. Des Weiteren beachten Sie hierzu bitte das Stichwort → *Spam*.

VI. Konsequenzen bei Wettbewerbsverstößen

1. Ansprüche bei Wettbewerbsverstößen

Sollte ein Wettbewerbsverstoß im Raum stehen, steht sowohl konkurrierenden Mitbewerbern als auch ausgewählten Verbänden ein Unterlassungsanspruch zu. Ein besonderes Thema hierbei ist die „Aktivlegitimation", also die Berechtigung, eventuell vorhandene Wettbewerbsverstöße auch wirklich verfolgen zu können – dazu sogleich.

Daneben besteht zudem Anspruch auf Schadensersatz, was in erster Linie bedeutet, dass anwaltliche Kosten für eine ausgesprochene berechtigte Abmahnung zu erstatten sind. Die anwaltlichen Kosten im Falle einer solchen Abmahnung bemessen sich dabei anhand des Gegenstandswertes, der wiederum von der Bedeutung des Unterlassungsanspruchs abhängig ist. Konkrete Tabellen mit Gegenstandswerten oder Formeln gibt es hierbei nicht, vielmehr wäre dies im Streitfall dem jeweiligen Gericht überlassen. Es ist allerdings festzustellen, dass in wettbewerbsrechtlichen Streitfragen Gegenstandswerte von weniger als 10.000 € selten sind. Dass daneben einem Mitbewerber ein Anspruch auf Zahlung von Ersatz eines etwaig entgangenen Gewinns zusteht, spielt regelmäßig keine Rolle. Dies liegt daran, dass es einem Mitbewerber nur in sehr speziellen Konstellationen möglich sein wird, nachzuweisen, welchen Schaden er genau durch die konkrete Wettbewerbsverletzung erlitten haben will. Kernpunkt der Auseinandersetzung ist damit immer erst einmal die Durchsetzung eines zustehenden Unterlassungsanspruchs. Dieser wird üblicherweise erst außergerichtlich im Zuge einer Abmahnung geltend gemacht. Sollte sich dann außergerichtlich keine Einigung erzielen lassen, folgt ein regelmäßig ebenso zeit- wie kostenintensiver Wettbewerbsprozess.

2. Wichtige Fristen

Wichtig sind im Wettbewerbsrecht dabei einzuhaltende Fristen! So ist als erstes zu sehen, dass der wettbewerbsrechtliche Anspruch auf Unterlassung und Schadensersatz eine Verjährungsfrist von sechs Monaten vorsieht. Diese Frist beginnt zu laufen ab dem Zeitpunkt, zu dem der Abmahnende tatsächliche Kenntnis von dem Wettbewerbsverstoß erlangt hat. Es ist insofern sinnvoll, genau zu dokumentieren, wann eine Kenntnisnahme des Abmahners stattgefunden haben wird, etwa dadurch, indem nachvollzogen wird, wann sich ein Testkäufer im Online-Shop registriert hatte. Weiterhin wichtig sind dann einzuhaltende Fristen hinsichtlich des Rechtsschutzes. Wenn keine Unterlassungserklärung gegeben wird, hat der Abmahnende grundsätzlich die Möglichkeit, eine gerichtliche einstweilige Verfügung zu erwirken. Um diese zu erhalten, ist allerdings die Annahme einer Dringlichkeit notwendig, da ansonsten lediglich ein „normales" Hauptsacheverfahren möglich ist. Während in den letzten Jahren regelmäßig eine Wartefrist von sechs Wochen als ausreichend angesehen wurde, tendiert die Rechtsprechung in jüngerer Zeit zunehmend dazu, eine Wartefrist von maximal vier Wochen zuzulassen (so etwa OLG Celle, 13 W 100/13). Sollte ein Abmahner mit dem Anrufen des Gerichtes länger warten, ist es insofern kritisch, ob er tatsächlich noch Rechtsschutz im Rahmen eines einstweiligen Verfügungsverfahrens erhält.

3. Aktivlegitimation: Wettbewerbsverhältnis

Streit kann nicht nur bestehen über die Frage, ob überhaupt eine geschäftliche Handlung vorliegt bzw. ob diese überhaupt einen Rechtsverstoß darstellt: vielmehr zeigt die Erfahrung, dass es sich lohnt, genau zu prüfen, ob derjenige, der die Abmahnung ausgesprochen hat hierzu überhaupt berechtigt ist, ob ihm die „Aktivlegitimation" zusteht.

Voraussetzung einer solchen Abmahnung ist immer ein bestehendes Wettbewerbsverhältnis, das nur dann anzunehmen ist, wenn der abmahnende Mitbewerber und der Abgemahnte tatsächlich um den gleichen Kundenkreis konkurrieren. Es müssen also beide Wettbewerber sowohl auf dem gleichen sachlichen wie auch dem gleichen räumlichen Markt tätig sein. Dies kann zum einen hinsichtlich der Tätigkeit als solcher fraglich sein, wenn etwa vollkommen verschiedene Dienstleistungen oder Waren angeboten werden. Daneben kann es aber auch räumlich fraglich sein, wenn etwa zwei nur vor Ort agierende Mitbewerber im Streit stehen, die räumlich derart weit auseinander liegen, dass man nicht von einem Konkurrenzverhältnis ausgehen kann.

Während der „sachliche Markt", dies ist die Prüfung, ob die jeweiligen Dienstleistungen zueinander konkurrieren, regelmäßig einfach festzustellen sein wird, darf der „räumliche Markt" nicht vorschnell angenommen werden. Alleine dass eine Internetseite bereitgehalten wird, reicht eben nicht aus; zu fragen ist nämlich darüber hinaus, ob Waren oder Dienstleistungen trotz Webseite quasi alleine vor Ort im örtlichen Absatz verbreitet werden. Sollte in diesem Fall der Konkurrent in diesem „vor-Ort-Absatz" keine Rolle spielen bzw. die jeweiligen Kundenkreise sich nicht berühren, wäre das notwendige Wettbewerbsverhältnis vielleicht zu verneinen. Auch wenn dann ein Wettbewerbsverstoß vorliegt: Jedenfalls dieser Konkurrent kann ihn nicht verfolgen!

Hinweis: Sie dürfen die Aktivlegitimation nicht zu eng auslegen! Es sind Fälle denkbar, in denen zwar keine gleichartigen Waren oder Dienstleistungen betroffen sind, gleichwohl aber ein Wettbewerbsverhältnis angenommen wird, weil der eine Wettbewerber den anderen durch sein wettbewerbswidriges Verhalten aktiv im Absatz behindert (BGH, I ZR 43/13).

4. Kostenerstattung bei unberechtigten Abmahnungen

Wenn eine Abmahnung unberechtigt war, steht dem Abgemahnten ein Anspruch auf Erstattung seiner anwaltlichen Kosten zu, soweit die anwaltliche Tätigkeit zur Zurückweisung der Abmahnung notwendig war (§ 8 Abs. 4 UWG).

Hinweis:
Weitere Details, insbesondere zum Umgang mit Abmahnungen im Wettbewerbsrecht finden Sie im Stichwort Abmahnung!

VII. Fazit

Das Wettbewerbsrecht bietet jedenfalls dann erhebliche Risiken, wenn man Werbemaßnahmen ohne Berücksichtigung dieser Problematik angeht. Die vergangenen Jahre mit einem erheblich gesteigerten Aufkommen von Abmahnungen im Bereich des Wettbewerbsrechts zeigen dabei, dass man äußerst sensibel reagieren muss. Es spielt dabei keine Rolle, ob man einen kleinen eigenen Online-Shop betreibt oder auf einer der großen Handelsplattformen aktiv ist: Es ist letztlich nur eine Frage der Zeit, bis begangene Wettbewerbsverstöße bekannt werden. Da inzwischen nicht nur bei Werbemaßnahmen, sondern selbst bei allgemeinen Geschäftsbedingungen kostenintensive Abmahnungen drohen, kann der Rat nur lauten, hier vorsorgend tätig zu sein und sich entsprechend beraten zu lassen. Auf keinen Fall sollte, wie lange Jahre üblich, schlichtweg auf „irgendwelche" allgemeinen Geschäftsbedingungen zurückgegriffen werden, das Risiko ist hier aktuell schlicht zu groß.

Whistleblowing

I. Allgemeines
II. Rechtsprechung
III. Unternehmensinterne Whistleblowing-Systeme
IV. Fazit

I. Allgemeines

„Whistleblowing" ist am Ende nichts anderes als „Verpfeifen" – das öffentliche Bekanntmachen von Missständen, die sonst nicht nach außen dringen würden, wobei man mit der Veröffentlichung bereits Regeln verletzt. Üblicherweise handelt es sich hierbei um Angestellte, die etwas über Ihren Arbeitgeber verbreiten.

Das „Whistleblowing" ist also eine Bezeichnung, mit der ein Verhalten bezeichnet wird, das (vermeintliche) Missstände aus einem betrieblichen oder staatlichen Umfeld in die Öffentlichkeit trägt. Das kollidiert naturgemäß mit den Interessen des Arbeitgebers, das Vertrauen zwischen Arbeitgeber und Arbeitnehmer wird durch solche Aktionen naturgemäß maßgeblich gestört, weswegen „Whistleblower" im Regelfall eher unfreiwillig namentlich bekannt werden und vielmehr aus dem Verborgenen heraus agieren. Dieser Interessenskonflikt hat bereits mehrfach die Rechtsprechung beschäftigt.

II. Rechtsprechung

Bereits seit langem ist eine Strafanzeige gegen den Arbeitgeber durch den Arbeitnehmer als möglicher Kündigungsgrund anerkannt (BAG, Urteil vom 5.2.1959, Az. 2 AZR 60/56; BAG, Urteil vom 4.7.1991, Az. 2 AZR 80/91; BAG, Urteil vom 3.7.2003, Az. 2 AZR 235/02).

Abzuwägen ist hierbei jedoch am Ende immer die Meinungsfreiheit des Arbeitnehmers mit dem Interesse des Arbeitgebers (EGMR, Urteil vom 21.7.2011, Az. 28274/08). Das LAG Schleswig-Holstein (Urteil vom 20.3.2012, Az. 2 Sa 331/11) hat insofern zu Recht klargestellt, dass grundsätzlich erst einmal zu fordern ist, dass ein interner Klärungsversuch durch den Arbeitnehmer versucht wird.

III. Unternehmensinterne Whistleblowing-Systeme

Um eine solche innerbetriebliche Klärung besser zu ermöglichen, richten Unternehmen im Rahmen von Compliance-Maßnahmen vermehrt interne Whistleblowing-Systeme ein. Hierunter fallen Maßnahmen wie die Bereitstellung von Telefon-Hotlines oder Webseiten, über die Mitarbeiter in einem geschützten Rahmen Informationen über unternehmensbezogene Regelverstöße weitergeben können.

Die Interessen des Unternehmens liegen dabei meist darin, das oben beschriebene öffentliche Whistleblowing und die damit verbundenen Imageschäden für das Unternehmen zu reduzieren, indem Missstände im Unternehmen frühzeitig erkannt und dadurch die Folgeschäden abgemildert werden können.

Darüber hinaus besteht für internationale Unternehmen, die an einer US-Börse notiert sind, sogar die ausdrückliche Pflicht zur Einrichtung eines Whistleblowing-Systems (Sec. 301[4] Sarbanes-Oxley-Act). Teilweise wird vertreten, dass sich auch für deutsche Unternehmen, bei denen ein hohes Gefährdungspotential für aus dem Unternehmen heraus erfolgende Gesetzesverstöße besteht, eine solche Pflicht aus § 130 OWiG ergibt.

Beim Einsatz von IT-gestützten Whistleblowing-Hotlines sind jedoch hohe Anforderungen an den Datenschutz zu stellen, da hier sowohl die die Interessen der Hinweisgeber wie auch der beschuldigten Personen in hohem Maß betroffen sind. Aus diesem Grund sollte eine Meldemöglichkeit über solche Systeme ausschließlich auf schwerwiegende Verstöße wie Betrug, Bestechung, Korruption etc. beschränkt werden.

Zu beachten ist weiter, dass bei unternehmensinternen Regelungen zu Whistleblowing regelmäßig ein Mitbestimmungsrecht des Betriebsrats nach § 87 Abs. 1 Nr. 1 BetrVG (vgl. LAG München, Beschluss vom 4.9.2014, Az. 2 TaBV 50/13) und bei einer technischen Verarbeitung der Meldungen auch nach § 87 Abs. 1 Nr. 6 BetrVG besteht. Es bietet sich daher an, auch die datenschutzrechtlichen Anforderungen an das System in einer Betriebsvereinbarung zu regeln.

IV. Fazit

Für Arbeitnehmer gilt: Nur bei schwerwiegenden Verstößen und einem hohen öffentlichen Interesse an der Aufdeckung dürfen die internen Missstände öffentlich gemacht werden. Zunächst sollte jedoch regelmäßig versucht werden, eine Klärung innerhalb des Betriebes herbeizuführen.

Um dies in einem vertraulichen Rahmen zu ermöglichen, sollten sich Arbeitgeber überlegen, Maßnahmen für ein sog. internes Whistleblowing einzurichten, bei denen sowohl die Hinweisgeber vor Vergeltungsmaßnahmen wie auch die Beschuldigten vor einer böswilligen Denunzierung geschützt werden.

Widerrufsrecht des Verbrauchers

I. Neuordnung des Widerrufsrechts im Internet zum 13. Juni 2014

II. Voraussetzungen des Widerrufsrechts
1. Verbrauchervertrag
2. Entgeltliche Leistung des Unternehmers
3. Keine Ausnahme vom Anwendungsbereich des Fernabsatzrechts
4. Fernabsatzgeschäft
5. Keine gesetzliche Ausnahme im Hinblick auf das Widerrufsrecht

III. Ausübung des Widerrufsrechts

IV. Rechtsfolgen des Widerrufs

V. FAQ
1. Der Verbraucher widerruft, der Unternehmer zahlt jedoch das Geld nicht zurück. Wie ist hier die Rechtslage?
2. Wer hat im Falle des Widerrufs die Gefahr der Rücksendung zu tragen?
3. Wer trägt im Falle des Widerrufs die Rücksendekosten?
4. Wer hat im Falle des Widerrufs eigentlich die Hinsendekosten zu tragen?
5. Muss die Ware in der Originalverpackung zurückgesandt werden?
6. Kann das Widerrufsrecht für den Fall ausgeschlossen werden, dass die Ware vom Verbraucher in Gebrauch genommen wird?
7. Gilt dies auch dann, wenn die gebrauchte Ware nicht mehr weiterverkauft werden kann?
8. Was kann der Unternehmer tun, der die zurückgesandte gebrauchte Ware nicht mehr weiterverkaufen kann?
9. Wenn man Wertsatz verlangen darf, in welchen Fällen darf dieser eine Höhe von 100 % betragen?
10. Gibt es einen Ausschluss der Wertersatzpflicht?
11. Besteht ein Widerspruchsrecht, wenn mit einem Tesa-Streifen versiegelte CDs geöffnet worden sind?
12. Besteht ein Widerrufsrecht bei der Bestellung von Heizöl über das Internet?
13. Haben auch Unternehmer ein Widerrufsrecht im Internet oder steht dieses nur Verbrauchern zu?

I. Neuordnung des Widerrufsrechts im Internet zum 13. Juni 2014

Mit dem Gesetz zur Umsetzung der Verbraucherrechterichtlinie und zur Änderung des Gesetzes zur Wohnraumvermittlung (BGBl. 2013 Teil I Nr. 58) vom 20. September 2013 ist das Widerrufsrecht im Internet umfassend reformiert worden. Wie sich der Gesetzesbezeichnung entnehmen lässt, dienen die Anpassungen der Umsetzung der europäischen Verbraucherrechterichtlinie (2011/83/EU) vom 25.10.2011, in der die europäische Fernabsatzrichtlinie (97/7/EG) vom 4.6.1997 aufgegangen ist. Der Umsetzungsfrist entsprechend treten die Neuregelungen zum 13. Juni 2014 in Kraft.

Im Folgenden werden die Voraussetzungen des Widerrufsrechts im Internet, seine Ausübung und die Rechtsfolgen anhand der neuen Rechtslage dargestellt, an jeweils passender Stelle ergänzt um Hinweise zur bis zum 12.6.2014 geltenden Rechtslage.

II. Voraussetzungen des Widerrufsrechts

1. Verbrauchervertrag

Zunächst muss – nach wie vor – die Konstellation Unternehmer – Verbraucher im Hinblick auf die am Rechtsgeschäft im Internet Beteiligten vorliegen. Dies ergibt sich jetzt aus § 312c Abs. 1 S. 1 BGB (früher § 312b Abs. 1 S. 1 BGB) bzw. der neuen Definition des Anwendungsbereichs in § 312 Abs. 1 BGB. Danach sind die fernabsatzrechtlichen Vorschriften nur auf **Verbraucherverträge im Sinne von § 310 Abs. 3 BGB** anzuwenden.

Definition:
Nach der gesetzlichen Definition in § 13 BGB ist **Verbraucher** jede natürliche Person, die ein Rechtsgeschäft zu Zwecken abschließt, die überwiegend weder ihrer gewerblichen noch ihrer selbstständigen beruflichen Tätigkeit zugerechnet werden kann.

Umgekehrt ist **Unternehmer** eine natürliche oder juristische Person oder eine rechtsfähige Personengesellschaft, die bei Abschluss eines Rechtsgeschäfts in Ausübung ihrer gewerblichen oder selbstständigen beruflichen Tätigkeit handelt, § 14 BGB.

Nach der neuen Regelung in § 312c Abs. 1 S. 1 BGB reicht es aus, dass auf Seiten des Unternehmers eine Person in seinem Namen oder Auftrag handelt.

Hinweis:
Auch bei der Legaldefinition des Verbrauchers in § 13 BGB haben sich geringfügige Erweiterungen ergeben.

Abgrenzungsschwierigkeiten im Hinblick auf die Unternehmereigenschaft kann es beispielsweise bei Verkäufen über die Internetplattform eBay geben. Bezeichnet sich ein Verkäufer dort als „Privatverkäufer" heißt das noch nicht, dass die Unternehmereigenschaft ausgeschlossen ist. Hier muss nach Indizien (Anzahl und Häufigkeit der Angebote, Neu- oder Gebrauchtware, gleichartige oder unterschiedliche Produkte, Umsatz, Anzahl der Bewertungen etc.) entschieden werden.

Beispiel:
Das OLG Hamm (Urteil vom 15.3.2011, Az. 4 U 204/10, I-4 U 204/10) hat einen Verkäufer auf eBay, der sich selbst als privater Verkäufer bezeichnet hat, als Unternehmer eingestuft, der in weniger als zwei Monaten über 500 Artikel zum Verkauf angeboten und davon 175 Artikel mit einem Umsatz von insgesamt knapp 700 € verkauft hat. Darunter waren auch mehrere Exemplare des gleichen Artikels (Schallplatten), was u. a. als Indiz für ein gewerbliches Handeln gewertet wurde.

2. Entgeltliche Leistung des Unternehmers

Die Vorschriften über Fernabsatzverträge finden ferner nur bei Verbraucherverträgen Anwendung, die eine entgeltliche Leistung des Unternehmers zum Gegenstand haben. Dieses neue Merkmal ergibt sich wiederum aus der Definition des Anwendungsbereichs in § 312 Abs. 1 BGB.

3. Keine Ausnahme vom Anwendungsbereich des Fernabsatzrechts

Umgekehrt darf keine Ausnahme vom Anwendungsbereich des Fernabsatzrechts vorliegen. Solche fanden sich früher in § 312b Abs. 3 BGB enumerativ dargestellt. Hierzu zählten z. B. Versicherungsverträge und deren Vermittlung. Inzwischen hat sich die Regelungstechnik geändert und der Anwendungsbereich ist in § 312 BGB definiert. Dort finden sich in den Absätzen 2 bis 6 Einschränkungen.

Beispiel:

In § 312 Abs. 6 BGB heißt es etwa:

„Von den Vorschriften der Kapitel 1 und 2 dieses Untertitels ist auf Verträge über Versicherungen sowie auf Verträge über deren Vermittlung nur § 312a Absatz 3, 4 und 6 anzuwenden."

Die Vorschrift über Fernabsatzverträge (§ 312c BGB) findet sich in Kapitel 2 und ist im Umkehrschluss nicht auf Versicherungsverträge anwendbar.

4. Fernabsatzgeschäft

Für die Vertragsverhandlungen und den Vertragsschluss müssen nach § 312c Abs. 1 S. 1 BGB ausschließlich **Fernkommunikationsmittel** verwendet werden (früher mit geringfügig anderem Wortlaut § 312b Abs. 1 S. 1 BGB). Hierunter fallen nach der gesetzlichen Definition in § 312c Abs. 2 BGB auch Telemedien, also auch das **Internet** (früher mit geringfügig anderem Wortlaut § 312b Abs. 2 BGB).

5. Keine gesetzliche Ausnahme im Hinblick auf das Widerrufsrecht

Ebenso wenig darf eine gesetzliche Ausnahme im Hinblick auf das Widerrufsrecht bestehen. Der Ausnahmenkatalog findet sich nunmehr in § 312g Abs. 2 BGB (früher § 312d Abs. 4 BGB) und hat einige Erweiterungen und Präzisierungen erfahren.

Beispiel:

War in der alten Fassung von § 312d Abs. 4 Nr. 5 BGB noch von einer Ausnahme für Verträge, die in der Form der **Versteigerung** geschlossen werden, die Rede, ist nunmehr in § 312g Abs. 2 Nr. 10 BGB festgelegt, dass nur öffentlich zugängliche Versteigerungen unter den Ausnahmetatbestand fallen. Damit ist gesetzlich klargestellt, dass Internetauktionsplattformen wie eBay, an die man beim Stichwort „Versteigerung" denken könnte, nicht gemeint sind. Anders als bei den nun ausführlich beschriebenen öffentlich zugänglichen Versteigerungen kommt bei Internetauktionsplattformen der Vertrag durch Antrag und Annahme und nicht durch einen Zuschlag zustande.

III. Ausübung des Widerrufsrechts

Kommt ein Vertrag unter den oben genannten Voraussetzungen zustande, kann der Verbraucher den Vertrag ohne Angabe von Gründen innerhalb einer **Frist von 14 Tagen** widerrufen, §§ 355, 312g Abs. 1 BGB (früher § 312d BGB). Die Widerrufsfrist beginnt grundsätzlich mit Vertragsschluss (§ 355 Abs. 2 Satz 2 BGB), bei einem Verbrauchsgüterkauf jedoch nicht vor Erhalt der Ware (§ 356 Abs. 2 Nr. 1 BGB). Die Widerrufsfrist beginnt jedoch nicht, bevor der Unternehmer den Verbraucher nicht entsprechend den Anforderungen des Artikels 246a § 1 Abs. 2 Satz 1 Nr. 1 EGBGB oder des Artikels 246b § 2 Abs. 1 EGBGB belehrt hat (§ 356 Abs. 3 Satz 1 BGB).

 ACHTUNG!

Im Unterschied zur alten Rechtslage erlischt das Widerrufsrecht jedoch **spätestens nach 12 Monaten und 14 Tagen** nach Vertragsschluss bzw. Erhalt der Ware unabhängig von einer ordnungsgemäßen Widerrufsbelehrung. Es gibt kein unbefristetes Widerspruchsrecht mehr!

Zur Fristwahrung genügt die rechtzeitige Absendung des Widerrufs (§ 355 Abs. 1 Satz 5 BGB). Der Widerruf ist nur durch eine eindeutige Erklärung gegenüber dem Unternehmer möglich (§ 355 Abs. 1 Satz 2 und 3 BGB).

 ACHTUNG!

Im Unterschied zur früheren Rechtslage ist der Widerruf nicht mehr nur durch bloße Rücksendung der Sache möglich. Allerdings ist die Widerrufserklärung auch nicht mehr an die Textform gebunden, sondern **formfrei** möglich. Gegebenenfalls kann der Verbraucher sogar online auf der Website des Unternehmers widerrufen (§ 356 Abs. 1 BGB).

 Hinweis:

Gleichzeitig gibt es **kein Rückgaberecht** als Alternative zum Widerrufsrecht mehr, das nur durch Rücksendung der Sache ausgeübt werden konnte.

IV. Rechtsfolgen des Widerrufs

Im Fall eines fristgerechten Widerrufs durch den Verbraucher sind dieser und – neu – der Unternehmer nicht mehr an ihre auf den Abschluss des Vertrags gerichteten Willenserklärungen gebunden (§ 355 Abs. 1 Satz 1 BGB). Die gegenseitig empfangenen Leistungen sind unverzüglich (§ 355 Abs. 3 Satz 1 BGB), spätestens jedoch nach 14 Tagen (§ 357 Abs. 1 BGB), zurückzugewähren.

 WICHTIG!

Das Widerrufsrecht dient dem Schutz des Verbrauchers im Zusammenhang mit Vertragsschlüssen, bei denen er im Vorfeld weder den Vertragspartner noch die von ihm erworbene Ware persönlich begutachten kann. Es soll dem Verbraucher die Möglichkeit geben, sich von voreilig geschlossenen Verträgen zu lösen und den Ursprungszustand wiederherzustellen.

Genau an dieser Stelle treten in der Praxis Probleme auf, die nicht selten in einen handfesten Rechtsstreit zwischen Unternehmer und Verbraucher münden. Insofern sollen in den nachfolgenden FAQ einige grundlegende Fragen zum Widerrufsrecht des Verbrauchers im Internet beantwortet werden.

V. FAQ

1. Der Verbraucher widerruft, der Unternehmer zahlt jedoch das Geld nicht zurück. Wie ist hier die Rechtslage?

Der Verbraucher hat einen Anspruch auf Rückzahlung des Kaufpreises nach §§ 312g Abs. 1 Satz 1, 355 Abs. 3 S. 1, 357 Abs. 1 S. 1 BGB (früher §§ 312d Abs. 1 Satz 1, 355, 357 Abs. 1 S. 1, 346 Abs. 1 BGB). Bei einem Verbrauchsgüterkauf hat der Unternehmer jedoch neuerdings das Recht, die Rückzahlung zu verweigern, bis er die Waren zurückerhalten oder der Verbraucher den Nachweis erbracht hat, dass er die Waren abgesandt hat (§ 357 Abs. 4 BGB).

Definition:

Nach der Legaldefinition in § 474 Abs. 1 Satz 1 BGB setzt der Verbrauchsgüterkauf den **Kauf einer beweglichen Sache** voraus.

Widerrufsrecht des Verbrauchers

Gegebenenfalls kann der Verbraucher noch den Ersatz eines Verzögerungsschadens gegen den Unternehmer geltend machen. Gemäß § 355 Abs. 3 S. 2 BGB i. V. m. § 357 Abs. 1 BGB (früher § 357 Abs. 1 S. 2 BGB i. V. m. § 286 Abs. 3 BGB) kommt der Unternehmer mit der Pflicht zur Entgeltrückzahlung 14 Tage (früher 30 Tage) nach Zugang der Widerrufserklärung ohne Mahnung (!) in Verzug. Nach Ablauf der 14 Tage kann der Verbraucher daher gegenüber dem Unternehmer einen Anspruch auf Ersatz des Verzögerungsschadens (§ 280 Abs. 1 und Abs. 2 i. V. m. § 286 BGB) geltend machen, wobei hier als Mindestschaden Verzugszinsen in Betracht kommen. Dabei beträgt der Verzugszinssatz für das Jahr fünf Prozentpunkte über dem Basiszinssatz (§ 288 Abs. 1 BGB).

Hinweis:
Der Beginn der Zinspflicht ist der Tag nach Eintritt des Verzugs. Die Zinspflicht endet mit Ablauf des Tages, an dem gezahlt worden ist.

2. Wer hat im Falle des Widerrufs die Gefahr der Rücksendung zu tragen?

Gemäß § 355 Abs. 3 Satz 4 BGB (früher § 357 Abs. 2 Satz 2 BGB) hat der Unternehmer bei einem Widerruf durch den Verbraucher die Gefahr der Rücksendung zu tragen.

ACHTUNG!
Wirbt der Unternehmer mit dieser Selbstverständlichkeit, ist dieses Verhalten aufgrund von Wettbewerbswidrigkeit abmahngefährdet!

Dies hat für den Unternehmer die missliebige Konsequenz, dass der Verbraucher bei Untergang oder Verschlechterung der Sache von seiner Rückgewährleistungspflicht befreit wird. Für diesen Fall bleibt dem Unternehmer nur die Möglichkeit, sich an das jeweilige Transportunternehmen zu wenden und dieses in Anspruch zu nehmen. Hier spielt § 421 Abs. 1 Satz 2 HGB eine Rolle, der Folgendes bestimmt:

„Ist das Gut beschädigt oder verspätet abgeliefert worden oder verloren gegangen, so kann der Empfänger die Ansprüche aus dem Frachtvertrag im eigenen Namen gegen den Frachtführer geltend machen; der Absender bleibt zur Geltendmachung dieser Ansprüche befugt."

Der Unternehmer hat also die Gefahr der Rücksendung zu tragen, kann jedoch möglicherweise Ansprüche gegen das Transportunternehmen geltend machen.

3. Wer trägt im Falle des Widerrufs die Rücksendekosten?

Hier ergibt sich der gravierendste Unterschied zwischen der bis zum 12. Juni 2014 geltenden Regelung und der Neuregelung:

Früher hatte die Rücksendekosten grundsätzlich der Unternehmer zu tragen (§ 357 Abs. 2 Satz 2 BGB a. F.). Eine Ausnahme von diesem Grundsatz sah das Fernabsatzrecht für Waren vor, deren Preis einen Betrag von 40 € nicht überstiegen hat. In diesem Fall konnte der Unternehmer dem Verbraucher die Bezahlung der Rücksendekosten vertraglich auferlegen (§ 357 Abs. 2 Satz 3 BGB a. F.).

Hinweis:
Dies galt nur für das Widerrufs-, nicht für das Rückgaberecht. Der Betrag von 40 € bezog sich auf den Bruttopreis, wobei es nur auf den Preis der zurückzusendenden Sache ankam, auch wenn mehrere Sachen bestellt worden waren.

Im Zuge der Neuregelung hat sich dieses Verhältnis umgekehrt. Jetzt hat der Verbraucher die unmittelbaren Kosten der Rücksendung zu tragen (§ 357 Abs. 6 Satz 1 BGB), es sei denn, der Unternehmer erklärt sich bereit, die Kosten zu übernehmen (§ 357 Abs. 6 Satz 2 BGB). Voraussetzung ist nur, dass der Unternehmer den Verbraucher über die Kostentragungspflicht im Widerrufsfall informiert (§ 357 Abs. 6 Satz 1 BGB i. V. m. Artikel 246a § 1 Abs. 2 Satz 1 Nr. 2 EGBGB).

4. Wer hat im Falle des Widerrufs eigentlich die Hinsendekosten zu tragen?

Diese Frage hat sich vor allem nach der bis zum 12. Juni 2014 geltenden Rechtslage gestellt, als der Unternehmer noch grundsätzlich die Rücksendekosten zu tragen hatte, sie aber bei einem Warenwert von bis zu 40 € dem Verbraucher vertraglich auferlegen konnte. Der EuGH hat mit Urteil vom 15. April 2010 (Az. C 511/08) entschieden, dass im Falle eines Widerrufs der Unternehmer die Hinsendekosten zu tragen hat und dies vor allem auch nicht vertraglich – wie bis dahin bei den Rücksendekosten möglich – auf den Verbraucher abwälzen kann. Das Verbot, dem Verbraucher im Falle seines Widerrufs andere als die Rücksendekosten aufzuerlegen, rechtfertigt sich nach den Ausführungen des EuGH aus der gesetzgeberischen Zielsetzung, den Verbraucher nicht von der Ausübung seines Widerrufsrechts abzuhalten:

„Sollten dem Verbraucher auch die Kosten der Zusendung in Rechnung gestellt werden, liefe eine solche Belastung, die zwangsläufig geeignet ist, ihn von der Ausübung des Widerrufsrechts abzuhalten, der Zielsetzung von Artikel 6 der Richtlinie zuwider (...)"

Der BGH, der diese Frage dem EuGH zur Entscheidung vorgelegt hat, hat mit Urteil vom 7.7.2010 (Az. VIII ZR 268/07) entsprechend entschieden.

An diesem Ergebnis hat sich durch die neue Regelung nichts geändert: Nach § 357 Abs. 2 Satz 1 BGB muss der Unternehmer auch etwaige Zahlungen des Verbrauchers für die Lieferung zurückgewähren. Dies gilt nur insoweit nicht, als dem Verbraucher zusätzliche Kosten entstanden sind, weil er sich für eine andere Art der Lieferung als die vom Unternehmer angebotene günstigste Standardlieferung entschieden hat (§ 357 Abs. 2 Satz 2 BGB). Daraus folgt, dass im Falle des Widerrufs der Unternehmer die Hinsendekosten zu tragen hat.

5. Muss die Ware in der Originalverpackung zurückgesandt werden?

Nein! Schließt der Unternehmer das Widerrufsrecht aus, wenn die Ware nicht in der Originalverpackung zurückgesandt wird, kann dies abgemahnt werden und wurde es auch bereits (vgl. OLG Hamm, Urteil vom 10.12.2004, Az. 11 U 102/04 und LG Düsseldorf, Urteil vom 17.5.2006, Az. 12 O 496, 05). Hieran hat sich auch durch die Neuregelung nichts geändert.

6. Kann das Widerrufsrecht für den Fall ausgeschlossen werden, dass die Ware vom Verbraucher in Gebrauch genommen wird?

Nein! Dies widerspräche der – alten wie neuen – gesetzlichen Regelung und kann daher ebenfalls abgemahnt werden (vgl. LG Konstanz, Urteil vom 5.5.2006, Az. 8 O 94/05).

Widerrufsrecht des Verbrauchers

7. Gilt dies auch dann, wenn die gebrauchte Ware nicht mehr weiterverkauft werden kann?

Beispiel:
> Ein Onlinehändler verkauft Unterwäsche, Badehosen, Bikinis etc. und möchte generell das Widerrufsrecht aus hygienischen Gründen zumindest in all den Fällen ausschließen, bei denen die Ware ganz offensichtlich in Gebrauch genommen wurde – also etwa wenn es um mit Gebrauchsspuren versehene Unterwäsche geht. Wäre hier ein Ausschluss des Widerrufrechts zulässig?

Die Rechtslage ist eindeutig: Wenn es sich um keine gesetzliche Ausnahme des Widerrufsrechts handelt, ist der Onlinehändler unter keinen Umständen berechtigt, das Widerrufsrecht des Verbrauchers auszuschließen. Eine entsprechende Regelung in der Widerrufsbelehrung oder den AGB des Händlers wäre unwirksam und damit abmahnbar (und wurde in der Vergangenheit auch bereits abgemahnt). So entschied etwa das OLG Frankfurt a. M. (Urteil v. 14.12.2006, Az. 6 U 129/06), dass der generelle Ausschluss des Widerrufsrechts für Unterwäscheartikel selbst dann den Anforderungen an eine klare und eindeutige Belehrung über das Widerrufsrecht widerspricht, wenn man durch Auslegung im Zusammenhang mit weiteren Bestimmungen zu dem Ergebnis gelangen kann, dass der Ausschluss nur für getragene und mit Gebrauchsspuren versehene Unterwäsche gelten soll.

Allerdings kann der beschriebene Beispielfall der getragenen Unterwäsche mit eindeutigen „Gebrauchsspuren" inzwischen unter die neue Nr. 3 des Ausnahmekatalogs in § 312g Abs. 2 BGB subsumiert werden. Danach besteht kein Widerrufsrecht bei Verträgen zur Lieferung versiegelter Waren, die aus Gründen des Gesundheitsschutzes oder der Hygiene nicht zur Rückgabe geeignet sind, wenn ihre Versiegelung nach der Lieferung entfernt wurde.

8. Was kann der Unternehmer tun, der die zurückgesandte gebrauchte Ware nicht mehr weiterverkaufen kann?

Eines ist klar: Der Unternehmer hat keineswegs das Recht, die Annahme der gebrauchten Ware, die ihm im Rahmen des Widerrufsrechts zurückgesandt wurde, zu verweigern. Es verbleibt ihm aber immerhin die Möglichkeit, aufgrund der eingetretenen Nichtverkäuflichkeit der benutzten Ware nach § 357 Abs. 7 BGB (früher § 357 Abs. 3 BGB) einen angemessenen **Wertersatz** gegenüber dem Verbraucher geltend zu machen, der im Extremfall bis zu 100 % des Einkaufspreises der Ware betragen kann (die Gewinnmarge zwischen Einkaufs- und Verkaufspreis ist nicht zu ersetzen). Dies setzt allerdings voraus, dass er den Verbraucher über die Wertersatzpflicht gemäß § 357 Abs. 7 Nr. 2 BGB i. V. m. Artikel 246a § 1 Abs. 2 Satz 1 Nr. 1 EGBGB informiert hat (früher § 357 Abs. 3 Satz 2 BGB).

9. Wenn man Wertersatz verlangen darf, in welchen Fällen darf dieser eine Höhe von 100 % betragen?

Dies ist eine Frage des Einzelfalls. Rechtlich ist jedenfalls vorgesehen, dass in Fällen, bei denen die Ware nicht mehr als Neuware verkauft werden kann und auch kein entsprechender Gebrauchsmarkt besteht, durchaus auch in die Vollen gegriffen werden kann. 100 % Wertersatz können dabei durchaus angemessen sein, gerade wenn es um Extremfälle wie eine fast leer gedruckte Druckerpatrone o. Ä. geht. Maßgeblich ist dabei der Einkaufspreis der Sache und nicht etwa der Verkaufspreis des Unternehmers, der ja sonst die Höhe des Wertersatzes durch seine eigene Preisgestaltung beeinflussen könnte.

10. Gibt es einen Ausschluss der Wertersatzpflicht?

Ja. Nach § 357 Abs. 7 Nr. 1 BGB (früher § 357 Abs. 3 S. 1 Nr. 1 BGB) ist Wertersatz nur zu leisten, wenn der Wertverlust auf einen Umgang mit der Ware zurückzuführen ist, der zur Prüfung der Beschaffenheit, der Eigenschaften und der Funktionsweise der Ware nicht notwendig war.

Umgekehrt bedeutet dies, dass die Wertersatzpflicht ausgeschlossen ist, wenn die durch die bestimmungsgemäße Ingebrauchnahme der Sache verursachte Verschlechterung ausschließlich auf eine Prüfung der Sache zurückzuführen ist. So konnte der Verkäufer eines Wasserbetts in einem vom BGH am 3.11.2010 entschiedenen Fall (Az. VIII ZR 337/09) keinen Wertersatz vom Käufer verlangen, der das Bett online erworben und nach der Lieferung zu Prüfzwecken mit Wasser befüllt hatte. Obwohl das Bett dadurch nach unbestrittenem Klägervortrag zu einem „gebrauchten Wasserbett" geworden war, mit der Folge, dass ein Weiterverkauf ausgeschlossen war, hat der BGH eindeutig zugunsten des Käufers entschieden. Dieser solle nach dem Willen des Gesetzgebers in die Lage versetzt werden, auch die im Fernabsatz gekaufte Sache zu prüfen.

11. Besteht ein Widerspruchsrecht, wenn mit einem Tesa-Streifen versiegelte CDs geöffnet worden sind?

Für bestimmte Fälle sieht das Gesetz vor, dass dem Verbraucher im Fernabsatz kein Widerrufsrecht zustehen soll. Einer dieser Fälle war bis zum 12. Juni 2014 in § 312d Abs. 4 Nr. 2 BGB geregelt. Danach bestand das Widerrufsrecht grundsätzlich nicht bei Fernabsatzverträgen zur Lieferung von Audio- oder Videoaufzeichnungen oder von Software, sofern die gelieferten Datenträger vom Verbraucher entsiegelt worden sind.

Einen interessanten Sachverhalt in diesem Zusammenhang hatte das LG Dortmund (Urt. v. 26.10.2006 – Az. 16 O 55/06) zu entscheiden. Darin berief sich ein Unternehmer auf den Ausschlusstatbestand des § 312d Abs. 4 Nr. 2 BGB nachdem der Käufer mehrerer CDs und DVDs ihm gegenüber den Widerruf erklärt hatte. Der Unternehmer argumentierte, dass die CD- bzw. DVD-Hüllen bei der Lieferung an den Käufer mit einem Tesa-Streifen verklebt waren und der Käufer aufgrund dieser „Versiegelung" nach Öffnung der CD-Hülle kein Widerrufsrecht mehr geltend machen könne. Dies sah das Gericht jedoch anders:

„Soweit der Beklagte hierzu ausführt, die gelieferten CDs und DVDs seien mit einem Tesafilm-Streifen zugeklebt, handelte es sich nicht um eine versiegelte Ware. Der Beklagte führt hierzu selbst aus, dass die CD- bzw. DVD-Hüllen mit einem Tesafilm-Streifen verklebt würden, damit die CD bzw. DVD während des Versandes nicht aus der Hülle fällt und zerstört wird. Ein Tesafilm-Streifen wird deshalb auch vom Verbraucher nicht als Siegel angesehen, das die Rückgabe der Ware ausschließt. Im Handel mit CDs und DVDs ist der Kunde vielmehr eine andere Art der Versiegelung gewohnt.

Diese stellt regelmäßig für ihn den Warnhinweis dar, dass er beim Öffnen der Ware, diese möglicherweise werde behalten müssen. Der Tesafilm-Streifen stellt ein solches Siegel jedoch nicht dar. Ein Siegel ist eine besondere Form der Sicherstellung der Unversehrtheit von Gegenständen oder Behältnissen mit Hilfe eines Siegels. Ein solches Siegel kann vom Kunden nach der Öffnung der Ware auch nicht ohne weiteres ersetzt werden. Dies ist bei einem Tesafilm-Streifen grundsätzlich anders. Dieser kann, auch wenn er abgezogen worden ist, vom Käufer durch einen anderen Tesafilm-Streifen ohne weiteres ersetzt werden. Der Beklagte könnte deshalb von der Information über das Widerrufsrecht nur dann suspendiert sein, wenn er den Versand der gebrauchten Ware versiegeln würde."

Wie das Gericht unmissverständlich zum Ausdruck gebracht hat, stellt das bloße Verkleben von Datenträger-Hüllen mit Klebestreifen keine Versiegelung i. S. v. § 312d Abs. 4 Nr. 2 BGB dar.

Nunmehr ist dieser Ausnahmetatbestand in § 312g Abs. 2 Nr. 6 BGB geregelt, der leicht sprachlich präzisiert eine „versiegelte Packung" voraussetzt. Entscheidend dürfte nach wie vor sein, dass die Versiegelung für den Verbraucher eindeutig als solche erkennbar ist, so dass sich ihm der Verdacht aufdrängen muss, er werde die Ware nach Öffnung der Verpackung behalten müssen. Dies ist bei Tesafilm-Klebestreifen oder auch handelsüblichen Klarsichtfolien nicht der Fall.

ACHTUNG!
Der Unternehmer kann das Widerrufsrecht des Verbrauchers also nicht dadurch umgehen, dass er Waren aus dem in § 312g Abs. 2 Nr. 6 BGB genannten Sortiment einfach selbst mit einem Klebestreifen verklebt, wenn die ursprüngliche Versiegelung bereits entfernt war!

12. Besteht ein Widerrufsrecht bei der Bestellung von Heizöl über das Internet?

Über einen solchen Sachverhalt hatte der BGH noch nach altem Recht zu entscheiden. Konkret ging es um die Ausnahmevorschrift des § 312d Abs. 4 Nr. 6 BGB a. F., dessen Regelung in § 312g Abs. 2 Nr. 8 BGB übernommen worden ist. Nach § 312g Abs. 2 Nr. 8 BGB besteht kein Widerrufsrecht bei Verträgen zur Lieferung von Waren oder zur Erbringung von Dienstleistungen, einschließlich Finanzdienstleistungen, deren Preis von Schwankungen auf dem Finanzmarkt abhängt, auf die der Unternehmer keinen Einfluss hat und die innerhalb der Widerrufsfrist auftreten können.

Der BGH hat mit Urteil vom 17.6.2015 (Az. VIII ZR 249/14) entschieden, dass sich der Ausschluss des Widerrufsrechts nach § 312d Abs. 4 Nr. 6 BGB a. F. nicht auf Fernabsatzverträge über die Lieferung von Heizöl erstreckt. Zwar lässt der Wortlaut der Vorschrift diese Interpretation zu, nach der gesetzgeberischen Intention ist sie jedoch eng auszulegen. Maßgebend für den BGH ist dabei, dass Geschäfte über den Ankauf von Heizöl durch einen Verbraucher keinen spekulativen Kern aufweisen. Denn der Verbraucher kauft das Heizöl nicht – anders als z. B. Anlagegold – in der Hoffnung, dass der Wert steigt und er es gewinnbringend wieder verkaufen kann, sondern schlicht nur zum Heizen. Insofern greift die Ausnahmevorschrift hier nicht ein und dem Verbraucher steht ein Widerrufsrecht zu.

ACHTUNG!
Das Widerrufsrecht des Verbrauchers erlischt jedoch, wenn er sich das Heizöl liefern lässt und sich das neue Öl mit dem alten Öl im Tank vermischt! Dann greift die Ausnahmeregelung in § 312g Abs. 2 Nr. 4 BGB nach der ein Widerrufsrecht bei Verträgen zur Lieferung von Waren ausgeschlossen ist, wenn diese nach der Lieferung auf Grund ihrer Beschaffenheit untrennbar mit anderen Gütern vermischt wurden.

13. Haben auch Unternehmer ein Widerrufsrecht im Internet oder steht dieses nur Verbrauchern zu?

Unternehmern steht im Gegensatz zu Verbrauchern kein gesetzliches Widerrufsrecht bei Rechtsgeschäften im Internet zu. Im B2B-Bereich findet das Fernabsatzrecht keine Anwendung.

ACHTUNG!
Ein Onlineshop, der ausschließlich andere Händler ansprechen will, muss aber auch durch rechtliche und technische Vorkehrungen sicherstellen, dass keine Verbraucher im B2B-Bereich einkaufen können!

Zweckübertragungsregel

I. Begriff

II. Darstellung der Auslegungslehre

III. Ausnahmen von der Zweckübertragungsregel

IV. Auslegung des Vertragszwecks

V. Auswirkungen der Zweckübertragungsregel auf Art und Umfang der Rechte bei der Softwareerstellung

VI. Muster für eine Rechteeinräumung mit einem freiberuflichen Programmierer oder einem Systemhaus

I. Begriff

Die Zweckübertragungsregel des Urheberrechts ist in § 31 Abs. 5 UrhG verankert und ist im Grunde eine Auslegungsregel. Sie besagt, dass der Erwerber eines Nutzungsrechts die Aufgabe hat, Art und Umfang der Rechteeinräumung genau zu spezifizieren. Tut er dies nicht oder unzulänglich, richtet sich der Umfang der Rechteeinräumungen nach dem **Vertragszweck.**

II. Darstellung der Auslegungslehre

Nach der Zweckübertragungsregel wird im Zweifel zu Lasten des Rechteerwerbers angenommen, dass der Urheber ein Nutzungsrecht nur in demjenigen Umfang einräumen will, den der Vertragszweck unbedingt erfordert. Die Urheberrechtslehre gebraucht hinsichtlich der Zweckübertragungslehre daher auch das einprägsame Bild von den Nutzungsrechten, **die die Tendenz haben, am Urheber zu kleben.** Will man sie erwerben, muss man jedes gewünschte Nutzungsrecht in seinem Umfang ausdrücklich benennen. Das hat auch Konsequenzen für die Abfassung von Verträgen: Jede Ungenauigkeit kann sich zu Lasten des Rechteerwerbers rächen, da jede Einräumung so eng wie möglich ausgelegt wird.

Dies bedeutet, dass als Vertragszweck nur solche Nutzungen gelten, von denen die Parteien bei Abschluss des Vertrages

Zweckübertragungsregel

mit Sicherheit ausgegangen sind. Anzuknüpfen ist daher an die nächstliegende Verwertungsform, und zwar auch dann, wenn sich der Geschäftsbetrieb des Verwerters offensichtlich auch auf andere Verwertungsbereiche erstreckt!

III. Ausnahmen von der Zweckübertragungsregel

Die Zweckübertragungsregel gilt nicht für die Erstellung von Computerprogrammen durch den Arbeitnehmer für seinen Arbeitgeber. In einem solchen Fall gilt die gesetzliche Lizenz nach § 69b UrhG. Bei der Erstellung anderer Werke als Computerprogramme durch den Arbeitnehmer für seinen Arbeitgeber im Rahmen des § 43 UrhG gilt die Zweckübertragungsregel hingegen schon. Ebenso gilt sie bei der Erstellung eines Werkes durch den Auftragnehmer für seinen Auftraggeber, wenn kein Arbeitsvertrag, sondern ein Werkvertrag vorliegt (siehe → *Nutzungsrechte im Arbeitsverhältnis*).

Bei der Einräumung von → *Nutzungsrechten an Software* gelten zugunsten des Auftraggebers die §§ 69d und 69e UrhG als Sonderregeln zu § 31 Abs. 5 UrhG. Der Auftraggeber erhält also mindestens die dort festgelegten Mindestrechte, wenn er berechtigt ist, das Computerprogramm zu nutzen.

IV. Auslegung des Vertragszwecks

Bestehen also Unklarheiten über Art und Umfang der eingeräumten Nutzungsrechte, gilt es den Vertragszweck zu ermitteln. Diese Auslegung richtet sich nach den in den §§ 133, 157 BGB festgelegten Grundsätzen. Es sind also die vertraglichen Begleitumstände zur Auslegung heranzuziehen. Dies sind z. B. Vorverhandlungen, ähnliche bereits bestehende Vertragsbeziehungen zum Vertragspartner, Protokolle von Vertragsverhandlungen etc. Dabei ist der Vertragstyp allein entgegen oft geäußerten Vorstellungen nicht aufschlussreich.

Schließen die Parteien also einen Werkvertrag oder einen Werklieferungsvertrag ab, muss man zwar grundsätzlich annehmen, dass der Auftraggeber das Werk nutzen darf, kann aber nicht ohne weiteres davon ausgehen, dass er ohne Einschränkung alle **ausschließlichen Nutzungsrechte** erhält. Vielmehr ist es so, dass im Zweifelsfall nur die Nutzungsrechte übertragen werden, die zur Vertragserfüllung zwingend benötigt sind, wie das OLG Hamm (4 U 34/15) auf den Punkt bringt:

„Nichts anderes ergibt sich vorliegend aus dem Gedanken des § 31 Abs. 5 UrhG. Danach bestimmt sich der Umfang des Nutzungsrechts nach dem mit seiner Einräumung verfolgten Zweck. Das heißt, die Einräumung von Nutzungsrechten erfolgt jedenfalls, aber auch nur – und insoweit erfolgt die Bestimmung des Umfangs der Rechtseinräumung entgegen der Ansicht der Nebenintervenientin zu Lasten des Verwerters durchaus eher restriktiv – in dem Umfang, den der mit dem Vertrag verfolgte Zweck „unbedingt" erfordert. Durch den Übertragungszweckgedanken soll eine „übermäßige" Vergabe von Nutzungsrechten durch umfassende, pauschale Rechtseinräumungen an die Verwerterseite dadurch verhindert werden, dass der Umfang an den konkret verfolgten Zweck des Vertrages angepasst wird."

Haben die Parteien in den Vertragsverhandlungen übereinstimmend festgehalten, dass der Auftraggeber die Software exklusiv oder zur ausschließlichen Weitervermarktung erhalten soll, spricht dies für eine Übertragung der ausschließlichen Nutzungsrechte. Erhält der Auftraggeber den Quellcode, so ist zumindest davon auszugehen, dass er ein Änderungsrecht an dem überlassenen Programm erhalten soll.

V. Auswirkungen der Zweckübertragungsregel auf Art und Umfang der Rechte bei der Softwareerstellung

Die Zweckübertragungslehre führt auf Seiten des Rechteerwerbers insbesondere im Rahmen der Softwareerstellung oft zu unliebsamen Überraschungen. Viele Auftraggeber geben sich der irrtümlichen Meinung hin, dass sie alle Rechte an einer Software erhalten, wenn sie die Erstellung voll umfänglich vergüten. Dies trifft aber auf Grund der Zweckübertragungsregel gerade nicht zu.

Haben die Parteien nichts oder keine Details hinsichtlich der Nutzungsrechte vereinbart, wird der Auftraggeber einer Softwareerstellung also in der Regel ein **einfaches, nicht übertragbares, unkündbares Nutzungsrecht** an der erstellten Software erhalten. Dies wird dem Auftraggeber aber in der Regel nicht genügen, wenn z. B. besondere Beratungsleistungen oder Programmierleistungen erbracht werden, die in ein Projekt einfließen. In einem solchen Fall will sich der Auftraggeber häufig ein **ausschließliches, übertragbares, unbefristetes und unwiderrufliches Nutzungs-, Vervielfältigungs- und Verwertungsrecht** gemäß § 69c UrhG sichern.

Die **Beweislast** dafür, dass der Vertragszweck eine bestimmte Nutzungsart umfasst, trägt der Auftraggeber.

 ACHTUNG!

Versäumen die Parteien eine ausdrückliche vertragliche Regelung bezüglich der Nutzungsrechte, wirkt sich dies für den Auftraggeber **deutlich nachteiliger** aus als für den Auftragnehmer.

VI. Muster: für eine Rechteeinräumung mit einem freiberuflichen Programmierer oder einem Systemhaus

Der Auftraggeber eines Softwareerstellungsvertrages muss aufgrund der Zweckübertragungsregel daran denken, in einem Werk-, Werklieferungs- oder Dienstvertrag umfangreiche Regelungen über Art und Umfang der Nutzungsrechte an den Dienstleistungsergebnissen zu treffen. Dies gilt auch für Schulungsunterlagen, Pflichtenhefte und andere Arbeitsergebnisse, die nicht als Computerprogramme im Sinne des § 69a UrhG bewertet werden.

Eine vollumfängliche Nutzungsrechtseinräumung könnte wie folgt aussehen:

Muster

Der Auftragnehmer räumt dem Auftraggeber jeweils zum Zeitpunkt der Erstellung

- *das (oder auch **nicht**) ausschließliche,*
- *örtlich unbeschränkte,*
- *in jeder beliebigen Hard- und Softwareumgebung ausübbare,*
- *übertragbare,*
- *dauerhafte, unwiderrufliche und unkündbare*

Zweckübertragungsregel

Recht ein, die im Rahmen des Auftrags erstellte Software im Original oder in abgeänderter, übersetzter, bearbeiteter oder umgestalteter Form

- *zu nutzen, das heißt insbesondere, diese dauerhaft oder temporär zu speichern und zu laden, sie anzuzeigen und ablaufen zu lassen, auch soweit hierfür Vervielfältigungen notwendig werden,*
- *abzuändern, zu übersetzen, zu bearbeiten oder auf anderem Wege umzugestalten,*
- *auf einem beliebigen bekannten Medium oder in anderer Weise zu speichern, zu vervielfältigen, auszustellen, zu veröffentlichen, in körperlicher oder unkörperlicher Form zu verbreiten, insbesondere nichtöffentlich und mit Ausnahme des Quellcodes öffentlich wiederzugeben, auch durch Bild-, Ton- und sonstige Informationsträger,*
- *in Datenbanken, Datennetzen und Online-Diensten einzusetzen, einschließlich des Rechts, die Software, nicht jedoch den Quellcode, den Nutzern der vorgenannten Datenbanken, Netze und Online-Dienste zur Recherche und zum Abruf mittels vom Auftraggeber gewählter Tools bzw. zum Herunterladen zur Verfügung zu stellen,*
- *durch Dritte nutzen oder für den Auftraggeber betreiben zu lassen,*
- *nicht nur für eigene Zwecke zu nutzen, sondern auch zur Erbringung von Leistungen an Dritte einzusetzen,*
- *zu verbreiten.*

Das Nutzungsrecht bezieht sich auf die Software, insbesondere deren Objekt- und Quellcode in allen Entwicklungs-, Zwischen- und Endstufen und die zugehörigen Dokumentationen sowie auf sonstige für die Ausübung der Nutzungsrechte notwendige Materialien wie beispielsweise Analysen, Lasten- bzw. Pflichtenhefte, Konzepte und Beschreibungen.

Stichwortverzeichnis

Abbildungen	78
Abmahnung	1, 306
– Entbehrlichkeit	1
– Form	2
– Gegenabmahnung	3
– Inhalt	1
– Kosten	4
– Muster	4
– Obliegenheit	1
– Rechtsmissbrauch	3
– rechtsmissbräuchliche	2
– Schutzschrift	3
– Streaming	302
– unbefugte	2
– unbegründete	2
– unberechtigte	3
– Unterlassungserklärung	2
Abmahnunwesen im Urheberrecht	178
Abschlusserklärung	133
– Muster	133
Abstraktionsprinzip	232, 233
Access-Provider	28, 170, 261, 274
Access-Providing-Vertrag	5, 262
– Access-Providing	5
– Breitbandzugang	5
– Datenschutz	6
– Fernmeldegeheimnis	6
– Funktechnik	5
– Haftung des Access-Providers	7
– Haftungsprivilegierung	7
– Service-Level-Agreement (SLA)	6
– Standleitung	5
– Störerhaftung	7
– Telemediengesetz (TMG)	7
– Zugangsvermittler	6
– Zugangsvermittlung	6
Account-Daten	209
Adresshandel	8, 82, 89
Adresshändler	88
ADR-Verfahren	124
Ärztliche Schweigepflicht	78
Airsoft	320
AK Technik	104
Aktenvernichter	106
Aktenvernichtung	107
Aktiengesellschaft (AG)	193
Aktivlegitimation	2
Alkohol	11
Alkohol rechtssicher verkaufen	10
– Preisangabenverordnung	11
– Vorgaben des Jugendschutzgesetzes	12
– Vorgaben des Lebensmittelrechts	11
Alkoholmissbrauch	37
Alkopops	11
Allgemein zugängliche Quellen	67
Allgemeine Geschäftsbedingungen	230
Allgemeines Gleichbehandlungsgesetz (AGG)	36
Allgemeines Persönlichkeitsrecht	254, 264
Altpapier	106
Amt der Europäischen Union für Geistiges Eigentum (EUIPO)	307
Angemessenes Schutzniveau	182
Anmeldefähige Zeichen	308
Anonymisierung	115
Anti-Viren-Software	272
Antwortzeit	281
Anwendungen	16
App	16
Application Service Providing (ASP)-Vertrag	15
– Customizing	15
– Service-Level-Agreement	15
Applikation	16
App-Marktplätze	16
Apps	16
App-Store	16, 17
Arbeitgeber	203, 351
Arbeitnehmer	82, 180, 351
Arbeitnehmerdatenschutz	79, 81, 83
Arbeitsergebnisse	234
Arbeitsspeicher	274, 328
Archivierung	26
Astroturfing	222
Aufbewahrungsfrist	148
Aufführungsrecht	326
Aufsichtsbehörde	86, 89, 90
– Datenschutz	89
– Tätigkeitsberichte	104
Aufstiegserlaubnis	125
Auftragsdatenverarbeitung	116, 249
– Abgrenzung zu	252
– Funktionsübertragung	252
– im Ausland	253
– Schriftform	250
– Unterauftragsverhältnisse	251
Auskünfte	77
Auskunftei	80, 82, 88, 89
Auskunfts- und Schadensersatzanspruch	123
Auskunftsanspruch	28
– Access-Provider	28
– Filesharing	28
– IP-Adresse	28
– Redtube-Abmahnwelle	29
– Urheberrechtsverletzungen	28
– Vorratsdatenspeicherung	30
Auskunftsanspruch (UrhG)	170
Auskunftsverlangen	49
Auskunftsverweigerung	89
Ausländische Telediensteanbieter	185
Auslegungsregel	356
Ausschließliche Lizenzinhaber	318
Ausschließliches Recht	278
Ausspähen von Daten	66, 141
Ausübung des Widerrufsrechts	354
Authentifikation	50, 51
Authentifizierung	49
Autokennzeichen	76
Backstage	186
Barcode	268
Basel II	22
Basismarke	200
Bayerisches Landesamt für Datenschutzaufsicht	87
BDSG-Novelle I	83
BDSG-Novelle II	83
BDSG-Novelle III	83

Stichwortverzeichnis

Beendigung des Markenschutzes 30
- Verfall 33
Benachrichtigung des Betroffenen 99
Benutzungsrecht 306
Benutzungsschonfrist 34
Benutzungszwang 33
Berechtigungsanfrage 47
Bereicherungsanspruch 319
Bereichsspezifische Regelungen 81
Bereichsspezifische Spezialregelungen 80
Berkeley Software Distribution-Lizenz (BSD) 242
Beschäftigte 35
Beschäftigtendaten 64
Beschäftigtendatenschutzgesetz 35
Beschwerdeverfahren 314
Beseitigungsanspruch 318
Bestimmungsgemäße Benutzung 329
Bestsellerregelung 317
Betretungsrecht 89
Betrieblicher Datenschutzbeauftragter 86
- Abberufung 91
- Fachkunde 91
- Zuverlässigkeit 91
Betriebsarzt 37
Betriebsbereitschaft 165
- Erklärung 165
Betriebsrat 35, 53, 95, 268
Betriebssysteme 279
Betriebsvereinbarung 82, 205
Betroffene 265
Bewegungsprofile 247
Bewerberdaten 35
Bewerbungsunterlagen 37
Bewertungsportale 40, 221
Bewertungsportale im Internet 42
- Ärztebewertungsportal 42
- Kommunikationsfreiheit 44
- Persönlichkeitsrecht 40
- Sphärentheorie 40
- spickmich.de 40
- Störerhaftung 45
Bezahlen mit Fingerabdruck 51
Big Brother Award 271
Big Data 45
Bilddatenbanken 346
Bilderklau im Internet 47
Bildhonorare 48
Bildmarke 215, 309
Binnenraum 180, 253
Biometrische Verfahren 49
Bitcoins 54
Blindenbüchereien 274
Blutprobe 76
Bluttest 37
Branntwein 12
Branntweinhaltige Getränke 12
Bring Your Own Device (BYOD) 55
Browser-History 337
BSI TR RESISCAN – 03138 148
Bußgeld 89, 91, 100, 106
Bußgeldhöhe 82
Bundesamt für Sicherheit in der Informationstechnik (BSI) 104, 284

Bundesbeauftragte für den Datenschutz und die Informationsfreiheit 87
Bundesmeldegesetz 10
BVB 149
- Begriff 149
- Pflege 163
BYOD 55
Cache-Provider 262
Caching 274
CD 107
CE-Kennzeichen 57
Chipkarte 52
Cloud 61
Cloud Computing 60
- Auftragsdatenverarbeitung 61
- s. a. Outsourcing und Auftragsdatenverarbeitung 248
- „Binding Corporate Rules" (BCR) 62
- EU-Standard-Vertragsklauseln 62
- Hybrid Cloud 60
- Infrastructure as a Service (IaaS) 60
- Platform as a Service (PaaS) 60
- Private Cloud 60
- Public Cloud 60
- Software as a Service (SaaS) 60
Common Public License (CPL) 242
Compliance 63
Compliance-Beauftragter 64
Computerbetrug 65, 66, 67, 141
Computer-Forensik 210
Computerkriminalität 64
Computerprogramme 317, 326
Computersabotage 66
Computervirus 272
- s. a. Schadsoftware 271
Content-Provider 261
Cookies 69, 100
- Cookie-Manager 69
- E-Privacy-Richtlinie 71
- Evercookies 72
- Flash-Cookies 72
- Persistente Cookies 69
- Session-Cookies 69
- Super-Cookies 72
- Text-Cookies 72
- Third-Party-Cookies 71
Copyleft 240
Copyleft-Klausel 242
Copyright-Vermerk 316
CPU-Klausel 229
Creative Commons 243
- non commercial 246
- Rechtsprechung 246
Customizing 153, 329
Dash-Cam 73
Data Breach Notification 73
Datenbank 277
Datenbankmanagementsystem 277
Datenbankwerk 276, 277
Datenmissbrauch 73
Datenpanne 73
Datenschutz 27, 75, 76, 103
- Abmahnung 349
- Wettbewerbsrecht 349

Stichwortverzeichnis

Datenschutzaudit 83, 84, 99
Datenschutzauditgesetz 84
Datenschutzaufsicht 82, 86, 87, 88, 106
Datenschutzbeauftragter 82, 83
– Anspruch auf Unterstützung 95
– Befristung 94
– Bestellung 92, 96
– betrieblicher 91, 92
– externer 93
– Fachkunde 94
– Interessenskollision 94
– interner 93
– Kündigungsschutz 97
– Probezeit 95
– Stellvertreter 94
– Teilzeit 97
– Weisungsfreiheit 95
– Weisungsrecht 95
– Widerruf der Bestellung 97
– Zuordnung 95
Datenschutzerklärung 98
– Ausgestaltung 99
– bei Apps 19
– rechtliche Anknüpfungspunkte 99
Datenschutz-Grundverordnung 10, 79, 83, 86, 92, 101
– Datenschutz-Richtlinie 101
– Kohärenzverfahren 103
– Marktortprinzip 102
– Minderjährigenschutz 102
– privacy by default 103
– privacy by design 103
– Recht auf Datenübertragbarkeit 102
– Recht auf Vergessenwerden 102
– Richtlinie 95/46/EG 101
– Trilog-Verhandlungen 101
Datenschutz-Gütesiegel 85
Datenschutzkommission 52
Datenschutzkontrolle 86
Datenschutzkriminalität 64
Datenschutzrechtliche Beanstandung 91
Datenschutztag 79
Datensicherung 52, 90, 103
Datensicherungskonzept 104
Datensparsamkeit 270
Datenträger 105, 106
– Begriff 106
– elektronischer 108
Datenträgervernichtung 104, 106
Datenübermittlung 249
Datenveränderung 141
Datenverarbeitung im Auftrag 108
Datenverkehrsordnung 77
Datenverlust 73
Datenvermeidung 270
Debian 240
Dekompilieren 330
De-Mail 109
De-Mail-Gesetz 109
Design 112
– Anmeldung 112
– Eigenart 112
– Eintragungsverfahren 113
– Gebühren 113
– Löschung 113
– Neuheit 112
– neuheitsschädliche Veröffentlichung 112
– Neuheitsschonfrist 112
– Sammelanmeldung 112
– Schutzbeginn 113
– Schutzende 113
– Schutzvoraussetzungen 111
– Verletzungsverfahren 114
– Vermutung der Rechtsbeständigkeit 114
Design, eingetragenes 111
Designwerk 315
Detektiv 38
Deutsches Patent- und Markenamt (DPMA) 215, 305
Diensteanbieter 289
Dienstvertragsrecht 229
– Softwareerstellungsvertrag 229
Digitale Archivierung 148
Digitale Identität 114, 116
– Identity Provider 116
Digitale Signatur 283
Digitaler Nachlass 116, 288
Digitales Zertifikat 114
Digitalisierung von Werken 326
Direkterhebung 36
Direktwerbung 10
Disclaimer 119, 298
– Angebotsbeschränkung 120
– E-Mail 121
– Forenbeiträge 120
– Hyperlinks 120
– Internet 119
Disketten 107
Diskriminierung wegen des Alters 36
Dispute-Antrag 123
DNA-Analysen 50, 76
Dokumentenmanagementsystem 105
Domain 141
– Name 141
– Störerhaftung 299
Domains und Kennzeichenrechte 121
– DENIC e. G. 121
– kennzeichenverletzende Domains 122
– Rechtsnatur 122
– Übertragung 123
– Umschreibung 123
– Trademark Clearinghouse 124
– UDRP Uniform Domain-Name
  Dispute-Resolution Policy 124
Download 138
– Unterschied zu Streaming 300
DPMA 215
Dreidimensionale Marken 308, 310
– Formmarken 215
Dritter 253
Drittstaaten 253
Drive-by-Downloads 273
DRM-Regelungen 245
DRM-System 258
Drogenmissbrauch 37
Drohne 124, 336
– Haftpflichtversicherung 126
Dual-Use-Tools 68

Stichwortverzeichnis

Düsseldorfer Kreis 73, 87, 94
eBay 221
– Bewertungen 221
EC-Karten 66
E-Commerce 137
EG-Datenschutzrichtlinie 79, 92, 181
E-Government-Gesetz 128
– De-Mail 131
– eID-Funktion des neuen Personalausweises 131
– IT-Planungsrat 129
– Open Data 129
– qeS 128
– Schriftformsurrogate 131
Einfache Datenbank 277, 278
Einfachlizenz 229
Eingriffsvorbehalt 81
Einmann-GmbH 77
Einräumung einer Lizenz 306
Einräumung von Nutzungsrechten an Computerprogrammen 237
Einstweilige Verfügung 132
– Abschlusserklärung 133
– Abschlussschreiben 133
– Antrag auf Anordnung der Klageerhebung 134
– Antrag auf Aufhebung 134
– Berufung 134
– Rechtsfolgen 133
– Schadenersatz 134
– Voraussetzungen für den Erlass ... 132
– Widerspruch 133
Eintragung 32
Eintragungsfähigkeit 322
Eintragungshindernisse 310
– absolute 310
– relative 310
Eintragungsverfahren 308
Einwilligung 9, 52, 82, 183, 252, 265, 269
Einwohnermeldeamt 80
Einzelkaufmann (im Handelsregister eingetragen) 194
E-Justice 135
eIDAS-Verordnung 134
Elektronische Dokumente 146
Elektronische Form 286
Elektronische Leseplätze 276
Elektronische Rechnungsstellung ... 284
Elektronische Steuererklärung 284
Elektronischer Pressespiegel 275
Elektronischer Rechtsverkehr 135
Elektronisches Grundbuch 136
Elektronisches Register 136
E-Mail 37, 203
– Archivierung 20, 26
– Ausgangspost 23
– Eingangspost 24
– geschäftliche 142
– Nutzung durch Arbeitnehmer 207
– Pflichtangaben 142
E-Mail-Disclaimer 121
E-Mail-Pflichtangaben 145
– AG 145
– eG 146
– Einzelkaufleute 143

– GbR 143
– Gewerbebetreibender 142
– GmbH 145
– GmbH & Co KG 144
– KG 144
– OHG 143
– Partnerschaft 146
Enforcement-Richtlinie 177
E-Procurement 137
Erforderlichkeit 51
Erlaubnisvorbehalt 82
Ersatz vergeblicher Aufwendungen . 161
Erschöpfungsgrundsatz 312
Ersetzendes Scannen 146
Erstellung eines IT-Systems 159
Europäische Datenschutzbeauftragte .. 88
Europarat 79
EVB-IT 148
– Begriff 149
– Dienstvertrag 151
– Erstellungsvertrag 153
– Instandhaltung 151, 163
– Kauf 151
– Pflege S 152, 163
– Planung 159
– System 161
– Systemliefervertrag 157
– Systemmietvertrag 151
– Systemvertrag 159
– Überlassung Typ-A 151
– Überlassung Typ-B 151
– VOL/B 149
EVB-IT Erstellungsvertrag 154
EVB-IT Servicevertrag 155
EVB-IT Standardverträge 149
– Haftungskonzept 150
– Mängelhaftung (Gewährleistung) . 150
– Schutzrechtsverletzung 150
– sonstige Haftung 150
– Vertragsstrafe bei Verzug 162
– Verzug 150
EVB-IT Systemlieferungsvertrag 157, 344
EVB-IT Systemvertrag 159
– Abnahme der Systemserviceleistungen 165
– Anwendungsbereich 159
– Aufbau und Struktur 160
– Aufrechterhaltung der Betriebsbereitschaft ... 164
– Begriff 159
– Haftung für Sach- und Rechtsmängel 161
– Haftungskonzept 160
– Mängelhaftung bei Systemserviceleistungen ... 165
– Nutzungsrechte 162
– Nutzungsrechte an Standardsoftware .. 162
– Paradigmenwechsel 160
– Reaktions- und Wiederherstellungszeiten ... 164
– Rechte an Werkzeugen 163
– Rechteumfang Individualsoftware . 162
– Rechtsgrundneutralität 161
– Rückvergütung 163
– Systemservice 163
– Überlassung von neuen Programmständen ... 164
– Verzugsregelung 161
– Wiederherstellung der Betriebsbereitschaft ... 164

Stichwortverzeichnis

EVB-IT und BVB 149
Evercookies 72
EWR 181
E-Zigaretten 165
– Grenzüberschreitender Online-Handel 166
– Inhaltsstoffe und Beschaffenheit 166
– Jugendschutz 166
– Kennzeichnung 166
– Werbung 166
Facebook 16, 36, 83, 99, 118, 167, 292
Facebook Places 221
Fahrtenschreiber 38
False Positives 272
FAQ 353
– Widerrufsbelehrung 353
Farbmarken 215, 308, 310
Fernabsatz 139
Fernmeldegeheimnis 6, 77, 202
– bei Apps 18
– bei Mails 37
Fernwartung 168
Festplatte 108
Filesharing 176
– Abmahnung 176
– Access-Provider 175
– Auskunftsanspruch 170
– File-Hosting-Dienst 174
– Lizenzanalogie 175
– Peer-to-Peer-Prinzip 170
– Privatkopie 171
– Störerhaftung 172
– Tauschbörsen 169
– Urheberrechtsverletzungen 169
– WLAN-Hotspots 173
Filtersoftware 139
Finanzagent 67
Fingerabdruck 50, 52, 53
Firewall 104
Firmenwebseite 209
Flash-Cookies 72
Flugmodell 125
Forschungseinrichtungen 81
Forum Shopping 102
Fotografie 316
Fragerecht des Arbeitgebers 36
Free Software Foundation 240, 242
Freedom of Information 196
Free-Lancer 236
Freeware 240, 242
Freie Bearbeitung 329
Freie Benutzung 327
Freie Mitarbeiter 236
Freie Software oder Open-Source-Software 239
Funktionsübertragung 250, 252
Gebührenerzielungsinteresse 3
Geburtstagslisten 39
Gegendarstellung 178
– Anspruchsdurchsetzung 180
– Ausnahmen 179
– Form 179
– Frist 179
– Inhalt 179
– Journalistisch-redaktionell gestaltetes Angebot 179
– Muster 179
– Tatsachenbehauptung 178
– Veröffentlichung 180
– Voraussetzungen 178
Geldwäsche 67
Geltendmachung einer angemessenen
Lizenzgebühr 48
GEMA 259
Gemeinsamer Dateizugriff 169
Gemeinschaftsgeschmacksmuster 114
– nicht eingetragenes 225
Generalunternehmer 159
Genetische Untersuchungen 36
Gerichtliches Mahnverfahren, elektronisch 136
Gerichts- und Verwaltungspostfach, elektronisch 135
Gerichtsstand, fliegender 267
Geruchsmarken 215
Gesamthaftungsbegrenzung 161
Geschäftliche Bezeichnungen 217
Geschäftliche E-Mail 142
Geschäftsgeheimnisse 65, 67, 198
Geschmacksmuster 111
Gesellschaft bürgerlichen Rechts 194
Gesellschaft für musikalische Aufführungs-
und mechanische Vervielfältigungsrechte (GEMA) 325
Gesellschaft mit beschränkter Haftung (GmbH) 194
Gesellschaft zur Verwertung von
Leistungsschutzrechten mbH (GVL) 325
Gesetzliche Aufbewahrungsvorschriften 147
Gesetzliche Lizenz 235, 236, 257
Gesichtserkennung 53
Gestaltungshöhe 279
Gewerbetreibende (nicht in das Handelsregister
eingetragen) 194
Gewerbeuntersagung 90
GNU General Public License (GPL) 240, 242
GNU Lesser General Public License (LGPL) 240, 242
GNU-System 241
Google 36, 221
Google Analytics 338
Google My Business 221
Google Places 221
GPL 240, 242, 246
– Lizenzverstöße 246
– Unterlassungsanspruch 246
GPL Version 3 245
GPS-Ortung 38
GPS-Systeme 76
Grenzüberschreitender Datenverkehr 180
Grundrecht auf Datenschutz 79
Gruppe nach Art. 29 der EG-Datenschutzrichtlinie 78
Gruppenbilder 265
Gütezeichen 58
Gutgläubiger Erwerb von Nutzungsrechten 229
Hackerparagraf 68, 69
Haftung 170
– des Anbietenden 170
– des Herunterladenden 171
– Provider 260
Haftung für Hyperlinks 120
Haftungsbegrenzungen 161
Haftungsobergrenze 162
Handelsregisterbekanntmachungen 136

Stichwortverzeichnis

Handy-Signatur 134
Harmonisierungsamt für den Binnenmarkt (HABM) 307
Hashwert 50, 284
Hausrecht 333
Heimfall des Urheberrechts 228, 229
Herkunftsfunktion 33
Hinsendekosten 354
Homepage 17
Hörmarke 215, 308, 310
Hosting 299
– Störerhaftung 299
Host-Provider 261
Hotel 298
– Internetzugang 298
HTML5 72
Identifikation 50, 51
Identitätsdiebstahl 115
Identitätsmanagementsystem 116
Illegale Tauschbörsen 171
Impressum 167, 184
– Anbieter von Telemedien 190
– Angabe des Handelsregisters 191
– bei Apps 18
– eBay-WAP-Portal 190
– elektronische Anfragemasken 189
– Faxnummer 189
– Geschäftsführer einer GmbH 191
– Impressumspflicht 167, 184
– Internetplattformen 185
– Steuernummer 190
– Telefonnummer 189
– Umsatzsteueridentifikationsnummer 191
– Wettbewerbsrecht 348
IMSI-Catcher 76
Individualsoftware 153, 159, 162
Individualsoftwareerstellung 229
Informationsfreiheit 196
Informationspflichten 73
Inkassobüro 80
Innentäter 65
Insolvenz 317
Insolvenzbekanntmachung 136
Internationale Marke 200
– Prüfung 201
– Registrierungsantrag 200
– Registrierungsverfahren 200
– Schutzdauer 201
Internationale (Nizzaer) Markenklassifikation 307
Internet 65, 67, 78, 138, 203, 263, 265
– private Nutzung 37
Internet der Dinge 268
Internetdelikte 65
Internetfilter 201
– Black-List 202
– White-List 202
Internetkriminalität 141
Internet-Provider 260
Internetwährungen 54
Internetzugang 298
– Hotel 298
– Störerhaftung 298
Intranet 39
IP-Adresse 100

IPv6 141
IR-Geschmacksmuster 114
Iriserkennung 50
IT am Arbeitsplatz 203
– Betriebliche Übung 203
– BYOD (Bring Your Own Device) 55, 203
– Diensteanbieter im Sinne des
  Telekommunikationsgesetzes 204
– Fernmeldegeheimnis 204
IT-Betriebsvereinbarung 206
IT-Forensik 210
IT-Handlungsanleitung 206
IT-Planungsrat 153
IT-Sicherheit 103
IT-Sicherheitsgesetz 212
– Digitale Agenda 212
– Kritische Infrastrukturen 212
– NIS-Richtlinie 214
IT-Systems 159, 163
JAVA-Applets 100
Juristische Personen 77, 81, 141
Justizauktion 137
Kameraattrappe 38, 333, 334
Karbonbänder 107
Kardinalpflichten 161
Katalog 277
Kaufrecht 229
Kennzeichenrechte 122, 217
Kennzeichnungsmittel 214
Kennzeichnungspflicht 33
Kernelmodule 244
Kinder 83
Kinderpornografische Schriften 66
kino.to 274
Kirche 80, 87, 274
Klausel Sonstige Haftung 161
Kleinzitat 275
Kollektivmarke 215
Kommanditgesellschaft (KG) 195
Konferenz der Datenschutzbeauftragten des Bundes
und der Länder 104
Kontakt 186
Kontenstammdaten 76
Kontodaten 76
Konzern 93, 94, 180, 181, 183, 249, 252
Konzernprivileg 249
KoopA 149
Kopierschutz 258
Koppelungsverbot 9
Kostenbelastungsinteresse 3
Kostenerstattungsanspruch 4
Kostenwiderspruch 134
Krankenhaus 51, 80, 81, 268
Krankheiten 78
Kreditkarte 50
Kriminalitätsstatistik 65
Kritik 221
Kryptowährungen 54
Kundenlisten 67
Kunsturheberrechtsgesetz 263
Kurzanalogie 318
Landesbeauftragte für den Datenschutz 87
Landesdatenschutzgesetze 81

Stichwortverzeichnis

Lebensmittel	12
Lebensmittel-Pranger	197
Legitimationsklauseln	118
LGPL	240, 242
Lichtbild	47, 48
Lidl-Affäre	83
Lidl-Skandal	93
Limited & Co. KG	195
Limited (Ltd.)	195
Linuxklausel	317
Listbroker	8
Listenprivileg	8
Lizenzanalogie	48
Lizenzen	171, 228, 278, 280, 314
– angemessene	48
Lizenzrecht	305
Lizenzvertrag	229
Location Based Services	247
Logfile-Analyse	337
Logistik	253, 268
Löschung	100, 106, 270, 305, 334
Löschung wegen Verfalls	31
Löschungshindernisse	32
Löschungsklage	31, 32
Löschungsverfahren	31
Löschungszeitpunkt	31
Luftfahrtbehörden	127
Madrider Markenabkommen	200
Malware	68, 271
– Adware	272
– Backdoor	272
– Boot-Virus	272
– Bot	272
– Datei- oder Programm-Virus	272
– Exploit	272
– Hoax	272
– Keylogger	272
– Makro-Virus	272
– Polymorphe Viren	272
– RAM-Scraper	272
– Ransomware	272
– Rootkit	272
– Spyware	272
– Trojaner oder Trojanisches Pferd	272
– Würmer	272
Marke	32
– absolute Schutzhindernisse	216
– Ähnlichkeit	217
– Anmeldung	308
– App	17
– ausgeschlossene Zeichenform	215
– Benutzung	33
– Benutzung durch Dritte	34
– Benutzungsform	33
– Benutzungsschonfrist	34
– Benutzungszwang	31, 33
– Bösgläubigkeit	217
– Dauer der Benutzung	34
– ernsthafte Benutzung	33
– Freihaltebedürfnis	216
– grafische Darstellbarkeit	215
– Herkunftsfunktion	33, 214
– Hoheitszeichen	217
– internationale	200
– Kennzeichnungspflicht	33
– Kollisionsüberwachung	217
– Lizenz	306
– Lizenzvertrag	306
– Löschung	30, 34
– Löschungsverfahren	31
– Nichtbenutzungseinrede	34
– Rechte des Lizenznehmers	306
– rechtsgeschäftliche Übertragung	304
– Rechtsübergang	304
– Registrierung	33
– relative Schutzhindernisse	217
– Schutzdauer	321
– Täuschungseignung	216
– Teillizenz	306
– Teilübertragung	305
– Übertragung	304
– Übertragung kraft Gesetzes	305
– Übertragungsvertrag	305
– übliche Bezeichnungen	216
– Umschreibung	305
– Unterlizenz	306
– Unterscheidungsfunktion	214
– Unterscheidungskraft	216, 313
– Verlängerung	321
– Verlängerungserinnerung	322
– Verlängerungsfrist	322
– Verlängerungsgebühr	322
– Verlängerungsurkunde	322
– Vermutung des Rechtsübergangs	305
– Verstoß gegen die öffentliche Ordnung	216
– Verwechslungsgefahr	217
– Verzicht	31
– Widerspruchsverfahren	34
Marke: ®-Zeichen	34
Markenanmeldung	305, 307
Markenfähigkeit	215
Markenformen	215
Markeninhaber	305
Markenkritik	224
Markenlizenzen	306
– ausschließliche	306
– einfache	306
Markenrecherche	217
Markenrecht	139, 141, 264
Markenregister	34
Markenübertragung	305
– anwendbares Recht	305
Markenverletzungsklage	306
Markt- und Meinungsforschung	89
Matrixstrukturen	249
Medien	81
Mehrfachlizenz	229
Meinungen	168, 290
Meldepflicht	92
Melderegisterauskunft	10, 80
Messer	321
Meta-Tags	224
MFM-Tabelle	48
Mich-Seite	190
Minimal erwartete Verfügbarkeit	281
Mit beschränkter Copyleft-Klausel	242

Stichwortverzeichnis

Mitarbeiter 265
– minderjährige 265
– volljährige 264
– Wettbewerbsrecht 347
Mitarbeiterrichtlinie 206
Mitbestimmung 53
– biometrische Verfahren 53
– Videoüberwachung 38
Mobile Werbung 247
Mobile.de 185
Mozilla Public License (MPL) 242
Musikzitat 275
Muster 1 – Störungsmeldung 160
Muster 2 – Leistungsnachweis 160
Muster 3 – Änderungsverfahren 160
Muster 4 – Nutzungsrechtematrix 160
Musterrückgabebelehrung 218
Musterwiderrufsbelehrung 218
– Widerrufsformular 219
– Widerrufsrecht 218
Nachbesserung 150
Nacherfüllung 161
Nacktfoto, privates 78
Named-User-Lizenz 229
Namensrecht 75, 141
Negative Bewertungen 221
– bei eBay 221
Negative Feststellungsklage 3
Netzwerkfahndung 66
Netzwerksniffer 68
Neue Nutzungsarten 230
Neue Versionen 164
Neuer Personalausweis 114
Neulieferung 150
Newsletter 100
Nicht ausschließliches Nutzungsrecht 162
Nicht eingetragenes Gemeinschaftsgeschmacksmuster 225
– Eigenart 226
– Nachahmung 226
– Neuheit 225
– Rechtsinhaber 226
– Schutzbeginn 226
– Schutzdauer 226
Nichtbenutzungseinrede 34
Nichtigkeitsverfahren 311, 313
Nichtverlängerung der Marke 31
NIS-Richtlinie 226
– Cybersicherheitsstrategie 227
– IT-Sicherheitsgesetz 227
– kritische Infrastrukturen 227
– NIS-Kooperationsplan 227
– NIS-Strategie 227
– Richtlinie über Maßnahmen zur Gewährleistung einer hohen gemeinsamen Netz- und Informationssicherheit in der Union 227
Nizzaer Klassifikation 214, 309
Nutzeranalysen 289
Nutzungsprofile 100
Nutzungsrecht 47, 278, 280, 305, 317, 326
– ausschließliches 228
– einfaches 228
– einfaches, ausschließlich alleiniges 228

– quantitative und inhaltliche Begrenzung 229
– räumliche Begrenzung 228
– zeitlich befristet, räumlich und inhaltlich begrenzt 228
– zeitliche Begrenzung 228
Nutzungsrechtseinräumung 228
Nutzungsrechtsklausel 235
Nutzungsrechtsvertrag 233
Objektcode 329, 330
OECD 79
OEM-Lizenz 229
OEM-Software 330
Offene Handelsgesellschaft (OHG) 196
Offensichtlich rechtswidrige Quellen 258
Öffentliche Stellen 81
Öffentliches Zugänglichmachen 170
Öffentlichkeit 326
Online-Ausweis 237
– AusweisApp2 238
– E-Government-Gesetz 238
– neuer Personalausweis 237
– nPa 237
– Online-Ausweisfunktion 238
– Sperrhotline 238
Onlinebanking 66
Online-Durchsuchung 77
Online-Shop 99
– Hosting-Vertrag 342
Online-Währungen 54
– Bitcoin Wallets 54
– Blockchain 54
Online-Zeitung 75
Open-Source 242
– Copyleft-Effekt 242
– Creative Commons 243
– Rechtsprechung 243
– Haftung 244
– non commercial 246
Open-Source-Definition 240, 241
Open-Source-Software 230, 239
Opt-Out 338
Ordnungswidrigkeiten 82, 90
Originalverpackung 354
Ortung 247
Outlook 107
Outsourcing 248
Outsourcing-Lösung Cloud Computing 26
Paintball 320
Paketverlustrate 281
Panoramafreiheit 277
Parametrisierung 329
Pariser Verbandsübereinkunft 201
Pass 51, 264
Passgesetz 80
Passwort 104
Passwortdiebstahl 202
 s. a. Computerkriminalität 64
Passwortknackprogramme 68
Patches 164
Peer-to-Peer 169
Peer-to-Peer-Tauschbörse 258
Penetrationstest 68
Personalausweis 284
– digitale Signatur 284

Stichwortverzeichnis

- RFID-Chip ... 268
- Verbot des Scannens ... 264
Personalwesen ... 252
Personenbezogene Daten ... 77, 82, 263, 269
Personenbezug ... 78
Personengesellschaft mit beschränkter Haftung
(GmbH & Co. KG) ... 196
Persönlichkeitsrecht ... 75, 94
- Auskunftsanspruch ... 255
- Bewertungsportale ... 255
- Gegendarstellung ... 255
- Geldentschädigung ... 255
- Haftung von Hostprovidern ... 256
- Haftung von Suchmaschinenbetreibern ... 256
- juristische Person ... 75
- Löschantrag bei Google ... 257
- postmortales ... 254
- Richtigstellung ... 255
- Schadensersatz ... 255
- Schutz der Privat-, Geheim- und Intimsphäre ... 254
- Unterlassungsanspruch ... 255
- Unternehmenspersönlichkeitsrecht ... 254
- Widerruf ... 255
Pflichtangaben ... 142
Pflichtenheft ... 345
Pharming ... 67
Phishing ... 67, 105
PIN ... 66, 67, 105, 284
Plagiat ... 139
„Porno-Pranger" ... 90
Portalinhaber ... 342, 343
Portscanner ... 68
Posteingänge ... 148
Postmortales Persönlichkeitsrecht ... 117
Pressearchiv ... 75
Pressespiegelbestimmung ... 275
Prioritätsgrundsatz ... 313
Privacy Policies ... 98
Private E-Mail-Nutzung ... 26
Private IT-Nutzung ... 203
Privatkopie ... 301
- Streaming ... 301
Produktaudit ... 85
Programmstände ... 164
Proprietär ... 241
Proprietäre Software ... 240
Protokoll zum Madrider Markenabkommen ... 200
Protokollierung ... 303
Providerhaftung ... 260
- Access-Provider ... 260
- Cache-Provider ... 260
- Content-Provider ... 260
- Host-Provider ... 260
- Internet Service Provider ... 260
- nutzergenerierte Inhalte ... 261
Proxyserver ... 274
Pseudonymisierung ... 115
Public Domain ... 242
Public-Private-Partnership ... 81
Qualifizierte elektronische Signatur ... 147
Qualitätssiegel ... 58
Quellcode ... 279, 329, 330
Qype ... 221

Rechnungslegungsanspruch ... 319
Recht am eigenen Bild ... 75, 78, 263
Recht auf Anerkennung der Urheberschaft ... 317
Recht auf informationelle Selbstbestimmung ... 76
Recht der Wiedergabe von Funksendungen ... 327
Recht zur Lüge ... 36
Rechtsdienstleistungsregister ... 136
Rechtsschutz ... 132
- vorläufiger ... 132
Rechtsschutzinteresse ... 133
Recovery Kopie ... 330
Referenzdatenbank ... 50
Reisepässe ... 50, 51, 268
Relative Schutzhindernisse ... 217
RFID ... 267
Rolex-Fälle ... 139
Round Trip Delay (RTD) ... 281
Rückrufrecht ... 317
Rücktritt ... 162
Rückvergütung ... 163
Sach- und Rechtsmängelhaftung ... 161
Sachdaten ... 77
Sachlichkeitsgebot ... 223
Safe-Harbor-Regelungen ... 182
Sammlungen ... 274
Schadensersatz ... 161, 306
Schadensersatz statt der Leistung ... 161
Schadensersatzanspruch ... 47, 48, 150, 161, 170, 171, 172, 318
Schadsoftware ... 211, 271
- Adware ... 272
- Backdoor ... 272
- Boot-Virus ... 272
- Bot ... 272
- Datei- oder Programm-Virus ... 272
- Exploit ... 272
- Hoax ... 272
- Keylogger ... 272
- Makro-Virus ... 272
- Polymorphe Viren ... 272
- RAM-Scraper ... 272
- Ransomware ... 272
- Rootkit ... 272
- Spyware ... 272
- Trojaner oder Trojanisches Pferd ... 272
- Würmer ... 272
Schengen-Informationssystem ... 181
Schlüsselerneuerung ... 285
Schmähkritik ... 223
Schmerzensgeld ... 267
- Recht am eigenen Bild ... 267
Schöpfungshöhe ... 315
Schranken des Urheberrechts ... 278
Schriftform ... 147, 286
SCHUFA ... 80, 81, 82
Schulbücher ... 276
Schulbuch-Paragraf ... 274
Schulen ... 274
Schulfunksendungen ... 275
Schutz der kleinen Münze ... 315
Schutzbedarf ... 94
Schutzhindernisse ... 31
- absolute ... 31, 216

Stichwortverzeichnis

- relative 32
- Schwangerschaft 8, 36
- Schweigepflicht 65, 94
- Schwerbehinderung 36
- Screen-Scraping 279
- Selbstregulierung 84
- Senderecht 327
- Sendeunternehmen 276
- SEO 280
- Serviceleistungen 165
- Service-Level-Agreement (SLA) 165, 280
  - ASP-Verträge 281
  - Callcenter 280
  - E-Mail-Anwendungen 280
  - Hosting 281
  - Personaldienstleistung 280
  - Telekommunikation 280
  - Verfügbarkeit 281
- Serviceprovider 274
- Shareware 241
- Shopbetreiber 343
- Shopinhaber 342
- Sicherheitsbereich 52
- Sicherungskopie 258, 330
- Signatur 272
- Signatur, elektronische 283
- Signaturgesetz 134, 283
- Signaturkarte 284
- Signaturrichtlinie 283
- Signaturschlüssel 284
- Single-Sign-On 116
- Skill-Datenbank 252
- Smartphone 105
- Social Ad 287
- Social Advertising 287
- Social Engineering 105
- Social Media 288
- Social Media Guidelines 209, 347
- Social Media Policy 293
- Social Media-Monitoring 289
- Software 17, 279
- Softwareentwicklungsvertrag 17
- Softwarepiraterie 66
- Softwareüberlassungsvertrag 13
- Soziale Netze 209
- Soziale Netzwerke 291
  - EU-US Privacy Shield 293
  - Facebook 292
  - Inbound-Spam 296
  - Outbound-Spam 296
  - Privatsphäre-Einstellungen 292
  - Safe Harbour 293
- Spam 295
  - Spam-Filter 295
  - SPIM 295
  - SPIT 295
  - Wettbewerbsrecht 349
- Spam-Filter 295
  - s. a. Internetfilter 201
- Spammer 295
- SPIM 295
- SPIT 295
- SSO 116

- Stalking 334
- Standardsoftware 162, 228, 229
- Standardvertragsklauseln 182, 253
- Standortbezogene Dienste 247
- Standortdaten 38
  - bei Fahrzeugen 38
- Stasiunterlagengesetz 80
- Statusfeststellungsverfahren 236
- Störer 297
- Störerhaftung 172, 261, 297
  - Admin-C 299
  - Anschlussinhaber 298
  - Domain 299
  - Hotel 298
  - Wettbewerbsrecht 297
- Störungstag 150
- Straf- und Bußgeldvorschriften 81
- Strafantrag 68, 90, 267
- Straftaten 82
- Strafverfahren 80
- Streaming 274, 300
- Streisand-Effekt 222
- Streitwert 47
  - Bilder 47
  - Urheberrechtsverletzung 47
- Suchmaschinenoptierung 280
- Sukzessivschutz 229
- Super-Cookies 72
- Systemadministrator 68
- Systemprotokolle 303
- Systemserviceleistungen 164
- TAN 67
- Tarifvertrag 82
- Tätigkeitsbericht 87, 89
- Tatsachen 168, 290
- Tauschplattform 169
- Technische Richtlinie 03138 148
- Technische Schutzmaßnahme 258, 259
- Teilübertragung 305
- Teledienstegesetz 139
- Telefonnutzung 207
- Telekommunikationsgesetz 202, 204
- Telemediengesetz 99
- Teleservice 168
- Teleshopping 140
- Template 50, 51, 52
- Tesa-Streifen 355
- Text-Cookies 72
- Textform 286
- Titelschutz 218
- Title-Tag 224
- Transponder 270
- Trennungsprinzip 232
- Twitter 118
- Übermittlung 264
- Übertragung 304
  - Marke 304
  - Markenanmeldung 304
  - rechtsgeschäftlich 304
- Übertragung von Marken 304
- Überwachung des Fernmeldeverkehrs 80
- Umfang der Nutzungsrechte 163
- Umgehung von technischen Schutzmaßnahmen 319

Stichwortverzeichnis

Eintrag	Seite
Umschreibung der Marke	305
Umschreibung im Register	305
Umweltinformationsgesetze	197
UN – Vereinte Nationen	78
Unbemanntes Luftfahrtsystem	125
Unionsgewährleistungsmarke	313
Unionsmarke	306, 307
– absolute Eintragungshindernisse	308, 310
– anmeldefähige Zeichen	308
– Anmeldegebühr	309
– Anmeldetag	309
– Beginn des Schutzes	311
– Beschwerde	314
– Beschwerdefrist	314
– Beschwerdeverfahren	314
– Eintragungsverfahren	308
– Erschöpfung	312
– Inhaber	309
– Klassengebühr	309
– Lizenzen	314
– Nichtigkeit	312
– Nichtigkeitsverfahren	311, 313
– Prüfverfahren	308
– Register	314
– relative Eintragungshindernisse	310
– Schutzdauer	311
– Schutzinhalt	311
– Umwandlung	307
– Unionsrecherchenbericht	308
– Unterscheidungskraft	313
– Verfall	312
– Verletzungsklage	312
– Veröffentlichung der Anmeldung	308
– Widerspruch	310
– Widerspruchsfrist	311
Unionsmarkengerichte	312
Unlauterer Wettbewerb	83, 141
Unterlassungsanspruch	2, 47, 123, 171, 318
– GPL	246
Unterlassungserklärung	1
– modifizierte	5
– strafbewehrte	1
Unternehmenskennzeichen	122, 217
– Namensfunktion	218
– Verkehrsgeltung	218
Unternehmensname	224
Unterscheidungskraft einer Marke	313
Unwahre Tatsachenbehauptung	223
Unwesentliches Beiwerk	276
Updates	329
Uptime	281
– pro Zeiteinheit	281
Urheberabgabe	259
Urheberpersönlichkeitsrecht	235, 236, 317
Urheberrecht	66, 264, 315, 330
– Abstraktionsprinzip	229
– Änderungsverbot	317
– Aufführungs- und Vorführungsrecht	326
– Auskunftsanspruch	28
– Ausnahmen von der Zweckübertragungsregel	357
– ausschließliches Nutzungsrecht	228
– Ausschüttungen an Autoren und Verlage	325
– Ausstellungsrecht	326
– Bearbeitungsrecht	327
– Benutzung eines Datenbankwerkes	276
– Beobachtung, Untersuchung und Testen	330
– Bildnisse	277
– das Recht der Vervielfältigung	328
– das Recht zur Kabelweitersendung	327
– Datenbankhersteller	278
– Datenbankwerk	277
– Dekompilieren	330
– digitaler Rekorder	259
– einfache Datenbank	278
– einfaches Nutzungsrecht	228
– Entstehung und Erlöschen des Urheberrechts	316
– Entstellungsverbot	317
– Erschöpfung des Verbreitungsrechts	329
– Feinkonzept	279
– Fotografien	316
– freie Benutzung	327
– GEMA	325
– Grobkonzept	279
– GVL	325
– Insolvenz	317
– Kennzeichnungsverpflichtung	258
– kleine Münze	279
– Kopienversand auf Bestellung	276
– Kopierschutzumgehung	259
– körperliche Verwertung	326
– Kündigung	283
– Leistungen zur Störungsbeseitigung	282
– Lichtbilder	316
– Lichtbildwerke	316
– Miturheberschaft	316
– Nutzungsrechte an Computerprogrammen	235
– Nutzungsrechte an Software	280
– Nutzungsrechte an Software (Lizenzen), Einräumung von	228
– Nutzungsrechte an von freien Mitarbeitern geschaffenen Werken	236
– Nutzungsrechte im Arbeitsverhältnis	234
– Objectcode	279
– öffentliche Reden	275
– öffentliche Wiedergabe	276
– öffentliche Zugänglichmachung für Unterricht und Forschung	276
– Patches, Workarounds	279
– pauschalierter Schadensersatz	282
– Perlentaucher	328
– Pflichtenheft	279
– Privatkopie	257
– Programmmodule	279
– quantitative und inhaltliche Begrenzung	229
– Quellcode	279
– räumliche Begrenzung	228
– Recht der öffentlichen Wiedergabe und Recht der öffentlichen Zugänglichmachung	329
– Recht der öffentlichen Zugänglichmachung	327
– Recht der Wiedergabe durch Bild- oder Tonträger	327
– Rechtspflege und öffentliche Sicherheit	274
– Reporting	282
– Rundfunkkommentare	275
– Sammlungen für Kirchen-, Schul- oder Unterrichtsgebrauch	274
– Sanktionen	282

Stichwortverzeichnis

- Schnittstellen 279
- Schöpfungshöhe 315
- Schranken der Schutzbestimmung 259
- Schranken des Urheberrechts 274, 317
- Schranken des Urheberschutzes 329
- Schranken des Urheberschutzes an Software 280
- Schulfunksendungen 275
- Schutz von Datenbanken, urheberrechtlicher 277
- Schutz von Software, urheberrechtlicher 279
- Senderecht 327
- Sicherungskopie 330
- Software-Entwicklungs-Tools 279
- Störerhaftung 299
- Streaming 300
- Suchmaschinenoptimierung 280
- technische Schutzmaßnahmen 258
- Thumbnails 327
- Umarbeitungsrecht 329
- Umgehung technischer Schutzmaßnahmen 258
- Unterlizenz 317
- unwesentliches Beiwerk 276
- Urheberbezeichnung 317
- Urheberpersönlichkeitsrecht 317
- Verblassenstheorie 328
- Verbreitungsrecht 326, 329
- Vergütung 317
- Verteilungsplan 325
- Vertragsstrafe 282
- Vervielfältigung durch Sendeunternehmen 276
- Vervielfältigung durch Streaming 301
- Vervielfältigung und öffentliche Wiedergabe in Geschäftsbetrieben 276
- Vervielfältigungen zu Gunsten behinderter Menschen 274
- Vervielfältigungen zum privaten und sonstigen eigenen Gebrauch 276
- Verwertungsgesellschaften 324
- Verwertungsrechte 317
- Verwertungsrechte, allgemeine 326
- Verwertungsrechte an Computerprogrammen 328
- VG Bild-Kunst 326
- VG Wort 326
- Voraussetzungen des § 101 UrhG 28
- Wahrnehmungs- bzw. Berechtigungsverträge 324
- Webdesign 280
- Webseite 280
- Website-Erstellungsvertrag 346
- Werke an öffentlichen Plätzen 277
- Werke angewandter Kunst 315
- Werke in Ausstellungen, öffentlichem Verkauf und öffentlich zugänglichen Einrichtungen 276
- Wiedergabe von Werken an elektronischen Leseplätzen in öffentlichen Bibliotheken, Museen und Archiven 276
- zeitliche Begrenzung 228
- Zitate 275
- Zugangsrecht 317
- Zweckübertragungsregel 356
- Zweitverwertungsrechte 324
- 3D-Urheberrecht 316

Urheberwahrnehmungsgesetz 324
Urintest 37
Urkunde 147
USA 98, 181, 196

USB-Stick 65, 105, 107, 263
Verbot 82
Verbraucherinformationsgesetz 197
Verbraucherrechterichtlinie 138
Verbreitung pornografischer Schriften 65
Verbreitungsrecht 230
Verfahrensaudit 85
Verfahrensübersicht 89
Verfahrensverzeichnis 96
Verfall 312
- Verlust der Markenrechtsfähigkeit 31
Verfall wegen Nichtbenutzung 31
Verfall wegen Täuschungseignung 31
Verfall wegen Umwandlung zur Gattungsbezeichnung 31
Verfall wegen Verlust der Markenrechtsfähigkeit 31
Verfügung 132
- einstweilige 132
Verfügungsanspruch 132, 133
Verfügungsantrag 133
Verfügungsgrund 132, 133
Vergütung 317
- angemessene 317
- vertraglich vereinbarte 317
Vergütungspauschale 259
Verifikation 50
Verjährungsfrist für Mängel (Gewährleistungsfrist) 161
Verkehrsgeltung 122
Verlängerung einer Marke 321
Verletzeraufschlag 49
Verletzung der arbeitsvertraglichen Pflichten 203
Verletzungsklagen 312
Vernichtung 148
Vernichtungsanspruch 318
Veröffentlichungsrecht 317
Verschlüsselung, asymmetrische 285
Verschlüsselungsverfahren 53
Verseuchte Webseiten 201
  s. a. Schadsoftware 271
Verstorbener 78
Vertragsfallen 323
- Button-Lösung 323
- Lockfallen 323
- Lockfallenbetreiber 323
Vertragsstrafe 165
Vervielfältigung 171
- vorübergehende 274
Vervielfältigungsrecht 233, 326
Verwertung 326
- unkörperliche 326
Verwertung des Urheberrechts 317
Verwertungsgesellschaft Bild-Kunst (VG Bild-Kunst) 326
Verwertungsgesellschaft Wort (VG Wort) 326
Verwertungsgesellschaften 325
- GEMA, VG-Wort, GVL, VG Bild-Kunst 325
Verwertungsrechte 317
- allgemeine 228
Verzögerungsschaden 161
Verzug 161, 165, 354
- Vertragsstrafe 162
VG Bild-Kunst 259
VG Wort 259, 275
Videoüberwachung 331
- Schadensersatz 38, 336

Stichwortverzeichnis

Videoüberwachung in öffentlich zugänglichen Räumen 38
Videoüberwachung, offene 37
Videoüberwachung, verdeckte 38
Virtuelle Poststelle 148
V-Modells XT 159
Volkszählungsurteil 76
Vollwiderspruch 134
Volumenlizenzen 230
Vorführungsrecht 327
Vorratsdatenspeicherung 77
Vorstrafen 36
Waffen 319
Waffenhandelserlaubnis 319
Waren und Dienstleistungen 305
Warenbetrug 65
Warenkreditbetrug 65
Wartung 164
Webanalyse 337
– Do-not-Track 338
– Google Analytics 339
– History Sniffing 337
– IP-Adresse 338
– Tracking 337
– Vertrag zur Auftragsdatenverarbeitung 338
– Webanalyse-Dienste 339
– Webbugs 337
– Widerspruchsrecht 338
Webanalyse-Werkzeuge 339
Webcam 334
Web-Design 344
Webhosting-Vertrag 261, 340
– Application Service Providing 341
– Haftung des Host-Providers 341
– Haftungsprivilegierung 341
– Host-Provider 340
– Störerhaftung 341
Webportalvertrag 342
Webseite 298
– Störerhaftung 298
Website-Erstellungsvertrag 344
– Abnahme und Übergabe (Schlussphase) 344
– Entwurfs-/Konzeptphase 344
– Inhalt eines Website-Erstellungsvertrages 344
– Mitwirkungspflichten 345
– Programmierungsphase 344
– Urheberrecht 346
– vertragstypologische Einordnung 344
– Website 344
Werbung 82
– per Fax 349
Werksausweis 50, 266
Werktitel 122, 217, 218
Werkvertragsrecht 229
Wertersatz 355
Wertpapierhandelsunternehmen 63

Wesentlichkeitsgrundsatz 81
Wettbewerbs- und Markenrecht 139
Wettbewerbsrecht 346
– Aktivlegitimation 350
– Datenschutz 349
– Fristen 350
– geschäftliche Handlung 346
– Impressum 348
– Marktverhaltensregelung 348
– Mitarbeiter 347
– Schadensersatz 350
– schwarze Liste 348
– Social Media Guidelines 347
– Spam 349
– Störerhaftung 297
– Unterlassungsanspruch 350
– Werbeanschreiben 349
– Wettbewerbsverstoß 348
– Zurechnung 347
Wettbewerbsunternehmen 81
Whistleblowing 351
Widerrufsrecht 140
– Ausschluss 355
Widerrufsrecht des Verbrauchers 352
– Fernabsatzgeschäft 353
– Hinsendekosten 354
– Rücksendekosten 354
– Verbrauchervertrag 352
– Widerrufsbelehrung 353
Widerspruch 310
Wiederherstellungszeiten 282
Wildkamera 334
World Intellectual Property Organization (WIPO) 200
Wort-/Bildmarke 215
Wortmarken 215, 309
Xing 36, 118
YouTube 301
Zeitstempel 285
Zertifizierungsdiensteanbieter 285
Zitatzweck 275
Zoom-Funktion 331
Zugangskontrolle 53, 104, 268
Zugriffsberechtigung 104
Zugriffskontrollen 104
Zugriffssicherung 270
Zutrittskontrolle 50
Zuverlässigkeit 94
Zweckänderung 8
Zweckbindung 51
Zweckübertragungsregel 235
Zweiter Korb des Urheberrechts 258, 259, 275
Zweitverwertungsrechte 326
– für die Künstler und die Hersteller 325
1:n-Vergleich 50, 52
1:1-Vergleich 50, 332